本辭典編撰經費承
嘉新水泥公司捐助壹佰萬元
嘉新文化基金會捐助貳拾伍萬元

雲五社會科學大辭典

第十二冊

歷史學

名譽總編輯　王雲五

編輯委員會召集人　楊亮功　陳雪屏　羅志淵

本冊主編　方豪

本冊編輯委員
方　豪　王任光　王聿均　王德毅
呂士朋　宋　晞　李邁先　姚從吾
夏德儀　徐玉虎　梁嘉彬　陳捷先
曾祥和　程光裕　黃大受　楊紹震
楊雲萍　趙鐵寒　歐陽無畏　黎東方
戴玄之

出版委員會主任委員　劉季洪

出版者　臺灣商務印書館

本冊撰稿人

(以姓名筆畫爲序)

方　豪
王曾才
王樹槐
宋　晞
李恩涵
何啓民
金祥恆
徐　泓
夏德儀
陳捷先
郭榮趙
黃進興
逯耀東
劉景輝
蕭　璠
毛一波
王詩琅
包遵彭
呂士朋
李雲漢
吳景宏
林瑞翰
徐玉虎
陳　驥
張大軍
莊吉發
程光裕
楊紹南
劉錚雲
閻沁恆
王任光
王壽南
石文傑
呂實強
李樹桐
吳緝華
林衡道
孫以繡
陳三井
張玉法
梁嘉彬
程京震
楊紹震
蔣永敬
鮑家麟
王吉林
王爾敏
石文濟
李守孔
李邁先
杜維運
姚從吾
馬先醒
陳水逢
張朋園
黃大受
曾祥和
楊雲萍
蔣孝瑀
謝　劍
王家儉
王德毅
朱　瑗
李光濤
阮芝生
沈雲龍
洪安全
高亞偉
陳芳明
郭正昭
黃俊傑
傅樂成
劉石吉
歐陽無畏
戴玄之

雲五社會科學大辭典

第十二册　歷史學

序　言

雲五社會科學大辭典歷史學部門，原由他人負責主編，我是後來應邀接替的，所以初步計劃，並不是我擬的。根據原來擬定和商務印書館後來修定的計劃，本部門共分下列十三組：

(一)史學史與史學方法
(二)中國上古史（漢以前）
(三)中國中古史（魏至元）
(四)中國近古史（明及清前期）
(五)中國近代史與現代史（附）臺灣省史
(六)華僑史
(七)東南亞史（附印度史）
(八)東北亞史（日韓史）
(九)西洋上古史
(十)西洋中古史
(十一)十六至十八世紀西洋史
(十二)十九世紀西洋史
(十三)西洋現代史

我們先在民國五十七年四月二十七日舉行第一次編輯委員會議，邀集很多位學者，商討各組名詞的數目，並推選擬名詞的委員。因爲原定本部門爲五十萬字，每一名詞可以短至二三百字，長至二三千字；爲此，我們暫定名詞條目爲五百則，每一名詞以一千字上下爲最適宜。分配如下：

史學史與史學方法三十則
中國各代史共二百則（附）臺灣省史十五則
華僑史二十則
東南亞史五十則
東北亞史即日韓史二十五則
西洋史共一百六十則

臺灣省現在爲復國基地，政府並願建設爲三民主義模範省，情形特殊，所以我們單獨立爲一項目，附於本國史之後，相信不致引起讀者誤會。

但以上分配名詞的數字並不硬性規定。當時又推定草擬名詞人選及召集人如下：

㈠史學史與史學方法：由姚從吾、趙鐵寒、宋晞、許倬雲四委員負責，請趙委員鐵寒爲召集人。

㈡中國上古史：由黎東方、趙鐵寒、許倬雲、朱雲影四委員負責，請黎委員東方爲召集人。

㈢中國中古史：由姚從吾、方豪、宋晞、程光裕、王德毅五委員負責，請宋委員晞爲召集人。

㈣中國近古史：由夏德儀、楊雲萍、梁嘉彬、陳捷先四委員負責，請楊委員雲萍爲召集人。

㈤中國近代史：由王聿均、黃大受、戴玄之、歐陽無畏四委員負責，請戴委員玄之爲召集人。至於臺灣省史部分，則由楊雲萍、方豪二委員負責，請楊委員雲萍爲召集人。

㈥華僑史：由呂士朋、徐玉虎二委員負責。

㈦東南亞史：由呂士朋、黎東方、程光裕、徐玉虎四委員負責，請程委員光裕爲召集人。

㈧東北亞史：由梁嘉彬、楊雲萍二委員負責，請梁委員嘉彬爲召集人。

㈨西洋史：由沈剛伯、楊紹震、曾祥和、李邁先、王任光五委員負責，請李委員邁先爲召集人。

請王德毅先生擔任秘書，負責連繫。

五十七年五月十九日，又召開了第二次會議，決定歷史學名詞中，有關政治、經濟、外交、商業、社會的，或許和其他部門重複，但因着重點不同，將不予以刪除。

名詞草擬的結果，總計爲五百六十三則，較預定超過六十三則。

經過一年以上的約人撰寫，以及催稿等等，各組召集人，頗爲辛勞；而各組負責人及召集人中，即有黎東方、李邁先、程光裕、楊紹震等四委員先後出國；其他已允撰稿諸先生中，中途因故不能踐諾者亦有若干人，又須另約他人代撰或補撰；字數亦多超出預定甚多，有一則長至七八千字者，我們爲尊重原撰寫人，並不予以刪減。但因上述原因，以致不克如期脫稿，至感歉仄！

沈剛伯、許倬雲二先生因健康關係及事冗，並未參加工作；東北亞史部分，實際出於梁嘉彬先生一人之手；西洋史部分已擬名詞一百五十則，李邁先先生出國時，僅收到八十二則，乃由豪擇要補撰二十則。

今歲三月底，歷史學部門幸能完成全稿，謹對全體撰稿及負責約稿諸先生致謝。而姚從吾先生竟於四月十五日逝世，不及目覩本書出版，實在令人無限感傷！

民國五十九年五月二十六日方　豪謹識

雲五社會科學大辭典（第十二册）

歷史學

史學史與史學方法

中古史學

中古史學深受天主教神學理論的影響，尤以初期及中期爲最。所謂教會史家相信，歷史演進之目標即上帝之目標，雖然上帝之目標亦是爲人，但是人的生命意義已降到附從的地位。又因人類皆上帝的兒女，無種族及地區之別，故歷史的眼光也是世界性的。這種趨勢以方法論觀點而言，無疑的有倒退之嫌，惟著眼於文學、社會、心理、思想等方面，則亦有不可忽視的可貴價值。此輩史家著名者有亞非利卡納斯（S. J. Africanus, Ca. 180-250），撰成紀年（Chronographia）一書，記自創世紀迄紀元二二一年間大事，參考資料並及猶太及異端人之作品。然影響較大及著述更完整而有系統者則爲攸西比斯主教（Bishop Eusebius, Ca. 260-340）。氏作紀年史（Chronicle）及教會史（Ecclesiastical History），前者包括紀年系統摘要及世界史要略，並將聖蹟、猶太與天主教世界之大事對照並列，以資參考及比較；後者在記述教會之起源及成長之過程，舉凡著名的教會人物、教徒的遭受迫害及殉道者的事蹟均包括在內。氏頗能於撰述之際表現其理智與公正態度，故不避對教外事務及異端人物的提及。五世紀初，羅馬遭蠻族之洗刼，教會的立場頗受時人之攻難，懷疑上帝既以愛人爲本，何以於羅馬已皈依天主教之後，災禍反而頻年不絕，於是曾受敎於聖奧古斯丁（St. Augustine）之奧羅修斯（Orosius, ca. 380-420）爲駁斥邪說，鞏固教會地位，窮三年之力，撰成斥異端七書（Seven Books of History Against the Pagans），博覽群籍，闡釋神意僅是掌握猶太與天主教世界的歷史進展，亦且操縱一切異端帝國的命運。書中對創世紀以來之歷史以世界的眼光視之，而於巴比倫、希臘及羅馬之史事述之較詳。氏於辯難之際，行文雖不免主觀武斷，輕視異教文化及其貢獻，然而形容戰禍屠殺之慘狀，却無異說明平民所受戰爭之害，含有濃厚的人道主義成分。除教會史家之外，中古亦有不少比較獨立的史著出現，譬如卡西奧多拉斯（Cassiodorus, 480-570）的哥德史（History of the Goths）、普羅考匹斯（Procopius, ca. 500-565）著當代史(History of His Own Time）、格勒高里主教（Bishop Gregory of Tours, 538-594）著法蘭克史（History of the Franks）、貝德（The Venerable Bede, 672-735）著英吉利民族教會史（The Ecclesiastical History of the English People）、保羅（Paul the Deacon, ca. 730-800）著倫巴底史（History of the Lombards）、羅吉（Roger of Wendover, d. 1236）著歷史要略（Flowers of History）、巴黎（Matthew Paris, ca. 1200-1259）綜述大憲章到議會興起期間之政治史、法羅沙（Jean Froissare, 1337-1410）著法蘭西、法蘭德（Flanders）、英格蘭、蘇格蘭及西班牙諸國史，費蘭尼（Giovanni Villani, d. 1348）著佛羅倫斯史（Florentine Chronicle）。此輩史家固多以教會背景從事撰述，惟已經著眼於各地民族的個別發展過程及政教與社會等文化方面之特殊成就，顯然已爲未來史學之新途徑展示其方向。在中古末期，史學發展即將轉變之際，阿剌伯世界出現一位承先啓後，名震遐邇的傑出史家伊班・卡爾登（Ibn Khaldun, 1332-1406）。氏著世界史七册，在緒論中特闡述其治史之方法與觀念。他認爲歷史之演進係一恒常變遷之過程，由心靈與環境二項因素協調合作而促成文化及社會的進步，亦明示史學爲一門基於動態原理的科學知識。他的貢獻不只限於對阿剌伯社會及文化史的精湛研究，亦爲世界史學史上的巨人。(閻沁恒)

文藝復興時代之史學

史學受人文主義（ humanism ）思想之影響，擺脫宗教思想的束縛，以對古學及古代文獻研究興趣的恢復爲起點，漸而摒除神學的成見，轉爲對世俗事務及世俗人物的重視。或云此一轉變係將史學研究的主題從上天搬回到下地來，誠然頗爲中肯。但文藝復興時代史家仍不免過份模仿古代史家對修辭學的講究及英雄崇拜的心理，故以文害義與熱衷於頌讚公侯事功之風尙每有所見，若與中古繁瑣思想及禮讚聖人、殉道者、貞女的作法相較，則似乎有各偏一端之嫌。吾人不宜將此時之史學轉變目爲一革命性的進步，而當認識其在由中古過渡到近代的演變中所擔負之中間人的角色。義大利得文藝復興風氣之先，史家人才輩出，伐拉（ Lorenzo Valla, 1407-1457 ）經多年的細心研究，證實士坦丁大帝向教宗獻地之說（ The Donation of Constantine ）確爲虛構，被譽爲係向教會權威的一項大膽挑戰；他又批評李維處理羅馬早期歷史之缺點，則是向世俗權威的攻擊。勃倫達斯（ Flavius Blondus, 1388-1463 ）利用古物學及考古學的手法窮研羅馬史，所著羅馬權力式微以來之歷史（Decades of History since the Decline of the Power of the Romans ），曾以第一手史料作十分精確的敍述。以王侯論（ The Prince ）在政治學術上一鳴驚人，並引起不少爭論的馬基弗里（ Niccolo Machiavelli, 1469-1527 ），實際上是以政治觀點去窮究歷史因果之性質，將內政、外交及軍事之間的關係剖析入裏，尤爲後世談論國際關係者所推荐；又在所著佛羅倫斯歷史（History of Florence 中揭示佛羅倫斯地位之重要及未來義大利走向統一的途徑。他注重實際事務的述評，並非所謂政治理論家，然而却無法否認他具有史家的多方面才識。奎其亞第尼（ Francesco Guicciardini, 1483-1540 ）亦著有佛羅倫斯歷史，他脫離了古典史學、教會史派及人文主義的限制，不拘於一格，有特殊選擇的能力，故於評斷政事及狀述人物均持論公正，筆法靈活。後人有批評他不善運用史料，有抄襲之嫌，但當時能避免此弊者實難得其一二。北歐史家伐第安納斯（ Vadianus 1484-1551 ）治史嚴謹，判斷公正，能以廣博之知識及熟練之方法對文獻的作者及史料內容作精密的考察。日耳曼史家普芬道夫（ Samuel Pufendorf, 1632-1694 ）著有瑞典史（ History of Sweden ）、歐洲强權諸國簡史（An Introduction to the History of the Leading Powers and States of Europe ）。他作史偏重人物傳記式體裁，尤熱心於皇帝、國君、選侯之事蹟，故缺乏對史事發生之背景與相關關係的分析。然而因係一半官方的史家，名聲遠播，居史學界之領導地位。英國史家羅萊（ Sir Walter Raleigh, 1552-1618 ）著世界史（ History of the World ），頗能反映人文主義者雅好古典的興味及淸教徒嚮往聖經及自由之心情。卡姆登（William Camden, 1551-1623 ）作不列顚尼亞（ Britannia ），爲古代英倫三島史地手册。克拉林敦伯爵（Earl of Clarendon原名Edward Hyde, 1609-1674 ）作英格蘭叛亂及內戰史（History of the Rebellion and Civil Wars in England ），認爲內戰之性質實卽一憲政之爭，他同情王族，但著史則兼重政治、宗教、經濟及社會因素，其狀述人物之技巧尤能獨步當時史壇。其他如「國際法之父」格老秀斯（ Hugo Grotius, 1583-1645 ）和政治理論家保丹（ Jean Bodin, 1530-1596 ）曾分別引介心理分析及地理因素對治史者的功用，二人對史學方法及史學思想方面的貢獻不遜同時代的其他傑出史家。（閻沁恒）

史官

史官爲中國的特產。其設立的時代，可溯自遠古，倉頡沮誦，可能卽黃帝時代的史官。卽使遲一點說，從三代起，必已有史官的設立。呂氏春秋先識覽云：「夏太史令終古出其圖法，執而泣之，夏桀迷惑暴亂愈盛，太史令終古乃出奔商。」又云：「殷內史向摯見紂之愈亂迷惑也，於是載其圖法，出亡之周。」可見夏商兩代均有史官。周代的史官，有各種不同的名稱，根據周禮，當時有大史、小史、內史、外史、左史、右史等六種史官。周代史官的數目，也相當可觀（鄭鶴聲於史學雜誌二卷一期發表的「古史官考略」一文中，一一列舉古史官之名，中以周代史官，佔絕大多數。），自中央的王室，以至地方的諸侯，無不競設史官。漢興以後，武帝時代設立太史令，王莽時代設立柱下五史，東漢則有蘭台令史，東觀著作，起居注的設立。魏晉南北朝時代設立著作郎、著作佐郎與撰史學士。自隋以迄唐宋，有起居舍人、起居郎、修撰、修國史、同修國史，都是史官。元代始設翰林兼國史院，明淸兩代則祇稱翰林院，翰林院裏面的編修、檢討，是元明淸時代新設的史官。

史官的職務，愈古愈繁，近乎卜祝之間，掌理天人之間各種事務。遠古不必講，自春秋以迄兩漢，史官於記事以外，兼掌曆象日月陰陽度數。在左傳裏，祝、史往往連用，卜與史尤其無法分清，史官也能占卜。所以西漢時代的司馬遷說：「文史星曆，近乎卜祝之間」（漢書司馬遷傳）。就是到了東漢，太史令也「掌天時星曆，凡歲將終，奏新年曆，凡國祭祀喪娶之事，掌奏良日及時節禁忌；凡國有瑞應災異，掌記之」（後漢書百官志）。可見到兩漢時，史官的職務，尚且包括曆算占卜望氣等事。自漢以後，史官分為兩途，其一仍稱太史，職掌天時星曆，一如明清兩代的欽天監正，而與記事無關。其一則以別職來知史務（如著作郎、修撰、編修之類），以當撰述記注之任，自然亦得稱太史。自漢中葉，訖於清末，無不如此。

史官的職務，先天道而後人事，大致是沒有問題的。可是根據說文：「史、記事者也。」不可否認的記事是史官最重要的任務。史官記事，遵守共同必守之法，「君舉必書」，「據事直書，善惡不隱。」為保留眞歷史，每冒生命危險。如董孤，如齊太史，如南史氏，都是不畏斧鉞的良史。唐代有一種天子不觀起居注的不成文規定，便是為了史官生命的安全以及使信史得以留傳千載。天子如欲觀起居注，史官每嚴辭拒絕，不假以顏色。所以劉知幾在史通直書篇說：「烈士徇名，壯夫重氣，寧為蘭摧玉折，不作瓦礫長存。若南董之仗氣直書，不避強禦，韋崔之肆情奮筆，無所阿容。雖周身之防有所不足，而遺芳餘烈，人到於今稱之。」中國史官的直書精神，由此大致可以窺見了。

古代史官記事的方法，其詳不可得而聞。就唐宋之世而言，史官記事的方法，極為客觀精確。如史通言起居注記載之法云：「起居注者，論次甲子之書，至於策命、章奏、封拜、薨免，莫不隨事記錄，言惟詳審」（史官建置篇）。唐有起居郎及起居舍人專司其事：「每天子臨軒，侍立於玉階之下，郎居其左，舍人居其右，人主有命，則逼階延首而聽之，退而編錄，以為起居注」（史官建置篇）。舉此一端，可見中國史官記事的大略。

史官的地位，極為尊貴。中國古代主天官者皆上公，漢武帝時置太史令，位在丞相上，天下計書，先上太史令，副上丞相。直到明清時代，國史館的纂修官，一定由翰林院的編修兼任。翰林院是極清貴的地方，人才也極精華之選，平常人稱翰林為太史。如明初所聘修元史者，極天下之選，一般人視之如在天上，宋濂之父是一處士，一時名公皆有詩祝誦。再如清初萬氏之門，文章風致，為衣冠瞻矚，實導源於萬斯同、萬貞一的出入史局。凡此皆足以說明中國國家法律尊重史官的地位，社會意識維持史官的尊嚴。（參見史通直書篇、史官建置篇，柳詒徵國史要義史權篇、金毓黻中國史學史第一章第五章、鄭鶴聲古史官考略（史學雜誌二卷一期），朱希祖史官名稱議（文史滙刊一卷一期）、金毓黻論史官制度及其任用法（國史館館刊一卷三期）、釋記注（國史館館刊一卷一期）、勞榦史字的結構及史官的原始職（大陸雜誌十四卷三期）、戴君仁釋史（文史哲學報十二期）、李宗侗史官制度（文史哲學報十四期）、沈剛伯說史（大華晚報讀書人）（杜維運）。

史料

即供給研究歷史者之參考資料。修史者所憑藉即在於史料，若無史料，即無從修撰史書，更無從考證事跡之眞偽。蓋自來記言記事之書，概名曰史，然當時史官記載，務求詳盡，鉅細不遺，是為史料。後來秉筆之彥，據以勒定成書，是曰史著。漢世天下計書，皆為備采之史料，太史公即據之以成史記，是為勒定之史著。然自現代史家視之，前古之所謂史著，亦正今日之所謂史料。故史料者，乃著史時不可或缺之材料也。梁啓超於中國歷史研究法中對史料所作之闡釋云：「史料為史之組織細胞，史料不具或不確，則無復史之可言。史料者何？過去人類思想行事所留之痕跡，有證據傳留至今日者也。思想行事留痕者本已不多，所留之痕，又未必皆有史料的價值；有價值而留痕者，其喪失之也又極易，因必有證據然後史料之資格備，證據一失，則史料即隨而湮沉。……」惟歷史研究範疇廣泛，故盈天之下，皆史料也，是以史家於史料之取捨上，應力求謹愼，此亦史學成就獨晚之因也。（朱　瑛）

史論

史論是中國史學中的一支。所謂史論，是就歷史上的人物以及歷史上所發生的事件而加以評論。自左傳史記而發其端，此後正史上的論贊，都是史論。泐為專篇的，則如賈誼過秦論、陸機辨亡論。自宋以後，寫史論可以供帖括之用，與功名利祿相連，於是蔚為風氣，蘇洵、蘇軾父子，皆喜寫史論，如項籍論、留侯論即其顯例。呂祖謙的東萊博議，張溥的歷代史論，王夫之的讀通鑑論、宋論，則是史論專書。

史論是不是屬於歷史解釋，值得商榷。正史上的論贊，往往能高瞻遠矚，以剖析歷史；蘇軾、呂祖謙、張溥等則失之於縱橫捭闔，任意雌黃史蹟。四庫全書總目提要史部史評類云：「春秋筆削，議而不辨；其後三傳異詞。史記亦自爲序贊，以著本旨，而先黃老，後六經，退處士，進姦雄；班固復異議焉。此史論所以繁也。其中考辨史體，如劉知幾、倪思諸書，非博覽精思，不能成帙，故作者差稀。至於品騭舊聞，抨彈往迹，則纔繙史略，即可成文。此是彼非，互滋簧鼓，故其書動至汗牛。又文士立言，務求相勝，或至鑿空生義，僻謬不情，如胡寅讀史管見，譏晉元帝不復牛姓者，更往往而有。」僅就少數史實或一人一事而予奪之，自不應稱之爲歷史解釋。至於「鑿空生義」，更不足論。

中國史論家中，以王夫之最爲出色，他的讀通鑑論、宋論，已無蘇、呂史論的縱橫捭闔之氣，較之正史論贊也精密深入。其立論以衆多史實爲基礎，而又運之以卓懷寬思，所以往往能從其立論中，看出歷史演化的大端。中國的史論，發展到王氏，已可稱之爲歷史解釋。（杜維運）

史德

劉知幾首倡史家三長，舊唐書劉子玄傳云：「禮部尙書鄭惟忠嘗問子玄曰：『自古已來，文士多而史才少，何也？』對曰：『史才須有三長，世無其人，故史才少。三長謂才也，學也，識也。夫有學無才，亦猶有良田百頃，黃金滿籯，而使愚者營生，終不能致於貨殖者矣。如有才而無學，亦猶思兼匠石，巧者公輸，而家無楩柟斧斤，終不果成其宮室者矣。猶須好是正直，善惡必書，使驕主賊臣，所以知懼，此則爲虎傅翼，善無可知，所向無敵者矣。』」史學、史才、史識爲史家三長，自此普遍爲史學界所接受。至清代史學家章學誠而益之以史德。史德者何？章氏於文史通義史德篇云：「能具史識者，必知史德；德者何？謂著書者之心術也。夫穢史者所以自穢，謗書者所以自謗，素行爲人所羞，文辭何足取重？魏收之矯誣，沈約之陰惡，讀其書者先不信其人，其患未至於甚也。所患夫心術者，謂其有君子之心而所養未底於粹也。……蓋欲爲良史者，當愼辨於天人之際，盡其天而不益以人也。盡其天而不益以人，雖未能至，苟允知之，亦足以稱著書者之心術矣。而文史之儒，競言才學識，而不知辨心術，以議史德，烏乎可哉？夫是堯舜而非桀紂，人皆能言矣；崇王道而斥覇功，又儒者之習故矣；至於善善而惡惡，褒正而嫉邪，凡欲託文辭以不朽者，莫不有是心也。然而心術不可不慮者，則以天與人參，其端甚微，非是區區之明所可恃也。夫史所載者事也，事必藉文而傳，故良史莫不工文，而不知文又患於爲事役也。蓋事不能無得失是非，一有得失是非，則出入予奪相奮摩矣，奮摩不已而氣積焉；事不能無盛衰消息，一有盛衰消息，則往復憑弔生流連矣，流連不已而情深焉。凡文不足以動人，所以動人者氣也；凡文不足以入人，所以入人者情也。氣積而文昌，情深而文摯，天下之至文也。然而其中有天有人，不可不辨也。氣得陽剛而情合陰柔，人麗陰陽之間，不能離焉者也。氣合於理，天也；氣能違理以自用，人也；情本於性，天也；情能汩性以自恣，人也。史之義出於天，而史之文不能不藉人力以成之；人有陰陽之患，而史文卽忤於大道之公，其所感召者微也。夫文非氣不立，而氣貴於平；人之氣，燕居莫不平也，因事生感，而氣失則宕，氣失則激，氣失則驕，毗於陽矣，文非情不得，而情貴於正；人之情，處置無不正也，因事生感，而情失則流，情失則溺，情失則偏，毗於陰矣。陰陽伏沴之患，乘於血氣而入於心知，其中默運潛移，似公而實逞於私，似天而實蔽於人，發爲文辭，至於害義而違道，其人猶不自知也。故曰心術不可不愼也。」是章氏所謂史德，乃指史家之心術而言，史家心術又分爲二，一爲史家心術之邪正，一爲史家心術之修養程度。史家心術邪惡，素行爲人所羞，人自不輕信其書，章氏不甚患此等心術。章氏所患者，爲史家有君子之心，而所養未底於純，不自知之中，發爲文辭，至於害義而違道。故力主史家著史，當愼辨於天人之際，盡其天而不益以人。所謂天，係指理性，所謂人，係指血氣情感。由此言之，章氏所謂史德，非純自道德之標準出發。章氏以後，講史德者有梁啓超與柳詒徵。梁氏於其所著中國歷史研究法補編第三章史家的四長云：「我以爲史家第一件道德，莫過於忠實。如何纔算忠實？卽『對於所敍述的史蹟，純採客觀的態度，不絲毫參以自己意見』便是。」柳氏於國史要義史德篇云：「治史而不言德則已，言德則必究德之所由來，及其爲用之普遍，而非曰吾欲爲史家始不得不正其心術。知此，則學者之先務，不當專求執德以馭史，而惟宜治史以蓄德矣。」忠實與治史以蓄德，爲梁柳二氏對章氏史德說之補充。（杜維運）

史學

史學一辭，創始於十六國的石勒。晉書載記，石勒於晉元帝太興二年（西元三一九年），自立爲趙王，以任播、崔濬爲史學祭酒。這是中國歷史上第一次使用這一個名辭。到劉宋文帝元嘉年間，儒玄史文四學並建，以太子率更令何承天立史學。自此以後，史學一辭，逐漸流行，馴致變成史家的口頭禪。

史學與歷史是兩個含義不同的名辭。歷史的含義，自然是說法紛紜龐雜，無法一致，可是說它是往事的記錄與解釋，大致是沒有問題的。史學的含義，就有待作另外的銓釋了。好談史學的清代史學家章學誠，沒有確切的說出史學是甚麼出來，他祇說：「整輯排比，謂之史纂，參互搜討，謂之史考，皆非史學」（文史通義浙東學術篇）。「方四庫徵書，遺籍秘册，薈萃都下，學士侈於聞見之富，別爲風氣，講求史學，非馬端臨氏之所爲整齊類比，卽王伯厚之所爲考逸搜遺，是其研業之苦，襞績之勤，爲功良不可少。然觀止矣。至若前人所謂決斷去取，各自成家，無取方圓求備，惟冀有當於春秋經世，庶幾先王之志焉者，則河漢矣」（邵與桐別傳）。從章氏的話，祇能約略看出他所謂史學，一定要符合「決斷去取，名自成家，無取方圓求備，惟冀有當於春秋經世」的條件。實際上「史纂」「史考」也不應被排斥於史學的範圍以外。民國以來，梁啓超講授與撰寫中國歷史研究法，沒有替史學下定義。近人替史學下定義的約有金毓黻與鄭鶴聲。金氏在其所著中國史學史導言部分云：「就已撰之史，論其法式，明其義例，求其原理之所在，是謂之史學。」鄭氏則云：「史學者何？於群史之中，抽其條規，以示法則」（司馬遷之史學，史地學報二卷五、六期）。金鄭二氏爲史學所下的定義，已得其重點，惟尚缺乏概括性。那麼史學的定義是甚麼？概括地說，史學是討論歷史的意義、歷史的目的、歷史的價值以及歷史著述的原則、理論、方法、技術等方面的一門學問。（杜維運）

史學領域的擴張

科學態度的治史方法指出如何以博學及準確的技術去盡量恢復與重建史實的方向，社會及文化史派提醒史家研究的範疇應包括全體人類的社會及文化活動，而近世自然科學及社會科學的迅速發展，更使史學研究在方法上與內容上有不斷改進與擴張的趨勢。然則如何擴展史學研究的領域？如何選擇值得研究的史事以及如何運用有效的技術與方法？綜合言之，可約爲下列五項：㈠知識進化的歷史——研究從原始社會至於當代的知識分子在觀念、信仰、意見等方面之轉變，如拉普瑞希特（Karl Lamprecht, 1856-1915）認爲，歷史之分期應以當時集體心理的主要因子（collective psychological dominants）爲準；羅賓遜（James Harvey Robinson, 1863-1936）致力於歐洲知識份子思想演變的探討，影響美國史學界相當深遠。㈡科技史的研究——討論人類在科技方面的發明與應用，科學思想及科技發展對社會與文化之影響。當代科學史家較著名者如李約瑟著中國之科學與文明（Joseph Needham, Science and Civilization in China vol. I, 1954; vol. II, III IV(A), 1962; vol. IV (B) 1970）伯爾諾編著科學史（J. D. Bernal, Science in History, 1954-1971），均將科技在歷史上的發展與人類之思想、社會及文化視爲一個整體，甚值得重視。二氏原皆治自然科學，但一般史學知識也極爲豐富。而吾人所得啓示卽當今以治史爲務者似亦宜漸充實其自然科學之知識。㈢世界史的研究——以世界性的眼光探討人類歷史上的各項活動者，如威爾斯的世界史綱（H. G. Wells, The Outline of History, 1919），史班格勒的西方的衰落（Oswald Spengler, The Decline of the West, 1918）及湯恩比的歷史之研究（Arnold J. Toynbee, A Study of History. vol. I-III, 1934; vol. IV-VI, 1939; vol. VII-X 1954; vol. XI, 1958; vol. XII, 1961; Illustrated A Study of History, 1972.），他們都偏重文化史的研究，不以民族國家作研究的單位，所用方法及所持觀念雖引起甚多爭議，惟其謀求改正自浪漫主義盛行之後的極端民族主義史觀，則似亦無可厚非。當代史家巴洛克羅著當代史概論（Geoffrey Barraclough, An Introduction to Contemporary History, 1966），提出本世紀以來各項進步與變遷，使各地人民互相來往，距離縮短，故二十世紀歷史所不同於前一世紀者，卽息息相通的世界性觀念之加强。㈣其他方面——諸如經濟史、社會史、政治與法制史及藝術史等亦漸受到重視。㈤史學方法——重視輔助學科的運用，舉凡心理學、社會學、統計學等知識及研究法，隨時爲史家所吸收和採用；專題研究不但作深度的探討，亦注重相關現象的分析及層次的推廣專題範圍；分工合作的方法漸爲普及，如克拉克（Sir George Clark）主編之牛津英國史十五册及集英國史學界精英合作編輯之劍橋上古史、中古史、近代史與新近代史，邀約許多名家執筆，共成一書。此成爲史學之發展至今所創出之新道路，也是以嚴謹方法著手而又能放大史家胸襟的兩全之策。（閻沁恒）

史館

史館最早設立於北齊時代，以宰相領之，謂之監修國史，周隋沿襲之。唐太宗貞觀三年，移史館於禁中，在門下省北，仍以宰相監修，更以他官兼典史職，謂之修撰，資淺者謂之直館。五代所行史館條例，略如唐代。宋於史館以外，復置實錄院、國史院。遼金史館之制，略如唐宋，史館爲常置，修撰以外，更有史館學士。元世祖中統二年，立翰林國史院，並立國史院之官制，以翰林學士知制誥兼修國史，其後又稱翰林兼國史院，蓋於應奉文字之外，兼具史官之職。明清兩代，皆設翰林院，以學士領之，復置侍讀、侍講、修撰、編修、檢討等官。明制，翰林官於制誥史册文翰及考議制度詳正文書並備天子顧問之外，凡經筵日講，纂修實錄，玉牒史志，諸書編纂，六曹章奏，皆奉敕而統承之。清代仍其制，並於翰林院以外，設置國史館、實錄館。民國以來，仍有國史館之設置。

自唐以後，史館分爲兩種，一種修前朝史，屬於臨時性質，其書修成，其職卽罷，唐太宗、高宗年間，所修晉、梁、陳、齊、周、隋各朝史之史館，卽屬此類，亦卽所謂官修正史之史館。另一種爲國史館，所修爲屬於當代史之實錄及國史，其性質較前一類爲永久，有史官專任執筆撰寫，有時史官外任，仍以修史自隨，此種史館，爲當代史料之總滙。以唐爲例。五代會要卷十八諸司送史館事例云：「後唐同光二年四月，史館奏本朝舊例，中書並起居院諸司及諸道州府合錄事件報館如左：時政記，中書門下錄送。起居注，左右起居郎錄送。兩省轉對入閤待制刑曹法官文武兩班上封章者，各錄一本送館。天文祥變占候徵驗，司天台逐月錄報，並每月供曆日一本。瑞祥禮節，逐季錄報，並諸道合畫圖申送。蕃客朝貢使至，鴻臚寺勘風俗衣服，貢獻物色，道里遠近，並具本國王名錄報。四夷人役來降表狀，中書錄報。露布兵部錄報。軍還日，並主將姓名，具攻陷虜殺級數，并所因繇錄報。變改音律及新造曲調，太常寺具錄所因並樂詞牒報。法令變革，斷獄新議，赦書德音，刑部具有無牒報。詳斷刑獄，昭雪寃濫，大理寺逐季牒報。州縣廢置，及孝子順孫義夫節婦，有旌表門閭者，戶部錄報。有水旱中蝗雷風霜雹，戶部錄報。封建天下祠廟，敍封追封邑號，司封錄報。京師司長官刺史以上除授，文官吏部錄報，武官兵部錄報。公主百官定諡，考功錄行狀并諡議，逐月具有無牒報。宗室任官課績，并公主出降儀制，宗正寺錄報。刺史縣令有灼然政績者，本州官錄申奏，仍具牒報。諸邑宣敕，門下中書兩省，逐月錄報。應碩德殊能，高人逸士，久在山野，著述文章者，本州縣不以官秩勘問的實申奏，仍具錄報。應中外官薨，已請諡者，許本家各錄行狀一本申送。」（孫承澤春明夢餘錄卷十三有唐修史例一條，卽鈔自五代會要，惟於其後加一句云：「此唐故事也。」唐會要卷六十三亦有諸司應送史館事例一條，較簡單。）由此可知修實錄國史之史館，其所包容之當代史料，殆無微不至矣。至於修前朝史之史館，所蒐集之前朝史料，亦極爲廣泛，從官方修撰之日曆、起居注、時政記、實錄、國史，以至諸家傳記小說私人文集，皆在網羅之列，以清修明史爲例，順治五年，諭將天啓，崇禎年間有關檔案抄送史館，順治八年，又懸賞徵求天啓，崇禎實錄抄本及邸報；順治十二年，康熙四年，皆曾下諭徵求邸報及野史。湯斌等亦屢有請徵求遺書之建議。徵求遺書，徵求野史也。足見史館對材料冥蒐博羅之程度也。（杜維運）

正史

正史之名，最初見於隋書經籍志，劉知幾史通亦有古今正史篇。到宋代正史定爲十七，卽史記、漢書、後漢書、三國志、晉書、宋書、南齊書、梁書、陳書、魏書、北齊書、周書、隋書、南史、北史、新唐書、新五代史。明代合宋史、遼史、金史、元史爲二十一史。清乾隆中詔增舊唐書、舊五代史及明史，爲二十四史。民國以後，政府明令以柯紹忞所撰新元史，列入正史，於是有二十五史之名。

正史的體例，爲紀傳體。隋書經籍志序云：「世有著述，皆擬班馬，以爲正史。」是專以紀傳體的史書爲正史。編年體不被列爲正史，四庫全書總目提要解釋云：「司馬遷改編年爲紀傳，荀悅又改紀傳爲編年。劉知幾深通史法，而史通分敍六家，統歸二體，則編年紀傳均正史也。其不列正史，以班馬舊裁，歷朝繼作，編年一體，則或有或無，不能使時代相續，故姑置焉，無他義也。」正史旣以紀傳體爲限，更嚴爲區別，「凡未經宸斷者，則悉不濫登。蓋正史體尊，義與經配，非懸諸令典，莫敢私增，所由與稗官野記異也。」（四庫全書總目提要史部正史類）所以中國史籍，浩如煙海，而號稱正史者，自古迄今，祇有二十五史。舉目世界，正史綿延數千年而不絕，亦惟有中國可以此自豪。

正史的修撰，或爲私撰，或爲官修。史記、漢書、後漢書、三國志、宋書、南齊書、魏書、南史、北史、新五代史、新元史，皆爲私撰；晉書、梁書、陳書、北齊書、周書、隋書、舊唐書、新唐書、舊五代史、宋史、遼史、金史、元史、明史，皆爲官修。唐以前，正史皆私撰，而成於一人之手，或父子相傳，以竟其業，即身爲史官，亦奮筆一室，不假衆手。自唐以後，風氣一變，正史多官修，而成於衆人之手。唐太宗貞觀年間，設立史館，詔修晉、梁、陳、齊、周、隋諸朝之史，官修正史，於是形成傳統。自唐迄清，代設史館，宋修唐史，元修宋、遼、金三史，明修元史，清修明史，修前朝史成爲後朝的事業，一朝一姓亡，其歷史則不亡。宋之亡，董文炳在臨安主留事，曰：「國可滅，史不可滅。」遂以宋史館諸記注盡歸於元都，貯國史院。縱觀世界各國，似未有如此重視歷史者。以中國史學與世界其他各國的史學作比較，其最大的不同，即在於中國有歷久不衰的官修正史之學，這是中國史學的最大特色。

私撰的正史，多能成一家之言，往往爲人諷誦不已。官修的正史，「倉卒而成於衆人，不暇擇其材之宜與事之習，猶招市人而與謀室中之事。」（萬斯同評語，見錢大昕潛研堂文集萬斯同傳）於是議之者紛紛。然官修正史，有廣大的史料基礎，自日曆、起居注、時政記、實錄、國史，以至諸家傳記小說私人文集，皆爲史館所網羅。參與修史者，常是反現實政治的史學家，一朝設史館，即延聘前朝遺民，使之參與修史工作。如萬斯同即以明末遺老身分，參與修撰明史，不署銜，不受俸，爲保存有明三百年史事，而隱忍史局二十年。此中國官修正史可稱述之處。（杜維運）

正統

正統一詞原是指天子頒佈的曆法，如漢書律歷志就有「三正」「三統」的記載。清代學者崔邁的「正統辨」有云：「昔者三代之盛，歷法修明，王者之政令被於天下，歲頒朔於諸侯，諸侯奉若而不敢違，故其時無不遵天子之正統者」（尚友堂文集上）。後因王室衰微，天下紛爭，諸侯各有曆法，漸不遵天子的正統。孔子作春秋曰：「春王正月」，也在明王之正，到秦漢改正朔，已含有政權合法地位的意味。自此歷代王朝的領袖，往往於奪得政權之初，必先訴諸正統，以獲取合法的統治地位。以東晉爲例，它以正統自居，乃阻止外族侵略的企圖，秦將王猛臨終前說：「晉雖僻處江南，然正朔相承，上下安和，臣沒之後，願勿以晉爲圖」（通鑑卷一百三）。正統觀念在政治思想裏佔一重要位置，在史學思想中也成爲中國史學的特色之一。

中國史學史上的正統之辨始於陳壽的三國志，陳壽以魏爲正統，以蜀爲僭僞；東晉習鑿齒著漢晉春秋，則以蜀爲正統，以魏入僭僞。這是中國史學中，史家爭論的一大公案。到了北宋，史學的正統論興起，仁宗神宗之際，歐陽修、章望之、司馬光、蘇東坡、張方平、陳師道等，對正統觀念都提出他們的看法。

歐陽修說：「君子大居正，王者大一統，正者所以正天下之不正也，統者所以合天下之不一也」（正統論）。這是第一位史家爲正統所下的界定。歐陽修最初寫了七篇正統論，後又刪成三篇，即「序論」、「正統論上」、「正統論下」。他又創「絕統」之說，認爲「正統有時而絕也。」……自堯舜以來，三絕而復續，惟有絕而有續，然後是非公，予奪當，而正統明」（正統論下）。章望之另創「霸統」之說，他認爲歐陽修以魏入正統是錯的，宜用霸統之統，以與正統區別。蘇東坡則撰「後正統論三首」，在於辨別正統的名與實，他說：「正統者，名之所在焉而已，名之所在而不能有益乎其人，而後名輕，名輕而後實重，吾欲重天下之實，於是乎始輕正統。」司馬光的正統論最能代表史家對正統觀念的困惑，他說：「苟不能使九州合爲一統，皆有天子之名而無其實者也，雖華夏仁暴，大小强弱，或時不同，要皆與古之列國無異，豈得獨尊奬一國謂之正統，而其餘皆爲僭僞哉？」（通鑑六十九）。

北宋史家的正統論承認魏的正統地位，南宋則以蜀爲正統。南宋正統論的代表人物是朱熹，認爲「只天下爲一，諸侯朝覲，訟獄皆歸，便是得正統。」（朱子語類卷百五），他的正統觀念表現在通鑑綱目的凡例，他在正統之外，又分列國、篡賊、建國、僭國、無統、不成君、遠方小國。朱熹把魏列入僭國，這是值得注意的，自朱子以後，南宋史家對魏蜀的正統地位已有定論，如張敬夫的經世紀年，蕭常的後漢書，鄭雄飛的蜀漢書，都以蜀爲正統，以魏入僭僞。朱子又有無統之說，是承自歐陽修的絕統的理論，如綱目在無統時期必並書幾個政權，不相主客，不必强立一個年號以續之。

要之，正統的觀念是中國史學的特點，對後代史家的修史工作影響甚鉅，元修宋遼金三史時，便發生正統之爭。直到清朝，才漸有反對正統的言論出現。（陳芳明）

因果關係 (Causality)

「因果關係」一詞，是指兩個或多個現象之間，假定有某種片面的依賴（

one-sided dependence）關係。換言之，因果關係亦即是事實衍遞（factual entailment）的關聯。謂A是B的因時，即(一)、假定一項因果律的存在，根據該因果律，B的出現或變動可由A的出現或變動預知；(二)、B的不出現或不變動，可由A的不出現或不變動推出。或A的出現或變動可由B的出現或變動推出。是故(一)中之因A，是B的充足條件（sufficient condition），(二)之中因A是必需條件（necessary condition）。但充足條件也可能是充足而又必需的條件（sufficient-necessary condition）。因此，通常說A是B之因時，其意義有下列三種可能：(一)、A是B的必需條件；(二)、A是B的充足條件；(三)、A是B的充足而又必需的條件（參看許冠三，史學與史學方法，香港，自由出版社，民國四八年，下册，頁九五）。

在社會現象中，事實上幾乎沒有片面依賴的因果關係之存在。例如社會成員固然影響社會組織，但社會組織何嘗又不曾影響社會成員？因此，倘若把片面的因果關係應用在社會現象之科學的研究上，必然會產生兩種謬誤——「簡化的謬誤」（fallacy of simplicist theory）及「影片式的謬誤」（fallacy of cinematographic theory）。前者簡單地把A看作是B、C、D、……等等之「因」，而忽略它們在社會現象中的互依關係（interdependent relationship）；後者以演化論（evolutionism）的公式，把A', A", A'''……等元素，看作是A的遞變（transition），而忽視事實的深度。

爲了避免上述的謬誤，現代的社會科學者試圖以函數關係（functional relationship）的概念，來取代片面的因果關係，用來解釋錯綜複雜的社會現象。扼要的說，在方法學上，一開始就把社會現象的某一成份，當作是固定的變數（variable）A，其次再研究它與其他現象B、C、D等等的「函數關係」（P. Sorokin, Contemporary Sociological Theories, New York: Harper, 1928, pp.42-6）。

「理未易明」，史事中因果關係之難察，中外史家均有同感（M. Mandelbaum, "Causal Analysis in History", Journal of the History of Ideas, III, No. 1, Jan. 1942, p. 30）。美國史學家斯坦普（K. Stampp）在其「內戰原因」（Causes of the Civil War）一書中嘗言：「一如因果問題所顯示者，史家從不曾客觀的和像數學般精確的知道引發內戰之因。以支離破碎之證據，對人類行爲之未能充份瞭解，而又不能自衆多歷史因素（factor）中抽出其一以考驗其重要性，則史家在作結論時務必保持試探和存疑的態度」（Causes of the Civil War, Englewood Cliffs, N. J.: Prentice-Hall, Inc., 1959, p. vi）。（謝　劍）

地理決定論（Geographical Determinism）或環境決定論（Environmental Determinism）

「地理（或環境）決定論」一詞，是指人類活動受制於地理環境中諸如氣候、土壤、及自然資源等因素的學說。雖然各家對此一術語的解釋有重點的不同，但大致上都强調地理環境中的各種因素，對人類之歷史發展及其社會文化特徵具有決定性的影響力。

我國古人著作中已含有地理環境影響於人事的概念。例如太史公在史記貨殖列傳中提到人因地利而各修其業；管子水地篇謂「齊之水遒躁而復，故其民貪麤而好勇；楚之水淖弱而清，故其民輕果而賊」，及班固所云「民函五常之性，而其剛柔緩急音聲不同，繫水土之風氣」（漢書地理志下），則是肯定環境中的自然因素影響到人的性格。但這類概念，並未能構成獨立而有系統的學說。

在西方，地理環境決定人事的概念可以上溯希臘時代。例如赫波克拉特斯（Hippocrates）在所著「論空氣與水及地位」一文中，即曾一再强調氣候對歐、亞民族性格的影響（On Airs, Waters, and Places, tr. by F. Adams, The Great Books, Vol. 10, Chicago: Encyclopaedia Britanica, Inc, 1952）。亞里斯多德（Aristotle）亦謂居於寒冷氣候中的北歐人具有充分的勇氣，但却缺乏智慧和技巧，而亞洲人則反是，惟有希臘人係介於兩者之間，兼有智慧和勇氣（The Politics, tr. by B. Jowett, Oxford: Clarendon, 1885, vol. 1, p. 218）。古人的這類觀念，均間接有助於現代地理決定論的形成。

近世學人具體的提出地理環境決定論的，當推巴克爾（H. T. Buckle）、喬治（Rev. H. B. George）、及亨丁頓（E. Huntington）等氏。巴克爾在其一八五七年提出的著作中，肯定人類活動受制於四類自然因素，此即氣候、食物、土壤、及一般的自然景象。巴氏認爲後者尤其影響人們的想像力及其宗教信仰（History of Civilization in England, ed. by J. M. Robertson, London:

George Routledge, Chap. 2)。喬治在其著作中則開宗明義的說「歷史離了地理是不可理解的」，進一步强調地理事實重大的影響着歷史方向(Relations of Geography and History, Oxford: Clarendon, 1924, 3rd ed., P. 1)。亨丁頓的着重點似集中於地理環境中的氣候因素，認爲人類有賴於自然，遠較所想像者更爲密切。甚至以爲如能控制氣候，則許多國家中所常見的弱點將一掃而空，全人類將變得更加堅强和高尙(Civilization and Climate, New Haven: Yale University Press, 1924, 3rd ed., P. 411)。

客觀的地理環境固可影響歷史的發展，但不能因此而忽視主觀的心理因素。故此一學說似有下列三種困難之處：甲、必需條件 (necessary conditions) 和充分條件 (sufficient conditions) 的混淆不清；乙、人種及民性之類的因素異常穩定，地理環境所加予的長遠影響不易估計；丙、低估文化多樣性 (diversity) 的重要。(謝　劍)

年曆學

研究歷史，必須詳其年月日時；加以我國既有朝代，又有皇帝年號，年號與月日又再以干支計算，月又有大小不同；此外還有節氣等。既有歷代不同曆法的推算，又有後來的改定。再加上改元的遲早、叛逆的篡竊等，年曆是相當複雜，並有很多錯誤的。所以年曆學也是歷史學最重要的輔助學科之一。

唐、宋、元以後，中國與西亞之間的交通頻繁，一切的紀錄，均與回回曆發生關係。明末以後，又須和西曆相對照，年曆學至此，乃較前更爲重要。

秦以前，曆法無考；通鑑目錄載宋劉羲叟「長曆」，斷自漢高元年，止於五代；耶律儼「遼宋閏朔考」續之，載於遼史曆象志；南宋、金、元，有錢侗「四史朔閏考」；明以來有汪曰楨「歷代長術輯要」；淸有萬年書。

光緒三十一年（一九〇五），張漁珊司鐸以法文著 Synchronismes Chinois 一書 (上海土山灣印書館出版)，將遠東各國的年代與西曆作一詳細對照，以中國爲主，旁及日本、朝鮮、安南，以及歷史上的匈奴、百濟、高句麗、新羅、交趾、柔然、吐谷渾、突厥、南詔、渤海、回鶻、大瞿越、大越、西遼、韃靼等，無不包括在內，相當詳備。

宣統二年（一九一〇），黃伯祿司鐸著「中西年月通考」，(上海天主堂印書館出版)，書中列每年每月之干支，中曆月朔當西曆某月某日，及中曆月朔之干支；其餘各相當日期及干支，均須推算。書上中曆完全根據汪曰楨「歷代長術輯要」。

中西回曆查對的工具書，一直爲學界所迫切需要。因中曆月之大小無定，每隔若干年置一閏月；而閏月的安排，亦無顯明的規律。所以全年日數，可以多至三百八十四日，少至三百五十四日；年差多則三十日，少亦十餘日。

今日通用之西曆，原名儒略（Julius）曆，始於羅馬七〇九年一月一日，卽耶穌紀元前四十五年，漢元帝初元三年十二月二日。但儒略曆實行後三十六年，因置閏之誤，應閏九日，已多至十二日；奥古斯都帝（Augusus）乃下令連十二年不閏，以一、三、五、七、八、十、十二月爲大月，三十一日；四、六、九、十一月爲小月，三十日；二月平年二十八日，閏年二十九日。平年三百六十五日，閏年三百六十六日。

至一五八二年，教宗顧我略（又譯格勒哥里，Gregorius）又發覺曆法有誤，乃改以是年十月五日爲十五日，消去十日；並定逢百之年不閏，逢四百年仍閏。稱爲顧我略曆。天主教國家，最先採用，至一千七百年，基督新教，亦開始採用；一七五二年英國始用；一八七三年，日本採用；俄國則一九一八年方採用。

中西曆之間，其最大不同處，卽西曆歲首與中曆歲首，往往差二十餘日至五十餘日，故如僅用普通年代對照表，往往可差一年。

回曆以穆罕默德自默加遷至默地那之明日爲紀元，卽西曆六二二年七月十六日。但因不置閏月，又無三十一日，故三十二三年，卽可與中西曆差一年；積百年卽可與中西曆差三年，至今比中西曆多四十餘年。故非有一詳明中西回長曆不可。

陳垣先生於民國十四年，草成「陳氏中西回史日曆」，以篇幅過多，並先發表「二十史朔閏表」；民國二十五年，薛仲三、歐陽頤又完成「兩千年中西曆對照表」，上起漢平帝元始元年（西曆一—二年），下迄民國八十九年（西曆二〇〇〇—〇一年）；分正表及附錄：正表列歷代國號、帝號、年號、年數等，中西曆對照、星期、干支等；附錄列十八表。是爲年曆學上較完善的幾種工具書。（方　豪）

希羅史學

古代史學觀念原肇始於北非及近東，而後漸盛於愛奧尼人之城邦米利都（Miletus），復奠定規模於紀元前第五及第四世紀之希臘。被尊稱爲「史學之父」的希羅多德（Herodotus, ca. 484-425 B.C.）著波斯戰爭史(History of the Persian Wars)。氏雖以空前未見之波希大戰爲撰史題旨，然非以記述戰役經過爲滿足，每將所見各地風俗習慣詳加介紹，結論中認爲波希兩大民族之相鬥實代表東西兩種不同文化之衝突，故又爲文化史之鼻祖。其著史之優點在情節生動，文辭優美，且態度公正，不讓愛國的熱忱抹煞敵人之英勇事蹟。同樣以戰爭爲撰史題材的第二位著名希臘史家修昔地底斯（Thucydides, ca. 456-396 B.C.）則在風格上與前者顯有異趣。在伯羅奔尼西亞戰爭（Peloponnecian War）中，以精於鑑別史料的功力，配合部分親身經歷的事件，準確的記述雅典之政治外交情況及希臘兩大城邦間的衝突。他認爲史著的價值在求記事的眞實，而非趣味化的穿插以作讀者的一種娛樂。他也體認歷史的作用具有敎誨的功能，故云：「對往事的準確瞭解自會有其用處，因爲依照人事的可能性而言，相類似的事情會再度發生。」希臘晚期能創一家之言而上紹前述二大史家者當推波利比斯（Polybius, ca. 198-117 B.C.）。氏著史四十卷，記羅馬帝國之擴張及法制發展史之經緯，認羅馬人之獨特政治天才在採用君主、貴族及民主三種型式的混合政治制度，同時亦强調歷史的實用價值，故寫史應擧出一事所以發生之由，他說：「純粹的記述一事之經過，固然確有興味；但如能在記事之外加入原因的解說，則學史會變得更有收穫。」他在史學方法的貢獻上猶勝過其前輩，主張重視史料的可靠性，袪除史著中黨派的成見及避免濫用文辭，致使記載失眞。氏之貢獻不遜於希羅多德與修昔地底斯，然格於過於嚴謹，故行文枯澀冗長，傳誦不廣。羅馬史學多承襲希臘之遺風，缺少獨特驚人之貢獻。比較能引人注目者僅二三人而已。不世之雄凱撒大帝（Julius Caesar, 100-44 B.C.）文華驚世，著高盧戰役及內戰評述(Commentaries on the Gallic Wars and the Civil War)，提供最佳的高盧原始史料，亦爲古典文學中的散文佳構。融會希羅多德之述事特技及凱撒之散文式史詩風格，而注入民族自尊及愛國情操者爲史學兼文學大家李維(Livy, 59 B.C. 17 A.D.)。氏著羅馬史一四二卷，闡述羅馬光榮往事，激勵青年人的民族自尊心與愛國之忱。他疏於對史料的過濾，並且相信一部信實史著遠不如一部工於修辭的文學傑作更有意義。羅馬後期著名史家當推塔西達斯（Tacitus, ca. 55-120 A.D.）。氏對羅馬帝國持悲觀的看法，而醉心於往昔之貴族共和政體。在他的編年史（annals）與歷史（histories）兩部力作中，檢討帝國衰落之由，認係道德低落所致。其長處在善於剖析政治陰謀及傳述人物，但筆觸每帶戲劇化韻味，因而削弱記事的可性度。希羅史家雖有若干人注意到地理形勢、風俗習慣及其他相關現象對寫史的重要性，但多數人仍以政治與軍事爲主體。不過在講究方法，力求擇別史料及記述內容的眞實性方面却表現不俗，於後世治史者多有啓廸。（閻沁恒）

金石學

金石學爲歷史學輔助學科之一，是我國固有名稱，嚴格言之，應該屬於考古學的一部分。

以研究的器物而言，「金」指古金屬器之有銘識或無銘識的，以鐘鼎彝器爲大宗，旁及兵器、度量衡器、符璽、錢幣、鏡鑑等皆屬之。計宋人所定古禮器以及常用器之名，鐘鼎之外，尚有鬲、甗、敦與彝、尊、壺、卣、罍、盉、爵、觚、觶、角、斝與散、觥與匜、盤、盂、盦、鉼、盨、甑等，其中有若干是陶器；還有一些是竹木器，如簋，但亦可以陶或銅爲之；又如豆，亦有木豆、銅豆之別。兵器中有戈、戟、矛、瞿、矛、劍、匕首、刀、斧、戉、戚、矢鏃、距末、弩機、弩牙、槍、鍪、刀珌、削等，其中如天子的琫珌，則爲玉器。在度量衡器中，有權、量、甬、鍾、鈁等，尺則有銅尺、牙尺、木尺。雜器中有鋗、洗、鐙、錠、釜、鍑、鈷鏤、熏鑪、鐎斗亦曰刁斗、鈴、金鐸、木鐸、帶鈎、銅鼓、錢幣應包括錢範。璽印應包括封泥。

「石」指古石刻之有文字圖象者，以碑碣墓誌爲主，旁及塔銘、浮圖（銅塔極少）、摩厓、經幢、造象、石闕、柱礎、地莂、井闌、神位、食堂、石人、石獅、石香爐、石盆等。

「金石」，我國又稱「吉金」「樂石」：吉，有堅結之意；樂，言其質之美也。

所以金石學是研究中國歷代金石器物的名義、形式、制度、沿革，以及所刻文字圖象的體例、作風的一種專門學問。

我國金石學，創始於漢，歷魏、晉、六朝、隋、唐，逐漸演進南北朝時，蕭賁的「碑集」、虞荔的「鼎錄」、陶宏景的「古今刀劍錄」、顧烜的「錢譜」等，都是開創之作。至宋則更為發達，且多主動的搜求；專門著作，亦多於此時出現，如：劉敞的「先秦古器記」、歐陽修的「集古錄」、曾鞏的「金石錄」（已佚）、呂大臨的「考古圖」、薛尚功的「鐘鼎款識」、王黼等奉敕撰的「宣和博古圖」、趙明誠的「金石錄」、鄭樵的「金石略」（見「通志」）、王象之的「輿地碑目」等，都是金石學的先導著作；到了元朝，吾丘衍有「學古編」和「周秦刻石釋音」、潘昂霄有「金石例」、潘廸有「石鼓文音訓」、楊珣有「增廣鐘鼎篆韻」；明代曹昭有「格古要論」、王佐有「新增格古要論」、趙崡有「石墨鐫華」、郭宗昌有「金石史」、陳暐有「吳中金石新編」、朱珪有「名蹟錄」、王行有「墓銘舉例」。自清初迄於近代，是為中國金石學復興期，其從事存目工作者，錢大昕有「潛研堂金石文字目錄」、吳榮光有「筠清館金石文字目」、趙魏有「竹崦盦金石目錄」、吳式芬有「攈古錄」、繆荃孫有「藝風堂金石文字目」、孫星衍、邢澍之有「寰宇訪碑錄」、翁方綱有「兩漢金石記」、王昶有「金石萃編」、葉昌熾有「語石」、顧燮光有「古誌彙目」及「古誌新目」、黃立猷有「石刻名彙」、羅振玉有「蒿里遺文目錄」、范懋敏有「天一閣碑目」、端方有「陶齋藏石目」等。其從事考訂而撰跋尾者，如：顧炎武有「金石文字記」、朱彝尊有「曝書亭金石文字跋尾」、錢大昕有「潛研堂金石文跋尾」、嚴可均有「鐵橋金石跋」、楊守敬有「壬癸、己庚、丁戊金石跋」、羅振玉有「雪堂金石文字跋尾」、孫承澤有「庚子消夏記」、何焯有「義門題跋」、翁方綱有「蘇齋題跋」、張廷濟有「清儀閣題跋」、梁章鉅有「退庵金石跋」、莫友芝有「金石筆識」、何紹基有「東洲草堂金石跋」等，以上各家，大多兼具考訂、鑒賞與批評之長。

到了清代末期，王國維、羅振玉諸先生，則更將金石學範圍擴大，如殷墟甲骨、漢晉簡牘、敦煌、雲岡等地的千佛洞，以及出土的陶器、明器，無不包括在內；金石學至此，乃大為昌盛，而它對於古史的貢獻，如：證經典的異同，正史乘的謬誤，補載籍的缺佚，考文字的變遷，乃大為人所重視；而我國舊日所謂金石器，至今仍有其在考古學上重要的地位。（方　豪）

社會史與文化史之勃興

由十五世紀中期到十九世紀中期，地理上的新發現及自然科學和社會科學的進步，導致理性主義的抬頭，並使史學的領域突破西方舊世界的範疇；治史者的課題從政治與教會為中心的窠臼中解脫而出，更探討社會、工業、商業等所謂廣泛意義的文化之演變。此時史家相信，人文世界與自然世界一樣有其延續性，社會的演進係由低度文明漸提昇到高度文明，而非盲目走向末日，接受悲觀的命運。上帝或者仍然操縱一切，然而神的自然律容許有因果關係的存在以及人類自身相當程度的主動地位。此輩史家首開先河者當推福爾泰（Voltaire，原名 Francois Marie Arouet, 1697-1778）。氏以為政治學與歷史學應建立在科學及理性的基礎上，上古及中古以神意為主的史學觀念皆宜革除。他著路易十四之時代（The Age of Louis XIV），以事件主題為內容，將國家發展與社會演進之相互關係析論至詳，亦譴責戰禍及迷信，而特別重視文化上的成就。又著各國禮俗及精神論（Essay on the Manners and Spirit of the Nations），為一部不甚完備的世界文化史，書中視政治、經濟及社會之歷史發展為人類整體的演進，將東方及回教文化與歐洲文化並重，並主張歷史之演進係由於不同文化和不同觀念之接觸與衝突的結果。政治理論家休姆（David Hume, 1711-1776）著凱撒入侵迄一六九八年革命之英國史（History of England from the Invasion of Julius Caesar to the Revolution of 1698），雖筆鋒不及福爾泰，方法亦欠嚴謹，然隨處可見思想及智慧之光芒，為一部較為完整及有永久值價的英國史書。蘇格蘭史家羅勃森（William Robertson, 1721-1793），勤於蒐集，長於鑑別，故撰述之際不但能掌握史料，亦能力求準確與眞實。他認為歷史是一項高貴的事情，故須以高貴人物的事蹟為主，而高貴的歷史（'dignified history'）就變成政治與軍事為主的歷史。在許多的著作中以查理五世皇帝朝歷史（History of the Reign of the Emperor Charles V）所獲評價最高，對中古之政治史、制度史以及宗教改革之瞭解當時尚無出其右者。他同意中古文化實在貧乏，但不像休姆目之為一張白紙；他敵視天主教會，却無福爾泰那般偏激，是一位理性主義彩色不甚濃厚而確能表現理性成分的史家。享譽一百八十多年的吉朋（Edward Gibbon, 1737-1794），一直嚮慕羅勃森，亦從李維、塔西達斯及波利比斯等人的著述中獲得啓示。所著羅馬帝國衰亡史（History of the Decline and Fall of the Roman Empire）始自奧古斯都（Augustus,在位時間 27 B.C.-14 A.D.）迄東羅馬之滅亡（1453），他以為史家卽偉大著作的撰述者，而政事與戰爭無疑的是治史的主題。其文筆之生動，觀察之深入，更助長作品的廣為傳誦，但檢討帝國衰亡之原因，認係擴展太大與教會的腐蝕，則不免含混及偏頗。由於理性主義的盛行，不僅使史學的範圍漸漸擴及對社會史與文化史的探討，而且也將歷史的悲觀主義轉變成樂觀主義。人類歷史的意義並非盲目的走向最後的審判，迎接末日的來臨，而古代和古人也未必均優於當世和今人，於是歷史的演進論誕生。維哥（Giovanni Battista Vico, 1668-1744）認爲歷史演進之軌跡呈螺旋形，逐漸上昇，過程雖相近似，但非絕對雷同。圖高（Anne Robert Jaques Turgot, 1729-1781）則强調歷史具有延續性，故爲經驗與知識的不斷累積。文化愈趨複雜，則進步也愈快速。其他史家和哲學家繼起闡揚此一觀念者亦頗不乏人。（閻沁恒）

紀事本末體

中國史大要言之，可分三類，以年爲主者曰編年，以事爲主者曰記事，以人爲主者曰傳記。其中記事類的歷史便是用紀事本末體裁寫出的。所謂紀事本末者，誠如章學誠文史通義中所說：「按本末之爲體也，因事名篇，不爲常格，非深知古今大體，天下經綸，不能網羅隱括，無遺無濫，文省于紀傳，事豁于編年，決斷去取，體圓用神，斯眞尙書之遺也。」由章氏之言，知本末體濫觴于尙書，因事以定篇名，各就該事之發生經過和結束詳細敍述，或經十數年，或經百餘，中間不雜他事。朱熹跋通鑑紀事本末說：「古史之體，可見者書、春秋而已！春秋編年通紀，以見事之先後；書則每事別記，以具事之首尾。意者當時之史官，既以編年紀事，至於事之大者，則又採合而別紀之。若二典所紀，上下百有餘年，而武成金縢諸篇，其所紀載，或經數代，或歷數年，其間豈無異事，蓋必已具於編年之史，而今不復見矣！故左氏於春秋既依經以作傳，復爲國語二十餘篇，國別事殊，或越數十年而遂其事，蓋亦近書體，以相錯綜云爾！」（朱文公文集卷八一）章氏之言，殆亦與朱熹相發明。然自尙書國語之後，歷代史書非編年即紀傳，沒有用紀事本末體者，至南宋孝宗時，建安袁樞，有見於司馬光資治通鑑紀述一千三百六十二年史事，編年繫日，一事之首尾或相散見于十數年或百多年中，不相綴屬，讀者一覽難周，乃撰次爲資治通鑑紀事本末四十二卷，凡二百三十九目。每事各詳起訖，自爲標題，每篇各編年月，自爲首尾。自此，紀事本末體始大昌明。楊萬里序通鑑紀事說：「予每讀通鑑之書，見其事之肇於斯，則惜其事之不竟於斯，蓋事以年隔，年以事析，遭其初莫繹其終，攬其終莫志其初，如山之峨，如海之茫，蓋編繫日，其體然也。今讀子袁子此書，如生乎其時，親見乎其事，使人喜，使人悲，使人鼓舞，未既而繼之以嘆且泣也。」（誠齋集卷七八）朱熹稱讚此書「部居門目始終離合之間又皆曲有微意。」袁書後，繼之者有楊仲良的續資治通鑑長編紀事本末，明陳邦瞻的宋元史紀事本末等十多種。紀事本末體遂與編年、紀傳鼎足而三，在中國史學史中，袁樞頗有創新之功。所以關萃祥在彙刊七種紀事本末序中說：「袁氏樞………一變編年紀傳之例，而實會其通，誠記事之別格，而史學之捷徑也。」並非虛語。

各種史體，有創有因，編年、紀傳、紀事本末三體皆然，其演變之跡，之由，四庫總目卷四九紀事本末類前序講的很清楚，說：「古之史策編年而已，周以前無異軌也；司馬遷作史記遂有紀傳一體，唐以前亦無異軌也。至宋袁樞以通鑑舊文每事爲篇，各排比其次第，而詳敍其始終，命曰紀事本末，史遂又有此一體。夫事例相循，其後謂之因，其初皆起於創；其初有所創，其後即不能不因。故未有是體以前，微獨紀事本末創，即紀傳亦創，編年亦創；既有是體以後，微獨編年相因，紀傳相因，即紀事本末亦相因。因者既衆，遂於二體之外，別立一家。」袁樞通鑑紀事本末，其體例雖有因襲古史之處，但亦有其卓然特創的地方，足可以備一家之言。厥後，踵爲之者甚衆，如宋理宗時楊仲良撰續資治通鑑長編紀事本末即其一例。其下則如宋史、遼史、金史、西夏、明史、清史無不有紀事本末，而谷應泰的明史紀事本末且完成於明史之前，富有史料價值。袁樞創此新史體之功，實不可泯。（王德毅）

紀傳體

紀傳體是中國的史體之一，創自司馬遷，而行之兩千餘年，學者相承，殆如夏葛冬裘，渴飲饑食。中國的正史，皆爲紀傳體的化身，所以雖謂紀傳體爲國史的正宗，亦無不可。在西方史學中，無類此的史體。

紀傳體的例目，爲本紀、世家、表、書志、列傳。本紀以記大事，世家以敍侯國，書志以詳制度，列傳以誌人物，表則旁行斜上，以繫時事。此實爲一內容豐富的史學體裁，社會各部分情狀，皆可以納入。謹分別言其例目於後：

㈠本紀　史記索引釋本紀云：「本其事而記之。」裴松之以爲本者繫其本系，紀者統理衆事，系之年月，名之曰本紀。劉知幾史通本紀篇云：「紀之為體，猶春秋之經，繫日月以成歲時，書君上以顯國統。」所以本紀必編年，必遇大事乃書，且以帝王為中心，所載除按年記錄帝王行事外，並錄詔誥號令，三公拜罷，宰相升黜，薨卒刑殺，外交朝貢，災祥變異。以簡嚴為主，其詳分見於列傳書志。

(二)世家　世家一體，古已有之，司馬遷用之以記王侯諸國，其編次方法，與本紀同。漢書盡改為列傳，自此例一定，歷代多因之。晉書於僭偽諸國，數代相傳者，不曰世家，而曰載記。歐陽修五代史繼史記之後，於吳、南唐、前蜀、後蜀、南漢、北漢、楚、吳越、閩、南平，創立世家。宋史承其例，亦作十國世家。遼史於高麗、西夏，則又變其名曰外紀。載記、外紀皆世家的變體。

(三)書志　司馬遷創立八書，以紀朝章國典，班固因之，廣為十志。書志所以紀國家的大政大法，凡郡縣的更置，職官的興廢，戶口的登耗，經濟的盛衰，兵衛的興革，河渠的通塞，禮樂風俗的丕變，以及車服、儀衛、日食、星變等事，皆類敍而羅列，首尾畢具，本末兼明。二十五史中，惟三國志、南史、北史無志，梁、陳、齊、周、隋諸史之志，附於隋書以行。

(四)列傳　古書凡記事立論，及解經者，皆謂之傳，非專記一人的事蹟。專記一人的事蹟以為傳，自司馬遷史記始。自此以後，列傳遂為中國正史中最主要的一項。綜合列傳之體有四：1.專傳。史家之法，凡皇公巨卿大臣勛業顯著，及有關國政的大奸大惡，皆立專傳。2.合傳。合傳之體，多施於通史，如史記老子韓非列傳、屈原賈生列傳等是。如二人行事，首尾相接，則以一傳兼書，務令包括詳盡。3.附傳。數十人共一事，舉一主要的人物立傳，而共事者即各附一小傳於傳後。蓋人各一傳，則不勝傳，不為立傳，則其人又有事可傳，故有附傳之例。4.類傳。不拘時代，各就其人的生平，以類相從。如史記儒林、循吏、游俠、貨殖等列傳是。

(五)表　史記作十表，昉於周之譜牒，所以通列傳之窮。凡列侯將相公卿功名表著者，既為立傳，此外大臣無積勞，亦無顯過，傳之不勝傳，而又不容盡沒，則於表載之，所以表立則傳可省。(杜維運)

版本目錄學

治國學者必先懂得版本目錄，以打通治學的門徑，收事半功倍之效。我國古代圖書稱為典冊或竹帛，其稱為書則在戰國以後。自蔡倫發明用廉價的原料造紙，以代繁重昂貴的竹帛，書籍的傳鈔更加便利。現今敦煌石室所出的六朝時人手書經卷，紙多黃色，每卷長約數丈，皆用軸捲起來，其後以閱讀不便，乃改用摺疊的方法，於是始有帙。自印刷術發明以後，逐葉裱裝而成，則有所謂蝴蝶裝，其制板心在內，邊緣在外，開卷則儼如蝴蝶展翼，故有此名。繼之而起者為包背裝和線裝。

書籍的版刻導源於璽印及石刻，璽印鈐之於紙，碑刻以紙傳搨，皆為印刷術的先河。雕板印書始於盛唐，至宋仁宗畢昇發明活字板，印刷術乃大盛。古書流傳愈久愈廣，則傳刻的次數愈多，地域愈遍，刻工校對紙張墨色，乃至板式字體行款諱字皆因時而異，於是版本之學乃成為一門必要學問。特別是明人刻書，每好以己意改動古書字句，貽誤後世學者甚巨，如水經注本來有經有注，明刻本把經注混在一起，使學者分不出何者為經何者為注？幸而永樂大典上聲八晌水字韻中載有水經注全文，經文用大號字書寫，注文字寫的較小，非常分明，如無永樂大典，這個問題便無法解決。所以圖書愈古老的刻本寫本愈好，愈接近眞實。當然，鑒別版本，不僅需專門知識，尤需眼見之多，心習之熟。蓋學識愈博，所憑藉的資料愈廣，對於版本的鑒別也就愈確實，雖書賈善於作偽，也難逃過行家法眼。且由版本之學一轉而為校勘之學，二者對史學之研究貢獻最大，往往一字之差影響到對歷史史實的解釋，故不可不慎。

目錄學是以圖書作為研究對象的學問，我國早期稱之為校讎學，日本則慣稱之為書誌學，其專司乃是對書籍的著述、印刷、出版等項均作有系統的敘述。

我國的目錄學淵源於劉向劉歆父子的別錄七略，本以校訂古書字句，分類整理，使成定本為專司，純是一種校讎之學。惟自印刷術昌明以後，書籍的傳刻日廣，私人藏書日多，無須經過校訂整理的過程，藏書家只要說明類例，詳細著錄書籍作者版刻等項，讓讀者即類以求書就夠了，所以目錄學從校讎學中分化而出，乃是時代趨勢。

所謂目，其本義是指人的眼睛，引而申之，乃有節目、條目、項目諸解，漢書劉向傳稱向校書中祕，「比類相從，各有條目」(卷三十六)，就是此義。至於錄，本是由彔轉來，段玉裁說文解字說：「彔，刻割也。」割刻須用刀，遂從金而成錄。引申有記錄著錄之義。目錄學既是以圖書為對象的說明科學，不僅著錄書籍的篇目，還要論析本書的要旨和得失，如劉向在中秘校經傳，每一書校畢，「向輒條其篇目，撮其旨意，錄而奏之」（漢書卷三十藝文志）。眞正的擔負起「辨章學術，考鏡源流」的責任。王鳴盛說：「目錄之學，學中第一要緊事，必從此問途，方能得其門而入。」（十七史商榷卷一）。足見目錄學的重要。宋代的目錄書，如崇文總目，郡齋讀書志，直齋書錄解題，多能記述各書著作經過、大旨、作者生平，偶而亦批評書的得失，其間詳略懸殊很大。清乾隆間所修的四庫全書總目提要，是一部比較好的目錄書，高宗初命館臣撮舉書中要旨，用便觀覽，並未責以劉向叙錄的義例，及諸臣奉詔撰述，遂能鈎玄提要，旁引群書，加以考證，有本有原，動至數百言，不肯以檃括厓略來塞責，卽高宗閱後亦喜出望外。張之洞說：「今爲諸生指一良師，將四庫全書總目讀一過，卽略知學問門徑矣！」其價値如此。近年臺灣商務印書館所排印的續修四庫全書提要，其中有詳贍超過四庫總目的，然因雜出衆手，體制不一，而又優劣互見，並沒有一位若紀昀一樣博雅的學者加以潤删，使之整齊畫一，所以還不能超過總目。然而學者能習讀這兩種提要，對於邁進治學的門徑，當不失之了。（參考屈萬里昌彼得圖書版本學要略、昌彼得目錄釋名、故宮圖書季刊一卷一期、余嘉錫四庫提要辨證）。（王德毅）

科學史派之崛起

浪漫主義派史家曾竭力糾正理性主義史派對中古歷史的極端輕視；宗教改革派史家與對抗宗教改革派史家的勤於蒐求證據，以批判對方的錯誤，均曾將客觀態度治史的精神提示出一些線索。及嗣後史家採用輔助學科以鑑別史料，而繼史料之外部審查又復倡內部審查，遂使科學史派應運而起。有「近代史學創始人」之稱的尼博兒（Barthold Georg Niebuhr, 1776-1831）著羅馬史（Roman History）等。他專治古代史，擅長於對制度作深入性的分析，尤能綜合前人在進化與批評的方法方面已有的成就。他對史料採取尋源、懷疑及批評的態度，曾根據科學的方法，從語言文字方面著手，以檢討李維所著羅馬史的缺點，爲治史者不拘守成說，實事求是的一項範例。十九世紀德國大史學家蘭克（Leopold von Ranke, 1795-1886）著羅馬民族與日耳曼民族史（History of the Romance and Germanic Peoples, 1494-1535）等，書後附錄長文「近代歷史作者評議」（"A Critique of Modern Historical Writers），强調內部審查之重要，並建議史家不僅運用史料須態度嚴謹，而且要瞭解研究對象的人格、當時的趨勢、各種活動的狀況以及各個文獻作者的機遇，俾發現歷史記錄的差誤。他的兩項主張：㈠史家當自偏見中獲得解放；㈡記述往事要正如其實在發生的情形一樣，均在提倡以批評及客觀的態度治史。其影響不僅限於德國的史學研究，對世界史學亦貢獻甚大。他最顯著的缺點則爲過度重視政治及重要人物而忽略基本的社會與經濟史，同時民族主義觀念濃厚，對普魯士、荷亨卓倫王族（Hohenzollerns）與馬丁路德不免有狂熱之嫌。蘭克對史料的批評及建立客觀的研究方法固然功不可沒，但他要重建往事確知其原來的情況，則僅屬一理想而已。歷史事件均有其獨性，歷史既不可能原原本本的重演，則後人是無法澈底瞭解古人古事之心理狀況及相關的歷史情勢。誠如貝克教授（Carl L. Becker）一九二六年向「美國歷史學會」（American Historical Association）演講時所說：「甚麼是歷史的事實？」是頗爲不易回答的問題。歷史上的事實大大小小多如牛毛，史家如何能去眞實的重建呢？凱撒渡過盧比康（Rubicon）河，這一簡單的事實實際上是由成千上萬的其他大小事實的發生所造成。然又如何去重建與一件事實相關的許多其他事實呢？顯然，史學的研究並不能因蘭克之努力而可令人滿足，當代史家仍在尋求更佳的可行方法。（閻沁恒）

奏議與詔令

王應麟玉海藝文云：「唐虞之臣，敷奏以言，秦漢之輔，上書稱奏。奏者進也，敷下情進于上也。」這是對奏議一詞的最好解釋。

奏議是臣僚論事的章疏，「以明允篤誠爲本，辯析疏通爲首，强志足以成務，博見足以窮理。」對於一朝大政的脈絡因果，典章制度的存廢因革，乃至卿相議論的不同，內外陳說的歧異，正史紀傳往往不能備載，而在名臣個人的奏議集裏，却完完整整的保留著。至於按劾之奏，旨在明典憲，淸國是，必使「理有典刑，辭有風軌，總法家之式，秉儒家之文。」不畏强禦，以直聲動朝野，凛烈之正氣足以感天地泣鬼神者，正史中列傳也不能盡詳，亦需求之於諸名臣奏議專書。所以奏議不僅足以補正史缺遺，而且所品藻者皆當代之人，所爭論的皆當時之事，在史料上要算是第一手的，價値之高，實遠過後日所修的正史。唐陸贄入翰苑，爲宰相，爲晚唐第一人物，其論思納獻，擧直錯枉，功勞最高，有奏議十二卷，宋代諸帝皆將之列爲儒臣於經筵講讀的重要文獻，蘇軾、范祖禹等許爲「論深切於事情，言不離於道德，智如子房，而文則過；辨如賈誼，而術不疏。」研究唐史者不能不取爲考鏡。宋趙汝愚所編的國朝諸臣奏議，凡「天人之感通，邪正之區別，內外之修攘，刑賞之懲勸，利害之罷行，官民兵財之機括，禮樂刑政之綱目，靡所不載。」孝宗看了以後，對宰臣周必大說：「治道盡在此矣！」又說：「朕嘗看此書，可與資治通鑑並行。」則奏議不僅有史料的價值，而且切於治道，蓋奏議中推明致治之源，可以爲法，指陳當世之失，可以爲鑑，與資治通鑑有同樣的功用，於此可見名臣奏議的可貴，治史者不可不取材於此。由於奏議以說理敘事爲主，足以感動人主，以文章論算是第一流的，所以自漢書藝文志以下，在典籍分類裏頗不一致。漢書將奏事十八篇置在戰國策之後，史記之前，唐書經籍志列入史部故事類，雖不甚妥，而以之爲史，則並不錯。玉海雖單立奏疏一目，而置於頌論之間，文獻通考亦別立章奏，而附於別集之末，宋志則歸之總集類，皆誤將史乘視同文章。至清修四庫全書，乃單獨立奏議詔令一門，而歸之史部，位在雜史之後，傳記之前，奏議在史籍中的地位便提高了。

詔令源於尚書中的誓誥，秦并天下，規定天子的命令曰制曰詔。其近於詔令性質的有命令、制誥、勅書、册書、赦文、德音、檄移、指揮、批答、露布等名稱。詔令是君主專制時代朝廷所發佈的「王言」，是當時留下來的官方文書和重要文告，這類原始材料，對於研究歷史貢獻很大。

劉知幾史通載文說：「古者國有詔令，皆人主所爲，故漢光武時第五倫爲督鑄錢掾，見詔書而嘆曰：此聖主也。一見決矣！至於近古則不然，凡有詔敕，皆責成群下，但使朝多文士，國富辭人，肆其筆端，何事不錄？是以每發璽書下綸言，申惻隱之渥恩，敘憂勤之至意。其君雖有反道敗德，惟頑與暴，觀其政令，則辛癸不如，聽其詔誥，則勳華再出。……而世之作者恒不之察，聚彼虛說，編而次之，創自起居，成於國史，連章疏錄，一字無廢，非復史書，更成文集。」此言詔令出於代言之臣，未必能盡道君主的真心實意。然亦不可因噎廢食，蓋當代人所編的本朝詔令集，對於研究該朝史事和訂正補充史書的缺漏，有很大的參考價值。如南宋人所編的宋大詔令集載仁宗郭皇后爲郭崇韜的孫女，而宋史后妃傳則誤爲郭崇，卽爲顯例。卽宋臣宋敏求所編的唐大詔令，亦頗足以資考據補史事，仍不失爲治唐史的原始材料。林虙所編的西漢詔令，樓昉的東漢詔令，雖皆取材於正史，也有參考價值。所以說劉知幾所言，亦不可據以否定詔令在研究史學上的重要性。

宋代目錄學家如趙希弁郡讀書附志將詔令編入子部類書類，中興館閣書目、文獻通考、及宋史志皆歸之於總集，焦竑國史經籍志、黃虞稷千頃堂書目亦如之，至四庫全書總目始將之與奏議合併爲一類，而名之曰詔令奏議，總算把詔令的性質確定了。（參考王應麟玉海藝文、紀昀四庫全書總目、劉知幾史通、陸宣公翰苑集、趙汝愚國朝諸臣奏議及趙鐵寒撰之題端等。）（王德毅）

書法

書法，史筆也，史家記言記事所遵循之規律，謂之書法，如孔子作春秋，而有春秋書法，太史公作史記，而有史記書法，清修明史，而有明史書法。書法乃中國史學所獨有，亦爲中國史學之特色。然書法究竟起於何時，今已不可考，但確知春秋以前卽有書法。左傳宣公二年，趙穿攻靈公於桃園，太史書曰：「『趙盾弒其君。』以示於朝。宣子曰：『不然。』對曰：『子爲正卿，亡不越竟，反不討賊，非子而誰？』……孔子曰：『董狐古之良史也，書法不隱。』」中國史家自古以來敘事均有定例，卽或未嘗自言其例，然就全書尋繹，亦可見言例意。如聲罪致討曰伐，毀其宗廟社稷曰滅等等。又如宋齊二書但記本國，而鄰國之事，僅書其與本國交涉者，其他雖興滅崩立亦不書（趙翼陔餘叢考卷六）。卽或官修史書，雖集衆人之力而成，亦多書法謹嚴，如遼金元各史帝紀書法準史記、漢書、新唐書。中國史學之發展，至於宋，尤爲重視書法；而朱熹之通鑑綱目爲書法表現之極致。其例凡十九類，曰統系，曰歲年，曰名號，曰卽位，曰改元，曰尊立，曰崩喪，曰篡賊，曰廢徙，曰祭祀、曰行幸，曰恩澤，曰朝會，曰封拜，曰征伐，曰廢黜，曰罷免，曰人事，曰災祥。

史家之書法乃基於其對史事之裁斷、人物之褒貶、學術之認識。孔子首重正名，故春秋以道名分，吳楚僭王而曰子，糾不書齊而小白書齊。史記世家列傳有附傳，如陳平世家附王陵，有同傳，如老子韓非同傳，若非洞達學術源流，知人識世者，不能作此安排。裁斷不同，書法因而各家有異。史記列項羽於帝紀，且項羽本紀在高帝之前，而漢書列之於傳，且與陳勝同傳，以見太史公不以成敗爲褒貶進退。陳壽魏紀書天子以領冀州牧。范曄獻帝紀則書曹操自領冀州牧。三國志、後漢書成書時間相隔百餘年，二書書法因而各異；壽以魏爲正統，范曄則猶有春秋書法。

中國史家講究書法，雖嚴於體例，然不免於史事的敘述中，加入了史家本身之價值判斷，或多或少遮掩了歷史事實之眞象。（劉錚雲）

起居注

周官有左右史，左史記言，右史記事，爲後世起居之本。故起居注乃專記人君言行動止之書。漢武帝有禁中起居注，後漢明德馬后撰有明帝起居注，隋唐之際尙存有漢獻帝及晉代以來起居注，可見修起居注之官已由漢時女史之職，而改由士大夫任之，亦不專記宮中之事，而多記朝廷議論。唐初置起居郎及起居舍人，專記天子言動。新唐書卷四七百官志曰：「起居郎……掌錄天子起居法度。天子御正殿，則郎居左舍人居右，有命俯陛以聽，退而書之，季終以授史官。」貞觀三年廢舍人，「以給事中諫議大夫兼知起居注，或知起居事，每仗下議政事，起居郎一人執筆記錄于前，史官隨之。其後復置起居舍人，分侍左右秉筆，隨宰相入殿。……」唐太宗勤於聽政，每在退朝後即與宰臣共議政事，命起居郎一人執簡記錄，所以貞觀記注最詳。太宗嘗欲一覩起居注，朱子奢以「恐開後世史官之禍」拒之，足見起居郎舍人職位之尊重。唐文宗每召大臣論事，必命起居舍人執筆立於殿側，以記政事。宋承唐制，於本朝史最爲注重，起居郎舍人專掌記天子言動，元豐五年新官制行，規定起居郎舍人「御正殿則侯於門廡外，便殿則侍立，行幸則從，大朝會則對立於殿下螭首之側。凡朝廷命令、赦宥、禮樂法度、損益因革、賞罰勸懲、群臣進對、文武臣除授，及祭祀燕享臨幸引見之事，四時氣候、四方符瑞、戶口增減、州縣廢置，皆書以授著作官。」（文獻通考卷五十起居條）足見無言不錄，無事不記，所以宋代史事最爲詳備。汪藻奏疏中曾云：「本朝宰相皆兼史館，故書榻前議論之辭則有時政記，柱下見聞之實則有起居注。類而次之，謂之日曆，修而成之，謂之實錄。」（建炎以來繫年要錄卷六十）皆所以備將來史官修史之采擇。明初徐一夔曾推崇宋史紀事之法，曰：「至於起居注之說，亦專以甲子起例，蓋記事之法無踰此也。往宋極重史事，日曆之修，諸司必關白，又詔誥則三省必書，兵機邊務則樞司必報，百官之進退，刑賞之予奪，臺諫之論列，給舍之繳駁，經筵之問答，臣僚之轉對，侍從之直前啓事，中外之囊封匭奏，下至錢穀甲兵，獄訟造作，凡有關政體者，無不隨日以錄。猶患其出於史牘，或有譌失，故歐陽修奏請宰相監修，於歲終檢點修撰官所錄，事有失職者罰之，如此則日曆不至譌失，他時會要之修取於此，實錄之修取於此，百年之後紀志列傳取於此，此宋史之所以爲精確也。」（明史卷二八五）其立制之備，爲元明以下所不及。一夔又評元代「不置日曆，不置起居注。」故實錄所載，皆臣下聞奏事目，而無帝王之言動。明初，宋濂曾撰起居注，成祖以後，其制漸廢，神宗萬曆初，張居正秉政，又恢復記注。清代略仿明制，所記多爲諸司章奏，而於仗前柱下之語則無從聞見而錄之，蓋由制度使然，不如宋代遠甚。

王明淸在其所撰揮麈錄中曰：「凡史官紀事所因者例有四：一曰時政記，則宰執朝夕議政君臣之間奏對之語也；二曰起居注，則左右史所記言動也；三曰日曆，則因時政記起居注潤色而爲之者也；……四曰臣僚墓碑行狀，則其家之所上也。」（通考卷一九一）足見起居注所載實爲上乘史料，後來一切史籍之修纂無不取材於此，故起居注於歷史紀事之詳備眞實與否有密切關係。現存宋會要稿中不少君臣問答討論之語，當得之於仗前柱下，其價值可以想見。（王德毅）

時政記

唐貞觀年間，太宗每日朝退後，與宰相討論政事，即令起居郎一人，執簡記錄。由是貞觀注記，政事極爲詳盡。至高宗時代，許敬宗、李義府用權，多妄奏事，恐史官書之，遂奏令史官隨仗便出，不得備聞機務。則天武后長壽二年（西元六九三年），姚璹表請仗下所言軍國政事，由宰相一人撰錄，號爲時政記，每月封送史館。宰相之撰時政記，自此開始。其後時常中斷，唐會要卷六十四史館雜錄下云：

「（唐憲宗元和）八年十月，宰臣以下，候對於延英殿，上以時政記問於宰臣，監修國史李吉甫對曰：『是宰相記天子事，以授史官之實錄也。古者左史記言，今起居郎是也。右史記動，今起居舍人是也。永徽中，宰臣姚璹監修國史，慮其造膝之言，或不可聞，因請隨奏對而記於仗下，以授史官，今時政記是也。』上曰：『其間或修或不修者，何也？』吉甫對曰：『凡面奉德音，未及施行，總謂機密，固不可書以送史官。其間謀議有發自臣下者，又不可自書以付史官。及事已行者，制旨昭然，天下皆得聞知，即史官之記，不待事以授也。且臣觀時政記者，姚璹修於長壽，及璹罷而事廢；買耽、齊抗修于貞元，及耽、抗罷而事廢。然則關於政化者，不虛美，不隱惡，謂之良史也。」

可知宰相所撰之時政記，爲極機密之國家大事非宰相所受皇帝之面諭，即宰相本人所上之謀議，既尚未付諸實施，有不能立刻付之史館者，故撰錄工作，有時中輟，惟其制未嘗廢止，唐會要卷六十四史館雜錄下云：

「長慶元年四月，修聖政記。中書門下奏……伏望大恩，許臣等每坐日，所有謀議，事關政事者，便日撰錄，號爲聖政記，書紀緘封，至歲末，則付史官。……從之。」

「開成三年二月，中書門下奏，延英對，宰臣須紀錄。……今請每日延英坐日，對宰臣往復之詞，關教化政刑之事，委中書門下直日紀錄，月終送史館。所冀政猷不墜，國史有倫。……依奏。」

新唐書卷一百八十二裴休傳云：

「大中六年，奏言宰相論政上前，知印者次爲時政記，所論非一，詳己辭，略它議，事有所缺，史氏莫得詳。請宰相人自爲記，合付史官。詔可。」

是唐穆宗（長慶爲穆宗年號）、文宗（開成爲文宗年號）、宣宗（大中爲宣宗年號）時代，皆有時政記之撰錄，惟略有變通而已。宋代宰相之撰錄時政記，略如唐制。（石文傑）

浪漫主義與史學

浪漫主義（Romanticism）者的歷史觀念認定，任何國家的文化演進皆具漸進及無意識的性質，並由一種精神的創造力在策動其發展，故强調民族傳統及觀念，宣稱一切文化均自成一有機體和獨特性的發展。研究的中心是民族史，研究的背景始於中古，研究的方式則是近似傳記的彙編。可惜，除去將一國制度、法律、文學及政府等方面之精神發展歸因於民族的天才外，沒有借用歷史因果的理智分析而賦予科學的解釋。艾其赫（Karl Friedrich Eichhorn, 1781-1854）致力於日耳曼法制史的研究，不僅追本溯源，且指出對民族文化發展的各方面影響，激發日後史家對日耳曼民族主義及法制史的進一步探討。查托白里安（Francois Rene Auguste dè Chateaubriand, 1768-1848）著由歷史、政治及道德觀點論革命（Historical Political and Moral Essay on Revolution），檢討過去十二次的重大革命而證明是浪費、兇殘及無益之舉。其作品頗爲流行，因被尊爲「法國浪漫主義之父」。米契萊（Jules Michelet, 1798-1874）爲當時法國史學界的風雲人物，具驚人的創造性想像力與善於使用文字描繪的造詣，生平對政治及宗教的態度曾有劇烈的轉變，但治史的態度則始終如一。在所著法國史（History of France）、民族（The People）及法國革命史（History of the French Revolution）中，充分表現他反專制、反教會與熱愛法蘭西的極端民族主義思想。他的名言是「歷史是人類自由的劇本」。英國史家卡萊爾（Thomas Carlyle, 1795-1881）則與前者態度迥異，認爲一般大衆不值一顧，史家眼光應放在顯赫響亮的人物身上，故作品皆屬名人傳記性質，對人物性格之描寫極爲成功，惟涉及經濟、社會及憲政之處多爲敗筆。此一時代之歷史哲學亦大放異彩，名家輩出。除維哥之外，當首推赫德（Johann Gottfried Herder, 1744-1803）。氏之思想介乎理性主義與浪漫主義之間，所著人類歷史哲學之觀念（Ideas for the Philosophy History of Mankind），闡述歷史之過程即外在環境與內在精神（Geoist）交織所得之產品，故每一種文化皆循生長的自然法則經由萌芽、盛開而至凋謝。黑格爾（Georg Wilhelm Friedrich Hegel, 1770-1831）著歷史哲學（Philosophy of History），爲一高度主觀的作品，指出歷史爲自由之自我意識在人類精神中的展示，如同費希特（Johann Gottfried Fichte, 1762-1814）一樣，書中充滿强烈的民族主義思想，確認天神賦予日耳曼民族以使命，將自由之恩寵帶給人類。他對歷史的演進，認係衝突與綜合的結果；亦即有了正的運動或觀念，隨之產生反的運動或觀念，二者相尅，得出最終的綜合，因而向眞理邁前一步。歷史就是此一過程的反覆進行的記錄。氏之思想對馬克思主義（Marxism）及民族主義日後之發展影響非小。（閻沁恒）

通　史

說文訓通爲達，是自此之彼的意思。班固作白虎通義，應劭作風俗通義，後世標通，自此開始。梁武帝以遷固而下，斷代爲書，於是命吳均等上起三皇，下訖齊室，撰爲通史一書，欲以包羅衆史，史籍標通，自此濫觴。此後源流漸別，杜佑取法官禮，統前史的書志，而作通典；司馬光採用編年體，綜合各史紀傳之文，而作資治通鑑；鄭樵遵用紀傳體，總括古今學術，而作通志；裴潾則略仿孔道文苑、蕭統文選，彙集公私述作，而作太和通選；馬端臨則總古今典章制度而考之，於是而作文獻通考。史部之通，於斯為極盛。至於范質五代通錄（宋范質以編年體記梁唐晉漢周事實），熊克九朝通略（宋熊克合呂夷簡三朝國史、王珪兩朝國史、李燾洪邁等四朝國史，以編年體為九朝書），則標通而限以朝代；李延壽南北史，薛居正舊五代史，歐陽修新五代史，則斷代而仍行通史之法。三通（通典、通志、通考）以後，續有作者，宋白作續通典，王圻作續文獻通考，清乾隆中，設三通館，修成續通典、續通志、續文獻通考。通鑑以後，其同類書尤叢出不窮，李燾續資治通鑑長編、薛應旂宋元資治通鑑、王宗沐宋元資治通鑑、徐乾學資治通鑑後編、畢沅續資治通鑑，皆繼通鑑而作。晚清以來，西方史學東漸，史家競以西方史學新體例，撰寫新中國通史，作品紛紛問世，惟迄今尚罕佳構。

梁武帝通史，實仿自司馬遷史記。史記上起軒轅，下訖漢武，彙兩千餘年史事於一篇，而又創例發凡，運以卓見絕識，通史家風，自此而開。梁武帝通史，自秦以上，皆以史記為本，而別採他說以廣異聞，至兩漢以還，則全錄當時紀傳，而上下通達，銓配得宜，又吳蜀二主，皆入世家，五胡及拓拔氏，列於夷狄傳，大抵其體皆如史記，惟無表而已。（見史通六家篇）惜其書後焚於江陵。鄭樵以梁代通史久佚，發憤而作通志，獨取三千年來遺文故册，運以別識心裁，蓋承通史家風，期以成一家之言。其書最精部分為二十略。司馬光寫通鑑，前後十九年，書局自隨，自辟僚屬，所與討論，又皆一時名流，所以能裁成絕業，貫穿一千三百餘年間事，萃為一書。杜佑上溯黃農，下訖唐代，作通典，采群經諸史，每事以類相從，舉其始終，歷代沿革廢置及當時群士議論得失，無不條載，其書之美善，可與通鑑並稱，通鑑敍君臣事跡，詳於治亂興衰，通典記典章制度，明乎因革損益，二者如輔車相依，必合觀之乃備。至馬端臨則直欲以文獻通考，取配通鑑，其書共分二十四門，條分縷析，使稽古者可以案類而考。又其所載宋制最詳，多宋史各志所未備，所下案語亦多能貫穿古今，折衷至當。典制類的通史，通考可稱鉅製，精簡雖不如通典，而詳贍過之。

通史之修，其利弊，章學誠曾言及之：

「通史之修，其便有六：一曰免重複，二曰均類例，三曰便銓配，四曰平是非，五曰去抵牾，六曰詳鄰事。其長有二：一曰具剪裁，二曰立家法。其弊有三：一曰無短長，二曰仍原題，三曰忘標目。」

其詳見文史通義釋通篇。（杜維運）

國史

一國之史或一朝之史皆謂之國史。國史一詞見於杜預春秋序及詩序。相傳黃帝曾命倉頡、沮誦為左、右史，而三代以下，至於春秋戰國之時，不僅周天子有史官之設，掌邦國之事，達四方之志；諸侯列國亦皆設有史官，各有國史。例如戰國之時，秦趙二王曾於澠池交會，即各命其御史書某年某月鼓瑟鼓缶（史記廉藺列傳）。而孟子所謂楚之檮杌、晉之乘、魯之春秋即為當時各國國史之別名。孔子即因魯史而作春秋，左丘明亦據各國國史以成國語。

東漢明帝嘗詔劉珍、李尤修東觀漢記，此後隨修隨續，以迄靈帝。此書體例一依史記漢書紀傳表志諸體，大異於上古記注之成法—僅止於法典或檔案文牘之記載。因此一些史家認為東觀漢記為國史之濫觴。北齊雖置史館，監修國史，周隋仍之；然而制度未立，作輟不常，至唐太宗重置史館於禁中，創規立制，垂為典常，始立下日後修國史之規模。此後，歷宋、元、明、至清此一制度緜延不絕，國史之修因而持續不輟，成為中國史學發展之一大特色。

史館修國史，除根據日曆、起居注、時政記外，各官置錄報事件亦為廣泛引用之材料。唐會要卷六十三諸司應送史館事例：「祥瑞；天文祥異；蕃國朝貢；蕃夷入寇及來降；變改音律及新造曲調；州縣廢置及孝義旌表；法令變改，斷獄新議；有年及飢，并水旱蟲霜風雹及地震，流水泛濫；諸邑封建；京諸司長官及刺史都督都護行軍大總管除授；刺史縣令善政異跡；碩學異能高人逸士義夫節婦；京諸司長官薨卒；刺史都督都護及行軍大總管以下薨；公主百官定謚；諸王來朝。以上事例皆依本條所由，有即勒報史館，修入國史。」（孫承澤春明夢餘錄卷十三唐修史例一文，記載尤詳，可供參考。）

國史乃當時人所修之當代史，如唐未亡，而修唐書；宋未亡，而修宋國史。由於保留了豐富的史料，而其可信度亦較高，故歷代正史之修，多本國史。舊唐書之作，即多本國史實錄。長慶以前之本紀列傳，較新唐書為詳贍，因而司馬溫公之修通鑑，寧棄新而取舊。南宋時，王偁撰東都事略，詳載北宋九朝之事，勝於元人所修之宋史，此亦據國史而勒定者。今坊間所見之清史列傳，即以清國史館之國史爲底本。民國以後，設置清史館修清史，亦多據清國史而成。由此可見，國史在中國史學上之重要性。

民國成立以後，雖仍有國史館之設置，然史官已不復存在，亦無史官纂修國史之制度。因此，「國史」此一名詞，於今日含義已變，意指整個中國歷史，而不再是一朝國史之義。

此外，國史一詞亦指史官，見杜預春秋序：「身爲國史，躬覽載籍，必廣記而備言之。」不過，甚爲少用。（劉錚雲）

專門史

梁啓超在其中國歷史研究法補編中，曾指出專門史有五：一爲人的專史，專以一人爲主，如傳記年譜皆屬之。二爲事的專史，專就一事爲主，如建炎復辟記、復社紀略、綏寇紀略等皆是。三爲文物的專史，乃專以典章制度、學術以及社會狀況爲主，舊史中之書志卽屬於此一類。如通典與文獻通考卽爲良好的典制史。四爲地方的專史，專以郡縣沿革、州邑風土人物爲主，如正史中之地理志及歷代各地方官或鄉紳所修省府州縣志皆是。五爲斷代的專史，乃專以一時代爲主，而不以一姓之興亡爲斷限。如正史中之南史、北史、五代史記皆是。可見專史範圍甚爲廣泛，四庫總目史部中所分傳記、地理、時令、詔令奏議、職官、政書、史評等類，無一非專史。

近世我國史學受西洋史學影響，專門史之分析愈益精細。民國二十五年商務印書館所輯中國文化史叢書，擬目錄八十種，由王雲五、傅緯平二先生總其事，由於戰亂，已出版者凡四十種，皆爲專史。今學術分科細密，每一門學科無不有其發展的歷史，蓋歷史爲知識之總匯，爲前人經驗之紀錄，故對於專門史之研究，實有倡導必要。

專史可以貫通古今，如劉大杰中國文學發展史，柳詒徵中國文化史；亦可限於斷代，如梁啓超先秦政治思想史，錢穆中國近三百年學術史，湯用彤漢魏兩晉南北朝佛教史；皆爲世所稱。近百年中西交通大開，我國與世界各國交涉日繁，兼又受日本歐美漢學家研究之刺激，成爲新興學問，如方豪中西交通史，余又蓀中日關係史，馮承鈞中國南洋交通史，皆在專門史範圍之內。如以梁啓超所舉五種專史爲區分，應屬於事的專史。專門史不僅需要史學、史才與史識，且須借重相關學科的知識，如研究中國社會史，必先通曉社會學與民族學，其他如經濟史、政治制度史莫不皆然。故今人對史學研究有度越前人之成就，卽因借重輔助科學之故。梁啓超主張集衆人之力創作一部現代人所需要之中國通史，內容包括政治之部、文化之部、社會及生計之部，每部又分十餘種子目，根據每一子目，撰著一部專史，以合成一部最理想的中國通史。（參考梁啓超中國歷史研究法及國史研究六篇，顧頡剛當代中國史學）（王德毅）

循環論 (Cyclical Theory)

「循環論」一詞，是指主張社會變遷及歷史過程，爲循環發展 (cyclical development)的學說。自古以來，人類因感受自然現象之週而復始，故中西哲人多有以宇宙爲一種歷程之複演者。如莊子謂「始卒若環，莫得其倫」；朱子語類謂「又問，天地會壞否？曰，不會壞。只是相將人無道極了便齊打合，混沌一番，人物都盡，又從新起」；西哲尼采(Nietsche)更以爲宇宙萬象卽是相同循環的永遠重複。但這類概念僅是哲學家的宇宙觀，不適於解釋史事。有以人類歷史皆取循環形式者，謂人事發展到一定階段則又將回復原狀，可稱之爲循環史觀。孟子謂「天下之生久矣，一治一亂…」，又云「五百年必有王者興」，亦卽是這種思想的原型。西方在十九世紀時，循環論最爲發達。其中可按照循環的方式，分爲(甲)、直線或螺旋形循環，並且具有固定的目標；(乙)、永遠作相同的循環；(丙)、循環或律動 (rhythm) 既不相同，且非趨向固定的目標。如以週期之有無爲標準，則又可分爲週期性循環 (periodic cycles) 及非週期性循環 (non-periodic cycles) 兩類，但無論有無週期，循環過程均有進步 (progressive) 或退步 (regressive) 的可能。（參看P. Sorokin, Contemporary Sociological Theories, New York: Harper, 1928, pp. 728-30, 738; 張蔭麟，論傳統歷史哲學，台北中央文物供應社，民國四二，頁一三～一五）。

在週期性的循環學說中，例如羅倫茲 (O. Lorenz) 就主張許多歷史過程是以每百年爲週期，稱之爲「自然的」("Natural")歷史週期，並將許多重大歷史事件納入此一週期表中(Die Geschichtswissenschaft in Hauptrichtungen und Aufgaben, Berlin, 1886, pp. 299 ff.)。主張非週期性的循環論者可以斯賓格勒 (O. Spengler) 及梭羅金 (P. Sorokin) 爲代表，前者認爲國家或文化一如生物，都有茁長、衰老、和死亡的幾個發展階段 (P. Gardiner, ed., Theories of History, New York: The Free Press, 1959, pp. 188 ff.)。

；梭羅金則認為人類難以滿足的慾望，可以用來說明歷史中的主要律動。因此，他提出文化中「觀念→理想→感覺」(ideational-idealistic-sensate) 三相律動的學說，為史事變遷提供一項有用的線索，但他並不自以為前述理論是放之四海而皆準的 (F.R. Cowell, History, Civilization and Culture, London: Thames and Hudson, 1952, pp. 225-6)。

循環論的主要缺點有下列幾項：㈠、永遠作相同循環的重複，無論是在宇宙演化或人類歷史中，均不能證明其存在；㈡、歷史和社會變遷中，也不能證明有某種固定、平穩、和永恒的趨勢之存在；㈢、各種社會歷程的循環中，是否有某種週期 (periodicity) 仍是疑問，需要作進一步的求證。基於前述各點，似難承認歷史或社會變遷中有所謂相似的循環 (Contemporary Sociological Theories, pp. 738-41)。（謝　劍）

會要

會要是記載一代故實及制度沿革的專書，分類頗細，晁公武郡齋讀書志，宋中興館閣書目以及宋史藝文志，均列入類書類，這是不妥當的。玉海將之歸入典故，文獻通考編到故事類，至四庫全書乃正名為政書，才算把這項文獻的史料價值提高了。

四庫總目政書類小序云：「志藝文者有故事一類，其間祖宗創法，奕葉慎守，是為一朝之故事，後鑒前師，與時損益者，是為前代之故事，史家著錄大抵前代事也。隋志載漢武故事濫及稗官，載魏文貞故事橫牽家傳，循名誤例，義例殊乖。今總核遺文，惟以國政朝章六官所職者入於斯類，以符周官故府之遺。」其分類遠較史志為合理謹嚴。

會要之為書始於唐代，其體例略倣通典，大者分門，小者分目，排比敘事，極有條貫，既便觀覽，又利考證，在史籍中實與編年體的實錄，紀傳體的國史鼎足而三。唐有天下三百多年，文物制度極為燦備，德宗貞元中，杭州刺史蘇弁與兄冕始為唐會要四十卷，其後武宗大中年間，崔鉉等又為續會要四十卷，以繼蘇書。宋初，王溥又彙取宣宗以後事，并蘇崔所錄，合為一百卷；溥又采自梁開平至周顯德事蹟，為五代會要三十卷，將國家大政，以類詮次，文簡理該，會要之史體遂以大備。而趙宋一代纂修會要，前後凡有十次，成書二千二百餘卷，開歷代會要體史書未有的紀錄。每次修會要均設有專門機構曰會要所，選任史官負責纂修，並差大臣為提舉編修以重其事。如熙寧元豐中所詔修的六朝會要，歷十二年而成，總三百卷，分二十一類，八百五十八門，乾道四年虞允文等修纂進呈的續會要二百卷，亦分二十一類，六百六十六門。凡「禮樂政令之大綱，儀物事為之細目，上自帝后，以底臣庶，內而朝廷，施於蠻夷，有關討論，顧無不載。其文至簡，其事至詳。」有視史志，其詳賅何啻十數倍。今存宋會要輯稿。乃清朝學者徐松自永樂大典中輯出，然非宋會要之全帙，即已洋洋大觀，為宋代史實的淵藪，其全部內容詳實的程度更可想而知了。

宋人不僅勤於修國朝會要，於前代典故亦努力考究，寧宗嘉定四年徐天麟修成西漢會要七十卷，目錄二卷，分十五門三百六十七目，至寶慶三年又成東漢會要四十卷，目錄一卷，總十五門，史料價值雖不高，而頗有功於史學。其後有清朝龍文彬的明會要，民國楊晨的三國會要，皆可以踵續前作。宋儒王應麟說：「自昔帝王之興，必有一代之制，著在方册，作則垂憲。若夫國有大典，朝有大疑，於是稽以為決，操以為驗，使損益廢置之序，離合因革之原，不待廣詢博考，一開卷而盡見。此會要之書所以不可廢也。會要之書，典故盡在，所以彌縫律令之闕，相為表裏。」其於史學關係之大可見。（參考玉海藝文，群書考索前集，四庫全書總目及宋會要輯稿等）。（王德毅）

經濟決定論 (Economic Determinism)

「經濟決定論」一詞，是指歷史發展受制於經濟因素的學說。換言之，經濟中的生產和分配以及與其有關的現象，即社會演化的動力，決定所有其他歷史事實。

歷史上中西哲人多有論及經濟因素影響於人事者。如我國管子嘗云「倉廩實而後知禮節，衣食足而後知榮辱」，希臘史學家修西底的斯 (Thucydides) 亦曾强調生產、財富、商業、及其他經濟條件的改變，將連帶決定行為與心理、及政治與社會組織的改變 (The History of the Peloponnesian War, tr. by R. Crawley, Dutton Co., chap. I)。但首先提出系統的學說，以經濟解釋歷史的，可以十七世紀中期英人哈靈頓 (J. Harrington) 為代表，他認政治權力是以財富為基礎 (P. Sorokin, Contemporary Sociological Theories, New York: Harper, 1928, p. 519)。

工業革命之後，以經濟解釋歷史的學說風起雲湧，馬克斯 (K. Marx) 並非先驅，例如在馬氏之前的馮勞梅(G.W. von Raumer)，其學說與馬氏有極相似之處，即認定所有政治變遷，只是生產條件、生活方式、及因商業和貿易的改變而導致階級變動的結果（上引書，P. 522）。又如和馬氏同時的羅吉斯(J. E. T. Rogers)，在其著作中也以經濟現象解釋英格蘭的歷史發展 (The Economic Interpretation of History, New York: G. P. Putnams' Sons, 1888, chap. I)。然而毫無疑義，此派學說中影響最大者當推馬克斯。其歷史學說的要點可歸納如下：(一)、社會有「上層的構造」和「下層的基礎」（經濟）；(二)、社會是一流動的社會，其下層基礎的變更即社會全部變更唯一原因；(三)、下層基礎的變更可由科學加以縝密的決定，而上層構造雖隨下層基礎的變更而變更，但究為人類的意識所自決定，惟其所以有此自決的心，即因有「物質條件」之故；(四)、下層基礎之所以改變是由於社會內部的矛盾，並非有自外加來之「力」（楊鴻烈，史學通論，長沙商務，民國二八，頁二七五～二七六）。

經濟決定論的最大缺點是未能重視其他因素；如以馬克斯的學說為例，梭羅金(P.Sorokin)認定它至少有下述幾項錯誤：(一)、因果關係和決定論概念之謬誤。蓋生物學上與生俱來的驅迫力(drive)及地理環境等等因素，對人類之影響似早於經濟因素；(二)、馬氏「經濟因素是社會現象中最後、最確定、和最重要的因素」一語之曖昧與不着邊際，致在解釋上發生紛歧。或謂此經濟因素足夠單獨說明所有的歷史與社會過程（如 Plechanow 及Ellwood）；或謂此經濟因素僅為並列的許多因素中，一個比較重要的主要因素而已（如Engels）。(三)、「經濟因素」、「生產力及生產關係」、和「經濟基礎」等術語的界說並非是特定和完全不相容的。其中尤以「經濟因素」一詞的界說究竟如何？僅指某種技術(technique)，抑或指所有各種不同的生產條件(conditions of production)？諸如此類的問題，已構成馬克斯學說的基本謬誤。至所謂「社會內部矛盾」引發的階級鬥爭，乃社會演化動力之說，其謬誤似更為明顯。(Contemporary Sociological Theories, pp. 527-561)（謝　劍）

演化論 (Evolutionism)

「演化論」是一種學說，認為某種有序性 (orderly nature) 並且會產生異常(novel)變化的運動，在其變遷過程中，雖以連續不斷的方式產生新事物，但並不喪失原來實體的本性或個別性。是故在某一演化歷程中，任何一次變化所從起與其終結時之形體大致必相類似，縱或異多於同，但如追溯其演化歷程，則不難發現它們之間的連繫(linkage)。惟演化不必是「進步」(progression)，也不同於「變遷」(change)，這一觀念極為重要（參看J. Gould and W.L.Kolb ed., A Dictionary of Social Sciences，臺北，新醫出版社，一九六四，P, 247；張蔭麟：論傳統歷史哲學，臺北，中央文物供應社，民四二，頁一五～六）。

「演化」這一概念，可以上溯到古希臘人赫拉克力塔斯(Heraclitus)，惟就生物學方面集其大成者當推十九世紀的英人達爾文(C. R. Darwin)。與達氏同時代的斯賓塞(H. Spencer)，則是首先提出社會（或文化）演化論(Sociocultural Evolutionism)者。雖然斯氏自認在達氏學說提出之前彼已有社會演化的主張，但無可否認，十九世紀以後的社會演化論者多少曾接受達氏的影響。（瞿菊農譯，C. A. Ellwood著，社會哲學史，臺灣，商務，民國三六，頁一九八～二〇六）至於對社會演化論奠定基礎的，應推摩爾根(L. H. Morgan)及泰勒 (E. B. Tylor) 二氏。莫氏將人類全部歷史劃分為三個階段，此即「蠻荒」(savagery)、「粗野」(barbarism)、和「文明」(civilization)，且臚列每一階段中經濟與心智的成就(L. H. Morgan, Ancient Society, Chicago: C. H. Kerr, 1977, chap. III)；泰勒則謂「……似乎在任何地方都可以發現精緻的美術品，深奧的知識，及複雜的制度等等。它們都是從比較早、比較簡單、和比較粗糙的階段逐漸發展之結果。沒有一個文明階段的出現是突然的，但它必定是從前一個階段成長或發展而來」(Anthropology, London: Murray, 1881, p.20)。

社會演化論在二十世紀上半期經過一段時間的沉寂之後，又有新社會演化論的提出，其中可以柴爾德 (V. G. Childe) 和懷特 (L. A. White) 為代表。柴氏認為整個人類演化史可以劃分為三期（食物採集期、食物生產期、及工業化時期），期與期之間以公元前七五〇〇年的農業革命和公元後一七七〇年的工業革命為分野 (Man Makes Himself, 1951, chap.1)。懷氏則以每人每年平均役使的能量(E)、與所使用的工具之效率(T)的乘積，來決定文化發展的程度。即 E x T = C (Energy and Evolution of culture, from "The Science of Culture", New York: Grove Press, 1949, pp. 363 ff.)。

總之，舊派演化論者所定「階段」固在在與現代人類學上證據相衝突，而不能用來解釋各民族的歷史，即以新派學說而言，除柴爾德主張似值得重視外，懷特學說顯然已抹煞文化中環境因素。蓋縱使兩個不同文化中的E（每人每年平均役使的能量）及T（使用工具之效率）相等，但因彼此環境不同，文化發展程度斷難相等。（謝　劍）

綱目體

編年史體的支派爲綱目，其敘事仍是編年繫目，此體裁倡之於朱熹。所謂綱目，據朱子說：乃是取「一綱舉，衆目張」之義。「綱者春秋著事之法，目者左氏備言之體。」立綱時，倣春秋之法而又參取群史之長；著目時，倣左氏之體而又稽合諸儒之粹。熹所著爲資治通鑑綱目，自序說：「先正溫國司馬文正公，受詔編集資治通鑑既成，又撮其精要之語，別爲目錄三十卷，晚病本書太詳，目錄太簡，更著舉要曆八十卷，以適厥中，而未成也。至紹興初，故侍讀南陽胡文定公始復因公遺稿修成舉要補遺若干卷，則其文愈約而事愈備矣！……故嘗竊不自料，輒與同志，因兩公四書列爲義例，增損檃栝，以就此編。」這是他編通鑑綱目的由來。其方法：於年，則爲「表歲以首年，因年以著統。」逐年之上先書其甲子，繼書正統朝代帝王年號歲數，非正統者兩行分注於其下。於事，則爲「大書以提要（綱），分注以備言（目）。」據其凡例，凡大書的有正例，有變例，正例如始終、興廢、災祥、沿革、號令、行政、生殺及除拜之大者，變例如善可爲法，惡可爲戒者。是爲綱。凡分注者，或追源其始，或遂言其終，或詳陳其事，或備載其言，有因始終而見，有因拜罷而見，有因事類而見，有因家世而見。或用司馬光所立言辭，所取論斷；或用胡安國所收說法，所著評語；又參照近世大儒議論，附於其間。是爲目。並不濫立綱目，而是「綱欲謹嚴而無脫落，目欲詳備而不煩冗。」可使「歲年之久近，國統之離合，辭事之詳略，議論之同異，通貫曉析，如指諸掌。」讀史者手此一編，於上下一千三百六十二年史事，一覽便曉。其書又師法春秋微言大義，後世因以之踵事春秋，故特重褒貶勸懲及正統觀念。所謂：「歲周於上而天道明，統正於下而人道定。大綱概舉而鑒戒昭，衆目畢張而幾微著。」如貶曹魏而以蜀漢爲正統，刪削武后年號而改爲唐中宗。又如稱投附新朝的揚雄爲莽大夫，稱不仕劉宋的陶潛爲晉處士，皆含有勸戒之意。自熹書刊布後，綱目體盛行，理宗時莆田陳均即倣其義例，著成皇宋九朝編年綱目備要及中興兩朝綱目備要；又有無名氏續兩朝綱目備要，往往據事實錄，不敢盡同熹的書法。元明以後，綱目體亦盛，以其便於省覽，史家記述前史，多用其體，錢基博修訂明鑑與清鑑，即爲一例。（參考王懋竑朱子年譜卷一上，朱文公文集卷八二，王應麟玉海卷四七）（王德毅）

實錄

王應麟玉海卷四八實錄類前序曰：「實錄起於蕭梁，至唐而盛，雜取編年紀傳之法而爲之，以備史官採擇。」據隋書經籍志著錄有周興嗣梁皇帝實錄三卷，記武帝事；謝吳梁皇帝實錄五卷，記元帝事。古代史官專記天子言行，左史記言，右史記事，是爲起居注和時政記，或在一帝在位期間，或在其崩殂以後，即將兩者彙而次之，修成日曆，再用日曆爲基礎，並搜訪參訂臣僚士庶家所藏家傳行狀、家集私記，及官方所保存之詔令章奏，於是修成實錄。其敘事略仿荀悅漢紀，年經月緯，唐代修實錄之風甚盛，每當前一代帝王駕崩後，繼立之君必詔修上代實錄，今所存唐代實錄，僅有韓愈所纂修順宗實錄，其餘各朝實錄久已失傳，惟宋太宗時所修册府元龜中尙保存甚夥。宋代每帝所修上代實錄，皆卷帙浩瀚，有時再修三修，其不苟如此。現存宋代實錄，惟錢若水所修宋太宗實錄殘存二十卷。同時之遼金二朝，每帝亦有實錄。自元至清，實錄尤備，而明清兩朝之實錄今皆存，明實錄僅缺崇禎一朝事，清實錄但缺宣統三年中事跡，而前者可以談遷國榷補其缺，中央研究院史語所翻印明實錄，崇禎一朝有崇禎實錄十七卷，崇禎長編六十六卷。後者已有宣統政紀。此爲研究明清史最寶貴之史料，金毓黻的中國史學史認爲實錄之書，介乎記注撰述之間。他說：「故自成書之時言之，本爲撰述之一種，然編纂實錄，取材至繁，詔令章奏悉得入錄，並於大臣名人書卒之下，具其事蹟，略如列傳，其體實爲長編，以備史官之采。故自易代後纂修正史之日言之，則亦與起居注日錄時政記等書，一例視爲記注。是則實錄之書，介乎記注撰述之間，兩唐志皆以之入記注，宋志以下則以之入編年，前後異趣，蓋以此也。」（頁一〇五）其言甚確。焦竑國史經籍志卷三亦嘗論之曰：「史官記注時事，略有數等，書榻前之厝置有時政記，載柱下之見聞有起居注，類例則爲會要，粹編則爲實錄，總之以待異日之採擇，非正史也。昉於蕭梁，歷世靡缺。」是實錄亦屬史料長編之一種，惟加以整理編次而已！後世修前朝史，泰半本之實錄，雖有史官旁求博采，

於實錄之外另有所獲，但如捨實錄而從野史，似有未安。（王德毅）

編年體

中國上古史書以編年爲主，自司馬遷創爲紀傳，班固因之，後代修史，多用其體例，是爲正史。於是有編年體與紀傳體，即劉知幾所謂二體。玉海卷四六正史類序言謂：歷代國史，其源流皆出於春秋，其後經與史分，而紀傳體獨盛，實則各有所長，「編年所載於一國治亂之事爲詳，紀傳所載於一人善惡之迹爲詳，編年其來最古，而人皆以紀傳便於披閱，號曰正史。」編年史之祖，首推春秋，記事有系統而兼具義法，其記事之法爲：以事繫日，以日繫月，以月繫時，以時繫年。如穀梁傳曰：「春秋編年，四時具而後爲年，上尊天時，下正人事。」正編年之法。

春秋以後，據漢書藝文志記載，釋之者有五家，即左氏傳、公羊傳、穀梁傳、鄒氏傳、夾氏傳。漢以後鄒、夾二氏傳不傳，而後世所行者惟前三家。此三家中惟左傳用編年體，記載亦詳備，後世之言編年史體者多祖之。隋書卷三三經籍志曰：「自史官放絕，作者相承，皆以班馬爲準起。漢獻帝雅好典籍，以班固漢書文繁難省，命潁川荀悅依春秋左傳之體，爲漢紀三十篇，言約而事詳，辨論多美，大行於世。」恢復編年體，與紀傳體並行。至晉太康元年（二八〇）汲郡人盜發魏襄王墳墓，獲得古竹簡書頗多，皆科斗文字，武帝命中書監荀勗、中書令和嶠撰次，內有紀年十三篇，世稱竹書紀年。據隋書經籍志曰：「其著書皆編年相次，文意大似春秋經，諸所記事多與春秋左氏相同，學者因之以爲春秋則古史記之正法，有所著述，多依春秋之體。」及司馬光資治通鑑出，集編年史大觀，上起戰國，下終五代，網羅一千三百六十二年史事，樓鑰稱光爲繼左氏傳而作，但不願顯言之。厥後，編年史家輩出，而以南宋爲極盛。焦竑國史經籍志史部編年敍曰：「述史者體有不一，而編年紀傳其概也，編年者以事繫年，詳一國之治體，蓋本左氏。紀傳者以人繫事，詳一人之事跡，蓋本史遷。大校各有所長，而編年爲古。……荀悅、袁宏、干寶、褚裒之作，一程春秋。乃若通鑑一編，通群哲之歸趣，總百代之離詞，雖其涉津九流，鎖鍵六藝，而實王侯之龜鏡，經濟之潭奧也。」通鑑之價値如此，而影響於宋以後之史學尤爲鉅大。淸代史學家章學誠推尊編年史體，認爲「不以正史與編年對待，則平等也。」其意乃以紀傳與編年分部，而不以正史與編年對待。曰：「古史必先編年，而今以紀傳首編年；……隋志即以紀傳爲正史，而編年則稱古史矣！其實馬班皆法春秋，命其本紀謂之春秋考紀，而著錄家未之察也。唐志知編年之書後世亦未嘗絕，故改隋志古史之稱，而直題爲編年類，事理固得其實，然未盡也。隋志題古史，猶示編年之體之本爲正也。唐志以紀傳爲正史，而直以編年爲編年，乃是別出編年爲非正史矣！是以宋人論史，乃惜孫盛、繁齒之倫不爲正史，幾於名實爲倒置也。」其推尊編年史之意，甚爲顯然。又說：「編年之書，出於春秋，本正史也，乃馬班之學盛，而史志著錄皆不以編年爲正史。」（章實齋先生文集）編年、紀傳二體本屬平等，而馬班之學盛，編年乃屈居紀傳之下。四庫全書總目卷四七編年類前敍解釋曰：「司馬遷改編年爲紀傳，荀悅又改紀傳爲編年，劉知幾深通史法，而史通分敍六家，統歸二體，則編年紀傳均正史也。其不列爲正史者，以班馬舊裁，歷朝繼作，編年一體，或有或無，不能使時代相續，故姑置焉，無他義也。」實爲持平之論。史志爲便於著錄乃將史部典籍予以分類，雖先紀傳後編年，並無厚薄之意。如章實齋先生所云，顯爲厚紀傳而薄編年；其推尊編年史體之意固善，恐未必盡是。（王德毅）

歷史

㈠敘述有關過去事件之學問。　㈡過去人類活動之成績記錄，舉凡政治、經濟、文化……等，由萌芽至成熟之過程，均列入歷史記載中，予後人以參考資料。然就廣義言之，歷史應無確定範圍，自植物、動物、民族、國家，乃自宇宙行星皆有歷史可言；若就狹義言之，則吾人所謂事實之經過，蓋指有關人類事件而言。　㈢梁啓超謂：「記述人類社會賡續活動之體相，校其總成績，求得其因果關係，以爲現代一般人活動之資鑑者也。」　㈣綜合過去發生之事件。　㈤連續不斷地、有系統地闡述過去發生之事件，如特殊人種、國家、時代、人物等，多以編年體書寫之。　㈥過去事件之記錄，尤着重於與人類種族有關連性之事件。　㈦事實之記載，或事實本身，謂之歷史。按史字之義，本爲記事。就吾國學者之解釋，史之初義爲史官。如漢許愼說文：「史，記事者也。從又持中；中，正也。」清吳大澂說文古籀補：「史，記事者也，象手執簡形。」而淸江永周禮疑義舉要：「凡官署簿書謂之中，故諸官言『治中』、『受中』、『小司寇斷庶民訟獄之中』，皆謂簿書；猶今案卷也。」玉篇：「史，掌書之官也。」周禮：「史掌官書以贊治。」曲禮：「史載筆，士載言。」玉藻：「動則左史書之，言則右史書之。」王國維則謂：「史爲掌書之官，自古爲要職。」按諸說，可知史者，古代爲帝王掌書記事之人；而任斯職者，當以中正公平爲主。引申言之，凡書記事物，能明是非，寓褒貶於其中，以爲後人之借鑑者，皆謂之史。（八）史書乃後起之義，係由史官而引申成史官所寫之史書。歐西史字之意義卽指史書而言。按英文史History字源於希臘文Historia，其初義爲「眞理之尋求，所指卽爲史書。」（九）吳貫因謂：「何謂之史？記載人類能發生影響之種種言語行動，俾得以播諸當時，傳其後世。」李守常謂：「史學是研究人生及其產物的文化的學問。」金兆豐謂：「歷史者，國家隆替分合之樞紐；文物制度，得藉之以資考鏡，而爲人類進化比較之學問也。」斯三說似互有歧異，而含義殊無二致。（朱　瑗）

歷史主義　(Historicism)

中文「歷史主義」一詞係譯自英文的"historicism"或"historism"，而二者實皆逐譯自德文的"historismus"。

向來西方學界於此一名詞的確實涵意，爭訟紛紜，莫衷一是。他們彼此之間所下的定義，有時候相差很遠，甚或相背；例如：卡爾・波普（Karl R. Popper）認爲：「歷史主義」是一種社會科學的方法論，欲於歷史演化的過程中，尋求歷史的韻律、模式和法則，以達到歷史預測爲目的；模里斯・柯亨（Merris R. Cohen）則以爲「歷史主義」象徵一種信仰，相信歷史爲人類邁向智慧的康莊大道；馬丁・達西（Martin C. D'arcy）則謂，「歷史主義」即是歷史哲學；弗律德稀・恩哥喬那西（Friedrich Engel-Janosi）則謂，凡使歷史瀰漫在思想生活領域中，成爲生活之指標，皆可稱之「歷史主義」。從以上四個例子，可以顯示出來，這四位學者對「歷史主義」的觀念相當不一致。以下我們僅敍述它在史學上的意義，而不顧及它在別門學科的特殊用途。

第一次世界大戰以後，德國的知識份子由於深受戰爭慘狀的刺激，使他們重新反省日耳爾或歐洲文化的價值；他們欲從歷史的過程裏尋得解答，一九二二年契爾奇（Ernst Troeltsch）所發表的「歷史主義的問題」（Der Historismus und Seine Probleme），和一九三六年邁乃克（Friedrich Meinecke）的「歷史主義的形成」（Die Entstehung des Historismus），即爲此一方面的代表作。接著三十年代末期和四十年代，此一名詞廣泛爲英美學術界所採用。它在史學上所指涉的爲，十八世紀末葉以來，一些哲學家與歷史家由於對啓蒙時代所盛行的不變、共性、靜態普徧觀念的不滿，因而提出他們自己對世界和歷史的看法。他們是理性主義的反動者，他們認爲理性並不能綜攝一切，對於更深層的事物，必須要有更深刻的感情和意志，始能透視這些事物內部眞正的意義，進而掌握它們。

不像啓蒙史家，他們非常重視歷史的「發展」（development），以爲事件與事件之間具有連鎖的關係，因此歷史具有不可分裂的連續性質（Continuity），欲完全瞭解一件史事，應追溯其來源，方能作通盤的領會。另一方面，他們强調歷史的個體性（individuality），謂每一時代自有其特殊的存在價值，非作爲其它時代的踏脚石或過渡形態，每一時代自身卽是手段和目的，它們各自具有認同的意義和內在的尊嚴；推而廣之，每一件史事、每一個歷史人物亦存有它自己獨特的價值，非後人所能完全理喩。

這些歷史主義的特徵，十八世紀末由意大利的維哥（Vico）和日耳曼的赫德（Herder）首先揭出，二者可視爲歷史主義的先鋒，接著洪保德(Humboldt)、黑格爾（Hegel）、尼布爾（Niebuhr）等人繼續推動這個思潮，至蘭克（Ranke）集其大成，爲歷史主義之理論及實踐者，同時象徵著歷史主義由觀念層次進入實際史作層次的里程碑。蘭克以後，歷史主義幾乎支配了歐洲大部分史家著史的信念；緊接著蘭氏的追隨者布哈特（Burckhardt）、狄爾泰（Dilthey）、艾克登（Acton）等人的闡揚，歷史主義遂蔚然成風，影響了整個歐美的史學界。二十世紀初期，歷史主義仍然盛行一時，諸如契爾奇、邁乃克、克羅齊（Croce）、柯靈烏（Collingwood）、曼罕（Mannheim）皆是其信仰者。直至第二次世界大戰結束，此一風氣，始稍衰竭，西方史學思潮遂漸又步入另一個新的境界。

綜上所述，我們嘗試對史學上的歷史主義下一個包容性較廣，觀念較一致的定義：所謂歷史主義：卽相信歷史知識爲人類活動最主要的指標，藉著歷史，人類可以評價、瞭解生活的一切，因此社會與個人的經驗皆可規範到歷史的領域中，也就是說，任何事物的性質可由其歷史發展的過程來掌握，任何事物的價值可由其本身的歷史來判斷。（黃進興）

歷史相對論 (Historical Relativism)

本世紀三十年代(1930),美國一些新進的史家,他們對蘭克(Ranke)的銘言歷史爲「陳述過去發生的事實」(Wie es eigenchlich Gewesen)採取批判的態度,他們懷疑「科學歷史」(scientific history)實現的可能。

一九三一年,卡兒、貝克(Carl L. Becker)在美國歷史學會發表的演講「人人皆是史家」(Everyman His Own Historian),使此一觀念趨於熾烈;接著一九三三年,查理士、比爾德「史著爲信仰的行爲」(Written History as an Act of Faith)與一九三五年「那個高貴的夢想」(That Noble Dream),更鼓動了這個風潮。這些文章皆染有歷史相對論濃厚的色彩,也是這一方面重要的文獻。不管他們是否眞正瞭解蘭氏的歷史思想,後者倒是成了他們攻擊的主要鵠的。他們認爲歷史終究無法客觀的,因爲史家不能像科學家一般地觀察研究對象,他們所處理的是記錄以往事蹟的斷簡殘編,甚而他們必須從這些部分的資料,再加以選擇、排比、解釋,於此一過程中,史家自身主觀的感情、信念、希望與偏執,便滲透到史家的著作裏邊;因此史書所述的歷史,不能和實際所發生的歷史相符合。史書所代表的只不過是作者本身受時代影響的一己之見而已,史家囿於環境的限制,無法瞭解眞正已逝的過去。

誠如歐洲史家所熟悉的,歷史相對論爲歷史主義(historicism)所涵蘊的一個觀念,也是後者所欲克服的首要難題。但是此一觀念在新大陸却風靡一時,因爲人們不再以爲歷史是萬能的,他們寧願採取分析、反省的立場,以檢討歷史知識之可靠性;在達到這種心平氣和的心態之前,歷史相對論首先揭竿而起,它對歷史知識之權威,產生懷疑,一方面有振聾發聵的作用,它方面却於歷史研究具有破壞性、消極性的攻擊。總之,歷史相對論指出了歷史知識癥結之所在,也因爲如此,喚醒了許多史家的關心,同時令他們正視此一問題、思考解決此一癥結的合理途徑,未嘗不是歷史相對論的貢獻。

有關歷史相對論確實的涵義,我們歸納爲下列三點:

第一、歷史實際所發生的內容,遠較史書所記錄的史實,來得豐富與繁雜;因此無論史家著史如何努力,材料如何完備,仍然免不了掛一漏萬之弊,所以史家之史作和實際的歷史相差甚遠。

第二、史家爲了敍述,解釋他的材料,必須重新組織、排比材料的脈胳和性質,如此經過史家著史程序所造成的史書,無法和眞正歷史事件之連續和結構相吻合。

第三、史家身處時代潮流之中,無法免除現世價値判斷的約束,因此使他無法對史實作公正無私的決斷;同時史家個人之性格與偏好,亦將左右他寫史的態度。於籠罩在此種主觀的限制之下,史家無法把握已逝的過去,更無法判斷它們眞正的意義。

總而言之,歷史相對論者不相信史書能夠忠實的記載過去,這是它的命題所在。(黃進興)

歷史解釋 (Historical Explanation, Historical Interpretation)

歷史解釋可以說是史家主要的工作之一。史家不僅排比史實,並且也想理解記錄與記錄之間的關聯,史家不能止於事實的描述,必須進一步追求事實發生的原因。何以有安祿山之亂的發生?何以有九一八事變的爆發?何以蘇聯會與納粹德國簽訂互不侵犯條約?何以中世紀有教皇與國王之間的衝突?這些問題都需要歷史家的解釋。

雖然有些人尙對歷史解釋(或闡釋)(historical explanation or historical interpretation)作進一步的區分:認爲前者旨在探究歷史事件與歷史事件之間的關係以及何以如此發展的原因,後者則在强調決定歷史發展的某些變數,說明歷史的意義、價値以及目的;例如巴克(Buckle)的氣候論,馬克思(Marx)的唯物史觀—以生產工具作爲決定歷史發展的變數。但是,一般史學家對於此二者大多不作區分的。

關於「歷史解釋」問題的討論是晚近的事情。十八世紀啓蒙時代,由於受到牛頓學說(Newtonian theory)的影響,多數人開始認爲牛頓定律也能適用於社會現象的解釋。直至十九世紀後半期,許多學者受康德(Kant)和黑格爾(Hegel)哲學的影響,認爲歷史與其他自然科學是截然不同的,自然科學的方法不可能適用於歷史。他們的理由是:(1)歷史事件有其唯一性,而史家所關心的也只是某一特定時間、地點所發生的特別現象。(2)史家是以人類社會爲研究對象,不同於自然科學家以整個大自然爲研究的對象。(3)歷史的發展決定於人類的行爲，而人類的行爲往往與他的動機、目的有關，此種經驗的了解完全不同於自然科學。⑷歷史事件的發展是複雜的，不能夠爲簡單的理論所涵蓋。

雖然，法國啓蒙主義大師康得拉克（Condillac）、康多塞（Condorcet）、泰恩（Taine）主張將構成人類生活要素，而難以正確測度的「感覺」、「思想」、「意志」等等視爲次要，而根據自然科學客觀的觀察與量度的步驟，忽略某些流動性心智因素的情形下，對人類行爲作客觀的預測。可是，一直要到一九四二年，漢培爾（Carl G. Hempel）始對二元論者作强而有力的反擊。他在一篇名曰「通則在史學上的功能」（The Function of General Laws in History）中聲言：歷史解釋與科學解釋在方法上完全相同，史家可以確立普徧通則（法則）或任何可資依據的規律，以確定過去史實發展的關係，並以推測未來事實可能的發展。他以爲歷史事件的描述愈爲詳盡，通則愈爲明白，由此推衍出的解釋則愈爲正確。漢培爾這一派認爲，嚴格地說起來，每一事件都是惟一的，至少對於所佔有的時間和空間是如此，所以他們承認歷史的惟一性。但是，他們認爲與其他學科的解釋一樣，歷史解釋不止於單一事件，而是就某一類型（type）來解釋，而且惟有如此才能瞭解事情的發展。雖然動機可以左右人們的行爲，人們的思想也因時而異，但他們認爲這些都不能構成否定建立通則解釋人類行爲的理由。同時，他們强調「以己心體貼古人之心」是不夠的，通則的建立才是解釋人類社會的最佳途徑。

可是，也有許多哲學家和歷史家對上述的看法提出了修正。有人認爲雖然歷史家的任務在追求歷史上的規律性，但也是統計上的規律，不可能作到百分之百的肯定。有人雖然承認通則在歷史解釋上的重要性，但却容許例外的存在。嘉定那（P. Gardiner）在「歷史解釋的性質」（The Nature of Historical Explanation, 1952）一書中强調史學家的工作只在瞭解過去，而不在於預測將來；史學家所追求的不是通則的建立，通則在歷史解釋中僅具有幫助瞭解（Guiding Understanding）的功能。

儘管不少學者曾經表示了許多不同的看法或意見，但是有關此一問題的討論正方興未艾，亟待史家作進一步的研究，雖然直至今天仍然未得到一致性的結論。（黃進興）

避諱學

民國以前的人，對於在位的君主和去世的本朝皇帝，至聖先師，以及自己的直系尊長，在書寫任何文書上，遇到他們的名諱時，爲了表示尊敬，必須用同義的字來代替，或者本字少寫一筆，或者空闕一字不書；在談話的場合，遇到這些字時，也不能直呼，必須改用爵謚或字號稱之，以示廻避，這就叫做避諱。最顯著的例子是至聖先師孔子名丘，凡在書寫時遇到丘則缺一筆作⺁，講話時則讀作某，甚至姓丘的也加上邑部而變成邱了。

陳援庵先生著史諱舉例，對於歷代避諱之事言之甚詳。序文說：「避諱爲中國特有之風俗，其俗起於周，成於秦，盛於唐宋，其歷史垂二千年。其流弊足以淆亂古文書，然反而利用之，則可以解釋古文書之疑滯，辨別古文書之眞僞及時代，識者便焉！蓋諱字各朝不同，不啻爲時代之標誌，前乎此或後乎此，均不能有是，是與歐洲古代之紋章相類；偶有同者，亦可以法識之。研究避諱而能應用之於校勘學及考古學者，謂之避諱學。避諱學亦史學中一輔助科學也。」這段話言簡意賅，於避諱之源流、特點、流弊、功用諸大端，皆清楚的道及。

回避當代帝王名諱，多是用同義的字來代替，如漢朝高祖名邦，乃改邦君爲國君，武帝名徹，乃改徹侯爲通侯。唐代太宗名世民，則改世本爲系本，改親民爲親人。如果臣下的名字有犯御諱的，則予以去掉或改用同義的字，如唐代的李世勣便只叫做李勣；宋朝的楊義也改名爲信了（避宋太宗趙光義諱）。帝王本名固要避，卽舊名嫌名亦不可犯，如宋高宗名構，凡與構同音的字如勾、鉤、遘、覯、購、溝、詬、逅等字皆不可用，若不愼而誤犯者，均受懲戒，如樓鑰在考試之策中誤犯哲宗舊諱，由優等降爲末等，是爲顯例。

子孫對親長名諱的回避，是謂家諱。於書寫到此字時往往稱某，如晁公武郡齋讀書志晁氏封丘集條云：「右世父封丘府君也，諱某，字伯宇。」宋時士大夫除官，於官稱及州府縣曹局司名有犯家諱者，均聽回避。或改易它官，或避高就下，或臨時改字，如李燾父名中，當孝宗除他兵部郎中時，卽請下行員外郎。馬向爲開封府工曹掾，自陳父名開請避，詔別與差遣。甚至亦避嫌名，如宋敏求於熙寧八年提舉萬壽觀，以父名綬，壽爲嫌名，請求回避，詔改醴泉觀。

避諱有不少流弊：如避諱改姓則淆亂氏族，改名則分一人爲二人，改前代地名則失史實。所以其因避諱而生之訛異特多，或因改字，或因缺筆，或因空字，後人不察，一改再改，一訛再訛，使古書更難閱讀。然諱字各朝代不同，確可代表時代，對於歷史的研究與圖書板本的考訂皆有裨益。如南宋刻的書，多改勾當公事爲幹當，紹興中兩淮江東轉運司所刻的兩漢書，凡遇欽宗名諱當空一字之處並雙行小字書作「淵聖御名」，都爲代表時代的標誌。所以避諱學的應用，對考古史者而言，實增多一把鑰匙，便利不少。（參考陳垣史諱學例，王德毅著李燾父子年譜，岳珂愧郯錄。晁公武郡齋讀書志，屈萬里、昌彼得圖書板本學要略，樓鑰攻媿集等。）（王德毅）

斷代史

斷代爲史，始於班固。班氏採史記紀傳體例，上起漢高祖，下訖王莽，囊括西漢二百年史事，勒爲一史，是爲漢書，於是開斷代史的先河。後代史家寫史，多汲其流，由漢以訖齊梁，著後漢書者十三家，由魏以訖晉，著三國史者十五家，由晉以訖齊梁，著晉史者二十三家。（以上皆據金毓黻的統計，見金著中國史學史。）唐以後史館所修前朝正史，亦無一不是斷代史。所以雖謂斷代史爲中國史籍的大宗，亦無不可。降及近代，斷代研究，仍大行於史學界。

劉知幾極推崇斷代史之體，謂「如漢書者，究西都之首末，窮劉氏之廢興，包舉一代，撰成一書，言皆精練，事甚該密，故學者尋討，易爲其功。」（見史通六家篇）對於史記一類的通史，則盛詆之：「尋史記疆宇遼濶，年月遐長，而分以紀傳，散以書表，每論家國一政，而胡越相懸，敍君臣一時，而參商是隔，此其爲體之失者也。兼其所載多聚舊記，時採雜言，故使覽之者事罕異聞，而語饒重出，此撰錄之煩者也。況通史以降，蕪累尤深，遂使學者寧習本書，而怠窺新錄。且撰次無幾而殘缺遽多，可謂勞而無功，述者所宜深誡也。」（同上）鄭樵主修通史，則極力批評開創斷代史的班固：「斷漢爲書，是致周秦不相因，古今成間隔。」（見通志總序）「後世衆手修書，道旁築室，掠人之文，竊鐘掩耳，皆固之作俑也。」（同上）「自班固以斷代爲史，無復相因之義。……會通之道，自此失矣。」（同上）劉、鄭二氏各執一端，然通史斷代史實相濟爲用，不可偏廢。時近者易爲功，斷代史能保存大量史料，貫穿會通，則賴通史。西方史學界亦通史斷代史並行發展。（杜維運）

譜牒（附年譜）

鄭樵通志氏族略曰：「三代以前姓氏分而爲二，男子稱氏，婦人稱姓，氏以別貴賤：貴者有氏，賤者有名無氏。姓所以別婚姻，故有同姓、異姓、庶姓之別。三代之後，姓氏合而爲一，皆所以別婚姻，而以地望明貴賤。」於是爲人子孫者爲炫耀其祖先事功，以明本身清貴家世及高尙門第，乃修立宗姓譜或氏族譜。　譜學之盛，蓋由於此。其紀帝王者最早有世本，史記太史公自序曰：「三代尙矣，年紀不可考，蓋取之譜牒舊聞。」至漢又有漢氏帝王年譜，唐、宋載宗室世次又有玉牒。其紀氏族者，後漢有鄧氏官譜，晉有族姓昭穆記。自魏、晉以來，俗尙閥閱，而譜學大興。誠如鄭樵所謂：「魏立九品，置中正，州大中正主簿、郡中正功曹，各有簿狀以備選擧。晉、宋、齊、梁因之。晉賈弼、宋王洪、齊王儉、梁王僧孺，各有百家譜。」（通志氏族略）此風至唐不替。據唐書卷六五高士廉傳：「初太宗嘗以山東士人尙閥閱，後雖衰，子孫猶負世望，嫁娶必多取資。……由是詔士廉與韋挺、岑文本、令狐德棻責天下譜牒，參考史傳，檢正眞僞，……合二百九十三姓千六百五十一家，爲九等，爲氏族志。」然譜學既盛之後，流弊以生，周必大所序丁維臯皇朝百族譜曾詳言之，曰：「昔者世系之學蓋嘗盛矣，姓有苑，官有譜，氏族有志。朝廷以是定流品，士大夫以是通婚姻，然行之一時，其弊有不可勝言者何也？好惡害之也。是故進新門則退舊望，右膏粱則左寒畯，進而右者以爲榮，榮則夸，夸則必侈。退而左者以爲辱，辱則怒，怒則必怨。以侈臨怨，則生乎其時者悉力以逞憾，出乎其後者貪名以自欺。」故四庫總目史部總敍曰：「舊有譜牒一門，然自唐以後，譜學殆絕，玉牒既不頒於外，家乘亦不上於官，徒存虛目，故從刪焉！」章學誠亦感歎「譜學之傳已久失矣」，並推究其故，曰：「譜學古人所重，國家所與爲休戚者也；封建罷而門第流品之法又不行，故後世之譜學輕。」（史考釋例）此僅其一因。然良賤不相婚姻，而崛起於科第中者亦成名門鉅族，是流品門弟依然存在。所以譜學衰絕的眞正原因，當由於周必大所指出之流弊。因此，唐、宋以後，雖家譜所出頗衆，然其流弊則又爲各尊己之所自出。章學誠謂：「使人人各尊所出，而卑視旁支，則譜乃聚訟之階矣！」（章實齋文集，家譜雜議）是爲譜學不盛，譜牒之書不入史門之重要原因。

此外又有「年譜」，專述某一人或若干人一生行事德業詩文學說等。自白居易自編年譜，開創新體裁，至北宋有胡舜陟撰孔子編年，呂大防撰韓文年譜，杜詩年譜，此一新體乃告確立。南宋以後，踵繼愈多，遂由「附庸蔚爲大國」。章學誠認年譜爲「知人論世之學」，又以爲「以譜證人，則必闕乎一代風教而後可以爲譜。」（實齋文集卷六）年譜之重要性可以想見，故撰寫完善之年譜，亦非易事，必先對一代風教有所研究，不然，即與時代脫節，價值亦因以降低。梁啓超在其中國歷史研究法補編中，强調編撰年譜之益，勉勵後學起而嘗試。謂年譜亦應用編年史體裁，以日繫月，以月繫時，以時繫年，或採平敍，或仿綱目，一部理想之年譜，必須態度謹嚴，考證精微，則自收集材料，以至完成年譜，所得治史之益，必有在於年譜以外者。（王德毅）

中國上古史（漢以前）

七雄

周貞王以後（前四六八年立），周王室愈微，諸侯滅亡略盡。晉六卿柄政，既而智氏滅范、中行氏，而又爲韓、魏、趙所滅，故晉權盡歸三家，晉侯反朝之，至周威烈王二十三年（前四〇三），魏斯（文侯）、趙籍（烈侯）、韓虔（景侯）皆受王命爲諸侯。齊桓公時，陳公子完來奔，世仕齊國，至田常遂專齊政，及三家分晉，田和亦簒齊爲諸侯（前三九一）。四國新建，遂與燕、楚、秦諸國互爭雄長，蓋自三家分晉起，至秦始皇兼併六國止，秦、楚、燕、齊、韓、趙、魏七國，頻年戰爭，因有戰國之稱，而此七國則幷稱七雄。秦在函谷關以西，餘六國皆在關東，稱爲山東六國；各國之領域及國情，因戰爭勝負而常有更動。茲分述於后：㈠齊國自周武王封太公望於齊，都營丘（今山東省昌樂縣東南）；入戰國，其臣田和簒而代之，列爲諸侯。迨齊威王，任孫臏爲將，賞罰嚴明，境內大治，諸侯莫敢加兵，國富兵强。南有泰山，與魯、宋、楚爲鄰；北有渤海，與燕爲鄰；西有黃河，與趙爲鄰；東濱大海。地方二千餘里。即今山東省益都縣以西至歷城、聊城兩縣之間，及河北省景、滄諸縣，東南至海，皆齊故地。東方諸侯與秦能相抗者，惟齊也。及后勝相齊，與賓客多受秦間金，勸王朝秦，不修戰備，不助五國攻秦，使秦得滅五國，而齊亦隨之而亡於秦。㈡楚則自周成王封熊繹於楚，都丹陽（故城在今湖北省秭歸縣東），春秋時稱王，戰國時列爲七雄之一，盡滅附近諸小國，悼王時，任用吳起爲相，南平百越，西有黔中、巫郡，西北奄有漢中，地方五千里。今湘、鄂、皖、江、浙諸省地皆屬之，最爲大國，諸侯皆患楚之强。及秦幷巴蜀，制楚上游；頃襄王徙都陳以避之，最後徙壽春。秦日偪而楚益東，然終爲秦所亡。㈢趙則自周穆王時封造父於趙城（在今山西省趙城縣西南），其後世事晉爲大夫，周威烈王時與韓、魏分晉，列爲諸侯。其地西有黃河，南有漢河，與魏爲界；東有黃河易水，與齊、燕爲界；北傍陰山築長城，與匈奴、樓煩、林胡爲界，地方二千餘里。奄有今河北省南部及山西省東部、河南省黃河以北之地。時蘇秦倡六國合縱之說，趙實主謀，以蘇秦爲從約長，合討秦國。傳至武靈王父子，秦屢挫而趙稱極盛焉。自白起坑降卒四十萬，國勢漸衰，然以廉頗李牧在，秦尚忌之，未敢動也。至斥廉誅李，王遷被虜，代王嗣立四年，爲秦所滅。㈣魏則自春秋時晉封畢萬於魏，故城在今山西省芮城縣東北，其後世爲晉大夫，周威烈王時，傳至魏斯，與韓、趙分晉，列爲諸侯。文侯師事卜子夏、田子方，段干木，重用西門豹、李克、樂羊，於諸侯中最具聲望。子武侯繼之，兩世賢主，國勢益振，韓、趙皆聽命焉。其地南有鴻溝（汴河），與楚爲鄰；東有淮（河南淮陽縣）、潁（河南禹縣）、煮棗（河南延津縣），與趙爲鄰；西與秦原以河爲界，後奪河西地，拓地至洛河邊，秦欲東出爭天下，必先復河西地，擊敗魏國始成。韓、趙亡於秦後，秦起兵引河溝以灌大梁，卒爲秦所滅。㈤韓則自春秋時晉封韓武子於韓原（今陝西韓城縣南），其後世爲晉大夫，周威烈王時，與趙魏分晉，列爲諸侯，西當秦函谷關大道，疆土北自成臯（汜水西北）過黃河，至上黨（山西長子）；南至宛（南陽）；西至宜陽商阪；東臨洧水，地方九百餘里。山地多，平原少，物產貧乏，風俗淫亂，六國中最爲弱小，其盛時奄有今陝西省東部及河南省西北部之地。昭侯時，用申不害爲相，內修政治，外應諸侯，天下稱爲彊國。後屢蹙於秦，勢漸衰，至王安時亡於秦。秦之滅六國，韓最先也。㈥燕則自周武王封其弟召公奭於燕（今河北大興縣），爲別於周封黃帝之後於燕之南燕（今河南省汲縣西），而或稱爲北燕。春秋時傳至獻公，漸强，戰國時傳至文公，漸大。東有朝鮮遼東；北築長城與東胡、林胡、樓煩爲界；西有雲中（綏遠歸綏縣）、九原與趙爲鄰；南境接齊。於是改稱王，爲七雄之一。燕昭王時，卑禮招賢，國大治，及薨，秦縱反間而破燕，至燕王喜時，被滅於秦。㈦秦則自周孝王封伯益之後於秦（故城在今甘肅天水縣），傳至莊公，徙居大丘（即今陝西省興平縣之槐里城），其後國都屢徙，至孝公時，定都咸陽，任用商鞅變法，發奮圖强，秦勢日强。戰國時，惠王任張儀，東略魏地，擁有函谷之固，南收巴蜀，開秦富饒，而復以兵力脅制諸侯，破縱爲衡，秦勢益彊。至昭襄王時，范睢說以遠交近攻之策，故秦伐楚、拔韓、攻趙，而遙與燕齊相結。迨始皇即位，乃逐步殲滅山東六國，自始皇十七年（前二三〇）滅韓，至二十六年（前二二一）以次滅趙、燕、魏、楚、齊、卒併天下，結束七雄爭戰時代，而轉入統一時代矣。(參考戰國策、史記周本紀、史記秦本紀、史記秦始皇本紀、史記六國年表、史記齊世家、史記燕世家、史記晉世家、史記楚世家、史記趙世家、史記魏世家、史記韓世家、資治通鑑。)（朱　琰）

三家分晉

春秋初期，晉曲沃武公以小宗滅翼，誅殺文侯之後，獻公繼位，又有計劃的殺桓莊之族。獻公末年，驪姬爲亂，群公子被逐。其後諸公子爭奪承繼權，獻公之子唯遺一文公重耳。自此獻公以上諸君之後已無餘類。而自文襄以後，蓋有懲於驪姬以後的亂事，晉不畜群公子，故晉國遂無公族。至成公立，晉竟以異姓貴族充當公族等親軍。晉之强大，多得力於異姓貴族的効命，然其分裂，亦實種因於此，襄公之能續爲覇主，實得力於文公留下之諸老臣。然至襄公末年，趙衰等諸老成一時凋謝，新起之秀爲趙盾。然趙盾初本爲狐射姑之佐，而性情剛烈的陽處父竟憑己意私易之。使趙盾反上狐射姑，爲中軍將而執政。故在襄公去世，君位未定時，狐射姑竟使人殺陽處父而奔狄。其時晉人欲立長君，諸大夫爭立黨己的公子，趙盾成功，已派軍往秦境迎立，而中途變卦，改立靈公。因趙盾畏穆嬴啼泣之逼，乃立之。靈公稚齡即位，稍長，不滿盾專政，常欲殺盾，既而反爲盾族侄趙穿所殺。是政爭之起，實始盾爲執政時。晉成公時，郤缺繼趙盾執政，以胥克有蠱疾，廢之，以趙朔佐下軍。景公時荀林父繼郤缺執政，由於新爲執政，不能輯和諸帥，敗於邲。既而士會繼荀林父爲政，士會處世採取柔性道德，爲政不過一年多，因郤克欲伐齊以報齊使婦人笑己之耻，乃告老，而讓郤克爲政，以逞其志。郤克伐齊，致力輯睦諸帥，遂敗齊於鞌。其後欒書繼將中軍，欒氏與趙氏不睦，桑隧之役，趙同、趙括欲戰，附從者多，然欒氏從知莊子、范文子、韓獻子之議，不戰。次年趙氏放逐通於侄妻趙莊姬之趙嬰齊，嬰齊能力甚高，能制欒氏。及嬰齊被逐，欒郤乃聯絡趙莊姬滅趙氏。其後賴韓厥之助，晉復立趙氏之孤武爲大夫。厲公時，晉之政爭亦烈，三郤殺害伯宗及欒弗忌。三郤氣燄甚張，范文子以憂卒。三郤多私怨，鄢陵之戰時，欒書爲元帥欲固守，郤至主戰，厲公從之，而勝。欒書於是怨郤至。又胥童因胥克被郤缺所廢，亦怨郤氏。夷陽王以郤錡奪其田怨之；長魚矯與郤犨爭田，曾爲郤犨所執梏，亦怨之。而於厲公田獵時，郤至殺寺人張，厲公以爲欺己。三郤遂遭族滅。厲公之黨本欲一併殺欒書、中行偃等。厲公不忍，反爲所殺。可見晉景公、厲公之時，晉卿本分兩黨，先是趙氏與欒氏之爭，及趙氏失勢，三郤起。三郤去，而欒氏無敵，遂殺其君。晉悼公繼立，改革軍政制度，致力提高君權，但其成功僅限於悼公一朝，悼公末年，政爭復起。荀偃爲元帥伐秦，欒黶自行引軍歸。欒黶弟欒鍼與士鞅馳秦師死，而士鞅返，欒黶威脅士鞅父士匄，放逐之。平公立，士匄逐欒盈，盡殺欒氏之黨。魯昭公二十八年，時趙鞅執政，祁氏羊舌氏又在政爭中被族滅。魯定公六年，宋樂祁使晉，主趙氏，而昔主范氏，范獻子言於晉定公而執之。可見晉卿互不相下，執政制度已不能有效實行。魯定公十三年，趙鞅殺邯鄲午，邯鄲叛，趙鞅下令圍之。邯鄲午乃荀寅之甥，荀寅又爲范吉射之姻而互相和睦，故不參加圍邯鄲，將作亂。於是范氏中行氏伐趙氏之宮，趙鞅奔晉陽，晉人圍之。然范皐夷無寵於范吉射而欲爲亂於范氏；梁嬰父嬖於知文子（荀躒），文子欲以爲卿；韓簡子與中行文子相惡；魏襄子亦與范昭子相惡；故五人謀，將逐荀寅，而以梁嬰父代之；逐范吉射而以范皐夷代之。荀躒乃言於晉軍，請逐三臣。於是荀躒韓不信魏曼多奉晉定公以伐范氏中行氏不克。惜范氏中行氏不聽齊高强之言而伐晉君，國人乃助晉君，二氏敗，奔朝歌。韓魏二氏請晉君招趙氏，趙鞅乃入絳而盟。次年，知文子忌趙氏謀士董安于，逼趙氏殺之。趙氏從之。知伯乃從趙鞅盟，至此趙氏之地位才告穩定。於是趙氏乃伐范氏中行氏而逐之。范氏中行氏之亂，自魯定公十三年至哀公五年歷時八年始定。其間齊衛鮮虞宋鄭魯皆嘗救之。魯悼公四年，荀瑤圍鄭，將攻城門，知伯（荀瑤）欲趙襄子先入，趙襄子言：「主在此。」知伯言：「惡而無勇，何以爲子？」趙襄子由是恨知伯。悼公十二年（錢穆先秦諸子繫年通表作十年），知伯與韓趙魏盡分其范氏中行氏故地。晉出公怒，告齊魯，欲以伐四卿，四卿恐，遂共攻出公，出公奔齊，道死（比較錢氏通表）。知伯乃立昭公曾孫驕，是爲懿公。知伯益驕，請地韓魏，韓魏與之；請地趙，趙不與，又因圍鄭時受趙襄子辱，大怒，遂率韓魏攻趙，趙襄子懼，乃奔保晉陽。三國攻晉陽歲餘，引汾水灌其城，城不浸者三版。城中懸釜而炊。襄子懼，乃夜使相張孟同私與韓魏談判，韓魏與合謀，三國反滅知氏，共分其地，時爲魯悼公十三年（錢氏通表作十一年）。自文襄以來，晉之貴族曾爲卿者有胥、狐、郤、先、韓、趙、魏、欒、范、知、中行等十一氏。晉卿之設與軍制有關，晉軍數早期常改變，凡八變。至魯襄公十四年後，定爲三軍，每軍各設將佐，皆爲卿，故此後晉卿爲六人。自魯襄公二十三年，欒氏滅後，僅剩范、中行、知、韓、趙、魏六家。六家輪流執政凡百餘年。至魯哀公五年，僅剩四家。至魯悼公十三年，知氏亦滅，僅剩韓趙魏三家，乃三分晉國。周威烈王二十三年，周命三家爲諸侯。周安王二十年，即晉靜公二年，韓趙魏滅晉，分其餘地，而絕其祀，晉遂名實俱亡。（參考史記、左傳、洪安全著，春秋晉國之政爭及其分裂）（洪安全）

山頂洞人

「山頂洞人」(Upper Cave Man) 一詞，是指民國二十二年發現於河北省房山縣周口店，即「北京人」出土地點附近，山頂洞穴內的一種古生人類化石。

早在民國十九年時，即已發現此一堆積化石的山洞，但正式發掘此一山洞的工作是在二十二年，除掘得人類化石頭骨七件及體骨數十件之外，並有大量動物化石、骨器、角器、石器、貝殼器、和其他的文化遺物。

頭骨標本中兼有兒童和成年人的，其中有兩件保存得較好，據魏敦瑞 (Weidenreich, F.) 研究的結果，認係典型的舊石器時代晚期的人類遺骸（參看 Pierre Teilhard de Chardin, Early Man in China, Peiping: Institut de Géo-Biologie, 1941, p. 84）。由此類頭骨的構造特徵觀察，雖然仍舊保持某些原始性質，但已和現代人的頭骨十分接近。如前額已隆起，眉骨不若北京人的顯明，腦殼發達，相對而言腦容量已增加，頭骨厚度變薄，最寬的位置已上移至頂骨隆起處，口緣後縮，下頦明顯，故有時稱之爲「新人」(Neoanthropus)。又因化石之中有一老年人的頭骨呈現較短的顏面，方形的眼窠，高大的顴骨，和寬廣的下顎，似乎具有蒙古人種的特質（賈蘭坡，『北京人』的故居，頁四〇）。

在「山頂洞人」文化遺存中發現的少數石器，原料概爲燧石、火石及石英石。石器之種類包括刮削器、砸器、石珠和有孔之小礫石等飾物。製作石器之技術有兩端打片法、鑽製法（如有孔之小礫石）、及磨製法（如石珠）等。骨角器及貝殼器爲山頂洞人文化之最具特色者，原料包括魚骨、鳥骨、鹿角、食肉類動物之牙齒、及海蚶等。此外尚有淡水蚌殼和赤鐵礦的發現，後者似係用作染料。從裝飾品多在人類化石附近的事實觀察，山頂洞人似有埋葬死者的習慣，並且可以確定的是，當時已懂得使用飾物，並與遠方交通（因有經過製作加工的海蚶殼）、營漁獵生活（因有大量獸骨與淡水貝殼）。其次，魏敦瑞氏從山頂洞人的化石來觀察，似多暴卒，或被謀殺者，因所發現之頭骨上多有被擊破之痕跡（裴文中，中國史前時期之研究，上海，民國三七年，頁一一九～二〇）。

從山頂洞文化有打擊之石器、多裝飾品、而無陶器等特徵來看，似與歐洲奧瑞那 (Aurignacian) 文化期之後者頗多相似處，但從骨針針眼之製法及礫石石器來看，則又相異，似較奧瑞那期文化更爲原始。是故山頂洞人文化應屬亞洲獨立發展之文化，很難放在歐洲古文化的體系中。

關於山頂洞人的年代問題，以其文化遺存的特徵來說，可資注意者有三：(甲)、山頂洞中有鬣狗 (hyaena)、獵豹 (cynaelurus)、香貓 (paradoxurus)、及駝鳥(struthio)的遺骨化石，其地質年代仍爲更新統 (Pleistocene)；(乙)、山頂洞之器物，較河套文化之器物尤爲進步；(丙)、山頂洞之石器，較哈爾濱附近所發現之細石器更爲原始。綜合以上所述三點，山頂洞人生存之年代，約在更新統之末，爲舊石器時代晚期的文化，相當於歐洲的馬格德林(Magdalenian)期文化（同上書，頁十，一二〇～一二二），其絕對年代約在七萬年前至兩萬五千年之間參見（吳汝康等，中國人類化石的發現與研究，頁八九）。（謝　劍）

孔子 (551-479 B.C.)

孔子名丘，字仲尼，魯襄公二十二年生於魯昌平鄉陬邑，時爲春秋中期；但孔子是春秋晚期的人物。孔子所處的時代是封建制度開始總崩潰的時代。當時霸政衰息，政權下移，兼併日甚，篡弒頻仍，社會上則賦稅橫暴，盜賊公行，世風日下，道德低落，晉鄭兩國且先後公布了刑書以救急。孔子所在的魯國，魯君失權已久，政在三桓，三桓的家臣且起而叛亂，亦欲專政。這是一個亂臣賊子的時代，孔子生於這個亂世，却懷着救世的熱忱，他畢生學問和事業的方向，便是要振衰起敝，撥「亂」反「正」。

孔子幼貧賤，早失父母，但年少好禮，博學多能。年青時做過「乘田」（管牛羊）和「委吏」（管會計）的小官，並以知禮聞名。孔子很早就有弟子，他率領弟子周遊列國，目的是求仕行道；雖然他頗受列國國君的禮遇，但他一生中只有一次行道的機會。魯定公九年，孔子為魯國中都宰，後來進為司寇，相（助理）魯定公參加夾谷之會，以武備為後盾，而以禮折服了齊景公，使得齊人歸還侵佔魯國的土地；進而主張墮三都，削弱貴族的勢力，使魯國的政治逐漸走上了軌道。魯國用孔子的成就，使得齊國畏忌，於是用了美人計離間魯國的君臣。孔子帶領弟子出走，先後到了衞、晉、宋、陳、蔡等國，最後才回到魯國，十三年間曾經三次遭到生命的危險——困於匡，幾不免於桓魋，在陳絕糧。當時列國國君所追求的乃是掠土奪權，皆為一國一家一人，孔子之道至大，乃是以天下為一家、中國為人，因此所遇不合，而孔子亦不欲苟合。

孔子一生，教育事業與政治活動同時進行。孔子以前，知識為貴族所專有，故貴族世代做官；孔子提出「有教無類」的口號，只要「自行束脩以上」，他都教誨，因而打破了知識專有，也就打破了貴族「世卿」的局面，並且下開戰國「布衣卿相」之局。孔子平常以「文、行、忠、信」，以「詩、書、禮、樂」教人，他的教育方法注重隨機隨事因人而異的啓發，他的教育目的是要養成君子——一個有崇高人格和對社會有用的人。他有三千弟子，其中有七十二賢人、十哲，這在當時是空前的。他晚年（六十八歲）歸魯，絕意於政治，專心於教育文化事業。他把六藝重新加以整理、解釋、使它成為有系統的一貫的理論。其中，春秋是他所作，他把自己一生未能實行的理想和抱負都寄託在裏面，傳道於後，以俟後聖。

孔子思想的中心是「求仁」，行仁的入手處是孝悌，表現在政治上便是少懷、友信、老安，便是「博施濟衆」。孔子之道，一以貫之，大中至正，與時偕行，道理講到低處匹夫匹婦都能知能行，講到高處雖聖人亦有所不知有所不能；故能範圍天地，曲成萬物。孔子自道自己的為人是「學道不倦，誨人不厭，發憤忘食，樂以忘憂，不知老之將至。」又自道為學的進境是「吾十有五而志於學，三十而立，四十而不惑，五十而知天命，六十而耳順，七十而從心所欲不踰矩。」孔子的基本精神是入世的、積極的，面對人生的，有所承擔的。他知道天下難以有為，但他知其不可為而為之；正是因為天下無道，所以他才要去改變這個世界，他要盡人的力量。孔子知天，知孔子者亦天，因此孔子雖終身不得行道，他也「不怨天，不尤人」。他是可進則進，可退則退，進退取舍，唯時是與，故孟子稱他為「聖之時者」。

孔子是中國的教化之主。中國疆域的輪廓定自漢武，中國政治的規模樹自秦皇，中國教化的基礎則立自孔子；這三人都是中國之所以為中國者，而孔子最為重要。孔子是中國第一個使學術民衆化並以教育為職業的人，他開戰國講學之風，他創立至少亦發揚光大了「士」的階級，他是儒家的始祖。他所整理解釋過的六藝，二千年來為中國人最常讀的書。他的思想不僅教育了知識份子而且也化及一般的老百姓，即使在未讀書識字的老百姓身上，也能看到他的影子，可以說，他的思想已經變成中國人血液中的一部分，二千多年來一直不停地在流動着在傳遞着。因此，中國人尊他為「至聖先師」。他的思想又影響到整個的東亞，現在並傳播到全世界。他在人類史上的地位，只有印度的釋迦和猶太的耶穌可以相比。民國八年五四運動以後，他曾遭到猛烈的攻擊，但日月之光，終不可掩。他的思想，歷久彌新，至今仍舊放着燦爛的光輝；他的人格，如日中天，「高山仰止，景行行止。」永為人類的師表。（參考資料：史記「孔子世家」梁啓超「孔子」童書業「春秋史、孔子的出現」。）（阮芝生）

井田

關於井田制度的有無，近人頗有爭論。說井田為無者，所根據的理由，無非是說沒有可靠的史料及古人所記多互相矛盾。然古代確有井田制度似無可疑，因為周官、司馬法、王制等書，史料來源雖不可靠，且相互矛盾，但孟子一書確非偽書，乃言及井田之最早者，應為留意。孟子曾為滕文公陳三代田制，又為滕臣畢戰略論井田之法。孟子所論井田雖為其理想，然必有所根據，絕非憑空創造。詩經小雅大田有：「雨我公田，遂及我私。」孟子之井田理想，當出於此。又漢書記商鞅變法時曾廢井田，開阡陌。阡陌為井田之間道，商鞅決裂之，令民得私有其田，以盡地力。春秋時代，晉作爰田，魯初稅畝，用田賦，鄭作丘賦，原有田制日漸破壞。至戰國時代商鞅變法，而秦之井田制度亦告破壞。春秋戰國時代，秦僻居西戎，最為地曠人稀，發展較慢，故秦之井田制度最後破壞。又從東西方之歷史比較之，可看出中國古代之井田與西方中古時代之莊園制度相當類似。故吾人可以相信中國在春秋戰國以前確曾有井田制度的存在。孟子論夏商周的賦稅制度，謂夏行貢法，商行助法，周行徹法，並言惟助為有公田，雖周亦行助法。又述其井田之法為：「請野九一而助；國中什一使自賦。……方里而井，井九百畝，其中爲公田。八家皆私百畝，同養公田。」孟子井田制度之大略，如公田私田之分，國都與郊野稅制不同之分，皆與西洋類似。西洋中古時代所實行的莊園制度亦用助法，借民力以治地主之田，而於城市則用貢法，使工商行會自行捐納，獻之於君，與孟子所稱相似。西洋亦有公田（Demesne）私田（land in villeinage）之分，唯不如孟子所說井田之整齊。故孟子所稱之井田制度，所謂方里而井，有公田有私田，如曾實行過，當不會是天下之通制。所能普遍實行的當爲有公田有私田，藉民力以耕公田的助法或莊園制度，西洋中古時代，農民生活與詩經豳風所述相似，負擔甚重，工作繁忙。與西洋的比較，公卽地主（lord），公田收穫歸地主，私田收穫歸農夫，農夫爲其上耕田以代租稅，卽助法。井田制度實爲封建制度的產物。封建之世，土地私有制度，尚未發生，依理論言之，一切土地，皆屬於天子，所謂「溥天之下，莫非王土。」天子以之封諸侯，諸侯復以之封卿大夫，所謂「天子建國，諸侯立家。」卿大夫所受封之地，名曰采邑；士所受封者，名曰食田。庶人不能受封，則爲貴族耕，以維其生。晉語所謂「公食貢，大夫食邑，士食田，庶人食力。」所以嚴格言之，天子與諸侯所得賦稅爲貢而非助，大夫士所得的方爲由助法。其制度爲貴族將其土地分爲二部，小部分由庶人耕種，其收穫歸地主，是爲公田；大部分之收穫則歸佃農，是爲私田。實爲封建時代土地制度之通則。然隨封建社會之日漸崩潰，井田制度亦逐漸破壞。井田制度破壞的時間各地亦不一致。大體從春秋中期以後至戰國中期，各國皆先後完成。東方諸侯，特別是晉、魯、鄭諸國，井田制度的破壞較早；秦國僻居西陲，社會變動較慢，直至孝公時商鞅變法始破壞。井田制度之大概如此，其詳則不可知。（齊思和、孟子井田說辨；陳啓天、商鞅評傳。）（洪安全）

今古文

兩漢學術以經學爲主，經學不止是一門獨立的學問，而且與兩漢政治有密切的關係。經學中有今古文的問題，起初不過是今文古文的差別，問題尙爲簡單，後來演變爲今學古學之爭，則異常複雜。此一爭論從西漢開始，至今尙未完結，可說是二千年中國學術史上的一大公案。

今文是指漢代的隸書，古文是指漢代以前的古籀文字。先秦的經書，本用古文書寫，經過始皇的焚書和項羽的一炬，許多書籍被沒收或焚燬，經書頗有殘闕散佚，民間或有部分私藏。但經書的傳授，尤其是經說，主要是靠口授師傳，所以等到漢初傳經的時候，就把經書改譯成當時的隸書，並把經說著於竹帛，是爲今文經（漢初經傳不分稱）。後來民間所藏書籍陸續出現，乃用古文書寫，是爲古文經；古文經的種類和篇數，與今文經頗有出入。西漢設五經博士，計有十四博士：詩有齊、魯、韓三家；書有歐陽、大小夏侯三家；禮有大小戴二家；易有施讎、孟喜、梁丘賀、京房四家；春秋公羊有嚴（彭祖）、顏（安樂）二家。十四博士都是今文家，設於學官，並有博士弟子員。古文則詩有毛詩，書有古文尙書，禮有逸禮、周官，易有費氏，春秋有左氏；其中只有左氏春秋於光武時立於學官，但不久卽廢。今文經由師說口授，講求微言大義，最重家法師法；古文經無有微言大義，其有家法乃是後起。哀帝時，劉歆致書責讓太常博士，雙方相互攻擊。今文家斥古文家「顚倒五經，變亂師法。」古文家則斥今文家「專己守殘，黨同妬眞。」

今古文本來只是文字的不同，但後來漸成爲字句、篇章、書籍、經說的不同；因而變成學統不同、宗教不同、對古代制度及人物批評的不同和對孔子的觀念不同。今古文之爭大抵是因爲今文家先立學官，抵拒古文家不得立，由此兩家互相水火，而於經說中涉及古代制度或有不一致者，各持一說以相傾。如古文家有持某種異說者，則其同業皆朋比之以與今文家抗，今文家於古文家亦復如是。這是因爭立相仇而後有的事，並非先秦早有此二派。

從西漢末年至東漢末年，二百餘年間，今古文壁壘森嚴，旗幟鮮明，有四次重要的爭論。第一次是劉歆（古）與太常博士爭立毛詩、古文尙書、逸禮、左氏春秋。第二次是韓歆、陳元（古）與范升爭立費氏易及左氏春秋。第三次是賈逵（古）與李育、第四次是鄭玄（古）與何休爭論公羊及左氏的優劣。這種爭論到鄭玄、王肅以後才漸漸熄滅。鄭玄遍注群經，兼采今古文，混亂家法；如箋詩以毛本爲主，而又時違毛義，兼采三家，於是鄭氏詩箋行而今文齊魯韓三家詩廢。他經亦皆如是。鄭學盛行後數十年內而有反鄭學運動，王肅反鄭玄，而立說也是兼采古今，於是家法愈亂。加上漢末西晉時社會的擾亂，致使專門學術的傳授逐漸斷絕，今文學遂告衰替。

最後，隋唐有注疏之學，宋明有理學，今文學沈埋千餘年。到了晚清，由於學術自身的發展以及政治社會的演變，再加上學者的努力，今文學竟告復興。今文學復興的出發點是春秋公羊傳，其學凡歷三變，由學術研究而議評時政而託古改制，至康有爲而集大成，但亦最受人詬病。清末民初，今古文仍有論爭，但學者早已厭聞。而且時世改異，新學日盛，遂有倒孔廢經之論，今古文的問題也就隨着經學的衰替而俱寢。此是時代風潮，但風潮皆爲一時的，苟欲論二千年來的經學，則此仍是不可逃的重要問題。（參考資料：周予同、經今古文學；皮錫瑞、經學歷史。）（阮芝生）

五　霸

霸，亦作伯。（一）謂上古之五霸：夏昆吾、商大彭、豕韋、周齊桓、晉文也。（二）春秋時之五霸，其說有四：⑴按荀子王霸，以齊桓、晉文、楚莊、吳闔閭、越勾踐爲五霸。⑵白虎通號，以齊桓、晉文、秦穆、楚莊、吳闔閭爲五霸。⑶孟子告子下，以齊桓、晉文、秦穆、宋襄、楚莊爲五霸。又白虎通號、風俗通五霸，亦持是說。⑷漢書諸侯王表，以齊桓、晉文、秦穆、宋襄、吳夫差爲五霸。按，據白虎通義釋霸云：「霸者，伯也，行方伯之職，會諸侯，朝天子，不失人臣之意。故聖人與之，非明王之法不張。霸，猶迫也，把也；迫脅諸侯；把持王政。」五霸之說紛歧，似無定論，但近世所通行者，則孟子告子下所謂之春秋五霸也。蓋自周室衰微，諸侯强幷弱，齊、楚、秦、晉始大，於是政由方伯。其最初以霸業名者，齊桓公也。桓公者，春秋齊人也，襄公弟，名小白，周莊王五十一年（前七二四），以襄公無道，出奔莒，迨襄公被弑，乃歸國卽位（前六八五）；任管仲爲相，尊周室，攘夷狄，九合諸侯，一匡天下，遂成霸業，爲五霸之首；後管仲死，用豎刁、易牙、開方等，公亦怠於政，致倿臣用事；及卒，諸公子爭立，霸業遂衰。齊霸既衰，宋襄繼起，襄公者，桓公之子，名茲父，好言仁義，以庶兄目夷爲相，繼齊桓公爲諸侯盟主，惟圖霸不成，與楚戰於泓，被傷而卒。會晉文公起，中國之勢稍振，晉自獻公世，辟土圖强，一時稱雄。文公乃獻公次子，太子申生弟，名重耳；獻公嬖驪姬，殺申生，重耳奔狄；獻公旣卒，晉文以秦穆之援卽位，任用狐偃、趙衰諸賢，納周襄王，救宋破楚，其霸業足可媲美齊桓。然自文公子襄公卒後，晉累世多故，而楚勃興，莊王出焉。楚莊王者，穆王子，名侶，有雄才，始卽位三年，不出號令，日夜爲樂，令國中曰：有敢諫者，死。伍擧、蘇從先後冒死入諫，於是任伍擧、蘇從以政，勵精圖治，國勢大振，復滅庸、克宋，伐陳，圍鄭，與晉爭霸；觀兵於周郊；周定王使王孫滿勞師，莊王問周鼎之大小輕重，隱有圖周之志；及莊王卒，楚威稍替。至若秦穆公者，成公弟也，名任好，繼成公而立，任用由余、百里奚、蹇叔、丕豹、公孫支諸賢，修政治，惠人民；敗晉惠公，助晉文公歸晉，晉文公歿後，爲晉襄公擊敗於殽，從此不敢東出；周襄王時又伐戎，益國二十，開地千里，襄王命爲西方侯伯，遂霸西戎，然終春秋世，秦不得志於中原焉。綜觀春秋時霸主，舊史雖以齊桓、宋襄、晉文、秦穆、楚莊爲五霸，然宋襄圖霸未成，而吳闔閭、越勾踐嘗盛極一時，故論者多退宋襄而進吳闔閭或越勾踐，亦有退宋襄秦穆而進闔閭勾踐者，此所以五霸名稱紛歧之因。（參考史記秦本紀、史記齊太公世家、史記晉世家、史記楚世家、左傳、白虎通義、孟子、風俗通義、荀子、資治通鑑。）（朱　璲）

平王東遷

周自武王滅商，至幽王被犬戎所殺，約三四一年（西元前一一一一年至七七〇年），都鎬，史稱西周。犬戎入鎬，平王東遷洛邑，是爲東周之始。東周共歷五百一十五年（西元前七七〇至二五六年）。幽王爲西周最後一位君主，在位十一年。幽王二年，涇、渭、洛三川皆震，地震使川水枯竭，而岐山亦崩。詩經小雅十月之交云：「百川沸騰，山冢崒崩；高岸爲谷，深谷爲陵。」地震所造成的災害，不但影響人民生計，而且影響了人民的心理，故太史伯陽父以爲山川崩竭，乃亡國之徵；而十月之交一詩亦以日月交食爲不祥。天災之外，又有人禍。其時幽王寵愛褒姒，褒姒生子伯服，幽王乃廢申后及太子宜臼。褒姒爲鞏固自己地位當然會與朝廷大臣勾接，十月之交卽擧出七位與褒姒有來往的大臣，並言「艷妻煽方處。」又言其中之皇父卿士，曾作都於向，此擧不但勞民傷財，且因選擇車馬，往居於向，使王的身邊，沒有一老臣留下來替他守衞。小雅正月又云：「赫赫宗周，褒姒滅之。」詩人此言，未免誇大。然封建社會中，宗法制度相當重要，幽王破壞了宗法制度中的嫡長制度，影響實在太大。最顯然的是喪失了婚姻與國。這時周室的勢力已衰，幸有申后母國卽申國這一集團的支持，廢后及太子，不但使周室喪失了婚姻之好，而且使婚姻之好變成了仇國，以致國亡身死。詩人不歸罪於幽王而歸罪於褒姒，自是文字敍事有時須以誇大爲美。史記說幽王爲褒姒擧烽火，以博褒姒一笑，終致諸侯不信周王烽火，以致犬戎入關，諸侯無有救者，實爲小說家言，與詩經所說褒姒亡國，同爲文學之誇大。幽王十一年，申侯因怒幽王廢申后及太子宜臼，與繒、西夷、犬戎攻入關中，殺幽王於驪山下，諸侯乃與申侯共立宜臼，是爲平王。平王立，乃東遷洛邑。犬戎居地，當在周之東南，而非西北。左傳昭公四年云：「周幽爲大室之盟，戎狄叛之。」可見在太室山一帶有戎。犬戎由申侯召之，申在南陽宛縣，如犬戎在周西北，相距遼遠，不易聯合。據鄭語當時申西戎(周本紀作西夷犬戎)繒相結，繒在楚方城內，與申接壤，而驪山有驪戎國，則戎亦在周內。幽王與申繒西戎之聯軍遇於驪山，其地在周鎬京與申繒之間。據竹書紀年，幽王死後，周室曾一度分裂。申侯、魯侯、許文公立平王於申，虢公翰立王子余臣於攜。周有二王並立。文侯二十一年，攜王爲晉文侯所殺。攜乃岐豐相近之地名。魯侯之參加立平王，可能爲申許假借其名，非其本意，蓋魯人不齒於平王甥舅之間的行爲。故平王東遷，魯爲東方諸侯之長，而態度冷淡。而東遷後的周室，因此也喪失了向來的吸引力。另一方面，周室因喪失了關中的畿地，使依封建制度王室領土應大於諸侯的情況轉變了。關中後來雖由承襲西垂大夫世職的秦襄公收回，但岐山以西須送給秦，岐山以東，先是受阻於虢，其後晉滅虢，虢以西畿領全被秦晉瓜分，周亦不能有。不但如此，東方的畿領亦日削，虎牢以東賜鄭，溫原賜晉，揚拒、泉皋、伊洛之戎雜居境內，陸渾之戎盤據伊川，而王室婚姻之好的申呂其後亦爲楚所兼併。王畿既日削，自漸不足以維持「禮樂征伐自天子出」的局面。所以桓王征鄭，而被射中肩；平王去世，周向魯求賻，其後又屢向魯求車、求金。兵力與經濟力皆衰，於是領導天下的權力只好移交給提倡「尊王攘夷」的齊晉霸主了。（詩經；史記；國語；錢穆，國史大綱；朱雲影，中國上古史講義。）（洪安全）

北京人

「北京人」一詞，是指在河北省房山縣周口店（北平西南一百一十華里），所發現的一種更新統（Pleistocene）中期的古生人類化石，學名稱爲「支人屬北京種」（Sinanthropus〔genus〕pekinensis〔species〕，或譯「中國猿人北京種」），又稱「中國猿人」（李濟，北京人的體質與生活〔下〕，大陸雜誌，第五卷第七期，民國四十一年）、「北京猿人」、「北京中國猿人」（楊希枚譯，W. E. Le Gross Clark著，北京猿人，大陸雜誌，第一卷第一期，民國三十九年）、或「震旦人」（葉爲耽，震旦人與周口店文化，上海，民國二十五年）。因其出土地點靠近北平，故俗稱「北京人」。

「北京人」發現的經過歷時頗長。早在公元一八九九年西人哈伯勒氏（K. A. Habner）就曾把一批在中藥店收集的龍骨送回德國檢定，之後孟興大學的舒羅塞教授（Prof. M. Schlosser）在一九〇三年提出研究報告，認其中有一枚靈長目（Primate）的牙化石。此後師丹斯基（O. Zdansky）和布林（B.Bohlin）也相繼在周口店附近找到了牙齒的化石，經步達生（D. Black）的研究，認係一種古生人類的化石。但大規模有計劃的發掘工作，遲至民國十六年纔開始。民國十五年瑞典王儲訪華，當時安特生（J. G. Andersson）所提出，有關師丹斯基所發現的荷謨型（Hominid）牙齒之幻燈片頗引人興趣，於是在丁文江博士的主持下，得洛氏基金會之助，在民國十六年四月十六日開始周口店的發掘工作，迄廿六年七月九日纔因中日之戰而中止。總計獲得的化石約有四十個個體，其中包括五個完整或比較完整的頭蓋骨、九塊頭骨碎片、六塊面骨、十四塊下顎骨、一五二顆牙齒（兩顆係民國二十六年以後發現者）、一塊鎖骨、三塊殘破的肱骨（上臂骨）、一塊月骨（腕骨之一）、七塊殘破的股骨（大腿骨）、一塊殘破的脛骨（小腿骨）。此外，在發現北京人化石的第一地點還有石器、動物骨骼化石、和用火的遺跡。至於參加工作的重要人員，我國有李捷、裴文中、楊鍾健等，外人有步達生、布林、德日進神父（Teilhard de chardin,P.）師丹斯基、及魏敦瑞（F. Weidenreich）等。

「北京人」的意義，主要是使達爾文的進化論獲得有力的證據，使猿與人之間「失落的鏈環」（Missing link）得以顯現，這點可從「北京人」所展示的體質特徵上觀察出來。例如較現生人爲厚的頭骨；較現生人小，但較人形猿爲大的腦量；眼眶上部隆起；無顯着的下頷；較現生人爲低的頭骨高度等等，均足以證明「北京人」在進化程序上較「有辨的荷謨」（Homo sapiens）爲低，而較猿爲高（參看李濟，北京人的體質與生活〔下〕，大陸雜誌，第五卷第十期，民國四一；裴文中，中國史前時期之研究，上海，民國三十七年）。

關於「北京人」生存的時間問題，其絕對年代固無答案，甚至相對的地質年代也有不同的意見。例如德日進認爲是在更新統（或譯洪積統）的早期，而哈佛大學的摩維亞斯教授（Prof. Hallam L. Movius, Jr.）却認爲是更新統中期（北京人的體質與生活〔下〕，頁三），較新的說法是，除僅見用火的遺跡，而未見「北京人」化石的周口店第十三地點略早外，中國猿人文化的時代似在更新統中期之中層，卽距今約五十萬年至三十萬年之間（參看吳汝康等，中國人類化石的發現與研究，頁八九）。

由於在「北京人」化石出土之處同時發現有大量的石器（包括中鋒砍器、偏鋒砍器、石片器、與石核器四大類）、用火的遺跡、及仁已剔出的果殼，故可以之推測當時「北京人」的生活情形。尤其是後二者，使我們知道人類在很早的時期已非單純的肉食動物（北京人的體質與生活（下），頁九）。（謝　劍）

甲骨文字

甲骨文字爲殷人書契或契刻於龜甲獸骨上之文字，龜甲分背甲與腹甲，獸骨有牛骨、鹿骨、兕骨等，亦有用人頭骨者；所發現以腹甲及牛胛骨爲多。殷民敬天畏神，好占卜，以龜甲獸骨卜吉凶，將占卜貞問之事，由史官契刻於龜甲獸骨之上，史官又稱「貞人」，甲骨文字又名貞卜文字、卜辭、龜甲文字或書契；甲骨文字出土於河南省安陽縣之小屯村，地當殷之故都—宋微子世家：「箕子朝周，過故殷虛」；項羽本紀：「洹水南，殷虛上」。故又名殷虛文字、殷虛書契或殷虛卜辭。其所包括之時代，由祭祀之稱謂，參照文獻史料證之，當自盤庚遷殷至紂王帝辛滅亡，其間二百七十三年（西元前一三二四—一一一一）。甲骨文字大多爲卜辭，亦有少數爲記事者；所卜問之事，約言之分：卜夕、卜旬、求年、征伐、祭祀、田游、天象、疾病等，爲探討中國古代社會、民俗、禮制、方國、地理、典章、曆法等之重要史料。

甲骨文字爲我國已發現文字中之最古者，先民於三千多年前之殷商時代，已用符號書寫。考其字形，有與古籀、篆文相合者，可見我國文字一脉相承，由圖畫演進而成，故甲骨文字並非我國之原始文字。以其結構而言，有象形如□、□（隹人），指事如□、□（上、下），形聲如□、□（河、百），會意如□、□（涉、雀），假借常見，如□、□（毋、惟），轉注似無。單字約三千餘，可識者僅一千三、四百字，其字體有肥、瘦，有方、圓，筆勢有剛健適勁，有柔美多姿。契刻行款或由下而上，由內而外；卜辭則往往左右對貞，正反並書，對稱而美觀。

甲骨卜辭之發現，早在清光緒二十五年（西元一八九九年）前，河南省安陽縣小屯村北洹水上，村民於農耕時拾得，以龍骨售與藥店爲藥材，戊戌年（西元一八九九）國子監祭酒王懿榮病，服藥，藥中有龜甲，其上有文字，考之多爲殷代帝王之名，知爲殷代遺物，乃以重價收購之，於是村民私自挖掘，古董商搜售，學者拓印研究，一時視爲至寶。民國十七年（西元一九二八）中央研究院歷史語言研究所請董作賓、李濟等親往安陽小屯村勘察，作有計劃之發掘，至民國二十六年（西元一九三七）夏，先後發掘十五次，計得有字甲骨一萬三千餘片，藏於中央研究院歷史語言研究所，並拓印小屯甲編、乙編行世。至於民間挖掘所得，或爲國人收藏，或散在世界各國，如日本、美國、加拿大、俄國、法國等約計八、九萬片，總計十萬片左右。

學者首先拓印甲骨文字成書者爲劉鶚之鐵雲藏龜，羅振玉之殷虛書契前編、後編、續編相繼出版。請末孫貽讓初釋其文，著契文舉例一書，發凡啓例，繼之羅振玉撰殷商貞卜文字考，商承祚著殷虛文字類編，孫海波編甲骨文編，金祥恆編續甲骨文編及李孝定之甲骨文集釋等。王國維撰殷卜辭中所見先公先王考、續考，以甲骨文字證史記殷本紀之帝系非向壁虛構；以祭祀卜辭考證殷代帝王以父死子繼，兄終弟及之禮法制度。董作賓以斷代研究，將甲骨文字分期、分類、分派，並據卜辭中日食、月食、置閏等記載，始考殷代曆法，撰殷曆譜。胡厚宣據甲骨卜辭考殷商史，著商史論叢。有據甲骨拓片上文字，隸定楷書考釋者，如王襄之簠室徵文，葉玉森之殷虛書契考釋，屈萬里之小屯甲編考釋等。國外學研究甲骨文字有編著者，亦不乏其人，如加拿大人明義士之甲骨卜辭，日本人林泰輔之龜甲獸骨文字，島邦男之殷虛卜辭研究，殷墟卜辭綜類等。其他有關甲骨學之論著甚多，詳見甲骨年表及續甲骨年表。（金祥恆）

匈奴

匈奴的來源問題，迄今仍無定論。據史記匈奴列傳載，匈奴爲夏后氏之苗裔。近人王國維認爲匈奴乃我國古代鬼方、混夷、獯鬻、胡的本名（觀堂集林「鬼方昆夷玁狁考」）。日人白鳥庫吉亦以胡爲匈奴之原名（馮家昇譯：白鳥庫吉「東胡民族考」）。此外西方學者還有主匈奴屬蒙古族、突厥族、芬族、斯拉夫族之說。要之，匈奴人本身並無文獻遺留，吾人所據以推測者，僅是其他民族對匈奴的零碎紀錄以及近來若干考古所得之資料。這些資料僅有助于說明其生活性質，對探尋匈奴之本源，仍少有助益。姚師從吾的結論是：「實在匈奴與匈人均爲游牧民族，遷徙無定，久與他族混合，純粹的匈奴人與匈人或已不復存在。」（「歐洲學者對于匈奴的研究」）。面對這一個難有定論的問題，我們還不如把重心轉移到匈奴經濟、社會、政治的問題上。

匈奴的經濟生活主要建立在「逐水草遷徙」的草原遊牧制上。據史記匈奴傳：「其畜之所多，則馬、牛、羊。其奇畜，則橐佗、驢、驘、駃騠、騊駼、驒騱。」他們隨著季節的變化，每年按照大致不變的路線，遷徙遊牧。此外他們還從事狩獵。簡單的手工藝製造，如近代考古所發現的銅鏃、箭頭、刀鋌、陶器等。對農耕民族的掠奪或貿易，也是他們經濟生活中重要的一部分。他們需要農產品，高水準的工藝品以及推銷過剩的畜產，如果這種交易無法順利進行，則以掠奪達到目的。

匈奴的社會，是一種氏族部落的組織，內部似有嚴格的階級區分，貴族以攣鞮氏為首，另以呼衍氏、蘭氏、須卜氏為貴種。貴種之間互婚，並享有所有的政治權力。其餘的部落民則編入千人長、百人長、十人長式社會與戰鬥合一的體制中，其下更有因被俘或犯罪而來的奴隸，充任生產等勞役。

匈奴的政治制度，接近於單一的，多少具有地方分權性的封建體制。原則上世襲的單于是權力支配的頂點，單于即大天子之意。貴種是單于的親家，也是政治上的輔佐。單于分近親子弟為二十四部，有左右賢王、左右谷蠡王，左右大將以及裨小王、相、都尉、當戶、且渠等官號，官位皆世襲。

匈奴的生活資料，幾全取之牲畜，「自君王以下，咸食畜肉，衣其皮革、被旃裘」（史記匈奴傳），住處則為可拆卸移動的「穹廬」。社會習俗上貴壯健，賤老弱、父死妻其後母，兄弟死皆取其妻。匈奴的宗教為敬拜日月天地的薩滿教，每年春秋兩季，祭於龍城、蹛林。這是部族大會，也是宗教大典。法律很簡單，「拔刃尺者死；坐盜者沒入其家；有罪小者，軋；大者，死；獄久者不過十日」（史記匈奴傳）。

當中國楚漢相爭之際，北方的匈奴，在雄主冒頓單于的領導下，北服丁令、東滅東胡、西破月氏、臣服西域三十餘國，以三十餘萬控弦之士，開始與中國從事長期大規模的鬥爭。在此以前北方遊牧民族與中國的衝突是零星的、個別的；從此以後，演變成遊牧民族與農耕民族兩大統一勢力的對立。當中國統一、強大時，才有可能納匈奴於中國的朝貢制度之內，而匈奴對中國的掠奪也只有在本身統一，兵強馬壯，而中國陷于分裂或大難初定的情況下，才能得逞。這種勢力均衡的關係，全視雙方實力之強弱為轉移。漢武帝、宣帝、明帝、章帝時中國的勢力壓倒匈奴。漢初，新承秦火，被迫與匈奴和親；王莽亂政，劉秀復漢之時，匈奴乘機再起，及乎漢季，中國衰崩，匈奴亦分而衰，不過匈奴餘裔，卻已滿佈中國北方，造成中國另一個新時代的開始。（參考：史記；漢書；後漢書；姚從吾，「歐洲學者對於匈奴的研究」，載：北京大學國學季刊二卷三期；王國維「鬼方昆夷玁狁考」，載：觀堂集林卷十三，藝文印書館出版；林惠祥，中國民族史，商務印書館出版；島田正郎，北亞洲史，中國文化學院出版；白鳥庫吉，匈奴民族考，何健民譯，商務印書館出版；謝劍，「匈奴社會組織的初步研究」，載：中央研究院史語所集刊，第四十本下冊；「匈奴政治制度的研究」，載：中央研究院史語所集刊，第四十一本，第二分；文崇一，「漢代匈奴人的社會組織與文化形態」，載：邊疆文化論集第二冊，中華文化出版事業委員會出版；傅樂成，中國通史上冊第七章，大中國圖書公司出版；蕭啓慶，「北亞遊牧民族南侵各種原因的檢討」，載：食貨復刊第一卷第十二期；巴克爾，韃靼千年史，黃淵靜譯，商務印書館出版。）（黃俊傑）

共和攝政

西周厲王在位時，王權陵替，擢用專好貨利之榮夷公為卿士，從事聚斂，結果民不堪命，怨謗環生。厲王大怒，乃派衛巫去偵探，監視國人，謗者處死，國人不敢多言，道路以目。厲王甚自得，曾謂召公虎曰：「吾能弭謗矣！」召公諫曰：「是障之也，防民之口，甚於防川。川壅而潰，傷人必多，民亦如之。是故為川者決之使導，為民者宣之使言。……夫民慮之於心，而宣之於口，成而行之，故可壅也。今王塞下之口，而遂上之過，恐為社稷憂。」果不出召公所料，三年後，國人不能忍，乃相與叛，襲擊王公，厲王以衆怒難犯，遂出奔于彘。時國中無主，而王又未崩殂，不能別立新君，遂實行共和攝政，時在西元前八百四十一年，史記十二諸侯年表即始于此，亦為中國歷史有正確年代之始

共和攝政古有二說：

㈠史記及國語韋昭注認為由開國元勳周公召公之後人，世襲周公召公，共同攝政，因號共和。

史記周本紀：「召公周公二相行政，號曰共和。」

國語韋昭注：「彘之亂，公卿相與和而修政事，號曰共和。」

㈡竹書紀年及史記正義引魯連子認為由諸侯推舉共伯名和者入主朝政，因號共和。

紀年：「共伯和干王位。」

魯連子：「共伯名和，好行仁義，諸侯賢之，周厲王無道，國人作難，王

犇于彘，諸侯奉和以行天子事，號曰共和元年。」

以上兩說，後人宗主不一，但多認第一說爲合理。當時王位虛懸，大而有力之諸侯尙衆，不可能推擧一位小國國君出而攝政，所以由周公召公共同攝政比較合理。至共和十四年（前八二八），厲王崩于彘，召公周公共立厲王子靖爲王，是爲宣王，共和攝政告終。（王德毅）

西域

漢書卷九六上西域傳序：「西域以孝武帝時始通，本三十六國，其後稍分至五十餘，皆在匈奴之西，烏孫之南。南北有大山，中央有河。東西六千餘里，南北千餘里。東則接漢，阸以玉門陽關，西則限以葱嶺，其南山東出金城，與漢南山屬焉。其河有兩源，一出葱嶺山，一出于闐。于闐在南山下，其河北流，與葱嶺河合，東注蒲昌海，蒲昌海鹽澤者也。……自玉門、陽關出西域，有兩道：從鄯善傍南山北波河，西行至莎車，爲南道，南道西踰葱嶺，則出大月氏、安息。自車師前王庭，隨北山波河，西行至疏勒，爲北道，北道西踰葱嶺，則出大宛、康居、奄蔡、焉耆。西域諸國大率土著，有城郭田畜，與匈奴、烏孫異俗，故皆役屬匈奴。匈奴西邊日逐王置僮僕校尉，使領西域，……賦稅諸國、取富給焉。」

又漢書西域傳贊：「孝武之世，圖制匈奴，患其兼從西國，結黨南羌，乃表河曲，列四郡，開玉門，通西域，以斷匈奴右臂，隔絕南羌月氏。」

又史記卷一二三大宛傳：「大宛之跡，見自張騫。……是時，天子問匈奴降者，皆言匈奴破月氏王，以其頭爲飲器，月氏遁逃，而常怨仇匈奴，無與共擊之。漢方欲事滅胡，聞此言因欲通，乃募能使者，騫以郎應募使月氏。」

又「漢書」西域傳序：「張騫始開通西域之跡。其後驃騎將軍擊破匈奴右地，降渾邪休屠王，遂空其地，始築令居以西。初置酒泉郡。後稍發徙民充實之，分置武威、張掖、敦煌，列四郡據兩關焉。自貳師將軍伐大宛之後，西域震懼，多遣使來貢獻，漢使西域者益得職。於是自敦煌西至鹽澤，往往起亭。……至宣帝時（前七三～四九）遣衞司馬使護鄯善以西數國，漢獨獲南道，……其後日逐王畔單于來降，護鄯善以西使者鄭吉迎之。既至漢，封日逐王爲歸德侯，吉爲定遠侯，是歲神爵三年（前五九）也。乃因使吉幷護北道，故號曰都護，都護之起，自吉置矣。僮僕都尉由此罷。匈奴益弱，不得近西域，於是徙屯田，田於北胥鞬，披莎車之地，屯田校尉始屬都護。都護督察烏孫、康居諸外國動靜，有變以聞，可安輯，安輯之，可擊，擊之，都護治烏壘城。……至元帝時，（前四八～三三）復置戊己校尉，屯田車師前王庭。……自宣元後，單于稱藩臣，西域服从。」

「後漢書」卷一一八西域傳序：「哀平間（公元前六至公元後五），自相分割爲五十五國。王莽簒位，貶易侯爲王，由是西域怨，與中國遂絕，並復役屬匈奴。建武中（二五～五五）皆遣使求內屬，願請都護，光武以天下初定，未遑外事，竟不許。」

永平中（五八～七五），北虜乃脅諸國，共寇河西，十六年（七三），明帝乃命將帥北征匈奴，取伊吾盧地，置宜禾都尉以屯田，于闐諸國皆遣子入侍。西域自絕六十五載乃復通焉。明年復都護戊己校尉。建初元年（七六），章帝不欲疲敝中國，以事夷狄，乃迎還戊己校尉，不復遣都護，二年，復罷屯田伊吾。時軍司馬班超留于闐、綏集諸國。和帝永元元年（八九）大將軍竇憲大破匈奴，三年（九一），班超遂定西域，因以超爲都護，居龜茲。六年（九四），班超復擊破焉耆，於是五十餘國悉納質內屬。條支安息，皆重驛貢獻。九年（九七），班超遣椽甘英窮臨西海而還。

及孝和晏駕，西域背畔，安帝永初元年（一〇七）頻改都護任尙段禧等，朝廷以其險逆，難相應付，詔罷都護。自此遂棄西域。北匈奴遂復收諸國，其後連車師入河西，朝廷不能禁，議者因欲閉玉門陽關，以絕其患。延光二年（一二三），敦煌太守張瑞上書陳三策，朝廷下其議，尙書陳忠上疏曰：「臣以爲敦煌宜置校尉，案舊增四郡屯兵，以西撫諸國；震怖匈奴。」帝納之，乃以班勇爲西域長史，遂破車師。自建武至于延光，西域三絕三通。順帝永建二年（一二七）勇復擊降焉耆，於是，龜玆疏勒于闐莎車等十七國皆來服從，而烏孫葱嶺以西遂絕。（逯耀東）

仰韶文化

「仰韶文化」一詞，是指河南省澠池縣仰韶村附近，秦王寨和不招寨出土的新石器時代文化遺存。因地近仰韶村，故稱之爲仰韶文化；又因此種文化是以光亮彩繪之陶器爲特徵，故亦名之爲彩陶文化。

此一術語的使用，首見於安特生(J.G. Andersson)所撰的中華遠古之文化一文（地質彙報，第五號第一册，地質調查所，北平，民國十二年），其後阿爾納(T. J. Arne)又根據所獲得的資料，著有河南石器時代之着色陶器一書

（中國古生物誌，丁種第一號第二冊，地質調查所，北平，民國十四年。）至於此一文化遺存的發現經過，是因地質調查所（北平）採集員劉長山自河南省集得石器數百件，從而判斷該地必有石器時代之遺存，乃於次年（民國十年）前往仰韶村一帶調查，同年十月在地質調查所主持之下正式開始發掘，參加田野工作的重要人員有安特生、師丹斯基 **(O. Zdansky)** 、劉長山、及袁復禮等先生。除仰韶一地外，此型文化亦見於河南河陰；遼寧錦西、金縣；甘肅洮沙、寧定；山西夏縣等地（李濟，小屯與仰韶，安陽發掘報告，第二冊，北平，民國十九年，頁三三三）。張光直氏根據較新的資料，標示其分佈範圍西起甘肅省東部，東迤迄於河南省北部，而以中原一帶為其核心 **(Kwang-chih Chang, The Archaeology of Ancient China, New Haven: Yale University Press, 1963, pp. 304-305)**。

仰韶村所掘得的文化遺存是以彩陶為主。此類陶器質地細膩，表裡光滑，色紅，有無文飾者，亦有黑色彩繪者，後者係直接繪於磨光之面上，呈幾何形紋，概為手製。此外，尚有少量陶片外敷白衣，然後再塗以彩繪。除彩陶之外還有少量帶藍紋的灰陶和質地粗糙的黑陶，惟後者不同於龍山鎮城子崖所發現者（裴文中，中國史前時期之研究，上海，民國三十七年，頁一四九～五〇）。在形制上說，因仰韶文化的遺物分佈很廣，尚無較系統的分析。一般言之有大口圓底缽、大口平底缽、高脚鼎、矮脚鼎、圈口瓶、罐形器和陶貯等（劉燿，龍山文化與仰韶文化之分析，田野考古報告第二冊，南京，民國三十六年，頁二六四）。又仰韶村的文化遺存中也發現了若干石器（斧、鑿、錛、杵、環、鏃），骨器（錐、針、鏃），與貝殼器（參看地質彙報，第五號第一冊）。

關於仰韶文化的絕對年代問題，因安特生最初發見之時，僅指沙鍋屯及仰韶村所代表之時期而言，當時認係新石器時代之晚期。其後安氏又在甘肅等地發現部份彩陶和銅器共存的現象，故又分仰韶時期為六期，安氏最後（一九四三）對各分期之絕對年代的推測是（轉引自裴文中，中國史前時期之研究，頁三十一）：

新石器時代晚期
　齊家期　（公元前二五〇〇～二二〇〇）
　仰韶期　（公元前二二〇〇～一七〇〇）
　馬廠期　（公元前一七〇〇～一三〇〇）

銅器時代
　辛店期　（公元前一三〇〇～一〇〇〇）
　寺窪、卡窰期　（公元前一〇〇〇～七〇〇）
　沙井期　（公元前七〇〇～五〇〇）

張光直氏認為上述的劃分不確，除馬廠期可能較仰韶期為晚之外，似無再遵循此一分劃的理由 **(The Archaeology of Ancient China, pp. 234-235)**。是故仰韶文化的絕對年代，仍然是一個有待解決的問題。至於它和其他類型文化之間的關係，劉燿氏認為它和龍山文化是兩種不同的遺存，並不曾相互影響（龍山文化與仰韶文化之分析，頁二七五，二八一）；李濟氏認為它和代表殷商的小屯文化也非出自同一源頭（小屯與仰韶，頁三四六）。但新近張光直氏的看法則不同，他認為仰韶文化可能曾演變成為龍山文化，而從豫北的考古證據顯示，龍山文化又演變成了商代的文化 **(The Archaeology of Ancient China, p. 79, 134)**。

迄今為止，已知的仰韶文化遺址之分佈相當廣闊，它是以關中、晉南、和豫西一帶為中心，西到渭河上游，個別的遺址及於洮河，南及漢水的中上游，北達河套地區。從這些遺址的研究，得當日居民的生活狀況可得一概括性的認識。此即原始的鋤耕農業、漁獵、和採集並存，但居民已有較穩定的定居生活，最流行的房屋是半地穴式的建築。又因有陶質紡輪及骨針等的發現，推測當時可能已有麻之類的紡織品。埋葬也有一定的形式，以俯身直肢葬及二次葬最多。聚落佈局呈現一定的區劃，大致上可以分作居住、窰場、及墓地三區。在半坡的遺址中，陶器上還有二十二種整齊規則的符號，呈丨、ㄥ、↑、↓、↑、丰、彡、K、ㄙ、X等不同的形狀。在經濟生活方面，因半坡遺址中曾發現大量的粟殼，一個小罐中儲存着白菜和芥菜的種子，這些多少可以反映當時經濟生活的一斑。（謝　劍）

合縱連橫

戰國時，七雄紛爭，政治上厲行中央集權及君主獨裁政策，軍事上彼此競爭軍備，並積極從事於國防工事—長城—之修建。於各國相互競爭中，秦居其首，惟秦於晉未三分前，東出之路為晉所阻，秦僅覇西戎而已。及晉三分後，韓、趙、魏三國時相攻伐，致遭外侮，秦得伺機出函谷，東進之門洞開，山東諸國即無從安枕。是時，據賈誼過秦論稱：「秦孝公據殽函之固，擁雍州之地。君臣固守，以窺周室，有席捲天下，包擧宇內，囊括四海之意，幷吞八荒之心。當是時也，商君佐之，內立法度，務耕織，修戰守之具；外連衡而鬥諸侯。於是秦人拱手而取西河之外。……諸侯恐懼，會盟而謀弱秦。不愛珍器、重寶、肥饒之地，以致天下之士，合從締交，相與爲一。」因此，即造成了以秦爲主要對象之兩種國際政治運動—合縱連橫。所謂合縱，謂合南北也，其目的在聯合山東六國以擯秦，韓非子五蠹篇言其義曰：「從者，合衆弱以攻一强也。」蓋南北爲縱，而六國地互南北，故聯合擯秦曰合縱。首倡導縱約者爲蘇秦。秦東周洛陽人，字季子，師鬼谷子，習縱橫家言，出遊數歲，大困而歸。兄弟嫂妹妻妾皆竊笑之，秦慚，因閉戶苦修，得周書陰符讀之，欲睡，引錐刺股，揣摩之術成，往說當世之君。先說周顯王，不成，繼說秦惠王，不用，再轉回說趙肅侯，以阻於奉陽君，不見用，於是至燕，得燕文公資助，復至趙、韓、魏、齊、楚等國，分別游說，始獲相當成功。而其所謂合縱運動之具體辦法，則俱載於說趙一文中：「爲大王計，莫如一韓魏齊楚燕趙六國，從親以擯畔秦。令天下之將相，相與合於洹水之上。通質，刑白馬以盟之，約曰：秦攻楚，齊魏各出銳師以佐之，韓絕食道，趙涉河漳，燕守常山之北。秦攻韓魏，則楚絕其後，齊出銳師以佐之。趙涉河漳，燕守雲中。秦攻齊，則楚絕其後，韓守成皐，魏塞午道，趙涉河漳博關，燕出銳師以佐之。秦攻燕，則趙守常山，楚軍武關，齊涉渤海，韓出銳師以佐之。秦攻趙，則韓軍宜陽，楚軍武關，魏軍河外，齊涉勃海，燕出銳師以佐之。諸侯有先背約者，五國共伐之。」按，縱約之計頗爲周詳，故各國君主相繼贊助，六國合縱抗秦，以蘇秦爲縱約長，因以幷相六國。及其歸趙，趙肅侯封爲武安君，乃投縱約於秦。……其後秦使犀首欺齊魏，與共伐趙，欲敗縱約；齊魏既伐趙，趙王讓蘇秦，秦恐，請使燕而報齊，蘇秦去趙，而縱約皆解。後縱約爲張儀所敗，蘇秦客於齊，齊大夫使人刺殺之。所謂連橫者，以東西爲橫，其目的在連合六國以事秦也。連橫運動始於商鞅之聯齊趙以伐魏，而使連橫正式成爲一種有系統政策者，則張儀之功也。張儀者，戰國魏人，初與蘇秦俱師鬼谷子，尋蘇秦相趙，儀往謁，未納，乃去之秦，秦惠王以爲相，號之曰武信君。遊說六國，使背蘇秦之縱約，連橫事秦。其游說步驟，先由新敗於秦齊之魏國着手，次則楚，再次則韓、齊、趙、燕，逞其口舌之能，所游說之國，其國君無不樂從。其於秦國統一事業，厥功最偉，故李斯曰：「惠王用張儀之計，據三川之地，西幷巴蜀，北收上郡，南取漢中，包九夷，制鄢郢，東據成皐之險，割膏腴之壤，遂散六國之從，使之西面而事秦，功施到今」。及惠王卒，不悅於武王，群臣讒之；六國聞訊，皆叛衡復合從，儀不安於秦，乃去秦爲魏相，武王二年，卒於魏。司馬溫公曰：「從橫之說，雖反覆百端，然大要合從者，六國之利也；使六國能以信義相親，則秦雖強暴，安得而亡之哉！」斯言誠可信也。（參考史記張儀列傳、史記蘇秦列傳、戰國策、韓非子、過秦論、資治通鑑。）（朱　琰）

周公東征

武王雖一戰克商，但商人的潛勢力依然存在，故仍封紂子祿父（即武庚）於殷，命其弟管叔鮮、蔡叔度和霍叔處在旁監督，號爲「三監」。克殷七年，武王去世，其子成王誦繼立，年幼，由成王叔父周公旦攝政。管叔、蔡叔及其羣弟疑周公欲僭位，因流言於國說：「公將不利於孺子」。周公聞之，告太公、召公說：「我之所以弗辟（避），而攝行政者，恐天下畔（叛）周，無以告我先王。」奄君聞周公見疑；乃說祿父云：「此世之將亂也，請擧事」。於是武庚、奄君遂乘機煽惑管叔、蔡叔等擧兵反周，商的與國徐戎、淮夷及熊嬴族十有七國亦起響應，聲勢相當浩大。周公乃奉成王命，興師東征。「居東二年，罪人斯得」，誅管叔，殺武庚，放蔡叔。三年踐奄。時伯禽亦自其封國魯（時尙在今河南魯山縣），率師伐徐戎，遂平之。周公則進平淮夷，遂並平熊嬴族十七國。觀其用兵路線，爲先平黃河以南的管（今河南省的鄭縣）、蔡（今河南省上蔡縣）等國，然後渡河北上，平定殷地（今河南安陽縣）；再由殷東進，經今山東省西部一帶東南下，伐奄（今山東曲阜縣，即以後之魯）及徐戎（在魯東薛）、淮夷（在淮北）。東征之役，經征夫三年之辛勞，方告結束，其過程之艱苦，不難想見，詩經中即留有一些關於此役的詩篇。

周公東征勝利後，就在東方大封同姓和功臣姻戚爲諸侯，以鎭壓商遺民，所謂「封建親戚，以藩屏周」。其中最大的封國，在今山東省境內的有魯和齊。魯是周公子伯禽的封國，原封於今河南魯山縣，東征後遷今曲阜縣。齊是周室功臣師尙父(姜太公)的封國，原封於今河南南陽縣西，東征後遷今臨淄縣。在今河南省境內的有宋和衞。宋是降周的殷宗室微子啓的封國，都今商丘縣。衞是周公弟康叔封的封國，都今淇縣。此外周公又滅了今山西省西南部的唐國，封給武王或成王弟叔虞，都今平陽縣，後世改號晉國。以上五國中，宋、衞兩國所占的都是殷商的舊地。宋國所封的是河南的殷虛；衞國所封的是河北的殷虛，分有殷民七族。魯、齊兩國所占的都是殷商與國徐、奄等的舊地。魯國所封的是徐、奄的故虛，分有殷民六族；齊國所封的是奄的同族蒲姑氏的故虛。宋、衞、魯、齊四國占據了殷商徐奄的舊土，服屬東人和淮夷，於是周人東方之患，才告平息。至於唐叔所封的晉國，乃是河東的故夏虛，分有懷姓九宗，以禦戎狄。還有河南的故夏虛，周公在東征之後，將一部分殷頑民遷至此，令他們建築洛邑（在今河南洛陽縣），作爲周室的東都，稱爲「成周」，以與武王所定的西都鎬京，又稱「宗周」的相對。東都既定，就由周公留守。又此時燕亦自河南郾師縣，移於河北，大約在齊、衞之間。如此，周的版圖大爲擴張，商的殘餘勢力，也爲周人所嚴密控制。（參看馬驌，繹史；童書業，春秋史；呂思勉，先秦史；傅斯年，周東封與殷遺民；錢穆，國史大綱。）（洪安全）

東西周

㈠周自武王克商，迄幽王均都於鎬京，幽王十一年，鎬京毀於犬戎，幽王死，子平王東遷洛邑，以爲京師，至赧王五十九年周亡，因仍不改。自晉杜預以來，史家稱幽王以前至武王時期爲西周，平王以後至周亡爲東周，因東周都洛邑在東，而西周時都鎬京在西。

西周時期，周王室大體上一直保有强大的軍事力量，例如見於載籍及彝器銘文中的史事中就頗不乏周人對其東南方的東夷，南方的荆蠻以及北方的玁狁發兵征伐的記述。居於這種實力的基礎之上，周王室才能夠維持其封建帝國的社會秩序，剷除足以威脅或不利於其統治的勢力，例如周夷王之烹齊哀公卽是。由諸侯嗣君的勅封也可覘知在這時期當中周王室的統治權相當穩固。諸侯嗣君繼位必須由周王錫命然後才能稱諸侯，而且在錫命之前，周王對繼命者還有抉擇權，周宣王對魯武王的繼命二子的廢立就是一例。

犬戎襲破鎬京，殺幽王，王室聲威已墮，平王東遷以後，王畿範圍縮小，王室因而喪失了統治諸侯的實力。前七〇七年繻葛之役，王師甚至爲鄭所敗，桓王傷肩，周室的地位更不足以支配諸侯了，於是原有的政治局面逐漸改觀，終於演變出春秋晚期和戰國時異於西周時期的政治、社會、經濟和意識型態。

㈡平王東遷，居於故郟鄏之地，是爲王城，至前五一六年敬王徙至成周。王城在洛水之北，瀍水之西，澗水之東，後爲漢河南縣城；成周城後爲漢洛陽城。王城在西，而成周在東。前四四一年周考王封弟爲桓公，居王城。至前三六七年桓公孫惠公封其少子於鞏，居成周以奉王，號東周惠公，同年韓、趙攻周，分周爲二。至赧王（前三一四至二五六年）時，又自成周徙都至西周，卽王城。

自平王東遷以後，周室不振，地位淪落與諸侯無異，內部又時生變亂，賴諸侯之力而安定，至分東西兩周後，又不相能，相互戰爭，東周欲爲稻，則西周不下水，其勢更弱，加以地處韓、魏之間，距秦、楚均近，成爲各國侵削榨取的對象。例如周顯王十五年（前三五四年）韓取東周之高都、利二地。赧王九年（前三〇六年）楚圍韓雍氏，韓徵甲與粟於周。赧王十七年（前二九八年）齊孟嘗君與韓、魏合師襲秦，又向西周借兵、借糧。東周之祭地見奪於趙。周代傳國之九鼎也成了各國企圖攫取以作爲將繼周而有天下的象徵的名器重寶。

兩周處在這種四面强鄰壓境的艱險狀態中，隨時有被幷吞或滅亡的危機，同時造成了外交上的窘境。但有時也正因爲處於各大國之間，利用各國之間的利害衝突，在大國的矛盾縫隙中求生存，甚至爭取權益。例如赧王八年（前三〇七年）秦攻韓宜陽，楚救韓，以爲周將助秦而準備攻周，周人利用楚人希望周疏於秦的心理而得解免。又如赧王九年，楚圍韓雍氏，周人利用秦、韓之間的矛盾而取得了東周以前割給韓的高都。又如赧王四十二年（西元前二七三年）周人利用魏人欲得周及九鼎的企圖，引魏軍戍周，再利用秦、魏的矛盾而使魏戍卒爲周築城。但這種苟延殘存的局面畢竟不能長久，赧王五十九年，秦滅西周，赧王卒，遷西周公於㱿狐。後七年，卽秦莊襄王元年（西元前二四九年）秦滅東周，遷其君於陽人聚。（參閱史記周本紀、秦本紀、趙世家、戰國策東周策、西周策，王國維古本竹書紀年輯校，衞挺生周自穆王都洛考）。（蕭　璠）

河套文化

「河套文化」一詞，乃指在河套及其附近所發現之舊石器時代的文化。其代表性的遺存是：德日進 **(F. Teilhard de Chardin)** 和桑志華 **(E. Licent)** 二神父於民國十一、二年間，在綏遠省伊克昭盟紅柳河（卽薩拉烏蘇河）及寧夏省銀川市小洞溝兩地所發現的遺存。因地在「河套」一帶（黃河大彎曲之南，長城之北），故稱之爲「河套文化」（裴文中，中國史前時期之研究，上海，民國三十七年，頁八十七～八）。

德、桑二氏於紅柳河西岸之河湖堆積中，發現甚多動物化石，少數石器，和一顆人牙；在水洞溝的黃土底部礫石層之上，發現的石器極多，但動物化石極少，且無人類化石。德日進認爲這兩個地點是同時的，均屬華北的黃土時期，惟其「相」(facies)不同而已。紅柳河出土的人牙化石，據步達生（D. Black）研究的結果，認係爲七、八歲之兒童者，是一顆鏟形（shovel-shaped）門齒。惟因所發現之人類化石僅此一件，故不能作較深入的解釋。至於兩地所出土的石器，紅柳河者較小，可以確定有細石器的存在。石器石片大部份是黑色的矽質礦物所做成，石英岩者較少。細小的石器有圓頭括器、刮削器、尖狀器，較大的石器也有刮削器和尖狀器等。水洞溝石器的原料則是五台系石英岩礫石所製成，石核器呈多邊形，石片器則是短而寬者較多。至於步日耶神父（H. Breuil）謂水洞溝有進步型的「雕刀」等細石器的存在，但有人對此持懷疑態度（吳汝康等：中國人類化石的發現與研究，頁七六～八）。

關於「河套文化」的年代，步日耶認爲以石器製作之方法及型制，似相當於歐洲之莫斯特（Mousterian）及奧瑞那（Aurignacian）兩文化期之間，惟裴文中氏認河套文化遺存中的石器，無論就製作原料及型制而言，均不能與歐洲文化期者相比擬，而係介於周口店下層中國猿人文化和上層的山頂洞文化之間，自舊石器時代中期迄於舊石器時代晚期之初，地質時代是在更新統晚期（Upper Pleistocene），絕對年代約在十五萬至七萬五千年前（同上書，頁七八～九，八九）。

除了前述德、桑二氏所發現的一顆人牙之外，以後又有頂骨、腿骨及面骨等的發現，因此引起了「河套人」的問題。因門牙上有「箕形」，故河套人具有承上啓下的特徵，和較早的「北京人」及現生的華北人相似；腿骨亦兼有猿人和現代人的特點。但以材料有限，河套人的體質形態及其在人類演化史上的地位，仍是一個有待解決的問題（張光直，黃土期中國高級舊石器文化與現代人類的出現，國立臺灣大學文史哲學報，第十六期，民國五六年，臺北，頁一五八～九；一六三～四）。（謝　劍）

封建與宗法

「封」爲封國，「建」爲建君。封建制度發源於西周以前，但成爲一套完整的制度，却在西周。西周是封建制度的盛行期，春秋已漸陵遲，戰國則已破壞。歷代每多師其遺意，但性質已大變，實行後亦少獲得好處，如漢初行郡國並行制，引起「七國之亂」；晉與明初分封諸王，引起「八王之亂」與「靖難之變」。

中國的封建制度以西周爲典型。其時所謂全天下的土地，在名義上都是「王土」，其上的人民，名義上都是「王臣」。但實際上，周王自己只保留京畿附近約千里之地，其餘皆分封給親族和姻戚爲諸侯。先朝的殘餘及本來獨立的國家與部落，在名義上也都被承認爲周室統治下的諸侯。

諸侯以下有卿大夫、士，也各有領地，由諸侯封予，王畿內亦然。卿大夫家裏又有家臣，不一定都有食地，大概都屬於「士」的階層。士以下有庶民、工商。庶民是附屬於土地的農民，也有在官府服役的低級人員。至於工商，大部分也是附屬於官府的執事人員，地位似稍高。士以上是貴族階級，大致爲有土有權的階級；庶民、工、商爲平民階級，大致是無土無權的階級。貴族與平民大致皆爲世襲。平民以下尚有奴隸階級。

西周於武王、成王之世，曾大規模分封諸侯，總數在七十以上，其中與周同姓者佔五十以上。其後分封仍不斷進行。其時的封建諸侯實含有武裝殖民的性質，周室令同姓子弟及姻戚功臣，率領宗族殖民於新征服的土地，與先朝遺民及戎狄雜處。這些土地，絕大部分是未開闢的，在他們宗族的努力經營之下，土地日闢，宗族日漸繁衍，國家亦日益壯大。歷代帝王每思秉擇封建遺意以救郡縣制度之弊，然多未能收效，其因即在無曠土以資殖民開拓，以資分土授田，又無宗法制度以爲封建的基礎。

中國的封建制度，與西洋中古時代的 feudalism 有若干類似點，如階級固定，有采邑分封，有莊園制度，都建立在地主與佃農的相互關係之上。但也有基本上的不同點，西周的封建乃一統王朝有系統的分封，西洋的却是由羅馬帝國崩潰後，分裂造成的。

宗法：

宗法即宗族的組織法。「宗」字指同在一廟祭祀祖先之意。但「宗」與「祖」意義有別。「祖」爲父道，「宗」爲兄道。可以說，「祖」是縱的連繫，「宗」還要包括橫的連繫。宗法以嫡長繼承制爲基礎。傳子之例，雖商末已然，但實確立於周代。爲了維繫同姓子孫之間的關係，乃產生出宗法制。在宗法制之下，從天子到士，可以合成一大家族。這一大家族中的成員各以其對宗主的親疏關係而定其地位的高低。封建制度以分封同姓爲原則，天子以封諸侯，諸侯以封大夫，都依宗法系統而定。所以封建制度是由家族系統擴充而成政治系統。封建制度的繼續是靠宗法制度的維繫的。譬如天子世世相傳，每世的天子都是以嫡長子的資格繼承父位，奉戴始祖，是爲大宗；他的衆子（包括嫡長子的諸母弟與庶子）封爲諸侯，爲小宗。每世的卿大夫也以嫡長子的資格繼承父位，奉始祖大宗；他們的衆子各有食地，爲小宗。凡大宗必是始祖的嫡裔；而小宗則或宗其高祖，或宗其曾祖，或宗其祖，或宗其父，而對大宗則都稱爲庶。諸侯對天子爲小宗，但在本國則爲大宗；卿大夫對諸侯爲小宗，但在本族則也爲大宗。據後世禮家的記載，宗法系統僅限於大夫以下，諸侯以上宗統與君統合，並不以宗法名。禮記大傳：「別子爲祖，繼別爲宗，繼禰者爲小宗。」其意爲始封諸侯，其長嫡襲爲諸侯，餘子不襲爵，則稱爲別子，各自爲開宗之祖。繼其世謂之宗，即大宗。大宗百世不遷。別子長嫡之外的餘子，亦各自立宗，繼之者謂之繼禰，繼禰者爲小宗。小宗五世則遷。故凡人所奉宗，最多有五，即皆奉一大宗，而因其世次之尊卑兼奉一小宗至四小宗爲止。故大宗永遠爲小宗的宗主。宗主對宗人威權頗重，有殺戮及放逐宗人之權，國家如欲放逐某人，則須先咨詢其宗主。宗主在戰時，率領宗人作戰。凡人對宗主必須尊敬，且不准反對同宗之人。故宗主在宗內實等於君之在邦中。

宗法之功用，不但可以維繫天子諸侯卿大夫士間的連繫，亦可以維持諸侯間的連繫，因同姓諸侯亦相宗。又在宗法制度之下，同姓不婚，天子諸侯皆行外婚制，故同姓國爲兄弟，異姓國爲甥舅；天子封諸侯，則同姓爲叔侄、伯侄，異姓爲甥舅，形成天下莫非王之親戚的情況。又周代宗法，似不限於姬姓的貴族，異姓與平民亦皆有宗法。故周代的封建政治實有很健全的宗法組織爲基礎，故能行之有效而久遠。（參看禮記；程瑤田，宗法小記；童書業，春秋史；張蔭麟，中國史綱；梁啓超，先秦政治思想史，中國文化史；李宗侗，中國古代社會史；錢穆，國史大綱。）（洪安全）

封禪

封禪是古代帝王祭天地的大典，它的起源和古代天子的巡狩、柴望、告祭有關。第一個可信的行封禪的帝王是秦始皇。封禪必在泰山舉行，因爲泰山是「五岳之長，羣神之宗」。封是加土。即在泰山高處加土爲圓壇以祭天；禪是除地，即在泰山下之一小山除地爲方壇以祭地。封禪說與感生說及受命說可能是一貫的理論。感生說表明天子實天之所生；受命說表明天子爲天所立，以改制應天；封禪說則表明天子既受天命，致太平，以告成于天。

至遲，漢人對封禪已有一套理論。綜合說來，封禪有它的實行條件：一、受命。二、功至。三、德洽。四、暇給。因此，「雖受命而功不至，至矣而德不洽，洽矣而日有不暇給」，皆不得封禪。封禪又有它的實行意義：㈠告代　帝王荷天命易姓而王者必受命於天，受命而王者必須向天報命告代。㈡報功　太平功業之成，理羣生，到了德洽暇給的地步，必須告太平於天。㈢追本　太平功業之成，固由人力，亦本天功，天地之外，尚有羣神，故須報羣神之功，而「追本諸神名山大川禮」、「萬靈罔不禋祀」。告代、報功、追本三者，歸根結底其意義又在「爲民報德」。

秦始皇與漢武帝都行過封禪大典，但依前述理論以觀，二帝的封禪皆不中禮。始皇二十八年（219 B.C.），登封泰山，「立石頌皇帝德」，明己得封；這是以封禪來誇耀自己的功德。漢興至武帝元封年間約百年，可謂德洽暇給，故武帝也於元封元年（110 B.C.）登封泰山。但武帝行封禪雖合乎封禪的實行條件，却不合乎封禪的實行意義。他把封禪當作求長生不死之術，想效法黃帝由封禪而「僊登天」。爲達此目的，武帝一方面迷信方士李少君、少翁、欒大、公孫卿等人，一方面又必須借用儒生來議封禪儀禮。可是，封禪古禮闕然堙滅，其詳不可得記聞。羣儒草封禪儀數年不成，武帝乃盡罷諸儒不用，依方士言自作封禪祀器，自制封禪儀禮，采儒術以文飾，而自去封禪，並且數次加封。以封禪求仙登，這是武帝一生許多重大事業的基本動機，爲研究漢武一朝政治者所不可不知。據前述理論，古帝王之行封禪乃是爲民，其意出於公。秦皇漢武之行封禪，係誇功誦德，希求福壽，乃是爲己，其意出於私。

封禪是曠代大典，它的實行條件如是之難，因此二帝之後只有漢光武（建武三十年，A.D. 56）、唐玄宗（開元十三年，A.D. 725）、宋眞宗（大中祥符元年，A.D. 1008）行過封禪。而魏明帝、晉武帝、宋文帝、孝武帝、梁武帝、隋文帝、唐太宗、唐高宗、宋太宗、宋徽宗之時，都曾議行封禪，皆遜讓未行，或因有天災與外患而中止。

秦皇漢武的封禪儀禮皆不可考，但唐玄宗所行的封禪儀禮則保存在唐開元禮的「皇帝封祀泰山儀」中，猶可考見其制度。又，封禪皆有玉册禱文，埋於地下，玉册文皆秘而不宣。民國十七年（1928），山東泰安蒿山里關王廟的廢塔下，發現了唐玄宗及宋眞宗的禪地祇玉册文，文辭略同，可謂發千載之秘。此物輾轉流徙，現歸臺北市士林外雙溪之國立故宮博物院保藏，實爲我中華偉大的文化遺產中的瑰寶。（參考資料：史記、封禪書；白虎通德論、封禪；文獻通考、郊社考、封禪）。（阮芝生）

城子崖文化

(一)「城子崖文化」一詞，是指山東省歷城縣龍山鎭城子崖出土的古代文化遺存，因此地下層出土「標準黑陶」，或以地近龍山，故又稱黑陶文化或龍山文化。後二者亦用來泛指出現於其他地方，而其特徵相似城子崖黑陶文化的古代遺存（參看劉燿，龍山文化與仰韶文化的分析，田野考古報告第二册，南京，民國三十六年，頁二五三～二五五）。

此一術語的使用，首見於傅斯年等所着的城子崖一書（中國考古報告集之一，城子崖，南京，民國二十三年）。嚴格說來，標準的「城子崖文化」，是指古代散佈在城子崖附近，使用黑陶的人民所築城基範圍內的文化遺存。「牆形雖不規則，但它的根基卽劃出了城子崖文化遺存的範圍。……它是城子崖文化層的界限」（同上書，頁二十四），而文化層的定義，該書認爲卽是「包含人類遺物的土層」（同上書，頁十二）。至此一文化層的絕對年代，迄今尙無定論。按是書書末附錄董作賓氏的考證，認其上層的灰陶文化可能是春秋時代的譚國文化（同上書，頁九五）；下層的黑陶文化則與河南後崗的黑陶文化相等，卽早於小屯的灰陶文化而晚於仰韶的彩陶文化，屬於新石器時代（城子崖，頁九五）下層年代約在公元前二〇〇〇至一二〇〇年間，上層約在公元前一二〇〇至二〇〇年間（同上書，頁一〇五）。關於城子崖遺存究係何種民族的文化問題，傅氏採取十分審愼的態度，卽使董氏考證很可能爲譚國文化的上層，傅氏也不願稱之爲「譚城」或「譚墟」，僅肯定其爲中國古代之土着文化之一，而予中國民族西來說者以强有力的反證（同上書，序一）。又早期一般認爲龍山文化與仰韶文化同爲中國新石器時代末期的兩種不同系統之文化遺存（龍山文化與仰韶文化的分析，頁二八一），但晚近考古學上的證據顯示，龍山文化的遺存，可能代表着新石器晚期以仰韶文化爲基礎演化而出的一種文化。(Chang Kwang-chih, The Archaeology of Ancient China, New Haven: Yale University Press, 1963, pp.78-79)

(二)此一遺存是吳金鼎在民國十七年四月四日所發現的（城子崖，頁一引平陵訪古錄）。民國十九年十一月七日至十二月七日作第一次的發掘，二十年十月九日至三十一日作第二次的發掘，先後參加田野工作的有李濟、董作賓、郭寶鈞、吳金鼎、梁思永、李光宇、劉嶼霞、王湘、劉錫增、張善等先生。所獲的遺存有陶、石、角、骨、蚌、銅（僅見於上層）等器，及人類、獸類的遺骨，和介類的遺殼。其中最爲重要的是陶器，由陶片的分析，得知其構成的範式有如下圖：

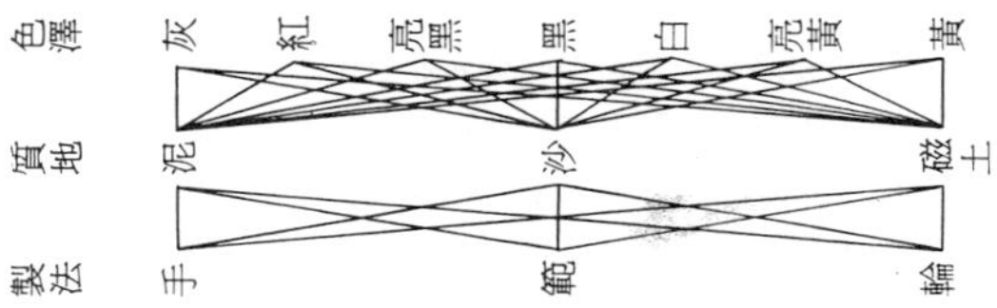

陶容器中有大口無足的杯、盤、盆、甍、盂、盌、簋、缽等；大口一足的豆、皿、盤、盆、臼等；大口三足的鼎、鬲、甗（附甑箅）等；中口無足的杯、盆等；小口無足的缶、罏、罐、罐、壺等；小口三足的規、鬲等；和小口的圈足器。非容器的陶器則有紡輪與玩具之類（參看城子崖，第四、五章）。

見於城子崖上層文化中的陶文，其單字形象和早期的甲骨文相似，有一『犬』字尤近甲骨文，「故上層文化與殷文化是一個系統，至少也是很接近的」（同上書，頁七二）。此外，又有陶文「齊人網隻六鯢一小魚」數字，惟前四字的辨認尙有疑問（同上書，頁七二至七三）。（謝劍）

昭宣之治

武帝晚年迷信，觸發巫蠱之禍，戾太子寃死，此一家庭悲劇，對帝精神上亦爲一大刺激。帝諸年長之子多驕妄不法，皆不得立爲太子，最後立幼子弗陵，帝病，弗陵年僅八歲，遺詔以霍光爲大司馬大將軍，金日磾爲車騎將軍，上官桀爲左將軍，桑弘羊爲御史大夫，共受付託輔佐少主。弗陵在後元二年（前八七）二月卽位，是爲昭帝，在位十三年，於元平元年（前七四）四月崩。帝無嗣，迎立昌邑王賀，霍光以其淫亂，與給事中田延年等共議廢之，另立戾太子的長孫病己，少歷艱難，具知閭里奸邪，吏治得失，至是年十八，高材好學，操行節儉，慈仁愛人，被立爲帝，是爲宣帝。帝初立，光稽首歸政，而帝謙讓再三，不願接受，反一切委任於光，故能得光的効力而達到治平。

昭宣之世雖權臣專政，而仍爲西漢政治史上最治平時期。昭帝時即有不少惠政，如罷民共出馬，減免口賦更賦，詔賢良文學之士問民疾苦，因罷酒榷，對匈奴採和親政策，不勞遠征。一矯武帝之奢汰，出以儉約寬和之政。漢書昭帝紀贊曰：「成王不疑周公，孝昭委任霍光，各因其時以成名，大矣哉！承孝武奢侈餘敝師旅之後，海內虛耗，戶口減半，光知時務之要，輕徭薄賦，與民休息，至始元元鳳之間，匈奴和親，百姓充實，舉賢良文學問民所疾苦，議鹽鐵而罷榷酤。尊號曰昭，不亦宜乎？」奠漢代承平政治之基。宣帝初年由霍光輔政，光死，帝始親政。其時吏治優良，民生康樂，國庫充裕，物價平穩，政治最爲清平。帝能綜核名實，信賞必罰，宰相則能久於其任，如魏相、丙吉二相可以上比蕭、曹，選派守相，至爲謹慎。漢書循吏傳曰：「孝宣興於閭閻，知民事之艱難。自霍光薨後，始躬萬機，厲精爲治，五日一聽事，自丞相而下，各奉職而進。及拜刺史守相，輒親見問，觀其所由，退而考察所行，以質其言，有名實不相應，必知其所以然。常稱曰：庶民所以安其田里而亡歎息愁恨之心者，政平訟理也。與我共此者，其惟良二千石乎？以爲太守者，吏民之本也，數變易則下不安，民知其將久，不可欺罔，乃服從其教化。故二千石有治理效，輒以璽書勉厲。……公卿缺，則選諸所表，以次用之。是故漢世良吏於是爲盛，稱中興焉！」如黃霸、朱邑、龔遂、鄭弘等人皆爲有名循吏，「所居民富，所去見思，生有榮號，死見奉祀。」皆帝盡心於吏治之效。是時匈奴亦衰竭，甘露元年（前五三）呼韓邪單于投降，遣子入侍。自高祖以來，漢對匈奴或和親，或撻伐，至此始獲得前所未有之成功。(漢書卷七至八及八十九）（王德毅）

弭兵之會

從春秋前期，齊桓公創立霸業起，直到春秋中期之末，晉楚再盟於宋止，諸大國爲了爭霸，各帶屬國，互相斫殺了百餘年，弄得各國民力凋敝。宋、鄭處於晉楚兩大國之間，受害最深，企望和平亦最殷。弭兵運動因之興起，前後有兩次。

第一次：晉國因連年用兵不息，頗想與楚講和，以休養國力，就以厚禮釋放楚將鍾儀回國，寄望其說合楚王與晉講和。楚王果然聽了鍾儀的話，派使聘晉，晉亦回聘。素與晉楚二國執政者相好的宋大夫華元知道後，即乘機到兩國去合成。而這時晉秦亦訂和約，惜因秦國對和約沒有信心，不久即敗盟。明年即魯成公十二年夏，晉楚兩國在宋國西門外結盟，盟辭爲：「凡晉楚無相加戎，好惡同之。同恤菑危，備救凶患。若有害楚，則晉伐之。在晉、楚亦如之。交贄往來，道路無壅。謀其不協，而討不庭。有渝此盟，明神殛之，俾隊其師，無克胙國。」但僅隔了三年，和約即因楚國的出兵北略，鄭的從楚，造成了鄢陵之戰而破壞。

第二次：齊臣烏餘奔晉，順便奪取了齊衞魯宋的邊邑。趙武繼爲執政後，將之還給各國，以向諸侯示好。同時，各國也起了弭兵運動，派使往來。宋國執政向戌，素與晉、楚兩國當局交好，欲乘機求得大名譽，便向兩國請求弭兵結好，兩國都答應了。齊秦與諸小國也都贊成。魯襄公二十七年夏，各國在宋都開弭兵大會，從晉、楚、齊（秦是否派代表參加，不太清楚）。諸大國以下都來預會。楚令尹子木透過向戌向晉請求晉楚兩國的從國交相見。趙武說：「晉、楚、齊、秦，匹也。晉之不能於齊，猶楚之不能於秦也；楚君若能使秦君辱於敝邑，寡君敢不固請於齊。」令尹子木轉報楚王，楚王答應捨去齊秦，其他各國請相見。兩國先照這提議結了盟。諸國的代表都到了會。七月辛巳那天，將要在宋國西門外結盟，楚人竟在禮服裏穿了戰甲。結盟時，晉楚兩國的代表互爭先歃血。晉人以爲晉國本是諸侯的盟主，從沒有先於晉的。楚人則以爲晉、楚既爲匹敵的國家，若晉常佔先，豈非示楚弱？況且晉、楚也常更迭互主諸侯的盟。晉臣叔向認爲諸侯是歸晉之德，非歸其主盟。趙武聽了他的話，乃讓楚人先歃血。自這一次盟會後，晉楚的爭霸暫告一段落。一直到魯定公四年，晉爲召陵之會侵楚爲止，約有四十年的時間，中原總算走入了和平階段。在這次盟約中，晉國吃虧很大，不但結盟時讓楚國佔了先，而且盟宋的晉、楚、宋、魯、鄭、衞、曹、許、陳、蔡等十國中，晉楚以外，原來屬楚的只有陳蔡許三小國；其他五國都是晉屬。「晉楚之從國交相見」後，不但這五國也朝楚，而且魯的私屬邾、莒，宋的私屬滕、薛也都隨着朝楚。晉國之所以甘願吃這麼大的虧，是因晉國內部有隱患，公室日卑，政在六卿，爲執政的人要專心應付國內的事務，所以處處讓步。然楚國既得了便宜，後方又有吳患，自然不想再對

晉生事。（參考左傳、童書業，春秋史）。（洪安全）

秦始皇

伯翳之後，秦莊襄王子，母呂不韋姬，爲莊襄王質於趙時所娶。始皇於秦昭王四十八年（前二五九）正月生於邯鄲，名爲政，姓嬴氏。始皇十三歲時，莊襄王死，遂代立爲秦王，以呂不韋爲相，後呂氏以嫪毐事累而免，李斯則因上諫逐客書見悅而漸用事。秦王政續六世之餘烈（指孝公、惠文王、武王、昭王、孝文王、莊襄王六世），立二十六年，聽李斯之計：「陰遣謀士，齎持金玉，以遊說諸侯。諸侯名士，可下以財者，厚遺結之；不可者，利劍刺之；離其君臣之計，秦王乃使其良將隨其後」。故先後於十七年（前二三〇）派內史騰攻韓，得韓王安，盡納其地，置潁川郡；十九年（前二二八），派王翦、羌瘣盡定取趙地東陽，得趙王，置邯鄲郡；二十二年（前二二五）派王賁攻魏，引河灌大梁，大梁城壞，其王請降，盡取其地；二十五年（前二二二），派王翦、蒙武攻楚，滅之；同年（前二二二），使王賁將攻燕遼東，得燕王喜；二十六年（前二二一），使王賁從燕南攻齊，得齊王建。於是，盡滅六國，統一天下。綜計自始皇十七年滅韓起，至二十六年滅齊止，爲時僅十年，進展之速，實可驚人。更北逐匈奴，却匈奴七百餘里，致胡人不敢南下而牧馬，士不敢彎弓而報怨；南收閩越，以爲桂林象郡，四方畏服，疆土大擴。天下既定，始皇以爲若名號不更，則無以稱成功，傳後世，遂有帝號之議。自以爲功蓋三皇，德過五帝，故兼稱皇帝，命爲制，令爲詔，天子自稱曰「朕」，此後尊極之名著矣。蓋以古者盛德之君，若三皇五帝，皆典籍之所述也，夏商而下，降號稱王，秦幷天下始兼三五而建號。更廢謚法，後世以計數，二世三世至千萬世，傳之無窮，自爲始皇帝，故稱始皇。以建亥之月爲正；又推終始五德之傳，自謂以水德王，色尙黑；數以六爲紀，符法冠皆六寸，而輿六尺，六尺爲步，乘六馬，更名河曰德水，以爲水德之始。廢封建，分天下以爲三十六郡，郡置守、尉、監，更名民曰黔首。爲防天下叛己，乃收天下兵，聚之咸陽，銷爲鍾鐻，鑄爲金人十二。一法度，衡、石、丈、尺、車同軌，書同文字；徙天下豪富於咸陽。築長城，治馳道，威震四海，爲中國奠定統一國家及統一文化之丕基，厥功至偉。惟秉性剛戾，從政以刑殺爲威，誹謗者族誅，偶語詩書棄市；焚詩書，所不去者，醫藥、卜筮、種樹之書；阬儒生；發謫徙邊；其政策務在愚民，世稱浩刼。橫征暴歛，嚴刑酷法，侈宮室遊觀，民不聊生，有暴秦之稱。始皇統一天下後，尤躊躇自滿，以爲古所不及，乃行封禪，立石頌功業，東行郡縣，上鄒嶧山、泰山，登琅玡，刻石頌秦德焉，有嶧山、琅玡等碑。好神仙，信齊人徐市（亦作福）海中有三神山之說，發童男女數千人入海求僊人，復遣燕人盧生求羨門高誓等古仙人，皆無所得，而相繼亡去。始皇數巡天下，後於三十七年（前二一〇）丙寅崩於沙邱（刑州平鄉縣東北二十里），年五十，凡在位三十七年（前二四六至前二一〇）。葬於驪山（陝西省臨潼縣東南二里）。始皇卒，子胡亥立，是爲二世皇帝，三年，陳涉率罷散之卒將數百之衆而轉攻秦，斬木爲兵，揭竿爲旗，天下響應，山東豪俊遂並起而亡秦矣。諸侯既起，趙高殺二世，立子嬰，子嬰立月餘，諸侯誅之，遂滅秦。自秦政稱帝至秦敗亡凡十五年，而嬴政夢寐以求之子孫帝王萬世之業，頓成泡影。然嬴政雖暴虐無道，苛役百姓，但於統一國家之建立、中央集權與郡縣制度之確定、暨文物制度之統一，功未可泯。（參考史記秦本紀、史記秦始皇本紀、戰國策、册府元龜、文獻通考、資治通鑑秦紀。）（朱　瑗）

殷墟

「殷墟」或作「殷虛」，是指殷代的故都。首見於史記項羽本記，「項羽乃與期洹水南殷虛上」一語，據竹書紀年云，「自盤庚徙殷至紂之滅，二百七十三年更不徙都」，是則殷之都於洹水南岸，爲時頗久。其地即今河南省安陽縣西之小屯村，清光緒年間，該處爲水所蝕，土人掘得龜甲牛骨等物，上刻古文字。至此，殷代之故都始初露端倪。但大規模之科學發掘，則係民國十七年以後。

發掘工作自民國十七年秋開始，迄二十六年夏因抗日之戰而中止，前後計共十五次，由國立中央研究院歷史語言研究所負責主持。共發掘小屯、後崗、四盤磨、王裕口、霍家小莊、侯家莊高井台子、侯家莊南地、武官南霸台、小司空村四面碑、大司空村南地、侯家莊西北崗、秋口同樂寨、范家莊等十二遺址。實際開掘面積約四萬三千平方公尺，深度自一公尺至十三公尺不等，共雇用人力在十五萬工以上。所掘得的標本有人骨、獸骨、陶片、陶器、石器、骨器、蚌器、鹿角、銅器、及玉器等數百箱，爲世界考古史上一件炫赫的大事（石璋如，殷虛發掘對於中國古代文化的貢獻，學術季刊，第二卷第四期）。至於殷墟發掘的詳細情形，可參看安陽發掘報告、田野考古報告、中國考古學報、燕京學報、六國別錄、歷年中央研究院院務彙報、及新近梁思永與高去尋合作的侯家莊與石璋如殷虛建築遺存（中國考古報告集之二）等書刊。

殷墟文化層的內容，是由居穴、竇窖、基址、及墓葬所構成。殷墟居穴的發現，可能代表了自新石器時代傳來的半地下穴式住居之遺蹟，當居住時上面或許還有墻壁屋頂以避風雨。竇窖可能是用來藏稻麥的，一如禮記月令注所說的「入地橢曰竇，方曰窖」，故竇窖兼有方圓二形，詳細的情形相當複雜。與上述二者相反，基址在當時可能是高出地表的，是由堅硬的夯土所構成，作爲上層建築的根基。墓葬有大小二類，由於殷人具有「事死如事生，事亡如事存」的觀念，對於陵墓和宗廟宮殿一樣的看待，故大墓的建構非常考究。大致說來，從居穴及竇窖中出土的各種文化遺存有陶片、獸骨、貝殼、殘石、骨器、銅范、甲骨等，基址的夯土中僅有小塊的遺物，而完整的銅器、陶器、石器、玉器、蚌器、骨器、牙器、人骨和獸骨則是在墓葬中發現的（參攷上引石著）。殷墟發掘的意義，主要是使中國的信史得以向上推移，所獲資料最大的價值是：

(1)、肯定了甲骨文的眞實性及其在中國文字學上的地位。
(2)、將史前史的資料與中國古史的資料連繫起來。
(3)、對於殷商時代中國文化的發展階段，作了一種很豐富而具體的說明。
(4)、把中國文化與同時的其他文化中心，作了初步的連繫，證明中國最早的歷史文化，不是孤獨的發展，實在承襲了若干來自不同方向的不同傳統，表現了一種綜合性的創造能力（李濟，安陽發掘與中國古史問題，中央研究院歷史語言研究所，中國上古史編輯委員會，民國五十七，臺北，頁二十五）。（謝　劍）

郡縣制

郡縣制是我國最早的地方行政制度，其起源舊說皆從漢書地理志之說，以爲秦懲周制之弊，乃廢封建行郡縣。揆諸史籍，實則郡縣制起源甚早，縣制至遲在春秋時代亦即西元前七世紀末業已存在，至西元前六世紀初年，共推行已甚爲普遍。郡之名始見於左傳哀公二年（西元前四九三年），但至戰國時代郡制已普遍實施，近人嚴耕望先生云：「郡縣之制，萌芽於春秋，演進於戰國，完成於秦代，至兩漢，臻於大備，爲郡縣制度之鼎盛時代」（嚴耕望，中國地方行政制度史，上編㈠，頁七）。

郡縣制形成的原因，主要係由於周室東遷之後，王綱不振，王命不行，舊有的封建體制漸趨瓦解，陪臣執國柄，諸侯不奉王命，形成若干中央集權化的國家，開疆拓地，其中尤其是晉國的向北發展，楚國的向南開拓，齊國的向東經營，秦國的雄霸西陲爲最顯著。爲因應此一廣土衆民之新局面，郡縣制度遂應運而生，經二百餘年之演進而底於完成。

至於郡縣轄區之問題，古時縣大而郡小，至戰國以後則郡大而縣小，（參考：趙翼，陔餘叢考，卷十六，郡縣，頁九）以郡統縣絕不會晚於戰國中葉，此因「至戰國時代，列强競爭激烈，荒陋者日益開闢，軍國向外拓展，邊郡日益增大，於是郡之地位驟高，乃仿近地之制分置諸縣以隸於郡，遂形成以郡統縣之兩級制。」（嚴耕望，前引書，頁四）

郡之長官，戰國時代稱之爲守，縣之長官則各國異名，春秋時代魯、衞稱之爲「宰」，楚稱之爲「尹」，亦稱爲「公」，晉、齊稱之爲「大夫」。至戰國時代，楚國仍稱之爲「公」或「尹」，至戰國末期，齊國仍稱之爲「大夫」，此外，秦及三晉之縣長官皆稱爲「令」，並有丞尉以佐之。（嚴耕望，前引書，頁五—六）

春秋時代楚國縣制之實施甚早，此與楚國親族之結構頗有密切關係。美人顧立雅（H.G. Creel）以爲楚國之氏族組織不太强固，其對中央政府之威脅亦不若中原諸國氏族之大，此頗有助於其國內縣制之發展，而成爲一種雛形的官僚政府，此種官僚組織公平無私，已具有近代 Bureaucracy 之若干特質。（H.G. Creel, "The Beginnings of Bureaucracy in China: The Origin of the Hsien," p.178, 179, 183.）

秦一宇內，分天下爲三十六郡，後續增至四十一郡，郡下轄縣，有異族者稱爲道，秦之縣數大約在一千左右，爲最低級之地方行政單位。漢代沿秦郡縣之制，但增置王國或侯國，是爲郡國並行制，但其領轄系統則因時間頗有變異，嚴耕望先生曾作簡圖如左（前引書，頁三七）：

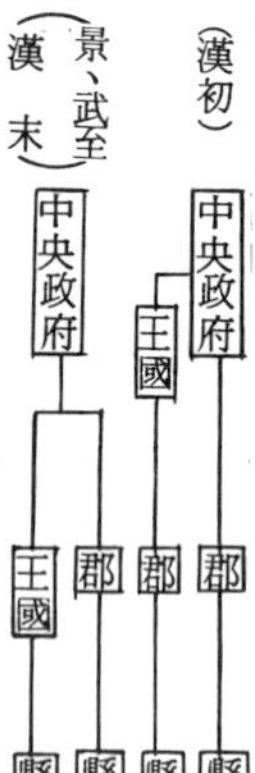

郡之長官爲太守，由中央政府任命，秩二千石；縣之長官萬戶以上之縣稱爲令，秩六百石至千石；萬戶以下之縣稱爲長，秩三百至五百石。（參考：嚴耕望

，中國地方行政制度史；顧炎武，日知錄卷二十六，「郡縣」；趙翼，陔餘叢考卷十六，「郡縣」；姚鼐，惜抱軒文集卷二，「郡縣考」；陳登原，國史舊聞卷㊤，卷十二，（一三二），「封建與郡縣」；顧頡剛，「春秋時代的縣」，載：禹貢半月刊，第七卷第六七合期；齊思和，「戰國制度考」，載：燕京學報，第二十四期；(H. G. Creel, "The Beginnings of Bureaucracy in China: The Origin of the Hsien, in Journal of Asian Studies, XXIII, no.2. 1964. ）（黃俊傑）

商鞅變法

商鞅，出衞公室，故氏公孫，事魏相公叔痤，爲中庶子。公叔痤病，欲擧以自代，魏惠王不能用。痤死，鞅失職。時秦孝公初即位，欲修秦穆公之業，招客卿，故鞅乃入秦。秦僻處西戎，至穆公時始强，闢地千里，覇西戎，然東阻於晉，未能東向發展。三代之法，非至鞅始變。當春秋之世，晉爲應付世變，已屢曾變法。戰國時，魏襲晉覇之餘，從文侯至惠王，亦稱覇諸侯百餘年。因此，爲圖富强，魏遂最早變法。如李悝制刑律，爲後世法律之始祖；行盡地力之敎，爲對於井田之大破壞。其後，吳起從魏仕楚，亦行悝等之敎。故戰國之變法運動實始於魏而漸及韓楚齊趙等國，秦則僻處西陲，文化落後，直至商鞅從魏入秦，始以魏國成法施之於秦。商鞅變法之主要內容如下：㈠政治方面：最重要之改革爲廢除社會階級制度與廢人治而行法治。廢除貴族之特殊利益，改以軍功爲賞罰升黜之標準。定爵爲二十等，升遷全視斬首之多寡而定，所以貴賤之分在於軍功而不在門第。二十等爵中唯最高等有地，而亦不輕易授人。登庸既不以門第而以戰功，則貴族之特權已去；新貴則又不復與之采田而與之祿米，新貴遂成爲君主之僱員，而無舊日貴族之威勢。因此，政權遂漸集中於君主。鞅又改革地方政府，將縣制加以推廣。春秋之時，各國多已有縣。秦之有縣，尤較他國爲早，始自春秋之初武公時。至孝公時，商君更合併其餘小鄉邑聚爲縣，使秦之地方制度皆改爲縣。其目的，蓋求整齊劃一，以便管轄。初爲縣令在孝公十二年，初爲縣有秩史在十三年。地方政府既皆劃爲縣，直轄於中央，中央政府之統治地位乃益加强。又實行「令民爲什伍，而相收司連坐。」即實行保甲制度。晉書刑法志謂商君受李悝法經以相秦。商君所改革之刑法，當係取之於魏。商君爲法家重法派的代表，其變法當對法家有深刻的影響。法家主重刑，提倡法治，以代替封建時代之人治。法家重法治的觀念對後世政治思想曾發生很大影響，然推本其源，實受商君變法的影響。如韓非爲集法家之大成的學者，在他看來術、勢、法三者皆爲同等重要。韓非重法的思想即源自於商君，則其對於法的見解當是取之商君。韓非子定法篇云：「法者，憲令著於官府，刑罰必於民心；賞存乎愼法，而罰加乎姦令者也。」其意爲法令由國家頒布，守法者必賞，犯法者必罰。商君變法之精神即如此。有功者雖疏必賞，有罪者雖貴必罰，賞不避仇，罰不必親。故商鞅變法，首重立信，使民知法之必行。吾人觀其令徙三丈木者予五十金，太子犯法而刑其傅，亦可略窺商君變法所以成功之道。㈡經濟方面：商君强國之策，在於鼓勵戰士，奬勵首功，而其富國之策，則在提倡農業，抑制工商。重農爲其富國之基本政策，故視耕織爲本業，工商爲末業。因此「僇力本業，耕織致粟帛多者復其身，事末業及怠而貧者，擧以爲收孥。」在商君看來，唯農戰爲富强之本，農資糧餉，戰拓疆土。然此種重農抑商政策亦爲戰國時代極普遍的思想，不限於商君一人。商君又改革田制，廢井田，決裂阡陌，制轅田，以盡地力。從此秦之田地遂由貴族「公有」化爲農民私有。助法既廢，井田既更，稅法乃不得不變，孝公十四年，初爲賦。史記商君列傳，「賦稅平。」蓋依土地私有制而劃一賦稅制。以賦代籍，賦遂成爲常稅。而官吏之酬庸遂亦變更從前之以采邑爲以粟。又爲欲劃一田賦稅法，乃不得不整理度量衡制度。於是商君遂「平斗桶權衡丈尺。」又鹽鐵之征，很可能亦始於鞅。㈢社會方面。秦本文化落後之國，諸侯以夷狄視之，商鞅乃更制其敎，爲男女之別。商君又令民有二男以上不分異者倍其賦。孝公十二年，徙都咸陽，令民父子兄弟同室內息爲禁。商君所爲此種社會方面的改革，主要在改良風化，鼓勵小家庭制度。又商君亦敎孝公焚書。故焚書不自始皇始。除秦之商鞅焚書外，戰國時六國諸侯皆嘗焚書。商鞅爲法家思想淵源所自，法家主張焚書，其目的乃在統一思想，恐學者執詩書以議法令。商鞅變法，成效甚高。史記商君列傳。「行之十年，秦民大說，道不拾遺，山無盜賊，家給人足，民勇於公戰，怯於私鬥，鄉邑大治。」秦自穆公圖參與中原事務失敗以後，三百餘年，東阻於晉，未能參與中原盟會。至戰國時，晉雖三分，而魏力圖變法，仍能稱覇諸侯百餘年。至秦獻公時，秦始能兩敗魏師。孝公繼位，乃用商君變法維新，不過十餘年，國富兵强，敗强魏之師，復河西之地，天子致伯，諸侯畢賀。從此奠定併吞六國之基礎。其後商君雖以變法嚴刑招怨，以致車裂身亡，然商君之法終行於秦，始皇且藉之以一統天下。考歷代變法多失敗，而商君變法竟成功，其原因爲：㈠變法主張，切合時代的實際需要；㈡對於主張有堅強的信心和實行的勇氣；㈢秦孝公的始終信任；㈣秦僻處西北，可從容佈置；㈤秦貴族的阻礙較小，且民俗強悍易接受新法。（齊思和，商鞅變法考；陳啓天，商鞅評傳。）（洪安全）

黃　巾

東漢章帝後之君王，即位時多屬稚年，年未及四十而卒，絕嗣時復多外立童年，致母后臨朝。時外立者四帝：安、質、桓、靈；臨朝者六后：竇、鄧、閻、梁、竇、何。母后臨朝，而重用外戚以寄耳目，遂致外戚專政。及幼主年長，忌戚黨之專橫，乃密謀於宦官，以誅外戚。宦官用事，自和帝鄭衆始。至桓帝時，外戚梁冀被殺後，權歸宦官，此後外朝大臣名士及外戚合謀宦官，導致桓帝時黨錮之禍，而黃巾之亂亦乘勢而興。東漢靈帝時，鉅鹿（今河北省平鄉縣治）張角，奉事黃老，自稱大賢良師，以妖術授徒，號太平道；呪符水以療病，令病者跪拜，病者頗愈，衆共神而信之。角並分遣弟子，周行四方，以善道教化天下，轉相誑惑，十餘年間，徒衆數十萬，自青、徐、幽、冀、荆、揚、兗、豫八州之人，莫不畢應。太尉楊賜、司徒掾劉陶先後上疏諫上重募角等，以免縱禍騷擾，帝殊不爲意。會角暗置三十六方，方猶將軍號也；大方萬餘人，小方六七千，各立渠帥，訛言「蒼天已死，黃天當立，歲在甲子，天下大吉」。以白土書京城寺門，及州郡官府，皆作甲子字蓄意作亂。蓋角自以爲土德代漢有天下，遂自稱「黃天」也。時大方馬元義等，先收荆、揚數萬人，期會發於鄴。元義數往來京師，以中常侍封諝、徐奉等爲內應，約以靈帝中平元年（一八四年）三月五日，內外俱起。未及作亂，先期事洩，張角弟子濟南唐周上書告之，於是車裂馬元義於洛陽，逐捕角等。角見事已露，乃馳勑諸方，徒衆皆著黃巾，以爲標幟，時人謂之黃巾賊，或謂之蛾賊，殺人以祀天，角稱天公將軍，角弟寶稱地公將軍，寶弟梁稱人公將軍，所在燔燒官府，刼略聚邑，州郡失據，長吏多逃亡，旬日之間，天下響應，京師震動。黃巾亂既起，帝詔敕州郡修理攻守簡練器械，以鎭京師，自函谷、大谷、廣城、伊闕、轘轅、旋門、孟津、小平津諸關，並置都尉，以何進爲大將軍，屯都亭（今河南洛陽一帶）。更遣中郎將盧植討張角，皇甫嵩、朱儁討潁川，黃巾烏合之衆，旋被討平。斬角弟寶等，而角先以病死，迺剖棺戮屍，傳首京師。亂既平，赦天下，改元中平。然自黃巾賊後，此後盜賊群起，皆以黃巾爲號，郡縣莫能捕治，朝廷於是聽劉焉之議，改刺史爲州牧，外官威權漸重，伏日後之亂源。（參考東漢會要、後漢書皇甫嵩列傳、後漢書朱儁列傳、資治通鑑。）（朱　瑗）

黃老政治

漢高祖在位十二年（前二〇六至一九五）而崩，惠帝繼立，仍以蕭何爲相國，一年後而死，曹參代之，開始道家的無爲而治。漢初所以採行無爲而治，有其政治與時代背景。道家學說盛行於戰國，自秦至漢二十餘年歷史發展，對道家極爲有利，當時百姓飽受戰亂流離之苦，極思安定，道家清淨而天下平的政治主張，確能滿足人民生息的要求。

先是曹參爲齊國相，請敎於膠西蓋公，蓋公爲言治道，認爲「清淨而民自定」，乃黃老的政術，相齊九年，齊國安集，號稱賢相。及參主政中央，乃以治齊國之法治天下。處置國事，悉遵蕭何約束，用人選任樸訥之士，而斥逐欲務聲名者，已則天天飲酒，有時與僚屬對飲呼唱，無所事事。惠帝聞知相國不治事，頗責之，參反問曰：「陛下自察聖武孰與高皇帝？」帝曰：「朕乃安敢望先帝？」參又問：「陛下觀參孰與蕭何賢？」帝再答道：「君似不及也。」參立刻說：「陛下言之是也；且高皇帝與蕭何定天下，法令既明具，陛下垂拱，參等守職，遵而勿失，不亦可乎？」帝極稱善。參爲相國出入三年，百姓歌之，曰：「蕭何爲法，講若畫一，曹參代之，守而勿失，載其清淨，民以寧一。」不求有功，只求無過的無爲政治，頗有助於安定社會人心，史記高后本紀贊曰：「孝惠皇帝高后之時，黎民得離戰國之苦，君臣俱欲休息乎無爲，故惠帝垂拱，高后女主稱制，政不出房戶，天下晏然，刑罰罕用，罪人是希，民務稼穡，衣食滋殖。」漢初所以採行黃老政治的原因和實行的成效，皆在此數語中見之。

及至文帝之世，爲政悉遵道家三寶—慈、儉、與不爲天下先的原則，先後廢除收孥相坐律，誹謗訞言罪，肉刑、秘祝，又屢下寬免田賦之詔，頒行養老之令，其惠政不一而足。景帝寬仁雖不及文帝，然能減笞法，定箠令，亦屬難能可貴。所以漢書景帝紀贊稱頌文景之世與周之成康並美。有云：「漢興，掃除煩苛，與民休息，至於孝文，加之以恭儉，孝景遵業，五六十載之間，至於移風易俗，黎民醇厚，周云成康，漢言文景，美矣！」又史記平準書說：「漢興七十餘年之間，國家無事，非遇水旱之災，民則人給家足，都鄙廩庾皆滿，而府庫餘貨財，京師之錢累巨萬，貫朽而不可校，太倉之粟，陳陳相因，充溢露積于外，至腐敗不可食。衆庶街巷有馬，阡陌之間成群；……故人人自愛而重犯法，先行義而後絀恥辱焉！」黃老政治實行，造成社會繁榮景象，證實管子所謂衣食足而知榮辱之理，武帝時期的對外用武，與後日漢代的富强基礎，卽奠定於此五六十年的黃老政治。（參考史記卷九、卷三十，及五十四，漢書卷五及卷三九）（王德毅）

尊王攘夷

「尊王攘夷」是春秋時代，中原的霸主齊桓公與晉文公創建霸業時的口號。「尊王」是擁護周王室，「攘夷」是抵抗外族。當周室東遷，王權日削，先有周鄭之戰，王師大敗，後有兩三次內亂，使得王畿削小；王室衰微，造成列國爭勝。中原本身既不統一，於是戎狄交侵。在春秋時代，戎狄猶是與諸夏混居，中原到處有戎狄出沒。其中最爲中原禍患的，南有楚，北有狄。楚國的根據地在江漢流域，在春秋時代雖已使用中國文字，但尚以蠻夷自居，抱侵略華夏的主義。中原亦以蠻夷視之。狄以今山西、陝西兩省爲根據地，勢力一直到達了河北、河南和山東。當時中原的危機，正如公羊傳所說的：「南夷與北狄交，中國不絕若線。」所以「攘夷」實是當時中原各國的心聲，而要攘夷必先有霸主出來領導。霸主要領導，必藉「尊王」的名義，因爲「尊王」才能造成中原內部的團結，內部團結，才能攘夷。

首先出來從事「尊王攘夷」事業的人，是春秋時代的第一個霸主齊桓公。當齊桓公開始稱霸的時候，楚已滅了息、鄧等國，攻入蔡國，既而又伐鄭，勢力已發展至中原。

在「攘夷」方面，齊桓公曾經伐山戎救燕，伐狄救邢衞，爲邢衞建立新都城。又合魯、宋、陳、衞、鄭、許、曹等國的兵伐楚，責楚不向周王進貢祭祀用的灌酒的包茅，及周昭王南征死在半路，與楚有關的事情。最後與楚盟於召陵。在「尊王」方面，齊桓公爲周室定亂，立襄王。又邀魯、宋、衞、鄭、許、曹等國在葵丘地方相會，襄王派了大臣周公來賜給齊桓公祭肉。齊桓公將要下堂行拜禮，周公又傳周王的後命，說伯舅的年紀大了，加賜一級，不必下拜。齊桓公回答說：「天威不違顏咫尺，小白余敢貪天子之命，無下拜。恐隕越于下，以遺天子羞，敢不下拜？」即下階行了拜禮，再登堂接受王賜。這年秋天，齊桓公與諸侯又在葵丘結盟，發出宣言：「凡我同盟之人，既盟之後，言歸于好。」又申明周天子的禁令：「毋雍（塞）泉，毋訖（止）糴，毋易樹子（嫡子），毋以妾爲妻，毋使婦人與國事。」齊桓公末年，王叔帶招揚拒、泉皐、伊雒之戎攻進王城，秦晉伐戎救周，齊桓公派管仲、隰朋兩人替周室及晉國跟戎人講和。其後戎族侵擾周室，桓公又發諸侯兵替周室守禦。桓公攘夷之功非常大，連素對管仲行爲不甚滿意的孔子也稱許管仲爲仁，而說：「管仲相桓公，霸諸侯，一匡天下，民到于今受其賜；微管仲，吾其被髮左衽矣！」

齊桓公去世，宋襄公圖霸不成，反爲楚敗。楚國的氣燄又復高張。這時中原沒有霸主，諸侯互相攻伐，夷狄入侵，時勢危亂到了極點，連周天子也蒙了塵。子帶與狄后通姦，引狄兵攻周，襄王逃到鄭國，住在氾的地方。子帶則帶了狄后住在溫的地方，儼然自立爲天子。

在狄兵入犯王室的時候，楚國的勢力正駸駸日上，宋國也投降了楚。蠻族的勢力內侵到這種地步，中原的形勢比齊桓公初年還要險惡。這時出來挽救這種局勢的是晉文公。晉文公爲公子時曾流亡列國十九年，艱難備嘗，故能大有爲。他回國即位之後，適値周室有難，他乃却秦師，獨力勤王，得天子溫原之賜。既而於城濮一戰擊敗楚軍。此戰的成功，中原傳統文化實賴以不墜。戰後文公獻俘於王，王享以平王享文侯之禮，既而盟於王庭，言「皆獎王室。」晉國在獻公、惠公時討狄皆有相當成績，文公更擴充軍隊以禦狄，文公禦狄實不僅爲本國、也是爲整個中原，經他討伐，狄既日衰。文公雖在位僅九年卽去世，但晉國的霸業恒久不墜，晉文公的「尊王攘夷」之功，卽不在齊桓公之下。文公去世後的八十餘年，晉楚不斷爭霸，中間歷經邲、鄢陵、湛阪等諸大戰役，除邲之戰敗於楚莊王外，晉皆勝利。楚莊王也是春秋時代的一位霸主，但他曾問鼎周郊，並不尊王；邲之戰前，曾使鄭伯肉袒牽羊以迎；戰後，又圍宋，使宋人告「易子而食，析骨而炊。」勢力深入中原，晉國無奈何，只好暫避其鋒，而專心去應付戎狄。邲之戰前，晉爲應付楚，對赤狄取消極的防禦政策，而求成於臣屬於赤狄之衆狄（特別是白狄），以削弱赤狄的力量。及邲之戰失敗，東南卽一時不可爲，景公乃專心經營北方，滅潞及赤狄甲氏等，獻俘於王，衞之故封如河內、朝歌、邯鄲、百泉之地，悉爲晉邑，幾有中原大半，與齊、魯、衛三國爲鄰境。悼公時爲專心在中原爭霸，乃改採和戎政策，戎狄事晉，而晉悼公之霸業以成。晉平公以後，晉楚弭兵，中原無事，晉乃再專心對付狄人（此時之狄多爲白狄），敗無終及羣狄於太原，滅肥、鼓，伐鮮虞，滅陸渾，惜晉因陷於內爭，終無法滅鮮虞。然終春秋之世，戎狄之存者，亦唯剩一中山（即鮮虞）。到了春秋之末，晉已很弱，但仍然不斷勤王，屢率諸侯納敬王並爲之守禦，爲之修城。誠然，春秋時代，若沒有齊、晉的霸主出來提倡「尊王攘夷」，中原恐怕要亡於戎狄或楚、秦了。秦的宗室雖是屬於中原的系統，但其國文化却頗落後，秦穆公爲一位霸主，兩立晉君，並曾與晉惠公平戎於王，晉文公時欲勤王，又爲文公所却，及晉襄公繼位，欲襲鄭，爲晉敗於殽，終不得東出函谷，乃專心應付西方之戎狄，拓地千里，遂霸西戎。然從此秦的統一大業遂遲了三百多年，使得中原文化有充分發展的機會，孕育了諸子百家時代。

總結春秋時代「尊王攘夷」的成績，王室雖是尊不起來，但因此而能團結對外，也是其成就。而攘夷的成績則很大。那時不但中原的大小國家攘夷，即那時猶常被視爲蠻夷的秦楚吳越等國，亦盡力併吞其鄰近諸種落，而最後諸國皆同化於中國，則攘夷之功，就今日視之，亦非齊、晉等國所得專美，秦、楚、吳、越等國功勞亦甚大。「尊王攘夷」的結果，造成蠻、夷、戎、狄的同化於華夏，而中國的疆城亦因之擴大了。春秋初年，所謂中國的疆域，大致不出今山東、河南、河北、山西、陝西等黃河流域的幾省間。到了春秋之末，北到燕代，東到海隅，西到甘隴，南到洞庭，都成了中原文化所籠罩的區域。（參看春秋三傳；童書業，春秋史。）（洪安全）

湯武革命

夏朝末葉出現了一個暴君桀，商朝晚年也有一個獨夫紂。桀紂是自上古以來所稱的暴君的代表。二暴君的過惡有其相同之處，茲列表說明如下：

	桀	紂
女寵	寵妹喜，所言皆從。繼寵琬、琰二女。	寵妲己，惟其言是從，所好者貴之，所惡者誅之。
大興土木	爲傾宮瑤臺，殫百姓之財。	造鹿臺，爲瓊宮玉門，七年乃成。
生活奢靡	肉山、脯林、酒池。	懸肉爲林，以酒爲池，宮中列九市，爲長夜飲。
枉殺忠良	殺關龍逢。	醢九侯、脯鄂侯、誅比干。

此外，二暴君尙有二相同之點，即是當夏桀枉殺關龍逢時，湯使人往哭之，桀乃囚湯於夏臺，已而釋之。九鄂侯之被醢脯，昌聞而竊歎，被紂囚于羑里，不久也放歸。此其一。桀「有材力，能伸鈎索鐵，手搏熊虎。」紂亦「材力過人，手格猛獸，知足以拒諫，言足以飾非。」此其二。足證此兩典型暴君，並非平庸愚劣之徒，而爲能力才知俱高出人上之輩，故桀能討平有緡之叛，紂晚年猶能克東夷。但以暴虐無道，終使天怒人怨，至弔民伐罪之義師一起，乃土崩瓦解，不俟血刃。

放桀者爲湯。湯得賢輔伊尹，伊尹勸湯以伐夏救民爲志，湯乃修德行仁政，諸侯皆來歸順，乃起義兵，以弔民伐罪爲天下倡，孟子梁惠王下篇說：「湯一征，自葛始，天下信之。東面而征西夷怨，南面而征北狄怨。曰：奚爲後我？」足見民心向背。於是滅葛、豕韋、顧、昆吾等，凡十一征而無敵於天下，最後伐夏，誓詞有「時日曷喪，予及汝偕亡。」又有：「非台小子，敢行稱亂，有夏多罪，天命殛之。」湯旋大敗桀於鳴條，放逐於南巢。代夏而有天下。紂無道，西伯昌（文王）恭行仁政，天下歸心，已擁有全天下三分之二的土地，仍服事殷。武王發繼之，起弔伐之師，誓師之詞載在尙書，曰：「商罪貫盈，天命誅之，予弗順天，厥罪惟均。」遂大敗紂，代商而有天下。是此湯放桀武王伐紂，皆爲順天應人之擧，史稱湯武革命。然子貢曰：「桀紂之惡，不若是之甚也！」淮南子繆稱篇亦曰：「桀紂之謗，千歲之積毀也。」故舊史所載二暴君之罪惡，實難盡信。但後世迂儒，認湯武行事爲以臣弒君，則亦未免太過。梁啓超曾謂：「議爲弒君，蓋義乖論世矣，然遂以順天應人爲頌，亦不過後聖垂警立敎之微旨，學者當心知其意也。」（國史研究六篇持論平正。）（王德毅）

堯舜禪讓

堯舜禪讓，爲千古美談，然亦多有不信之者。史記五帝本紀採今文家之說，述堯在位七十年，老而求四嶽繼承其位，四嶽以爲自己無德不敢。堯求其推荐，不論出身。衆皆擧舜，以其能以孝悌齊家。堯乃試用舜，並以二女妻之。舜佐堯，經二十五年而攝政，攝政八年而受禪。儒家中的孟子主性善，極推崇堯舜禪讓之美，然主性惡的荀子，認爲「古今一度」，所以斥禪讓爲淺陋者之言。道家則看輕統治權，故亦看輕堯舜美政，對於禪讓，則以爲不足稱，因爲堯舜各曾屢欲讓天下於許由善卷等，諸人爲求心身自由皆不肯就。法家則以禪讓爲篡竊，韓非子以爲古之所謂明王聖君皆由聚黨弑君而來，舜禹皆逼上，而天下之人反譽之。法家之說乃從功利觀點出發。竹書紀年，本魏國之史書，魏爲三晉之一，民風傾向功利，故紀年所稱，亦與法家所說相同。惟韓非尙從進化的觀點說明古代的明王勞苦而物質享受與平民相近，故有讓天下之事。可見韓非自身的見解亦不一定。其後李唐劉知幾著史通，以爲汲冢瑣語曾記舜放堯於平陽，山海經記丹朱亦稱帝，則爲舜放堯，又立堯子帝丹朱，俄又奪其帝位，讓國只是虛語。而觀歷代讓國每造成亂事，如宋宣公、魯隱公、吳季札、燕王噲、漢哀帝等。反之，歷代篡國者皆假借禪讓之號，如王莽、魏文帝、晉武帝、宋太祖等。嵇康見魏文帝之事，若有所悟說：「舜禹之事，吾知之矣。」清末康有爲以爲禪讓之說爲託古改制。民國二十年代，顧頡剛等人又爲疑古之論，顧氏嘗著「禪讓傳說起於墨家考」，以爲禪讓傳說始盛於戰國，乃起源於墨家之尙賢主義。楊筠如著「堯舜的傳說」，觀點與顧氏略同。楊向奎爲顧氏前文「書後」，分解釋禪讓之說爲三派：㈠選舉說；㈡爭奪說；㈢無其事而由於儒墨的創造宣傳說。主張選擧說的，有夏曾佑、錢穆等。夏曾佑在其中國歷史教科書中說：「求其（禪讓）近似，大約天子必選擇於一族之中（必黃帝之後），而選擧之權則採之岳牧（四岳十二牧），是爲貴族政體。」錢穆先生在唐虞禪讓說釋疑說：「唐虞禪讓，爲中國人艷傳之古史，自今觀之或殆爲古代一種王位選擧制之粉飾的記載也。」爭奪說，則除上述古人外，近人蒙文通在其古史甄微中說：「……蓋帝丹朱與舜並爭爲帝，而諸侯歸舜。伯益與啓爭爲天子，而諸侯歸啓。此虞夏間揖讓之實，其關鍵乃在得失諸侯也。」無其事而由於儒墨的創造宣傳說，爲顧氏之主張。楊向奎以爲諸家之說，皆爲彌縫舊說，顧氏先估定史料之價值，然後考其來源，方是爲古史奠基。按顧氏之治史方法，張蔭麟曾評其過份使用默證，古代典籍多湮沒，默證不宜使用。則顧氏使用史源學方法不得認爲成功。楊寬氏著讀「禪讓傳說起於墨家考」，又以爲禪讓傳說乃出於神話，是東西民族混合的結果。周語言星辰的次序是顓頊所建，後來授給帝嚳。顓頊即堯，帝嚳即舜。按以上之選擧說，爲從初民社會觀察而得，與之類似者尙有多家。如李宗侗教授在其所著中國古代社會史第五章，政權的逐漸集中裏，分政權的變化爲四個階段：㈠無首領時代；㈡選擧首領時代；㈢弟兄共權時代；㈣長子集權時代。以爲堯舜禹之登帝位即由部落內諸團所互選，當即代表第二階段。此時首領尙非世傳，而由選任。堯不傳其子丹朱而傳舜，舜不傳其子商均而傳禹，足知彼時帝位尙非世傳，並且堯舜禹益皆非同姓，足知他們係由若干團所公選，至禹傳啓而帝位始變爲世傳，故至少在唐虞夏諸團間，至彼時父系社會始完全建立。又提出另一種假設，以爲在母系社會時，王位有用翁婿間接方法以傳者，故疑堯舜禪讓亦有同類性質。堯的帝位實在應當傳給二女而非傳給丹朱，堯卒後乃用間接方法傳給舜，丹朱就自往做丹王。但這解釋還不能適用於舜禹。不過這總是母系到父系演變的一個階段。又黎東方在其中國歷史通論中提出兩頭制之說。黎氏認爲，堯於己身未死以前，即已指定舜爲繼承人，並使之協助政務，處於相當於今日蒙古盟旗之副盟長地位，到了舜升盟長之後，也就以同樣的辦法指定禹爲己身之副。呂思勉也有類似黎氏之說。黎說等雖非選擧說，但與之不生衝突，且亦從初民社會立論。又姜蘊剛在其堯舜的禪讓問題一文中則認爲禪讓是由遊牧的圖騰部落進入農業的地方部落，權力尙未集中而待集中于一家一人的時候，一種以和平競賽的方式來解決紛爭的辦法。兩個部落如要互爭雄長時，不必用武力的鬥爭，而以一種氣概壓倒對方，到了對方認輸，便算失敗，失敗便要投降，這叫做爭豪。如韓非子難篇說：「歷山之農者侵畔，舜往耕焉，期年而甽畝正；河濱之漁者爭坻，舜往漁焉，期年而讓長；東夷之陶者器苦窳，舜往陶焉，期年而器牢。這就是舜與堯爭豪的情形。史記載舜所在之地，「一年而所居成聚，二年成邑，三年成都。」即是記述爭豪發展的進度。姜氏之說介於選擧說與爭奪說之間，實爲選擧說之另一種形式。淺演民族如蒙古所建之國，其君位亦由「庫利爾台」即選擧大會選擧，候選人之間亦每有爭奪、爭豪之事發生，如忽必烈與阿里不哥之間的爭奪帝位，就有點像爭豪。總之，禪讓之說甚古，除了荀子根本否認外，其他諸子或以爲確爲讓國，或以爲無足輕重，或以爲乃出於爭奪，然皆不否認有此史影。至於近人之說，則顧氏一派疑古之說，其結論並不成功。其他諸家多就初民社會予以解釋，說法雖不盡一致，然皆肯定有此史影的存在。（朱雲影教授，中國上古史講義；李宗侗教授，中國古代社會史；古史辨第七冊下編。）（洪安全）

萬里長城

春秋晚期，國際戰爭之規模逐漸增大。至戰國時代，各國之間戰爭劇烈，稍或不慎，即有敗亡之虞，因此各國不但積極地强化攻擊性的武備，同時在消極的防禦方面也從事了必要的加强。在這種生存競爭的狀態之下，長城的修築成了各國所普遍採取的防禦措施，齊國所建的長城西起平陰，東至琅邪大海，作爲南邊的屏障。在楚國西北，漢水及其支流白河等流經之地爲地勢較低的平野，構成了便利的交通孔道，爲了防備敵國由此道入侵，楚人修築了長城作爲防禦工事，起今湖北竹山，東北經河南鄧縣，折向內鄉、魯山、葉縣而南折至泌陽，號爲方城。爲防備秦國的東侵，魏國在黃河西岸建築長城，自今陝西華縣，北濱洛水，經鄜縣、綏德、米脂、越黃河而至固陽；爲了鞏固首都大梁的防備，又築自原武經陽武而至密縣的長城。韓國長城起自亥谷，南至密縣。燕在易水流域築長城，自易縣西南，東南經定興、徐水間，又經文安、任丘間，以防趙國。趙肅侯築滏陽至臨漳長城以防魏，爲趙南界。中山長城起訖不詳，用以防趙。

在戰國時，活動在北方沙漠和草原上的邊疆民族逐漸强大，構成了對中原北邊各國的嚴重威脅。北方的燕、趙、秦國對這些以游牧爲主要生活方式的民族的戰爭，多獲得了相當的勝利，推展了北邊的疆土。爲了抵禦他們的南下，同時保衞新闢的領土，各國也修築了長城。秦昭王（西元前三〇六－二五一）滅義渠戎，并有其地，並在西北邊地設置了隴西、北地、上郡等郡，同時修築長城以拒胡，自今陝西神木縣北，南經榆林東，至圁陽西、安邊東、西南經環縣北，西南至高平。趙武靈王北破林胡、樓煩，築長城自代並陰山，下至高闕，即今察哈爾懷安縣及山西天鎮縣北，西經大同、左雲、右玉之北，綏遠和林格爾縣之東，薩拉齊縣、包頭之北，安北縣、五原縣、狼山縣之北。燕將秦開襲破東胡，辟地千里，燕國因修造陽至襄平之長城，置上谷、漁陽、右北平、遼西、遼東以拒胡，燕長城起自今山西北部東洋河與西洋河會口左岸，東北經察哈爾萬全縣、崇禮縣、赤城縣之北、東經熱河豐寧縣，東至圍場南之邊牆山，經赤峯縣北、小河沿北，經遼寧省義縣、北鎮縣之北，越遼水而東至遼陽縣。

秦始皇滅六國，一年內之後，命蒙恬率三十萬衆，北伐匈奴，取河南地，並督修長城拒胡。蒙恬所築長城西起臨洮，東至遼東，長萬餘里。即起自今甘肅省岷縣，沿洮水東岸，洮水入黃河，又沿黃河東岸而北，至河套黃河分流，又沿北河南岸爲塞，又並陰山而東經綏遠固陽縣、陶林縣之北而在趙武靈王長城之北，又東至察哈爾張北縣之西而轉向東北，又經多倫縣之北而折向東南，又經熱河圍場縣之南，邊牆山之北，小河沿之北，又東經遼北彰武縣之南，法庫縣、昌圖縣之北，又東北經吉林省樺甸縣之東北而南折，又經安東省臨江之東而逾鴨綠江，又南越清川江、大同江而至平壤之東南載寧江口附近。蒙恬所築長城在秦昭王長城之西北；趙武靈王長城之北；其東北段也大部分在燕長城之北。蒙恬所築長城大部皆因邊地山險而成，僅少數幾段因趙、燕長城之舊，即河套狼山一段因趙之長城，自邊牆山至醫巫閭山北一段及長城東端之碣石附近一段因燕國長城或障塞。

秦始皇長城大部分也在今長城之外。

自戰國秦、趙、燕築長城以拒胡之後，歷代也頗有修築長城以爲防禦北方游牧民族南侵的障塞，除秦始皇長城外，北魏、東魏、北齊、北周、隋、明皆有修築長城之事。自秦始皇建立了一統大帝國之後，不久北方沙漠和草原上的胡人也建立了游牧大帝國，長城不但是中原北方的軍事防線，同時也成了兩種類型不同的文化或生活方式的分界線。在長城北側的是逐水草而居的游牧生活，在其南則是土著定居的農業生活。由於游牧經濟的脆弱性使得北方游牧民族在一定的程度上對農業民族有所依賴，因而雙方有貿易的活動；如南方拒絕了貿易，則常導致北方游牧民族的鈔略而發生戰爭，長城因而也常爲和平貿易和戰爭的地帶。（參閱王國良中國長城沿革考，黃麟書秦皇長城考初稿）（蕭　璠）

新莽

西漢後期政治，漸爲外戚王氏所把持。大將軍王鳳兄弟同日五侯並封，相繼任大司馬，驕奢僭盛，並作威福。五侯諸子亦乘時侈靡，好輿馬聲色之玩，不爲時人所稱道。莽爲鳳幼弟曼之子，曼早死，未得封侯，王太后頗爲憐恤，故莽自幼收養宮中。莽群兄弟雖生活奢靡，莽獨能折節力行，勤苦恭儉，衣儒生之衣，食寒士之食，喜交結儒生，勤學不輟，事母盡孝，事諸親盡禮，「宗族稱孝，親友歸仁。」永始元年（前一六）封新都侯，遷騎都尉，光祿大夫，再遷侍中。綏和元年（前八）繼諸父爲大司馬，爵位愈高，亦愈謙恭。於是聘賢良，交賓客，養寒士，克己不倦，聲譽之隆，突過諸父。

哀帝立，丁傅之族用事，王莽封於新都，杜門自守，三年後，賢良對策紛紛稱頌其功德，吏民上書者亦爲之訟寃，動以百數。哀帝遂召還京，侍奉太皇太后。不久，哀帝崩，王太皇太后又重握政權，莽亦復爲大司馬。擁立一年方九歲之中山王（孝平帝），政令盡出於莽。元始元年（西曆一年）進號太傅安漢公，以爲功德兼有伊尹、周公，因設宰衡之職，位在諸侯王之上。平帝崩後，莽立不足兩歲之子嬰。傳說周公輔佐成王時曾代行天子事，稱爲「居攝」，於是太皇太后下詔：「令安漢公居攝踐阼，如周公故事。」又詔「莽朝見太后稱假皇帝。」居攝之初，有安衆侯劉崇（景帝八世孫）起兵討莽，失敗，東郡太守翟義旋亦起兵，不勝而死。莽益無忌，於是符命屢現，有梓潼人哀章獻「天帝行璽金匱圖」及「赤帝行璽劉邦傳與黃帝金匱書」，乃卽眞天子位。改元始建國，國號新，子嬰降爲安定公。

莽決意行新政，且均應本於周代典章制度，更名天下田曰王田（國有），奴婢曰私屬，皆不能自由買賣。其土地分配法，採周代井田制度。家中「其男口不盈八，而田過一井者，分餘田予九族鄰里鄉黨。」無田者受田如制度。當時法令規定至嚴，犯者罪至死。結果「坐買賣田宅奴婢，……自諸侯卿大夫至於庶民，抵罪者不可勝數。」莽不得不下詔：「王田及私屬皆得買賣，勿拘以法。」於是兩項改革徒具其名。其理財之法則以鹽、鐵、酒、銅冶、名山大澤爲國家專利，及五均賖貸法，並征收一切工商業所得稅，創行平價貿易政策，上述理財新制度，實行時困難殊多。而官名地名之改易，徒增紛擾；新貨幣政策之頒行，亦屬庸人自擾。對四夷君長由王爵降爲侯爵，造成嚴重邊患。吏治敗壞，天災流行，盜賊蠭起，均成爲新朝致命傷，享國十五年而土崩瓦解，不俟兵刄。漢書莽傳贊曰：「王莽起外戚，折節力行，以要名譽，宗族稱孝，親友歸仁。及其居位輔政，成哀之際，勤勞國家，直道而行，動見稱述。……莽既不仁，而有佞邪之材，又乘四父歷世之權，遭漢中微，國統三絕，而太后壽考爲之宗主，故得肆其奸慝，以成篡盜之禍。……滔天虐民，窮凶極惡。流毒諸夏，亂延蠻貉，……四海之內，囂然喪其樂生之心，中外憤怨，遠近俱發，城池不守，支體分裂，遂令天下城邑爲墟，丘壟發掘，害遍生民，辜及朽骨，自書傳所載，亂臣賊子，無道之人，考其禍敗，未有如莽之甚者也。昔秦燔詩書以立私議，莽誦六藝以文奸言，同歸殊塗，俱用滅亡。」莽動以古代典則爲法，以欺人自欺，並欺天下後世，其敗亡之速，可謂自食其果。（漢書卷廿四食貨志及卷九九莽傳）（王德毅）

會盟

會盟爲春秋時代國際政治之一種特色。其時王綱解紐，諸侯相爭，交涉頻繁。爲了交涉，國君必須親自或派代表參加開會。有事而會，會議不協，則進而舉行盟誓，訂立盟約。論語集解：「諸侯時見曰會。」公羊傳：「會猶最也。」最爲聚會之意。曲禮：「諸侯相見於郤地曰會。」會之發生，似較古，如左傳：「禹會諸侯於塗山。」「夏桀爲仍之會。」盟則較晚，左傳僖公二十六年曾載周成王因周公太公有功，賜之盟，載在盟府。至春秋時代，會盟盛行。釋名：「盟，明也，告其事於神明也。」曲禮：「約信曰誓，涖牲曰盟。」會之舉行有預定的時間與場所，地點通常皆在野外，建旗設位以爲表。與會性質相近的有「遇」。遇爲會之略式。不期而會曰遇。遇必有密謀，志相得始有遇。盟須築土爲壇，殺牲而割其耳，以珠盤盛之，必有主盟執牛耳者。而盟者依次歃血，以血塗口旁曰歃血，餘血則埋之於坎，而載盟書於其上。依禮，盟書由大國爲之。盟辭不一類，有以同恤王室爲主者，有以攻守同盟爲主者，有以修好敦交爲主者，有以特殊問題爲主者。與盟相似者有「詛」「誓」。詛，用於小事，諸侯相會有盟無詛；誓與盟不同者爲誓僅約言不歃血。魯桓公三年，齊侯衞侯「胥命」，「胥命」即申約言以相命而不歃血，性質與誓相近。會與盟，有時連續舉行，則須先會後盟；亦有時只會而不盟，或逕盟而不言會。春秋時代之會，以諸侯會諸侯爲正例，王臣有時亦參與，而其變例則有婦人之與諸侯會，大夫之與諸侯會。盟亦以諸侯盟諸侯爲正例，王臣有時亦來監盟，而其變例則有諸侯與大夫盟，大夫與大夫盟，甚至有與士盟，與國人盟者。盟誓風氣甚盛。會盟亦與國內權力之轉移有關。會盟之參加者，本應皆爲諸侯，但因春秋時代各國會盟頻仍，諸侯畏勞，常使卿大夫代行。卿大夫既有外交，往往互相援結，漸漸形成大權旁落之勢，於是大夫篡位，造成此後戰國之新局面。春秋時代國際間之會盟，就參加國言，有霸主領導者，有諸侯自集者，有兩國相徵者。霸主領導會盟自齊桓公始。齊桓公時，共會盟二十一次，爲人所稱者，衣裳之會九（一說十一），兵車之會四。其中以召陵、葵丘之會，最有意義。召陵之盟，乃齊桓公會合諸侯以伐楚，楚人屈服，與之訂立者。葵丘之會時，桓公極敬天子，一明天子之禁。其後宋襄公欲圖霸，曾爲鹿上之盟，求諸侯於楚，但終爲楚所敗。晉之霸業，始建於晉文公，文公先於城濮一役敗楚，而後爲踐土之盟，王臣亦來監盟。及溫之會，文公竟招王，以諸侯見。文公之後，霸業長在晉。然楚在莊王、靈王之時，亦一度甚得志。文公以後，晉楚長期南北爭霸，亦即長期爭取盟國。晉爲中原盟主，中原諸侯常從之。在向戌爲宋盟前，從晉的有宋、魯、鄭、衞、曹，從楚的有許、陳、蔡。晉楚所爭主要爲宋、鄭。秦則長期不與中原之會盟。齊大部分時間與晉爲同盟，但也有一段時間不從晉盟。晉楚長期爭覇結束於魯襄公二十七年之宋盟，晉讓楚主盟，晉楚之屬國交相見，中原賴以無事者四十年。其後吳國興起，欲爭覇於中原，於黃池之會，與晉爭爲盟主，因聞越人入其國都而讓步。會盟之關係於國際情勢可謂甚大。盟依其場合，可分朝而爲盟，聘而爲盟，離而爲盟（離爲兩國相會，會後爲盟），會而爲盟，服而爲盟，敗而爲盟，不而爲盟。而盟之種類又有同盟、常盟、尋盟、涖盟、來盟、改盟、補盟、復盟、要盟、請盟、乞盟、喪盟等區別。同盟爲同志而盟；尋盟爲重申舊盟或溫前盟之意。涖盟爲臨其盟之意，又有來盟與之相反。改盟爲重新修訂前盟；補盟爲與後到者盟；復盟爲國交恢復後之再盟；要盟由威脅對方而成，有時須有人質；請盟爲自願與人盟；乞盟爲派使至他國，汋血求盟，表示其請求之切。以上諸名皆見於春秋經傳。常盟爲僅以修好爲目的；喪盟爲喪中而與他國爲盟。盟之所以訂立，乃以禮、信、敬爲基礎。禮爲國際規律，信爲國際道德，敬爲國際儀貌。在王室衰微的春秋時代，賴有盟主或覇主領導諸侯以禮信敬爲基礎舉行會盟，以行尊王攘夷。然諸侯間仍不乏破壞盟誓者。故盟有變例，曰詐盟，曰背盟，曰不盟，曰後盟，曰逃盟，曰竊盟（匱盟）。盟重在信，不可背之，而背之深，是爲詐。盟時同好之國不至爲不盟；盟成而後至爲後盟；出會避盟爲逃盟；私與他國爲盟爲匱盟。以上皆非盟之正。盟時違背禮信敬皆爲國際所不齒，有時將受到盟主所領導的聯盟軍的懲罰。盟主與盟國之間有一定的權利義務。晉主夏盟最久，以晉國爲盟主時言之，盟主有合諸侯，主會盟，制律令，徵貢賦之權，然亦須負討逆救亡之責，尤其，身爲盟主者，務必修好同盟，樹德於諸侯，諸侯同盟方不至於離心。另一方面，爲同盟國者則不得加盟主以非禮，不得伐盟主；盟主有急則須救之。盟主因能徵諸侯之貢賦，所以國富兵强，乃能維持國際秩序。至向戌爲宋之盟前，晉國有意弭兵，范宣子、趙文子皆輕諸侯之幣。盟主內服盟邦，外禦夷狄，上尊天王，所有春秋時代尊王攘夷之事業皆賴會盟以結諸侯行之。（劉伯驥，春秋會盟政治；陳顧遠，中國國際法溯源。）（洪安全）

楚漢之爭

秦二世三年（西元前二〇七年）十月，子嬰向劉邦迎降，秦帝國國祚事實上已經結束，此後即進入史家所稱之「漢元年」，但漢朝的統一局面此時尚未出現，此其間有爲期四年半的紛爭，史家稱秦覆亡後這段四年半的紛爭期間爲「秦漢之際」。在秦漢之際起事諸侯之中，勢力最大，最足以相互抗衡的兩大力量，當推於漢元年（西元前二〇六年）二月自立爲西楚覇王的項羽及同年被項羽封爲漢王的劉邦。「楚漢之爭」即是指在這四年半期間項羽與劉邦這兩大勢力相互推移的過程而言。

項羽，名籍，羽是他的字，下相（今江蘇省宿縣）人，以勇力知名。秦二世元年（西元前二〇九年）九月，項羽與其叔項梁起於會稽，一路北上，至二世二年（西元前二〇八年）進至下邳（今江蘇省邳縣）時，所部已達六、七萬人。劉邦亦起於沛（今江蘇省沛縣）自號爲沛公，此時亦前來歸附項梁，與項羽相善。二世二年六月，項梁用范增之計，立楚懷王，而自號爲武信君。秦將章邯攻敗項梁，繼而渡河擊趙。二世二年閏九月，懷王派宋義、項羽等北上救趙；同時亦派劉邦西行，直取關中。二世三年（西元前二〇七年），項羽殺宋義，受懷王命爲上將軍，北上渡河，破釜沉舟，大破秦軍，解鉅鹿之圍，成爲諸侯領袖。劉邦一路西進，至秦二世三年（即漢元年，西元前二〇六年）十月，兵至覇上，秦王子嬰迎降，乃西入咸陽，後聽張良之勸，而屯駐覇上。

項羽略定秦地，進至函谷關，不得入，攻破之，遂以兵四十萬，進駐新豐鴻門；當時劉邦有兵十萬，屯居覇上，成對峙之局。項羽本擬攻劉邦，以劉邦親至鴻門謝罪而未果。項羽旋入咸陽，屠城，殺子嬰，燒秦宮室。然後分封十八諸侯王，自號西楚覇王，王九郡，都彭城，而以劉邦爲漢王，領漢中、巴、蜀三郡。此時整個政治局面爲項羽所控制，但其分封已引起若干人的不滿。

漢元年四月，諸侯各就國，項羽徙義帝，後又暗令衡山，臨江王擊殺之。五月，田榮反於齊，八月，劉邦還定三秦，並有關中。項羽先揮兵擊齊，再以精兵三萬人大破漢軍，此後兩軍即僵持於滎陽、成皐之間。至漢四年（西元前二〇三年）韓信取齊地，大破楚軍，項羽已現劣勢，乃以鴻溝（今河南省滎陽縣）爲界，與劉邦言和而罷兵東歸。但劉邦聽從張良勸告，於漢五年（西元前二〇二年）十月追擊楚軍於固陵（今河南省淮陽縣西北），大敗之。遂於十二月圍項羽於垓下（今安徽省靈壁縣東南）。項羽自殺於烏江（今安徽省和縣東北），爲期四年半的楚漢之爭乃告結束。（參考：史記卷七項羽本紀；卷八高祖本紀；卷十六秦楚之際月表；吳景超，「一個內亂的分析——漢楚之爭」，

載：金陵學報一卷二期；芮和蒸，「漢高祖完成帝業的分析研究」，載：國立政治大學學報第十期。）（黃俊傑）

漢武帝

景帝中子，名徹。以孝景元年（前一五六）生，母曰王美人，年四歲，立爲膠東王，孝景七年，年七歲，栗太子廢爲臨江王，徹立爲太子，母爲皇后，十六歲，景帝崩，太子卽位，爲孝武皇帝。以卽位之年爲建元元年，是爲帝王有年號之始，蓋自古帝王未有，年號始起於此；武帝所建年號有建元、元光、元朔、元狩、元鼎、元封、太初、天漢、太始、征和、後元等。武帝雄才大略，聰明能斷，善用人，故漢自武帝出乃臻極盛。是時海內晏安，府庫充實，而諸侯削弱，內顧無憂，於是武帝承文景之業，內興文治：詔舉賢良方正，直言極諫之士；納董仲舒策，罷黜百家，表彰六經，諸不在六藝之科、孔子之術者，皆絕其道，獨尊儒術。又改正朔，造太初曆，以正月建寅爲歲首，色尙黃。興太學，置五經博士及弟子；協音律，作詩樂，啓後世崇尙美文之習；定律令，修郊祀，建封禪，禮百神，文事大興。鑄五銖錢；造白金幣，以銀、錫合金鑄爲龍、馬、龜三品；造皮幣，以白鹿皮方尺，緣邊綉以五綵花紋，値四十萬，諸王朝覲時用以爲獻，不行於民間。行舟車稅與戶口稅。更置均輸平準之法，以平抑物價，爲國營商業之總機構，使民不益賦而國用益饒；收鹽、鐵、酒公賣，國內經濟因以穩定。外事四夷：遣衛青、霍去病等，北逐匈奴，破樓蘭、車師諸國，收復河西地，分置武威、張掖、酒泉、敦煌四郡，收河南地，置朔方郡。命張騫通西域，西域諸國入貢焉。東平朝鮮，以其地爲樂浪、玄菟、臨屯、眞番四郡。而於西南及南方，則有東越、南越之平定，於南置儋耳、珠崖、南海、蒼梧、鬱林、合浦、交趾、九眞、日南九郡；更平滇及西南夷。由是版圖大廓，稱爲雄主。惟好神仙，信方士，營宮室，奢侈無度；窮兵黷武，繁刑重賦，盛巡幸，至百姓枯竭，萬民疲憊，黎民困逼，益輕犯法，雖任酷吏，所在盜賊群興，天下騷然。及巫蠱事起，皇后衛氏及太子據皆自殺。幸帝晚歲盡悔所爲，一意以富民養民爲事，罷方士，禁苛暴，止擅賦，重農桑，民賴以安。其勇於改過之擧，與深陳悔悟之辭，亦常人所不及。又專任霍光，付託得人，使大業得不墜，爲萬世之英主。在位五十四年崩（後元二年丁卯崩，前八七），凡七十歲，諡武。班固贊曰：「……如武帝之雄才大略，不改文、景之恭儉以濟斯民，雖詩、書所稱，何有加焉！」司馬光曰：「孝武窮奢極欲，繁刑重歛，內侈宮室，外事四夷，信惑神怪，巡遊無度，使百姓疲敝，起爲盜賊，其所以異於秦始皇者無幾矣。然秦以之亡，漢以之興者，孝武能尊先王之道，知所統守，受忠直之言，惡人欺蔽，好賢不倦，誅賞嚴明，晚而改過，顧託得人，此其所以有亡秦之失而免亡秦之禍乎！」誠非虛語。（參考史記孝武本紀、漢書武帝紀、資治通鑑漢紀、漢書窺管、漢書補正、文獻通考。）（朱　琰）

選舉

選擧卽是所謂鄉擧里選，是漢代政府任用官吏的制度。其制大別有兩類：一是詔擧賢良方正能直言極諫之士，簡稱爲賢良。漢高祖十一年（西元前一九六年）詔曰：「賢士大夫有肯從我游者，吾能尊顯之。」（漢書，卷一高帝紀下）已開此制之先河。其後，各類人才茂材異等可爲將相及使絕域者、如文學高第者、如明陰陽災異者、如可充博士位者、如勇猛知兵法者皆得經由此制而爲政府所登用。（錢穆，國史大綱，上册，頁一二三）；二是擧孝廉。孝廉是孝子廉吏之簡稱，此制是由地方郡國依規定時間向中央政府推薦當地孝廉之才，此種選擧制度大備於武帝之時，董仲舒是其倡議者。漢書卷五十六董仲舒傳：「及仲舒對策，推明孔氏，抑黜百家，立學校之官，州郡擧茂材孝廉，皆自仲舒發之」。

兩漢選擧之制頗寓先秦尙賢之遺意，日人曾我部靜雄認爲鄉擧里選之制深受周禮及禮記王制篇中若干制度之影響。（曾我部靜雄著，高明士譯，「中國的選擧、貢擧與科擧」，載：大陸雜誌第四十五卷第三期，頁四十二）此制自武帝元光元年（西元前一三四年）董仲舒對策發其端，（關於仲舒對策確年之考證，另詳：鄧嗣禹，中國考試制度史，頁二十六，臺北學生書局出版）至元朔元年（西元前一二八年）詔令郡國必須保擧孝廉，乃成爲定制。西漢晚年及東漢初年，郡國擧孝廉皆以二人爲準，至東漢章帝建初八年（西元八十三年），始以德行高妙、經明行修、明曉法令、剛毅多略等四項標準取人。（漢官儀上），至和帝初年，則改以人口爲擧孝廉之標準，力求平均分配，後漢書卷三十七丁鴻傳：「自今郡國率二十萬口，歲擧孝廉一人；四十萬二人，六十萬三人，八十萬四人，百萬五人，百二十萬六人。不滿二十萬，二歲一人；不滿十萬，三歲一人。」順帝時，又規定孝廉必須年滿四十，並須經過考試，濫擧之風由此稍戢。至於選擧之權，西漢時代原在三府，至東漢以後，逐漸移於尙書之手。選擧制在兩漢之沿革流變大致如上，此制至魏文帝黃初元年（西元二二〇年）演變爲九品中正之法，下開魏晉門第政治之先河。

綜觀兩漢選擧取士，共計約五十六次，大抵西漢多賢良，東漢多孝廉。「賢良多爲已仕，孝廉多未仕。賢良擧無定期定額；孝廉有歲察之詔，戶口多寡之差，年齡老幼之限，職務戕表之試，此則相異者也。而德行之見重、氣節之提倡，東漢又較盛焉。」（鄧嗣禹，前引書，頁四六）選擧制之優點在於賢才輩出，對策實用、取人以德行爲本，使兩漢以降之政府爲一崇尙文治之士人政府。（錢穆，中國歷代政治得失，頁一三）。而其缺點則在於以利祿誘人，使學風趨向功利，漢書卷八十八儒林傳贊曰：「自武帝立五經博士，開弟子員，設科射策，勸以官祿，訖于元始，百有餘年。傳業者寖盛，支葉蕃滋，一經說至百餘萬言，大師衆至千餘人，蓋祿利之路然也。」，乃一針見血之言。（參考：漢書；後漢書；鄧嗣禹，中國考試制度史，臺北學生書店印行；錢穆，「漢代選擧制度」，收入：中國歷代政治得失，香港：東南印務出版社出版；勞榦，「漢代察擧制度考」，載：中央研究院史語所集刊第十七本；錢穆，國史大綱，上册，頁一二三—一三二，臺灣商務印書館出版；傅樂成，中國通史，頁二一七—一八，臺北大中國圖書公司印行；呂思勉，秦漢史，頁六三六—六五三，臺灣開明書店印行；曾我部靜雄著，高明士譯，「中國的選擧、貢擧與科擧」，載：臺北大陸雜誌，第四十五卷第三期。）（黃俊傑）

黨錮

東漢自光武帝崇尙儒術，表章氣節，敎育發達，太學生人數急增，至桓靈之世已達三萬餘人，群居京師，各以氣節相標榜，以道德相砥礪，故士風最爲淳美，但亦養成士大夫好名之心。尤以漢代地方察擧制度，郡國守相察擧孝廉，重視被選擧人在鄉里的名聲，士子之欲被擧爲孝廉者，乃不惜互相標榜，沽名釣譽。太學生尤喜臧否人物，裁量公卿，於是形成清議，賢者爲清議所歸，不肖者爲清議所恥，隱然左右郡國的察擧與中央之徵辟。故太學爲人才薈萃之所，爲清議發祥地，凡此，皆可由東漢後期所察擧的孝廉大多出身儒生一事見之。

太學生既握有輿論力量，在上者又政刑多乖，爲熱心政治及專務立名以爲高的太學生所不滿。於是發之於言論，繼之以行動，言論受壓抑時，乃愈益激昂，而成爲意氣用事，或不顧一切以爭取之。後漢書黨錮傳序曰：「初桓帝爲蠡吾侯，受學於甘陵周福，及卽帝位，擢福爲尙書，時郡河南尹房植，有名當朝，鄉人爲之謠曰：「天下規矩房伯武，因師獲印周仲進。二家賓客，互相譏揣，遂各樹朋徒，漸成尤隙。」此種譏評之風，轉入太學後，諸生三萬餘人，以郭泰、賈彪爲首，與朝中名士李膺、陳蕃、王暢更相推重，諺曰：「天下楷模李元禮，不畏强禦陳仲擧，天下俊秀王叔茂。」其中以李膺名氣最高，得通謁者稱爲登龍門，時又有「一登龍門身價百倍」之諺。顯已成爲一有勢力的政治集團。後漢書黨錮傳序又曰：「桓靈之間，主荒政謬，國命委於閹寺，士子羞與爲伍，故匹夫抗憤，處士橫議，遂乃激揚名聲，互相題拂，品覈公卿，裁量執政，婞直之風，於斯行矣！」當時士子危言深論，不避豪强，自公卿以下，莫不畏其貶議。朝中名士與太學生結合，最先曾大事攻訐外戚，及至宦官勢盛，則與外戚聯合以與宦官鬥爭。因而掀起兩次黨錮之獄。

第一次黨錮之獄在桓帝延熹九年。桓帝時朝廷日亂，紀綱廢弛，獨李膺能勵風節，不畏强禦，既拜司隸校尉，以重振綱紀爲己任。適有宦官張讓之弟朔，任野王令，貪殘不法，殺死孕婦，畏罪，逃匿於讓家，膺捕殺之，遂與宦官結仇。讓曾告膺擅殺之罪，帝詰之，膺以實奏聞，得免追究。延熹九年，又有宦官黨羽張成，敎子殺人，遇赦，膺爲河南尹，疾惡如仇，竟收捕案殺之，成弟子牢修因上書誣告膺等「養太學遊士，交結諸郡生徒，更相驅馳，共爲部黨，誹訕朝廷，疑亂風俗。」桓帝震怒，詔下郡國，逮捕黨人，遂收執膺等，株連陳寔之徒二百餘人，又令使者四出，購募遁逃黨徒。次年、尙書霍諝及城門校尉竇武共爲表請，乃得赦歸田里，但仍書名王府，禁錮終身。

第二次黨獄在靈帝建寧二年。帝初卽位，陳蕃爲太傅，與大將軍竇武共謀誅宦官，失敗。及至張儉與中常侍侯覽結仇，儉同鄉朱並素性佞邪，爲儉所棄，因上書告儉共爲黨部，圖危社稷，詔捕儉入獄，宦官曹節因諷有司奏捕前次入獄黨人；於是李膺，范滂，杜密，朱寓等百餘人皆死獄中。「自此諸爲怨隙者，因相陷害，睚眦之忿，濫入黨中。」是蒙不白之寃者又不知凡幾。其死徙廢禁者達六七百人。至熹平五年，又詔州郡更考黨入，門人故吏父子兄弟在位者，皆免官禁錮，並及五族。又收捕太學生千餘人下獄。

兩次黨錮之獄，摧殘不少人才。及中平元年黃巾亂起，靈帝恐與張角合謀，乃大赦黨人。至此黨禍已歷二十餘年。（王德毅）

中國中古史（魏至元）

八王之亂

八王之亂，爲西晉惠帝年間所爆發之一次宗室內亂。八王者，舊史以汝南王亮、楚王瑋、趙王倫、齊王冏、長沙王乂、成都王穎、河間王顒、東海王越當之。晉略則以梁王肜、淮南王允，及趙王倫以下六王爲八王。先是，晉武帝司馬炎既篡魏自立，有懲於魏雖封建，而諸王備受壓制，故四十五年而亡，遂大封宗室諸王，授以職任，以郡爲國，並爲置軍隊，且得自選其文武官。武帝死，惠帝嗣位，爲人低能，不能處理政務。賈妃，賈充之女，妬忌多權詐，見太傅楊駿輔政，專斷剛愎。元康元年（二九一），賈后召楚王瑋入京，殺楊駿，又使殺汝南王亮、太保衞瓘，賈后復借專殺之罪名殺瑋。賈后無子，而謝妃所生太子遹，不爲賈后所愛，遂以謀反之罪廢遹爲庶人。永康元年（三〇〇），幽太子於許昌，既而殺之。趙王倫時方坐鎭長安，以賈后害太子，與梁王肜共謀，起兵入洛，遣齊王冏率兵入宮廢后，旋殺害之，並殺張華及裴頠，自爲相國，專政事。跋扈驕恣，甚失人心。八月，淮南王允起兵聲討，不克而死。永寧元年（三〇一），倫遷惠帝於金墉城，自稱皇帝，改元建始。倫素性庸愚，利用賈后之亂，因緣時會，由執政而篡位，而一委國政於孫秀。秀既用事，一切黨與，盡爲卿將，奴卒亦加爵位，天下守令皆封侯，鑄印不足，以白板封。時齊王冏鎭許昌，成都王穎鎭鄴，河間王顒鎭關中，同起兵討倫。洛陽內亂，殺孫秀。乃迎惠帝復位，誅趙王倫。並由齊王冏輔政，穎及顒各還鎭。明年，梁王肜死。冏原負清望，入洛之時，甲士數十萬，錦旗器械之盛，震於京師。輔政之後，大築第宅，耽於酒色，選擧不均，偏於親寵，於是朝廷側目，海內失望。時長沙王乂猶駐防京師，河間王顒因檄乂討冏，本意長沙王弱而齊王强，齊王必殺長沙王，欲因此加罪齊王而申討之。不意乂將左右百餘人馳赴宮，奉天子以討冏，冏敗被誅，而乂爲太尉。穎及顒因冏敗，所謀不成，且乂在內，穎及顒所求常不遂，並起兵，遣張方及陸機領兵攻洛陽，張方軍敗，乂不以爲意，遂成固守之勢。洛陽糧荒，百僚又擁東海王越爲主，內變，殺乂。此後四年間（泰安二年至光熙元年），爲河間王顒、成都王穎，與東海王越互爭之局面。光熙元年（三〇六），九月誅穎，十一月惠帝遇毒而死，越立太弟熾，是爲懷帝，十二月誅顒。次年，改元永嘉。自元康元年（二九一）至光熙元年（三〇六），前後十六年間，諸王相互攻殺，史稱八王之亂。（何啓民）

九品中正

九品中正將人分爲九等，乃根據禹貢將田土賦稅分爲九等的辦法，以後又有班固古今人表，將古人分爲上（上中下）、中（上中下）、下（上中下），共九等，定操行分數。品評人的風俗，早已發生，東漢汝南許劭（字子將）善於批評人，一般人皆以其批評人之好壞爲標準，但尙未見於正式公文。曹魏時期因事實需要而成立九品中正。曹氏之九品中正，由中央官吏任中正之職，以負擔鄉評任務。凡候選人才先由郡縣中正（小中正）登記，分爲九品，再送至州中正（大中正）彙合評斷，而後送至吏部。吏部用人卽根據大中正之底册。中正之職均由朝官兼任，不免循私。但貴族可不經中正推薦，寒門出身則必由中正，故寒門不易貴顯。此一制度通行於南北朝，而北朝則在後魏孝文帝仿效南朝制度後實行。隋統一南北朝，廢除九品中正，改設科擧制度。對南北朝世族政治乃一致命的打擊。（宋　晞）

女眞建國與漢化

十二世紀初年，興起於我國東北滿洲黑水白山區域內的女眞族，元朝秘史（卽蒙古秘史）稱爲「朱黑眞」，漢文中通稱女眞。原是那裏散居各河流、半游牧、半農耕的野蠻民族，時稱生女眞。西元一一一五年在今哈爾濱附近阿城縣（金日上京）建立金朝的阿骨打，原卽是遼朝生女眞族的節度使，生於遼道宗咸雍四年（一〇六八），卒於金天輔七年（一一二三），壽五十六。國號大金，建元收國，金史稱爲金太祖。金朝共有九個君主，統治江淮以北的中國北部，計有一百一十九年（一一一五～一二三四）。

阿骨打時代（一一一五～一一二三）女眞族自己原有一套半游牧、半農耕的文化，並擁有一支相當堅銳的騎兵，稱爲猛安謀克。金史（卷四十四）兵志說：「其部長曰孛菫，行兵則稱曰猛安或謀克。猛安者，千夫長也；謀克者，百夫長也。部卒之數，初無定制。」又說：「金興用兵如神，戰勝攻取，無敵當世。曾未十年，遂定大業。原其成功之速，俗本鷙勁，人多沈雄；兄弟子侄，才皆良將；部落保伍，技皆銳兵。將勇而志一，兵精而力齊。一旦奮起，變弱爲强，以寡制衆，用是道也。」阿骨打卽與他的兄弟吳乞買（金太宗、一一二三～一一三五）利用這股新興精銳的武力，打垮了遼朝，擊潰了文物興盛的北宋。吳乞買天會時期（一一二三～一一三五）俘獲遼主天祚（一一一五），攻陷東京，擄走徽欽二帝（一一二七），把帝國的疆域，從哈爾濱擴張到淮水流域。女眞族在文化方面，較北宋落後，所以初期尙不敢直接統治中原（特別是黃河以南），乃利用漢奸張邦昌、劉豫，實行了爲期十一年（一一二七～一一三七）的間接統治。因爲要穩定黃河以北，鞏固東北（舊日的遼朝）基地，乃選用遼宋降臣韓企先、時立愛、宇文虛中、蔡松年等，採行漢地文化，革新國內政治。所以天會時期對女眞建國說，是一個轉變的時代。當時內地漢文化傳播東北已久，勢力雄厚。而圍繞在新興女眞領導集團左右，向他們貫輸漢文化的，約有三個集團。㈠是久已接受漢文化的契丹人、渤海人；如耶律余覩、蕭仲恭、高慶裔諸人。㈡契丹系的漢人；如劉彥宗、韓企先、時立愛、韓昉諸人。㈢北宋系的漢人；如宇文虛中、蔡松年等。凡女眞人北討南征的嚮導、通事（翻譯官）、打前鋒的將領，大多數都是久已漢化的渤海人與契丹人。凡協助女眞人留守大本營，秉承女眞人意旨，治理新得地區的官吏等，多爲契丹系漢人。這些人既是東北及燕雲地區的土著，自有廣博的學識、深厚的社會基礎。女眞族在當時接受漢化，遠較契丹人爲易，卽賴有這些人的協助。女眞建國後採行漢化的次第，略述如下：㈠接收遼、宋地區的統治權，不使中斷。逐漸改變女眞舊有的部落統治，使成農業社會的「官吏統治」。並在女眞部落推行教育、救濟、勸農、考課制度，使人民生活日趨進步。㈡漢官制的採用。阿骨打初定燕京（一一二三）用漢官爲宰相，始置中書省樞密院於廣寧府（今北鎭縣），太宗初移於平州（今盧龍縣）。及蔡靖以燕山府投降（一一二五），因又移置於燕京。凡漢地選授官吏，調發租稅，漢宰相時立愛、劉彥宗、韓企先輩皆承制行之。「斜也、宗幹當國，勸太宗改女眞舊法，用漢官制度。天會四年（一一二六）始改定官制，立尙書省以下諸司府，以韓企先爲尙書右丞相，損益舊章，議禮樂制度。企先博通經史，知前代掌故，或因或革，咸取折衷。」（以上金史七十八，韓企先傳）又曰：「企先爲相，每欲爲官擇人，專以培植獎勵後進爲己責任。推轂士類，甄別人物，……世稱賢相。」大定十一年（一一七一）圖功臣像於衍慶宮。世宗曰：「丞相韓企先，本朝典章制度，多出斯人之手。至於關決大政，與大臣謀議，不使外人知之，由是無人能知其功。前後漢人宰相無能及者。」㈢北宋圖書文物的北遷。金史（二十八）禮志：「金人之入汴也，時（北）宋承平日久，典章禮樂粲然備具。金人既悉收其圖籍，載其車輅、法物、儀仗而北，時方事軍旅，未遑講也。」「皇統間熙宗巡幸析津（北平），始乘金輅、導儀衞、陳鼓吹，其觀聽赫然一新，而宗社廟會之禮，亦次第舉行矣。」同上（卷七十）宗憲傳：「宗翰（粘罕）弟也，兼通契丹漢字，未冠，從宗翰伐宋。汴京破，衆人爭趨府庫取財物。宗憲獨載圖書以歸。朝廷議制度禮樂，往往因仍遼舊。宗憲曰：方今奄有遼宋，當遠引前古，因時制宜，成一代之法，何乃近取遼人制度哉！」可知他主張直接學習宋人。（姚從吾）

五代十國

唐亡後，五代相繼。與五代並存者，前後尙有十國，史家稱之爲「五代十國」。

五代謂梁、唐、晉、漢、周，因前有蕭衍所建之梁、李淵所建之唐、司馬炎所建之晉、劉邦所建之漢、姬發所建之周，故史稱後梁、後唐、後晉、後漢、後周，合稱後五代。以別於梁、陳、齊、周、隋之五代。

梁太祖朱溫，宋州碭山午溝里人。初從黃巢爲寇，後降唐，天子賜名全忠。至天祐元年（九〇四）弒唐昭宗。四年（九〇七）四月十八日篡唐自立，改名晃。乾化二年（九一二）六月五日，爲其子郢王友珪所弒，在位六年。末帝友貞爲太祖第三子（此從歐史，五代會要作四子），討殺友珪而卽位汴州。龍德三年（九二三）十月八日唐兵入汴，爲皇甫麟所弒，在位十年，梁亡。

唐莊宗李存勗，爲沙陀李克用之子，唐天祐二十年（九二三）卽帝位魏，同年滅梁。同光四年（九二六）四月一日，爲伶人郭從謙所弒，在位三年。明宗李嗣源，世本夷狄無姓氏，父霓，生子邈佶烈，爲太祖李克用養子。同光四年奉命討趙在禮，軍變，與在禮合，遇莊宗被弒，遂竊大位，是爲明宗。長興四年崩，在位八年。子從厚立，是爲愍帝。在位五月，爲明宗養子從珂所弒。廢帝從珂，本姓王氏，在位二年，爲晉所滅。

晉高祖石敬瑭，其父臬捩鷄，出於西夷，其姓石氏，不知其得姓之始。石敬瑭以見疑於廢帝從珂，結契丹以立，在位七年卒，出帝石重貴繼位。重貴爲高祖兄敬儒之子，在位六年，爲契丹所滅，帝北遷。

後晉開運四年（九四七）二月十五日，晉將沙陀人劉知遠卽位太原，是爲漢高祖。三月，契丹北走，六月入汴。在位一年卒，子承祐嗣，是爲隱帝。在位三年，爲郭允明所弒。

周太祖郭威，邢州堯山人，篡漢自立。在位三年卒，養子柴榮繼位，是爲周世宗。在位六年卒。子恭帝立，次年正月，遜位於宋。

國名	建國者	傳位	享國年數	亡併
吳越	錢鏐	子元瓘、孫佐、倧、俶	八十六年	西元九七八年獻地於宋
吳	楊行密	子渥、隆演、溥	四十六年	九三七年禪位權臣李昪
南唐	李昪	子景、孫煜	三十九年	九七五年亡於宋
荊南（又名南平）	高季興	子從誨、孫保融、保勗、曾孫繼冲	五十七年	九六三年降宋
楚	馬殷	子希聲、希範、希廣	二十五年	九五一年降於南唐
前蜀	王建	子衍	三十五年	九二五年滅於後唐
後蜀	孟知祥	子昶	四十年	九六四年滅於宋
閩	王潮	弟審知、審知子延翰、延鈞、延鏻子昶、再傳審知少子延曦、延政	五十三年	滅於南唐
南漢	劉隱	弟龑、龑子玢、晟、孫鋹	二十七年	九七一年爲宋所滅
北漢	劉旻	子承鈞、孫繼恩、繼元	二十九年	九七九年滅於宋

（王吉林）

五胡亂華

西晉惠帝末年，胡族大舉叛亂，史家名之曰五胡亂華。五胡所指，一爲匈奴，二爲羯，乃匈奴別部，號羯胡，三爲鮮卑，四爲氐，五爲羌，此卽當時胡族之主要種類。然胡禍之滋生，實早萌於漢世。緣漢世納降胡於邊地，及中國衰亂，胡人漸入於內地，復用之爲兵，是以其勢愈强。漢末，中原多故，抃割西陲，邊衞之區，已無可恃。曹魏之時，西南禦蜀，東南防吳，連年爭戰，無力外顧。晉承魏敝，志在息兵，裁撤州郡武備，大郡但置武吏百人，小郡五十人，有兵者唯諸王國。然惠帝以後，十餘年間，諸王相互攻殺，未有間息，國力方耗於內戰，而巴氐李氏始倡亂於成都。惠帝光熙元年（三〇六），李雄稱帝，國號成，據有梁、益、寧三州。懷帝永嘉二年（三〇八），匈奴五部大都督劉淵稱帝，國號漢，並自離石左國城徙都平陽，橫行於冀、青、司、豫、徐、兗諸州。四年（三一〇），淵死，劉聰自立爲帝。五年（三一一），石勒大破晉軍，將士十餘萬，無一得免，王公大臣，悉數被俘，劉聰遂乘勢陷洛陽，懷帝被擄。七年（三一三），懷帝遇害，秦王業卽帝位於長安，改元建興，是爲愍帝。四年（三一六），劉聰族子劉曜攻長安，愍帝出降，次年遇害，西晉亡。而琅邪王睿卽帝位於建業，改元太興，是爲東晉元帝。元帝旣立國江東，北方遂成五胡之世界。太興元年（三一八），劉聰死，靳準盡滅劉氏，時劉曜在長安，石勒在襄國，聞訊均發兵討準，而準已爲部下所殺，曜於東行途中稱帝，次年（三一九）還都於長安，改國號爲趙，是爲前趙。而羯人石勒，亦卽趙王位於襄國。成帝咸和三年（三二八），石勒擒劉曜殺之，五年（三三〇），勒稱帝，國號仍用趙，史稱後趙。八年（三三三）勒死，而國內大亂，遼東鮮卑慕容氏乘機向南發展。穆帝永和八年（三五二）冬，慕容儁卽帝位，國號燕，史稱前燕，遷都於鄴，據有遼東及關東。同年，氐人苻健亦稱帝於長安，國號秦，是爲前秦，定有關中。十一年（三五五），苻健死，子生繼立，升平元年（三五七），苻堅弒生自立，委政漢人王猛，東滅燕，西滅涼，北滅代，而統一北方。猛死，堅大舉南侵，孝武帝太元八年（三八三）十一月，淝水之戰，秦軍大敗，堅單騎逃歸，而國內胡族，遂紛紛乘機獨立，北方又復陷於分立。此後三年，北方興起者，有羌人姚萇之後秦，鮮卑人慕容垂之後燕，慕容冲之西燕，乞伏國仁之西秦，拓跋珪之北魏，及氐人呂光之後涼。而五胡先後所建，凡一十六國。（何啓民）

元祐更化

元豐八年（一〇八五）三月，宋神宗崩，第六子煦立，是爲哲宗，時年十歲。以神宗母宣仁太后高氏臨朝，尊爲太皇太后。五月，以蔡確、韓縝爲左右僕射兼門下中書侍郎，章惇知樞密院事。時司馬光罷官居洛陽已十五年，起知陳州，加守門下侍郎。光個性倔强，力主廢新法，與侍讀呂公著聯成一氣，先佈置臺諫，用爲政爭之爪牙。七月，呂公著加尙書左丞，與光相表裏，盡力抨擊新政，首罷保甲法。十月，罷方田法。十二月，罷市易法，保馬法，神宗朝推行之新政，次第被廢。

元祐元年（一〇八六）閏二月，司諫王覿上疏，謂今執政八人，而姦邪居半，使一二元老，何以行其志哉？因極論蔡確、章惇、韓縝、張璪朋邪害正。覿爲呂公著，范純仁所荐者。孫覺、劉摯、蘇轍、王巖叟、朱光庭，上官均等，亦連章論蔡確罪，五月之間，凡十七次，遂罷確出知陳州。以司馬光爲尚書左僕射兼門下侍郎，呂公著爲門下侍郎，李清臣，呂大防爲尚書左右丞。章惇與光爭辯免役法於太后簾前，太后怒，劉摯等望光意旨，交章攻擊，前後凡十四次，遂黜惇。朱熹曾論云：「溫公論役法疏略，悉爲章子厚所駁，只一向罷逐，不問所論是非，都是太峻急。」是光之志在爭政權，而非在是非。蔡、章既被逐，舊黨穩握政權之願已償。安然進知樞密院，以范純仁同知樞密院事。罷青苗法。三月，罷兵役法。韓縝於蔡、章罷黜兩月，自知不免，暴蔡、章謀誣東朝以自解，但劉摯等論縝才鄙望輕，不可使居相位，前後被攻十七次，遂罷，以呂公著繼之。五月，以韓維爲門下侍郎。六月，貶竄呂惠卿。九月，司馬光卒。光執政之初，嘗謂：「爲今之計，莫若擇新法之便民益國者存之，病民傷國者悉去之。」及大權在握，孤行己意，將新法全盤罷廢。士大夫聞朝廷更化，詔訪言利害者以千百數，豫光之言者，光喜而荐之，黨羽遂布列朝廷，聲勢洶洶，務以推翻新法爲事。然則更化之結果，新法既盡情破壞，施政亦未愜人意，故蘇軾云：「使光無恙，至今見其法稍弊，則更之久矣。」

司馬光既卒，黨爭仍烈。元祐二年（一〇八七）正月，禁科舉用王(安石)氏經義、字說。七月，罷門下侍郎韓維。元祐三年（一〇八八）四月，以呂公著爲司空、同平章軍國事，與文彥博皆位處宰相上。呂大防、范純仁爲尚書左右僕射兼門下中書侍郎。元祐四年（一〇八九）二月，呂公著卒。劉安世爲右正言，與梁燾等劾蔡確，確被貶，右諫議大夫范祖禹且主更重竄。簾前再議，執政將謀誅確，文彥博欲貶確嶺嶠。責確新州安置，時在五月。范純仁言於太后：「聖朝宜務寬厚，不可以語言文字之間，曖昧不明之語誅竄大臣。今舉動宜爲將來法，此事甚不可開端也。」不聽，確遂死於竄所。元祐新舊黨之爭比諸熙寧，完全變質，誣罔陷害，羣趨於下流。是以元祐諸人，以權力在握，肆意排斥，罔恤後患，氣燄熾張，迫人太甚，厥後紹聖復以此爲藉口，使舊黨之臣皆受其報，無由自取。邵伯溫原同情元祐黨人者，惟嘗言：「劉摯、梁燾、王巖叟，劉安世忠直有餘，然疾惡已甚，不知國體，以貽後日縉紳之禍，不能無過也。」可謂知言。

不久，舊黨內部派系分裂，有洛黨、朔黨、蜀黨之別，皆以臺諫分子爲中堅。洛黨以程頤爲首、朱光庭、賈易等爲羽翼，其政見頗與王安石相近，皆主復古，宗周禮，以崇高理想徹底改革，對元祐排斥新政，並不完全贊同。朔黨爲北方正統派，在學術上，洛黨爲經術派，朔黨則爲史學派，後人稱爲元祐之學者即以資治通鑑爲主之學，故重經驗，主實事求是，逐步改革，以劉摯、梁燾、王巖叟、劉安世爲領袖，羽翼尤衆，多爲司馬光子弟，元祐力反熙豐之政，大部分由朔黨主持，操之亦嚴烈，洛朔二黨之政治思想，本不相近，但因反對熙豐新政，遂聯合一致。蜀黨即西南派，習黃老思想，挾縱橫之術，尚權謀機變，態度多謠，意見無定，又好講文學，其學術渲染極濃厚之釋老色彩，在思想上與洛黨相反。以蘇軾爲領袖，呂陶等爲羽翼。反對熙豐變法之初，蜀朔兩黨早相結合，及元祐力廢新政，蜀黨則又徘徊於洛朔兩黨之間，以利害爲重。三黨既鼎立，互相猜忌。是時，熙豐用事之臣，退休散地，怨入骨髓，陰伺閒隙，元祐黨人不悟，各爲朋比，以相訾議，遂授人以報復之機會。呂大防，劉摯患之，欲稍引用，用平夙怨，以蘇轍反對而止。

朱熹謂：「元祐諸賢議論，大率凡事有據見定底意思，蓋矯熙豐之失，而不知其墮於因循。既有箇天下，兵須練，弊須用革，事須用整頓，爲何一切不得爲。」元祐諸臣諱言理財以詆熙豐，是以財政窮匱，最難解決。要言之，元祐更化，不過是一種虛聲，原非其實，而所見者，財用不足，官冗太濫，朋黨內鬨，乃至治何紛議，何曾有治績可言？

元祐八年（一〇九三）九月，太皇太后高氏崩，十月哲宗親政，改元紹聖，殿中御史揚畏叛呂大防，稱述熙豐政事，與王安石學術，崇奉如教主，哲宗信之，以章惇爲尚書左僕射兼門下侍郎，凡元祐所革，皆復之，自是政局一變，史稱「紹述之政。」（參考劉伯驥：宋代政教史上篇第二章，方豪：宋史第八章。）（程光裕）

元豐官制

宋爲强幹弱枝，防止臣下擅權，其官制雖仍唐舊而徒存其名，宰相不專任三省長官，三省列曹諸司類以他官主判，雖有正官，非別敕不治本司事，故中書令、侍中、尙書不預朝政，侍郎、給事不領省職，諫議無言責，起居不記注，司諫、正言亦不任諫諍，居其官不知其職者十常八九，而造成官制之紊亂。

宋代官人之法，有官有職有差遣，官復有正官、散官、檢校官之別。官以寓祿秩，敘位著，職以待文學之選，而別爲差遣以治內外之事，故時人以登台閣升禁從爲顯宦，以差遣要劇爲貴途，而不以官之遲速爲榮滯。如蘇軾以朝奉郎端明殿學士知定州，朝奉郎，散官也；端明殿學士，職也；知定州，差遣也。時人稱蘇學士而不稱蘇朝奉，蓋時人以職爲榮而不以官爲重。又王安石以吏部尚書觀文殿大學士知江寧府，吏部尚書，正官也；觀文殿大學士，職也；知江寧府，差遣也。差遣罷而官職尚存，職落而官如故。神宗元豐三年（一〇八〇），以官制紊亂，下詔釐訂，至六年（一〇八三）而新官制成，史稱元豐官制。元豐官制雜取唐宋以來官號，自開府儀同三司、特進以下至將仕郎，定爲二十四階，以階易官，以正百官本職。如舊制以左右僕射爲宰相，而以同平章事爲宰相之位，元豐官制易左右僕射爲特進，改同平章事爲左右僕射以正宰相之位，宋代官制至是始納正軌。（林瑞翰）

中統至元之治

元世祖忽必烈是成吉思汗的第四子拖雷的兒子，十三世紀蒙古帝國的第五任大汗。他的哥哥元憲宗於西元一二五九年死在四川合州的釣魚城，諸皇弟忽必烈與阿里不哥擁兵爭立。忽必烈因於一二六〇年陰曆三月，即位於開平（今多倫附近），五月建元中統。又五年（一二六四）八月，阿里不哥歸降，忽必烈因大赦天下，改元至元；又三十一年（一二九四）方死，壽八十歲（一二一五～一二九四）。中統至元時代，即是忽必烈在位的時代。這三十五年不但是忽必烈所建元朝的黃金時代，也是蒙古族以邊疆王國統一全中國成功的時代，史稱「中統至元之治」。我們用簡要的方法，略述忽必烈在這一時期內，有關政治、文化的重要設施。

㈠忽必烈對於安定中原與統一中國的努力——元史世祖本紀（卷四至十七），對於忽必烈安定中原與統一中國所作的種種努力，有極詳盡的報導。這裏選最重要者若干節，作爲他在中統至元時代如何統一中國成功的說明。⑴「帝（忽必烈）仁明英睿，尤善撫下。」「歲甲辰（一二四四）帝在潛邸，思大有爲於天下，延藩府舊臣及四方文學之士，問以治道。」⑵「歲辛亥（一二五一）六月，憲宗即位，同母弟惟帝最長且賢，因盡屬以漠南漢地軍國庶事。」「邢州荅剌罕言於帝曰：『邢吾分地也，受封之初，民萬餘戶。今日減月削，統七百戶耳；宜選良吏撫循之。』帝即承制以脫兀脫及張耕爲安撫使，劉肅爲商榷使，邢乃大治。」（以上元史卷四）。⑶至元十二年（一二七五）「五月詔諭參知政事高達曰：『昔我國家出征所獲城邑，未嘗置兵戍守，以此連年征伐不息。夫爭國家者，爭取土地人民耳。得地無民，其誰與居？今欲保守（江南）新附城壁，使百姓安業力農，蒙古人未之知也，爾熟知其事！宜加勉旃！湖南州郡未歸服者何以招懷？生民何以安業？聽汝爲之！』」（元史卷八）。⑷至元三十一年（一二九四）「正月癸酉（二十二日）帝崩於紫檀殿，壽八十。」「世祖度量弘廣，知人善任使。信用儒術，用能以夏變夷，立經陳紀，所以爲一代之制者，規模宏遠矣」（以上元史卷十七）。從第一節我們可以知道忽必烈英明愛人，他所思大有爲於天下，以及禮賢下士，問以治道，實在說即是如何安定中原，與如何治理中國。第二，他是蒙古帝國皇室第三代中，最肯用心替帝國作事與解決問題的人。一旦他的哥哥蒙哥汗即位大汗，知道他一向留心中原問題，即盡屬以漠南漢地軍國庶事。這正是他努力研究的結果。第三，蒙古是一二一五年即佔領燕京的，但因爲蒙古人不知如何治理漢地，所以人民逃散，新制度不能建立。邢州用蒙古人爲首長，漢人掌實權，用漢法治理，即可大治。這一實例，證明忽必烈安定漢地是有實際經驗的。第四，至於他對高達所說的話，也就是他統一中國成功的主要原因。忽必烈安定中原用的是兩元政治；至於他的統一中國，如何安定南方，所用的則是擇人委任統治。第五，是對於忽必烈中統至元之治的總批評。就大體說，忽必烈時代在政治與文化方面的種種設施，是相當成功的。

㈡中統至元時期的重要設施——忽必烈當政的中統至元時期，武功文治，均有可觀。武功除一二八一年征日本，大軍爲颱風所毀；一二八二年征安南，未竟全功以外，餘如平內亂（一二六四年平阿里不哥等）、滅南宋、兵入杭州（一二七六）、宋帝投降，均甚爲成功。元朝初建，規模宏遠，就制度設施說，約可歸爲三類。㈠沿襲蒙古舊制，改良擴大而成一種新的制度者：⑴立站赤，廣驛傳。站赤制度創立於太宗窩闊台時代，事見元朝秘史第二百七十九等節。忽必烈時代修理官道、種植樹木、增設驛站，遍於全國。當時經常有健馬二十萬匹，供各路驛站使用。⑵尊國師，容異教。忽必烈因襲蒙古傳統觀念，視佛教如手掌，各教派如手之有五指，故特別優待佛教，尊八思巴等爲帝師。但對其他宗教，也都允許流行。⑶建兩都，時巡狩。忽必烈初以上都（多倫附近）爲朝會塞外各部的國都。後又改建燕京尊爲大都，西文稱爲「汗拔力可」（大汗城）。他本人夏秋駐上都，冬春駐大都。每年清明前後赴上都，至中秋過後卽返北平。忽必烈以後，元朝各帝，都遵行勿替。(4)盛朝會，隆國宴。就中乍馬宴、質孫服（一色服）宴等尤爲有名。㈡採行漢唐成法，隨時加以變通者：(1)建國號，稱大元。至元八年（一二七一）十一月下詔，建國號曰大元，蓋取易經大哉乾元之義。我國各朝國號，大都因地得名，漢、唐、宋是如此，卽遼與金（因金河產金得名）也不例外。惟獨元朝，是採用抽象的「大哉乾元」的元字，似於地名無關。但仔細推究，「元」卽是「玄」、「大元」仍有「北方帝國」的意譯。這些也可以窺見當年漢地儒者與忽必烈委曲求全的苦心。(2)立行省，定政區。我國疆域廣大，政區劃分，頗不統一。忽必烈設立行省，歷明及淸，至今沿用未革。(3)行鈔法，定幣制。爲我國採行信用貨幣的創始。當時財經專家如阿合馬、桑哥、盧世榮等漢人目爲奸臣，實在有些人都是理財的能手。(4)廣常平，備旱潦。這是北宋王安石新法的一部分，豐年收買民穀，儲存公倉；荒年賤價出售，或散給災民。(5)廣運河，助海漕。將隋唐以來的運河工程，加以擴大改善，以增進南米北運的效率。同時忽必烈又開鑿惠通河，總長一百六十里，既興水利，復便漕運，由郭守敬等主之。配合海上運輸，實爲一代良法。(6)定律令，頒條格。元初未有法守，百司斷理訟獄，沿用金律，頗失嚴苛。右丞何榮祖習律令，輯「至元新格」，忽必烈稱善，頒行天下。(7)建太廟，隆祀典。蒙古舊無墳墓，也沒有太廟；祭享祖宗，奠獻馬重，由巫致祝。忽必烈首建太廟，初爲七室，後又增爲八室，配享功臣，獻享燒飯，兼採國俗。

㈢新建設而有近代科學意義者──(1)探尋河源。至元十七年（一二八〇）命招討都實佩金虎符率領一考察團，沿黃河西行，尋求河源。閱四閱月，始達星宿海，得知黃河全長九千餘里。並圖寫城傳位置以聞。翰林學士潘昂霄、臨川朱思本，各撰河源志敘述調查實況，舊元史改爲「河源附錄」，載入卷六十三地理志中。(2)倡導海運。重用朱淸、張瑄等，對於海上交通的知識與經驗，加以沿用，創建平底船，開通海運，南米得供北人食用，使大都與上都集中人口，備具近代都市的雛形。運米最多時，每年逾三百餘萬石。民無輓輸之勞，國有儲蓄之富。（詳見元史卷九十三食貨志及大元海運記。）(3)頒行新曆。採用阿拉伯人的算法，命郭守敬等創製授時曆，頒行全國，以利農時。(4)擴大世界交通。這一點尤爲元代史的特色。曾引起近六十年來中外學者的注意，而有多種精密的有關中西交通史的研究公布於世。（姚從吾）

中興四鎭

靖康之難，北宋滅亡，金立傀儡政權張邦昌，以治黃河以南之佔領區，實行以漢治漢政策。金兵退後，由於人心思趙，遂促使高宗卽位於南京，而建立了南宋。南宋之立破壞了金之以漢治漢陰謀，復加高宗卽位後之南遷避敵政策，予金以鼓勵，認中原可以再取，於是宋金間之戰火就再度點燃。

南宋初立，由於國力不足及主和論之得勢，對金之戰，總是勝少敗多，故金人兵力曾一度渡江，迫使高宗亡命海上。後由於韓世忠黃天蕩之役，以八千之兵抗拒金人十萬之衆，並迫使兀朮狼狽北歸，從此金人不敢再言渡江，而宋金之戰場也就局限於江淮之間，南宋偏安之局，於此奠定。

由於江淮間之長期戰爭，造成赤地千里，盜賊叢生，南宋在新敗之餘，固無力控制，而金也因人力限制，無法完全掌握，所以這一個區域就成爲眞空地帶。生存在這眞空地帶內者，固然有些是毀家紓難的忠義之士，但大多數還是一些打家刼舍的盜賊，其力量大者十數萬，小者數千人，他們介於宋金之間，而形成了舉足輕重不可忽視的力量。南宋爲了安撫這些力量，使他們在宋金之戰中，發生助力作用，於是才有高宗建興四年（西元一一三〇）建藩之議。首倡此議者爲范宗尹，政府採納了他的建議，於江淮之間，也就是沿著宋金交界線上，設立了二十幾個鎭撫使，給與他們絕對權力，並許世襲，用之以作爲宋對金之第一道防線。但政府對於他們並沒有足夠的信心，這是由於大多數鎭撫使多爲盜賊及土豪出身，與其說鎭撫使之設置其目的是爲了捍衛邊疆，還不如說是一種羈縻作用來得更爲洽當，所以在這種顧慮下，南宋就不得不在設置鎭撫使之同時，而在其後方另設第二道防線，那就是所謂沿江三大帥。以長江天險作爲第二道防線，任命呂頤浩爲建康府路安撫大使，朱勝非爲江州路安撫大使，劉元世爲浙西路安撫大使。沿江三大帥之設，不僅作爲抗金之第二道防線，同時也兼具防範鎭撫使之作用。

南宋初期雖沒有兩道防線以抗金，但這兩道防線都沒有發生多大作用：第一道防線上之鎭撫使，有的因自相火拼而呑併，有的因投奔金齊而棄鎭，有的因抗拒朝命而伏誅，有的因作戰而陣亡，所以到高宗紹興五年（一一三五）時，鎮撫使制度已經名存而實亡，政府也就不得不宣佈將此種制度如以廢除，於是南宋抗金之第一道防線，也就蕩然無存。第二道防線上之安撫大使，除劉先世外，其他二位皆為文臣，不僅不知兵，而其轄下也無兵，所以第二道防線也是空有其名，而於南宋抗金之防務上也沒有發生具體作用。

在鎮撫使制度廢除後，而沿江三大帥又未發生作用時，代之而起的，是一些真正擁有兵權之武將。他們出身行伍，富有戰鬥經驗，對於安內攘外都有積極的貢獻。對內平定了多如牛毛之盜賊，對外阻擋了金人之南侵。南宋國祚能夠偏安江左一百五十二年，這些武將具有不可泯滅之貢獻，那就是中興四鎮。

所謂中興四鎮，就是四個軍區，軍區統帥名為宣撫使，他們是張俊、韓世忠、劉光世、岳飛。其力量之形成，是在對內剿平盜匪，對外抗金之不斷戰役中而逐漸發展起來的。當鎮撫使廢除，而沿江三大帥又無力承擔南宋之防務時，四鎮之力量也就發展而成，這些握有重兵之武將，就自然而然的填補了鎮撫使及沿江三大帥所遺留之防區，而承擔起安內攘外的任務。

他們的防區，自東而西，分佈於宋金交界區，構成了一道堅強的防線。兩浙路由張俊鎮守，淮南東路是韓世忠的轄區，劉光世控制著淮南西路及江南東路（紹興七年劉光世被罷後，其淮南西路防區由張俊填補），岳飛則佔據荊湖北路及京西路。在名義上，他們雖接受中央的控制，但實際上，在轄區內，他們都具有絕對的權勢，包括任免官吏的人事權，戰陣征伐的軍事權，治理地方的行政權及征收賦稅的財政權。其權力之大，威望之尊，有如一個小朝廷，頗似唐末五代之藩鎮。尤有甚者，其轄下兵力，每一鎮皆超過中央，以紹興五年為例，當時全國總兵力二十萬人，而四鎮控制者，計張俊五萬，韓世忠五萬，劉光世五萬，岳飛三萬，共十八萬人，占全國總兵力十分之九。

這種强大之兵力及絕對的權勢，在以中央集權為基本國策之宋代來說，實是反常現象，而這種反常現象，也只有在內亂與外患雙重壓力下，才能出現，也才容許存在，當內亂與外患壓力消失後，政府對於這種反常現象，是無法容忍的，所以四鎮雖在安內攘外及維持南宋偏安的局面上有過巨大的貢獻，但最後仍然逃不脫被罷廢之命運。四鎮首先被罷者為劉光世，在紹興七年；到紹興十一年，宋金和議成立時，張俊、韓世忠、岳飛也同時被罷。其中以岳飛反對和議最力，他不僅被罷，而且還惹來殺身之禍。因此有人謂，紹興十一年之宋金和議，南宋急於求和，如其說是為了在外面終止宋金兩國間之長期戰爭，還不如說為了集中力量在內部對付四鎮來的更為洽當。

總之，四鎮是在宋金之戰中而產生，在宋金之和下而罷廢，四鎮對於安內攘外都有過巨大的貢獻，南宋能夠中興及偏安，四鎮之力應居首功，但因其存在與發展，有背宋代中央集權之基本國策，所以最後仍然無法逃脫被罷廢之命運。（石文濟）

公田法

南宋後期，豪民官吏占田往往過限，而官戶例不納稅，使國庫損失不少收入，也頓使民戶中中下之家增加很多負擔。其時，養兵之費日益加多，而兵食則仰於和糴，和糴本是官民交易，因為政府沒有錢，就降一些官誥和度牒，大量發行會子，民戶所支出的是實物，而所得的是廢紙，所蒙受的損失極大。李道傳因大旱而應詔言事說：「楮幣之換，官民如仇，鈔法之行，商賈疑怨。」所以如何免和糴，救楮幣，乃是南宋後期的重大課題。

早在寧宗嘉定間，學者葉適首倡贍軍買田說，理宗初，王邁和孫夢觀等皆主張限田，用以杜絕兼并之弊，然皆未見諸實行。到淳祐六年（西元一二四六），殿中侍御史謝方叔上奏：「豪强兼并之患至今日而極，非限民名田有所不可，是亦救世道之微權也。國朝駐蹕錢塘百有二十餘年矣，外之境土日荒，內之生齒日繁，權勢之家日盛，兼并之習日滋，百姓日貧，經制日壞，上下煎迫，若有不可為之勢。……今百姓膏腴皆歸貴勢之家，租米有及百萬石者。小民百畝之田，頻年差充保役，官吏誅求百端，……小民田日減而保役不休，大官田日增而保役不及，以此弱之肉，為彼强之食，兼并浸盛，民無以遂其生。……去年諫官嘗以限田為說，朝廷付之悠悠，不知今日國用邊餉皆仰和糴，然權勢多田之家，和糴不容以加之，保役不容以及之，敵人睥睨於外，盜賊窺伺於內，居此之時，與其多田厚貲不可長保，曷若捐金助國共紓目前，在轉移而開導之耳！」此奏上於景定公田法之前十四年，賈似道推行公田法，直接受此奏的影響。

景定中（一二六〇—一二六四），賈似道當國，甚受僻倖，因鑑於「國計困於造楮，富民困於和糴，」請行公田法，以謀富國强兵。「時劉良貴為都漕，繼尹天府，吳勢卿餉浙東，入為浙漕，遂交贊公田之事。」四年二月，殿中侍御史陳堯道、右正言曹孝慶、監察御史虞虙及張晞顏均迎合似道意，共同上奏說：「夫三邊列屯，非食不飽，諸路和糴，非楮不行，既未免於廩兵，則和糴所宜廣圖，既不免於和糴，則楮幣未容縮造。」請「買官戶逾限之田，嚴歸併飛走之弊，回買公田，可得一千萬畝，則每歲六七百萬石之入，其於軍餉，沛然有餘。可免和糴，可以餉軍，可以住造紙弊，可平物價，可安富室。一事行而五利興，實爲無窮之利。」理宗即予批准，先在浙西實行。

其回買之法如下：

畝起租滿石者償二百貫，九斗者償一百八十貫，八斗者償一百六十貫，七斗者償一百四十貫，六斗者償一百二十貫。

五千畝者償錢比例爲銀半分，官誥五分，度牒二分，會子二分半，五千畝以下千畝以上，以銀半分，官誥三分，度牒二分，會子三分半。千畝以下百畝以上，度牒會子各半。五百畝至三百畝，全用會子。

當時官誥定價：將仕郎一千楮，登仕郎三千楮，校尉一萬楮，承信郎一萬五千楮，承節郎三萬楮，孺人二千楮，安人四千楮。承租滿石者償錢二百貫，乃是指十七界會，以五兌一，折合十八界新會四十貫，又每貫兌換銅錢僅二百五十文，尚不易兌換到；銀價每兩十七界會七千五百貫，折十八界會一千五百貫，承租滿石者爲上等田，市價已達新會一千餘貫，而政府的償錢曾不及二十五分之一。幾等於白沒。而且會子貶值，物價飛躍，所得官誥多不能出售，吏又恣爲操切，浙中大擾，民戶破家失業者日多，於是公田法徹底失敗。其失敗原因約有三端：

(一)派買不當：本來是以官品逾限回買三之一，既而轉爲派買之說，有司以多買爲功，雖百畝之家亦不免。包恢到平江府督買田，至以肉刑從事。

(二)償錢有名無實：會子官誥度牒固等於白紙，所謂銀半分者亦不是眞償銀子，而是給銀關子，一種新楮券，一兩當十八界會三貫，同屬一張空紙。如至順鎭江志所謂「照每畝該價二百貫，則是用半幅之綾可換百姓田七百五十畝，永令抱納公租七百五十石。

(三)未能抑富濟貧：初行公田，意在抑富濟貧，而實行後，却令賣田之主，包佃輸租，輸納不敷，責令鄉役陪塡，結果十家九破。

因此，朝臣如馬光祖、王應麟、高斯得、留夢炎等均上章痛斥。王安石行青苗法，尚招致正人反對，似道行公田，爲害比青苗大得多，況似道人望道德遠不及安石，故知公田之實行，徒爲國斂怨，焉得不敗！

到德祐元年（一二七五），賈似道罷相，恭帝接納陳宜中等之建議，詔罷公田，給還原主，但已回天乏術，第二年，元兵攻陷臨安，宋朝便亡了。（參考宋史李道傳等人傳，宋季三朝政要，周密齊東野語，至順鎭江志等。）（王德毅）。

牛李黨爭

唐代經安史之亂以後，帝國已呈現衰微，外而軍閥割據，內而朋黨相爭，以牛僧孺爲首的牛黨與以李德裕爲首的李黨，互相衝突，此起彼落，歷憲、穆、敬、文、武五朝，至宣宗始告終，前後達四十年之久，人才飽受摧殘，小人因之得志，唐代後期政治乃益形黑暗。

自兩晉、南北朝以來，世族政治已牢不可破，唐初仍沿襲此一傳統，在政治上與社會上山東世族隱然有左右之力。世族有優美門風，有傳統家學，不願與諸生同試進士科。然唐代又重科舉，自高宗武則天以後，進士科出身之士大夫逐漸充斥於政壇。此輩新貴往往僅有浮名而無實學，走門路通關節之士往往而有，尤爲山東舊世族所不齒。惟進士乃由公開考試而錄取，爲入仕正途，士人乃趨之若鶩，政治上漸得優勢。與世族對立之形勢亦日益明朗，遂形成穆宗以後四十年的牛李黨爭。

李德裕，趙郡人，自少力學，精研漢書及左氏春秋，祖父栖筠，代宗時爲御史大夫，名重當時。父吉甫，憲宗元和中爲丞相，時牛僧孺與李宗閔同舉進士，又同應賢良方正能直言極諫科，二人對策時痛詆時政之失，吉甫爲之蒙不白之寃，遂泣訴於帝，致使考策官皆放貶，自此結下仇怨。故德裕自少即恥與諸生同鄉賦，尤惡進士出身者。穆宗長慶元年（八二一）禮部侍郎錢徽知貢舉，李宗閔私下請託，新唐書卷一七四宗閔傳曰：「李德裕、李紳、元稹在翰林，有寵於帝，共白徽納干丐，取士不以實，宗閔坐貶劍州刺史，由是嫌忌顯結，樹黨相磨軋，凡四十年，縉紳之禍不能解。」而貢舉所造成座主與門生之師生關係，更爲朋黨張目。李德裕與鄭覃皆痛惡進士，成爲牛僧孺與李宗閔排抑之對象，兩黨互不相容，一黨取得政權，即將異黨黨魁及其所親善者逐之於外，不問是非，亦不擇手段，朝中士大夫非牛即李，幾不能置身於局外。直至宣宗即位後，兩黨傾軋方漸告平息。

綜而論之，牛黨偏重科舉，李黨偏重門第，但彼此間互受影響。陳寅恪先生述此黨爭獲得三點結論：㈠牛李兩黨之對立，其根本在兩晉北朝以來山東士族與唐高宗武則天之後由進士詞科進用之新興階級，兩者互不相容。㈡凡山東舊族挺身而出，與新興階級作殊死鬬者，必其人之家族尙能保持舊有之特長。亦有雖號爲山東舊族，而門風廢替，家學衰落，則爲新興階級所同化。㈢凡牛黨或新興階級所自稱之門閥多不可信，其放浪形骸不重禮法之習尙，尤爲山東舊族所鄙薄。二黨此起彼落，更迭排抑，對唐代後期政治社會影響至鉅。（參考「新唐書」卷一七四及一八〇牛李等傳，陳寅恪「唐代政治史述論稿」中篇政治革命與黨派分野）（王德毅）

太學三舍法

三舍法是宋代太學的特點。所謂三舍，卽外舍、內舍及上舍。學生初入爲外舍，由外舍升內舍，由內舍升上舍。日人宮崎市定以今日大學之豫科、本科及研究所三階段喻之，似亦恰當。

按宋仁宗慶曆四年（西元一〇四四）太學建立之初，內舍生二百員，享受公費。神宗熙寧元年（一〇六八）於內舍生外，增上舍生一百人，連同外舍生六百人，共計九百人。學生人數增多，待遇上不及以前的好，「每人只月支錢三百文添廚，其餘自備。」到了元豐二年（一〇七九）立三舍法，養士以二千四百人爲額，上舍一百人，內舍三百人，外舍二千人。

三舍法是當時興學的大法，凡四百一十條，其主要精神是學生升舍，須憑其品學成績，不失爲選拔人才的一法。王應麟玉海卷一一二，元豐太學三舍法條：「入學試而後月一私試。歲一公試，補內舍生。間歲又一試，補上舍生。月書行藝。（以帥教不戾規矩爲行，治經程文各格爲藝。）外舍生入第一二等，參以行藝，升內舍；內舍生入優平二等，參以行藝，升上舍。三等俱優爲上，一優一平爲中；俱中，若一優一否爲下。（上等以官，中等免禮部試，下等免解。）以升補人行藝進退計人數多寡爲學官之殿最賞罰。」學生成績的優劣且爲考核太學學官之根據，乃責成學官努力教導，其法可稱詳備。

哲宗卽位，高太后聽政，一度廢止三舍法。哲宗親政，又告恢復，並於元符元年（一〇九八）更治天下州郡學校都仿太學三舍法。徽宗崇寧三年（一一〇四）罷科擧，人才純由太學出，迄至宣和四年（一一二二）止。因此太學學生名額，有外舍三千，內舍六百，上舍二百之議。爲宋代太學學生人數最多的時期。

南宋太學仍推行三舍法，馬端臨文獻通考卷四十六：「三舍舊法，凡四百十條，紹興重修，視元豐尤密。諸齋長諭（當作諭），月書學生行藝於籍，每季終論可選者，考於學諭。十日考於學錄，二十日考於學正，三十日考於博士，四十日考於長貳，歲終校定。」以太學來取才養士的政策，自北宋而南宋，是一貫地推行的。

宋代太學很注重學生學業成績的考核，因之考試及作業都很頻仍。旬有課，月有試。此外，尙有公試（學年考試）及舍試（卒業考試）等。公試是一年一度，爲外舍生陞進之階。舍試分內舍試、上舍試兩種。每兩年擧行一次。監試官由朝廷派遣，考試科目包括經義、詩賦及策論等。內舍試的錄取標準，是十人中取三人。舍試成績的計算分爲優平兩等，以十分爲率，優等八分以上，平等六分。內舍試爲升入上舍之階。上舍試每在秋季擧行，以就試終場人數十人取三人。其中又分上等上舍、中等上舍與下等上舍三種。卽居下等上舍，也有出仕的機會。如居上等上舍，則先授以京官，旋任學官，不數年，便可作監司郡守。這是宋代科擧制度以外的選舍制，以爲拔擢人才的一途。（參考宋晞撰「宋代太學的取才與養士」）。（宋　晞）

方臘之亂

方臘爲睦州青溪縣（今浙江省淳安縣）人，遠在唐永徽中，睦州女子陳碩眞造反，自稱文佳皇帝，相傳其地有天子基萬年樓，對臘頗有鼓舞作用，遂託摩尼教以資號召，倡妖言以惑衆。青溪有梓桐、幫源諸峒，均在山谷幽險處。是時，江浙之民多受朱勔花石綱之困擾，怨聲載道，臘因而招納貧乏遊手之徒，嘯聚爲亂。宣和二年（一一二〇）十月起事，自號聖公，建元永樂，設官吏，置將帥，而以布飾別高下，妄稱妖幻，以結黨羽。臘放縱其徒，分道剽刼，所過之處，焚燒居室，擄掠子女玉帛，誘脅良民爲兵，時江浙安於太平者近兩百年，百姓但聞金鼓之聲，無不歛手聽命，所以臘能於旬日之間，聚衆至數萬人。十一月，陷青溪；十二月，又陷睦、歙二州。繼之南陷衢州，殺知州事彭汝方；北陷新城、桐廬、富陽諸縣，進迫杭州，又陷之，縱火燒官廳民房，死者不可勝計。俘獲官吏，以最慘毒之方式殺害之。時王黼專政，一味粉飾太平，匿不奏聞，遂使賊勢坐大。蘭溪、仙居、歸安等地山賊皆響應，東南大震。發運使陳亨伯請調京畿兵平亂，徽宗聞奏大驚，始詔童貫為江淮荊浙等路宣撫使，譚稹為制置使，王稟為統制，前往征討，又徵調陝西等六路漢蕃精兵十五萬：辛興宗、楊惟忠統熙河兵，劉鎮統涇原兵，楊可世、趙明統環慶兵，黃迪統鄜延兵，馬公直統秦鳳兵，冀景統河東兵，劉延慶都統制諸路軍馬。三年正月賊圍秀州，王稟、辛興宗、楊惟忠夾擊之，賊敗。稟等乘勝至錢塘，二月，收復杭州。三月，楊可世、劉鎮克復歙州，稟等亦收復富陽等三縣，進而克復睦州。徽宗又派劉光世、姚平仲各率精兵數千增援，四月，收復衢州、婺州，稟亦於此時收復青溪縣，諸軍合力於四月廿四日至廿六日掃蕩賊穴幫原峒，生擒臘幷其妻孥兄弟偽將相等三十九人，歷時七個月餘之方臘之亂至是勘平。八月廿四日，臘伏誅。（參考宋史卷四六八方臘傳，宋會要稿兵十討叛四。）（王德毅）

玄武門之變

唐高祖武德七年（六二四）以後，全國大致統一，但唐室中央皇位繼承問題，隨之發生。太子建成與次子秦王世民，因爭奪皇位繼承權，造成九年（六二六）「玄武門之變」。事變發動者與勝利者均為世民，因能繼高祖為帝，是為太宗。

高祖與皇后竇氏共生四子，即建成、世民、玄霸、元吉；其中玄霸早死。高祖自太原起兵後，世民屢立戰功，聲勢足以威脅太子，而其本人又確有奪嫡野心。至遲從武德五年（六二二）起，建成即與齊王元吉聯合，與世民對抗，二人一面曲意聯絡高祖妃嬪，取得宮闈奧援；一面擴充私人勢力，建立强大軍隊；因此在雙方鬥爭中，建成最初頗佔優勢。

高祖始終想保全建成，約於七年（六二四）將世民自長安太極宮中遷至長安西郊宏義宮，想以隔離方法消弭諸子間爭端。建成似無殺害世民之意，而欲羈留於京師，逐漸削減其武力，使之無所作為。因此向高祖進言，排除秦府智略之士房玄齡、杜如晦等。世民在京師日益困迫，頗願出居洛陽，經營東方，亦因建成等阻撓，未能如願。最後惟有冒險發動政變，以求一逞。

九年（六二六）六月四日，「玄武門之變」爆發。玄武門為太極宮城北門，乃宮廷衛軍司令部所在地，具有堅强工事與雄厚兵力，而世民又與守將常何等夙有勾結，因此於其地發動政變。三日，世民向高祖密奏建成元吉「淫亂後宮」，並訴說兩人欲相加害。高祖答以次日處理。四日，世民與妻兄長孫無忌及府僚張公謹等九人埋伏於玄武門內，候建成、元吉入朝而突擊之。建成自以隨從兵備甚嚴，而玄武門守將又其舊部，入門後料想無事，因而決定入參。二人入玄武門後始發覺有變，建成首先為世民射死。既而秦府悍將尉遲敬德率騎兵七十人趕來，與世民夾射元吉，元吉亦死。時東宮與齊府衛兵，均在玄武門外，聞變後，由建成僚屬馮立、薛萬徹等率二千人向玄武門進攻，守兵拒戰，宮府軍始終無法攻入。最後尉遲敬德出示建成、元吉頭顱，宮府兵方潰散，勝利全歸世民。

事變後，高祖聽從朝臣蕭瑀、陳叔達勸告，將國務交予世民。三天後，立世民為皇太子。同年八月，高祖傳位於太子，自為太上皇以終其身。

此次事變實為世民一生最艱危的奮鬥，從事變過程中可見其英勇與忍決，但亦留於後世以不良影響。唐代骨肉之變，幾乎無代無之，世民應負首開惡例之責。（傅樂成）

玄學

「玄學」具備二義：

一指魏晉南北朝之學術思想主流而言。

玄即道，亦即天道、地道、與人道。道者，萬物之所然，萬物之所稽。故玄之所求，在天之道，地之道，與人之道，而非天、地、人。玄但論其理，而不必明其事。所求者理，而無關於現實之一切。此即是玄。

玄，包含以下三者：

(一) 書：如易、老、莊。

(二) 注：如易注、老注、莊注。

(三) 論：如才性四本、聲無哀樂。

易、老、莊三書，莫不具備發人深省，復待闡發之有關天道、地道、與人道問題之存在，內容豐富，足供各方所需求之題材。注，自以注此三書為主。論，亦太半從此中出，如周易之互體，老氏之無名，與莊子之逍遙。

而玄不僅在講求天之道、地之道、人之道，或包含書、注、論三者，且藉談論而進行。談論為求理之手段，而求理則為談論之目的。此種談論，世人謂之為談玄。而談玄之本質，則為論難。

故玄之異於前此之學術思想：

（一）其純爲求理而求理，而無關於現實。

（二）其藉談論而產生，而談論之實質在論難。然論難所得之最終之理，只是最勝義，而非理源所歸。

（三）既藉論難以求理，技巧重於內容，故難以產生偉大之思想。

故吾人可得一結論，玄學者，道學也，爲一包含易、老、莊，所謂「三玄」爲中心，而發展之討論天道、地道、與人道之一思想，假論難以爲手段，用以建立宇宙與人生之完整思想體系。

玄學之另一義，爲指專以研討學習「玄」之學校而言。以時代之所需，南朝之劉宋時，始爲創設。文帝元嘉十三年（四三六），何尚之爲丹陽尹，立宅南郭外，置玄學，聚生徒。東海徐秀、廬江何曇、黃回、潁川荀子華，太原孫宗昌、王延秀、魯郡孔惠宣並慕道來遊，謂之南學。是爲私人立玄學之始。其後兩年，卽元嘉十五年（四三八），儒、玄、史、文四學並建，使丹陽尹何尚之立玄學，是爲國立玄學之始。至明帝泰始六年（四七〇），置總明觀，以集學士，或謂之東觀。置東觀祭酒一人，總明訪擧郎二人，儒、玄、文、史四科，科置學士十人，其餘令史以下各有差。載籍未明其設置之時間久暫，亦未及其內容如何，然可知者，卽其時間當甚短暫，而內容則不出吾人前此所云之玄之內涵。

參考何啓民「魏晉思想與談風」（何啓民）

四大汗國

十三世紀東亞蒙古帝國時代的四大汗國，就起源說，大體上是與西元一二二二年以後，成吉思汗西征班師時，指定四子分地相關連的。成吉思汗西征班師的時候，善後工作中有兩件事，值得特別加以注意。卽是：㈠西域新得花剌子模國疆土治理的安排，與㈡四子分地的指定。西域新疆域的治理，原則上一方面採用蒙古制度，在各城市設置達魯花赤，一方面選用西域降臣，如牙剌瓦赤父子馬忽惕等，輔佐耶律阿海、耶律楚材（他在班師一年以後，方復回中土）治理布哈拉、撒馬爾干、玉龍傑赤等城，樹立蒙古帝國的規模。四子分地，也仍是遵循蒙古各有分地的習慣，把全國疆土，作一概括性的分配。簡單的說：(1)四子拖雷本蒙古幼子守業的習慣，獲得三河源頭與蒙古舊有的疆域。(2)次子察合台分得西遼全境。(3)三子窩闊台獲得乃蠻舊疆。(4)長子朮赤（元朝秘史作拙赤）則獲得花剌子模、康里、欽察等地。但通常所說的四大汗國，除了欽察汗國、察哈台汗國、窩闊台汗國以外，尙有旭烈兀在波斯所建立的伊耳汗國。就時代說，四子分地的指定在西元一二三三年左右，四大汗國中的伊耳汗國的出現，則遲在西元一二五八年的蒙哥汗時代。

四大汗國的領土及立國年代，略述如下。㈠欽察汗國，一稱金帳汗國。最早受封人雖是成吉思汗的長子朮赤，但欽察汗國的基業則奠定在朮赤的嗣子拔都大王時代。他曾奉窩闊台汗的命令，統率「長子軍」掃蕩南俄，攻入東歐，佔領了匈牙利、波蘭各邦，一二四一年又大敗波蘭與日耳曼聯軍於瓦耳施塔提（Wallstadt，今波蘭上西里西亞（Silisia）利格尼茲（Liegnitz）城附近）。一二四二年窩闊台死訊傳到軍中，方撤兵東歸，拔都也回師窩耳迦河，選下游薩萊（Sarai，波斯語意爲宮殿。）爲首都。政治商業一時稱盛，直到一四八〇年方被推翻。欽察汗國的領土，包括俄羅斯的東部、南部、花剌子模全國及康里等地。㈡察哈台汗國。察哈台是成吉思汗的第二個兒子，爲人爽直公正，在當時名位甚高。他雖於一二四三年卽死了，但他的嗣子們仍沿襲父名，稱呼他們的汗國。以阿力麻里爲遊牧政治中心。中間一度曾受制於窩闊台系的海都；到了一三〇一年海都死了，又復獨立。後又分裂，直到一三六五年帖木兒帝國興起始被併吞。他的疆域，極盛時期，幾有全部的中亞細亞，包括東西土耳其斯坦區域內吐魯番、別失八里、阿力麻里、塔里木盆地、布哈剌、撒馬爾干以及阿母河以南巴達哈傷、巴里黑等地。察合台汗國與欽察汗國有一共同特點，卽是大部分仍舊保持遊牧習慣，安居帳篷，不喜城居。㈢窩闊台汗國。窩闊台曾任蒙古大汗，對東方各地的關係自較親密。但是也因此引起蒙古王室的內訌窩闊台系與拖雷系的後人，互爭汗位，歷久不決。海都汗（窩闊台之孫）時代，雄視一隅，曾侵及察哈台汗國，干與內政，至海都死了，方漸式微。他們的疆域，包括乃蠻舊有領土，著名地方如塔爾巴哈台、葉立密、科布多等地區。㈣伊耳汗國。在四大汗國中，建立最晚。開始於旭烈兀西征時的佔領報達，時在一二五八年。都城爲台白利司（Tabnis），一稱波斯的蒙古王朝。一二六五年旭烈兀死，子阿八哈繼立。子孫相沿，直至一三三五年始爲帖木兒帝國所滅。他們的轄區，是波斯王國的舊疆，約當今伊朗、阿富汗等地。（姚從吾）

主客戶

中唐時期戶口，以土客戶對稱，土係土著，客爲客寄，指客籍人戶。晚唐藩鎭勢力日益膨脹，中央權力漸趨薄弱，在社會經濟方面變化頗大。尤以農村形成兩種階級：一爲擁有田土者，一爲無田土者。擁有田土者，除自耕農外，皆以契約雇有若干佃客，代爲耕耘所佔有之耕地。主從關係積久漸密，主戶一名乃應時而生，以主客對稱代替原有的土客對稱。客戶存在，爲宋以前既成的社會現象，宋初，政府對此社會現象予以法制上之承認。根據樂史太平寰宇記記載，宋太宗太平興國至雍熙年間（九七六～九八七）的戶口統計，已有主戶與客戶之分，客戶佔總戶數百分之四一點二。宋眞宗末年，戶部戶口統計，更細分爲主戶戶口與客戶戶口。仁宗、英宗、神宗、哲宗四朝的戶口數統計，有一特點，即凡分別舉出主戶戶數、口數，與客戶戶數、口數年份者，必爲閏年。足見北宋時期非閏年的戶口統計是比較簡括的。（宋　晞）

司馬光與資治通鑑

司馬光（西元一〇一九－一〇八六），字君實，號迂夫，晚號迂叟，世稱涑水先生，陝州夏縣人。父池，是一位以清直仁厚著聞的名臣，持身簡約，光幼承庭訓，不喜華靡，惟好史書，七歲聞讀左氏春秋，即了其大義。光曾患記問不如人，故爲學特用「誦數以貫之，思索以通之」的方法，經籍經熟讀深思之後，便有最多心得。寶元元年（一〇三八）舉進士甲科，籤判武城軍，改知韋城縣事。明年，遷大理評事，爲國子直講，再遷國子寺丞，館閣校勘，同知太常理院，遷殿中丞。嘉祐六年（一〇六一）遷起居舍人，同知諫院。時仁宗無嗣，光上書請立宗室賢者以爲儲貳，遂立英宗。治平初，與議濮王典禮，力持正論。神宗初，官御史中丞，爲翰林學士，以議新法，與王安石不合，力求給一外郡差遣，遂以端明殿學士出知永興軍，旋判西京御史台，退居洛陽，專一修纂資治通鑑，絕口不談政治。如是者十五年，「天下以爲眞宰相，田夫野老皆號爲司馬相公。」哲宗即位，起知陳州，過闕奏事，即拜尚書右僕射兼門下侍郎，悉去新法之不便於民者，居相位八閱月而卒，時元祐元年（一〇八六）九月一日，年六十八。贈太師溫國公，諡文正。

光一生貢獻不在政治，而在史學，資治通鑑一書，乃其半生心力所萃聚之作。進書表說：「臣性識愚魯，學術荒疏，凡百事爲，皆出人下，獨於前史，粗嘗盡心，自幼至老，嗜之不厭。……伏遇英宗皇帝，……思歷覽古事，用恢張大猷，爰詔下臣，俾之編集。……踊躍奉承，惟懼不稱。……臣既無他事，得以研精極慮，窮竭所有，日力不足，繼之以夜，徧閱舊史，旁采小說，簡牘盈積，浩如煙海，抉擿幽隱，校計毫釐。……臣之精力，盡於此書。」其辛勞之程度如此！光退居洛陽，沒有他事，即定下工作計劃，「託范夢得將諸書依年月編次爲草卷，每四丈截爲一卷，自課三日刪一卷，有事故妨廢則追補。」這樣刪過再謄清，謄過復修改成定稿。唐五代距宋最近，事蹟較繁，史料較多，「當時祖禹所修長編蓋六百餘卷，光細刪之，止八十卷。」所以完成的草稿就盈兩屋，黃庭堅看了數百卷，沒有一個草字，這種精勤專一精神，求之中外史家實不多見。

光修通鑑的動機，是由於史記至五代史一千五百卷，文字繁多，「自布衣之士，讀之不遍，況於人主，日有萬機，何暇周覽？」乃立志「刪削冗長，舉撮機要，專取關國家興衰，繫生民休戚，善可爲法，惡可爲戒者，爲編年一書。」專供帝王萬機之餘覽讀之用。遂先完成通志八卷投進，「起周威烈王二十三年，盡秦二世三年，史記之外，參以他書，七國興亡之跡，大略可見。」適英宗雅好稽古，「欲遍觀前世行事得失以爲龜鑑。」看到後極爲讚許，因命光接續纂修，於崇文院置修書局，並命光「自擇館閣英才共修之。」光首薦專精史學的和川令劉恕，英宗許之。又薦趙君錫，其後君錫以父喪不能前來，乃改薦太常博士國子監直講劉攽。到熙寧三年（一〇七〇），又薦前知龍水縣范祖禹。於是光的助手遂得三人：劉恕（道厚）、劉攽（貢父）和范祖禹（純甫），三人都是碩學通儒，光各以其所長分斷代歸屬之，皆天下之選。其分屬則如司馬康司馬光之子所說：「資治通鑑之成書蓋得人焉，史記前後漢則劉貢甫，自三國歷七朝而隋則劉道原，唐迄五代則范純甫。此三公者，天下之豪英也。」全祖望撰通鑑分修諸子考則認爲攽負責漢至隋，祖禹負責唐、恕負責五代。此說不確，蓋攽任助理之日淺，僅負責兩漢，又恕熟於魏晉南北朝，光既然各以其所長屬之，自然將這一段「史事之紛錯難治者」以之屬恕而不以之屬攽。恕著十國紀年，五代史乃其所長，光最初是讓他修五代十國長編，但他遠離書局，難以專其功，而又不幸於元豐元年（一〇七八）去世，未竟之業便落在范祖禹的身上。自書局遷洛，祖禹即追隨光左右，未嘗一日不修書，不僅分修有唐一代，而實爲全局的大助手。故五代長編是先由劉恕創稿，而由祖禹續成。以司馬康與祖禹情深義篤的關係，事多親見，所言唐迄五代則范純甫，諒亦不失爲事實。

光修通鑑方法是「先使僚屬採摭異聞，以年月日爲叢目，叢目既成，乃修長編。」由長編再細刪而成通鑑，其工程甚浩大，所以歷時十九年始完成，通二百九十四卷。又略舉事目，年經國緯，則爲總目三十卷；參考同異，俾歸一途，另作考異三十卷，均開近代史學家著述之先例。通鑑取材宏富，除採正史之外，「其用雜史諸書凡三百二十二家。」多爲今世不傳之書，雖前賢亦曾指摘通鑑中的小錯誤，然從大處看，確實卓絕千古。而且此書影響後世史學最大，南宋李燾續資治通鑑長編和李心傳建炎以來繫年要錄，義例都是遵循光所創立。袁樞因通鑑而成紀事本末，又爲中國史學獨創新格，則光的史學地位不待言而可知了。（參考宋史司馬光傳，司馬文正公集，高似孫緯略，馬端臨文獻通考。）（王德毅）

世族與門閥

「世家」言累世爲宦之家族，「門閥」謂壟斷重要官職之家族，二者所指，同爲一事，與其相近之詞語，尙有「世族」「世胄」「勢家」「勢族」「士族」「華族」「著姓」等。此種「世家」或「門閥」之現象，以東漢後最爲盛行，直至晚唐，始稍消滅。

漢行「任子」之制，官宦後裔，皆易出仕；徵辟之制，亦有利于大族，東漢黃琬曾言：「時權富子弟，多以人事得擧。」故鄧禹之後，累世寵貴，一族爲公侯大將軍二千石以上者，逾一百五十人。

魏創九品官人之法，原意以矯漢末濫選之弊，其後復爲權貴把持；故文獻通考謂：「而九品所取，大概多以世家爲主，所謂『上品無寒門、下品無勢族』，故自魏晉以來，仕者多世家。」東晉以後，南北分立，惟門閥現象，幾遍見于歷朝各國。時南方大族，僑姓以王、謝、袁、蕭爲最，吳姓則數顧、陸、朱、張；北方漢姓：關東有崔、盧、鄭、李，關西有韋、裴、柳、薛，鮮卑則有元、長孫、宇文、于、陸、源、竇等。其時門第觀念，深入人心，此乃世家之盛世。

其時，各門閥分踞高位，壟斷威權，不僅寒素之士，望而生畏，即帝王裔胄，亦對之另眼相看。此種風氣，直至隋、唐猶未衰，唐文宗遂有「吾家二百年天子乃不如崔盧」之歎。中唐後牛李黨爭，或謂爲「世家子弟」與「科擧出身者」之衝突。然門第觀念，亦在科擧擢拔平民之潮流中，逐漸消融；而新世家于以後各朝，雖仍興起不絕，然較之魏晉南北朝時，已不可同日而語矣。（孫以繡）

市舶司

市舶司，亦稱提擧市舶司，爲專門負責海外貿易之機構。其長官爲市舶使，亦名提擧市舶。

我國最早設立市舶司於廣州，時在唐代。至宋，除廣州外，又於杭州、明州、上海、泉州、密州板橋鎭及秀州華亭縣等地分別設司；此外，尙有較司次一級之市舶務或市舶場，分設於杭州、明州、秀州華亭縣、青龍鎭、溫州、江陰軍及澉浦等地。元、明沿襲宋制，亦於各重要港口置司以管理舶商。元代分設於泉州、慶元（明州）、上海、澉浦、廣州、杭州、溫州；明代則設於太倉、黃渡、寧波（慶元又曰明州）、泉州、廣州、交趾、雲南等地。清代雖仍沿襲舊制，但改稱海關。

市舶司爲專門負責海外貿易之機構，其職權據宋史職官志謂，係「掌蕃貨海舶征榷貿易之事，以來遠人，通遠物。」如細分之，約爲：(一)接待貢使；(二)招徠外商；(三)檢查舶船；(四)征收關稅；(五)抽買舶貨；(六)出售舶貨；(七)執行海禁；(八)緝防私販；(九)管理國內舶貨交易；(十)管理華商泛海貿易；(十一)監管外商僑居地區；(十二)拯救遇難船舶；(十三)爲商船祈風等項。

市舶司制度，唐肇其端，宋奠其成，元、明沿襲之，故市舶司制度實爲中國海關制度之先聲。（石文濟）

永嘉之亂

晉懷帝永嘉時期（三〇七至三一二），胡族大擧叛亂，主要種類有匈奴、羯、鮮卑、氐、羌五種，史稱「五胡」。都從西漢起，經東漢和三國時代兩三百年間陸續遷入中國。原都降屬中國，中國政府爲便於保護及管理，遷之於邊地。其後，因中國衰亂，漸向內地擴張。到晉初，匈奴散居於今山西省；羯散居於今山西遼縣境；鮮卑分佈於今遼東半島，河北、山西二省北部，以及河套、河西等地區；氐分佈於今甘肅南部及陝南、川北一帶；羌分佈於今甘肅東部及陝西中西部。對晉帝國中心地區洛陽一帶，形成半包圍形勢，予晉室以嚴重威脅。

胡族叛亂，實起於惠帝末年。惠帝即位後，先有賈后亂政，後有諸王稱兵。當晉室集全力於內爭之時，胡族乃乘機脫離中國羈絆。四川氐人以李特等爲首，首先叛變。永興元年（三〇四），特子李雄自稱成都王。光熙元年（三〇六）稱帝，國號成。李氏據有今陝南、四川及雲貴一部地，但因處地較偏，尚未牽動大局。

永興元年（三〇四），亦即李雄稱王同年，匈奴人劉淵叛晉獨立。史家通常以他的起兵爲胡族叛亂的開始。劉淵叛晉後，自稱漢王。至懷帝永嘉二年（三〇八），淵更僭號稱帝，都於平陽（今山西臨汾縣西南）。次年，淵遣子聰等寇洛陽，失利而回。但其將石勒、王彌等，則橫行於冀、青、司、豫、徐、兗諸州，所過殘破。四年（三一〇），淵死，子和繼位。同年，劉聰殺和自立。五年，石勒大破晉軍於苦縣（今河南鹿邑縣東），晉軍將士十餘萬，無一得免，王公大臣，悉數被俘；晉室武力，至此全部喪失。其時洛陽饑困，百官流散，劉聰乘機遣軍攻陷洛陽，懷帝被俘。次年，懷帝遇害，愍帝即位於長安，苦撐危局。建興四年（三一六），劉聰將劉曜圍攻長安，愍帝出降，西晉遂亡。明年，晉宗室琅邪王睿爲臣下擁立爲晉王，既而稱帝，定都建業（今南京），是爲元帝。從此晉室偏安江左，歷祚百餘年，史稱東晉，而北方淪於胡族。

晉室喪失北方與被迫南遷，史書稱爲「五胡亂華」。其後下至南北朝時代，胡族政權始終盤據北方，與南方的漢人政權南北對峙達二百六十餘年。直到隋文帝開皇九年（五八九），中國方再度統一。永嘉之亂爲五胡亂華起點，導致中國境內長時期的分裂戰亂，爲中國中古史上空前大事。（傅樂成）

北魏六鎮

六鎮爲北魏時代重要建置，當時有柔然民族入侵，北魏都大同，自今張家口至河套一線爲最北防線，設六鎮以禦之。後代學者論其地望者多家，就中以沈垚「六鎮釋」最能得其大要。六鎮者當指沃野、懷朔、武川、撫冥、柔玄與懷荒六鎮而言。沃野鎮因地在漢之沃野縣而得名，故城在唐天德軍城北六十里，今烏拉特旗西北，乃六鎮自西而東之第一鎮。懷朔鎮本漢之五原郡，後置爲五原鎮，其後改名懷朔。當在今烏拉特旗東北，即安北、固陽二縣間或稍北地區。武川鎮建置年代不詳，唐元和郡縣志卷四東受降城條云：「武川城，今名黑城，後魏六鎮從西第三鎮，在（振武）軍北三百里。」即今歸綏縣北之武川縣東北。撫冥鎮在武川鎮之東，當在今綏遠之陶林縣或稍西地區。柔玄鎮在漢且如縣之北，即今綏遠興和縣之北，亦即察哈爾省正黃旗東南。懷荒鎮之地望在柔玄之東，當在今萬全以北之張北縣附近。諸鎮之建置皆在太武帝時代，前後凡歷九十二年（西元四三三～五二四）而廢。（宋 晞）

西夏興亡

西夏姓拓跋，本黨項羌。唐僖宗時，其平夏部酋拓跋思恭爲夏州刺史，討黃巢有功，授定難軍節度使，統有銀、夏、綏、宥、靜五州之地，賜姓李。思恭再傳至彝昌，梁開平中，爲部將高宗益所害，將士擁立彝昌族叔李仁福，仁福五傳至繼捧，當宋太平興國七年（九八二），繼捧率族人入朝，並以所統諸州之地歸宋，宋授繼捧彰德軍節度使以寵之。繼捧族弟繼遷出奔地斤澤，號召夏人拒宋，襲據銀川，屢爲邊患，宋軍討之不能克，宋復以繼捧爲定難軍節度使，賜姓名趙保忠，使撫繼遷，授繼遷銀川觀察使，賜姓名趙保吉，既而繼遷復誘繼捧叛宋，宋發兵討之，擒繼捧，繼遷降遼，遼聖宗妻以義成公主，封夏國王，改封西平王，繼遷乃倚遼爲援，侵擾宋邊。宋眞宗時，繼遷盡復銀、夏、綏、宥、靜五州之地，又西陷靈州以爲都，號西平府。宋咸平五年（一〇〇二），繼遷率軍攻吐蕃六谷部酋潘羅支，攻陷其都西涼府，羅支僞降，糾合部衆攻其不備，繼遷大敗，中流矢，返至靈州而卒。宋景德元年（一〇〇四），繼遷子德明嗣。德明在位三十年，兼受宋、遼二朝册封，宋封爲西平王，遼封爲大夏國王，而德明實自帝其國，徙都興州，號興慶府。德明子元昊復西擊吐蕃、回鶻，取甘、涼二州，二州素產名馬，於是國勢益强。德明卒，子元昊嗣。宋仁宗寶元元年（一〇三八），元昊即帝位於興州，國號大夏，史稱西夏。西夏前此無文字，元昊首仿漢字自製西夏文字，敎國人記事，又譯孝經、爾雅、四書爲西夏文以倡文敎，粗備立國規模。時西夏兵力約五十餘萬，元昊常自將其精銳以從征伐，西擊回鶻，東侵宋境，宋以夏竦、范雍、夏守贇經略陝西，皆無功，乃起用韓琦、范仲淹，以韓琦爲陝西經略安撫招討使，仲淹副之。韓琦主出擊，宋慶曆元年（一〇四一），韓琦集兵數萬以付大將任福，深入進討，至好水川，爲夏軍所乘，死者萬餘人，任福戰歿。於是韓琦用仲淹議，爲清野固本困敵之計，故夏軍雖數勝而終不能大得志，宋慶曆四年，和議遂成，宋歲賜夏銀、茶、絹各二十五萬五千，夏則對宋稱臣，受宋册封爲夏國王。是歲，遼興宗以元昊納遼邊部叛亡，自將伐夏，深入夏境四百里。遼先嘗儲芻粟於邊以備冬，元昊密遣人焚之，及遼軍出，夏軍清野燒荒，後退百里，度遼軍飢困，急薄遼軍，遼軍大敗，死者不可勝計，遼興宗從數騎走，元昊縱之而去。宋慶曆八年（一〇四八），元昊殂，謚曰景宗。子諒祚立，復稱臣於遼。宋英宗治平四年（一〇六七），諒祚殂，謚曰毅宗，子秉常立。自諒祚以來，宋、夏仍交兵不已。宋神宗元豐四年（一〇八一），宋軍大舉七道伐夏，衆數十萬，夏堅壁清野，縱其深入，聚勁旅於靈、夏而遣輕騎抄絕其餽運，宋軍乏食，攻靈州不克，遂大潰，死者數十萬。次年，宋復於銀、夏、宥三州界築堅堡，號銀川砦，夏集軍三十萬攻陷之，殺宋將徐禧，宋士卒役夫死者二十餘萬。宋哲宗元祐元年（一〇八六），秉常殂，謚曰惠宗，子乾順立。宋元符二年（一〇九九），和議再成，然夏仍寇邊不已。宋紹聖三年（一〇九六），夏軍入鄜延，屠金明砦而去。宋徽宗政和五年（一一一五），宋遣劉法、劉仲武將兵二十萬分二道伐夏，敗夏軍於古骨龍，夏亦以數萬騎攻略蕭關。翌年，宋復遣劉法、劉仲武將兵十萬攻夏仁多泉城而屠之，种師道將兵十萬攻克夏臧底河城，夏軍亦大舉入涇原，屠清夏城。宋宣和七年（一一二五），宋復遣劉法將兵伐夏，宋軍潰於盍朱峗，死者十萬，劉法戰歿。金興，夏仍稱臣於金。宋高宗紹興九年（一一三九），乾順殂，謚曰崇宗，子仁孝嗣。宋光宗紹熙四年（一一九三），仁孝殂，謚曰仁宗，子純佑嗣，是爲桓宗。宋寧宗開禧二年（一二〇六）仁孝從子鎭夷郡王安全廢純佑自立。宋嘉定四年（一二一一），安全殂，謚曰襄宗，宗室遵頊嗣。宋嘉定十六年（一二二三），遵頊傳位於子德旺。宋理宗寶慶三年春（一二二六），遵頊殂，謚曰神宗。其秋，德旺殂，謚曰獻宗，從子晛立。宋寶慶三年，爲蒙古所滅。（林瑞翰）

西遼興亡

西遼建國者耶律大石，爲遼太祖耶律阿保機八代孫，通遼漢文字，善騎射，登遼天慶五年（一一一五）進士，累官翰林承旨，歷祥、泰二州刺史、遼興軍節度使。遼保大二年（一一二二），金兵日逼，遼主天祚避兵入夾山，大石與諸大臣立秦晉國王耶律淳爲帝，淳死，復立其妻德妃蕭氏爲太后。金兵入燕京，大石與德妃奔夾山歸天祚，天祚誅德妃而赦大石，大石不自安，遼保大三年七月，大石率衆西走，收兵得萬餘人，次年二月，自立爲王，改元延慶，史稱西遼，即宋宣和六年也。於是假道回鶻，西至尋思干，破西域諸國聯軍十萬衆，駐軍尋思干凡九十日，又西至超兒漫，即皇帝位，號葛兒汗，百官復上漢尊號曰天祐皇帝。既而班師東歸，建都城於虎思斡耳朵，改元康國。其國延袤萬里，地多平野，宜農桑，盛產葡萄，夏秋無雨，皆疏河以灌溉。大石在位凡二十年而殂，是爲西遼德宗。大石子夷列年幼，皇后塔不煙稱制，改元咸清，號感天皇后。塔不煙在位七年而殂，夷列嗣立，改元始興。夷列在位十三年而殂，是爲西遼仁宗。夷列子幼，夷列妹普速完稱制，改元崇福，號承天太后。普速完與駙馬蕭朵魯弟朴古只沙里通而殺蕭朵魯，普速完在位十四年，爲蕭朵魯父斡里剌所殺。夷列子直魯古立，改元天禧。直魯古末年，乃蠻太陽汗爲蒙古成吉思汗鐵木眞所破，太陽汗子屈出律亡入西遼，直魯古妻之以女，委以國政，屈出律因收集殘部，陰謀復國。直魯古即位第三十四年，即宋寧宗嘉定四年，屈出律乘直魯古秋獵，以伏兵八千擒之而據其位，遂滅西遼。西遼自耶律大石建國稱號，至是歷祚凡八十八年而亡。（林瑞翰）

交子會子

宋眞宗時，張詠鎭蜀，患蜀人鐵錢重，不便貿易，仿唐飛錢創爲紙幣質劑之法，一交一緡，以三年爲一界，界滿則兌換現金或新幣，每貫付息三十文，謂之交子。初責富民十六戶立之，其後富民貲稍衰，不能收兌，仁宗以後，改爲官營，禁民私造，每界發行以一百二十五萬六千三百四十緡爲額，幣值自一貫至十貫。交子初行於四川，繼推行於西北。哲宗紹聖以後，頗增發交子以助邊費，徽宗大觀元年（一一〇七），發行額增至每界二千六百萬緡，幣值日落，一貫僅值百文，十貫值一千一百文至九百文，制度於是大壞。南宋孝宗乾道二年（一一六六），復於兩淮發行交子，以三百萬緡爲額，幣值分二百、三百、五百、一貫四等，仍以三年爲界。光宗紹熙以後，發行日增而本錢不足，稱提無術，但屢與展界而已，其值日損。

會子初亦民營，其性質與交子同。高宗紹興三十年（一一六〇）收歸官營，禁民私造，號曰官會，初行於兩浙，後通行於淮、浙、湖北、京西等路。會子幣值分一貫、二貫、三貫三等，後增發二百文、三百文及五百文三種。官會初行時無兌界，孝宗乾道四年（一一六八），始詔以三年爲一界，每界發行以一千萬緡爲額，隨界造新換舊。其後發行漸增，寧宗慶元元年（一一九五）詔每界以三千萬緡爲額，至理宗紹定五年（一二三二）發行額高達三億二千九百餘萬緡，有出無收，幣值大貶，幾同廢紙。（林瑞翰）

安史之亂

安史之亂乃唐玄宗末年由胡族藩鎭將領發動的大規模叛亂，爆發於天寶十四載（七五五），戰事連亙八年，爲唐史上劃時代大事。叛亂由范陽、平盧、河東三鎭節度使安祿山與其部將史思明發動，安爲西域人與突厥人混合種，史則突厥人。

安祿山於天寶初年，因受玄宗親信，兼任三鎭節度使。時値李林甫擅權，政治日壞，因而漸萌異志，竭力擴軍，以便待時而起。十一載（七五二），李林甫死，楊國忠繼任宰相，祿山輕視國忠，反謀益亟，終於十四載（七五五）十一月突然起兵，發兵十五萬自范陽（今河北大興縣）南下。

祿山起兵後，黃河以北州縣，望風瓦解。唐室以封常淸赴洛陽等備戰守，並任郭子儀爲朔方節度使，率兵由北邊東征。又以榮王琬爲元帥，以名將高仙芝爲副，統軍自京師出東潼關。旣而叛軍渡河南下，封常淸連戰皆敗，與高仙芝退保潼關，暫時扼止叛軍攻勢。十五載（七五六）正月，安祿山在洛陽自稱大燕皇帝。時唐將郭子儀、李光弼等，連獲勝利，黃河以北失地，幾於全復。祿山歸路斷絕，軍心大爲動搖。唐軍於潼關原採堅守戰略，至此楊國忠屢催守將哥舒翰出戰（封高二將已爲監軍宦官害死），翰不得已從命，六月，大敗於靈寶（今河南靈寶縣），潼關因而失守。玄宗聞訊幸蜀，並命太子前往朔方軍總部所在地的靈武（今寧夏靈武縣），籌劃反攻。同年七月，太子卽皇帝位，是爲肅宗，並改元至德。

肅宗卽位後不久，河北諸郡爲史思明所陷，情勢極危。至德二載（七五七）正月，祿山爲其子慶緒刺殺於洛陽，帝位也爲慶緒所得。二月，唐以郭子儀爲統帥，連同回紇援兵，乘時反攻。九月，唐軍克長安，十月，克洛陽。安慶緒逃至鄴（今河南臨漳縣西），史思明亦投降唐室。三載（七五八），郭子儀等九節度使圍安慶緒於鄴。時史思明又叛，於次年三月率軍自河北南下，大敗唐師於鄴城以南，並殺慶緒而自立爲帝。九月，思明乘勝攻陷洛陽。李光弼屯軍河陽（今河南孟縣），與思明相持年餘。上元二年（七六一），思明大敗光弼，聲勢益盛，但不久爲其子朝義刺殺。朝義統帥無方，叛軍氣燄大衰。寶應元年（七六二），代宗立，命僕固懷恩統兵討朝義，克復洛陽。朝義北逃，懷恩追之，河北各地叛軍紛紛歸降。廣德元年（七六三），朝義被殺，亂事始平。

安史之亂雖定，但其直接間接所遺留若干困難癥結，諸如藩鎭跋扈，宦官盜柄，帝國東北國防線之喪失，均使唐室始終無法解決；不特促進唐帝國衰落與亂亡，若干方面且影響唐以後數百年政局。（傅樂成）

竹林七賢

魏晉之時，有以下七人：

阮籍：字嗣宗，陳留尉氏人。瑀子。少年浸潤於儒學，旣撰通易論，後遂改轍，著通老、達莊兩論，調和儒道，所以明處世之道。爲太傅（司馬懿）及大將軍（司馬師）從事中郎，參與廢立之謀。高貴鄉公卽位，封關內侯，從散騎常侍。又求爲東平太守、步兵校尉。名譽旣高，位復淸貴，海內嚮往。而其所以示人者，則不遵禮法，而動亂官箴。

阮咸：字仲容，籍兄熙之子。家貧，而先世尙道業。善解音聲。以行爲不檢，故魏末沉淪閭巷，晉咸寧中，始登仕途。

王戎：字濬仲，琅邪臨沂人。渾子。嗣爵貞陵亭侯。少年見賞於阮籍、嵇康。二十二歲以後，辟相國掾，歷黃門郎、散騎常侍、河東太守。晉初，爲荆州刺史，遷豫州，加建威將軍，預伐吳之役，領軍出武昌，因功進爵安豐縣侯。歷光祿勳、吏部尙書、太子太傅、中書令、尙書左僕射，轉司徒、尙書令。位尊爵顯，而官事不理，威儀不脩，好貨而儉嗇，大異於幼初，或所以爲處世之道也。

劉伶：字伯倫，沛國人。形貌醜陋，土木形骸。肆意放蕩，自得一時。假酒以逃世，故沉湎於酒，並撰酒德頌，以見酒爲用之大。嘗與阮籍共醉於步兵厨中。晉初，嘗爲建威參軍。對策，盛言无爲之化，被罷。

嵇康：字叔夜，譙國銍人。少孤，藉母兄鞠育而長成。有儁才，學不師授，博給多聞，偉容色。以魏長樂亭主壻，遷郎中，拜中散大夫。家世儒學，長而好老、莊之業，恬靜無欲，性好服食，常採御上藥，善屬文論，彈琴詠詩，自足於懷抱之中。雖不脩名譽，而名譽自來。以曹爽之事，辭官去。輕時傲世，見惡當道。遂假呂安之事，收錮，於景元中被誅。

向秀：字子期，河內懷人。與嵇康、呂安居止接近，並有不羈之才。注莊、易，又有儒道論，爲世所重。及嵇康被誅，乃應歲舉。附于任愷，隨次轉黃門侍郎，散騎常侍。

山濤：字巨源，河內懷人。早孤而貧，年四十，始爲郡主簿。後因與宣穆后有中表親，見司馬昭，遂舉秀才，數轉至吏部侍郎，吏部尚書、右僕射、至司徒，再居選職，十有餘年，非望路絕。而以度量弘遠，見稱於世。

傳稱七人嘗同居山陽，常集於竹林之下，肆意酣暢，結自得之游，世人謂之竹林七賢。

而七賢之時代，約當西紀之第三世紀。於此一世紀中，就政治而觀之，可謂自劉氏之漢室，而曹氏之魏室，而司馬氏之晉室，世歷三朝，篡代相聞。自學術思想而觀之，時中原一帶，始初儒學之正統地位，已漸爲莊、老所替代。就社會習俗而觀之，亦自風俗極美之東漢，一淪而爲放達淫僻之魏晉，昔日之名教，今則蕩滅。七賢既處此時代與環境中，自不能離世而獨立。就七賢之事蹟與表現考察之，竹林七賢正此一時代之代表性人物也。

參考何啓民「魏晉思想與談風」（何啓民）

印刷術

將文字圖畫製成印版，用色墨連續印成多張之方法，謂之印刷術。印刷術爲我國四大發明（印刷、造紙、羅盤、火藥）之一，其於後世影響頗大。

印刷術之發明與紙之發明有連帶關係。在紙未發明前，我國書籍乃用筆寫在竹帛之上，縑帛太貴，竹簡又重，所以流傳不便。後漢和帝時，宦官蔡倫發明紙。價賤質輕，携帶方便，於著述頗有鼓勵作用，故六朝以後，著作漸豐。著作雖多，但用手鈔寫方法，仍感不便，印刷術的發明乃有其必要。

印刷術之發明，並非一蹴而成，而是由不斷累積之經驗與改變而來。我國秦時已有刻石紀功之事，漢唐則有石經，南朝蕭梁已發明拓碑方法。拓碑與印刷在形式上雖略有不同，但在方法上頗爲近似，對於我國印刷術的發明，必有極大的啓示作用。

我國印刷術發明於何時，尚未尋得正確之年代記載，但就現存史料觀之，我國有印刷品之最早時代當在唐代初期（西元七世紀上半期）。唐馮贄雲仙雜記卷五引僧園逸錄謂玄奘以回鋒紙印普賢像，施於四衆。玄奘生於隋高祖仁壽二年（六〇二），卒於唐高宗麟德元年（六六四）。若此說可靠，則我國有印刷品當在西元七世紀上半期。但此書所記，大多怪誕不經，後人常取懷疑態度。此外，更較可靠之資料爲明邵經邦之弘簡錄，此書記載唐太宗后長孫氏撰有女則十篇，當長孫氏歿後，太宗令將此書梓行以垂後代。長孫皇后歿於貞觀十年（六三六）六月，其所作女則之梓行，應在貞觀十年或稍後，故知唐代初期（西元七世紀上半期），中國印刷術已經流行當無問題，至其發明年代，或更早於此時。

唐朝所刻之書，包括經律、佛像、詩集、曆書、陰陽雜記、占夢、相宅、九宮五緯及字書、小學等，除曆書外，大多爲私人印刷，政府雕印經籍，至五代方開始。

五代馮道雕刻儒家經傳，爲我國歷史上一大事，所刻有易、書、詩、三禮、春秋三傳、孝經、論語、爾雅等十二種。

我國印刷術經過兩百年發展，至宋益加盛行，由少數地域逐漸擴展至全國。宋代除國子監大量雕印書籍外，各地方政府及私人刻書風氣亦頗盛行，如臨安尹氏、建安余氏，以刻書爲業達數百年之久。

宋代不僅刻書業極盛，仁宗慶曆年間畢昇又發明活字印刷術，活字乃用膠泥製成。活字印刷術雖發明於宋，惟當時應用此種方法印書是否普遍，頗值懷疑。

元人入主中國，雖僅九十年，但官私刻書之風不下兩宋，且出現朱墨套印法，使我國印刷術更趨美觀。

明人刻書草率而濫，校勘不精，尤以萬曆至崇禎七十餘年間更甚，故爲後人所詬病。但由印刷術觀點而言，此數十年間亦爲我國雕板印刷最盛之期。量的方面，此期所刻之書，遠逾前代；技術方面，不僅有朱墨二色套印法，且發展至五色套印，爲我國套印術鼎盛之期。此外，書中附有挿圖，亦以此期爲最盛，並臻於最高境界。

活字印刷術至明代方始盛行，明代除用木活字外，更進而用金屬活字，包括銅、鉛活字。

清代印刷術，乃守成時期，僅繼承前人技藝，對印刷術並無改進與貢獻。

我國雕板印刷術，自發明迄今已有一千三百餘年，活字印刷術亦有九百餘年，以往曾有輝煌歷史，表現極高的造詣。此法後來東傳高麗、日本、西至中亞，又輾轉及於歐洲，於世界文化之影響，可謂既深且鉅。當十五世紀中葉，西洋印刷術的始祖約翰谷騰堡（Johnnas Gutenbery）開始製造活字時，我國印刷術早有光榮的成就。（石文濟）

吐蕃（含文成公主）

吐蕃，國名，唐時據有現今西藏，其贊普（卽王）建牙於今之拉薩，系出於西羌族，隋末唐初，兼併諸羌，國勢漸盛。唐太宗時，其贊普（王）名棄宗弄讚，性驍武多英略，遣使入朝，多賫金寶，奉表求婚，太宗以其誠，許以文成公主妻之。棄宗弄讚遣其相祿東贊來獻金寶納聘，並迎公主。太宗令禮部尙書江夏郡王道宗主婚，持節送公主於吐蕃。弄讚親迎於河源，見道宗執子婿之禮甚恭，既而歎大國服飾禮儀之美，俯仰有愧沮之色。及與公主歸國，謂所親曰：我父祖未有通婚上國者，今我得尙大唐公主，爲幸實多，當爲公主築一城以誇示後代。遂築城邑立棟宇以處公主。公主惡其人赭面，弄讚令國中權且罷之，自亦釋氈裘，襲紈綺，漸慕華風。文成公主信仰佛教，贊普受其感化，建立佛寺，並派遣酋豪子弟來長安入國學以習詩書，又請中國識文之人，典其奏疏。當公主之入吐蕃也，帶有釀酒、製陶、育蚕、碾等技術人材。於是國內之文化，遂達於國之西疆——西藏。此外如以地支紀年，以五行紀日，以及測日月蝕之法，皆公主傳入吐蕃者。貞觀末葉，唐使王玄策往西域，爲天竺使掠，吐蕃發精兵助玄策大破天竺。高宗嗣位，授弄讚爲駙馬都尉，西海郡王。高宗永徽元年（六五〇）弄讚卒，其幼孫繼立爲贊普，政權落於其相祿東贊之手。祿東贊死其子欽陵復專國政，發兵攻吐谷渾，唐遣兵往救，不幸挫敗，唐與吐蕃一時失和。武后長安二年（七〇二）吐蕃求和，遣使入朝，則天皇后宴之於麟德殿，明年，又遣使獻馬千匹金二千兩。中宗神龍時，吐蕃贊普（王）棄棣蹜贊遣使來請婚，中宗許以所養雍王宗禮女爲金城公主嫁之。旋棄棣蹜贊遣其大臣來迎公主，中宗宴之於苑內毬場，並命駙馬都尉楊愼交與吐蕃使打毬，賓主各盡歡。中宗命左衞大將軍楊矩爲使以送公主，並親送公主至始平縣，設宴餞別，命群臣賦詩，後改始平縣爲金城縣。公主至吐蕃棄棣蹜贊別築一城以居之。復託鄯州都督楊矩代請以河西、九曲之地爲金城公主湯沐邑，唐允之。九曲之地肥沃，可以屯兵畜牧，於是吐蕃之勢更强。玄宗開元時，吐蕃屢寇邊，唐軍大敗之。其贊普復請和，上表以外甥自稱，辭意誠懇，玄宗許之。約以更不相侵。當金城公主之西入吐蕃也，並携侍女、侍衞，雜以伎藝工匠多人，自此復奏請毛詩、禮記、左傳、文選各一部，玄宗允之。於是中土詩書遂流傳於西疆。玄宗以後，吐蕃對唐，時叛時服，代宗時且一度侵入長安，郭子儀引兵擊之，吐蕃懼而退去。僖宗以後國勢漸衰。宋時，嘗入貢。元中統間，改稱烏斯藏。（李樹桐）

回鶻與唐

回鶻爲鐵勒之一支，舊唐書言之「迴紇，其先匈奴之裔也。」新唐書所言：「回紇，其先匈奴也。」隋書所云：「鐵勒之先，匈奴也。」近人研究，云回紇爲漢時臣屬於匈奴之烏揭，初名「丁零」，後名「高車」，又稱「敕勒」，訛爲「鐵勒」之一小部（參看李符桐「回鶻史」）。實則舊唐書云：「在後魏時，號鐵勒部落，其衆微小，其俗驍强，依託高車，臣屬突厥。」

初，突厥既强，鐵勒諸部分散，有薛延陀、迴紇、都播、骨利幹、多濫葛、同羅、僕固、拔野古、思結、渾、斛薛、結、阿跌、契苾、白習等十五部，皆居磧北，風俗大抵與突厥同。唯丈夫婚畢便就妻家，待產乳男女，然後歸舍；死者埋葬之，此其異也。

回紇等初皆附於突厥，及頡利可汗政衰，薛延陀、回紇、拔野古等相帥叛之。回紇酋長「菩薩」，破突厥之衆十萬，部衆多爲所虜，回紇由是大振。薛延陀又破突厥四「設」，頡利不能制。會大雪，平地深數尺，突厥羊馬多死，人大飢，國勢益衰，部衆離散。薛延陀與回紇遇此良機，始能充分發展。

回紇既敗突厥，附於薛延陀，與諸姓共推薛延陀之俟斤夷男爲可汗，夷男不敢當。時唐太宗方圖突厥，遣喬師望間道册夷男爲眞珠毗伽可汗，夷男大喜。貞觀三年（西元六二九）回紇始來朝，獻方物。

後薛延陀負其强盛，漸不馴服。貞觀十五年（六四一）天子東封，薛延陀趁機發二十萬衆擊突厥阿史那思摩，突厥之衆入長城，保朔州，遣使告急，太宗命李勣、李大亮、張士貴、李襲譽擊敗之。

貞觀十六年（六四二）唐太宗許以新興公主下嫁薛延陀。次年太宗悔婚，其意以爲「今吾絕其婚，殺其禮，雜姓知我棄之，不日將瓜剖之矣，卿曹第志之。」太宗既與薛延陀交惡，貞觀十九年（六四五）十二月己未，薛延陀寇夏州，爲唐將執失思力所敗。二十（六四六）年六月乙亥，唐命江夏王道宗、李勣伐薛延陀，敗之。是時回紇首領菩薩已死，其酋胡祿俟利發吐迷度，與諸部共攻薛延陀，殘之，幷有其他，遂南踰賀蘭山境諸河，遣使者獻款。同年八月己巳，太宗幸靈州。是月，江夏王道宗破薛延陀，原先臣屬於薛延陀之鐵勒諸部回紇、拔野古、同羅、僕骨、多濫葛、思結、阿跌、契苾、跌結、渾、斛薛等十一姓各遣使入貢（此從通鑑）。九月，太宗至靈州，鐵勒諸部俟斤遣使相繼詣靈州者數千人，咸云：「願得天至尊爲奴等天可汗，子子孫孫常爲天至尊奴；死無所恨。」貞觀二十一年（六四七）春正月丙申，詔以回紇部爲瀚海、多濫葛爲燕然、拔野古爲幽陵、僕骨爲金微、同羅爲龜林、思結爲盧山都督府；渾爲皐蘭、斛薛爲高闕、阿跌爲雞田、契苾爲榆溪（新唐書作契苾羽）、思結別部爲蹛林、奚結爲鷄鹿、白霫爲寘顏州，各以其酋長爲都督、刺史，賜以金銀繒帛及錦袍，置燕然都護府以統之。時突厥、薛延陀俱破，北荒悉平，回紇吐迷度已私自稱可汗，官號皆如突厥故事。後吐迷度子孫，相繼領有回紇，至比粟嗣，高宗龍朔中（六六一——六六三），以燕然都護府領有回紇，更號瀚海都護府。武后時，突厥默啜方彊，盡取鐵勒故地。因之回紇與契苾、思結、渾三部度磧徙甘涼間，而唐取其壯騎佐赤水軍。後助唐攻殺默啜，其勢復張。

天寶三載（七四四），回紇助拔悉蜜攻殺突厥烏蘇米施可汗，傳首京師。後三年，又破拔悉密，遣使上狀，自稱「骨咄祿毗伽闕可汗」玄宗以爲奉義王。南居突厥故地，徙牙烏德鞬山、昆河之間。南距西域千七百里，北盡磧口三百里悉有九姓地。九姓爲：藥羅葛、胡咄葛、啒羅勿、貊歌息訖、阿勿嘀、葛薩、斛嗢素、藥勿葛、奚邪勿等。後破有拔悉密、葛邏祿，總十一姓，竝置都督，號十一部落，自是戰常以二客部爲先鋒。

安史亂起，肅宗卽位靈武，回紇遣使來，請助討安祿山。肅宗詔燉煌郡王承寀與之約，而令僕固懷恩送王。回紇葛勒可汗磨延啜喜，以可敦妹爲女妻承寀，遣渠領來請和親。肅宗欲得其用，卽封虜女爲毗伽公主。於是可汗自將，與朔方節度使郭子儀合討同羅諸蕃，破之河上。回紇恃功而驕，帝因册毗伽公主爲王妃，擢承寀宗正卿，可汗亦封承寀爲葉護，賜四節。帝命廣平王見其太子葉護，約爲昆弟，葉護大喜，助收兩京。收復洛陽之時，姦人導之，大掠三日，府庫窮殫。廣平王欲止不可，而耆老以繒錦萬匹賂回紇，止不剽。後又遣使請婚，帝以幼女寧國公主下嫁，册磨延啜爲英武威遠毗伽可汗。

毗伽可汗又爲少子求婚於唐，唐以僕固懷恩女妻之。後立爲牟羽可汗，懷恩女爲可敦。代宗卽位，以史朝義未滅，又遣使請兵回紇爲助，再收東都。然回紇放兵剽掠，人皆遁走聖善、白馬二寺以避之。回紇怒，焚浮屠，殺萬餘人。及僕固懷恩反，誘回紇、吐蕃入寇。懷恩死，二虜爭長。回紇首領旣見郭子儀，願事之，子儀與之誓，約共擊吐蕃。朔方兵馬使白元光合回紇兵，大敗吐蕃。

至德宗朝，李泌又聯回紇、天竺、大食、南詔等以斷吐蕃之助，唐以咸安公主嫁天親可汗。是時可汗上書甚恭，言「昔爲兄弟；今壻，半子也。若患西戎，子請以兵除之。」又請易回紇曰「回鶻」，言捷鷙猶鶻然，唐從之。武宗會昌初（八四一），爲黠戛斯所破，部衆或西竄，或南奔，因而衰落。（王吉林）

宋太宗繼統

宋太祖在位十七年，崩時長子德昭已二十六歲，乃始終未嘗立太子，未嘗封諸子爲王，而特封弟匡義爲晉王。使久尹開封，握畿輔大權。其生平傳位匡義之意，原甚明顯。然李燾續資治通鑑長編記太祖之崩，自注云：「顧命大事也，而實錄及國史皆不能記，可不惜哉！」於此可假定太祖末年有悔傳弟之意，而又見匡義羽翼已成，傳子無望，故於身後寧事緘默不言。則太宗之卽位，並無太祖正式傳授之法令根據，已可確知。然太宗爲繼統事終於造出一名正言順之法令根據，卽所謂「金匱之約」。此事據長編、東都事略、宋史所記略同，謂太祖建隆二年（九六一）六月皇太后疾革，諭太祖應傳位其弟，「能立長君、社稷之福。」太祖命趙普記之，並藏其書於金匱。但此事破綻百出，第一、按杜太后死時，太祖年僅三十五，而皇子德昭年已十一。太祖卒時年五十，德昭已二十六歲。杜太后何能預斷其子甫創帝業，皇孫必不過如柴氏之幼兒。第二、太祖遵母命，立約傳位於其弟，此國家大事，直至太祖死時，太宗不之知，趙普不敢洩，而待太宗卽位三年餘，旣已迫死其侄，又將迫死其弟之際，始顯露於天日。第三、金匱之藏，如其有之，乃太宗合法繼統之唯一證據，趙普爲署名此約之人，而又熱中權勢，何能坐棄此結主之良機？綜上以觀，所謂「金匱之約」乃屬烏有之事。（宋　晞）

宋太祖治績

唐末藩鎭割據，歷經五代長期分裂混戰之後，恢復和平統一，爲當時迫切需求。後周世宗柴榮，正在進行統一事業之際，突然病死。繼承皇位者乃七歲稚童柴宗訓。趙匡胤身爲殿前軍都點檢，把握時機，建立政權，進而統一中國，是爲宋太祖。宋太祖即位之初，注意力集中於削減藩鎮之權力，强化中央集權。其主要內容爲：㈠收兵權。罷除禁軍宿將兵權，又將統領、調遣與指揮大權鼎立，分散統兵將帥之權力。提高禁軍素質，幷整飭軍風紀。在軍力配備上，特別注意「强幹弱枝」與「內外相維」之原則。實施「更戍」法，使兵不知將，將不知兵。㈡收政權。派遣文官代替武人掌握州縣行政。實施三年一任制。又在諸州設通判，分割州官權力。中央政府特設參知政事爲副貳，分奪宰相大權。幷將樞密院改組爲管理全國兵政機構。宰相與樞密使，分持文武二柄，號稱「二府」。官員授受，有官、職與差遣之別，使內外百官治事，名實混淆，官職分離，務使百官不能利用職權，以反抗中央。㈢收財權。整飭地方稅收，州縣全部賦入，除去必要開支外，悉數歸繳中央。中央設三司使，掌理財政大權，地位僅次於宰相。㈣收司法權。從藩鎮手中收回司法權，各州設司法參軍與司寇參軍。中央司法部門，除刑部外，復設大理寺與審刑院，旨在相互制約。爲求政權穩定，更從事改革內政與經濟。就整頓內政言，從減輕刑罰，懲治貪污、與選用人材等三方面着手。就經濟改革言，從減輕賦役與獎勵農業生產等二方面着手。宋太祖爲忙於安內，因此在對外關係上採取守勢。（宋　晞）

宋金和議

靖康之難後，徽欽二帝北狩不反，高宗雖中興於江左，但由於長期積弱，君臣偷安心理，以及對新興起女眞族之恐懼感，南宋在短期內實不能與金兵爭勝負於疆場。尤以建炎三、四年間（一一二九～三〇），金元帥兀朮等帥師渡江，蹂躪江東西、兩浙、湖南諸路州縣，高宗聞風即逃，航海避敵，幸而金兵北歸，始得收拾殘局，逐漸穩定政權。其時，又遭叛將大盜乘機爲亂，高宗君臣乃不得不向金屈膝求和。

高宗自即位後，未嘗一日忘和，每年皆派遣祈請使或通問使往金，但人民多欲攘夷復仇，高宗心中不無顧忌，史稱且守且和，乃其實情。至其抑制輿論全心全力求和，解仇息兵，則始於秦檜自金國南歸。建炎四年（一一三〇）十月，檜還行在，自言殺死金國監視者，奪舟來歸，但朝士多疑其言，及覲見高宗，即倡言「如欲天下無事，須是南自南，北自北。」請求高宗致書金之左監軍昌（撻懶）以謀和好。蓋檜在金曾爲撻懶任用，頗能窺知撻懶之心。高宗讚檜朴忠，檜遂由禮部尙書拜參知政事，再除尙書右僕射同平章事兼知樞密院事，即專主和議，謂：「我有二策可聳動天下。」其二策乃是以河北人還金，中原人還劉豫。不啻承認金人擁立之僞齊，引起朝臣公憤，高宗亦不能不懷疑「檜言南人歸南，北人歸北，朕北人，將安歸？」檜入相一年乃遭罷，制詞有「聳動四方之意，朕心已疑，建明二策之間，爾才可見。」自此，和議稍殺。至紹興七年（一一三七）徽宗及鄭后訃至，高宗派王倫使金奉迎，是冬，劉豫被廢，宋使因乞還河南地及陝西地，八年，秦檜由樞密使除右僕射同平章事，金遣張通古來，許還河南、陝西地及歸還梓宮母后，此時高宗亦堅主和，趙鼎反對和議，帝曰：「今日梓宮太后淵聖皇帝皆未還，不和則無可還之理。」檜度高宗之意，乃力主與金議和。反對者如王庶等皆遭遠斥。時金方主持和議者爲撻懶，次年被主戰派兀朮所除，宋新接受之河南地，亦爲兀朮奪去，和議頓形受挫，迨兀朮南犯，被劉錡擊敗于順昌，金察知宋兵力已非昔比，乃再議和好，而高宗亦恐金立淵聖於汴都，秦檜窺知帝意，每以迎請梓宮母后爲言，遂達成畫淮議和，宋奉表稱臣，每年輸歲幣銀絹各二十五萬兩匹。和議本無可厚非，但秦檜藉此要君，排除異己，對南宋民心士氣影響極大。和議之能達成，朱熹認爲「檜之所以力欲請和者，亦以高宗之意自欲和也。……他當初自虜中來時，已知得虜人厭兵，故這裏迎合高宗之意，那箇又投合虜人之意，……這邊兵勢亦稍稍强，所以他亦欲和。」（朱子語類卷一三三）（參考宋史奸臣傳、金史卷七七，宋中興聖政卷二三，宋宰輔編年錄卷十五，宋史紀事本末秦檜主和等）（王德毅）

宋　瓷

瓷器的發明，導源於陶器。瓷器之名，晉時方見通用。六朝時期（四六一～五五六）南北各地，已有不少瓷窰設立。至唐代，日見興盛。宋代瓷業，繼承唐末五代餘緒，更見發達。瓷窰遍及各地，製作技術，達於高峯，產品以青瓷爲主，爲我國瓷器全盛時代。宋室南渡後，我國北方大部淪於金人之手，瓷業已漸衰退，產品亦不如前。宋代著名瓷窰計有㈠定窰，建於北宋初年，窰址在河北曲陽縣澗磁村。製法承襲唐代邢窰，釉白如粉，故有「粉定」之稱。釉色較黃者，通稱「土定」。㈡鈞窰，亦建於宋初。窰址在河南禹縣西南神垕鎭。最盛時期在北宋末年。㈢汝窰，建於宋徽宗大觀元年（一一〇七），窰址在河南臨汝縣，製品極精，爲宋代青瓷之冠。㈣官窰，有南北宋之別，北宋官窰建於徽宗大觀間，窰址在河南開封縣。南渡後，在臨安鳳凰山下設官窰，因隸屬脩內司，遂名爲「脩內司官窰」。後又在郊壇近處，別立新窰，故稱「郊壇下官窰」。官窰所產青瓷，製作極爲精緻。㈤龍泉窰，建於宋初，窰址在浙江龍泉縣琉田市，至南宋時，大爲發達。產品幷輸往日本、朝鮮、東南亞等地，爲宋瓷外銷最早與最廣者。㈥哥窰與弟窰，皆設於浙江龍泉縣，哥窰產品，皆淺白斷文，號百圾碎，與弟窰產品均極青瑩，純粹無瑕，冠絕當世。此外，尙有磁州窰、耀州窰、建陽窰、吉州窰、麗水窰、廣窰，及景德鎭窰，亦皆有名於時。（宋　晞）

孝文帝漢化

北魏乃鮮卑族拓跋氏，興起漠北，至道武帝拓跋珪始漸次統一北方，建國號爲魏。歷明元、太武、文成、獻文、而至孝文帝。孝文生而喪母，由文明太后躬親撫養，以至成立，文明太后本爲漢人，對孝文後日改革政策與採行漢化具有極大影響。

孝文帝採行漢化是必然的，因爲鮮卑人少，漢人多，以少數民族統治多數民族，非設法溝通彼此感情，協同一致，難以持久，所以必須漢化以謀與漢人合作。況當時有四種客觀的形勢，迫使他朝這一方面努力：一是漢人在政治上勢力逐漸增加；二是中原儒學經術復興；三是拓跋氏宗室腐化，急於追求較高的文化生活享受；四是軍隊戰鬥力漸次喪失。（孫同勛「拓跋氏的漢化」，頁四八至八六）孝文爲達成漢化，表示決心，遂遷都洛陽。徙洛實有極大作用：一、利用漢人伐齊，以謀統一中國，作中國正統皇帝，洛陽不僅爲漢文化中心，更爲統一南北後大帝國理想首都。二、帝國境宇日廣，政事日繁，中央政府維持費用日增，不遷都於漕運便利之處所，帝國政府卽難以支持。所採行的漢化，約有下列九項：

一、改姓氏——改鮮卑姓爲漢姓，如改拓跋爲元。

二、改衣冠——禁胡人衣冠，孝文首先穿漢人帝王衣冠以爲之倡。

三、定官制——倣行南朝官制，去胡人部落習慣，定俸祿及罰章，以懲貪汚。

四、修刑法——以中國固有法律爲標準，重新修訂。

五、定語言——禁說鮮卑話，改用漢語。

六、定氏族——令鮮卑貴族修立譜牒，地位同於中原世族，並奬勵彼此互通婚姻。

七、興學校——設立國子太學及四門小學，有文學者皆得昇進，「於是斯文鬱然，比隆周漢。」（魏書儒林傳序）

八、淸戶口——採中國固有鄰里制度，實行五家一鄰、五鄰一里、五里一黨，設三長制。

九、釐土地——行均田制，以合理分配土地，不使貧者愈貧，富者愈富。

可見孝文漢化政策，規模甚大，且極徹底；雖遭遇鮮卑貴族反對，如元丕父子「改官制服，禁絕舊言，皆所不願。」（魏書卷十四本傳）並未能稍移孝文漢化之決心。其後各項政策次第實行，鮮卑人卽開始腐化，積弱覆亡，皆種因於此。（參考魏書孝文紀，孫同勛「拓跋氏的漢化」見台大文史叢刊）（王德毅）

均田制

均田制開始於北魏孝文帝太和九年（四八五），由北魏拓跋氏入居中原早期的「計口授田」發展而來。據魏書食貨志所載均田制內容，可知所受田有露田、桑田、麻田與住宅田。露田與麻田有還有受，桑田與住宅田則農民可以世代相傳，享有佔有權與使用權。而以露田爲最主要。一夫給予露田四十畝，加上倍田四十畝，共八十畝。八十畝中，二十畝爲桑田，桑田可以買賣。露田與麻田皆須按法還受，不能買賣。北魏開始實行的均田制，北齊、北周都相繼效法。唯北齊取消倍田，一個丁男所受露田八十畝，婦人四十畝。北齊桑田，乃露田以外所加給。如此，北魏、北齊的受田數目卽有不同。如一夫一婦之家，在北魏時計得露田六十畝，倍田六十畝，桑田包括於六十畝倍田之內，共得田一百二十畝。而北齊時可得露田一百二十畝，另加桑田二十畝，共得田一百四十畝。又北魏丁男婦人均可分得麻田，而北齊桑田、麻田只分給丁男，不分給婦人，且桑田、麻田皆爲永業田，不須歸還。北周一般人受田數與北齊相同。隋唐均田制卽承北朝而來，但亦略有改變。如唐代婦人不受田。且取消奴婢與牛的受田。而僧尼、道士、女冠與工商業者，唐代皆可受田。唐代官吏受田，分永業田，職分田，與公廨田，乃繼承隋朝而來。職分田與公廨田並非官吏私田，更代時須交予繼任官吏。唐中葉，尤以安史亂後，均田制已破壞，與均田制相適應的租庸調法，亦無法推行。唐德宗建中元年（七八〇）由楊炎建議，以兩稅法代替租庸調法，即意味着均田制的結束。（宋晞）

金元全眞教

金朝初入中國，中原志士不甘臣事異族，多藉道教立說以自全。其中對我國傳統文化最有貢獻的，當推新道教中的全眞教。教祖爲北宋咸陽的地主王吉喆（一作喆，一一一三～一一七〇）。他家室富豪，痛女眞欺淩，因佯狂出家爲道士，於終南山創道庵居之，置家事不問。正隆四年（一一五九）自言遇二仙人於甘河鎭，以神怪哄動鄉里。後來又隻身遠走山東（約在金世宗大定七年，一一六七年），入寧海州（今牟平縣），隱居崑崙山。郡豪馬鈺等信而師之，從者漸衆。馬鈺外又有邱處機、譚處端、劉處玄、王處一、郝大通、孫不二，最爲有名，世稱七眞人。在山東立三教金蓮會、三教平等會等，勸人誦道德經、孝經、般若心經，云可以修正。實在志欲保全儒、釋、道三教之眞，故名全眞。元虞集在道園學古錄中，曾加解釋說：「昔者汴宋之將亡，而道士家說，詭幻益甚。一二豪傑之士佯狂玩世，志之所存，求返其眞，謂之全眞。」「澗飲谷食，耐苦寒暑以自志於道，頗有所述於世。」全眞教的教義與貢獻，從上邊的引文中，可見大概。

歲己卯（宋嘉定十二年、金興定三年、蒙古太祖十四年、一二一九）西域花剌子模國邊將哈亦兒汗殺害蒙古商隊，刼掠蒙古財貨，成吉思汗聞而大怒，乃率大軍十五萬騎西征。出發以前，因接納鳴鏑專家、養馬、醫士、山東人劉仲祿（名温）的建議，認爲邱處機壽三百歲，知養生之道，應特使徵聘，備大汗諮詢。太祖乃命劉率騎兵二十人，佩虎頭金牌，馳往山東傳旨敦請。邱處機素具救世之心，與劉談後知蒙古大汗意誠，乃選弟子十八人，於庚辰年（一二二〇）陰曆正月北上。二月末抵燕京。太祖再度催行，乃於翌年（一二二一）離燕度野狐嶺，入沙漠。四月抵蒙古斡辰大王（時留守蒙古）帳下，六月過長松嶺，十一月十八日到達西域薩馬爾干，留此過冬。明年（一二二二）三月西至八魯灣行宮，謁見元太祖。大汗慰勞甚殷，首問有何長生方術？長春答：「有長生之道，無長生之藥。」太祖嘉其誠懇，呼爲神仙。十月在雪山行宮講道，每三日一次。太祖先期齋戒、退侍女，於行宮設幄，備庭燎，迎眞人蒞講。十月望日，第一次講道開始，十九日第二次，二十二日第三次。講道時，成吉思汗坐幄帳中，延眞人入，太師阿海、阿里鮮、劉仲祿隨從。眞人坐，餘人侍立。師有所說，即由太師阿海用蒙古語譯奏。第一次是「頗愜聖懷」，第二次是「上大悅」，第三次是「上溫顏以聽」。每講令左右錄之，仍勅誌以漢字，意示不忘。又謂左右曰：「神仙三說養生之道，我甚入心，使勿泄於外。」因爲雪山講道的成功，成吉思汗對長春眞人尊禮備至。於是他改變了當年蒙古人對於長城內漢人輕視不和的態度。這一點關係重大，全眞教的貢獻，也正在於此。現在我們要追問的，就是邱長春在雪山行宮講道時究竟對成吉思汗都說了些甚麼？同時當事人的記載，如李志常的西遊記對講道時的情形，雖已有所說明，但對所講內容，並未透露。耶律楚材的西遊錄則說：「上詔邱公問以長生之道，所對皆平平之語。」又說：「曾言及精神理氣之事」也語焉不詳。現存道藏洞眞部譜錄第七十六册，有「玄風慶會錄」一卷，連序文共十雙葉，約兩千八百餘字。據序文，刊於一二三二年（元太宗五年）。序文說：「是乃邱眞人對上（成吉思汗）傳道的玄言奧旨，上令近侍錄而秘之，歲乃逾旬，傳之於外。」依照西遊記所說，當年原始的記錄，應是「蒙古文，旁邊兼註漢字，或回紇字。」似此，玄風慶會錄應當是全眞教徒事後的追記。錄中所說講道內容如(1)首章說明道之本體，(2)次申明天子有安輯元元的使命，尤應戒色、節慾。(3)帝王皆天人謫降人間，代天行道，行善修福，則昇天時候位尊於昔。這裏申明節慾的妙用，說「服藥千朝，不如獨臥一宵。」(4)引述宋徽宗、金世宗的行事，以說明節慾與不節慾的利弊。(5)曾勸成吉思汗派人撫綏山東、河北，如金朝的委任劉豫，認爲是邊疆民族入主中原後，應採用的良策。玄風慶會錄所說與西遊記、西遊錄所述，彼此大體符合，不相衝突，故錄中所記，大致可信。

全眞教在金元之際（一二一四～一二七一）因爲他們的第二代教主邱處機，曾獲得成吉思汗的尊崇與信任，盛行一時。因之東歸時獲得特權，凡是信奉全眞教，隸屬道觀的人，一律蠲免差發。即是：(一)一律不出賦稅，(二)不應兵役，(三)不剪頭髮。試想當年蒙古騎兵，湧入中原以後，天翻地覆，玉石俱焚。漢地人民，一旦信奉了全眞教，即可免除上述三種苦差，那還了得。自然是人滿道觀，到處都是全眞教徒了。所以元史（二〇二）邱處機本傳說：「由是爲人奴者復得爲良，與瀕死而得更生者，毋慮二三鉅萬人。」金蓮正宗記也說：「

當蒙古銳兵之南來也，玉石俱焚，賢愚並戮。幸賴我長春仙翁，應詔而起。一見而龍顏稍霽，再奏而天意漸回。詔順命者不誅，許降城而免死。四百州半獲安生，數萬里率皆受賜。」金元間有名的詩人元好問，明代博學家王世貞，都曾著文稱贊全眞敎對國家民族與傳統文化的貢獻。（元語見「修武淸眞觀記」，王文見「遊白雲觀記」。）由上述種種事實，我們可以很肯定的說：金元之際（一二一四～一二七一）王重陽、邱處機所領導的全眞敎勢力徧及天下，宮館瑰麗，媲美皇居，繁榮與興盛實與元朝相終始。（姚從吾）

金世宗之文治

金朝第五位皇帝金世宗（在位年代：一一六一～一一八九），是太祖阿骨打第三子宗輔的兒子。母親貞懿皇后李氏出身東京（遼陽）士族，是一位美麗賢德的漢人。因此他幼年時期，受到漢族文化與女眞文化的雙重薰陶。他又身經苦難，利用智謀，得以免除熙宗與海陵二君的疑忌。及至乘時自立，因能勤求治道，留心政事，造成大定三十年間金朝史上的黃金時代。金史（卷八）世宗紀有一段總評，對他推崇備至。「當此之時，群臣守職，上下相安；家給人足，倉廩有餘。刑部歲斷死罪或十七人，或二十人，號稱小堯舜。」堯與舜是我國舊史中文治最理想的時代。「小堯舜」就是具體而微的堯與舜，也就是近於理想君主的意思。金史卷八對於金世宗文治的成績，尙有更具體的說明。原文如下：「蓋自太祖以來（西元一一一五年以後），海內用兵，寧歲無幾。重以海陵無道，賦役繁興，盜賊滿野，兵甲並起，萬姓盻盻，國內騷然。老無留養之丁，幼無顧復之愛。顚危愁困，待盡朝夕。世祖久典外郡，明禍亂之故，知吏治之得失。即位五載，而南北講好，與民休息。於是躬節儉，崇孝悌，信賞罰，重農桑。愼守令之選，嚴廉察之責。却（西夏）任得敬分國之請，拒（高麗）趙位寵郡縣之獻。孳孳爲治，夜以繼日，可謂得爲君之道矣。」金世宗是國史上邊疆民族統治中原皇帝中，最肯用心作事，最有見解，有理想的人。他在位的時期，講求治道，孳孳不懈；上文所說「家給人足，倉廩有餘，」與「群臣守職，上下相安，」確已作到。這自是他文治成績的總表現。現在再提示若干子目，作爲金世宗文治成績的具體說明。㈠崇尙誠實純樸的政風。大定十一年（一一七一）十一月上幸東京，謂皇太子曰：「唐太宗有道之君，而謂其子高宗曰：『爾於李勣無恩，今以事出之，我死宜即授以僕射，彼必致死力矣！』君人者焉用僞爲！受恩於父，安有忘報於子者乎？朕御臣下，惟以誠實耳！」（金史卷六）㈡尊崇法治與注重公道。⑴大定十三年（一一七三）五月尙書省奏：「鄧州民范三毆殺人當死，而親老無侍。上曰：『……斯人以一朝之忿忘其身，而有事親之心乎？可論如法。其親官與養濟。』」（卷七，頁三）。⑵大定十五年（一一七五）「十一月初唐古部族節度使移剌毛得之子殺其妻而逃，上命捕得之。至是皇姑梁國公主請赦之。上謂宰臣曰：『公主婦人不識典法，罪尙可恕。毛得請託至此，豈可貸宥！不許。』」（同上頁五）。㈢對用人行政的實心任事與努力向善。⑴大定十四年（一一七四）「九月，上謂侍臣曰：『朕自在潛邸及踐祚，以至於今，於親屬舊知，未嘗欺心有徇。近御史臺奏：樞密使（趙王）永中，嘗致書河南統軍使完顏仲託以賣馬，朕知而不問。朕之欺心，此一事耳，夙夜思之，甚如有疾。』」（卷七，頁四）。⑵二十六年（一一八六）十一月，上謂宰臣曰：「朕雖年老，聞善不厭。」右丞張汝弼曰：「知之非艱，行之惟艱。」（卷八，頁十）。㈣通達治體與深知守成的艱難。⑴十八年（一一七八）十一月上曰：「凡在官者，但當取其貪汚與淸白之尤者數人黜陟之，則人自知懲勸矣。夫朝廷之政，太寬則人不知懼，太猛則小玷亦將不免於罪，惟當用中典耳。」（卷七，頁九）。⑵二十五年（一一八五）上在上京，「宴宗室宗婦於皇武殿，……上自歌，其詞，道王業之艱難，與繼述之不易。……悽慨悲咽，不能成聲。」（卷八，頁九）。此外世宗本人有習勞日新的人生觀，能以身作則，示範天下。又能渴求賢才，容受直言，所以金史中所說他在位時代的文治，是比較可信的。（姚從吾）

采石之役

金海陵帝完顏亮竊得大位後，野心日熾，妄思併有南宋。曾繪臨安山水圖，命蔡珪題詩，有「提兵百萬西湖上，立馬吳山第一峯」之句，又曰：「天下一家，方可爲正統」。

海陵因都城上京偏遠而又苦寒，「官艱於轉漕，民艱於赴溯，」（「繫年要錄」卷一六一）因遷都氣候和暖、地廣土堅、人物蕃息的燕京，號爲中都，改元貞元。遷都實爲海陵帝南侵發端。

海陵遷燕後，又營建汴都，號爲南京。曾數度派遣使臣使宋，刺激宋高宗，以便掀起戰爭。高宗雖能忍辱，亦未能阻止侵略者。正隆四年（一一五九）金卽開始徵調諸路猛安謀克軍，年二十以上五十以下者皆籍之。（金史本紀五）同年，下令造船於通州，以爲大軍渡江之用。六年，立三道都統制及左右領軍大都統，三十二總管，集衆六十萬人，馬五十六萬匹，實行南侵，「毡帳相望，鉦鼓之聲，不絕於道。」是年九月大軍自南京出發，十月渡淮，宋兩淮州縣迅速淪陷，海陵兵臨大江。先是，海陵大軍發動後，南宋舉國震恐，大臣紛議遷都以避之，獨丞相陳康伯上言，遷都則「大事去矣」！並請下詔親征，高宗意決。詔曰：「輒因賀使，公肆嫚言；」又曰：「朕姑務於含容，彼尙飾其奸詐。」（三朝北盟會編卷二三二）足證南宋乃被迫應戰。高宗旋派知樞密院事葉義問督視江淮荊襄軍馬，中書舍人虞允文參贊軍事，兵部郎中馮方與樞密院檢詳諸房文字洪邁參議軍事。時王權棄廬州（今合肥）引兵屯於采石，朝命以李顯忠接管王權軍隊，王權去而顯忠未至，金兵已分股渡江，宋軍無主帥，不知所從，三五星散，適葉義問、虞允文趕至，允文立卽激勵將士，曰：「金帛誥命皆在此，以待有功。」兵士皆受感動，願以死戰。允文親率王權餘軍迎敵，令統制張振、王琪、盛新、時俊佈列於江岸以待敵至。金舟師七十艘先抵南岸，允文勉時俊以死中求生之道，奮力迎擊，並調派海鰍船載精兵馳往江之中流截擊，使敵無歸路，又設疑兵以助威，軍勢大振。而金方船隻多係倉猝造成，兵又不習水戰，船到江心，卽爲宋師所敗，凡斬殺金兵四千人，俘五百人，宋師勝利，軍心大爲鼓舞。允文於大犒將士之後，恐金兵在他處乘夜渡江，嚴兵以待，並派盛新等沿流截擊，入夜，金舟師果出動偷渡，再邀擊之，焚毀金方兵船九百八十，海陵帝見渡江難以得逞，乃乘夜引兵去瓜州。虞允文遂卽以捷奏聞，人心振奮。是爲采石之役。

海陵既到瓜州，再謀渡江，時軍心已動搖，適金世宗在遼陽卽位消息傳來，遂釀成兵變，終爲臣下所弒，金兵退去，虞允文乘機以輕舟渡江，撫綏兩淮，宋得以轉危爲安。海陵南侵，如無允文在采石督戰，挫其銳鋒，則南宋前途實不堪設想。宋高宗於歡欣之餘，稱允文「公忠出于天性，朕之裴度也。」（參考金史海陵紀、世宗紀、宋史卷三八三虞允文傳，以及建炎以來朝野雜記甲集卷二十虞丞相采石之勝）（王德毅）

花石綱之役

宋徽宗卽位後，承父兄兩朝富厚的蓄積，不知大有爲，反而揮霍浪費。兼帝生具藝術家的氣質，有獨特的藝術成就，對於奇禽珍獸，異花怪石，皆以藝術的眼光觀賞之，終生樂此不倦。上有所好，下必有甚焉者，兼帝喜近奸佞，所用蔡京、王黼、童貫、朱勔之徒，無一不是誤社稷害天下蒼生之大惡，相率導帝於逸樂，帝的藝術成就雖日益高遠，而亡國之禍也就不能免了。

朱勔，蘇州人。父冲，是一個經營藥肆的小資本商人，生意不惡，家遂富有。蔡京到蘇州，識勔父子，挾來京師，將姓名置在童貫的軍籍中，得補官。其後花石綱之役起，卽由勔主其事。

所謂綱，是指轉運大宗東西，分批啓行，每批計其車輛船隻之數，編立字號。名爲一綱，如鹽綱、米綱。花石綱乃是專爲轉運花石而得名。宋史勔傳云：「徽宗頗垂意花石，京諷勔語其父密取浙中珍異以進。初致黃楊三本，帝嘉之，後歲歲增加，然歲率不過再三貢，貢物裁五七品。至政和中始極盛，舳艫相銜於淮汴，號花石綱。」適巧修築延福宮艮嶽諸山，所用花石皆仰給之。置應奉局於蘇州，動輒取內帑數十百萬，又竭縣官經常之費以爲應奉，總耗財富以億萬計。東南一帶民戶，被其漁取豪奪，已至無以爲生。如東都事略勔傳所言：「所貢之物，豪奪漁取，毛髮不償。……一花一木曾經黃封，護視不謹，則加大不恭罪，人有嘉禾奇卉者指爲不祥，惟恐芟去之不速，民一與此役，中人之家悉破產，至賣妻鬻子，以供其須。」當時程督慘峭，刑罰嚴重，因又助長告訐報復之風，「凡官吏居民舊有睚眦之怨者，無不生事害之。或以藏匿花石破家。」不管花石生長在何處，不取到決不休止，甚至「雖江湖不測之淵，力不可致者，亦百計出之。」爲轉運花石，又不惜截留諸道糧餉綱的船隻供其使用，並搜羅商船加入行列，「連檣接櫓，日夜不絕。」勔曾獲一太湖石，高四丈，載在一條巨艦上，征用一千人夫及四指揮軍士挽船，猶不能給。「鑿城斷橋，毀堰折牐，數月乃至。」勔勞民傷財如此，難怪東南之人皆欲食其肉了。

花石綱之役，流毒州縣者凡二十年，宣和二年（一一二〇）方臘起事，卽以誅朱勔爲名，民多歸之，衆至數萬，徽宗用童貫往平亂，盡去花石，降勔官職，居民大悅。然亂事平定，勔又得志。徽宗至此已大失民心，終加速北宋的覆亡。（參考宋史及東都事略朱勔傳，宋史紀事本末花石綱之役條，以及曾敏行獨醒雜志卷十。）（王德毅）

忽必烈以後的元朝（一二九四—一三六八）

元世祖忽必烈一二九四年死，東亞新興元朝的政治與文化，即突告停頓。成宗（一二九四～一三〇七）繼立，初尚欲有所作爲，但不久因病逝世。武宗以後，到元文宗（一三〇七～一三三二），二十六年，君位六易，篡弒相繼，不但政治未能安定，即國家秩序亦極難維持。最後元順帝在位三十六年，似尚有可爲。但本人是一位多材慧巧的藝術家，能製造時辰鐘，却不知道如何治理天下。晚年政事益亂，漢人恢復運動又起，而元朝就跟着滅亡了。

㈠成宗時期（一二九四～一三〇七）——成宗名鐵木耳，世祖太子眞金的第三子；至元三十年（一二九三）受皇太子寶撫軍北邊。忽必烈死，丞相伯顏宣忽必烈遺命，即位於上都。他是一位守成的中材之主，對內政治，可以「保守祖訓，尊重舊臣」八字概括之。對外也曾遠征緬甸、八百媳婦及金齒蠻等，尚有若干大國氣象。

㈡自武宗到文宗（一三〇七～一三三二）——這二十六年中，即接連換了六個皇帝，政治的不安定，灼然可見。(1)武宗時期。武宗名海山，在位僅四年（一三〇七～一三一一）。對國事也持守成的態度，但比成宗更差。阿沙不花批評他說：「陛下八珍之味不知御，萬金之身不知愛；日惟麯糵是耽，嬪妃是好，是猶兩斧伐孤樹，未有不顚仆者！」則他的荒淫不自愛，可以概見。(2)仁宗時期。他是武宗母弟，名愛育黎拔力八達，在位九年（一三一一～一三二〇）。他是忽必烈死後，元朝一位比較明白的皇帝。他知道尊崇儒教，又曾恢復科舉制度，在位時也有許多善政。如㈠不以回回寶玉爲寶，而以善人爲寶。㈡放免廣東採珠的蛋戶。㈢常常譯讀資治通鑑，講求吏治。㈣親用趙孟頫、馬祖常等，都是値得稱道的。(3)英宗時期。他是仁宗的嫡子，名碩德八剌，在位三年（一三二〇～一三二三）他頗能明察納諫，意欲有所作爲。惜因果於刑戮，致被奸人鐵失、也先帖木兒等所弒。(4)泰定帝。他是忽必烈的曾孫，名也孫鐵木兒，在位五年（一三二三～一三二八）。他聽說英宗被弒，就即位於龍居河（克羅倫河）。五年間頗能守祖宗成法，倘稱無事。(5)元明宗。名和世㻋，武宗長子，在位僅八個月，爲權臣燕鐵木兒所毒死。(6)元文宗。明宗的親弟，名圖帖睦爾，在位四年（一三二九～一三三二）。四年中也無事業可述。惟元朝的「經世大典」一書，在至順二年（一三三〇）修成，自是文化史上一件値得注意的事體。在這一段時間內，元朝君位屢易，爲各朝所罕見，比唐末五代時期還不如。

㈢元順帝時代（一三三三即位～一三六八　退出大都　～一三七〇　死）——(1)他的名字是妥歡帖睦爾，明宗的庶長子，十三歲被立，在位三十八年，（三十六年（一三六八）逃歸漠北，又二年（一三七〇）死。他初受叔父文宗的疑忌，黜放外省，文宗死方被迎立。後至元六年（一三四〇）順帝年二十一歲，對叔父實行報復；下詔廢文宗廟主，遷太后於東安州安置，放文宗子燕帖古思於高麗。(2)他本人是一位藝人，對政治沒有興趣。不肯用心治理國政，故在位雖久，反促成元朝的衰亡。(3)他初不欲理事，專任宰相，後來伯顏跋扈不臣，又費了許多周折，方使其侄脫脫將伯顏罷除。不久又聽信譖言，將脫脫貶於雲南殺之。(4)東南喪亂，盜賊四起。至正八年（一三四八）台州方國珍起兵，刼掠漕運；十一年（一三五一）徐壽輝、張士誠、陳友諒等繼之，元兵不能制。諸師爭功，孛羅帖木兒、擴廓帖木兒、李思齋，各不相下，國事益不可爲。(5)順帝又親近佞臣哈麻、寵西番僧，恣爲淫亂，朝廷上下，無復紀綱。迨朱元璋大軍迫燕京，順帝即於一三六八年放棄大都，逃歸蒙古，元朝至是結束了中原的統治，又二年（一三七〇）順帝方死。

㈣元朝衰亡的原因——(1)忽必烈的太子眞金死後，立君制度，沒有制定成法，因之爭奪皇位，往往演成貴族互相殘殺的慘劇，由是影響到國家的軍事與政治。(2)成宗以後的幾位皇帝，大都是紈袴公子，不通人情世故，惟知飲酒女色，常是三五年即夭死，使朝政根本無淸明的機會。(3)財政紊亂，天災流行，黃河泛濫，民生日艱，自容易聚衆作亂。(4)順帝既荒淫，不理政事，因之紀綱不立，諸將不和，互相攻殺。(5)蒙古人不懂政治，又虐待漢人，迨壓力稍爲鬆弛，反抗即起，土崩瓦解勢成，而順帝也只有倉皇北走了。（姚從吾）

東西突厥

突厥史稱爲「匈奴別部」，本爲一弱小部落。南北朝初期，依附於塞北大國柔然，居於金山之下。至南北朝末期，始滅柔然而崛興，成爲隋帝國的北方强鄰。文帝時，採納長孫晟的建議，對突厥實行離間政策。當時突厥首領除大可汗沙鉢略外，還有三個重要勢力：一是達頭可汗，據突厥西部地；一是阿波可汗，據突厥西北部；一是處羅可汗，據突厥東部。隋施離間後，沙鉢略先後與達頭及阿波發生衝突。開皇三年（西元五八三年），阿波西奔達頭，達頭發兵助阿波攻沙鉢略。自此突厥正式分裂爲東西二國，以都斤山（今外蒙杭愛山之一部）爲界。東突厥大致據今西伯利亞南部，內外蒙古及遼東半島之地；西突厥地盤，則以今伊犂河流域及吹河流域爲中心，並統治西域諸國。

突厥內亂既起，隋乃乘機進攻東突厥。開皇五年（五八五），東突厥屈服，願爲隋藩附。文帝末年，東突厥都藍可汗叛隋，隋又平之，改立啓民可汗。啓民對隋忠順，邊境無擾者十餘年。至煬帝大業十一年（六一五），東突厥始畢可汗又叛。二、三年後，隋室覆亡，東突厥益盛。西突厥則曾於文帝時爲隋重創，至隋末亦趨於極盛。

唐初，東西突厥均盛。高祖武德三年（六二〇）後，東突厥連年入寇。太宗即位不久，東突厥大軍曾進至長安西北渭水上的便橋。太宗冒險親至渭水，啗以金帛，與之訂盟，突厥纔退。其後東突厥政亂，並遭遇雪災，國勢漸衰，唐乃乘機伐之。貞觀三年（六二九），唐以李靖、李勣等率兵十餘萬，六道討伐東突厥。李靖擒東突厥頡利可汗於陰山，其部衆降唐者有十餘萬人，唐安置其降衆於北方邊地。高宗初，唐於突厥故地置單于、瀚海二都護府，統大漠南北地區。高宗末年，東突厥叛；武后時，益形猖獗，常寇掠內地，爲害甚大。玄宗時，東突厥漸衰，唐乃聯絡突厥北鄰的回紇諸部以制之。天寶四載（七四五年），東突厥爲回紇諸部所破，終於崩潰，其餘衆百餘萬人降唐，東突厥遂亡。

西突厥於隋末唐初國勢極盛，但太宗貞觀二年（六二八）以後連年內亂，唐乃乘機經營西域。至高宗永徽二年（六五一），其酋阿史那賀魯重新統一西突厥，並入寇唐境。顯慶二年（六五七），唐以蘇定方平之，於其地置崑陵、濛池二都護府，而西域亦入唐掌握。其後東突厥强，西突厥受其侵略，日益衰微，終於武曌長安三年（七〇三年），爲其別種突騎施所亡。總計突厥自分裂爲二國，東西對峙凡一百二十年，然後次第滅亡。（傅樂成）

府兵制

府兵制起源於西魏。西魏建國初期，因種族關係，軍隊編制，本與拓跋魏無甚差別。但因連年遭受東魏兵進攻，西魏應戰不暇，至大統八年（五四二），方成立六軍。每軍統以一柱國，每柱國下爲大將軍二人，每大將軍下爲開府二人，每開府下爲儀同二人，所統名曰「團」，兵戶名曰「府戶」，故有「府兵」之稱。兵有受均田權利，而免去課役義務，自有軍籍，不編入平民戶口間。但軍中所需物品，多須自備，僅甲、槊、戈、弩等重要武器由官家供給。兵民分籍。隋代，府兵編入民籍，「兵民合一」。且改用十二衞大將軍督率，乃更趨於集權化。唐依隋制，府兵之最高級統轄權屬於十二衞及太子衞率等，下統折衝府六百三十八。折衝府爲專管府兵事務，平均每府約有兵一千人。唐代府兵來源有四：一、承接前朝而來，二、從退伍兵得來，三、在軍府州人民中挑選補充，四、可能由政府指定地區揀選征充。盛唐時期人口八百萬，府兵佔四十萬，卽二十分之一，其餘二十分之十九爲平民。府兵制廢止於唐玄宗開元十一年（七二三），上距西魏大統初施行一百九十年，在唐代所佔時間則在過半數以上。（宋　晞）

武則天

武則天，卽武后（六二四～七〇五）唐高宗之后，名曌，文水人。幼巧慧，美容止，年十四歲，太宗召入宮立爲才人。太宗崩後，高宗立爲昭儀，有權數，能知人，得寵於高宗。復利用李勣、許敬宗諸人，排除衆議，得立爲皇后。高宗晚年，患風眩病，目不能視，百司奏事，輒命武后代決，后性明敏，涉獵文史，處事皆稱旨，高宗漸以事委之，權與人主相侔。高宗每視事，武后則垂簾於後，政無大小，皆預聞之，黜陟生殺大權，操於其手。高宗稱天皇，武后稱天后，天下之人，謂之二聖。宏道元年（六八三），高宗崩於東都（洛陽），太子哲卽位，是爲中宗，尊天后爲皇太后，臨朝稱制。甫歷數月，武后借故廢中宗爲廬陵王，別立豫王旦爲皇帝，令居別殿，政事全決於武后，仍臨朝稱制。改官制，易服色，立武氏七廟，任命諸武用事，人心憤怨。揚州司馬徐敬業，據揚州起兵聲討武后，以匡復廬陵爲辭，旬日之間，勝兵十餘萬。武后命李孝逸將兵三十萬討之，敬業兵敗而死。宰相裴炎勸武后歸政，武后殺之。或譖左武衞大將軍程務挺與裴炎徐敬業通謀，武后又殺之。自敬業反後，武后疑唐宗室大臣怨望不服，天下人多圖己，欲大誅殺以威之，乃盛開告密之門，鑄銅爲匭以受天下告密，無論農夫樵人有告密者皆得召見，於是四方告密者蜂起。武后乃任用周興、來俊臣、索元禮等酷吏，令案制獄，凡被告者，均施以酷刑，被誣冤死者，不計其數。太宗第八子越王貞，及瑯琊王冲謀起兵復王室，事敗被誅唐宗室被殺者數十百人。武后見天下人無敢敵己者，乃進而謀稱帝。在武后的慫恿下，東魏國寺僧法明上書言：太后乃彌勒佛下生，當代唐爲天下主，武后制頒天下。侍御史傅遊藝帥百姓詣闕上表請改國號，於是武后改國號為周，稱聖神皇帝。改元天授（六九〇）。武后天性靈敏，有知人之明，善於用人，當時將相中如公正的魏元忠、謹守的婁師德、純直的姚元崇、寬厚的狄仁傑皆一時英傑，都為之用。武后既能尊之敬之，亦能接納諫諍。武后為網羅天下人才，常令重臣推薦，並特別注重科舉，破格錄用，增加政府官員名額；所以朝廷之上，人才濟濟。由於經濟關係，遷都洛陽，改稱神都，為軍食民食，規定義倉不許雜用。創製新字，通行全國，立武舉制度培植將才，唐之聲威，尚能維持不墜。惟私行不檢，殺戮太甚，人心思唐，宰相張柬之乘武后年老臥病，擁立中宗復位，迫武后歸政，復國號為唐。武后亦尋死，謚則天皇后。總計武后稱帝十五年，以太后臨朝稱制七年。以皇后預政二十四年，前後操握政權共四十六年，為中國史上唯一之女皇帝。（李樹桐）

兩稅法

係唐代稅制之一。所謂兩稅，由徵收時間言，為夏稅與秋稅；由徵收內容言，為地稅與戶稅；由徵收對象言，為居人之稅與行人之稅。此法正式施行於唐德宗之世，但自天寶以降，戶口流離，簿計不明，致以人丁為本之租庸調法，弊端環生，漸次見廢。代宗大曆元年（七六六），已徵按畝定稅之青苗錢；五年（七七〇），更令夏、秋各上田畝稅若干，是為兩稅法與租庸調法並行期間。德宗建中元年（七八〇），楊炎為相，乘離亂之餘，版籍隱漏，丁戶田產無可考，遂盡省租庸雜役，純行兩稅之法。一本稅制簡單之原則，盡除新舊徵科色目，兩稅之外，悉無他徭，加率一錢，以枉法論。二本因出制入之原則，不定特別稅率，惟以國家百役之費，先度其數，以賦於人，期恆額既立，加益莫由。三本以貨幣納稅之原則，不徵粟帛，均以錢計。四本租稅普及之原則，其地稅，以大曆十四年（七七九）墾田數為準，將定額之賦稅，均配於此定額頃畝之上；其戶稅，勿論主客，以現居入簿；不計丁中，以貧富為差。商賈盈利，三十稅一，務必浮浪悉收，使其規避無所。五本租稅公平之原則，以資產為宗，資產多者稅重，少者稅輕，而鰥寡惸獨不濟者，免其稅。兩稅輸納時間，夏稅無過六月，秋稅無過十一月。歲終，以各道戶賦增失，進退長吏，並置兩稅使以總其全責。結果，邦蒙其利，民賴以安，賦不增加而庫入增加，版籍不造而虛實盡知。姦使斂跡於下，朝廷權重於上。惜無預算以節制開支，一旦災荒兵亂，稅收立減，而支出反增，致稅率固定之後，不免經常變更。建中三年（七八二），即增天下稅錢每緡二百。貞元八年（七九二），劍南節度使韋皋又增稅十二。附加稅額之外，復有預借租稅及本色、折色估價不同之弊端。長慶間（八二一～八二四），凡兩稅上供留州者，皆易錢以布帛絲纊。至此，杜侵欺、均貧富、匡救時弊且簡易易行之兩稅法，不數十年，幾全隳廢。（馮先醒）

佛學與譯經

東漢明帝永平年間（西元五八—七五），遣使往西域求法，是為我國向所公認佛教傳入中國之始。佛教在漢代，本視為道術的一種。其流行的教理行為，與當時中國黃老方技相通。上流社會，偶因好黃老之術，兼及浮屠。至文人學士甚少述及，如張衡等亦擅長陰陽術數之言而已。及至魏晉南北朝，玄學清談漸盛，而佛教則更依附玄理，大為士大夫所激賞。且社會擾攘，生靈塗炭，亦為佛教傳佈之有利環境。因此學術大柄，為佛教思想所篡奪，而佛學在中國遂演進至另一時期。

自漢末三國以來，西域名僧，相繼而至，載於慧皎高僧傳者，不下五百之眾。梵經之漢譯，首推漢明帝時代竺法蘭。漢末來華西僧，多以譯經為務；譯經大師為桓靈時代安息僧安清，及月支僧支婁迦讖。逮於有晉，譯經者日眾，佛法之流布遂廣。晉武之世，月支僧法護，終身寫經，所獲達一百六十五部之多。五胡君主，多篤信佛法，時天竺高僧鳩摩羅什，遊化涼州。羅什精研大小乘經論，前秦主苻堅，後秦主姚興，並皆仰慕。及後秦弘始三年（四〇一），興擊破西涼，得迎羅什至長安，以譯眾經。一時譯經之風大盛，而佛法益見流行。

中國名僧之西渡取經習法者，以朱士行為最早，以晉末宋初為最盛。而厥功最偉者，首推釋法顯。法顯於晉隆安三年（三九九），與同學慧景、道整、慧應、慧嵬等，發自長安，凡所經歷三十餘國。於中天竺，停留三年，學梵語梵書，得摩訶僧祇律（亦名大眾律，為佛教戒律五大部之一）、薩婆多律、雜阿毗曇心論、方等涅槃經等。又於獅子國停留二年，復得彌沙塞律、長雜、二舍及雜藏，並漢土所無者。既而附商人大舶，循海道而回。至建業道場寺，與外國禪師佛馱跋陀羅共譯出摩訶僧祇律、方等涅槃經、雜阿毗曇心論，約百萬言。而其攜歸譯出之方等涅槃，開後來義學之一支。尤以其所撰佛國記，爲當時我國人遊天竺、西域傳記之碩果僅存者，西方學者視爲鴻寶。

繼法顯而周遊西國，廣尋經要者，以釋法勇、智嚴、法領、寶雲、智猛爲著。法勇譯出觀世音受記經，傳於世。由於名僧輩出，不斷傳度，經律之譯注，乃爲淵博詳盡，種類繁多。而剖經析義，習禪明律，則更爲時賢之所尚。其中尤以釋道安、慧遠、僧肇、竺道生等，功施特深，建樹殊偉，最爲世所稱道。

釋道安爲佛圖澄之得意弟子，後又受業於竺法濟、支曇等。道安分張徒衆，弘道南北，對佛敎深入之發展，厥功固偉，而整理經典，確立戒規，於佛法根基之奠定，貢獻尤大。釋慧遠，道安之弟子，內通佛經，外善群書。其率衆行道，昏曉不絕，釋家餘化，於斯復興。

自晉代以來傳譯佛經，可注意者三事：㈠我國人冒萬死，旅居外國，留學觀光，代均有人。參禮聖蹟，於宗敎之信仰，增加不少。而於梵語，於佛理，得實地練習。及其歸國，襄助譯事，自較之以前徒憑西域人之傳述者，大爲優勝。㈡我國沙門西去，自預知本國之缺失，攜歸經典，恒應需要。如朱士行之求放光，法顯之求律藏皆是。㈢西域僧人如羅什得法性宗傳，如眞諦弘世親之學。談最上乘，廣闢法門。我國佛敎之盛衰、之分派，均依此爲關鍵。

西方傳來之經典，其在大乘，有屬法性宗者，般什所譯多屬之。有屬法相宗者，眞諦所譯多屬之。有關因明者，如毗目智仙之迴諍論等。其在小乘有屬錫蘭上座部者，如僧伽跋陀羅之善見律。有屬一切有部者，如僧伽提婆之八犍度論，與鳩摩羅什之十誦律。有屬於大衆部者，如求那跋陀羅之僧祇律。有屬於化地部者，如佛馱什之五分律。有屬於法藏部者，佛陀耶舍之四分律是。有屬於正量部者，三彌底部論是也。有屬於經部者，羅什之成實論，眞諦之俱舍論，均可謂爲其支流。

魏晉南北朝時代譯經甚爲進步，後世所流通奉行之經典，非隋唐所出，要卽晉以後譯家所辦。其優勝原因有三：㈠翻譯眼光之漸正確。自晉以來，譯經多主直譯，先求信達，再事文雅。釋道安所謂「五失」「三不易」之說，今之學者使能執印度文佛經與其譯本對照細參，當深知之。㈡翻譯工具之漸完備。主持譯事如道安、慧遠、文章思想，俱稱巨子。譯者如鳩摩羅什，兼善華梵。僧叡謂其譯時，「胡音失者，正之以天竺。」則其所比較原本，當不止梵文。至若西僧之來常嫻梵語，而我國沙門之西去，精學原文，其於溝通阻隔，至爲有力。㈢翻譯制度之漸嚴密。我國初譯佛經，多屬私人授受，既無一定體制，以梵胡客僧等爲主譯，彼此音義隔閡，無由正是。及後人材既多，能參加者較夥，於是分工之制漸密。譯經之時，有義證者，正其譯義之眞似。有總勘者，譯畢後，覆校其全文。常因求精密，不厭三復。

北朝佛法，雜陰陽家言，每以方術助其義理，高僧不脫塵俗，若佛圖澄、鳩摩羅什是也。南朝佛學，則和於老莊清玄，以儒道暢其宗旨，高僧類爲隱士，若慧遠、生公是也。北朝學者，身處逆境，必須進取，始克自保；南朝世族名士，既處順境，其所需求者，惟心靈之慰藉而已。處此情勢之下，北方僧人始終不離經營世務之興趣，蓋非此不足以自存。至於廣建功德，務求佛田之饒益，造像立寺，窮土木之力，實爲北朝崇佛之特徵。而細研經義，玩味佛理，則爲南朝奉佛之意趣。抑有言者，北方習禪長志衆多，南方則義解名士輩出，此又南北奉佛性質之大別。（參考商務印書館印行之「漢魏兩晉南北朝佛敎史」等書）（宋晞）

契　丹

契丹爲一民族名稱，亦有國號。契丹族本爲東胡族一文，最早記載見於魏書卷一百的契丹傳。隋書卷八四契丹傳則稱其先與庫莫奚異種而同類，並爲慕容氏所破，遷於松漠之間。開皇末，其別部內附，居於遼西，逐寒暑水草畜牧。又唐書卷一九九下契丹傳亦稱其居於鮮卑故地，東鄰高麗，西接奚國，南至營州，北連室韋，則知約當今熱河、遼寧、遼北、安東之地，爲興起於遼河流域一部族。其族初號大賀氏，分爲八部，各設大人，由八大人再推選一功業卓著者爲「八部長」以領導全族。唐開元、天寶間，大賀氏衰微，遙輦氏代興。遼之先世，世爲遙輦氏之夷離菫，所統爲迭剌部，自爲別部，不在遙輦氏八部之列，姓耶律氏。唐末，遙輦氏八部長沁丹（欽德）乘中原多故，稍侵略諸部，達靼、奚、室韋咸被驅使，但當其入寇中國時，爲劉仁恭所敗，其勢遂衰。八部之人以遙輦氏不能任事，乃以耶律阿保機代之。阿保機爲人多智勇而善騎射，收撫亡入契丹之漢人，興農事，置城郭，來歸者甚衆。契丹八部長仕期本爲三年一代，阿保機代立，漢人敎以「中國之王無代立者」，乃連任九年，仍無讓位之意。各部大人群起責之，阿保機不得已乃交出旗鼓，但請求自爲一部，以治漢城。爲各部所許。該處有鹽鐵之利，又宜耕稼，一切建設，全倣幽州，漢人來此，不復思歸。又用幽州人韓延徽爲謀主，聲勢日益壯大，誘各部大人前來會宴而盡殺之，遂統有八部。親征渤海，滅之，領土拓廣至五千里。阿保機稱帝於梁末帝貞明二年（九一六），建元神册，自號天皇王，國號原稱契丹，因發祥地在遼河上游，乃改稱爲遼。阿保機死，次子德光繼立，逐漸向南蠶食，石敬瑭稱臣於德光，賴其協助，立爲皇帝，乃報以燕雲十六州之地，契丹爲統治廣大漢地，乃採行兩元政治。自阿保機建國，至天祚帝亡，凡立國二百一十年（九一六至一一二五）。（參考新五代史卷七二「四夷附錄」及遼史本紀和營衛志，宋會要稿蕃夷一。）（王德毅）

契丹漢化

第十世紀在中國建立遼朝（九〇七～一一二五）的契丹族，自己是有獨立的文化的。但自阿保機（遼太祖）、耶律德光（遼太宗）勢力强大，侵入長城，到了西元九三八年燕雲十六州割屬遼朝以後，契丹人兼統番漢，適應客觀的需要，就開始採行漢地的文化。澶淵盟約（一〇〇四）以後，遼宋和平相處，百二十年無事（一〇〇四～一一二一），契丹人不但採行了漢地的文官考試制度，也改變了世傳立君的習慣，把選汗改爲立嫡立長的世及制度。遼朝亡後，所有的契丹人也無形中成爲廣義的中華民族。契丹漢化的過程的重要標幟，約述如左。

㈠契丹捺鉢文化略述　契丹是我國東胡的一支，雖是遊牧民族，但因所居地域西遼河，平地松林一帶，水源不竭，森林密茂。建國（九一六）以後，疆土日大，因地制宜，漁獵並重，形成了一種營衛式的四時捺鉢制度。遼史（三十二）營衛志中說：「遼國盡有大漠，因宜爲治，秋冬違寒，春夏避暑；隨水草，就畋漁，歲以爲常。四時各有行在之所，謂之捺鉢。」「有事則以攻戰爲務，閑暇則以畋漁爲生，無日不營，無在不衞；立國規模，莫重於此。」宋龐元英「文昌雜錄」說：「北人（契丹人）謂『住坐處曰捺鉢。』聞契丹主四時皆有捺鉢，不曉其義。近者彼國中書舍人王師儒來聘，問之，答曰：『是契丹語，猶言行在也。』」由是知「捺鉢文化」就是「以四時行在所爲主的漁獵文化」。遼史（三十二）營衛志行營篇，曾有專條，記載契丹可汗的四時捺鉢生活。⑴春捺鉢，一曰春水，多在長春州的鴨子河濼。每年正月上旬由冬捺鉢來，先卓（立）帳氷上，鑿氷取魚，氷泮方縱鷹鶻捕鵝雁。弋獵網鈎，春盡乃去。⑵夏捺鉢，無常所。主要地域，不在永安山的涼陘，卽在鴛鴦濼（今張北縣）的炭山。重要活動是障鷹、避暑與南北臣僚會議國政。時間：自五月末旬到七月中旬。⑶秋捺鉢，一曰秋山。主要地域是慶州的伏虎林，重要活動是射鹿及捕虎。七月中旬至九月末去。⑷冬捺鉢，地址比較固定，多在永州的廣平淀。冬月稍暖，牙帳多坐冬於此，與北南大臣會議國事，兼受宋、夏諸國禮貢。上述自春至冬是契丹人一年中漁獵生活的歷程，也就是契丹漁獵本位文化的精神。這是與長城以內漢地人民的生活大不相同的。

㈡從捺鉢文化到番漢分治　由上述四時捺鉢的習慣，可知契丹舊有政治的組織與施政重心，都以四時行在所爲主幹。關於牠的記述，不見於遼史的百官志，而詳於營衛志。皇帝既是全盤政治的主持者，皇帝所在的地方，也就是政治重心所在的地方。所以遼史（三十二）營衛志中又說：「皇帝四時巡狩，契丹大小內外臣僚及漢人宣徽院所轄百司皆從。」可證當年施政中心，是跟着巡行的時令轉移的。但是契丹勢力南移，管理的漢地日廣，漢人日多，契丹的事務，隨着行營可由皇帝裁決。但衆多的漢人事務，怎麼處理？於是乃有番漢逐漸分治的制度，應時而生。遼史（三十二）營衛志㈩又說：「每歲正月上旬，車駕啓行；宰相以下，還於中京，行遣漢人一切公事。除拜官僚、止行堂帖權差（臨時署理），俟會議行在所（夏冬捺鉢）取旨，出給誥勅。文官縣令、錄事以下更不奏聞，聽中書銓選；武官須奏聞。」這些自然是遼朝初年的情形。後來纔進步到以國制治契丹，以漢制治漢人的兩元制度。遼史（四十五）百官志說：「契丹舊俗，事簡職專，官制樸實。」「太宗兼制中國，官分北南，以國制治契丹，以漢制治漢人。」又說：「北面（官）治宮帳部族屬國之政，南面（官）治漢人州縣租賦軍馬之事；因俗而治，得其宜矣。」這些都可以看到番漢分治習慣的演變。

㈢澶淵盟約（一〇〇四）以後，南北相安，契丹人統治燕雲，已六十餘年，至是方大量採行漢地制度，因以達成番漢融洽的合作。㈠燕雲十六州歸入契丹，不是由戰爭獲得，而是由石晉贈送，以故契丹上自可汗，下至平民，對他們都優禮有加。尊重投靠的降臣，使他們充任燕雲地方行政首長，使民心不疑。㈡優禮世家大族，所謂韓、趙、劉、馬四大名族，備受尊敬，以安定新歸附的人心。蘇轍（一〇三八～一一一二）欒城集（四十一）說：「北朝之政，寬契丹，虐燕人，蓋已舊矣。然臣等訪問山前諸州祇候公人，『止是小民爭鬥殺傷之獄，方有此弊。至於燕人强家富族，似不如此。』兼賦役頗輕，漢人亦易於供應。」㈢宋田況（一〇〇三～一〇六一）「儒林公議」（二卷）中曾有九條說到燕雲十六州入遼後的情形。大意說：「聞南山後初隸虜，民不樂附，常苦偷息苟生。」「歲月既久，漸便習不怪。」「既澶淵盟好，歲給金繒，虜人欣然奉約。自是河朔之民，漸有生意。」（卷下頁十二～十四）㈣採行考試制度。契丹以戰鬥立國，文事武備，不易兼容，故初期對中原所行考試制度，不甚注意。到了聖宗統和七年（九八九），契丹兼統燕雲已五十餘年（九三八～九八九），漢地讀書人日多，實需要一套入仕參政的辦法。朝廷乃於統和七年（九八九）在漢地開科取士。初期參加者以漢人爲限，契丹人不准應考。後來覺着公開考試，甚爲公平與方便，尺度也就放寬了。考試制度定期擧行，共有六十餘次。取錄人數，由兩人也逐漸增加到一百三十人。㈤立君習慣的改從漢制。這一點上邊已有提及，就是契丹歷來推選八部大人的立君習慣，到了聖宗時代，卽改爲立嫡立長；把從前選汗的制度全部放棄了。總之，遼朝初期選用韓延徽、康默記、韓知古輩，建立漢城、種植蔬菜、設立五京等等，尙有偏重招徠漢人，使爲我用的意思，不一定就是接受漢化。但是到了燕雲割讓、澶淵盟約以後，迫於實際的需要，乃由分治走到合流。澶淵盟約後百餘年的安定，無意中構成番漢融洽的橋樑，對於契丹漢化，實在是一個最明確的里程碑，確然無可懷疑。（姚從吾）

耶律楚材與元太宗

耶律楚材是契丹人，遼朝的貴族，人皇王突欲的八世孫，金宰相耶律履的兒子。生於金大定二十九年（一一八九），死於元乃馬眞皇后稱制的第三年（一二四四）。他博學能文，精硏佛儒，兼通天算、醫藥及契丹、蒙古語文。貞祐二年（一二一四）金宣宗遷汴，次年蒙古入燕，楚材身經戰亂，專心學佛。一二一九年太祖（成吉思汗）西征花剌子模，耶律楚材從行，掌天文占卜。西夏人常八斤善造弓，見知於太祖。每自矜曰：「國家方用武，而耶律儒者，何用？」楚材曰：「治弓尙須用弓匠，治天下豈可不用治天下匠耶？」成吉思汗聞之甚善，日見親信。一次西域曆人奏：「五月望日夜，月蝕。」楚材曰：「否！」卒不蝕。明年十月（望日），楚材說：「月當蝕。」西域曆人曰：「不蝕！」至期果蝕八分。成吉思汗因曰：「天上事汝尙知，況人間事乎？」丙戌（一二二六）從下靈武（今寧夏省靈武縣），諸將爭取子女金帛，楚材獨收集遺書及大黃藥材。既而士卒病疫，得大黃輒愈。由此二事，大見信任；太祖常指楚材對窩濶台汗說：「此人天賜我家，今後軍國庶政，當悉委之。」

西元一二二七年成吉思汗死，又二年（一二二九）蒙古召開「庫里爾台」（宗親大會）大會。耶律楚材告察哈台汗說：「王雖兄，位則臣也；禮當拜。王拜，則衆莫敢不拜！」王深然之。「國朝（元朝）尊長有拜禮，自此始。」窩濶台卽大汗位後（元史稱爲太宗），蒙古對外戰爭又復開始。⑴他首先提議伐金，分道進兵，假道南宋，一二三二年敗金兵於三峰山（今河南禹縣東南），三月進圍開封。初次使用火炮，金人堅守十月，破之。金朝旋亡（一二三四）。⑵一二三一年征高麗，取四十餘城，國王逃至江華島。⑶平定花剌子模餘部。⑷派拔都、速不台統長子軍遠征東歐，佔領匈牙利與東普魯士，一二四二年始撤兵。這時候蒙古擁有中原各地，但初無統治城市的經驗。幸賴耶律楚材居中調度，多方維護，中原傳統的制度與文化，方得保全。擧三例，作爲說明。㈠中使別迭倡議廢棄漢人，毀滅城市，使草木暢茂，以增廣蒙古的牧地。耶律楚材則建議，不可革變太過。漢地富饒，若善於利用，歲可得銀五十萬兩、絹八萬匹、粟四十萬石，以濟國用。窩濶台准許試辦。一年之後（一二三一）米穀滿倉，金帛陳於廷中，悉符原奏之數。太宗大喜，卽日拜楚材爲中書令。㈡國兵初入中原，惟事進取，諸將士佔領土地因以與之；於是一社一民，各有領主，州縣割裂，不相統屬，中原大擾。甲午（一二三四）詔括民戶，以斷事官（大汗的幕僚長）失吉忽突忽領之。又四年（一二三八）忽突忽以民籍至，太宗初議如蒙古法，割裂州縣，分賜親王功臣。楚材認爲不可，力爭。認爲裂土分民，易生嫌隙；主張多與金帛，以滿其欲。太宗曰：「已許奈何？」楚材建議：「朝廷代爲置吏，收其貢賦，歲終頒之，使不得直接橫徵暴斂。」太宗然其計，由是中原州縣制度，得以保全。㈢時蒙古西域勳臣均主：徵收中原賦稅，應以丁爲戶（單位）。楚材力言其不可；朝臣則說：「我朝（蒙古）及西域諸國，莫不以丁爲戶，豈可舍大朝之法，而從亡國之政？」楚材曰：「自古有中原者未嘗以丁爲戶，若果行之，可輸一年之賦，隨卽逃散，將不勝追理！」朝廷鑑於漢地民丁的易於逃散，「卒從公議」。其餘楚材主張實行考試制度，招徠知識份子參加地方行政，一次最多者，卽錄取四〇三〇人。又設編修所於燕京，經籍所於平陽，選儒士編輯經史。總而言之，他對於元初保全漢地舊有文化，實在貢獻甚大。同時窩濶台「有寬弘之量，忠恕之心；」又能「量時度力，擧無過事，華夏富庶，時稱治平。」（以上元史太宗紀）君臣協力，政績可觀，華夏也逐漸獲得安定。同時元朝秘史（續二）就蒙古帝國的觀點，對於窩濶台也有一段很公正的評論，大意如下。窩濶台自承即大汗位以後，曾作了四件好事：(1)平定了金國。(2)創立了站赤，即是在各地樹立了驛站制度。(3)沙漠沒有水的地方，教鑿了井。(4)爲了鎭守帝國的邊遠城池，設立了鎭守的機構－探馬赤（略如後來的鎭守使）。同時他說也作了四件壞事：(1)既嗣大位，沈緬於酒。(2)聽信婦人言語，濫括叔父斡赤斤部下的女子，賜予自己的部下（事在一二三七年）。(3)因私恨害死了忠義的朶豁勒忽。(4)恐天生的野獸，走到兄弟們的轄境，築牆阻格，致有怨言。這些都可以證明窩濶台確切是十三世紀蒙古侵入中原時期，一位最英明寬仁的君主，上述舊元史太宗紀與元朝秘史對太宗的評語，是公允可信的。（姚從吾）

建都臨安

依南宋初年的政治軍事形勢而論，對金人的威脅，還未樹立何等防止的力量，是不應當談建都的，但是高宗於紹興八年（西元一一三八）竟然公佈建都臨安（今杭州）了。

按高宗於靖康二年（一一二七）五月即位於南京（今河南歸德），改元建炎。十月便去揚州。東南之行，原是當時多數官僚的主張，並不由於敵人直接逼成的。作這種主張的官僚是以黃潛善、汪伯彥爲代表，而黃是當時的宰相。高宗是個凡庸而自私的人，當時還不過二十一歲，加以遭逢國家劇變後所引起的恐怖心理，自然贊成這種主張。

南宋初年，官僚及其家屬散佈在太湖流域和浙東的已多，他們在流寓期間，在當地稍植根芽以後，是不願輕易再度遷徙的了。這就成了政治中心建立在東南的一大潛勢力。

以東南的形勢而論，建都建康（今南京）勝過臨安。建炎三年（一一二九）二月初到杭州時，張邵曾上封事說：「非保東南，無以爲陛下之資，非據建康，無以鎭東南之勢。」見徐夢莘三朝北盟會編卷一二二。同年三月降旨曾說：「昨金人逼近，倉卒南渡，漸至錢塘，勢非得已。錢塘非可久留之地，便當移蹕江寧府，經理中原。」見會編卷一二五。紹興二年（一一三二）吳伸上萬言書亦說：「東南之地，本非帝王之都，歷考古今，未有卜世之久者；吳越之地，形勢尤薄。」見會編卷一五四。紹興五年（一一三五）春間，高宗曾詔問宰執有關戰守方略。李綱、李邴、張守、王綯等都主張：欲圖中原，必駐蹕建康。總之在紹興八年以前，公開的議論是沒有贊成以臨安爲國都的。但事實却相反，幷不建都建康。這由於絕對多數的人爲己重於爲國，或畏惰而缺乏恢復意志，他們固然不會提出任何有責任的主張，但其勢力却足以左右政治；又當時武將官位雖高，但在傳統觀念上，不容他們握有政治實權，祇能立於被動地位；少數爲國敢言之士，背後沒有擁護與推動的實力，所以駐蹕建康之議，終於無法實現。

南渡後最先建議去杭州的是王淵。當建炎三年二月高宗從揚州逃到鎭江，王淵奏乞速幸餘杭云：「鎭江暫駐，止是照管得一處，若虜人自通州對岸過江，先據蘇州，奈何？不若錢塘有重江之險。」見會編卷一二五引朱勝非秀水間居錄。所謂重江之險，或許是指長江之外，更有吳淞震澤沮洳。依賴水作爲阻止敵人前進的天然屏障，是當時頗有力的論據。高宗自己也曾說：「朕以爲金人所恃者騎衆耳，浙西水鄉，騎雖衆不得馳也。」見李心傳建炎以來繫年要錄卷二七，建炎三年閏八月丁亥條。

太湖流域農業發達，物產豐富，而且交通便利，遂成爲權勢者所必爭的經濟地區。在這地區中，晚唐時期的杭州，其經濟地位還比不上蘇州。但經吳越錢氏長期努力建設，在安定中發展，未經血刄而歸宋，爲全國長久未經破壞的大都市，因此漸成爲東南的中心。咸淳臨安志卷三一引慶曆間（一〇四一－一〇四八）丁寶臣石堤記：「江介吳越，杭據其右，生聚數十萬，廬舍隱鄰，號天下最盛。」以戶口論，據宋初的太平寰宇記，東南最重要的三大都市：昇州（江寧）是六萬一千六百七十九戶，蘇州三萬五千一百九十五戶，杭州七萬四百五十七戶。約在一百年後的元豐九域志所載：江寧府是十六萬八千四百六十二戶，蘇州十七萬三千九百六十九戶，杭州二十萬二千八百三戶。杭州是始終佔第一位的。宋史地理志所記崇寧間戶口：蘇州戶十五萬二千八百二十一，口四十四萬八千三百十二。杭州戶二十萬三千五百七十四，口二十九萬六千六百十五。按蘇州與杭州的戶與口的比例不相稱，尤以杭州二十萬多戶祇有二十九萬多口是可疑的。

再從商業的發達來看，宋食要食貨所列商稅之舊稅額與熙寧十年稅額如左

：

府州名	舊稅額	熙寧十年稅額
江寧府	二七・〇六二貫	五七・二八三貫
蘇　州	五五・二〇〇貫	七七・〇七八貫
杭　州	一二〇・三〇三貫	一七三・八一三貫

杭州在商稅額上言，卽汴京也比不上，是居全國第一位，可想見其商業的繁盛。

在宋代，全國的經濟重心既然在東南，而臨安又因地理關係成爲東南的經濟中心。南宋紹興初年對於國都的選擇，除了建康以外，所以決定建都臨安，其主要原因在此。（參考陳樂素撰「南宋定都臨安的原因」）（宋　晞）

侯景之亂

侯景，朔方人，或云雁門人。以選爲北鎭戍兵，見知於爾朱榮，爲定州刺史，大行臺。高歡入洛，降之。景性殘忍酷虐，馭軍嚴整，所向多捷，遂得總攬兵權，爲魏南道行臺，擁衆十萬，專制河南。高歡疾篤，以景狡猾多計，反覆難知，乃爲書召景，景慮及於禍，太淸元年（五四七），請降於梁，時梁武帝方經營北方失敗，遂不顧廷議之反對而納之。旋而侯景兵敗於魏，士卒皆北人，亦不樂南渡，景旣濟淮，莫適所歸。劉神茂獻策取壽陽，梁不能制，遂授以南豫州刺史以安撫之。二年（五四八），梁兵再敗於東魏，欲與通好，景馳書固諫，不從，知事急，以臨賀王正德爲內應，於八月舉兵反。襲譙州，攻歷陽，濟采石，馬才數百匹，兵八千人。至姑熟，正德納景入，石頭、白下皆棄守。景百道攻城，築長圍以絕內外。十一月，景立正德爲帝。攻陷東府城，於城東西各起土山，以臨城內，城內亦作兩山以應之。又引玄武湖水以灌城，闕前御街，盡爲洪波。十二月，景造諸攻具攻城，又不克。時城中疾疫，死者大半。景軍亦以積粟在東城，其路爲援軍所斷，饑而不復能戰，用王偉計，拜表僞降，以河南自效，武帝不得已而聽之，旣而食足，又背盟攻城，晝夜不息，城遂陷，武帝憂憤感疾，五月崩，時年八十有六。景迎皇太子卽位，是爲太宗簡文皇帝，而矯詔殺正德。太寶二年（五五一）八月，景廢帝爲晉安王，矯詔禪位豫章王棟，害皇太子大器以下諸王二十人。十月，弒簡文帝，十一月，又廢棟，遂自立稱帝。侯景旣稱帝，湘東王繹卽位於江陵，是爲世祖孝元皇帝。王僧辯自江陵東下，陳霸先亦自廣州起兵，所至皆捷，僧辯破城，誅侯景，並收賊黨王偉等二十餘人，送江陵殺之，亂平。

侯景之爲人，可謂酷虐無倫，其犯建康，初至便望克捷，號令甚明，不犯百姓。旣攻城不下，人心離沮，又恐援軍總集，衆必潰散，乃縱兵殺掠，交尸塞路。景性殘忍，好殺戮，恆以手刃爲戲。方食，斬人於前，言笑自若，而口不輟食。或先斷手足，割舌，劓鼻，經日乃殺之。於石頭立大舂碓，有犯法者，擣殺之。每出師，戒諸將曰：「若破城邑，淨殺卻，使天下知吾威名！」故諸將以殺人爲戲笑。臺城之陷，悉鹵掠乘輿服玩，後宮嬪妾。初，城中積尸，不暇瘞埋，又有已死而未斂，或將死而未絕者，景悉聚而燒之，臭氣聞十餘里。是時，王師殺掠之酷，亦幾不減於景。臺城之被圍，援兵至北岸，百姓扶老攜幼以候之，纔得過淮，便競剝掠。景敗，王師入宮，並縱兵蹂掠。當時米一升七八萬錢，或熏鼠、捕雀而食之，及雀、鼠皆盡，人相食，且有食其子者，死者相枕。太寶元年（五五〇），江南大饑，江、揚彌甚。旱、蝗相係，年穀不登。百姓流亡，死者塗地。父兄攜手，共入江湖。或弟兄相要，俱緣山岳。芰實荇花，所在皆罄。草根木葉，爲之凋殘。雖假命須臾，亦終死山澤。其絕粒久者，鳥面鵠形，俯伏床帷，不出戶牖，莫不衣羅綺，懷金玉，交相枕藉，待命聽終。於是千里絕煙，人跡罕見，白骨成聚，如丘隴焉。

侯景之亂，前後不過五年（五四八—五五二）間，而都下人口，百遺一二，可謂江南一刧。（何啓民）

科舉制度

科舉制度，雖始於隋代，而其名稱，則可溯源於漢代的徵辟與察舉。漢書元帝紀永光元年（西元前四三）二月：「詔丞相、御史舉質樸、敦厚、遜讓、有行者，光祿歲以此科弟（同第）、從官。」顏師古注曰：「始令丞相、御史舉此四科人以擢用之，而見在郎及從官，又令光祿歲依此科考校，定其弟（同第）高下，用知其人之賢否也。」以科舉人，此蓋科舉之名所由來歟！

三國時代，魏以士人流徙不定，難行鄉舉里選之制，因行「九品中正」之法。造成「上品無寒門，下品無勢族」（劉毅語）之結果。「九品中正」之積弊，愈久而彌顯。因有科舉制之產生。

隋文帝開皇中罷中正，始詔諸州歲貢三人，工商無預焉。煬帝大業二年（西元六〇六），又師周禮，立進士科，其時舉人秋往春還，略有後世科舉考試之狀。然事屬草創，且以隋祚日淺，未知其詳。況門閥勢力仍在，進士科之設，似未產生較大之影響。

科舉制度，雖始於隋，實盛於唐，歷宋、元、明、清而不衰。唐科舉之制，始於高祖武德四年（六二一），王定保唐摭言云：「始自武德辛巳歲四月一日，敕諸州學士及早有明經及秀才、俊士、進士明於理體，爲鄉里所稱者，委本縣考試，州長重覆。取其合格，每年十月隨物入貢。」

唐代取士之科，雖因隋舊，然其大要有三：由學館者曰「生徒」；由州縣者曰「鄉貢」；其天子自詔以待非常者曰「制舉」。所謂「生徒」者，蓋指國子監、太學、四門學、律學、書學、算學及弘文學館、崇文館出身之學生。所謂「鄉貢」者，先縣試，再州試，三試於禮部，復試於吏部，然後釋褐授官。唐於常舉取人外，又有制舉，搜揚拔擢，名目甚衆。

唐代科舉，名目甚多，變遷最繁，今試將其試藝與錄取標準，條列於後，以便觀覽。

秀　才　試方略五道，以文理粗通，爲上上、上中、上下，凡四第，爲及第。

明　經　先帖文，然後口試。經問大義十條，答時務策三道，亦爲四等。

開元禮　通大義百條，策三道者，超資與官。義通七十條，策通二者及第。散、試官能通者，依正員。

三傳科　左氏傳問大義五十條，公羊、穀梁傳三十條，策皆三道，義通七成以上，策通二以上爲策。白身視五經，有出身及前資官視學究一經。

史　科　每史問大義百條、策三道。義通七成、策通二道以上爲第。能通一史者，白身視五經、三傳，有出身及前資官視學究一經；三史皆通者獎擢之。

童子科　十歲以下，能通一經及孝經、論語卷誦文，十通者予官，通七成予出身。

進　士　試時務策五道、帖一大經，經、策全通爲甲第，策通四、帖過四以上爲乙第。

明　法　試律七條、令三條，全通爲甲第，通八爲乙第。

書　學　先口試，通乃墨試說文、字林二十條，通十八爲第。

算　學　試九章海島、孫子、五曹、張丘建、夏侯陽、周髀五經、綴術、緝古，取明數造術，辨明術理者爲通。

道　學　亦名崇玄，習老子、莊子、文子、列子。其生京都各百人，諸州無常員，官秩蔭第，同國子學，課試如明經。

孝　廉　在鄉閭有孝悌廉恥之行，五經之內，精通一經，兼能對策，達於治體者，並量行業授官。

唐代取士，科目雖多，經常舉行者，則爲「秀才」、「明經」、「進士」、「明法」、「明書」、「明算」六科。其初，秀才科最高，貞觀中有舉而不第者，坐其州長，後遂無人敢於應舉，於是廢絕。其後士子所趨，唯向明經、進士。及中唐以後，專重進士。李肇嘗云：「進士爲時所尚久矣，是故俊乂實在其中。」唐摭言亦云：「縉紳雖位極人臣，不由進士者，終不爲美。……。其推重謂之『白衣公卿』，又曰：『一品白衫』。其艱難謂之三十老明經，五十少進士。」

武舉之制，亦起於唐。武后長安二年（七〇二）春正月，始置武舉。其制有長垜、馬射、步射、平射、筒射。又有馬槍、翹關、負重、身材之選。翹關長丈七尺，徑三寸半，凡十舉，手持關距，出處無過一尺。負重者，負米五斛，行二十步，皆爲中第。而以鄉飲酒禮，送兵部選用之。

五代科舉，略同唐朝，其所增者，僅一毛詩。而所減者，厥有書、算、道舉。由於朝代屢易，兵革不息，少有能文之士，故其試藝，僅帖經墨義耳。

宋仁宗以前，科目多沿五代之舊，其科目及試藝如下：

進　士　試詩、賦、論各一首，策五道、帖論語十帖，對春秋或禮記墨義十條。

九　經　帖書一百二十帖，對墨義六十條。

五　經　帖書八十帖，對墨義五十條。

三　禮　對墨義五十條。

三　傳　一百一十條。

開元禮　對三百條。

三　史　同上。

學究毛詩　對墨義五十條，論語十條，爾雅、孝經共十條，周易、尚書各二十五條。

明　法　對律令四十條，兼經并同毛詩之制。

神宗熙寧四年（一〇七一），王安石欲行其太學三舍法，乃罷明經三傳諸科，唯留進士一科。又欲罷詩賦、帖經、墨義，專以大義問進士，群臣力爭，乃分經義、詞賦爲二科，相沿不改。殿試、省試，彌封編號，謄錄易書，保擧連坐，初孝覆考等俱起於宋代。

遼金元之科擧制度，仿自唐宋，仍分經義、詞賦二科，而有其特殊意義存在。遼聖宗時，以詞賦、法律取士，前者爲正科，後者爲雜科。金因遼宋之舊，設科有詞賦、經義、策論、律科、經童之目。世宗大定十一年，又設女眞進士科，考試女眞文字。其試詞賦、經義、策論中選者，謂之進士。其試律科、經童中選者，謂之「擧人」。元初以論、經義、詞賦三科取士，行一次而罷。至仁宗延祐二年（一三一三）又行科擧，每三歲一科，有蒙古、色目人與漢人、南人之分。蒙古色目人試經義及時務策，漢人多試詞賦一場，共分兩榜。其經義專以朱子四書義爲主，相沿至明、清而不改。此爲可注意者。（參考：新唐書選擧志、鄧嗣禹「中國考試制度史」、沈兼士「中國考試制度史」）（王吉林）

貞觀之治

唐太宗卽位後，改元貞觀，凡二十三年（六二七至六四九）。此一時間爲中國歷史上少有盛世，唐帝國版圖，空前擴大；社會秩序安定，人民生活美滿，均屬不可多見。

太宗過人的才識與氣度，是造成這個治世的最大原因。他知人善任，不念舊惡，因此朝中賢才輩出，如王珪、房玄齡、杜如晦、溫彥博、李靖、魏徵、戴胄等，都是當時名臣。同時又虛心好學，容納直諫；貞觀君臣論治傳爲千載美談；魏徵直言極諫，亦爲歷代所罕見。

太宗卽位之初，因新承隋末喪亂，民間殘破已極。當時全國人口，尙不滿三百萬戶，較之隋盛時，減少三分之二。因此太宗君臣，每以亡隋爲鑒，勵精圖治。貞觀元年至三年（六二七至六二九），連年災荒，但太宗對災民勤加安撫，因此人民雖流離失所，對政府並無怨言。至四年（六三〇），全國豐收，災民全歸鄉里，國內秩序恢復，政治也開始走上完美之途。

太宗雖在制度上大體遵循前代舊軌，未曾大事更張，但也曾作若干技術上的改革。例如明白劃分尙書、中書、門下三省職權，使其發揮制衡作用，以杜絕偏重壟斷之弊。又創立三省首長聯合議政之法，以解決相互間爭執。此外並擴大諫官職權，規定中書、門下二省首長及三品以上的官員入閣議事時，都須以諫官自隨，以便隨時諫正缺失。

對於吏治，太宗亦極注意。卽位不久，曾命房玄齡省併冗員，中央政府文武官員名額，僅留六百四十三員。並命五品以上京官，輪流值宿於中書省，以便隨時延見，垂詢民間疾苦與政事得失。對於都督、刺史等地方官，皆親自簡選；在官時善惡行跡，均有詳細紀錄，以備黜陟。又命內外五品以上官保擧縣令，以便錄用。更經常遣使巡察四方，以黜陟官吏，省民疾苦。刑罰方面，亦大爲寬省。對於死刑的判決與執行，尤爲審愼。凡死刑罪案，皆命中書、門下兩省四品以上官員與尙書詳加討論，以免寃濫。

史書記載貞觀四年（六三〇）米價每斗不過三四錢，社會秩序安定，「外戶不閉」，被處死刑罪犯僅二十九人。此後政治日益進步，國勢亦愈昌隆。太宗所以能不斷的開疆拓土，建立赫赫武功，與國力的充實以及內部的穩定，自然有連帶關係。（傅樂成）

唐宦官之禍

中國歷代宦官禍國之事甚多。而以唐代爲最烈。東漢與明代宦官權勢頗盛，但均係竊君主之權以作威福，唐代自肅宗以後，宦官竟能干預到君主的廢立。（自肅宗至唐亡共十四帝，除德宗、順宗、敬宗、哀帝外，其餘諸帝均係受宦官之支持得位。玄宗內禪，主謀者爲宦官李輔國，順宗亦受宦官之逼而禪位。憲宗、敬宗爲宦官所弑，昭宗一度爲宦官所廢。）唐代宦官的權勢實已超過了任何其他朝代，而宦官當權以後的禍國殃民乃成爲李唐王朝覆亡的主要原因。

唐初宮中雖有宦官，但尙不能干涉外朝政治。唐代宦官權勢之强盛始自玄宗時代，玄宗最寵信宦官高力士，當時大臣如宇文融、李林甫、韋堅、楊國忠、安祿山、高仙芝等皆厚結力士以取將相位。自玄宗以後，宦官在政治舞台上成爲重要的角色，主要當權的宦官有：肅宗朝李輔國，代宗朝程元振、魚朝恩，德宗朝竇文場、霍仙鳴，憲宗朝吐突承璀，穆宗朝馬存亮、梁守謙、敬宗朝梁守謙、魏弘簡，文宗朝王守澄，魚弘志，仇士良，武宗朝仇士良，宣宗朝楊欽義，懿宗朝楊玄价，僖宗朝田令孜、楊復恭，昭宗朝劉景宣、駱全瓘、劉季述、韓全誨。

肅宗時李輔國以擁立之功而「勢傾朝野」，「每日於銀台門決天下事，須處分便稱制勅。」代宗廣德元年（西元七六三）九月吐蕃入寇，程元振判元帥行軍司馬，專權自恣，不以吐蕃警上聞，十月吐蕃逼京師，代宗倉卒奔陝，詔方鎮勤王，方鎮畏元振，無有至者。繼程元振之後，魚朝恩當權，妄作威福，朝廷政事有不豫者，朝恩輒怒曰：「天下事有不由我邪？」德宗建中四年（七八三）十月發生涇原兵亂，德宗倉卒出奔，時惟宦官竇文場、霍仙鳴等護衞左右，及德宗還京，遂以竇、霍分統禁兵，貞元十二年（七九六）六月特立神策軍中尉兩員，以竇、霍分任左右神策軍護軍中尉，自此以後，左右神策中尉遂成爲宦官中最有力的人物，而宦官從此在制度上獲得中央禁軍的統馭權，使宦官的權勢建立起堅固的基礎。德宗崩，順宗立，翰林學士王叔文用事，謀奪宦官兵權未能成功，在宦官壓力之下，順宗禪位於太子純（憲宗），史稱「永貞內禪」。元和十五年（八二〇）正月，憲宗爲宦官陳弘志所弒，宦官王守澄等共立穆宗。至文宗時，文宗與宰相宋申錫謀除宦官，謀洩，宦官遂先誣構申錫謀逆，文宗不察，遠貶申錫。太和九年（八三五）十一月壬戌，宰相李訓與左金吾衞大將軍韓約等謀在宮中誅宦官，欲假稱天降甘露以誘宦官首領仇士良等至金吾左仗而殺之，事未成，宦官遂大殺朝臣，史稱「甘露之變」。自此後，中央政府完全控制在宦官手中，文宗與朝臣均不敢與宦官抗衡，「天下事皆決於北司，宰相行文書而已，宦官氣益盛，迫脅天子，下視宰相，陵暴朝士如草芥。」及宣宗朝，宦官權勢仍盛，然而由於朝臣屢次利用宦官內部派系不和以製造矛盾謀誅宦官，宦官逐漸產生一種「族類」的感覺，團結一致以對外，於是造成宦官統制中央全局益加不可動搖的權勢，同時也演成宦官與朝臣水火不相容的形勢。自宣宗經懿宗、僖宗至昭宗，數十年間，宦官與朝臣之對立愈來愈尖銳化，相互謀誅對方。由於宦官手握禁兵，宦官權勢經常駕凌朝臣之上，唐末諸帝亦被宦官玩弄於掌股之間，光化三年（九〇〇）十一月左神策軍中尉劉季述廢昭宗，一個多月後，由於宣武節度使朱全忠之助而使昭宗復位，但兩年後，昭宗又爲宦官韓全誨等所迫西奔鳳翔，昭宗始終受制於宦官。

自黃巢之亂以後，藩鎮勢力趨於强大，中央權力大創，經濟來源不繼，中央禁軍力弱，因此，宦官在京內似乎仍舊氣燄萬丈，然而實際上權勢正在衰落，宦官於是常與强大藩鎮勾結，以爲外援來對抗朝臣，朝臣也同樣勾結另一批藩鎮來對抗宦官。天復元年（九〇一）十一月韓全誨等宦官爲避朱全忠而挾昭宗走依鳳翔節度使李茂貞，宰相崔胤則結朱全忠以兵攻鳳翔，至天復三年（九〇三）正月李茂貞兵敗求和，遂殺韓全誨等宦官送朱全忠營，昭宗還長安，崔胤奏請盡誅宦官，至此，自玄宗以來近二百年之宦官權勢與氣燄歸於煙消雲散。

唐代宦官當權以後對政治造成重大的不良影響至少有：㈠安史之亂以後，中央政府所遭遇到的政治危機，皇帝離京逃難，其關鍵常在宦官弄權，結果使李唐王朝威信大創，走向崩潰之路。㈡宦官公開貪汚，倡導賄賂，使政風敗壞。㈢由於宦官只圖私利，致虐害百姓之事層出不窮。㈣宦官控制中央禁軍，却又乏軍事才能，以致使中央軍愈來愈弱，無作戰力。㈤宦官常任藩鎮之監軍，欺凌藩鎮，造成藩鎮對中央的離心，宦官爲特使宣慰藩鎮時，又常因貪心太盛以致激叛藩鎮。

宦官的權勢得自皇帝，其利害應與王朝相同，理應効忠皇帝，爲保衞中央威權而盡力。然而，宦官由於私心太重，妄自作威作福，不識大體，於是在內則壓制皇帝，打擊中央政府的威信，在外則激怒藩鎮，促成地方對中央的跋扈、叛逆，領兵則招敗取辱，浪費中央的兵力財力，臨民則凌虐百姓，削弱人民對李唐王朝的向心力。因此，宦官弄權的結果，使得李唐王朝的威勢低落而覆亡。（關於唐代宦官問題主要參考資料除兩唐書、通鑑唐紀外，可參考趙翼「廿二史劄記」卷二十唐代宦官之禍條、陳寅恪著「唐代政治史述論稿」、王壽南著「唐代宦官權勢之研究」）（王壽南）

桓溫北伐

桓溫（三一二～三七三），東晉人，宣城太守彝之子。生當懷、愍二帝被擄，晉室南渡之際。既長，選尚南康長公主。受知於庾翼，薦之於明帝，遂繼翼而鎮江陵。穆帝永和二年（三四六），西平李勢，而聲威日隆。時除少數苟安之士外，晉人莫不欲早復中原，然朝廷惟恐權臣勢重，動搖國本，故時加掣肘。石虎死，諸子爭立，中土大亂。永和七年（三五一），溫屢求北伐，不爲朝議所許。遂聲言北伐，拜表便行，順流而下，達武昌，衆四五萬，人情震駭，乃迴軍江陵。而朝廷用以抗溫之殷浩，雖至洛陽，脩復園陵，經涉數年，而屢戰屢敗，器械都盡。溫遂於永和十年（三五四）請伐氐秦，統步騎四萬，發江陵，水軍自襄陽入均口，至南鄉，步自淅川，以征關中。遂至灞上，三輔郡縣皆來降，人皆安堵復業，持牛酒迎溫於路者十八九，耆老感泣曰：不圖今日復見官軍。初，溫恃麥熟，取以爲軍資，而苻健芟苗清野，軍糧不屬，收三千餘口而還。進溫征討大都督，督司冀二州諸軍事，委以專征之任。永和十二年（三五六），姚萇陷許洛，溫分師以為形勢，自江陵北伐，經金城，過淮泗，踐北境，師次伊水，敗襄大軍。入洛陽，屯故太極殿前，徙入金墉城，謁先帝諸陵，並繕復被侵毀者，遂旋軍，遷降人三千餘家於江漢之間。溫還軍以後，司、豫、青、兗復陷於賊。廢帝太和四年（三六九），又上疏，悉衆北伐，步騎五萬，進次金鄉，時天旱，水道不通，乃鑿鉅野三百餘里，以通舟運，自清水入河，遂至枋頭。終以軍糧竭盡，溫焚舟步退，自東燕，出倉垣，經陳留，鑿井而飲，行七百餘里，為慕容垂追及，死三萬餘人。溫本負其才力，久懷異志，欲先立功河朔，還受九錫，既逢覆敗，名實頓減，於是參軍郗超進廢立之計，溫乃廢帝奕而立簡文帝，復望簡文臨終禪位於己，不爾，便為周公居攝事，既不副所望，故甚憤怨，遇疾而死。而桓溫北伐之功，亦終成泡影。（何啓民）

租庸調

租庸調，唐代前期賦役之制。為唐高祖武德七年，參照隋的制度而定，與均田制度實為表裏。租為田賦徵其穀，庸為丁役徵其力，調為戶調徵其布。其法為：丁男授田一頃（二十畝為永業，其餘為口分），每家輸粟二石或稻三斛，謂之租。隨鄉之所出產，歲輸綾、絹、絁各二丈；布加五之一。輸綾、絹、絁者，兼綿三兩；輸布者兼麻三斤；非蚕、麻鄉不產絹、布者，輸銀十四兩；謂之調。凡丁每歲服役二旬（二十日），閏加二日，不服役者，日輸絹三尺，謂之庸。有事而加役十五日者免調。加三十日者租調皆免。水旱蟲霜為災什損四以上免租。損六以上免調，損七以上課役俱免。武后時，人口加多，政府不能如制授田；安史亂起，人民多逃亡，版籍喪失，丁戶出產無可考，租庸調制無法實施。德宗時，楊炎為相，始以兩稅法代租庸調制。（李樹桐）

淝水之戰

前秦苻堅，任用王猛為相，國內大治，及至統一北方，又欲伐晉以一中國。當時晉維繫中原人心，為正統所在，不亡晉難以居正統，曾曰：「吾終不以賊貽子孫，」足見其意志堅決。王猛病危時，堅往探視，問以後事，猛曰：「臣死之後，願不以晉為圖，鮮卑、羌，國之仇也。」但並未能打消堅伐晉之念。

太元八年（三八三）七月，堅決意南征，募材勇，朝中群臣多反對，惟慕容垂、姚萇與良家子極力贊助，陽平公苻融諫曰：「鮮卑、羌虜，我之仇讎，常思風塵之變，以逞其志，所陳策畫，何可從也？良家少年皆富饒子弟，不閑軍旅，苟為諂諛之言，以會陛下之意，今陛下信而用之，輕擧大事，臣恐功既不成，仍有後患，悔無及也。」堅亦不聽。八月，堅遂以苻融、慕容垂等統率步騎二十五萬為先鋒，堅自長安出發，督步卒六十萬，騎兵二十七萬，旌旗相望，前後千餘里，又征調涼州、蜀漢、幽冀之兵，動員遍全國，聲勢浩大。

時晉由謝安當國，其姪玄於太元初北鎮廣陵，多募勁勇，劉牢之以驍猛應其選，拜為參軍，統領精銳為前鋒，百戰百勝，稱為北府兵。玄即賴以於淝水戰敗苻堅的百萬大軍。其時晉以謝石為征討大都督，玄為前鋒都督，共統兵八萬人；衆寡懸殊，朝野驚恐，安、石、玄等皆無必勝之望。

苻融所率二十七萬前鋒部隊，先攻陷壽陽，苻堅留大軍於項城，親至第一綫指揮作戰。秦將梁成所統率五萬部隊駐守洛口，以遏阻晉兵，被劉牢之所率五千精銳擊潰，堅與融登城遠望，見晉兵部伍行陣嚴整，驍勇善戰，草木亦疑為晉兵。堅遣度支尚書朱序至晉軍勸降，序本晉將，守襄陽，太元三年降秦，乃將秦軍虛實告訴謝石、玄，勸石玄在前秦百萬大軍未集結前，速擊之，挫其前鋒，則不戰自潰。玄從之。時兩軍對峙於淝水，玄即遣使告苻融曰：「君懸軍深入，而置陣逼水，此乃持久之計，非欲速戰者也，若移陣少却，使晉兵得渡，以決勝負，不亦善乎？」堅與融皆欲乘晉兵半渡擊之，遂下令退却，但二人企圖未為全軍共曉，既退，乃不可復止。謝玄、謝琰等乘機急速渡過淝水追擊，秦軍大敗，苻融為制止退兵，人馬倒地，為晉兵所殺，堅亦為流矢所中，秦兵大敗，自相踐踏而死者不可勝數。逃逸者聽風聲鶴唳，皆以為晉兵來追。秦兵晝夜逃竄而去。晉軍本無求勝之望，有此戰果，可謂萬幸。

苻堅逃回洛陽，收拾殘衆，僅十餘萬。不久，慕容垂、姚萇紛紛叛變，統一的北方再告分裂，東晉安於小成，未能乘勝收復中原，遂開後日南北朝對峙之局，陷中國於長期分裂。（參考晉書卷七九謝玄傳，卷八四劉牢之傳，以及卷一一四苻堅下）（王德毅）

崔浩事件

崔浩，字伯淵，清河東武城人。父宏，字玄伯，少仕苻堅，後又仕慕容垂，北魏道武帝用為黃門侍郎，與張袞對總機要，草創制度。後遷吏部尚書。及置八部大人，以擬八坐，宏通署三十六曹，如令、僕統事，深爲道武所任。而浩當道武時，給事秘書，轉著作郎。及明元帝立，拜博士祭酒。明元好陰陽數術，而浩能爲易筮，通天文，又善說洪範五行，始與軍國大謀，甚爲寵密。浩勸立太武爲太子，太武監國，浩爲右弼，乃出入臥內，加侍中，後遷司徒。恭宗總百揆，復與宜都王穆壽輔政，爲漢人中最得虜親任者。北魏初年之典章制度，不僅幾全出其父子之手，更可說是當時漢人世族之領袖。

初，道武詔尚書郎鄧淵著國記十餘卷，編年次事，體例未成。逮於明元，廢而不述。神䴥二年（四二九），詔集諸文人，撰錄國書。浩及弟覽、高讜、鄧穎等共參著作，敍成國書三十卷。及平涼州之後，復命浩監秘書事，以中書侍郎高允，散騎侍郎張偉參著作，續成前紀。著作令史閔湛、郄標，素諂事浩，乃請立石銘，刋載國書，并勒所注五經，浩贊成之，恭宗善焉。遂營於天郊東三里，方百三十步，用功三百萬乃訖。浩盡述國事，備而不典，而石銘顯在衢路，往來行者，咸以爲言，太平眞君十一年（四五〇），事遂發聞。有司案驗，不僅崔浩本人遭戮辱，清河崔氏無遠近，范陽盧氏、太原郭氏、河東柳氏，皆以浩之姻親，而盡夷其族，秘書郎、吏以下盡死。

近人多有考證其事者，以爲崔浩雖盡述國事，備而不典，然罪不至於此。崔浩事件之所以牽連如此之衆，遭遇如此之慘，實由於崔浩所有之設謀畫策，無一非爲中國計者。浩嘗自恃才略，魏主所寵任，薦冀、定、相、幽、并之士數十人，各起家郡守，恭宗不可，浩固爭而遣之。又整齊人倫，分明姓族，以期在拓拔君主領袖之下，而行世族政治之實。甚且欲以漢族之士大夫，大結合以謀虜。終爲虜所覺，乃借是以殺浩，又多殺郎、吏，以掩人耳目，然其意實不在此也，世人亦莫不知之。

此一事件之直接影響，爲魏主因是而對漢人起戒心；就漢世族而言，此次事件亦可視之爲一教訓，知憑乎一己之力，尚不足與統治階級相抗衡，移國、奪權之野心亦因是而消失，此後轉而與魏主衷誠合作。故崔浩事件，實可謂之爲一劃時代之關鍵大事。

參考王伊同「崔浩國書獄釋疑」（清華學報一卷二期）、余發根「永嘉亂後北方的豪族」、孫同勛「拓拔氏的漢化」。（何啓民）

莊園制

莊園之名，始見於漢武帝時。自魏晉時起，由於大族興起與土地集中，部分農民因喪失土地降而爲佃客或部曲；大族的莊園漸具雛形。及拓跋魏入主中原，將掠來人口與土地分配於從征軍政首長，於是「莊園制度」產生。經隋及唐，莊園制度更爲顯明而普遍。唐代莊園，大致可分爲皇帝的莊園、貴族的莊園與寺院（或道觀）的莊園數種，是貴族的私有田產。皇帝莊園土地的來源，大半爲前代五朝所遺留，間有收取於犯人或買來的。貴族莊園土地，或由皇帝賞賜，或從貧農手中購得。寺院莊園土地，或出自王公、貴族佈施，亦有信徒或無嗣者捐贈。莊園並非集中於一處，而分散於各州、縣、鄉。皇帝莊園，多名爲「宮」或「苑」，由莊宅使（或稱苑使或稱宮使）管理。主要者爲長安莊宅使與東都莊宅使，分別管理長安、洛陽附近莊園。比較零星或小的莊園，多由地方官吏兼管。貴族莊園由貴族派莊吏管理。寺院莊園管理人，或稱「知莊」，或名「知墅」。莊園土地面積數目，史書無明確統計，僅知元和年間，皇帝在東都附近莊園，有六百五十頃之多。貴族或寺院莊園分佈於都市近郊，大多供莊主娛樂怡養之用，名稱多爲「別業」「別墅」。莊內多修樓、閣、亭、臺、軒、榭，有花園種植花、草、竹、木，亦有天然或人造山水者，亦有設果園、菜園者。玄宗時，春明門外寧王憲之莊園，建築設備，最爲有名，玄宗皇帝常與群臣在其地讌賞。莊園位於偏僻地方者多名爲莊，或種植花木，或兼營農業。兼營農業者，有莊院、莊宅、莊屋，更或有舖、店、碾、磑、茶園、菜園、車坊、塩畦等不定。專供遊樂之別墅，內有奴婢、園丁，園丁最受重視，德宗時園丁一年工資或多至千貫。經營農業的莊，內有莊客及傭人等。較小莊園，與普通農村相同。收割時節，或莊主親往監視，或由莊吏代管。亦有租予莊客而徵收租的。租的種類頗爲複雜，有粟、錢、絲、麻、草等，數量多少亦各不同。遇有荒旱年景，莊客不能繳納，或一部或全部豁免。莊園對於國家，大體是完全免賦。所以廣大莊園的存在，就侵蝕了國庫的收入。武宗的會昌滅佛，收寺院的良田及奴婢，即含有經濟因素。會昌以後，寺院莊園自然受了打擊，唐代末葉，貴族不肖子弟出賣莊園，層出不窮，貴族莊園乃發生重大變化。嗣後各代，莊園制度仍然存在。明代皇帝莊園稱皇莊。清代皇室莊園，遍佈於京畿及盛京附近，有一等莊、二等莊、三等莊，及豆糧莊、稻田莊、菜園莊等名。（李樹桐）

清談

清談一詞，最初似始見於魏張璠漢記，謂鄭泰說董卓：「孔公緒清談高論，噓枯吹生。」（三國志魏書卷一武帝紀注引；後漢書卷一百鄭太傳同見。）意謂孔伷徒事空談，無預實務。

東漢時尚「清議」，月旦人物，乃有黨錮之禍；人爲明哲保身，漸演而爲「清談」。初亦臧否人倫，兼談名理，時以郭太、謝甄、邊讓等最知名。

魏武尚權謀，任用薄行異能之士，風氣丕變，名士所談，亦轉無有之境。正始間，何晏、王弼等，善談玄虛，時以老、莊、周易稱「三玄」，最爲談士所樂道，「正始玄風」，奠基於此。

此後兩晉擾攘，世事無常，老莊之道，益足發人深省。阮籍、嵇康等，口談玄虛，不遵禮法；樂廣、衛玠等慕而效之。其後在朝者如王衍、王導、桓溫、謝安等，亦無不崇而好之。清談之內容，亦由玄虛兼及于陰陽休咎、說夢占驗，以至釋家般若之說，百氏門譜之學，亦無不成爲談資。

清談之風，隨晉室東渡而盛行于江南，北方則少受感染，故隋文平陳，統一區宇以後，談風亦爲之消衰。（孫以繡）

理學

理學亦名性理學、道學、新儒學或宋學。東漢以降，治經專重訓詁，宋儒則以義理爲主，故名理學；又以其兼言性命，故亦名性理學；宋儒講學著書，多闡發孔孟之道，故亦名道學；宋儒雖闡發儒家道統，然其思想實參雜有玄學與佛學之成份，故亦名新儒學，以示別於舊儒學也；理學肇始於宋，故又名宋學。

理學產生，蓋有三種淵源：

㈠儒學：中國儒家之學，爲先秦九流十家思想中主要派別之一，至漢武帝罷黜百家獨尊儒術後，儒家之學遂成中國之正統思想，儒家經典亦成官書。宋儒治學，其所憑藉主要經典，卽爲周易與四書（大學、中庸、論語、孟子）。周易爲儒家哲學之本；四書係儒家治學方法、道德實踐、王政設施所據。此於宋儒之象數性理、實踐哲學、治學方法及政治哲學影響頗鉅。

㈡玄學：魏晉之際，老莊之學，勃然興起。老莊之學，祖尚虛無，故曰玄學。老子主張「天下萬物生於有，有生於無，」王弼本之，謂「萬物皆由道生」，是知無卽是道；又老子主張「天法道，道法自然，」故自然卽道，是知無與自然，並爲道之異稱。此種天地萬物生於同源之一元思想，實爲宋儒周濂溪與朱子太極理氣主張之先導。

㈢佛學：南北朝時，佛學興起。佛學所重在心性意識，如禪宗所謂「以心傳心，不立文字，直指人心，見性成佛。」此種觀念於宋儒提倡理性心氣之觀念影響頗爲深遠。

自宋迄明爲理學全盛時代，其主要代表人物爲宋之周敦頤、邵雍、張載、程顥、程頤、朱熹、陸九淵及明之王守仁。主要思想約可分爲三派：

㈠象數：本周易象數之義及道教圖書之傳，衍繹發揮而立論，如周敦頤之太極圖說、邵雍之先天易及張載之正蒙等，涉及天道陰陽，皆本於易義而成之說。

㈡理氣：理爲形式法則，氣爲實質內容，此爲二程及朱子立論之精要，亦爲理學之骨幹。

㈢心性：探討主觀之心，闡發天賦之性，以自我爲主宰，外物爲隨從，宇宙吾心，合而爲一，良知所照，境從心生。陸九淵倡之於先，王守仁和之於後，心學由此而興。

總之，理學不僅講修、齊、治、平之道，且謀探討其原理，而求教之本於性，求性之本於宇宙，並論日常道德之哲學基礎，故重人性與宇宙之關係。（石文濟）

陳橋兵變

趙匡胤爲周世宗殿前都點檢，掌管禁軍，握京師實權。世宗卒，子恭帝立，年僅七歲。建隆元年（九六〇），北漢結契丹入寇，匡胤受命，率宿衛諸軍抵禦。出征之日，京中謠傳：「當立點檢爲天子」。及軍次陳橋驛（開封北），晚間將士擐甲執兵仗，讙譟突入驛中，聲言策點檢爲天子。匡胤醉臥，胞弟匡義入告匡胤，匡胤驚起，諸將露刄羅立於庭，並齊言：「諸軍無主，願奉太尉爲天子」。不待匡胤答話，有人以黃袍加於匡胤身上，群衆羅拜，歡呼萬歲，卽擁扶匡胤上馬南行。諸軍整頓隊伍，入汴梁，秋毫無犯。恭帝禪位，匡胤拜受，卽帝位，國號宋。史稱陳橋兵變。案此事最早之記載見於司馬光之涑水紀聞。而司馬光記陳橋之變，乃爲將士擁立匡胤，不著將士之名，卽匡義（太宗）亦僅爲將士代白；至李燾撰續資治通鑑長編，乃頗有所增，如謂初三日，軍中有苗訓者，知天文，謂日下有日，乃天命也。又記擁立將士爲歸德節度掌書記趙普，殿前都指揮使石守信，殿前都虞候王審琦及趙匡義等，並記普與匡義屢叱止諸將士。惟此實係李燾所加，燾所據爲宋眞宗卽位後重修之新實錄，見長編記陳橋事變文：「匡義立於馬前，請於剽刼爲戒」下之附註 ：「所記趙匡義、趙普二人之事皆日後所追加，」「二人非陳橋事變之主謀，」「二人之所以强無功爲有功者，在匡義則爲掩飾其繼位之非法，僞爲擁立有功，故太祖早願傳位於彼也；在普亦爲抬高其地位，以攀附新君。」「二人旣非陳橋事變之主謀者，則策畫者實趙匡胤本人。」(一)涑水紀聞卷一：「周恭帝之世，有右拾遺直史館鄭起上宰相范質書，言太祖得衆心，不宜使典禁兵。質不聽。」可知鄭起早已窺知匡胤有簒奪之心矣。(二)蘇轍龍川別志卷上記陳橋兵變，范質聞亂後對宰相王溥曰：「倉卒遣將，吾儕之罪也！」又記質入見太祖曰：「先帝養太尉如子，今身未冷，奈何如此？」續記曰：「太祖性仁厚，流涕被面。」欲爲太祖解嘲，但已不能取信於後人矣。同書敍上引各語前，並曰：「周顯德中，以太祖任殿前都點檢，功業日隆而謙下愈甚，老將大校多歸心者。雖宰相王溥亦陰效誠款。」意蓋謂太祖久蓄竊位之意，非一日矣。(三)王偁東都事略卷十三，宣祖昭憲皇后杜氏世家曰：「及太祖爲群情擁戴，自陳橋還京，人走報后曰：『點檢已作天子。』后曰：『吾兒素有大志，今果然矣。』」此則匡胤之母亦不爲兒子之野心諱矣。(四)涑水紀聞卷一另一條則記述更顯明。先叙出征之日，京中卽謠傳「出軍之日當立點檢爲天子。宮室或挈家逃匿於外州，獨宮中不之知。」此謠詠自何而來？司馬光續記曰：「太祖懼，密以告家人曰：『外間洶洶若此，將如之何？』太祖姊面如鐵色，方在廚引麪，杖逐太祖擊之，曰：『丈夫臨大事，可否當自決胸懷，乃來家間恐怖婦女何爲耶？』太祖默然而出。」觀此，則匡胤之陰謀，其母與姊或爲幕後主使人，至少必曾參與計劃。(五)長編卷四乾德元年十二月記楊徽之曾語周世宗曰：「上有人望，不宜典禁兵。」卽無異謂匡胤有不忠嫌疑。(六)此外尙有一最有力之證據，卽涑水紀聞記匡胤爲天子後，欲使符彥卿典兵，趙普反對。匡胤以爲彥卿決不至叛變，普因當時爲私人談話，故卽大膽曰：「『陛下何以能負世宗？』上默然，事遂中止。」文亦見長編卷四，此引長編。見方豪氏「宋史」(一)一八至一九頁。蔣復璁氏亦曰：「陳橋兵變完全模仿澶州兵變，而布置周密，則後勝於前。」見「宋代一個國策的檢討」，載宋史研究集第一輯（民國四十七年六月中華叢書委員會印行）四一二頁。亦證陳橋兵變爲宋太祖所模演。（程光裕）

開元之治

唐玄宗卽位之翌年，改年號爲開元。此一年號，共二十九年（七一三～七四一）。在這期間，玄宗勵精圖治，奮發有爲，開元初，任姚崇、宋璟爲相。姚崇善謀，重大政事，玄宗必命姚崇策劃。宋璟性剛直，每有諫諍，玄宗輒屈意聽納。姚宋之外，又有韓休、張九齡皆以淸正方直著稱，張嘉貞以吏治著，張說以文章顯，元紘、杜暹以儉德名，蘇頲以讓道見稱。前後賢相輩出，輔佐玄宗，共以貞觀時代政治爲其追隨目標。貞觀時定制：中書、門下及三品官入奏事時，必使諫官史官隨之，有失則匡正，美惡必記之。高宗時，許敬宗、李義府用事，此制遂廢。開元初年，宋璟爲相，乃恢復此制。玄宗崇尙節儉，下令將乘輿服御金銀器玩銷毀以供軍國之用，珠玉錦繡焚於殿前。不許士庶服錦繡珠翠之服。罷兩京織造坊，停諸陵供鷹犬，禁女樂，出宮嬪，禁止厚葬。在政治方面：愼選人才，整頓紀綱，寬緩賦役，糾正重京官輕外官的風氣，下制京官有才識者，除都督刺史，都督刺史有政績者除京官。在經濟方面：嚴禁天下使用惡（小而輕）錢，行好（大而重）錢，政府以好錢布絹米穀換回惡錢，銷毀重鑄。改善漕運制度，北運江淮糧物。在軍事方面：鑒於府兵之法破壞，另行召募精壯十二萬人，充任宿衞，初名「長從宿衞」後改名「彍騎」。屯駐重兵於西北以防邊患，注意馬的牧養，增加馬匹數目以强化國防。由於玄宗及群臣的努力，造成開元時代輝煌的政績。當時社會安定，物價低廉，開元十三年封泰山時，米斗十三文，靑、齊穀斗至五文。公私倉廩俱豐，庫藏財寶山積。戶計約一千餘萬，男耕女織，百姓樂業，路不拾遺，行不齎糧。老年丁壯，不識兵戈，少年兒童，皆知禮讓。東至汴宋，西至岐州，夾路列店待客，酒饌豐溢，南至荊襄，北至太原范陽，西至蜀川涼府，皆有店肆以供商旅，遠適數千里，不持兵刄。邊疆四裔不敢乘月犯邊，烽火不驚，各國重驛來朝，膜拜丹墀之下，皆以受唐策封爲榮。國富民豐，四海昇平，華戎同軌，古所罕見。史稱開元之治。（李樹桐）

黃巢之亂

黃巢，唐末曹州冤句人。世鬻鹽，富於財，善擊劍騎射，稍通書記。辯給，喜養亡命。咸通末（八七三），歲饑盜興。乾符二年（八七五），濮名賊王仙芝亂長垣，殘曹、濮。黃巢好亂，遂募衆數千人從之，轉寇河南。僖宗使平盧節度使宋威，與其副曹全晸數擊賊，敗之。拜諸道行營招討使，以左散騎常侍曾元裕副焉。仙芝略沂州，威敗之於城下。仙芝亡去，威因奏賊渠已死，群臣入賀。不數日，賊復聚，不十日，破八縣。帝憂近東都，於是令諸鎭守潼關、衛東部、侍宮闕。賊攻汝州，殺其將，破陽武，圍鄭州不克。殘郢、復二州，轉入申、光。破隋州，執刺史。據安州，圍舒，擊廬、壽、光等州。宋威老且闇，不任軍，復養寇自重，執兩端。帝亦知之，以陳許節度使崔安潛爲行營都統，以前鴻臚卿李琢代威，右威衛上將軍張自勉代元裕。賊出入蘄、黃。蘄州刺史裴渥爲賊求官，約罷兵。詔拜仙芝左神策軍押衙。巢恨賞不及己，因擊仙芝。仙芝懼衆怒，即不受命，劫州兵。賊分其衆，尙君長入陳蔡，巢北掠齊魯。衆萬人，入鄆州，殺節度使薛崇，陷沂州，遂至數萬。由潁、蔡保嵖岈山。時柳彥璋又取江州，執刺史陶祥。巢復與仙芝攻宋州。張自勉救至，仙芝南度漢，攻荊南，陷之。左武衛將軍劉秉仁殺彥璋。巢攻和州，不克。仙芝取洪州，進破朗、岳，圍潭州不克。乃向浙西，擾宣潤，不得志。帝復起宋威、曾元裕以招討使，令楊復光監軍。復光以詔諭賊，仙芝遣蔡溫球、楚彥威、尙君長來降，欲詣闕請罪。宋威上書言與君長戰擒之，復光固言其降，訊不能明，卒斬君長等。仙芝怒，還攻洪州，宋威自將往救，敗仙芝於黃梅，斬首五萬級，仙芝爲所獲，傳首京師。

當此時，巢攻亳州未下。君長弟讓率仙芝潰黨歸巢，推巢爲王，號衝天大將軍。驅河南、山南之民十餘萬，掠淮南進元五覇。巢破考城、取濮州，掠襄邑、雍丘。巢寇葉、陽翟，欲窺東都。巢兵在江西者爲高駢所破，寇新鄭、郟、襄城、陽翟者爲崔安潛逐走。在浙西者爲裴璙所殺甚衆。巢詣天平軍乞降，詔授右衛將軍。巢以藩鎭未足制己，即叛去。轉寇浙東，踰江西，破虔、吉、饒、信等州。開山路七百里，直趨建州。時乾符六年（八七九）三月也，閩地諸州皆沒，詔高駢拒賊。

巢陷桂管，進寇廣州，求天平節度，不可。又丐安南都護、廣州節度使，以巢爲率府率。巢大詬，陷廣州。會賊中大疫，遂引北還。破潭州，進福江陵，號五十萬。山南東道節度使劉巨容，與江西招討使曹全晸敗巢於荊門，巢懼東走。或勸巨容窮追，答曰：「國家多負人，危難不吝賞，事平則得罪，不如留賊冀後福。」止不追。故巢得復整，攻鄂州，入之。轉掠江西，再入饒、信、杭州，衆至二十萬。攻臨安不克，還殘宣歙等十五州。

廣明元年（八八〇），巢陷睦、婺二州，又取宣州，而漢宏殘衆寇宋州，掠申、光，與巢合，濟采石，侵揚州，高駢按兵不出。巢悉衆渡淮，妄稱率土大將軍，整衆不剽掠，所過惟取丁壯益兵。李罕之犯申、光、潁、宋、徐、兗等州，吏皆亡去，巢自將攻汝州。朝廷說帝幸蜀，而巢已陷東都。留守劉允章以百官迎賊，巢入勞問而已，里閭晏然。賊進取陝虢，由禁谷而入，陷關。帝欲趨咸陽，惟福穆潭壽四王與妃御一二從。巢入長安，縛箠居人索物號淘金，亂人妻女，宗室、官吏悉斬之，火廬舍不可貲。卜日舍含元殿，僭即位號大齊，建元金統。乘輿次興元，詔促諸道兵復京師，遂至成都。鄭畋遣司馬唐弘夫伏兵擊賊，大破之。弘夫乘勝，與程宗楚薄長安。巢東走，聞官軍不整，引兵還擊。時軍士得珍賄不勝載，聞賊至，負重不能走。巢復入，縱殺八萬人，謂之洗城。中和二年（八八二）遣使徵李克用勤王。次年復長安。巢東走，陷蔡、圍陳。三年（八八四），巢黨斬巢降。（王吉林）

隋開運河

隋代開鑿的運河共有五條，即廣通渠、通濟渠、邗溝、江南河與永濟渠。廣通渠開鑿於文帝時，其他四條皆於煬帝時完成。

文帝開河的動機，主要爲便利漕運。當時關中農產雖稱富饒，但政府仍須從關東輸入食糧。兩地間山嶺險阻，運輸不便，而渭水又不利舟楫，因此文帝於開皇四年（五八四），命宇文愷督率水工，在渭水南開廣通渠，引渭水入渠內，從首都大興（今西安市）東流至潼關入黃河，全長三百餘里，與渭水南北平行。大體循漢代所開漕渠故道，並非全以人力鑿成。

煬帝開河，主要目的乃在遊玩。大業元年（六〇五）開通濟渠，從洛陽西苑引穀洛水繞洛陽城南，東到洛口（今河南鞏縣北）入黃河，然後沿黃河到坂堵（今河南汜水縣東），引黃河經滎澤（今河南鄭縣西北）以北，而入汴水；再從浚儀（今河南開封縣）之東，引汴水經梁郡（今河南商邱縣）與彭城郡南境（今安徽宿縣一帶）至盱眙（今安徽盱眙縣），然後入淮。前後徵用河南、淮北諸郡民夫達百餘萬。同年，煬帝又徵發淮南百姓十餘萬，把舊日溝通江淮的邗溝加以疏濬。其水自山陽（今江蘇淮安縣）南流經江都（今江蘇江都縣）附近入長江。於是穀洛水、黃河、汴水、淮水、邗溝、長江連成一綫，南北交通，頓形便利。

永濟渠的開鑿，目的在用兵高麗。大業四年（六〇八）徵黃河以北諸郡男女百餘萬人服役。一面疏濬沁水下流，使與黃河暢通；一面引沁水上流東北向，經獲嘉（今河南獲嘉縣），新鄉（今河南新鄉縣）以北入衞水。再將衞水加以疏濬，北流經清河（今河北清河縣北）、長蘆（今河北滄縣）等地至今天津一帶的沽河，然後沿沽河至涿郡（今北平市）。其後煬帝征高麗，凡出動軍隊及民夫達三百萬人以上，糧械被服，大半由永濟渠輸送，而以涿郡為東征大軍的集中地。

大業六年（六一〇），煬帝為東巡會稽，又開江南河。自京口（今江蘇鎮江縣）至餘杭（今浙江杭州市），共長八百里，大部份仍沿古代渠道加以疏鑿。

隋代五條運河開鑿成功後，使整個帝國內部的交通大為增進，南方人可以從餘杭乘船北行直達涿郡，西行直達洛陽和大興。而運河所貫穿的地帶，又皆為經濟文化發達之區。南北朝以來南北橫斷的地形為之打破，大有助於統一基礎的奠定。隋以後，更成為唐帝國的經濟命脈。（傅樂成）

都護府

「都護府」初置於唐代，而「都護」則始設於西漢。首任都護為鄭吉，吉於破車師、降日逐、威震西域之後，遂並護車師以西北道；督察西域三十六國；故號曰「都護」。此為宣帝地節二年（六八）事，後廢置。光武時，西域諸國請復設，被謝絕，明帝永平十七年（七四），班超既定西域，方又置之。晉宋以後，亦有其官。迨至唐代，遍設都護府於四陲。貞觀十四年（六四〇）置安西，二十一年（六四七）置燕然，永徽元年（六五〇）置單于、瀚海，顯慶二年（六五七）置濛池、崑陵，龍朔元年（六六一）置雲中，總章元年（六六八）置安東，調露元年（六七九）置安南，建中二年（七八一）置北庭。諸都護府之設置年代，固有早晚；設置期間，亦有長短，且多數都護府之名稱，變化反覆，不一而足，其中尤以北邊諸都護府為然。各都護府之治所，經常遷徙，安西都護府本治交河城，長壽二年（六九三），移之於龜茲。安東都護府本治平壤城，上元三年（六七六），移於遼東故城，儀鳳二年（六七七），又移之於新城。安南都護府本治交州，寶歷元年（八二五），移於江北岸。安北都護府舊在天德，貞觀二十一年（六四七），改在甘州，開元二年（七一四），又移於中受降城，更屬屢徙不定。此外，北庭都護府治庭州，單于都護府並雲中都護府治雲中，瀚海都護府且曾移置於回紇部落。諸都護府之領地，亦變更無常。約略言之：安西，領西域諸國；安東，領朝鮮而東；安南，領交趾以南；安北，領大漠之北；單于，領大漠以南；北庭，領天山北路；燕然，領瀚海等六都督、皐蘭等七州；單于，領狼山等三都督、仙萼賀蘭等八州。一般而言，都護府大於都督府，但時亦互相升降，如改交州都督府為安南都護府，改瀚海都督府為雲中都護府，安東都護府降為都督府，後又升為都護府是。開元三年（七一四），且曾改平州為安東都護府。都護府本身，亦有大、上之別，大都護府置大都護一人，從二品，掌所統諸蕃之慰撫安輯，征討斥堠，及賞罰功過，總判府事。副都護二人，正四品上，唯安北、單于各一人。上都護府設都護一人，正三品；副都護二人，正四品；其下設長史、司馬各一人，錄事、功曹、倉曹、戶曹、兵曹、法曹、參軍各一人，參軍事三人，其安北、單于則僅有司馬、倉曹、兵曹各一人，餘均不置。唯開元八年（七二〇）勅：單于、安北等大都護府，親王遙領者，加副大都護一人，准從三品，總知府事，其副都護，准正四品上，長史正五品上。都護之人選，親王遙領者之外，有以右武衞將軍充任者，亦有以州司馬、節度使或節度留後等調任者。都護府之為用，在於征討邊遠，撫輯諸蕃。自唐以後，唯元置之，但亦僅北庭都護一府而已。降及明代，終不復置。（馬先醒）

靖康之難

北宋與遼對峙一百六十餘年中，宋人所不能忘者，為燕雲十六州之地。遼自道宗以後，國勢衰微，天祚帝繼立，亦乏才略，而在東北一隅之會寧府，則有女眞興起，於政和五年（一一一五）稱帝，國號金，連續敗遼。宋君臣無自知之明，妄欲雪先世受遼凌辱之恥，復燕雲之地，遂實行其聯金制遼政策，於宣和二年（一一二〇）締結所謂「海上盟約」，相約夾攻契丹。不幸宋徽宗所任命之童貫，輕率寡謀，貪功盲攻，本欲一擧而下燕京，反為遼軍所敗，招致金人輕視，金人旋卽攻燕，兵不血刃而下，大掠而去，宋所得者僅一空城，而每年仍納巨額歲幣。宋與遼盟好一百餘年，一旦棄之，而反結好新興方張之金，實為失計。及金人滅遼，遂進而侵宋，皆為靖康之難所由來。宣和七年（一一一二五）十月，金兵分兩路入寇，西路出西京（雲中），入太原，以粘罕任統帥，東路出南京（平州），入燕山，由斡離不任統帥。西路至太原，爲宋知太原府事張孝純堅强抵抗，相持數月不下，東路則有前降宋將郭藥師轉而降金，斡離不用爲嚮導，宋之國防虛實盡爲金人所悉。十二月，徽宗內禪，太子卽位，是爲欽宗，改翌年爲靖康元年。斡離不受藥師之慫恿，懸軍深入，而無所顧忌，靖康元年正月三日渡黃河，初七日進圍汴都，迫宋欽宗訂城下之盟，條件極苛，欽宗許以割讓三鎭，斡離不乃退師。當是時，東京未破，兩河未失，燕雲人心未定，宋勤王師集都下者已二十萬。斡離不以孤軍駐紮東京城下，戰爭一開，未必能保其必勝。而宋君臣畏懼金兵，不敢言戰，又迫於輿論，又未能專力於和。乃使斡離不飽獲暴利而去。金方少壯將領，益輕宋人無能，乃有第二次分道南侵，進圍汴都之事，所指宋招納契丹降將，聯合西夏抗金，與停割三鎭等，則爲其侵略藉口。是年八月，金仍以兩路出兵：西路仍由粘罕擔任總指揮，猛攻太原，陷之。南下渡河趨汴，與東路斡離不軍，於閏十一月會師於東都城下。宋君臣議論不休，而無結果，金兵攻城二十餘日，汴都終告陷落，縱兵搜刮財物，京城爲之一空。欽宗親至金營議和，勒索甚鉅，金壹千萬錠，銀二千萬錠；又索少女一千五百人，宮女不願出宮，投水死者甚衆。二年正月，金人再約欽宗至營，卽拘留不使返，二月，又刼去徽宗，后妃、太子、宗室及公主駙馬六宮之有位號者，凡三千餘人，至四月，皆强迫北遷。並成立僞楚，以張邦昌爲僞帝。金兵北歸，盡將北宋一百六十餘年典章文物圖籍寶器法駕冠服等，悉數掠去，史稱靖康之難，較之西晉永嘉之亂，其慘狀尤有過之。（參考三朝北盟會編，宋史、金史各相關諸人傳）（王德毅）

新舊黨爭

「宋代之黨爭，起於變法，變法起於外患，三者之因果關係至爲顯著。然此三者有一共同之最後原因，則士大夫政治是也，貴文賤武之政策是也。」（方豪：宋史㈠一〇四頁）宋代士大夫本好爲苛論，議論朝政，爭辯遂起，積久而派系互分，朋黨對峙。臺諫爭潮，歐陽修撰「朋黨論」以進，濮議之爭，相持亦力。仁宗時，王安石道德文章，譽滿天下，上萬言書，力言改革之道。神宗爲一有爲之君，未登位時，卽思所以改善民生之道，對王安石已久重其人，登位不久，卽召入翰林，其後三年間，歷參知政事而至宰相。然未爲相前，已遭多數名公反對。韓琦以「安石爲翰林學士則有餘，處輔弼之地則不可。」（宋史韓琦傳）呂誨謂其「好執偏見，輕信姦回，喜人佞己，聽其言則美，施於用則疏，置諸宰輔，天下必受其禍。」（宋史呂誨傳）唐介以「安石好學而泥古，故論議迂濶，皆使爲政，必多所變更。」又以曾公亮薦安石，謂公亮曰：「安石果用，天下必困擾。」（宋史唐介傳）及安石既爲相，與神宗厲行新政，一時名流以德治爲尙之保守持重者，以觀點不同，尤多不以安石之政策爲然，並雜有私人意氣。當時如司馬光、歐陽修、宋敏求、呂誨、呂公著、范純仁（仲淹子）、范鎭、傅堯俞、富弼、蘇頌、文彥博、孫覺、李常、程顥、程頤、蘇轍、蘇軾、劉琦、趙抃、劉摯、楊繪、錢顗、張戩等，均不願與安石合作，極力詆毀，是爲舊黨。安石爲推行改革，自須引用支持其政策者爲助，如呂惠卿、曾布、章惇、陳升之、韓絳、蔡確等，號稱新黨。但多非眞正擁護新政，不過假新政之名，以達其權利私慾。舊黨或被斥逐，或遭罷貶，或自行引去，政局愈爲不安，民間怨聲載道，熙甯七年（一〇七四）春，久旱，飢民流離於途，時有監生鄭俠繪流民圖以進，並曰：「旱由安石所致，去安石天必雨，」慈聖，宣仁兩太后向神宗流涕曰：「安石亂天下，」安石去職，呂惠卿等繼續執政，忌安石再起，力爲排擠，「凡可以害安石者，無所不用其志。」（宋史紀事本末卷三七）此後所謂新黨，已無政策可言，與安石更無關係。神宗歿，第六子煦立，是爲哲宗，時年十歲，改元元祐，祖母高太后（英宗后）卽宣仁太后垂簾聽政，舊黨司馬光爲相，光曰：「先帝之法，其善者雖百世不可變也；若安石、惠卿所建，爲害天下者，改之當如救焚拯溺。」（宋史司馬光傳）新法及新黨罷廢。司馬光在職八月卽卒，然政權仍操於舊黨之手。其後舊黨內部分化爲三：洛黨以程頤爲首，門人賈易、朱光庭輔之；蜀黨以蘇轍爲首，殿中侍御史呂陶等爲輔；朔黨以劉摯、梁燾、王岩叟、劉安世等爲首，輔者尤多。新舊兩黨本有南北之見，新黨多南人，舊黨多北人，洛、蜀、朔亦以地域而名，政治主張復有出入，洛黨略與王安石爲近，朔黨反對新法最力，蜀黨政見無定。元祐八年（一〇九三）高太后卒，哲宗親政，改元紹聖。因不滿以往高太后之專決，連帶及於舊黨，起用新黨章惇爲相，再行新法。呂惠卿、曾布、張商英、邢恕、林希、蔡京、蔡卞、安惇等皆居要職，任言責，報仇復怨，舊黨獲罪者八百餘人。呂大防、劉摯、梁燾、范祖禹、范純仁、劉安世、程頤、彭汝礪等俱貶官。哲宗卒，弟徽宗立，向太后聽政，貶蔡卞、蔡京等，又進復文彥博三十三官，於是舊黨之勢復振。然太后聽政僅七月而徽宗親政，改元建中靖國，蓋時議元祐紹聖均有失，宜以大公至正，消釋朋黨，建中者，執兩用中之意。乃以韓忠彥、曾布同爲相，忠彥舊黨，布則新黨。布曾擠蔡京，至是爲排忠彥，復引京自助，改元崇寧，謂崇尚熙寧新法。京懷舊恨，曾布擬陳佑甫爲戶部侍郎，佑甫子迪，爲布壻，京奏曰：「爵祿者，陛下之爵祿，奈何使宰相私其親？」布忿，爭辯久，聲色皆厲，徽宗不悅，御史亦起而攻之，曾布被罷爲觀文殿大學士。（參考宋史曾布傳）大權入於蔡京，一意排斥舊黨，元祐群臣，貶竄死徙殆盡，並將司馬光等列爲「姦黨」刻石京師文德殿門，號爲元祐黨籍碑，京又自書爲大碑，徧頒郡國，從此滿朝均爲蔡京之黨。蔡京當國，承平者數年，國庫稍富，京視官爵財物如糞土，於是累朝所儲，揮霍殆盡。京與宦官相比爲惡，恣爲姦利，政治大壞。徽宗又崇獎道教，信神仙，復窮奢極慾，工役繁興，搜括東南奇珍花石，號「花石綱」，民間傾家敗產者極多，罹災禍者垂二十年。主其事者朱勔，太學生陳朝老謂東南之人欲食其肉。（曾敏行獨醒雜志卷十）太學生鄧肅亦上詩十首諷帝。時變亂蜂起，淮南宋江寇掠京東、河北，橫行山東，浙江方臘，聚衆數萬，以誅朱勔爲名，據有睦州（浙江建德）、杭州。宋江等後降於宋，方臘爲童貫破滅，但不久，北方強敵南侵，卒致京師不守，華北淪亡。是北宋之亡，新舊黨爭亦爲重要原因。（程光裕）

蒙古西征

蒙古西征，前後共有三次。今依據近人法國遠東史專家格魯賽（**Prof. R. Grousset**）的蒙古史略、多桑（**G. d' Ohsson**）的蒙古史（二書均馮承鈞漢譯）、洪鈞的元史譯文證補等，分述如次。㈠蒙古第一次的西征，即是元太祖成吉思汗的西征花剌子模。西元一二〇六年成吉思汗建號大汗，一二一五年佔領燕京，國勢興盛。同時西域新興花剌子模帝國亦雄峙西方，兩不相下。一二一八年花剌子模邊將哈亦兒汗在中亞訛答剌兒城，扣留蒙古商隊百餘人，指爲間諜，殺之，並奪取商貨。成吉思汗聞訊大怒，遣使詰責。花剌子模反薙蒙古使臣鬍鬚以辱之。於是成吉思汗徵各部兵，約十五萬騎，於一二一九年分四路侵入中央亞細亞。（蒙古史略二十一頁說十五萬至二十萬，分爲三路。譯文證補，則說分爲四路，今從證補。）(1)第一路二太子察哈台、三太子窩濶台將之，進攻訛脫剌兒城，是爲前軍。(2)第二路大太子朮赤將之，目的侵攻氈的，是爲右手軍。(3)第三路由阿剌黑、速克先、與塔海三人將之，進攻別納客忒，是爲左手軍。(4)第四路成吉思汗自率四太子拖雷將之，目的地是進佔布哈剌（元史作蒲華），是爲中軍。就軍事觀點說，第一、第二、第三、進軍目的在攻略錫爾河岸上各大都市；中軍則逕攻布哈剌，以截斷花剌子模首都與錫爾河一帶的交通，並阻絕對受圍各城的援助。戰事經過，大致如下：前軍攻訛答剌兒五日，破之，誅禍首哈亦兒汗。氈的、別納克忒不久亦被第二、第三軍攻佔。成吉思汗於一二二〇年圍攻布哈剌，屠殺甚慘。又佔領花剌子模新都河中府（即撒馬爾干），花剌子模王謨罕默德逃避於裏海小島上，命長子札蘭丁受命抵抗蒙古，自己旋死。一二二一年命窩濶台督諸軍屠花剌子模舊都玉龍傑赤（時亦稱花剌子模城）、忒耳迷、巴達哈傷各城相繼淪陷。花剌子模新王札蘭丁受父命後，逃至可疾寧，調和諸部，激勵將士，得精兵六七萬人，軍勢一度復振。與蒙古軍失吉忽突忽戰於八魯灣，蒙古兵被擊敗。成吉思汗復督諸軍與戰於申河，大敗之，札蘭丁乘健馬投入申河，逃入印度。西征戰役至是結束，時爲西元一二二一年十二月。戰後撫綏地方，又二年餘（一二二五）始班師東歸。㈡蒙古人的第二次西征，即是太宗時代拔都汗與速不台的率領長子軍西征東歐。一二三七年蒙古兵征服欽察，次年入兀拉的米兒（即後來的莫斯科）、南俄（首都爲基輔城），一二四〇年大軍分四路侵入東歐。一二四一年拔都速不台攻陷匈牙利都城布達．拍斯提（**Buda-pest**）。匈牙利王貝拉第四（**Bela IV, 1235-1270**）輾轉逃至安得立亞海岸島上，始獲倖免。同時，答兒統北路軍侵佔波蘭，入西利西亞，敗波蘭日耳曼聯合軍於西里西亞，利哥尼茲城（**Liegnitz**）附近的瓦耳史他提（**Wallstadt**）。波希米亞（捷克）、奧地利亞（奧國）均受騷擾。一二四二年春，大汗窩濶台的死訊傳入軍中，拔都等始班師東歸。㈢蒙古的第三次西征，即是元憲宗蒙哥汗時代（一二五一～一二五九），旭烈兀汗的西征波斯與報達。旭烈兀爲憲宗之弟，於一二五三年受命西征，五月離和林。徵集諸軍，於一二五六年一月師次阿母河，突厥諸酋長來迎，大軍進入波斯，首滅木剌夷。大將怯的不花繼攻報達，殺回教教主哈里發木司塔辛，而滅其國。旭烈兀佔領波斯以後，即建立一新蒙古汗國，都城爲台白利茲（**Tabnis**），是爲四大汗國中的伊耳汗國。旭烈兀一二六五年（元世祖至元二年）死，子孫相繼主國政，共歷六主，約八十年（一三三四）始亡。（姚從吾）

僑州郡縣

晉永嘉之亂後，中原爲北方邊疆進入之民族所割據，遺民不堪其壓迫，紛紛南渡，「洛京傾覆，中州仕女避亂江左者十六七，」其數之多可以想見。南遷之人多就江淮下游，以其時元帝渡江建都建業，京畿之地，自爲衣冠仕女聚會之中心。故南徐州一帶，移民至者尤多。惟移於江淮間者實以黃河下游人民爲多，略包今山東、河北省及河南省東部，蓋其地距江淮間較近，而遷徙亦較易。若黃河上游今陜、甘、晉諸省及豫西之人民，又多移就漢水以南江水上流巴蜀諸地。大量移民，遂使漢族之文化由中原而轉至江左，故漢魏之時中原人物聲敎一蹶而不能復振，衣冠禮樂俱在江東。

此大量之移民雖遠離本土，猶稱故名，政府特別置州縣，而僑州郡縣制度因以成立。元帝太興三年（三二〇）以琅琊國過江人民僑立懷遠縣於建康，爲此種制度之濫觴。其制雖以流民之遷徙爲主因，亦有爲南北接壤之地，每因兵爭而變遷，故州郡之建置亦時有不同。如南豫州，自譙失後，退治壽春，其後治所益輾轉不定，蕪湖、邾城、武昌、牛渚、歷陽、馬頭、譙、壽春、姑孰、宣城諸地，迭爲刺史治所。或有洛都挾其兵力來歸，其舊治雖失而其兵力依然完整，政府爲位置此失地之刺史，每因其所至之地而置州郡，是同爲僑置，固不以人民遷徙爲轉移。若郗鑒初鎭鄒山，兗州刺史卽治於其地，及其南行，刺史治所又隨之移於廣陵。此蓋國家姑息一二擁有軍力之藩鎭，而爲權宜之計，非一般之情形。

流民之遷徙既爲僑置州縣之主因，其遷徙之時，初非同至一地，故往往一州之人散居數處，因其居留非僅一地，而僑置名目相同之郡縣，如太原郡當兩晉初固幷州之地，而宋世既於青州置太原刺史，又於秦州置南太原刺史，蓋二地皆有故太原之流民。亦有諸州郡之流民群寓一地，復各稱其舊籍，故咸康四年（三三八）京口一地竟爲魏郡、廣川、高陽、堂邑諸僑郡及所統之僑縣共治之地。江左輒有一州僅失一部，則僑置郡縣當在本州未失之部，東晉初年，臨淮太守治於歷陽，晉末僑於丹陽之于湖，不出揚州之境，此習見情形，然每有州雖未盡失而人民已遠徙者，若淮南之義成縣，宋時且遠置於襄陽，又陞之爲郡，東晉揚州之松滋，反寄於尋陽，松滋尙屬揚州，義成已改隷雍州，此皆因時制置，非有定規。

僑置州郡既爲一時權宜之計，故其民多不著土籍，寓居既久，漸同土著，國家設官施政，一同實郡，惟僑實相錯，其間轄隷統屬複雜特甚，僑實關係有(一)實州僑郡：如荆州新興郡，益州南陰平郡，新興初隷幷州，陰平原屬秦州。(二)僑州實郡：如徐州廣陵郡，秦州陰平郡，徐州原治彭城，後迭僑治江南北，秦州本鎭上邽，江左或治襄陽，或治漢中。(三)實郡僑縣：如淮陵郡廣陽，東安郡發干，廣陽於西晉屬燕國，發干於西晉屬陽平郡。(四)僑郡實縣：如南東海郡之丹徒、武進諸縣皆當地之實縣。(五)僑州僑郡：如豫州汝南郡，僑於江夏。(六)僑郡僑縣：如陽平郡、館陶、濮陽等縣，僑於淮北。僑州郡縣既因流民而置，故當中原亂離淮海不安之時，僑置卽因而增多。

隆和、興寧間，桓溫整飭閭閻，行土斷之法，流民與土著間之差別漸泯。義熙中又踵行其法，依界土斷，於是諸流寓郡縣多被省併，僑置之風始稍殺。然晉末劉裕北伐，中原諸地一時又爲江左所有，舊土既得，復建州郡，然昔日之僑置者尙未盡廢，乃僅於新得諸實州郡上加「北」字以資分別。其後關西中原再度淪陷，於是襄昔所加「北」字諸州郡亦僑於江淮間，尋於舊日所僑置者冠以「南」字。「南」、「北」，「僑」、「實」相對，制度益形複雜。

自僑置之制興，疆域區劃頗異往昔，秦漢舊規無復存留，隋唐以後卽大異其趣，故謂此種制度爲我國疆域史上之一大分野，亦無不可。而僑州郡縣制度，宋齊梁陳諸朝皆承其陋習，與南北朝共長久。案僑置州郡以揚、荆、江、梁、益、徐等州爲最多，分佈地區在長江流域，江淮、江漢間，而長江與運河交會點卽今之鎭江、江都縣最爲聚集。（參考程光裕、徐聖謨：「中國歷史地圖集」(二)三八至四〇頁。）（程光裕）

漕運與汴渠

連繫軍事政治重心的北方和經濟重心的南方的運河，自唐末潰決爲汙澤後，便淤塞而不宜於航運•大唐帝國崩潰以後，歷五代的梁、唐、晉、漢，已淤塞的運河不能發揮它的連繫南北的作用。但到了五代末期後周世宗時代（西元九五四—九），開始發生劇烈的變化。他剷平了重要藩鎭的大部分，同時，蕩平淮南。過去被切爲兩段而分隷於兩個政治組織之下的運河，遂又重新打通而可以直達長江。所以與其說周世宗是五季末葉的皇帝，毋寧說他是北宋帝國的開創者。

宋太祖鑒於唐末五代藩鎭跋扈之禍，實行中央集權政策。爲使這個政策繼續有效，政府遂集重兵於中央，造成強幹弱枝之勢，以便隨時都能夠鎭壓各地的叛亂。軍隊須用糧食來維持，中央既然集中了重兵，對於糧食的需要便激劇增加起來。爲了要供應鉅額的糧食，政府不得不選擇便於漕運江淮米糧而又能照顧北方和西北方邊防的地方來建都。當時最適合這個條件的地方，是位於運河北段的汴州。北宋以汴京爲首都，運河實在具有決定性的作用。

汴京的對外水上交通有漕渠四條，那就是㈠惠民河，不僅通陳、潁、汝、蔡之漕，且供京都用水，每年漕運六十萬石，是南路水道。㈡廣濟渠，五代時稱五丈河，係通東北漕運者，每年漕運六十二萬石。㈢金水河。太祖時引開封之西金、索二水，從滎陽作渠道百餘里，東抵汴京，目的在通西方漕運。㈣汴渠，即隋朝通濟渠的一部分，經商邱東南走入皖，經洪澤湖入淮。這是唐宋時代聯繫軍事政治重心的北方與經濟重心的南方的運河。

北宋張方平樂全集卷二七論汴河利害事云：「今日之勢，國依兵而立，兵以食爲命，食以漕運爲本，漕運以河渠爲主。……今仰食於官廩者，不惟三軍，至於京師士庶，大半待飽於軍稍之餘。故國家於漕事至急至重。京大也，師衆也，大衆所聚，故謂之京師。有食則京師可立，汴河廢則大衆不可聚。汴河之於京城，乃是建國之本，非可與區區溝洫水利同言也。」可見汴渠與汴京關係的密切。

汴渠每年向北輸送的物資，數量至爲可觀。就中米糧一項，由東南六路（淮南、江南北、江南西、荊湖南、荊湖北、兩浙）運往汴京，據宋會要食貨四六載：「國初未有定數。太平興國六年（九八一），始制汴河歲運江淮杭米三百萬石，……至道初（九九五），汴運米至五百八十萬石。大中祥符初（一〇〇八），七百萬石。」其後越來越多，在眞宗末及仁宗時（一〇二三—一〇六四），運河每年運抵汴京的米，有時竟多至八百萬石。大體上說，在北宋時代，汴渠每年的運米額，以六百萬石的時候爲多。此外，汴渠每年北運的其他物資，爲金、銀、錢、帛、茶及各種軍用品，數量也非常之大。當日南方各地，除供米的東南六路外，四川因爲距離較遠，每年經長江及汴渠運往汴京的物品，以布帛爲主；廣南東路因爲是對外貿易港的所在地，每年北經贛江、長江及汴河運送到汴京的物品，則以金、銀、香藥、犀角、象牙及百貨爲主。這許多物資都構成了北宋中央政權賴以存立的經濟基礎。

由南方經汴渠而向北輸送的鉅額物資，不獨用來養活在汴京駐防的數十萬軍隊和支付中央政府的行政費用，其中一部分又再向北運往河北、河東（今山西省）及陝西等路，以應當日國防上的需要。

唐宋時代，汴渠每年通航的時間，王曾王文公筆錄云：「汴渠，……昔之漕運，多夏無限。今則春開秋閉，歲中漕運止得半載。」宋史卷一七五食貨志云：「（汴）河多涸，舟卒亦還營。至春復業，名曰放凍。」汴渠每年祇有一半時間可以通航，同時汴渠之水引自黃河，多淤泥，水淺不能像長江那樣通航吃水較深的船隻。北宋一直採用唐代裴耀卿改革漕運以來久已實行的轉般法，以發運司主其事。王應麟玉海卷一八二云：「發運一司，……權六路豐凶，而行平糴之法。一員在眞州，督江浙等路糧運；一員在泗州，趣自眞州至京糧運。」當日東南六路每年上供的米糧，由各路轉運司分別運往眞、揚、楚、泗等州的轉般倉，再由發運司經汴渠運往汴京。這是北宋漕運最有效的辦法，可是到了崇寧三年（一一〇四）蔡京執政的時候，政府却廢棄不用，改行直達法。從此漕運的成績遠不及過去轉般法的優良，汴渠每年由南方運往汴京的米糧，數量大爲減少，再加上花石綱的阻擾，汴渠不能把軍事政治中心的北方和經濟重心的南方連繫起來。從而力量大大削弱，抵抗不住當日北方新崛起的女眞的侵略，北宋帝國遂跟着軍事的崩潰而趨於滅亡。（參考全漢昇著「唐宋帝國與運河」）（宋　晞）

僞楚僞齊

金既滅北宋，自度力不足以治中國，又憤趙氏屢次敗盟，乃擇立異姓代宋以收拾殘局。靖康二年（一一二七）三月七日，金帥粘罕、斡離不立宋太宰張邦昌爲帝，統有黃河以南宋朝舊疆，都金陵，國號大楚，歲向金納銀十五萬兩，絹十五萬疋，史稱僞楚。邦昌請金不毀趙氏陵廟，罷括金銀，存樓櫓，借東都三年，乞班師，金皆許之。先是金飭立邦昌甚急，限宋遺臣於三日內立之，否則屠城。邦昌之立原非本意，第見迫於金，故即位後不受朝賀，不用天子儀禮，金人至則易服以見，拜百官皆加權字，雖去宋國號而未改元。四月一日，金兵北撤，徽、欽二帝及六官有位號者皆北遷，哲宗元祐皇后孟氏以廢獨存，宋遺臣呂好問勸邦昌迎后以俟復解。四月十一日，元祐皇后垂簾聽政，邦昌以太宰退居資善堂，計僭立凡三十二日。五月一日，宋康王構奉元祐皇后詔，受群臣勸進，即位於歸德，改元建炎，是爲宋高宗。

宋高宗既立，金復南侵，高宗遷都杭州，更名臨安。建炎四年（一一三〇）九月，金以黃河以南淮河以北及陝西之地册封劉豫爲子皇帝，爲金附庸，國號大齊，史稱僞齊。豫景州阜城人，宋元符中進士，宣和末爲河北西路提刑，金人南侵，棄官避亂於儀眞，建炎二年（一一二八），知濟南府。是冬，金帥撻懶犯山東，豫以濟南降，金以豫知東平府，豫子麟知濟南府。金以宋幅員遼廣，欲建藩輔爲治，豫重賂撻懶，撻懶爲豫求封，金帥粘罕促成之，其事遂定。豫既立，以紹興元年（一一三一）爲阜昌元年，都大名，翌年遷都汴梁。南宋初頗畏之，待以敵國之禮，國書稱大齊皇帝，北宋遺臣失節歸附者甚衆。時淮西諸州多爲劇盜所據，南宋因授之官以羈縻之，此輩亦陰與豫通，兼用紹興、阜昌年號。紹興三年（一一三三），豫出兵攻陷宋之鄧、隨、唐、郢等州及襄陽府，紹興四年（一一三四）宋將岳飛收復鄧州及襄陽。豫求援於金，金調渤海及漢軍五萬人，以兀朮爲將，與豫軍分道渡淮，宋將韓世忠破之於大儀，兀朮引軍北歸，豫軍亦潰。紹興六年（一一三六），金責豫伐宋以立功，豫盡鄉兵三十萬三道入寇，豫子麟由壽春犯廬州，豫侄猊出渦口犯定遠，孔彥舟由光州犯六安。麟將兵渡淮克壽春，進逼廬州，猊軍至淮東，爲韓世忠所阻，引兵還順昌，既而聞麟已克壽春，又自順昌犯建康，與宋將楊沂中戰於藕塘，猊軍敗績，遁去，麟亦引兵走壽春，孔彥舟圍光州未下，聞猊敗，亦拔砦去，中原大震。金之立豫，蓋欲收以漢制漢之利，至是以豫屢敗，遂決意廢之。紹興七年（一一三七），豫復請援於金以侵宋，十一月，金命兀朮僞稱南伐以襲豫。兀朮將至汴，以計擒豫子麟，將親兵急馳入汴，逼豫出見，執之，廢爲蜀王，囚於金明池，遷其家屬於臨潢府，豫僭立先後凡八年而亡。（林瑞翰）

熙寧變法

北宋有兩次改革，第二次在神宗熙寧年間，故名熙寧變法。熙寧變法之主要人物爲王安石。安石字介甫，撫州臨川人，生於眞宗天禧五年（一〇二一），卒於哲宗元祐元年（一〇八六），享年六十六歲。卒後贈太傅，謚文。

安石與范仲淹抱負相同，亦以天下爲己任。鑒於當時國用不足、人才缺乏、風俗敗壞，慨然有矯世變俗之志。故於仁宗嘉祐三年（一〇五八）曾上萬言書，力倡改革之道。當時執政者以爲迂濶，故未嘗發生效力，至神宗時始將其抱負一一實現。

神宗爲一有爲君主，在藩邸時，已慕安石之說，甫即位，即命知江寧，數月後召爲翰林學士兼侍講，此後三年間歷參知政事（熙寧二年二月）而至宰相（熙寧三年十二月）遂將其抱負一一實現，此即所謂新法。

新法推行機構爲熙寧二年（一〇六九）所設之制置三司條例司。其職權爲掌經畫邦計，議變舊法，以通天下之利。掌管戶部、度支、鹽鐵之事。

新法要點可分富國、强兵及育才三項：

一、富國：北宋自澶淵之盟以後，由於對遼歲幣之支出及祠祀之浩費，國用已感不足。仁宗以後，更由於對西夏之不斷用兵，財政更感拮据。此種情形，安石早有所見，故於仁宗嘉祐三年（一〇五八）上萬言書時即曾提及「今天下之財力日以困窮」，故主張「因天下之力，以生天下之財，取天下之財，以供天下之費。」据此，並提出富國新法六則：

㈠均輸法：熙寧二年（西元一〇六九）七月實施。令人民凡買賣稅斂上供之物，均得以近易遠，變貴致賤，以均其輸。

㈡青苗法：熙寧二年九月實施。由官方以常平糴本每年分二次出貸於民，還時納息二分，春散夏斂，夏散秋斂，以第一次貸款在青苗時，故稱青苗法。

㈢農田水利法：熙寧二年十一月實施。獎勵人民提供土地種植之法，開墾荒田廢土及興修水利。

㈣募役法：熙寧四年（西元一〇七一）十月實施。凡人民不願充役者，輸錢於官，而由官府出錢募人充役，免除五代及宋初役法之弊端。

㈤市易法：熙寧五年（一〇七二）三月實施。凡貨之滯於民而不售者，平其價，市於官。願以易官物者聽。又民有貨欲市於官，則度其抵而貸以錢，責期使償，按律納息。

㈥方田均稅法：熙寧五年八月實施。以東西南北各千步爲一方，當四十一頃六十六畝一百六十步隨陂原平澤而定其地，因赤淤黑壚而辨其色，參定肥瘠而分五等，以定稅則。

二、强兵：宋太祖鑒於唐末五代藩鎭跋扈，故行右文抑武、强幹弱枝政策，此於宋代國力不足、武備廢弛之影響頗鉅。復加遼與西夏相繼侵襲，軍事之弊端更加暴露。安石對軍政之積弱早已洞悉，故於熙寧初上「本朝百年無事劄子」內即曾言：「士兵雜於疲老，而未嘗申敕訓練，又不爲之擇將，而久其疆場；宿衛則聚卒伍無賴之人，而未有以變五代姑息羈縻之俗。」遂提出强兵新法三則：

㈠保甲法：熙寧三年（西元一〇七〇）十二月實施。以十家爲保，五保爲一大保，十大保爲一都保。保、大保及都保皆有長，選主戶有幹力及衆所信服者充之。家有二丁，選一人充保丁，授以弓弩，敎以戰陣。遇戰出征，承平歸田。此爲寓兵於農之政策。

㈡保馬法：熙寧五年（西元一〇七二）五月實施。凡畿內及京東、京西、河北、河東、陝西五路之義保願養馬者，以監牧馬給之，每戶一匹，或官與其值，使自市之。歲一閱其肥瘠，死病者補償。此爲寓馬於民之法。

㈢軍器監法：熙寧六年（西元一〇七三）六月實施。乃安石子雱所建議。辦法爲仿錢監之制，集數州於一處，設軍器監，募天下良工爲匠，擇知工事之臣專領其職，以製軍器。於京師置軍器監，產材各州則置院。

三、育才：宋承唐制，以科擧取士，且多試經賦。詩賦未必能見眞才，而僅憑考試一日之長，使之就仕從政，亦未必能勝任。就敎育觀點言，科擧僅爲選拔之法，而無敎育訓練之意。故科擧出身者，未必能成爲良吏。此種弊端，安石早有所見。故於仁宗嘉祐二年（一〇五八）上萬言書內，即感嘆：「在位之人才既不足，而閭巷草野之間亦少可用之才。社稷之託，封疆之守，陛下能以天幸爲常，而無一旦之憂乎！」遂提出育才之新法四則：

㈠變科擧：熙寧四年（一〇七一）二月實施。進士科以外，明經等科皆廢。進士科亦免試詩賦，專考經義、策論。又設明法科，試律令、刑統大義。

㈡變太學制：熙寧四年冬立太學三舍法，將太學分爲外、內、上三舍。新生入外舍，初無定額，後限七百人，又增至九百人，最後增至二千人。外舍生升入內舍，額二百人，後增至三百人；內舍升上舍，以百人爲限。上舍生名列優等者，薦於中書，授以官職；中等者免進士禮部試；下等者免取解。

㈢立學校：熙寧四年令各路州府立學校，每郡給田十頃，以爲學生瞻養之費。此外，又設武學、律學及醫學三科。

㈣三經新義之推行：熙寧八年（一〇七五）六月頒行三經（詩、書、周禮）新義。安石對三經作一新解釋，自撰周禮新義，餘二經爲其子雱及呂惠卿編纂。安石欲以三經爲其新法之根据，自是五十年間，三經新義爲學校唯一課本及考試唯一標準。

總之，安石之新法在促進社會發展、經濟繁榮、政治進步、國家强盛及敎育普及，使國家走向富强康樂之途，但因託古改制、個性固執、操之過急及任用不得其人，故受到守舊派之反對。當哲宗元祐元年（一〇八六），舊黨司馬光爲相時，盡改安石新法。（石文濟）

慶曆興革

北宋有兩次改革，第一次在仁宗慶曆年間，故稱慶曆興革。慶曆興革主要人物爲范仲淹，仲淹字希文，吳縣人，生於太宗端拱二年（九八九），卒於仁宗皇祐四年（一〇五二），享年六十四歲，卒後贈兵部尙書，謚文正。

宋初鑒於唐末五代藩鎭之跋扈，故太祖於陳橋兵變黃袍加身後，即右文抑武。太宗嗣位，尊崇文士，較之太祖，尤有過之。故宋代初期，士大夫階級儼然成爲社會之中堅份子。士大夫之榮譽旣提高，對國家社會之責任感亦隨之加重，往往自認爲衣冠文物所寄。范仲淹在應擧時即云：「士當先天下之憂而憂，後天下之樂而樂。」足見其早已立下「以天下爲己任」之遠大抱負。

北宋初年所定之法制，至眞、仁二朝，已多流弊。澶淵之盟後，不僅對遼歲幣日益增加，且眞宗爲掩飾對遼外交之失敗，僞造天書，祠祀不絕，故國用日感不足。仁宗時，由於對西夏不斷用兵，國家財政尤爲捉襟見肘。復加武備廢弛，吏治腐敗，民生困苦，國家實已面臨非改弦易轍不可。「以天下爲己任」之范仲淹，有見於此，遂率先倡議改革。仁宗天聖三年（一〇二五）四月二十日任大理寺丞時（三十七歲），即提出「奏上時務書」，改革要點爲：㈠矯正浮風；㈡整頓國防；㈢愼選官吏；㈣儲備人才；㈤採納忠言；㈥修省君德。此改革方案，雖皆針對當時弊端而發，然因位卑權輕，並未被仁宗重視。至慶曆三年（一〇四三）八月召拜參知政事後，遂再上書言興革十事：

一、明黜陟：重定文武百官磨勘，將以約濫進責實效，使天下政事無不擧。

二、抑僥倖：重定文武百官奏蔭及不得陳乞館閣職事，將以革濫賞省冗官。

三、精貢擧：天下擧人先取履行，次取藝業，將以正敎仕之本，育卿士之材。

四、擇官長：擧轉運使、提點刑獄，幷州縣長吏，將以正綱紀，去疾苦，救生民。

五、均公田：天下官吏不廉則曲法，曲法則害民，請均賜均給公田，既使豐足，然後可以責士大夫之廉節，庶天下政平，百姓受賜。

六、厚農桑：責諸道溝河，幷修江南野田及諸路陂塘，仍行勸課之法，將以救水旱，豐稼穡，强國力。

七、修武備：四方無事，京師少備，因循過日，天下可憂，請密定規制，相時而行，以衛宗社，以寧邦國。

八、減徭役：天下徭役至繁，請依漢光武故事，併合縣邑，以省徭役，庶寬民力。

九、覃恩信：赦書內宣佈恩澤未嘗施行，幷請放先朝欠負，以感天下之心。

十、重命令：制書忽而行違者，請重其法，以行天子之命。

以上興革十事，雖較天聖三年（一〇二五）奏上時務書更加具體，但因任參知政事時間僅一年半，至慶曆五年（一〇四五）正月卽掛冠以去，且任參知政事期間，備受怨謗，故所提改革方案，僅實行精貢舉一項，但在其去職後，亦復廢除。其他各項，或尙在計劃，或已具端緒，去職後，皆告擱淺。故慶曆年間之興革，終於功敗垂成。（石文濟）

燕雲十六州

契丹崛起於漠北，自阿保機建號稱帝，國勢日强，肆意南侵，至其子耶律德光繼立，益以問鼎燕雲爲國策。時後唐明宗（李嗣源）之女婿沙陀人石敬瑭鎭守太原，爲河東節度使，北京留守，充大同振武彰國威塞等軍蕃漢馬步總管，與明宗養子李從珂都建有殊勳，但二人暗中競爭，素不相悅。清泰元年（九三四）從珂卽位後，彼此皆猜疑，戰爭一觸卽發。從珂先欲獻幣十萬緡結歡契丹以夾攻敬瑭，妄人樞密直學士薛文遇乃進言不應以天子之尊屈身事夷狄，認爲一旦和親，「安危託婦人」，爲一可恥之事，遂未果。三年五月，從珂徙敬瑭爲天平軍節度使，治鄆州（今山東東平縣），敬瑭卽不受命，乃宣言從珂乃養子，不應承祀，雙方戰爭開始。從珂派張敬達充太原四面招討使，以楊光遠爲副，將兵十萬，討伐敬瑭。敬瑭於拒命之後，亦在太原與諸將議應付之策，桑維翰建議：「稱臣於契丹主，且請以父禮事之，約事捷之日，割盧龍一道及雁門以北諸州與之。」劉知遠諫道：「稱臣可矣，以父事之太過，厚以金帛賂之，自足致其兵，不必許以土田，恐異日大爲中國之患，悔之無及。」石敬瑭急於稱帝，粗野無遠識，不聽知遠忠告，乃派趙瑩奉表至契丹，耶律德光得表喜出望外。清泰三年（晉高祖天福元年，遼太宗天顯十一年，九三六）秋八月，德光自統精騎五萬援晉，自雁門南下，經忻州，直趨太原，時唐兵正圍太原，德光率輕騎大敗張敬達於太原之北，敬達退保晉安寨。敬瑭夜見德光，握手言歡，恨相見之晚。十一月，德光册封敬瑭爲皇帝，國號晉，册文曰：「咨爾子晉王，予視爾猶子，爾視予猶父。」俄而張敬達爲部將楊光遠所殺降晉，敬瑭乃從太原入洛陽，德光戒以「子子孫孫無相忘。」天福三年（九三八），晉正式割雁門以北及幽州節度使管內合十六州與契丹，計山前七州，爲幽（北平）、薊（河北薊縣）、檀（密雲縣）、順（順義縣）、涿（涿縣）、瀛（河間縣）、莫州（任邱縣），山後九州，爲雲（山西大同縣）、應（應縣）、朔（朔縣）、寰（朔縣東）、蔚（察哈爾靈邱縣）、武（宣化縣）、儒（延慶縣）、嬀（懷來縣）、新州（涿鹿縣）。契丹先已得營、平二州，又得此十六州，乃改元會同，置官分職，皆依中國，開始統治漢地。

當石晉初割十六州與契丹時，並不稱燕雲十六州，燕雲之名乃宋徽宗時爲收復失地而立。因德光將幽州改爲燕京，而在宣和四年（一一二二）金人交還燕京及所屬六州，徽宗遂詔改山前七州爲燕山府路，山後九州爲雲中府路，遂合而稱爲燕雲，此後卽統稱石晉所割與契丹者爲燕雲十六州。自十六州被割，中國北疆門戶洞開，胡騎可以長驅直入，越過黃河，進圍汴都，北宋之所以積弱不振，胥肇於此。（參考隋書唐書之契丹傳，新五代史四夷附錄一，通鑑卷二八〇，遼史太宗紀、趙鐵寒「燕雲十六州的地理分析」載宋史研究集第三輯）（王德毅）

澶淵之盟

岐溝關一役之後，遼益輕宋，入寇不已，加以西夏叛擾，宋苦於應付，至太宗子眞宗在位第七年（景德元年，一〇〇四），遼聖宗與蕭太后又興師大舉入犯，直逼黃河要津澶州（河北濮陽）。是時南遷之議紛起，參知政事王欽若，江南人，請遷金陵，知樞密院事陳堯叟，蜀人，請遷成都，以避敵勢。惟宰相寇準力主天子親征，宋史寇準傳：「帝問準，準心知二人謀，乃陽若不知曰：『誰爲陛下畫此策者，罪可誅也。今陛下神武，將臣協和，若大駕親征，賊自當遁去。不然，出奇以撓其謀，堅守以老其師，勞佚之勢，我得勝算矣。奈何棄廟社，欲幸楚蜀，遠地所在人心崩潰，賊乘勢深入，天下可復保邪？』遂請帝幸澶州」。眞宗遂渡河至澶州，士氣一振，挫遼前鋒。但眞宗親征實出勉强，望和心切，但求苟且了事。遼以懸軍深入，河北諸州多未能下，宋人堅壁清野，聚兵城內，隨時可斷其歸路，絕其供給；而望都之役，兵敗被俘，爲遼太后所器重之王繼忠感於新恩舊寵，亦從中促成和好。宋遣崇儀副使曹利用使於兵間，達成協議，歲遺銀絹三十萬。方曹利用受任為使，眞宗告以不得已時，許遼歲幣可增至百萬。寇準密阻曹利用，謂過三十萬，當斬汝。及利用還至行宮見天子，內侍問利用，利用不敢言，但以三指加頰面，內侍入奏三百萬。眞宗歎曰：「太多！」繼曰：「姑了事，亦可耳。」後聞係三十萬，大喜。十二月七日（一〇〇五年一月三十一日）兩國誓書立，二十九日傳至河北、河東一帶，令人民知悉。葉隆禮契丹國志卷二十載宋眞宗誓書：「維景德元年，歲次甲辰，十二月庚辰朔，七日丙戌，大宋皇帝謹致誓書於大契丹皇帝闕下：共遵誠信，（虔）守歡盟，以風土之宜，助軍旅之費，每歲以絹二十萬匹，銀一十萬兩，更不差使臣專往北朝，只令三司差人般送至雄州交割。沿邊州軍，各守疆界，兩地人戶不得交侵。或有盜賊逋逃，彼此無令停匿。至於壠畝稼穡，南北勿縱騷擾。所有兩朝城池，並可依舊存守，淘濠完葺，一切如常，即不得創築城隍，開掘河道。誓書之外，各無所求。必務協同，庶存悠久。自此保安黎獻，謹守封陲，質於天地神祇，告於宗朝社稷。子孫共守，傳之無窮。有諭此盟，不克享國。昭昭天鑒，當共殛之！遠具披陳，專候報復，不宣。」契丹聖宗誓書：「維統和二十二年，歲次甲辰，十二月庚辰朔，十二日辛卯，大契丹皇帝謹致誓書大宋皇帝闕下：共議戢兵，復論通好，兼承惠顧，持示誓書：以風土之宜，……當共殛之！某雖不才，敢遵此約，謹告於天地，誓之子孫，苟諭此盟，神明是殛！專具諮述，不宣。」（「以風土之宜」至「當共殛之」，共一八〇字錄宋眞宗誓書。）遼帝本欲為太子娶眞宗四歲女，幸免。宋帝以叔母禮事遼太后，遼帝以兄禮事宋帝。遼並要求在國境置榷貨場，雖未載入誓書，翌年二月，宋在雄州，霸州，安肅軍置榷貨場，以雄州為主，監管駐之。初定綿綺之物不售於榷貨場。高麗等國遣使至遼，賀與宋和。宋予遼之歲幣於統和二十三年（宋景德二年，一〇〇五）十月送至，後以為常。自是兩國互通慶弔使節亦不絕於途。澶州亦曰澶淵，今河北濮陽東南，為大梁北門，安危所繫，故遼人南犯，寇準因請眞宗親征，結盟而還，史稱澶淵之盟。參考方豪：宋史㈠（中華文化出版事業委員會民國四十三年七月版）九〇至九三頁。程光裕：澶淵之盟與天書㊤（載大陸雜誌第二二卷第六期）。（程光裕）

襄樊之戰

南宋理宗端平元年（西元一二三四），宋蒙聯盟滅金，依約宋取河南之地，而以陳、蔡西北歸屬蒙古。滅金後，宋背盟毀約，而採納趙范、趙葵兄弟「守河據關，收復三京」之議，派兵進入汴、洛。蒙人引兵反攻，汴、洛得而復失，自此宋蒙之戰開始，河淮川蜀再無寧日。

端平元年入洛之師失敗後，次年蒙古太宗即遣師分三路入侵長江上游之川蜀、中游之襄、樊及下游之江淮。入蜀之軍，先後陷沒成都、利州、潼州三路，川蜀所存，僅夔州一路；進攻襄、樊之軍，勢如破竹，陷襄、樊，掠唐、鄧，直迫江陵；侵江淮者，雙方雖互有勝負，但宋軍總是勝少敗多。宋蒙兩軍互戰四年之久。至理宗嘉熙三年（一二三九），宋將孟拱收復襄、樊，戰局始告穩定。兩年後，理宗淳祐元年（一二四一），蒙古太宗病歿，內部發生繼位之爭，蒙軍退師，宋蒙之戰，無形終止。

蒙古憲宗即位，以關中、河南之漢地賜與其弟忽必烈，忽必烈頗有大志，得關中、河南地後，即銳意經營，專事南侵，故一度停頓之宋蒙戰爭，就再度爆發。

忽必烈侵宋之役，是採包圍戰略，先取雲南、西藏，然後再進軍圍鄂州，戰事進展頗為順利。憲宗聞忽必烈侵宋之師節節勝利，遂也自將大軍，入陝西，下川蜀，以為應援。局勢危急，朝野震恐，於是宋廷派遣賈似道率軍援鄂。當此之際，蒙古憲宗受傷而亡，內部政爭又起，忽必烈遂即準備率軍北歸，但賈似道不知蒙軍內情，反遣使乞和，願稱臣納貢，劃江為界，忽必烈自然應允，於是忽必烈揮軍北去，鄂州之圍乃解。賈似道不將實情奏報，反謂江漢敵兵肅清，宋軍大捷。

忽必烈北歸後，消滅反對勢力，遂即汗位於開平，分裂之蒙古又歸統一。於是派遣國信使郝經至宋告即位，並求履行和款，賈似道深恐稱臣納貢之事洩漏，遂將郝經扣留於眞州，忽必烈以宋背信並扣留國信使為辭，遂派阿朮率軍南下，決心滅宋，於是宋蒙之戰又再度爆發。

宋度宗咸淳三年（一二六七），阿朮率軍南下，此次蒙人用兵，主要在取襄陽、樊城。守襄陽者，為宋之名將呂文煥，能征善戰，雖在蒙兵重重圍困下，猶能堅守不屈；守樊城者為范天順與牛富，在蒙軍圍攻下，也能力守。宋廷為解襄、樊之圍，曾先後派遣沿江制置副使夏貴、殿前副都指揮使范文虎及兩淮制置大使李庭芝率兵入援，皆為蒙軍所敗。宋解襄、樊之圍雖未成功，但由於襄、樊兩城守將英勇，且互爲聲援，蒙軍進攻，也頗不易，故形成襄、樊之長期保衛戰。至度宗咸淳九年（一二七三）正月，蒙將阿里海牙得西域回回所獻火砲，用之以攻樊城，城破，范天順自殺，牛富赴火而死，苦守四年之樊城，遂淪於蒙人之手。樊城既淪，蒙軍移火砲以攻襄陽，在內無糧械，外無援兵情況下，苦守襄陽五年之呂文煥，見大勢已去，爲保全城生靈起見，遂開城投降，極具戰略價值之襄陽，至此均陷於蒙人之手。

宋室南渡以後，卽以襄、樊爲重鎮，上連巴蜀，下銜江淮，南宋能偏安江左一百五十餘年，襄、樊之固有，實居主因。故襄、樊失陷後，藩籬盡開，蒙軍才能西窺巴蜀，東向江淮，如入無人之境，節節勝利，勢如破竹，而南宋之偏安也就再無法維持。在襄、樊失陷後三年，臨安失守，七年後，陸秀夫負帝昺投海而死，南宋滅亡，故襄、樊之失，實爲南宋滅亡之關鍵，以此觀之，襄、樊之戰，在南宋歷史上，實具有極端重要之價值。（石文濟）

濮議

嘉祐八年（一〇六三）三月，宋仁宗病歿，嗣子曙立，是爲英宗。英宗本濮王允讓子，太宗光義曾孫，初名宗實，仁宗無子，養宗實爲子，賜名曙。既嗣位，宰臣韓琦等奏「請下有司議濮安懿王及譙國太夫人王氏，襄國太夫人韓氏，仙遊縣君任氏，合行典禮。」「詔須大祥後議之。」治平二年（一〇六五）四月，詔禮官及待制以上議崇奉濮安懿王典禮。翰林學士王珪等不敢先發意見，司馬光主張宜稱爲皇伯，以示與仁宗無二尊，三夫人改封大國。六御史引義固爭，皆斥去，光乞留之，不可，遂請與貶。蓋當時執政韓琦、曾公亮，歐陽修皆不以爲然，歐陽修以爲「若本生之親，以稱皇伯，歷考前世，皆無典據，進封大國，則又禮無加爵之道。」議久不決，太后出手書，從歐陽修議，尊濮王爲皇，仁宗稱濮王爲親，夫人爲后，帝不敢當。侍御史呂誨、范純仁，監察御史呂大防紛起糾劾，以「參知政事歐陽修，首開邪議，妄引經據，以枉道悅人主，以近利負先帝，欲累濮王以不正之號，將陷陛下於過舉之譏。」并劾奏韓琦、曾公亮、趙槩附會不正，不報，乃求自貶，家居待罪。帝問執政歐陽修，修謂：「御史以爲理難並立，若臣等有罪，當留御史。」帝猶豫久之，卒出御史。侍御史趙鼎，趙瞻，同知諫院傅堯俞使契丹不還，嘗以與呂誨言濮王事，上疏乞同貶，亦被黜。誨等既出，濮議乃息。（參考程光裕：「北宋臺諫之爭與濮議」。載臺北市大陸雜誌二十三卷八期）（程光裕）

藩鎮（節度使）

天寶末年安史之亂，不僅使建立一百三十餘年之唐帝國趨於衰微，且造成的藩鎮之禍，又將此一帝國帶進覆亡。唐自高宗永徽以後，稱都督帶使持節者爲「節度使」，但尚未定爲官名。據唐書卷二一〇藩鎮傳序載節度使官之設始於睿宗景雲二年（七一一），以賀拔延嗣爲涼州都督河西節度使，最初僅限於掌握兵權，而州縣自有按察使負責監督考核。開元中，朔方、隴右、河東、河西諸鎮皆設節度使，每一鎮由數州合成，由節度使統治，州刺史直隸其下，節度使一身又另兼按察使、安撫使、支度使三種職務。自此，土地、人民、甲兵、財賦兼而有之，藩鎮之禍乃愈演愈烈。

天寶末，安祿山卽以節度使反於兩河，朝廷經八年艱苦戰爭（七五五～七六三）始克討平。亂中，肅宗曾劃分河北地，付授叛將，及至大亂勘平，對安史餘孽仍無法完全消滅，如薛嵩、李懷仙、田承嗣、李寶臣等，均曾受僞命分領州郡。代宗希望早日和平，乃因僕固懷恩之請，加以官爵，而討亂功臣之爲侯王者，亦皆次第除節度使，大者十餘州，小者三五州，自置文武官員，從不向朝廷請示。據舊唐書卷一二四李師道傳：「仍皆署其子爲副大使，父死子立，則以三軍之請聞，亦有爲大將所殺而自立者，自安史以後，迄於貞元，朝廷多務優容，每聞擅襲，因而授之。」其代表地區，則爲河北幽州、魏博、成德三鎮，中央政府對之莫敢如何，中原地區之藩鎮見河北三鎮如此狂妄，並未受到誅討，紛紛起而效尤，割據形式遂以造成。誠如明張玄羽在其所著「唐藩鎮指掌」中所謂：「唐自安史以來，軍權久在藩鎮，朝廷羈縻之，酷似春秋之世矣！」憲宗時，曾一度討伐各地强藩重鎮，河北三鎮亦歸命中央，然穆宗長慶元年（八二一），成德、魏博二鎮將領王庭湊、史憲誠各據地以叛，河北再失，迄於唐亡而未能光復。

唐自失河北三鎮，中央權勢益形不振，藩鎮乃死灰復燃。僖宗時，黃巢之亂起，流毒所至，並不減於安史之亂。黃亂雖經沙陀將李克用討平，但因此而與朱全忠交惡，導發藩鎮連兵，加速唐帝國滅亡。朱全忠終以梁兵篡移唐祚。五代紛爭五十餘年，重演唐末藩鎮之禍。宋太祖卽位後，以節度使掌兵，形成方鎮權重，乃於杯酒之間，釋久典禁軍諸將兵權，結束藩鎮之禍。（參考兩唐

書及通鑑唐紀）（王德毅）

中國近古史（明及清前期）

一條鞭法

一條鞭法為賦役制度之一，為明代後期賦役制度之改良與革新。如嘉靖十年（一五三一）御史傅漢臣曾奏請施行一條鞭法。（見明世宗實錄，卷一二三，嘉靖十年三月己酉，中研院影印本，頁二九七一）後在若干地區屢行屢止。至嘉靖末年及隆慶時代，經海瑞、龐尙鵬等推行，日益擴展。萬曆時代，由大學士張居正大力推行，萬曆九年（一五八一）遂施行於全國。

一條鞭法制度，乃將賦內各項正雜條款合併編為一條，使其由繁化簡，以便徵收。「明史」食貨志云：「一條鞭法者，總括一州縣之賦役，量地計丁，丁糧畢輸於官。一歲之役，官為僉募，力差則計其工食之費量為增減，銀差則計其交納之費加以增耗。凡額辦派辦京庫歲需與存留供億諸費，以及土貢方物，悉併為一條，皆計畝徵銀折辦於官，故謂之一條鞭法，立法頗為簡便。」（卷七八，清武英殿版，頁一一前後。）

一條鞭法之特點：㈠明代前期分賦與役，以田為對象之賦為夏稅秋糧；以戶丁為對象之役法為里甲、均徭、雜泛等。一條鞭法則將賦役等合併為一，即役亦歸於田，賦役皆計畝徵收。㈡過去里甲十年一輪，一條鞭法施行，改為每年編派一次；且役法之里甲、均徭、雜泛，有力差（力役）與銀差（雇役）之別，一條鞭法施行時，廢力差而以銀差代之。㈢過去賦役徵收解運事宜，由民自理，一條鞭法則改為官府辦理。㈣明代行一條鞭法前，田賦徵收本色（實物）雖有折色（折銀），實居其次；一條鞭法實行，用銀折納，例如力差既廢，則納銀於官，官府代為僉募。（吳緝華）

八旗

滿清入關以前，用軍法勒部族，軍制亦卽官制，蓋當時實最爾小部，無暇為政治之建設也。明萬曆十一年（西元一五八三年），清太祖努爾哈赤以遺甲十三，起兵復仇。其後不久，兼併滿洲及海西諸部，兵力漸強，始創定兵制。每三百人設一牛彔額眞（牛彔「箭」也，額眞「主」也。尋改稱牛彔章京，卽後之佐領。）五牛彔設一甲喇額眞（甲喇「一節」、「一段」之意。尋改稱甲喇章京，卽後之參領。）五甲喇設一固山額眞（固山「旗」也。卽後之都統。）每固山額眞又設左右兩梅勒額眞（梅勒「肩」也，有左右翼之意。尋改梅勒章京，卽後之副都統。）萬曆三十四年（西元一六〇六年），只設四旗，旗以純色為別：卽黃、紅、藍、白四色。萬曆四十二年（西元一六一四年），因滿洲生齒日繁，兵員驟加，又增設四旗，幅之黃白藍者緣以紅邊，幅之紅者緣以白邊，共為八旗，卽正黃、鑲黃、正紅、鑲紅、正藍、鑲藍、正白、鑲白是也。八旗之組織，每旗仍設總管大臣（固山額眞）一人，佐管大臣（梅勒額眞）各二人，其下則有甲喇、牛彔等職。其行軍之法，地廣則八旗並列，地狹則八旗合一路而行。軍士禁喧囂，行伍禁攙越。凡交戰，被堅甲，執長矛尖刀者為前鋒，被輕甲善射者從後衝擊，俾精兵立馬他處，相機接應，每一牛彔，製雲梯二，出甲二十，以備攻城。凡軍士自出兵日至班師，各隨牛彔勿離，如離本旗，執而詰問之。甲喇牛彔等官，不以所頒法令申誡軍衆者，各罰馬一匹；若論之不聽，敢違軍令者，論死。凡攻取城郭，不得一二人爭先競進，若一二人輕進致受重傷者，不唯不賞，雖戰死亦不為功。列陣既定，然後先登者，方錄有功。總之，滿洲未入關前，八旗號令嚴明，屢建奇功。

八旗初設時，每三百人編一佐領；五佐領設一參領，領一千五百人；五參領設一都統，領七千五百人；每都統設左右副都統，共八都統，是為八旗六萬人。然當時八旗係總合滿蒙漢軍為一也。嗣後幅員日廣，諸衆日多。清太宗於天聰九年（西元一六三五年），又分設蒙古為八旗。崇德二年（一六三七年），太宗復以投降滿洲之漢兵分立漢軍為二旗。崇德四年增為四旗，七年增為八旗，凡降將孔有德、尙可喜、耿仲明之天佑、天助各軍均入之。其後佐領愈增，無定額，又於滿蒙漢八旗外，設索倫、錫伯、察哈爾、高麗等牛彔。入關以後，軍民之政，始乃劃分，非部落草昧舊制矣。

順治以降，以旗丁繁殖，每一佐領轄兵有增至四百數十人者，旗兵除拱衛京師外，並分駐於各省重要城鎮，以為地方控制之資。直至清末，因旗兵安居已久，日趨頹廢，光緒間曾一度加以整頓，唯成效不多。迨新建陸軍興起，八旗舊制始盡廢除。（陳捷先）

土木之變

明代經過太祖及成祖開拓發展積極建設後，繼之者爲仁宗、宣宗守成的治平盛世，此時北方韃靼及瓦剌勢力亦已衰落，至正統時代，英宗年幼，內閣中有楊士奇、楊溥、楊榮輔政，號稱「三楊」，正統初年尙稱安定。但同時，宦官王振取得英宗寵信，專政跋扈，僭越相權，使明代朝政趨於腐敗，國勢日衰，北方邊患漸起。

土木之變卽發生於王振專政禍國時代，瓦剌也先乘虛侵入所引起的變亂。「明史紀事本末」云：「正統八年癸亥夏四月，瓦剌太師順寧王脫歡死，子也先嗣。自脫歡殺阿魯台，併呑諸部，勢浸强盛。至也先益橫，屢犯塞北，邊境自此多事。」（卷三十二，土木之變，國學基本叢書本，頁八九。）也先由通事口中盡知明代的虛實，專候釁端入寇。至正統十四年（一四四九），「明英宗實錄」云：「秋七月……己丑……是日虜寇分道刻期入寇。也先寇大同，至貓兒莊，右參將吳浩迎戰敗死；脫脫卜花王寇遼東；阿剌知院寇宣府，圍赤城；又別遣人寇甘州，諸守將憑城拒守。報至，遂議親征……上命郕王祁鈺居守，駙馬都尉焦敬輔之。」（卷一八〇，中研院影印本，頁三四八五至三四八八。）宦官王振爲求軍功，挾英宗率大軍親征。「明英宗實錄」又云：「正統十四年八月戊申朔，車駕至大同……己酉，駐蹕大同，王振尙欲北行，鎭守太監郭敬密告振曰：『若行，正中虜計』，振始懼。庚戌，車駕東還……辛酉，車駕次土木……地高無水，掘二丈餘亦不得水；其南十五里有河，已爲虜所據，絕水終日，人馬饑渴。虜分道自土木旁道麻峪口入，守口都指揮郭懋力拒之，終夜，虜兵益增。壬戌，車駕欲啓行，以虜騎繞營窺伺，復止不行，虜詐退，王振矯命檯營行就水，虜見我陣動，四面衝突而來，我軍遂大潰。虜邀車駕北行，中官惟喜寧隨行。振等皆死，官軍人等死傷者數十萬，太師英國公張輔……等，皆死。」（卷三四九五，仝上，頁三四九五、三四九六、三四九八、三四九九）是卽所謂土木之變。土木之變戰役中，英宗被擄，明代軍隊崩潰。在北方邊疆上的政治重心—京師，受到嚴重威脅。如「明史」于謙傳云：「及駕陷土木，京師大震衆莫知所爲。郕王監國，命羣臣議戰守。侍講徐程言：『星象有變，當南遷。』謙厲聲曰：『言南遷可斬也。京師天下根本一動，則大事去矣，獨不見宋南渡事乎？』王是其言，守議乃定。時京師勁甲精騎皆陷沒，所餘疲卒不及十萬，人心震恐，上下無固志。謙請王檄取兩京河南備操軍，山東及南京沿海備倭軍，江北及北京諸府運糧軍，亟赴京師，以次經畫部署，人心稍安。」（卷一七〇，淸武英殿版，頁二後、三前。）由於于謙英勇迎戰，苦心籌劃，渡過危機，南宋局面幸未重演。然自土木之變後，明代卽日趨沒落，無一朝能與太祖、成祖開創時代，或仁宗、宣宗治平盛世可比。接踵而來的是邊患不絕，國家乃少有安定時期。（吳緝華）

大禮議

明武宗（正德）荒淫不嗣，孝宗亦無他子在者，乃以大臣議，立憲宗子興獻王祐杬長子厚熜入承皇嗣，是爲世宗。因而發生皇統繼承與家系繼承之矛盾問題，卽「大禮議」。

世宗卽位後第六日，便命禮官集議崇祀其父興獻王典禮，於是引起朝廷兩派大臣之鬥爭。一派由皇統繼承立言，卽以內閣首輔楊廷和爲首之許多大臣，引漢定陶王、宋濮王事，主張世宗應考孝宗，而以興獻王爲皇叔父。另一派由家系繼承立言，卽以觀政進士張璁爲首，攀附權貴，迎合世宗之意旨，主張世宗入繼大統，非爲人後，應考興獻王，別爲之立廟京師，以隆尊親之孝。繼而張璁與桂蕚、席書等請改孝宗爲皇伯考，興獻王爲皇考（初稱本生父，至此稱本生皇考，旋又去本生二字）。主張皇統繼承之大臣群起力爭，跪伏左順門請願。帝怒，執爲首者八人下獄。楊愼等乃撼門大哭，聲震闕廷。帝益怒，繫一百九十人於獄。越數日，爲首者戍邊，四品以上奪俸，五品以下予杖，杖死者十七人。而楊廷和已先於嘉靖三年（一五二四）二月罷官矣。自是衣冠喪氣，璁、蕚等勢益張。嘉靖三年九月，更立大禮，稱孝宗爲皇伯考，昭聖皇太后爲皇伯母，獻皇帝爲皇考，章聖皇太后爲聖母，尊稱至此遂定。四年五月，又作世廟享獻皇帝，十五年十月，更定世廟爲獻皇帝廟，止舉時祀，不祀太廟。十七年，世宗又命集議，嚴嵩等議宜加宗皇考，後又疏言祔廟；於是尊獻皇帝廟號爲睿宗，奉睿宗神主祔太廟，躋武宗上。

「大禮議」之爭論，愈演愈烈，實際上爲朝廷大臣借此爭奪內閣首輔之職位。明代內閣自正統以後，分首輔、次輔，權勢廻然不同。世宗以藩王入嗣帝位，多得力於楊廷和爲首之內閣大臣所擁戴，因而嘉靖時期之內閣權勢超越明代前期，成爲皇權有力之支柱。故政令重心之內閣，尤其內閣首輔，成爲政爭之目標。張璁卽由「大禮議」而打倒楊廷和，取得首輔地位。其後嚴嵩亦因朝臣爭論興獻王稱宗祔廟時，能極力逢迎世宗之意旨，又極力奉侍世宗之玄修，而得世宗歡心，取得首輔地位，獨專國政。則「大禮議」實爲朝臣政爭之工具。

「大禮議」後，僥倖之門大開，但能設一說以導帝縱情以蔑禮，即富貴如操券。於是朝政大壞，嘉靖初年楊廷和主持下之新政改革，不但不能徹底實行，反而弊政叢生，更加惡化。（參閱孟森明代史第四章議禮，世廟識餘錄，毛奇齡辨定嘉靖大議禮。）（徐　泓）

三寶太監

明史鄭和傳稱：「鄭和，雲南人，世所謂三寶太監者也。」一說三寶（或三保）並非和之專名，同時內官呼三寶者亦有之。讀書敏求記云：「永樂十九年（一四二一）奉聖旨三寶信官楊敏字佛鼎、洎鄭和、李愷等三人往榜葛剌等番邦週遊卅六國公幹。」是楊敏亦名三寶。三寶壟「三寶廟碑記」王景弘亦有王三保之稱。又明史卷三三一亦有一內官名楊三保。觀此，三保似爲內官之通稱。惟史書記載，多認係鄭和初名或專稱者，如傅維麟「明書」卷一五八鄭和傳載：「鄭和……人稱爲三保太監」；查繼佐「罪惟錄」傳廿九宦寺列傳上鄭和傳云：「鄭和初名三保」；又如「明外史」鄭和傳（圖書集成、明倫彙編、宮闈典第一百卅二卷宦寺列傳引）、及「明史」卷三〇四鄭和傳均同稱。郎瑛「七修類稿」卷十二云：「永樂丁亥（一四〇七）命太監鄭和、王景弘、侯顯三人往東南諸國，賞賜宣諭，今人以爲三保太監下西洋，不知鄭和舊名三保。」又一說如鄭和家譜云：「公和奉命三使西洋，歷事三主，至宣德六年（一四三一），欽封三保太監。」大概三寶一名初爲鄭和之專稱，因和係內官而名顯者，後漸以三寶稱其他內官。

鄭和海上之功業爲十五世紀之盛事。先後七奉使，所歷南海及印度洋沿岸凡三十餘國。較之歐洲航海家哥倫布 (Columbus, Christopher 1446 or 1452 -1506) 甘馬 (Vasco da Gama 1460-1524) 等之航行，早八十至九十年。其所乘寶船，爲有明一代航海船舶之巨者。氏本姓馬，回教徒，後皈依佛教，法名福善。父哈只 (Hadji)，依回教例，凡朝天方而歸者，稱爲哈只（或曰漢志之對音），要之和之先世及同族曾朝天方，故和之冒險西行，亦有所本。和自幼有材志，初事成祖於燕王藩邸，靖難之役有功，累擢太監，賜姓鄭。成祖即位後，疑惠帝亡海外，欲蹤跡之，且欲耀兵異域，宣揚中國威德。永樂三年（一四〇五）六月，帝首命和及王景弘等通使西洋（即今日南海以西之地，名爲印度洋或南洋，明初則謂之西洋），統率二萬七千八百餘人，多齎金幣，乘寶船二百餘艘。自蘇州劉家河泛海至福建，復自福建五虎門揚帆，首達占城，以次徧歷爪哇，滿剌加、舊港、蘇門答臘、錫蘭、小唄喃、柯枝、古里諸番國，宣天子詔，不服則以兵懾之。抵舊港時，其華人酋長陳祖義剽掠商旅，和使使招諭，詐降，而潛謀搶刼寶船，被俘。五年（一四〇七）九月和返國，使者隨之朝見，獻俘，帝大悅，爵賞有差，戮祖義。同年冬，又偕王景弘等同行，歷浡泥國、錫蘭等而返。永樂七年（一四〇九）再往錫蘭，國王亞烈苦奈兒誘和至國中，索金幣，暗發兵五萬刼和舟，和見其大衆既出，國內空虛，遂率所部二千餘人，出其不意攻破其都城，生禽亞烈苦奈兒及其妻子官屬等。九年（一四一一）六月歸國獻俘於朝，帝赦，釋還。是時交趾已入中國版圖，諸邦益震，國威煊赫。

永樂十年（一四一二）和復奉命往使至蘇門答臘，其前僞王子蘇幹剌者，方謀弒主自立，怒和賜不及己，率兵截擊，和力戰，追至喃勃利禽之。並歷忽魯謨斯等國，十三年（一四一五）七月還，帝大喜，遍獎有功將士。十四年（一四一六）冬，因滿剌加、古里等十九國遣使朝貢，辭還，和奉命偕往，賜其君長，十七年（一四一九）七月還。永樂十九年爲送還忽魯謨斯等國使臣，次年八月還。二十二年（一四二四）正月舊港酋長施濟孫，請襲宣慰使職，和齎印往賜之，七月還，而成祖已崩矣。宣德五年（一四三〇）六月，仁宗以即位後而諸番國遠者猶未朝貢，於是和與景弘復奉命出使，歷占城、爪哇、舊港、滿剌加、蘇門達臘、錫蘭、古里等十七國而還。

和等七次出使，中經二十八載（自永樂三年至宣德八年），所取無名寶物，不可勝計，而中國耗費亦不貲，仁宗遂詔罷西洋寶船，故自宣德後，遠方或有至者，然大不如前，而和亦老矣。三寶太監下西洋亦成歷史盛事。（明史成祖本紀、鄭和傳；鄭和下西洋寶船考，包遵彭著；鄭和遺事彙編，鄭鶴聲著。）

（包遵彭）

天工開物

明，宋應星撰，（書名，一作：「天工開物卷」）共十八卷。初刊似在明崇禎十年（一六三七）。（自序作於是年孟夏）爲一部記載中國農工業技術的著作。內分：①乃粒、②乃服、③彰施、④粹精、⑤作鹹、⑥甘嗜、⑦陶埏、⑧冶鑄、⑨舟車、⑩錘鍛、⑪燔石、⑫膏液、⑬殺青、⑭五金、⑮佳兵、⑯丹青、⑰麴蘗、⑱珠玉。均有插圖。

宋氏，字長庚，江西奉新縣人。明萬曆四十三年（一六一五）舉人。崇禎七年（一六三四），任江西分宜縣教諭，十一年（一六三六），任福建汀州府推官，十四年（一六四一），任安徽亳州知州。明亡後隱居不仕。別著有「畫音歸正」、「雜色文原耗」、「巵言十種」，似均已佚，卒於清順治、康熙之交。

此書在明末，前後出版兩次，但未受重視，絕版已久。日本於明和八年（一七七一），出翻刻本。民國十七年，陶湘始據日本版重印於天津，（有丁文江跋、詳述本書價值。），十九年，有上海華通書局刊本，二十五年，有上海世界書局刊本。

是書不僅為中國農工業技術史的重要資料，亦為明末經濟史、社會史、甚至是思想史的重要資料。

參考文獻：「天工開物の研究」（藪內清編，日本昭和二十九年刊，有中譯本。）「技術の哲學」（三枝博音著，昭和二十六年初版）（楊雲萍）

文字獄

文字之獄並不始於清代，明初卽有以文字誤疑而殺人之事。但明初帝王之因文字興獄，實由於不諳文義，出於誤會；且僅涉及個人，無牽連之事，對國家學術與民族思想更無影響。清代則因異族入主，日以文字防範漢人為事，學者思想與活動均受其控制，失去自由，為禍之烈，牽連之衆，實有史以來所未有。

清初文字之獄，凡歷三朝，茲分述於下：入關之初，由於戎馬倉皇，根基未固，一切政策以籠絡為先，對知識份子採取安撫與利用手段。言論思想，毫無禁忌，學者將亡國之痛與孤憤之情，表達於詩文中者，亦不以為忤。後以明室反清勢力及民間義兵武力逐漸消失，清廷始轉注意於讀書之人。康熙朝之文字獄計有莊廷鑨之「明史」案、沈天甫等之「江南忠義錄」案、鄒流騎「鹿樵紀聞」案、陳彭先虎邱詩案以及戴名世之「南山集」案。其中「明史」案及「南山集」案牽累最深，為康熙朝大案。明史案因莊廷鑨纂補朱國禎私作「明史」，於崇禎一朝事中多有指斥滿清者，不但直書清太祖等本名，年號仍以隆武、永曆為正朔；並指孔有德等為叛逆。經檢發後，遂興大獄。是役牽連人數衆多，除莊氏一家外，凡作序、纂修諸名士及刻工鬻書者均被禍。一說死者七十餘人，婦女發配邊地者多人。一說死者達二百二十一人，確數未可知。「南山集」案乃戴名世好友方孝標曾著「滇黔紀聞」等書，多指斥清廷語。名世稱其書考據確覈，遂收入其著述「南山集」中。又戴名世論修史之例，以為康熙元年（一六六二）方為清朝定鼎之始，世祖雖入關十八年，但當時三藩未平，明祀未絕，若循蜀漢之例，則順治不得為正統。清廷認為喪心狂逆之極，語多悖亂之詞，乃興大獄。名世家族及與是案有關者均處死，清廷官員因是案遭謫降者達三十二人。後以牽連太廣，聖祖惻然下詔，因得旨而全活者竟達三百餘人。綜觀康熙朝文字獄，表面上似已採取威脅刑誅之態度，然就大體上言，聖祖仍係寬仁之主，對文人之手段，仍有懷柔之意，遠不及雍乾時代之嚴厲。

清世宗性情殘戾，又喜察及幽隱，故雍正期間，文字之獄層見疊出。其重要者有年羹堯之奏本案、汪景祺「西征隨筆」案、錢名世頌詩案、鄒汝魯河清頌案、查嗣庭試題案、謝濟世、陸生柟註書案、徐駿詩句案、呂留良等著書案等。其中年羹堯因在奏章中將朝乾夕惕誤寫為「夕陽朝乾」，實屬有意不敬。汪景祺因作詩譏訕聖祖並為年羹堯作「功臣不可為論」，指為不敬妄言。錢名世作詩頌年羹堯功德，觸犯聖怒，且為「頌揚姦惡，措詞悖謬」。鄒汝魯頌文中用「舊染維新，風移俗易」八字，認為「顯肆譏訕」。查嗣庭以君子不以言舉人二句，山徑之蹊間一句，維民所止等命題，指為「陰懷二心，忍行橫議」。謝濟世註大學是「排擠傾陷之私言，奸險狡惡之邪論。」陸生柟通鑑論為怪誕之說，非議時政，用以搖惑衆心，擾亂政紀。徐駿詩句中有「清風不識字，何得亂翻書」，實為狂誕居心，背戾成性之作。呂留良著書犯臆造偽言，好亂樂禍，公然誣蠛，鼓惑愚民之罪。綜觀雍正一朝，文字之獄，雖威嚴可畏，然對滿漢之防，則有新作法。清世宗深知漢人不可輕侮，非開誠布公，不能為治，故一方面不惜諄諄告誡，以帝位在德不在人，而另一方面則力除猜疑漢人成見，以示調和二族之誠意。高宗卽位，以調和政策不能收效，於是誅之不稍寬假，純取高壓手段。乾隆期間，文網更密，羅織益微，文字中如有擇詞不精，引用不當，或無意中抒發抑鬱者，動輒得罪。且重翻舊案，罪及死者，文字之獄「至此極矣」。胡中藻因「一把心腸論濁清」、「天匪開清泰」等詩句指為詆毀清室。彭家屏、段昌緒因收藏明季野史及資料而遭慘死。齊周華刻書獲罪，蔡顯以作詩怨誹而斬決。錢謙益諷詛滿語爲科斗文，「髡鉗疑薙削，壞服覓儔侶。」句中隱諷薙髮之事，又對清先人事跡，多憤激詛詈之詞。由於錢氏之身死骨朽，乃銷燬其書版。徐述夔作「明朝期振翮，一擧去淸都」詩，顯有滅淸之意。沈德潛一杜樓詩，影射淸非正統等等。此外全祖望皇雅篇案、屈大均詩文案、金堡陳建著書案、王錫侯字貫案、王爾揚墓誌案、韋玉振行述案、尹嘉詮著書案以及方國泰藏書案等，更因薄物細故而獲罪。

淸初文字之獄，專以束縛言論思想爲目的，其影響於民族學術之精神者至鉅，實非一般尋常訟獄可比。雍乾以後，志節之士，蕩然無存，學術思想因之束縛，民族精神無所發揚，皆吾國文化史上之不幸。（陳捷先）

內務府

淸代官署名。掌內府財用之出入以及祭禮、宴饗、饍饈、衣服、賜予、刑法、工程、教習諸事。長官曰內務府總管大臣。淸之初興，旗下屬人有若干專供旗主役使者，是爲「包衣」（包衣滿語，原意家室之「家」，此處有「家人」、「家丁」之意），各旗各有包衣。自淸帝擁有上三旗（正黃、鑲黃及正白）以後，皇室卽有三旗之包衣可供趨使，其首領曰包衣昂邦（昂邦大臣也），諸貝勒家則有包衣大（大者滿語首領之謂也）。淸太祖、太宗時，痛懲往失，不設閹人，世祖入關後雖將明宮舊有閹人收爲役使，但宮內政令則以內務府掌之，包衣昂邦遂稱之爲內務府總管大臣矣。順治十一年（一六四四），世祖受內監吳良輔等煽惑，廢內務府，復明舊制，置十三衙門，凡八監（司禮、御用、御馬、內官、尙衣、尙膳、司設、尙寶）、三司（尙方、鏡鼓、惜薪）、二局（兵仗、織染）。順治十二年，改尙方司爲尙方院。十三年改鐘鼓司爲禮儀監，尙室監爲尙寶司，織染局爲經局。十七年又改內官監爲宣徽院，禮儀監爲禮儀院，內務府不存矣！於是吳良輔等妄作威福，任意把持，明末內監禍國局面，幾至重現。順治十八年正月，世祖已患痘症，猶親送吳良輔至法源寺落髮，五日後帝崩，遺詔誅良輔，廢十三衙門，復設內務府。世祖生前，雖立鐵牌嚴禁內監干政，不許內監擅出皇城，不許交結外官，不許購置田屋，職不過四品等等，然良輔等宵小弄權，不能制也。聖祖初政以後，以御用監之職立廣儲司，改尙膳監爲採捕衙門，改惜薪司爲內工部，改御馬監爲阿敦衙門，改兵仗局爲武備院。康熙十六年（一六七七）又改宣徽院爲會計司，禮儀院爲掌儀司，尙方院爲愼刑司，採捕衙門爲都虞司，內工部爲營選司，阿敦衙門爲上駟院；另立敬事房總管內監，與內務府不相越侵。康熙二十三年（一六八四）分掌儀司立慶豐司，分都虞司立奉宸院，於是七司三院之職大備。

淸廷以內務府比內閣，總管大臣擬閣揆，廣儲司擬戶部，都虞司擬兵部，掌儀司擬禮部，愼刑司擬刑部，營造司擬工部，坐辦堂郞中管吏部銓選事，此外慶豐司因淸人起於遊牧故重視之，會計司擬關稅與丁糧之歲收，上駟院擬明朝之御馬監而兼苑馬寺，武備院擬兵部之車駕武庫兩司，奉宸院則擬工部之營繕都水二司而兼園庭宮殿之內部管理。然而淸代內務府較明代內務府制度爲佳，淸廷雖比擬爲內廷內閣，而國家禮儀大事統歸禮部，刑名之事重者皆入刑部（凡徒罪及仗一百以上事及枷示刺字等刑，皆須交刑部辦理），營建工程在二百兩以上亦歸工部，可知淸代內務府諸臣工不易弄權，非明季閹人可比。

內務府長官爲總管大臣，無定額，於滿洲文武大臣或王公中簡任之，爲七司三院各處之總機關，初係三品，乾隆十四年時改爲正二品。有淸二百多年來，最多時設置九人，一般設四至六人，最少時亦有二三人。坐辦堂郞中爲內務府中重要官員，上可代理總管大臣，處理一切事務，下可指揮群僚。其爲總成之官，故自雍正十三年設立以來，終淸之世，只設一人，此外各司院有郞中、員外郞、主事、筆帖式等職官，承辦各部門業務。

淸之內務府衙門，設綱定紀，分置各司，各負其責，統之以總管大臣，監之以監察御史，一事一物，俱有常規，立法不爲不善，意義亦至爲深遠。唯至乾嘉以後，弊端層生，廣儲司出少納多，掌儀司搪塞供品，都虞司遲報兵額，慶豐司朋分畜產，會計司收受賄賂，上駟院扣尅草豆……。加之內務府年費甚鉅，故降至淸末，遂成爲淸中央政府嚴重問題之一。（陳捷先）

尼布楚交涉

淸康熙年間，三藩亂起，淸廷無暇北顧，俄人卽乘機在黑龍江下游移民，建村落，設堡壘，作長久覇佔之計。迨三藩亂定，淸廷決議大擧北征。康熙二十二年（西元一六八三年），聖祖特於黑龍江濱之璦琿、呼瑪爾二處建木倉，取科爾沁、錫伯等官屯糧約一萬二千石儲集其中，且命北京，吉林等地軍隊前往耕植，不使匱乏，以作戰前準備。康熙二十四年五月二十二日，淸軍統帥彭春率兵五千自璦琿進抵雅克薩城，次日經曉諭不果而交戰，淸軍以火器急攻，至二十五日黎明，克雅克薩城，俄人投降。惟事後清軍未駐守雅克薩，遂使俄人得乘隙增援捲土重來，致有康熙二十五年（西元一六八六年）六月再攻雅克薩之擧，嗣因俄軍實力增強，決心死拒，至十月間雙方仍在戰鬥中，然其時俄廷已派特使來北京要求停戰。

清聖祖以「撫綏外國，在使之心服，不在震之以威」，更無意「用兵無已」，故允准議和，不久卽定外蒙邊境色楞格爲會議地點。康熙二十七年（西元一六八八年）三月，清命內大臣索額圖，一等公佟國綱等爲欽差大臣，會俄史果羅文（Golovin）議約，並令兵部督捕理事官張鵬翮及天主敎士張誠（Gerbillon）、徐日昇（Pereina）從，扈以精騎萬餘，以爲交涉後盾。索額圖等啓程後不久，會喀爾喀部與準噶爾搆兵，道梗不得前，索額圖遂遣從官至色楞格，具述道梗事。於是俄使更議以尼布楚爲會議地，後聖祖允之，遂令索額圖等前往就之，惟淸廷對俄交涉目的顯然因準噶爾兵事而有所讓步。

康熙二十八年六月五日，索額圖等抵尼布楚，駐城外平原。七月初八日兩國使臣及從人正式集會，由天主敎士及蒙人任翻譯。俄使提議以黑龍江爲兩國國界，江左（北）屬俄，江右（南）屬我國。索額圖則謂俄國應退至色楞格以西，以東地方包括色楞格、尼布楚、雅克薩皆應屬中國，俄使不允，首日會議毫無結果。其後雖經索額圖讓步，願將色楞格及尼布楚二城讓與俄國並由天主敎士之往返勸說，俄使仍頑強堅持。七月十四日，索額圖命全軍圍尼布楚城，俄人知力量薄弱，遂正式承認我方所提之界綫，終於七月二十四日（西元一六八九年九月七日），兩國代表正式簽定尼布楚條約，和議遂告完成。

根據尼布楚條約，中俄邊界爲：㈠自北流入黑龍江之綽爾納河，卽烏魯木河相近之額爾比齊河爲界，循此河上流，而綿延至東海濱之山脈卽大興安嶺作爲兩國邊界，嶺南屬中國，其北屬俄國。㈡流入黑龍江的額爾古納河也作爲兩國的邊界，河南屬中國，其北屬俄國。原在眉勒爾甘河口建立之俄人房舍均應拆去遷移北岸。據此可知：中國東北邊境北有外興安嶺，其東其南有海岸綫海口的自然界綫，在國防上及交通上均屬完整。其總面積幾達八千萬方哩，較現今東北大一倍有餘，幅員不僅包括目前東北九省，卽今俄屬阿穆爾省及濱海省亦隸屬我國範圍。我國東北邊境卽因明確疆界獲致一百五十餘年之安寧，故尼布楚條約在我國外交史上確有其光榮之地位。（陳捷先）

四庫全書

清代有功於文化，無過於收輯四庫全書，撰定各書提要，流佈學界一事，乾隆三十七年（西元一七七二年）安徽學政侍讀學士朱筠因奉購訪遺書之詔，乃奏陳翰林院庫藏明永樂大典，中多逸書，世所未見，請開局使校閱采錄，且言搜輯之道甚備。清高宗下軍機大臣議行。大學士等初有歧見，後得旨派軍機大臣爲總裁官，並令選定翰林員數，專司查校，後又得旨：「將來辦理成編時，著名四庫全書。」是四庫全書之取名。本爲輯大典中佚書而起，事在乾隆三十八年二月二十一日。

四庫全書館旣開，除以宗室郡王領銜負責外，時參與館事者，約有三百餘人。計總裁官十六，副總裁十，總閱官十五，總纂官三，總校官一，翰林院提調官二十二，校勘永樂大典纂修兼分校官三十九，繕書處總校官四，分校官一百七十九以及其他各官百餘人，大半皆國內積學之士，而總纂官紀昀，其學貫徹儒釋，旁通百家，任職十三年，始終其事。全書體例，皆其所定。另總纂官陸錫熊，總校官陸費墀亦皆能實心工作，用力至勤。其他分任校勘協勘等事者，如任大椿，戴震、邵晉涵、姚鼐、翁方綱、王念孫等，皆爲一代名家。

四庫全書自乾隆三十八年起編，約十年至四十七年正月而全書告成一分，嗣後分抄各分，分貯各閣，又歷時十年，總計此一偉大事業約共費二十年。四庫所收之書，依其版本來源，可分爲兩種六類：其一種爲政府舊有藏書，分爲勅撰本，內府本，永樂大典本三類。其一種爲外省公私進到遺書，分爲各省採進本、私人進獻本、通行本三類。四庫全書之編次，大別爲經史子集四部，每部又分若干類：計經部十類，史部十五類，子部十四類，集部五類。每類流別繁瑣者，又各析子目，計經部禮類分子目六，小學類三；史部地理類十，傳記類五，政書類六，詔令奏議類、職官類、目錄類俱二，子部術數類七，藝術類四，雜家類六，天文算法類二，小說類三，譜錄類四；集部詞典類五，別集類依時代先後分六子目。間有無類可歸之書則別爲附錄。綜計四庫著錄之書，凡三千四百五十七部，七萬九千零七十卷，卽四庫全書實有各書之總額。總目中僅存書名而未收其書者，都凡六千七百六十六部，九萬三千五百五十六卷，卽存目之書之總數。著錄之書每分裝訂三萬六千册，册面經部用青絹，史部用赤絹，子集用白絹，集部用黑絹，以象春夏秋冬四時之色。共六千七百五十二函。當全書告成時，以卷帙浩繁，清廷特建文淵閣於文華殿後以爲貯藏之所，許大臣官員翰林，赴閣閱覽。後續建文源閣於圓明園，文津閣於熱河行宮，文溯閣於奉天陪都，各繕一分以存藏之。既而又以江浙爲人文淵藪，其間好古力學之士願讀中秘書者，自不乏人，高宗乃命於揚州大觀堂之文匯閣，鎮江金山寺之文宗閣，杭州西湖行宮之文瀾閣，亦各藏一分，俾士子就近觀摩謄錄，以光文治。文淵文源文津文溯是爲「內廷四閣」，又省稱「北四閣」；文匯文宗文瀾，是爲「江浙三閣」，又簡稱「南三閣」。至翰林院所貯副本，則不在此七閣之內。

四庫書成距今已一百九十年，世亂時移，其中泰半燬於兵火。如文源閣舊藏燬於英法聯軍之役，翰林院副本則在英法聯軍及八國聯軍戰事中焚燬摧裂殆盡。文匯文宗兩閣則先後於太平之役被兵燬，奉天熱河所藏亦多失散，實爲我國文獻學上之重大損失。所幸文淵閣一分今已補足完存，且携運來臺，今者臺灣商務印書館借故宮博物院珍藏選印是書，使數千年之鉅製，得以資考鏡而廣流傳，誠盛事也。

四庫全書，工程至鉅，爲我國文獻學上空前之偉舉，在保存我學術圖書方面貢獻極大。惟編纂當時，旨在衞道，寓意勸懲，致有結集不全之憾。再者爲掩飾滿清先世史蹟，復竄刪若干史實，亦爲是書之缺陷。其他輯錄疏忽，繕寫不精，皆全書美中不足之處也。（陳捷先）

永樂大典

永樂元年（一四〇三）九月，成祖詔翰林學士解縉用韻書中字序爲編目之法，將經史子集中凡有關天文、地志、陰陽、醫卜、僧道、技藝之言，以類相分，聚集歸一，類以下再細分子目，編緝爲書。一年後，書成奏進，賜名文獻大成。參與工作者一百四十七人。帝閱後覺詳備不足，思加以擴大，網羅遠古以來相傳之典籍。乃命太子少保姚廣孝、刑部侍郎劉秀篪及解縉同監修，翰林學士王景、侍讀學士王達、國子祭酒胡儼等爲總裁，另命翰林侍讀鄒輯等二十人爲副總裁，中外宿師老儒充編修，從國學縣學中選能書生員充任繕寫工作，開舘于文淵閣，參與其事者凡二千一百六十九人。六年（一四〇八）冬，全書告成，乃改名「永樂大典」，成祖並撰序文冠首，姚廣孝等皆受褒獎。帝又命另繕一部，準備刻板印行，七年十月繕竣後，又感刻印工程浩大，費用至繁，乃罷。遷都北京後，將「大典」貯於文樓，總計「大典」二萬二千八百七十七卷，凡例目錄六十卷，爲册一萬兩千，實爲我國空前大類書，亦爲成祖時代對文化大貢獻。

世宗嘉靖四十一年（一五六二），禁中大火，帝恐「大典」付之一炬，再四申諭搶救，幸皆完好，因選儒臣程道南等一百人負責重鈔正副二本，命高拱及張任校理之責，又僱書手一百零八人任鈔寫，費時五年餘始畢事，於是將原本送歸南京，正本存放在文淵閣，副本則貯於皇史宬。每册高四八公分許，寬二十八公分半許，以宣紙朱絲闌精鈔，每半葉八行，每行大字十五至十九，小字三十，朱筆句讀，書名或朱書，或否。大典本係一大類書，項目所分極細，後以急於成書，不及將典籍分散，乃將全書盡行錄入，而以韻目繫之，於是失去類書性質。但明初所能及見之古籍，則可從「大典」中輯錄，雖未能完全恢復舊觀，亦可十得其七八或五六；即或有流傳者，「大典」亦有其校勘價値。

清初「大典」正本留乾清宮，雍正間副本由皇史宬移貯翰林院，全祖望客京師，在侍郎李紱家獲見「大典」，至爲興奮，乃約翰林分鈔孤本，鈔出甚多。乾隆三十九年（一七七四）輯明初猶存而今已亡佚之書，是爲「四庫全書」之基礎。四十七年詔修「四庫全書」，學士朱筠請將「大典」中世所罕見之古書善本，擇取繕寫，各自爲書，以復其本來面目。得旨允行。據「四庫總目提要」，從「大典」中輯出經部七十種、史部四十一種、子部一百零一種、集部一百七十種，共三百八十二種。又入四庫存目者，自「大典」輯出經部九種、史部三十八種、子部七十一種、集部十種，共一百二十八種。嘉慶二年（一七九七）乾清宮火，正本被燬，翰林院所藏之副本亦有散失，然尚有萬册以上。義和團燬翰林院，以攻使舘，「大典」乃成刼灰。英法聯軍之役，遺失尤多。光緒元年（一八七五），所存不及五千册，時至今日，全球所存，僅八百餘卷而已。（參考繆荃孫「永樂大典考」，藝風堂文續集卷四；鄭鶴聲、鄭鶴春著「中國文獻學概要」；郭伯恭著「永樂大典考」）（王德毅）

交阯布政使司

明初，安南陳裕宗卽遣使來朝，太祖封之爲安南國王。其後，安南與占城搆兵，內亂外患相繼而來，國勢漸衰。權相黎季犛擅自廢立，陳氏王位屢經更易。建文二年（一四〇〇），季犛大殺陳氏宗族，自立爲大虞國王，年號元聖。又自稱爲帝舜裔胡公之後，改姓名爲胡一元，子蒼易名胡奃。尋傳位其子，自爲太上皇。

胡朝建立後，仍與占城搆兵。占城求救於明。陳氏舊臣裴伯耆亦於永樂二年（一四〇四）赴南京，請明派兵征討胡氏。成祖決意干涉，於次年派兵護送陳氏後裔陳天平回國。胡氏伏兵國境（今諒山雞陵關南），殺天平。成祖遂以此爲藉口，揭櫫繼絕興滅之大義，於永樂四年出兵征討安南。以朱能爲征夷將軍，沐晟、張輔爲左右將軍副之。九月，明軍抵龍州，朱能病死，以張輔代之。明軍由雲南、廣西兩路南進，陷其東西二都。次年五月，虜胡氏父子以歸。安南全境平定。

明軍入安南後，訪求陳氏子孫。然耆老言：「陳氏爲黎賊殺盡，無可繼者；安南本中國地，乞仍入職方，同內郡。」成祖乃於永樂五年六月，宣布「改安南爲交阯，設三司。」轄治安南全部領土（約當今越南廣南省，即北緯十五度以北之地），劃爲交州、北江、諒江、三江、建平、新安、建昌、奉化、清化、宣化、太原、鎭蠻、諒山、新平、義安、順化、升華等十七府，四十七州，一百五十七縣，十一衞，三所，一市舶司。永樂六年，陳氏故官陳簡定自立爲日南王。次年，又立陳季擴爲大越皇帝，安南人民紛起響應，「相率歸季擴」。直至永樂十二年，始爲明軍所平。

永樂十五年，中官馬騏以採辦爲名，在安南境內大索珍寶，「人情騷動」，起兵反抗者不絕；其最大一支爲永樂十六年起兵之黎利。黎利、清化人，爲陳季擴之舊部，自稱平定王，聯合老撾對明軍作戰。戰事拖延達十年之久，其間雖一度言和，由明授黎利以清化知府，然旋卽破裂，戰事又起；直至宣德二年（一四二七），明軍慘敗，前布政使黃福被俘，戰事始結束。明軍既敗，大臣張輔、夏原吉、蹇義等主張用兵，楊士奇、楊榮等主張退兵；最後宣宗決定撤兵。宣德二年十一月，「遣使齎詔撫諭安南人民，盡撤軍民北還」，罷交阯布政使司，結束明朝對安南二十一年之統治（一四〇七—二七）。

時明曾以立陳暠爲撤兵條件。黎利於明軍退後，毒死陳暠；於宣德三年建立黎朝，國號大越。宣德六年，明「詔令黎利權署國事」，承認黎氏對安南之統治。是後，安南與明維持朝貢關係。

明統治安南時，曾大力推行漢化，故中國文化對安南有深厚影響。安南用漢文爲表達記述之工具。黎朝之行政組織、教育及科學制度亦皆模仿中國，且以經義、詩賦二科取士，「彬彬有華風」。明成祖又以禮敦致安南各方面人才，先後達九千餘人。明初修建北京，安南人阮安曾參與規劃。凡此皆對中國文化、科學、技術之發展，有一定之作用。故交阯布政使司之設立，對中越兩國之政治關係，雖不十分成功；然對兩國之文化交流却有極大之貢獻。（參閱明史卷三二一安南傳，明史紀事本末卷二二安南叛服。）（徐　泓）

回部

回部居現在新疆天山南路，卽漢時西域南道諸國。清代西域分兩部，北曰準部，南則回部。唐初伊斯蘭教由阿拉伯傳入，自宋元以後，伊斯蘭教乃盛行回疆，後有以回回名伊斯蘭教，或有以回回卽唐之回鶻者，然回回實西域之部落名耳。元代葉爾羌汗曾統有八城：吐魯番、哈密，阿克蘇，庫車，和闐，喀喇沙爾，烏什，喀什噶爾等。清初元裔勢衰，而回教勢力漸強，回教「和卓」（Khoja　）（教長之意）掌政，分爲白山、黑山兩黨，因內亂而於康熙十七年招致準部酋長噶爾丹之入侵，盡破黑山黨，執元裔諸汗，移之伊犂；並任準部官員治理回疆，以準部人徵收租稅，月納約四十萬但加司（約四千磅），乃統有天山南北，兼有青海科布多等地，並東侵喀爾喀；此種變化，乃構成清廷用兵回疆之主要背景也。

後噶爾丹爲清廷所敗，伊犂回酋阿布都實特來投，聖祖優邮之；其子瑪罕木特欲據葉爾羌自立，以避準部之干涉，然準部策妄阿拉布坦又執之幽伊犂，並扣留其二子布羅尼特及霍集占（此二人卽大小和卓木是也）。其後準噶爾內亂，乾隆二十年，清軍定伊犂，而準部阿睦爾撒納欲利用白山黨以收回族之援，乃釋大和卓木布羅尼特歸統天山南路，而留小和卓木霍集占居伊犂，以統天山北路回教徒。時大和卓木欲統各部受中國約束，然小和卓木欲趁準噶爾新滅而獨立自主，故極力修繕武備，自是清廷乃有回部之役。

乾隆二十三年五月，清廷首以大軍萬餘自吐魯番進攻庫車，大小和卓木會回酋阿卜都克勒木據城堅守，歷二閱月，守軍降清，然僅得一空城，可謂勞而無功。是役後，大和卓木走據喀什噶爾，小和卓木據葉爾羌城，東西互爲犄角。清將兆惠、富德進擊葉爾羌，小和卓木則堅壁清野，欲爲持久戰以坐困清軍。兆惠以所部僅四千餘，乃結營於城東葉爾羌河之水草處，謂之黑水營，後以喀什噶爾告急。小和卓木撤兵防禦，故卒無大戰。

然是役以後，兩和卓木勢漸趨弱。回疆偏歷戰火，賦課繁重，且大和卓木歸回疆後，偏信伊犂舊部，以致衆有貳心，且黑水之役，清軍當數倍之敵，戰守逾數月而不屈，回民衆皆驚駭，抵抗之志乃益薄。自是回疆軍事，清軍乃趨於積極主動。已而清軍漸集阿克蘇，數達三萬人，乾隆二十四年六月乃大擧進擊：兆惠由烏什取喀什噶爾，富德則由和闐取葉爾羌，每路將兵一萬五千人。時和卓木兄弟皆駐葉爾羌，聞清兵至，乃携其妻孥隨從踰葱嶺而西，清軍追擊而破之，至伊西洱庫河（今噴赤河），乃巴達克山界，兩涯皆山，曰和什珠克嶺，和卓木欲以此決死戰，清將富德、阿里袞則以火器遙擊山嶺；其山麓偪水，僅容單騎，兩軍分扼其徑，遂無所遁，和卓木卒乃招降，回衆降者達萬二千人，牲畜亦萬計。和卓木兄弟走巴達克山，巴達克山拒戰擒斬之，獻其首於清軍。捷奏京師，宣示中外，兆惠富德封賞有加，立碑勒銘以紀其功業也。

回部平後，清以喀什噶爾為參贊大臣駐節之所，節制南路諸城，另於各城置辦事大臣，領隊大臣以治軍事，皆由滿人充任。回部大城有：喀什噶爾、葉爾羌、英吉沙、和闐、烏什、阿克蘇、庫車、闢展、哈密、吐魯番、哈喇沙拉等十一城。清定回部後，蠲苛省歛，租稅則二十取一，而與民休息焉。清定準回後，於北部行駐防兵制，益以屯防；南部則為番戍兵制。論者以為清廷屯防之策足以開富源，移邊民，調劑社會之狀況，以圖經濟之新發展，惜只限於北路，而未重於回疆也。誠如魏源所謂：「西域南北二路，地大物淵，牛羊麥麵蔬蓏之賤，澆植貿易之利，金礦銅礦之旺，徭役賦稅之簡，外番茶馬布緞互市之利，又皆什伯內地」，是以清朝征討回疆二萬餘里，除武功之盛烈外，其經濟意義亦莫大焉。

回疆收歸版圖後，其西北之土爾扈特部亦隨著東遷與內附；中亞諸國如哈薩克、布魯特、浩罕、巴達克山、愛烏罕、安集延等亦皆賓服，聲威所及，視之漢唐，實有過之也。（劉石吉）

改土歸流

我國西南苗蠻區域，範圍甚廣，大抵包括鄂湘川桂滇黔諸省。歷代以來，未設流官，由土司管轄。明初踵元故事，招諭諸蠻，凡西南各部來歸者，多用原官授之，於是有宣慰司，安撫司，長官司等號。惟因其介居居山區，與世隔絕，終明之世，未嘗設官以鈐轄之，仍聽各土司自相雄長而已。清初因明制、雲貴土司，屬平西定南諸藩鎮撫之。康熙三年（西元一六六四年），吳三桂督雲貴兵討西南亂，平其地，設黔西平遠大盛咸寧等四府。三藩之變，諸土司俱為所用，及事平疆吏屢請改隸，而樞臣動誘勸報，彌年無成。雍正四年（西元一七二六年）春，鄂爾泰任雲南巡撫，兼雲貴總督事，奏改土歸流策言：「雲貴大患，無如苗蠻。欲安民必先制夷，欲制夷必改土歸流，而苗疆多與鄰省犬牙交錯，又必歸併事權，始可一勞永逸。……臣思前明流土之分，原因烟瘴新疆，未習風土，致因地制宜，使之鄉導彈壓。今應數百載，相沿以夷治夷，遂至以盜治盜，苗猓無追贓抵命之憂，土司無革職削地之罰。直至事大上聞，行賄詳結，上司亦不深求，以為鎮靜，邊民無所控訴。若不剷蔓塞源，縱兵刑財賦，事事整飭，皆治標而非治本。其改流之法，計禽為上，兵剿次之；令其自首為上，勒獻次之。惟治夷必先練兵，練兵必先選將。誠能賞罰嚴明，將士用命，先治內，後攘外，必能所向奏效，實雲貴邊防百世之利。」疏上，世宗知其可用，悉從之。復詔四川建昌永寧官兵，聽鄂爾泰節制，於是自小金沙江外，沙馬雷波吞都黃郎諸土司地，直抵建昌，袤千餘里，皆置營汛，形聯勢控。雍正十二年，哈元生進新疆闢苗圖志，招撫改制者日多。後乾隆年間平大小金川兩土司，以小金川地為美諾廳，以大金川地為阿爾古廳，於是西南苗蠻疆域之整理事業，始告一段落。

清代改土歸流之運動，順治年間實已開始，如順治十六年（一六五八年），雲南廣南土司改為廣南府寶寧縣；順治十八年，貴州馬乃夷地改為南籠府普安縣，均係早期改制之實例。至乾隆四十一年（西元一七七六年）大小金川改土歸流之時，前後一百多年中，清代於此方面總得五十餘州縣廳，而雍正一朝因鄂爾泰之切實推行，成績最優。其餘土司之未改流者，四川有宣撫使三；安撫使二十一；長官司二十六；副長官司一。雲南宣慰使一；宣撫使四；副宣撫使二；安撫使三；副長官司三；土府四；土州四。貴州長官司六十二；副長官司三。廣西土府二十六；土縣四；長官司三。其四川青海之間，別有土司數十。另隸西藏達賴喇嘛者，不在此數。凡宣慰、宣撫、安撫、長官等司之承襲隸兵部，土府、土州之承襲隸吏部。至土司貢賦，或比年一貢，或三年一貢，各因其土產穀米牛馬皮布，皆折以銀，而會計於戶部。（陳捷先）

廷杖

官吏有過失，而行杖責於殿下，謂之廷杖。明代開國時，太祖雖知廷杖為侮辱官員之慘刑，但明代廷杖仍自洪武始。如「明史」云：「洪武六年，工部尚書王肅坐法當笞。太祖曰：『六卿貴重，不宜以細故辱，命以俸贖罪。』後群臣詿誤許以俸贖始此。然永嘉侯朱亮祖父子皆鞭死，工部尚書夏詳斃杖下……

…廷杖之刑，自太祖始矣。」（卷九五，刑法志三，清武英殿版，頁一後。）此後明代廷杖不斷施行，尤其在宦官專權時，大臣多辱於廷杖。所以至英宗正統，宦官王振僭越相權專政禍國之時，廷杖之刑尤熾。「明史」云：「正統中王振擅權，尙書劉中敷、侍郎吳璽、陳瑺、祭酒李時勉率受此辱，而殿陛行杖習爲故事矣。」（同上，頁一後）官吏死於廷杖之下，已非罕見之事。如景泰時，「明英宗實祿」云：「景泰六年八月……庚申……降南京大理寺少卿廖莊爲陝西西定羌城驛驛丞。先是莊請復皇儲，其言激切忤旨……命杖八十於陛前，不死，遂謫降之。時禮部郎中章倫、監察御史鐘同亦先言皇儲繫錦衣衛獄，因命就獄併杖之，倫幾死，同竟死焉。」（卷二五七，中研院影印本，頁五五三五。）明代中葉成化時代，廷杖亦施行於南京，此後南北兩京皆有廷杖之刑。如「明史」刑法志云：「南京行杖，始於成化十八年。南御史李珊等，以歲祲請振，帝摘其疏中訛字，令錦衣衛詣南京午門前，人杖三十，守備太監監之。至正德間，御史李熙劾貪吏，觸怒劉瑾，矯旨杖三十。時南京禁衛久不行刑，選卒習數日乃杖之，幾斃。」（同上，頁二後，三前）廷杖之刑愈演愈熾，「野獲編」云：「自成化以前諸臣被杖者，皆帶衣裹氈，不損膚膜，然猶內傷，困臥需數旬而後起。若去衣受笞，則始於逆瑾用事，名賢多死。」（卷十八，廷杖，扶荔山房本，頁三一後）正德時，宦官劉瑾專權，廷杖愈益慘酷。至明代末年，始廢廷杖，「明史」云：「天啓時，太監王體乾奉敕大審，重笞戚畹、李承恩以悅魏忠賢，於是萬燝、吳裕中斃於杖下。臺省力爭不得，閣臣葉向高言數十年不行之敝政三見於旬日，萬萬不可再行，忠賢乃罷廷杖；而以所欲殺者悉下鎭撫司，士大夫益無噍類矣。」（同上，頁二後）宦官魏忠賢專權時，雖罷廷杖，改爲下鎭撫司治罪，官員受刑之禍並未稍減。（吳緝華）

貝　勒

按清朝制度，貝勒乃一種爵號，位次郡王，用以封宗室與蒙古外藩。「清會典」曰：「郡王一子封郡王，餘子封貝勒。」然而在清人入關以前，貝勒的意義不盡如此。

「貝勒」一詞，是滿語 beile 的音譯。溯其原始，實起於金代或更早。金時漢譯作「勃菫」、「勃極烈」（見金史語解）、或作「孛菫」（「見柳邊紀略」）、又作「孛極烈」（見「松漠紀聞」）皆屬同義異名。明末，東北女眞部落中，「貝勒」爲一部首長，也爲天生貴族，在蒙古人「大汗」一詞未傳入滿洲部族以前，「貝勒」爲部族中最高領袖。

從清初史事與滿洲語文研究，貝勒一爵似有通稱與尊稱的不同。通稱的貝勒只表示其爲一部之長，專稱的貝勒則有更深的含意。如布占泰貝勒、布揚古貝勒、褚英貝勒、代善貝勒等等，布占泰、布揚古、褚英、代善都是人名，貝勒只表示他們是一部酋長或貴族。可是「淑勒貝勒」、「阿爾哈圖土門貝勒」等等的情形就不同了。「淑勒」和「阿爾哈圖土門」不是人名，是滿語Sure和Argatu tumen的譯音，是滿洲部族中專稱「清太祖努爾哈齊」和他長子「褚英」的。「淑勒」意爲「聰睿」，清太祖在萬曆三十四年稱謙恭大汗以前一直稱爲「淑勒貝勒」，說明他是一個聰睿的首長。滿語arga是「計謀」、「策略」的意思，tu是「人」或「者」的接尾語，這字可能從蒙古文中借來。所以「阿爾哈圖」合起來就是「計謀家」或「策略家」。滿語「土門」是百千萬的「萬」字，又可作「萬戶」講，原是金語，也有表示「多數」的用法。因此，「阿爾哈圖土門」可以解釋爲「計謀多端的人」。這個稱號在清初只有褚英一個人被清太祖賜贈過，那是因爲他在萬曆三十五年春天征烏喇時表現英勇多謀而獲得的。後世淸官書中說褚英被封爲「廣略貝勒」，相信這封號就是由「阿爾哈圖土門貝勒」名號引譯而來。

專稱的貝勒還有幾點特性，値得注意。第一、一個人如有一個專稱貝勒的稱號，這稱號卽可以代表他本人的姓名，在史料中只能看到這稱號而不見他本名。如記載裡只記「淑勒貝勒」、「阿爾哈圖土門貝勒」等號，並不提他們是努爾哈齊和褚英等本名了。第二、專稱的貝勒由於有上述的作用，所以在同一時代之中，不能有兩個人同有一個專稱，不然，卽易於混淆不清。第三、一人有專稱賜號以後，舊有稱號卽不再用。例如清太祖原稱「淑勒貝勒」，後改稱「崑都侖汗」，「淑勒貝勒」一名卽不再在史料中出現。又如褚英初稱「洪巴圖魯」，後得「阿爾哈圖土門貝勒」賜號，前用的「洪巴圖魯」卽不再用。這些都是清人在太祖時的一些舊俗，太宗以後因受漢人文化影響，爵號悉用王、公、侯、伯，貝勒的眞意與實際亦隨之而發生變化。（陳捷先）

明

朝代名稱，朱元璋滅元而建立。歷二百七十七年，起自洪武元年（一三六八）正月，至崇禎十七年（一六四四）三月。傳世十有六帝，即①太祖（朱元璋，洪武），②惠帝（允炆，建文）③成祖（棣，永樂）④仁宗（高熾，洪熙）⑤宣宗（瞻基，宣德）⑥英宗（祁鎮，正統，重祚天順）⑦景帝（祁鈺，景泰）⑧憲宗（見深，成化）⑨孝宗（祐樘，弘治）⑩武宗（厚照，正德）⑪世宗（厚熜，嘉靖）⑫穆宗（載垕，隆慶）⑬神宗（翊鈞，萬曆）⑭光宗（常洛，泰昌）⑮熹宗（由校，天啓）⑯思宗（由檢，崇禎）。

版圖廣大，「近古以來所未有」。（「明史」卷四十，「地理志」）終明之世，直隸者二，曰：京師（即北京），曰：南京。爲布政使司（相當於行省，省）者十三，即山東、山西、河南、陝西、四川、湖廣、浙江、江西、福建、廣東、廣西、雲南、貴州。分統之府，百有四十，州百九十有三，縣一千一百三十有八。羈縻之府十有九，州四十有七，縣六。編里六萬九千五百五十有六。東西一萬一千七百五十里，南北一萬零九百四里。東起朝鮮，西據土番，南包安南，（後放棄之。）北距大磧。（蒙古沙漠）（「地理志」）初都南京，成祖時遷都北京。

戶口，洪武二十六年，天下戶一千六百五萬二千八百六十，口六千五十四萬五千八百十二。弘治四年戶九百十一萬三千四百四十六，口五千三百二十八萬一千一百五十八。萬曆六年，戶一千六十二萬一千四百三十六，口六千六十九萬二千八百五十六。（「明史」卷七十七，「食貨志」）

太祖朱元璋具雄才，成祖棣亦有大略，一代基礎，大半完成於兩人時代。但如與其他朝代相較，有明一代似有「平凡」之憾。然此，或明代在中國歷史上，所以有其獨自位置的理由。

參考文獻：「皇明實錄」（中央研究院歷史語言研究所刊本，都三千零四十五卷，附校勘記，梁鴻志刊影印本，都二千九百二十有五卷。「明史」卷九十七「藝文志」著錄：計二千九百零九卷。梁刊本誤脫頗多；研究所刊本出，梁本可廢）。「明史」（張廷玉等奉勅撰目錄四卷，本文三百三十二卷），「明書」（傳維鱗撰目錄二卷，本文一百七十一卷，）「明史紀事本末」（谷應泰撰，八十卷），「明紀」（陳鶴撰，六十卷），「明通鑑」（夏燮撰，卷首一卷，本文一百卷）。「御批歷代通鑑輯覽」（記明代事部分，即自一百卷至一百十六卷及附錄三卷。按：此書如就此有關部分言之，排輯扼要，欲略知明一代史事者，可一讀，不可因係「勅撰」或有「御批」，而輕視之。）（楊雲萍）

明成祖五征漠北

北元自順帝死後，內部常起紛爭，傳至鬼力赤遂放棄大元皇帝稱號，改稱韃靼可汗。後鬼力赤爲阿魯台所殺，蒙古貴族乃於永樂四年（一四〇六）迎立自帖木兒帝國歸來之本雅失里爲可汗。從此韃靼勢力漸强，瓦剌頗受威脅，屢向明朝進貢求救。然成祖繼承太祖遺策，一面嚴飭邊防，一面遣使與韃靼通好，不願與彼衝突。

不料永樂七年本雅失里殺明特使郭驥，戰爭因而爆發。成祖派大將軍邱福率精騎十萬北征。邱福輕敵深入，其軍覆沒於臚朐河（今克魯倫河）北。成祖乃決意親征；自永樂八年至二十二年（一四一〇—二四），先後五次親征漠北：

(1)第一次　永樂八年，成祖親率五十萬大軍北征，大敗本雅失里於臚朐河與斡難河（今鄂嫩河）畔，刻石擒胡山紀功（民國十六年發現於察哈爾錫林郭勒盟西部）。本雅失里棄輜重牲畜，僅隨七騎，西奔瓦剌。韃靼遂衰，瓦剌代爲漠北盟主。

(2)第二次　本雅失里不久爲瓦剌所殺，瓦剌又立其弟答里巴爲韃靼可汗。阿魯台乃率韃靼餘部投降於明，接受和寧王封號，請明出兵討瓦剌。成祖亦以瓦剌欠恭順，於永樂十二年，再次親征，與瓦剌主力軍大戰於忽里忽失溫（今克魯倫河與土拉河分水嶺一帶），瓦剌大敗，向西潰退。此次戰役，明軍使用神機礮、火銃，威力極大，爲致勝主因之一。

(3)第三次　初，阿魯台爲瓦剌所攻，竄蹙南竄；久之，生聚蓄富，勢力又强，連敗瓦剌，並時時出沒寇明邊塞。永樂十九年，阿魯台又大擧圍興和；成祖遂議親征。二十年春三月北征，阿魯台遁去，明軍追至殺胡原（今興安呼倫池北），大敗阿魯台而還。

(4)第四次　永樂二十一年七月，諜報阿魯台將犯邊，成祖乃於八月率兵親征，出塞後，聞阿魯台已爲瓦剌所敗，遂班師。

(5)第五次　永樂二十二年正月，阿魯台寇大同，成祖再議北征。四月發京師。時阿魯台已因去多大雪丈餘，人畜多死，部曲離散，聞明軍至而遁去。明軍深入漠北，追至答蘭木納河（今興安西境），以糧運不繼而還。七月，行至榆木川（今察哈爾多倫西北）病死。

從此，韃靼勢力漸衰，瓦剌繼起。

我國自秦始皇以來，歷代均在征討與防禦北亞遊牧民族方面，耗費大量人力與物力；尤以漢武帝、唐太宗、明太祖、明成祖與清聖祖等對北亞之經略更為積極。然其能親率大軍遠渡沙漠者，唯明成祖與清聖祖二人而已。而明成祖五次北征，規模之大，為前所未有。成祖對蒙古之策略，除嚴飭邊防，參以軍事遠征之外，又能「以夷制夷」，對韃靼、瓦剌採抑強扶弱之政策，使彼等互相牽掣，以減少對明之威脅。因此能鞏固新建立之明帝國，並使正在恢復之中國社會經濟得到保障。

明成祖五次北征之史事，當時隨駕北征之金幼孜與楊榮均有記載。金幼孜北征錄分前後錄，前錄記永樂八年第一次北征，後錄記永樂十二年第二次北征。楊榮北征記記 永樂二十二年第五次北征。二書均以日記體逐日記載進兵路線、駐地與作戰經過，為記載成祖親征漠北最真實可靠之史料。（徐　弘）

明季三大餉

明代中期以後，兵餉日增，國庫支絀。嘉靖中，以俺答入寇，兵餉無所出，乃有田賦加派之事，自北方諸府及廣西、貴州外，增賦銀一百二十萬，是為加派之始。其後為平倭寇，嘉靖三十六年亦於南畿、浙、閩等地行加派，然均未遍及全國。迨萬曆末年，滿洲興起；天啓年間，流寇又起；內外交侵，戰事緊急，軍費浩大，國庫收支不敷愈甚，乃先後有遼餉、剿餉、練餉等三大餉之加派。

遼餉者，以專供遼東軍費而得名。萬曆四十六年（一六一八）九月，以遼東兵餉缺乏，全國各省除貴州外，按萬曆六年會計錄所定之七百餘萬頃田，每畝加派三釐五毫，共派二百萬三十一兩餘。四十七年十二月，以戰事未平，再於舊加之外，每畝加三釐。四十八年三月，又加二釐。前後三次，每畝共計加銀九釐，年額五百二十萬六十二兩。天啓年間，川、貴、山東，因變亂之故，於遼餉銀或截留或蠲免，實收三百四、五十萬兩，仍不敷應用，乃有關稅、鹽課之加派及雜項之增加，三項共二百三十九萬餘兩，連同田賦加派合計為七百五十九萬餘兩。然又由於歷年之截留蠲免及民衆之拖欠，實際每年只收到四、五百萬兩而已，仍不敷應用。崇禎三年，清兵入山海關，梁廷棟請增田賦，於是又於每畝九釐之外增派三釐，計一百六十五萬四千餘兩。合舊所增，僅田賦加派一項，每年達六百八十餘萬兩。

剿餉者，專為剿流寇而設。崇禎十年（一六三七），兵部尚書楊嗣昌提議：增兵十二萬，增餉二百八十萬。措餉之策有四：(1)因糧，畝加派輸糧六合，石折銀八錢，六合折銀四釐八毫，歲得銀一百九十二萬九千餘兩。(2)溢地，民間土地溢原額者，核實輸賦，歲得四十萬六千餘兩。(3)事例，富民輸資為監生，歲得銀若干，無法計算。(4)驛遞，前此郵驛裁省之銀，歲以二十萬充餉，期一年而止，後餉盡而流寇未平，崇禎詔徵其半；崇禎十二年，又以督餉侍郎張伯鯨之議，全徵之。

練餉者，為抽練各鎮精兵與地方民兵而設。崇禎十二年，滿清與流寇交侵，楊嗣昌議練邊兵七十三萬，楊德政議練民兵，乃於剿餉之外，復增練餉七百三十萬。

自崇禎十二年為始，三餉總計每年定額約一千六百七十萬兩。明朝通常歲收，除錢鈔外，約為一千四百六十萬兩，今加派超過歲收，則人民負擔倍增，以致無法生活，多與流寇合流。故加派不已，流寇益熾；而李自成輩遂以「免賦」相號召，發展迅速，終於亡明。則三餉之加派，本欲救明之亡，而適以驅明於亡也。（參閱趙翼廿二史劄記卷三十六明末遼餉剿餉練餉，陳登原中國田賦史三八明季加派。）（徐　弘）

東林黨

東林黨得名於顧憲成等人講學之東林書院。東林講學諸人之所以被加上黨名，則由于當時政治環境之影響。按，明代不設宰相，內閣大學士地位即相當於宰相。明代內閣制度凡數變，內閣權力則以明世宗即位至神宗初年時為最盛。神宗以沖年繼立，內閣大學士張居正輔政。張居正死後，神宗惡其專擅，至有追奪及籍沒之舉。此後，居內閣輔相之位者，多以軟弱無能者易得神宗倚信。於是宰相多佞人，而內閣地位又一變。張居正以前，內閣大學士藉廷杖箝制臺諫之口，凡忤意者杖戍相繼。而自申時行、王錫爵諸人繼張居正為相，去廷杖不用，凡得罪朝廷者，謂之欽降官員，終身不敘。而所謂得罪朝廷，僅因得罪宰相而借故中傷，以排斥異己。張居正以前，後任宰相必盡反前人之政，進其所惡而退其所庇，所以雖杖戍者仍可得起復機會。申、王以後，托庇宮廷以自固權位，又專務汲引同類以互相庇護。故張居正以前為政敵相爭，彼此傾軋；申、王以後則為衣缽相傳，久而不敗。一旦為執政者所惡，伺機中傷，卽終身不易再起。君子與小人之爭逐漸形成。顧憲成初為吏部考功司員外郎，萬曆二十一年（一五九三）京察案，尙書孫鑨及郎中趙南星摒斥王錫爵所庇私人，憲成頗與其事。後為文選司郎中，又屢忤錫爵意。最後卒因推擧在籍大學士王家屏一事為神宗所惡，削籍歸無錫故里。無錫舊有宋人楊時所建東林書院，憲成既歸，與其弟允成倡議修復，當地官府為之營構，落成之後，遂與高攀龍、錢一本、薛敷教等講學其中，學者聞風嚮附。因抱道忤時而遭摒逐者，亦引憲成為同志。講學之餘，往往諷議朝政，裁量人物。隱為社會輿論領袖。朝中士大夫嚮慕風采，亦多遙相應和。於是東林之名日盛，而忌者亦日多。萬曆末年以後，朝中朋黨大起，君子小人之間角爭不休，凡自視為君子者，輒引東林自重；而凡為正論所不容者，亦輒指目東林為邪黨。賢否混淆，是非不淸。至熹宗初年，大學士劉一燝及吏部尙書周嘉謨起用廢籍正人，盡黜奸邪，諸小人群集於魏忠賢門下。借閹宦之力傾陷正人，於是君子小人之途始判然有別。崔呈秀造「天鑒錄」，王紹徽造「點將錄」，皆以鄒元標、顧憲成、葉向高、劉一燝為魁，而將不附閹宦者一併網羅其中，號曰東林黨人，以獻於魏忠賢，殺戮禁錮，並籍其名以頒示天下。崇禎初，魏忠賢伏誅，逆案既定，東林復盛。然與閹黨餘孽仍相報復，迄明亡始已。其實東林未必有黨，僅因東林既為時望所歸，附麗遂多，閹黨仇陷正人，欲為一網打盡之計，於是加東林以黨名。吳應箕著「東林本末」，蔣平階著「東林始末」，頗能詳其實際情形。（李光濤）

東廠

明官署名。初、燕王為奪取帝位，倡議「靖難」，陰結京師宦官以為內應，既取帝位，對朝廷大臣多不信任，遂一反太祖「宦官不得干預政事」之禁令，重用宦官。於永樂十八年（一四二〇）十二月置東廠于北京東安門北，命內官嬖暱者一人掌之，委以緝訪刺探之大權，與錦衣衛均權勢。東廠與錦衣衛遂成為駕馭百官之機構，宦官權勢盛極一時。直至崇禎亡國為止，前後共二百二十餘年，凡一切偵察、誣陷、屠殺、寃獄，均直接或間接由東廠發動、執行之。憲宗成化十二年（一四七六）復設西廠，以汪直督之，所領緹騎倍東廠，自京師遍及天下，旁午偵事，雖王府不免，寃死者相屬。然西廠時設時廢，視帝王之喜惡，不若東廠之為定制。迨正德朝，有馬永成、劉瑾、谷大用、張永、魏彬、羅祥、丘聚及高鳳等八虎用事，劉瑾尤巧佞狼戾，敢於為惡，並入司禮監執事，大權在握，內外官員皆惟劉瑾之命是依，並植私人，又立「內行廠」，自領之，雖東西廠亦在伺察中。正統五年（一五一〇）八月，劉瑾伏誅，太監張銳繼領東廠緝事，仍橫行覇道，其緝事之方法，乃先令邏卒誘人為奸，藉以捕之，得賄則釋。繼之又有江彬等用事。神宗（一五七三～一六一九）時，中官馮保擅權又建內廠，蓋卽西廠之變相，於是更名東廠曰外廠。魏忠賢秉政，於內外廠備刑劇慘，實為一代之羞。

按東廠初設時，僅由皇帝委派寵倖之宦官一人主持。及至明中葉以降，宦官擅權，尤以英宗時王振以後，竟成定制，其組織如左：

(一)提督太監一人，又稱之為「督主」或「廠公」，負責掌印及偵伺。初由各監太監中選一人為提督，其後王振以司禮監太監擅權，司禮監遂統領羣監。憲宗以降東廠督主，卽專用司禮秉筆第二人或第三人為之。

(二)掌班，次於提督太監，設掌刑千戶一員，理刑百戶一員，皆由錦衣衛撥調。其任務為刺探緝訪與刑獄。

(三)領班、司房無定員，至明代晚期已增至四十餘人。

(四)檔頭，東廠實際在外負責偵察緝訪任務者為役長與番役，役長又名檔頭，為諸隸役之長，共有一百餘人，分子、丑、寅、卯十二顆。

(五)番役，檔頭之屬下為番役，每一檔頭統率番役數名，番役又叫幹事，共一千餘人，專主伺察、拘捕等雜事。

上述領班、司房、檔頭、番役均由錦衣衛挑選輕巧者充任。

偵察訪緝之範圍甚廣，上自官府，下至民間，偵察之事，更無分巨細。因此千餘名番役自無濟於事，於是番役遂與無賴、流氓串通，委之刺探，再計件給酬，受買者至誘人為奸盜而賣之，番役不問其從來，誘者分利而去，挾忿首告，誣以重法，至是擧國人心惶恐，死者塡獄，生者寃號，其害非淺。（大明會典，中國法制史、陳顧遠著，明正德時代廠衛之硏究、黃又信撰，弇山堂別集、王世貞撰，明通鑑、夏燮撰。）（包遵彭）

京軍

明初定都南京，集全國衞軍精銳於京師，有事以京軍為主力，抽調各地衞軍為輔。成祖遷都北京，首都接近國防前線，成為軍事中心。於是定制立三大營：一曰五軍；一曰三千，一曰神機，合爲京軍。

太祖時，京城內外置大小二場，分敎四十八衞卒。洪武四年，士卒之數二十萬七千八百有奇。成祖北遷後增京衞爲七十二。分步騎軍爲中軍、左右掖、左右哨，謂之五軍。除京衞外，又歲調中都、山東、河南、大寧兵番上京師操練，稱爲班軍，亦隸五軍營。

三千營係以邊外降丁三千人組成。

神機營專用火器。永樂時征交阯，得火器法，立營肄習。後又得都督譚廣馬五千匹，置營名五千，亦掌操演火器，爲神機營之分部。

平時，五軍肄營陣，三千肄巡哨，神機肄火器。天子親征，則大營居中，五軍分駐，步內騎外，騎外爲神機，神機外爲長圍，周二十里，樵採其中。

明初京軍總數在八十萬以上。成祖五征漠北，皆以京軍爲主力。宣宗征高煦、破兀良哈，亦以京營取勝。土木之難，京軍喪沒幾盡。景帝用于謙爲兵部尚書。謙以三大營各爲敎令，臨時調遣，兵將不相習，乃乘機改革，於諸營中選精兵十萬，分十營集中團練，名曰團營。餘軍歸本營，曰老家。京軍之制一變。英宗復辟，罷團營。憲宗復之，選一等軍十四萬有奇，分十二營團練，稱曰選鋒。餘軍仍稱老家，以供役作。團營之法又稍變。武宗時，因畿內有賊亂，調邊軍入衞，設東西官廳操練。自是兩官廳軍爲選鋒，而十二團營爲老家。世宗時以外患日亟，屢議興革。於是悉罷團營兩官廳，復三大營舊制，更三千曰神樞。又於畿輔、山東、山西、河南募兵四萬人充伍，分隸神樞神機二大營。其後營官之制屢更，而三大營之制未變。

明代初期，每有大征伐，京軍皆爲主要武力。天順以降，弊端日多，就京衞言，其弊有占役、虛冒、軍吏舞弊與富軍賄免。就班軍言，名爲集中訓練，保衞京師，實則亦爲政府及諸權貴役作苦工，使各地衞軍視番上爲畏途。積弊既深，遂致營伍日虧，軍力衰耗而全不可用。（夏德儀）

建州衞

滿淸皇朝之先世，起於明之建州衞。建州有三衞，卽建州衞、建州左衞、建州右衞。按，建州衞雖爲明朝所始有，但建州之爲女眞部族一支的名號，則由來已久。「新唐書」：「渤海大氏置率賓府，領華益建三州。」當時的建州，長白山的北麓，東迄朝鮮境內的斡朵里。生息於此一地區內的女眞部族，後來卽有建州女眞之稱。明代官書，將女眞部族區分爲三大支——住居於松花江以北及黑龍江流域一帶的，稱爲野人女眞；住居於野人女眞稍南的，稱爲海西女眞；住居於渤海時的建州故地，東南逾鴨綠江至朝鮮，西面與遼東撫順爲隣的，稱爲建州女眞。洪武間，遼東大寧等地既爲明朝所平定，明太祖遂分遣使者，到東北境內來招撫各夷人部族，分別授以都督、都指揮、指揮、千百戶等名目，設立羈縻衞所，以爲遼東邊疆的屛障。在這種政策之下建立起來的衞所，共計衞一百八十四，千戶所二十，其上更設奴兒干都司以爲統攝。據「明太宗實錄」，女眞頭目阿哈出等於永樂元年十月來朝，建州衞卽於這時設置，以阿哈出爲建州衞指揮使，餘人爲千百戶，鎭撫等官。當時的建州衞，設於元代的開元路，在斡朵里之東，屬朝鮮東北境。後來阿哈出因不堪兀狄哈的寇掠，遷至毛憐衞境內，至宣德間又遷回故建州之地。永樂八年（一四一〇），朝鮮亦因兀狄哈的侵擾而不能保守其東北邊領土，至於遷陵罷郡，移民撤兵，以避其鋒。當時，女眞頭目猛哥帖木兒已經潛回斡朵里舊居，至是，遂乘朝鮮棄地，將斡朵里地方獻於明朝，以求邀封官職。明朝不明實情，乃在斡朵里設立建州左衞，以猛哥帖木兒爲指揮。之後，猛哥帖木兒更挾持明朝勢力，繼續向東擴張地盤，深入朝鮮內地，大爲朝鮮所怨。明宣宗宣德八年（一四三三），猛哥帖木兒爲兀狄哈所殺，左衞無主，朝鮮乘機迫逐。猛哥帖木兒之弟凡察，遂於正統三年（一四三八）率左衞餘衆渡江入遼東，與建州衞同居一地。不久，凡察又因與猛哥帖木兒之子董山互爭衞印而起糾紛。至正統七年（一四四三），明廷遂在左衞之外，再增一建州右衞，以爲調處解決之計。自後建州遂有三衞。猛哥帖木兒卽淸肇祖，爲淸太祖努兒哈赤之六世祖。內遷以後的建州三衞，皆設在遼寧的竈突山境內，亦卽後之興京，今爲遼寧省新賓縣。（李光濤）

南明

明崇禎十七年甲申（一六四四）三月，李自成攻陷北京，思宗自縊殉國。四月，凶耗傳至南京，南京一帶及附近明廷殘存勢力，以五月十五日，在南京立福王由崧爲帝，以明年爲弘光元年，用圖恢復。五月，淸兵攻南京，弘光帝出奔，後被執。

是年閏六月二十七日，唐王聿鍵，卽皇帝位於福州，改元隆武。得鄭芝龍一族支持，力抗淸兵。後芝龍降淸，隆武二年丙戌（一六四六）八月，帝於汀州被清兵所害，或謂死於福州。

是年十月，桂王（永明王）由榔，監國肇慶，十一月十八日，卽皇帝位，以明年爲永曆元年。此後奔波西南各地，永曆十三年三月（明二月），勢窮力竭，逃入緬甸。十五年辛丑（一六六一）九月，吳三桂以清兵追帝於緬甸。十二月，帝受緬人欺，爲三桂所執，於翌歲被害。

此弘光、隆武、永曆三帝的時代（一六四四－一六六一），史家稱曰：「南明」。

參考文獻：「小腆紀年」（徐鼒撰，二十卷），「小腆紀傳」（撰人同上，六十五卷），「南疆繹史」（溫睿臨原著，李瑤改編，五十六卷），「南明野史」（南沙三餘氏撰，三卷，附錄二卷）。（楊雲萍）

胡惟庸之獄

明太祖以布衣起義，卒定天下，與漢高祖同，臣下既以此相比，太祖亦以此自況，故行事多仿效之，趙翼「廿二史劄記」卷三二「明祖行事多仿漢高」條曰：「甚至胡藍之獄，誅戮功臣，亦仿菹醢韓彭之例，此則學之而過甚者矣！」誠爲切論。

洪武二年（一三六九），帝問劉基孰可爲相？基答以楊憲無相器，汪廣洋太褊淺，胡惟庸如小犢，因曰：「如目前諸人臣誠未見其可也。」六年七月胡惟庸拜右丞相，復拜左丞相，以曲謹迎合太祖，寵遇日盛，頗專權弄勢，企圖陷害大將軍徐達未逞，而御史中丞劉基則爲惟庸假醫人之手毒殺，遂無所忌，漸生異志，至十三年（一三八〇）正月，終因謀反伏誅。同誅者有陳寧、涂節數人。十年後，胡逆謀大著，太祖大搜逆黨，李善長、陸仲亨等功臣皆死，株連而被殺者達三萬人。趙翼「廿二史劄記」卷三二「胡藍之獄」條論曰：「明太祖藉諸功臣以取天下，及天下既定，卽盡舉取天下之人而盡殺之，其殘忍實千古所未有。」又曰：「明太祖起事雖早，至天下大定則年已六十餘，懿文太子又柔仁，懿文死，孫更孱弱，遂不得不爲身後之慮，是以兩興大獄，一網打盡，此可以推見其心迹也。胡惟庸之死在洪武十三年，……至胡黨之獄則在二十三年，……豈有逆首已死，同謀之人至十餘年始敗露者，此不過借胡惟庸爲題，使獄詞牽連諸人，爲草薙禽獮之計耳！」當得其實。蓋太祖殘殺成性，帝明知胡惟庸與劉基有隙，其病時，帝遣胡挾醫診視，基之遭胡毒死，帝實難脫借刀殺人之嫌。胡案發生後，宋濂孫愼被牽連判死刑，時濂已致仕家居，亦械至京師，帝欲殺之，皇后諫曰：「民門延一師，尙始終不忘恭敬，宋先生親敎太子諸王，豈忍殺之。且宋先生家居，寧知朝廷事耶！」乃安置茂州，帝之殘暴可知矣。

胡惟庸被殺後，太祖借題發揮，罷丞相，設五府六部都察院通政司大理寺等衙門，分理天下庶務，每事皆由天子總之。中國君主之專制，至此益甚，政治亦愈爲黑暗。黃宗羲曾嘆曰：「有明一代政治之壞，自太祖廢宰相始。」可謂一針見血之論。（參考「明史」卷三〇八奸臣傳）（王德毅）

軍屯

明太祖在開國之前十年卽已實施屯田政策，由軍隊生產糧食供軍隊之需。開國以後，先在邊塞開屯，內地衞所亦相繼開屯耕種。

衞所屯田之法，規定每一兵士由公家給以田地五十畝及耕牛農具，並派人指導種植。邊地衞所兵以十之三守衞邊疆，十之七屯種；內地衞所兵以十之二警衞地方，十之八屯種。一軍之中，守衞與屯種輪流任之。

太祖在位之三十一年間，雖竭力興屯，然不急於徵稅，蓋欲使兵士知有利可圖而樂於墾闢荒地也。故其時各地邊軍仍由政府供給一部分軍糧，招商承運，給以相當價值之食鹽，以抵運費。其後商人認爲與其遠道運糧，不若卽就邊地開屯，以所產糧食交與軍倉，換取鹽引，赴產鹽地領取官鹽作鹽商。因此在軍屯之外，又有商屯，而國家亦多一闢土足食之助力。

明代軍屯經洪武以來三十餘年之經營，至惠帝建文四年（一四〇二）始立科則，規定軍田一分（五十畝）納正糧十二石，儲於軍倉，支付全軍糧餉。

按照明史食貨志所記明代兵餉，每一普通兵月糧一石，年支十二石。但一屯種之兵，因有田地出息，其餉減半，年支六石。

玆以十人計之。十人之中，屯種之兵每人納軍糧十二石，七人共納八十四石。此爲軍倉之收入部分。十人之中，守衞之兵給全餉，三人年支三十六石，屯種之兵給半餉，七人年支四十二石。十人共支七十八石。此爲軍倉之支出部分。收支相抵，尙餘六石，以十人計而餘六石，以一衞五千六百人計則應餘三千三百六十石。此多餘之數額，可抵特種兵如馬兵水兵之加餉及軍官之俸給。甚至補充軍械之費，亦可於此餘數中支付。

軍屯之制既立，衞所多能自給，國家遂不必耗財以養兵。此亦深得唐代府兵制之遺意也。（夏德儀）

軍機處

清代官署名。清代中央政府之重心，初在內閣，凡政務樞機，皆由內閣統轄，而有關軍事者，則付議政王公大臣議奏。雍正時因西北用兵，以內閣在太和門外，恐事機洩漏，始設軍需房於隆宗門內，後更名爲軍機處。自雍正初至宣統末，其間軍機處參與清代中央政權者達一百八十餘年，內閣僅爲有名無實之機關。

軍機處成立之確實年月，淸官書中無明文記載，私家著述又記錄不明，故至今仍未便定論。有人認爲軍機處初設於雍正四年（一七二六）左右，有人則以爲創建於雍正七年。因初創時主要任務係「密辦軍需」，故諭旨奏章以及私人函牘中均未留有記錄。

軍機處職官主要者有軍機大臣（俗稱大軍機）及軍機章京（俗稱小軍機）。軍機大臣，無定額，原定多不過五人，由大學士、尙書、侍郎內特旨召入，或由章京升任。咸同以後，以事務繁多而增至六七人，爲首者稱「領班」。多以親王任職。軍機章京初亦無定額，嘉慶四年（一七九九）定滿漢三十二人，後增減無恆，光緒三十二年（一九〇六）復定爲三十六人。初由內閣等衙門傳取，後改由內閣六部理藩院保送引見。章京初只選中書，後乃雜用郎中、員外郎並主事中筆下快捷字跡端正者。創設之初，軍機大臣多爲親王及內閣之大學士兼任。降至清末，軍機大臣則多兼總理衙門大臣，職權之重，可以想見。軍機大臣每日皆須召見，且時間在晨五六至八時，君臣均甚辛苦。其初每日召見「承旨」者僅領班一人，後改爲「共見」。軍機大臣名次一定，値廬坐位及覲見時跪墊亦均有次序，大約以官位及入處工作時間先後爲序。據清會典說：「軍機大臣，掌書諭旨，綜軍國之要，以贊上治機務，凡諭旨明降者，既述，則下於內閣。論軍機大臣行者，即述，則封寄焉。凡有旨存記者，皆書於册而藏之，屆時則提奏。議大政、讞大獄，得旨則與。軍旅則考其山川道舍與軍馬錢糧之數，以備顧問。」實際上軍機大臣之職務當不止此，擧凡頒賞蒙古王公，永遠加恩，新正加恩，秋審呈進黃册，彙繳終年各省所繳硃批上諭，隨駕巡幸、謁陵、駐園、考試、命題、總裁方略館、臨時典禮等等，亦歸軍機大臣照例專任者。

軍機大臣雖有極高權位，但實係苦差：㈠清代政治標榜效率，故軍機大臣幾全年辦公，僅有萬壽節及年終少數假日。㈡軍機大臣無俸給，各項費用皆自備，雖有冰炭敬、別敬等收入，但賞費繁多，甚爲淸苦。㈢任軍機大臣者多係年高重臣，每日召見均須長跪白事，新正萬壽等日尤長，實極辛苦。光緒時之錢應溥每覲見一次，須臥病數日，尤足說明此中甘苦。唯軍機大臣權力極大，用人之權全操其手，如大學士、六部九卿、督撫、將軍、學差、主考等，皆由軍機大臣開單請旨，即文武大小各官亦由軍機大臣操縱簡放。

軍機章京之職掌爲分司繕寫諭旨，記載檔案，查覈奏議，收發文移等項。滿文者，歸滿洲章京辦理，漢字者，歸漢章辦理。在京旗營及各省駐防西北兩路補放應進單者，內外蒙古藩部及喇嘛等朝貢應擬賞者，皆爲滿洲章京事。在京部院及各省文武補放應進單者，王公內外大臣應擬賞者，朝鮮、琉球、安南等國朝貢應擬賞者，均歸漢章京。另於方略館修方略時，章京充纂修官。

軍機處內部組織，不見於記載，不擬臆測。（陳捷先）

倭寇

倭寇發生於公元十一世紀前後，其構成份子原爲日本西南地方的小土豪階級。最初僅爲在日本沿海從事掠奪行爲的海盜，後在海盜名義下，曾從事若干次海戰。公元十三世紀，亦即日本鎌倉時代，日本對外貿易逐漸發達，前往中國及朝鮮的商船漸多，海盜並曾由官方派遣擔任護航工作。勢力乃伸張至朝鮮及中國大陸沿海。元世祖征日本失敗，朝鮮爲元朝屬國，中韓與日本間貿易關係一併斷絕。同時，日本國力的經濟狀況亦發生重大變化，土地逐漸集中於少數強大的領主之手，中下階層的武士日趨貧窮。由于下層武士經濟生活惡化，促使他們投身於海上冒險事業，由是海盜更趨發達。十四世紀後，中國明朝建國，採取閉關政策，除進貢船隻外，絕不許日本商船往來中國。而日本亦適於此時由南北朝進入戰國時代，國內戰亂頻仍，秩序混亂，社會黑暗，民生困苦，從事非法行爲者日益增多，海盜勢力激增。中國及朝鮮方面，因爲他們是來自日本的寇盜，所以名之爲「倭寇」。在明世宗以前，倭寇對中國的侵擾與海上的大規模走私行爲同時存在，到了明世宗嘉靖二十餘年，政府嚴禁走私通番，下令斷絕海外貿易，東南沿海的私梟巨盜遂勾引倭寇入犯，焚掠各地，大獲其利，於是倭寇患日劇，而倭寇亦由單純的海盜變成爲侵略者，足以吸引大批武士階級的冒險家投身其中。明世宗最初以王忬、張經等人督兵剿捕倭寇，而倭寇剽悍敢戰，遠非脆弱的官軍所能抵敵，以致潰敗相繼，東南各省爲之鼎沸。至胡宗憲代爲總督，誘殺海盜巨魁汪直、陳東，以削弱倭寇羽翼，稍戢止其氣燄。但因官軍始終不能在實際戰爭中，給予倭寇重大懲創，倭患雖暫時由江浙南移閩廣，而倭人仍然視中國爲冒險家的樂園，轉相呼引，來者相繼。嘉靖四十二年（一五六三）年，駐防浙東的台金嚴參將戚繼光，創製鴛鴦陣戰法，以長短兵器配合使用，以尅制犀利剽悍的日本武士刀，倭寇失去兵器上的優勢，官軍士氣大爲振作，於是戚繼光部屬所到之處，無戰不勝。倭寇屢敗之餘，對戚家軍畏如猛虎，聞戚老虎率領大軍而來，奔竄惟恐不及。經戚繼光掃蕩，各處倭寇皆告肅清。倖免於死者逃回日本，轉相告誡，皆不敢再來中國。豐臣秀吉統一全國後，更對中下層武士從事寇盜的不法行爲嚴加禁止。自此以後，倭寇方逐漸絕跡。（李光濤）

袁崇煥之獄

當滿清未入關前，明清戰爭時期，熊廷弼與袁崇煥，乃明朝領兵文臣中，才能最高者，熊廷弼死於黨爭，袁崇煥則因崇禎帝中清太宗反間計而被殺。「明史」袁崇煥傳曰：「自崇煥死，邊事益無人，明亡徵決矣。」可知袁崇煥在明清戰爭中影響之大。但袁崇煥之死，亦自有其遠因。天啓六年（一六二六）八月，清太祖努兒哈赤因攻寧遠受挫而憂憤致死，袁崇煥時爲寧前道，爲窺探清人虛實，以吊喪名義派人前去致祭，因此與繼位之清太宗頗有書信往來。而流言傳播，遂謂袁崇煥曾與清太宗進行和議。崇禎元年（一六二八）四月，崇煥被崇禎帝任命爲遼東督師，賜尙方劍，准便宜行事。崇煥到任不久，即以東江總兵毛文龍罔上欺君，私通清人，歲糜軍餉數十萬，養敵不戰，及剽掠商船、殘殺難民等罪名，逕以尙方劍將毛文龍斬首。毛文龍雖有應殺之罪，而袁崇煥之不俟請命於朝，亦不無擅殺之嫌。事實上，毛文龍每年所冒領巨額軍餉，多用於賂遺朝中權貴，故毛文龍雖爲害東江多年，而朝中庇護甚力。袁崇煥殺毛文龍，毛黨頓失利藪，於是流言蠭起，至於誣控袁崇煥心忌毛文龍守邊有功，與其本人通和清人有礙，故殺毛以示信於清人。崇禎帝大起疑心。適年十月，發生「己巳虜變」——清太宗率大軍由遼西取道熱察山地，繞出山海關之後，從龍井關大安口拆毀長城，入犯京畿北面，連破遵化及三屯營，越蘇州，西向京師。崇煥聞警入援，與清軍戰於北京城外，頗有斬獲。忌崇煥者又乘機製造謠言，謂清軍入犯，實出於袁崇煥勾引，意在挾寇脅和。而清太宗既忌袁崇煥之能力尅制清人，又諜知京中正有不利崇煥之謠言流傳，遂使叛將高鴻中故意與人耳語，使所獲明太監二人聆知，謂「今日撤兵，袁巡撫有密約，事可立就」云云。數日後，二太監爲清人遣歸，以所聞奏於崇禎帝，帝不知其計，大怒，召見袁崇煥於平臺，責問擅殺毛文龍之罪，即日下獄。袁崇煥之欲殺毛文龍，內閣大學士錢龍錫亦與聞其事。因崇煥獄詞牽連，錢龍錫亦坐罪。龍錫本因定逆案一事爲閹黨王永吉、高捷等人所恨，至是乃乘機報讎。於是袁崇煥及錢龍錫均被坐以擅主和議及專殺大帥二罪，袁崇煥淩遲處死，錢龍錫則因位爲宰相，減免遣戍。袁崇煥之寃死，時人多不知其內情。至清人入關以後，「清太宗實錄」的日記有當時用計反間經過，寃獄眞相，方得大白。（李光濤）

宸濠之亂

宸濠爲寧王權玄孫，權爲太祖第十七子，封於大寧，在喜峯口外，燕王起兵後，被燕王誘入燕軍，時爲燕王草檄，約定事成共分天下，及燕王即位，乃改封於南昌，傳至宸濠，已歷五世。宸濠輕佻無威儀，但善自文飾，而術士李自然妄言其有異表，遂蓄異志。武宗無子嗣，大臣屢請選宗室中親之賢者養於宮中，以備儲嗣。宸濠本爲疎屬，且爲武宗從祖，不能選爲儲君，但宸濠仍結納帝之左右，最先賄賂宦官劉瑾，及瑾敗，又賄賂嬖倖錢寧，日夕覬覦。正德十四年（一五一九）六月反於南昌，以李士實、劉養正爲心腹，招集鄱陽湖盜賊，兵勢甚盛，下九江，圍安慶，欲東取南京，巡撫江西都御史孫燧、按察司副使許逵皆戰死。時都御史王守仁巡撫南贛，因福建叛軍作亂，奉命往剿，行抵豐城，得宸濠叛變報告，即折回，並檄告各府州縣地方官率吏士勤王。聞南昌賊穴兵少，即提兵進擊，是年七月，遂告光復。兩天後，守仁復進軍南康、九江，宸濠節節失利，終於被俘。自宸濠反，凡三十五日而完全勘平，明世文臣用兵如神，未有如守仁者。

武宗好遊樂，日與嬖臣在豹房共玩，及宸濠反狀奏聞朝廷，邊將之在豹房者紛獻擒宸濠之策，武宗亦欲假親征之便，南遊玩樂，遂立即下詔：「宸濠悖逆天道，謀爲不法，即令總督軍務威武大將軍鎭國公朱壽（即帝本人）統各鎭邊兵征剿。」又命太監張忠、安邊伯朱泰（卽許泰）率禁軍往江西，二人嫉王守仁之功，多方誣陷，武宗將守仁奏捷章疏置之不顧，左右嬖臣則勸帝下令守仁，將宸濠放於鄱陽湖中，俟陛下親俘之，帝然之。守仁恐易放難擒，不敢交與忠泰，此時守仁處境最困，幸至錢塘時，遇太監張永，極言江西經宸濠之亂，困敝已甚不堪再遭戰亂之擾，守仁遂將宸濠付與永。會帝命守仁巡撫江西，乃離錢塘去南昌，忠泰先到，對守仁窘辱備至，又縱京軍掠刼，民被其毒，甚於宸濠之亂。直至十五年閏八月帝始受江西俘，命守仁盡去以前奏疏，更上捷音，書明奉威武大將軍方略，討平叛亂，然後置械受俘，宸濠之亂，乃告結束。（參考「明鑑」卷九武宗紀，「明史紀事本末」卷四七宸濠之叛，「明史」卷一九五守仁傳）（王德毅）

圈地

明末滿洲部族，由於勢力日强，併佔遼東土地日多，乃有計口授田的措施。順治元年（一六四四），淸人入關以後，又將京域一帶明朝駙馬、公、侯、伯以及太監等人莊田，分賞八旗官兵，後又因無主荒田不敷分配陸續入關的旗人新貴，乃圈占民間土地，是爲八旗圈地之始。

根據有關史料，可知順治初元的圈地政策，並非專爲利用土地或開發土地，主要乃在安置新來滿洲新貴，因關外兵士，本無糧餉，其經濟基礎完全建築在掠奪戰爭之上。如更進一步研究，可以發現圈地除豢養旗人，承襲關外計口授田規制外，實暗含軍事與政治雙重作用。滿人以少數人口入主中國，爲防止漢人反叛，必先鞏固其天下根本重地，故將八旗勁旅分駐京畿附近，形成悍衞之勢，又於北京五百里內，分駐旗民或與旗民有關係之人，形成一旗人網，以保根本。八旗圈地以屬於皇帝的上三旗之旗地分佈最廣，可知又有以上三旗監視其他各旗的意義。另據「大淸會典事例」田賦宗室官莊及「畿輔通志」等記載，可知畿輔一帶，旗地以畿東、畿南爲最多，畿北及畿西則較少，此實與地形、察哈爾內附以及畿南叛亂頻仍等原因有關。總之，淸初圈地在政治及軍事上另有其作用。明代莊田多與民間土地犬牙相錯，爲避免滿漢「旗」「民」衝突，淸廷曾下令將與莊田相聯之民地盡歸旗地，所劃民田，以邊遠莊地補償，是謂「撥補」。

凡圈占民地時，先請旨戶部，遣滿洲官員會同有司率筆帖式等員役，所至村莊，相度畝數。通常以兩騎前後牽戶部所頒繩索，以記四周圍，而總積之。每壯丁分土五晌，一晌六畝。「皇朝通志」謂：「凡丈量州縣地用步弓，各旗屯莊地用繩。」步弓有以五尺爲步者，有以六至八尺爲步者；畝則爲二百四十步至七百二十步不等，淸初各州縣所依爲準者不同。至於一繩之長，據乾隆增訂「淸文鑑」卷二十一田地中稱：「一繩長十八丈。一畝廣三丈，長十八丈，六畝爲一晌。」以繩圈地不如步弓準確，但爲在短期內能安揷東來勳戚功臣，不得已乃用此種「捷於引丈」的「跑馬圈地」。

淸初圈地前後共有四次，影響至深且巨。第一次圈地在順治元年，共給滿、蒙、漢八旗土地爲五八、八二七頃又四八畝。數字與明代皇莊之土地面積相若（見「明史」卷一八五），可知順治初元之圈地似乎未及民田。第二次圈地在順治二年年底至三年初春，共圈地五一、八三九頃又五七畝，其中雖有部份爲河間、遵化一帶無主荒地，但亦圈占不少民間房屋田土。當時戶部尙書英俄爾岱奏章中有：「議將易州等縣有主田地，酌給兵丁，而以滿城等無主田地，就兵給民，庶幾兩便」之語，是爲初次應用「撥補」方法，可知人民在此次圈地中已蒙受損害。第三次圈地在順治三年底至四年初，共圈地三〇、八一八頃，擾民更甚。自順治初元至康熙二年（一六六三）之間，旗民共圈地一六六、六三六頃七一畝，由於旗人不善耕種，農奴逃亡以及天災損害等因，致使良田變爲不堪耕作之土地，政府人民均蒙損失。康熙二年又有議圈民地以換不堪耕地之說，翌年諭令民間土地不許再圈，並且限定換地。康熙　五年（一六六六）又發生最後一次圈地，此次圈地純由政爭而起，當時鑲黃旗屬人鰲拜當權，乃將多爾袞時代擅自不合規定圈予正白旗之土地改予鑲黃旗，於是各旗乘此機圈占民地，造成最後一次擾民事件。康熙八年（一六六九）下令民間房地永行停止圈占，淸初圈地弊政至此始告結束。

淸初圈據土地，擾民並危害國家，顯著者約有：㈠民地被占，撥補邊遠荒地，使人民流離失業。㈡圈地停止田賦，對國家賦稅收入大減。㈢旗民不事生產，養成驕奢惰習。人民則無地可耕，產生社會問題。㈣「地圈丁散，錢糧無徵」，餘留之人因無田無家，除作傭工之外，只擔傜役。刁滑之徒多投充旗下，依勢爲惡。總之：淸初圈地爲害甚多，造成當時嚴重的社會及經濟問題。

（陳捷先）

清初三藩

明思宗崇禎十七年（一六四四）流寇李自成陷北京，思宗殉國。清人得明降將吳三桂等人之助，帶兵入關，敗李自成，清人遂控制中國首都。

北方雖爲清人所有，但其統治權並未能完全建立，因黃河以南仍爲明朝宗室及遺民所掌握，漢人紛紛起義，支持明室，企圖恢復故國。

北京陷落以後，鳳陽總督馬士英即利用兵權，在南京擁立福王，改元弘光，而他自己操縱政府，任用私人，一時南京正人君子先後引去，朝政紊亂不堪。

順治二年（一六四五），清軍大舉南下，四月攻陷揚州，史可法以身殉國。一月後，南京亦告淪陷，福王在蕪湖被捕，次年遇害。馬士英等則在南京陷落後走杭州，渡錢塘江東遁。

南京政權傾覆以後，江南一帶人民紛起抗清，有名的「揚州十日」和「嘉定三屠」皆爲當時浩刼。浙江境內，張國維、張煌言等立魯王於紹興，稱爲監國。黃道周、鄭芝龍等立唐王於福州，是爲隆武帝。唐王、魯王原是叔姪，但不團結，反清力量爲之大減。順治三年（一六四六）六月，魯王被清人追迫，逃走海上，盡失閩浙根據地。後來自去監國名號，康熙元年死於金門。唐王政府大權悉操於鄭芝龍之手，後芝龍降清，唐王被捕，不食而死。

閩浙兩省抗清運動既已失敗，清兵遂分道攻廣東。廣西巡撫瞿式耜等在順治三年冬再擁桂王於肇慶，建元永曆，繼續抗清。順治八年（一六五一），清兵攻破桂林，桂王逃往南寧，後又轉到貴州、雲南各地，終於走入緬甸，請求庇護。直至順治十六年（一六五九），由於吳三桂窮追不捨，壓迫緬甸獻出桂王，次年在雲南遇害，明祀遂絕。福王、唐王和桂王的反清運動，清人稱之爲「前三藩」。

清朝能平定中國，當歸功於明朝降將。桂王被害後，清廷封吳三桂爲平西王，駐雲南，尚可喜爲平南王，駐廣東，耿精忠爲靖南王，駐福建，以爲酬庸。合稱「三藩」。三藩均專有土地、人民與甲兵，非常跋扈。其中尤以吳三桂功勞最大，勢力最强。清廷由於懼畏欲加以裁撤，因而引起所謂「後三藩」之亂。康熙十二年（一六七三），平南王尚可喜因爲年高七十，同時受制於兒子尚之信，上奏清廷，欲歸老遼東。清廷不但允許所求，並令其率全藩回東北。吳三桂、耿精忠聞悉之後，亦佯裝倦勤，先後上書，「請裁安插」。清聖祖知吳三桂等人蓄謀已久，形勢既成，撤藩與否，終將反叛，決定先發制人，諭以：「地方底定，平西王吳三桂、平南王尚可喜、靖南王耿精忠，各具奏請撤安插，已允所請，令其撤移前來。」並派專人分別至雲南、廣東、福建等地辦理裁撤與善後工作。吳三桂等驚震之餘，起兵抗清。康熙十二年年底，吳三桂自稱爲天下都招討兵馬大元帥，改元昭武，以次年爲周元年。翌年三月，耿精忠亦舉兵叛清，佔領福建。一時雲南、四川、湖南、福建、廣西、貴州諸省紛起抗清；湖北、江西、陝西、甘肅亦有部份地方響應。康熙十五年（一六七六），尚可喜又公開叛清，三藩聲勢，浩大非常。然而吳三桂暮氣太深，凡事猶豫，清聖祖則當機立斷，並採取分化政策，所以後來耿、尚又再度降清，使吳三桂孤立，而節節敗退。康熙十七年（一六七八）五月，吳三桂病死，部衆南退，迎立三桂之孫世璠於雲南。康熙二十年（一六八一），清兵包圍昆明，吳世璠自殺死，「後三藩」之亂乃告終。亂事前後共歷九年，區域徧及山西、陝西、兩湖、兩廣、江西、福建、四川、雲南等省。（陳捷先）

理藩院

清代官署名，掌內外藩蒙古、回部及諸番部事。清季成立總理衙門前，由於清廷視各國爲藩屬，所以中央對外交涉，有時亦由理藩院統轄。清末改爲理藩部，民國廢，設蒙藏事務局，今爲蒙藏委員會。

清初設理藩院時，主要使掌蒙古及番部封受、朝覲、貢獻、黜陟、徵發等政事。設尚書一人，左右侍郎各一人，額外侍郎一人，皆以滿洲及蒙古人任職。順治十八年七月，先設錄勳、賓客、柔遠、理刑四司，各司中有漢人主事一人，康熙三十八年盡裁漢主事，至乾隆二十六年增爲典屬、王會、旗籍、柔遠、理刑、徠遠六司，遂成定制。典屬司掌察哈爾、喀爾喀、厄魯特諸部除授官校、封爵、盟會及喇嘛番僧承襲之事。王會司掌科爾沁等部朝貢，祿賜諸子。旗籍司掌蒙古科爾沁等部封爵會盟及孛倫陳授官校事。柔遠司掌喀爾喀等部及喇嘛番僧貢祿等。理刑司掌蒙古及番部刑罰事。徠遠司掌吐番吐魯番及回部爵祿貢賦並移駐回民耕牧等事。按照清初制度，理藩院官屬有承政、參政、理事官、副理事官、主事凡五等。後改尚書、侍郎、郎中、員外郎、主事等級，與六部同制。除尚書一人，左右侍郎各一人外，各司郎中多爲滿、蒙古各一人。主事則一二人不等，有專以滿人或蒙人任職的，也有滿蒙各一人的。員外郎人數較多，多則七人（爲旗籍司），少則四人（爲徠遠司），唯半泰由滿蒙各佔一半。

清初對俄交涉，往返文書，率由理藩院轉遞。「清會典事例」卷十五內閣職掌條有：「俄羅斯館，專司繙譯俄羅斯文字，選八旗官學生二十四人，入館肄業，五年後考試一次，一等授八品官，……以蒙古侍讀學士或侍讀一人，充提調官，專司稽察課程，再由理藩院派郎中或員外郎兼轄。」可見理藩院在總理衙門創立前，對中俄外交有其重要地位。（陳捷先）

黃冊與魚鱗圖冊

經元末之戰亂，土地戶口簿籍多數喪失，其存留部分，亦因戶口變換，與實際情況不符。於是大部分土地與戶口因無籍可查，而逃避國家賦役；其有籍者，負擔又輕重不一，極不公平。明太祖爲鞏固明政府統治之經濟基礎，乃通過土地與戶口普查，制定黃冊與魚鱗圖冊，作爲確保賦役征收之二大基石。

「黃冊」爲全國戶口總清冊。明朝建立之初，即注意收集元朝戶口冊籍，並着手建立黃冊制度。經十餘年區域性之試驗，先後實施均工夫圖冊、小黃冊法與戶帖制，最後於洪武十四年正月，命令全國郡縣編造賦役黃冊。其法以一百一十戶爲里，一里之中，推丁糧多者十人爲里長，餘百戶爲十甲，甲凡十戶，輪流應里甲正役。每歲以里長一人率甲首十人董其事。每里編爲一冊，冊之首總爲一圖。其里中鰥寡孤獨不任役者，附十甲後，爲畸零戶。造冊時，每里造二冊，一呈州縣，一存里自用；州縣又造二總冊，一上呈於府，一存州縣自用；府又造二總冊，一上呈布政司，一留本府；布政司又造二總冊，一上呈戶部，一留本司。最後，戶部據各布政司所造之冊，編爲全國總冊。布政司進呈戶部之冊，以黃紙爲面，故謂之「黃冊」；因黃冊主要目的在征派賦役，故又稱爲「賦役黃冊」。

黃冊每十年重新編定一次，名曰「大造」。大造之前二、三年，先印「清冊供單」，由里甲發給各戶，將戶口增減、財產轉移，均依舊管、新收、開除、實在四項記入。甲首收齊編冊，交與里長，再上呈於縣；縣官再以此與舊冊相對照，造就新黃冊，並附戶口、土田、稅糧圖表，上呈於府，轉呈布政司、戶部。

由於黃冊制度之建立，使全國戶口得到普遍清查。洪武二十六年全國總計：一千六百零五萬二千八百六十戶，六千零五十四萬五千八百十二口。

黃冊以戶爲主，詳記各戶丁口與產業狀況，凡同一戶座落不同之土地，皆記於黃冊中。由此可明瞭地權分配情形，確定某一戶共有若干丁口、土地，以及賦役之多寡，此爲黃冊最大功用。

「魚鱗圖冊」爲全國耕地總清冊。洪武二十年，命國子監生武淳等分行州縣。使集里甲耆民躬履田畝以量度之，圖其田之形狀，次書其字號，悉書主名及田之丈尺四至，編彙爲冊。以圖所繪狀若魚鱗然，故號曰「魚鱗圖冊」。凡典賣田土，過割稅糧，各州縣年終通行造冊解府，毋令產去稅存。

由於魚鱗圖冊制度之建立，使全國耕地得到普遍清查。洪武二十六年全國總計耕地八百五十萬七千六百二十三頃。

魚鱗圖冊以耕地爲主，詳載土地性質、形狀與等級，對屬於該一地區所有土地之狀況，均可按圖索驥，一目了然，對各戶土地分割、轉移得以了解，而土地遭到自然變化，如坍沒、淹沖，被災等情形時，便於統計，可免去農民產去稅存之弊端，使田賦負擔公平。且於土田爭訟時，易於稽察，以爲裁判之證據。於是對地權狀態之瞭解，魚鱗圖冊可補黃冊之不足；故明史食貨志曰：「魚鱗冊爲經，土地之訟質焉；黃冊爲緯，賦役之法定焉。」

明太祖於開國初期，大力清查戶籍與丈量土地，編造黃冊與魚鱗圖冊，規模之大與方法之整齊劃一，爲前代所未有。唐代中葉均田制度破壞以來，地畝爲大地主隱沒之面積，愈來愈大；經過此次清查，大量隱漏之人口與土地，由於登記而固定。明政府依此定稅糧，既可防大地主詭計隱沒土地與逃避稅糧之端，又可免貧民產去稅存之負擔，保證政府稅收，鞏固政府統治之經濟基礎。且黃冊之編造，使里甲制度確立，徭役平均分擔，人民得以輪流休息，勞役負擔因之減輕，人民生產情緒因而提高，社會經濟得以發展。因此，黃冊與魚鱗圖冊制度之建立，對明初政權之穩定與社會經濟之恢復、發展，發生積極之作用。（徐　泓）

復　社

明代中葉以後，王陽明學說大行，但其末流，則「高談性命，束書不觀。」萬曆二十二年（一五九四），吏部郎中顧憲成因推舉閣臣王家屏大忤神宗意旨，罷官歸無錫，修復宋儒楊時講學之東林書院，偕同志高攀龍、錢一本、薛敷教、史孟麟等人，講學其中，全國聞聲附和。憲成等講習之餘，常及時事，又以氣節自負，深爲朝中佞倖權貴疾忌，目爲東林黨。及至梃擊、紅丸、移宮三案起，雙方漸成水火，宦官魏忠賢專擅弄權，羅織東林人士罪名，殺戮錮禁，飽受摧殘。天啓四年（一六二四），長洲楊廷樞倡應社於蘇州，以張溥、朱隗主講易經，楊彝、顧夢麟主講詩經，周銓、周鍾主講春秋，張采、王啓榮主講禮記，廷樞與錢栴主講書經。（見朱彝尊「靜志居詩話」）次年，閹黨慘殺左光斗、楊漣、魏大中等六君子，魏忠賢下令盡毀全國各地書院，禁私人講學，又明年，高攀龍、黃尊素等後七君子亦殉難，應社諸子欲推廣社事於全國，故爲廣應社。天啓七年（一六二七）八月，熹宗崩，崇禎即位，魏忠賢等次第伏誅，天下稱快，文人學士，爭相結社。崇禎二年（一六二九），張溥集合吳中名士共同創立復社，其宗旨見於溥所撰「復社啓事」，云：「自世教衰，士子不通經術，但剽耳繪目，幾幸弋獲於有司，登明堂不能致君，長郡邑不知澤民，人才日下，吏治日偷，皆由於此。溥不度德，不量力，期與四方多士，共興復古學，將使異日者，務爲有用，因名曰復社。」（見陸世儀「復社記略」卷一）此後溥交結日廣，與朝中賢士通聲氣，於是溥所品題者頗能象徵榮辱，奔競之徒常自誇曰：「吾以嗣東林也。」復社之旨有與顧憲成主張相合之處，稱嗣東林亦無不可，且復社亦以「東林之後勁」爲標榜，努力切磋道義，砥礪氣節，以圖匡救政治與世道人心。復社除繼承東林傳統外，更積極提出「通經復古，務爲有用」之主張，明末清初經世致用之學勃興，實爲之肇端。復社所訂盟書有「毋蹈匪彝，毋讀匡聖書，毋違老成人，毋矜己長，毋形彼短，毋以辯言亂政，毋干進喪乃身」七項戒規，（梅村先生世系年譜卷一）足見社員節操。復社成立後，發展甚速，崇禎三年（一六三〇）張溥主盟大會於金陵，五年又有虎邱大會，其盛況爲有明以來所未見。十四年（一六四一）張溥去世，由李雯、鄭元勛主盟虎邱會葬大會，社友人數已達兩千以上，幾遍全國各地。遂遭朝中權貴之忌。溥同里陸文聲因申請入社被拒，懷恨在心，首先疏入朝廷，攻訐復社，而魏忠賢餘孽如阮大鋮之徒，又推波助瀾，以圖掀起第二度黨爭。時朝中權貴尚不知張溥已去世。甲申事變以後，福王即位於南京，馬士英、阮大鋮用事，排斥復社人士不遺餘力，黨爭之烈，至此已極！復社對南明政治及明亡後復興運動，確曾產生重大作用。又當鄭氏父子經營臺灣時，復社後起人士亦有渡海而來者，對臺灣文化及開發，亦有影響。（參考「明史」卷三二八張溥傳；「明史紀事本末」卷六六東林黨議；盛成：「復社與幾社對臺灣文化的影響」，「臺灣文獻」十二卷三期，民國五十一年九月。）（王德毅）

陽明學

明王守仁之學說。守仁字伯安，浙江餘姚人，早歲讀書於陽明洞，其後學生尊稱爲陽明先生，三十五歲時因得罪宦官劉瑾，謫配貴州龍場驛，備嘗艱苦，一夕頓悟格物致知之理，創「心卽理」、「知行合一」與「致良知」，卽世所謂陽明學。

心卽理說　心卽理者，他說：「吾心卽物理，初無假於外也。」此乃承陸象山學而來，只是陸學稍偏重在「理」，而陽明重在「心」，與朱熹「卽物窮理」說，分心和理爲二則根本不相容。陽明謂物理不外於吾心，外吾心而求物理，無物理矣。遺物而求吾心，吾心又何物耶，是以一心爲人生行爲之標準。要人能去人欲，存天理，陽明曾語黃綰曰：「學者欲爲聖人，必先廓清心體，使纖翳不留，眞性始見，方有操持涵養之地。」這活動跳躍的「心」，正所以拓展陸學「尊德性」之寂靜之「理」，也正在陰諷朱子學派之支離與佛老之空虛。

知行合一說　陽明曰：「知是行的主意，行是知的工夫，知是行之始，行是知之成。」「若會得時，只說一個知，已自有行在，只說一個行，已自有知在。」這是說知行是相倚相待，是緊合而不可分的。故「知之眞切篤實處卽是行，行之明覺精察處卽是知，眞知卽所以爲行，不行不足謂知。」「知者行之始，行者知之成」遂成爲聖學要旨。倘若言先知後行，則將有終身不行之弊。陽明這知行合一說最見工夫，亦最能感人。

致良知說　陽明以爲天理卽是良知，良知在人是先天的，普偏的，所以他說：「知善知惡是良知」，因良知之在於人心，萬古如一日，故良知乃爲固有，不假外求。又說：「良知之在人心，無間於聖愚，良知良能，愚夫愚婦與聖人同。依良知而判斷善惡，依良知而明是非，依良知而行，卽合於天理。人若知這良知訣竅，隨他多少邪思枉念，這一覺都自消融。」這正表明良知就是天性、道心，也就是心的本性，也卽是性善。這良知雖人人有之，然明覺程度則各有不同，要見其所下「致」之工夫而定。所以致良知是做人的根本原則，也是王陽明針對末流學風立一補偏救弊的方法。陽明這獨具之手眼，並不在良知，而是在一「致」字，故陽明學之「致良知」雖在解釋孟子所謂之「良知」，而實超越之。更在破除朱熹「道問學」的經驗的「知」。

案陽明釋格物致知與朱熹大異其趣。朱謂格物者，欲窮至天下事物之理也。陽明則反對這種以「知」爲經驗的知識，他以「知」爲先天的良知。以物爲意之所在，謂「致吾心之良知者，致知也，事之物物皆得其理者，格物也。」是朱說偏重物質，王說偏重精神。朱子由成物而成己，重在格物，是由外而內。陽明則由成己而成物，重在致知，是由內而外。因此，陽明嘲朱熹爲逐物，朱派亦嘲守仁爲「任心」。

初陽明講學僅限於鄉里，自謫居龍場後，四方從學甚衆，至明末，陽明學傳偏天下。黃宗羲作明儒學案述陽明學諸子約分爲七派，枝脉繁衍，至清不衰。惜其末流，專講心法，崇拜頓悟，不顧事功，甚者，以狂逸爲高尚，蔑棄禮義，無所忌憚，遂爲後人詬病。（明史王守仁傳；陽明學、賈豐臻著；明儒學案、黃宗羲撰；明代理學發展史，甲凱撰；宋明理學概述，錢穆著；中國哲學史、馮友蘭著。）（包遵彭）

喀爾喀

喀爾喀卽今之外蒙古，卽明代韃靼達延汗留牧之地。達延汗移遼東，其子格哷札賚爾留居故土，統有七旗萬餘人，是爲喀爾喀始祖。喀爾喀於清初計分後部土拉河流域之土謝圖汗部，東部爲車臣汗部，居克魯倫河流域；西部爲杭愛山西麓之札薩克圖部；以及另設有賽音諾顏汗部。

崇德（清太宗皇太極）年間，清平察哈爾，喀爾喀卽數遣使通聘。順治三年，清命多鐸往征土謝圖汗，六月，師次噶爾察克山；八月，擊敗土謝圖汗兵二萬及車臣部碩雷汗兵三萬。順治五年，喀爾喀各汗奉表請罪；十二年，各部乃分別遣子弟請盟，遂於其地設八札薩克，分左右兩翼。

彼時喀爾喀各部內訌日急，自相凌蔑而勢力日衰，乃給予西境厄魯特蒙古之準噶部長噶爾丹以可乘之機。康熙三十七年，噶爾丹以勁騎三萬越杭愛山，大敗土謝圖汗察琿多爾濟及其子噶爾旦，並旁擊車臣與札薩克圖兩汗，又刼其大喇嘛哲卜尊丹巴胡圖克圖之帳。三部衆數十萬乃盡棄畜牧帳幕器物，投漠南請降於清廷，清命尚書阿爾尼等發歸化城張家口獨石口之倉儲，並賜茶布十餘萬以贍之，且假科爾沁水草地使遊牧。清廷屢諭噶爾丹罷兵，歸還所侵喀爾喀諸部地，且亦約達賴喇嘛從中調處。然噶爾丹終以不得土謝圖汗爲恨，故駐兵克魯倫河一帶，時思啓釁，侵入漠南。

康熙二十九年，噶爾丹引兵二萬，以追喀爾喀爲名，侵略內蒙部烏珠穆沁。康熙帝以彼時全國一統，天下無事，爲保障喀爾喀諸部不受其侵軼，乃親自領兵拒戰，至烏蘭布通（今熱河赤峰，距北京僅七百里）而止。三十年，康熙帝欲出邊塞大閱諸軍，以示威嚴，乃至多倫諾爾，宣赦土謝圖汗罪，並授各部爵秩，分各部所屬三十旗爲左右中三路，與內蒙古四十九旗同列，聽其在近邊遊牧，又於多倫諾爾附近建彙宗寺以安其喇嘛，藉之懷柔控制；喀爾喀自是乃爲中國藩屬。

然噶爾丹野心不止。康熙三十三年約其會盟不果，且噶爾丹索土謝圖汗及哲卜尊丹巴益急，又加害清遣往伊犂之使臣；康熙以其不除，終必爲患，乃謀全力以制之。三十五年，御駕親征，五月抵土拉河上游東岸之昭莫多，大敗噶爾丹軍，斬首千級，生擒數百人，降其衆二千餘，獲駝馬牛羊帳械無數；是役噶爾丹之妻亦戰死。康熙留大將費揚古駐防漠北，自是喀爾喀人膜拜感恩，康熙爲之勒銘拖諾山及昭莫多之山而還。是役後，噶爾丹窮途末路，不屈自殺而亡，所部盡降於清，於是自阿爾泰山以東盡隸版圖，拓喀爾喀西境千餘里，勒銘狼居胥山，總計康熙三次征漠北，武功鼎盛，蓋自是以外蒙喀爾喀爲屏藩，懷柔諸部，而捍衞京師也。

後策妄與策零代興，肆行侵略主義，闢地日廣，併有準噶爾部大半。雍正年間亦曾多次用兵西北，然自是以後，準部恃其武力，旋服旋叛，蓋其地居西藏與喀爾喀之間，一日未平，則南北邊備必不得息肩也。聖祖既大興西師，世宗不得已而罷兵，至乾隆四年而和議始成，然清廷固未能忘情也。會準噶爾部內亂，清廷乃得以戡定蕩平厄魯特各部，並進而平定伊犂；而南征回疆，北邊服屬烏梁海諸地，實則與準部兵事相輔而成者也。（劉石吉）

喇嘛教

中國塞外民族的宗教信仰之一，源於西藏，盛行於元代蒙古人。初來滿洲，爲時頗早，相傳烏斯藏（西藏）法師斡祿打兒罕囊素曾東歷蒙古諸部傳教，又備受清太祖努爾哈赤之禮遇，天命六年死，爲修建寶塔，斂藏舍利。太宗皇太極亦曾修建喇嘛碑，碑文傳係出於達海之手，御製實勝寺記，譯以滿漢蒙藏四體文，刻以丈餘之二豐碑。而天聰年間之白喇嘛、衞徵囊蘇喇嘛等皆往來明清之間，以爲和議媒介。天聰八年，察哈爾之墨爾根喇嘛載護法嘛哈噶喇之鑄像全身來歸盛京，太宗曾取彼地而獲其歷代傳國玉璽，奉以爲寶；佛寶俱取之蒙古，太宗之代彼而興，以爲正法之保護者，實已隱然將見矣。而努爾哈赤、皇太極之崇信喇嘛，雖以其教義有足信仰；而其藉之爲懷柔蒙古之手段，隱爲喇嘛之保護者與利用者，殆爲主因。清人入關以後，其制馭藩屬之政策，要亦以利用喇嘛教爲主要手段也。正如禮親王昭槤所謂「國家崇信黃僧，並非崇信其教以祈福也，祇以蒙古諸部敬信黃教已久，故以神道設教，藉使誠心歸附，以障藩籬。」魏源亦曾指出「衞藏安而西北之邊境安，黃教服而準蒙之番民皆服。」是也。（黃教卽是明末清初西藏之喇嘛教，詳後）。

清初之喇嘛教以西藏爲盛。藏人爲圖伯特族，隋唐之際，建有吐蕃，與中土交通，信奉佛法，其僧侶謂之喇嘛，藏語「無上」之意。元世祖忽必烈時，吐蕃僧八思巴以道術得元廷信仰，尊爲國師，封爲大寶法王，使領藏地，集政教大權於一身。後此輩僧侶既世受中國政府尊仰，頗於侈墮，及嗜荼貪利，專恃密咒，綱紀廢弛，盡失佛法本恉。故乃有宗喀巴（一四一七－一四七九）出而改革西藏喇嘛教，易紅色衣帽爲黃色，改咒語，并言教主世世轉生，謂之「呼畢爾罕」，而不以肉身世襲，此稱之「黃教」，以別於「紅教」。其信徒皆通大乘，並尙苦修。宗喀巴死後，有二大弟子：達賴喇嘛與班禪喇嘛，並居拉薩，爲黃教教主，靠「呼畢爾罕」轉世，後黃教勢力漸及於蒙古各部，而蒙古諸部，因地處僻遠，乃另奉宗喀巴第三弟子哲卜尊丹巴後身爲大胡圖克圖，居庫倫，以綜理蒙古教務。（胡圖克圖卽指大喇嘛學道之能轉世者），其威望不在班禪之下。另有居多倫諾爾，而爲內蒙古東西諸部所奉的章嘉胡圖克圖，其第二世曾於乾隆朝奉詔來京，翻定「大藏經咒」；居西寧，而爲青海四部及西寧之番衆信奉之察罕諾們胡圖克圖。是其中分支及威權較大者。

崇禎十年，達賴五世曾遣人至盛京奉書及方物，清始終西藏。後西藏內亂，達賴五世親近之桑結引厄魯特蒙古人入藏，其勢力乃及於西藏。另奉班禪治藏巴汗地，居之札什倫布。達賴班禪乃分主前後藏，而西藏大權則已歸之和碩特固始汗矣。後桑結又陰結準噶爾汗噶爾丹征服青海，以挫和碩特；自是桑結矯命行事，綜理大權，或謂噶爾丹蹂躪塞外，擾亂邊疆，蓋實由桑結起也。康熙四十四年，另立達賴於青海塔爾寺，兩部自是爭議未決。五十五年，準部策零入藏，藏中大亂；五十九年清軍入藏，立達賴六世，準部兵潰，乃以康濟鼐，頗羅鼐分主前後藏事。雍正初，又用兵收歸版圖；以巴塘裏塘歸四川，設宣撫土司治之，以中甸、維西隸雲南；自是準部請兵，送達賴歸藏，不敢窺藏，藏勢乃定。

西藏喇嘛繼承制之「呼畢爾罕」行之日久而弊生，蓋往往兄弟子姪繼登法座，形同世襲。至乾隆年間廓爾喀平定後，乃製金奔巴籤法，一貯北京雍和宮，凡達賴班禪及各大胡圖克圖轉生時，遇有紛議，則書名於籤，納諸金奔巴，誦經降神而掣之，是清廷控制之一法也。另外清廷之制馭外藩政策，以興建喇嘛教寺廟以爲懷柔亦常有之，如康熙於多倫諾爾建立彙宗寺以安撫喇嘛之衆，雍正移達賴於噶達寺以避準噶爾，並於北京建雍和宮，而乾隆建札什倫布廟及安遠廟於熱河，選置高行喇嘛，以綏厄魯特四部來歸之衆等是其著者。（劉石吉）

朝鮮之役

「明史」所紀中日朝鮮戰爭，始於明神宗萬曆二十年壬辰（一五九二），迄於萬曆二十六年戊戌（一五九八）。朝鮮戰爭發生之原因，爲日本豐臣秀吉在削平群雄，統一全國後，欲藉對外戰爭轉移國內諸侯的注意力，乃借口朝鮮不允日本假道向中國進貢，於萬曆二十年四月，使宇喜多秀加爲大將，小西行長及加藤清正爲先鋒，統軍十六萬，由金山登陸，侵略朝鮮。朝鮮承平日久，人不知兵，軍備廢弛，侵略軍所到之處，望風潰敗。國王李昖棄王京奔平壤，又由平壤奔義州，上書明朝告急。明朝政府以宋應昌爲經略，李如松爲大將，發兵五萬往援。萬曆二十一年正月，李如松至平壤，攻城，克之，日軍死者數千，行長渡大同江逃回平壤，清正亦由東北路的咸鏡道撤回王京。李如松恃勝輕敵，在碧蹄館遇伏，小挫。而朝鮮自遭兵燹之後，遍地飢荒，明軍糧餉接濟困難。兼以疫癘流行，人馬多死，因之士氣不振。經略宋應昌遂欲因日本之請和而休戰。當時，日軍困難情形亦與明軍相同。更以爲明軍遠來，不能久留朝鮮，倘使藉和議而使明軍退回，日本仍不難再佔朝鮮。所以日本一方面撤出王京，送回所擄朝鮮王子，對明朝表示恭順，一方面仍據守釜山等處沿海要害，堅守不去。明朝初許議和，但祇准封豐臣秀吉爲日本國王而不准日本向中國進貢，又令日軍盡數撤出釜山等處朝鮮地界，不留一兵一卒。日本既不能在朝鮮獲得領土利益，又不能實現與中國通商貿利的希望，雙方立場相差太遠，拖延了三年之後，和議卒告破裂。萬曆二十四（一五九六）年六月，戰爭再度爆發，日軍大舉增援，進陷朝鮮慶州南原等地，直逼王京，賴明將麻貴急援，始退據蔚山、島山等地。明軍進圍島山，十日不下，行長率大軍來援，明軍戰敗。明朝政府遂另調劉綎、董一元、陳璘等統率水陸大軍陸續東來，並以薊遼總督邢玠爲經略，督率諸軍，分路進攻。其時日軍分爲三路，清正據蔚山爲東路，行長據粟林曳橋爲西路，石曼子據泗川爲中路，恃釜山爲根本，深溝高壘，憑陸而守。明軍進攻困難。戰爭相持不決，雙方亦互有勝負。萬曆二十六（一五九八）年十一月，劉綎攻奪粟林曳橋，陳璘及朝鮮統制使李舜臣所統中韓水師又封鎖西路日軍水上接濟路線，行長處境危迫，急召島津義弘由水路來援。島津義弘所率來援船隊，共有日船五百餘艘，被陳璘及李舜臣邀擊於海上，幾乎全軍盡覆，焚溺而死者以萬計，是即有名的南海大捷。日軍徹底失敗，而豐臣秀吉又適於此時病死，殘餘日軍，遂分路退回日本。「明史」朝鮮傳謂：「自倭亂朝鮮七載，喪師數十萬，糜餉數百萬，中朝與屬國迄無勝算，至關白死而禍始息」云云，並不符合事實。李光濤著「朝鮮壬辰倭禍中的平壤戰役與南海戰役」等文，考辨極詳，可以參看。（李光濤）

愛新覺羅

清朝開國神話，有「受姓自天」的故事：說是在他們的發祥地長白山東北地方，有一個叫布爾瑚里的池子，相傳曾有三個仙女來這裡入浴，當仙女們浴畢上岸的時候，忽然飛來一隻神鵲，把啣在嘴裡的一個朱紅色的果子，放在最小仙女佛古倫的衣服上。佛古倫看到紅色的果子，很是喜愛，不忍把它丟在地上，所以當穿衣的時候，就把果子啣在嘴裡。然而那隻果子却突然的滑入佛古倫的腹中，並且立即「感而成孕」。就這樣後來生下了一個小男孩，佛古倫告訴他姓「愛新覺羅」，名「布庫里雍順」，是即清代始祖。

但在明朝與朝鮮史書中，從未見有他們的祖先姓愛新覺羅的記載。如清肇祖孟特穆、范察、充善、覺昌安、塔克世等，「明實錄」、「朝鮮實錄」以及若干當時私家著述，均自稱姓佟或童。甚至清太祖努爾哈齊本人，亦在給朝鮮文書中稱作佟姓。佟童是一音，就是說清人先世姓名在清太祖崛起前二百餘年之間，一直姓佟（童），並沒有姓愛新覺羅一說。

不過，佟姓或童姓亦非清室原有姓氏，因女眞人姓佟童者至多，同時在「朝鮮實錄」中，佟童爲當時女眞族中普遍姓氏，並非僅有清人先世姓佟童，或少數女眞族長姓佟童。當時女眞人何以皆稱佟童？章炳麟在清廷建國別記中，加以考證，發現佟姓是遼東望族，原爲漢姓氏，後來常被邊夷襲用，以假冒漢人，別於夷類而自高身價。尤其女眞部族酋長，在轉由譯者，上達明廷時，幾乎盡用佟姓。

努爾哈齊初興時，自稱佟姓，自亦由於「慚爲夷類」；後來部族强大，改稱愛新覺羅，自顯其爲大金國帝室餘裔，藉以掩飾其微寒家世，而在女眞民族中有所號召。

「愛新覺羅」係滿洲語 aisin gioro 音譯。「愛新」作「金」字講，「覺羅」則不知何解。「清稗類鈔」有「愛新覺羅譯言爲金趙。愛新譯金，覺羅譯趙，言居金之趙氏。」日本學者稻葉君山及我國學者蕭一山釋「覺羅」爲「族」，「愛新覺羅」則爲「金族」。然以上兩說皆不知何據。此外亦有人以「愛新覺羅」爲滿語「聖賢」對音，能否成立，不敢斷言。考諸清初史料，可知「覺羅」一詞確爲滿洲部族首長一系之姓氏，清太祖收扈爾漢爲養子，賜姓「覺羅」。朝鮮人也說「老奴」（努爾哈齊）有以「雀哥」爲姓一事。總之「覺羅」似爲清室原有姓氏，而「愛新」爲後來所加，以表示他們家族與前朝大金的關係。

元朝姚燧說過：「金有天下，諸部各以居地爲姓。」「清實錄」也說：「夜黑國，始祖蒙古人，姓土墨忒……滅胡籠國內納喇姓部，遂居其地，因姓納喇。後移居夜黑河，故名夜黑。」可知此一方民族姓氏常與居地有關。在滿文老檔中發現「覺羅」一字並不作姓氏，而是地名。並且在互校漢文實錄與滿文記事以後，又發現老檔中有一處指「覺羅」爲「故里」，而以地望考之，以「覺羅」爲稱的地方，適爲清人先世生聚活動的老家。

清人以居地爲姓氏，除「八旗氏族通譜」等書中可證外，終清之世，此俗未嘗稍改。廣祿先生的滿洲姓氏爲「孔谷勒」，據廣祿言「孔谷勒」確爲山名，更可證實。

總上所述，可知「愛新覺羅」原係滿語之譯音，「愛新」作「金」，「覺羅」爲清室先世的舊姓，本從居地得來。清人說他們的國姓是由天女所賜，那是怪誕無稽之談，不足憑信。（陳捷先）

準噶爾

準噶爾，爲厄魯特四部之一。厄魯特在今外蒙古之西，天山以北一帶。其族故元代牧人，分駝、馬、牛、羊四部，稱四衞拉特。準部人民遊牧於伊犂、準噶爾與杜爾伯特一帶，均姓綽羅斯，故亦稱綽羅斯部。

清興東陲，內蒙諸部，先後臣附，但厄魯特以荒遠未服。康熙十二年，噶爾丹崛起準部，自立爲準噶爾汗。十六年，囊有厄魯特四部（其他三部爲和碩特、杜爾伯特、土爾扈特），又逐西域元裔諸汗，統一天山南北，十七年，乃自伊犂徙居阿爾泰山麓，清準關係，漸次發生。

康熙二十三年，喀爾喀七旗彼此有隙，喀爾丹乘機肆亂，清廷派大軍，聲罪致討，噶爾丹接戰大敗，妻子被擒，窘迫自殺。綜康熙時準部之役，玄曄凡三次親征：一由東路，至博洛河；一由中路，至克魯倫河，及施諾山；而第三次則由西路，循賀蘭山北征。噶爾丹死，朔漠悉定。

雍正五年，噶爾丹孫噶爾丹策零崛起，屢謀犯邊，七年三月，乃命傅爾丹爲靖邊大將軍，屯阿爾泰山，自北路進；岳鍾祺爲寧遠大將軍，屯巴里坤，自西路進；期以明年會攻伊犂。然科布多一役，傅爾丹大敗，幸西路採岳鍾祺車營法，光顯寺大戰，策零盡棄輜重而遁。雍正十二年，又大破策零，準噶爾乃與清廷議和，往復爭論，以界地之爭，迄未定議，至乾隆二年，方決定以阿爾泰山爲界，厄魯特遊牧不得過界東，喀爾喀遊牧亦不得過界西，和議始成。四年，又許其通市及進藏煎茶，惟人馬限以定數，於是清廷盡罷西北二路之軍。

乾隆年間，準噶爾發生內亂，達瓦齊與濟噶爾爭立，清廷乃於十九年命尚書舒赫德北征，二十年更圖大舉，分兩路出師：㈠北路以班第爲定北將軍，阿睦爾撒納爲定邊左副將軍副之。㈡西路以陝甘總督永常爲定西將軍，薩拉爾爲定邊右副將軍副之。兩路軍各二萬五千，馬七萬匹：西路出巴里坤，北路出烏里雅蘇臺。出師僅百餘日，因阿睦爾撒納之內應，達瓦齊兵敗而遁，遂平伊犂，仍設四部，欲衆建而分其力，阿睦爾撒納別有企圖，志在總長四部。二十一年，阿亂起。廷命兆惠爲征遠軍往討，諸叛酋先後敗死，阿睦爾撒納自博羅塔拉河西竄，兆惠等窮追至哈薩克，其汗阿布賚遣使請貢，誓擒以獻。阿睦爾撒納率二十人往投，阿布賚使人收其馬，阿睦爾撒納驚逃入俄羅斯境，尋患痘死，俄以其尸送恰克圖，至是阿亂告終。

清廷遂命成兗札布歸鎭烏里雅蘇台，兆惠富德等留軍度多，搜剿餘衆。二十二年春，兆惠由博羅布爾、富德由賽里木，分兩翼合圍，約相會於伊犂，凡山谷僻壤，及川河流域可漁獵資生之地，皆搜剔不遺，至是準部之種類，乃靡有孑遺，計數十萬戶中，先痘死者十之五，繼竄入俄羅斯若哈薩克者十之二，卒殲於清軍者十之三。

然自準噶爾與中國抗爭以來，不僅厄魯特人種全歸清廷統治，又北則烏梁海亦受清廷服屬，而南部回族之征定，亦由於準部兵事相因而得。（劉石吉）

靖難之師

明太祖朱元璋起義後，不久卽渡江取金陵，作爲角逐天下基地。卽位後，乃卽於此定都。東南本爲經濟中心，而金陵尤爲財富之區，取給便利；又太祖以天下初定，民力未蘇，爲提倡儉約，乃不作遷都之計。元雖亡，但退居塞外後，仍具相當勢力，首都偏在東南，對北元有鞭長莫及之憾。太祖行誼多倣漢高，對功臣亦猜忌而不信任，懼功臣握重兵守邊，重演唐末藩鎭之禍，又以爲元之所以速亡，由於宗室無屏藩，乃擇名城大都或軍事要地，分封子姪，賦以統帥軍隊，節制諸將之權。太祖廿六子，長子標立爲太子，餘子皆以次分封爲王，如晉王棡封於太原，代王桂封於大同，寧王權封於大寧，燕王棣封於北平，谷王橞封於宣府，秦王樉封於西安，肅王楧封於甘州，慶王㮵封於寧夏，遼王植封廣寧，權勢非任何疆吏可比。太祖訓示曰：「王國有守鎭兵，有護衞兵，守鎭兵由中央選派指揮掌領之，護衞兵則從王調遣，如王所守爲險要之地，遇有邊急，守鎭兵亦得從王調遣。」諸塞王每年秋季須率兵巡邊，燕王、晉王曾受太祖命領兵出塞，在邊地屯田築城，守邊大將如宋國公馮勝、穎國公傅友德皆受燕王節制，燕王勢力就這樣培養起來，種下後日骨肉相殘之禍。正如谷應泰在明史紀事本末卷十五所論：「高皇帝大寶既定，剪桐論封……碁布星羅，屹然重鎭，揣其深謀，不特維城之磐石，抑亦北門之鎖鑰耳！惟是幷州警備，多蓄重兵，馬邑防秋，得專節制，……大都耦國，禍之本也。」確爲不易之論。

懿文太子於洪武二十五年（一三九二）薨，太祖於哀痛之餘，乃立太子之第二子允炆爲太孫，時諸王以叔父之尊多不恭順，允炆甚以爲憂，乃問計於侍讀黃子澄，子澄答以漢平七國之亂的故事，允炆大喜說：「吾獲是謀，無慮矣……」三十一年間五月太祖崩，允炆卽位，是爲建文皇帝（惠帝）。諸王流言，迭相煽動，建文帝深以爲患，遂與齊泰、黃子澄密謀削藩，前軍都督府斷事高巍上書說：「賈誼曰：欲天下之治安，莫若衆建諸侯而少其力，臣愚謂今宜師其意。勿施晁錯削奪之策，效主父偃推恩之令。西北諸王子弟分封於東南，東南諸王子弟分封於西北，……則藩王之叔不削自弱矣！」建文雖稱獎之，然不能用。及相繼廢周、齊、代、岷諸王，久懷異志的燕王棣乃藉清君側爲名，起兵南下，稱其軍爲「靖難之師」，自建文元年七月舉兵，至四年六月攻下南京，整整爭戰了三年，至是宮中火起，惠帝不知所終。史稱這次骨肉相殘之禍爲「靖難之變。」

成祖於靖難成功後，酷刑峻誅建文一朝大臣，對明代政治及社會人心產生極壞影響。（參考明史卷五成祖本紀，卷一一六至一一八太祖諸子傳，明史紀事本末卷十五至十八削奪諸藩，燕王起兵，建文遜國，壬午殉難諸條）（王德毅）

滿洲

「滿洲」一名詞，前史未見，直至明末，我國東北關外女眞民族中，始有一部以爲稱號。據「清實錄」記載：「…初，天降三仙女浴於泊，長名恩古倫、次名正古倫、三名佛古倫，浴畢上岸，有神鵲啣一朱果置佛古倫衣上，色甚鮮妍。佛古倫偏愛之，不忍釋手。遂啣口中，甫着衣，其果入腹中，卽感而成孕。…佛古倫後生一男，生而能言，倏爾長成。母告子…所生緣由，……乃與一舟，順水去。…彼時長白山東南鰲莫惠（地名）鰲朵里（城名）內，有三姓夷酋爭長，終日互相殺傷。適一人來取水，見其子舉止奇異，相貌非常。回至爭鬪之處，告衆……。三酋長聞言罷戰，同衆往觀。及見，果非常人，異而詰之。答曰：『我乃天女佛古倫所生，…天降我定汝等之亂。』；三酋長息爭，共奉…爲主，以百里女妻之，其國定號滿洲，乃其始祖也（南朝誤名建州）。」是爲滿洲一詞的由來。

至於此一名詞的解釋，至今約有如下幾種重要說法：㈠滿洲源流考一書中說：「按滿洲本部族名。……我朝光啓東土，每歲西藏獻丹書，皆稱曼殊師利大皇帝，又作曼殊室利大敎王。當時鴻號肇稱，實本諸此。今漢字作滿洲，蓋因洲字義近地名，假借用之，遂相沿耳，實則部族而非地名。」同書卷首有清高宗上諭一通，內稱：「史又稱金之先出靺鞨部，古肅愼地。我朝肇興時，舊稱滿珠所屬曰珠申，後改爲滿珠，而漢字相沿，訛爲滿洲，其實卽古肅愼，爲珠申之轉書，更足徵疆域之相同矣。」滿洲源流考一書爲乾隆時所修，根據上引之文，不難了解該書對滿洲一詞的解釋「一謂肅愼之音譯，一謂番僧之贈號。……同在一書，而有二說。…」㈡近代史家中解釋滿洲一詞較早者，有日本學者稻葉君山及我國學者汪榮寶及蕭一山，他們也都根據滿洲源流考的說法，認爲滿洲一名，義出佛敎，音近曼殊，翻譯名義，有「妙吉祥」之意，無新創見。㈢傅斯年在「東北史綱」中認爲「滿洲」是「建州」一詞的轉音。「清實錄」既然說「南（明）朝」把「滿洲」誤名「建州」，「只能滿洲爲建州之訛音，決不能建州爲滿洲之誤字」。㈣稻葉君山又有一說，認爲「滿洲」是當時他們族內的尊稱，因爲朝鮮人被俘於滿洲的，曾經聽到有人稱清太祖時，「但以滿住稱號太祖，加於汗之尊號上」。㈤也有人解釋「滿洲」和金語「兀朮」一樣，同是女眞部族酋長的意思。㈥陳捷先對於「滿洲」一詞曾經從「清實錄」、「開國方略」、「滿洲源流考」以及滿文檔案等資料中證實，「滿洲」確如「蘇蘇河」、「渾河」、「黃鄂」、「鴨綠江」、「烏喇」、「葉赫」等名稱，同爲明末東北女眞部族稱號，而「蘇蘇河」及「葉赫」等又都因河川而得名，與居地有關，當然「滿洲」一詞的由來，亦有與河川居地有相關之可能。再由滿洲部族遷徙歷史，風俗習慣以及朝鮮史料等方面，考知「滿洲」可能與「蒲州」一名有關。

滿洲一詞，雖有如上諸家說法，能否定論，尙未可知。民國以後，以滿洲族爲中華五族之一，簡稱滿族，與早年名部落者稍有異趣。後因受日本及世界政治等影響，多以滿洲二字概指我國東北諸省，西文亦以 Manchuria 爲我國東北總稱，實與原意有天壤之別（陳捷先）

奪門之變

英宗正統十四年（一四四九）七月，也先入寇，帝親征，八月十四日遭土木之變，北狩不返。也先卽以帝向明廷橫施要脅，冀獲厚利；時京中僅有疲敝之兵十餘萬，危在旦夕。邊報羽檄紛至，皇太后與大臣議應變之策，旋下詔立英宗子爲皇太子，由帝弟郕王輔政。吏部尙書于謙認爲國家遭逢大變，需賴長君。得皇太后同意，向郕王再三勸進，其時人心危疑，不如此不足以弭亂源。九月六日，郕王在文武大臣交章勸進之下卽天子位，尊英宗爲太上皇。賴于謙多方肆應，使社稷轉危爲安。時也先屢侵不利，明年（景泰元年，一四五〇）

也先求和，八月，雙方達成和議，迎上皇返京，就養南宮。

英宗子本已封爲皇太子，景泰三年（一四五二）五月，帝改封太子爲沂王，立己子見濟爲太子，此擧頗不得人心，四年（一四五三）十一月，見濟卒，嗣儲問題久不決，八年（一四五七）正月，乃發生奪門之變，上皇復辟。先是景帝不豫，以儲位未定，中外憂懼，于謙及廷臣請仍立沂王爲皇太子，帝不聽。正月十二日，帝往南郊齋宮準備擧行郊祀大典，以病體難支，命武淸侯石亨代爲擧行，亨知帝必不起，又念與其復立太子，不如迎請太上皇復位，可享富貴，遂與都督張軏、張輗及左都御史楊善、副都御史徐有貞、太監曹吉祥共謀，十六日夜有貞率子弟家丁赴南宮迎上皇，又詐納兵士千人入大內，夜四鼓，令勇士越垣入，與外兵幷力毀垣、破門，帶上皇至紫金城東華門，登奉天殿，升御座，鳴鐘鼓，百官皆在闕下，尙不知內情，徐有貞宣佈上皇復位，百官就班奉賀，史稱「奪門之變」。改景泰八年爲天順元年。

英宗既復位，廢景帝爲郕王，捕少保兵部尙書于謙及大學士王文等下獄，獄成，皆棄市，株連甚衆，凡與徐有貞、楊善、石亨不合者，皆目爲于謙黨，加以懲罰，有貞等論復辟功，加官拜爵，升賞者至三千餘人，其濫可知。不久，新貴又互相爭權，朝綱日非，終之曹石相繼爲亂，釀成大禍，其咎皆在「奪門之變」。然此禍之所以演成，景帝亦有責任。「明史」卷十一景帝紀贊說：「景帝當倥傯之時，奉命居攝，旋正大位，以繫人心，事之權而得其正者也。篤任賢能，勵精政治，强寇深入，而宗社乂安，再造之績，良云偉矣！而乃汲汲易儲，南內深錮，朝謁不許，恩誼慭然，終於輿疾齋宮，小人乘間竊發，事起倉猝，不克以令名終。惜夫！」可謂持平之論。（參考「明史紀事本末」卷三三景帝登極守禦，卷三五南宮復辟，以及「明史」本紀及相關諸人列傳）

（王德毅）

綠營

「綠營」是「綠旗」的別稱。嘉慶「會典」卷三五載：「國初定八旗之色，以藍代黑，黃白紅藍各位於所勝之方，惟不備東方甲乙之色。及定鼎後，漢兵令皆用綠旗，是爲綠營」。滿淸入關前，原以八旗兵爲國防主力，入關後，八旗分京營及駐防各地；全國一統，復設綠營，以統漢軍。康熙年間，三藩之亂起，淸廷初用八旗，然以八旗兵入關後，養尊處優，耽於安樂，漸趨柔弱，銳氣消磨殆盡，師久無功，不復可用。不得已，乃改用各省綠營作戰。康熙帝諭張勇，王進寶，趙良棟，孫思克等云：「若用綠旗出兵之力，於滅賊殊爲有濟」，「自古漢人逆亂，亦惟以漢兵剿平，彼時豈有滿兵助戰哉？」語雖自辯，實爲掩飾八旗之墮敗，亦可見出八旗兵力已不復擔當戡亂大任，只能以之分防地方之用。三藩之亂旣終靠綠營兵力所平，從此綠營兵乃成爲滿淸正規常備軍，淸廷國防軍自是轉以漢人爲主力。

總計各省綠營兵數；康熙二十八年「會典」載有五九四、一四四人，乾隆二十九年「會典」載有六三七、三二三人，乾隆五十年「通考」載有五九九、八一四人；總在六十萬人左右。其編制分標、協、營、汎四種；各省總督、巡撫、提督、總兵所轄的叫「標」，（分別稱爲「督標」、「撫標」、「提標」、「鎭標」），另有成都將軍所屬的「軍標」，河道總督所屬的「河標」與漕運總督所屬的「漕標」。副將所轄的叫「協」。參將、游擊、都司、守備所轄稱「營」。千總、把總所轄叫「汎」。凡督撫提鎭所轄的標下兵叫訓練兵，副參游都守以下所轄的營兵部分領汛地，於沿邊沿海沿江各處及大道旁邊則按段置立墩、堡，零星分駐，叫差防兵。另八旗之京營步兵營亦統有綠營步兵。綠營之屬官副將、參將、游擊、都司、守備、千總、把總等，各領兵丁數百人以至千餘人不等。

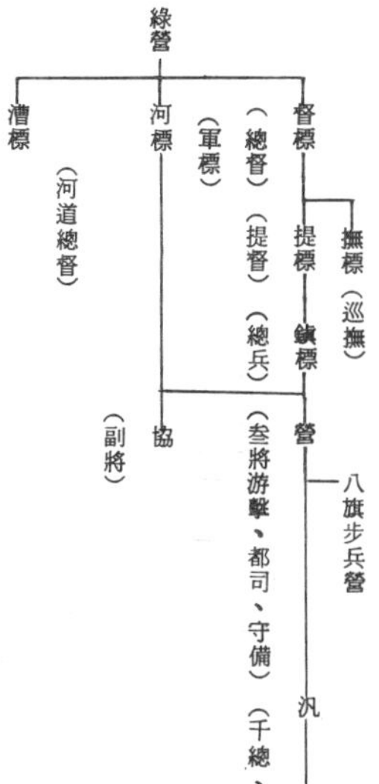

綠營兵源旣與八旗不同，亦異於徵兵制與招募制。其制一人在伍，全家均編入兵籍，兵籍掌於兵部，父在子爲「餘丁」，父死由子拔補，綠營兵家乃世代相承，以當兵爲世業，可說是世兵制度。這支新興武力，不但在康熙年間三藩之亂時首度立功，且在日後淸廷平準部、定回疆、收金川等大戰役中擔當重任。是為清朝全盛時期的主要武力基礎。乃至乾隆年間川楚白蓮教亂起，綠營此時已完成其歷史任務，乃顯得老大頹喪，漸不可用，終需仗各地鄉勇平亂。綠營乃逐次走上窮途末路。

考綠營之腐化以致不堪使用，據羅爾綱先生的意見，實由於承平日久，暮氣所侵，以致積習漸深，陳陳相因，清廷向無全盤整頓之計議，道光年間，內在的流弊漸顯，或虛名冒餉，侵佔名糧，以致營伍空虛，或不事訓練，專應差役，官場積習重，以致巧猾偷惰成風；或操防虛應故事，不切實用，有兵如無兵；甚或將弁役使兵士，視如奴僕，剋扣攤派，剝及錙銖；兵士則吃喝嫖賭，吸食鴉片，無惡不為；甚至公然犯上，毫無紀律；兵驕將惰，終至懦於禦敵而勇於擾民。

且綠營制度亦有其本身缺點，諸如：兵餉極薄，餉章定制馬兵月餉二兩，戰兵一兩五錢，守兵一兩，米則一律月支三斗。然常遭剋扣減折，不足以維持一家之生活。分汛太多，差役太重。化整為散，集中訓練不易；「原以戡亂，而責之捕盜」。又調遣悉按成法，零星抽湊，兵將各不相習，以致營伍散漫，心志猜離。

綜合以上之缺點與積習，可見綠營制度先天不足，後天失調。綠營自順治定制，歷經二百餘年，至嘉道以後，乃漸次走向毀滅。鴉片戰後，太平軍興，綠營之廢弛衰敗，使清廷不得不改弦易轍，屢詔各省組團練，以應急難。終至咸豐三年，江南大營崩潰後，新起的湘軍乃完全取代兵權掌於中央的綠營世兵制度，而為清廷之國防主力。綠營的歷史任務乃告終結。（劉石吉）

鄱陽湖之戰

元末，群雄蠭起，各據一方。明玉珍據浙東、徐貞一據蘄，均各處一隅，非有圖謀天下之意。惟張士誠據吳與陳友諒據湖廣，為朱元璋强敵。陳友諒本奄有江楚，控扼上游，地險而兵强，才剽而勢盛，見朱元璋自取有江州、南昌後，據地日廣，聲勢漸大。友諒憤其疆域日促，乃作大戰艦高數丈，上下三級，級置走馬棚，下設板房為蔽，置艣數拾，艣箱皆裹以鐵，自為必勝之計，載其家屬百官，空國而來，號稱六十萬，於元順帝至正二十三年（一三六三），當元璋自將主力離建康往安豐救韓林兒之際，四月，友諒乘虛圍攻南昌（即洪都）。乘水漲直抵城下，其氣甚銳，以兵圍城，晝夜進攻。南昌守將都督朱文正與諸將謀，分城拒守，參政鄧愈守撫州門、元帥趙德勝等守官步、士步、橋步三門，指揮薛顯等守章江、新城二門，元帥牛海龍等守琉璃、澹台二門，文正居中節制諸軍，自將精銳二千，往來應援以禦之。殺傷甚衆，海龍等戰死。見南昌圍日久，內外阻絕，乃遣人赴建康告急。

是年七月，元璋自將救洪都，並召徐達、常遇春、廖永忠、俞通海等來援。遂會師于龍江，舟師凡二十萬俱發。師次湖口，先遣戴德以一軍屯涇江口，一軍屯南湖嘴，遏友諒歸路，又調信州軍守武陽渡，防敵師奔逸。自友諒圍洪都，至是凡八十有五日，聞援軍至，友諒即解圍，東出鄱陽湖迎戰。元璋帥諸軍由松門入鄱陽與友諒遇於康郎山，友諒列巨舟以當之，元璋見之，謂諸將曰：「彼巨舟首尾連接，不利進退，可破也。」乃分舟師為十一隊，先發火器，次弓弩，及其舟則短兵擊之，徐達、常遇春、廖永忠等進兵薄戰，敗其前軍，殺千五百人，獲一巨舟而還，軍威大振。時俞通海復乘風發火礮，焚敵舟二十餘，敵軍殺溺死者甚衆，而元璋軍之指揮韓成、宋貴、陳兆光等戰死。徐達等搏戰不已，火延及達舟，敵遂乘之，達撲火更戰，元璋急遣舟援達，達力戰，敵乃退。友諒驍將張定邊奮前欲犯元璋舟，舟適膠淺，軍士格鬥，定邊不能近，常遇春從傍射中定邊，定邊舟始卻，通海亦來援，舟驟水湧，元璋遂脫。永忠以飛舸追定邊，定邊身被百餘矢，士卒多死傷。隨後，元璋改命徐達還守建康，並親布陣，復與友諒戰，諸軍奮擊，敵不能當，殺溺無算。適東北風起，元璋命以七舟載荻葦置火藥其中，束草為人，飾以甲冑，各持兵戟若鬥敵者，令敢死士操之，備走舸於後，將迫敵舟，乘風縱火，風急火烈，須臾焚敵艦數百艘，烟焰障天，湖水盡赤，死者泰半，友諒弟友仁、友貴及平章陳普略等皆焚死，戰況慘烈。敵兵巨艦艱於運轉，元璋以舟環攻，大敗之。友諒欲退保鞋山，然被扼於湖面，不得出，乃斂舟自守，不敢更戰。是夕元璋舟泊於左蠡（江西都昌縣左蠡），友諒舟泊於潴磯，相持者三日，此時友諒左右二金吾將軍率所部來降，兵力益衰。友諒為洩憤與立威乃盡殺所俘將士，元璋却於此時用攻心之戰，命悉出所俘敵軍；有傷者賜藥療之，遣還，下令軍中曰：「但獲彼軍皆勿殺。」又令祭其將之戰死者。迨八月一日，友諒欲奔返武昌，率樓船百餘艘趨南湖嘴，又被遏，遂欲出湖口，元璋命諸將追擊，追奔數十里，至涇江口（安徽寧國縣西），友諒中流矢貫睛及顱而死。得降卒五萬人，元璋大勝。惟張定邊等夜以小舟載友諒屍及其子理，奔武昌。次年陳理降。此役，友諒不攻建康而圍南昌，乃計之下者，又若不為洪都所阻，元璋未必能勝，有鄱陽湖之捷，長江之勢大定矣。（參考：「明太祖實錄」；「明史紀事本末」谷應泰編撰；「明本紀校注」王崇武著「國史考異」潘檉章撰、吳炎訂；「明太祖成功的戰略」，冷欣著。）（包遵彭）

衛所

明代開國之初，即由劉基奏定衛所制度，劃出一部分人為軍，分配於各衛所，專負保國衛民之責。

衛所軍主要來源有四：一為原與明太祖共平天下之基本隊伍，稱為「從征」；一為從被削平羣雄中所得部隊，以及元朝降兵，稱為「歸附」；一為以罪犯充軍，稱為「謫發」；一為由民戶中僉發充軍，稱為「垜集」。

衛所軍之組織，乃以五千六百人為一衛，由指揮使一人帶領，一衛分五個千戶所，每千戶所有千一百二十人，由千戶一人帶領；一個千戶所又分為十個百戶所，每一個百戶所有百十二人，由百戶一人帶領。百十二人中，有軍士百人，小旗十人，總旗二人。每十個軍士由小旗一人帶領，兩個總旗分領十個小旗。

衛所根據地理險要情形而分布，或設所，或設衛。集合某一區域若干衛所，設一都指揮使司為總管機構，長官為都指揮使。

洪武二十六年（一三九三），全國共有十七處都指揮使司，分統全國三百二十九個衛與六十五個千戶所。可知當時常備軍總額約在二百萬人。經逐漸擴充，永樂以後，衛所數目增加，人數達三百萬以上。

衛所軍士皆為世襲，必須有家室，養子孫。如直系壯丁死亡，須由次丁或餘丁替補。如一家人全部死亡，須在原籍勾取族人頂充。

衛所軍額既如此之大，且有眷屬，如以每家四口計，二百萬家即有八百萬口，乃以軍屯為解決軍食辦法。在軍屯制度推行盡利之後，各地衛所多能自給自足。所以明代初期，無軍不屯，軍屯與衛所不可分離，故國家平時不必負擔常備軍之贍養。

戰時，中央派出將領為總兵官，帶領若干衛所之軍士作戰，戰畢，將領交還將印，軍士仍回原屬衛所。與唐朝府兵制度相同，亦即「將不專兵」，軍隊不屬於任何將領，而為國家武力。所以，明史兵志序謂明代衛所頗得唐代府兵遺意。但明朝衛所配合軍屯，與唐代府兵制度之全兵皆農，將武力與生產合而為一，國家在平時不必贍養兵士辦法亦完全相同。（夏德儀）

閹黨

閹黨起于閹禍。明代閹禍，始于英宗之信任王振。但在王振用事時，言官雖曾承望風指，屢劾大臣，以致尚書都御史以下，荷校、譴謫、下獄者相繼，而其時朝中士大夫，尚多以名節為重，祇有郎中王祐等少數人，希望藉諂媚王振以攀附富貴。故王振氣焰雖烈，而其黨羽未盛。至武宗時，劉瑾竊柄，焦芳以內閣大學士率先比附，於是列卿爭相獻媚，而張綵、劉宇為諸人之魁，與焦芳同列名於明史閹黨傳。閹黨之興，始于此時。武宗誅劉瑾，閹禍暫息。世宗時，內監不得過問政事。至穆宗以後，司禮太監地位方再度提高至足以抗衡內閣。神宗末年，朝中朋黨大興，門戶之爭，牢結不解。其時東林多正人，與東林忤者，人多目為邪黨。泰昌、天啓之間，廢籍賢士大夫如鄒元標、趙南星等咸得起用，而葉向高、劉一燝、韓爌諸人為相，一時賢人濟濟，氣象清明。但諸人嫉惡太甚，昔日齊、楚、浙三黨，斥逐殆盡。迨魏忠賢倚熹宗乳母客氏之力得為司禮秉筆太監，遂開始熹宗一朝之閹禍。魏忠賢不識一字而殘忍狠毒，與太監王體乾、李永貞蒙蔽熹宗，為御史周宗建、修撰文震孟、太僕少卿滿朝薦等人所奏劾，急欲得外廷為助。以鞏固其勢力。當時首先向魏閹效命者，為顧秉謙及魏廣微二人。後又有霍維華、孫杰等。天啓三年（一六二五）正月，魏忠賢使顧、魏二人同時入閣，倚為羽翼。秉謙庸劣，廣微狡黠，既以諂附魏閹而為士論所薄，遂編成「縉紳便覽」一冊，指葉向高、韓爌、趙南星、高攀龍、楊漣、左光斗等一百餘人為邪黨，而以齊、楚、浙三黨之霍維華、徐大化、賈繼春等六十餘人為正人，供魏忠賢作為黜陟參考。魏忠賢得外援，勢焰益盛。天啓四年（一六二四）十二月，顧秉謙為首輔，專司票擬聖旨，更與魏忠賢沆瀣一氣，殘害忠良。而閹黨崔呈秀、王紹徽等人，更因見惡於東林而為忠賢畫策，謀借事興大獄，以為一網打盡之計。楊漣劾魏忠賢二十四大罪，與左光斗、魏大中、周朝瑞、袁化中、顧大章諸人並為忠賢所惡。徐大化教忠賢誣陷諸人收受熊廷弼賄賂，下獄追贓，五日一嚴比，先後慘死獄中，熊廷弼亦處斬。孟森曰：「忠賢於廷弼獄事本無預，廷弼亦非東林。然東林中重廷弼邊才者頗右之。群小欲藉忠賢力傾諸正人，相率歸忠賢，稱義兒。且云東林將害翁，故忠賢欲甘心焉。」（明代史）東林既得禍，忠賢之羽翼益盛，朝中文武，為之驅使奔走者，有五虎、五彪、十狗、十孩兒、四十孫之號。生祠遍天下，旒執玉，儼然王者。崇禎帝既誅魏忠賢及客氏，手定逆案，將附閹諸人稱爲逆黨。詳細情形，見於「明史」閹黨傳，及宦官傳之魏忠賢傳。（李光濤）

儲位密建法

在中國以往歷史中，君位繼承的方法，主要者有「世襲」與「世選」兩種制度。「世襲」乃由子孫依照嫡長次序，按輩承繼，此爲農耕民族的傳統，由於約定俗成，頗爲和平安定。「世選」乃不以嫡長爲限，而爲量才授與，既可兄終弟及，亦能叔侄相承，無典章制度，以致屢有見利而趨，唯力是視，是爲遊牧民族的傳統。

清代先世出於建州，乃明末女眞部落之一，雖多以農耕爲生，但生活方式仍多依草原習俗。早年繼承制度雖無明文紀載，但就清官書所述其先世事略中，可知景顯諸祖時代，仍沿習遊牧舊俗，繼承方法爲量才授予，不以嫡長爲限。明萬曆十一年（一五八三）春，清景顯二祖死於古勒軍火之中，清太祖努爾哈齊時年二十五歲，明朝爲憐憫其父祖慘死，還給屍體，賜以勅書，並命努爾哈齊襲住祖父都指揮職位，明人以努爾哈齊爲塔克世長子，「授其嗣人……誠不爲過。」清太祖建元稱汗以後，大清帝國規模實已奠定。雖清官書謂太祖「未嘗定建儲繼立之議」，但在舊滿洲檔中乃有太祖初立褚英，繼而又有意屬於代善之記錄。褚英、代善均爲太祖元妃黃鄂氏所生，嫡而居長，可見太祖早年確已倣行世襲之制。後因褚英局度褊小，代善行爲失檢，所以先後被太祖廢斥。皇太極在諸子中「勇力絕倫」，爲遊牧民族中理想人選，加之「所領將卒皆精銳」，所以太祖死後，他以武力得到汗位，成爲清朝第二代君主。太宗時代，朝鮮人說因豪格不肖，所以太宗在崇德三年（一六三八）立寵妃關睢宮辰妃所生子爲「世子」。但此初生「世子」不久卽夭折，因此到崇德八年太宗暴崩時，繼統問題成爲諸王交爭的對象。代善以豪格乃太宗長子，當承大統，此係根據農耕民族的傳統。多爾衮則恃自己强大軍力，擁立世祖福臨爲君，又爲女眞舊制世選的表現。

世祖在位十八年，生前曾許立崇親王爲皇太子，臨終時又遺詔：「太祖太宗，創垂基業，所關至重，元良儲嗣，不可久虛。朕子佟氏所生，八歲岐嶷穎慧，克承宗祧，茲立爲皇太子。」可見福臨生前亦倣行漢人舊制。

康熙在位六十一年，早年立胤礽爲皇太子，完全根據立嫡立長之原則。後因胤礽「不法祖德，不遵誨諭」，聖祖乃於康熙四十七年（一七〇六）予以廢黜。四十八年三月，又復立爲皇太子，但胤礽「行事乖戾，斷非能改」，於是「仍行廢斥」。康熙晚年未再立儲君，因而諸子之間，爲繼承大位而明爭暗鬪。胤禎得隆科多和年羹堯等人協助，繼承皇位，是爲清世宗。世宗深知儲位未定，不足以維護國本；但公開早立太子，又恐太子驕矜失德，乃創立儲位密建法，以解決清代多年爭執的繼統問題。雍正元年（一七二三）八月上諭曰：「朕自卽位以來，念聖祖付託之重，安可怠忽，不爲長久之慮？當日聖祖因二阿哥（胤礽）之事，身心憂瘁，不可殫述。朕今諸子尙幼，建儲一事，必須詳加審愼。此事雖不可擧行，然不得不預爲之計。今朕特將此事親寫密封，藏於匣內，置之乾清宮正中世祖章皇帝御書『正大光明』扁額之後，乃宮中最高之處，以備不虞，又別書密旨一道，藏諸內府，爲異日勘對之資。」儲位密建法，乃成爲後世清代家法。

清世宗創立儲位密建法，可以說是解決當時爭繼問題的最好方法，先指定繼承人，卽預立儲君，是爲中原文化傳統；而所預立的繼承人並不以嫡長爲限，而以才能爲考核人選標準，又爲清人先代世選舊俗。可知世宗儲位密建法，既受漢文化影響，又含有部族舊制之遺意，實爲農耕文化與遊牧文化融合以後的一種產物。（陳捷先）

薩爾滸之役

明神宗萬曆四十七年（西元一六一九年，清太祖天命四年），滿洲既征服鄰近部落，振旅東還，明廷乃有集兵征討清人之議。以楊鎬爲遼東經略，分四路出師，每路兵六萬人，直趨滿洲興京。其統屬形勢如下：㈠左翼中路軍，由山海關總兵杜松率領，自渾河出撫順關（撫順所迤東二十里）。㈡右翼中路軍，由遼東總兵李如柏率領，自清河出鴉鶻關（鳳凰城西北境）。㈢左翼北路軍，由開原總兵馬林率領，自開原出三岔口。㈣右翼南路軍，由遼陽總兵劉綎率領，自寬甸口出佟家江（鳳凰城東北二百九十里）合朝鮮兵。楊鎬則駐軍瀋陽，居中策馭，爲四路經略總指揮。二月二十一日，各路兵馬出師。時清太祖努爾哈赤正斂兵城中，戒嚴以待。三月初，努爾哈赤與諸子議以南北二路山險道遠，明兵不能卽至，當先敗其中路軍，以挫明兵士氣。明將杜松素勇敢輕敵，先期出撫順關，以三萬餘衆屯薩爾滸山（興京城西一百二十里），而自引二萬兵圍鐵背山之滿洲界藩城。努爾哈赤聞警，遂分兵援界藩，而以主力六旗兵進攻薩爾滸山，與明兵作殊死戰。

兩軍既遇，明兵布陣，發砲接戰，滿洲兵則仰射衝殺，直破其營，明兵屍覆成堆，損失極重。時杜松方督軍攻鐵背山南之吉林崖，守崖滿兵自山上馳下衝擊，而援界藩之滿洲兵適至，夾攻明兵，杜松中矢陣亡，士卒死者無算。於是左翼中路軍遂先潰敗。馬林率左翼北路軍陣富勒哈山（鐵嶺東南百里）東北尚閒崖之麓，環營濬壕，外列火器，內駐騎兵。而別軍爲之應援者，一軍守斐芬山，開原道潘宗顏督之；一軍屯斡琿鄂謨，游擊龔念遂督之，各距尚閒崖數里，皆列戰車，持堅盾。努爾哈赤督諸子移軍北進，與龔軍遇，大敗其衆，念遂死於陣中，滿洲兵遂進薄尚閒崖。馬林軍內外相合，自西突至，努爾哈赤率所部應戰，縱馬馳騁，明軍力盡，死傷相屬，崖下河水爲赤，副將麻岩死之，馬林則身免引殘卒走開原。另堅守斐芬山之潘宗顏軍，後亦爲努爾哈赤兵所滅，葉赫部兵雖來助戰，惟軍至中固城時，聞明兵已敗，遁還。於是北路軍亦敗。

時劉綎軍已自南路深入，破防軍，近逼興京。努爾哈赤急遣部將先後領兵往禦，其後亦自督大軍繼進。綎軍部勒嚴整，行止有法，砲車火器甚練，努爾哈赤謹愼應付。兩軍至阿布達哩岡列陣，努爾哈赤子皇太極（卽後之清太宗）引右翼兵先登，據高下擊，其兄代善（努爾哈赤元妃所生，史稱大貝勒者）又引左翼兵出山西，明兵遂大潰。滿洲既破劉綎大軍，乃乘勝而南，又破明監軍康應乾所率步兵及朝鮮所派之遠征軍。會大風驟起，明軍火器所發烟塵皆返向本營，迷漫昏黑，滿洲兵乘勢衝入，應乾遁走，明軍被掩殺殆盡。朝鮮兵見明廷兵敗，遂遣通事言和，都元師姜宏立率五千兵降滿洲。於是南路軍又敗。

楊鎬聞三路大軍相繼覆沒，急召李如柏右翼中路軍還。是役也，明廷傾全國軍隊主力，盡徵宿將猛士，及朝鮮葉赫精銳，分道深入，號稱四十萬大軍。而努爾哈赤僅以四五萬之衆，并力破其一路，五日之間，敗其全軍，所獲至鉅，誠以小勝大，以寡制衆也。薩爾滸之役，實明清興亡之關鍵戰役也。（陳捷先）

闖黨

明代後期，政治敗壞，萬曆四十六年（一六一八）後，遼東事起，軍費無出，乃屢加田賦，民生日形凋敝。天啓、崇禎間，內憂外患相迫而來，於是又有遼餉、剿餉、練餉等三餉加派，益使民窮財盡。時縉紳豪强在社會上獨占優勢，已使鄉民爲之不平，加以土地集中，大地主包攬錢稅，投獻詭寄，層出不窮，貧富懸殊之勢，愈趨嚴重。尤以陝北地區，天寒土亢，時有災荒。而邊兵缺餉，驛卒裁撤，吏治敗壞，賦役繁鉅，種種因素，乃導致闖賊之亂。

崇禎元年（一六二八），延安大饑，楊六郎、王嘉允等作亂，延安人張獻忠、米脂人李自成往從之。獻忠陰謀多智，自成性狡黠，善騎射。二年，賊衆共推高迎祥爲首，稱爲闖王，自成爲闖將，轉寇山西、河南，後高迎祥被王師擊敗，俘獲斬首，李自成被擁立爲闖王。三年春，毅宗以楊鶴任三邊總督，負剿賊之責，頗有成效，不幸滿洲入寇，京師緊迫，詔天下勤王，三邊兵有潰變者，爲流寇招誘而去，賊勢大張。楊鶴主撫，遂誤剿匪大計，賊遂流竄山西。楊被充軍，改以曹文詔節制山陝。崇禎六年，文詔肅清山西流賊，即將進軍陝西，不幸爲言官彈劾而遭罷。流賊又分竄湖廣四川，所至裹脅。七年，陳奇瑜被任命爲山陝湖廣四川等省總督，盧象昇撫治鄖陽，共擊流寇，二人採包剿辦法，逐漸縮小包圍圈，甚有成效。是年六月，奇瑜圍李自成於漢中車廂峽，適連雨四十日，賊馬乏草，死者過半，自成大窘，自縛乞降，奇瑜許之，各給免死票回籍，賊衆一出峽，復大肆焚掠，全功盡棄，從此賊勢更不可制。朝廷曾改派洪承疇、孫傳庭往剿，至十一年，洪、孫合力進剿，大破賊兵，李自成部曲盡亡，僅存十八騎，亡走商洛，張獻忠又爲盧象昇所敗，走湖北，爲左良玉所困而投降。次年，張獻忠復叛。李自成又得數百人，西向剽掠，爲左良玉等困於崤函諸山中，自成食且盡，自殺者數四，皆爲其養子李雙喜所救。督師大學士楊嗣昌主圍師必缺，用以誘敵。李自成遂乘隙突走而去。即在賊勢大挫之際，清兵大擧入寇，明廷急調圍剿流寇軍隊以抵抗外侮，兼以政府改剿爲撫，愈撫而寇焰愈張。十六年，李自成陷襄陽，攻潼關，下西安，十七年正月稱王于西安，僭國號大順，改元永昌，並與張獻忠通好。三月，李自成自引精銳從大同宣府進兵居庸關，迫北京城下，環攻九門，十七日京城陷，毅宗自縊死于煤山，群臣宮女太監殉難者甚衆，明以是亡，史稱甲申之變。闖賊既據京師，命其黨牛金星、劉宗敏更定官制。惟賊專以搜羅金寶爲事，令京師官民五家養一賊，居民備受荼毒。「明史」卷三零九流賊傳序曰：「史册所載未有若斯之酷者也。」時遼東總兵吳三桂守山海關，聞帝后死難，乃勾引清兵入關，以報君父之仇爲名，西向討闖賊，迨乎闖賊西竄，李自成、張獻忠相繼而亡，清兵卽據京師而奠都，問鼎中原，至此，天下大勢已去，明之國運已無法挽回。（參考「明史」卷二〇九流賊傳，「明史紀事本末」卷七七、七八張獻忠李自成之亂，卷七九甲申之變。）（王德毅）

邊墻

吾人今日所建之長城，並非二千餘年前秦漢之舊物，而爲明代之邊墻。欲敍明代修築邊墻之經過，應先述明代初期北邊之國防。

元順帝雖爲明太祖逐出大都，但仍據有蒙古，保持相當實力，隨時有南下恢復之可能。因此太祖開國以後，對外問題，第一在於抵禦北虜。太祖曾先後派遣諸將，率領大軍，出塞追擊。又命魏國公徐達在今河北北部山海關與古北口間建立關隘。又陸續分封諸子鎭守邊疆：遼王駐廣寧（今遼寧北鎭），寧王駐大寧（今熱河寧城），燕王駐北平，谷王駐宣府（今察哈爾宣化），代王駐大同，晉王駐太原，秦王駐西安，慶王駐寧夏（今寧夏省會），肅王駐甘州（今甘肅張掖）。大寧以東之開原、鐵嶺、瀋陽與大寧以西之開平（今察哈爾多倫）、興和（今察哈爾張北）、東勝（今綏遠托克托）等地皆爲國防前哨，設衞屯兵。而此扼邊之諸「塞王」亦皆擁有強大兵力，每軍勒兵巡邊，遠涉塞外，謂之「肅清沙漠」。太祖之佈置擬成明代從東北到西北之邊防藍圖。

成祖雖曾五次親征漠北，並將國都移於接近國防前線之北平，又常令邊將在居庸關外宣府、萬全沿邊險要之地築塞防虜，但棄大寧於兀良哈，使遼東與宣大聲援阻絕，爲一大失策。其後大寧以西之開平、興和、東勝等重要據點卽因大寧之放棄而孤遠難守，亦相繼放棄。於是太祖所擬採取攻勢之國防線，從成祖時開始向後轉移。

英宗正統時，雖亦在宣府沿邊及花馬池（今寧夏鹽池）一帶增築墩臺，以便瞭守，但終難免土木之變。此後虜勢日盛，邊患日緊，防邊之事，非如往日僅擇險要之地修築堡壘式之要塞所能濟事。故自憲宗成化初年起，有人建議沿邊築墻以爲保障。成化七年（一四七一）余子俊巡撫延綏，更以修築邊墻爲當務之急，屢次奏請在陝北沿邊山崖高峻之處，「依山剷鑿，令壁立如城，高可二丈五尺。山坳川口，連築高垣，相度地形，建立堡堠。」其他邊軍將領亦皆贊成此一主張。成化十年夏，果然動工興築。當時役兵四萬多人，三個月間，

築成一道東起清水營（在今陝西府谷北），西迄花馬池，計長一七七〇里之邊墻。沿邊分佈數百城、堡、墩、臺，有新建者，有移置者，有爲舊有而加以修理者。此爲明代第一次大規模修築之邊墻。此墻既成，北虜多年不敢窺邊。但中國亦因此而疏於邊備。三十餘年後，此段邊墻已有倒塌之處，敵常毀墻而入。所以武宗正德初年楊一清總制延綏，寧夏、甘肅三鎭軍務，又建議修補。終以太監劉瑾作梗，只在要害之處築墻四十餘里而停工。直到世宗嘉靖九年（一五三〇），總督王瓊又自寧夏經定邊營至橫城（今陝西橫山）築城三百餘里之「花馬池邊墻」，始完成今地圖上自寧夏向東經鹽池、定邊、靖邊、橫山、榆林、神木而迄河曲之一段長城。

嘉靖中葉，俺答屢次入寇，總督宣大軍務翟鵬、翁萬達亦相繼修築邊墻。在嘉靖二十年後之四、五年間先後動工三次。第一次築成九百三十餘里，第二次二百餘里，第三次八百里。於是自山西西北黃河東岸起，向東經大同、宣府迄居庸關之一道外邊，以及西由偏頭向東經寧武、雁門、平型、龍泉、倒馬、紫荊等關而迄居庸關之一道內邊，大致完成。神宗萬曆初期，幾乎年年皆有築墻之事，惟所築都在東部宣、大、薊、遼諸邊。

自寧夏向西經河西走廊止於嘉峪關之一段邊墻，大概是在余子俊倡築延綏邊墻之後，由甘肅邊官因前代長城舊址陸續修建而成，因參考資料不足，難作確切說明。

此外，明代在遼東方面亦建邊墻。遼東邊墻之建置，據全遼志所述，是先「編木爲垣」，再「易以版築」。萬曆時，建州女眞興起，明對遼東邊墻之修築亦甚注意。遼東邊墻經行路線係由山海關向北至廣寧，紆曲而南，再跨河東北行，經遼陽、瀋陽、鐵嶺等地外圍，北抵開原。又由撫順向東南，經靉陽（今安東鳳城）而達鴨綠江邊。今地圖上所繪者係代表清初爲防蒙古入寇而築之柳條邊，其路線與明代所築邊墻不盡相同。（夏德儀）

中國近代史與現代史

一二八事變

民國二十年（一九三一）九一八事變發生後，上海各界組成抗日救國會，

對日本實施經濟抵制。上海日僑及浪人遂藉口上海民衆有反日行動，到處滋事行兇，駐滬日本海軍陸戰隊亦與浪人勾結，屢次毆辱上海市民。十月二十八日，日本陸戰隊復持械登陸，至申新紗廠將華籍工人蔣伯根等七人毆傷。上海市長張群雖提出抗議，日方竟反而要求我方取締抗日運動。蓋日本陸軍占領中國東北後，其海軍亦欲在滬有所行動以與陸軍爭功，故蓄意製造事端以爲發動侵略之藉口也。

二十一年一月十八日，有日本山妙法寺僧人天崎啓昇、水上秀雄、後藤芳平、藤村國吉、黑岩淺次郎等五名，於行經江灣馬玉山路三友實業社時，突被毆傷。二十日，遂有日本浪人組織之「青年保護團」份子，前往三友實業社縱火並搗毀虹口一帶中國商店，因與中國警察衝突，致雙方各死一人，傷數人。同日，日僑在蓬萊路日本俱樂部開「居留民大會」，決議要求其政府迅派海陸軍來滬「保僑」，事態遂告擴大。

日本浪人焚燒三友實業社案發生後，新任上海市長吳鐵城立向日本駐滬總領事村井倉松提出抗議，要求緝兇、賠償，村井表示接受。惟亦藉口十八日日本五僧人被毆事件，向上海市政府提出四項要求：㈠市長正式道歉；㈡立即逮捕兇犯；㈢賠償損失及醫藥費；㈣解散抗日團體，取締排日行動。吳市長口頭表示前三項可以考慮，第四項予以婉拒。日本駐滬海軍第一遣外艦隊司令官鹽澤竟於二十二日發表公開聲明：上海市長如無滿意答覆，日本海軍即採斷然行動。

一月二十四日，日本增援艦艇六艘抵滬，與原停泊上海之四艦，集中於黃浦江示威。二十五日，村井總領事催促吳市長早日答覆日方四項要求。吳市長於先行邀集上海各界會談後，於二十七日下令取消各界抗日會，日方則堅持非下令將所有名稱上冠有抗日字樣之各種團體一律解散不可，並以最後通牒方式，限二十八日午後六時以前答覆。上海市政府權衡利害，仍委曲隱忍，於二十八日下午一時照會日本駐滬總領事館，完全接受其要求，村井總領事亦表示滿意。詎租界當局接受日方通知，於同日午後四時宣佈戒嚴，鹽澤司令官竟又要求我方即刻撤退閘北駐軍，吳市長於當晚十一時二十五分接獲日方通知，尚未及答覆，日軍即於十二時開始向閘北及虬江路、青雲路，天通菴等地進攻，我守軍十九路軍蔣光鼐部奮起抵抗，一二八事變遂告爆發。

日軍本意一舉而占領上海，進而威脅南京。不意戰爭甫開始即爲我軍擊退，損失甚重。我中央政治會議亦決議堅決抵抗，國民政府亦於一月三十日宣言暫時遷移洛陽辦公，以示長期抵抗之決心，鹽澤遂不得不向東京請援，日閣乃決定增派第三艦隊及陸戰隊五千人增援，並以野村艦隊司令爲總指揮代替鹽澤。

二月六日，野村率增援艦隊抵滬，七日即對吳淞要塞發動陸空聯合攻擊，我軍浴血奮戰，力挫强敵，我第五軍亦於八日起開赴上海參戰，士氣益壯。野村再向東京請援，日閣遂行決定增派陸軍第九師團、第十二師團及第二十四混成旅團增援，由植田謙吉爲總司令，是爲日軍三度易帥。植田率部於二月十四日抵滬，十八日向十九路軍提出最後通牒，限二十日上午七時前退出吳淞、閘北，當爲我軍拒絕。二十日，日軍發動總攻，日機且濫炸杭州及蘇嘉地區，激戰三晝夜，日軍終未得逞。日本內閣因於二十三日決議同時派遣第十一、第十四兩個師團增援，並以白川義澤爲總司令，是爲日軍四度易帥。白川率軍抵滬後，派軍繞我側翼瀏河附近登陸，我軍後方感受威脅，乃於三月一日放棄第一道防線，退守南翔、嘉定之線，吳淞堅守至三月三日始告陷落，此後雙方即成對峙之局。

滬戰初起時，英美駐滬領事，英美法義駐華公使及英美駐滬海軍司令等，曾三度從事調解，我國民政府均表示接受，而日方悉予拒絕。及日軍三度增兵，四易主帥，尚不能勝我四師之衆，聲威大減，且不敢深入追擊。三月四日，國聯大會通過決議建議中日兩國商訂停戰辦法，日本當局乃接受英美法義四國之調停，與我議商停戰。三月十九日，停戰會議開首次會議，至五月五日達成協議，由我外交部次長郭泰祺，淞滬警備司令戴戟，與日本駐華公使重光葵，第九師團長植田謙吉等簽字，協定內容要點：㈠中國軍隊留駐現在位置；㈡日本軍隊撤回公共租界暨虹口越界築路，一如一月二十八日事變發生前之位置；㈢設立公同委員會，列入友邦代表爲委員，協助日軍撤退及中國接收事宜。停戰協定簽字後，日軍於五月六日開始撤退，至三十一日全部撤完，淞滬戰爭遂告結束（李雲漢）

二十一條件

辛亥革命期間，日本頗思出面干涉，兵艦雲集長江，因列强不肯贊助，美國反對尤力；日政府乃一面與滿清政府交涉，請以東三省爲日本助清室之酬勞，一面與革命軍交涉，願助其在華南建立一共和國，而置於日本保護之下，而給予日本若干路礦之權利。革命軍對日本之提議嚴加拒絕，日本與清廷之交涉，亦因美、英之反對，而招致失敗。

民國二年（一九一三）五月，日本脅迫袁世凱簽訂「中日朝鮮南滿往來運貨減稅試行辦法」，逐漸壟斷東北之商業。十月，復簽訂「鐵路借款修築預約辦法大綱」，日本勢力遂自南滿侵入東蒙。

民國三年（一九一四）八月二十三日，日本利用歐戰機會，藉口英日同盟，對德宣戰，進攻膠州灣德國駐軍，於十一月七日攻陷青島。作戰期間，不顧中國抗議，分兵西犯，侵據膠濟鐵路沿線。民國四年一月七日，中國政府要求日軍撤退回國，或援照德國租借辦法留駐青島。日本因窺透袁世凱圖謀帝制之野心，思得日本之支持，竟於同月十八日由其駐北京公使日置益，向中國提出二十一條之要求，暗示袁世凱，倘不接受，將援助革命黨，與之為敵。二十一條分五號，其內容如下：

第一號

(一)中國政府允諾日後日本政府與德國政府，協定關於德國在山東省依據條約或其他關係，享有一切權利利益讓與等項之處分，概行承認。

(二)中國政府允諾凡山東省內並其沿海一帶土地及各島嶼，無論何項名目，概不讓與或租借他國。

(三)中國政府允准日本建造由煙台或龍口接連膠濟路線之鐵路。

(四)中國政府允諾為外國人居住貿易起見，速自開放山東省內各主要城市為商埠。其應開地方，另行協定。

第二號

(一)兩訂約國互相約定，將旅順、大連租借期限，並南滿、安奉兩鐵道期限，均展至九十九年為期。

(二)日本臣民在南滿洲及東部內蒙古，為建築商工業應用之房廠，或耕作，可得其須要土地之租借權，或所有權。

(三)日本國臣民，得在南滿洲及東部內蒙古，任便居住往來，並經營商工業等項生意。

(四)中國政府允將南滿洲及東部內蒙古各礦開採權，許與日本臣民，至擬開各礦，另行商定。

(五)中國政府應允下列各項，先經日本政府同意，然後辦理：(一)在南滿洲及東部內蒙古允准他國人建造鐵路，或為建造鐵路向他國借款之時。(二)將南滿洲及東部內蒙古各項稅課作抵，向他國借款之時。

(六)中國政府允諾如在南滿洲及東部內蒙古聘用財政政治軍事各顧問教習，必先向日本政府商議。

(七)中國政府允將吉長鐵路管理經營事宜，委任日本政府，其年限自本約劃押之日起，以九十九年為期。

第三號

(一)兩締約國互相約定，俟將來相當機會將漢冶萍公司作為兩國合辦事業，並允如未經日本政府同意，所有該公司一切權利產業，中國政府不得自行處分，亦不得使該公司任意處分。

(二)中國政府允准所有屬於漢冶萍公司各礦之附近礦山，如未經該公司同意，一概不准該公司以外之人開採；並允此外凡欲措辦，無論直接間接，恐於該公司有影響，必須先經該公司同意。

第四號

(一)中國政府允准所有中國沿海港灣及島嶼，概不讓與或租借於他國。

第五號

(一)中國中央政府，須聘用有力之日本人充為政治財政軍事等項顧問。

(二)所有在中國內地所設日本病院寺院學校等，概允其享有土地所有權。

(三)向來中日兩國屢起警察事件，以致釀成糾葛不少，因此須將必要地方之警察，作為中日合辦，或在此等地方之警察官署，須聘用多數日本人，以資策劃，改良中國警察機關。

(四)中國由日本採辦一定數量之軍械（如中國政府所須軍械之半數以上），或在中國設立中日合辦之軍械廠，須聘用日本技師，並採買日本材料。

(五)中國政府允將接連武昌與九江、南昌之鐵路，及南昌、杭州間，南昌、潮州間，各鐵路之建造權，許與日本。

(六)福建省內籌辦鐵路礦山，及整理海口（船廠在內），如需外國資本時，先向日本協議。

(七)中國政府允日本人在中國有宣教權。

消息傳出，舉國輿論沸騰，中國留日學生紛紛罷課歸國，以示對日絕交。但袁氏以預備稱帝之故，將有待日本之援助，始終採取委曲求全之態度，因之談判四月，終不敢斷然拒絕，日本代理公使小幡酉吉，於五月七日向袁世凱提出最後通牒，限中國四十八小時內作滿足之答覆；否則將採取必要之手段。袁氏竟藉口國力未充，於五月九日命外交次長曹汝霖通知日使，除第五號外，完全承認日本之要求。至五月二十五日，除第五號簽署「容日後協商」，及第四號用命令宣佈外，其餘各條，一律換文簽字。

當是時歐戰方酣，英、法無暇東顧，美駐華公使芮恩施（Paul S. Reinsch），曾電告美國務卿卜萊安（William Jennings Bryan），說明局勢之嚴重，惟不被卜氏所重視。復電告美總統威爾遜（Woodrow Wilson），威氏亦持消極態度。會日本將二十一條內容通知美國，並聲明第五號與前四號性質不同，前四號係要求，第五號係請求，可作友誼之商討，美政府遂無挺身干涉之意圖。至五月十一日，美國僅聲明不承認兩國所訂任何有損美國權利之條約，及門戶開放工商業機會均等之政策，日本對華之侵略，乃獲得進一步之成功。（李守孔）

二次革命

民國二年春，國會選舉揭幕，國民黨獲得絕對多數之勝利。宋教仁係國民黨領袖，平日主張政黨內閣最力，大為袁世凱所嫉視。乃遣兇手於三月二十日刺殺之於上海車站。四月二十六日，不顧國會反對，與英、法、德、日、俄五國銀行團，簽訂二千五百萬鎊善後借款合同，積極從事軍事之佈置，計劃以武力對付國民黨人。六月，先後免江西都督李烈鈞、廣東都督胡漢民、安徽都督柏文蔚職，三人同隸國民黨，為反對善後大借款最力者。

先是宋教仁被刺後，　國父以袁世凱叛國跡象日漸顯著，欲趁其實力未充，起兵討伐；而多數黨人則主張循法律途徑解決，迨其罷三都督職，黨人始悟遷延之非計。七月初，　國父以國民黨理事長名義，發表袁氏叛國宣言，並致電各省呼籲一致聲討。袁氏羞憤，撤消　國父督辦全國鐵路之命令，分遣段芝貴、李純統重兵向江西，馮國璋、張勳統重兵向南京。

七月十三日，李烈鈞起兵江西湖口，組織討袁軍。十五日黃興起兵南京，十六日陳其美起兵上海，十七日柏文蔚起兵安徽，十八日陳炯明起兵廣東。其他獨立省份有福建之孫道仁、湖南之譚延闓，以及重慶之熊克武等。

此次討袁，以贛、寧為主要戰場，上海爭奪尤為劇烈。歷時僅月餘而卒歸失敗者，一則時人對袁氏之野心尚無深切認識，但基於厭亂心理，不擇善惡，使革命軍孤立無援。再則黨人發動過遲，袁氏得利用借款，從容佈置軍事，收買黨人，加以討袁軍各自為謀，兵分力散，先後被袁軍所擊敗。國民黨在國內之勢力，遂蕩然無存。（李守孔）

九一八事變

日本自明治維新後，國勢驟強，逐漸走向帝國主義路線，視中國為其侵略目標。甲午戰爭後，侵略中國得手，乃益變本加厲。民國十六年（一九二七），日本軍閥田中義一為首相，積極展開侵華行動，其奏摺中有「欲吞併中國，必先吞併華北、欲吞併華北，必先吞併滿蒙。」視我東北三省為彼之生命線，必欲得之而後快。遂於民國二十年（一九三一）七月三日由日本軍閥導演萬寶山事件。萬寶山為吉林省長春縣一村落，日人促使朝鮮浪人擅自開渠築壩，破壞農田，引起我國當地農民憤怒造成衝突。事後日人在朝鮮大加煽動，捏造謠言，朝鮮浪人又唯日人馬首是瞻，遂起而排華，殺害我旅朝鮮僑胞，遭屠殺者千餘人，財產損失更難以數計。日人至此猶未滿足，八月二十八日又偽造日陸軍大尉中村震太郎在興安失蹤，認係中國駐軍殺害，乃向我外交部提出嚴重交涉，我外交部電請東北當局查明眞象，據覆並非事實，而日本軍閥即以此為藉口，主張以兵戎相見，乃在朝鮮增兵兩師團，高唱擊滅東北政權之口號。

九月初，日軍在瀋陽城外不斷演習，且加擾亂，時張學良尚留北平，曾指示遼寧省主席：「倘遇日軍無理尋衅，應竭力避免衝突，以免事態擴大。」十八日夜，日寇突然砲擊我瀋陽兵工廠及北大營駐軍，旋佔領北大營，轉向東大營攻擊，我守軍奉命避免衝突，未予抵抗，十九日晨，日軍即將瀋陽佔領，各處張貼封條，有「日本軍佔領，犯者銃殺」等字樣，日軍又在街頭橫行，我同胞悲痛惶恐。瀋陽兵工廠損失約在兩億以上，其他公私損失不可數計。不久，日寇又攻陷營口、安東、長春、撫順、吉林等地。二十二日，日軍當局張貼告示，視東北為其主權所有，置我同胞於彼奴役之下。

九一八事變後，我政府即訴諸國際聯盟，經國聯於九月三十日全體一致決議，限令日本於十月十三日完全撤兵，日本置之不理，並在我東北作擴大侵略。十月十三日國聯再決議，明確限定日軍於十一月十六日以前完成撤出，由中國政府接收所有被日軍佔領之地方。日本仍置之不理，並增兵進攻黑龍江，經我馬占山將軍率部抵抗，至二十一年十二月黑省失陷。時日寇已組所謂「滿洲國」，以遜清廢帝溥儀為傀儡，軍政大權盡操日人手中。

國人對日本侵略無不憤慨，反日運動在全國各地展開。同時，日軍野蠻行爲，亦受到國際輿論的一致指責，當時 蔣委員長曾謂：「日人侵略東北，情形之奇突，實爲國際間從來所未有，世界第二次大戰於是開始矣！」事實上我國對日戰爭亦即從此開始。（王德毅）

七七事變

九一八事變後，國人抗日呼聲高徹雲霄，政府旣確定攘外必先安內，故對日本採取容忍。日本誤以我爲可欺，得寸進尺。隨時製造事件，藉口興師。民國二十四年，我駐日公使蔣作賓曾向日本政府轉達 蔣委員長忠告，曰：「中國之隱忍亦有其限度，迫至最後無法隱忍之時，中國終將不惜一切犧牲起而抗戰，設若中國戰事延長，勢將擴大發展而爲世界戰爭，倘世界大戰發生，中日兩國必將同歸於盡。」然日本軍閥侵華野心已難遏止，悍然於二十六年七月七日發動盧溝橋事變。是日日本軍隊在北平西南宛平縣境盧溝橋附近擧行軍事演習，旋又藉口日兵一名失蹤，要求入宛平縣城搜索，時值午夜，必將驚擾我軍民，故遭我守軍拒絕，日軍惱羞成怒，乃開炮轟擊宛平，我守軍由團長吉星文率領，被迫起而抵抗。八年對日抗戰，乃從此揭幕。

七七事變發生後， 蔣委員長適在江西廬山主持軍官訓練，於七月十二日電告冀察政務委員會委員長宋哲元，以不屈服不擴大的方針，就地抵抗，並再三叮囑「堅持到底，處處固守，時時嚴防，」不予日軍以可乘之隙。旋於十七日，發表嚴正談話，宣示抗戰到底的決心。談話中强調：「政府對於盧溝橋事件已確定始終一貫的方針和立場，且必以全力固守這個立場。我們希望和平，而不求苟安，準備應戰而不求戰。我們知道全國應戰以後的局勢，就只有犧牲到底，無絲毫僥倖求免之理。如果戰端一開，那就是地無分南北，年無分老幼，無論何人，皆有守土抗戰之責任，皆應抱定犧牲一切之決心。」國人對委員長的號召，無不感奮。

盧溝橋事變，點燃我全國上下抗日的怒火，敵前敵後，男女老幼，在抗日總原則下，無不貢獻自己一切，投入此一神聖大戰；不僅粉碎日本三個月亡華的迷夢，且使世界上愛好和平的友邦，亦對我軍民的英勇抗戰給予無比的崇敬。（王德毅）

中俄西北界約

清咸豐十年（一八六〇），恭親王奕訢，與俄國內大臣伊格那替業福，會議西疆未定之界，立中俄北京續約第二款：「西疆尙在未定之交界，此後應順山嶺大河之流，及現在中國常駐卡倫等處，暨雍正六年所立沙賓達巴哈之界牌末處起，往西直至齋桑淖爾湖，自此往西南順天山之特穆爾圖淖爾，南至浩罕邊界爲界。」明年，俄使巴留捷克通知總理衙門，乃定來年兩國使臣在塔城商勘西邊地界。同治元年（一八六二）七月，欽差勘辦西北界事宜大臣定邊左副將軍明誼，與俄國使臣巴普考在塔城開議。俄使呈出地圖，內點紅色爲限，中國邊界祇以常駐卡倫爲界，所有卡外盡作俄國之地。明誼以約載雖有常駐卡倫之語，亦無逕指依此爲界之意。又烏、科、塔、伊四城卡外，皆係我藩屬烏梁海，左右哈薩克、布魯特各部人民遊牧養生之地力爭。相持不決之際，俄增派會勘大臣雜哈勞與會。八月，明誼以沙賓達巴哈至齋桑淖爾一段，常駐卡倫外遊牧之唐努烏梁海，及阿爾泰淖爾烏梁海兩蒙旗，斷不能讓。其次自齋桑淖爾至勒布什一段，西邊可作俄界，東邊我界。又次自勒布什至特穆爾圖淖爾及浩罕邊界，擬在舊界議分。俄使言中國原無舊界，官兵出卡卽係私入俄境，堅持以常駐卡倫爲界，尺寸不能相讓。俄使又送來議分單，若不照此辦理，卽可毋庸再議，藉辭回國，會議擱淺。總理衙門照會駐京俄使言：卡倫皆常駐，無不常駐之卡倫，約載並無卽此爲界之語。又沙賓達巴哈界牌末處起應先直行往西，然後西南折至齋桑淖爾，非如俄圖紅線之沙賓達巴哈往西南至齋桑淖爾。俄使言約載「西直」兩字，應爲「西南」，翻譯之誤我以原俄文由俄官自譯，且換約三年，今始云譯誤，是爲背約。同治二年，俄人乘中國回亂，誘脅唐努烏梁海、阿爾泰淖爾烏梁海、哈薩克、布魯特諸部使脫離中國，並向烏、科、塔、伊卡外屬境到處掠擾，日益滋蔓蠶食。總理衙門權衡之下，兩害權輕，七月，奏准經諭明誼等准照俄使議分單妥爲辦理，並照會俄使重開會議妥速辦結。明誼以安插卡外遊牧生活，咨行俄西悉畢爾總督照議分單酌量各地情形，另仿東界條約向有中國人游牧之處，仍准照常耕牧成案，請俄分界大臣前來妥商。但此亦遭俄拒絕，以爲界址已經斷結，自應人隨地歸。同治三年，俄人奪據塔什干城。新疆回匪變起，南北兩疆，相繼失陷。總理衙門更傳諭旨迅速妥辦，不得於議分單之外，別生枝節。八月，中俄西北分界會議重行開議，卽照單定約。九月初七日，換約完案。中俄勘分西北界約共十條，其第一至第三條規定界址：自沙賓達巴哈起至浩罕邊界止，兩國順山嶺大河及中國常駐卡倫議定交界繪圖，圖內以紅色線道分爲兩國交界。又約後議定界址繪圖四份，圖內地名俄滿文合璧，註寫：勘界記約亦俄滿文合璧書寫四份。兩國分界大臣鈐印畫押一併互換。中國於此約失去常駐卡倫以外定邊左副將軍屬烏梁海十佐領，科屬阿爾泰諾爾烏梁海二旗，吹河以南，齊桑淖爾至巴爾喀什湖以東，伊犂河以北，哈薩克部，以及伊犂河西南，楚河東南，特穆爾圖淖爾西北布魯特部等遊牧地，共計六十三萬八千方公里。(參考王樹枏：新疆國界圖志，程發軔：中俄國界圖考)(歐陽無畏)

中俄交收東三省條約

中俄密約成立，旅大被奪，東三省已成爲俄國的囊中物。庚子拳變，波及關外，六月十二日（七月八日）俄皇電令東海濱省軍區向滿洲進兵，於是俄軍十五萬分五路向我進攻，一路由東省鐵路北端，自呼倫貝爾越西興安嶺南下；一路由海蘭泡渡江攻瑷琿，越東興安嶺，經墨爾根趨齊齊哈爾；一路由伯力溯松花江西上，經三姓趨哈爾濱；一路由海參崴攻琿春、寧古塔趨吉林；一路由旅順北上趨營口、遼陽，進攻瀋陽。兩月餘時間，東三省全部淪陷。俄欲得法律上之根據，以便永久佔領，同時俄認爲北京政府瓦解，乘機與地方當局談判，造成既成事實，再逼中國政府承認。遂命佔領軍司令阿萊克塞夫（Admiral Alexeieff）引誘奉天將軍增祺，迫訂東三省交還條約，增祺派革職道員周冕往旅順會商，俄以柯羅斯道維茨（Korostovez）爲代表，於光緒二十六年九月二十日（十一月十一）簽訂暫且章程九條。（參看「清季外交史料」卷一四四「俄提督致增祺議訂暫且章程請畫押鈐印照會附章程。」）亦稱旅順密約。依照此約，東三省名存實亡，消息傳出，中外震駭，清廷不予承認，以「增祺與俄人擅立約章，荒謬已極，着卽革職，飭令回京，毋任逗留生事。」（王彥威「西巡大事記」卷四）因俄反對，清廷允增祺留任，命駐俄公使楊儒爲全權大臣與俄談判。

俄財相微德、外相拉姆斯獨夫與楊儒會談於聖彼德堡，是年十二月二十八日（一九〇一年二月十六），俄提出約稿十二款。（參看楊紹震：「庚子年中俄東三省撤兵交涉經過」載「清華學報」第九卷第一期）依此約稿，俄不但席捲東三省與蒙古、新疆，且將北京及華北列入其勢力控制之下。清廷不能接受，英日反對尤烈。各國紛向清廷提出勸告，萬不可暗讓土地主權，如設兵置官之類，否則各國效尤，大局將不堪問。李鴻章親俄，力主修改後簽約，而各省疆吏如劉坤一、張之洞等，極力反對。俄雖多方威迫，我卒不肯簽字，楊儒憂憤成疾，病死俄京，談判移至北京重開。俄命駐華公使雷薩爾（P. M. Lessar）爲全權，與李鴻章談判，李受內外壓力，不敢接受俄之條款。九月（十月）李鴻章病死，俄約談判改由奕劻及軍機大臣王文韶擔任，不久，英日同盟成立，美國重申中國門戶開放政策，俄爲緩和國際情勢，於光緒二十八年三月一日（一九〇二年四月八日）在北京簽訂中俄交收東三省條約，其要點：

一、俄允東三省仍歸中國版圖，及中國官治理。

二、中國承認極力保護（中東）鐵路，自簽字畫押後限六個月撤退盛京省西南段至遼河所駐俄國各官軍。再六個月撤退盛京其餘各段之官軍暨吉林省內官軍。再六個月撤退其餘之黑龍江省所駐俄國各官軍。

三、中國允認除將軍與俄國兵官籌定必須敷剿辦賊匪彈壓地方之用兵數，中國不另添練兵。惟在俄國各軍全行撤退後，仍由中國酌核東三省所駐兵數應添應減，隨時知照俄國。

四、俄允交還山海關、營口、新民廳各鐵路。中國允許：(一)責成中國保護鐵路；(二)修完並養各該鐵路，必確照俄國與英國所定和約及與公司所立修該鐵路借款合同辦理；(三)日後在東三省南段續修鐵路或枝路，應彼此商辦；(四)所有重修及養路各費由中國賠償俄國。（全文參看「光緒條約」卷六）

條約規定俄軍限十八個月分三期撤清。第一期俄如約撤兵，及第二期撤兵期屆滿，俄非但堅不撤兵，反向我提出無理要求，終於引起日俄戰爭。（參看羅曼諾夫著民耿譯：「帝俄侵略滿洲史」）(戴玄之)

中俄密約

甲午戰前，清廷外交採「以夷制夷」政策，始終沒有結交與國，馬關條約訂後，朝野輿論多主聯盟之議。及三國干涉日本，歸還遼東半島，清廷漸集中於聯俄制日。俄以援助中國爲由，要求借地築路，清廷恐遺後患，未允所請。光緒二十二年四月十四日（一八九六年五月二十六日）俄皇尼古拉斯二世（Nicholas II）行加冕禮，清廷派在法國之湖北布政使王之春爲賀使，就近往賀。俄欲誘李鴻章赴俄簽訂密約，以「王之春位望未隆，與各國遣使相形，難於接待。」（見「李文忠公全集」奏稿卷七十九「籲辭使俄摺」。）清廷改派李鴻章爲頭等全權大臣使俄。俄大表歡迎，特派吳克托木斯基（Uchtomski）親王乘專輪迎接於塞得港（Port Said）。俄皇特命財政大臣微德（Witte）及外交大臣羅拔諾夫（Lobanoff）負責與李談判。除脅迫外，復加利誘，微德允許李鴻章，「如果這次築路事能夠實現，李鴻章可得到三百萬盧布。」（羅曼諾夫著、民耿譯：帝俄侵略滿洲史頁八十八。民國二十六年六月商務初版）一向堅持聯俄制日政策的李鴻章，爲甜言蜜語的騙局所惑，於光緒二十二年四月二十二日（一八九六年六月三日），在莫斯科與羅拔諾夫、微德簽訂中俄密約，條款如左：

第一款：日本國如侵略俄國亞洲東方土地、或中國土地、或朝鮮土地，即牽礙此約，應立即照約辦理。如有此事，兩國約明應將所有水陸各軍屆時所能調遣者，盡行派出互相援助，至軍火糧食亦盡力互相接濟。

第二款：中俄兩國既經協力禦敵，非由兩國公商，一國不能獨自與敵議立和約。

第三款：當開戰時，如遇緊要之事，中國所有口岸，均准俄國兵船駛入，如有所需，地方官應盡力幫助。

第四款：今俄國爲將來轉運俄兵禦敵，並接濟軍火糧食，以期妥速起見。中國國家允於中國黑龍江、吉林地方接造鐵路，以達海參威。惟此項接造鐵路之事，可由中國國家交華俄銀行承辦經理，至合同條款，由中國駐俄使臣與銀行就近商訂。

第五款：俄國於第一款禦敵時，可用第四款所開之鐵路運兵運糧運械，平常無事，俄國亦可在此鐵路運過境之兵糧，除因轉運暫停外，不得借他故停留。

第六款：此約由第四款合同批准舉行之日算起照辦，以十五年爲限，屆期六個月以前，由兩國再商辦展限。（見王彥威：清季外交史料卷一百二十二。）

李鴻章引狼入室，引起無窮的後患。（戴玄之）

中日和約

第二次世界大戰後，由於蘇俄從中阻撓，同盟國對日和約遲遲未能簽訂。民國四十年九月四日，美、英發起第二次世界大戰期間對日宣戰各同盟國，在舊金山舉行「對日和會」，我國雖爲反抗日本侵略主要國家，竟未被邀請。至九月八日，除蘇俄、波蘭、捷克三國外，其他參加之四十九國代表，均簽字於「對日多邊和約」。我政府爲此特發表聲明，宣佈我國對日和約應有之權利與地位，並表示願與日本簽訂「雙邊和約」。

先是民國四十年一月十七日，由於日本政府之請求，我政府准許日本派遣海外代表駐臺。十一月十七日，日本駐臺北海外事務所成立；惟對於中日「雙邊和約」之商談並不積極。同年十二月二十四日，日首相吉田茂致函美國務院顧問杜勒斯，正式表示日本願依舊金山和約之原則，與我政府簽訂一項恢復兩國正常關係之條約。

民國四十一年二月，日本派遣河田烈爲全權代表，來臺議定和約，我政府亦派外交部長葉公超爲代表，負責與日本代表進行商談。自二月二十日舉行第一次正式會議起，至四月二十八日雙方簽字止，其間共舉行正式會議三十次，非正式會議十八次，議定文件包括中國與日本間和平條約一件，議定書一件，換文二件，同意記錄一件。中日和平條約共計十四款，其要點如下：㈠日本放棄對於台灣、澎湖列島、南沙群島，及西沙群島之一切權利。㈡日本承認台灣及澎湖列島之居民係中華民國之人民。㈢民國三十年十二月九日以前，中國與日本締結之一切條約均歸無效。㈣中國與日本相互間之關係，願各遵聯合國憲章第二條之各項原則。㈤中國與日本願儘速商訂一項關於民用航空、運輸，或限制捕魚，及保存暨開發公海漁業之協定。七月三十一日，我立法院通過該約。八月二日　蔣總統簽署我國批准文件。同月五日雙方代表在台北互換，完成訂立和約手續，中日兩國關係乃恢復正常。（李守孔）

中日琉球問題

琉球群島地當東海海流衝要，依考古記錄，其與中日韓交通，皆起源極早。其與中國正式結成宗藩關係，係始於明太祖洪武五年（一三七二），雖自明神宗萬曆三十七年（一六〇九）琉王尚寧受日本薩摩藩俘虜以後，對薩摩亦有私通關係，但係彼此串同隱瞞中國，薩摩借琉球進貢中國之名暗分免稅貿易之利，琉球冒認薩摩貨爲本國貨，藉以博取中國貨物，周轉國用，在中國冊封琉球使節到琉球時，舉凡日本在琉球之一切貨幣、碑銘、簿記又或官員，皆須暫時藏匿掩蔽，又，儘管自一六〇九年琉球屈服於薩摩武力，已將沖繩島以北之奄美群島吐噶喇群島等割讓於薩摩，但直至一七一九年（清康熙五十八年）我國冊封使海寶徐葆光帶同測量員平安等前往琉球測量地圖之際，仍將此等島嶼列入琉球輿圖之內。自一三七二年琉王察度受封至一八七九年（清光緒五年）琉王尚泰亡國凡五百餘年之間，琉球近代君主皆受中國冊封，未嘗中斷，其對外行文皆用中國所賜王印及所頒正朔，其國策常受明帝所賜閩中三十六姓人所左右，其文化習俗，以學習摹擬中國爲鵠的，中國號之爲「守禮之邦」。在日本明治維新以前，薩摩藩且透過琉球，吸收中國文化，其所着重者在對琉球經濟之剝削，政治文化實際任由琉球傾向中國。德川幕府末年，日本被歐美各國武力强迫開關，歐美各國欲得日本介紹，交通琉球，德川幕府仍以琉球並非其屬，不便勸告爲詞拒之。其後琉球得中國默許，與美法荷諸國締約行船通商，仍以中國年號爲年號，簽約代表皆用中國式官名人名，文字用中國文字，可見琉球自認爲中國外藩，在德川幕府時代，從未受日本之干涉。

日本自明治維新（一八六八，清同治七年）以後，決定開國進取之方針，知己力不足以敵美歐俄各國，於是採取避實擊虛，讓歐進華的外交政策。因無論北進朝鮮，或南進琉球臺灣，均須遭遇中國之反對，遂自維新之初卽認定中國爲「國敵」，恰巧此時李鴻章當國（一八七〇～一九〇一），對外力主忍讓轉圜，避免釁端。一八七一年（同治十、日明治四），中日首締修好通商條約，由李鴻章與日方派來專使伊達宗城簽署，不久日方卽又反悔，要求改約，翌年更誘令琉球國王尙泰遣使前往東京，慶賀明治親政，乘便冊立尙泰爲琉球藩王，最初仍只以琉球事務受外務省監督指揮，其後更移之改隸內務省。一八七三年日本遣使柳原前光來華要求改約，不得，但一八七一年臺灣南部牡丹社生番有殺戮琉球南部宮古島漂流難民之事已爲柳原前光所悉，返國報告。日本外務卿副島種臣受美籍顧問李仙德（C. W. Le Gendre）之慫恿，決定依靠美國助力，藉口啓釁。一八七四年有出兵三千餘名攻佔臺灣南部牡丹等社番地之事，李鴻章一意主和，用金錢買退日軍，遂由總理衙門與日本派來專使大久保利通締結中日北京條約，要點爲中國承認「日本此次所辦爲保民義擧，不指以爲不是」，由中國補貼日本修道建房費用四十萬兩及撫恤銀款十萬兩，日本軍隊立行撤退回國。於是日本在條約上取得保護琉球之根據。

中日締約，琉球並未與聞其事。其後同治帝崩御白詔，光緒登極紅詔，依舊頒賜琉球，琉球漂流難民抵達華境之事，幾至無歲無之，亦依舊受中國撫卹，資遣返國。琉王尙泰依舊籌備派遣專使向中國進貢。但日本對琉球絕不放任，一八七五年（清光緒元年，日明治八年）嚴令琉球今後不得再與中國交通，派出第六軍營熊本鎭臺分遣隊駐紮琉球沖繩，自此年起，屢次派出內務省官員松田道之等人來琉，以太政官三條實美之命禁止琉球對華之一切交通，廢止琉王受清冊封往例，命令琉球奉行明治年號及日本儀禮刑律，改革琉球藩內政制等項，皆爲琉球上下所反對，據理申辯，曾不少屈；尙泰王一面遣派密使向德宏等向中國求救。至一八七九年（光緒五，明治十二）日本以松田道之爲琉球處分官，以六百餘噸之新瀉丸一艘載來官吏五十餘名，警察百餘名，陸軍步兵四百餘名，自三月二十五日至五月二十七日，處分琉球王府完畢，俘虜琉王尙泰而去，宣佈廢止琉球藩，改置沖繩縣。中國爲日本虛聲所奪，竟不積極相救。

李鴻章當國，一意主和，初命駐日公使何如璋相機交涉，繼乘美國前任總統格蘭忒（U. S. Grant）遊歷遠東之便，在日本代中國調停球案。格氏曾提三分琉球之案，卽中部琉球（沖繩群島）仍歸琉球國王所領，沖繩島以南各島歸中國，沖繩島以北各島歸日本。當時日本心亦頗有所憚，派來元老院議官宍戶璣爲駐華公使，負責解決球案。宍戶璣直入北京，與總理衙門交涉。總理衙門因有一八七四年中日成約在先，不便完全否認日本在琉球之保護權，故去照會以承認琉球歸中日共同保護爲前提，其責備日本者，僅在道義立場，謂日本不應「無端滅人之國，絕人之祀，蔑視中國並各國」而已。一八八〇年我國在新疆軍事着着進展，對俄積極展開歸還伊犂交涉，日本態度爲之一變，終於在一八八〇年（明治十三年）十月二十八日（清光緒六年九月二十五日）由宍戶璣與總理衙門簽訂球案條約及加約底稿。球約底稿要點在將沖繩島以南之宮古及八重山（石垣）群島劃歸中國管轄。加約底稿要點在修改一八七一年李鴻章與伊達宗城所立條約，中日雙方俱有最惠國待遇。此約訂於三個月內在北京互換，總理衙門自認已盡最大努力，竟因李鴻章之反對而未獲批准。李之反對理由表面有若干顧慮，其實係由於不慊宍戶璣逕與總理衙門交涉，而又不徵其同意相約改變其一八七一年手訂商約而來，其與總理衙門爭外交大權之語見於伊藤博文秘書類纂內雜纂一竹添進一郎訪問李鴻章私記。琉球之案自此成爲懸案。在第二次世界大戰以後，依據開羅宣言及波茨坦宣言，琉球群島原已應被摒除於日本領土之外，在託管制度之下而歸美國軍事管理。一九七二年六月，日美之間簽訂「關於琉球諸島及大東諸島之協定」，琉球群島仍歸日本管理。然在十餘年以來，我國迭經聲明，不滿意美國之片面行動，表明我國將來對琉球歸屬問題，仍保有充分發言權也。（梁嘉彬）

中法天津新約

中法天津新約，乃因越南歸屬問題而簽訂。越南與中國關係密切，自秦始皇時起，非郡縣，卽藩屬。清乾隆朝，安南南部廣南國土豪阮文岳、文惠起兵，滅廣南，推翻安南北部黎朝，皇帝黎維祁逃中國。廣南阮福映逃南方及暹羅。阮福映後得法將領之助，華僑亦組義軍響應，故阮文惠，終於統一安南，於清嘉慶七年（一八〇二）卽皇帝位。嘉慶九年，向清廷朝貢，請改國號爲越南，清廷封阮福映爲越南國王。

阮福映死後，繼位子孫，不滿意法國侵略行動，境內且常有殺害法國教士情事。清咸豐八年（一八五八），法國與西班牙組織聯軍，進攻越南。同治元年（一八六二），越南被迫向聯軍求和，割讓邊和、嘉定、定祥三省與康道爾島予法國，賠償，並解除教禁，自由通商。同治六年（一八六七），法國又攻佔永隆、安江、和仙三省。下交阯全部被法國占領。

清同治十二年（一八七三）冬，法國下交阯總督派兵攻佔河內，黑旗軍劉永福曾擊敗法軍。次年，法國壓迫越南訂西貢條約，正式獲得紅河航行權，雖承認越南爲獨立國，而由法國監督外交。並在清光緒元年（一八七五）通知中國總理衙門，總理衙門答以越南爲中國藩屬。越南仍在光緒三年、六年，向清廷進貢。出使英法大臣曾紀澤在光緒六年、七年照會法國外交部，以越南爲中國藩屬，不承認西貢條約，當時，中國疆吏與大臣，多主張協助越南抗法。並續派軍隊至越南。

直隸總督李鴻章主張和平解決，籌辦海防。光緒八年（一八八二）與法國公使寶海（M. Bour'ee）在天津協商。次年，法國內閣改組，協定未獲批准。另派代表辦理對華交涉，但無結果。

李、寶在天津會議前，法軍已攻佔河內。光緒九年（一八八三），黑旗軍再攻河內，法將李維業（Rivier）陣亡。法國增軍再戰。同時進攻越南京城順化。七月，壓迫越南簽訂順化條約。越南成爲法國保護國，並可駐兵各地。法國公使德理固（A. Tricou）至天津，與李鴻章交涉，要求中國承認順化條約，無結果。曾紀澤在法國交涉，亦無結果。法軍在越南進攻劉永福與越軍。光緒十年（一八八四）春，又進攻中國駐越軍，中國軍連敗，北圻（越南北部）大部份被法軍佔領。四月，李鴻章與法國兵艦艦長福祿諾（F. E. Fournier）在天津簽訂簡明協定，承認法越條約。閏五月，法軍至諒山接收，華軍當時並未奉令撤退，發生戰爭，法軍失敗。法國指責中國違約，要求賠償二億五千萬佛郎，清廷派兩江總督曾國荃與法國公使巴德諾（Patenotre）在上海談判，亦無結果。

當時，法國艦隊竟封鎖福州。六月，法艦砲轟基隆。清廷下令沿海各省督撫備戰。雙方撤退使節。七月，閩江法國艦隊，不宣而戰，擊毀中國南洋艦隊、砲台、造船廠；清廷方正式宣戰。法國艦隊再攻臺灣，八月，攻佔基隆。九月，宣佈封鎖臺灣。第二年二月，又佔領澎湖。

清光緒十一年（一八八五），法軍在越南繼續進攻，我軍連敗。二月，馮子材等軍，反攻文淵州，法軍大敗，乘勝克復諒山等地。消息傳至法國，法國內閣倒台。清廷透過總稅務司赫德（Robert Hart）助手金登幹（J. D. Campbell），在巴黎與法國外交部商妥草約。清廷命令各軍退回邊境，將士扼腕不已。

四月，李鴻章與巴德諾在天津簽訂中法新約。要點有：中國放棄越南，中國應在保勝以上、諒山以北兩處設關通商，中國在南境修築鐵路時，可向法國業此之人商辦。光緒十二年，中、法又訂越南邊境通商章程，許法人從越南運貨入境，減輕關稅。光緒十三年，再訂中法界務專條與商務專條，開放廣西龍州、雲南蒙自與蠻耗爲商埠。（黃大受）

中英煙臺條約

中英煙臺條約，乃因一名英國人被殺而簽訂。清光緒元年（一八七五）正月，英國公使館翻譯官馬嘉理（A. R. Margary）在雲南騰越被人殺害。彼由北京至雲南，前往緬甸邊境，迎接英國測量隊。英國公使威妥瑪（Thomas Wade）要求懲辦負責官員，並向總理衙門提出要求。清廷卽派大員查辦，認係野人殺害。威妥瑪則以爲出於雲南巡撫岑毓英主使，要求將人犯與岑毓英押來北京再審。總理衙門惟有延宕應付。威妥瑪遂在光緒二年五月，中止商談，出京南去上海，並命英國遠東艦隊進逼直隸灣，實行恫嚇，清廷不安，遂派李鴻章為全權大臣，負責對威妥瑪交涉。

六月，兩人至山東煙臺，七月中反覆辯駁。當時另有六國公使聚集煙臺，李鴻章加意聯絡，頗得好感。各公使對威妥瑪堅持全案提京再審，既無確證，認為亦屬不是。威妥瑪迫於公論，乃商定煙臺條約三大端。其要點有：一、賠償郵款及用費，共關平銀二十萬兩。派使赴英表示惋惜之意。二、規定雙方官員往來禮節。英國在上海設立承審公堂，審理英人案件。凡各通商口岸，有關英人命盜案件，英國公使可派員觀審。三、各口岸租界，一律免收洋貨釐金。開宜昌、蕪湖、溫州、北海為商埠，英國可派領事；重慶，英國亦可派員察看。租界未定各口岸，則劃定租界。鴉片煙進口時，可將運往各地釐金，一次在海關彙繳。另有專款一條，英國可派員由北京經甘肅、青海或由四川等處，經西藏至印度探訪路程。但英商以鴉片稅釐加重，頗不滿意。英政府不願批准。至光緒十一年（一八八五），由駐英公使曾紀澤與英外相加訂續約後，方願批准。續約將劃定租界條文取消，以便利擴大租界。規定鴉片煙進口時，每箱（一百斤）繳關稅銀三十兩，釐金銀八十兩。（黃大受）

中美望廈條約

中美兩國間的第一次條約，又名「中美五口貿易章程」，簽訂於澳門附近的望廈村，故名望廈條約。中英南京條約締訂後第二年（道光二十三年，西元一八四三年），美國決定派遣使團來華商議訂約，建立商務與外交關係，使團以律師出身的顧盛（Caleb Cushing）為首，國務卿之子魏勃福（Fletcher Webster）為秘書，傳教士伯駕（Peter Parker）與高理文（Elijah C. Bridgman）為譯員，於七月三十一日率艦四艘啓程，攜有致中國皇帝書，一八四四年二月十七日抵澳門。企圖北上京師，清廷命廣東巡撫程矞采力阻之，同時任命耆英為兩廣總督，自京赴任，又加命為欽差大臣。美使久候不耐，以强硬言辭和武力示威一再威脅程矞采。耆英於五月卅一日抵廣州，六月十七日率廣東布政使黃恩彤，肇慶府知府候選主事趙長齡，即補道潘仕成等赴望廈村，與美使展開談判。耆英的目的在阻止顧盛赴京，顧盛的目的在簽訂與英國相似的商約，而清廷早有「准一體通商，以示綏撫之意。」最後顧盛允不赴京，「他日西洋別國，有使臣進過京後，則凡所有本國使臣之到中國者，均應格外恩禮，款接北上。」

顧盛提出條約草案四十七條，經過多次磋商，前後四易其稿，七月三日約成，共三十四條，美國比英國在南京條約及「中英五口通商善後章程（虎門條約）」中獲得更多權益。條約規定美商在中國所納出入口貨物稅不得多於他國；美人得攜眷赴廣州、福州、廈門、寧波、上海等五口貿易居住；美國於五口分設領事等官；商船完稅而貨物未盡銷出，改往他口售賣，不再征收船鈔；進口商船並未開艙，二日內可以改往他口，不征貨稅船鈔；中國地方官有保護轄內美國商船免遭盜刼的責任；美船若在中國洋面遭難，沿海地方官應設法拯救撫卹。美方在傳教士建議之下，更爭取到在五口建禮拜堂、醫館、及墓地之權利，並得延請中國士民教習方言，幫辦文墨，採買中國書籍。最值得重視的是關於領事裁判權的詳盡規定，除美人在中國犯法由美國領事捉拿審訊，依美國法律治罪外，又規定美人與他國人在五口所有案件，中國亦不得過問。美商如擅至未開港口私行貿易或走私漏稅，販賣鴉片及違禁品，「聽中國地方官自行辦理治罪」，而美國派駐各口岸領事，對美國此種違法行為不負任何責任。條約言明十二年後修約，遂導致日後英美法俄要求修約及兩次英法聯軍之役（一八五七～六〇）。

望廈條約為中法黃埔條約的藍本。直到一八六〇年，是規範中國對外關係的重要條約。（鮑家麟）

中華革命黨

二次革命失敗後，國父旅居日本，鑒於同盟會自改組國民黨後，組織渙散，意見紛歧，不能作統一之行動；復痛感袁世凱喪權辱國，陰謀帝制，不忍二十餘年艱難締造之民國，一旦淪亡，乃親率有志同志陳其美、居正、田桐、朱執信、戴傳賢、胡漢民等，組織中華革命黨於東京。民國三年六月二十三日，開選舉大會，衆推 國父為總理。七月八日召集正式成立大會，參加者三百餘人。此次組黨，採取秘密組織，以討袁為己任，以實行民權民生兩主義為宗旨。特別規定黨員必須服從黨魁命令，重申誓約，再造規模，力矯國民黨時代之弊端。八月二十三日，中華革命黨本部發表約束黨員規則：㈠不得以個人自由意思行動，加入其他團體或集會。㈡不得受外界之搖動，有違背黨之行為。㈢不得以個人名義，發表違反黨義之言論。㈣不得以違反黨義之言論行動，煽惑本黨同志。九月一日對外發表宣言，略曰：

自中華革命黨成立之日，矣在國內所有之國民黨本部交通部分部，被袁氏解散者，不論存在無論矣，所有海外之國民黨，除在日本東京已宣告解散外，其餘美國南洋各地未經解散者，希卽一律改爲中華革命黨。（原注：黨爲秘密團體，與政黨性質不同，凡在國外僑居者，仍可用國民黨名義，內容組織則更張之，卽希注意。）均已履行總章第七條手續塡寫誓約者，認爲本黨黨員，協心同心，共圖三次革命，迄於成功，憲法頒佈，國基確定時，均由吾黨完全負責。

先是中華革命黨籌備期間，於民國三年五月十日創辦「民國雜誌」於東京，作爲宣傳刊物，由居正經理其事，胡漢民任總編輯，鄒魯、戴傳賢、蘇玄瑛、葉夏聲等負責撰稿，以揭發袁世凱禍國陰謀爲宗旨。同年六月，復創設政法學校，以培植革命之幹部。旋由中華革命黨本部制定革命方略，凡六編：㈠軍政，㈡軍政府，㈢服制，勳記，㈣軍律、軍法，㈤國糧、徵發及其他則例，㈥文告。定靑天白日滿地紅旗爲國旗，由　國父兼任中華革命軍大元帥，代表中華民國總攬全國政務，國內各省軍事負責人稱司令長官，均係　國父所任命。計浙江　夏爾璵（次崖）、江蘇　周應時、福建　黃國華、廣東　鄧鏗、雲南　鄧泰中（和卿）、湖南　林德軒、四川　盧師諦（錫卿）、湖北　蔡濟民（幼襄）、安徽　張滙滔（孟介）、江西　夏之麒、貴州　凌霄、廣西　劉崛、山東　居正。復命許崇智、胡漢民等赴南洋各地籌募軍餉，以備大擧。同年十月，中華革命軍爲討袁事，通告國內同胞，略曰：「願我同胞，知困知窮，知奮知起，一鼓作氣，凌厲無前，燭彼奸謀，聲罪致討，共樹白日旌旗，掃除獨夫凶燄。行者充役，居者助糧，重建共和，共襄義擧。」於是人心所向，革命精神爲之一振，卒完成討袁之大業。（李守孔）

五三慘案

民國十六年（一九二七）四月，國民革命軍克復南京後，卽渡江沿津浦路北伐，相繼佔領蚌埠、徐州。孫傳芳之殘餘部隊及張宗昌、褚玉璞之直魯聯軍，均望風披靡，節節敗退，山東指日可下，忽日本藉口保僑，於六月初出兵由青島登陸至濟南，意圖阻止革命軍前進，經國民政府外交部提出嚴重抗議，始行撤兵。時革命軍以第十軍軍長王天培作戰不力，戰局逆轉，遂亦陸續後撤。孫傳芳等部困獸猶鬥，乘機捲土重來，因是而有龍潭之役，幸革命軍第一、七兩軍奮勇將之擊潰，京滬得以確保無虞。

十七年（一九二八）四月，國民革命軍蔣總司令親自督師，再度北伐，進展甚速。日本田中內閣故技重施，復又出兵山東，命第六師團五千餘人分駐青島及膠濟沿線，又調華北駐屯軍三中隊駐濟南，悉聽福田師團長指揮。外交部長黃郛於隨軍北上之先，曾先後兩次提出抗議，日軍均置諸不理，且蓄意尋釁，其目的仍在阻擾我北伐以保護其所謂華北權益也。

五月一日，我軍克復濟南，蔣總司令以日軍高築防禦工事，乃召日領轉知其撤除，免引起人民惡感與仇視。日領允諾於次日撤除，然自由擴大警界，冀造成衝突。三日上午，我軍士兵一名行經日軍警界附近，日軍卽將該兵擊斃，繼之機槍掃射我軍部隊，因猝不及防，死傷千餘人，我軍大憤，亦開槍還擊，此一空前巨大的濟南慘案，遂告發生。時外長黃郛在濟南商埠外交部臨時辦公處，聞訊正擬前往日領抗議，適日軍參謀河野差憲兵邀商辦法，蔣總司令亦以電話命黃就近交涉，黃遂往晤河野，商定雙方各派一人，沿線巡行，阻止射擊，再行談判，然無效果，黃在日軍司令部留至下午七時始出，卽赴城內向蔣總司令報告經過，決定再派高級參謀熊式輝於深夜赴日軍司令部商議善後辦法，亦不得要領，而日軍卽於當夜侵入交涉公署，將我交涉員蔡公時等十六人全部殺害，其爲有意製造事態擴大，以便有所要挾，實至明顯。

四日，黃外長急電日首相田中，提出嚴重抗議，請其制止日軍行動，是日英美領事出任調停，亦歸無效。我軍爲避免事態更臻惡化，將軍隊悉數開赴前方，蔣總司令及黃外長均於五日進駐黨家莊，僅留士兵三千餘人維持濟南城內治安，而日軍仍對我守城部隊，不斷施以飛機大砲轟擊。六日晨，我又派王正廷與日領交換意見，亦無結果。七日上午，黃外長返京，卽赴國民政府、中政會報告經過，幷商對策，而是日下午三時，日師團長福田竟向我發出最後通牒，限十二小時圓滿答覆，否則卽行攻城，其要求條件計五項：

一、嚴峻處罰有關係騷擾及其暴虐行爲之高級武官。

二、解除在日本軍前抗爭之軍隊武裝。

三、在南軍治下嚴禁反日之宣傳。

四、南軍應離隔濟南及膠濟鐵道兩側沿線二十中里以外。

五、爲監視右項執行起見，在十二小時以內，開放張莊及莘莊之兵營。

時蔣總司令駐節泰安。經戰地政務委員會主席蔣作賓，請日方延長答覆時間，不允，乃以遞步哨傳送，至晚八時始達泰安，蔣總司令即派熊式輝與戰地政務委員羅家倫，携帶對案六項，星夜馳赴濟南，與福田交涉，對案如下：

一、對於不服從本總司令之命令，不能避免中日雙方誤會之本軍，俟調查明確後，當按律處分，但當時日本軍隊有同樣行動者，亦應按律處分。

二、本革命軍治下地方，為保持中日兩國之睦誼，早有明令禁止反日的宣傳，且已切實取締。

三、膠濟鐵路兩側二十華里以內各軍，已令其一律出發北伐，暫不駐兵。但軍隊運動通過膠濟鐵路幷有北方逆軍之地方，或敵軍來犯時，本軍亦復派兵往剿，至於濟南為山東都會，及其附近公物場所，本軍有維持治安之責，應駐紮相當軍隊，保持安寧秩序。

四、津浦車站為交通要地，本軍應派相當士兵駐防，以保衛車站，維持安寧。

五、莘莊、張莊之部隊，已令其開赴前方作戰，兩莊之兵營，可暫不駐兵。

六、本軍前為日軍所阻留之官兵及所繳之槍械，應即速交還。

熊、羅於八日上午抵濟南，赴日軍司令部晤福田，而福田則謂已逾限期，對携往對案，均云不必談，致交涉仍無進展，而是日清晨四時，日軍即開始砲擊濟南城，破壞新城兵工廠，炸燬火藥庫，攻佔莘莊營房，掠奪我軍糧食輜重無算，極盡挑釁之能事。

九日，日軍繼續轟擊濟南，幷以飛機投擲炸彈。城內房屋燒燬，死傷甚衆，幷佔領白馬山，襲擊黨家莊及濼口、長清、齊河一帶，企圖阻止我軍渡河，經我軍將之擊退，繼續繞道北伐，向德州前進。是日，蔣總司令改派總參議何成濬赴濟向福田談判，福田表示須完全承認彼所提出之五條件，方可開議。何不允，返袞州覆命。蔣總司令以福田不可理喻，談判絕無希望，因不再進行。

十日，我戍守濟南城內之部隊，由司令蘇宗轍率領，奉命衝出重圍，日軍遂入城佔據，肆行屠殺，病院傷兵，全遭慘死，人民死者尤衆，據事後調查，此次濟南事變，我軍民死傷約一萬一千餘人。國民政府以前方直接交涉無效，曾先後致電美總統柯立芝請主持公道，及國聯秘書長德蘭孟請調查公斷，幷向日本提出第二次抗議，而日政府仍置之不理，反向我遞送第三次出兵聲明書，我方當即嚴詞駁覆。迨五月中旬，日政府始派參謀本部松井中將來華，與我軍事當局，接洽解決濟案問題，我軍事當局深知其奸狡，計未得逞。時我軍已佔領德州，長驅前進，平津遂於六月初先後光復。

六月十四日，黃外長辭職，王正廷繼任。至七月十七日，日使芳澤忽令駐滬日領矢田赴京與我政府談判，謂須根據其所提原則遣派全權赴濟會商，王外長予以拒絕。延至十月八日，日政府又訓令矢田赴京，促商解決中日懸案，會議九次，全無結果。十一月七日，矢田入京交涉，仍未涉及濟案，我方以濟案不解決，其他懸案無從談起，遂不歡而散。十八日，矢田三度入京，與外交部亞洲司長周龍光會晤，我方提出撤退日兵，津浦通車，交還膠濟路二十里內行政機關，懸掛青天白日旗，膠濟路一帶土匪，由中國方面負責肅清及保護日僑辦法，矢田又以無權接受為辭，須請示政府返滬。

直至十八年一月十八日，矢田得其政府訓令表示贊同，本可由此而開談判，不料日政府旋又推翻原議，交涉遂復停頓。嗣日方改命芳澤公使為全權代表於同月二十三日入京，從事正式談判，先後會商五次，終於三月二十四日中日雙方在上海簽訂濟案臨時協定，其內容如下：

一、撤兵之實行，與正式會議同時開始。

二、當時之軍事行動責任，留待正式會議時解決。

三、共同組織調查委員會。

四、雙方損害賠償問題，俟調查委員會共同負責清查後，互以名義上之聲明，採取寬大主義辦理之。

四月四日，芳澤赴京，簽訂正式協定，幷於雙方互換照中，表示「帝國政府擬自解決本案文件互換簽字之日起，將山東現有軍隊全部撤去。」「日軍撤去前後之措置，應由中日兩國各派委員就地商議辦理。」我方於覆文中「表示同意。」於是歷時近一年之濟案交涉，遂告解決。（參見王卓然、劉達人編「外交大詞典」、洪鈞培編「國民政府外交史」、沈雲龍編「黃膺白先生年譜」）

（沈雲龍）

五口通商

鴉片戰爭勝利後，英國壓迫中國簽訂南京條約與商約，取得五口通商等權利。簽約代表，英國為全權專使璞鼎查（ Henry Pottinger ），中國為欽差大臣耆英，與乍浦副都統伊里布，道光二十二年七月二十四日（一八四二年八月二十九日），在英船用印簽押，完成此一號稱萬年和約手續。因在南京簽訂，通稱南京條約。全約十三條，要點為：一、開廣州、廈門、福州、寧波、上海五口，許英人攜眷居住，英國派設領事。二、割讓香港。三、英商可自由與華商貿易。四、賠償所毀煙價六百萬元、商欠三百萬元、軍費一千二百萬元，分四年付清。五、進出口稅則，秉公議定。英商繳納規定進口稅後，得遍運中國各地，除照估價則例加收若干分外，所過稅關，不得加重稅則。六、兩國官方文書，用平行款式。

八月，又由隨員訂立善後章程八條，准許英國在五口有領事裁判權。道光二十三年，耆英至香港與濮鼎查議訂中英五口通商章程，規定商務納稅事項，取消外人商務上一切不便；並明文規定英國有領事裁判權，英國兵艦可至五口停泊。此外，又訂通商附黏善後條款，西人稱為虎門條約，英國取得在五口「議定界址」的居住權，並規定中國「設有新恩施及各國，應准英人一體均沾。」

此後，各國亦來中國請求訂約通商。道光二十四年（一八八四），美國專使顧盛（Caleb Cushing）到達澳門，在澳門附近望廈村，與耆英議訂中美五口通商章程，除割地賠款外，獲得英國所有利益，並增加設立教堂一款。

不久，法國公使剌萼尼（M. J. de Lagrene）前來澳門，與耆英在黃埔海面法艦上，簽訂中法商約，法國除得到與美約相同權利外，中國並應允保護教堂。由於法國堅持要求，清廷在道光二十六年，下詔弛禁天主教。

其他國家，如葡萄牙、比利時，則准照新規定辦理；瑞典挪威（當時是一國）則訂商約，荷蘭、西班牙、普魯士、丹麥使臣來時，則發給通商章程與稅則，准其前來貿易。中國將五口開放，准多數國家前來通商，閉關自守時代，至此宣告結束。（黃大受）

五卅慘案

自歐戰結束後，國人憤於國際間之道義淪喪，而列强對華侵略之無止境，寖起從事救亡之鼓吹。先是自清季以來，各國根據不平等條約，在中國各口岸設立工廠，利用中國之原料與廉價勞工，以進行其經濟之侵略；其中尤以日本為最甚。僅上海一地日人經營之紗廠即達二十二家之多，佔上海紗廠總數三分之二，工資既低，工人復遭受各種虐待。

民國十四年（一九二五）二月，日人所經營之內外棉第八廠堆紗間，發現日管理員毆斃之童工屍體一具，引起全體工人公憤，觸發罷工事件，經上海總商會調停而解決。五月初，該廠藉故開除工人數十名，工人推代表顧正洪等八人與廠主交涉，廠主竟槍殺顧正洪，並傷其餘七人。受傷工人向公共租界工部局請願，反被科以擾亂治安之罪，加以拘留，乃引起上海學界之公憤。

五月二十二日，上海工人在公共租界開會追悼顧正洪，全市大中學校學生自動參加者甚多，因學生講演日人暴行，被捕房拘禁多人。三十日，全市學生三千餘人，分隊入租界講演英、日暴行，要求釋放被捕工人學生。行至南京路老閘捕房，英巡捕向群衆開槍，當場死難學生民衆七人，重傷者極衆。後又捕去奔避不及之學生五十餘人，是為「五卅慘案」。

慘案發生後，上海市民大為憤慨，學生罷課，工人罷工，商人罷市，並組織「工商學聯合會」，通電全國，請求一致聲援。而英、日領事與工部局，反藉口宣佈戒嚴，封閉學校，取締行人，驅使西捕、水兵遊行示威。此後十餘日內，重演慘劇九次，死難工人學生六十餘人，重傷者七十餘人。北京政府雖向公使團抗議，並派蔡廷幹南下調查眞象，因各國公使推卸責任，所派交涉委員缺乏誠意，談判徒成具文。

自「五卅慘案」發生後，反抗帝國主義之怒潮瀰漫全國，英日等國忌我民族之覺醒，益為積極之壓迫，因之各地屠殺事件層出不窮。其著者如六月十一日之漢口慘案，我工人死十四人，重傷百餘人。二十三日之廣州沙基慘案，我工人死六十餘人，學生二十餘人，受傷工人學生五百餘人。七月二日重慶慘案，我工人死五人，失蹤四人。三十一日南京慘案，我工人死三人，傷者甚衆。此外復有六月十三日之九江衝突，九月五日之萬縣事件等。除沙基慘案因國民政府撤退華工，實行經濟絕交，使香港英政府蒙受重大打擊外，由於北京政府之懼外心理，多成不了之懸案。然國人經此刺激，反抗軍閥和帝國主義之民族救國運動日漸高漲，促成國民革命軍北伐之成功。（李守孔）

五四運動

民國六、七年（一九一七、一九一八）間，北京文化界感於國家內憂外患之嚴重，學術思想之落後，愛國精神之不振，寖起從事救亡之鼓吹。其領導人物為北京大學校長蔡元培與教授胡適等。及歐戰結束，國人因受美總統威爾遜（Woodrow Wilson）所倡和約「十四原則」所麻醉，對於「公理戰勝强權」，咸抱極大之希望。民國八年（一九一九）一月，協約國在巴黎舉行會議，不顧我代表反對，擅將日本繼承德國在山東權利一案，明白規定於對德和約之中。國際現實政治之妥協主義，竟代替威爾遜之和平理想，北京學界失望之餘，遂走上干涉政治之道路。

同年五月四日下午，北京學界以「外爭主權，內除國賊」爲口號，初集會天安門，旋往東交民巷外國公使館請願，要求各國維持公理，以爲中國支援。最後至城東趙家樓，焚外交次長曹汝霖住宅，毆辱駐日公使章宗祥，事後警察逮捕落隊學生三十餘人。

北京政府初用高壓手段，繼續拘留街頭演說學生，而學生益憤慨，宣傳抗日更力。全國各地學界紛紛響應，上海、天津等城市商界，群起罷市支援。相持至六月初，北京政府以衆怒難犯，循各界要求，將曹汝霖、章宗祥，並一年來經手向日本借款之幣制局總裁陸宗輿免職，釋放被捕學生，中國出席巴黎和會代表，遂拒絕在斷送山東之對德和約上簽字。

此一運動之重大意義，係學生之犧牲精神，社會之制裁精神，以及民族自決精神之表現，爲國人思想啓一新變化，爲國民外交造一新趨勢。至其所倡之文學改革，對於知識之普及尤足稱道。（李守孔）

太平天國

清代自乾隆晚年至嘉慶年間，由於政治不良，已呈盛極而衰之象。嘉慶、道光年間，變亂時起，全國動盪不安。接着對英戰爭失敗，割地賠款，訂立不平等條約。道光二十七年、二十八年（一八四七、一八四八）間，廣東、廣西兩地大飢，盜賊叢起，大小數十股，官府無法平定，民衆辦團練自衞。洪秀全等人所創之拜上帝會，遂得乘機發展，聲勢日大。加上飢民搶糧，土人與客人紛鬬，官吏庸懦無能，地方治安極壞。洪秀全等人，終於在道光三十年十二月初十（一八五一年一月十一日），正式起事，建號太平天國，秀全自稱天王，並大封官爵。

起事前不過萬人，正式建號後，即加至三萬餘人。清軍屢次進攻，均遭敗績。咸豐元年（一八五一）秋，攻下永安州。十月，制定朝儀，封楊秀清爲東王，蕭朝貴爲西王，馮雲山爲南王，韋昌輝爲北王，石達開爲翼王。清軍圍攻永安州，咸豐二年，太平軍突圍北走，攻進湖南，馮雲山與蕭朝貴戰死，十一月、十二月，攻下武漢三鎭，但洪秀全未留兵分守。補充實力後，咸豐三年正月，即行東下。二月攻下南京，於是定都南京，改稱天京。太平軍對一般民衆，宣述基督教義，解決生活問題。對士大夫階級，鼓吹民族大義，報仇雪恥，所以有人參加。且用强迫方法，裹脅群衆，再用軍事管理，因此到南京時，已號稱百萬之衆。洪秀全等人進南京後，建宮殿王府，大封官爵。清軍亦立江南、江北兩大營，夾攻太平軍。但太平軍不予理會，先後派遣兩枝軍隊，向北、向西進攻。

太平天國定都南京前後，曾廢除舊制度，頒行新制度，重要者爲：一、頒行天條，略仿摩西十誡，民衆如犯天條，即須砍頭。二、宣講道理，每七天一禮拜，在各處設立講壇說法，上下皆稱兄弟。三、實行新曆，單月三十一日，雙月三十日。四、設定官制，王分一、二、三、四等，五等列侯，六等丞相，下有三十六檢點，七十二指揮，一百將軍。五、設定兵制，每軍一萬三千一百五十六人，內一萬二千五百人爲兵卒，其餘爲軍官。由軍帥統領。六、男女平等，政府有女官，軍隊有女營。並開男女科考試。七、禁鴉片，戒飲酒，廢止奴婢娼妓，不許蓄妾纏足。八、注重外交，曾請美教士羅孝全擔任外務丞相。忠王李秀成亦聯絡外人。九、禁止財物私有，一切收入，皆須繳人「聖庫」。十、創立天朝田畝制度，規定計口授田。每年收入，除一歲糧食外，其餘全部歸公。但此一制度，並未實行。

就事實言，太平天國宗教，與基督教不同；僅拜上帝，其他神、佛、孔、孟廟宇，一概燒燬。曆法以立春爲首，不中不西，不陰不陽，不合科學，無法實行。政治則官階重疊，繁瑣而無效率。後期王侯官位，流於濫封。又假託上帝附體，造成荒誕的巫術統治。極端專制，動輒處死，民衆日處恐怖狀態。軍隊則組織嚴格，且有條理，但賴强迫裹脅嚴刑峻法以維持。社會則嚴禁男女接近，拆散家庭。諸王又廣置姬妾，弱女亦作苦工；雖實施男女平等，婦女仍感不滿。對外妄自尊大，失去外人同情，反而爲敵所用。經濟則一切歸公，貧富均無法自存，俯首貼耳，任憑控制。賦稅比前更重。文字稱謂，忌諱極多，亦有改變。總之，太平天國乃一迷信恐怖而不合理的極權制度。

由於太平天國諸領袖，多無學識素養，在南京安居後，生活驕奢淫佚，政治與軍事，亦無遠大計劃。北征軍因無後援，在咸豐五年（一八五五）被清軍掃除。西征軍又遭逢湘軍，惡戰不休。幸而清軍江北大營，於咸豐四年瓦解。江南大營，於咸豐六年被楊秀清及石達開擊破。南京圍解，內訌大起。楊秀清大權在握，陰謀篡位，被韋昌輝所殺，韋昌輝兇暴異常，又被洪秀全設法殺死。石達開知道事情不可爲，別樹一幟，奔馳江南，最後在四川被清軍消滅。太平軍僅剩下李秀成與陳玉成，勉強支持，洪秀全僅信任洪家兄弟，朝政大壞。

咸豐八年（一八五八），清軍恢復江南大營，再圍南京。同年陳玉成重破楊州，馳驅皖北。咸豐十年，李秀成擊破江南大營，占領杭州、常州、蘇州一帶。曾國藩則在此時出任兩江總督，並擔任欽差大臣，統籌全局。次年，收復安慶。保荐左宗棠巡撫浙江，李鴻章巡撫江蘇，沈保楨巡撫江西，其弟曾國荃，會同水師彭玉麟等，沿長江進逼南京。各路攻勢順利。同治三年（一八六四），洪秀全自殺，湘軍進攻南京，李秀成出城被俘死。其餘一部分竄至閩、粵，爲左宗棠消滅。一部分逃往西北，一股在轉戰途中與在甘肅被清軍消滅。一股折回豫、鄂、皖一帶，與捻匪合流。太平天國之亂擾徧十九省，死人五千萬，歷時十五年，至是，終告消滅。（黃大受）

天津條約

咸豐七年（一八五七）英、法聯軍攻陷廣州城，次年又陷大沽砲台，英、法、美、俄四使直趨天津，清廷失措，始派大學士桂良、吏部尙書花沙納爲欽差大臣，至天津議和。是年五月中旬（西一八五八年六月）與英使額爾金、法使葛羅（Baron Gros）在天津海光寺簽訂，名曰天津和約。俄使普提雅廷（**Euphimius Putiatin**）、美使列威廉（William B. Reed）則於是月先英、法而簽訂，名曰天津條約。

中英天津和約（一名戊午條約）凡五十六款，均依英人所定，卽一字亦不令更易。其要點如下：一、中英互派使節，分駐兩國京城。（第二款）二、耶穌教、天主教，凡有傳習，一體保護。（八款）三、英人准持照前往內地遊歷通商，通商各口，地在百里，期在三五日內，毋庸請照。（第九款）四、長江流域增開漢口、九江、鎭江爲商埠。（第十款）五、增開牛莊、登州、臺灣、潮州、瓊州五口爲商埠。（第十一款）六、英人犯罪，不論人產皆歸英官査辦，華人加害英人，由中國地方官懲辦，兩國人民爭訟由中、英會同審判。（第十五、十六、十七款）七、進出口各貨稅額，每價百兩征稅五兩，新定稅則十年修改一次。規定子口稅每百兩征銀二兩五錢，繳納子口稅後，其他稅關不得再征稅。（第二十六、二十七、二十八款）八、嗣後各式公文，敘及英國官民，不得提書夷字。（第五十一款）九、他國今後別有潤及之處，英國無不同獲其美。（第五十四款）十、賠英商損失二百萬兩，軍費二百萬兩。（第五十五款專條）十一、本約立定後，以一年爲期，彼此各派大臣於北京會晤，互換批准條約。（第五十六款）

法約凡四十二款，內容與英約大略相同。惟增開口岸，多淡水一處，長江僅列南京一口，賠償法商民損失及軍費二百萬兩。美約凡三十款，俄約凡十二款，兩約雖各有不同，但四國均訂有最惠國待遇條款，則亦可並享英、法利益。（程京震）

反（基督）教與教案

基督教究自何時傳入中國？因爲缺乏足夠的資料，無法加以確定。目前僅能根據明熹宗天啓年間出土的「大秦景教流行中國碑頌」，及後來發現的景教經文漢譯本殘片，獲知唐代景教（爲基督教的一派，於西元四三一年的大公會議中被視爲異端）曾一度在中國流行。元朝時景教再來，羅馬舊教也開始派遣教士來華。但隨着元朝的瓦解，中西交通的阻礙，基督教在華佈道又告沈寂。明神宗萬曆年間，耶穌會士利瑪竇等相繼來華，傳教工作拓展迅速，但也開始引起若干士大夫的反感，遂於萬曆四十四年，有南京禮部侍郎沈潅大事逮捕教士與教民之事，卽所謂「南京教案」。此後，歷明清之際，不斷有人對天主教加以批評與攻擊，直到雍正朝明令禁止傳教，士大夫的反對，方進入低潮。鴉片戰爭後，解除國人信教的禁例，咸豐八年的天津條約，又給予基督教在內地傳教的權利，於是教會事業在華開始飛躍發展，國人反對的意識也隨之迅速滋長，民教衝突之案，卽所謂「教案」，亦因之急劇增加。

自咸豐十年（一八六〇）英法聯軍結束之年，至光緒二十四年（一八九八）義和團大起的前夕，近四十年間，全國各地的教案此伏彼起，連續不斷，其中因引起交涉而呈報至總理衙門者，卽不下二百餘起。其中若干教案，規模之大，損失之重，實爲中國有史以來所罕見。如同治四—八年間四川酉陽州之案，死亡法國教士二人，平民死亡近一千五百人，教民死亡四百三十餘人，教民遭受損失者二千七百餘家（此數係據川東主教報告）。同治八年天津案，死亡法國領事、翻譯及法、比、義、英、俄等國修女及商人二十餘人，教堂、育嬰堂等悉遭波及。光緒十七年，長江流域蕪湖、丹陽、無錫、金匱、陽湖、江陰、如臯、武穴、宜昌等處，先後發生教案，各地教堂被毀，死亡英人一名。光緒二十四年四川余棟臣反教案，其部屬盛時逾萬人，直接與望風興起打教者，達三十七州縣一土司，教民受累者數萬人。反教意識與教案發生，累積愈增，至於釀成義和團運動，招致八國聯軍，國脉凋傷，民氣銷蝕，至屬不幸。

國人為甚麼要反對基督教，概略言之，當不外以下四項因素：基於儒家傳統，由於基督教在華傳教的侵略特質，官紳為了保衛其自身的權益，及國人若干迷信的觀念與習俗。基於儒家傳統者，認為孔孟聖教，極高明而道中庸，為天地間最完善的眞理，故既無需外人來傳教，更不容外力來干擾。而基督教緊隨西方侵略而至，保護傳教的條款明列入由武力強迫中國簽訂的不平等條約之中，尤其使國人感到憂懼與憤怒。加以若干教士，依恃其本國強有力的後盾，態度行為狂妄乖張，益增國人的反感。此外，教士由條約所給予的保護與優待，使其在地方社會之中，逐漸建立其地位，對官紳原有的權威，構成相當的威脅。譬如官吏如有貪私枉法，紳士如有欺壓百姓，只要與教民有關，教士便可能加以干預。至於若干迷信，如鍊丹術、房中術、呪巫、服食與祈禳等，亦導致許多對教士的誤解。如教會辦理育嬰堂，收養貧病棄嬰，教士為瀕死嬰孩施洗，被傳言係為了吸取童精，割取腦髓心肝腎臟眼睛，用以滋補或鍊藥。因而教士辦理育嬰堂竟形成若干教案的主要原因。因祈禳而舉行的迎神賽會，更引起民教間無數的衝突。

從以上的幾項原因來看，除了儒家傳統，有涉及教義本身之外，其餘無不出於人類的貪婪自私或誤會。如果深入的分析，儒家思想與基督教義，也並沒有重大而不能相容的衝突，因為他們的中心主張都是愛人。以此可以推論，基督教在華傳教，如果不用政治與武力去協助推行，未始不可以和平的方式，與國人逐漸相互了解，而至於彼此交流融合，許多不幸的慘案，當可因而避免。

（呂實強）

北洋軍閥

北洋軍閥以袁世凱為鼻祖，其由來始於光緒二十一年（一八九五）袁氏奉命在天津附近小站督練新建陸軍。及袁氏任北洋大臣，漸擴充至六鎮。辛亥革命期間，資之操縱政局。其後復利用謀取總統，應付二次革命，北洋勢力遂遍佈於全國各地。

先是袁氏練兵小站時，其幹部一為出身天津武備學堂，若馮國璋、段祺瑞、王士珍等。一為淮軍舊將領出身行伍，若曹錕、段芝貴、倪嗣冲等。前者稍有思想見地，乃尊而不親；後者惟袁氏之命是從，乃親而不尊。及袁氏圖謀帝制，馮國璋、段祺瑞等，知違背潮流，不肯支持，此亦袁氏失敗之一因。

袁氏死後，北洋軍閥分為直、皖兩大系，馮國璋原籍直隸河間，為直系領袖；段祺瑞原籍安徽合肥，為皖系巨擘。此外另有起自東北之奉系張作霖，均有數省軍人為之羽翼。民國八年（一九一九），馮國璋死，曹錕繼任直系領袖，實權則掌握吳佩孚之手。段祺瑞則藉口對德宣戰，組織參戰軍（後改為邊防軍），任徐樹錚為心腹，並於北京組織安福俱樂部，聯絡議員及軍人政客，而操縱政局。張作霖賴日本援助，虎視關外，不釋問鼎中原之志。總統徐世昌、黎元洪等，日彌縫於三系之間，終不免驅逐。

自民國九年（一九二〇）七月直皖戰爭起，至民國十七年（一九二八）國民革命軍統一全國，國內戰亂迭起，大者牽動政局，小者波及一二省，其共同點，咸置個人利益於國家利益之上，均以擴張其勢力範圍，奪取政權為目標。至各系軍人，因無道義是非觀念，結合不固，今日為敵，明日為友，端視一時之利害，並無堅定之政治立場。（李守孔）

北洋海軍

北洋海軍為清季所建艦隊之一。其防地包括北洋之奉天、直隸與山東三省，所轄大沽、北塘、旅順、威海衛各港，在形勢上，外扼渤海之咽喉，內據京師之門戶。故清廷極為重視。其裝備及訓練均較其他各艦隊為優，為當時海軍之勁旅。

北洋海軍之建立，以直隸總督兼北洋大臣李鴻章之力為最多。光緒元年四月（一八七五年五月）清廷正式任命沈葆楨與李鴻章分別督辦南北洋海防事宜。同年六月總理衙門會同戶部奏准將粵海關等四成洋稅，及江海關四成內二成，暨江浙等省厘金銀兩等四百萬兩，分撥南北洋，作為海防專款。北洋海軍的籌備自是開始。日後在李氏擘劃下，購置船砲，派遣留學生，設立水師學堂，聘請洋教習，修築海軍基地，歷十餘年之慘澹經營，規模略具。十一年（一八八五）海軍衙門成立，大整海軍，決定先從北洋一軍練起。倣英、德軍制，訂定組織章程。十四年（一八八八）九月，北洋海軍正式成立。

北洋海軍之船艦，大體分為三部：一部為鐵甲戰船及巡洋快船，分中軍及左右翼三路，每路三船，每船一營，合爲九營。一部爲蚊砲船，專爲守口之用，稱爲後軍。一部爲魚雷、練船、魚雷艇等，另編爲前後左右各營，作爲輔助兵力。其艦艇計有鐵甲艦二艘：一、定遠。二、鎮遠。巡洋快船七艘：一、經遠、二、來遠、三、致遠、四、靖遠、五、濟遠、六、超勇、七、揚威。蚊砲船六艘：鎮東、鎮西、鎮南、鎮北、鎮中、鎮邊。練習船三：康濟、威遠、敏捷。補助艦四：泰安、鎮海、湄雲、操江。魚雷艇六：左一、左二、左三、右一、右二、右三。運船一：利運。合爲二十九艘，共約四萬五千餘噸。船艦以外之海防支應局、軍械局、船塢、水師學堂、海軍醫院等，則爲水師後路。北洋海軍之編制，計有提督一員，以丁汝昌爲之。左右翼總兵各一員，以劉步蟾、林泰曾分任之。其下依次有副將五、參將四、游擊九、都司廿七、守備六十、千總六十五、把總九十九、經制外委四十三，合各船水手人等，共官兵三千餘人。官弁俸餉分爲官俸與船俸二項。官俸自三千八百四十兩（提督）遞降至九十六兩（經制外委）。船俸自五千七百六十兩（提督）遞降至一百四十四兩（經制外委）技術人員，如管砲、管旗、魚雷等，高者三十兩，低者八兩。水手人等，高者十四兩，低者四兩。均較綠營爲高。

北洋艦隊成立後，巡防所至，東及營、青，南至交、廣，旁至韓、倭，北屆俄之海口，南極南洋各島，習以爲常。聲勢頗壯，較之英、法、俄、德、美等國雖有不及，然在東亞各國中，則爲首屆一指。據一八九一年英國倫敦武備報之統計，中國海軍居全球第八位（以南北洋艦隊共有之噸位計算），日本居第十六位。然此軍成立不久，琅威理（Captain Lang）被排離職，訓練漸弛。海軍經費常被挪用，無法補充新型船砲。以致實力漸減。甲午之役，一敗於大東溝，再敗於劉公島，兵艦或沈或降；提督丁汝昌及總兵劉步蟾等自殺。全隊幾爲日本海軍所滅，實爲中國近代一大悲劇。

北洋海軍覆滅後，我國海防失去屏障，帝國主義對華之侵略，益肆無忌憚。（參考「北洋海軍章程」、「李文忠公奏稿」）（王家儉）

北京條約

咸豐九年（一八五九）五月，英、法、美各使乘兵艦進北京交換批准條約，清廷以大沽設防，通知外使可由北塘登岸，不聽，闖入防區，進攻砲台，我方反擊，英、法受創而退。美使則由北塘進京，換約而去。次年，英法聯軍攻天津，陷北京。文宗逃往熱河，派恭親王奕訢爲全權大臣，於是年九月與英、法二使交涉先賠邺金五十萬兩，再開談判。是月十一日先與英使額爾金交換天津條約，並簽訂中英續增條約九款。次日又與法使葛羅交換津約，並簽訂中法續增條約十款。此即中英、中法北京條約。

中英北京條約（原名續增條約，一名天津續約，又名庚申約）凡九款，要點如下：一、賠償改爲八百萬兩。二、加開天津爲商埠。三、割讓九龍司地方與英國。四、准許華民到外洋各地做工。五、天津條約，換約後立即實行；新約從簽字日起，不待批准即行照辦。

中法北京條約（原名續增條約）凡十款，與英約大致相同，其要點如下：一、賠款改增爲八百萬兩。二、准許人民自由信教，處分濫行查拿之地方官吏，賠還以前天主堂土地產業；准許法國傳教士到各省買地建築。三、准許華工到法國做工。

天津條約、北京條約締結後，英、法所有要求全部如願以償。中國除喪地賠款不計外，領事裁判權之擴張，關稅協定之束縛，內河航行權之開端，片面最惠國待遇之規定，國權受損甚重。此後世界各國與中國繼續訂約者，均以天津條約爲藍本，使中國損失更爲擴大。

英、法北京條約簽定後，俄使伊格那提業福（N. Egnatiev）冒功索酬，奕訢、桂良等，恐別生事端，乃忍痛於同年十月初二日，亦與俄使簽訂北京條約（一名續增條約）凡十五款，與天津條約並行。最重要者爲第一款，將烏蘇里江以東地方割予俄國。二、勘定西疆未定之界。三、庫倫、張家口、喀什噶爾、伊犁、塔爾巴哈台通商。四、在庫倫、喀什噶爾設立領事官。根據璦琿條約與北京條約，中國失地面積達三百三十六萬七千六百七十九方里，或四十萬零九百十三方英里，較之德、法兩國本土，僅少六千五百三十一方英里，俄國不費一兵一彈，獲此大利，乃爲駭人聽聞！（程京震）

外債築路政策

外債築路政策是光緒廿二年九月清廷設置鐵路總公司後，該公司督辦大臣盛宣懷所執行的鐵路政策。此政策名義上雖然標榜官督商辦，並主張以商股、官款與洋債等三種方式作爲籌集建築鐵路資本的方法，但實際築路資本的眞正來源，幾全爲外債。因此，列強爲攫奪我國的鐵路利權，除採用赤裸裸的軍事威脅與政治壓力的方法之外，尚多利用借款的方式，以達其目的。就清季我國鐵路發展的歷史看來，我們可以大致分為三期：第一期，自鴉片戰爭後歐美「火輪車」的發明與應用初次被介紹與國人，至甲午戰爭。在此五十年間，整個我國鐵路建設的問題，實曾經歷過一段曲折排拒的過程。在此期間的前半段（即約略自鴉片戰爭至光緒朝前期），建設鐵路問題基本上可視為中西文化與政治衝突問題中的一環。我國官紳絕大多數常採用一種文化與政治的觀點，反對修築鐵路。但自光緒初年築路工作自唐胥路（唐山至胥各莊）與臺灣鐵路開端後，鐵路應否興築的問題逐漸解決，此後築路問題始表現為主要是中國政治社會制度缺乏對於西方文化的適度彈性以適應對外新局面的問題。我國鐵路發展的第二期，可斷自甲午戰爭結束至日俄戰爭爆發（一八九五—一九〇四）。在此期間，由於我國在對日戰爭中戰敗，鐵路修築問題已很快成為以外人為主動並持之以為對我侵略的利器的問題，我國已失去了控制及建造自己鐵路線網的能力與主動性。築路已不再是我國單純的國內事項，而變成一個國際政治的問題，列強均想藉獲得在華的鐵路利權，以為控制中國、瓜分中國的準備。第三期則為自日俄戰爭至辛亥革命（一九〇四—一九一一）。在此期間，我國各省官紳普遍興起了自辦鐵路的熱潮，致力於抵制外人在華路權的進一步擴張，並在各方面合作呼應，收回全部或部分業經喪失的鐵路利權。而所謂「外債築路政策」即係上述第二期內我國主要的築路方法；在第三期內及民國之後，亦頗繼續實施。

實際盛宣懷在鐵路總公司設立之初，也有先集華股，再借洋債以積極築路的籌謀；但因我國官商資力不充，而列強侵略我國的行動則加緊進行，特別自光緒廿年十月德國以武力強占膠州灣後，各國藉控制鐵路以瓜分我國的行動更趨積極，清廷的鐵路政策已轉著重於消極地設法保持路權，或引進第三國對我國路礦事業的投資，以阻遏某一國家囊括某一「勢力範圍」地區的圖謀—所謂「引商力以拒兵力」。綜計在光緒廿二年至卅一年十年期間，除去一些政治性質極為濃厚的路權（如俄在東北、德在山東及法在雲南等），盛宣懷一手所簽訂鐵路外債合同，路線總長度計四千二百多哩，債款總額達民初幣值三億元。

這些外債築路合同的內容，實際上彼此是大同小異的，其所喪失的國權，計有四項：㈠借款路線附近區域添造鐵路，必須協同債主開辦；㈡在借款路線之一定範圍內中國無自由築路權；㈢凡與借債所築鐵路有聯絡關係之支路，必須由債主管理；㈣借款鐵路的延長線，必須向原借款國借款修築。此外，諸債權國對於各該鐵路都握有極完整的管理用人權與行車管理權，管路的重要人員如總工程師、會計總管、行車總管及養路總管等，多由債權公司指派；鐵路所需要的一切材料，也由借款公司代購。在經濟利權方面，各路借款額多以九折實收，年利五厘，而還本付利時則按虛數計算。路成後，借款公司可分享行車餘利十分之二；代購材料，則獲百分之五的佣金；還本付息的經手費則為百分之零點二五；如我國提前歸還借款，每百元亦應加付二元五角。此外，對於借款的滙兌、用途與存貯等，亦有種種限制，滙兌率常有被外人操縱之弊。鐵路財產常為各該借款的頭次抵押，另並由我國國家擔任；借期甚長，通常為五十年、四十五年、四十年或三十五年不等。事實上，各外債借款公司常具有三重身份，一方面代表債權，一方面本身卽為股東，另方面則代表債務，以代理債務人管理鐵路行政，因而獲取多方面的利益。（參閱曾鯤化，中國鐵路史，李恩涵，「中國近代之收回鐵路利權運動」Lee EN-HAN, China's Quest for Recovery of Railway Rights, 1904-1911: Economic Nationalism in Action）（李恩涵）

外蒙獨立問題

日俄戰後，俄人改變東侵政策，與日本勾結以侵略中國。光緒三十三年（一九〇七），日、俄第一次簽訂密約，劃分南北滿界限，俄承認日韓之政治關係，日承認俄在外蒙之特殊利益。宣統二年（一九一〇），兩國復簽訂第二次密約，互不阻礙對方在其範圍內鞏固及發展其勢力，俄人乃得專心致力於外蒙之經營。

俄人經營外蒙，為喇嘛修建寺院，並贈送珍貴禮品，以博取其歡心。復因清廷駐蒙大臣三多舉辦新政擾民，俄人乃乘機大加煽動。宣統三年（一九一一）六月十五日，蒙古各部王公在俄人操縱下，借會盟為名密議獨立。數日後蒙古活佛哲布尊丹巴呼圖克圖派代表杭達多爾濟、車林齊密特等赴俄，請求協助「獨立」。雙方獲得協議後，俄政府允送槍械一萬五千枝作為外蒙擴充軍備之用。七月五日，駐北京俄使以蒙古反對新政代向清廷提出抗議，清廷雖同意暫行緩辦，而俄人志仍不足。八月中，俄馬步隊至庫倫者八百餘人，陳兵恰克圖邊界者數逾四千。迨武昌起義，十一月三十日，活佛受俄人嗾使，乃合俄蒙軍逐三多出境。十二月二十八日宣佈「獨立」，僭號稱帝，定名「大蒙古國」，年號「共戴」。以金礦為抵押，向俄貸款二百萬盧布，以應財政急需，並雇用俄籍軍官數十人，以教練蒙兵。乃合俄軍北併唐努烏梁海，西攻科布多，東擾洮南，南犯察哈爾、綏遠，並恐嚇民國政府，不得對外蒙用兵。

民國元年七月，俄日簽定第三次密約，將內蒙劃分為東西兩部，俄國承認並尊重日本在東部內蒙古之利益，日本承認並尊重俄國在西部內蒙古之特權。同年九月，又以承認英國在西藏自由行動為交換條件，以取得英人之支持。同年十一月三日，俄國脅外蒙簽訂「俄蒙條約」及「商務專條」，規定俄人在外蒙得享受優越之權利。民國二年元月，在英俄授意下，西藏與外蒙在庫倫簽訂「蒙藏條約」，彼此承認其「獨立」，凡有外患內憂永遠互相援助。民國三年九月，俄人復脅外蒙簽訂「鐵路條約」及「電線條約」，規定外蒙境內之鐵路及電線均歸俄人所經營。（李守孔）

甲午戰爭

甲午戰爭：清德宗光緒二十年（一八九四），中日交戰，因歲次甲午，故稱甲午戰爭。時朝鮮有東學黨之亂，朝鮮王李熙昏庸，生父大院君李昰應當國，見亂事日益擴大，朝社幾危，電請中國遣兵鎮壓。清廷命直隸提督葉志超等率兵前往，並以出兵保護屬邦事知照日本。而日本對朝鮮侵略之野心，於光緒十年（一八八四）十二月漢城條約訂定時已顯露無餘，自不認朝鮮為中國屬邦。遂乘機亦派兵前往。中國兵屯駐朝鮮之牙山，日軍後至，逕赴王京。時駐韓商務大臣袁世凱見勢電請增加兵援，李鴻章置之未報，却請俄、英兩國公使出面調停。及東學黨亂平，中國知照日本請各自撤兵，日本不從，反藉口請與中國共同改革朝鮮內政，遂進兵佔據王宮，刼走韓王，成立日韓同盟，廢棄歷年中朝所訂一切條約，無視於中國。時李鴻章見謀求調停已無效，且知戰事不可避免，始電令牙山駐兵備戰，並自天津、旅順、奉天遣四大軍由陸路自遼東分批前往，渡鴨綠江以入朝鮮。惟因道途迂遠，乃租英商輪高陞號（S. S. Kowshing）載兵兩營，直接由海路進發。日人探知，遂以軍艦截擊，英船沉沒，清兵溺斃近千人。並以濟遠、廣乙二艦先後運兵牙山，當二艦自牙山回航，駛近豐島時，日艦吉野、秋津州、浪速迎擊，展開劇戰，廣乙被彈自焚，濟遠退回威海。八月一日，清廷方正式下令對日宣戰。時李鴻章所遣大軍尚未到達，致葉志超孤立無援，為日兵所敗，退至平壤，始與四大軍會合，然大勢已去。其後最關重要者，有下列二役：

㈠平壤之役：平壤為朝鮮北方之重鎮，清軍自牙山失利後，多退集於此。日將顯津貫道、大島義昌分路進犯，清將左寶貴戰死，葉志超亦潰敗，平壤陷沒。日乘勝渡鴨綠江，遼東大震。

㈡黃海之役：清廷所遣之陸軍既潰敗，而海軍在黃海者，亦遭日軍攻擊。時海軍提督丁汝昌率定遠、鎮遠、經遠、來遠、致遠、揚威、靖遠、超勇、平遠、廣甲、廣丙、濟遠十二艦及魚雷艇四艘，遊弋於鴨綠江口。日海軍先以快速巡洋艦隊前行，繞行於我船陣之外，馳作環形，避我鐵甲巨砲，且以快砲轟擊我左右翼小船，避實擊虛。自我右翼超勇沉沒，揚威擱淺，日艦並以左右環裹而攻，狀若太極圖。致遠彈盡，中魚雷沉沒，靖遠、來遠避至大鹿島側，而經遠被擊沉，丁汝昌所乘定遠艦亦重傷，遍船皆火，砲械俱盡。濟遠先已逃歸旅順，廣甲則被日砲所碎。是役，我軍凡失艦五，存者亦已不能軍，悉入旅順港塢修理，修竣，退守威海外之劉公島。蓋自此我已失遼海制海權矣。

時日軍已渡鴨綠江，入奉化，陷九連城、鳳凰城、旅順、大連灣、海城、復州、蓋平、營口各地。復自旅順渡海入山東，陷榮城、文登等地。退守劉公島外之清海軍，又遭日軍追擊，丁汝昌不得已，仰藥自盡，威海衞遂入日人手。多年來，苦心經營之北洋艦隊，至此全部覆沒。

日人並分遣艦隊南下，陷澎湖群島，進逼臺灣。清廷迭接敗訊，知事不可為，乃遣李鴻章赴日議和，遂於次年與日使伊藤博文訂馬關條約。（包遵彭）

戊戌變法

甲午戰爭，我國慘敗，一般知識份子，以西洋之所長，在科學技藝，日本摹仿西洋，驟然富强，中國亦摹仿西洋，竟告失敗，始進一步發覺除摹仿西洋「船堅砲利」外，必須效法西洋「法政制度」。要救中國，非改制變法不可，否則，將有滅亡之禍。倡導變法最力者為康有為，係廣東南海縣人，生於咸豐五年（一八五五），受業於粵中大儒朱次琦。光緒八年（一八七九）有為入京遊歷，道經香港、上海，見西人殖民政治之完整，深受刺激，乃悉購翻譯書籍，加以研究，思想轉變。光緒二十年（一八九四），有為偕弟子梁啓超入京會試，適值中日戰爭，有為聯合公車數千人，上書申變法之請。明年有為中進士、授工部主事。馬關條約成立，有爲聯合舉人千餘人擬上書奏請拒和、遷都、練兵、變法，屬稿已定，而和約批准。有爲極力鼓吹變法，並倡立學會，開辦報館。及德佔膠澳，俄租旅大，瓜分之禍日亟，人心震恐，有爲立保國會，大事宣講「人人有亡天下之責，人人有救天下之權。」變法運動，一時瀰漫全國。光緒二十四年，歲次戊戌（一八九八），有爲屢次上書朝廷，重申變法之請，德宗深爲感動，謂：「我不能爲亡國之君。」（梁啓超「戊戌政變記」卷九附錄三「光緒聖德記」。）決意變法，四月二十三日（六月十一日），下詔定國是，明示吏民，努力向上，發奮爲雄。至八月六日（九月二十一日）發生政變，維新凡一百零三天，推行不少新政，其要點：

一、敎育方面：

㈠廢八股取士：所有鄉會試，一律改試策論。

㈡京師設大學堂；各省設高等學堂；各府、州、縣設中、小學堂；開經濟特科。

㈢辦理官報：改「上海時務」報爲官報，派康有爲督辦其事。並勸勵官紳士民辦報，以開風氣，而廣見聞。

二、政治方面：

㈠裁汰閑散衙署：如詹事府、通政司、光祿寺、鴻臚寺、太常寺、太僕寺、大理寺。裁撤湖北、廣東、雲南三省巡撫及河道總督。

㈡澄清吏治：諭各部院於奉旨交議事件，剋期議覆，逾期即嚴懲治。力行保甲，改良司法，編製預算。

㈢引用新人：詔各省督撫訪查通達時務勤政愛民之能員，隨時保送引見。

㈣廣開言路：諭各衙門代奏事件，次日即當呈進，稍有抑格，立即嚴辦。諭官民一律得應詔言事。士民上書，由本省道府隨時代奏。

三、軍事方面：

㈠加强國防：嚴諭各省將軍督撫，切實裁兵練軍，行徵兵制。

㈡整頓營務：裁併各省綠營、練勇，改習洋槍，按照泰西兵制，更定新章，認眞操演。

㈢變更武舉：諭各省武鄉試自光緒二十六年庚子科爲始，會試自光緒二十七年辛丑科爲始，童試自下屆爲始，一律改試鎗砲。

四、實業方面：

㈠興築鐵路：諭蘆漢鐵路督辦盛宣懷，剋日興工趕辦，並命粤漢、寧滬各路承辦人員一律迅速開辦。

㈡提倡農工商政：詔於京師設立農工商總局。各省府州縣設立農務學堂，廣開農會。諭總署設立礦務學堂。諭劉坤一、張之洞於上海、漢口試辦商務局。

㈢獎勵製造發明：諭各省士民若有新書以及新法製成新器，果足資民用者，允宜獎賞，以爲之勸。所製之器，頒給執照，酌定年限，准其專利售賣。

變法維新，舊黨極力反對，慈禧與榮祿密謀，擬乘九月天津閱兵時，實行廢立。消息外洩，帝密諭康有爲等：「朕位幾不保，汝康有爲、楊銳、林旭、譚嗣同、劉光第等，可與諸同志妥速密籌，設法相救。」（梁啓超「戊戌政變記」「廢立詳記」。）譚嗣同等擬羅致袁世凱以制榮祿，請在九月天津閱兵時「保聖主，復大權，淸君側，肅宮廷。」袁向榮祿告密，榮連夜入京上變。八月六日（九月二十一日）晨，太后自頤和園回宮，詔稱德宗因病不能視事，復行垂簾聽政，幽德宗於南海瀛台，逮殺楊銳、林旭、劉光第、譚嗣同、康廣仁、楊深秀，時稱「戊戌六君子」。其他贊助維新的內外大臣，一概罷黜獲罪，康、梁得英、日之助逃免，太后下詔停止一切新政，恢復舊觀。（參看王樹槐：「外人與戊戌變法」。）（戴玄之）

平等新約

國民政府奠都南京後，即致力於不平等條約之廢除。北伐成功後，與我簽訂通商友好條約國家有比利時、意大利、丹麥、葡萄牙、西班牙、希臘、捷克等國，與我簽訂關稅新約國家有美國、德國、挪威、荷蘭、瑞士、英國、法國、日本等。民國十九年二月，我政府並與各有關國訂約，收回上海臨時法院。至其他各種外人在華特權，因九一八事變後日本連續對我發動侵略，使政府廢除不平等條約之努力，不得不暫告擱置。

民國三十年五月，我政府照會美國，表示中國贊同機會均等之原則，希望戰後另訂平等新約。得美國答覆，聲明願於遠東和平恢復後，放棄在華各種特權。同年七月，英國亦聲明將於戰後與我國商討治外法權，交還租界，並根據平等互惠原則，重訂新約。

民國三十年十二月，太平洋戰爭爆發後，美、英為加强同盟間之相互團結，乃於民國三十一年十月九日我國國慶前夕，分別通知我國，聲明願放棄在華治外法權，及其他有關權益，並擬於最短期內提出草約，與我國正式談判；於是我國百餘年之桎梏，一旦解除。至民國三十二年一月十一日，中美、中英平等新約分別在華盛頓、重慶簽字。總計兩約美英所撤廢之各種特權如下：㈠領事裁判權，㈡使館界及駐兵區域，㈢租界，㈣特別法庭，㈤外籍引水人等特權，㈥軍艦行使之特權，㈦英籍海關稅務司之特權，㈧沿海貿易與內河航行權，㈨影響中國主權之其他問題。同年五月二十日，中美及中英新約，分別在華盛頓、重慶互換批准約本，並即日發生效力。至於英租九龍問題，我政府曾提議收回，英國則以九龍與香港在地理上有相依恃之關係，拒絕討論。

此後截止抗戰勝利，其他各有關國亦相繼有放棄其在華特權之聲明，同時分別與我國簽訂平等互惠新約，其一切條款均以國際法普通原則為根據，其國名及訂約時間如下表：

國名	訂約時間	訂約地點
巴西	民國三十二年八月二十日	巴西京城里約熱內盧
比利時（包括盧森堡）	民國三十二年十月二十日	重慶
挪威	民國三十二年十一月十日	重慶
古巴	民國三十二年十二月十八日	古巴京城哈瓦那
加拿大	民國三十三年四月十四日	渥太華
瑞士	民國三十四年四月五日	重慶
荷蘭	民國三十四年五月二十九日	倫敦

此外美國國會為尊重我國國際地位之平等，特於民國三十二年十一月二十七日通過「廢除限制華人入境律案」，尼加拉瓜、哥斯達黎加國會，亦有新移民法案之規定，而給予中國僑民以公平合理之待遇。（李守孔）

立憲運動

日俄戰後，國人感於日本立憲之戰勝俄國專制，掀起一片立憲之呼聲。光緒三十一年（一九〇五）十一月，清廷遣五大臣出洋考察憲政；明年七月十三日，遂頒佈預備立憲之上諭。詔書不確定立憲時間，而先自釐訂官制入手。是時國內立憲派張謇等，在上海組織預備立憲公會，希望用和平方法促成立憲之實現。海外立憲派梁啓超等，在日本東京組織政團，以推動國會制度相號召。惟清廷實無立憲之誠意，僅在敷衍塞責，以達成中央集權之目的。光緒三十四年（一九〇八）八月一日，公佈欽定憲法大綱，並定九年為預備立憲之期，以其時間過久，立憲黨人乃大為失望。

宣統元年（一九〇九）九月一日，全國二十一省諮議局同時開幕，其議員出身，或係地方紳士，或留學日本及新式學堂畢業者，在社會上有極大之潛在勢力，因成為清季請願立憲之主流，而江蘇諮議局長張謇，尤為其中之巨擘。同年十一月，各省諮議局推舉代表，組織各省諮議聯合會於上海。十二月，聯袂至北京，請願即開國會。朝旨嘉獎，但不允所請。

宣統二年（一九一〇）三月，各省諮議局聯合會留京代表，合併各種請願國會團體，改稱國會請願代表團。五月，二次上書請願。清廷仍堅持必俟九年後籌備完全，方可議開國會。

九月一日，資政院在北京開幕。為清廷詐欺國人所成立之中央代行民意團體。其議員分欽選及各省諮議局互選兩種，各一百人，正副總裁由朝廷特旨簡充；其目的在於鞏固皇族之特權。但以人心所向，雖資政院議員，多數亦認為立憲之不可緩，乃接受國會請願代表團三次請願，專摺具奏。

清廷不得已，於十月三日下詔，准將立憲籌備期限縮短，於宣統五年（一九一三）開設國會，並先設立內閣，復通令全國驅逐解散請開國會代表，立憲黨人失望之餘，轉而同情於革命事業。其後武昌起義之成功，雖發動於革命黨，而各地響應，直接間接多與立憲派有關。（李守孔）

同文館

同文館為同治自強新政在教育方面的設施之一。最初設立的動機，係由於咸豐十年十二月（一八六一、一）清廷設置總理各國事務衙門後，亟須通曉外國語言文字的人才，以為辦理外交時的舌人及翻譯之用，恭親王奕訢等因此建議仿照過去俄羅斯館的定例，設立同文館，作為總理衙門的附屬機關，挑選八旗聰慧青年年在十四、五以下者，入館學習；並奏飭廣東、上海各派諳識英、法文字語言者二人，來京擔任教習。同治元年七月廿五日（一八六二、八、二十）恭親王等復奏呈同文館章程，奉旨允准，該館遂正式成立。

設立之初，僅置英文館，有學生十名。因廣東、上海兩處均未覓得適當的外語人才，總署乃因英國威妥瑪（Thomas F. Wade）之介，請得英人包爾騰（J. S. Burdon）擔任教師。同治二年三月初六日（一八六三、四、廿五），始增設法文館與俄文館，前者由法人司默靈（Smorrenberg）擔任教習，後者由俄人柏林（A. Popoff）擔任教習。同治六年（一八六七）添設算學館，由李善蘭擔任教習。同治十年（一八七一）添設德文館；光緒二十四年（一八九八）又增設東文館。同文館爲總理衙門的附屬機關，名義上所有總署大臣均有管理該館之權，但實際只有兩位大臣過問其行政事務。同治八年，經由總稅務司赫德的介紹，任命教授萬國公法的美人丁韙良（W. A. P. Martin）爲總教習，實際負責館務。丁韙良於同治三年即來館講授英文，至光緒廿一年因健康不佳退休，計任職廿二年之久。繼任者爲歐禮斐（C. H. Oliver），此後署理總教習者尚有多人。光緒廿六年，庚子拳亂，八國聯軍侵占北京，同文館師生全體解散。次年，朝廷因切實舉辦京師大學堂，命張百熙爲管學大臣，於是把同文館合併於京師大學堂內，京師同文館的生命，就此中止。

同文館創辦初期，由於目的在於養成翻譯人才，所以課程方面亦只限於外國語言文字，但同時並不拋棄中文，另請中國教師三名或四名講授中文。此後算學館成立，課程始大加擴充，許多有關自然科學的科目，也逐漸開始講授，漸由一個翻譯學校轉變爲一個實用科學的學校。此類新課程計有算學、化學（初由法人畢利幹 Anatole Billequin 講授）、萬國公法（由丁韙良講授）、醫藥生理（由德貞 J. Dndgeon 講授）、天文（先由美人海靈敦 Harrington 講授，旋由費禮飭 Fritzche 繼之）、格致（卽物理課，先由歐禮斐 C. H. Oliver 講授）等。肄業學生對於修習各課目，均有一定的次第，最初數年注重外國語言文字，此後數年始漸漸研究科學，讀完全部課程，須時八年。

同文館開辦之初，學生只有十人；後來法文館、俄文館、德文館成立，每館亦只有十名學生。至光緒十三年，全館學生名額已增至一百二十名。此後一直至同文館停辦時止，學生名額大致仍維持這個數字。學生來源，最初係在八旗中挑選；後來入館學生須經過考試。算學館成立後，學生程度更加提高。光緒廿一年二月，總理衙門以「交涉日繁，需材日衆」，乃奏准分派該館學生前往英、法、俄、德等國留學，學習語言文字算法，以三年爲期，以「講求實學，磨礪眞才，廣見聞而開風氣」。

入館學生的考試，計分四種：㈠月課：係於每月初一日舉行；㈡季考：係於二月、五月、八月、十一月之初一日舉行；㈢歲試：每年十月，定期面試；㈣大考：每屆三年，舉行總考試一次，由總理衙門執行。每屆大考後，凡成績優者可授爲七、八、九品官，劣者則分別降革留館。七品官復考取一等者，則授爲主事。早年考試的內容，均偏重於翻譯，後來課程內容擴充，始有作文與各種學科的考試。

同文館畢業的學生，或在國內充任翻譯官，或隨同我國駐外公使前往外國，也有被任爲駐外公使的。同治五年總稅務司赫德休假歸國，總署選派斌椿隨其前往歐洲考查各國情況，同文館學生鳳儀、德明、彥慧等三人則奉派爲隨行人員。同治八年，前美國駐華公使蒲安臣（Anson Burlingame）代美中國出使歐美，同行者亦有同文館學生六人，爲翻譯官。該館畢業生出任駐外公使的，有汪鳳藻（光緒十八年至二十年任使日大臣）、慶常（光緒廿一年至廿五年任使法大臣）、張德彝（卽德明，光緒廿七年至卅一年任使英大臣）、蔭昌（光緒廿七年至卅一年任使德、荷大臣）、楊兆鋆（光緒廿八年至卅一年任使比利時大臣）、楊晟（光緒廿九年至卅一年任使奧大臣、光緒卅一年至卅三年任使德大臣）、楊樞（光緒廿九年至卅三年任使日本大臣，宣統元年至二年任使比利時大臣）、劉式訓（歷任使法、西班牙及巴西大臣）、薩蔭圖（光緒卅三年至宣統三年爲使俄大臣）、吳宗濂（宣統元年至三年爲使義大利大臣）、劉鏡人（歷任駐荷蘭及俄國大臣）等。畢業生中官階最高者有三人：(1)陸徵祥，晚清期間，曾歷任駐荷蘭及俄國公使；入民國後，曾歷任外交總長及代理國務總理等職，並於歐戰後，擔任我國出席巴黎和會代表團團長；(2)蔭昌，晚清時曾署任陸軍部尚書，民國後，與袁世凱關係甚爲密切，歷任北洋政府極高級之軍職；(3)周自齊，歷任民國初年外交、財政、交通等總長，爲新交通系之巨頭。

（參考：吳宣易：京師同文館略史，讀書月刊二卷四號；Knight Biggerstaff, The Earlist Madern Government Schools in China, Cornell Univ. Press, 1961.）（李恩涵）

同盟會

清季有組織之革命團體，以興中會爲最早。光緒二十九年（一九〇三）十一月，黃興、劉揆一、宋敎仁等，組織華興會於長沙，謀利用會黨在湖南省城起義。翌年九月事洩，興等亡命走日本。蔡元培等，亦於光緒三十年（一九〇四）秋，組織光復會於上海，後以浙江紹興爲本部。

光緒三十一年（一九〇五）春，　國父自美國赴歐洲，分別在北京、柏林、巴黎組織中國留學生，爲歐洲革命團體之起源。同年夏返日本，合併華興會、光復會，於六月二十九日擧行中國同盟會籌備大會。七月二十日正式成立，衆推　國父爲總理，以中華民國軍政府名義對外發表宣言，說明同盟會之宗旨爲「驅除韃虜、恢復中華、建立民國、平均地權。」另創辦民報以爲宣傳機關。

同盟會成立後，不一年加盟者萬餘人，截止辛亥武昌起義，其革命行動較著者爲光緒三十三年（一九〇七）四月黃岡之役，及惠州七女湖之役。同年七月防城之役，十月鎭南關之役。光緒三十四年（一九〇八）春欽、廉之役，四月河口之役。宣統二年（一九一〇）正月廣州之役，宣統三年（一九一一）三月黃花崗之役。加上興中會時代光緒二十一年（一八九五）九月廣州之役，及光緒二十六年（一九〇〇）閏八月惠州之役，均係　國父直接所領導，通稱十次革命。

此外淸季革命黨人在各地起義者，仍有光緒二十八年（一九〇二）十二月洪全福廣州之役，光緒三十二年（一九〇六）十月萍、醴之役，係策動會黨之義師。光緒三十三年（一九〇七）五月安慶之役，六月紹興之役，乃光復會徐錫麟、秋瑾等之壯擧。光緒三十四年（一九〇八）十月熊成基安慶之役，乃軍中黨人之獨豎一幟，係受　國父革命鼓吹所影響。（李守孔）

自立軍

唐才常湖南瀏陽人，少負改革大志，與同邑譚嗣同相友善。光緒二十三年（一八九七），任敎長沙時務學堂，戊戌政變後，憤嗣同等遇難，乃逃亡日本，蓄意報復。初訂交於　國父，籌商合作起事辦法；後得保皇黨支持，乃於光緒二十五年（一八九九）冬，偕東京留學生林圭、秦力山等返國。欲利用會黨，在長江沿岸各省起兵，先襲取武漢爲根據地。

才常初以日本兵庫縣民田野橘次名義，在上海發起東文學會，並組織正氣會，用作連絡會黨及各地維新人士之機構。光緒二十六年（一九〇〇）七月一日，利用北方拳禍機會，延請滬上聞人，開國會於張園，推擧容閎、嚴復爲正副會長，才常自任總幹事，主持一切。旋改正氣會爲自立會，名其勤王軍爲自立軍，惟其號召依違於革命排滿之間，大爲時人所不諒。

才常初恃康有爲、梁啓超等之海外接濟，而匯款終不至，乃發「富有」、「貴爲」等票以爲維持，人心益離散。才常分自立軍爲七軍，以大通爲前軍，秦力山統之。安慶爲後軍，田邦璿統之。常德爲左軍，陳猶龍統之。新堤爲右軍，沈藎統之。漢口爲中軍，林圭統之。另置總會軍及先鋒軍，由才常總統之。

是時東南疆吏已與聯軍訂互保之約，鑒於北方政局混亂，而才常等以英日爲外援，多表消極防範之態度。七月十五日，秦力山發動於大通，至十九日全部瓦解，力山隻身走日本。才常則因候款故，屢次延期，而事益洩漏。七月二十八日，湖廣總督張之洞，遣弁在港口英租界李順德堂，逮捕才常、林圭等二十餘人，二十八日殺之於武昌。其他各路相繼失敗。保皇黨人經此挫折，知康、梁之不足成事，多易幟從事革命，爲淸季革命保皇聲勢盛衰之關鍵。（李守孔）

自强運動

鴉片戰爭失敗後，國人之有遠見者，發現外國有勝於中國之處。林則徐即主張「製船必求其堅，造礮必求其利。」魏源則主張「師夷長技以制夷」。惜未發生影響。英法聯軍之役，負責辦理外交之恭親王奕訢與大臣文祥，知外人肯遵守條約，願售武器予我，將製造兵器與練兵方法敎我國人。所以今後須注意外交，而講求自强，又必須練兵、製器、造船、籌餉，用熟諳洋務之人，且須持久。在南方與太平軍作戰之大吏。如曾國藩、左宗棠、李鴻章等人，曾使用外國輪船與砲火，均力主採用西法，練兵製器，以求自强，於是在朝內外合作下，展開自强運動。由於自强項目均與外洋有關，故又稱洋務運動。

外交方面，淸咸豐十年十二月（一八六一年一月），設立總理各國事務衙門，簡稱總理衙門、總署或譯署，辦理外交，天津、上海分設通商大臣，後改名北洋、南洋大臣，由直隸、兩江總督兼管。對外國訂約，除英、美、法、俄四國以外，至光緒初年，更有普魯士、丹麥、荷蘭、西班牙、比利時、義大利、奧大利、日本、秘魯、巴西、葡萄牙等國。同治五年（一八六六），派使臣至歐洲遊歷。七年，聘請前駐華美使蒲安臣（Anson Burlingame）及志剛、孫家穀等爲專使，赴美、歐二洲各大國訪問。九年結束。光緒元年（一八七五），開始派遣使臣郭嵩燾往英國，以後繼續派使臣往美、日、德、法、俄等國家。

製器造船練兵方面，同治元年（一八六二），李鴻章在上海設砲局，四年，曾國藩添購機器，擴充為江南機器製造局。金陵、天津亦相繼設立。江南機器製造局，後成為大規模兵工廠兼製造廠。左宗棠在福州創辦船政局，同治六年成立，由沈葆楨負責，並附設船政學堂。光緒八年（一八八二），李鴻章築旅順軍港，光緒十四年，北洋海軍成軍。

在訓練人材方面：同治元年（一八六二），總理衙門在北京設立同文館，學習外國語文及公法、天文、算學。二年，李鴻章在上海設立廣方言館，訓練譯書人材。十一年，曾國藩、李鴻章開始派送幼童至美國留學。後沈葆楨派學生至英、法學習造船與駕駛，李鴻章亦派學生至德國學陸軍，至英、法、德國學製造與駕駛。本國又先後設水師學堂與武備學堂。

經濟建設方面：同治十一年（一八七二），李鴻章創辦輪船招商局，先在沿海航行，後延長至長江。光緒四年（一八七八），左宗棠創設甘肅織呢總局。郵務辦事處，開始收公衆郵件。光緒七年，開平礦務局成立，並修鐵路十公里運煤；以後不斷延長，並修建其他鐵路。同治九年（一八七〇），丹麥設上海、香港海底電線。不久，李鴻章架設天津、大沽與天津、上海兩線，後又延長至奉天、廣州及西北、西南兩地。

以上各項新建設，在同治朝以製造軍械與學習有關製造之學識為主，光緒朝則注意國防有關事業，如電信、鐵路、築港、造艦，以近代化交通，配合近代化國防。因需款浩大，又發展輕工業，以增加國家收入，逐漸發展，乃有如上成績。惜主持自强運動者，僅重視軍事與經濟，未能注意政治全面改革。加以守舊派反對，以致效果不大。然仍能在艱難環境中，使中國走上近代化大道。（黃大受）

伊犂條約

清同治朝，新疆回亂，五年（一八六六）正月，賊陷伊犂。九年，俄兵襲據伊犂，辭曰：為中國代收代守。踰年，將軍金順、榮全先後奉命交涉，交還伊犂，俄人推延不議。光緒四年，新疆匪亂平，九月，清廷以崇厚為全權大臣使俄會議。崇使在俄，擅許：允俄商由嘉峪關經西安、漢中至漢口聽其貿易；又烏魯木齊、塔城、伊犂、喀什噶爾、科布多、烏里雅蘇台等處免稅貿易；暨嘉峪關等蒙新之地七處增設領事開設貨棧。又允俄展拓伊犂界，將帖克斯河劃割俄國；重劃自奎峒山至堪迭爾雷克河間之塔爾巴哈台界；新定天山迤南至蘇約克及伊爾克什唐之界。又允償俄代收伊犂兵費五百萬盧布。以上通商、分界、償款三端外，另專條許俄松花江行船至伯都訥等議定收回伊犂條約十八條摘要電報總署，竟不待奏准，率行畫押。六年正月，崇厚以誤國革職拏問，交刑部治罪，改派曾紀澤充出使俄國欽差大臣。六月，曾使抵聖彼得堡，與俄外部大臣格爾斯，出使中國全權大臣布策，彼此往返磋商，反覆辯論。迄七年正月，議定中俄改訂條約二十條，專條一條，中俄續改陸路通商章程十七條，附俄商前往中國貿易運界卡倫單，均繕漢、俄、法文各二本，以法文為證，二十六日畫押蓋印，七月二十五日互換。本約改訂要點：一、交還伊犂，將帖克斯川及莫薩山口附近收回。二、喀什噶爾界務由兩國各派大臣照現管界勘定。三、塔爾巴哈台界務，將同治三年中俄勘分之界，及此次崇厚所允兩界之間酌中勘定。四、嘉峪關通商仿照天津成例辦理，原有西安、漢中、漢口字樣均删去不提。五、松花江行船至伯都訥專條廢去。六、添設領事於吐魯番，餘俟商務興旺時再議。七、天山南北路貿易納稅之事，將原約內均不納稅字樣改為暫不納稅，俟商務興盛時，再訂稅章。八、償款數目由原為五百萬增至九百萬盧布，並將應賠應卹者一百九案併入全結。曾使雖未能悉數符合當時清廷原定准駁之議，然已挽回十之七八。惟當交涉改訂之際，萬目睽睽，均注視伊犂近郊之收回，與南疆八城交通攸關之帖克斯河川。至俄商貿易過界卡倫單所列第十三號卡倫恰克圖以東俄商過界之卡倫，均在原定鄂博以南十數里，或數十里之地，卡口既經南移，則原有鄂博，形同虛設，積時既久，則又藉卡口為國界。光緒九年續勘喀什噶爾界牌時，俄人不照改訂約文規定兩國現管界之葱嶺正幹以帖列克達𤄷為界，而堅持卡倫單內所列第三十五號卡倫伊爾克什唐為界，我遂又失現管界之地二百餘里。其尤荒謬者，所列恰克圖以西第十九號卡倫貝勒特斯，第二十一號卡倫金吉里克等，本為唐努烏梁海與札薩克圖汗部往來之內卡，而俄人竟列為中俄間過界卡倫，陰將唐努烏梁海脫置界外，當時曾使實未深察。直至光緒十五年烏里雅蘇台辦事大臣祥麟奏明該係內卡等：請旨飭下總理衙門即行照會駐俄使臣作速令行删去。若非祥麟此奏，則當年一紙卡倫單，唐努烏梁海早為俄國併去。（王彥威：清季外交史料，程發軔：中俄國界圖考）（歐陽無畏）

伊寧事變

伊犁在唐時爲西突厥及回鶻地，元名阿力麻里。明爲衞拉特地，清初爲準噶爾部所據。因地處新疆西北極邊，中西交通之要衝。當乾隆時平定準部後，在伊犁河北方設九城：曰惠遠、綏定、寧遠、拱宸、廣仁、瞻德、塔勒奇、惠寧、熙春。其中以惠遠城爲最大，清將軍府駐此。後因缺水，商業重心遂移伊寧城，伊寧舊名寧遠，民國二年改爲今名，因城內有金頂寺，回漢族多以「金頂寺」稱之，惟俄族則呼「古爾札」（蒙古語），亦即木碗。因四週環山儼如木碗狀。

本伊寧事變，係蘇俄重演同治八年（一八六九）佔領伊犁之故技。民國三十三年秋，新疆省主席盛世才離職前夕，是年九月二日有暴民法合提者，由俄國馱運槍械竄至烏拉斯台與艾尼、亞歷山大等人開始倡亂，不數日已聚衆千餘人。十月八日暴民攻陷鞏哈縣街，伊寧駐軍聞訊進剿，伊市空虛。十一月七日晨，有着哈薩克斯坦士兵服裝亂民到處亂竄，不久又有俄軍佔伊寧城北之橋頭，頓時市內槍聲大作，漢族人均奔向城北之艾林巴克機場，軍警極力抵抗，終於不支於十一月十日失陷。暴民遂成立「東土耳其斯坦人民共和國」政府，艾立汗條熱充主席（六十餘歲烏孜別克族），副主席爲阿栗台吉（七十餘歲培蘭其族），並出刊東土耳其斯坦解放報（維文版與俄文版）作爲煽動與宣傳之工具。十一月十一日綏定又被攻陷，全城漢民多數被殺，寧西，震爾果斯也於同日作了城下盟。十二月三十一日惠遠城陷落，保安團長陳白良、區警察局長高煒自殺。伊區南部各縣鞏留、新源、特克斯各縣縣長、警察局長等率同民衆於十一月十七日卽奔往焉耆，沿途山雪村路並被暴民追擊，生抵焉耆不過三十餘人。昭蘇官民也於十一月十八日經冰達坂退往阿克蘇，後被暴民追及，生還者僅警士十餘名。北部各縣，溫泉在三十四年一月間被攻陷，官民無一逃出者。博樂官民於二月十八日撤往精河。此時，全伊犁區僅山外精河一城。

至於據守城北艾林巴克機場之國軍，抗戰長達一百天，軍隊與民衆婦孺共四千餘人，俄軍於夜間由震城過界圍攻，白晝卽撤去，最後終於彈盡糧絕，宰馬而食，直至三十四年一月二十九日始向東撤退，但山雪漫漫，復被俄軍圍攻，多數死於砲火之下，剩餘者千餘人被暴民押回，一入伊市又被亂民屠殺，所餘不過八百人均被拘留，後充苦工。

在北疆最重要者爲伊犁、塔城、阿山三區，伊犁區僅餘山外一城——精河縣，可是暴民不攻精河，先於三十四年七月十八日切斷烏蘇至塔城公路，同月二十四日攻陷托里，二十六日老風口不守，旋圍攻額敏縣，二十九日失陷，額敏失陷後，塔城孤懸塞外，終於七月二十一日棄守。阿山區於三十四年一月間被暴民攻佔富蘊、烏河，二月下旬侵入吉木乃，駐軍退守承化寺，同年五月間暴民同俄軍圍攻承化，守軍撤守向外蒙逃竄被擊潰，多數被俘或被殺。精河縣由於塔城、阿山二區失陷無法死守，尤烏蘇於三十四年九月初失陷後，精河縣之後路被截斷，精河守軍遂向迪化方向撤退，於暴民環擊下少數兵力撤守綏來瑪納斯河固守。在此一時期，南疆各地亦烽火連警，均未得逞。不過北疆伊犁、塔城、阿山三區被俄人攫取，重要之礦產如石油、黃金、鎢、鈾，以及各種放射原素之礦產均被俄人掠奪與開採，此卽由伊寧一隅之事變而演成三區失守之經過。（張大軍）

西安事變

九一八事變後，　蔣委員長身負國家安危，確定攘外必先安內的方針。中共則假藉抗日爲名，煽動民衆，作擴大叛亂之勾當。民國廿三年底，五次圍剿初告成功，共黨殘部西竄至陝北，猶作困獸之鬥。二十四年十月二日，國民政府特派　蔣委員長兼任西北剿匪總司令，張學良兼副司令。共匪發覺張學良所部東北軍有思鄉情緒，易於受抗日口號煽動，乃開始發動「和平」攻勢，散發「抗日不剿共」「停止剿共，一致抗日」等宣傳品，張學良等爲其宣傳所惑，在西安竭力掩護共黨分子及其外圍組織的活動，於是「第三黨」與「救國會」公開作反動宣傳，頓使西北社會浮動，人心不安。　委員長已明悉張學良思想動搖，東北軍剿匪部隊言動歧異，且有與共黨勾結者，事態已甚嚴重，　委員長以國家爲重，乃決定親往西安坐鎮，並準備在年終召集將領開會，昭示中央剿共抗日之方針與苦心，使不爲共黨荒謬宣傳所惑。於十二月四日由洛入關，按日接見諸將領，咨詢戰況，指示機宜，不料於十二日，發生張學良、楊虎城以暴力刼持統帥的事變。張、楊竟向　委員長提出八項條件：(一)改組南京政府，容納各黨各派；(二)停止一切內戰；(三)立卽釋放上海被捕之救國會領袖；(四)釋放全國一切政治犯；(五)保障人民集會結社之一切自由；(六)開放民衆愛國運動；(七)確實遵行　孫總理遺教；(八)立卽召開救國會議。純爲當時共黨及其同路人之政治宣傳。　委員長即以嚴辭峻拒之，並指責張學良犯上作亂，並告以：「今日之事，爾有武器，我有正氣，我雖無武器，須知正氣與喉舌即爲余之武器，余必捍衛民族之人格，而求無愧爲　總理之信徒，無負於革命之先烈！爾小子何知，乃妄想余爲爾所威脅，而視余今日之正氣爲倔强乎？」張學良於詳閱　委員長文件與日記後，對統帥偉大人格，革命忠忱，與爲國爲民的苦心，深受感動。時中央獲知西安事變發生，立即通電聲討，任命軍政部長何應欽爲討逆軍總司令，並派數隊空軍飛臨西安，同時全國同胞獲知　委員長在西安蒙難，無不憤恨，奔走呼籲，唯恐或後，一致對叛逆致討。十二月廿五日，張楊已有覺悟，並知衆怒難犯，乃親送　委員長同南京。張學良交軍事委員會依法懲處，歷時十四日之西安事變乃告結束。

此次事變，證明國人的向背，當　委員長蒙難期間，全國同胞徬徨終日，失所依憑，對　委員長安危無不關切，及至　委員長安抵首都，消息所至，薄海歡騰。我國八年抗戰所以能在　委員長領導下獲得最後勝利，決非偶然。（參考　蔣總統著「蘇俄在中國」）（王德毅）

西姆拉會議

民元六月，政府電令川督率師入藏平亂。八月，克復裏塘、巴塘，猶未出川境，而英使朱邇典（John Newell Jordan）面遞外部備忘錄：認我僅有西藏宗主權而不有主權，不允我駐軍藏地而無限人數，應締訂條約載入遵守，未訂約前英國不能承認中華民國，並暫絕中國西藏間之印度通道。九月，又來恫嚇：倘征藏軍繼續西進，英政府匪特對民國不予承認，且當以實力助藏獨立。我爲寢英人間謀，先開復前清降旨所草達賴吐布丹嘉措之名號，蒙藏事務局議定西藏待遇法七款善爲安撫，護理駐藏辦事長官陸興祺自印頻遣使拉薩勸誘，達賴漸萌歸悔意。英人見此情狀，乃先計誘達賴親信倫欽慶札班覺多吉，許以獨立，英率先承認，助械貸款等。遂設辭調停中藏糾紛，在印舉行中英藏三方面會議解決藏案。時我政府財政窘迫，正謀擧外債，英得以此脅我。我又慮果堅不參加，若英藏逕私訂約，則所失尤大。二年六月，特派陳貽範爲全權代表赴印參加會議。英方代表麥馬洪，其藏事參贊貝爾，先與藏方代表廈札於靖西密商三月，設謀佈局。十月十三日，遂正式開議於西姆拉，廈札提書面要求：一、聲稱西藏將宣佈獨立。二、依據英國政府出版地圖劃定中藏邊界。三、藏英逕行修訂商約，中國不得過問。四、中國不得派遣官吏及軍隊駐藏。五、達賴仍保有中國，蒙古各地宗教特權。六、中國須償付藏人損失及瞻對稅款。三十日陳使開列對案：一、訂明西藏爲我領土之一完整部份。二、我有權指派駐藏辦事官員及各地駐軍。三、西藏外交及軍政事宜應聽命於我。四、西藏官民因親華而被拘禁者一律釋放，被抄沒家產一律發還。五、達賴在華蒙各地宗教權利可以商議。六、修改西藏商約應照光緒三十二年（一九〇六）約之第三款由有關各方共同商議。七、西藏邊界應以工布江遠之西爲界。雙方距離懸殊，麥馬洪提議先討論界務，俟解決後，再及其他。三年元月十二日第三次會，陳使與廈札各備書面聲明，彼此交換，並各以一份交麥馬洪供研究調停之道。二月十七日第四次會，麥馬洪就中藏界務提折衷之案，以紅藍兩線標示中藏邊界。紅線即廈札提案要求之線，凡我新疆省之西南，東南兩隅，西甯府以西之青海全部，川邊打箭鑪、裏塘、巴塘等已設縣治之地，以及滇省阿墩子等，均被劃出線外，藍線起自新疆青海交界沿崑崙山脈東向，復東南斜向，迄於滇北，而將已設縣治之德格、瞻對等地劃出藍線之西。並指稱紅藍兩線之間爲「內藏」，藍線以西爲「外藏」。三月十一日第五次會，麥馬洪竟不持協議，遽提出其單方面所擬草約十一款，要點：一、中國在藏僅有宗主權而無主權，外藏自治，中英均不過問其內政。二、中國在外藏不設官治理，不駐紮軍隊。三、中藏雙方如無英國政府參加，不得以藏事議約。四、西藏邊界，及「內藏」「外藏」之分界，以紅藍色繪明於二月十七日提出之附圖。五、達賴現有教權，爲選派喇嘛及掌理教務，不受「內藏」「外藏」界限有所損削。六、英國在藏商務享最惠國待遇，駐紮江孜英員可隨時自帶衛隊前往拉薩議事。七、前清時代所訂西藏通商章程作廢，由英藏兩方逕行另訂新章。陳使鄭重聲明：中國政府雖樂願達成協議，但決不令所承自前清之領土受絲毫分割。三月下旬，陳使仍奉命於界務一再讓步。正竭力交涉期間，詎英藏兩方於三月二十四日竟背我私行秘密換文，將滇緬未定界地之伊蘇拉齊山口起，西迄西藏、不丹、印度三交界止，劃定一線，亦即附圖紅線尾端末段，作爲英藏之邊界。陳使爭界，全神祇顧對內川滇各邊，而於該圖紅線尾端滇康外連緬印一段，竟熟視無睹，殊爲疎失。此即後來釀成中印間邊界糾紛之著名「麥馬洪線」。四月七日第六次會，陳使復作第三次讓步，麥馬洪始首次略作讓步：享包脫嶺東北之青海地方、金川、打箭鑪、阿墩子等地自「內藏」劃出全歸中國絕對轄治，瞻對、德格自

「外藏」劃入「內藏」。後復數經會外磋商，訂明「西藏爲中國領土之一部份」作爲附款。二十日陳使奉命再聲明下開各節：一、我決不接受西藏不有代表於中國議院或類似團體之條款。二、英國駐藏商務委員所帶衞隊人數，決不得超過我駐藏大員衞隊人數之半。三、英國派有商務委員駐藏之處，我駐藏大員亦有權派員駐紮。四、所稱英藏將新訂之通商章程，必須我政府同意始能生效。五、關於界務：甲、當拉嶺青海原界及阿墩子、裏塘、巴塘各地仍歸我照內地治理。乙、怒江以東暨德格、瞻對、昌都、三十九族各地，仍沿喀木名稱，定爲特別區域，除業已設縣之地外，不再新設。丙、怒江以西之地，雖可允由藏人自治，但若遇有關涉政治、領土、或國際事項，仍應禀承中國政府辦理，由中英兩國會商。以上爲我最後讓步，若英方仍不予考慮，則談判破裂，我不負任何責任。四月二十七日第七次會，麥馬洪竟將英方所擬修正草約十一款及附款七款並附圖，欲行草簽。陳使不允，受給暫退離會。麥馬洪廈札稍商，就附圖紅線改劃，將博爾罕、博托嶺及阿美馬沁嶺（卽大積石山）劃歸中國作爲讓步，聲明：中國如仍不肯草簽，則英藏兩方將草約中有關承認中國在藏宗主權及其他一切權利之條款一律取消，改爲英藏雙邊條約。麥、廈遂相繼草簽。陳使被麥之中國事務參贊羅斯迫弄，竟復入而擅自草簽。我外部接獲報告，遂卽二十八日電陳使宣佈該項草簽無效，但我仍願談判續商。且逕向倫敦交涉，冀或挽改。七月三日第八次會，麥、廈悍不顧我，竟就草約及附圖正式簽字。陳使終未簽字，退出會場。六日，奉部電照會麥馬洪，聲明：中國政府不能割捨所承自滿清之國土之任何部份，對英藏雙方所逕行私訂之約，或類似文件，亦一概萬萬不能承認。西姆拉會議於是正式破裂。四年十月，我藉歐戰機會，向英交涉，在倫敦開會重議。我提不以西姆拉會議未獲協議之草約作爲談判之根據，而英不肯，雙方屢經討論，終無結果。八年，歐戰結束，英使朱邇典要求再就藏事議約，並自動撤消其劃分「內藏」「外藏」辦法。我外部亦曾一度與議，終以英方所提劃界辦法，分割我甘、川、滇各省轄境，侵凌過甚，議約迄無成功。（歐陽無畏）

參考文獻：一、北京人：藏邊劃界記（英文本）

二、貝爾：西藏之過去與現在（英文本）

江南製造局

中國近代工業化，權輿於兵工業，亦卽中國產業結構之轉變，以兵工業領先起步。這種現象，爲時勢影響所致。卽當鴉片戰爭與英法聯軍之後，中國兩度敗於遠自西歐遊弋而來之少數兵船與軍力，國人乃首先認識西洋人之「船堅礮利」。自咸豐十年北京條約訂立之後，江南太平軍仍在各地擴展，而主持軍務之曾國藩，卽開始訪求炸礮，謀畫興辦，以應付戰事，並於安慶內軍械所試造。此固不免於十分粗簡，未足以列爲現代工業的範圍，然可視爲實踐之初步。同治二年曾氏因幕僚之建議，召見容閎，詢問創設機器廠辦法。容閎回復有謂：「此廠當有製造機器之機器，以立一切製造廠之基礎」。曾氏當天載入日記，認當訪求「製器之器」。而「製器之器」一語，遂卽構成中國工業化最初普遍之思想基礎。曾氏於徵詢容閎後，卽派容氏赴美購置機器。及同治四年容閎運返機器，正值醞釀創設江南製造局，此批機器，卽爲設局之一部分資產。

同時在同治二年李鴻章因應付上海四圍戰事，乃在上海創設炸彈局三所，分由韓殿甲、劉佐禹、丁日昌主持，尤其劉佐禹之局係採用機器生產，並聘英人馬格里（ Halliday Macartney ）協助其事。嗣後劉局他移。同治四年五月丁日昌購買上海虹口美商旗記鐵廠（ Thos Hunt & Co. ）一座，並將原有丁日昌、韓殿甲兩炸彈局併入，再增入容閎所購之機器，於八月十日（一八六五、九、二九）奏准成立江南製造總局。是爲創設之始。同治六年又擴大移建上海城南高昌廟新址，直迄清末，成爲中國最大之兵工廠。

江南製造局以位於我國最大通商口岸，並自始卽採用歐美新式廠房機器，故其生產方式與作業成品，俱仿西洋軍械制度，工匠之中亦僱用洋人。以出產礮位而言，係仿造英國阿姆斯莊（ Armstrong ）型式，可生產大礮，口徑自十五公分至三十公分者九種。生產快礮，自四公分七至十五公分者五種。自設廠迄光緒三十年共出產七百四十二尊。以出產槍枝而言，建廠之初，係仿造美式林明敦（ Remington ）後膛槍。自光緒二十三年改而生產德式七九口徑毛瑟（ Mauser ），迄光緒三十年，共生產各式後膛洋槍六萬五千三百枝。彈藥生產，最初仿造黑色藥與栗色藥，後又仿造新式無烟火藥。迄光緒三十年，計共製造火藥六百六十七萬磅，礮彈一百六十萬枚，槍彈八百六十萬顆，地雷水雷一千五百具。其他舊式之銅捲、彈殼、彈子以數億計。除兵工正常作業之外，江南製造局並製造新式兵船，自同治七年造成第一艘「恬吉」號起，歷年興造輪船十六艘，小鐵殼船五艘，舢板船三十艘。

江南製造局經費，自最初一二年經始營建廠房購置機器及初期生產，共費用銀五十四萬三千兩。至同治六年，卽確定以江海關收入洋稅二成，作爲固定底款。經費來源豐足，而使之經久維持。迄光緒三十年止，總共用銀二千八百四十二萬餘兩，幾佔全國兵工生產總投資額之半數。（自同治二年以迄清末，各地創設大小兵工廠數十所，約計總投資額達銀六七千萬兩。）

除兵工造船之外，江南製造局對於國內具有深遠影響者，則爲翻譯西書，特別在科學工程方面數量最多。自一八六〇年以後，直迄庚子之役，翻譯西書介紹新知者，江南製造局始終居於首位，前後譯書在二百種以上，銷行全國各地，國人科學知識多由此來。（參考王爾敏著：清季兵工業的興起。）（王爾敏）

安福系

民國六年（一九一七）七月，張勳復辟之亂弭平後，馮國璋代理總統，段祺瑞出任國務總理，雖仍遵奉臨時約法，但未將曾經二次解散之國會恢復召集。段氏聽從梁啓超之主張，謂中華民國已因復辟而滅亡，今國家新造，應倣辛亥革命先例，召集臨時參議院以議國家大計。是年九月二十九日，段內閣特以總統命令，電知各省及蒙藏青海各長官遺派參議員來京，另組參議院，以補充約法上的機關。

同年十一月十日，參議院成立，卽進行修改民國元年國會組織法，及參、衆兩院議員選擧法，而於民國七年（一九一八）二月十七日，經北京政府明令公布。其修正要點，一爲議員名額的減少；二爲選擧權資格的提高；三爲變更參議院的選擧機關。以上新選擧法公布後，段內閣一面命令內務部依新法籌備國會選擧，一面組織安福俱樂部從事操縱。至七年八月十二日，國會成立，卽世所指稱之新國會或安福國會。九月四日，以馮代總統任期屆滿，選擧徐世昌爲總統。

在安福國會中，以安福俱樂部支持產生之議員爲多數黨，世人咸目之爲安福系，其他交通系、研究系僅佔少數議席，而安福系首領王揖唐、徐樹錚等則爲段祺瑞之親信。其在內閣，安福系又佔閣席之大半。故聲勢之盛，冠絕一時，遂引起各方之反感。至民國九年七月，直、皖戰起，段祺瑞戰敗下野，北京政府下令解散安福俱樂部，通緝安福系首要份子，安福國會亦於八月三十日宣告閉會，距其成立，僅兩年耳！（參見顧敦鍒「中國議會史」、李劍農「中國近百年政治史」）（沈雲龍）

回變

雲南漢回雜居，因風俗習慣不同，衝突時起。咸豐五年（一八五五），漢回因爭奪臨安銀礦，互相仇殺。七月，滇西回酋杜文秀起兵，佔領大理，自稱總統兵馬大元帥，改服制，設官吏，建號「平南」，據有大理附近州縣。次年，回酋馬德新得馬如龍之助，據澂江、宜良、江川等地，進攻省城。七年（一八五七），馬德新等再攻省城。總督恆春自殺，昆明被圍數月，各地回民紛起，雲南幾全部陷落。同治元年（一八六二），雲南布政使岑毓英說降馬如龍，授以總兵，藉以對抗馬德新、杜文秀。七年（一八六八），杜文秀傾全力大擧東攻，圍昆明。時太平軍滅亡，清廷命劉嶽昭爲雲南總督，岑毓英爲巡撫，派湘軍入滇。岑以湘軍對抗東路回，自與西路回杜文秀戰，八年（一八六九）昆明解圍，岑揮兵西進，十二年（一八七三）一月攻破大理，杜文秀敗死，雲南回變平定。

陝甘回變起於同治元年（一八六二）五月，陝回赫明堂、任五等在華陰起兵，圍攻西安，到處焚燒屠殺。渭河兩岸，數百里內，盡成焦土。甘肅靈州金積堡回酋馬化龍響應，自稱總統兩河兵馬大統領，甘肅除蘭州外，幾全爲所據。此外尙有三支，㈠西寧附近之馬桂源，㈡河州之馬占鰲，㈢肅州嘉裕關一帶之馬文祿。三年（一八六四），新疆回變繼起，南疆金相印起喀什噶爾、黃和卓起庫車、阿布都拉門起葉爾羌。北疆安明據烏魯木齊，自稱「清眞王」，除伊犂外，皆爲所有。同治四年，浩罕回酋阿古相奉張格爾之子布什爾克爲王，進入南疆，回民響應，聲勢浩大。六年（一八六七），阿古柏廢布什爾克，自立爲汗，至九年（一八七〇），新疆幾全爲所據。先是陝甘變起，清廷派多隆阿剿回，同治三年多隆阿戰死，詔授楊岳斌爲陝甘總督。五年楊岳斌辭職，朝廷調左宗棠代之，左先平定西捻，於七年再度入陝，分軍三路：北路劉松山由陝北取道花馬池趨金積堡；南路周開錫由秦州趨鞏昌；左親率諸軍馬爲中路，八年二月，陝西肅清。九年正月，劉松山陣亡於金積堡，所部由其侄劉錦堂統領，十一月克金積堡，誅馬化龍。十一年馬占鰲降，復河州。十二年馬桂源降，繼下肅州，誅馬文祿。光緒二年（一八七六），左命劉錦堂西出嘉裕關，遠征新疆，六月進兵巴里坤，八月收復烏魯木齊，至十一月，天山北路除伊犁為俄霸佔外，全部收復。次年，劉錦堂自烏魯木齊南進；張曜自哈密西南進，大破回衆，阿古柏自殺，回亂平定，新疆重歸版圖。（戴玄之）

辛丑條約

　義和團變起，局勢混亂，慈禧和戰主意不定，於光緒二十六年（一九〇〇）五月十九日（西曆六月十五）命兩廣總督李鴻章迅速來京。李奏請勿讓董福祥輕舉妄動，如能保住使館，可徐圖挽回，否則，大局不堪設想，縱隻身赴難，亦毫無補益，遲遲其行。後慈禧見圍攻使館、教堂（北堂）不下，有意和談，六月七日（七月三日）分別致國書於俄、日、英，請三國大皇帝排難解紛，設法維持。六月十二日（七月八日）授李鴻章為直隸總督，兼北洋大臣。六月二十一日（七月十七），再致書於法、德、美，請求排難解紛，設法維持，執牛耳以挽回時局。次日，諭令李鴻章迅速兼程北上，勿再遲延。李於六月二十五日（七月二十一）抵滬，以大局日趨糜爛，滯留不前。及天津失陷，聯軍攻向北京，慈禧始於七月十三（八月七日）授李鴻章為全權大臣，令即日電商各國外部，先行停戰。李與各國接洽，不得要領，藉口生病，逗留上海。北京失陷，兩宮西奔，留京宗室大學士崑岡等，會晤總稅務司赫德（Hart），請求「設法斡旋」。時各國疑李鴻章與俄勾結，不承認全權資格，赫德建議派慶親王奕劻急速回京。李鴻章亦知各國彼此疑忌，遽難承認其全權資格，建議朝廷加派奕劻及親英日之兩江總督劉坤一、湖廣總督張之洞參加和議，各國當可開議。慈禧立命奕劻即日馳回京城，便宜行事。奕劻於八月十日（九月三日）抵京，名為欽差，實同囚犯，各公使拒與會談。李鴻章於八月二十五日（九月十八）抵津，接直督關防視事。閏八月十八（十月十一）抵達北京，與奕劻照會各國公使，定二十七日（十月二十）開議和局。各使以德、俄兩使在天津為詞，拒絕和議。時各國因利害不同，意見紛歧，難獲協議，直至十月下旬，各使始就法政府所提出之議和條款六項原則為基礎，互相磋商，議決和議大綱十二條。（參看王彥威「西巡大事記」卷四）由首席公使西班牙代表葛絡幹於十一月三日（十二月二十四）面交奕劻。奕、李電達行在。初六（十二月二十七日）奉上諭：「覽所奏各條，曷勝感慨，敬念宗廟社稷關繫至重，不得不委曲求全，所有十二條大綱，立即照允。惟其中利害輕重，詳細節目，著照昨日榮祿電信各節，設法婉商磋磨，尚冀稍資補救，該王大臣等勉為其難，惟力是視可耳！」（王彥威「西巡大事記」卷四）

　和議原則既定，所商酌者僅為細節；其中爭執最甚者為懲兇與賠款問題。久經交涉，我全權大臣奕劻、李鴻章終於光緒二十七年（辛丑）七月二十五日（一九〇一年九月七日）與十一國駐京公使：（德、穆默（Freiherr Mumm Von Schwarzenstein）；奧、齊幹（Moritz Freiherr Von Czikann 比、姚士登（Jaosteus）；西、葛絡幹（J. B. de Cologan）；美、柔克義（William W. Rockhill）；法、鮑渥（Paul Beau）；英、薩道義（Sir Earnest M. Satow）；義、薩爾瓦葛（Giuseppe Salvago-Raggi）；日、小村壽太郎；荷、克羅伯（F. M. Knobel）；俄、格爾思（M. N. de Giers），簽訂辛丑條約十二款（附件十九件，全文參看「光緒朝續東華錄」卷一六八），其要點：

一、德欽差大臣克林德被戕害，欽派醇親王載灃赴德，代表中國皇帝及國家惋惜之意。

二、懲辦首禍諸臣將。將諸國人民遇害被虐之城鎮，停止文武各等考試五年。

三、日使館書記生杉山彬被害，簡派戶部侍郎那桐赴日，代表中國皇帝及國家惋惜之意。

四、禁止軍火進口二年。

五、賠款四百五十兆兩，按年息四釐，分三十九年還清。

六、劃定使館界，界內不准中國人居住。

七、將大沽砲台及有礙京師至海通道之各砲台一律削平。

八、准各國駐兵黃村、郎坊、楊村、天津、軍糧城、塘沽、蘆台、唐山、灤州、昌黎、秦王島、山海關。

九、將總理各國事務衙門改為外務部（「光緒東華錄」一六八）

辛丑和約簽字後，除使館衛兵外，聯軍於八月五日（九月十七日）一律自北京撤退。其他各地聯軍，除條約規定駐兵地點外，亦於八月十日（九月二十二日）一齊撤退，慈禧攜德宗於八月二十四日（十月六日）由西安啓鑾，取道河南回京，至十一月二十八日（一九〇二年一月七日）抵達北京。（戴玄之）

辛亥革命

自光緒二十年（一八九四）十月，興中會成立，至宣統三年（一九一一）三月二十九日廣州之役，革命思想逐漸深入人心。惟因起義地點偏於西南，清廷防範較嚴，革命黨人居正、宋教仁等，乃倡議長江革命，以謀動搖全局。閏六月，成立中部同盟會於上海，組織各省支部，以期大舉之發動。

湖北之革命團體，以光緒三十年（一九〇四）之科學補習所為最早，其後日知會、公益社、群治學社、振武學社相繼而起。宣統二年（一九一〇）後，演變為文學社、共進會兩大陣營。前者發源於軍中，以蔣翊武為領袖，後者為同盟會內華興會份子之秘密組織，由居正、孫武所主持。宣統三年（一九一一）五月，因黨人譚人鳳之運用，兩團體合併為一，同受中部同盟會之節制。

同年夏，四川發生保路運動，武漢駐軍西調。黨人乃決定八月十五日起義；旋因事洩而延期。八月十八日（十月九日），漢口秘密機關為清吏所破獲，黨人被逮甚多。翌日（十月十日），熊秉坤率工程第八營首先發難，攻佔楚望臺，各營黨人繼之，光復武昌，清湖廣總督端澂，第八鎮統制張彪逃，衆推第二十一混成協統黎元洪為都督，進克漢陽、漢口，各國領事宣告中立。

九月一日（十月二十二日）後，湖南、陝西、山西、雲南、貴州、上海、浙江、江蘇、廣西、安徽、廣東、福建、四川，相繼獨立者十餘省。其影響最大者一為湖南，使武漢無後顧之慶。二為陝西、山西，隔阻清軍，不能全力南下。黃興復堅守漢陽，與清軍相持達一月之久，促成各地之響應。十月十二日（十二月二日），南京光復，大局乃急轉直下。

清廷以大局糜爛，起用袁世凱為內閣總理，袁氏乘機操縱政局，乃托英使之介，向革命軍接洽議和。（李守孔）

收回礦權運動

清季新式開礦事業的發展，大致可分為三個階段：甲午戰爭以前，係我國自辦礦業時期；甲午戰後以迄日俄戰爭，是歐美列強競奪我國礦權時期；日俄戰後，以迄清社鼎革，是我國官紳進行收回礦權時期。在第一期內，我國礦業組織的形式，或為官辦，或為官督商辦，或為商辦，各省雖不盡一致，但外人自五口通商以來蓄意攬辦中國礦業的企圖，却一直並未能達到目的。在第二期內，各國挾其優越的經濟力量，復藉助於強有力的政治和軍事實力的支持，對中國各省的礦務利權，肆意攫奪，而各國之間也展開了激烈的競爭，並各有所獲。第三期內，各省進行的收回礦權運動，則係我國官紳對於列強競奪我國礦權的反動，其目的一方面固在保全本國尚存的礦權，清除或避免外資在華礦權所發生的諸項弊害，另方面則在挽回既失的礦權，以振興我國自辦的礦業，加速我國近代化工業化的進行。此一運動所涉及的地區，包括直隸、山東、山西、河南、安徽、浙江、四川、雲南、福建、奉天等省。

就各省官紳收回外資礦權所遵循的途徑而言，大致可以歸納為三種方式：第一、係根據中外間原先簽訂的辦礦合同或章程中辦礦限期的明文，因外人未能履行契約，如期開辦礦務，因此依據原約的規定，將礦權收回。如英商惠工公司在浙江、衢州、嚴州、溫州、處州四府的礦權，法商大東公司在福建建寧、邵武、汀州三府屬礦權，法商福安公司在四川重慶等六府州縣煤鐵礦權，法商福成公司在四川天全、懋功二州縣五金礦權及法商和成公司在四川巴、萬二縣煤田礦權，均係採用此種方式收回。第二、係經由中國官紳出面，力主將原訂的辦礦契約廢棄，復經由中外協議的方式，由中國出款將礦權贖回，如英商倫華公司開辦安徽銅官山的礦權，英商福公司開辦山西盂縣，平定州、澤州、潞州各屬的礦權，法商隆興公司在雲南雲南府、澂江府、臨安府、開化府、楚雄府、元江府、永北府等七屬礦權，德商華德採礦公司開辦山東沂水、諸城等五處礦權等，均係採用此種方式收回。第三、係由外人受到我國官紳的各類壓力，自願放棄原獲的礦權，因而或向中國索取一部分償款，或由中國無償收回。如德國根據中德膠澳租借條約所得膠濟鐵路沿線的部分礦區及津浦、膠沂濟各路沿線的礦權，均係經由此種方式收回。

各省收回礦權運動如與同時期內有關各省普遍進行的收回鐵路利權運動，綜合起來看，實為一相當深入民間的民族主義運動，具有十分濃厚的排外性。不過，該項排外運動具備有正當的目的，也採用了適當地和平性質的手段，既足以表達當時我國民族自覺的願望，又不違背現行國際法的原則，與以前我國官紳迭次進行的盲目反外仇外運動，實大相逕庭。此兩項運動的基本缺點是，它們實際只具有消極性的目標，並未試圖進一步否定外人在華所享有的不平等的政治性權利，它們在性質上只是一種經濟性的民族主義。此外，整個收礦收路運動雖然涉及到全國各重要地區，但並無全國性統一指揮的組織與領袖，各省或各鐵路沿線地區只是在各自的範圍內，進行個別的收礦收路活動，缺乏有力的協調與呼應。而各國對於我國官紳收回利權的正當願望，也只是略作表面性的讓步，以進而在實質上要求另外的補償利益；各國在與我國談判時，堅持「贖礦」「贖路」的原則，即為此一策略的明顯例證。因此，在此期內，我國僅只為了收回上述的各項礦權，即付出了折合民初國幣一千萬元以上的代價。此外，各國對於一些業經開辦而著有成效的礦區，則絕不讓步。英國福公司所開採的河南修武礦區，雖在豫北紳民的激烈抵制之下，亦拒絕退讓；英商開平公司對於其於庚子拳變期間非法竊據的開平煤礦，更把持的牢牢不放。（參閱李恩涵，晚清的收回礦權運動，臺北、民國四十二年）（李恩涵）

抗戰建國

民國二十五年中日南京談判決裂後，日本鑒於中國之政治改革與經濟建設突飛猛進，非立即發動大規模之戰爭，不足以實現征服中國之迷夢，乃積極作侵華之軍事準備。民國二十六年七月七日夜，日軍在河北宛平縣蘆溝橋附近舉行野戰演習，藉口失踪士兵一名，向宛平縣城開礮轟擊，我駐軍吉星文團以守土有責，奮起抵抗。同年八月十三日，駐上海日軍復向我保安隊進攻，民族自衛戰爭遂以展開。

抗戰發生後，國民政府推　蔣委員長統籌全局，鑑於敵軍裝備優良，我軍不利於陣地作戰，乃擬定長期作戰方略，利用廣大之空間土地，求得時間上持久之勝利。不重一城一地之得失，而以積小勝成全大局。同時發展敵後武力，使敵軍首尾不能兼顧。並為久遠計，國民政府西遷四川重慶辦公。

自民國二十六年夏抗戰開始，至民國三十年十二月太平洋戰爭爆發，我軍孤立作戰，全國上下精誠團結，迭挫敵鋒，犧牲之壯烈，眞可驚天地而泣鬼神。其間淞滬會戰，敵軍死傷十萬餘人，臺兒莊會戰，敵軍死傷三萬餘人，武漢會戰，敵軍死傷二十餘萬人，兩次長沙大捷，敵軍死傷八萬餘人。日政府初則向我脅和，被我政府嚴拒。乃操縱汪兆銘，成立偽政權，並斷絕我海上交通，我戰略物資之接濟大感困難。

抗戰期間，我國建國工作繼續進行。民國二十七年三月二十九日，中國國民黨臨時全國代表大會舉行於武昌，通過「抗戰建國綱領」，決議設立國民參政會及三民主義青年團，並推舉　蔣委員長為中國國民黨總裁。大會對外宣言：「吾人此次抗戰，固在救亡，尤在使建國大業不致中斷。」「抗戰勝利之日，即建國大業完成之時。」，民國二十八年三月十二日，政府復公佈「國民精神總動員綱領」。五月，各地開始舉行國民月會，宣誓國民公約，從此全國軍民精神之團結歷久彌堅，為八年持久抗戰達成最後勝利之重要因素。

至於大後方之經濟建設，農業方面：以田賦改征實物最收宏效。他若榮軍屯墾民墾之督促，家畜之繁殖與改良，蠶絲、棉花及造林之推廣，均有重大之發展。工業方面：初期着重沿海沿江工廠之內遷與重建，後期着重新興民營工廠之扶植。此外國營鍊鋼工廠之增設，玉門油礦之開採，對於抗戰之軍需均有直接之幫助。財經方面：舊稅之整理，新稅之稽征，公債之發行，以及專賣制度之實施，對戰時財政之貢獻甚鉅。交通方面：除鐵路增築外，國際公路及中印航線之開闢，均有助於戰略物資之運輸。教育方面：淪陷區學校之內遷，戰地青年之輔導，以及大專畢業生徵調參加軍中工作，和知識青年從軍運動，咸著成績。

自民國三十年十二月太平洋戰爭爆發，至民國三十四年八月日本無條件投降，我國國際地位雖然提高，而美、英盟國因重歐輕亞之戰略，對我之援助始終有限。日本則因太平洋戰區失利，本土迭遭盟機轟炸，在中國戰場作垂死之掙扎，因此各地戰爭極為激烈。重要鐵路線若浙贛、平漢、粵漢、湘桂、黔桂，均一度被敵軍所竄據。加以共匪破壞抗戰，美共及共產國際之陰謀，以及在華美軍司令史迪威（Joseph. W. Stilwell）之見欺於共匪，美政府對共匪竟發生不良之錯覺，逼使我政府與共匪政治協商，助成共匪奪取政權之野心。（李守孔）

庚子賠款

庚子拳亂後，列強與中國訂立和約，中國賠償四億五千萬海關兩，分三十九年償付，年利四分，本利共計九億八千二百二十餘萬兩。出兵之八國合得此款的百分之九八・八四。各國所得之百分比如下：俄，二八・九七；德，二〇・〇二；法，一五・七五；英，一一・二五；日本，七・七三；美，七・三二；意，五・九一；比利時，一・八九。其他國家所得甚微。

此款分三十九年償付，最初之二十三年，每年約付一千八九百萬兩，其後十七年，每年約付二千三四百萬兩，最後之九年，每年付三千五百餘萬兩，如此安排，主要目的在盡量利用海關收入付清其所擔保之外債後所餘之款，以付賠款，同時盡量減低中國新增加之負擔，每年只須籌措一千八百餘萬兩，亦達到以海關、常關、鹽稅收入為擔保的目的，而不及其他收入。

庚子賠款雖以銀兩計算，但在和約中又規定按各國貨幣付款，惟其文義欠明，以致引起「還金還銀」之爭，幾達三年半之久。最後列強獲勝，於光緒三十一年（一九〇五）又簽訂協議，確定以各國金幣償付。金漲銀跌，中國因此增加負擔不少，光緒三十年以前，中國共付鎊虧八百萬兩。

清廷償付此項賠款，除海關收足值百抽五，常關改歸稅司監收之外，戶部撥出各省關每年應解之經費三百餘萬兩，又分配各省籌措一千八百八十萬兩，其中以江蘇（二五〇萬兩）、四川（二二〇萬兩）、廣東（二〇〇萬兩）最多，雲南、廣西（各三〇萬兩）、貴州（二〇萬兩）最少。各省以增加鹽捐、田賦附捐、貨物稅、營業稅、契稅及撙節開支等方式籌款。其中以鹽捐、田賦附捐易於籌措，且有把握，故所籌最多，兩者合之，已及半數。

光緒三十二年，廣西因亂，首先停解賠款，越二年，雲南繼之。辛亥革命時，其他各省亦停。此後賠款由海關、常關、鹽餘支付。民國初年，因關稅增收，應付庚款無大問題。第一次大戰發生後，各協約國力促中國參戰，允停付賠款五年，俄國因其賠款過多，只允其所佔總額百分之十停付，餘仍照付。至俄國革命發生後，亦全部停付。德奧既係敵國，自應停付，戰後則全部取消。

美國以其要求賠款超過其實際的損失與軍費，於光緒二十八年（一九〇八）退還一部分，作為中國學生留美之用，餘款後亦退還，作為中國教育文化之用。俄國革命政府亦宣佈拋棄其未付之全部庚款，法國雖允退還未付之賠款，但以借與中法銀行復業之用，且以金佛郎償付，中國吃虧甚大。日本名為退還，實則由外務省控制，除少部分用於補助中國留日學生外，大部分作為日本文化侵略之用，為其大陸政策作舖路的工作。英國亦退還其庚款，但指定為購買修築鐵路等工程材料之用。其他國家亦多退還，作為文化慈善事業之用。

因中日戰爭之故，自民國二十八年一月起，庚款全部停付。總計共付六億四千七百九十餘萬海關兩，約及原數的百分之六十六。其中美、英等國善意的退還，對中國教育與交通助益甚大。（王樹槐）

門戶開放政策

中俄密約訂後，列強以利益均沾為辭，紛紛租借我沿海港灣，並劃定勢力範圍，時東北及蒙、新為俄勢力範圍，山東為德勢力範圍，長江流域各省與西藏為英勢力範圍，雲貴兩廣為法勢力範圍，福建為日勢力範圍，中國有被瓜分之禍。英國恐列強宰割中國而影響其商業利益，主張中國門戶開放，其外相（W. V. Harcourt）於一八九八年四月二十七日在議會中闡明英國之對華政策：「第一、無論我國或他國所有足以使清國領土分裂的占領，應堅決反對。第二、根據天津條約，維持英國可以自由貿易的門戶開放主義，我想在中國他國國民也擁護這個主義。第三、對任何特定政府和國家不承認其特定勢力範圍的要求，到處須要求同等的權利，行使同等的權利制。」(M. J. Bau: The Open Door Doctrine in Realtion to China）英雖欲促使中國門戶開放，因其在華有租借地及勢力範圍，不便出面，遂慫恿美國倡導。是年冬，英商務協會代表貝羅福（Lord Charles Beresford），曾以中國門戶開放問題，詢諸美總統麥金萊（Mckinley）及國務卿海約翰（John Hay）。美為維護其在遠東利益，必須提出中國門戶開放主義，於光緒二十五年八月二日（一八九九年九月六日），由國務卿海約翰發表中國門戶開放政策宣言，提出三項原則：

一、不干涉在中國之所謂一切「利益範圍」，或租借地中之一切條約港口，及一切既得權益。

二、凡在右「利益範圍」內之港口（自由港除外），卸陸或裝船之一切貨物，不問其所屬國籍如何，統適用中國現行條約稅則，並由中國政府徵收之。

三、凡徵收別國國籍常往來於該「範圍」內港口船舶之港稅，不得超過本國國籍之船舶。在該「範圍」內敷設管理及經營之鐵路運費，凡課於通過該「範圍」而運送之他國國籍人民所屬之商品者，不得超過同距離運送之本國國民所屬之同樣商品。（外交時報社編「中國關係條約集」）

同時對俄附帶聲明：

關於本政策之俄皇陛下的宣言（光緒二十四年六月十四日即西曆一八九八年八月一日，俄皇宣布大連港為自由港），不但對於在中國之外國貿易所資者甚大，並一掃列國間之軋轢和紛爭的原因。本宣言能確立信用與安全，且條約國間對於中國行政改革的共同宣言，實為鞏固與保全該帝國之根本必要。而此種宣言於該項協同提議，定有宏大裨益，本政府相信中國之保全與鞏固，爲俄國皇帝亞細亞政策之根本原則也。（「中國關係條約集」）

英、法、日、德、義函覆承認，俄態度曖昧，但對三項原則未加否認，海約翰以各國均無異議，乃於光緒二十六年二月二十（一九〇〇年三月二十）日向各國發出通告：「當初貴國承認時所附條件——一切關係諸國承認合衆國之提議——現已成就。故本政府視貴國對此提議爲最後及最確立之承諾。」從此，中國門戶開放，同時也維持了中國主權的獨立與領土的完整。（戴玄之）

東南互保

清光緒二十六年（一九〇〇）五月，義和團之亂起於北方，以扶清滅洋，能避槍砲爲號召，蔓延及於京畿一帶，頑固王公大臣載漪、載勛、剛毅、徐桐均倚信之。先後殺害日使館書記杉山彬及德國公使克林德，且會同董福祥之甘軍，榮祿之武衛中軍圍攻使館，慈禧太后亦視爲義民，並下詔與各國宣戰，命各省招團禦侮。惟兩江總督劉坤一，湖廣總督張之洞，兩廣總督李鴻章以爲亂命，不奉詔。時東南各省形勢甚危亟，各國軍艦雲集黃浦江，有分駛沿海口岸及深入長江之擬議，於是東南士大夫之有清望者，若湯壽潛、張謇、何嗣焜、沈瑜慶、沈曾植、陳三立、施炳燮、趙鳳昌、汪康年等，群倡東南自保之策，首說駐滬會辦商務大臣盛宣懷，幷分赴江、鄂，向劉坤一，張之洞剖陳利害，得其贊同，乃派沈瑜慶、陶森甲爲江、鄂代表，會同上海道余聯沅，與駐滬各國領事於五月三十日商定約款九條如左：

一、上海租界歸各國公同保護，長江及蘇、杭內地均歸各督撫保護，兩不相擾，以保全中外商民人命產業爲主。

二、上海租界公同保護章程，已另列條款。

三、長江及蘇、杭內地各國商民教士產業，均歸南洋大臣劉，兩湖督憲張允認切實保護，幷移知各省督撫，及嚴飭各該文武官員一體認眞保護，現已出示禁止謠言，嚴拿匪徒。

四、長江內地中國兵力，已足使地方安靜，各口岸已有各國兵輪者，仍照常停泊，惟須約束水手等，不可登岸。

五、各國以後如不待中國督撫商允，竟自多派兵輪駛入長江等處，以致百姓懷疑，藉端起釁，毁壞洋商教士人命產業，事後中國不認賠償。

六、吳淞及長江各砲台，各國兵輪切不可近台停泊及緊對砲台之處，兵輪水手亦不可在砲台附近地方操練，彼此免致誤犯。

七、上海製造局、火藥局一帶，各國兵輪勿往遊弋、駐泊、及派洋兵、巡捕前往，以期各不相擾。此局軍火，專爲防剿長江內地土匪保護中外商民之用，設有督撫提用，各國毋庸驚疑。

八、內地如有各國洋教士及遊歷各洋人，遇偏僻未經設防地方，切勿冒險前往。

九、凡租界內一切設法防護之事，均須安靜辦理，切勿張皇，以搖人心。

此卽世稱之東南互保條約。其後北方卒釀成八國聯軍入京之禍，而東南各省幸免於蹂躪，悉此約之力。（參見汪詒年編「汪穰卿先生傳記」；沈雲龍著「現代政治人物述評」）（沈雲龍）

京師大學堂

中英鴉片戰役以後，中國朝野知識份子一方面震於西方的船堅礮利，主張「師夷長技以制夷」，另一方面却認爲中國的政教制度、倫常觀念無不優於西方，爲維護中國傳統文化，同時博採近代西方科學技術，則必須以中學爲體，西學爲用，會通中西，兼賅體用。惟國家的強弱繫於國民的品質，改造國家必先改造國民，改造國民首重教育。因此，中日甲午戰役以後，清廷鑒於軍事改革的失敗，乃轉而嘗試改革教育，京師大學堂—國立北京大學的前身—就是直接承受盛極一時的「中體西用」教育思潮爲培養救亡圖存人才而創設的第一所近代中國新式大學堂。

光緒二十一年七月，康有爲、文廷式諸人爲提倡新學，開通風氣，於京師後孫公園籌設強學會。同年十一月，御史楊崇伊奏劾康有爲私立會黨，請旨查封。十二月，御史胡孚宸奏准解禁，就強學會原址改建官立書局，選譯書報，講授西學。二十二年正月，命工部尙書孫家鼐爲管理書局大臣。五月，刑部侍郎李端棻爲推廣書局興學育才的本意，奏請在京師設立大學堂。二十四年五月，總理衙門大臣草擬開辦章程，明定三級制，以京師大學堂統轄各省學堂，兼寓中、小學之意，所有翰林編檢、各部司員、候補道府州縣以上及大員子弟、八旗世職、武職後裔、各省中學堂學生，其願入學者均准取結報考。原設書局併入大學堂。命孫家鼐爲管學大臣，下設總教習、總辦、提調、供事各員。賞給同文館總教習丁韙良二品頂戴，派充西學總教習。命慶親王奕劻、禮部尚書許應騤管理興建大學堂工程事務，擇定景山下地安門內馬神廟四公主府第爲校址。八月初六日，朝局更動，廢止新政，大學堂因萌芽較早，規制已定，蒙旨保留，然維新人才多因新政株連，大學堂在事諸人，遂覺意趣索然。是年十月，大學堂通告從前報名學生取具同鄉官印結赴堂投考。十一月，內務府修葺校舍竣工，移交管學大臣接收，但因桌椅未及訂造，故遲至十二月中始正式舉行開學儀式，所設課程爲經、史、政治、輿地、算學、格致、化學及英、法、俄、德、日各國語言文字等科。二十六年六月，命總理衙門大臣許景澄爲管學大臣。時因拳禍既作，拳民先已佔據大學堂，聯軍入京後，俄兵復以校舍爲營房，大學堂師生紛紛離散，許景澄遂奏請停辦。是年十二月，中外議和期間，清廷痛定思痛，壹意振興，因和約中有滋事城鎮停止文武考試五年一款，清廷欲於停止考試期間，一面頒行新政，設立學堂，明定出身獎勵章程，永廢科舉，則雖有停試之名，而無停試之實。二十七年十二月，正式降旨整頓大學堂，命都察院左都御史張百熙爲管學大臣，同文館併入大學堂，責成張百熙管理。二十八年正月，張百熙奏陳整頓辦法，先設大學預備科與速成科：預備科分政、藝二門，由中學堂畢業得有文憑者升入肄業；速成科分仕學、師範二館，凡京員五品以下八品以上及外官候選暨因事留京道員以下教職以上皆准考入仕學館，舉貢生監則准考入師範館。因宗室、覺羅、八旗官學久經廢弛，虛糜侵蝕，俱合併爲中、小學堂，歸併大學堂辦理。命于式枚爲大學堂正總辦，李家駒、趙從蕃爲副總辦，吳汝綸爲總教習，張鶴齡爲副總教習。九月，大學堂整修工程告竣，速成科招考新生，錄取仕學館新生五十七名，師範館新生七十九名。十一月十八日，正式重新開辦。二十九年正月，命刑部尚書榮慶會同張百熙管理大學堂事務。增設進士館，令新進士一體入館肄業。三月，增設譯學館。閏五月，命湖廣總督張之洞會同張百熙等釐定大學堂章程，師範館比照優級師範學堂辦理，仕學館比照進士館章程辦理，京師專設總理學務大臣統轄全國學務，另設總監督一員專管大學堂事務。十一月，命大學士孫家鼐爲學務大臣。十二月，命大理寺卿張亨嘉爲總監督。三十年正月，奏准開辦預備科，並添招師範新班。二月，仕學館併入進士館。七月，預備科及師範新班招生考試。三十一年正月，師範新班及預備科開學。是時合師範科舊新兩班四類及預備科六班二類學生共計五百一十二人，教職員九十餘人。三十三年正月，師範科舊班學生畢業，按成績優劣，給予實官獎勵，分等錄用。二月，奏准將師範舊班畢業第一類學生擇優保送英、美、法等國專門學校肄業。六月，大學堂附設博物品實習科。三十四年五月，學部奏改大學堂優級師範科爲京師優級師範學堂。宣統元年三月，改大學堂預備科爲高等學堂。五月，停辦師範科。二年正月，分科大學招考新生，錄取二百三十餘人，於是月二十一日開學，暫先開辦經、法、文、格致、農、工、商七科。民國成立後，大學堂改稱北京大學，旋又冠以「國立」二字，以嚴復爲總監督。

在學務處設立以前，京師大學堂不僅是全國的最高學府，同時也是全國最高教育行政機構。而且，京師大學堂設立在全國的政治中心—北京，其主要目的就是要使京師大學堂成爲各省學堂的表率，以倡導新式教育風氣。清末知識份子在「中體西用」的共通觀念下提出一套比較完整而有系統的教育改革方案，終於使京師大學堂成爲調和新舊思想與融貫中西學術的大熔爐。（莊吉發）

府院之爭

民國五年（一九一六）六月六日袁世凱敗亡後，由副總統黎元洪繼任總統，仍任段祺瑞爲國務總理。八月一日舊國會重開於北京，十月三十日補選馮國璋爲副總統。

段祺瑞爲人剛愎自用，以黎元洪因緣時會，躋登高位，意頗輕之。國務院秘書長徐樹錚爲段氏所親暱，復恃才傲物，遂與總統府秘書長丁世嶧、內務總長孫洪伊發生牴牾，大爲黎氏所不滿。後經徐世昌入京排解，至十一月二十日，黎元洪被迫將孫免職，復命徐辭去國務院秘書長職務，雙方爭執表面似趨緩和，而黎、段之嫌隙乃因之而加深。民國六年二月，段氏復嗾使安徽督軍張勳，脅黎氏逼丁世嶧辭職，改由夏壽康繼任，黎氏更不能忍，而丁世嶧、孫洪伊皆國會議員，乃利用國會欲圖報復。

是時因歐戰德國採取「新潛艇政策」，大爲中立國所不滿，美國首先與德國斷絕外交關係，並照會中國希望採取一致之行動；於是對德宣戰問題遂爲國人討論之對象。總統黎元洪主張愼重，總理段祺瑞方與日本寺內正毅內閣勾結，擬借參戰之名，獲得日本之援助，以實現武力統一中國之夢想，力持對德宣戰主張。

三月三日，段祺瑞與各國務員同往總統府，送交訓令駐日公使章宗祥電稿，要求黎元洪簽印拍發，其大意如下：

中國政府已決定對德絕交，所有中國希望之條件：㈠庚子賠款德奧方面永遠取消，協約國方面緩還十年。㈡現行進口稅，實抽百分之五，改正貨價後，實抽百分之七・五，裁釐後實抽百分之十二・五。㈢解除辛丑條約中國於天津周圍二十里內不得駐兵，並解除各國駐兵使館及京津鐵路之約束。以上三端，深信日本政府對中國友好之誠意，請求援助。

黎氏以問題重大，應先徵求國會同意，段氏乃憤然棄職離京赴津。後由馮國璋調停，以總統不再干涉對德外交為條件，段氏始返京任職。三月十四日，經國會表決，中國正式宣佈對德斷絕外交關係。旋因四月五日美國對德宣戰，五月一日國務院院務會議在段氏操縱下，作對德宣戰之決議，七日咨送國會請求同意，反段之議員遂藉此實行倒閣，中國政潮乃形擴大。(李守孔)

非常國會

民國六年六月十二日，黎元洪下令解散國會，是為民國以來國會第二次之解散。時國民黨籍議員紛紛赴滬，作恢復國會的運動。七月十二日，張勳復辟亂平，馮國璋入京代理總統，段祺瑞任總理，不主張恢復舊國會。於是旅滬議員及孫中山先生等提議護法，不久，中山先生卽率海軍艦隊自滬赴粵，國會議員亦紛紛南行，謀在粵自行集會。惟以不足法定人數，遂於八月二十五日在廣州舉行國會非常會議。同月三十一日，通過中華民國軍政府組織大綱。九月一日，推舉軍政府海陸軍大元帥。時非常國會出席議員九十一人，中山先生以八十四票當選。七年五月十八日，非常國會議決取消大元帥制，修改軍政府組織大綱，設政務總裁七人，組織政務會議，共同決定最高行政事務；同月二十日，岑春煊、孫文、伍廷芳、唐紹儀、陸榮廷、唐繼堯、林葆懌當選為總裁，幷推岑為主席總裁，是為中華民國採用行政合議制之始。

同年六月十二日，非常國會議員宣告繼續第二屆常會會期，開正式會議於廣州，惟到會議員仍未達過半數的法定人數，因提議將未到會議員除名，而以候補議員遞補，但除名亦須經過半數議員的議決，遂亦無法適用；乃改依據民國二年議院法第七條開會後滿一個月尚未到院者應解其職的規定，先後解除參衆兩院議員數百餘人之職，而以候補議員遞補。至是年九月，法定人數湊足，正式會議遂獲成立。

民國九年（一九二〇）四月，廣州國會中部份護法議員因反對主席總裁岑春煊將與北京政府妥協，紛紛離粵赴滇，於八月間在昆明復開非常會議，幷擬將軍政府移滇，但唐繼堯不表贊同，遂又議決移國會及軍政府於重慶。嗣因川省內訌不已，復於是年十月發布宣言，告別川中父老。時適中山先生命陳炯明率援閩粵軍回粵，逐走岑春煊，於十一月初入廣州，護法議員方得於十年一月十二日在廣州舉行兩院聯合會，四月二日復開非常會議，決議取消合議制軍政府。同月七日，通過中華民國政府組織大綱，選舉非常大總統，出席議員二百二十餘人，中山先生以二百一十三票當選。

十一年六月，北方直、奉戰爭結束，直系擁戴黎元洪復任總統，明令撤銷民六國會解散令，而舊國會遂自動在北京復會。南方適又發生陳炯明之背叛，中山先生離粵赴滬，護法議員亦因舊國會之恢復，相率北上參加，非常國會至是遂告無形終止。（參見羅家倫編「國父年譜」）(沈雲龍)

拜上帝會

為太平天國創立以前之宗教組織，領導人為洪秀全。洪為廣東花縣人，乳名火秀，學名仁坤。生於嘉慶十八年十二月初十日（一八一四年一月一日），家庭世代務農。幼年向學，在縣城應童子試時，名次均列前茅；但至廣州應府考，四次皆告失敗。道光十六年（一八三六），第二次在廣州應考時，遇基督教外國傳教士與一中國譯人，在街頭講道，送以「勸世良言」等小册。第二年，第三次應考又失敗，精神受重大打擊，回家病三、四十天，有三、四天在病中發生幻夢，昏迷中覺上帝召至高天，授以一劍，命下凡殺妖魔。並給以「天王大道君王全」七字。於是以「人王」自任，特改名秀全。道光二十三年（一八四三），第四次去廣州應考失敗，乃非常氣憤。回鄉後偶然細讀「勸世良言」，覺與幻夢多有符合之處，於是變成基督徒，自行施洗，開始傳教。二十四年（一八四四），除私塾中孔子牌位，學生四散，因而失業。洪秀全乃與馮雲山，至廣西貴縣傳教。數月後，得信徒一百餘人。秀全轉回花縣。雲山仍留廣西。至桂平縣紫荆山傳教。兩年之內，附近區域教徒，增至三千人。組織拜上帝會，不拜他神；又逐漸添設分會。二十七年（一八四七），秀全由廣東到達紫荆山，雲山奉為總會教主，尊稱洪先生，主持全局，不輕易接近會友。會中組織完密，紀律嚴明。逐漸由宗教團體，演變為武力團體。由於洪秀全、馮雲

山對基督教教義，無充分了解，所以拜上帝會，與西方各基督教派，大不相同。（黃大受）

政治協商會議

民國三十四年八月，抗戰勝利後，國民政府為謀求和平建國、實施憲政起見，於三十五年一月十日在重慶召開政治協商會議，會期三週，至同月三十一日閉幕。其召開辦法，主要者有左列各點：

一、國民政府在憲政實施以前，召開政治協商會議。

二、本會議會員名額定為三十八人。

三、本會議開會時，以國民政府主席為主席。

四、本會議商定事項，由本會議主席提請國民政府實施。

其會員之分配，計(1)中國國民黨八人：孫科、張群、吳鐵城、王世杰、陳立夫、張厲生、陳布雷、邵力子。(2)中國共產黨七人：周恩來、董必武、吳玉章、陸定一、葉劍英、鄧穎超、王若飛。(3)中國民主同盟九人：張瀾、沈鈞儒、張君勱、張東蓀、章伯鈞、黃炎培、張申府、羅隆基、梁漱溟。(4)中國青年黨五人：曾琦、陳啓天、余家菊、常乃悳、楊永浚。(5)社會賢達九人：邵從恩、莫德惠、王雲五、傅斯年、錢永銘、繆嘉銘、胡霖、郭沫若、李燭塵。

至政治協商會議討論範圍，原僅規定兩項：一為和平建設方案；二為國民大會召集事項。但開會時又依據以上範圍分為五組：(1)政府組織組；(2)施政綱領組；(3)國民大會組；(4)憲法草案組；(5)軍事問題組。會議期間，共舉行大會九次；政府組織組八次；施政綱領組七次；國民大會組六次；憲法草案組四次；軍事問題組四次。最後通過五項決議：(1)擴大政府組織，包括國民政府委員會及行政院，均可由各黨派及無黨派人士參加；(2)和平建國綱領，為憲政實施前施政之準繩；(3)國民大會職權為制定憲法，幷增加黨派及社會賢達代表七百名；(4)憲草修正原則，交憲草審議委員會，作文字之修正；(5)建軍、整軍原則及實行整編辦法。（參見王雲五「岫廬八十自述」、陳啓天「寄園回憶錄」、馮子超「中國抗戰史」）（沈雲龍）

英法聯軍

南京條約訂後，福州、廈門、寧波、上海，均設立領事館，英人得自由出入，時與地方官相見。而廣州紳民自三元里事件後，與英人積嫌已深，乃堅執乾隆朝通商舊制，向大吏要求，請勿許英人進城。英人則以不許進城為破壞條約，粵督耆英勢處兩難，密謀內調，並許英人，期以二年後踐約。道光二十七年（一八四七）耆英果內調，徐廣縉為兩廣總督，葉名琛為廣東巡撫，對外態度轉趨強硬。二十九年英使兼香港總督文翰（S. G. Bonham）乘兵艦入內河，要求履行進城諾言。徐廣縉密召各鄉團練，先後到十餘萬人，自乘扁舟赴英艦，告以衆怒不可犯。英人謀留廣縉為質，兩岸練勇，呼聲震天，英人懼，請仍修和好，保留條約權利，不再言進城事。清廷認此為空前勝利，重賞徐、葉以子男爵，並特旨獎勵廣州民衆。

咸豐二年（一八五二）徐廣縉移督湖廣，葉名琛升任兩廣總督，負責對外交涉。四年（一八五四），英以包令（Sir John Bowring）代文翰，並援照美法十二年修約的規定，要求修訂中英條約，邀美、法共同行動，屢向廣州、上海、天津地方大吏交涉，不得要領。二年後，美使又作要求，亦歸失敗。英國認定非再用兵不可。

六年（一八五六）九月，有曾在香港註册之亞羅號船，自外海入粵，桅掛英旗，而所載皆華人，廣州官兵登船搜查盜匪，拔去英旗，拘拿水手十二人，英領事巴夏禮（Harry Parkes）抗議，葉名琛拒絕。巴夏禮提出最後通牒，攻陷廣州城，不久自行退出，粵民縱火燒英商館，美法商館同遭波及，問題隨之擴大。

英政府得知廣州事件，首相巴麥斯頓（Palmerston）力主出兵，遭下院否決。巴麥斯頓乃解散下院，重選後始獲決議：「先派特使要求中國政府訂新約，賠償損害，不聽，然後用兵。」於是英政府聯絡法、美、俄諸國，共同出兵，美、俄初無意與中國開戰，僅各派大使要求改訂商約。惟有法帝拿破崙三世好遠略，圖博其國人歡心，遂借口廣西西林法國傳教士被殺案，求償未得，允許與英國共同出兵。

七年（一八五七）冬，英法聯軍攻陷廣州城，俘葉名琛，送印度幽死。廣東巡撫柏貴被用為傀儡，維持地方治安，從此廣州為英法軍佔領三年。英、法、美、俄四使聯合致書中國首相，請派全權代表，至上海會議。清廷答以：英、法、美三國可向兩廣總督，俄國向黑龍江辦事大臣交涉。四使不滿意，八年（一八五八）四月，英法聯軍北上，攻陷大沽砲台，各使直趨天津。清廷迫不得已，始派大學士桂良、吏部尙書花沙納爲欽差大臣，至天津議和。主要交涉對手爲英國，所爭者爲公使駐京、長江通商。在英人威脅之下，接受了全部要求，訂立天津和約。同時並與美、法訂約。

清廷前此因大沽失陷，被迫訂約，頗不甘心。特派僧格林沁至大沽設防。咸豐九年（一八五九）五月，英、法各國公使率護衞艦又至大沽，預備進京爲天津條約換文。清廷囑由北塘登岸，英、法兩使以爲清廷不願換約，拒而不聽，並突攻砲台，僧格林沁乃下令還擊，英法艦隊敗退南下，受損甚巨。美使則由北塘進京換約，俄使亦早於三月間抵京換約。

咸豐十年（一八六〇），英，法兩國增兵二萬五千人，向西方各國宣佈，對中國宣戰。軍隊由北塘登岸，僧格林沁統大軍力抗，節節敗退。七月聯軍攻佔天津，時太平軍橫掃江南，清廷處境極危，後派桂良議和，願遵守津約，加付賠款。英專使額爾金（Lord Elgin）藉口桂良不能提出全權證書，揮軍進向北京，於是改命怡親王載垣等赴通州會議，已商有眉目，因英方堅持進京面遞國書，和議又告決裂。載垣令捕英、法交涉人員三十九名，戰事再起。文宗逃往熱河，派恭親王奕訢督辦和局。商談未就，聯軍已攻進北京，額爾金憤交涉人員被拘死，下令焚燬圓明園。九月，奕訢在驚恐下，與英、法互換天津和約，並訂立北京續約。從此不平等條約之害更爲加深。（程京震）

保路運動

光緒二十四年（一八九八），清廷議築粵漢鐵路，初與美商合興公司訂約，委託代建；至光緒三十年（一九〇四），因該公司大部分股票爲比利時人所收購，湖廣總督張之洞，乃發動鄂、湘、粵三省紳商，請求朝廷，將鐵路贖回自辦。四川總督錫良，則早於光緒二十九年（一九〇三），奏請集資商辦川漢鐵路，均得清廷之同意。

四省紳商設立公司，招股興辦，而入股者不多，路工因之稽延。宣統三年（一九一一）四月十一日，清廷採納郵傳部大臣盛宣懷建議，發佈鐵路國有上諭。其辦法：粵漢路每股暫發還六成，其餘四成發給國家無息股票，路成獲利之日，准在本路餘款項下，分十年攤還。川路因籌股較多，清廷不願償付現金，規定現存之七百餘萬兩，悉數更換國家保利股票，五年後分十五年還本。其宜昌段已用之四百餘萬兩，如法辦理。至經辦人施典章虧倒之三百餘萬兩，則不聞不問。同月二十二日，郵傳部與英、法、德、美四國銀行團代表，簽訂六百萬鎊借款合同，趕築粵漢、川漢鐵路，以四省厘金、鹽稅作抵押，於是引起四省之保路運動，其中以四川受虧最鉅，故反對最爲激烈。

四川總督趙爾豐，初採用緩和手段，以督辦川漢、粵漢鐵路大臣端方之壓力；加以成都風潮日久，始改用强硬態度，七月十五日，趙氏誘捕鐵路公司董事會長顏楷、諮議局議長蒲殿俊等，市民數千包圍督署，要求釋放。衞兵開槍射擊，死難者數十人，傷者甚衆。影響所及，全省各地爲之騷動，進而發展爲推倒滿淸政府之革命戰爭。（李守孔）

科學與人生觀論戰

科學與人生觀論戰，發生於民國十二年北京的知識界，前後延續幾達一年之久，當時知名學者多人均曾參加，影響頗爲深遠。民國八、九年間，梁啓超就其戰後旅歐觀感，寫記「歐遊心影錄」，指控科學所提供的人生觀是「純物質的，純機械的」，把歐洲全社會「都陷入懷疑沈悶畏懼之中」，養成「弱肉强食」的現狀，認爲「歐洲人做了一場科學萬能的大夢，到如今却叫起科學破產來」。清華大學教授張君勱於十二年二月十四日，發表一篇題爲「人生觀」的演講，認爲「科學爲客觀的，人生爲主觀的」；「科學爲論理的方法所支配，而人生觀則起於直覺」；「科學可以分析方法入手，而人生觀則爲綜合的」；「科學爲因果律所支配，而人生觀則爲自由意志的」；「科學起於對象之相同現象，而人生觀起於人格之單一性」。故進而推斷：「科學無論如何發達，而人生觀問題之解決，決非科學所能爲力，惟賴諸人類之自身而已」。地質學家丁文江於十二年四月十二日著「玄學與科學」論文一篇，批評張君勱的「人生觀」，譏稱張氏及其信徒爲「玄學鬼」，遂正式揭開論戰的序幕。張君勱的堅強支持者爲張東蓀，而反對兩張的人物則包括丁文江、胡適、陳獨秀、吳稚暉、王星拱等。丁文江認爲科學的眞理事實上已取代無益的玄學推想，他提出科學的知識論，相信人生觀不僅與科學界限分不開，就是物質科學與精神科學的區別亦不能成立。科學不但無所謂向外，而且是教育與修養最好的工具。因爲「天天求眞理，時時想破除成見；不但使學科學的人有求眞理的能力，而且有愛眞理的誠心」。歐洲文化破產的大原因是國際戰爭，而對戰爭最應負責者是政治家與敎育家，這兩種人仍然是不科學的。丁文江在他第二篇答復張君勱的論文中，更充分表明他的宗教觀。丁氏不反對藝術或宗教，但他絕對反對將神學和宗教混爲一說。陳獨秀則信持了「唯物的歷史觀」，他認爲「歐洲大戰分明是英、德兩大工業資本發展到不得不互爭世界商場之戰爭」。他相信「只有客觀的物質原因可以變動社會，可以解釋歷史，可以支配人生觀」。他以進化的觀念，主張宗教不能容忍，且不能存在於現世界。吳稚暉在其「一個新信仰的宇宙觀與人生觀」的論文中，以幽默的語調形容「人便是外面止賸兩隻脚，却得到了兩隻手，內面有三斤二兩腦髓，五千零四十八根腦筋，比較占有多額神經系質的動物」。譏諷人生是在「宇宙大劇場」演戲，而其目的不外吃飯、生小孩、招呼朋友。人既非神，也不是超自然的動物，故應該「開除了上帝的名額，放逐了精神元素的靈魂」。這便是「柴積上，日黃中的老頭兒」的「漆黑一團」的宇宙觀和「人慾橫流」的人生觀。胡適則總括吳稚暉新信仰的大旨，加以補充，提出他的「自然主義的人生觀」的十條輪廓。他既不贊同陳獨秀的見解，認爲經濟史觀固爲一種重要的史學工具，同時不能不承認思想知識等事也都是「客觀的原因」；更反對張君勱的人生觀。胡氏相信宇宙及其中萬物的運行變遷皆屬自然；道德禮教的變遷原因都是可以用科學方法尋求出來的；而「爲全種萬世而生活」就是宗教。自然主義的人生觀裡有美、詩意，有道德的責任，有充分運用「創造的智慧」的機會。上述參加論戰的人物及其言論，均有其西方的思想背景：張君勱等崇奉康德（ I. Kant ）、倭伊鏗（ Radolf Euken ）、柏格森（ Henri Bergson ）等人的哲學，丁文江是科學的達爾文主義者，吳稚暉是哲學的物質主義者，陳獨秀是辯證法的物質主義者，而胡適則爲實驗主義者。

民國十二年十二月，上海亞東圖書館將散見國內各種雜誌上有關之文章搜集印行，總名爲「科學與人生觀」，共約二十五萬字。除陳獨秀與胡適分別寫有序文外，論戰文字包括：張君勱「人生觀」（清華週刊二七二期）、「再論人生觀與科學幷答丁在君」（晨報副刊）、「科學之評價」（時事新報學燈）。丁文江「玄學與科學」（努力週報四十八、四十九期）、「玄學與科學—答張君勱」（努力週報）、「玄學與科學的討論的餘興」（努力週報）。梁啓超「關於玄學科學論戰之『戰時國際公法』—暫時局外中立人梁啓超宣言」（時事新報學燈）。「人生觀與科學—對於張丁論戰的批評」（時事新報學燈）。胡適「孫行者與張君勱」（努力週報）。任叔永「人生觀的科學或科學的人生觀」（努力週報）。孫伏園「玄學科學論戰雜話」（時事新報學燈）。章演存「張君勱的人生觀對科學的五個異點」（努力週報）。朱經農「讀張君勱論人生觀與科學的兩篇文章後所發生的疑問」（努力週報）。林宰平「讀丁在君先生的『玄學與科學』」（時事新報學燈）。唐鉞「心理現象與因果律」（努力週報）、「『玄學與科學』論爭的所給的暗示」（努力週報）、「一個癡人的說夢—情感眞是超科學的嗎？」（努力週報）、「科學的範圍」（努力週報）、「讀了『評所謂科學與玄學之爭』以後」（努力週報）。張東蓀「勞而無功—評丁在君先生口中的科學」（時事新報學燈）。菊農「人格與教育」（晨報副刊）。陸志韋「『死狗』的心理學」（時事新報學燈）。王星拱「科學與人生觀」（努力週報）。穆「旁觀者言」（時事新報學燈）。頌皐「玄學上之問題」（時事新報學燈）。王平陵「『科哲之戰』的尾聲」（時事新報學燈）。范壽康「評所謂『科學與玄學之爭』」（學藝第五卷第四號）。吳稚暉「箴洋八股化之理學」（晨報副刊）、「一個新信仰的宇宙觀及人生觀」（太平洋雜誌）等。近年美國學者對此論戰注意研究，著作中如：Scientism in Chinese Thought 1900-1950, D. W. Y. Kwok, New Haven and London, Yale University Press, 1965, pp. 135-60. Ting Wen-Chiang: Sceince and China's New Culture, Charlotte Furth, Harvard University Press, Cambridge, Massachusetts, 1970, pp. 94-135. 二書均有深入探討，可供參考。（郭正昭）

洪憲帝制

民國二年（一九一三）十月，國會選舉正式大總統，袁世凱當選。袁就職後，卽於十一月下令解散國民黨，幷取消國民黨籍之多數國會議員，追繳證書，使之不復成會，而原有之憲法起草委員會，亦因之自行解散。十二月，袁復派員組織政治會議，諮詢以救國大計及增修民元臨時約法程序。三年正月，明令停止國會參、衆兩院議員職務，幷依據政治會議之呈請，成立約法會議，以爲造法機關，旋又通令各省解散省議會，停辦地方自治會，於是中央及地方之民意機構，悉被摧殘無餘。五月，公布由約法會議制訂之新約法，廢止臨時約法及國務院官制，改設政事堂隸於總統府。又依新約法規定，成立參政院，代行立法院職權，停止政治會議。八月，參政院修正大總統選舉法，將總統任期改爲十年，連選得連任，其總統繼任人，應由現任總統推荐。至十二月，袁世凱以明令公布該項選擧法，是不啻已成爲終身乃至可以世襲的總統，然尙不以此爲滿足，因而有進一步僭謀帝制之一幕。

時適歐戰爆發，日本乘列强有事西方，無暇東顧之際，於四年（一九一五）一月，命其駐華公使日置益提出無理要求二十一條。五月七日，又致最後通牒，限四十八小時答覆。袁世凱方蓄意帝制自爲，日方且表示願以助成帝制爲交換條件，遂於五月九日答覆，予以承認，蓋不惜犧牲國權以達一己之目的也。八月，楊度、孫毓筠等，迎合袁世凱意旨，兼爲希榮固寵計，成立籌安會於北京，名爲研究國體，陰實部署帝制；而總統府政治顧問美人古德諾、日人有賀長雄，受其利用，著論鼓吹中國不適宜於共和，爲之張目。繼而沈雲霈、那彥圖、張鎭芳等又成立全國請願聯合會，策動帝制，愈形積極，於是各省及各機關之請願書，紛至沓來，均向參政院提出。參政院既爲代行立法院，遂開會討論，將付審查，袁世凱特派政事堂左丞楊士琦到會發表意見，謂變更國體，須以民意爲依歸，其不欲參政院解決此重大國體問題之意甚明。

參政院因以建議，由國民代表大會決定國體，幷於十月六日議決國民代表大會組織法，咨請公布。至十二月十一日，參政院遂以代行立法院名義，彙查各省區國民代表一千九百九十三人，共得主張君主立憲票一千九百九十三張，一致推戴袁世凱爲皇帝，袁初尙謙辭不受。同日，參政院復上第二次推戴書，即晚進呈，而袁於次日卽申令承認接受帝位。十三日，且在居仁堂受百官朝賀，幷於十五日册封黎元洪爲武義親王，經黎嚴予謝絕。十六日，申令淸室優待條件永遠不變更。十八日，命舊侶及耆碩故人均勻稱臣。十九日，令設大典籌備處，準備登極。二十日，復以徐世昌、趙爾巽、李經義、張謇爲嵩山四友。二十一日，册封龍濟光等爵位有差。二十二日，命永除太監，改用女官。三十一日，申令改明年爲洪憲元年。

時蔡鍔、唐繼堯已於十二月二十五日起義雲南，反對帝制，幷組成護國軍，通電討袁。次年一月二十七日，貴州劉顯世亦起而響應，宣告獨立。袁世凱不得已，於二月二十五日下令延緩登極。嗣廣西陸榮廷又於三月十五日通電贊助共和，袁世凱始於同月二十二日申令撤消承認帝位案，幷廢止洪憲年號，仍以本年爲中華民國五年。是洪憲皇帝之壽命僅有八十三日，時間極短，無異曇花一現。

嗣浙江、廣東、陝西、四川、湖南亦相繼於四、五月間先後獨立，雖袁之親信若陳宧、湯薌銘亦通電反袁，袁知事無可爲，憤恚成疾。至六月六日，病卒。（參見白蕉編「袁世凱與中華民國」）（沈雲龍）

海防與塞防之爭

海防與塞防之爭，爲淸季同光年間一次國防政策的爭議。緣以我國近代外患，一方來自東南沿海，一方來自西北大陸。同治十一年五月（一八七一年七月）俄人乘我新疆回亂，侵佔伊犂，陸防因而緊急。十三年三月（一八七四年五月）日本以琉球難民事件爲藉口，派軍侵入臺灣，海防亦同時告警。淸廷在此東南西北兩大壓力下，欲海防與陸防並重，則勢難兼顧；如二者不能並擧，究應以何者爲先，頗感難以決定。一時疆吏廷臣議論紛紛，其經過情形約如下述：㈠同治十三年九月二十二日（一八七四、十、卅一）中日訂立北京臺事專約，同月二十七日（十一、五）總署鑒於海防危急，思患預防，以練兵、製器、造船、籌餉、用人、持久六事入奏。詔命疆吏覆奏，直隸總督李鴻章奏言：伊犂已爲俄據，收復不易，論中國目前力量，實不及專顧西域。不如命西征各軍嚴守現有邊界，且屯且耕，不必急於進取。其停撤之餉，卽勻作海防之餉。湖南巡撫王文韶則云：江海兩防，亟宜籌備。竊海疆之患，不能無因而至，其關鍵則在西陲軍務。俄人據我伊犂，殆有久假不歸之勢，我師遲一日，則俄人進一日，事機之急，莫此爲甚。此次爭議，以同治皇帝崩而暫息。㈡光緒元年正月（一八七五、二）山西巡撫鮑源深亦以國家財用匱乏，力難爲繼，不如暫停西征，固守關塞爲請。不報，二月，詔命親郡王會同大學士六部九卿會議海防事宜，李鴻章復乘機請停西征，辦海防。三月左宗棠復奏，對李議大表反對，謂此時停兵節餉，不啻自撤藩籬，不獨隴西堪虞，卽北路科布多，烏里雅蘇台等處亦難晏然。且停兵節餉，徒於邊疆有碍，而於海防亦未必有益。旋以大學士文祥力贊左議，遂有左宗棠以欽差大臣督辦新疆軍務之命，西征遂成決策（三月二十八日，西曆五月三日）塞防之議暫時獲勝，然不久沈葆楨，李鴻章分別奉命督辦南北洋海防，與左氏仍常有齟齬，故海防與塞防之爭，迄未止息。㈢光緒三年（一八七七）新疆南北路回亂先後蕩平，次年五月命崇厚使俄，交涉收回伊犂事宜。五年八月十七日（一八七九、十、二）崇厚與俄訂立「中俄返還伊犂條約」十八條，中國僅得收回伊犂空城，損失甚鉅。群臣紛請廢約，並將崇厚議處。塞防問題又達高潮。適是年三月十三日（四月四日）日本宣佈合併琉球，中日談判決裂，海防喫緊，因此爭論又起。李鴻章以爲西北軍心不固，外強中乾，主依崇約早日了結。郭嵩燾亦主對崇約駁議，不必急速收回伊犂，以免引起戰端，左宗棠則主先之以議論，次決之以戰陣，以堅忍而求勝。張之洞奏崇約十不可，應求改訂，不惜一戰。後清廷權衡利害，卒採折衷之法。光緒六年（一八八〇）命曾紀澤使俄，改訂崇約。次年正月廿六日（一八八一、二、廿四）改訂伊犂條約成，西疆略定。海防與塞防之爭亦告停頓。計此事前後經過達六、七年之久，結果，西陲雖獲保全，但「數年來竭東南財力以助西征。」海防措施則受相當影響。（參考「清季外交史料」、「李文忠公奏稿」、「左文襄公奏稿」。）（王家儉）

海軍衙門

海軍衙門和總理衙門同爲清廷於甲午戰前設立的新機構。總理衙門的職司爲外交與洋務，而海軍衙門的職司却是海防與海軍。鴉片戰爭及英法聯軍二役之後，沿海各地的督撫已有添購船砲，編練水師的活動，惟以事權不專，經費不足，鮮著成效。同治十三年（一八七四）日軍犯臺，當事者始覺海防問題的嚴重。次年（光緒元年，一八七五）乃有分洋設防的決定，命直隸總督兼北洋大臣李鴻章暨兩江總督兼南洋大臣沈葆楨分別督辦南北洋海防事宜。光緒五年（一八七九）總署爲進一步加強海防計，擬命英籍總稅務司赫德（Robert Hart）兼任總海防司，道員薛福成以赫德「陰鷙專利，內西人而外中國」上書李鴻章力爭，議始寢。九年（一八八三）張佩綸於總置創設海防股，中樞方有一總司全國海防的最高機構。惟張氏不久離署，此一機構並未發生任何作用。次年（一八八四）中法戰起，閩洋艦隊幾全覆沒，馬尾船廠亦遭砲擊，我國損失慘重。經此刺激後，清廷始決心大整海軍。經醇親王奕譞與李鴻章數度磋商，海軍衙門終於光緒十一年九月五日（一八八五、十、十二）正式宣告成立。以醇親王奕譞爲總理大臣，李鴻章及慶郡王奕劻爲會辦大臣，曾紀澤及善慶爲幫辦大臣。其下則仿軍機總署之例設有總幫及幫總辦以及管股章京等若干人（計有海疆、款項、船政、軍械四股）司理庶務。依據光緒會典，則知海軍衙門的職權殊爲龐大，除管理南北洋海防及沿海沿江砲台的設施和南北洋及長江水師的訓練之外，其他如船廠、船隖、軍港、機器局、輪船鎗砲彈藥的購置以及鐵路、電線與開礦等事宜亦統歸其管轄，總理衙門的職權幾乎被奪其半。當成立之初，當事者巡閱北洋海防，編練北洋海軍，議修津沽鐵路，頗思有所作爲，惟以內在與外在的困難，不久卽陷於停頓。其一爲人事的不臧。海署大臣無一人爲海軍出身，稍具海軍知識者只有前任駐英、法、俄公使曾紀澤，且時受滿洲員司所掣肘，而賚志以歿。其次爲職責的不專，海署大臣類多兼有其他職務，如醇親王兼管神機營（直至最後方以病重辭去）。慶親王兼管總理衙門，其後雖繼醇親王爲海軍衙門大臣，仍兼此項職務。李鴻章原爲直隸總督兼北洋大臣。善慶曾一度出爲福州將軍，且不久卽卒。至於曾紀澤的職務則更多，除任海署幫辦大臣，且在總署行走，後又奉命兼管同文館、戶部侍郎等職務，似此自難以全力籌謀海軍的發展。其三爲經費的艱窘。海署成立之後，並無專款，唯一經費來源卽南北洋海防經費四百萬兩，由於各省關截留拖欠，每年僅能收到半數左右，故不得不藉海防新捐與洋藥加厘等略事彌補。然而僅此區區之數，尙時爲頤和園工程所移用。雖其爲數不若一般史家所估計者爲高，但其影響已鉅。以北洋艦隊而論，自光緒十四年（一八八八）成立後，十餘年間未增一艦，甚至原有的船隻亦僅「三艘有餉可指」，拮据情形可以想見。及甲午戰起，北洋海軍被殲，次年，管理海軍衙門大臣恭親王遂以該署「暫無待辦要件」爲辭，自動奏請裁撤，計自成立（一八八五、九）至撤廢（一八九五、三）尙不及十年。宣統二年（一九一〇）海軍部雖云詔設，然不論人事與組織已非昔日海軍衙門之舊。（參考清德宗景皇帝實錄，欽定大清會典，李文宗公朋僚函稿及海軍函稿，大清搢紳全書等）。（王家儉）

耆英外交

中國近代外交序幕，啓於琦善和伊里布，均進行於鴉片戰爭期間。而眞正開始和平外交之新局面者，則在耆英主政時期（一八四二—一八四七）。舉凡中外交際、條約、形式、程序、規制等，均自耆英之手開始確立。故論近代外交，耆英實居於首創階段。

耆英外交政策，有幾個基本原則，爲一切運用之重心。其一是誠信。如其所謂：「惟撫外夷，首重誠信」。亦卽主張示以恩信而節以禮義之外交方法。其二是維持總綱。亦卽重在外交原則。如其所謂：「不事苛求，務存大體」。使外交之權衡運用有很大彈性，交涉談判變得靈動易爲。其三是公平開放。如其所謂：「因勢利導，一視同仁」。即對各國公平相待，通商機會，採取完全開放態度，外來通商之國，一律允予立約。其四是「堅持成約」。外交家之有效武器，實即法律知識之應用。國際法固其一般性者，而條約爲兩國之之特殊協定，尤須十分純熟，了解深透，以便愼重運用。堅持約文，實爲千古不易之原則。以上四項原則耆英不但提出解釋，同時在實際應用上有不少履踐。

耆英之外交成就，第一個符合當時朝廷基本政策和願望者，即是維持地方外交之形式。雖然此時外交之眞實意義已經存在，而朝廷則視之爲一種通商問題，耆英之職責即主持對外通商之特殊任務，是以爲欽差大臣，管轄各口。朝廷以原始發生於廣東，自乃地方事務，無論各口，亦屬地方。是以耆英本職則仍是兩廣總督，用以負責一切地方問題。耆英受此使命，亦並達成任務，直至一八六〇年，約二十年間，中外一直維持著一種地方外交形式，此種特殊形式，即自耆英手中確立。並且載入中美中法條約。第二個關係國家重大利害者，是堅持禁烟政策。鴉片戰爭，中國引起戰禍，是爲了禁烟，英國不惜連年用兵，目的則爲通商。表面上雙方宗旨似無衝突，事實上英國對于發售鴉片視爲極重要，英方資料廣泛證明其主政者與商人意願沆瀣一氣，下級官吏，奉命行事。自江寧議約時即極力避免涉及談判禁烟問題，耆英到廣州主持，又多年被英國官方要求鴉片貿易合法化，均以各種方式予以拒絕。雖然鴉片不斷走私，事實上英商自印度大批運華，所爲何事，豈是出於善意？耆英堅持禁烟，雖不免走私偷漏，但終未使英商在法律上佔據地位。至一八六〇年中國與英法立約禁，英商公然向中國傾銷，視爲天經地義，百年來荼毒中國，吸取貲財累億萬計，皆由中國樊籬先撤，不能繼耆英禁烟政策所致。足見外交壁壘，關係國運之深遠。第三個關乎中西文化接觸之焦點者，即耆英之斷然開放教禁。耆英了解基督教勸化世人「實無不善」，復因法使請求，乃決然奏請開放自雍正朝以來之教禁。遠近傳聞，西人無不稱頌。隨西教之大量傳播，文化知識亦接踵而至，中西文化之加深濡染，亦應以耆英之開明態度而得達一重要階段。

耆英外交失策之處，是外人在廣州進城問題。外人進城與否，雙方外交關係上均不關重要，亦無關重大利害。而在耆英手上竟演成交涉之癥結，並在耆英去職之後，更遺留後任一件極其棘手複雜問題。自此潛伏下中英雙方之不信任，終至不免以武力相見之嚴重後果。

耆英對外接觸，無論交接禮儀，談吐風度，均頗受西方人士讚譽。已知之同時人之美稱，來自顧盛（Caleb Cushing）、德庇時（Jahn Francis Davis）、巴夏禮（Harry Parkes）、四美（George Smith）、郭士立（Charles Gutz laff）、洛（Granville G, Loch）等人。可知耆英在一個外交家之品質方面，自具備健全之基本條件。（參考王爾敏撰：耆英外交。）（王爾敏）

清末變法

八國聯軍之禍，使中國遭受空前打擊，慈禧經此教訓，思想轉變。爲收拾人心，緩和對外局勢，自動改革變法，於光緒二十六年十二月十日（一九〇一年一月二十九），以德宗名義宣佈變法硃諭，說明變法之必要，其要點：(1)法積則弊，法弊則更，歸於强國利民而已。(2)近數十年積弊相仍，因循粉飾，以致讓成大衅，現正議和，一切政事，尤須切實整頓，以期漸致富强。(3)懿訓以爲取外國之長，乃可去中國之短，懲前事之失，乃可作後事之師。(4)戊戌以還，僞辯縱橫，妄分新舊，康有爲乃亂法也，非變法也。皇太后何嘗不許更新，朕何嘗概行除舊，此後擇善而從，母子一心，臣民共覩。(5)今恭承慈命，壹意振興，嚴祛新舊之名，渾融中外之跡。(6)中國之弱，在於習氣太深，文法太密，誤國家者在一「私」字，禍天下者在一「例」字。著軍機大臣、大學士、六部九卿、出使各國大臣、各省督撫，各抒所見，通限兩個月內悉條議以聞。（參看「光緒朝東華錄」卷一六四）同年十二月二十六日，再降旨說明拳禍之始末，保護使館之苦心，復申變法之意。光緒二十七年三月三日（一九〇一年四月二十一），諭設督辦政務處，計劃改革事宜，以表示朝廷一秉大公之決心。一時內外大臣陳條甚多，而以兩江總督劉坤一、湖廣總督張之洞會銜上奏三疏爲最重要，此後十年間，清廷之改革，大致以此三奏爲藍本，茲將其改革變法之重點，略述於后：

一、改革官制　光緒二十七年裁撤河道總督，及雲南、湖北、廣東巡撫，併詹事府於翰林院，裁汰各衙門胥使、差役，停止捐納實官。仿各國樞密院制，設立政務處，廢總理衙門改稱外務部。其後添設商部、學部、巡警部。三十三年改巡警部爲民政部、戶部爲度支部、兵部爲陸軍部、刑部爲法部，工部併入商部改爲農工商部。輪船、鐵路、電線、郵政各設專司，名爲郵傳部，理藩院改爲理藩部。

二、興學堂廢科舉　光緒二十七年命復開經濟特科，鄉會試廢八股，改試策論。命各省將書院改設學堂，省城設大學堂，府設中學堂，州縣設小學堂。定教育宗旨為㈠忠君尊孔。㈡尚公、武、實。光緒三十二年（一九〇六）正式廢科舉制度。

三、編練新軍　光緒二十九年成立練兵處，任奕劻為總理大臣，厘訂軍制，改西法操練。

四、提倡實業　朝廷派親貴大臣出洋考察實業，設立商部保護工商業，統一貨幣，設立銀行，頒布獎勵工商業章程。

五、修訂法律　光緒二十八年成立法律編修館，派沈家本、伍廷芳負責修訂新律例，將現行律例參酌各國法律考訂。禁刑審、設審判廳，設新監獄。（參看「光緒東華錄」光緒二十六年至三十一年各卷。）

慈禧雖自動將光緒所行新政次第施行，但年歲已高，事事保守，倡言改革，乃迫於環境，為籠絡人心之計，無發奮圖強之心。而朝臣則敷衍了事，故改革無大效果。（戴玄之）

清季學會

中國現代性之學會，昉於清光緒甲午戊戌之間，實襲西洋體制，尤仿英美教士在華之廣學會。甲午戊戌之間，學會之盛，猶如雨後春筍，自京師以至各省要會，其數可以百計，中以「強學會」為創始先河。及至光緒三十年後，發展益盛且速，直迄民國建立，其勢靡有終止。至近代學會之異於往古之組織特性者，其一則為具有整體結構之活動有機體。其二則有專門旨趣之表徵。其三則循一定規章明定權利義務與活動範圍。其四則以選舉組成領導之首腦中樞。其五則有會費年費特捐之負擔。其六則作機關發行報章書刋。凡此皆往古知識份子之會社組織所絕無者。

清季學會之組織，代表知識份子社會結構十足之轉變。其在結構變化上所含重大意義約有三端。第一是由主觀結合到客觀結合。主觀結合，是團體隨其個別分子而存在，團體本身不具有任何形式，而是虛空無物。其分子群以主觀之合離，而使團體表現其有無。至於客觀結合，是分子群之全體，創造出一存在之客體，不但有具體架構，而且有組織系統，其所有分子，無論衆寡，均只構成此一客體之附屬物，一如一物體之若干細胞。第二是由自約結合到組織結合。自約結合是分子個人隨時自由參與，隨時退出，既無名義，亦無規約，僅憑自由意志遵依一定宗旨，除道義外無任何拘束與形式界限。組織結合是所有分子皆循一定規制程序加入團體，以達成其所取之資格與身份名義。若不經此程序，即使志節全符，氣味相投，亦不致被視為同一團體之分子。是以前者僅具道德效力，後者則具法律效力。第三是由關係結合到成員結合。關係結合是各分子憑藉分子間個人與個人之關係作維繫脈絡與聯接基礎，因是一個別分子與其他單一或若干分子之間，至少先已具備某種關係，彼此輾轉汲引，以完成結社。成員結合則個別分子循一定宗旨申請參與，依一定規程步驟完成其加入團體之手續。一經取得結社中成員資格，即憑此資格以同為成員而作結合之基礎，成員之間不必先有任何其他關係存在。

清季學會在思想表達方面，充分顯示現代觀念之實踐。其一在民族主義之勃發，而有同心會、學戰會、保國會、公理會、保界會、路權研究會、國權挽救之組成。其二在維繫固有文化之努力，而有聖學會、味經學會、正氣會、古學保存會、國學保存會之組成。其三在政治改革之倡導，而有強學會、南學會、法律學會、公議研究會、憲政研究會、地方自治研究會之組成。其四在學術知識之吸收，而有農學會、算學會、輿地學會、測量學會、蒙學會、實學會、科學會、醫學善會、譯書公會、教育會之組成。其五在對社會風氣之改良，而有崇儉會、知恥學會、群萌學會、勵志學會、戒烟會、不纏足會、風俗改良會之組成。凡此足以反映當時思潮之全面動向。

清季學會結構所表現知識份子之社會變動，當為最具體最明顯之實徵，無可懷疑。而另就學會之活動類項觀之，益可見出知識分子生活內容之若干變化。其一為重視群體之活動，尤以晚清強調群學之意義最見特色。其二為大量西化之傾向，組織形式固已顯著西化，而活動方式亦漸改變為西化。顯著之西化行為與信念，則如接受統一紀年法，而先後屢以孔子紀年、黃帝紀年、大禹紀年、春秋紀年等，以代替朝代之帝王紀年。其次如接受七日休息之習慣，而此七日者正全符西方之一週。其三則發展平等禮貌之社會行為，集會結社尤其強調成員間之平等對待。其四則轉向質簡儉約之社會風氣。甚至飲食衣服均漸脫奢習。總之清季學會實充分顯露知識分子社會行為之變化，近代中國之社會演變，此足以表現其中一重要層面。（參考王爾敏撰：中國近代學會約論，清季學會彙表兩文）（王爾敏）

清流黨

光緒元年（一八七五）後，捻、回諸亂相繼削平，四方粗定，而外患危迫，一般詞臣言官如張之洞，吳大澂，張佩綸，寶廷，陳寶琛，鄧承修，黃體芳，劉恩溥等望治心切，以為欲圖富強，必自整飭紀綱始，遂累疏論列國家大臣，以是言路大開，世咸目之為「清流」。其中張佩綸等遇事敢言，尤以指摘朝政，抨擊權要，彈劾貪黷，著稱一時。

清流黨實際並非一組織嚴密之政黨，亦不具備形式之領袖，惟陰奉軍機大臣高陽李鴻藻為主腦。他們大都擁有科舉功名，彼此有團體之認同，且均屬較李鴻章晚一輩，年輕而自命清高之士。初期，清流黨倚李鴻藻為奧援，藉抨擊時政，以沽名釣譽，博取朝廷之歡心，同時以糾彈大臣，搏擊權要為能事，大臣先後遭其彈劾而去職者有賀壽慈，萬青藜，王文韶，董恂，寶鋆，黎兆棠等人，足見其影響力之大。張佩綸、張之洞、黃體芳、寶廷且並稱為「四諫臣」。

清流黨之言論有時甚難與清議劃分，彼等自大、仇外、虛誇、好唱高調，雖未必為反對新政之死硬派，惟無形中成為新政之絆脚石。清流黨重氣節人品，凡推行新政者如李鴻章、丁日昌、沈葆楨、左宗棠、盛宣懷、唐廷樞等均曾為其攻擊目標，因而增加自強運動之阻力，削弱新政之效果。中國近代化之所以延誤，固與領導者本身所具學識條件有關，惟代表保守之力量掣肘過大，亦不無影響，清流黨尤應負大部分責任。

清流黨人昧於中外大勢，常以「局外之議論，不諒局中之艱難」，高唱強硬外交，動輒言戰。光緒六年（一八八〇）伊犁事件發生，清流黨交章論劾，除主張治崇厚以誤國應得之罪外，並堅請向俄國開戰，其中尤以張之洞主戰最力。光緒八年（一八八二），日本侵佔琉球，清流黨力主強硬對付，張佩綸與鄧承修甚至倡議派兵東征日本。光緒十年（一八八四），中法越事緊急，朝議和戰不決，清流黨人如張佩綸、吳大澂、鄧承修等「仰窺朝廷意旨」，均主與法國公開決裂，不惜一戰。清流黨並抨擊力持和議之李鴻章，如劉恩溥責其「因循畏葸，凡事苟且敷衍，並無實心任事」，「師心自用，貽誤全局」，「一味獻媚於洋人，以為固寵地步」。及慈禧委張佩綸會辦福建海疆事宜兼船政大臣，與法將孤拔（Courbet）戰於馬江，張「聞砲聲先遁，狼狽走鄉村」，反而貽誤大局。馬江之敗，張佩綸遭奪職遣戍，清流黨自此一蹶不振。

郭嵩燾有云：「朝無明理之大臣，……積為虛誣浮薄之習，又用其虛憍之氣，謂足資以禦外侮，終至一毀無餘，不獨稱兵搆釁，貽禍天下，即亦非所以作成人才之義」。於清流黨之誤國誤民允稱定評。清流黨昧於「數千年來一大變局」，承襲南宋以後「以和為辱，以戰為高」之習，放言高論，影響朝廷決策甚大，惟空言不足以救國，其自取其辱殆屬必然也。清流黨之失敗，亦為中國肆應西方衝擊，自我調整過程中之一幕悲劇也。（陳三井）

參考文獻：

(1) 清史稿
(2) 郝延平，同光新政中的所謂「清議」，民國四十七年，臺北。
(3) Yen-P'ing Hao, A Study of the Ching-Liu Tang: the" disinterested." Scholar-official group (1875-1884), Papers on China, Vol. 16. (Harvard University, 1962), pp. 40-65.
(4) Lloyd E. Eastman, Throne and Mandarins: China's search for a policy during the Sino-French controversy, 1880-1885. (Harvard University Press, 1967).

國民革命軍

國父領導國民革命，經數十年之奮鬥，均無眞正之革命軍。清季革命之方法，由於時代環境所限，祇以黨人為主幹，或聯絡會黨起義，或運動新軍反正。民國以後，革命黨與袁世凱及北洋軍閥鬥爭，所憑藉者僅為同情革命之武力，此種軍隊乃利害之結合，而無主義之認識。故南京臨時政府時代，因所屬之軍隊組織不堅強，無戰鬥能力，不得不與袁世凱妥協。二次革命亦因各省缺乏有組織之革命軍，召致失敗。蓋革命事業之進行，最重要者為破壞舊政權，軍隊為維護政權之命脈，在北方不能將北洋武力消滅，故能延長反革命勢力；在南方各省舊軍制雖已破壞，而不能產生有主義之新軍。故遇有事變，不得不採用兩種方式：一為利用民軍，毫無訓練，缺乏戰鬥能力。一為利用現有之軍隊，其結果反為革命之障礙。

民國十一年（一九二二）陳炯明之叛變， 國父深受刺激，以陳部係革命黨全力培植而成，因無思想之訓練，致被野心家所利用。故民國十二年（一九二三）　國父回粵之後，八月派　蔣中正先生赴俄考察政治黨務及軍事。翌年一月遂委　蔣先生籌辦黃埔陸軍軍官學校，六月十六日正式開學，特別着重精神教育，以貫澈主義與紀律爲宗旨。其後並成立教導第一團、第二團，以爲各軍之表率。

同年十月，　蔣校長指揮軍校學生及教導團，會同友軍，平定廣州商團叛亂。民國十四年（一九二五）春，革命軍首次東征。六月初，回師驅逐滇軍楊希閔、桂軍劉震寰。十五日，中國國民黨中央執行委員會決議，改組廣州大元帥府爲國民政府，所有隸屬國民政府之軍隊，一律改稱國民革命軍。七月一日國民政府成立，三日軍事委員會成立，推定　蔣先生、汪兆銘、胡漢民、伍朝樞、廖仲愷、朱培德、譚延闓、許崇智八人爲委員，由汪兆銘兼任主席。八月，軍事委員會決議編組國民革命軍，軍校學生及教導團稱爲第一軍，　蔣先生兼任軍長（民國十五年（一九二六）一月　蔣先生辭職，由何應欽繼任。）建國湘軍改爲第二軍，譚延闓任軍長。建國滇軍改爲第三軍，朱培德任軍長。建國粵軍改爲第四軍，李濟琛任軍長。福軍改爲第五軍，李福林任軍長。同年底二次東征統一廣東後，程潛所部湘軍改爲第六軍。民國十五年夏廣西歸服後，編廣西軍隊爲第七軍，以李宗仁爲軍長。同年六月五日，國民政府任命　蔣先生爲國民革命軍總司令，誓師廣州，實行北伐。

北伐期間，因湖南唐生智部來歸，編爲國民革命軍第八軍。由於國民革命軍軍紀嚴明，政治軍事配合得宜，勢如破竹，擊潰實力超過十倍以上之吳佩孚、孫傳芳、張作霖諸軍閥，至民國十七年（一九二八）底，卒實現　國父遺志，完成統一全國之大業。（李守孔）

淮軍

淮軍的建立，曾借湘軍勢力發展，在時勢委婉變化中產生。咸豐十一年（一八六一）十月上海官紳代表錢鼎銘、厲學潮到達安慶湘軍大營，呈遞公函私牘。言及下游渴望派兵救援。曾國藩以身爲地方官長，手握兵符，對於長江下游防守，義無可辭，即命曾國荃帶兵援滬。嗣因國荃堅辭，始由李鴻章組軍。十一月，鴻章受命在皖北招募淮勇，同治元年（一八六二）正月帶至安慶訓練。成軍六千五百人，是爲創軍始基。淮軍營制，全仿湘軍，以營爲基本單位，每營五百人，分編親兵、前、後、左、右五哨。除親兵哨分爲六小隊外，其餘各哨均爲八小隊。營設營官，統率全營，並自領親兵哨。哨設哨官及哨長，小隊設什長，以下則爲護勇、正勇、伙勇等名目。每營並配以長夫一百八十人，以執粗重勞役。弁勇薪餉，亦仿湘軍，營官薪水每月銀五十兩，公費每月銀一百兩。以下人員，按日計銀，哨官三錢。哨長二錢。什長一錢六分，親兵及護勇一錢五分。正勇一錢四分。伙勇一錢一分。長夫一錢。分別大小建月支放。

淮軍營伍來源，極爲紛雜，有數十不同出處。綜合大要，可分別十類：一、招集皖北舊部。二、收編淮上原有團練。三、借兵異軍。四、借將帶兵。五、取別軍代募之勇。六、改編原地防軍。七、收編降衆。八、委託洋將練軍帶軍。九、收編常勝軍餘留。十、招募新勇。淮軍營伍來源雖雜，其間維繫力量，仍以鄉土關係爲最重要。總兵道員以上將領，安徽籍者佔百分之六十五。其社會成分，就基層而言，自以農工爲主，與湘軍略似。即其將領中有科名者亦佔最少數，計進士二人，舉人二人、諸生十五人，搢紳階級，不過十九人。出身綠營者五十人。出身降將者十九人。大多數爲鄉民團勇出身。可知淮軍領導階層，主要成分仍爲平民，紳士佔極少數。淮軍主要軍旅，有十一大枝，計爲武毅軍、銘軍、開軍、奇軍、鼎軍、樹軍、盛軍、慶軍、松軍、勳軍、仁軍。諸軍統領：武毅軍李昭慶。銘軍劉銘傳、劉盛藻、劉盛休、唐定奎。開軍程學啓、王永勝。奇軍劉士奇。鼎軍潘鼎新。盛軍周盛波、周盛傳。樹軍張樹聲、張樹珊、張樹屏。慶軍劉秉璋、吳長慶。松軍郭松林、李長樂。勳軍楊鼎勳。仁軍唐仁廉。淮軍訓練，自始即步趨湘軍成法。就期限言，大致爲一個多月，就內容言，簡約可分爲體能鍛練，隊形陣式演習，與馬槍抬槍之打靶較準。此外又沿承湘軍一項特長，即所謂「站牆子」法。淮軍到滬以後，加長訓練時間，武器、操法、號角、口令、俱改西式。至其歷年餉源分布，江蘇一省始終佔最重要地位。所入各款類別，又以釐金最爲重要。其次則爲海關洋稅。淮軍最初以六千五百人援滬，江蘇軍務完畢，擴充達九倍。接着有剿捻之役，擴充至七萬以上，周旋於六省。後李鴻章調任直隸總督北洋大臣，淮軍更擔負海防重任，分布江海要地。大枝始終集中津沽門戶，小枝則分防江蘇、湖北、山西、山東、浙江、臺灣、廣東、廣西。淮軍雖爲當時勁旅，而應付中法中日各役，均多敗績。庚子之役以後，更凋敝不能成軍。（參見王爾敏撰「淮軍志」。）（王爾敏）

捻亂

康熙晚年，「鄉民迎神賽會，有燃油紙捻爲龍戲之俗。」（「萊陽縣志」卷末兵革。）謂之拜捻，不逞之徒，聚捻成隊，仇殺焚掠，類似土匪，俗呼爲捻子，皖北，豫南，魯西多有之。嘉慶時，黨衆日多。及太平軍佔南京，安徽捻匪乘機紛起，以渦陽雉河集之張洛行爲最强，太平軍封爲沃王。咸豐十年（一八六〇），捻大舉攻入山東，圍攻濟南不下，流入河南，再攻湖北，清廷命僧格林沁剿捻。同治二年（一八六三），張洛行被俘死，餘衆由其侄張宗禹代領。天京陷落後，梁王張宗禹與太平軍殘部遵王賴文光、扶王陳得才合作，勢力重振。捻採游擊戰術，飄忽不定，流竄於魯、豫、皖、鄂。同治四年（一八六五）四月，捻由豫入魯，僧格林沁尾追，中伏戰死，全軍覆沒，清廷命曾國藩剿捻。曾採分鎭堵擊戰略，將重兵分駐四鎭（河南之周家口、安徽之臨淮關、江蘇之徐州、山東之濟寧）。捻分兩路西竄，國藩以堵擊失敗，改採堤牆防河戰略，沿賈魯河、沙河、淮河一線，沿河築堤，設一堅强防線，並在運河沿線設防。五年（一八六六）三月，捻突破防線，進入山東。時朝野上下對曾指摘備至，曾以疾辭，奏請李鴻章代己總督軍務。九月，捻由山東回竄河南，在陳留，杞縣間分爲兩支；梁王張宗禹、幼沃王張禹爵等由洛陽、潼關入陝，稱西捻。遵王賴文光率魯王任柱等流竄於魯、豫、鄂一帶，稱東捻。李鴻章受命後，仍採「守黃防運，蹙捻膠東」之策略。六年（一八六七），東捻由河南竄至山東，突破運河防線，進入膠東，復突破膠萊河防線而入山東半島。李鴻章以全力圍攻，大破捻衆，賴文光突圍南奔，至揚州瓦窰舖被殲，東捻平。西捻屢攻西安不下，陝甘總督左宗棠趕來圍剿，張宗禹北進，經洛川、宜川，東渡黃河，攻山西，入直隸，奔山東，左尾追於後，李鴻章復引軍會攻，七年（一八六八）六月，大破西捻於茌平，餘衆潰散，捻亂悉平。官書咸載張宗禹投徒駭河死，左宗棠提出質疑，李鴻章於七月初五覆左爵帥函稱：「張總愚煙鎗衣物全拋，僅騎一青馬隨帶一人，據云將往投井，若不死似亦無出路，無生理也。但其屍首不易尋獲，久則腐變，更不可識。」（李文忠公全集「朋僚函稿」八。）「滄縣志」卷十四稱：「張酋敗後，逃至邑治東北之孔家莊，變姓名爲童子師，後二十餘年病死，即葬於其莊。」「渦陽縣志」謂：「深夜走出，從者覓至河干，見宗禹衣履及乘馬而已。」不知所終。由李函證之，投河死實誤，「渦陽縣志」所載較爲可信。（戴玄之）

進步黨

民國初年有兩大政黨：國民黨、進步黨。進步黨成立於二年五月，係由清季的立憲派蛻變而來。其發展源流如左表：

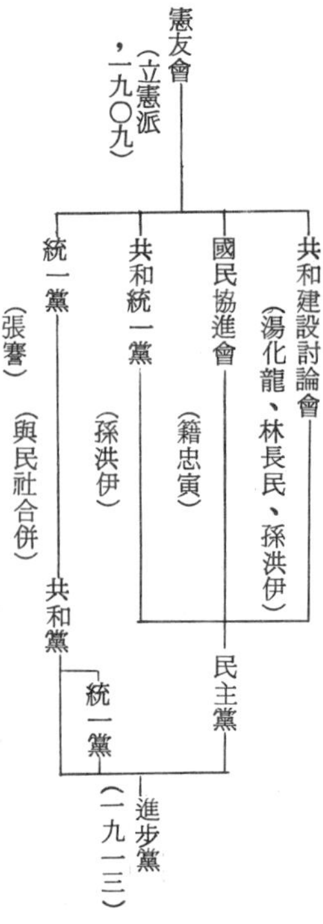

進步黨黨員的背景，可歸納爲三類：㈠約百分之九十爲傳統的士大夫階級，尤以進士、擧人階層所占比例最大；㈡約百分之二十曾接受新式教育，且有留學歸來者，若干同時兼具傳統及新式之教育；㈢大多數家庭環境富裕，屬於中產以上之階層。此一背景顯示該黨趨向溫和。

進步黨採用合議制，設理事長一人，理事九人，分政務及黨務兩部。主要領袖有梁啓超、湯化龍、張謇、林長民、孫洪伊等人。再又拉攏一般政要，以黎元洪爲理事長，以馮國璋、張紹曾、蔡鍔、唐繼堯、陸榮廷、陳國祥、汪大燮等爲名譽理事。由於該黨之注意力在各方政要，吸收對象多以精英主義（elitism）爲出發點，甚少注意群衆基礎，基層組織爲最弱之一環，影響力未能深入民間。

進步黨之黨義：「取國家主義，建設强善政府；尊重人民公意，擁護法賦自由；應世界大勢，增進和平實例。」此一理想，强調中央集權，認爲有「强有力的政府」，必可實現建設計劃，使國家逐漸强盛。實則該黨除重視教育外，對於實業建設及社會改革，甚少注意。

該黨於民國政治之最大貢獻，爲討伐袁世凱之帝制自爲。梁啓超與蔡鍔原均有意輔佐袁氏，引導其步入民主政治軌途。然袁氏自私，稱孤道寡，梁、蔡起而反抗。民國四年十二月二十五日之護國軍起義，爲蔡鍔所掀起。梁啓超潛赴廣西，取得陸榮廷之支持，組成軍務院，與蔡軍遙相呼應。袁氏憂憤而卒，共和得以確保。

進步黨爲國民黨之對抗者。黨的理論指導人梁啓超嘗謂：中國宜行兩黨政治，一黨在朝，一黨在野，互爲節制。由於進步黨之前身立憲派在清季與國民黨之前身革命黨之競爭與敵視，民國以後，兩黨未嘗改變敵對態度。兩黨不僅以言論機關互相駁斥，在國會中亦復競爭激烈，有時甚至大打出手，越出民主政治之常軌。然而兩黨亦有合作之事實。辛亥革命時期十四省響應獨立，其中數省爲兩黨合作之結果。袁氏稱帝，進步黨發動護國軍討伐，與國民黨右派人士亦有合作關係。但最後終不免於分道揚鑣。

進步黨組織鬆懈，且受政局影響，迭有變遷。約可分爲三時期：㈠進步黨時期（二年至五年）；㈡研究系時期（五年至九年）；㈢蛻變時期（九年以後）。自民國二年該黨成立，銳意經營立憲政治，竭力維護國會。及袁氏稱帝，起而反抗，護國之役，黨勢鼎盛。梁啓超欲以四川爲該黨根據地，作爲與北洋勢力相周旋之憑藉。不幸蔡鍔病逝，未能確保四川，黨勢下落。是爲第一時期。民國五年八月國會重開，由於部分黨員（如王賡）曾經附袁，且梁啓超、湯化龍等一再宣布不黨，孫洪伊轉趨激進與國民黨接近，呈分裂現象。故進步黨之名稱始終未曾恢復。惟該黨熱心議會政治，別以憲法研究會姿態出現，（湯化龍之憲法討論會與梁啓超之憲法研究會合併而成）研究系之名稱由此而來。民國六年國會再度被迫解散，南北分裂。段祺瑞之安福系與研究系競爭新國會席位，段派人物徐樹錚、王賡（已脫離進步黨）等暗中操縱，研究系失勢。此即爲第二時期。自新國會選舉失敗之後，梁啓超、湯化龍等退出政壇，決心自根本改造，入教育界，冀發掘人才，再次組黨。梁啓超、蔣方震、張嘉森、張東蓀等在大學開講座，組織共學社、講學社，在學術界及言論界再度有所影響。以後新生代代起，張嘉森、張東蓀、曾琦等發展新的政黨組織，是爲蛻變時期。（張朋園）

湘軍

由於清代中葉八旗兵與綠營兵腐化，太平軍起事之初，即連敗清軍。清廷鑒於嘉慶朝團練，曾平川楚白蓮教亂，乃下詔獎勵創辦團練。咸豐二年（一八五二）十一月，命在湖南原籍丁憂侍郎曾國藩，督辦湖南團練。曾氏主張經世致用，講求義理。雖不滿現狀，而主張作有秩序的改良。不談民族問題，擁護中國文化。在討洪楊檄文中，指出太平軍殘暴狂妄，破壞社會秩序，名教人倫，使各業不能安生。燒燬孔、孟、佛、道廟宇，神鬼共憤。以禮義名教激發士大夫，以忠臣廟宇激發農民，得大衆擁護。又另創制度，成立新軍；用士人爲軍官，農民爲士兵，並辦理水師。因軍隊全由湘省人士組成，故稱湘軍。湘軍精神爲不怕死，不要錢，人人重視忠義廉恥。兵將有如一家，糧餉接濟充裕，有一錢則練一人，練一人即得一人之力。湘軍終於成爲對付太平軍之主力。

湘軍最初編練水陸員弁兵勇共一萬七千人。咸豐四年（一八五四）春，在湖南境內開始與太平軍苦戰。因戰功卓著，轉戰江南各省，不斷擴充，攻下南京時，除死亡者外，湘軍已達十二萬人。太平軍所到之處，幾乎都有湘軍。曾國藩因湘軍軍威太盛，恐清廷疑忌，攻下南京後，立即開始遣散湘軍，改用淮軍。湘軍遣散後，不願歸農，參加哥老會組織。湘軍將領，則多出任地方大吏，形成督撫專政之局。由於湘軍、淮軍皆出於私人招募，又形成私軍制度。（黃大受）

華盛頓會議

第一次世界大戰後，美、日在遠東勢力衝突日烈，而中國山東問題久懸不能解決。民國十年（一九二一）七月十日，美總統哈定（Warren Gamaliel Harding）爲消除世界戰禍，解決太平洋與遠東諸問題，乃發起召開軍備限制會議於華盛頓，邀請者計中、英、法、意、日、荷、葡、比八國，我政府特派顧維鈞、王寵惠、施肇基爲代表，出席參加。

十月十一日大會正式開幕，美國務卿許士（Charles Evans Hughes）任主席，主張中國問題之解決，應以門戶開放機會均等爲原則。至第四次大會時，通過九國公約，其要點如下：㈠尊重中國之主權與獨立，暨領土行政之完整。㈡予中國完全無礙之機會，以發展並維持一有力鞏固之中央政府。㈢切實維持各國在中國境內商務實業之均等。㈣不得乘中國現狀營謀本國權利，而減少友邦之權利。

民國十一年（一九二二）二月六日，大會閉幕。其他重要之協議，一爲「海軍限制條約」，參加者僅美、英、日、法、意五國。規定美、英爲一三五、○○○噸，日爲八一、○○○噸，法、意爲六○、○○○噸，即所謂五：五：

三：一・七五之比。一爲「解決山東懸案條約」，由中、日兩國會外談判，美、英代表列席參加。規定：㈠日本交同膠州灣德國舊租借地之行政權及一切公產於中國，由中國開放爲萬國商埠。㈡日本撤退山東所有駐軍。㈢中國出款五千三百四十萬馬克購回膠濟鐵路。㈣中國出款一千四百萬日元購回膠州。㈤膠濟鐵路沿線各礦山日本得自由投資，但不得超過華股之半。

此次會議，日本因經濟恐慌，擴充海軍受阻。加以實力不足在遠東與美、英、法抗衡，不得不接受協議，緩和遠東之危機。中國代表於大會期間，曾要求廢除二十一條約，因日本代表堅持，僅於會議記錄中，載入保留中國他日解決之權利。（李守孔）

塘沽協定

日本關東軍於佔領中國東北，並製造僞滿洲國後，卽擅將熱河省劃入僞滿境內，預作侵犯熱河之藉口。民國二十二年（一九三三）二月二十四日，國際聯盟特別大會以四十二票贊成，一票棄權（暹羅），一票反對（日本）的懸殊比例，通過十九國委員會的報告書，不承認僞滿，日本代表松岡洋右悍然退出會場，日本關東軍亦在羞惱成怒的情形下，於二月二十五日分三路向熱河進攻。熱河省政府主席湯玉麟不戰而退，致北栗、朝陽、凌南、開魯諸要地相繼失守，承德亦於三月三日陷落，日軍遂得長驅直入，逼近長城之線。軍事委員會委員長蔣中正聞變，立卽北上保定指揮抗日軍事，並將湯玉麟褫職查辦。軍事委員會北平分會代理委員長張學良引咎辭職，蔣委員長令派何應欽兼代軍事委員會北平分會委員長，指揮各軍拒敵。

三月九日，日軍猛犯喜峰口，我二十九軍宋哲元部浴血抵抗，獲致大捷。十六日，宋部再度擊潰犯敵於羅文峪。其他第三十二軍商震部冷口之戰，第十七軍徐庭瑤部古北口之戰，中央第二師黃杰部南天門之戰，均極慘烈，予敵人以打擊。惜我軍裝備窳劣，補給不足，於苦戰經月後，不得不向後退却。五月八日，日軍以三個師團之優勢兵力發動全面攻勢，至二十二日已迫近通州、懷柔、密雲，直接威脅北平，情勢極爲險惡。

當我軍與日軍酣戰於長城各隘之際，江西共匪乘機出擊，猛攻南豐、樂安等地。蔣委員長因離保南下，指揮勦匪。國民政府處此情勢下，決採攘外須先安內政策。五月三日，中央政治會議決議設立行政院駐平政務整理委員會，任黃郛爲委員長，與北平軍分會代委員長何應欽，共同應付北方戰局。黃郛居滬時，卽已與日本武官根本博有所接觸，希望能促成停戰，北上後，亦曾經由駐華美使從中斡旋。五月十八日，關東軍接奉東京參謀本部命令，指示與我商洽停戰後，北平軍分會因於同月二十五日派參謀徐燕謀赴密雲與日方接洽。同日，南京國防會議議決：如日方迫我承認僞滿及割讓東四省，應毅然拒絕；如日軍允退出長城以北，我軍不向之追擊，保留相當距離以免衝突，我方可以接受，惟以不用文字規定爲原則。若萬不得已，亦應祇限於軍事，不涉政治，並須留意協定中不可有放棄東四省承認僞組織之疑似文句。

黃郛與何應欽依據上項原則，與日方交涉，備受委曲，終於達成停戰協議，於五月三十一日，由北平軍分會總參議熊斌與日本關東軍副參謀長岡村寧次，分別代表中日雙方簽字，是爲中日塘沽停戰協定，簡稱塘沽協定。其內容如下：

㈠中國軍卽撤退至延慶、昌平、高麗營、順義、通州、香河、寶坻、林亭口、寧河、蘆台所連之線以西以南地區，不再前進，又不行一切挑戰擾亂之舉動。

㈡日本軍爲確悉第一項實行之情形，可用飛機或其他方法，以行視察，中國方面應行保護，並與以便利。

㈢日本軍確認中國軍已撤至第一項協定之線時，不超越該線續行追擊，且自動概歸還至長城之線。

㈣長城線以南，第一項協定之線以北及以東地域內之治安維持，由中國警察機關任之。

㈤本協定簽字後卽發生效力。（李雲漢）

義和團

義和團之起源，學者多根據勞乃宣著：「義和拳教門源流考」，認爲義和拳「乃白蓮教之支流」，「爲離卦教之子孫徒黨」，乃一帶革命性，秘密結社之邪教。勞氏之說係根據嘉慶十三年七月戊寅上諭，及嘉慶二十年十一月初三「那彥成奏疏」。嘉慶上諭，僅有「義和拳」名稱。那彥成奏疏則述及義和門爲離卦教之子孫徒黨。按義和團源流極爲複雜，主要源流乃起於咸、同年間之鄉團。時「直隸、山東交界各州縣，人民多習拳勇，創立鄉團，名曰義和，繼改稱梅花拳。」(見光緒二十四年五月山東巡撫張汝梅摺）初起之目的在「保衛身家，防禦盜賊，守望相助。」爲民間自衛組織。歷年梅花季節，到處亮拳，故鄉民稱之爲梅花拳。因山東冠縣梨園屯教案，於光緒十三年（一八八七）以後演變爲「仇教團體」，專以仇教爲事。光緒二十四年（一八九八）二三月間改梅花拳爲義和團，詭稱降神附體，刀槍不入。按「降神附體」即催眠術，鄉民不知其所以然，多爲所愚。義和團思想多出自神怪、武俠小說，如「封神榜」、「西遊記」、「三國演義」、「七俠五義」之類。受民間娛樂如戲劇、說書、評詞一類之影響，就平日耳聞目睹（指在戲劇上）之前朝人物，神而化之。故所信神靈多係神怪、武俠小說中之人物，如姜太公、梨山老母、九天玄女、孫悟空、猪八戒、洪鈞老祖、諸葛亮、關雲長、張飛、張天師等不勝枚擧。其組織以村鎭爲單位，每一村或一鎭爲一團，人數多寡不定，或數十人，或數百人。佐原篤介「拳事雜記」謂：「每傳拳法一處，必須招集二十五人，是謂一團。」實誤。團有團首，或稱會首。其學拳者，稱大師兄、二師兄、三師兄。其管事者稱大先生、二先生、三先生。團與團間，彼此獨立，各不相屬，僅彼此拜會，其柬書曰：「某縣某村義和團大師兄大師姐同勝。」（僑析生「拳匪紀略」卷二。同勝爲同拜，拳民諱敗，故云同勝。）每一團均設有神壇，實爲公開組織，而非秘密結社，與白蓮教、八卦教無關。鄉民因受列强侵略壓迫之刺激、教士教民之欺凌、以及連年災荒、政府鼓勵，至光緒二十六年（庚子）（一九〇〇）五月，義和團紛起，以「扶清滅洋」爲號召。變質後的義和團，份子複雜萬分，除眞團均係鄉民外，在男性方面：有頭包紅巾、腰系紅帶之王公卿相；有學習拳棒之太監；有乘機牟利之無業遊民；有横行無忌之無賴；有分黨稱雄，藐視法紀之土棍；有土匪、琉璃球、優伶之瘟猪子、窰子之撈毛；亦有營混、人販、鹽梟、馬賊；更有肆行搶刼之遊勇會匪；及借張勢焰之亡命之徒；有恐遭困民欺訛，自立壇場而謂保家之富豪；有文生；有武生；有旗人；有舖混眞團之叵叵；有所謂「沙鍋照」之乞丐。在女性方面：有紅燈照之少女、花燈照之少婦、藍燈照之老太婆、黑燈照之寡婦；「自稱仙姑」之流娼；被尊爲「黃蓮聖母」之鴇母；更有不甘寂寞之「年老宮女」等等。由於份子複雜，任意焚燒、刼掠、慘殺，北京陷於混亂狀態中，遂促成庚子八國聯軍之禍。

（參看戴玄之著：「義和團研究」）（戴玄之）

剿匪戰役

國民革命軍北伐期間，共匪始則煽動野心政客及軍人，成立武漢政權，與南京之國民政府對抗；迨寧、漢合作，乃於民國十六年（一九二七）下半年，在各地製造暴動，擾亂後方秩序。其著者有八月一日之「南昌暴動」，乃革命軍張發奎部潛伏匪酋賀龍、葉挺、朱德所領導，煽動駐軍叛變，佔領南昌數日，被國軍包圍，突圍南竄於贛、粵邊區。九月八日之「兩湖秋收暴動」，由瞿秋白、毛澤東所領導，利用土匪張兆豐爲主力，連陷湘北平江、瀏陽、萍鄉、醴陵、株州等地，並在鄂南之蒲圻、咸寧、嘉魚、通城、崇陽作煽動農民之武裝活動。先後被國軍所擊潰，瞿秋白遁走上海，毛澤東率部逃至湘東山區。十月三十日之「海陸豐」暴動，由彭湃所領導，次第攻陷粵東海豐、陸豐、碣石、捷城等地，組織「蘇維埃政府」，實行土地分配及淸算鬥爭，無辜人民被害者一萬數千人。十二月十一日之廣州暴動，乃廣州蘇俄領事館所籌劃，由張太雷所領導，佔領廣州二日，組織「蘇維埃政府」，焚燬繁華街道三十餘條，殺死民衆一萬五千餘人。遭國軍圍攻，張太雷被擊斃，殘部流竄粵東、與海、陸豐共匪合流，至民國十七年（一九二八）夏，始告撲滅。此後共匪以上海租界爲中樞，以贛南井崗山爲根據地，實力擴充至萬餘人，政府因致力於北伐及應付各地軍人之叛變，致未能積極加以淸剿。民國十九年七月底，江西共匪一度攻陷長沙，逼近南昌，經國軍馳援，被迫退回贛南。別路共匪若豫鄂皖邊區之鄺繼勛，鄂中之段德昌等，亦足以爲害一隅。

自民國十九年（一九三〇）冬，至二十年（一九三一）秋，政府三次圍剿共匪，因日本發動九一八事變，國軍北調救援，終未能絕其根株。先是民國十年（一九二一）第三國際操縱共匪組黨之初，推陳獨秀爲委員長，及南昌暴動失敗，改由瞿秋白任總書記。民國十七年（一九二八）夏，第三國際鑒於共匪各地暴動之失敗，復罷免瞿秋白，而以向忠發繼任，實權則操諸李立三之手。民國二十年（一九三一）六月，向忠發在上海被捕，再由陳紹禹（王明）接充。同年十一月，共匪在江西赤都瑞金召開「第一次全國蘇維埃大會」，選擧毛澤東爲執行委員會主席，兼人民委員會委員長，朱德爲紅軍總司令。民國二十一年（一九三二）冬，共匪因其上海機關迭遭破壞，乃遷至瑞金，總書記易以秦邦憲，黨內實權遂由毛澤東所掌握。

民國二十一年五月，國軍對共匪發動第四次圍剿，豫鄂皖邊區收復後，共匪殘部由徐向前率領，經陝南流竄川北。鄂中地區收復後，共匪殘部由賀龍率領，流竄於湘西山區。贛南匪軍遭國軍猛攻，紛紛竄入閩西。民國二十二年春，日軍侵犯長城沿線，國軍增援華北，閩西共匪乘機回竄贛境，力量倍增，對外揚言其正規軍達三十五萬，非正規軍約六十五萬人。

民國二十二年（一九三三）十月， 蔣委員長在南昌召集軍事會議，擬定第五次圍剿計劃，採取「三分軍事，七分政治」之方針，利用碉堡包圍戰略，步步為營，節節前進，至民國二十三年（一九三四）十一月，克復瑞金，共匪乃潰圍西走，經湖南、貴州、雲南、西康、川邊，合徐向前部，取道隴東、寧夏，於民國二十四年（一九三五）秋竄抵陝北延安，與當地劉志丹匪股合流，沿途遭國軍阻擊，死亡相繼，實力僅餘數千人。（李守孔）

福州船廠

同光年間的自強新政，以兵工業的建設為中心；福州船廠即為當時所建立的兵工業之一。該廠創於同治五年（一八六六），廠址在福州馬尾山後，倡議人為閩浙總督左宗棠，創建期間的主要負責人為沈葆楨。

福州船廠是以中國的資金與管理，借用外國的器材與技術所建立完成的。法人日意格（Prosper Giguel）和德克碑（Neveue d'Aiguebelle）是實際的策劃人，他們在法國招募技術人員，購買機器，利用中國的資金和人工，建立了一個新式的造船廠。

左宗棠倡議設立船廠的目的，並不是完全為了國防的需要，而是欲將歐洲的造船技術傳入中國。他計劃於五年之內造船十六艘，借以訓練中國員匠能按圖監造，自行駕駛。同時設立船政學堂，以使製造駕駛之術衍於中國。左宗棠說：「夫習造輪船，非為造船也，欲盡其製造、駕駛之術耳；非徒求一、二人能製造、駕駛也，欲廣其傳，使中國才藝日進，製造、駕駛，輾轉傳授，傳習無窮耳。故必開藝局，選少年穎悟子弟習其語言文字，誦其書，通其算學，而後西法可衍於中國。」這是福州船廠設立的基本精神。

福州船廠在創建之初，困難重重，主要的阻難來自三方面：其一為地方官，其二為外國人，其三為言官。福州船廠之設，經費多取自福建一省，地方官苟無遠見，必難望其一力支持。船廠創議人左宗棠於船廠決定開辦後調督陝甘，閩浙總督由吳棠繼任。吳棠對福州船廠百般打擊，幸沈葆楨、左宗棠及總理衙門極力維護，始免被摧折。又福州船廠創立期間的監督及工匠為法人，福州稅務司法人美里登（Baron de M'eritens）欲涉足船局不果，乃煽惑法國駐華公使並致函法國海軍部，欲對船局事務加以破壞。而法國駐福州副領事巴士棟等，亦欲對船局中的法國工匠進行干涉。惟沈葆楨及總理衙門均以船廠設置之權操之在我，終不受動搖。再者，當時清廷對西北用兵，財力支絀，內閣學士宋晉奏劾船局空耗公帑，不切實際。清廷為此，一度有暫停船局之意，因受兩江總督曾國藩、直隸總督李鴻章，暨左宗棠、沈葆楨等的激烈反對，始作罷。

保守派的反對和外力的掣肘並未影響福州船廠的建設與發展。自同治八年（一八六九）至同治十三年（一八七四）間，萬年清、湄雲、福星、伏波、安瀾、鎮海、揚武、飛雲、靖遠、振威、濟安、求保、海鏡、琛航、大雅等十五艘輪船先後竣工。這些輪船皆為木質，時速自九海浬至十二海浬不等，其中十艘為兵輪，五艘為商輪；八十四馬力者五艘，一百五十四馬力者九艘，二百五十四馬力者一艘。這些船隻，除用為管駕訓練外，部分且撥赴浙江、廣東、山東、奉天等省，以為巡緝之用。

當造船事務逐年進行之際，中國在技術方面亦漸能獨立。當初聘請洋員，以五年為期，以同治八年正月鐵廠開工之日為始，至同治十二年底期滿之時，「中國匠徒均可按圖製造，習駕駛者亦能自在游行」，其成就可以想見。

福州船廠結束了外人協辦時期後，一方面由於領導自強運動的總理衙門珍視技術獨立的成就，一方面由於海疆時傳警訊，仍繼續從事造船的工作。同時，廠房的建設和船政學堂的教育也繼續發展。惟因經費不足，日後的領導人沒有左宗棠、沈葆楨那樣的魄力，加以光緒十年（一八八四）中法馬江戰役的損失，其成就較初期相差遠甚。自光緒元年至二十一年，成船不過二十艘；惟造船技術，已由木脅進為鐵脅，由新式快船進為鋼甲兵艦。自經甲午一役，清廷在各方面力求振作，兵工業的建設仍不稍緩。福州船廠方面，重又大規模的延聘洋匠洋員，恢復初辦時期的規模。日後持續發展，成為中國重要的船廠之一。（參考資料：1.王信忠「福州船廠之沿革」，見「清華學報」八卷一期。2.張玉法「福州船廠之開創及其初期發展」，見「中央研究院近代史研究所集刊」第二期。3.際唐「馬尾船政廠述要」，見「洋務運動」（八）。4. Gideon Chen, Tso Tsung-T'ang: Pioneer Promoter of the Modern Dockyard and the Woollan mill in China, Peking, 1938.（張玉法）

寧漢分裂

民國十四年（一九二五）七月一日，國民政府成立於廣州。十五年（一九二六）六月九日，國民革命軍蔣總司令中正，受命誓師，統大軍自粵北伐：一路出湖南，而於十月十日克武昌；一路窺江西，而於十一月八日克南昌；一路取福建，經浙江，而於十六年三月二十二日克上海，翌日，由贛入皖沿江而下之師，亦底定南京。北伐軍事之進展，至爲順利。

當武昌、南昌相繼克復後，國民政府及中央黨部人員，即於十五年（一九二六）二月七日自廣州啓程，取道江西赴南昌，而先已到達武漢之中央執行委員及國府委員，則於十二月十三日組織聯席會議，處理黨政重要問題。十六年（一九二七）一月一日，以國民政府名義，明令確定國都，以武昌、漢口、漢陽爲京兆區，定名武漢。至二月二十一日，在武漢之國府委員，及中央執、監委員與候補委員，召開擴大聯席會議，決定中央黨部及國民政府開始辦公。三月十日，復擧行國民黨二屆三中全會於漢口南洋大樓，改選中央常務委員、各部部長、及國民政府委員，由汪精衞等當選。四月二日，汪精衞自海外歸國抵滬。五日，汪與共產黨領袖陳獨秀發表聯合宣言後，卽潛往武漢就職。

時在滬之中央監察委員鄧澤如、吳稚暉、黃紹竑、李石曾、蔡元培、古應芬、張靜江、陳果夫等八人，以漢口擴大聯席會議及二屆三中全會於法無據，皆爲徐謙、鄧演達、譚平山等，受蘇俄顧問鮑羅廷教唆指使之倒行逆施，因於四月九日聯名發表護黨救國通電，幷斥責武漢聯席會議成立以來之種種謬擧。旋卽於四月十二日宣布實行清黨，幷解散上海、杭州、寧波、無錫等地總工會武裝糾察隊，由軍事當局分別予以繳械。四月十五日，在南京召開中央執監委員聯席會議。四月十八日，國民政府成立於南京，由蔡元培授印，胡漢民受印發布奠都南京宣言，揭櫫驅除共產份子，實行三民主義，肅清軍閥，打倒帝國主義諸端。南京各民衆團體擧行慶祝國民政府遷都與恢復國民黨黨權大會，蔣總司令、吳稚暉、胡漢民均蒞會發表演說，會中通過取締跨黨份子，從事清黨，審查武漢非法決議案等，是爲寧漢分裂。

至七月十五日，武漢一部份中央委員亦主張清共。不久，共產黨賀龍、葉挺等卽於八月一日在南昌暴動，失敗後，竄逃閩、粵邊區。八月十九日，武漢政府宣布準備遷寧。迨九月十五日，中央特別委員會在南京成立，始結束寧漢分裂之局。（參見雷嘯岑「三十年動亂中國」、半粟「中山出世後中國六十年大事記」）（沈雲龍）

廣東十三行

廣東十三行是在中英鴉片戰爭之前，受到政府特准，經營中外貿易之商業組織。其始，僅屬官設牙行性質，任中外貿易之媒介，職責在代外人納稅並評訂貨價，其後乃直接投身貿易，得官廳指定，有專攬出入口貨特權，被稱「洋行」，行商亦被稱「洋商」。名雖爲十三行，但行數並未以十三爲限。行址雖設在廣東省城（廣州），但行商（Hong Merchants）原籍除本省籍外，却以泉州及徽州客籍爲多，此自明代中葉（十六世紀）葡萄牙東渡來華時已有此項記錄。以爲官所設故，行常被稱爲「官行」（Kwang Hong），商常被稱爲「官商」（Mandarin's Merchants），以行商多自外省來集故，最初亦有「客店」「客行」之目。據清梁廷枏撰粵海關志卷二五行商條云：「國朝設關之初（案、在康熙二十四年，卽一六八五年），番舶入市者，僅二十餘柁，至則勞以牛酒，令牙行主之，沿明之習，命曰十三行。舶長曰大班，次曰二班，得居停十三行，餘悉守舶，仍明代懷遠驛旁建屋居番人制也。」外商居停、屯貨及與行商交易的地點，實卽行商劃出行地之一部分，亦被一般稱做十三行，中國官書稱爲「夷館」。與粵海關設立同時（康熙二十四年），清朝因國家統一太平，並且設立閩海關、浙海關與江海關，大開海禁。但四海關始終以粵海關貿易爲最盛。外船至粵，例須先泊澳門，擧凡外船出入口稅概由行商代爲支出收納，引水通譯亦歸行商安排，貨易既畢，由粵海關給與紅單，限日出境。西洋船來華，收船以五六月，乘夏季西南汛風，歸國以九十月，乘冬季東北汛風，有因貨易及欠項未淸者，准在海關請照住冬，限於頭年歸國。葡萄牙人自明季聽其居住澳門，無來去期限，每年納租五百兩，另課稅兩萬兩，自與香山牙行交易，不與十三行交接。其他西洋各國來粵貿易既畢，亦有寄居澳門延不返國者。

自十八世紀以後，廣東貿易日盛，一七二〇年十二月二十五日（康熙五十九年十一月二十六日），由「十三行」衆商共誓神前，公訂彼此遵守之「公行行規」十三條，主要目的在免除出入口貨價任意高下，未能劃一，各商互相排擠，爭攬全船貿易，貨物以僞亂眞，外船貨物出入口時不爲塡册及不交現款，綠茶淨量不從實呈報，公行外一般商店爭攬生意諸弊。是爲廣東十三行有「公行」（Co-hong）組織之始，當時實際有頭等行五家，二等行五家，三等行六家，其後商務日有起色。十八世紀二十年代以後，英船貿易恒居各國首位，載來貨物以黑鉛、番錢（夷錢、洋銀）、哆囉、嗶吱爲主，間有胡椒、蘇木、檀香等貨，出口貨以生絲、綢布、麝香、藥草、大黃、銅、砂糖、茶及白銅爲多。瓷器可由專門商人買賣，但必須以賣價百分之二十納交公行。「公行」時有散局，但「十三行」之名稱，不論行數多少，始終未曾改變。一七四五年（乾隆十年）粵海關設立「保商」（Security merchants）制度，係在各行商內選擇身家殷實者作爲保商，令其統納入口稅餉。當時廣東對外貿易，不分南洋歐洲，一切均由十三行經理。一七五七年（乾隆二十二年），中國專限廣州一口對外貿易，主要理由在肅清海防，由是十三行行商地位更加提高。一七五九年（乾隆二十四年）兩廣總督李侍堯奏准約束外國商人五項辦法，責成行商管束稽查。翌年（乾隆二十五年），由同文行潘啓等九家洋行呈請設立公行，專辦歐西貨稅，謂之外洋行，別設本港行專管暹羅貢使及貿易納稅之事，又改設原有之海南行爲福潮行，輸報本省潮州及福建民人諸貨稅。行商責成愈專，政府課稅亦愈重，每有一行倒閉，連累通行代賠稅餉之例，一七七一年（乾隆三十六年）總督下令將公行名目裁撤，衆商只須分行各辦。但至一七七五年，公行又再復興。嗣後舉凡入口貨稅及出口貨稅均須經行商之手，在外船抵粵時，即須先擇行商一人作爲「保商」，保商對該外商及其船舶水手之一切行動負完全責任，一切買賣須由公行代爲辦理。而政府於選擇商人承充行商時，亦須倍加謹愼，由總督巡撫及粵海關監督聯名上奏請旨承充，並選派一二人令其總辦洋行事務，謂之總商，將姓名報部備查。當時國際貿易以中英貿易居首位，外國需要中國貨物至殷，中國去貨恒有餘，外國來貨恒不足，有用全船不載貨物只載番銀（夷錢、洋銀）來廣貿易者，每年中國貨物出超恒達百餘萬兩乃至數百萬兩。外船至粵，船有船鈔，貨有貨稅，此外尚有各項規禮陋規，但實際並未高於歐洲一般稅率，外船仍踴躍來粵，中外貿易仍極旺盛。十九世紀初期，有甚多商品已許一般散商自由買賣。

十七八世紀爲重商主義之時期，中國以十三洋行（公行），英國以東印度公司（The East India Company）對持貿易大柄。但自十八世紀後期，英國已開始其「產業革命」，由於亞當士密（Adam Smith）等人之鼓吹，有其所謂「放任政策」（Laissez faire Policy），國家政治經濟思想制度皆已逐漸改變。十九世紀初期，英國戰勝法國拿破崙，取得海上霸權，船堅砲利，已不堪中國之種種限制。而印度歸其掌握，該地盛產鴉片，認爲用鴉片換取中國貨物，已不必年年用大量現銀爲購買資本，於是東印度公司及其羽翼下之殖民地商人（The " Country merchants " 中文譯作港脚商人）鋌而走險，以鴉片私販各口，以正貨報關納稅，大抵自入十九世紀以後，中英貿易對我已逐漸不利，出超轉爲入超，十三行連年倒歇。在十九世紀二十年代，鴉片貿易南自海南島，北至奉天海口，已皆有走私船舶矣。

鴉片一物原以「洋藥」之名納稅，一七二九年（雍正七年）頒布禁止吸食之令，一七六五年以前，每年輸入額約二百箱，輸入國以葡萄牙爲主。自一七八一年後，英國東印度公司已向中國大量輸入，一七九六年（嘉慶元年），中國下令禁止入口，並裁去鴉片稅目，但既不能截其來路，復不能禁其分銷，至十九世紀初年私鬻達三四千箱（每箱一百斤至一百二十斤），當時經營是項貿易者，尚有美利堅。自一八二一年（道光元年）以後，中國嚴申鴉片禁令，然煙禁愈嚴，而私售愈廣，兩廣總督李鴻賓設水師巡船查拏鴉片，水師巡船乃竟有每月受規銀私放入口之事。及至一八三四年（道光十四年）英國東印度公司取銷對華貿易特權以後，來華自由商人更大量走私，年達三、四萬箱，價在千萬兩以上，皆用銀私購。鴉片走私之工具及其機構莫不整然具備，收貯鴉片者有「躉船」，包買商戶有「窯口」，運銷船隻有「快蟹」、「扒龍」。凡外船至皆先以鴉片寄躉（多設在零丁洋老萬山內），而後以貨入口。政府欲閉關則鴉片本未入關而有「快蟹」（一作「快鞋」）「扒龍」私運，欲封艙則鴉片固不在艙而由「大窯」「小窯」包銷，而政府倚賴查拏鴉片之關口吏役水師巡船更有走私代運以獲利求賞者，一八三六年太常寺少卿許乃濟奏請「今閉關不可，徒法不行，計惟仍用舊例，准令夷商照藥材納稅，入關交行後，只准以貨易貨，不得用銀購買」，實不爲無見，而士大夫多主嚴禁，以爲紋銀透漏出洋，日甚一日，有去無返，須用重典嚴禁。於是有鴉片之戰。一八四二年八月二十九日中英媾和，其南京條約第五條云：「一、凡大英商民在粵貿易，向例全歸額設行商承辦，今大清皇帝准以嗣後不必照向例，凡有英商等赴各口貿易者，無論與何商交易，均聽其便。且向例額設行商等，內有累欠英商甚多，尚無清還者，今酌定洋銀三百萬元，作爲商欠之數，准明由中國官塲賠還。」於是十三行獨攬外國貿易制度由條約明文廢止，其戰前十三行連年欠餉欠債，倒閉不少，規定所欠外債由官府賠還。至南京條約後開放五口，廣州仍居其一，行商多重理舊業，專營茶絲等大宗生意，「洋行」改稱「茶行」（Tea hongs），且有新行設立，但皆已無專攬特權。一八五六年（咸豐六年）亞羅船事起，英軍再攻廣州，十三行盡成焦土，僅存名稱供後人憑弔而已。（梁嘉彬）

廣學會

英法聯軍之後，外人在華活動範圍逐漸擴大，各通商口岸傳教士多致力於西方文化之介紹，報刊、書籍發行日多。影響輿論界，對於中國維新思想之啓發，頗有貢獻。

同治七年（一八六七），美教士林樂知（Young J. Allen）、英教士慕維廉（William Muirhead）、艾約瑟（Joseph Edkins）等，首創「教會新聞」週刊於上海，報導各地宗教之活動。三百期後，易名「萬國公報」（Chinese Globe Magazine），每月發行，兼論政情，由林樂知任主筆，美人丁韙良（W. A. P. Martin）、李佳白（Gilbert Reid）、英人李提摩太（Timothy Richard）、德人化之安（Ernst）等助之。光緒二年（一八七六），復增刊「益智新錄」（A Miscellany of Useful Knowledge），以介紹西方科學爲志趣。光緒三年（一八七七），英教士楊格非（G. John）在滬講演，認爲西洋文化如政治、文學、哲學、科學等，均爲基督教之產物，華人非師法西洋，不足以圖强。

中法戰後，中國國勢日危，光緒十三年（一八八七），上海耶穌教士乃組織廣學會以爲維新之鼓吹。由英國蘇格蘭長老教士韋廉臣（A. Willamson）任會長，除繼續發行「萬國公報」、益智新錄外，以翻譯、編印有關西方政治歷史書籍，推動維新運動爲宗旨。截止戊戌變法，廣學會所出書籍約五百種，如李提摩太之「泰西新史攬要」、「列國變通興盛記」、「七國新學備要」，林樂知之「文學興國策」，化之安之「自西徂東」等書。廣學會附設有圖書室、博物館，及售書處，並懸賞徵文，舉辦講演會。甚至派遣教士至各地，運動朝廷重臣及封疆大吏，以促成其對外界之認識。

光緒二十年（一八九四）九月，「萬國公報」刊載國父孫中山先生上李鴻章書，以「人盡其才，地盡其利，物盡其用，貨暢其流」爲綱目，詳論富强之大經與治國之大本。光緒二十一年（一八九五）秋，李提摩太至北京，與翁同龢、張蔭桓諸顯要多所往還，乃說其變法推行新政。同年九月，李氏撰「新政策」一文，發表於「萬國公報」，以敎民、養民、安民、新民四法，建議於清廷。是時京師名士文廷式、陳熾、康有爲等，得翁同龢等支持，創立强學會，李提摩太奔走之功居多。並發行「中外紀聞」，其取材多來自「萬國公報」，遂與廣學會相呼應，變法風潮乃彌漫於全國。（李守孔）

鴉片戰爭

鴉片從唐代起，由阿拉伯商人輸入，僅供藥用。至明末方有人吸食。清雍正七年（一七二九），曾下令禁止。乾隆三十八年（一七七三），英國東印度公司在印度取得鴉片產製專利權後，即努力向中國推銷。清廷屢次嚴禁，但走私入口，日甚一日。不僅損害國民健康，敗壞社會風氣，而且銀兩外流，錢賤銀貴，民生日困。到道光十七年（一八三七），輸入三萬四千多箱，銷售即達二萬八千多箱。雖有極少數無識官員，主張開禁，但朝野人士，絕大多數主張嚴禁，尤以道光十八年，鴻臚寺卿黃爵滋一疏最爲痛切。有云：「以中國有用之財，塡海外無窮之壑，易此害人之物，漸成病國之憂。」主張以死刑禁止吸煙，而以一年爲戒煙期限。

清宣宗將黃疏發交各省長官議奏，無不贊成禁煙。湖廣總督林則徐在任內辦理禁煙，已有成效，尤爲贊成，並提出具體辦法。宣宗派爲欽差大臣，主持禁煙。道光十九年（一八三九），到達廣州，令外商具結，聲明以後永不夾帶鴉片，如再夾帶，查出人即正法，貨盡沒官。一面令外商繳出鴉片。外商存心觀望，在三天限期內，僅繳出一千多箱。林則徐遂封鎖商館，軟禁外人。結果，由英領事義律（Charles Elliot）彙總繳交二〇二八三箱。則徐在虎門海岸，公開燒燬。美、葡等國商人，遵令具結，但義律不准英商具結，並命令英商退至澳門，向英國政府報告經過。

道光十九年五月，英國水手在九龍打死村民一人，義律不肯交出兇手。林則徐與兩廣總督鄧廷楨，遂令澳門政府驅逐英人，英人改居船上。七月，英國兵艦，攻擊九龍中國水師。九月，英艦阻止具結英船進口，與中國水師在穿鼻海面，發生礮戰。義律請英國增兵，英政府接獲打死村民案後，已於道光二十年（一八四〇）正月，決定派遣所謂東方遠征軍。由海軍提督懿律（George

Elliot ）為統帥，與義律同任全權談判使節。

道光二十年五月，英艦抵澳門，宣佈封鎖珠江；隨即北上交涉。六月，英軍攻佔定海，清廷震動。七月，英艦至大沽口。直隸總督琦善因本國兵力不能抵抗，主張議和。對懿律所提要求，允由清廷派人到廣州查辦。懿律因定海英軍多人患病即率艦南下。清廷派琦善為欽差大臣兼兩廣總督，負責對英交涉；林則徐與鄧廷楨却遭撤職議處結果。十一月，懿律稱病歸國。由義律與琦善在廣州交涉。十二月，義律擊毀沙角、大角礮台，琦善被迫簽訂草約，允許割香港，賠款六百萬元，平等待遇，廣州開市；義律允許交還定海。道光二十一年正月，宣宗得悉英方要求，處分琦善。下詔宣戰，派奕山領兵一萬多人進攻；英軍攻佔虎門礮台。四月，英艦攻廣州，奕山求和，五天內繳出六百萬元，作廣州贖城費，英艦退去。

英國政府不滿意義律所訂草約，將義律革職。改派璞鼎查（Henry Pottinger）為全權專使；清廷方面，認為戰事已了，上諭沿海各省撤兵。七月，英艦北上，至八月止，接連攻陷廈門、定海、鎮海、寧波等地。又佔領餘姚、慈谿、奉化等地。宣宗命奕經領兵反攻。道光二十二年正、二月間，反攻鎮海、慈谿失敗。浙江巡撫劉韻珂見勢不佳，極力主和。宣宗遂派新署杭州將軍耆英為欽差大臣，與前兩江總督伊里布，羈縻英人。四、五月，英軍連陷乍浦、吳淞、寶山、上海，六月，英援軍來到，衝進長江，佔領福山、江陰，攻陷鎮江。宣宗不得已命耆英便宜行事。當時大小英艦七、八十艘，英軍數千人，已到南京。七千餘守軍，無力抵抗，惟有接受城下之盟，結束戰爭。（黃大受）

緬甸條款

清光緒十一年（一八八五），英併緬甸。其明年六月二十三日，慶親王奕劻，與英使歐格訥，訂立中英會議緬甸條款五款，漢英文各三份，在北京畫押，倫敦互換。本約要點有四：一、中國允英併緬，英允緬甸循例舉行派遣最大之大臣十年一貢。二、中英兩國應派員會勘邊界。三、中緬陸路通商事宜，應另立專章。四、光緒二年中英煙台條約另議專條英國派員由京入藏赴印探路，或由印藏交界前往一事，英國允即停止。本約中國僅稱「緬甸條款」，無「西藏」字樣，而英文名稱為「一八八六年七月二十四日北京簽訂關於緬甸與西藏之條款THE CONVENTION RELATIVE TO BURMA AND THIBET SIGNED AT PEKING, ON THE 24TH JULY, 1886 。」時英初併緬甸，獲我承認，所獲已奢，雖暫允停止派使入藏，然歷任英印緬總督柄持自印緬北向擴張政策，侵削滇藏，連成一線。故光緒中葉以後，中英間屢興西藏交涉，與滇緬勘界，仍屬英方之既定一貫政策。又由本約第二第三兩款約定勘界及通商兩事，遂有光緒二十年駐英公使薛福成與英外務大臣勞議定中英續議滇緬界務商務條款二十條，漢英文各二份，在倫敦畫押互換。續議條款要點：一、界務：自北緯二十五度三十五分，東經九十八度十四分之尖高山為起點，分向南北劃界，其向南者，劃至北緯二十一度二十七分，東經一百度十二分，循江場與江洪之界線，而至湄山，即瀾滄江為止。並訂明中國必不將湄江兩岸，與江洪之全地或片土，讓與別國。其向北者，俟將來查明該處，情形稍詳，兩國再定界線。二、稅課。三、礦務。四、互派領事。五、商民護照。六、緝捕逃犯。七、電政。八、最優國待遇。九、通商互惠。十、修約期限六年等。後因光緒二十一年（一八九五）中法界務專條附章，將滇越邊界自黑江與南馬河相注之處起，至湄江止之一段界線繪定，致猛烏、烏得兩地劃歸越南。英方遂藉口指我違約讓法江洪界內之地，復於光緒二十三年（一八九七）商擬改訂中英續議滇緬界務商務條款附款十九條，專條一條，在北京畫押互換。附款比較光緒二十年（一九九四）薛使所訂條款關係界務者，我又失去昔馬、南坎、北丹尼、科干等地，中國邊境從此與暹邏隔斷。自光緒二十四年（一八九六）以後；歷次如約滇緬勘界，中國均有失地。迄光緒三十一年（一九〇五）中英會勘尖高山以北未定界時，英人踰越高黎貢山分水嶺丫口而至片馬，英照會中竟明言：「由山頂北往西藏」或「順至西藏邊界」矣。（參考王彥威：清季外交史料，台北廣文書局出版）（歐陽無畏）

興中會

滿清末造，政府腐敗，對內因循苟且，對外喪權辱國。　國父孫中山先生，幼時喜聞太平天國軼事，懷救國救民之宏願。稍長，就讀於檀香山，接觸西方文明，救國之志益加迫切。光緒十年（一八八四），中法戰後，鑒於清廷和戰乏策，喪師失地，始決定顛覆滿清政府。其後肄業於香港西醫書院，與陳少白、楊鶴齡、尤烈等，昕夕相聚，共同以革命相鼓吹。

光緒二十年（一八九四），中日戰爭發生前，　國父憂念國事，曾致書滿清北洋大臣李鴻章，建議改革維新，鴻章不為用，乃離華再赴檀香山。同年十月，乘中國海陸軍戰敗，人心激憤之時，集合同志召開興中會成立大會，參加者有何寬、李昌、鄧蔭南等二十餘人。二十七日開始徵收會銀，對外宣言，着重救亡圖存，尚未公開排滿。明年正月， 國父返香港，合併楊衢雲、謝纘泰等之輔仁文社，成立興中會總部，其入會誓詞，為「驅除韃虜，恢復中華，創立合眾政府。」並決定軍事起義計劃。

興中會期間之起義行動，一為光緒二十一年（一八九五）九月廣州之役，陸皓東等死難。 國父於失敗後經日本、檀香山、翌年取道美國，首次抵歐洲。倫敦蒙難後，完成三民主義之學說。一為光緒二十六年（一九〇〇）閏八月惠州之役，史堅如死難，楊衢雲遇害。惟風氣所開，一般人對革命事業漸趨同情。（李守孔）

聯省自治

民國九年夏、秋間，國內先後發生直、皖戰爭及援閩粵軍回粵之役，南北兩方自是俱失去統一全國的力量，而成為大小軍閥混戰之局。西南各省鑒於廣州軍政府岑春煊、陸榮廷等為陳炯明逐走以後，護法號召已不為人所重視，乃轉而主張各省實行自治，於是所謂「聯省自治」運動，便應時而興。

聯省自治含義有二：一為容許各省自治，由各省自行制定省憲法或省自治法，自組省政府，統治本省；二為由各省選派代表，組織聯省會議，制定聯省憲法，以完成國家統一。亦即確定中國未來政制為聯邦制度，將中央與省之權力劃清界限，以解決當時南北爭端，兼避免地方割據之弊。故倡導聯省自治之理論，實際由聯邦制度脫胎而來。

提倡聯邦制度，早於民國元、二年間，已露萌芽；民國三、四年間，經章士釗等在「甲寅雜誌」鼓吹，漸佔勢力，其用意偏重在反對袁世凱之中央集權。及至民國七、八年護法戰役及南北和會前，復經李劍農等在「太平洋雜誌」連續著論闡釋，因是形成聯省自治運動，而首先倡導自行制訂省憲的為湖南。時湖南省長趙恒惕於致曹錕、吳佩孚的「商榷國是書」中，有謂：「在聯邦制之下，則於憲法上將國家各項事權，一部畀予中央，一部畀予地方，是即流俗之所謂聯省自治。」趙氏於民國九年十一月二日宣言自治，即着手於省憲的制定；至民國十年十二月十一日，省憲草案始經全省公民投票表決通過；民國十一年一月一日，湖南省憲法遂公布施行。

其後，繼起制訂省憲者為浙江，於民國十年六月四日通電實行自治，經由省憲法起草委員會及省憲法會議通過，於同年九月九日公布，名曰「九九憲法」，但並未實行。到民國十一年十一月四日，浙江省議會又起草省憲草案三種，以紅、白、黃三色識別，名曰「三色憲法草案」，預定民國十二年八月一日交由公民總投票，採決一種，但屆期並未舉行。民國十五年一月一日，浙江省自治法會議，又議決公布「浙江省自治法」，亦未付諸實施。除浙江而外，四川、廣東，也曾組織省憲起草委員會，成立省憲草案：雲南、廣西、貴州、陝西、江蘇、江西、湖北、福建等省，或由當局宣言制憲自治，或由人民積極運動制憲，但在軍閥勢力牽制之下，俱未發生實效。省自治尚且不易實行，欲藉聯省自治以謀求全國統一，自然成為一種空想。（參見李劍農「中國近百年政治史」）（沈雲龍）

臨時執政

民國十三年（一九二四）十月，直、奉二次戰爭結果，直系曹錕、吳佩孚勢力，為奉系張作霖及國民軍系馮玉祥所傾覆。是年十一月二十四日，段祺瑞因受奉系擁護，入京主持中樞，頒布中華民國臨時政府制，自號臨時執政，既不承認民元臨時約法，亦不承認民十二曹錕頒布之中華民國憲法，一切大權，俱集中臨時執政，舊國會亦因此次改變而告壽終正寢。

臨時執政制，係集總統與內閣總理權力於一身，實際等於獨裁制。然至十四年十二月，即加以修改，於執政之下，添置國務院及國務總理，並規定執政命令須經總理及各部總長副署。此則因段氏受各方武人壓迫，不得不採用類似內閣制組織，以為緩衝地步。但行之未久，段氏勢力已無可維持，仍不見容於各方，遂於十五年（一九二六）四月二十日被迫出京，臨時執政制亦告完全消滅。（參見王世杰、錢端升著「比較憲法」）（沈雲龍）

總理衙門

自江寧條約簽訂以後，直迄咸豐十年，中國與立約之外洋各國一直維持着以廣州為中心的地方外交形式。嗣因二次鴉片戰爭爆發，中國於咸豐八年及咸豐十年與英、法、美、俄分別訂立了天津條約與北京條約。中外交涉重心，遂並轉至於北京。中朝與各國間關係，亦不能不有專設機構以爲肆應。當時主持外交大員恭親王奕訢、桂良、文祥、乃於咸豐十年十二月初三日奏請設立「總理各國事務衙門」，十二月初十日（一八六一、一、二〇）奉准，是爲創設之始。直迄光緒二十七年六月九日（一九〇一、七、二四）改組外務部止，前後達四十年，爲總理衙門主持外交時期。

總理衙門，爲現代中外學者習用詞稱。更簡稱爲「總署」，或「譯署」。其正名據上諭所載，則爲「總理各國通商事務衙門」，並由禮部頒給「欽命總理各國事務關防」。當日創設宗旨，有幾項重要特色。其一是仿軍機處辦理，由親王大臣領導。此即表示事專而權重，具有應變彈性與實效。其二創始初意，旨在臨時性質，故使與軍機處平行，具軍機處特性，一俟事務輕簡，即歸併軍機處。其三專建衙署，小而簡陋。總署爲接見各國使節之所，不能不有專衙，而又不欲與各部大堂作比，於是因陋就簡，以存中外之差等關係。當時即選定北京東堂子胡同舊有鐵錢局局址，以爲公署之地。

總理衙門於奉准設立之始，即授任恭親王奕訢、大學士桂良、戶部左侍郎文祥等主持管理各國事務。其下則奏准於內閣、部院、軍機處司員章京之內，考選滿漢章京各八員，到署辦事。嗣於同治二年又各增六員，並以其中二人以爲總辦章京，二人爲幫辦章京。署內組織，則分設機構如下：一、英國股。掌英國、奧國交涉，並兼管通商稅務。二、法國股。掌法、荷、西班牙、巴西各國交涉，並兼管教務、招工、僑務。三、俄國股。掌俄國、日本交涉，並兼管陸路通商、邊防、界務。四、美國股。掌美、德、意、比、丹、瑞、挪、秘魯、葡萄牙各國交涉，並兼管使領諸務。五、海防股。掌南北洋海防，沿海沿江砲台，並兼管機器、鐵路、輪船、電線、開礦等事務。六、清檔房。掌收存修校本衙門文卷。七、司務廳。掌稽察一切，收發文牘，及監護關防。至署外有關之附屬組織，則有：一、出使各國公使領事。二、南北洋大臣。三、總稅務司。四、同文館。惟同文館則與衙署聯駢。

總理衙門爲中國史上第一個正式外交機構，與往古之鴻臚寺、禮部之對待藩邦完全不同。同時也是近代中國參與世界活動第一個首腦中心。再加其地位與軍機處同等，主持大臣皆爲王公親要，雖其組織未免簡陋，而職權之運用，實則超過內閣部院。其主要職司，固是總攬外交全局，然在近代中國內外發展情勢而言，總理衙門更是唯一推動中國現代化之最高領導機構。所肩負責任，並不止於外交。其一、對外通商稅務，全由總署委總稅務司經理。已足包攬經濟財政大權。其二、舉凡鐵路、鑛務、輪船、航運、電線、以至紡織業生產，均以總署爲支持監督中心。實關係到中國近代經濟結構之全面建立。其三、沿海沿江防務砲台，海軍艦隊，各地兵工槍砲生產，各類海軍陸軍學校，亦均以總署爲中心推動維持。其四、凡關新式學館，幼童出洋求學，皆屬教育方面。亦均由總署發議主持。以上四大門類，本應各有專司，而此則由總署獨力承擔，固足以見雜駁，然亦可知其攬權之寬泛，推展之廣遠。恰足證其具有軍機處之特質，自非現代外交機構所可比侔。（王爾敏）

瑷琿條約

英、法聯軍之役，俄國以外交活動無成，俄皇乃允木里裴岳夫（Muraviev）之請，即時準備軍事，一面於瑷琿對岸海蘭泡築營安砲，一面集軍於黑龍江口，並成立海濱省及黑龍江公司。淸廷除要求其撤移外，一再訓令黑龍江將軍奕山查照從前界碑，不可將就了事。

咸豐八年（一八五八）四月初五日，奕山奉旨到達瑷琿，準備與俄使會商國界事宜。交涉開始，木里裴岳夫即要求以黑龍江烏蘇里江爲中、俄國界，並要求取得航行權與自由貿易權。奕山曾迭次予以拒絕，然俄方仍以武力要挾，當夜城外砲聲不絕，奕山喪胆，是月十六日，奕山竟與木氏簽訂瑷琿條約。

瑷琿條約僅有三條，最重要者爲第一條，重新劃定中、俄國界；其內容如次：㈠黑龍江以北爲俄國屬地。㈡烏蘇里江以東由中、俄共管。㈢黑龍江烏蘇里江只許中、俄兩國船隻航行。㈣黑龍江左岸，精奇哩河以南（即江東六十四屯）中國人民仍照舊居住，由中國管理。第二條規定通商，「兩國所屬之人互相與烏、黑、松三處居住之人，令其一同交易，官員彼此照看。」第三條：「議定之約永遠遵行，兩國大臣畫押互換，並曉諭兩國交界上人週知」。

該約簽訂後，已將尼布楚條約破壞無餘，即恰克圖條約所保持烏第河流域領地，亦盡爲俄有，訂約之易，失地之廣（二百四十萬零五百七十五方里），爲前此中外各國所未有！（程京震）

擴大會議

民國十九年（一九三〇）三月，閻錫山、馮玉祥聯合反對中央，自稱陸海空軍總副司令，國民政府下令討伐，戰爭遂起於魯、豫兩省，在津浦、隴海、平漢鐵路沿線激戰。七月十三日，汪精衛、謝持、閻錫山、馮玉祥、鄒魯、王法勤、覃振、陳公博、李宗仁、張知本、許崇智、薛篤弼、趙戴文、柏文蔚、陳嘉佑、經亨頤、茅祖權、傅汝霖、白雲梯、劉守中、顧孟餘、朱霽青、潘雲超、趙丕廉、郭春濤、商震、陳璧君、黃復生等三十人，聯合發表宣言，成立擴大會議於北平中海懷仁堂，主張「整個之黨，還之同志；統一的國，還之國民」，實則為改組派、西山會議派與閻、馮之合作。

八月七日，擴大會議正式決定組織大綱，產生常務委員會委員七人，另設組織、宣傳兩部及一民眾訓練委員會，并通過七項處理黨政之基礎條件。九月一日，議決成立偽國民政府，推定閻錫山兼任主席。九月八日，復通過約法起草委員會組織條例，從事約法起草工作。惟其時閻、馮前線軍事失利，中央軍正沿津浦路挺進，業已收復濟南，張學良之東北軍，且於九月十六日通電入關，夾擊閻、馮之背。於是擴大會議遂隨軍事形勢之轉變，一移於石家莊，再移於太原，直至九月二十五日，約法起草委員會始繼續工作。十月十五日，鹿鍾麟等通電罷兵，中原戰爭結束。十月二十七日，約法起草完竣，經擴大會議通過公布，全文共分八章二百一十一條，此殆擴大會唯一之產物。翌日，汪精衛紛紛離晉赴津，擴大會議亦告結束。（參見鄒魯「回顧錄」、「民國政治史資料」）

（沈雲龍）

護國軍

民國四年（一九一五）十二月，袁世凱圖謀稱帝。李烈鈞、蔡鍔先後潛抵雲南，與唐繼堯等密謀舉義，於十二月二十三日電袁取消帝制，一面廢去將軍、巡閱使名義，於十二月二十五日宣布獨立，恢復元年都督府制，并召集省議會，推唐繼堯為都督，任留守，蔡鍔任出征。原議設元帥府，因蔡鍔欲力事謙抑，以待來者，故祇設總司令部。出征軍初定名共和軍，李烈鈞表示反對，以為與共和黨名稱相混，易滋誤會，遂棄而不用。適是日在昆明護國寺開會，而此次興師，又以護國為目的，因改稱護國軍。旋由蔡鍔、李烈鈞分任第一、二軍總司令，進兵四川、廣西。另由戴戡率先遣縱隊入貴州。唐繼堯自任第三軍總司令，坐鎮省垣，籌劃餉糈接濟。嗣西南各省紛紛響應，袁軍亦屢為護國軍所敗，不得已於民國五年三月二十二日下令撤銷帝制。世稱此役為護國之役，亦稱雲南起義。（參見庾恩暘「雲南首義擁護共和始末記」、李劍農「中國近百年政治史」、「革命文獻」第六輯）（沈雲龍）

（附）臺灣省史

六三法

清光緒二十一年（一八九五），日本佔據臺灣全省。翌年三月一日撤廢軍政，四月一日恢復民政，乃乘機由帝國議會公佈法律六十三號，是即「六三法」。

六三法乃集立法、司法、行政三權於臺灣總督一人之手，其權限之廣大僅次於專制君主。六三法條文至為簡單：第一條：臺灣總督府於管轄區域內，得公佈有法律效力之命令。第二條：前條之命令，由臺灣總督府評議會議決，經拓務大臣奏請敕裁。第三條：臨時緊急事故，臺灣總督得不經前條之手續，而公佈第一條之命令。第四條：依照前條所公佈之命令，公佈後仍應立即奏請敕裁，並報告臺灣總督府評議會。第五條：現行法律或將來發佈之法律，其全部或一部施行於臺灣者，以敕令定之。第六條：本法律自施行之日起，經三年失其効力。

光緒二十四年，兒玉源太郎任臺灣總督，即根據六三法發布匪徒刑罰令，對付臺灣同胞抗日武裝行動，其主要內容如下：㈠匪徒之首魁及教唆者處死刑。㈡匪徒之謀劃及指揮者處死刑。㈢抵抗官吏或軍隊者處死刑。㈣放火燒燬房屋、船艦、山林、火車、橋樑者處死刑。㈤毀壞交通標識以致發生危險者處死刑。㈥毀壞電報、電話者處死刑。㈦殺人或強姦婦女者處死刑。㈧搶刧他人財物者處死刑。

民國七、八年（一九一八～一九一九），東京臺灣留學生中，或因受辛亥革命影響，與歐洲民族自決主義思潮，即喊出要求日人立即撤廢六三法的口號。六三法已雷厲風行二十餘年，至是，乃成為臺灣同胞攻擊的焦點，林獻堂、蔡惠如等以臺灣同鄉前輩地位，無形中成為留學生領導人物。在蔡惠如等資助下，不久，啓發會、新民會等先後在東京成立，並通過創辦「臺灣青年」月刊，作為宣傳刊物。

民國七年某日，林獻堂曾在東京神田中華第一樓，招待蔡惠如所糾合專科以上臺灣留學生，出席者有蔡式穀、蔡培火、林呈祿等六十餘人，討論的中心議題是「對臺灣當如何努力」，林獻堂結論謂：「六三法殘害臺灣人，我們須迅速發起一項運動，予以廢除。」乃由空談走向實踐。公推林氏為會長，成立六三法撤廢期成同盟會。嗣後臺灣同胞的各種政治團體，皆以要求撤廢六三法為其主要鬪爭目標。民國十年，林獻堂、羅萬俥等創辦「臺灣民報」，要求撤廢六三法的呼聲到達最高潮。在臺灣日本官民堅持「臺灣尙未達到撤廢六三法的階段。」引起臺灣同胞更大反感。（林衡道）

朱一貴之役

清康熙六十年（一七二一）四月，臺灣朱一貴起而反抗當時之統治政權。一貴，漳州長泰縣人，小名祖，康熙五十二年（一七一三）至臺灣，在臺厦道署服雜役，後在鳳山大武汀飼鴨，為數甚多，借以結交豪傑之士，號稱「鴨母王」；並冒名一貴。

六十年三月，黃殿、李勇、吳外、鄭定瑞等與一貴密謀起事，反清復明，以一貴姓朱，可冒稱明裔，推為首。結盟之地即在羅漢黃殿莊中。時鳳山縣令出缺，知府王珍代理，珍委政事於次子，徵稅收糧，苛刻特甚。四月十九日一貴得數百人，立旗幟曰「大元帥朱」。二十一日夜，官兵敗於檨栜林，二十六日又敗於赤山，一貴部圍攻鳳山縣，臺灣府城大震，文武官眷屬皆避走。

五月初一日，一貴部已達數萬，百總楊泰內應，殺總兵官歐陽凱，官兵敗，或逃澎湖，或回內地。午刻，城破；初三日，立一貴為王，號永和。祭告天地祖宗及延平王。初四日，諸羅亦陷，乃大封官爵，王玉全為國師，王君彩、洪陣為太師，黃殿、杜君英、李勇、吳外、鄭定瑞等為國公。

及難民船自澎湖抵厦門，水師提督施世驃始知變作，泉、漳震動，居民或入深山。幸閩浙總督滿保率軍至，人心稍安；而一貴與杜君英積不相容。蓋君英淫掠，為一貴所嚴禁，君英遂率客家人數萬至半線。

五月二十七日，藍廷珍率舟師八千餘人、戰艦四百餘艘至厦門，六月一日自厦門出發，十一日抵澎湖，合原有軍隊凡一萬二千餘名，大小船六百餘艘，水手六千餘人。十四日，發澎湖，十七日，黎明，抵鹿耳門外，適潮漲，遂入鹿耳門，日未晡，已登安平城。廿三日攻府城。一貴率所部數萬逸去，府治收復。

一貴自大目降、灣裡溪、茅港尾、鹽水港、下加冬、溝尾莊，敗退至月眉潭，閏六月初六日夜，一貴被擒於溝尾莊，檻送厦門，解北京處死。一月後，全臺餘衆悉平。

二十餘年後，臺灣仍嚴禁搭寮養鴨，今臺中市西屯區尙有乾隆十三年（一七四八）所立嚴拿養鴨之徒及拆毀鴨寮之告示石牌，稱為「藏奸窩匪」云。時距朱一貴之亂已二十七年矣。（方　豪）

牡丹社事件

清廷於鴉片戰爭一役，政治之腐敗與兵力之衰弱，暴露無遺，列强對邊境各存心覬覦，野心勃勃的後進日本，對於臺灣也有意染指，「牡丹社事件」就是他們藉口製造的事端。

先是，同治十年（一八七一）十一月有琉球太平山（宮古島）及八重山島船各兩艘赴中山府（沖繩）貢納，歸途遇颶風，其中各一艘漂至臺灣，觸礁破碎，八重山船四十四人遇救送回，太平山船六十九人，三人淹斃，六十六人於六日在瑯璚（恒春）八瑤灣登陸，被附近牡丹社番殺死五十四人，其餘十二人，獲得保護，逃至保力庄，在庄長楊支旺家躲藏四十餘日，十二月廿九日，護送至臺灣府，十一年正月十六日，再送至福州，備受優恤，然後於六月初二日送回那覇。

日本自明治維新（同治七年，一八六八年）以來，國力漸强，垂涎我國地大物博，西指朝鮮半島，南指琉球、臺灣及浙閩沿海，已成其侵華戰略；及聞琉球民被臺灣生番虐殺，遂萌侵臺之意，首先册封琉球王尙泰為藩主，對外宣佈琉球已歸日本，表明兩者有主從關係，作為後日出兵征臺的藉口。十一年九月派樺山資紀等人前往大陸及臺灣刺探軍事情報，十二年三月十五日外務卿副島種臣來華，曾令駐華公使柳原前光以口頭向總理衙門吏部尙書毛昶熙等詢問臺灣番界是否屬中國版圖及琉民被殺事，并謂欲往臺灣向生番問罪，倘有日本人前往，冀其好為相待。清吏當時亦未深究其用意，日本侵臺，遂無所顧忌。

同治十三年一月十三日，日本朝議正式決定侵臺案，興師的藉口，除琉球太平山船船員被害外，還臨時加上日本備中州民佐藤利八等於上年二月十日在臺灣東海岸卑南馬武窟遇難被救，誣稱遭生番刧掠。二月十八日設臺灣都督府，任陸軍中將西鄉從道爲臺灣事務都督，率士兵三千六百名，分乘兵艦三艘，運輸船一艘，先至廈門，然後駛抵臺灣瑯嶠。三月十五日，紮營於射（社）寮，派員四出籠絡平埔族，聲言要膺懲的祇是牡丹社。四月初三、初六兩日日兵均遭伏擊，初七日派兩隊進攻石門，牡丹社出戰，甚爲激烈，互有傷亡。八日，安平協副將周振邦等携閩浙總督李鶴年致西鄉之照會及上海新聞報致日本外務省之公開信往晤西鄉，不得要領而歸。廿八日，日兵分三路攻牡丹社，焚毀各社。時各社力量分散，且衆寡懸殊，終告投降。但日軍仍繼謀征討後山諸番社。

五月初八日，福建布政使幫辦臺灣海防事務潘霨等携柳原函及沈葆楨照會，兩訪西鄉，均無結果，八月，日軍多患惡性瘧疾，據以後日人發表，病死者竟達五百六十餘人。

至此，清廷已知日人居心所在，爲杜後患，乃於三月二十九日特命船政大臣沈葆楨爲欽差辦理臺灣等處海防兼理各國事務大臣，至臺灣坐鎮籌辦防務。沈葆楨奉諭即奏陳防禦之策：一是聯外交，以國際輿論，對日本施加壓力；二是儲利器，購置鐵甲輪及水雷槍彈，充實自己的軍備；三是儲人材，調提督羅大春及前臺灣道黎兆棠隨往臺灣會籌；四是通消息，安設福州廈門間的陸路電綫，廈門臺灣間的水綫，以迅通消息。

沈葆楨既抵臺，即按原定計劃，整頓軍械，訓練新募兵勇，調淮軍駐柴城一帶。惜其時清廷內憂外患交迫，無意以干戈相見。日本方面，亦因庫頁島問題，與俄國關係日趨惡化，而英美各國亦不願日軍佔據臺灣，多所責難，侵臺軍又因疫癘死亡枕藉，遂有索賠償撤兵之意。

在日軍侵臺，中國佈兵備戰的緊張形勢下，英美各國恐危及他們的利益，乃從中關說調解，日本派柳原前光作初步接洽，繼派全權大臣內務卿大久保利通於七月三十日來華，與總署大臣談判，經一再會商，九月二十二日議定和款三條，由清廷賠償軍費銀五十萬兩。十一月十二日，日軍由西鄉率領撤離歸國。據日人統計，此役日軍除病死外，戰死十二人，負傷十七人云。（王詩琅）

吳鳳

吳鳳，字其玉，號元輝，康熙三十八年（一六九九）一月十八日生於福建省漳州烏石社，明末清初祖父即已往來於閩臺之間，康熙末年鳳隨父母遷居臺灣諸羅縣保美街，後徙六木根堡鹿蔴庄，與番人交易，並從事開墾。鳳因家居邊陲，無師可就，自幼即由父教讀。及長，富義俠心，頗爲地方人士推重；又熟習番俗語言，誠謹待人，經常隨父出入番地交易，而爲父親得力助手，並爲番人所信賴。十九歲娶妻，生二男，長子壯年亡故，雍正年間父母雙亡，妻則在長男亡後三年亦因病去世。

康熙六十一年（一七二二），鳳任職通事，時二十四歲。此時漢人移住番地日衆，肥沃的平原盡被侵佔，番境漸小，漢番雜居，情形混亂，番人乃退入山隘溪隈，而又有所謂社商社棍介於漢番之間，巧取豪奪，勾結職司管教的理番通事，狼狽爲奸，當局的懷柔政策，受其破壞，漢番境界爭殺不絕，番人仇視漢人，出草馘首，時有所聞。阿里山番屬於曹族，有歸化番八社，位置在今嘉義縣中埔社口西端八獎溪南方一帶，性慓悍，猜疑心重，吳鳳的前任即爲他們所殺。

鳳受命於大亂之後，誠懇仁慈，公平處事，化兇頑爲柔和，恤貧濟困，自康熙六十一年至乾隆三十四年（一七六九），四十八年間，俱未發生騷擾。就任後即力事整頓，定約法三章：一、嚴禁社商社棍活動，以杜絕剝削；二、清還移民借地，制止侵佔，同時督收番課番租；三、剔除宿弊，刷新秕政。因此，任內雖不無細小糾紛，由於處理得宜，不僅漢人信倚，番人尤爲悅服，敬愛有如父母。

番俗每年新穀登場，必殺人割首祭祀，以爲可免災荒；前任通事曾約定每年供漢人男女二人聽任殺祭，鳳就任之年，新穀成熟，番人求照前例，鳳堅持不可，令以朱一貴亂時所斬四十餘首級，一年祭一級，并多贈牛猪布帛，番人受鳳眞誠感動，接受所定辦法。乾隆三十一年（一七六六），所存髑髏首級用完，番人請准恢復前約，鳳諭以且等至次年，如此延緩三年，番人已不復聽命，且謂鳳存心欺騙，聚集社口庄支廨喧噪。鳳見情形如此，遂下決心，揚言明日有一朱衣紅巾人在支廨附近徘徊，可以殺來祭祀。

次晨黎明，社口庄支廨附近，果有一朱衣紅巾老翁出現，預先埋伏的番人一見，歡聲四起，弓矢刀矛齊發，紅巾朱衣者立即倒地，群番諦視，方知係吳鳳，驚惶悲慟，鳥獸散，時乾隆三十四年八月初十日正午。

後各社番人聚集定議，此後永遠廢止馘首穀祭，并於各社立石傳示子孫。後人敬仰吳鳳殺身成仁的精神，嘉慶末年在社口支廨附近建廟，每年八月十日

大祭。廟因地震倒圮，民國二十年重修；臺灣省光復後，民國四十一年又加以擴建。(王詩琅)

施琅

施琅字尊侯，號琢公；福建晉江人。魁梧有力，少從戎；唐王建號福州，授左衝鋒，爲鄭芝龍部將。芝龍降清，琅及弟顯投成功。成功用爲左先鋒，弟爲援勦左鎭。既而抗令殺標兵某，成功怒，殺琅父大宣及顯，琅逸，降於清，順治十三年，授同安副將，遷總兵官。康熙元年，擢水師提督；二年，攻浯嶼、金門二島，加右都督。三年，加靖海將軍。七年，密疏攻臺，部議以風濤莫測，不從其奏。詔入京，詢方略，授內大臣，裁水師提督。二十年，李光地奏：「鄭經已死，子克塽幼，部下爭權，征之必克。」以琅素習海，乃薦專任；閩浙總督姚啓聖亦推薦，再授福建水師提督，加太子太保。練水師，密通舊部內應。二十一年九月，琅疏請「遇風利卽進兵」，許之。二十二年春，治兵於海，衆言南風不利，琅知夏至前後南風必起，靜候之。六月十四日，南風至，遂由銅山攻澎湖諸島，流矢傷目，不稍却，二十二日取澎湖。克塽請降。由海道報捷，七日抵京，啓聖以飛騎由內地入奏，晚二日至，帝喜，嘉以「忠勇性成」，加授靖海將軍，封靖海侯，世襲罔替，仍管水師提督事。賞孔雀翎。部臣以將軍、提督無給翎例，帝特旨賜戴。賜御衣；親製五言詩褒美。時有議棄臺灣，盡遷其民者，琅力言不可，並請設一府三縣，及巡道、總兵等官，得旨允行。鄭氏文官及降兵，亦皆疏請安插墾荒。興學校，定賦稅，而臺灣平。二十四年，又請嚴海禁；會歲饑，則平糶賑恤，受惠者百萬戶。二十七年春，入都祭太后之喪，帝命宗室、額駙、侍衞、禮部諸大臣，郊迎於蘆溝橋設供帳三。召見於暢春園。三十五年三月卒，年七十有六。贈太子少傅，賜全葬加祭二次，謚「襄壯」。雍正十年，入祀賢良祠。有子八人，次世綸，江寧府知府、漕運總督；世驥、世騋，靖海侯。六子世驃，爲水師提督，以擒朱一貴有功，贈太子少保，謚「勇果」。

「明淸史料」戊編第九本「臺灣總兵章隆揭帖」，記前任總兵馬驥於乾隆二年六月二十三日奉上諭：「朕查閩省澎湖地方，附島居民，咸置小艇捕魚，以糊其口。昔年提臣施琅倚勢覇佔，立爲獨行，每年得規禮壹千貳百兩，頗爲沿海窮民擾累。著總督郝玉麟宣朕諭旨，永行禁革。」此一施琅劣跡，至卒後四十餘年始爲人揭示。

「淸史」卷二六一、「國朝先正事略」卷十一「臺灣通史」卷三十等皆有琅傳。「碑傳集」卷十五有王熙撰墓誌銘、陶元藻撰傳、李光地撰「施將軍逸事」。高拱乾「臺灣府志」卷十有琅撰「平臺紀略碑記」、合郡士民公立「功德碑記」及無名氏「靖海將軍靖海侯施公記」。後出臺灣方志多有收其傳者，不並錄。乾隆「泉州府志」卷四十、卷五十六亦皆記琅事。「國朝耆獻類徵初編」卷二七六收國史館本傳、國史賢良小傳、陳萬策撰「家傳」、陳康祺撰「紀聞」，皆可供參考。(方　豪)

流求國

「隋書」（唐、魏徵等撰，共八十五卷）卷八十一，「流求國傳」，略謂：「流求國居海島之中，當建安郡（按：卽今福建省建甌縣）東，水行五日而至。土多山洞。其王姓歡斯氏，名渴剌兜，不知其由來有國代數也。彼土人呼之爲可老羊，妻曰：多拔茶。所居曰：波羅檀洞。」

「多鬭鏤樹，似橘而葉密，條纖如髮然下垂。國有四五帥，統諸洞，洞有小王，往往有村，村有鳥了師（按：鳥了師，一作：鳥了帥。）並以善戰者爲之，自相樹立，理一村之事。」

「其處少鐵，刄皆薄小，多以骨角輔助之。編紵爲甲，或用熊豹皮。」

「國人好相攻擊，人皆驍健善走，難死而耐創。諸洞各爲部隊，不相救助。兩陣相當，勇者三五人，出前跳噪，交言相罵，因相擊射。如其不勝，一軍皆走，遣人致謝，卽共和解。收取鬭死者，共聚而食之。」

「無賦斂，有事，則均稅。」「俗無文字，望月虧盈，以紀時節，候草藥枯，以爲年歲。人深目長鼻，頗類於胡，亦有小慧。」「婦人以墨黥手，爲蟲蛇之文。」

「其死者氣將絕，擧至庭，親賓哭泣相弔，浴其屍以布帛纏之。裹以葦草，親土而殯，上不起墳。子爲父者，數月不食肉。南境風俗少異，人有死者，邑里共食之。」

「有熊羆豺狼，尤多猪雞。無牛羊驢馬。厥田良沃，先以火燒而引水灌之。持一插以石爲刄，長尺餘，闊數寸而墾之。土宜，稻粱黍麻豆赤豆胡豆黑豆等。木有楓栝樟松楩楠杉梓竹藤果藥，同於江表風土。氣候與嶺南相類。」

「俗事山海之神，祭以酒肴，鬭戰殺人，便將所殺人，祭其神。或依茂樹起小屋、或懸髑髏於樹上，以箭射之，或累石繫幡以爲神主。王之所居，壁下多聚髑髏以爲佳。人間門戶上，必安獸頭骨角。」

「大業元年（六〇五）海師何蠻等，每春秋二時，天清風靜、東望依希似有煙霧之氣，亦不知幾千里。三年，煬帝令羽騎尉朱寬入海，求訪異俗。何蠻言之，遂與蠻俱往。因到流求國。言不相通，掠一人而返。明年，帝復令寬慰撫之，流求不從。寬取其布甲而還。時倭國使來朝，見之曰：此夷邪久國人所用也。帝遣武賁郎將陳稜、朝請大夫張鎭州率兵自義安浮海擊之。至高華嶼。又東行二日至鼅鼊嶼，又一日，便至流求。初稜將南方諸國人從軍，有崐崘人，頗解其語，遣人慰諭之，流求不從，拒逆官軍，稜擊走之，進至其都，頻戰皆敗，焚其宮室，虜其男女數千人，載軍實而還。自爾遂絕。」

此朱寬、陳稜等人到過的「流求國」，是否現在的臺灣，或是現在的琉球，聚訟紛紜，尙未得到定論。可是，考所載物產、人種、語言、所用器具，尤其是朱、陳等到「流求國」的航線，其爲現在的臺灣之說，殆十之八九可信。

參考文獻：「隋書」卷三，「煬帝紀」，同卷六十四，「陳稜傳」。「使琉球錄」（明，陳侃撰，） Saint-Denys, Le Marquis D'lterney de: Sur Formose et sur les iles appelées en chinois Lieou-Kieou. (Journal Asiatique, Vol. IV. 7th Ser. 1874, pp. 107-121) —— : Note complementaire sur les iles Lieou-Kieou. (ibid. Vol. V. 1875, pp. 435-441) Gustave Schlegel: Lieou-Kieou-Kuo: Problems geographiques les peuples etrangers chez les Historiens chinois, p.t. 19. (Toung Pao Vol. VI. 1895. pp. 165-215.)（此書有中譯本，但頗有錯誤。）「臺灣文化志」（伊能嘉矩著，日本昭和三年刊，上卷），其他中國與日本近人之有關著作甚多，不列擧。（楊雲萍）

陳永華

陳永華（一六三三～一六八〇），是明鄭時期的諸葛亮。他字復甫，福建省泉州府同安縣人。父鼎敎諭，殉國難。永華少隨鄭成功居廈門，拔納於永曆八年十月所設的儲賢館。（從征實錄）

永華爲人淵冲靜穆，語訥如不能出諸口，遇事果斷，有識力，定計決疑，瞭如指掌，不爲羣議所動，與人交，務盡忠，平居燕處無惰容，而擧止翩翩有輕裘緩帶之風。布衣蔬食，泊如也。先是，兵部侍郎王忠孝嘗與談時事，佩其大有經濟，比之臥龍，遂薦於成功。永曆十年十月用爲參軍，而大事尙少參與。然成功嘗與世子曰：「吾遺以佐汝，汝其師之！」（臺灣外記，賜姓始末）。

成功既薨，六月，經襲位，即以永華爲諮議參軍。（臺灣外記，閩海紀要）永曆十六年十月佐經入臺，靖內難，翌年返廈門。十八年二月復至東寧，十九年鄭經以永華兼勇衛，加監軍御史。事無大小均以諮之。而永華因此放手施行，其對當時臺灣成就之大，關係之鴻，可說僅次於鄭成功。譬如臺灣經濟基礎的奠定，文化敎育的推進，幾乎均出于永華之手。他早在永曆十八年（一六六四）即替鄭經改革政治，詳定行政區域，改東都爲東寧，天興萬年二縣爲州，設安撫司於南北路及澎湖，行鄉治，承天府分置四坊,坊置簽首。鄉鄙劃爲二十四里，里有社，社置鄉長，十戶爲牌，牌有首，十牌爲甲，甲有首，十甲爲保，保有長。（臺灣通史）這些坊里均爲漢人聚集中心，土著悉斬茅編竹，架樓而居。永華又敎民取土燒瓦，往山伐木斬竹，起蓋房舍，並設立圍柵，官室衛署，亦一一興建，而鄭成功寓兵於農的政策，仍繼續進行。他曾親歷南北二路各社，勸諸鎭開墾，栽種五穀，蓄積粮糗，復倡導種蔗煑糖，到處興販，又以煑塩苦澀難堪，就瀨口地方修築坵埕，潑海水爲滷，曝晒作塩，上可裕課，下資民食。（臺灣外記）此外，積極和大陸私商往來，並發展海外貿易。

當經濟安定之後，永華乃啓鄭經「建聖廟，立學校。」二十年九月，聖廟成，以永華爲學院長，敎之養之，自此臺人始知學。不久，天興萬年兩州及鄉社皆立學，亦爲永華所擘劃。

二十八年，淸三藩事發，經率師西征，五月，加永華總制使，留守臺灣。（閩海紀要，海紀輯要）國事大小，悉由主之。永華治理國事，寬嚴有度，境內大安。而對轉粟餽餉，五六年之久，使西征之師無虞乏絕。

三十四年鄭經退歸東寧，永華辭職閒居，七月，竟勞瘁以卒，諡文正，賜資善大夫正治正卿都察院左都御史總制咨議參軍御史，（海紀輯要，臺灣外記（作三月）及墓碑）時淸人聞之曰：「臺灣未可卒圖者，實由永華經理有方。」是其生死之繫，於邦家安危亦太大了。

永華的夫人洪氏，有子三，夢緯、夢球、夢國（或作說）。

史家謂「永華爲政，頗雜儒術，與民休息。」（賜姓始末）而「聞物感物，體仁長人，至今猶受其賜」（臺灣通史）。（毛一波）

新港文書

從明天啓四年（一六二四）至淸康熙元年（一六六二）荷蘭人佔據臺灣。曾創辦學校，教授拉丁字拼音法，漢文文獻稱爲「紅毛字」。當時荷蘭人推行教育地區，分布於臺南、新港、大目降、目加溜灣、蕭壠、麻豆、大傑顚、大武壠；西班牙人退出後，更推展至淡水、桃園等處。學習紅毛字者以高山族人爲主，一切契約、賬册、函件，以及聖經、教會祈禱文與詩歌，無不採用紅毛字。紅毛字文件出現之地，以新港爲最多，故稱「新港文書」。

高拱乾主修之「臺灣府志」卷七風土志曰：「有能書紅毛字者，謂之『教册』；凡出入之數，皆經其手。削鵝毛管，濡墨橫書，自左而右，非直行也。令向化者，設塾師，令番子弟從學，漸沐於詩書禮儀之教云。」可見學習紅毛字之高山族人均信奉基督教。「教册」在同書卷五賦役志亦作「教册番」。

周鍾瑄修「諸羅縣志」卷八風俗志，稱：「能書（紅毛字）者，令掌官司符檄，課役數目，謂之『教册仔。』」可知當時荷蘭人在臺灣所發佈之公告，無不用此類以拉丁字拼音之「紅毛字」，而爲荷蘭殖民政府工作，經辦收稅、訴訟、田地房屋之買賣等事者，必須能讀寫「紅毛字」。

有關「紅毛字」之記述，尙見於陳文達修「鳳山縣志」、劉良璧重修「臺灣府志」、范咸重修「臺灣府志」、黃叔璥撰「臺海使槎錄」、魯鼎梅重修「臺灣縣志」、余文儀續修「臺灣府志」等。

荷蘭人退出後，高山族人仍有一段時期，使用「紅毛字」。現存此類「新港文書」，以乾隆時者爲多，最晚者爲嘉慶十八年（一八一三），其時已在荷蘭人被逐後一百五十餘年，流行於麻豆以南、下淡水社間土人中。

此後，土人雖尙有保存「新港文書」者，但已不能閱讀，亦不瞭解其意義。

一九三八年，前臺北帝國大學文政學部出版村上直次郎教授所撰英文「新港文書之研究」(Naojiro Muraakami: Sinkan Manuscripts)，可資參考。（方　豪）

臺灣文化志

伊能嘉矩著，日文，全三巨册。著者字朋卿，號梅陰，又號蕉鹿夢，日本岩手縣人。生於慶應三年（一八六七）五月九日，歿於大正十四年（一九二五）九月三十日。

明治二十八年（一八九五），日本據臺，十一月，著者即來臺，開始研究臺灣歷史與文化。十年後回國，從事著述，本書即爲其研究之大成。

內容分十七篇，即：一、淸以前爲中國人所知悉之臺灣，二、領臺原始，三、文治武備之沿革，四、治匪政策，（以上上卷）。五、教學之施設，六、社會政策，七、特殊之祀典與信仰，八、修志始末，九、經政沿革，十、農工沿革，十一、交通沿革，（以上中卷），十二、商販沿革，十三、外力之進漸，十四、拓殖沿革，十五、番政沿革，十六、臺灣之割讓，十七、臺灣地形之變遷。（以上下卷。）

昭和三年（著者歿後三年），刊於東京。近又有再刊本，仍由刀江書院發行。此外，尙著有：「臺灣志」（明治三十五年刊），「臺灣蕃政志」（明治三十七年刊）「臺灣巡撫劉銘傳」（明治三十八年刊）及「理蕃誌稿」（大正元年刊）等。

參考文獻：「伊能文庫に就いて」，淵脇英雄著，載「愛書」第十輯。（楊雲萍）

臺灣文化協會

辛亥革命成功，予臺灣抗日運動以極大鼓勵。不久，第一次世界大戰結束，民族自決主義思潮自歐洲傳來，對臺灣抗日運動亦爲重大刺激。嗣後，祖國五四運動興起，又無異爲臺灣抗日運動提供一可供觀摩之表率。在此情形下，乃放棄以前盲目性的抗日行動，進而着手組織政黨，從事近代化政治鬪爭。

臺灣的近代政治運動，以民國三年（一九一四）成立的臺灣同化會爲開端，主張「臺灣人應與日本人享受同等權利」。民國七年，一群知識份子與留日臺灣學生，又組織六三法撤廢期成同盟會，主張應廢除臺灣總督專制權。民國十年，又發行「臺灣民報」。此後以「臺灣民報」爲中心的政治運動，有臺灣議會設置請願運動。民國十年十月，議會請願運動到達高潮時，又由林獻堂、蔡培火、林呈祿、林幼春、蔡惠如、蔣渭水等設立臺灣文化協會。故同化會、臺灣民報、議會請願運動、臺灣文化協會等，一脉相承，林獻堂、蔡培火、林呈祿等始終爲其中心人物。

臺灣文化協會眞正目的乃爲促使臺灣同胞在政治上之覺醒。表面僅能以「

助長臺灣文化之發達」爲名，進行組訓與宣傳工作。然而日人極端專制，民國十二年十二月，臺灣總督府施行治安警察法，乘機强迫林獻堂、蔣渭水等聯名具結，保證臺灣文化協會不作政治活動，因此臺灣文化協會，僅能舉辦各種啓蒙性的學術、文化講演，謀求提高臺灣的文化水準。臺灣總督府爲對付臺灣文化協會的講演活動，指使御用紳士等，組織臺灣公益會，專門歌頌日本德政，但爲民衆所反對，遭致失敗。

民國十五年，臺灣文化協會內部開始分裂，其中接受祖國三民主義影響的民族主義派蔣渭水、陳旺成等，在民國十六年七月成立臺灣民衆黨，至民國二十年始爲日本人消滅。其最大貢獻爲暗中宣傳中國國民黨綱領與政策。民族主義派於創立臺灣民衆黨後，臺灣文化協會即完全爲左派所控制。不幸此時日本共產黨徒，伸其魔掌，乘機加緊滲透臺灣。臺灣文化協會，至是乃愈形複雜。日人見此情形，乃採取行動鎮壓。民國二十年，臺灣文化協會亦爲日人以壓迫手段加以消滅。民國十六年分裂前的臺灣文化協會習稱舊文協，分裂後通稱爲新文協。（林衡道）

臺灣民主國

光緒二十年（一八九四）中日甲午之役，清師敗績，次年三月雙方代表在馬關議和。當談判之初，割臺之說頻傳，朝野議論紛紛，臺灣紳民尤爲譁然，亟電諫阻，另一方面或求外援，或籲請國際干涉。及至馬關條約成立，大局已無可挽救，遂由邱逢甲、陳季同倡議，決定自主立國。以拒日人侵佔。

籌備倉卒告成，於是改臺灣省爲臺灣民主國，建元永清，定藍地黃虎爲國旗，鑄國璽，設議院，推臺灣巡撫唐景崧爲大總統，軍務幫辦劉永福爲民主大將軍，邱逢甲任團練使，太僕寺正卿林維源任議長，其他各部門負責人如左：

前刑部主事俞明震：內務大臣
前禮部主事李秉瑞：軍務大臣
前副將陳季同：外務大臣
前道員姚文棟：遊說使

五月二十六日，（農曆五月初二日）邱逢甲率領士紳，以鼓樂往新總統府呈奉臺灣總統印信及國旗，景崧受之，於是照會各國領事，通電各省，派員赴北京報告，規定在臺文武官員以二十七日爲限，自行選擇其去留。並發出文告曰：

「臺灣民主國總統前署臺灣巡撫布政使唐爲曉諭事。照得日本欺凌中國，大肆要求。此次馬關議款，於賠償兵餉之外，復索臺灣一島。臺民忠義，不肯俯首事仇，屢次懇求代奏免割，本總統亦力爭多次。而中國欲昭大信，未允改約。全島士民不勝悲憤。當此無天可籲，無主可依，臺民公議自立爲民主之國。以爲事關軍國，必須有人主持。於四月二十二日，士民公集本衙門遞呈。請余暫統政事。經余再三推讓，復於四月二十七日，相率環籲。五月初二日公上印信，文曰：臺灣民主國總統之印。換用國旗藍地黃虎。竊見衆志已堅，羣情難拂，不得已爲保民起見，俯如所請，允暫視事，即日議定臺灣爲民主之國。國中一切新政，應即先立議院，公舉議員。評定律例章程，務歸簡易。惟是臺灣疆土，荷大清締造二百餘年。今雖自主爲國，感念列聖舊恩，仍應恭奉正朔，遙作屏藩，氣脈相通，無異中土。照常戒備，不可稍涉疏虞。民間如有假立名號，聚衆滋事，藉端仇殺者，照匪類定罪。從此臺灣清內政，結外援，廣利源，除陋習。鐵路兵船次第籌辦。富强可致，雄峙東南，未嘗非臺民之幸也。此曉諭全臺知之。

永清元年五月　日」（錄自臺灣省通志稿卷首中史略第一册）（原文無日期）

其時全臺兵力，土客新舊共三百數十營，每營三百六十人，景崧駐臺北，逢甲率所部戍附近，道員林朝棟軍，駐臺中，永福駐臺南。

景崧就任後四日，五月廿九日，日軍於澳底登陸，旋攻佔瑞芳、基隆等地，迫近臺北。三十一日，營兵李文奎發動兵變，迫景崧親出督戰。景崧知大勢已去，於六月六日黃昏微行潛入滬尾（淡水），搭乘德輪亞沙號逃回廈門，邱逢甲亦倉皇南下，買棹返粤，繼後林朝棟又內渡漳州。於是北部民主國主持無人，等於瓦解。自大總統就任至此爲時僅十三日而已。先是，清廷所派交割臺灣全權委員李經方等一行，於六月二日在基隆港外與日方完成交接手續。

六月七日日軍佔領臺北城，十七日舉行「始政」式，繼續南侵，但途中處處受阻，且新竹、彰化、他里霧、大莆林等地均有激戰，進軍較預定爲遲緩。臺南方面於臺北城陷後，衆推劉永福繼任總統，永福不從，仍以軍務總辦行事。同時又再設議院，籌備軍餉，訓練水陸團勇，發布告，擬與日軍周旋到底。日軍夙知永福驍勇善戰，乃分兩路於布袋嘴及枋寮登陸，作鉗形進攻。臺南腹背受敵，威脅加重，孤立無援，永福不得已受地方士紳苦勸，於十月十九日乘

英輪爹利士號內渡。二十一日臺南陷。臺灣民主國乃告結束。(王詩琅)

臺灣府志

臺灣原爲福建省之一府，臺灣府之府志，前後凡五修，學術界習慣以主修人之姓氏，分別稱爲「高志」(高拱乾)、「周志」(周元文)、劉志(劉良璧)、范志(范咸)及「余志」(余文儀),分述如下。朱士嘉編「中國地方志綜錄」(增訂本)所列之張聯元修「臺灣府志」，稱有十八卷，淸刻本，不見流傳，待考。

高志修於康熙三十三年(一六九四)，三十五年(一六九六)刊行。但現存日本內閣文庫藏本，有康熙四十年(一七〇一)任職之官員(見秩官志及武備志)，可知爲康熙四十年或四十年以後所補刻。高拱乾原任「福建分巡臺厦道兼理學政」，稱「纂輯」；所作序亦稱「自序」，但志成刊刻之時，已陞任浙江提刑按察使司按察使。此志原係首任知府蔣毓英所草創。(據云爲上海圖書館藏有蔣氏府志一部。)凡例一亦云：「較諸郡守蔣公毓英所存草稿，十已增其七、八。」據劉良璧修府志卷十六選舉：「王喜，府學，手輯『臺志』，舊志創始，多採其原本。」又「諸羅縣志」卷三季麒光傳：「首創臺灣郡志，綜其山川、風物、戶口、土田、阨塞，未及終編，以憂去。三十五年副使高拱乾因其藁，纂而成之。人知臺郡志自拱乾始，而不知始於麒光也。」可知高志實集蔣毓英、王喜、季麒光諸前人之稿而成。計分封域、規制、秩官、武備、賦役、典秩、風土、人物、外志、藝文等十志十卷。

周元文重修之臺灣府志，始修於康熙四十九年(一七一〇)，自序於五十一年(一七一二)，而秩官志到任、卸任年代有遲至五十七年(一七一八)者。此志實仍「高志」之舊，僅將新編部分補刻，或挖改一二葉，故有體例混淆及次序錯雜之處。可知嚴格言之：「周志」實僅爲「高志」之補刻，而不能獨立成爲一志，故劉良璧、范咸續修府志，均不提「周志」。

劉良璧所修府志，有一特色，卽書名在「臺灣」上加「福建」二字。成於乾隆七年(一七四二)，分：星野、建置沿革、山川、疆域、城池、風俗、田賦、戶役、典禮、兵制、學校、公署、職官、名宦、選舉、人物、古蹟、雜記、藝文等二十卷，又卷首聖謨。凡例云：「其體倣自省通志而略爲變通」，但亦因此頗受後人指摘。

范咸重修府志，俗稱「范志」，但以纂輯言，六十七應居其前。刊於乾隆十二年(一七四七)，晚於「劉志」僅五年，蓋對「劉志」頗爲不滿，凡例十四則，前二則稱「劉志」「不倫」，又譏其「大半摭拾通志」。此志雖分二十五卷，而項目則僅封域、規制、職官、賦役、典禮、學校、武備、人物、風俗、物產、雜記、藝文等十二種，幾全循「諸羅縣志」。

余文儀續修府志，成於乾隆二十八年(一七六三)，或云刊於次年。體例完全同於「范志」，僅藝文多一卷；凡例十四則，亦抄襲「范志」，但自序提及「高志」「劉志」，而不及「范志」。余文儀自序在敍述「高志」「劉志」後曰：「患其未備，乃參覈新舊諸志，於簿書餘晷，搨摭羣籍……心維手識，薈萃成編：始封域，訖藝文，爲類十二，爲卷二十有六」，但此亦分卷分類，實因襲范志，而余氏竟據爲己功。「余志」爲吾人現有通行本「臺灣府志」中之最後一部。張聯元之十八卷本「臺灣府志」，以未見其書，不敢論列。「余志」除原刊本外，同治、光緒、及日據時期均曾補刻，最後並收入日人鈴村讓所輯之「臺灣全誌」，爲「臺灣府志」中流傳最廣者。(方豪)

臺灣建省

清廷自康熙二十三年(一六八四)正式將臺灣納入版圖後，並未積極經營；但由於物產及地下資源之豐富，與在太平洋上所處的地位，卻引起歐美列強覬覦之心。

十九世紀初，英國已顯示其對臺灣的野心；同時，美國對臺灣，亦開始注意。臺灣開埠之議，首見於咸豐九年(一八五九)、十年(一八六〇)批准之中美、中英及中法條約。咸豐九年八月，美約已在天津換文，卽首先提出以潮州、臺灣二口互市，在商定臺灣開埠辦法中，並指明以滬尾(卽淡水)、艋舺(今稱萬華)可以開市。但實際行動，英國仍先於美國。

同治間，臺灣教案迭起，中英間又發生樟腦及其他商務糾紛，英軍並曾偸襲安平。至同治十年(一八七一)，日本亦藉口牡丹社琉球難民被害事件而出兵。淸廷方覺不能聽任臺灣孤立，而派沈葆楨爲欽差辦理臺灣等處海防兼理各國事務大臣，處理臺灣中日交涉善後事宜。

同治十三年(一八七四)十一月十五日，沈氏奏請移福建巡撫駐臺，並展開撫番工作；是年年底，部議福建巡撫於多春兩季駐臺，行署設於臺北，夏秋

二季仍駐福建。

至光緒二年十二月（陽曆已是一八七七年一月）刑部左侍郎袁保恒首先上疏，提出臺灣建省之議，請改福建巡撫為臺灣巡撫，駐於臺灣，而以總督專辦福建全省事。李鴻章對此議不以為然，遂未付諸實行。

光緒七年（一八八一）岑毓英奉調為福建巡撫，籌辦臺灣防務，兩次渡臺，親自勘察，頗屬意於彰化為建省後省會所在地。光緒十一年（一八八五），中法戰爭期中，將領紛紛上言臺澎之重要。是年七月，欽差大臣督辦福建軍務左宗棠亦極言海防重要，而臺灣則為閩省防務之門戶。並重提袁保恒建議，將福建巡撫改為臺灣巡撫，所有臺澎一切應辦事宜，概歸該撫經理。九月五日，清廷下諭將福建巡撫改為臺灣巡撫，常川駐紮。十月，以劉銘傳為首任臺灣巡撫。

光緒十二年（一八八六）三月二十四日，清廷復諭閩臺主管長官會議臺灣建設事宜。劉氏乃對外辦防務、內撫生番、開山、拓墾、建省、設官諸事，積極進行。

十三年（一八八七）清廷復增設布政司，並令道臺兼任按察使。

在建省前，臺灣行政區劃系統，計設臺北、臺灣二府：臺北府轄宜蘭、淡水、新竹三縣及基隆廳；臺灣府轄嘉義、彰化、臺灣（臺南）、鳳山、恒春五縣及澎湖、卑南（臺東）及埔里社三廳。

建省之後，劉氏將全省劃為三府、一直隸州、三廳、十一縣。中路曰臺灣府，為省會首府，轄臺灣（臺中）、彰化、雲林、苗栗四縣及埔里社廳；南路改舊臺灣府曰臺南府，轄安平（舊稱臺灣縣）、嘉義、鳳山、恒春四縣及澎湖廳；北路仍稱臺北府，轄區亦如舊。另置臺東直隸州。

至此，臺灣高級機構之權限已大為增強：撫臺直轄機構為法審局、撫墾局、全臺營務處、軍裝機器局、全臺腦礦總局。

同時，臺灣為加强防務及促進近代化，並特設各種軍事與開發機關，如：全臺保甲局、全臺團練局、全臺釐金局、臺灣海關、臺灣商務局、全臺鹽務局、臺灣郵政局、臺灣電報局、臺灣鐵路局、臺灣金沙局、臺灣煤務局、拓墾局、全臺清賦局、臺灣通志局等，機構之多，與大陸各省不相上下，而權力之大，則有過之無不及。（方　豪）

臺灣通史

連橫著，三十六卷。連氏，字雅堂，號武公，又號劍花，乳名重送，行四。臺灣臺南人。光緒四年（一八七八）正月十六日，生於臺南。民國二十五年（一九三六）六月二十八日，歿於上海，享年五十有九。

是書，分紀四卷，志二十四卷，列傳八卷，圖表附之。記述始於隋大業元年（六〇五），終於清光緒二十一年（一八九五），凡一千二百九十年間的臺灣的史事。

原刊本分為三冊，陸續於民國九年至十年（日本大正九年至十年），刊行於臺北。又有商務印書館重慶及上海兩刊本，及中華叢書委員會刊本，臺灣銀行經濟研究室刊本。序，附圖，各有不同。

著者在「自序」中說：「夫史者民族之精神，而人群之龜鑑也。代之盛衰，俗之文野，政之得失，物之盈虛，均於是乎在。故凡文化之國，未有不重其史者也。古人有言，國可滅，而史不可滅。」著者志在為臺灣留下「歷史」，其苦心，（此書乃在日據時代寫成。）使人同情和敬佩。不過，因為方法與所用史料所限，頗有脫誤，利用此書者不可不知。

參考文獻：「連雅堂傳」（楊雲萍著，收入「臺灣文化論集」）（楊雲萍）

鄭成功

明，福建泉州府南安縣石井人。字明儼，號大木。（「鄭氏祔葬祖父墓誌銘」），乳名福松，後名森，唐王賜國姓朱，改名成功。外人多稱「國姓爺」。（外文作 **Koxinga, Koxin, Koxinja, Coxinja.**）

天啓四年（一六二四）（日本寬永元年）農曆七月十四日，生於日本的平戶。父芝龍，母日人田川氏。七歲自日本歸國，十五歲補諸生，二十一歲入南京太學，受知於錢謙益。是年明亡。福王乃稱帝於南京，翌年南京陷，唐王得鄭氏一族的支持，即在福州稱帝，改元隆武。以成功為御營中軍都督，賜尙方劍，儀同駙馬。二年，封忠孝伯，掛招討大將軍印。（封都督，伯，大將軍年代，文獻所記各有不同。）

十一月芝龍降清，成功諫之不從。乃與洪政、陳輝、施琅等所厚舉兵海上，力圖恢復。時年二十三。永明王即位肇慶，以明年為永曆元年。元年，成功遣使上表，尊奉正朔。此後，整理鄭氏一族的陣營，一方面與呂宋、交趾、日本、暹羅等國貿易，又與大陸各地商販，（置仁、義、禮、智、信、金、木、水、火、土十行。）以濟其用。

永曆五年，敗清提督楊名高於小盈嶺，六年，敗福建總督陳錦於江東橋，漳州屬邑俱下。七年，大敗固山金礪於海澄。是年五月，永曆帝晉封成功延平王。

十年，清世子濟度攻思明（廈門），敗之。

十二年五月，自思明，開駕北征。十三年六月，取鎭江。七月，進圍南京，因戰略錯誤，功敗垂成，甘輝被害，萬禮、藍衍等皆陣亡。

十五年（一六六一）正月，議取臺灣，是時臺灣爲荷蘭人所據。於四月初二日（國曆四月三十日，作農曆四月一日，卽四月二十九日，誤）登陸臺灣。十二月，退守於 Zeelandia城之荷蘭人降。先是，五月，改赤崁地方（現臺南一帶）爲「東都明京」，設一府二縣，府承天府，二縣：天興，萬年。以爲抗清基地。

十六年五月初八日，因病（可能爲瘧疾），逝於臺南，得年僅三十有九。

參考文獻：「鄭成功傳」（鄭亦鄒撰，二卷）。「閩海紀要」（夏琳撰，二卷）。「海上見聞錄」（鷺島道人夢菴輯，二卷）。「臺灣外記」（江日昇撰：三十卷，又有十卷，兩卷本。方豪校本，卽「臺灣文獻叢刊」第六十種本，最稱善本）。「楊英從征實錄」（楊英撰，民國二十年，中央研究院歷史語言研究所刊）。「臺灣鄭氏紀事」（日本，川口長孺撰，三卷）。「鄭成功」（日本，稻垣其外著，昭和四年刊），「鄭成功」（石原道博著，昭和十七年刊） **C. E. S. 't Verwaerloosde Formosa.**（**1675**）（有中、日、英譯本，中譯本周學普譯，臺灣銀行經濟研究室刊。日譯本乃英譯本之節譯，英譯本爲荷蘭人Pierre Martin Lambach 所譯，最可據，有打字本。又Wm.Campbell - Formosa under the Dutch.（1903）中，亦載此書之大部份英譯。著者之C. E. S.當是當時守臺灣的荷蘭長官Coyett也。）又有關圖集，目錄有「鄭成功第三百廿六週年誕辰紀念展覽會圖集」（臺灣省文獻委員會編，民國四十年刊），「鄭成功復臺三百週年紀念展覽展品目錄」（國立臺灣大學、臺灣省立博物館、臺灣省立臺北圖書館合辦，省立博物館印行。）（楊雲萍）

鄭經

鄭經（一六四二～一六八一）在臺灣奉明正朔十九年，史家稱之。他小名錦，字式天，號賢之，一作元之。父成功，母董氏。生於明崇禎十五年十月初二日未時，死於永曆三十五年正月二十八日寅時。（石井本宗族譜）成功倡義海上，經十歲卽監守中左，十七歲隨父北征。善射，工詩。痛孝陵淪陷云：「故國河山在，孝陵秋草深；寒雲自來去，遙望更傷心」又詩云：「王氣中原盡！衣冠海外留。雄圖終未已，日夕整戈矛」。（延平二王遺集）可見他的素志。但他青年時期，好色及於乳媼，成功曾有令殺之。永曆十六年五月，成功在臺（東都）逝世，他的叔父襲護理招討大將軍印，謀自立。六月，經乃在廈發喪嗣位，文移稱「嗣封世子」（閩海紀要）。時清福建當局向經議撫，經佯請照朝鮮例，未成。十一月末，經自廈門率兵至臺靖反側，稱延平王世子，中外稱世藩。第二年正月，經得知永曆帝在雲南殉國訃聞，奉正朔如故。旋卽率大隊回廈，九月，清命荷人攻金廈二島，十月淪陷，經退銅山。永曆十八年（一六六三）三月，經退至臺灣，定長治久安之計，改東都爲東寧，置天興，萬年二州，以陳永華理國政，分諸將土地，屯墾休息。課耕種、徵租賦、稅丁庸、興學校、通魚塩、安撫士民，於是臺灣日盛，田疇市肆，不讓內地。（閩海紀要）

永曆二十一年（一六六七），清遣總兵孔元章至東寧招撫，經曰：「和議之策不可久，先王之志不可墮，」便拒絕了他。二十三年，清大學士明珠至泉州遣慕天啓至東寧，議欲照朝鮮例，不削髮，稱臣，納貢，議仍未成。因此之故，數年間輯和邊界，寧靜相安，交通興販，臺灣日盛。

但經亦不願苟安，到永曆二十四年，經知雲南吳三桂漸有異志，曾遣推官吳宏濟往聘。（閩海紀要）

永曆二十七年，清廷議撤藩，十一月，吳三桂據雲南起事。時耿精忠在閩，先後兩使請濟師，經乃親統六官名將，師次澎湖，於永曆二十八年正月初一渡海，傳檄直省。五日至廈門，六日入泉州。歷經三年之間，降泉州、克漳城、略粵東、襲汀郡，並得邵武、興化。經自己駐居漳城，一時七府奉命，聲勢赫甚。不料終與耿精忠失去互信，連和之局因之破裂。而將士又多不用命，以致迭失各城，後來經只有退守廈門了。到永曆三十二年，尙能進攻海澄，進戰漳泉之間。清人被迫兩度議撫，經均拒之。清人嗣又用兵用間，迫經離厦。

永曆三十四年二月末，經率師返臺。擇地於洲子尾建造園亭以居。旋令長子克𡒉監國秉政，益行樂自適。到永曆三十五年正月二十八日寅時薨於承天府行臺（今開元寺）享年四十，妻唐氏（一六四二～一六六六）早卒，無出，有子八，俱庶出。（閩海紀要、海紀輯要）（毛一波）

噍吧哖事件

日據初期，臺灣同胞武裝抗日行動中，發生於民國四年（一九一五）之噍吧哖事件規模最大。事件策劃地為臺南市西來庵，故或稱西來庵事件。

噍吧哖事件領導人余清芳，又作余清風，幼時隨父親由福建遷來臺灣，住臺南長治二圖里後鄉庄。日本佔據臺灣時，僅十七歲，已參加抗日義勇軍。後又因加入塩水港二十八宿會的秘密結社，而被日警逮捕下獄。禁閉兩年十個月方釋放。出獄後常到西來庵等寺廟，對民衆宣傳反日抗日。不久，企圖進行武裝反日行動，其最有力幹部為江定與羅俊二人。

余清芳等首先利用宗教信仰，吸收群衆，然後大事宣傳日人暴政，散發符咒，謂可以避槍彈。又常利用扶乩，表示抗日行動一定成功。其時日人風聞臺灣南部有人規劃行動，但缺乏證據。不幸事機敗露，自民國四年五月起，日警即開始逮捕黨人。

余清芳等獲知消息後，即携帶武器逃入山中，與江定共商對策。六月二十九日，羅俊在嘉義山中與日警血戰後被捕。余、江二人乃退守嘉義、臺南、阿緱交界處深山幽谷中，二百七十餘名日警圍攻七八日，一無所獲。八月二日午夜，余清芳等襲擊噍吧哖（今臺南縣玉井鄉），日警及眷屬全被殺死。至是，余等已聚集一千餘人，即可擊敗日本警察隊，忽由臺灣總督府派來大批日軍。結果，抗日軍敗走，八月二十二日，余清芳與其幹部等受騙被捕。

民國四年五月，臺灣總督府發出第五十號命令，在臺南設臨時法庭，準備用匪徒刑罰令，處置余清芳黨人，同年八月二十五日開始審訊，十月三十日全部審判完畢，總計被告一九五七人，被判死刑者八六六人，有期徒刑者四五三人，行政處分者二一七人，不起訴者三〇三人，無罪者八六人。但江定等仍在臺南廳內據險不屈，翌年日人利用臺灣南部士紳許廷光、藍高川等代表日軍招降，江定等三十七人受騙被捕判死刑，十二人被判十五年徒刑，二人被判九年徒刑。

由於日軍在噍吧哖事件中屠殺臺灣同胞數萬人，引起日本帝國議會在野黨强烈攻擊，日本政府乃將臺灣總督撤換。（林衡道）

劉銘傳

劉銘傳（一八三六～一八九六）是中國近代史上傑出的人物，尤於臺灣有功，他字省三，安徽省合肥縣人。生於清道光十六年，死於光緒二十一年。幼讀私塾，當老師的是同族姪輩的劉盛藻（子務），其人素有經濟才能，所以銘傳先後得其助益不少。（「淮軍叢話記」）

銘傳十五歲還很鈍拙，時扼於環境，正隨着父親去做鹽梟。十八歲那年，洪秀全佔南京，合肥各鄉辦團自保。時有里豪某，途辱銘傳的父親。聞訊追殺里豪，登高一呼，擁護歸順他的就有數百人，遂築堡寨而為之長。咸豐五年，帶着練勇投奔官軍，參加幾次戰役都有功。九年，安徽巡撫福濟保薦他任千總。第二年授壽州，營都司銜。十一年李鴻章招募鄉勇，因以千總正式應募從軍。（劉銘傳本傳）

銘傳加入淮軍，編為銘字營，初僅五百人。既奉命援上海，對英法軍和洋將訓練出來的「常勝軍」（洋槍隊）印象深刻。故後來他能吸收現代的新思潮和各種科學技能，以致武功則平吳（打太平軍）平捻（剿平髮捻），文治則建設臺灣。

銘傳以直隸提督晉巡撫銜，率勇十營，督辦臺灣防務是光緒十年（一八八四）閏五月的事。當時法國已逞志於安南，艦隊漸集閩海。同年六月十五日，列士布率法艦九艘，就闖入基隆，占領炮台三所。銘傳自臺北赴援，親自督戰，却之。此後法艦即從海面封鎖，相持至翌年春，兩國媾和，始於五月八日率艦解圍而去。經此戰役，清廷愈悟臺灣位置關係重大，遂立為行省，以銘傳改任臺灣巡撫，使當經營完成之責。（先是，銘傳已被任為福建巡撫）

銘傳經營臺灣是有目的，有手段，且有其先後次序的。第一，他以臺灣為文明富强之一省，而保全其軍事上商業上極有關係之位置，這是他的目的。第二，練軍隊以厚兵力，築炮台以嚴海防，設製局以造軍械，錫官爵以賞戰功，集捐輸以充經費，厚禮聘以聚異才，討生蕃以闢疆土，丈田園以糾隱逋，編保甲以別良莠，移窮民以墾荒土，興織造以杜漏卮，惠商以廣交易，築鐵路以便交通，架電線以靈消息，購船舶以增航路，立公司以結商團，開法院以平訟獄，聘西醫以療疾病，建學堂以施教育，定租界以待外使，置隘勇以密巡防，興水利以資灌溉，開礦產以集材料，鑄貨幣以便民生，革稅法以維國計，開腦廠以製樟腦，設釐局以征鴉片，這是他的手段。第三，銘傳在職凡六年。頭一年措置善後事宜，立全臺戰守之計劃，開與內陸之交通。次兩年築各處之炮臺，並置總理全臺之營務處，開田園清丈之總局。第三年興撫墾鐵路城工航海通商之事業。第四年擴全臺之行政機關，定地租之率，設郵便之制。第五年，完成炮臺之機關，靖北番之猖獗。第六年，起討番之師，定全臺之守禦，這是他經營臺灣的次序。（劉壯肅公奏議）

銘傳在臺六年，所行新政，成效卓著。終以軍政憂勞，因病辭職，獲准時爲光緒十七年（一八九一）六月。

銘傳於光緒二十一年十一月二十七日卒於安徽里第，年六十。（參考資料：劉壯肅公奏議，大潛山房詩鈔，淮軍叢話記）（毛一波）

顏思齊

顏思齊（一五五九～一六二五）是手拓臺灣的壯士，他字振泉，福建省漳州府海澄縣人，約生於明世宗嘉靖三十八年，死於明熹宗天啓五年。思齊身體雄健，武藝精純，因遭宦家巨室的欺凌，憤殺其僕，便入海亡命。（江日昇「臺灣外記」）約在萬曆晚年（一六一〇年前後）輾轉去了日本長崎的平戶。當時平戶爲日人對外通商要埠，英荷西歐商人及中國商人多往聚集其地。他初業裁縫，并於中日之間以海舶從事貨販，漸漸致富。他又是一個喜歡冒險的人物，疏財仗義，廣結同志，不久就有拜盟兄弟：晉江人楊天生（人英）海澄人陳德（衷巳）南安人鄭一官（芝龍）等共二十八人，想有一番作爲，時爲天啓四年六月十五日。（臺灣外記）或因其時長崎代官村山等安向居留外僑索賄，思齊等不堪其擾，始生異志。（日人岩生成一：「十七世紀日人之臺灣侵略行動」）據說思齊曾以閩人領袖的聲望，號召一批同志，密謀那年八月十五日在日當地起兵，重演海外扶餘的故事。但未及期謀洩，遭了德川幕府緝捕，才駕船逃走。（臺灣外記）

思齊等逃出日本時，有船十三艘，初擬返回舟山，再作計較，後由陳衷紀提議前去臺灣，時臺地雖早有漢人前往商漁或定居，但大多數地方仍由平埔族所有，且亟待開發，故去臺灣較有新的發展。他們航行了八天，於八月二十三日才到笨港（北港）登陸。思齊入臺以後，以盟主身份，就在諸羅山（今嘉義市）一帶，建築山寨，分爲十寨，從事耕獵。同時，更整頓船隻不時去大陸沿海買賣私貨，自然是亦商亦盜了。（臺灣外記）所以早在明崇禎八年吏部郎中盧化鼇在「太史李公居鄉頌德碑記」中即有「自天啓壬戌（一六二二）以後，紅夷與海寇顏思齊交訌」的記載。（乾隆海澄志）紅夷指荷蘭人，荷人入據臺灣在天啓四年（一六二四）幾與思齊同時，荷人住安平，思齊住北港，商業互惠，初尚相安，而交訌之事，後當難免。

思齊在臺年餘，聲勢漸大，漳泉之民往附者日衆，凡三千餘人，聚落成村，當近千家，思齊眞「手拓臺灣之壯士」也。（臺灣通史列傳一）不料天啓五年（一六二五）九月，思齊打獵回來，歡飲大醉，竟感染風寒，一病不起。（臺灣外記）相傳今嘉義縣水上鄉三界村尖山南麓，有一古墓，即爲顏思齊之墓。

明天啓五年十二月初八日，楊天生召集各寨弟兄，推舉鄭一官繼爲統領，十八日正式就職，改名芝龍，另外以其弟芝虎、芝豹、芝莞等十七人合成十八芝數目，又分派各色旗號，分配各人職務，比起顏思齊時更井然有序了。因此，史家敘及臺灣之開拓，均以顏、鄭並稱。

又，思齊爲人，有稱爲「顏通事」者（陳仁錫：無夢園集）或「東洋國甲螺」者，（康熙臺灣府志，香祖筆記）他和鄭芝龍的關係，鄭亦鄒的「鄭成功傳」、梅村野史的「鹿樵紀聞」、谷應泰的「明史紀事本末」、查繼佐的「罪惟錄」、林時對的「荷牐叢談」、黃叔璥的「臺海使槎錄」、邱廷采的「東南紀事」等，均有記載。（毛一波）

羅福星事件

日據初期，臺灣同胞紛紛奮起，進行武裝抗日行動，林少貓、鄭青、林玉衡、柯鉄虎、黃選、簡施玉、簡義、陳法、胡嘉猶、陳秋菊、簡大獅、羅福星、余清芳、蔡清琳等，皆爲其中代表人物。

辛亥革命成功以後，臺灣同胞深受　國父思想影響，即有人放棄以前孤立性抗日運動，進而着眼與祖國的革命運動配合，企圖一舉而將日人逐出臺灣。民國二年（一九一三）羅福星事件即其中最大規模的一次革命。與羅福星事先後發生的北埔、土庫、林杞埔、六甲各事件，亦爲受　國父思想的影響，而掀起的革命運動。

羅福星，廣東省嘉應州人，幼年，隨父移住臺灣新竹廳苗栗一堡田寮庄。後又奔走廣東、南洋各地，參加　國父發動的第一次革命。辛亥革命成功，中華民國建立，乃於民國元年隻身潛來臺灣，經常來往臺北、苗栗之間，向臺灣同胞宣傳　國父的革命思想。不久，即爭取得黃光樞、江亮能、謝德香、傅清風、黃員敬等同志多人，分別以華民會、三點會、同盟會、革命黨等名義，至臺灣各地秘密吸收黨員。當羅福星在臺灣北部積極籌劃革命時，中南部亦一連發生陳阿榮的南投事件、張火爐的大湖事件，李阿齊的關帝廟事件、賴來的東勢角事件。其領導人物皆傾心於祖國的革命黨，日人將上列四次事件，與羅福星事件合稱為苗栗事件。

早於民國二年五月，臺灣日警當局即探悉有人組織革命黨，但無確實證據，乃在全臺各地進行搜捕工作，總計自民國二年十月開始，至民國三年一月止，共逮捕革命黨五百三十五人。羅福星在日警未來逮捕前，即準備乘船回國。為日警探知，與同志周齊同時在淡水被捕，日警並在其身上搜出革命黨名册等重要物證。

全臺灣的大搜捕告一段落後，臺灣總督府在苗栗設臨時法庭，審判以羅福星為首的革命黨黨員，總計九百二十一人。自民國三年二月十六日開庭，至同月二十九日全部審判完畢。羅福星等二十名被判死刑。被判有期徒刑者二百八十五名，行政處分四名，無罪三十四名。其餘五百七十八名，在檢察庭時受不起訴處分。被判死刑者，當日即執行，從容就義。

羅福星革命失敗後兩三個月，緊接着臺灣南部又爆發六甲事件，是為羅福星事件餘波。（林衡道）

華僑史

中東華僑略史

唐代對外貿易興盛，大食（阿剌伯帝國）與中國之交通頻繁，唐帝國之海（南海）、陸（西域）路互市幾全為大食商賈所壟斷，而中國商賈貿易印度而達西亞者亦衆。唐玄宗天寶十年（西元七五一）高仙芝進討石國（Samarkand），與大食戰於怛羅斯（Talas）河，結果大敗，唐軍被俘者甚衆。杜佑族子杜環為被俘者之一，留居大食十年，至肅宗寶應元年（七六二）始因商船遣返，由海道經廣州而回，著有經行記，謂大食有「漢匠作畫者，京兆人樊淑、劉泚，織絡者，河東人樂隈、呂禮」，為華人僑居大食之佐證。又據阿剌伯學者 Broomboll 所著「伊斯蘭在中國」之記載，以唐代中國商船經南洋、印度至波斯灣貿易，中國人之居留底格里斯河與幼發拉底河口之巴斯拉國（Basrah）者甚多，其子孫亦甚繁榮，而阿剌伯之亞丁，亦有居留者。

宋代中國與大食間之交通仍盛，華商前往大食者不少。嶺外代答有大食諸國之記載，謂其知名之國有麻離拔國，廣州自仲多以後發船，乘北風行，約四十日，到地名藍里、博買蘇木、白錫、長白藤，住至次多，再乘東北風，六十日順風方到此國。元代版圖，橫跨歐亞，所建伊兒汗國，領有波斯以至西亞之地，中國兵民留居者必衆。明代永樂、宣德間，鄭和七次遠航，其到過及招諭之國在波斯灣及阿拉伯沿岸者，計有忽魯模斯（Ormuz）、祖法兒（Djofar）、阿丹（Aden）、天方（Mecca）等，瀛涯勝覽記中國寶船到達阿丹後之貿易盛況甚詳。明代中期以後，採海禁政策，清初禁令尤嚴，中國與中東間幾無直接交通可言，華僑遂鮮移居者。

民國以來，中外交通頻繁便捷，我國新疆、甘肅、青海諸省回教徒，常由陸路經印度前往回教世界中心麥加朝聖，因之，滯留沙烏地阿剌伯定居者遂多。民國二十二年（一九三三）自新疆一次移入者即達一千五百餘人，嗣後甘肅、寧夏、青海、新疆等省回教徒陸續移入者多達九千餘人。民國三十八年（一九四九）大陸陷匪後，邊疆回胞不堪共匪暴政，逃亡沙烏地阿剌伯者為數甚多，此等僑民承沙國國王允准，核發居留證，至大陸光復為止。居留沙國僑胞絕大多數從事裁縫業，縫製襯衫、內衣、便帽、便鞋、拖鞋等，此外尚有少數從事販賣零食、理髮及其他手工藝業等。土耳其原不准外僑居留，至民國四十二、三年（一九五三—五四），土國政府為吸收同血統、同語言、同宗族之外籍人民，以開發農牧業，乃特准符合上述條件之我新疆省難胞一千八百五十人，分自克什米爾及巴基斯坦移入土國定居，取得土國國籍，分發各地從事墾殖、畜牧。其居住土京安哥拉及伊斯坦堡之難胞，則經營小本生意。

關於我國旅居中東之僑胞人數，據民國五十一年（一九六二）駐中東各國使館之查報，計沙烏地阿剌伯有一萬人，土耳其三千三百人，約旦四十人，伊

拉克九人，黎巴嫩六人。其在約、伊、黎諸國之僑胞，亦多從事農耕、畜牧及手工藝，生活清苦。（呂士朋）

中南美諸國華僑略史

一八一〇年（清嘉慶十五年），巴西(Brazil)首都熱內盧(Rio de Janeiro)植物園試種茶葉，招募福建茶農，計一百人攜帶茶樹前往。為中國移民至美洲的嚆矢。一八四四年（道光二十四年）以後，英屬圭亞那(British Guiana)招致契約華工入境，繼而秘魯(Peur)效之。一八四七年（道光二十七年），古巴(Cuba)亦有大規模的中國勞工輸入。計自一八四七年至一八七四年（同治十三年）間，中國契約工人自厦門、香港、澳門至古巴、秘魯、智利(Chile)及檀香山者，約四五十萬人。此等華工實為美洲黑奴之代替者，待遇之惡劣，亦與黑奴無異。西人稱為「苦力貿易」(Coolie Trade)。至今此等地方之華僑，概係此類契約工人之後裔。（李長傅，「中國殖民史」二一八～二一九頁。）

中南美各地華僑，以西海岸較多，其餘雖有華僑之足跡，但為數不多。自二十世紀初葉，各地政府禁止華僑入境，人數已漸減少。據民國四十四年僑務委員會的調查，中南美諸國華僑最多者為古巴，計二四，五〇〇人；其次為秘魯，有二三，五七七人；再次為牙買加(Jamaica)及巴拿馬(Panama)，各為一三，〇〇〇人；墨西哥(Mexico)九，五〇〇人，圭亞那三，六四八人，瓜地馬拉(Guatemalu)三，五〇〇人，厄瓜多爾(Ecuador)三，一五五人，千里達(Trinidad)三，一〇〇人，尼加拉瓜(Niearagua)二，五〇〇人，巴西二，〇〇〇人，哥斯達黎加(Cost Rica)二，〇〇〇人，委內瑞拉(Venezuela)一，七四二人，智利一，〇三四人，可倫比亞(Colombia)九一七人，多明尼加(Dominica)六三四人，宏都拉斯(Honduras)六三〇人，薩爾瓦多(Salvador)四八〇人，其餘海地(Haiti)、阿根廷(Argentina)、烏拉圭(Uruguay)一二百人不等。玻利維亞(Boliria)僅七十八人，最少者為巴拉圭(Paraguay)僅十餘人。（華僑總志一三〇～一三一頁。）

中南美各國華僑初移入時，不過開礦築路，開鑿運河，為當地人民墾殖，或經營工商各業，均以刻苦耐勞，勤於工作，乃得創立基業，漸次發展。其間雖頻遭各方排斥，終能發揮奮鬥精神，得以獲致良好之經濟地位。而華僑對於當地經濟及交通的開發，亦有重大的貢獻，如巴拿馬鐵路的建築，運河的開鑿；秘魯農業和礦業的開發，均有極大的貢獻。此外為智利在一八七九年（光緒五年）和秘魯戰爭時，華僑勇敢助智軍作戰，獲功不鮮。古巴獨立戰爭時，華僑贊助古巴獨立作戰，曾得古巴革命家昂沙路基拿氏之贊許，謂「華僑無反叛，華僑無逃伍」。（蔣永敬）

中國歷代之海禁

漢代以來，中國對外之海上交通已甚發達，國人或因奉使、或因貿易，行跡已遍歷南洋各地，然均不含有移民性質。國人移居海外，殆以唐代晚期黃巢之亂時為嚆矢，然此項移殖實因時局變亂所形成，非政府政策所准許者。

中國歷代政府在一貫相承保持天朝自尊觀念之下，均不願國人移往「番」、「夷」之地。唐代國際貿易發達，阿剌伯、猶太、波斯等商人，僑居中國沿海商埠及京城者達數十萬人，但政府却嚴禁唐人移居化外地區，唐律有「浮浪他所條」，嚴厲禁止人民移居國外，即短期出洋亦不予准許，對浮浪他所者之處罰：「十日笞十，二十日加一等，罪止，杖一百。即有官事在他所，事了留住不還者，亦如之」。惟求佛法之僧侶及從事外洋貿易之商人，不在此列。

宋代國際貿易不遜於唐代，但其經營悉由政府統制，一般人民仍不得私與外國往來。太宗太平興國元年（九七六），政府為嚴格統制國際貿易，頒禁海之例：「凡私與番國貿易，值滿百錢以上者，均處罪。值十五貫以上者，黥面流海島」。太宗淳化五年（九九四）又將該例修正：「凡私與番國貿易，值滿二十貫以上者，黥面配本州為兵役」。宋代雖禁人民外移，然對國際貿易則異常重視。下至南宋，國際貿易成為政府財稅收入之大宗，但對人民出國之禁令仍不稍寬弛。

元代版圖遼闊，但政府絕不獎勵人民向新佔領土地移居，元武宗至大四年（一三一一）政府頒布禁止船隻下番之海禁。元末禁令稍弛，沿海居民漸有出海者。

明初，太祖鑒於元代勞師遠征，擾民太甚，故對經營海外抱消極主義。洪武十四年（一三八一）頒禁海令，嚴禁人民自由出海貿易，違者處罰極重。及成祖（一四〇三）登位，其對外政策，一反太祖之所為，派使分往南海諸國，詔諭來貢，而鄭和之七下西洋，足跡所至，達三十餘國，最遠達阿拉伯沿岸及非洲東岸。中國聲威遠揚，中外互市不絕，予有志於海外者以鼓勵、保障，於是人民紛紛出海，在西洋人東來之前，南海幾成了中國人的世界。十六世紀中期，倭寇屢擾沿海各省，而中國海盜與之勾通，政府爲防止倭寇侵擾範圍擴大，對人民出洋不再鼓勵，轉採漠視政策。

清初入關，統一中國，唯鄭成功等流亡海上，後且據有臺澎，奉明朝正朔，誓死抗清。清廷恐義民浮海歸附，乃嚴申海禁。大清律例之私自出外境條與違禁下海條，極爲嚴厲，對私自出海貿易及遷海島居住者，均以通賊論處斬。康熙二十年（一六八一）三藩之亂平定，二十二年（一六八三）鄭氏覆亡，然終康熙一朝，政府對取締國外移民並不稍鬆。雍正時，禁令稍弛，對人民出海稍予機會，唯定有回籍之限期。乾隆時，海內承平，對僑民出國尺度較前放寬，同時並許海外華僑回國，然私自出洋，仍屬不許。

乾隆晚年，中國國勢即漸低落，下歷嘉慶、道光，內憂外患紛至沓來。中英鴉片戰爭，清廷以戰敗被迫訂立南京條約，開放五口通商，然對僑民之漠視態度，並無改進。及咸豐年間兩次英法聯軍，先後於八年（一八五八）及十年（一八六〇）訂立天津條約與北京條約，清廷始許人民自由出洋。（呂士朋）

日本華僑略史

中日關係，秦漢時代即有記載。自公元三世紀末期開始，中國文化經由朝鮮半島傳入日本。第七世紀日本大化革新，即爲一次全面性之唐化運動，高僧鑑眞被聘東渡，更爲日本佛教史上盛事。嗣後迄十九世紀，日本不斷接受中國文化。兩國人民交通往還，以及貿易關係，更密切異常。

華僑長期卜居日本，從事中日貿易，始於德川初期，其時日本對華貿易限於長崎一港，僑商集中居住於唐館十三戶內。唐館之設置在一七八六年，由華僑向日本官廳納銀五貫六百八十二匁，租地九千四百三十三坪興建者，館內行政由華僑選舉通事，自行辦理。

一八五八年，日本被迫與美國訂約，開放門戶，除長崎以外，函館、橫濱、新瀉、神戶均闢爲商埠，於是自由貿易開始。由於中日兩國未訂商約，故我華僑商人在日貿易無法自由開展。同治十年（一八七一），中日締結修好條約及通商章程，約文中第七條規定：「所有沿海各口岸，彼此均應指定處所，准聽商民往來貿易」，於是華僑得以在日本所開港口從事貿易。一八九九年，日本政府宣布廢除對外人居住與營業限制，於是旅日華僑除經營貿易業外，並經營餐館、裁縫及理髮業（即菜刀、剪刀、剃刀等三把刀行業）。貿易商及三把刀，爲第二次大戰前旅日華僑經濟的兩大支柱。民國十九年，旅日華僑達到三萬零八百人的高峯。不久，日本政府開始對華僑加以管制，於是華僑爭相回國，迨二十六年「七七」事變爆發，旅日華僑更多被迫回國，繼續留日者僅一萬五千人左右。

三十四年，第二次世界大戰結束，我國勝利，臺灣重歸祖國版圖，留居日本之臺灣人恢復中國國籍，旅日華僑因之大增，據三十七年日本法務省之統計，華僑總數達三萬四千四百八十二人。復據五十一年中國駐日大使館之查報，旅日華僑總數共四萬六千八百五十八人。

目前旅日華僑經營之主要商業，計貿易業、飯館業、青果業、娛樂業、理髮業、旅館業與房地產業、醫師及醫院業、裁縫及服裝業，此外尙有自由職業、零售商業等。日本政府對外僑經濟活動並不歧視，惟金融業對外商少予貸款，故旅日華僑經濟事業缺乏金融力量之支持，而日本戰後各大企業組織多擁有龐大資本，華商難以相匹，故除飯館及娛樂業外，一般華僑經濟事業在日本所佔份量，實微不足道。（呂士朋）

北婆羅洲華僑略史

北婆羅洲（North Borneo），又稱砂巴（Sabah），位於婆羅洲東北部，疆界南爲印尼之加里曼丹（Kelimantan），北對南中國海，東臨蘇祿海（Sulu Sea）及西加里曼丹，西與汶萊（Brunei）、砂勝越（Sarawak）爲鄰，面積兩萬九千三百八十一平方英哩，包括納閩島（Labuan Island）及沿海七小島在內。

據史籍所載，北婆羅洲與我國關係甚久，西元一二九二年（元世祖至元二十九年），元世祖忽必烈，派兵遠征爪哇，曾有一隊士兵，橫渡蘇祿海，抵達北婆羅洲之支那巴丹岸河（Kina Batangan），並建支那巴丹岸省於河旁，俗曰「中國行省」。自此以後，華人流寓者日多，其事跡可考者，如該處最長之河名曰「中國河」，納閩島亦有「中國河」。傳言「中國河」上源高山上有大石穴，藏中國式大石棺，長丈餘，棺旁有銅鑼，鑼面大如桌面，鑼背鐫一「狄」字，又有長矛大戟之屬，皆長丈餘，此或係我國流亡者遺物。最高之山名曰「中國寡婦山」；或曰「望夫山」。其名之來，據汶萊王室世系書云：「約在明代，中國遣王公與王三品至，欲取神山中龍珠，華人被龍呑者衆，龍欲獲其珠也。三品思一法欺龍，用一燭置玻璃盒內，乘龍不備易其珠，既得珠，遂揚帆歸，但王氏屬下一士兵，於偶然機會識酋長之女，伊麗質天生，幾經追求，結爲秦晉，婚後兩情彌篤，半載，士兵思鄉，與妻定歸期後而返，孰料久無消息，妻念夫情殷，於是攀登神山極峰，遠望北國南返之夫，終未見歸帆，絕望之際，躍投山湖而死，遂稱神山曰「中國寡婦山」。足證北婆羅洲與華僑關係之密切。

西元一八八八年（清光緒十四年），北婆羅洲成爲英國保護國，時海盜猖獗，華僑去其地者甚少。迨正式成爲殖民地後，英人銳意經營，大量招徠華工開墾，於是華僑人口大增，約在萬人以上。華僑所經營者大多屬樹膠，第十九世紀初期，樹膠業勃興，華僑因以致富者不少。其次農、工、商諸業，華僑亦參與焉，於是成爲北婆羅洲經濟主動力，華僑足跡亦遍及北婆羅洲大城與村野。

北海口古達之華僑，初入係太平天國失敗後，其殘餘部衆南逃而至者，山打根（Sandakan）副縣長洪日升，爲天王洪秀全之侄，父名爲洪天佑，太平天國亡後，南奔而來者。則知華僑流寓北婆羅洲者，不僅限於從商經農，而亦有政治地位已。（徐玉虎）

民國以來之僑務

中國政府僑務機構之設立，遠在清咸豐九年（一八五九），在廣州、天津、厦門、寧波設立出洋詢問局，許可華工出洋。自咸豐十年以後，對海外僑民政策由放棄而保護。清光緒朝，海外僑民衆多之地，設有領事，並常遣艦慰問華僑。民國成立，國父就臨時大總統，卽於元年三月十九日訓令外交部，妥籌杜絕販賣及保護僑民辦法。同時公布之參議院選舉法中，有華僑名額六人。並有福建暨南局之設立，局址設於福州，厦門設立分局，藉與海外僑胞通聲氣。民國七年，北京政府以中國參加歐戰，華僑應募赴歐，乃於國務院之下設僑工事務局，旋改爲僑務院。民國十一年至十三年改設僑務局。

國父爲維護華僑在海外之合法權益，民國十三年特在廣州大本營內設僑務局。十五年，應海外代表周啓剛等之提議，在廣州成立僑務委員會，直屬國民政府，辦理移民、指導、調查事務。十六年，國民政府奠都南京，外交部在上海設立僑務局，同時大學院在南京設立華僑教育委員會。十七年，國民政府在南京恢復僑務委員會，掌理移民、指導、教育事宜。二十一年，僑務委員會改隸國民政府行政院，確立僑務爲行政機關。自二十二年起，先後在上海、厦門、廣州、汕頭、江門、海口、昆明、雲南、福建、香港、臺灣等地設立僑務局。此外幷有各種特別委員會或機構之設立，以應僑務之發展。

依據民國二十年十二月七日國民政府公佈之僑務委員會組織法，該會任務爲「掌理本國僑民之移殖保育事務」；其主管事項：㈠僑民狀況之調查；㈡僑民移殖之指導及監督；㈢僑民糾紛之處理；㈣僑民團體之管理；㈤回國僑民投資興辦實業及遊歷參觀等之指導或介紹；㈥僑民之獎勵或補助；㈦僑民教育之指導監督及調查；㈧僑民回國求學之指導；㈨僑民教育經費之補助；㈩文化之宣傳。

僑務委員會自民國二十一年改隸行政院以後，除經常事務外，其工作特點，約可分爲四個時期：㈠從民國二十一年至二十六年七月爲創建階段，建立各種規章制度，推進華僑福利及教育。㈡從二十六年七月至三十四年十二月爲抗戰階段，動員華僑力量支持對日抗戰，搶救歸僑，救濟僑眷，其最大的成就，爲收兌難僑持有原幣，及辦理歸僑難僑登記。㈢從三十五年至三十八年爲復員階段，協助歸僑復員，透過國際救濟機構，使歸僑順利返回僑居地重理故業。㈣從三十九年至現在爲反共階段，其重要措施爲團結僑胞，健全組織；發展華僑文敎，加强海外宣傳；輔導華僑經濟等。此外輔導僑生回國升學，鼓勵華僑回國投資工商業，均有特殊成就。（蔣永敬）

印尼紅河事件

荷蘭人自一五九六年初入爪哇，至一六八二年打敗瑪泰藍王國（Kingdom of Mataram）兵止，八十六年對爪哇之經營，終於掌握整個爪哇群島貿易權，葡萄牙、西班牙、英國與法國諸商賈，均先後被迫離去。

荷蘭人在經營爪哇之過程中，對業已擁有極鞏固之地盤，及操縱當地工商業之華僑，非但嫉妬，而且恨之入骨，時常憑藉其政治上優越勢力，任加欺凌侵侮，使華僑生命財產遭到無情之損失，華僑到無法忍受時，遂起而抵抗，不稍加讓步，於是激起一七四〇年（清乾隆五年）七月二十四日，荷蘭人大慘殺華僑事件。

事起之因，係荷蘭屬地錫蘭，被群番所擾，荷蘭力不能勝，欲遣犯罪華僑禦之，並許成功後免罪遣還，初遣華僑奮戰効命，與戰屢捷，群番為之退却。荷蘭雖有立功贖罪之命，然慮遣還華僑以後，錫蘭一地孤弱，無法防守，荷人不但不將華僑遣返，且大量徵調華僑送往錫蘭，華僑不服，荷人竟將數百名華僑投入海中。巴城（巴達維亞 Batavia ）華僑聞之大為驚駭，咸認荷人將盡抗同胞，于是人懷武器自防，立刻與荷兵衝突，巴城政府下令屠殺華僑，祇見全城火光燭天，哭聲遍野，老幼婦孺，咸膏荷人斧鉞，血流所被，河水為赤，殺戮連續五日餘，始告停止，華僑被慘殺者萬餘人，所謂紅河之役是也。

時署福建總督策楞，提督王郡，以此事聞於皇帝，其奏謂：「被害漢人，久居番地，屢奉招徠，而自棄王化，今被其戮殺多人，事屬可傷，然孽由自作……但葛拉巴以地隔重洋，恃其荒遠，殘害罔忌，恐嗣後擾及商船，請禁止南洋商販，俾知畏懼。俟革心悔罪，再請恩施」。廣東監察御史李清芬則奏曰：「商人往東洋者十之一，往南洋者十之九；一加禁遏，則江浙閩粵海關稅額必缺，每年不下數十萬。且民間貿易，皆先時而買，及時而賣，預先蓄積，以俟流通，若一旦禁止，商旅必至大困。應請停止葛拉巴一國貿易，此外南洋，不宜盡禁」。既而王大臣會奏曰：「今聞葛拉巴已將夷目黜責，于我船返棹時，加意撫慰護送，囑令再往，并無擾及商客之意；宜仍准其通商」。朝議從其奏。

其時清廷所致意者，乃僅在關稅銀兩，及商客之能否前往，而鉅萬人命，則視為孽由自作，度外置之，亦何怪他人之魚肉我僑胞耶！

嗣後，荷蘭駐吧城總督，宣布和平，赦免逃亡之華僑，並指定巴城之唐人街為華僑居留地（參見清通考及 John Crowfurd：History of the Indian Archipelago ）（徐玉虎）。

印尼華僑略史

唐末黃巢作亂，南宋衰亡，元朝遠征與明三寶太監下西洋，均為促成華僑南來印尼的機會，但大量移殖，則在荷蘭確立東印度統治權後。印尼華僑總人口中，閩南人幾占半數，多居於爪哇。西婆、蘇島與邦加、勿里洞諸地，則客家與潮州人平分秋色。

荷蘭人對華僑頗為重視，認彼等為統治東印度所必需，利用其專門技術，從事諸島開發。於是獎勵華僑移居，人口驟增，且華僑多為單身，稍後多娶峇厘女子為妻。印尼華僑既眾，份子複雜，明廷遺民為復國從事秘密組織，形成幫會，經營走私。荷人獨佔經濟受其威脅，開始限制華人入境，對失業者，則送往錫蘭、好望角服勞役，乃有一七四〇年（乾隆五年）十一月紅河慘案，印尼華僑紛起反抗，遭殺害者甚眾。華僑迫於生計，仍繼續前來，荷人亦感華僑有居中活動的必要，故對之稍加放寬，此時華僑不僅是中間貿易者，並向土王統治區發展，且得荷蘭公司委任，代替徵稅，於是積財頗富，權力亦大。彼等不為地主，但有權徵稅，故地位特殊，佔經濟優勢，遂與印尼土著間發生利害衝突。此時荷蘭人對彼等亦有諸多顧慮，於是採取扶植土著政策，對華僑活動採取限制，旋又施行「倫理政策」(Ethical Policy) 。允許土著自治，因而華僑與土著均發生民族意識的自覺，加深彼此間的磨擦， 爪哇伊斯蘭教聯盟 (Sareket Islam) 的成立，即以反對華僑剝削為目的。同時印尼正激烈進行獨立運動，華僑中知識份子多表同情，而商賈則又多與荷人來往，以圖保持經濟利益，於是造成左右為難的局面。

日本武力佔領印尼，華僑因祖國對日抗戰之故，對日本表示敵意，但印尼獨立運動者，為推翻荷蘭統治，則與日本合作，更使華僑陷於困境。荷蘭捲土重來，印尼獨立運動者之所以能抵抗，日本援助特大。當戰後各大都市恢復荷蘭統治，華僑居其地，自不能不遵守法律，與之往來，於是又給土著藉口，認彼等與荷蘭合作，助紂為虐，因之在印尼獨立戰爭中，華僑被殺者多，失踪者亦不可勝計，房屋被燒，工廠被破壞。後中共竊據大陸，印尼予以承認，厲行排華，直至一九六五年，因共產黨政變不成，揭露中共陰謀，印尼對反共華僑態度稍見緩和。

華僑雖不獲印尼土著諒解，然對其貢獻則不能否認，尤其明時蘇鳴崗，於萬曆間率十數健兒，來爪哇萬丹 (Bantan) 經商，為荷蘭總督 Jan Pietere-soon Coen所稱許，周旋各民族間，力倡親善和平相處，中外信服。西婆羅洲有粵人羅芳伯者，貿易於此，首組蘭芳公司，在三發 (Sambas) 向土王租地，從事採金種植，鄉黨來者日衆，多至三萬餘人，於是勢力更盛。蘇島華僑雖無組織，土王對邦加、勿里洞錫礦之開發，棉蘭煙草之種植，橡膠之栽培，無不由華僑所擔任。

印尼華僑雖處困境，然對祖國革命、抗戰、建國與戡亂，無不熱烈捐輸，

對祖國懷念之殷切，爲世人所共見。(徐玉虎)

印度華僑略史

中國與印度，國境毗連，文化交流亦達二千年之久。由於兩國關係久遠，華僑移入印度，源遠流長。

近代旅印華僑以閩、粵兩省同胞爲主，然人口數目不多，迄一九三一年，僅約八千三百人。後以加爾各答、孟買兩埠，入境手續簡便，華僑前往者日增，至一九三六年，全印華僑已有一萬四千餘人，多聚居於加爾各答、孟買、春碑古里 (Jampeguri) 及阿薩密省等地，其餘則散居馬德拉斯、大吉嶺、噶倫堡等地。

二次大戰期間，日軍席捲南洋各地，部分南洋華僑爲安全起見，乃走避印度，至大戰末期，旅印華僑人口約有二萬七千五百餘人。大戰結束後，避難印度之南洋僑胞，重返原僑居地。一九四六年時，旅印華僑僅約二萬餘人。最近之統計數字，一九五九年旅印華僑共有五萬八千五百人，其中包括藏胞一萬三千人。

旅印僑胞之行業，粵籍多從事製革、製鞋及木工，少數經營雜貨零售，閩籍多經營進出口業。後期前往之僑胞，滇籍從事對西藏貿易，魯籍則多輸入綢緞、花邊販賣，鄂籍則從事鑲牙及製紙花，江浙及北方僑胞多經營餐館及洗衣業。此外尚有少數從事理髮業、雜貨業、成衣業、首飾業、藥材業者。藏籍僑胞多從事於流動商販，及在大吉嶺、阿薩密茶園製作木箱之木工，以及船塢工人、機器工人等。(呂士朋)

西伯利亞華僑略史

俄國西伯利亞之東南部分，其中阿穆爾省(Province of Amur) 及東海濱省 (Maritime Province of Eastern Siberia) ，本係我國領土，自清咸豐八年（一八五八）瑷琿條約，十年（一八六〇）中俄北京條約先後將該兩地割俄後，約有中國人二、三千人，繼續留居未遷。此等僑民多從事狩獵、捕魚及採掘砂金爲業，直至第一次世界大戰前，尚有中國人堡屯約十處，散布於東海濱省各處。

同治九年（一八七〇），俄人積極經營遠東，需要大量人力，乃開始自山東招募苦力一百五十人，此爲華人移殖西伯利亞之始。嗣後海參威Vladivostok築港及舖設鐵路，需要勞動工人更急，且其時俄商在東海濱之企業亦甚發達，故非常歡迎來自中國黃河流域之移民，光緒六年（一八八〇）以後東海濱省各砂金場中，到處可見華人苦力。十八年（一八九二），西伯利亞鐵路開工，招募路工，華人應募前往者數以萬計。迨二十八年（一九〇二）鐵路完工，華僑循鐵路而西，至西伯利亞各地及歐俄部分者，爲數甚衆。惟此類僑民，大都春去秋回，含有季節性質，鮮有久居該地者。

中國僑民在西伯利亞之人數，雖無翔實統計，但據莫斯科中華旅俄救國會之報告，自光緒三十二年（一九〇六）至宣統二年（一九一〇）間，由中國入俄境之僑民凡五十萬人，由俄國回中國之僑民約四十萬人，絕大部分係往來西伯利亞者，其職業多屬商人、僕役及下級勞動者。

一九一七年俄國革命，是年十一月，共黨奪取政權。嗣後蘇俄厲行國有政策，私營商業極受限制，華僑生活日漸艱難。民國九年（一九二〇）中東路事件後，華僑自西伯利亞被逐回國者甚多。據十五年之統計，全蘇俄境內之華僑，共計九萬二千零三十人。(Encyclopaedia Baitannica Volume 19, p. 724, 1955)。又二十二年之估計，全蘇俄境內之華僑，共約二十五萬一千人，(陳里特著「中國海外移民史」頁三七)。較前大爲增加，其中大部分居留在西伯利亞。

晚近有關西伯利亞華僑之記載，極爲少見。據三十七年我國駐蘇大使館查報，全蘇俄境內之華僑僅一千二百三十六人（「華僑志」總志，頁一二六附表）可見過去對西伯利亞開發有極大貢獻因而居留之華僑，在二次大戰期間，已爲蘇俄政府强迫入籍。(呂士朋)

砂朥越華僑略史

砂朥越 (Sarawak) ，位於婆羅洲西北部，北鄰汶萊 (Brunei) ，東北與砂巴 (Sabah North Borneo) 接壤，東與東南是印尼之加里曼丹 (Kalimantan) ，西面臨南中國海，全面積四萬七千平方英哩，爲馬來西亞成員之一。

砂朥越與中國發生關係於何時？雖無正史記載，但據考古學家地下發掘，證明與中國關係之遺跡不少。例如砂朥越河口，有山曰「Satubong」，高約

三千餘呎。是中國字源，客家語稱爲「山大王」；閩南語稱爲「山猪墓」之譯音。在其山麓發現漢武帝三年（一二〇），及隋文帝開皇八年（五八八）之古錢。同址又發現唐高宗元年（六一八），至哀宗三年（九〇六）時期之石器與瓷具。則是證其與中國關係之早也。

砂勝越之開發，華僑之功甚偉，甚至全南洋之開發，與華僑均有莫大之關係，航海來此貿易者，乃是閩之漳泉人，而墾荒內陸，開採金礦者，則多是粵之嘉應州（今梅縣）之客家人。

客家人於石隆門開採金礦，爲時已久，其中最早之礦客移民，似來自西婆羅洲，該地礦客之金業史，可上溯清初康熙年間，彼等相聚成部落，組織公司，從事開發，成就最顯著，爲羅芳伯所組成之「蘭芳大公司」，事蹟參見羅芳伯共和國條。至十九世紀初，其中部分礦客，在劉善伯又名善邦率領下，遷移至砂勝越之金山頂，別組「三條溝公司」；即今石隆門地區，一八五七年，華僑與殖民統治者荷蘭發生戰爭，華僑戰敗，公司無形解體，礦客紛頭跨越丹章那督大山遷居砂勝越第一省地域。如砂唐江與三馬拉漢江上游深山，有華僑古拓殖地德目港（Tabe Kang），與外界幾無路可通，唯有自石隆門經密林小徑入。當三條溝公司興盛時，該處華僑曾與公司訂約，其領袖亦嘉應人張達伯，驍勇多謀，礦業頗盛。自英人佔領砂勝越後，此地爲英人所佔，礦業衰萎，華僑四散他去。

成邦江上游之梯頭埠（Engkilili），華僑稱曰英吉利是，深山之Marup，蘊藏金礦甚豐，華僑約萬餘人，組織公司，從事開採，一度屬於「蘭芳大總制」保護，礦業盛極一時。殆三條溝公司敗後，彼等畏懼英人，大半華僑他徙，留居者多與土番通婚，民國後，華僑學校設立，遂受中國文化之洗禮矣。

清光緒二十六年（一九〇〇），福建閩清孝廉黃乃裳南遊是地，見拉讓江下游詩巫（Sibu），長林茂草，原野廣袤，土壤肥沃，極宜墾殖，得其婿林文慶資助，由王長水介紹，覲見其王，商准貸款撥地，訂二十年免征稅約，遂召邑人前來開墾，前後三批，計千餘人，伐林木，開田園，名其地曰「新福州」。乃裳等胼手胝足，驅毒蛇，逐猛獸，闢叢林，築道路，開渠導水，去穢鋤荒，耘苗播種，造屋建村，經五年之慘淡經營，得到預期收穫，土番稱爲「福州王」。嗣後，鄉親源源前往，生聚蓄殖，達兩萬餘衆，其地蔚爲砂勝越重要城市之一。

光緒二十八年（一九〇二），廣東三水孝廉鄧恭叔來詩巫，視察土地，見其適於耕種，乃集資二十餘萬元，組新廣東農業公司，與土王計約，劃定蘭南（Lanna）地區爲開墾區，並以二十年限期，開發期間得請當地政府，發給地契，永久經營。鄧氏命其地曰「廣東港」。次年三月開港，先招三水，清遠邑親七十餘人闢港，同年與光緒三十年（一九〇四），又招募鄉親兩百餘名，開拓廣恒豐、廣茂靈兩園。三十三年（一九〇七）三月，粵人李七伯、袁寶齋、韓闔甫等，籌組述善公司，種植胡椒與樹膠。稍後，三水、廣寧等地鄉親，紛紛南來開墾。民國元年（一九一一）三月，復闢發富區，次年，又開拓南村，接着南嶺、南門、寧興等地區，眞是地盡其利，物產日豐，僑胞都能成家立業。

是故，華僑對砂勝越繁榮，貢獻出無價之血汗。（徐玉虎）

非洲華僑略史

華僑移殖非洲，以西印度洋沿非洲東岸島嶼及東非、中非、南非等人數爲較多，北非、西非爲數至少。華僑移殖非洲，以淸道光十年（一八三〇）移殖模里斯（**Mauritius**）爲較早。道光二十四年(一八四四)移殖留尼旺(**Re Union**)次之。咸豐七年（一八五七）移殖南非那它省（**Natal**）又次之，光緒八年（一八八二）移殖杜省（**Transvaal**），移殖開省（**Cape**）則在杜省以前。光緒六年（一八八〇）移殖葡屬東非的羅埠（**Lourenco Marques**）。光緒九年（一八八三）以前，移殖法屬馬達格斯加（**Madagascar**）。光緒二十六年（一九〇〇）移殖葡屬東非的卑鋛（**Beira**）。民國九年（一九二〇）以後移殖至英屬東非的打厘沙欖（**Dar Es Saluam**）及英屬中非的南羅西亞（**Southern Rhodesia**）。較後至比屬剛果（**Congo**）。

英國統治模里斯後，在一八三〇年，其首府路易港（**Port Louis**）已有華僑二十六人。咸豐四年（一八五四），華僑增至一千八百餘人，其時因招募華工協助耕種蔗田，華人應時而往者日有增加，近達一萬九千餘人，爲非洲各地華僑最多之處。且人才衆多，僑敎更爲發達。

留尼旺華僑，始於道光二十四年（一八四四），由新加坡訂立契約來此之七十名閩籍工人。光緒二十七年（一九〇一）以後之華僑，均來自廣東。此後則來自模里斯及馬達格斯加。一九五四年據法當局的人口調查，華僑爲二、五九八人，土生華僑不包括在內。據該島中華總商會的估計，連土生華僑在內，約為六至七千人。

華人移殖南非，始於咸豐七年（一八五七）那它省的開闢，曾招致少數華工，未及一年，即遣送回國。自後，華人已知有南非其地，自動前往經商，頗不乏人。光緒八年（一八八二），杜省採金事業發達，華人聞風前往作工，或經營鑛區雜貨生意者漸多。自光緒十五年（一八八九）至二十九年（一九〇三）間，南非華僑有九百人。光緒三十年（一九〇四）至三十三年（一九〇七）間，英國招募契約華工前往開鑛，人數最多時達五萬五千人，僱約期限五年，期滿即遣送回國。據民國四十三年南非中華總公會代表的報告，南非各地華僑共約七千人。

葡屬東非的華僑，在民國四十四年時，為一、三五四人，均集中於羅埠及卑歸，當地無種族的歧視，華僑所受待遇，與其他外僑，完全平等。

馬達格斯加在光緒九年（一八八三）以前，已有廣東順德陳廣明其人。光緒十六年至十八年（一八九〇～一八九二）間，華人來者漸多。光緒三十一年（一九〇五），法人為建築鐵路，招募華工四百五十人。據民國四十四年馬島人口的調查，華僑人口共為六七五八人。馬島獨立後，稱為馬拉加西共和國(The Malgache Republic)。華僑地位與其他外人一律平等。

非洲其他地區華僑，民國四十四年統計，在北非埃及(**Egypt**)者七一人，中非聯邦者三〇三人，英屬東非者三八〇人，比屬剛果者一〇人。(蔣永敬)

東南亞各國之排華運動

二次大戰結束以後，東南亞各國紛紛擺脫殖民地地位，成為獨立國家，民族主義一時瀰漫。由於東南亞各國華僑人數衆多，經濟地位優越，各國政府為提高其本國人民之經濟生活，乃利用各種行政與立法措施，排擠華僑。今日東南亞各國之華僑，除星加坡、馬來西亞外，均普遍呈現不景氣，困難重重，前途至堪憂慮。

各國排華，可分經濟與文敎二類：

甲、經濟排華：㈠重稅剝削——若干國家對華僑，除課征營業稅、所得稅外，尚保存原始之人頭稅制度，如印尼之外僑稅，泰國、寮國之隨身證例費等。㈡職業限制——若干國家多限制外僑經營某某種行業或某某種職業，如菲律賓之菲化案與越南之越化案，其範圍包羅甚廣，幾使華僑無業可營。例如菲律賓之零售商菲化案，規定現營斯業者至其本人死亡或退休為止，後人不得繼承；眼見一二十年後，菲島華僑商店將告絕跡。㈢雇用員工之限制——若干國家規定外僑經營事業必須雇用一定比率之當地員工，而本國人經營之商號，則不得雇用外籍職工。㈣管理上限制——越南、印尼、緬甸等地，規定僑商須用當地文字記帳。㈤國營及公營政策——東南亞各國以緬甸推行國營政策最烈，華僑經營之工商業，十之八九均被接收。他如印尼、泰國亦將大部分工商業劃為國營或公營範圍，華僑所受影響極大。

乙、文化教育排華：各國政府為謀同化華僑，對華僑辦理之僑校及僑報，採取干涉及壓制政策。如印尼政府於一九五八年以軍事命令接管所有華僑學校，改辦印尼學校。泰國政府於一九四八年規定，凡非公立學校必須註冊方得上課，各華僑學校紛紛申請註冊，然獲准者甚少，已註冊之僑校，亦常有因故被查封者。緬甸政府於一九六五年頒布私立學校國有條例，僅一年期間，所有僑校均被接管。至於僑報，亦以在印尼、緬甸境內者遭遇最為惡劣，印尼於一九五八年下令禁止非印尼文字出版之報紙及雜誌之發行，張貼、傳遞、出售，全印尼之華文報紙，全部停辦。緬甸則於一九六六年，宣布將國內所有外僑報紙（包括華文報及印度文報）出版執照全部吊銷。時至今日，緬甸與印尼之華僑子弟，在僑居地已無接受祖國文化教育之機會。（呂士朋）

星加坡華僑略史

星加坡為東南洋第一大商港，位當東西洋要衝，交通便利，早與中國通商貿易。來星洲華僑，最早記載即「島夷志略」所稱：「龍牙門以單馬錫番兩山相交若龍牙，其地男女兼中國人居之」。後英人欲經營星洲，派萊佛士 (**Sir Thomas Stamford Raffles**)主其事。萊氏由華僑曹亞志、蔡德送等導引，始得安全登陸。

萊氏取得星洲後，闢為自由港，吸收華僑開發。華僑自馬六甲、廖內群島(**Rian Islands**)及東南亞其他地區，紛紛前來，於是星洲人口大增，萊氏指定華僑居於星加坡河岸，從事墾荒。華僑在該處自成村落，不久即發展成市，星洲最早一街，頗為整潔，即後來之唐人街。

華僑移殖星洲，初期多屬勞工，稍後即有商賈來此，從事貿易，原為勞力之華僑，積蓄增加後，亦兼營商業。華僑職業甚為廣泛，有實業家、企業家、政治家、教育家、科學家、醫師、律師、會計師、各種學者與技術專家，在任何階層，無不居重要地位。

第二次世界大戰後，星洲要求自治，一九五六年，由勞工陣線黨首馬歇爾 (Mr. Davib Marshall) 等，率代表團訪問英倫，與英國商談，未獲協議。次年三月，再由首席部長林有福，率領代表團赴英，再作憲政談判，獲得協議，准許星洲自治，是故星洲自治乃華僑領導下而獲得。一九五八年八月一日，英女皇簽署勅令，批准星加坡內部自治法案，星洲成為英聯邦內獨立成員之一。

迨星洲獨立，舉行大選，人民行動黨獲勝，由李光耀出長總理，組織內閣領導政府。故星洲獨立，亦由華僑領導完成。一九六二年九月一日，星洲為響應馬來亞總理東姑拉曼，所提籌組馬來西亞聯邦，舉行全民投票，絕大多數星洲華僑，贊成星洲與馬來亞合併。星、馬合併，以至馬來西亞聯邦建立，皆由華僑領導支持而實現。總之，華僑對星洲之開埠，繁榮經濟，安定社會，促進中西文化交流，與其自治獨立運動，皆有不朽貢獻。

星洲華僑對祖國貢獻亦多，清末革命志士，維新份子，先後皆來星洲，從事革命活動，華僑無不給予熱列支持。一九〇五年六月， 總理孫中山先生道經星洲，籌組革命團體，華僑張永福自捐別墅「晚晴園」為會址，華僑陳楚南、張永福、林順義等兩百餘人入會。黃崗、汕尾兩次義擧，皆星洲華僑人力、財力在革命行動中最具體之表現。東南亞之覆清革命組織，皆以星洲為中心，華僑亦曾竭其財力與智力，辦理革命言論報刊，宣傳革命，打擊保皇黨勢力，為革命奠定基礎。

民國肇造後，討袁、護法、北伐、抗戰以及剿匪復國，星洲華僑無不盡力支持，故星洲華僑對祖國之貢獻，厥功至偉。(徐玉虎)

星洲晚晴園

「晚晴園」位於星洲烏橋大人路十二號，係兩層樓之建築，佔地約兩萬餘尺，環境幽靜，是晚晴園歷史紀念文物展覽處，國人旅遊星馬者，無不前往參觀。

據傳「晚晴園」在六十年前尚未開闢，而在星洲郊外。該園初為一鉅商所建，用作「金屋藏嬌」，名曰「明珍屋」，並在大門石柱上鐫刻「Bin Chan House」；「明珍」諒係該屋主婦之名。嗣後該屋一度為張永福氏所購得，備作奉母休養樂敍天倫之用。張氏為保持其歷史性，依然沿用「Bin Chan」一名，但將「明珍」，易為「晚晴」，並取「人間愛晚晴」之意，俾合乎其母晚年憩息之旨趣。

清光緒三十二年， 總理策劃之革命黨，先後在鎮南關、黃花崗起義，不幸相繼受挫，於是諸革命同志，均雲集星洲， 總理亦在是年七月，由日本經安南，轉道抵星洲，即下榻「晚晴園」內，會合同志黃克强、胡展堂、居覺生、田桐及張繼等，會議於該園，決定在星洲成立同盟分會，分會成立之初，首先入會之南洋同志，僅陳楚南、李竹癡及張永福三數人而已。三人宣誓入會之日，青天白日滿地紅旗幟，立即懸掛於「晚晴園」前，而與滿清之黃龍旗同在星洲出現，並開始作爭取華僑之鬥爭。

首次入會宣誓禮甫畢，時約是日上午九時許，屋外忽颶風大作，烏鴉百餘亂飛入廳，壁上掛屏、字畫及懸燈等，均被衝撞震動，如是半句鐘始離去。總理素懷大無畏精神，絕無迷信之念，睹此情而語陳楚南等同志曰：「外起巨風，烏鴉入屋避難，此絕不能認係瑞祥或怪異之徵兆，望勿生疑慮。」李竹癡同志對曰：「魚躍孟津，武王伐紂，此勝利之徵也」。於是諸同志結誓如前，共祝前途之成功。竹癡之寓言，五年後果實現。

第二次宣誓入會者，祇林義順一人。

第三次則有李曉生、李幼樵、李光前、謝心準、謝儀仲、林中及林受之等七人宣誓入會。

分會既成立，公推陳楚南為正會長，張永福副之，主持發動南洋各地僑胞，參加「驅除滿清，復興中華」之革命工作。「晚晴園」遂成為南洋華僑革命之策源地。嗣後，革命同志連續在中國所發動之革命事件，均是在「晚晴園」進行策劃及籌措，而且每次事件後，諸同志亦都退避於是園。

宣統元年，星洲晚晴園南洋支部，受環境所迫，遷往檳城，檳城遂代星洲成為華僑革命中心。三年三月二十九日黃花崗之役，就是在檳城策動的。

武昌起義成功後，多數革命同志返國服務，「晚晴園」非但沉寂，且換其主人，蓋因張永福氏因集中精力於革命事業，無暇顧及私人商務，以致營業失敗，遂將「晚晴園」售與印度人。印度人遷入後，竟在白晝間有鑼鼓聲，祇好搬出，從此二十餘年間，「晚晴園」無人居住，久經風雨剝蝕，漸就傾圮。

民國二十五年，我國駐星洲總領事高凌伯氏，感念 總理之豐功偉績，認海外革命策源地「晚晴園」，應設法保存，以作紀念，翌年三月，商請星洲僑領，獲熱烈響應，慷慨捐款，由周獻瑞、李俊承、陳延謙、李光前、李振殿與楊吉兆等中國同盟會老同志，合捐叻五千二百元，將富有革命歷史意義之「晚晴園」購回，奉獻給中華民國政府，並由政府撥款國幣一萬五千元加以修葺，是年四月開工，至七月完竣，「晚晴園」遂又煥然一新，同時廣徵 總理在南洋時之革命文獻、遺物，保存於「晚晴園」。

民國三十年，太平洋戰爭爆發，次年二月，星洲淪於日軍之手，「晚晴園」被日軍佔用，在園內駐一通訊營。於是「晚晴園」再遭浩劫，其所保存之革命文物，全部被毀，再經三年又八個月之破壞，這座革命勝地，倍加蕭頹。三十五年，政府派戴愧生、陳國基及李思轅諸氏來星洲，特再撥款重修，並作中國國民黨駐星直屬支部辦事處。四十年，該支部受海峽殖民政府撤消其豁免註冊，遂告停止活動。此後十五年間，「晚晴園」乏人管理，日漸剝落，祇有一位老園丁看守。

此時「晚晴園」之管理權，歸星洲中華總商會。原來戰後我政府重修該園時，為使其成為華僑公共之紀念建築，乃將契權交給星洲中華總商會，委託其負責管理。民國五十三年六月，國史館長羅家倫氏，出席亞洲文化協會於吉隆坡，曾特訪「晚晴園」，感於重整該園，保存史蹟之重要，回國後，特函李光前氏，建議重修，幾經磋商，始由中華總商會撥款重修，民國五十四年底修竣，次年三月十五日正式開放，供衆參觀。其樓下為 總理遺物陳列館，樓上為圖書館，大廈前鑄立 總理銅像一座，讓僑胞瞻仰。（徐玉虎）

柬埔寨華僑略史

中國與柬埔寨之歷史關係，極為久遠。三國時，東吳之呂岱將軍平定交州(西元二二六年)後，遣從事朱應，中郎康泰南宣國化，抵達扶南。扶南乃遣使入貢，歷吳、晉、宋、齊、梁諸朝而不輟，而扶南商人亦不斷前來廣州貿易，華人至彼邦者，更受敬重及優待。

唐初，扶南衰弱，眞臘王朝繼興，與唐帝國之關係較南朝尤為密切。高僧義淨至印度求法，途經眞臘，曾受隆重之接待。宋代對外貿易興盛，廣州及泉州商賈往市眞臘者甚衆，諸蕃志有關於眞臘與販貿易之記載。元成宗元貞二年(一二九六)，元廷遣使招諭眞臘，使團隨員中有周達觀偕行，稽留眞臘凡一年，歸國後著眞臘風土記一書，是書「流寓」條謂：「唐人之為水手者，利其國中，不着衣裳，且米糧易求，婦女易得，屋室易辦，器用易足，買賣易為，往往皆逃逸於彼。」「貿易」條謂：「(眞臘)國人交易，皆婦人能之，所以唐人到彼，必先納一婦人者，兼亦利其能買賣故也。……見唐人頗加敬畏，呼之為佛，見則伏地頂禮，近亦有脫騙欺負唐人，由去人之多故也。」可見其時彼邦華僑之多，且多與當地婦女聯姻。明末，廣東雷州人莫玖，率領志士及眷屬四百餘人，流亡至眞臘，獲眞臘王信任，使其開發沿海荒地，莫玖乃招致流亡華僑開墾自金磅遜以至金甌角間之海岸地區。莫玖後於清康熙四十七年（一七〇八）歸附廣南國阮主，使河仙至金甌間之土地併入廣南。但今日柬境沿海從金磅遜以至貢不間之繁榮富庶，皆由莫氏之開發奠下基礎。

清同治二年（一八六三），柬埔寨淪為法國屬地，法屬時期對柬埔寨之開發，均利用華工為之，遂使柬國全境，皆有華僑之踪跡，尤以清末民初，國內動亂不安，閩粵人士南渡前往者益衆。目前旅柬華僑百分之六十五，聚居於首都金邊市，其餘百分之三十五散居於各省鄉鎮，上自巨賈行商，下至肩挑小販，莫不有我華僑在內，據最近所得資料，旅柬華僑總數約在三十萬人左右。經營商業者佔百分之七十，工業者百分之二十，漁業及其他生產事業百分之十。以商業論，柬國華僑經營商號總數達一萬餘家，佔當地零售商號百分之七十。其中有二千餘家，集中於首都金邊市，各省省會及各鄉鎮，極為普遍深入，經營行業亦網羅一切，計有進出口、綢布、金飾、傢俱、瓷器、電器、皮鞋、鐘錶、建材、車輛、文具、洋酒罐頭、咖啡、飲料、醬油、茶葉、糕餅、雜貨、餐館、理髮、洗衣、運輸、服裝、戲院、旅社、照相等業。

柬國政府鑒於華僑經濟勢力之大，於一九五七年四月禁止外僑經營十八種行業，其中受影響最大者為華僑碼頭工人，以無力負擔入籍費用，一時失業頗為嚴重，其餘各業業主及從業人員多入籍繼續從業，影響不大。同年十月，柬國勞工福利部通告各商號應雇用柬籍員工達百分之七十。一九六四年柬國政府復宣布進出口業及民營銀行收歸國營，華僑在柬經營進出口業者八百餘家，遭受極嚴重之打擊。（呂士朋）

美國加拿大華僑略史

華人之到美國，在一八二〇年以後；一八四〇年以前，到美華僑僅有八人，一八四九年增至三二三人，是年加里福尼亞 (California) 發現金礦，華僑驟增；三年後，增至一萬八千人；一八六〇年增至三萬五千人。一八六六年，蒲安臣 (Anson Burlingame) 中美條約成立，鼓勵華人來美，華人至美者尤多，至一八七〇年增至六萬三千人；十年後，達十萬五千四百六十五人。同時亦引起美人之排斥。自一八八二年限制華工律頒行後，華僑人數自一八九〇至一九〇〇年間，減爲八萬九千八百六十三人。一九〇三年美國更禁止華僑入境。至一九一〇年，全美華僑僅餘七萬一千五百三十一人，一九二〇年又減爲六萬一千六百三十九人。（李長傳「中國殖民史」二一九～三四九頁。）

檀香山未併美國版圖前，亦有大量華僑移入。一八五〇年八月，檀香山農業公司遣甲必丹卡斯(Cass)來華招募農田工人一百九十人，及家庭僕二十人。一八五二年又遣卡斯來華招募華工百人。自一八五二至一八六四年間，華工之至火奴魯魯(Honolulu)者凡七百零四人。一八六五年，檀香山國王遣植物學家希來布蘭博士 (Dr. William Hille brand) 至華招募華工五百名。至一八八八年，全島農田工人有一五、五七八人，中有華工五、七二八人。一八九七年，入境華工又有七、三六四人。一八九八年，檀香山合併美國時，爲華僑全盛時代，人數達三萬七千人。由於美國禁止移民，至一九一〇年，減爲二一、六七四人。

一九四三年，羅斯福總統批准「華僑法案」，禁令始告解除。一九六五年，美政府修正聯邦移民法後，大批華人始得入境。從一九五〇年到六〇年間，美國華人從十五萬人增至二十三萬七千人。

華人移殖加拿大，始於一七八八年，其時有英國船長約翰密 (Captainan John Meares) 由澳門來加，僱用華人木匠、舵工、水手七十餘人在船上工作。抵加之後，遂在加西海岸建築船廠，并向中國招僱大批工人來加。一八五八年，卑詩菲利沙河 (Frasea River, British Columbia) 發現金鑛，留美華僑聞訊而至。第一批華人於是年六月二十八日抵域多利 (Victoria)。一八六〇年更有華人來自中國本土。一八六三年留加華僑成立洪門致公堂時，人數達四千餘人。一八七六年加拿大聯邦政府興建「加拿大太平洋鐵路」(Canadian Pacific Railway) 以後，其西部一段，工程艱巨，完成無期，乃於一八八〇年招募華工一萬五千餘人。華工爲築路而犧牲者，達三千人以上。路成後，華工亦告失業，泰半由僑團資送回國。一八九七年以後，華人來加謀生者日衆。一九〇二年，全加華僑約三萬七千餘人。一九二三年，加政府頒佈苛例禁絕華人入境。直至一九四六年開放移民例，始有入境華人。（蔣永敬）

馬來亞華人公會

馬來亞華人公會（Malaya Chinese Association），簡稱馬華公會。

一九四九年二月二十七日，馬華公會在馬來亞吉隆坡成立，其宗旨以爭取與保障華人之社會、政治、文化與經濟利益，並增進及維持和平與良好秩序，使馬來亞獲得進步與繁榮。總會設於吉隆坡，首任會長爲陳禎祿。各州與海峽殖民地共有分會十一個，擁有會員二三十萬人，凡係華人年在十八歲以上者，均可參加爲會員。旋又爲促進諸種族間之利益，亦准許馬來人、印度人加入。

總會、分會會長及諸工作委員，均由會員選舉產生，在工作委員會下設有立法、勞工、婦女、青年、教育、文化、商業、福利與夫宣傳等小組委員會，分別推動研究諸有關華人福利工作，並設義務秘書，執行秘書及財政各一人，職員若干人，處理各該會日常事務。

該會原爲代表華人利益之社會團體，嗣後逐漸形成馬來亞境內最大而最有實力政黨之一。一九五二年殖民地政府頒施教育法令，與一九五三年之華文教育白皮書，企圖消滅華文教育，消滅中華民族傳統文化，馬華公會抗爭甚力，陳禎祿氏爲此特別在總會發表演說，並警告同胞云：「以前澳洲華僑共有四萬餘人，現則僅存七千餘人；其減少原因，乃爲華人在澳洲無一宗旨，馬來亞華人如不當心，必將步其後塵，吾人在文化上、事業上應持中國方式，因爲中國人無法變爲英國人」。則知陳氏深稔中華文化爲中華民族生存延續不可或缺之主要因素。

公民權之獲得：馬華公會替華人爭取公民權，是要使華人在政治上得到平等地位。首屆立法議會議員選擇，華人選民祇有十四萬二千九百四十七人，佔選民總數百分十一點二，如果與巫籍選民人數相較，相差遠甚，因此華、巫、印聯盟提名候選人時，馬華公會僅分配十五席。

此一現實教訓，使馬華公會必須更積極鼓勵華人爭取，備作下屆大選準備，同時會長陳禎祿公開鼓勵華人過問政治，取得政治權力，其警語曰：「華人如不能取得政治權力，則其經營商業前途，將極爲黯淡，因大多數華人，只顧賺錢，不過問政治，則其優越環境，不復存在。因此，馬來亞華人，必須視馬來亞如自己鄉土，而從事政治活動」。

在馬華公會大力爭取下，馬來亞公民權法令已被改善，一九五二年五月，又有三十四萬六千九百三十五名外僑，成爲聯合邦公民，其中三十萬人是華人。同時，在新法令下，華人將有百分之六十可以成爲公民，印度人則百分之三十，加上馬來人，馬來亞全人口將有超過百分之七十可成爲聯合邦公民，換言之，屆時將有一百一十萬華人，二百六十五萬馬來人，與十八萬印度人成爲公民。

馬華公會對新村華人，亦給與甚大協助，撥款替他們建築住宅與學校，減輕受戰爭迫遷之痛苦。

一九五五年七月二十七日，馬來亞聯合邦舉行立法議會議員選舉，馬華公會與巫、印聯盟，參加競選，獲取壓倒性勝利，全部議席爲五十二名，華、巫、印聯盟卽獲得五十一名，乃得組織清一色之聯盟政府。馬華公會此次能與巫統、印度國大黨聯合組織政府，掌握政權，實爲歷年奮鬥所獲得之成就，從此馬華公會成爲馬來亞政壇上，不可或缺之一員，對馬來亞之獨立，馬來西亞之組成，均有極輝煌之貢獻。（徐玉虎）

馬來亞華僑略史

馬來半島上諸王國，南北朝時有丹丹、盤盤，隋時有赤土，唐時有狼牙修，宋時有丹眉流，元明時則有彭亨、吉蘭丹、丁機宜與滿剌加等，均曾遣使向中國朝貢或互市，中國除於沿海諸港口，設置市舶司，專責司理外，朝廷使臣，民間商賈亦紛紛南渡，賜賞有嘉。其居留其地者代有其人，如宋朱彧「萍洲可談」卷二云：「北人過海外，是歲不還者，謂之住蕃，諸國人至廣州，是歲不歸者，謂之住唐」。但華僑大量移殖馬來亞，則始於西方勢力，尤其是英國人統治後。

檳城本一荒島，萊特 (Francis Light) 取得後，大量招致華僑，從事開墾，甫一年，島之東部多成可耕土地，以後華僑來者愈多，並聚成城市，佔全人口五分之二。檳城對岸威利市亦華僑所闢。彼等多從商，而以顏、邱、胡、辜四姓最富。柔佛爲對外通商口岸，中國商舶，麕集港內，從事貿易，久之，留居者衆，除經商外，亦有開闢田疇，經營農作物者。新山 (Johore Baru)、笨珍 (Pontiane)、麻坡 (Muar) 等地，華僑亦聚居成市。吉蘭丹，自古卽貢獻中國，非但華僑留寓者多，且有張伯才者，曾據地稱雄。森美蘭之魯葛 (Lukut)，第十六世紀華僑卽在該處開採錫礦。芙蓉 (Serembon) 錫礦區，十九世紀初，僅有華僑四百餘從事開採，旋因礦務日盛，華僑來此者日衆，一八七一年，竟有礦工一萬兩千餘人。砒叻礦最富，那律 (Larut) 爲錫礦中心，礦場又廣，華僑來此開採者更多，旋分義興及海山兩派，爲爭利益，於一八六二年，兩派發生械鬥，演成戰爭，波及全半島，旋由英海峽殖民地政府出面調解，於一八七四年一月，在邦加島 (Pangkor Island) 簽約和解。稍後秩序恢復，華僑來此者又多，至一八九七年，已達九萬餘人，竟佔全人口二分之一。彭亨於明初，曾爲中國朝貢國，華僑來此者亦多，勞吻 (Raub) 金礦之開採，幾全屬華僑。勒巴河 (Leppa R.) 之錫礦，多爲華僑開採，資本雄厚，並在關丹 (Kuantan) 等地設立鑄造廠，自行鑄造錢幣，故彭亨金融幾全爲華僑所操縱。同時華僑又在文多從事農業，人口衆多，爲彭亨大埠。馬來亞首都吉隆坡 (Kaula Lumpur)，原係沼澤地帶，華僑來居者衆，附近新街場一帶，錫礦豐富，經華僑開闢經營後，成爲世界五大錫礦之一。時吉隆坡秩序不靜，賴華僑葉德來領導，組織華僑武裝平亂，社會秩序方逐漸安定。

馬來亞之獨立運動，華僑始終與巫人、印人合作，共同努力。並在一九五五年二月十四日，成立華、巫、印三政黨聯盟，推選代表赴英倫談判，一九五六年英國許諾次年八月三十一日，承認馬來亞獨立。同年五月，正式獲協議。一九六一年，馬來總理東姑拉曼籌組馬來西亞聯邦，全馬華僑聲援，始能如期實現。

馬來華僑對祖國貢獻亦大，革命期間溫生才暗殺孚琦，陳敬岳等謀刺李準，陳楚南等輸財濟助革命。抗戰軍興，除捐款外，且組織機工回國服務等，皆係馬華貢獻於祖國之具體事蹟。（徐玉虎）

泰國之泰化運動

中泰歷史關係素甚密切，自元、明以降以迄清代，泰國歷代王朝均爲我國藩屬，朝貢惟謹。而華僑之旅居泰國，亦均能與泰國人民和睦相處，並互通婚姻。而在民國肇建以前，泰國歷代君主，均視華僑如泰國之子民。

泰王拉瑪五世於一八九六年繼位後，實行維新，民智日啓，民族意識日漸蓬勃。歷拉瑪六世、拉瑪七世，對華僑之管制，遂較前嚴格。

一九三二年，泰國實行變政，推行君主立憲，對外謀求國際地位平等，對內發展國民經濟，此後對外僑之移民條例，迭加修訂。移民之入口費自過去之三十銖增至二百銖，以防華僑大量移入。一九三七年，泰政府頒布外僑居留法案，規定每一入口外僑，應年納居留費二百銖。及第二次世界大戰結束，泰國於一九四七年向我國提出移民限額，雙方同意爲每年一萬人。一九四九年，共匪竊據大陸後，泰政府乃宣布，每一國家之外僑，每年僅准正式進入泰境二百名，並規定入境居留費年納一千銖。其主要目的即在嚴限華僑入境。

自一九三六年至一九五六年，泰政府先後頒布三次商業登記條例，規定所有工商業、典押業、銀行業，均須向有關官署登記，領取登記證後，始得繼續營業。若干華僑因不明手續以致受罰者，不在少數。同時，變政後所頒之國稅法，所規定之所得稅率、營業稅率、貨物稅率，因條文繁多，使多數不識泰文之華僑，必須請人譯釋，或委託會計師、律師代爲納稅。

此外，泰國政府爲維護泰人之經濟生活，復實施泰化政策，一九四一年頒布，一九五二年修訂之「保留泰人職業法令」，保留佛像鑄造業、稻田業、鹽田業、竹篾編織業、金屬鑲嵌業、理髮業、三輪車業、公共汽車駕駛業等十餘種職業，限於泰人經營，華僑之經營此等行業者必須轉業。一九七二年十一月，因抵制日本貨運動而引起之進一步泰化政策，再保留十二種行業限由泰國人經營，包括律師業、建築業、廣告業、土木業、房地產業、會計業、掮客業、拍賣業、農業生產品業等。另規定外僑經營之五十多種行業，不得擴大產銷每年達百分之三十以上，其中包括零售交易業、印刷業、報業、礦業等。違反該項命令之外僑，得處罰泰幣三萬銖（合一千五百美元）至五十萬銖（兩萬五千美元）之罰金或停業。此項泰化政策下，以華僑受害最大。

除泰化政策外，復有一九四七年頒布之「防止過度牟利條例」及一九五二年頒布之「統制食品條例」，對華僑打擊甚大，尤以華僑小販及經營食品業之華商爲最，且執行時頗有偏差，結果弊端叢生。近年因泰政府刷新吏治，務戒苛雜，始稍有緩和之趨勢。

儘管泰國如此厲行泰化，但因絕大多數華僑皆居留多年，落地生根，其本人及子女多已成泰籍公民，分劃不易，保留措施卽難澈底。且若干中產之華僑家庭，與泰人互相婚嫁，血統融和，泰華不分，改籍歸化，不再以華僑自居矣。（呂士朋）

泰國華僑略史

亞洲諸國華僑中，除星加坡外，泰國最多。據民國五十三年編「華僑總志」，約有三百七十九萬，另土生華僑約兩百餘萬。

華僑早期到泰國者，多從雲南進入，然人數不多，海上交通發達後，來者始衆。十九世紀後，乃大爲增加。華僑入泰多集中於各大都市，而以曼谷最衆。其職業多以商業貿易爲主，間或種植菓木、蔬菜、胡椒與甘蔗。在馬來半島北部者，則又以種植橡膠，開採錫礦者居多。又因米爲泰國主要出產，買賣、運輸多由華僑經營，全國碾米廠，百分之九十均屬華僑所有。鋸業亦然。因而華僑在泰國經濟上，居主要地位，對泰國貢獻甚大。

來泰華僑既有專門技術，又能刻苦耐勞，頗受歡迎，彼此感情融洽，加以華僑多屬單身，故多與泰女結婚；由於華僑本身所受教育不足，所生子女，雖仍爲華人，然風俗習尙多受母親影響，迨長大成家，第三代則完全泰化，忘其由來，故泰國最初無所謂華僑問題。

廣東澄海鄭鏞，附舶南渡來泰，旋與泰女娘洛結婚，生一子名信，及長入宮，復因功被封爲 Phya Wachiraka 爵。一七六六年，緬軍入侵，國王無法抵抗，緬軍陷都城，鄭信率華僑子弟，組織義師，擊敗緬軍，收復京城，時大城王朝已滅，鄭信自立爲王，是爲呑武王朝。世稱鄭昭，拯救泰人脫離奴隸及亡國之禍。又有高信培者，來自栱城，在列農 (Ronong) 採錫礦，廣招鄉友，從事開採，成爲首領，泰封爵委爲列農首長，其子先後爲藍素 (Lang Suan)、克拉 (Kra)、董里 (Trang) 諸地首長，一八九二年，高信培被委爲西岸諸省最高長官，首府設於普吉 (Phuket) 建立良好秩序，二人對泰貢獻最大。

宋卡 (Songkla) 華僑亦多，大半來自廈門，獨佔其地對外貿易，泰政府不加干涉。泰國至朱拉隆功王 (King Chulalong Koran) 時，對華僑政策「凡在暹華僑，其從事工商機會，與暹人同等」。並認華僑爲構成王國不可少的一部分。一九一〇年，摩訶哇旨拉佛王 (King Maha Vajiravudh) 時，宣佈新法，每年不分種族徵丁稅，曼谷華僑反對，並罷市，遂招致泰人猜忌，公開反對華僑，謂華僑赤貧而來，而今擁鉅富，皆是對泰人借款重利剝削而得，於是主張收土地爲國有，米由國家專賣，藉此打擊華僑，並禁止華僑經營各種商業，政府開辦職業技術學校，廣訓人才，以與華僑相爭，於是泰國華僑失去優越地位。

第二次世界大戰，日軍入泰，泰人藉日軍勢力，排斥華僑，任意拘捕，或驅逐離境，收沒財產，增加華僑稅額，華僑苦不堪言。抗戰勝利，泰國對華僑態度大變，由仇恨轉而爲親熱，一九四六年訂立兩國友好條約，正式建立邦交復加中共對泰滲透，中泰更邁向合作坦途。

泰華僑對祖國，無論在任何時期，無不貢獻人力與財力。(徐玉虎)

清季之護僑

從咸豐八年（一八五八）一月至十一年（一八六一）四月，英法聯軍占據廣州。是時英屬南美圭亞那，急需勞工墾拓，乃派員來華招募，咸豐九年（一八五九），在英領事巴夏禮（時任處理粵政之三人委員會主席）協助下，廣東巡撫柏貴乃布告明令准許人民自由出洋。同年，繼任廣東巡撫勞崇光同意英國要求，在廣東設立招工局，由中英官吏監督辦理，以杜絕販賣猪仔之惡行，保障出洋華工之權益。咸豐十年（一八六〇），中英北京條約第五款，明定准許華工出洋至英屬地工作，此爲清政府與外國政府訂約中，首次正式准許人民出洋。

同治四年（一八六六），總理衙門就英法公使所提關於招工契約有效期間、地點、川資、工作、時間、醫藥、安家等具體辦法，發表三點聲明：一、中國政府承認華工自由出洋，並無異議，惟其契約期限以三年爲限，歸國之旅費由雇主支給，而工作時間、疾病撫卹，均依規定。若不照定章辦理，以非法論罪，定予嚴辦。二、凡用强迫拐誘手段招募出洋者，根據國法，處以死刑。三、出洋之處，以通商口岸爲限，以便外國領事幫同辦理。此一聲明對華工出洋頗盡保護之責，但對已在海外之華工，尙未能關切及保護。

其時中外關係日趨複雜，有識之士，尤以辦理洋務之官員，認爲中國不僅須採取自由移民政策，對已在海外居住之僑民，亦應竭力保護，而保護之道，以遣使設領爲最要。光緒二年（一八七六），郭嵩燾奉派出使英國，翌年，在倫敦設立公使館，是爲中國設立駐外使館之始。郭氏去國前曾上奏建議，謂英屬南洋各地流寓華僑數十萬人，應設立領事，淸廷准許郭氏就所帶參贊文案，斟酌委派，一八七八年，新加坡初設領事。繼遣使英國以後，與中國有約各國，亦陸續派使設館，而於華僑聚居之地，亦紛紛設立領事館。

自遣使設領後，清廷駐外使領頗盡保護僑民之責，尤以駐美日（西）秘、駐英使領最有表現。茲舉數例如下：㈠光緒三年（一八七七），中國與西班牙訂立古巴華工條約，規定保護辦法。㈡六年（一八八〇），美國科羅拉多州丹佛城，發生排華暴動，死華人一，華人財產損失五萬元，公使陳蘭彬一再向美國國務院抗議交涉，丹佛司法機關終將倡亂者數人逮捕，其中二人被控以殺人罪。㈢十一年（一八八五），美國威俄明之石泉城發生排華慘案，死華人二十八，傷華人十五，財產損失十四萬七千多元，公使鄭藻如提出抗議，要求賠償，時威俄明尙未設州，終由聯邦政府咨請國會撥款十四萬七千元，以撫卹華僑。㈣十六年（一八九〇），美國華盛頓州阿白定城忽限當地華僑於九月某日全體出境，經駐美代辦彭光裕交涉，美國務卿華登乃知照華盛頓州州長制止，使此事消弭。㈤三十三年（一九〇七），加拿大溫哥華發生反亞洲人大暴動，華僑財產損失甚大，駐英使館館員董君會同駐舊金山總領事歐陽君、波特蘭領事馬君前往調查，聘律師一人計算華僑損失，給予保護，並向加拿大政府交涉，結果加政府派員前往調查，對華僑財產損失、商會損失、停業損失均照數償付。

光緒十九年（一八九三），駐英公使薛福成上「請豁除舊禁招徠華民疏」，以保護歸國華僑。於是清廷頒諭：「外洋僑民，聽其歸里，嚴禁族鄰訛索，胥吏侵擾」，嗣後歸國華僑遂因清廷之明令，獲得保護，安居樂業，來去自由。

光緒二十五年（一八九九）十月二日上諭，對海外華僑效忠祖國，深致嘉獎，着駐外使領，盡力保護。三十年（一九〇四），清廷特派農工商部侍郎楊士琦，宣慰英、法、荷屬殖民地之華僑。次年，端方奉命赴歐考察憲政，一年後返國，道經南洋，感於僑民教育之缺乏，乃創立國立暨南學堂於南京，聘鄭洪年爲堂長，招致華僑子弟回國升學。(呂士朋)

琉球華僑略史

琉球與我國早有交通關係，唯正式成爲我國藩屬，則在明初。明太祖登極後，於洪武五年（一三七二）派行人楊載到琉球曉諭，命稱臣入貢。其時琉球察度王在位，遵旨遣使上表朝貢，中琉宗藩關係於是建立。華人在琉定居，始於洪武二十九年（一三九六），明太祖因嘉賞琉球中山王勤修職貢，特賜閩人善操舟者三十六姓，以利朝貢往來，並負教化琉人移風易俗之責任，而琉球之梁、蔡、毛、鄭、陳、曾、阮、金等姓卽三十六姓之後裔。惟日本佔據琉球後，厲行同化政策，琉人漸忘却其自身歷史及其與中國之歷史關係，漢文、漢語乃至漢姓亦隨之湮沒。

第二次世界大戰前在琉之華僑，大都經營零售商業或從事農業，籍貫多爲臺灣同胞。戰後美軍統治琉球，粵籍華僑分自非律賓、香港及日本各地相繼前往，經營建築、貿易、餐館、百貨等業，彼等多係美軍特約商號，爲正式公司組織，且有在美國本土登記，擁有資本與技術人員，經營較大規模之事業。又臺灣各大公司爲推廣在琉銷貨業務，亦多派代表駐琉，目前共有十餘家公司代表，以茶商佔大多數。

目前琉球華僑人口雖不多，惟在當地經濟活動却佔有相當地位，其主要行業如次：㈠貿易商二十家；㈡營造商二家，工程師十八人；㈢成衣商及裁縫師四十餘人；㈣餐館、酒家、百貨商十餘家；㈤美國政府雇員八十餘人；㈥其他職業二十餘人（包括厨師、餐館及俱樂部員工、茶葉零售商、牙醫等）。（呂士朋）

婆羅乃華僑略史

婆羅乃（Brunei），又名汶萊，唐樊綽之蠻書首稱渤泥，宋趙汝適之諸蕃志有專條，又稱作佛泥，宋史有傳，馬端臨有專考，元汪大淵之島夷志略，明史與明代私人著述皆有記載。按渤泥雖指婆羅洲，但上擧諸書所述，就其地望皆指汶萊而言（許雲樵「北大年史」第三頁）。

婆羅乃位於婆羅洲島西北部，北瀕臨南中國海，東、南與西三面和砂勝越（Sarawak）爲鄰，並被砂勝越分割爲不相連兩部分，全面積二千二百二十平方哩。

婆羅乃與我國關係甚古，隋唐以來皆遣使朝獻，中朝亦派遣使臣往賜，其海舶來市者亦衆，明張燮東西洋考謂：「華人流寓者多，趾相踵也，舶至設食待我，貨賣彼國而不稅。其俗敬愛唐人故也。」

據諸史籍所載，華僑不但流寓汶萊日衆，且其蘇丹王室與中國尚有血緣關係。明史婆羅傳云：「萬曆時，爲王者閩人也。或言鄭和使婆羅，有閩人從之，因留居其地。其後人竟據其國而王之，邸旁有中國碑，王有盒印一，篆文上作獸形，言永樂朝所賜，民間嫁娶，必請此印印背上以爲榮」。東西洋考汶萊考條，亦有如明史類似之記載。汶萊王世系書亦云：「先是國之支那巴魯山（Kina Balu）有寶珠，龍守之。支那皇帝遣官 Ong Kong 及 Ong Sum Ping，率舟師渡海求之。龍食人無數，從者多死焉，山以是得名。Ong Sum Ping 燃炬置玻璃皿中，乘間以易珠，龍不覺，仍以爲珠在也。Ong Sum Ping 既得珠，揚帆歸國。Ong Kong 圖刼之，Ong Sum Ping 知其謀，遂返婆羅。後娶蘇丹讃罕默德之女爲妻」。又云：「第一世回教蘇丹讃罕默德獨生女，嫁給中國欽差王三品，且傳禪爲第二世君主蘇丹亞默，生一女，招贅大食國名阿里者，授禪爲第三代君主，名蘇丹柏克」（見劉子政婆羅史話）。

第十五六世紀後，汶萊蘇丹因種植胡椒與通商，竭力招致華僑移居，中國帆船乘季風載人南來，然後再滿裝香料、燕窩、魚翅、樟腦、籐與珍珠以歸。是時，非但汶萊遍布華僑，就是砂勝越與北婆羅洲華僑移居者亦大增，至十八世紀末期，華僑勢力極爲膨脹。並掌握當地經濟，汶萊蘇丹遂加以抑制，結果，兩地間之貿易一時中斷，華僑移居者少。同時，受顧於胡椒園之華工，亦告失業。清康熙五十三年（一七一四），伯納克曼（Blackman）之婆羅洲航海記，雖未言中國與婆羅通商之衰落，但繁盛之情屢有所記。至嘉慶十七年（一八一二），亨特（J. Hunt）與萊佛士（S. Raffles）報告書云：「一五二〇年，葡萄牙初抵婆羅洲時，汶萊極爲繁盛，沿海岸地區，華僑居者極多，產業旺盛，中國帆船往來頻繁；今則大非昔比，城市寥落，土地荒蕪，當時之華僑盛況，不可復覩矣」。卽可見華僑在汶萊所遭受之挫折。但汶萊土著杜孫族，確爲我僑之後裔。據杜孫人之記載；謂中國人初來汶萊，至克里亞斯河（Klias），從事栽植胡椒，娶土人婦女爲妻，並招致中國親友前來，後因避洪水之患，及木孫人（Muruts）之攻擊，移居於Bundy 高地，子孫繁衍，卽爲今之杜孫人。

嗣後，汶萊蘇丹對華僑好感，故華僑在該處就任高職，陳金水卽其一例也。十九世紀末期，陳氏在汶萊位至天猛公，僅次於宰相。光緒十四年（一八八八）九月，汶萊蘇丹與英國政府，簽訂保護條約時，陳氏卽是蘇丹之見證人，以華名「金瑞」簽於該約上，我華僑得簽名於兩外國間之締約中者，金水一人耳（見華僑志總志）。（徐玉虎）

菲化運動

第二次世界大戰前後，東南亞國家之民族主義思潮澎湃，非島因爲抵抗日本之侵略，增强非人對於國家之熱愛，民族之團結。非島在戰時受到極大破壞，非人受盡日軍之凌辱，戰後則產生一種狹隘之民族觀念，由此種觀念做出諸種排外行動，專以立法排擠外僑經濟地位，使由非人獨占或控制，故戰後二十年來，非國會幾乎是「有言皆排外，無案不非化」之現象。

據統計二十餘年間，非國會提出非化案不下數百件。其中半數在一九五四年第三屆國會，首次常會中提出者。各非化案，均規定百分之六十或百分之七十五之非化，亦卽由非人控制之經濟業務資金是其中百分之六十或百分之七十五。但自一九五四年起，則規定作百分之百之非化。據非華商總會一九六二年五月，向我僑務委員會報告書指出，非國會第五屆第一次百日常會；自正月二十二日開幕至結束時，共提出已決與未決有關華僑非化案，數達九十九件之多。從此數字觀之，則知非國會是集中精神於非化法案上，企圖排擠與剝奪外僑合法之經濟地位，而外僑中絕大多數為華僑，故華僑受非化案之影響最大。我旅非二十五萬華僑之生計，正遭受非化運動莫大之威脅。

非化案範圍很廣，非憲法亦有明文規定；舉凡全國之天然富源、土地礦產、公共企業、水力電訊等，皆屬非化，絕不許外僑經營。近來非國會議提出非化案，種類繁多，應有盡有，其影響華僑最大者莫如：菜市攤位非化案、零售業非化案、米黍業非化案等，諸案早經批准施行。其次則有藥品業非化案，木材業非化案，教育非化案，專門職業非化案，禽畜飼料非化案，麪粉業非化案，養鴨業非化案，養鴿業非化案，銀行存款業非化案，商標商號非化案，報紙文字非化案，公文非化案，保險業非化案，批發與出入口商業非化案，工業非化案，加嚴公共企業非化案，鎗械非化案，工商業全面非化案，禁止中藥中醫案，漁業非化案，苧蔴業非化案，鞋業非化案，汽水業非化案，鐵器業非化案，建築原料業非化案，布廠業非化案，典當業非化案，勞工非化案，加嚴入籍法案，非化製造及發售紙業案，劃區集中華僑法案，椰乾業非化案，菸草業非化案等，諸法案部分已通過施行，部分經華僑疏通被擱置，亦有部分雖通過而被總統否決未付諸實施。

被擱置於參衆兩院未通過之非化案，或未被討論之非化案，華僑雖可暫鬆一口氣，但在非人狹隘民族主義思想蓬勃發展之時，非當局對於非化案，似有一意孤行到底，非達到將外僑在非之經濟力量完全排除不止之勢，將來恐還有死灰復燃之一天，華僑應早作應變之策。

非僑在非島之經濟地位，一般看之是優越的，這是千百年來在自由主義經濟政策下，華僑胼手胝足，流血流汗，幾經艱辛，甚至犧牲生命，創造出之成果。華僑雖在商業上獲得成功，而在享受上反不如非人，而非人日夕指摘華僑者，是彼等賺取他們金錢，控制其經濟，使非國無法獲得經濟獨立，其實華僑是以血汗勞力，勤儉刻苦換得之金錢，是法律範圍內應得之酬勞，同時華僑以資本、智才與能力在非參加諸種經濟活動，遠在非島草昧之時，篳路藍縷，以啓山林，手創非島經濟，增强非島生產力量，對非島有益而無損，可是非人不察，恩將仇報，是件可惜之事，英國華僑史專家巴素（Victor Purcell）評曰：「非島華僑，常受非國政客們攻擊，成為衆矢之的。事實上，美國人和西班牙人在非島所獲得盈利，遠較華僑為多，可是非政客們對此並不介意，祇對華僑肆意攻擊，作為排斥和歧視之對象，確是不公平的」。

巴素評語是有根據者。大抵美西兩國僑民，在非島賺得之金錢，立卽轉滙其本國，不易為非人所見，其大量工廠出產品非人亦不易見到，而彼等所見者是華僑轉售其物品，其金錢是直接交給華僑的。同時華僑又是生於斯，長於斯，營屋營墓，都在於斯，其全部財產，非人一目了然，引起非人之嫉妬，因此匹夫何罪？懷璧其罪，華僑遂成非化運動之待罪羔羊矣。（徐玉虎）

菲律賓六次慘殺華僑事件

西班牙初平菲律賓，因其地為一片荒島，於需人開闢之際，故雖遭林道乾事件，西班牙人仍極力歡迎華僑移入，華僑去菲律賓者日衆。一五八八年（明萬曆十六年），華僑之在菲律賓者，業已有萬餘人。嗣後，華僑源源不絕移入，西班牙政府懼其有妨礙彼等發展，因限定地區，使華僑居住，又特造一種房屋稱巴利安（Parian）者，讓華僑居住。海國見聞錄所云：「分定一隅，不許越界」也。旋又限定僑民人數，及徵收居留稅。然華僑賄其官吏，仍得照舊移入。至一六〇二年（萬曆三十年）以後，乃有六度大遭慘殺事件發生。

首次慘殺　一六〇二年（萬曆三十年），有閼應龍與張嶷者，奏言呂宋機易山產金，請派員開採，神宗納之，雖有溫純、金忠士等諫，帝不聽，旋命海澄丞王時和，偕張嶷往勘，西班牙政府大駭，華僑流寓者，從中游說，得結蓬為廠，如公署，西人亦令僧散花道旁，迎華使者，盛陳兵衞邀丞入，並設宴，問丞，對曰開山，則曰山各有主，安得開？且金豆生何樹？丞數以目問嶷，嶷無以應。西人狂笑，欲動武，華人曲解釋登舟，丞悖死，嶷坐誅，傳首海外。西人益疑華人且啓釁，決計殲滅流寓華僑。

一六〇三年，西人先聲言將出征他國，以重金收購華僑鐵器，使手無寸鐵。然後勒命華僑點名籍，每三百人爲一院，入者卽被殺害。華僑知必死，乃於九月十八日，在唐多（Tando）與溪泊（Quiapo）兩地，聚衆焚市，殺人頗多。西兵攻之，亦被僑民所殲。十月十九日，聚衆攻城；卒以空拳利械，勢力不敵，持數日而大敗。僑民退守大崙山（San Pablo del Monte），刀糧俱乏，風雨交作，人立大雨中，夜半，敵擧砲轟擊，計殺華僑萬餘衆，潰散山谷間者，橫屍相枕。是役，華僑被殺者兩萬五千餘，閩之海澄縣人，居十之八九；存者僅三百口而已。明廷敕閩撫徐學聚，檄呂宋數以擅殺之罪。

二次慘殺　一六〇五年（萬曆三十三年），明廷有詔至非，誡非勿生事端。時西人亦需要華工，雖前禍尚未經年，華僑在利誘之下，又紛紛移入成聚。一六三九年（明崇禎十二年），移居非島華僑人數已逾三萬。時非督對華僑極虐待，迫華僑至加倫巴（Calamba）作苦工，進貢納稅，苛政百出，猛過虎豹，華僑忍無可忍，在加倫巴工作者，起而反抗，聲勢及于馬尼剌（Manila）。戰事互一年之久，華僑被殺慘死者數過兩萬，其資財之蕩盡無論已。時值明朝將亡，更無暇與外事也。

三次慘殺　鄭成功據臺灣抗清，爲遣使與非島西班牙聯絡，欲得華僑之援，西人陽禮遇之，而陰備大殺華僑，華僑聞之，恐蹈前次之慘禍，乃逃至山塔克魯斯（Santa Cruz），對西人反抗，戰事初期，華僑頗佔優勢，卒以衆寡不敵而敗。是役華僑死亡亦甚衆，特無確數可稽耳。

四次慘殺　一六八六年（清康熙二十五年），馬尼剌有華僑丁哥者，糾集黨衆，謀殺西班牙人，然事機不密，被西政府所探悉，捕丁哥處以極刑，黨徒散逃，西人追殺之，華僑無辜被害者至夥。

五次慘殺　因一七五六年（清乾隆二十一年）歐洲發生七年戰爭，西班牙與英國爲敵。次年，英人突攻馬尼剌，西軍不敵，總督擧城降。副督安那（Simon de Anda）走東坂岸省，自稱非督，擧兵抗英。時華僑久苦於西人之壓迫，馬尼剌之華僑欲乘機報仇，有部分投入英軍者。東坂岸華僑聞訊後，亦聚衆武裝，欲以抗西軍，安氏得訊，遣使命華僑解除武裝，華僑殺其使者，安氏遂以兵攻擊華僑，殺戮甚衆，其敗逃者，及未參與戰事者，亦多遭慘殺，計死難者六千餘人。

六次慘殺　一八二〇年（嘉慶二十五年），馬尼剌流行天花與霍亂疫症，巴石河兩岸居民罹病最多，死者千計。西政府下令禁飲食河水，並施行義賑，設法救人。時各國僑民踴躍協助，有法籍僑民，獻出藥物，免費診治。於是引起西人嫉妬，乘機謠言，外僑下毒巴石河，欲毒死全市居民，而彼等尚假仁義替病者診治，掩飾罪行。頓多區土人信以爲眞，群集花園口，持武器，逐門搜殺外僑，華僑被害者百餘。西駐非代理總督對暴動不加干涉，稍後受教士之催促始派兵鎭壓，非籍兵士，反乘機搶刼，而鼓勵暴徒再度瘋狂搶掠屠殺，華僑與其他僑民遭殺者甚衆，整個馬尼剌混亂，西督傅紐勞見局勢嚴重，才通令申斥暴徒與士兵，但未進一步追查，使暴動事不了了之。

上擧爲西班牙人慘殺華僑犖犖大者，其他不勝枚擧。然西人雖蓄意慘殺華僑，但非島之工商業，又須華僑爲之助，故自道光二十二年後，西人對華僑待遇稍加改善焉。（徐玉虎）

菲律賓華僑略史

中菲隔海相望，歷史關係甚早。據菲律賓大學教授高羅尼（Coroni）考證，早在三千年前，中菲已有交通往來。中國人最早移居菲島而有據可證者，乃唐僖宗乾符四年（八七七）黃巢之亂時，一部分閩南、粵東居民逃往菲律賓。宋代中菲貿易異常發達，由趙汝适所著「諸蕃志」之麻逸國（明多羅）、三嶼（布蘇安加、加拉密安、巴拉望三島）等條記載，可知其詳。元代中菲貿易仍以麻逸、三嶼爲盛，然汪大淵「島夷志略」，述及另有麻里嚕（呂宋之馬尼剌）其地，亦有華商前往貿易。降至明初，中菲貿易已以呂宋島爲主。

西班牙人於一五七一年進占馬尼剌後，迅卽掌握全非領土主權。西人來菲之初，不僅貿易對象以華商爲主，卽日用品、食糧亦均仰賴華僑供給，華僑自中國運來器具雜貨，備西人採購，向呂宋及其他島上土人收購糧食，供西人食用。華僑之八聯市場（Parian）於一五八二年設立爲工匠、鐵匠、商人、醫生、藥劑師之聚居地，開有各種商店及小型飯館。華人有居留地及市場，西人日常生活，乃無匱乏之虞，而能專心於殖民地之統治及傳教工作。

西人雖明瞭華僑在經濟上對菲島之貢獻，但因菲島與中國僅一海之隔，故在政治上對華僑存有戒心，在西班牙統治前半期，華僑先後遭受四次大屠殺，第一次爲明萬曆三十一年（一六〇三），被慘殺者達二萬五千人；第二次崇禎十二年（一六三九），受害者亦達二萬五千人；第三次爲清康熙元年（一六六二）；第四次爲乾隆二十八年（一七六三），被害者雖較前兩次爲少，亦各有數千人。此外，並以法律規定，歧視及限制華僑，如規定留菲或來菲之華僑人數，限制華僑居住或旅行自由，向華僑徵收苛稅，迫使華僑服勞役。西班牙統治者對華僑雖如此殘酷迫害，但華僑仍在惡劣環境中奮鬥生存。每經屠殺一次，華僑在菲人數卽驟然減少，而菲島經濟，立現不良影響，故隨後西人不得不稍改變態度，以招致華人來菲。

西班牙時期菲律賓華僑人數，無正確統計，據專家估計，西人佔領之初，華僑約數千人。明萬曆十八年（一五九〇），馬尼剌有華僑四千人，其他地區有三千人，至萬曆三十年（一六〇二），增至三萬人，後因第一次屠殺而大減。此後因情勢時增時減，在清光緒二十四年（一八九八）美西戰爭爆發前，估計全菲華僑有七萬人，而菲律賓人中至少有百分之十爲華僑後裔。

美國統治菲律賓時期（一八九八～一九四六），華僑社會大致相當安定，華僑雖受美國移民政策限制，然工商業能獲充份保障，且在自由經濟政策下，獲得充分鼓勵與保護，華僑在西領時期，以血汗積成之基礎，至此方告穩固而擴大。華僑人口於光緒二十九年（一九〇三），卽增至十萬人左右。此後旅菲華僑雖在移民律限制下，仍逐年增多，經美國統治四十餘年，大致保持二十萬人左右。旅菲華僑經營之行業無所不包，舉凡金融、進出口貿易、工業、商業、礦業、林業等，均有華僑經營，其中以零售商爲最多。

美國人治菲，其政策在提高菲人文化及經濟生活，協助其獨立。因此菲人地位日益提高，對華僑操有優越經濟地位，表示不滿，菲律賓議會於一九二一年通過西文簿記案，是爲第一個菲化案。一九三五年，菲律賓自治政府成立後，排華法案乃層出不窮，及一九四一年，太平洋戰爭爆發，菲化案始暫擱置。一九四二年一月至一九四五年二月，日軍占領菲律賓期間，華僑抗日甚烈，美國收復菲律賓時，華僑游擊隊貢獻頗大。一九四五年菲島光復，華僑對菲律賓戰後之復興建設，致力甚多。

然菲律賓於一九四六年七月四日正式獨立後，民族主義勃興，排華風潮復起。二十餘年來，菲國會提出之菲化案，達一百四十餘件，就中通過實施者，均係針對華僑之主要行業而發。其中菜市菲化案、零售商菲化案、糧食與土產業菲化案等，對華僑打擊最大，尤以零售商菲化案，蓋菲島華僑百分之八十均經營此業。

旅菲華僑在菲投資金額頗鉅，二次大戰前，以一九三七年爲例，華僑商業投資額計有一億一千餘萬披索，占全菲商業總投資額百分之四十二點一。但二次大戰後，自一九四五年起至一九六二年止，華僑商業投資額比率大爲降低，僅占總額百分之二十一點五，其中雖受部分華僑加入菲籍之影響，但菲人及美僑商業投資額比率迅見提高。在各種菲化案影響下，旅菲華僑之經濟前途勢必日益黯淡。

關於菲律賓華僑人口，據一九六二年我國駐菲大使館查報，計有十五萬一千七百五十九人，顯較戰前爲少，卽因大批華僑加入菲籍之故。（呂士朋）

華人甲必丹

華人甲必丹（Chinese Kapitan）；考「甲必丹」一詞，首見明鄭若菁之籌海圖編，其卷一三刑部尙書顧應祥曰：「佛郎機國名也，非銃名也。正德丁丑（一五一七），予任廣東僉事，署海道事，驀有大海船二隻，直至廣城懷遠驛，稱係佛郎機進貢。其船主名「加必丹」。其人皆高鼻深目，以白布纏頭，如回回打扮，卽報總督陳四軒公金，臨廣城，以其人不禮，令於光孝寺，習儀三日，而後引見」。明嚴從簡之殊域周咨錄卷九云：「本朝正德十四年（一五一九），佛郎機大酋，弒其國主，遣加必丹末等三十人，入貢請封」。明焦竑之國朝徵獻錄亦記載此事，僅年代比嚴從簡早一年。則知又有「加必丹末」一名。明史稿亦載之。王大海之海島逸志又云：「富商大賈，獲利無窮，因而納賄和蘭，其推舉有甲必丹大，雷珍武直，迷朱葛礁諸名目，俱稱甲必丹」。

嗣後，中國文獻屢見其名。其所謂「加必丹」，「加必丹末」，係指佛郎機人無疑。佛郎機者，今葡萄牙人也。日人籐田豐八釋曰：「加必丹爲Capitâo之音譯，加必丹末爲 Capitâo M'or 之對音，爲加必丹之首領，係指一五一七年，葡萄牙人 Fernâo Peeres de Andrade 而言，皆是葡文（中國南海古代交通叢考之葡萄牙人占據澳門考）。至於王大海所稱加必丹大，加必丹，咸係指中國經商於南海之富商大賈，爲獲利無窮，始向荷蘭納賄，請予經商上之方便，乞求賜封。因之被封爲甲必丹大，甲必丹。其當係荷文 Kapitein Ta、Kapitein之對音。

「Kapitan」之含義，解釋互異，巴素博士（Dr. Victor Purcell）在東南亞華僑中謂：「Kapitan」與西班牙文 Capitan 或英文 Captain 可互相通用。韋氏新國際英語辭典云：「Kapitan，與船長之 Captain 或陸軍上尉之 Captain 毫無關係。其含義僅限於一種民族之首領、領袖或頭目，與西班牙文 Capitan，或意大利文 Capitano 意思相同。同時毛利(James A. D, Murray)在所著歷史法則新英語詞典，亦作如是解釋。許雲樵氏解釋云：「甲必丹一詞，是荷語 Kapitein 之確切對音，與葡萄牙語 Capitâo，多少有些出入」。黃存燊解釋云：「Kapitan 之拼音，可能受荷文 Kapitein 之影響。」又云：「在華人觀念中，所謂甲必丹者，即僑居外國土地上之一種民族，公認之首領、領袖、或頭目，特別是指某一種甲必丹，當地政府不但賦予某種執行權、行政權與司法權，可施予本族人士身上，而且尙作本族人士與政府間之橋樑」（華人甲必丹）。

名學者波塞（C. R. Boxer）則云：「甲必丹一名，是日本人首先根據葡萄牙文 Capitâo 音譯，隨後華人似乎加以沿用。日本曾採用這種甲必丹制度，且封賜過葡萄牙人甲必丹，西班牙人甲必丹，荷蘭人甲必丹，華人甲必丹。日本所委任之一位華人甲必丹，就是十七世紀著名之鄭芝龍，鄭成功之父」(見岩生成一之日本僑寓支那人甲必丹李旦考)。

總之，「加必丹」、「加必丹末」、「甲必丹大」其含義有二；一指率領艦隊東來遠東，意欲與南海及中國通商，或朝貢之艦長或船長，係指葡萄牙人。二指中國之富商巨賈，或各僑居諸地之華人首領。

華人甲必丹之服飾，俗稱「洗禮衫」，以天青絲羅爲禮服，白綢爲褲，著昌雲頭鞋，辮子長垂，戴烏緞碗帽。出入時手持杖，杖頭結以烏帶，坐馬車，華僑見來則立刻迴避，表示尊敬。其任期不定，久暫與否，視其與殖民地政府合作成績而定，好者雖殖民總督數換，而甲必丹職不變，壞者，雖僅一任總督，某地區之甲必丹可屢易。（徐玉虎）

華僑與辛亥革命

辛亥革命之成功，以海外華僑助力爲多，故 國父常譽「華僑爲革命之母」。華僑支援辛亥革命可分爲三期：第一期爲興中會時代，貢獻最多者爲美洲之檀香山華僑；第二期爲同盟會上半期，貢獻最多者爲南洋各埠華僑；第三期爲同盟會下半期，美洲與南洋華僑，均有極大貢獻。

檀香山爲興中會發源地。一八九四年冬，國父在檀香山組織興中會時，入會華僑二十餘人，並發起募集革命軍債，國父胞兄孫德彰爲檀島大畜牧家，傾家相助。鄧蔭南亦盡變賣其家產，援助革命。國父乙未年廣州首次起義，檀島華僑參加革命者有鄧蔭南、宋居仁、夏百子、陳南、李杞、侯艾泉諸人。一九〇三年，檀島華僑程蔚南之「檀山新聞」改組爲黨報，鼓吹革命，風氣丕變。一九〇四年以後，美洲華僑革命同志漸多，舊金山伍盤照之「中西日報」代印鄒容「革命軍」一萬一千册，向全美華僑宣傳革命，國父更改訂致公堂之章程，使合革命宗旨，改組其「大同日報」爲黨報。奠定旅美華僑革命團體之基礎，爲一九一〇～一一年間募集起義基金之導線。加拿大華僑自一九〇九～一〇年間，漸受舊金山「大同日報」之影響，棄保皇轉向革命。一九一一年二月，國父至加募集軍資，各埠致公堂多變賣公產以應之。

南洋羣島華僑之有革命組織，始於一九〇一年，尤列在新加坡成立中和堂，華僑工農界翕然歸之。一九〇五～〇六年間，同盟會分會遍設英、荷二屬各埠。革命報紙爲中興日報、光華日報、星洲晨報、南僑日報、泗濱日報等繽紛併起，是爲革命黨全盛時代。一九〇六～〇七年間，同盟會所發動粵、桂、滇三省之義師，實有賴於南洋華僑人力、財力之支援。

辛亥廣州「三二九」之役，華僑同志參加「先鋒」，七十二烈士中，華僑同志佔二十八名之多！是役用去軍費一十八萬七千六百餘元，均爲華僑所捐助。其中英屬南洋四萬七千六百餘元，荷屬三萬二千五百餘元，暹羅、越南約三萬元，美國華僑一萬四千元，加拿大六萬三千元。武昌起義，海外華僑愈爲振奮，紛紛捐款接濟義軍，或組織軍隊參加革命，如南洋華僑有義勇軍之組織，芝加哥華僑有飛機隊之成立。故自 國父首倡革命，而至推翻滿清建立民國，華僑之支援，始終未曾間斷。（蔣永敬）

華僑與抗戰

華僑支持祖國對日抗戰，不論人力、物力、財力，均有偉大之貢獻。「九一八」初起，華僑全力支持東北義勇軍；「一二八」事變，更捐獻鉅款；及「七七」抗戰事起，則更激起全僑義憤，發動救亡，或毀家紓難，或回國殺敵，支持祖國抗戰到底，爭取最後勝利。其貢獻抗戰，有以下數端：

一、組織救國團體：抗戰發生，各地華僑紛起組織各種救國團體或籌餉機關，負責勸募捐款，援助抗戰，雖山陬海隅，僻遠小埠，亦莫不有此組織。此類救國單位之數目，泰國有一五二，越南九一，菲律賓一四七，馬來亞二三八，北婆羅洲七，緬甸二五，印度一，香港一二，荷印一三七，美洲一三七，海洋洲二六，非洲二五，其他各地二。共計八九四單位。嗣後美洲華僑更有旅美華僑統一義捐救國總會之組織，南洋華僑組設南洋各屬籌賑祖國難民總會，紐西蘭亦有救國總會之組設，以統一全僑救國運動。

二、發動國民外交：華僑足跡遍五大洲，與各國人士接觸機會最多。故其發動國民外交之力量，亦至宏偉。英國薛西爾爵士(Viscount Robert Cecil)主持之國際反侵略大會，美國史汀生 (Henry Stimson) 領導下之不參加日本侵略行動委員會，皆有左右輿論，轉移政府決策的力量，各地華僑莫不踴躍參加此項組織與活動。如一九三八年七月國際反侵略會在倫敦舉行，新加坡、菲律賓、暹羅、越南各地華僑均分別集會，擁護響應。此外如美國救濟中國難民聯合會、美國工人救濟中國平民委員會、英國援華運動委員會及倫敦「一碗飯」聚餐會之推行，法國反侵略分會及「華友社」之努力等，均得力於華僑國民外交的運用。

三、抵制敵貨：抗戰軍興，華僑首先提倡與敵經濟絕交，近自南洋，遠至歐美非澳各洲，普遍抵制日貨。在各外輪受僱之中國海員，因拒運物資赴日，而全體罷工，先後在三藩市、菲律賓、新加坡發生。各地碼頭華工亦熱烈拒絕起卸日貨。

四、動員人力：華僑返國從事抗戰工作者，約在萬人以上。且多屬專門人才。如美洲及南洋華僑青年，投入當地航空學校，學習飛行，返國殺敵。滇緬公路開闢時，華僑技工約二千人協助築路。華僑歸國參加後方運輸之司機，以及救護隊、戰地服務團等，均有華僑之參加。

五、輸財救國：華僑為抗戰發動捐輸運動最普遍者，為舉辦特別捐、常月捐、獻金義賣、書畫展覽、變賣公產、捐獻公息等。捐款數目，自抗戰開始，至民國三十三年底止，就匯歸財政部所列收之數，已達七億三千八百三十四萬一千三百三十一元。此外認購各種公債、捐獻飛機、汽車、器材、藥品等，數目尤為龐大。（僑務十三年，六九～七一頁）。（蔣永敬）

越南華僑略史

越南在東南亞國家中與中國歷史關係最為密切。早在戰國末期，即西元前二五七年（周赧王五十八年），即有蜀王子泮率三萬蜀人入越，征服越人所建之文郎國，建甌貉國。蜀泮即越史所稱之安陽王。秦始皇統一中國後，於西元前二一四年（始皇三十三年），略取「陸梁地」，即今日越南中北部，建為象郡，入中國版圖。秦以大批遣戍移民，使與越人雜處，促進越地開發。秦末，中國人趙佗建立南越王國，獨立於中國之外，趙氏在徙居的中原人輔佐下，利用政治勢力，使越人漸沐中國文化，輸入犂與牛，使越人農耕方式，進入一新時代。西元前一一一年，漢武帝再度征服越南，自此以迄宋代初年，越南之為中國郡縣達一千一百年之久，在同一政治組織之下，華越一家，徙居往來，習以為常。如唐初王福疇，杜審言、沈佺期均曾貶官寓居安南，唐德宗時，越人姜公輔入仕朝廷，貴為宰相。

宋初安南獨立，自此越南成為中國藩屬，宋代中越宗藩關係和睦。南宋度宗咸淳九年（一二七三），元軍攻佔襄陽，江南不穩，有宋人海船三十艘，裝財物及妻子，浮海前往安南，安南國王陳光昺（陳太宗煚，又名光昺）安置之於京師。不久宋亡，宗室「諸文武臣，流離海外，或仕占城，或婿交趾，或別流遠國」（鄭思肖「心史」），可見流亡安南境內宋人之多。

明成祖時，安南黎季犛篡陳，成祖於一四〇七年（永樂五年）派兵平定，收為中國郡縣，此次用兵，徵調雲南、廣西兵員八十萬人，明軍所到之處，皆留有屯戶種田，供給軍食，所設十五府，五直隸州，三十六州，二百一十縣，每一城市均有明朝官吏與商人居住，移殖規模甚大。及黎利起兵抗明，獨立建國，明宣宗宣德二年（一四二七）放棄安南，下令撤退軍民回國，但留而不返者極多，故越南境內乃有所謂「明鄉人」，黎朝獨立後，對之亦頗優待。

明代中葉，安南分為南北二國，北為莫氏，南為黎氏。中興之黎氏復滅莫氏，而大權入於鄭氏。阮氏不滿，別據順化，於一六〇〇年建廣南國，與黎氏之大越國相抗。北圻鄭主對華僑管制較嚴，然於經濟建設仍借助華僑之力，黎朝鑄錢，類皆任命華僑為之。廣南阮主則招徠華人，十七世紀初期，會安已成為華僑聚居之商埠，即王廷之軍事、財政、外交，華人亦參與其事。至南圻之開發，華僑之功更大。緣於一六七九年，明鄭殘部楊彥廸、陳上川等率兵三千、船五十餘艘，駛入峴港，投効阮主，阮主命往水眞臘之東埔（嘉定古名）屯墾，並諭眞臘勿加阻撓，不及二十年，即將美湫、嘉定、邊和一帶闢為千里沃野，沿海各國商船輳集，紛紛來市，十七世紀末，阮主遂併有其地。南圻西部臨暹羅灣岸之河仙，其經營皆係莫玖、莫天賜父子之功。莫玖係廣東雷州人，因不願臣服滿清，於康熙十年（一六七一）駕舟出海，投効眞臘，後由眞臘王任為屋牙（地方長官），經營柴末府，因開採銀礦致富，乃招致越南流民開發金磅遜（Kompong Som）至哥毛（Ca-mau）約二百公里之沿海地帶，立七社村。後因眞臘國力太弱，莫玖乃歸附阮主為附庸，實則擁有自主權，歷三世，凡七十年。莫天賜治理河仙時，文治武功均有可觀，儼然海外中國。

西山之亂起後，廣南、大越相繼為西山阮氏所滅。廣南王從子阮福映從事復國運動，得法人之助，於一八〇二年傾覆西山阮氏，建立統一王朝，是為嘉隆帝。嘉隆一朝之大功臣鄭懷德、吳仁靜，皆為華僑。復國後之阮朝，與清廷關係甚密，對華僑極為優待，華僑得以分幫自治，其時華僑大部分聚居堤岸，在分幫制度下，華僑利益有保障，至十九世紀三十年代，堤岸已建設成為越南最繁盛的大城之一，安通河及邊曦河皆華人開濬，西貢至金邊公路亦由華僑協助修築完成。

繼嘉隆帝後，為明命（一八二〇～一八四〇）、紹治（一八四一～一八四七）、嗣德（一八四八～一八八三）三帝，因遭法國侵略，益親近中國，華僑至獲重用，其中最知名者為潘清簡，歷任三朝，官至南圻經略大臣、禮部尚書。一八五八至一八六一年間，法對越南施以武力侵略，一八六二年，潘氏受命與法國議和，不得已被迫訂立西貢條約，嘉定、邊和、安祥三省讓法，一八六七年，法軍又進佔永隆、安江、河仙三省，南圻全入法國魔掌，潘氏傷心國事，不食而死，今日西貢有潘清簡路，即為紀念此一華裔功臣而設。法國略有南圻後，進而覬覦北圻，越廷無力抗拒，首先起而援助越南者，是廣東欽州人劉永福及其黑旗軍，同治十二年（一八七三）及光緒八年（一八八二），劉永福先後陣斃法將安鄴及李維業，惜李鴻章與法議和，結束中法戰爭（一八八五年），越南遂淪為法國所有，但黑旗軍抗法光榮史實，為近代越南史上光輝的一頁。越南在法領前夕，已有華僑約八萬人，明鄉人尚不在內。

法領以前，越南華僑已握有商業上重要地位，米業、酒業、鹽場大都由華商掌握，肉桂、煙草、砂糖等輸出貿易，亦大都由僑商經營，每年越南剩餘食米輸往中國，亦由僑商包辦。法國領有越南後，法商以壟斷性之企業組織，傾銷其工業產品於越南，華僑個人及家庭式的經營以及手工業產品，大受打擊。惟尚可以「中介人」地位從事於進出口商業，獲取固定利潤。同時法國之殖民地建設，如官署、公路、碼頭、鐵路等工程，均由華商承造，而法人之工商企業，亦都雇用華僑技工，華僑致富者甚多，復以其資金投資較大規模商業，奠立雄厚的經濟地位。法屬時期，華僑遍及各行各業，自通都大邑至窮鄉僻壤，無不有華僑足跡。至於華僑聚居所在之堤岸，更建設成現代都市，高樓大廈鱗次櫛比，商業繁榮，為越、柬、寮三邦之冠，此種成就，乃無數華僑血汗之結晶。華僑以同鄉同族關係，各地商業互相聯繫，謂之「聯號」，以堤岸華僑所營銀行為例，其聯號遍布三圻及柬、寮各城，各埠貨物，亦藉聯號關係，流通無阻，凡有華僑經商之地，則貨暢其流。且華僑自我刻苦，一旦富有，往往樂於為善，如西貢市立醫院、平民醫院、越南紅十字會、河內孔廟，華僑均捐輸鉅款。法領時期華僑的人口，據一九二一年統計，共十九萬五千人，一九三一年統計，共二十六萬七千人，一九三七年後，越南境內華僑人數激增，一九四〇年有六十餘萬人，至一九五二年，據西貢中國領事館查報，有一百萬人左右。

第二次世界大戰結束後，越南未能享有和平，二十餘年來，戰火不斷，華僑經營工商業，損失慘重。一九五四年日內瓦協定，更將北緯十七度以北地區關進鐵幕，北越華僑紛紛南逃，工商業及不動產之損失，難以數計。南越在吳廷琰執政期間（一九五五～一九六三），施行越化政策，十餘種行業（皆華僑之重要行業）均禁華僑經營，華僑除歸化越籍外，無法生存。自吳廷琰政權被推翻後，南越政局至為混亂，越共凶燄大熾，自美軍大批入越，阮文紹掌握政權後，局面始稍好轉。越化措施稍見緩和，然戰火不熄，華僑經營工商業仍極困難。今後除非越南出現眞正和平，越南政府對華僑採取較開明政策，否則越南華僑前途將十分黯淡。（呂士朋）

港澳華僑略史

清道光二十二年（一八四二），中英鴉片戰爭，滿清敗北，迫訂南京條約，割讓香港與英國，遂使香港居民，一變而為僑居外地的華僑。香港乃成為華僑旅外最近祖國，及華僑人口最多地區，全港最初人口不過百萬，後因中共竊國，大陸人民紛紛逃港，驟增四五百萬，華僑佔全港總人口百分之九十五以上。

英人既有香港，於是極力發展，使爲亞洲商業重港，其工商經濟事業，確多操華僑手上，一切風俗習尙，全與祖國相同，是西方國家對中國貿易最大商埠。

香港爲我國革命策源地，　孫總理自甲午（一八九三）創興中會，以迄辛亥（一九一二）革命民國肇立，十餘年間，在國內所舉行十次起義，皆利用香港爲出發地，港僑參與其事者爲數甚衆，因之，香港爲我國革命軍大本營。同時革命同志，在香港籌辦各種組織，宣傳革命，並假此向東南亞轉播。

第二次世界大戰爆發，日軍强佔香港，港僑生命財產損失極大，戰事結束，港僑諸事漸次恢復，民國三十八年（一九四九），大陸變色，香港與大陸交通，幾全停頓，加以聯合國對共匪禁運，商業漸趨凋零。共匪對港僑雖多方煽動，民國五十二年五月仍發生大逃亡潮，故港僑除極少數受其控制外，全港僑胞百分之九十擁護我中央政府，在人力財力上，對祖國貢獻尤多。

澳門本爲廣東省香山縣濱海小漁村，明嘉靖時，葡萄牙人年納地租二萬兩，在該處闢港設官，從事貿易。萬曆年間，明廷減爲五百兩，任由葡人經營，向不過問。清光緒十三年（一八八七），軍機大臣倭文端，接受葡人割讓澳門要求，且聲言：「澳門與星加坡相鄰，要之無用。」遂與葡使簽訂割讓條約五十四款及專約三條，承認葡萄牙政府，有管轄澳門全權，澳門遂不爲我有，其居民亦變成華僑。

澳門既爲葡萄牙所有，　孫總理首在澳門唐公廟前，創立中西藥局，懸壺濟世，以醫術精湛，漸爲澳僑所知，　總理遂乘機廣交名紳，尤以何穗田、吳節薇爲知友，相與談論政治國事，旋識陸皓東、楊鶴齡及楊心如等，暢論時政，引爲知己。

光緒三十一年（一九〇五），東京同盟會成立，　總理派馮自由等來港澳地區，發展黨務，在澳荷蘭園和隆街設立樂群書室，旋因試驗炸彈事敗。武昌革命軍起，粵澳黨人，亟謀起而響應，劉思復、林君復等又設立機關，策動駐澳門錢山之新軍反正，統領何振、陳可鈺毅然應之。遂有廣東獨立事，故澳門僑胞對祖國革命運動，貢獻甚多。日據時代，澳僑生命財產，遭日軍摧殘甚大，中共竊據大陸後，澳僑亦走上港僑之路，葡萄牙澳門政府雖時向中共屈服，澳僑仍艱苦奮鬥不已。（徐玉虎）

緬甸之排華運動

緬甸與我國雲南省境毗連，自漢以來，下歷唐、宋、元、明、清諸朝，對我國朝貢不絕，故兩國間之歷史關係極爲敦睦。華僑之前往緬甸，時日久遠，清季始漸增多，大都來自滇省，時值緬甸雍籍牙王朝統治時期，視華人爲上國之民，備受優遇，故清季華僑在上緬甸開採寶石而致富者頗多。迨英國統治時期，對外僑並無任何苛待措施，華僑處境頗佳，星馬等地華僑前往貿易，聚居緬南丹那沙林及土瓦、毛淡棉諸埠，奠立華僑在緬之商業基礎。第二次世界大戰期間，日軍侵緬，華僑被當作敵國僑民看待，處境困苦。戰後緬甸獨立，自由同盟執政，雖頒布若干限制外僑條例，手段尙稱溫和，華僑在不違反當地政府法令之下，依然能安居樂業。唯自一九四九年十二月，緬甸政府承認共匪僞政權後，在共匪外交壓力下，拘禁反共僑胞，封閉國民黨支部，禁止懸掛國旗、慶祝國慶之事件接踵而來。

一九六二年三月，緬甸發生政變，尼溫奪取政權（此爲第二次，第一次在一九五九年），建立軍事獨裁，實施社會主義，推行「國有化」之經濟措施，華僑經營之工商業在政治壓力下，或遭沒收，或日漸萎縮，至傾家蕩產而後已。緬甸尼溫政權之排華，其措施約分下列數端：

一、管制行動：一九六四年五月，緬政府頒布一項法令，外僑（主要指華僑及印僑）從甲地到乙地，須向當地安全與行政委員會申請獲得通行證後，始准行動，遷居亦須於事前一個月向安全會申請，經調查後發給准許證，始准遷移。至外僑離境，其所住之房屋不得轉讓別人，必須交由當地安全會處理。

二、刼奪財產：尼溫政權實施「國有化」政策後，將全緬私人工商業收歸國營，計沒收七十九個城市之私人工商業一萬多家，大部分爲華僑、印僑所有，另一方面又設立「社會主義經濟建設委員會」，監督外僑私營工商業報繳資產及存貨清册，凡現款存貨均全部沒收，但所欠債務概不負責，澈底進行財產之刼奪。一九六五年九月，尼溫政權又頒布一項法令，對所有民間財物，政府認有必要，得隨時收歸國有，換言之，卽不容許私有財產。

三、强迫入籍：自尼溫執政後，一律拒絕華僑來回簽證，凡華僑離境，卽不准再回緬甸。據緬甸政府官員宣稱，一九六七年以後，緬甸境內將無外僑，其意蓋指外僑必須在一九六六年內離緬，否則須入緬籍。華僑一旦加入緬籍，須聽由緬甸政府擺佈，服兵役或至邊荒開墾，均不得表示異議。

四、厲行同化：一九六五年，親中華民國之仰光自由日報及中國論壇報（周刊）被禁出版，忠貞僑胞頓失喉舌。一九六六年，四家附匪之華文報亦禁止出版。而全緬所有僑校亦分別於一九六五、一九六六年爲緬政府接管，五十餘年來華僑慘淡經營之教育事業一旦摧毀殆盡。

五、驅逐反共僑領：一九六五年八月，緬政府突將緬華反共僑領（僑團及僑校負責人）大加逮捕，拘禁入獄。且特別將陳炳賢、王燁、盧偉林囚禁死牢，歷時三月，始驅逐出境，返抵自由祖國。六、七年來，經緬甸政府拘禁而被驅逐返回自由祖國之僑胞共有四十餘人。（呂士朋）

緬甸華僑略史

中緬歷史關係深遠，東漢和帝時，撣國卽已來朝（公元九十七年）。唐德宗時，驃國遣使獻其國樂（八〇一年）。下歷蒲甘王國、撣族割據、東牛王朝、雍籍牙王朝諸時期，緬甸先後爲我宋、元、明、清四朝之藩屬。

華僑移殖緬甸，始自十八世紀後期。早在一七七五年前，仰光已有華人船戶流寓，從事閩、粤、南洋與緬甸間之貨運，英國於一八五二年第二次英緬戰爭後，占領下緬甸，開始建設仰光市，因市區有華人墳場，妨礙都市發展，因於一八五九年及一八八五年分別撥交粤僑、閩僑墓地各一處，令華僑遷葬先人骸骨，可見其時仰光華僑之多。十九世紀末期，閩僑紛自英屬海峽殖民地移入緬甸南頓林西林 (Tenasserim) 之丹佬、土瓦、毛淡棉諸城，刻苦經營，奠立日後華僑在緬之商業基礎。據英人併吞全緬（一八八五年）時之調查，丹佬有華僑九百五十人，土瓦有一千零二十四人。至於仰光，一八八一年時，華僑尙祇三千七百五十二人，迨至一八九一年，華僑卽增至七千五百七十六人，十年間增加一倍。

旅緬華僑之經營行業，因籍貫而異，滇籍僑胞（多分佈於上緬甸）多經營寶石業與土木業，閩籍僑胞多經營木業及土產，粤籍僑胞多經營木業、酒樓、茶館及當舖。其經濟地位不及英人，亦較印僑稍遜，但遠較緬人爲優越。據一九六一年之統計，全緬華僑所營商業可分爲四十七類，工業可分爲四十四類，商業以土產、進出口、機器修理、海產、洋雜貨、酒店、布店、皮鞋店、服裝店、茶館、米店爲主，工業以米廠、肥皂廠、洋燭廠、糖果廠、線衫廠、油廠爲主。

緬甸自一九四七年獨立後，即不斷擴大其國營事業及其範圍，華僑經濟遭受壓迫，日漸萎縮，食米輸出業於一九四八年收歸國營，木材業於一九五〇年收歸國營，典當業於一九五六年收歸國營，酒業於一九五六至六〇年收歸國營，香烟業於一九五八年收歸國營。一九六三年，緬甸尼溫之軍事政府復宣布全面國有化政策，華僑所有工商業均爲緬甸政府刼收，華僑處境頓瀕絕境，離開既屬不易（土生華僑有緬籍，不准出境），留居又無從謀生，苦痛之情不堪言狀。（呂士朋）

歐洲華僑略史

華僑向歐洲移民始於何時，因史料缺乏，難以查考。歐洲華僑以移殖路線之不同，可分爲東歐、西歐兩部分，去東歐者多由陸路前往，去西歐者則取海路。

華僑取陸路前往東歐者，可溯自十七、八世紀，蓋清初中俄兩國邊界陸路通商甚爲頻繁，華商因此得由陸路去俄，而俄國華僑最早聚居之都市是莫斯科。（陳里特著「歐洲華僑生活」頁十四）及十九世紀末期，俄國積極經營遠東，建西伯利亞鐵路，並開採阿穆爾省金礦，招徠華人入境，自此華人經由西伯利亞轉入東歐者日多。華僑由海路前往西歐者，可查考者，在道光二十五年（一八四五）曾有中國商船一艘，附載華人前往歐洲，最後到達英國。同治五年（一八六六），總理衙門派斌椿去歐洲考察時，據謂已遇有華商住巴黎數十年者。此後航運益便，華人或在遠洋船隻習水手，或經商至西歐，僑居者日漸增多。

赴歐華僑人數最多時爲第一次世界大戰期間，當時法國募集華工二十五萬人，英國募集華工五萬人，俄國募集華工三萬人。大戰結束後，此批華工大部分返國，留居西歐者爲數不多，加之缺乏資金，又無高級技術，未能建立經濟基礎。據民國二十一年陳里特先生對歐洲各國華僑人數的統計：法國一萬七千人、英國八千人、荷蘭八千人、德國一千八百人、葡萄牙一千二百人、比利時五百五十人、丹麥九百人、俄國歐洲部分十一萬九千一百人、意大利二百七十四人、瑞士一百四十九人、捷克二百五十人、波蘭一百三十九人，其他西、盧、奧、匈、羅、保、南、瑞、挪、芬及沿波羅的海諸國（後爲俄國吞併）共計

二百七十三人。（陳里特著「歐洲華僑生活」頁二九～三一）

旅歐華僑，初時多係沿街兜賣青田石、手工領帶及皮包等之小販，與馬戲班及跌打損傷外科之江湖客。迨後稍有積蓄，即開設小型店舖，逐漸求得發展。目前旅歐華僑，以籍貫分，以浙江永嘉（溫州）、青田爲最多，依次爲廣東、湖北、安徽、江蘇等。以職業分：㈠經商：以浙江籍最多，其次爲湖北天門人。㈡海員：多數爲廣東人，分佈英、法、荷諸國。㈢勞工：多爲山東、江蘇、安徽等省人。關於華僑經商之範圍，以餐館、洗衣店、雜貨店爲主，間有經營皮革製品、古玩及首飾者。

今日全歐華僑之人數，據民國五十二年之資料顯示，僅得二萬零五百八十六人，（「華僑志」總志，頁一二六附表）較三十年前減少甚多。揆其原因，卽旅歐華僑當初均係單身前往，在生活獲致保障後，多與當地婦女結婚，所生子女多入當地國籍，老一輩華僑日漸凋零，致旅歐華僑人數有日漸減少之趨勢。（呂士朋）

寮國華僑略史

寮人自建獨立王國始於十四世紀中葉，其國號爲瀾滄。明清兩代之中國載籍，對寮國初稱爲老撾，明嘉靖以後以迄清季，稱爲南掌。自明永樂三年（一四〇五），寮王刀線歹向明廷朝貢，受封爲老撾軍民宣慰使，此後卽朝貢不絕，至清咸豐年間，雲南回亂，貢道阻隔，關係始告中斷。

華僑之移殖寮國，明清兩代當已不少，惟無確實史料可以稽考，可稽考者，當自寮國於一八九三年成爲法國之保護國開始。清末內憂外患交侵，人民生活艱困，閩粵一帶人民紛向海外移殖，法國統治寮國後，以寮國地廣人稀，乃招引華僑前往開發，於是寮境華僑日益增多，其中由泰國轉徙者亦不在少數。

民國初年，國內戰亂頻仍，謀生不易，閩粵居民因旅寮華僑同宗或親戚之招徠，得以繼續移殖。民國十六年（一九二七），潮汕各地遭共匪擾亂，一時避難或生活無依前往寮國投靠親戚者多有之，而共匪份子不能在潮汕立足，潛逃寮國者爲數不少，今日寮國之有共匪勢力貽害僑社者，種因於此。民國二十六年（一九三七）對日抗戰爆發，日軍肆虐沿海，閩粵人民逃難而至寮國者甚多。民國三十八年（一九四九）共匪竊據大陸，南逃寮國以避共禍者，不在少數。其後不堪共匪暴政，自雲南邊境逃入寮國之難民，計有一萬數千人。一九五四年，日內瓦協定簽字，越南分爲南北兩半，北越華僑不願接受北越共黨統治，逃入寮國川壙者，計一千八百餘人，逃至永珍者亦數百人。寮國華僑人數，據僑務委員梁道群於民國四十八年（一九五九）親往寮國調查之結果，共有四萬六千八百三十餘人（民國五十一年駐永珍領事館之查報，僅有二萬四千三百六十人）。現在寮國政府對華人入境限制頗嚴，故華僑人數恐無甚增加。

寮國華僑以潮州籍爲多，華僑總數約三分之一聚居於首都永珍，四分之一居於百細，其餘則散居素旺、鑾巴拉邦等地。據一九五九年之調查，永珍全市共有商號一千五百餘家，華僑經營者佔七百四十家，較大之商業如進出口商、批發商、鋸木商、米商多屬華僑經營。

一九五九年寮國政府頒布禁止外僑從事十二種行業，計爲㈠稅關人員㈡移民局職員㈢經營槍械㈣水陸運輸㈤收音機㈥印刷㈦汽車司機及三輪車夫㈧農林墾殖㈨柴炭㈩典當⑪魚肉⑫理髮，除前三項原無華僑執業外，其他九項多爲華僑經營，嗣經當地僑領向寮國政府陳情，准將該項禁令延至一九六〇年七月付諸實施。

除寮化措施外，寮國政府復對外僑徵收居留稅，其有永久居留證者，每二年繳稅一次，每次徵收一百五十鈒，其持臨時居留證者，每年繳稅一次，稅款重達二千鈒。由於稅額太重，貧苦僑胞常無力繳納，致不能按期換領新證，當治安機關清查戶口時，常遭扣留。遇有此種情事發生，永珍中華會館乃出面疏解，設法解決。此外，寮政府更規定一切商店之會計帳冊，均須以法文、寮文記載，華僑之不諳法文、寮文者，不得不雇用通曉法文、寮文之人員，辦理此種工作，增加負擔不少，於此可見寮政府對華僑之管制日漸嚴格矣。（呂士朋）

澳紐及南太平洋諸島華僑略史

清道光二十八年（一八四八）首批中國工人一百人、童工二十一人應雇自香港赴澳洲工作，爲澳洲有華僑之始，嗣後中國農民多以契約勞工身份前往澳洲工作。迨一八五〇年澳洲發現金礦，粵省農民大批應雇前往掘金，至咸豐九年（一八五九），維多利亞州華僑增至四萬二千人，兩年後，新南威爾斯州華僑增至一萬三千人。由於華僑勞工大量增加，引起白人工會反對，於一八五七年在維多利亞、一八六一年在新南威爾斯州先後發生排華慘案，華工四千人被逐。而各州議會亦先後頒布限制華人法案。一九〇一年，澳洲聯邦國會成立，通過「聯邦移民限制法」，嚴格限制華人入境。直至民國四十八年（一九五九），對華人入境及居留規定，始告放寬。今日澳洲華僑經營行業，以菜蔬青果零售、雜貨零售以及餐館爲主，華僑人數據民國五十二年之統計，計在澳洲者一萬九千八百人，澳屬新幾內亞者三千人。

咸豐十一年（一八六一）始有華僑自澳洲移入紐西蘭，同年，紐境內之奧塔哥州發現金礦，於是華僑移入者日增，至同治十年（一八七一），紐境內已有華僑四千二百十七人，其中三千五百人從事掘金工作，由於華僑工作勤奮，雇主樂意雇用，遂引起當地人民之反對。光緒七年（一八八一），紐西蘭國會通過限制華人入境法案，時紐國共有華僑約五千人，嗣後華僑人數日減。數十年來，紐國對華人入境，迭有變更。目前已准許僑胞入籍，並申請眷屬入境，而應聘者亦可獲得批准入境，並永久居留。今日紐西蘭華僑所經營之行業，以菜蔬青果零售及餐館爲主。據五十一年之統計，紐國華僑總數共有九千五百人。

華僑進入英屬飛枝群島，已有百餘年歷史，相傳咸豐五年（一八五五）有梅屏蠙其人，自澳洲駕船抵飛枝，卜居墾植。今日飛枝華僑，據五十年之統計，有四千九百多人，多經營雜貨店、食品店、餐館等。惟因島小人少，市場銷售不大，故該地僑商多兼營麵包、洋貨等。

法屬社會群島之各島均有華僑，唯以大溪地爲最多。早在同治三年（一八六四），有澳洲人司徒亞特招雇華工入境，種植棉花，爲華僑移入之始。據五十一年之統計，社會群島之華僑人數共有六千九百餘人，頗能掌握當地商業經濟勢力，以零售商、批發商、餐館及進出口等業爲主。

至於美屬及紐西蘭託管之薩摩亞群島，華僑人數較少。據四十一年之統計，僅三百人，行業亦以雜貨、餐館爲主。（呂士朋）

韓國華僑略史

中韓歷史關係最爲久遠，有文字記載之信史，即可溯至三千年前。戰國時屬於燕，秦末，燕、齊、趙前往避亂者數萬，爲一次大規模移殖。漢初燕人衞滿據其地稱王，爲漢外臣。漢武帝時征服其地，置眞番、臨屯、樂浪、玄菟四郡（公元前一〇八年），包括朝鮮北半部在內。五胡亂華後，中國勢力排除在朝鮮半島以外凡四百年。隋、唐曾對朝鮮用兵，由於交通發達，中國文化傳入，爲新羅文化締造黃金時代。下歷宋、遼、金、元、明、清諸朝，朝鮮均爲中國藩屬。

中韓兩國貿易開始甚早，且史不絕書。但華僑正式渡韓從事貿易，始於清光緒二年（一八七六）釜山港開放，至光緒九年（一八八三）仁川港開放後，華僑漸增，是年，清廷派陳樹棠爲總辦朝鮮各口商務委員，嗣後華僑赴韓經商或就業者極爲方便，人數劇增。甲午之戰，中國失敗，然華僑去韓不受影響，至民國十一年，旅韓華僑已達三萬零八百二十六人，其中經商者一萬五千九百六十七人，業農者五千三百二十二人，業工者三千三百九十一人；至十七年，旅韓華僑多達七萬人。

日本於一九一〇年吞併朝鮮後，即注意韓境華僑問題，民國二十年，煽動韓人排華，釀成「七五」慘案，同年，「九一八」事變，日本强佔我國東北，旅韓華僑激於義憤，離韓返國幾達半數。「七七」事變，中國對日抗戰，華僑大都被迫離韓，繼續留居者僅約二萬人。八年抗戰期間，華北淪陷區華僑又陸續返韓，雖受盡日人虐待，甚至殺害，但至三十四年日本投降時，我旅韓全部華僑，仍約有四萬人左右。

大戰結束後，韓國雖恢復獨立，但不幸分割爲兩半，北韓僑胞關入鐵幕，情況不明。南韓境內僑胞，在中國大陸爲共匪竊據後，有家歸不得，乃在韓作長久定居打算。據五十一年我國駐韓大使館查報，大韓民國（南韓）境內華僑總共二萬三千五百七十五人，其中百分之九十以上爲山東人。經營事業以飲食業爲主，約占全僑就業人數百分之三十五强，五十一年計有「料理店」、「食堂」、「粿店」等共一千六百六十九家。其次爲雜貨店，五十二年計有五百十二家，醫藥業（中醫、中藥）計有一百四十一家。

韓國政府對飲食業之行政管理甚嚴，課稅亦重，加之韓國同業競爭，前途未可樂觀。雜貨業亦因購買力較弱，不甚景氣，惟中醫、中藥情況稍好。（呂士朋）

羅芳伯共和國

芳伯廣東梅縣人，生於清乾隆三年（一七三八），生而虎頭燕頷，隆準方口，雖長不逾五尺，而特好讀書，常懷大志，性豪邁，任俠好義，喜結納，識見遠到，爲衆所服。既長於俗慕海利之鄉，業儒未成，遂走廣州，經虎門出海，遊南洋，止於西婆羅洲之坤甸，登陸後，見其地豐草長林，廣袤無垠，歎曰：「天府之國也」。乃與衆闢地而居，糾合同志，拜盟結義，潛植勢力，且與蘇丹結好。越年，土人謀叛，蘇丹籌備軍實，遣芳伯征之，芳伯遂大敗土人，蘇丹德之。芳伯復遣其將吳元盛者，征服戴燕（Tajan）土酋，其勢益盛。斯時芳伯有衆三四萬人，益以土人二十餘，東征西討，所向披靡。蘇丹知不敵，割東萬律（Lag Mandor）與之。芳伯遂據有其地，擴充公司，建立自治政府，定國號曰「蘭芳大總制」。其所以不僅稱公司，而並曰「大總制者」，以是時除公司所營採金業外，已盡有關於土地與人民主權及政務也。以東萬律可耕可治，可工可商，乃定爲首府，所部各員與民衆，咸請上尊號，芳伯謙讓未遑，且告曰：「幸得片地於海外，皆衆同志協謀發展之功，若擁王自號，是私也，非己志所願」。於是爲處理庶政計，由諸代表決議稱「大唐總長」，建元蘭芳，時爲清乾隆四十二年；卽西元一七七七年，距芳伯初泛海出國僅六年。

蘭芳大總制，領土所屆，東起加巴士河上游之新董（Sintang），西抵婆羅洲西海岸，北達邦戛（Pamangkat）與三發（Sambas）相接，南抵加巴士河（Kapoeas R）流域，凡今日印尼所屬西婆羅洲，多屬其範圍。

「蘭芳大總制」，爲獨立之共和國組織，由公推產生中樞首長，卽大唐總長，亦曰客長者。處理公務與公司業務之公署曰「總廳」，設於首府東萬律，其行署曰「副廳」，設於坤甸新舖頭。其入署辦公，俗稱「企廳」，其總長俗稱頭人，總長以下，設副總長一人，亦稱參謀，或稱軍師，俗稱副頭人，亦例由公舉，而駐節於沙拉蠻（Senaman）省。若遇總長去位，而新任未定前，則由副總長攝行公務與公司業務。此二職位，依例須由原籍嘉應州，或原籍大埔縣者，方得受推。此外東萬律首府，並舉尾哥老大數人，以助理公務。

中樞以下，則有屬於地方性之建制，最大者爲省，省下有府，府下有縣，皆舉頭人與副頭人，以處理公務。當時曾設立縣治之區。其所屬各埠，如萬那、萬諸居、淡水港、新舖頭及東萬律本埠等，則各設裁判廳一所，亦舉頭人與副頭人，以分理公務，並得酌設尾哥老大等職。於交通要衝，設立稅柵，以徵收入口貨稅。

蘭芳大總制除本部外，尚有分封之外藩戴燕國；轄有戴燕、上侯與新董等地。其官吏均由戴燕國王選派，而戴燕國王，則由吳元盛一家世襲。元盛死時，其子尚幼，曾由其妻襲位。

蘭芳大總制，雖未有明文政典與法典，然有不成文法，如命案叛逆之罪，則斬首示衆；爭奪毆打，或姦淫之罪，則責以籐條笞刑，或令遊街示辱。至於應興應革之事，則由衆定議。軍備則設廠鑄砲，令民各習槍棒，平時各安其業，有事則抽調入伍。其財政則由諸埠徵收，並由總長調度公司收益。官員薪俸，則總長副總長殆由國營之採金收益項下支給。其各府縣及諸埠頭之頭長副頭人，則多以所收餉稅項下支給。惟尾哥老大，則以得舉爲榮，殆是無薪給之名譽職。

蘭芳大總制之儀注，則國旗用純黃色長方形旗，中書「蘭芳大總制」五字。總長則用三角黃旗，中書「帥」字，其餘各官，則用各色三角形旗，中書各官之姓。此外，於都門懸立牌匾曰：「蘭芳大總制」。其總廳立於通衢，規模壯麗，堂上金匾，字大四尺，題曰「雄鎭華夷」。其服制，上級人員用長袍馬褂，或仿穿洋服。其餘兵勇，則仍用中國綠營號褂之制。

蘭芳大總制之教育，則雖未見載蘭芳公司歷代年册，據溫雄飛之南洋華僑通史卷下羅芳伯條云：「……由是刻符璽、分郡邑、定官制、修軍備、興實業、謀教育。……實業則設蘭芳公司，開採金沙。振興各業，搜羅物產，招徠商賈，列肆而市。教育則延聘國內名宿，授徒講學，部署旣定，規劃井井」。（徐玉虎）

東南亞史（附印度史）

不丹小史

不丹(**Bhutan**)歷史文獻甚少，根據寺廟藏書記載，過去五百年中，不少西藏喇嘛從康帕(**Kampa**)進入不丹，並興建很多廟宇。西藏人至不丹，並未將來自印度之不丹居民驅逐。

三百年前一位西藏喇嘛榮登王座，自稱爲達摩國王(**Dharmaraja**)，承繼王位的喇嘛分封若干當地總督與保衞要塞的領袖來統治不丹。國王專管宗教事務，另以一位總督(**Dewan**)專司政務，此一制度在三十多年前最後一位達摩國王逝世時才予廢除。

十七十八世紀不丹尙無正確的歷史記載，十九世紀不丹被一連串的內戰所困擾，至二十世紀始有中央政府。

一九〇七年東沙總督(Penlop Tongsa)登王位，東氏為現任國王吉美多芝旺卓(Jigme Dorji Wangchuk)的祖父，在位期間，革新社會與經濟制度修築印度不丹公路，解除奴隸約束，使奴隸獲得自由，自謀職業，或利用政府給予之土地，從事耕種。使不丹向現代化努力。

東氏之后係錫金王姪女，一九五三年出嫁以前，曾經留學英國。不丹王同時廢除在國王與高級官員前跪拜的風俗，設立印度文學校，又創立國會，以溝通政府與人民間之意見，但一般國民缺乏國家觀念，當待政府加倍努力。(程光裕)

孔雀王朝

亞歷山大自印度撤兵西歸，留駐印度的菲利普斯 (Philipos) 為印度反抗軍所暗殺，原供職摩竭陀 (Magdha) 王宮，因刺其王未遂，被放逐於旁遮普之旃陀羅笈多(Chandra jupto 此言月護）乘機佔據五河 (Panjab)一帶，並逐希臘駐軍出印度界。繼而與尼泊爾 (Nepal) 聯合，移兵南下，攻侵摩竭陀國。滅摩國之難陀王朝(Mahapadman Nanda)，於公元前三二二年建立孔雀王朝(Maurya Dynasty)。旃陀羅笈多為一著名武士，因獲通曉雅利安人古來政治與軍略的婆羅門僧查那基亞 (Chanakya) 之助，亦成為一政治家。軍事採募兵制，有常備兵十五萬人。置軍事委員會掌理。築華氏城木柵城垣，並築城濠。市政由市政府管理，下設六局，分掌全城行政。國王之下，設大臣分理國政，復派檢查使至各地採訪民情，上報國王。王極重水利，修建運河，興築大道，土地歸國王所有，出租耕種，視土質情況以定納租之多寡。全國疆土分為四省，各置省長一人，由王室充任。重要城市設有市長(Nagarakas)，下置市政委員會，主持市政興革。鄉村有自治權，村落中細小事件，由鄉村長會議決定，其上則為法院，有法官。國庫收入，主要為地稅，依照土地出產，抽四分之一，其他有採礦製塩之專利利潤等。徵收制度在鄉村，由鄉村長負責徵收。城市及港埠方面，設立關卡，司旅客登記及貨物稅事宜。在政府每一單位中，均置常駐官員 (Samsthah) 或巡官(Sam char cb) 負責向王報告各單位官員服務情況，及民衆對於王室之言論，同時彼等則對民衆作有利王室之宣傳。

旃陀羅笈多在印度史上是第一個偉大的民族英雄。他於公元前二九八年退位，子毘陀沙羅(Bindusara)嗣位，在位二十五年，由其子阿育王一名阿輸迦於公元前二七三年繼位。阿育王被後世推崇備至。阿育王幼年時，甚為冥頑，常違拗父命，五河叛變事起，父命前往平亂，不予戰車與象隊，竟獲勝利。

公元前二六一年，印度南方有羯陵迦國（今之阿里沙省 Orissa ）興起，阿育王出兵征討，經過劇烈鬥爭，殺敵兵十萬，俘獲十五萬。然尸橫遍野，血流成渠，使人怵目驚心，慘不忍覩。阿育王性格轉為仁慈。深知戰禍之殘酷，遂建碑表示哀悼之意，並刻辭云：「為人主者，須先能自制，然後才能制敵，人若不能戰勝自身之慾望，焉能戰勝敵人。」歸華氏城後，乃皈依佛教。並於公元前二六一年間，以其政府機構及其財源開始宏揚佛教。訂定「正法」，以為「便民之法」，「正法」中包含着人類應具的道德標準，如仁慈眞純信養和平等，且特重施行，不在理論之闡說。他為實踐「正法」，曾自停止狩獵，改為遊訪宗教聖地。所有正法條文，鐫刻在全國各地柱石或山岩上，使衆週知，又委派正法官，宏揚正法。曾撥巨款建立寺廟，對於佛教學人僧伽尼給予薪俸，由國庫支付。在全國各重要城市建立佛教精舍 (Viharas) 八萬四千所，並將佛陀骨灰分為八萬四千份，建塔分藏。阿育王於公元前二四九年，由大德目犍蓮 (Mahamaudgal yayna) 子帝須 (Tisia) 選僧徒千人，在華氏城雞園寺(Kukktarama) 舉行佛教徒第三次結集，統一教法與律例，並以當時俗語即巴利語(Pali)紀錄之而作成所謂經(Sutra)律(Vinaya)論 (Sastra)之三藏(Tripitaka)

此次結集會期達九月之久，會後阿育王遂派遣來會之佛僧千人，各攜結集之佛經至內外各地傳教。其範圍東至緬甸，西至大夏，南至錫蘭，北至中央亞細亞。其後阿育王又派傳教師，遠及於敘利亞、埃及、馬其頓以及東方之柬埔寨等地方。一時歐亞非三洲都有佛教徒的足跡。佛教經阿育王之宏佈，遂廣傳世界，成為重要宗教之一。

阿育王在位四十年，傳位給其孫陀斯羅多 (Dasarathu)，再隔二年，於公元前二二六年卒。陀斯羅多在位八年，無政績可言。繼其位者先後四人，統治王國多平庸無成績可述。孔雀王朝歷時一百三十八年，自公元前三二二年旃陀羅笈多創立王朝，至公元前一八四年最後一王毘梨訶陀羅多 (Baihadrtaha)。(程光裕)

北山文化 (Bac-Sonien Culture)

與和平期文化平行而較後者，為北山期文化，其分佈中心在越南之清化（Thanh Hoa)太原 (Thai Nguyen) 一帶，亦分為三期：第一期器物，有一面打裂石槌、石剁、石錐與磨刄石斧；第二期器物以「北山型」磨刄石斧為主，並有少數骨器；第三期以小型有肩石斧為主，並有繩紋陶器並存。此期文化之主人，為長頭之原黑人種(Proto-Melanesian)與印度尼西亞人(Indonesian)二系，但亦有少數原南方人及短頸蒙古人 (Mongoloide) 混入。各民族之移入，無顯著之先後，但有雜居之跡象。

此等人種，皆自中國北方，挾其文化，經中印半島而入群島者，故大體相似之石器，在越南北圻、泰國均有出土，馬來亞與蘇門答臘島則發現屬手斧與刮刀等，此種石器，有一特點，雖經打磨，但僅一面有鋒，考古學家稱之為中石器文化 (Mesolithic culture)，以別於新舊石器。（參考許雲樵：「南洋史」上卷二六至二七頁。）（程光裕）

北婆羅洲小史

北婆羅洲（North Borneo），原名砂巴（Sabah），位於婆羅洲島之東北部，三面環海，西為南中國海，東、北為蘇祿海（Sulu Sea）與西里伯斯海（Celebes Sea），西南和汶萊、砂勝越為鄰，南則是印尼領土加里曼丹（Kalimantan），全面積是二萬九千三百八十八平方英里。

婆羅洲之古代史，頗不完備，僅阿剌伯人知盛產黃金、寶石與香料。中國史籍，最早記錄元朝至元二十九年（一二九二），派兵遠征南洋時，一支軍隊曾橫渡蘇祿，抵達北婆羅洲之支那巴丹河（Kina Batang），建立中國之支那巴丹省。從此婆羅洲始有歷史記載，中國文化流播於該處。

鄰國汶萊蘇丹，曾經向外擴張領土，結果非但統治北婆羅洲大部，且將勢力伸入南婆羅洲之腹地。不久，國內發生爭奪王位事，雙方均向蘇祿國求援，並允如獲勝，願割地以酬。其中為兄者親謁蘇祿王，再許割地範圍擴大，蘇祿王率軍十萬助之成功，並得北婆羅洲地。

歐洲人初來北婆者，首為葡萄牙人、西班牙人，繼之是荷蘭人，最後是英國人，自十八世紀中期至末期，諸國對北婆羅洲爭奪結果，英國人却後來居上，得北婆羅洲為殖民地。

英人始於一六一二年抵婆羅洲，一六九八年，一度在萬悅馬辰（Bandjarmasin）設商站，一七三三年，被荷蘭所逐，英人乃轉向於北婆，一七六五年，得蘇祿王允諾，在 Balembangan 島與北婆部分設置商站。一七六二年，英人曾助蘇祿蘇丹一世（Alimuddin I）復位，因而一八四八年組成之 Labuan商行，獲得首肯，於一八七二年，設商站於山打根（Sandakan），該行後更名曰「不列顛北婆羅洲公司」，或稱渣打公司，於一八八二年五月正式成立。英政府之特許狀內規定：「新成立之公司，其性質必須永遠屬於英人，未得英國政府之許可，不得將特權與利益轉讓他人，英政府對該公司之活動，有若干監督權力，外交則受海峽殖民地總督指揮，北婆司法獨立，廢除奴隸制，尊重當地土著風俗和法律，宗教信仰自由等。一八八八年，北婆羅洲成為英國保護下之殖民地，是英國保護國，至一八八九年，納閩島（Labuan）亦歸北婆所有，一九〇六年，成為海峽殖民地一部分。

北婆羅洲公司對北婆之統治權，約近六十年，直到太平洋戰爭為止。初期，公司不免發生諸種困難，由於一切政務積極施行，紛亂不安之局逐漸消除，加以華人陸續移來開墾新土地，諸方面日趨繁榮，不料一九四一年十二月八日，日軍發動太平洋戰爭，次年二月，北婆羅洲全被日軍侵佔。日治時期，不特房屋產業受害奇重，而人命犧牲尤為慘酷，華人紛紛起而抗日，最大規模者為亞庇神山游擊隊，一九四三年十月十日，為慶祝中華民國國慶，發動攻打亞庇日軍，華人壯烈犧牲者百八十餘人，造成北婆羅洲抗日史中偉大之一頁。三年多黑暗生活，終於在一九四五年六月十日，澳洲第九師團軍，在盟軍空軍掩護下，登陸納閩島，光復整個婆羅洲而結束。

北婆羅洲光復後，由軍政府管治，公司職員與軍政府之官員盡力從事重建工作，被日軍破壞之城市與鄉間，瘡痍滿目之景象不復存在。一九四六年七月十五日，軍政府結束，六月二十六日，英殖民部大臣代表英王，與北婆羅洲公司成立割讓協定，七月十日，英王頒佈割讓勅令與納閩殖民地，合併為北婆羅洲殖民地，直接受英國管轄。同月十五日，恢復民政，從此北婆羅洲一直是英國殖民地。一九六三年九月十六日，馬來西亞成立，北婆羅洲再改名為「砂巴」州，正式加入馬來西亞，成為其中之一州。（徐玉虎）

尼亞石洞文化 (Nia Caves Culture)

尼亞石洞在馬來西亞、砂勝越(Sarawak)第四省 (4th Division)，距尼亞

埠十哩之蘇比斯山 **(Subis Mountains)** 中，山多石灰岩層，海拔一萬三千呎，位居東經一一三度四十七分，北緯三度四十八分。尼亞石洞分主洞、骨洞、大火洞、月洞、支拉乾洞、鳥糞堆洞等。主洞蝙蝠排洩物與鳥糞堆積，岩間燕窩甚多，附近居民採集出售。

一八六四年，科學家亞佛羅素爾華萊士 **(Alfred Russell Wallace)** 致函「進化論」作者達爾文 **(Charles Robert Darwin)** ，述發掘尼亞洞事，反應甚微。一八六九年，動物學家哈德依巴列 **(A. Hart Everett)** 至砂勝越研究動物。一八七八年至一八七九年間，氏與華萊士合作，出版一份關於砂勝越石洞探察報告書，並於砂勝越憲報發表依巴列爬登尼亞石洞經過，文中記述拱形山洞，長數百呎，高二百餘呎，大鐘乳石自頂端垂下。

一九四七年，砂勝越古晉博物院院長湯・哈里遜 **(T. Harrison)** 至尼亞石洞探險採摘燕窩，發現人類遺骨及古代陶器，引起對尼亞石洞發掘之興趣。

一九五四年，在地層下數吋處，發現骨介、瓷器，證明五萬年前有人類居住該處。同時發現石器時代文物，如石片及大量石器時代之「鑿」，皆係三萬年前遺物，所獲成績發表於一九五七年十一月份「人類」刊物上，至是尼亞石洞之名，引起世人之矚目。尼亞石洞之發掘工作，爲一長期而有計劃者。

一九五九年之發掘，分五場所，探討資料以年期分類，又分兩個時代，即「近世時代」與「石器時代」，兩時代之考察工作同時進行。所謂近世時代大略爲銅器時代及早期鐵器時代，主要是從公元初年至公元一千年。石器時代，大略包括新石器時代，中石器時代及舊石器時代，此爲尼亞洞之特殊處，即公元前二千年至四萬年。五發掘場所，據古晉博物院命名爲㈠骨骼洞、㈡壁畫洞、㈢殺人洞、㈣燒焦洞、㈤偉大洞。骨骼洞之發掘工程，係從石隙石穴窯及地道中發現大批古代遺物，及數百具屍骸，有的安置缸中；又有中國古錢，銅鐵器與陶器等物。又發現四柄初期石器時代之大石斧與多件之珠寶陶瓷等物。

一九五八年在尼亞發現壁畫洞，洞壁及頂端有紅色的畫，洞底地面下層，掘出各式雕成的小舟。一九五九年發現的畫更多，據哈里遜氏推測，石洞很可能在很久以前用做墳墓場所。也可能是古代殯葬禮在此舉行，至於發現雕刻之木舟，可能是當時用做一種普渡死者靈魂之用。殺人洞掘出之文物，證明爲中石器時代與前期石器時代，洞中所藏遺物豐富，在一個五百方呎入土不深之處，滿佈成堆人骨骸，據云爲集體殺害的遺骨姿勢，破折的骨頭，無首級的遺骨及還有一個尙有一支鐵鏢緊插胸際的骨骼。據發掘隊初步統計，已經收集之重要遺物爲：由洞外運來食品的遺殼二五八〇〇件，陶器碎片七六六件，珠與玻璃一五〇件，石器一〇〇件，殼的飾品八三件，骨的飾品七五件，鐵器四六件，銅器一八件。燒焦洞高高在兩危岩之間，洞中發現很多食物遺跡，但未發現埋葬的痕跡。

有兩件遺物，甚有意義，一是中國早期的玻璃器，大約是唐代的遺物；二是一種鐵質箭頭，是第一次在婆羅洲發現者。

尼亞石洞發掘計劃的開始，就是初期發現偉大洞以後才計劃的。發掘計劃分兩方面進行：一、發現遺物的地點加以深探，二、探討人類在石洞裏居住的範圍。

一九五五年發現一副人骨，一九五八年曾掘出一個小孩的頭骨，相信這裏可以發現整個受天然保留的人類骨骼。尼亞石洞仍在發掘中，上層發現的新石器遺物，非常精緻，石洞中發現的人類骨骼是置於粗蓆之上，或用粗蓆及網包裹着，骨骼旁有製造美麗的磨光石斧與手斧等，頭部旁邊放有粗製的瓷器。可證明石器時代的尼亞居民較其他各地發現者爲進步。

尼亞石洞發現的瓷器亦有三種顏色者，像用一種光滑面的一樣，此種顏色似以不同的泥土、木炭、鐵沙所製成，東南亞各地尙未發現過。另在土層深處發現野牛、猴、蛇、河龜、鳥類、蝙蝠、魚類、螺類、野鹿等骨骼。尼亞石洞的發掘，使馬來西亞史前文化的記述有更豐富的資料。（參考劉子政：「砂勝越散記」一四至二三頁。）（程光裕）

尼泊爾小史

尼泊爾 **(Nepal)** 民族淵源甚古，但有文字可稽之歷史記載如尼文梵薩瓦利 **(Vamsavali)** 一書所述傳說，仍屬神話。尼國初期爲印度佛敎徒、拉奇普德族 **(Rajputs)** 及婆羅門人，逃難避亂之地，彼輩亦造成與原有民族，抗衡爭覇之局面。六三九年，西藏王訪尼，娶尼公主卜瑞碧絲 **(Bribstun)** 爲妻，藏人入尼者日多，稱尼瓦爾族 **(Newars)** 。

一三二四年，西木朗 **(Simraun)** 土王赫瑞辛哈 **(Harisinhadeva)** 爲德里王屠拉克 **(Tughlak)** 驅出印度，進佔尼泊爾，建立阿獪地王朝 **(Ayodhya Dynasty)** 傳三世，爲拉奇普德族裔扎亞巴卓瑪拉 **(Jayabhadra-Malla)** 奪位。

傳至第七代札亞司提王（Jayastithit-Malla），在位四十三年，訂立法典，實行階級制度，推及尼瓦爾族。及至第八代雅克沙王（Yakshah-Malla）疆土分爲四郡國：加德滿都(Kathmandu or Kantipur)、白伽安(Bhadgaon or Bhaktapur)、帕坦(Patan or Lalitapur)、班尼帕(Banepa)。廓爾喀族人(Gurkhas)受同教勢力壓迫，自印度遷居尼境西部，漸向東移，一七六八年以那拉延納（Kaja Prithwi Narayana）爲首，佔領加德滿都稱王。

一七九〇年，廓爾喀族侵藏失敗議和。翌年尼英訂立通商條約，一七九二年再訂新商約，同年印度亦與尼訂立條約。一七九五年鑾納薩(Bana Bahadur Sah)親政，暴虐無道，弒其叔父，後亦爲人所殺。

一八〇一年，英尼訂約，派代表駐加都，一八〇四年因故撤回。一八一四年尼對英宣戰，戰敗，一八一六年雙方批准年前在加都訂立之西高里條約(Treaty of Segauli)，尼遂淪爲英之保護國。

一八四六年戎鑾納（Jung Bahadur）大擧殲殺其政敵，造成寇特大屠殺(Kot Massacre)此後一人當政，大權獨攬，是爲鑾納族人專政之始。

一八五〇年，戎鑾納訪英，次年返國，態度親英。一八五四年，尼再侵藏，和議之後，藏允尼派高級代表駐拉薩。一八五七年戎鑾納領兵協助英軍，敉平西坡叛變(Sepoy Mutiny)，英政府封以爵位。

一八七七年戎鑾納歿，由其弟姪等相繼爲相，至一九〇一年禪卓（Chandra Shumsher Jung）執政，一九〇四年英人犯藏，尼予協助。英封禪卓爲爵士，邀訪英倫。一九一一年垂不凡（Taibhubana Bir Bikram）承繼王位。

第一次世界大戰期間禪卓派廓爾喀軍駐印，英駐印之廓軍亦增員額。二次大戰尼以人力物力支援英國，關係良好。一九一九年英印與阿富汗之戰，尼亦派兵助陣。一九二三年英尼簽訂友好條約，承認尼泊爾獨立，保證其主權。一九四六年美派代表團訪加德滿都。一九四八年互派使節。是年牟漢（Mohan Shumsher Bahadur）接任首相，國王垂不凡，持議政改革，建立君主立憲政體，不成，避難印度大使館。

一九五〇年王儲三歲次子建南卓(Gyanendra Jung Bahadur)承接王位，老王潛往德里，組逃亡政府，行使立憲政權。翌年新政府改組，國會黨(Congress Party)魁柯勒拉(Matrika Prasad Kairala)受命組閣，首相牟漢被迫辭職，國人迎老王歸國，重行王權，百年來鑾納專政，遂告結束。一九五五年老王歿於瑞士，子馬漢卓（Maherdra Bir Bikram Shah Deva）繼位 於一九五九年公佈實施民主立憲。（程光裕）

巨石文化 (Megalithic Culture)

稍後於東山文化者，爲「巨石文化」，代表遺物爲直立墓石、臥墓石、石甕、石環、琉璃珠、青銅螺旋石瓔珞，及有柄小刀。分佈區域自上老撾而越南中部山地之鎮寧(Chin Nian)、廣義（Quang Ngai）、廣平(Quang Binh)一帶，而緬甸，而馬來亞而蘇門答臘。與古印度文化有密切關係。在巨石文化遺址中，常雜有細小銅器、鐵器、琉璃珠，與素燒陶器等，而以鐵質小刀爲最常見。（參考許雲樵：「南洋史」上卷二八頁。）（程光裕）

可倫坡計劃

一九五〇年一月，英國聯邦會議，在錫蘭首都可倫坡(Colombo)擧行，時澳洲外長史賓德所提議。其理論基礎，擬由英國自治領實施聯合經濟援助南亞及東南亞各國，以提高該地區的人民生活水準，進而阻遏共產主義的侵入。

可倫坡計劃的最初發起者，雖是澳國外長史賓德，但推行此一計劃使之實現的主力，無疑是英國。英國要策動該地區內諸國從事經濟互助，其動機有三：

㈠向落後地區爭取經濟權益：一九四九年，美國杜魯門總統發表第四點援助計劃，其對亞洲落後地區，正展開經濟和技術援助，南亞及東南亞是其主要對象，如果實施情況良好，則該地區諸國家，勢必與美國發生經濟血緣關係，英國非但不能復原在該地區戰前市場，恐怕還要作慘痛的撤退，可倫坡計劃(The Colombo Plan)爲英國抵制美國亞洲經濟政策的一個攻勢防禦。

㈡恢復亞洲外交領導權：邱吉爾的戰後執政，對恢復英國在亞洲地位，甚爲注意，但外交本於力量，美國戰後亞洲政策，是以軍事與經濟援助反共及非共國家，擴大防俄影響力。英國當然不能與之相比，但在南亞各國的影響力，並不下於美國，諸國家商業基礎，戰時並未完全摧毀，英國若給予經濟援助，然後再加强外交團結，則一旦大英國協各成員間的凝聚力加大，英國對亞洲事務發言權也增强，這是英國推行可倫坡計劃另一目的。

㈢阻遏共產黨勢力的南侵：一九五〇年，英國承認中共後，對中俄共勢力向東南亞發展一大鼓勵，故對印度、緬甸、錫蘭與印度尼西亞等各國，其與中共貿易不加制止。有識之士咸認，一旦中俄共勢力蓆捲東南亞，不但英聯各國經濟利益在亞洲無法維持，而渴望恢復中國大陸市場的美夢，更難實現，同時中俄共都正式承認越盟政權，胡志明又向史毛靠攏，東南亞情勢益趨緊張，英國於是聯合澳、紐、加等國經援東南亞，以圖阻遏共產黨勢力的南侵。

可倫坡計劃曾在一九五〇年五、十兩月，先後在澳京與英倫舉行兩次之聯邦會議加以研討，並在十一月二十八日公佈計劃全文，次年七月開始實施。

會員國分爲兩類：一類爲受益國，一類爲授益國。前者括有印度、巴基斯坦、錫蘭、印尼、緬甸、尼泊爾、越南、柬埔寨、寮國、北婆羅洲、馬來西亞及星加坡。後者是美、英、加、澳、紐等國。日本是授益國，其方式限於技術而不捐現款。泰國爲受益國，但在農業方面，則又爲授益國。菲律賓於受益國外，又爲授益國。

可倫坡計劃以五年爲一期，從事各種經濟發展計劃。首期規定動用五十二億三千萬美元，從事四大目標；耕地面積增百分之三點五；灌溉面積增百分之十七；糧食增量百分之十，發電力增百分之十七。款項的來源，由南亞及東南亞諸會員國提供二十八億八千四百萬美元，其餘則由美、英、澳、紐等國及國際復興開發銀行與私人投資等。（徐玉虎）

印度之史前文化

印度初民爲一種黑人 (Negritos)，面黑身短，髮捲而鼻平坦，以獸皮爲衣，以野果爲食，並事漁獵，使用由石頭製成的器物，且不知用火，史稱舊石器時代。此時印度西北爲手斧文化基地，屬於一般非洲西方的歐亞混合傳統；印度東部及南部卻有東南亞混合傳統的使用砍刀與石片的文化。舊石器時代之後復有一種人類，征服以前黑人，此種人類已知農作與用火，且能紡紗織布，將人的屍體，埋藏於棺木，從骸骨的發現，證明當時還沒有火葬，所用石器較以前爲精細，又有弓箭彈弓之類，陶器以輪盤製作，亦略知使用金屬，能在岩洞中壁作畫，史稱新石器時代。新石器時代的人類究屬於何人種則不得而知。據德人考證，此種在印度境內的新石器人類，與中國及馬來的原始人類相似。新石器時代遺物，在印度南部與東部所發現者，主要是形形色色的錛子和斧頭，西北部則爲石鑿石斧，亦有陶器。

印度北部最早使用的金屬爲紅銅，恒河古道及庫拉木河流域均發現銅器，其年代當在公元前二千年左右，惟均係純銅，故北印度似無青銅時期。

約在公元前三四千年以前，有一種較爲清秀的人種由西北侵入印度，卜居印度河流域。其族似由地中海東岸移來，今南印之荼盧毘第族 (Dravidians) 或爲其後裔。此族在遠古時代曾據全印之地，迄雅利安人入侵始被迫遷徙南印。其文化較原始之黑人爲多。知用銅器，其後亦用鐵器。社會結構基於女系，崇拜土地與蛇，無階級制度存在。銅器時代末期，已知使用鐵器，大概是巴比倫介紹而來。

印度河流域爲古文明搖籃，信德省 (Sind) 羅伽那縣 (Larkana) 之摩訶約陀羅 (Mohen-jodaro) 死墟之發掘，從都市規制，知無城防，爲一個田園式的和平社會。就遺物推知此時之人以布及毛衣穿着，以瑪瑙及獸骨象牙爲裝飾品，食麵包牛奶，畜養牛羊豬及家禽以供食用，亦時食魚，以農耕爲主要職業，紡織則爲每家庭所必需者。他們鑄造各種式樣的燧石、黃銅與青銅工具，包括錛子、斧頭、及有齒的鋸子。最值得注意的一項發現是一根青銅尺，上面有精巧劃分的記號，亦有青銅製的法碼，置於分度器上，證明印度河流域的人已知精確的度量衡。陶器以粗製的飯具爲多，精製的瓶卻是在紅底上塗黑，以花爲圖案。由泥土製成的玩具亦多。最重要的發現，爲無數雕有圖畫的刻印，上刻動物形象，尤以公牛、水牛、獨角牛爲多，係最古的文字。崇拜女神及濕婆、與黃牛、虎、犀牛、鱷魚、蛇象等。

總觀印度河流域文明，與易拉瑪（Elama 伊朗西南部）及美索不達米亞相似，均爲城市文明，史家定爲石器後期時代，蓋雖已使用金屬，而石器尙未消滅。由美索不達米亞方面的紀年，知摩訶陀羅的文化當在公元前三千年，此種文明或由西沿波斯海岸而伸入印度河下游，然後發展於該河流域。（程光裕）

印度之雅利安文化

雅利安人 (Aryan) 前來印度爲印度史上之重大事蹟。其人身高膚白，儀表雍容，爲印度最優秀之一種族。約在公元前三千至二千年之間，雅利安人自中央亞細亞方面南向越興都庫什與喀喇崑崙兩高原進入印度，先居於印度河上流之五河（卽 Punjab 旁遮普），以游牧狩獵爲業，漸次戰勝先住民荼盧毘第族，進至恆河流域，以人口逐漸膨脹，分爲大小若干派別、村落彼此間之抗衡鬥爭由此發生，終至造成數十大小王國。此等王國於公元前十二世紀時分爲二派，在今德里近郊庫魯斯特拉(Kurushtra)之野激戰達數旬之久。此次大戰之紀錄載於叙事詩摩訶婆羅多 (Mahabharata)。與摩訶婆羅多同時並傳至今者，尚有一史詩名羅摩耶拿(Ramayana)，描述憍薩羅國(Kosala)王子羅摩攜韋提訶國(Videha)公主西達，南達哥達伐里河 (Godavari) 地方，西達爲蘭伽（錫蘭古名）之藩侯拉伐拿(Ravana)所誘拐，羅摩糾合當地土人，築跨海橋樑進攻，拉伐拿戰死，羅摩乃焚蘭伽城攜西達北歸故事。

雅利安人之政治勢力正式及於德干地方，爲公元前五世紀以後之事，在此以前，僅由南方沿岸諸國中荼盧毘第族商人對恆河地方各雅利安王國之首都發生商業上之交易關係，而將其文化傳播至南方。

及至公元前八九世紀時，雅利安人或婆羅門教之僧侶漸離恆河及印度河上游向西方傳教者日多，雅利安文化因得以普及於各地。

至公元前七世紀以後，雅利安文化遂南越文特亞山脉而傳播至德干地方，尤以半島之東西兩海岸爲甚，於是雅利安式之國家亦陸續出現。雅利安人於五河及恆河之發展，俱稱爲「梨俱吠陀時代」 (Rig Veda) 。當時家庭爲社會之基本單位，最長輩之男子爲一家之長，衣用絲麻棉及羊毛製品，食有麥、牛奶及羊肉等，牛則禁止屠殺，嗜沙摩酒(Somo)，御車、賽馬、狩獵，以及音樂、舞蹈爲通常娛樂。後期吠陀時代，婦女地位降低，在家從父，出嫁從夫，年老從子。男子一世生活分爲四期：一爲獨身期(Brahmcharya)，即孩童在五歲以後，送往其師傅處就讀，以便進德修身，爲人服務。二爲自立期 (Grihastha)，學習期滿，結婚自立，生兒育女。三爲退隱期 (Vanaprastha)，準備雖開家庭生活，苦行他處，並習有關宗教哲學義理，擺脫社會。四爲林居期(Sanyasa)，退隱林泉，以林中所生果實充飢，默坐禪修，達於悟證之地，是曰解脫(Moksha) 在梨俱吠陀時代，各部落有王統治人民，後期吠陀時代則有君主之制。

當一國君主擊敗其他部落時，必擧行兩種重要祭祀儀式：一爲立王祭(Rajsuya)，當婆羅門祭師以聖油塗陛下之前額，君主即走至虎皮毯上，由臣民供獻弓劍，以示效忠之忱，同時擲骰子宣佈君王戰事勝利。二爲馬祀祭 (Asvamedha)，國君在戰勝一二部落後，乃將彩綢裝飾之馬遣送全國各地，如有人前來止馬前進，顯係向君挑戰，否則即表示推奉國君爲全國之主，待彩馬還都，擧行大祭。

梨俱吠陀時代部落之王主要職務爲率領部落人民參加戰爭，同時保護其民，並須保衛祭師執行禱告之事。王之下有宗教顧問(Purohita)，隨王趨赴戰場，默祝勝利。次爲軍事司令 (Senapati) 司理軍政。中央國會(Samiti)爲全邦人民大會，決議和戰問題，及必要時推選邦王，地方議會 (Sabha) 每一鄉村均設立之，具有參議及司法之權，無政治及行政權力。後期吠陀時代之中央國會及地方議會之權力已經旁落，且婆羅門祭師之權力超過君王，故有「婆羅門僧乃君主之造置者」一諺流行。刑罰無死刑，只有罰金，且刑罰程度依照各階級人民而定，如殺一武士須付牛千頭以償，殺一商賈須償牛一百頭，殺一賤民償牛十頭。每結一案被告須付牛一頭於王室，爲處理案件之費用。（程光裕）

印度尼西亞之古國

古代移殖印尼的印度人，對印尼文化的發展影響很大，印度人將其聚居的地方，加以組織，選擧首領管轄，印尼諸族也歸統治，因而成爲王國雛形。

古帝 (Kutei) 王國：在婆羅洲東部三馬林達(Samarinda)附近的模亞拉加曼 (Muarakaman) 鎭，考古家發現石柱四條，其上鐫刻文字，一條是模拉哇曼(Mulawarman)獻立，時間約在公元四百年，他是古帝國王，該國是印尼古國之一，關于歷史缺而不詳。

達魯馬 (Taruma) 王國：爪哇茂物 (Bogor) 附近的芝沙丹尼河畔的巴都力斯(Batutulis)有一石，鐫刻梵文云：「此乃著名忠實的、無敵的、達魯馬國，佈爾拿哇曼 (Purnawarman) 陛下之足跡，彼曾援助其盟國，摧毀敵國之城市」。知則西爪哇有數個王國，且互相攻伐。佈爾拿哇曼是達魯馬國王。達魯馬王國約建立於公元四百年，其疆域括有椰加達 (Djakarta)，茂物及加拉橫等地。同時在杜固 (Tugu) 發現達魯馬國王建立石碑，是紀念運河開鑿成功而樹立。上記國王送牛一千隻給婆羅門僧侶，荅謝助開河的功勞。另一碑記國王是諸城的征服者。其國居民崇信婆羅門教。達魯馬「宋書」稱多羅磨，或源於印度的多羅磨補羅 (Tarumapura)，意是多羅磨城。四三五年，國王遣派使臣，攜帶貢物，朝覲中國皇帝。（「宋書」卷九十七）

訶陵 (Kalinga) 王國：六四〇年，中爪哇又興起一王國，是印度人所建立，名曰訶陵 (Ho-Ling或Kalinga)，可能是剎郎闍 (Sailenga) 王朝的前身。爲七世紀佛教文化中心。七三二年中爪哇發現一碑，記國王桑闍耶 (Sanjaya) 是信奉濕婆神的護法，也是該王朝在中爪哇，奠定統治基礎的明證。

其國最富，有穴自湧塩，以椰子釀酒，以木築城，製有文字，也知曆法，王居闍婆城，四周二十八小國，莫不臣服。六二七年至六四九年間，數度遣使入貢中國，帝賞以良馬。六七四年，國人推女子爲王，號悉莫，威令整肅，道不擧遺。大食君聞之，遣人遺黃金試之，三年路人輒避之，後被太子脚踏，女王怒欲殺之，群臣請罪，女王斷趾以戒之。大食畏不敢興兵攻伐。（「新唐書」卷二二二下）

境內有仙山帝岩（Dieng），高達兩千五百公尺，訶陵時代，於此建四方陵廟八座，及兩百餘建築物，祭祀大自在天神(Sjiwa)。陵廟都用大理石砌成，雕刻精美，是印尼古代藝術的代表，至今仍是完整無缺。

七五〇年後，王室延聘大乘法師講道，廢婆羅門教，佛法既在中爪哇得勢，剎郎闍王朝之統治更爲鞏固，七七八年，國王摩訶拉惹槃隆加難(Maharajah Panangkaram)，在伽那闌（Kalasan）興建佛寺一座，祭祀佛教女神佗娜（Tara），王亦於寺內誦經頂禮，擧行儀式。

訶陵諸王，不但在爪哇發展宗教藝術及政治，且向外擴張勢力，曾遠征柬埔寨及東京灣，蘇門答臘亦受其侵擾，蘇哇納維巾(Suvarna-divipa)的統治者，即是訶陵王幼子。不久，訶陵王國與蘇島之室利佛逝（Srivijava）聯婚，兩王國合而爲一，訶陵王政治中心移往蘇島，其統治權至十四世紀才結束。（徐玉虎）

印度尼西亞之政黨

印度尼西亞之政黨，在第二次世界大戰後才普遍而公開活動，大小政黨約三十多個，其中較大之政黨有五：曰回教協會黨，俗稱馬斯友美黨（Masjumi），曰印度尼西亞國民黨（Partai National Indonesia），曰印度尼西亞共產黨（Partai Kumunis Indonesia），曰印度尼西亞社會黨（Partai Socialist Indonesia），曰印度尼西亞大聯盟（Persatuan Indonesia Raja）。

回教協會黨：一九四五年成立於日惹（Jogjakarta），係以宗教爲背景之政黨，其理論源於回教國民主義派，咸認要發揚回教，必須在傳統之教義內，再吸收西方學術思想，與現代化之教育。該黨又分爲兩派：一派稱宗教之社會主義，由阿波哈里發（Dr. Abahanifah），摩罕默德馬齊（Mohammad Matsir），約瑟夫威比梭諾（Jusuf Wibisono）等領導，認爲反帝國主義，與實施社會經濟改革主張，早在馬克斯出生以前十二個世紀，即已由回教提出。在政治上則主張：遵循伊斯蘭教理想，爲最高建國原則，承認私有財產制度之存在，但必須遏制資本主義過度發展，故大規模企業，應逐步收歸國營。外人投資必須不附帶政治條件，且須不損及印尼之安全。對於工農群衆利益，應以法律保障。另一派稱印尼伊斯蘭社會黨（Partai Sarekot Islam Indonesia），以阿貝柯梭諾（Abikusono）爲領袖，主張先求得印尼之完全獨立，再實行社會主義，目前大工業與運輸業，雖應收歸國營，但進出口貿易，則仍可讓民營。兩派力量後不如前。

印尼國民黨：該黨與蘇卡諾（Sukarno）等在第二次世界大戰前所領導之國民黨無關，但因同名之故，亦曾得到蘇氏等之支持，故使人誤認即原來之國民黨。該黨以荷印時代公務員、工商及部分新之社會主義分子爲主，頗擁有不少知名領袖，如沙托洛（Sartono）、阿里沙斯脫羅阿密覺覺（Ali Sastroamidjojo）等，主張求得印尼在政治上、社會上、經濟上之完全自由與獨立。

印尼共產黨：一九二〇年五月成立，戰前領袖爲譚塔馬拉卡（Tan Tamalaka），該黨民族主義成分較多，親俄成分較少，一九二六年，譚塔馬拉卡因反「暴動」，被指爲托洛玆基派而失勢。戰後，其領袖爲阿里明（Sardjono Alimin），自一九四八年起，由慕梭（Musso）領導，完全接受俄共控制。稍後又接受中共援助，曾一度發動武裝暴動，推翻印尼政府，奪取政權，但結果失敗，目前在各地潛伏，俟機騷動。

印尼社會黨：該組織以青年知識分子，戰時反日游擊部隊爲主幹，成立於一九四五年。兩年後，分裂成左右兩派，左派傾共，旋即加入共產黨，右派保持不左袒政策，以沙里爾（Sjahir）爲領袖，主張力謀本國建設，予人民以政治教育，著重培養黨員個人獨立思考能力，不主張以教條主義約束黨員。

印尼大聯盟：一九四八年十二月成立，組成分子括有國民黨黨員之脫黨者，若干無黨派舊日文官領袖等，首領爲汪梭尼加羅（Wongsonegaro），該聯盟自認足以代表印尼全民利益，因回教協會黨係宗教勢力集團，而國民黨又被歐洲留學生所把持。同時，眞正爲民造福之政黨，必須有服務人民之經驗，決不能徒憑煽動性之口號，或標榜西化之人所能爲力，而該聯盟則擁有過去服務印尼政府之賢能官史，熟知民間疾苦，自可駕輕就熟，爲民服務。（徐玉虎）

印度尼西亞日本佔領時期

一九四二年二月十四日，日本開始軍侵印尼，至三月，荷蘭駐爪哇軍總司令Ter poorten向日軍投降，當時英美聯軍尚有八千餘人，仍留在爪哇，同時美軍指揮官 Sitwell 少將，表示將繼續作戰。使印尼人民一致咸認荷軍膽怯畏戰，因之，使彼等相信，如果自己能獲得武器，必可擊敗荷軍，於是印尼人民對日軍入侵，表示十分歡迎，並把日軍視作己身的解放者。

日軍認印尼人民對彼等既有好感，必會與日本合作，共同開發印尼的資源，備作他征服亞洲的戰費，於是提出所謂「三A運動」(Triple A Movement)，作抵抗西方盟國政治宣傳工具，其「三A運動」，就是(一)日本是亞洲的領袖；(二)日本是亞洲的保護者；(三)日本是亞洲之光。由印尼起而領導，散發大批小册子與標語傳單。此一運動對無知群衆，甚有影響力，但對知識份子的影響力甚微小。

日軍佔領印尼期間，印尼採行兩面政策，其民族主義領袖蘇卡諾(Sukarno)、赫達 (Hatta) 及薩里(Sjahrir)諸人，經協商後，分爲兩個集團；其由蘇卡諾領導的，採取與日軍合作的途徑，其由薩里領導者，則轉入地下，從事抗日工作。蘇卡諾等後雖知與日本合作，對民族主義運動的發展毫無裨益，但仍繼續與之長久合作，因之頗受薩里等的責難。一九四三年九月，蘇卡諾任中央顧問會主席，要求日本政府，廣施皇恩，讓印尼人有行政權。一九四四年九月，日本新內閣許諾印尼可獲獨立。次年三月，印尼成立「獨立監督委員會」，七月宣佈籌備工作完成，同時印尼決定與盟邦日本並肩作戰，抵抗西方盟國，並且建立獨立國。

一九四五年八月八日，蘇卡諾等領袖，應日本南方軍總司令長官寺內壽一大將的邀請，諮商印尼獨立問題，蘇卡諾要求日本從速讓印尼獨立實現，雙方達成協議，十四日，即日本投降的前夕，蘇卡諾等飛巴達維亞 (Batavia)。日本的投降，顯然較寺內壽一預料爲早，因爲當時決定十九日召開「印尼獨立籌備委員會」會議，後該委員會得悉日本將在十五日投降，乃提早開會，經一夜會議後，決定以印尼人民的名義宣佈獨立，時間是八月十七日上午十一時。八月二十二日，爪哇日軍指揮官始正式宣佈投降。同時將武器轉交與極端份子，所學無疑是日本在印尼埋下一顆定時性炸彈，等着荷蘭人來引發。(徐玉虎)

印度尼西亞民族主義運動

印尼之民族主義運動，初是和緩而漸進的，且僅限於少數受西方教育之理想家。稍後，由於教育之普及，都市化之增進，發展成有組織之政治運動。日本之進步，曾被取以爲例，而大受其激勵。蓋以日本而論，足證若倣效歐西而積極現代化，必可使一亞洲國家在國際上有所表現，備受西方列强之尊重。

一九〇八年，曾受西方教育之爪哇官員，籌組布帝烏多摩（Budi Utomo），意爲「光榮之努力」，此是印尼國家主義初次有組織之活動，其目標是「西方化」。主要工作訓練會員，使在社會上，教育界成爲領袖人物，奮鬥之對象是「貧窮」而非必爲「帝國主義」。在荷蘭統治之指導下，逐漸作普遍性之進步，以求生活上、政治上、社會上達到西方水平。但是，若印尼之國家主義基礎範圍要擴大，則應向民衆宣傳促其注意，而不應限於布帝烏多摩所訂之目標。一九一二年，開始沙賴嘉特伊斯蘭運動（Sarekat Islam Movement），希望將經濟進展，被視爲印尼人在社會上、宗教上必然之需要，頗得民衆之支持，並指出居住印尼之中國人所具經濟力量，與印尼本居民在經濟上之弱劣，作一對照，很能激發在宗教上、民族上之感情衝動。此運動著重爪哇人間自動而努力合作，消除國內中國居間商，對貿易之把持，頗得全民之擁護，沙賴嘉特伊斯蘭逐漸發展爲一全國性運動，其最初之目標，亦歸納於一更擴大之目標，即國家獨立。

第一次世界大戰後，印尼之民族運動，一改戰前之和平方式，而採取較激進而不能忍耐之態度。戰爭中歐洲對民族自覺之重視，以及戰後在歐洲之民族主義之要求，使得受教育之印尼人，尤其在荷蘭大學中之印尼學生，格外明顯而沉痛感覺到民族歧視之不公平，以及個人所遭受之挫折。不過荷蘭人與印尼人間，對於自治問題頗多共同之見地，荷蘭所謂「倫理性之政策」，廣泛言之，正是印尼自治政府之準備。然而，荷蘭人所堅持之自治之「自」；必須眞正是印尼本身，又現代民主制度必須在傳統制度之基礎上，確能緩慢而謹愼之建築起來，新之政治思想亦必須能適應印尼社會中舊型與舊勢。自一九〇三年以後，荷蘭在爪哇成立之市議會、縣議會，均係用作養成地方自治之工具。雖然在此議會內，荷蘭人居多數者，爲時頗久，可是荷蘭人是以自由性質之公民參加，並非官方議員而必擁護所有之政策。一九〇六年鄉村法案（The Village

Act），就是鼓勵地方自治，利用鄉村作爲實施民主政治之訓練所，使鄉村自治之傳統精神，足以適應現代國家之更爲複雜之需要。在行省和州郡之行政措施，一般採用間接統治，俾本地土王與酋長們，在荷蘭參政長撫導下，獲有非民主之地方自治權。間接統治之目的，使傳統方式與現代之目標相調和、相妥協，維持本邦舊習慣法，並尊重本地執政官之世襲世位，同時依現代方式，訓練成一本地人之文官制度，以便在全國施行廣泛之現代化計劃，爲完成此一理想，一九一六年，設立全國性之議會，名曰「人民議會」，兩年後初次舉行會議，在組織與權力上，再度反映荷蘭對政治發展勢當緩進之念。一九一八年，荷蘭政府對在印尼之殖民政策加以闡述謂：「荷蘭盡量促使東印度自有之力量，開發其國中之富源，提高本地人民之地位，俾將來可自行處理事務，治其本國，並由此奠定完全自治之基礎」。

印尼之民族主義者，戰後，開始作進一步要求，不僅緩進之政治發展，善意之保證可滿足者。一九三〇年，彼等以爲政治上之讓步，與經濟發展頗不相稱。印尼經濟繁榮之增進，並未能使民族主義者活動寂然，彼等相信經濟發展主要影響，會使荷蘭權益在印尼鞏固，同時，荷蘭商賈、公務員、工程師等來印尼服務年限，均可達三十五年之久，彼等咸信荷蘭一面對自治讓步，另一面則加强行政上、經濟上之實際控制，無意使統治權有所轉移。

國際社會主義和共產主義輸入後，在沙賴嘉特伊斯蘭組織中反映出來，遂引起組織中爭權現象出現，焦點在組織政策決定權究將誰屬？一九二三年，比較激烈之革命份子被開除，稍後，左派自行組織印度尼西亞共產黨，而沙賴嘉特伊斯蘭乃由國民黨控制，其主要份子爲中等階級之律師、教師及專門職業者。共產黨活動於工人階級中，鼓動勞資糾紛及罷工事件，終於一九二六年，發生全體性共產黨大暴動，被當局嚴厲壓制。共產黨在革命工作中之失敗，無疑使印尼整個民族主義運動之信譽受到極大之影響。荷蘭對自治政府之同情消失，在一九三四年將國民黨領袖蘇卡諾（Sukarno）、哈達（Hatta）、沙里爾（Shahrir）等囚禁，直到一九四二年，日軍侵佔印尼時，才被釋放。

一九四二年，日軍侵佔爪哇群島，極力煽動印尼人民反荷蘭西方殖民主義，同時日本施於印尼諸種暴行，更激起印尼民族革命獨立要求得到鼓舞，一九四五年九月，日軍投降，蘇卡諾號召國人，接發全國，並宣佈成立印尼共和國，脫離荷蘭而獨立。荷蘭返回印尼後，迭經與印尼磋商，印尼並向聯合國控訴，經其調停，先後舉行倫維里協定（Ravenlli Agreement）、海牙圓桌會議，結果印尼獲致完全勝利，成爲東南亞新興獨立國家。（徐玉虎）

印度尼西亞英屬時期

一八一五年之世界大戰中，荷蘭對英國言居於敵對，其所有海外屬地，即是英國海軍攻擊之目標。東南亞方面英國東印度公司軍隊佔領爪哇後，全部印尼群島落入英人之手，英印度總督明多（Minto），將南洋群島屬地分馬六甲、蘇門答臘西部、馬魯姑與爪哇四區。前三區之統治仍如荷蘭之舊，僅作爲商業基地而已，對爪哇却施行諸多改革。

首派萊佛士（Thomas Stanford Raffles）爲副督，曾任治理爪哇之責。萊佛士抵埗，第一件事剷弱封建領之權。如一八一三年廢萬丹王職權，每年祇領年俸兩萬八千五百盾，萬丹被英人所割讓。又廢井里汶王，迫如法對付日惹與梭羅二王時，遭致抵抗，萊佛士親率大軍進佔日惹，放逐其王至布羅檳榔（Pulu Pinang），另立蘇丹阿莽古布窩諾第三，英人割得葛都（Kedu）區地。萊佛士旋軍指梭羅，又獲地及商業關卡權。藉口殺荷蘭官吏，進駐巨港，革除巨港王之職。

萊佛士政治改革；第一政治區域之劃分，將爪哇分爲十六州（Residentie），每州設長。其次廢除勞役制、實物納租制與强迫供應制，而代之以地租制。並宣佈土地國有，凡是征服或由條約所得土地，概屬於國家，其居住或耕種之爪哇人，悉作賃戶論，每年須繳納地租，以鄉或農業共同社會爲單位。又使用貨幣地租制，以貨幣代替實物。雖於實施地租稅制之同時取消勞役制，嗣後，因財政支絀，對公路與橋樑之修保，又征人民服役。

取消奴隸制，先對於蓄奴者，課以稅務，一八一四年明文禁止販賣奴隸，並下令警察不應奴主之請，隨意拘禁奴隸。此外又廢除人質制，人質制者，係指債務人以人爲質，向債權者所作之擔保，當債務者無法償還債務時，則人質須替債主服役，不給酬勞，直至債務償清爲止。

改善司法制；每州設一地方法院，處理印尼人法律案件，同時又設巡迴法庭三，到各地巡行審判。在椰城、三寶壠與泗水各設高等法院一，處理歐人之訴訟。巡廻庭、高等法庭中均採用陪審制。廢除刑訊，以免屈打成招，寃枉被告。

整理財政；收回丹德爾斯（Mr. A.W. Daendels）時代發行之紙幣。爲充實國軍，又採用丹德爾斯之法，出售大批土地，加拉橫、勃良安、三寶壠及泗水諸地出售者最多，萊佛士本人在蘇甲巫眉購買大塊地皮。其次是食鹽專賣，以前製鹽業多包賃與華僑經營，一八一三年起，政府收回專賣，並嚴禁馬都拉，爪哇人民私自製鹽或賣鹽，此一措施替政府增加一大筆收入。再就是徵收酒稅，抽取入口稅，初定稅率爲值百抽十，稍後，稅率降低至值百抽六。

發展科學；萊佛士首先加入吧城學藝會，致力於會務之發展，從事印尼歷史、語言、民俗之研究，並資助英美專家之研究工作，例如荷斯飛（Horsfield）、墨根西（Mackensie）等，就是在他之資助下，對南洋題問作深入之探討，貢獻學術界甚大。同時萊佛士亦完成爪哇歷史一書，爲研究印尼歷史重要參考書。

萊佛士統治時代之諸種改革，均以英國利益爲最高原則，欲將爪哇變成英國工商業產品銷售市場，印尼人所獲得之利益僅是其副產品而已。

西歐拿破崙帝國崩潰後，荷蘭恢復獨立，與比利時併爲一國。一八一四年，英荷兩國在倫敦舉行會議，簽訂協定，英國將荷蘭從前所有殖民地，除錫蘭、好望角、西印度之西圭亞那（Guiana）與印度數據點外，其餘全部交還給荷蘭，印尼再回到荷蘭懷抱，結束四年餘英國之統治。（徐玉虎）

印度尼西亞荷屬時期

一五九六年，荷蘭第一艘船駛達印尼時，葡萄牙人在該地經百有餘年，但是葡人祇是不穩的佔領者。荷蘭人很易於將它驅逐出這一群島。這不是說荷蘭人能立統治東印度群島（East Indies）。

荷蘭爲在東印度發展商業，成立東印度公司（East India Company），但不過問政治事務。不久荷人發現該公司如不能施行政治控制，則在商業上不能有所成就。一七五〇年，公司政策有改變，由商業性機構，轉爲領土和政治基地。後因經濟利益的減少，十八世紀末，公司已接近崩潰階段，一八〇〇年荷蘭政府將之接收。

歐洲在拿破崙戰爭後期，英國代荷蘭佔領東方殖民地。和平恢復後，除錫蘭及好望角外，又將殖民地歸還荷蘭。戰爭結束末期，荷蘭東印度政府預算日趨虧空，而荷蘭本身也極感困難，爲求彌補，並在可能範圍內使東印度政府對荷蘭本國財政有所補益，於是採行著名公耕制度（Culture system），其重點規定農民，須將土地一部分及相當數量的工作天，交由政府安排，並在政府的指導下而耕種穀物，以供出口。在財政上此一計劃非常成功，經過五十多年，它成功的替荷蘭國庫增加收入，後來嚴重的貪汚風氣，侵入行政機構，使印尼農民渡着悲慘貧困生活。又因政府不准西方私人企業進入，使印尼的經濟發展，受到極大的阻碍。

迪克爾（Edward Douwes Dekker）首先公開指摘公耕的流弊，同時中產階級也起而批評，於是促使荷蘭政府對公耕有所改變，一八九〇年，通過新土地法，並廢止公耕制度，私人企業代替國家的榨取，政府也逐漸成爲印尼土著民族的保護者。

一九〇一年，三個基督教政黨，在柯柏爾（Abraham Kuyper）首相領導下，組成聯合政府(United Government)時，並以改革作爲政府重要政策，且宣佈云：「作爲一個基督教政權，荷蘭政府對東印度群島的全部行爲，要以良心爲基準，荷蘭對這一區的人民，要實踐道德上義務。」因此這個政策，就成爲著名的倫理政策（Ethical Policy）。一九〇五年，荷蘭政府取消四千萬盾荷幣的大借款。決定該款留作改進爪哇及馬都拉（Madura）的經濟。

荷蘭政府曾審愼的約束其行政，進入爪哇以外的地區，但大部分東印度人，因怕外國的干預和其他諸種原因，他們深信應該建立全島性政權，一九〇九年，由赫滋總督（Gevernor General Heutsy）完成此一願望，同時也建立普及教育制度的基礎。（徐玉虎）

印度英屬時期

英人素以航海經商見稱。一六〇〇年伊利薩伯女王准許倫敦商人所組之東印度公司經營東洋貿易之權，英國於東洋之勢力得以急遽伸張。一六〇七年東印度公司派遣東洋之艦隊司令霍金斯（Howkins）携英王詹姆斯第一（James I）國書至印度，謁見回王迦亨基，獲得在蘇拉（Surat）設立商行之許可，一六一二年又准英人在阿邁特巴（Ahmedbad）開貝（Cambay）等地設立商行。一六三六年英人於馬德拉斯（Madras）築聖喬治城（St. George），更於馬拉巴海岸方面設立分行。

一六六一年間英王查爾斯第二（Charles II）與葡萄牙女王卡薩林（Catherine）結婚，葡以印度之孟買（Bombay）作爲女王之粧奩贈與英國。英王又將孟買交由東印度公司管理，孟買遂成爲英國殖民地。一七〇〇年間，英人向蒙兀兒王朝購得加爾各答（Calcutta）附近村落三處，以發展爲殖民地之大據點。一七一七年蒙兀兒王朝又同意英人取得馬德拉斯、加爾各答及孟買三地之永久經商權利，於是英國之東印度公司始獲基礎。

然英法在印度之衝突與日俱增，法人甚具優勢，英人克萊武（Robert Clive）智勇兼備，屢破難關，使整個局勢改觀。一七五六年孟加拉省釋羅特道拉（Siraj-ud-daulla）命英人撤去防禦馬拉德人之加爾各答城塞工事，英人不允，道拉率軍攻城，捕英人一百四十六人置於獄中，翌朝除二十三人外，均因酷暑而死。克萊武聞變，聯合英海將華德生（Watson）與道拉軍大戰，復加爾各答一帶地，道拉承認英於孟加拉省之權利，並予英以鑄造貨幣權及充分之賠償。

此時英法於歐洲方面又發生戰事，克萊武聞訊，復聯合華德生，攻擊法殖民地旃陀那城，道拉憤克氏之橫暴，助法人抗英，克氏乃擁密迦法（Mirjafar）爲孟加拉省督，於是道拉率軍五萬，騎兵一萬八千，大砲五十門再迫加爾各答，克氏僅以三千之衆，大砲十門上前迎戰。一七五七年六月二十三日兩軍相遇於加爾各答以北之波拉溪（Palasi），克氏乘敵軍午餐之時，突然衝鋒，敵軍崩潰，道拉被俘處死。密迦法酬以巨額金錢，并予「二十四鎭」（Disirict Parganaq 24）之地。旃陀那城亦爲英所攻佔。

自是法在印之勢力漸趨衰微。克氏又遣軍攻孟蘇黎巴丹（Masulipatam）陷之，海特拉巴王邦轉而與英聯絡，並將昔日法在該邦所享受之土地權利讓與英。一七六〇年克氏派軍擊敗雷利的法軍於溫特華須（Wande Wash），所有法在南印的要塞遂一一失陷，翌年一月，本地治里亦陷。其後雖仍歸還法國，然法在印勢力幾消失殆盡。

南印度毘迦耶王國自一五六五年多黎多（Talikota）一役之後，國內分裂，各地土王據地稱雄，其中有邁索爾王國，在東高止山與西高止山之間，南面是尼格列山（Nilgiri Hills），原爲印度教的羅闍所統治，一七六一年，大權落入海特爾阿里（Hyder Ali）之手，海氏驅逐羅闍以己代之，暗中與法聯絡，擴充軍事力量。海氏仇英甚深，屢與英人發生戰事，一七八一年海氏歿，子提普（Tipu）亦與英戰，英督赫斯丁（Warren Hastings）、孔華利斯（Lord Cornwallis）悉心經營，於一七九二年迫提普降，割讓土地于英海德拉巴及馬拉德王邦，並賠軍費三百三十萬金鎊，以其二子爲質。

一七九八年，英督威力斯萊（Marquis of Wellesley）之援助同盟政策，首獲海德拉巴土邦接受，一七九九年，英軍率海德拉巴軍陷邁索爾之塞林伽巴丹，提普爲國犧牲，英獲大部領土，剩餘之邁索爾土邦受英保護。英人繼對馬拉德土邦予以分化征略，頗爲得手。毛伊羅（Lord Moire）總督繼承威力斯萊之遺志，確保印度中部及南部領土，經營印度北部。

至一八一七年時，全印除旁遮普外，幾爲英所征服。旁遮普之錫克敎徒在蘭琦辛（Ranjit Singh）統率下，成爲軍事組織極堅强之團體，此一王邦領土除旁遮普全省外，尙據有白沙瓦、喀什米爾等區。

一八三九年蘭琦辛歿，子數人皆懦弱無能，後由錫克軍人方面擁立年幼之杜梨辛（Dulip Singh）卽位，母后陳潭（Jhindan）顧問拉爾辛（Lal Singh）與太琪辛（Tej Singh）攝政。

時軍人集團極力主張侵佔東印度公司領土，終於掀起戰爭，一八四八年，英杜爾好西（Lord Dalhousie）繼哈定（Lord Heury Hradinge）爲總督，眞那（Chinab）河畔古迦羅一役，錫克全軍瓦解，旁遮普遂淪於英。杜爾好西於一八五六年卸任，由甘寧（Viscount Canning）繼任。與波斯發生戰爭，獲得勝利，阿富汗遂爲英保護。

一八五六至一八六〇年，英對華發生第二次中英戰爭，駐印之英軍大批調往中國作戰，促使印度傭兵起義，各地人民反英紛紛參加軍事行動，自一八五七年五月至翌年五月始爲英軍平定。

當傭兵起事消息傳至倫敦，擧國譁然，輿論沸騰。國會乃主張印度之統治權應由東印度公司移轉英國政府。一八五八年八月英國會通過印度政府良治法案（Act for the Better Goverment of India），由英政府直接統治印度。此項法案經維多利亞女皇（Queen Victoria）批准後頒佈。於是東印度公司統治權結束，英內閣添設印度事務大臣（Secretary of State for India）來指揮印度總督。此後英國維持各土邦，及舊有宗敎風俗，援助保守勢力以穩固英的統治權。而印度在英人統治下亦逐漸現代化。（程光裕）

印度獨立運動

印度自被英國滅亡後，復國運動蓬勃興起。第一次世界大戰，印度效忠英國出兵百三十萬，戰費負擔達美金七億元，印度回教徒不聽從土耳其皇帝要求，反與印度教徒合作，助英作戰。印人希望取得自治權利，以為報酬。戰爭期間，英人表示懷柔態度，一九一七年邀印度代表出席帝國會議，並稱印度政府中官員將增用印人以求自治之逐漸實現。

戰爭勝利，英以導向自治步驟必須漸進，國會於一九一九年十二月通過印度政府法案，規定投票人數增至五百萬以上，總督仍由全國立法機關協助為治，非常時期總督頒佈具有法律效力之命令，總督有支配預算之權。印度國大黨反對甚烈，適旁遮普之阿姆里薩 **(Amritzar)** 發生英軍官下令槍殺集會之民衆事件，各地罷工罷市，均為英軍控制。

國大黨領袖甘地 **(M. K. Gondhi)** 乃發動不合作運動，主張在政治上、經濟上、社會上不與英國合作。其具體方案為：㈠拋棄政府所頒官爵，㈡印度法官退出英國法院，㈢兒童不入英國學校，㈣抵制英貨，㈤提出英國銀行中的存款，㈥拒絕徵兵。回教徒亦在甘地的旗幟下漸釀成罷工暴動。一九二二年，甘地入獄，於一九二四年釋放。

繼甘地而起之尼赫魯繼續奮鬥，一九三〇年甘地以英未允予印以自治領地位，重又開始非暴力的抵抗運動，攻擊政府食鹽專賣，率領一隊同志從事製鹽，決心違反禁止煮鹽法律，於是官吏辭職，賦稅拒付，各地流血事件甚多，政府又逮捕甘地，是年六月，西門委員會建議擴大印度事務大臣、印度總督與省長權力，避免涉及自治領地位問題，印人怒燄高漲，十二月入獄者三萬人。其時總督歐文 **(Lord Erwin)** 建議在倫敦擧行圓桌會議，并釋放甘地，一九三一年三月，成立歐文甘地協定，甘地允許停止不合作運動，印政府亦撤除妨害人權之法令，釋放獨立運動罪犯。

是年九月開第二次圓桌會議，甘地亦赴倫敦出席，結果失敗，印人重趨暴動，翌年一月，甘地又被監禁，是年下半年第三次圓桌會議在倫敦召集，甘地尚在獄中，未能出席，英政府利用印度人種、宗教和社會階級的複雜情形，使之永遠不能團結，致印度獨立，無法實現。

然印度民族運動澎湃不已，一九三五年通過第二個印度政府法案，決定以名義上之自治來緩和印度人民的獨立鬥爭，結果產生一九三七年四月在印度開始施行的憲法，此憲法對選舉權之規定極有限制，而對於印度總督則授以特權，可以干涉憲法，因此印度國民大會聲明若不將總督特權取消，則拒絕合作，英政府置之不理。第二次世界大戰爆發，英國要求印度參戰，國大黨與回教聯盟要求英宣佈將來對印度政策，由於英無確定答覆，双方陷入僵持局面。一九四二年，英派克里浦斯 **(Sir Stafford Cripps)** 出而轉圜，英政府決承認印度為自治領，但大戰期間，不便改制，一俟戰爭結束，即可制定新憲法。是年八月國大黨要求英人退出印度，甘地及尼赫魯均遭逮捕，宣佈國大黨為非法組織，黨員被捕者三千餘人，印人反抗激烈，甘地絕食數次以示抗議，一九四四年甘地被釋放。翌年英工黨執政，表示接受印獨立要求，但盼印留在英聯邦內，一九四七年，英決定於翌年六月前將印度政權交還印人，是年二月派蒙巴頓元帥為大總督，負責處理此事。蒙氏提出印巴分立計劃，回教聯盟在眞納 **(Mohamned Ali Jinnah)** 領導下於六月接受印回分立辦法，國大黨亦通過接受。英國議會遂於一九四七年七月十五日通過印度獨立法案。八月印度與巴基斯坦各自獨立，英國統治印度一百五十年，終以和平方式將主權交還印人。

錫蘭於一七九八年為英國殖民地，一九二〇年開始雛型代議制度，逐漸增進，一九四六年，英國批准錫蘭新憲制，賦予內部完全自治權利。一九四八年二月獨立，為英聯邦之自治領。（程光裕）

吉打王國

吉打 **(Kedah)** 一名的來源，經諸專家與學者研究的結果，咸認是梵文迦吒訶或羯荼訶 **(Kataha)** 的對音。最早見於火天往世書 **(Agnipurana)**，原作 **Kataha-dvipa** 或 **Kadaha-dipa**，義為「羯荼訶洲」。(**H. G. Quaritch wales Archeological Reserches on Ancient Indian Colonization in Malaya, 1941**) 在淡彌爾文古詩缽帝納波來 **(Pattinappalai)** 中作 **Kalagam**，該詩注文又作 **Kadaram**。中國載籍中首見於義淨「大唐西域求法高僧傳」。是公元第二三世紀的重要通商港口，與南毗，重迦羅諸國有貿易船隻往來。(「諸蕃志」卷上南毗條；「島夷志略」重迦羅國條。)

根據吉打紀年 **(Hikayat Marong Mahawangsa)** 說，吉打王國的始祖是食人女鬼的兒子。又說吉打二世君王摩隆摩訶波提薩 **(Marong Maha-Pldisat)** 的長子，是暹羅國王，幼子室利摩訶王沙 **(Sri Maha-wangsa)** 是吉打的嗣君。女兒是北大年 **(Patani)** 女王。紀年並列出吉打王室，未信奉回教前六位君王名稱，至第七位嗣君目查法沙 **(Mudzaflal Sha)** 皈依回教，改名曰蘇丹曼藩沙(Sultan Manfan Shah)。

公元九世紀後，吉打與室利佛逝(Srivijaya)兩國關係極爲密切，雄據馬來半島北部，扼住橫越地峽的商路，印度半島東岸注輦王國(Kingdom of Chola)，爲向東方發展商業，在國王羅闍因陀羅 (Raja-endra) 執政時，曾率軍於一〇一七年，進攻吉打，俘其國王僧伽羅摩毗闍瑜東伽一世(Sangrama Vijayo-ttunga I)，掠得大批財寶，同時也打敗室利佛逝，於是麻六甲海峽兩岸，均落入注輦的控制。注輦既打通越地峽對東方中國的貿易通路，於是班師回軍。

一〇六八年，吉打王室內訌，國王毗利羅闍因陀羅一世 (Viri-Rajaendra I)被逐，他於是向注輦乞援。注輦王再派軍入吉打，亂始平定，國王復位，吉打遂向注輦朝貢。

吉打地近印度，又是通商要道，印度商賈接踵而來，遂成爲印度東方殖民首站。近世考古學家在吉打發掘石碑三塊：一塊矗立於大山脚(Bukit Mertaj-am)附近Cherok Tokum的岩石上，一塊Bukit Meriam附近一座古磚屋下，另一塊是在 Bukit Choras 山頂上。三碑都沒有鐫刻年月，考古學家根據其字體，鑑別一三兩碑不晚於公元第四世紀，第二碑根據拓片，認定是公元第五世紀的遺物。

依據碑銘，則知吉打王國在公元第四世紀，受印度文化影響甚大，且是一個崇信佛教的國家。(徐玉虎)

早期印度之宗教

雅利安人在印度所創的宗教爲婆羅門教(Brahmanism)。婆羅門教的演進分爲梨俱吠陀時代與後期吠陀時代。梨俱吠陀時代的雅利安人崇拜太陽、天、雨、空氣及火五種天然力量。但對婆羅娜 (Varuna 天之神)、印陀羅(Indra 雷雨之神)尤爲禮敬。婆羅娜爲宇宙主宰，道德之指導者，更知曉一切。印陀羅坐於戰車，手持雷電，護佑善男信女，擊敗野蠻民族。太陽神(Mitra) 乘七匹馬所御戰車，馳騁天空，其妻名黎明。火、酒、風、雷以及河流大地，亦爲雅利安人崇拜對象。

婆羅門祭師爲溝通人與神之媒介，祭祀時唱聖歌，以沙摩酒等享神。亦信輪迴之說。後期吠陀時代的婆羅門教有重大變革，於昔日崇拜之神外，還立有新的神祇，如梵天王 (Brahma 宇宙創造神)，維修奴(Vishnu 宇宙保護神)及濕婆(Shiva宇宙破壞神)。解脫輪迴之說亦深入人心。創造宇宙及支配宇宙之梵(Brahman)宿於人身，常人每爲「自我」(Atman) 以外境物所誘惑，造成一種所謂業(Karma)，業與靈魂結合受輪迴之苦，其業之善與惡，決定其來世，善者投胎爲人，惡者爲畜生。

雅利安人知曉宇宙的「最後實在」(Ultimate Reality) 爲「你就是我」(Tat Twan Asi)，說明個人靈魂與宇宙精靈是一而非二。印度「四族籍制度」(The Caste system) 爲婆羅門僧侶編入宗教教義，彼輩視茶盧毘第族充滿罪惡，汚穢不潔，應從事與其本質相應之下等職業，名曰首陀(Sudras)或曰「賤民」。僧侶祭司認爲本身爲宇宙間純淨的「梵」之實體，稱婆羅門階級。對防敵安內之武士，稱「剎帝利族」(Kshatriyas) 對從事農商者位於第三，稱「吠舍族」(Vaishyas) 。首陀無誦經祭祀權利，無轉世投生之機稱「一生族」，餘有誦念四吠陀經及祭祀權利，可轉世投生，稱「再生族」。而婆羅門族於逝世時，只須拜神誦經，即可歸返宇宙本體之梵天，曰頓悟法。剎帝利與吠舍族除誦經祭祀外，還須苦練修禪，此爲漸證法。

吠陀時代後期，約在公元前六七世紀間，婆羅門教已失卻民衆信心，倡導改革者接踵而起。其中最有勢力且對後世影響最大者則爲創立耆那教 (Jaini-sm)之摩訶毘盧 (Mahavira) 與佛教之釋迦牟尼 (Sakyamuni)。摩訶毘盧爲尊號，義爲「偉大的英雄」，原名瓦陀馬納 (Vardhamana)，幼聰慧異常人，年三十出家，在外雲遊十三載，獲覺悟，成爲「耆那」(Jina)，義爲「戰勝者」，知天人神鬼之來往，知風雷雨雪之變化。否認上帝創造及控制宇宙之說，認上帝乃所有隱在靈魂深處的宇宙力量之顯示。人生之眞義在於煩惱之解脫，如獲解脫，有賴三寶之實行：一爲正信，二爲正知，三爲正行。耆那教之目的，在使人獲得覺悟 (Kevalajnana) 人能覺悟，則入「常樂在界」(Siddha-Shilla)遠離生死。耆那教原有十四卷經典，名富羅婆(Purvas)已於公元四世紀間遺失，而新經典十二卷經重行編訂流傳。

公元三世紀，耆那教分離，一派不穿衣褲，信仰二十四祖摩訶毘盧教訓，遵奉十二卷經，赤脚苦行，時人稱爲「裸身派」(Digam-baras)。另一派爲婆陀羅波訶 (Bhadrabahu) 之徒衆，信仰二十三祖波爾須婆納多(Parshva Nath)，承認婦女亦能成證悟，身穿白衣，稱爲「白衣派」(Svetambaras)」。建立佛教 (Buddhism) 的佛陀，通稱釋迦牟尼 (Sakya Muni) 意爲强勇，寂默，「釋迦族之聖人」。於公元前五六七年生於北印度小國刧比羅伐窣堵（Kapilavastu）首邑盧比尼園(Lumbin)，屬刹帝利階級。原名釋達多（Siddharta）。幼天資聰穎，早通諸藝，性靜沉思，懷出世之想。父淨飯王以五慾樂境羈縻，年二十九離妻兒入東方藍摩邑森林修道。苦行六年，獨往迦耶山菩提樹下起大決心，「我今若不證無上大菩提，甯可碎是身終不起此座」。於是靜坐，至心觀念。爲時七日，忽有所悟，即人界所有苦惱其原因在於無明，因之常生我念，我念生諸煩惱，煩惱造成諸業，業積而招未來之果報，使生沉淪於生死苦海中。人能消滅我念，斬斷煩惱，避免作業，即成正覺。時年三十五歲。釋達多既成正覺，爾後四十餘年，專事說法，普渡衆生。至公元前四八六年歿，享壽八十。

佛教教理基礎，首爲四諦，一爲苦諦，即視現世爲苦難世界。二爲集諦，人生煩惱由慾望發生，累積諸業而成。三爲滅諦，人能捨棄煩惱原因之業，返至本來無我境界，則可證「涅槃」(Nirvana)，而免輪廻之苦。四爲道諦，欲達涅槃之境，須脫離苦樂，而營中道生活，中道生活即「八正道」（正見、正思、正語、正業、正命、正精進、正念、正定）然後由此而臻「涅槃寂靜」之境。釋迦死後，於公元一世紀分離爲小乘佛教(Hinayana)遵守原始寺廟僧侶生活之戒律，經典係巴利文(Pali)所書，行於緬甸、錫蘭、泰國等地。大乘佛教(Mahayana)對原始寺廟僧侶生活戒律有所修正，俾適合於實際生活，經典係梵文，行於中國、日本等地。（程光裕）

戒日王朝

笈多王朝之後，小邦林立，各自爲政，其中較强盛者當推塔尼斯華爾(Thameshvara)據有旁遮普東部之地，其開創者爲弗沙伐彈那(Pashyavardhama)傳至波羅羯羅伐彈那(Prabhakaravardham)漸次蠶食鄰邦，並擊敗嚈噠人，遂自稱王，獨覇一方。波羅羯羅伐彈那死，子羅闍伐彈那(Rajyavardhans)於六〇五年嗣位，率兵征馬爾華，爲敵奸計所陷死。其弟曷利沙伐彈那(Harshavar dhana)年十六歲，經朝中元老同意，繼任王位，時在六〇六年，即中國史上所稱之戒日(Harsha-vardhana)王。

戒日王以曲女城（罽饒夷）爲首都，國勢臻盛，自封爲「北方之王」(Uttarpatha)，除西部旁遮普與德干高原以南地區外，全印大部統一。內治採寬大便民政策，土地稅減，刑法上所定刑罰條例甚重故人民守法，刑事案件甚少。司法上根據神的審判法，用水火及毒藥等，如犯罪者觸之而有傷害者，則認爲有罪，否則無罪。有常備兵二十一萬，所有軍馬均取自波斯及阿富汗。邊陲各地，亦置重兵。宮中設檔案局，寺院負教育任務，其中最大佛教學府當推那爛陀寺(Nalanda)。戒日王原爲印度教徒，爲濕婆一派之信仰者，後來卻受中國名僧玄奘及印度佛教（小乘）大德迭婆伽密多羅(Divakarmitra)之影響，皈依佛教，且爲佛教宏揚而努力。其最著事蹟爲：禁止殺生，獎勵茹素。依照阿育王對於宏揚佛教之前例，建寺院，造石塔及旅舍，以供佛僧及朝山進香者之用。每年召集僧徒舉行佛學討論會一次，賢者賞之，頑劣者懲戒之。每五年舉行無遮大會一次，並將一切財物，佈施於民。

他雖宏揚佛教，但對婆羅門教亦持崇敬之態度，當鉢羅耶伽大會(Prayag Assembly)時，戒日王先禮佛陀像，次日爲禮太陽神像，第三日則禮敬濕婆神像。戒日王之文事武功,在印度史上,足與訶摩陀羅笈多王與阿育王先後媲美。他爲一偉大之武士，征服鄰邦，統一天下，而至和平，然後致力於人民福利與獎勵學術事業，對於宗教尤三致意。（程光裕）

邦咯條約（The Treaty of pankor）

一八二六年英國東印度公司把檳榔嶼、新加坡、馬六甲合併成爲海峽殖民地，作爲印度的一個省行政區，並設總督府在檳榔嶼，以統轄之。後來其隸屬關係曾有變更，降至一八六七年正式脫離印度的統治，成爲皇家直轄殖民地(Crown Colony)之一，由英國殖民地部（Colonial office）直接管理，另派一總督統轄之。在海峽殖民地尚屬東印度公司時，總督對於馬來亞各邦向採取不干涉政策，但迨至由英國殖民地部接管後，一改過去不干涉政策，開始向各邦伸張勢力。其時，馬來亞半島上分立著十多個大小土邦，彼此不相統屬，也沒有連繫。各邦的內部亦呈分歧與混亂現象，因之使英國的力量在馬來亞獲得了壓倒的優勢，任何一個土邦都不足以和英國抗衡，其中首先受到英國影響的是霹靂（Perak）。霹靂礦藏在馬來各邦中最爲富饒，吸引大批華人湧入開採，這些華人礦工分成兩個幫派，一是海山公司（或稱大伯公會），一是義興公司，前者爲客家人（即梅縣、蕉嶺、大埔等縣）及閩南五縣（即舊泉州府所轄之晉江、南安、惠安、安溪、同安等縣）所屬，後者爲廣東四邑人所屬。起初這兩個公司各有自己之礦區，尚能和平相處，後來爲了爭奪礦區，竟發生械鬪，亂事亘十一年之久，死傷逾萬，史稱拉律戰爭（西元一八六二—一八六三年）。正當這兩幫華人公司的內爭在擴大之中時，不料霹靂邦的馬來人中間，亦因王位繼承問題，引發內爭，霹靂蘇丹阿里（ Ali ）於一八七一年逝世，依例應由太子阿布杜拉（ Abdulah ）繼任，因其生性懦弱，不孚眾望，躊躇不敢登位。於是土酋便擁立首相伊士邁爾（ Ismail ）爲蘇丹。但阿布杜拉不肯放棄繼承權，便和義興公司合作，企圖利用他們奪回王位。這樣礦權之糾紛，加上王位之爭，使局勢變得不可收拾。當時的海峽殖民地總督奧德爵士（ Sir Hasry Ord ）採取超然態度，到了一八七三年底新任總督克拉克爵士（ Sir Andrew Clark ）到職，乃改採干涉措施，出面調停。當時太子阿布杜拉表示倘克拉克能幫助他立爲蘇丹，他願意接受一個英國人作爲參政司（ Resident ），當時華人也同意由總督來解決礦務糾紛。一八七四年一月，克拉克總督便在邦咯島（ Pangkor Island ），召集華人與馬來人的領袖舉行會議，商討解決方案，結果雙方互相讓步，遂訂立了邦咯協約（ The Pankor Engagement ），以息多年來的糾紛。該約重點有六：⑴承認太子阿布杜拉爲霹靂蘇丹，⑵首相伊斯邁爾保有副王榮銜，並給予土地和津貼，⑶承認偉人大臣（ Orong Roja Mentri ）伊伯拉欣（ Ngah Ibrahim ）對拉律區（ Larut District ）的權力，⑷蘇丹接受英國委任的參政司，除了馬來人的宗教、習俗之外，一切政務的實施都必須得到參政司的同意，⑸拉律也需接受一位駐劄官，協助有關事務，⑹把天定（ Dinding ）沿海之地與附近的島嶼割讓予海峽殖民地。

關於兩幫華人之間的糾紛，也決定由英國組成委員會，來進行調解，後來在一個月以後調解成功，獲得下列三點協議：⑴雙方把錫礦地區作合理劃分，⑵一切防禦設備都加以拆除，⑶雙方各自釋放俘虜。至此糾紛達十一年之久的一場大衝突，終算宣告平息。（陳水逢）

扶南國

扶南是猛人（**Mons**）、吉蔑人（**Khmers**）所建立的國家，其地理位置當今柬埔寨和越南南圻，其建國時期約在公元一世紀後半期。扶南原由一女主柳葉（據伯希和考訂，認係椰葉之誤）所統治，有印度人混塡，在一世紀後期航來扶南，征服其地，與女主柳葉結爲夫妻，於是扶南乃成爲早期印度化的國家。

混塡與柳葉生七子，分王七邑。其後王名盤況，離間諸邑，令相猜疑，然後舉兵攻併之，遣其子孫分治諸邑。盤況卒，立中子盤盤。盤盤卒，國人共舉其大將范蔓爲王。范蔓武功極盛，曾遠征屈都昆（在今馬來半島）、九離（在今馬來半島）與典遜（今 Tenasserim ）等十餘國，其版圖西至今泰國湄南河流域及馬來半島，使扶南成爲雄視東南亞的帝國，其時約當中國漢獻帝時期。其後范蔓老病，外甥范旃篡位自立，又以計詐殺出外遠征的范蔓之子范金山。范蔓另一幼兒范長於長大後，又襲殺范旃，而范旃的大將范尋又殺范長而自立。

當范旃在位時，曾於公元二四三年遣使至吳，獻樂人及方物，是扶南史上第一位與我國發生外交關係的君主。范尋即位時，吳國遣康泰、朱應南宣國化，曾出使扶南，扶南遂再遣使至吳貢獻。范尋以後七十年間，史事不詳，傳至竺旃檀時，曾於三五七年向晉廷朝貢（東晉穆帝時）。

公元四世紀末或五世紀初，約當中國東晉安帝時期，有一印度婆羅門憍陳如（**Kaundinya**）被扶南人迎立爲王，他把扶南徹底印度化。憍陳如以後之王持梨陁跋摩（**Crindravarman**），曾向宋文帝奉表獻方物，其後諸王，亦與中國維持友好關係。四八四年（齊武帝永明二年），扶南王憍陳如闍耶跋摩（**Kaundinya Jayavarman**）遣使上表，數說林邑王范當根純之兇惡，請齊廷出兵助其討伐，齊武帝詔報交州隨宜應接，但終未出兵討伐林邑。中國梁武帝時，扶南曾人僧伽婆羅、曼陀羅來中國，從事翻譯佛經。是時扶南王憍陳如闍耶跋摩仍在位，五〇三年，遣使入貢梁廷，翌年，梁武帝封爲安南將軍扶南王。五一四年，闍耶跋摩卒。庶子留陁跋摩（**Rudravarman**）殺其嫡弟自立，曾六次入貢梁廷。惟扶南國勢自此日漸衰落。

中國陳朝時，交州獨立，扶南因地理阻隔，不得通中朝，其使罕至，中國史籍亦不載其事。六世紀中葉，扶南屬國眞臘漸强，至七世紀初，終滅扶南而據其地。（呂士朋）

汶萊小史

汶萊一名，變化甚多，常見者有 Bunei , Brune , Borneo , Borney , Bornei , Borne 及 Burmi 等最後演變成 Brunei 。

汶萊地方最早的王國是勃尼王國（**Kingdom. of Puni**），約在公元五百年至一千年間。國王曾於五一八年、五二三年及五六一年，先後向中國朝貢。

公元第十六世紀初期，是汶萊黃金時代，文治武功，聲威遠播，國王蘇丹菩其亞(Sultan Bolkiah)在位時，曾經縱橫海上，戰勝婆羅洲各地王國，如三發(Sambas)、坤甸(Pontiank)、馬辰 (Bandjarmasin)、巴絲古德(Paskudat)及保郎干(Boulongan)、巴拉巴克(Balabac)、萬宜(Banggi)、巴拉巴彥(Balabjen)與巴拉旺(Palawan)等。且遠征爪哇，娶其公主為后。時滿剌加、蘇祿(Sula)及菲律賓諸王國也稱藩入貢。

一五二六年，葡萄牙在汶萊建立商業與傳教基礎，荷蘭在東婆羅洲、西南婆羅洲建立商業棧，更擴張勢力於汶萊諸屬邦，至十九世紀期，由於荷蘭的蠶食結果，汶萊王國的領土，縮小祇剩下砂勝越及北婆羅洲一部。

一八四七年，汶萊蘇丹與英國訂約，建立兩國貿易關係，並請英國協助平定海盜。於是納閩 (Labaun) 島成為英國海軍基地。一八六一年，汶萊蘇丹自動將砂勝越的三馬拉漢河 (Samranhan R.) 至克多隆 (Kadarong) 一帶土地，讓給詹姆士布洛克(Raja James Brooke)。一八八八年九月十七日，汶萊蘇丹再與英簽訂保護條約，汶萊正式為英保護國，蘇丹又同意將外交事務由英國處理。一九〇六年，條約又加附件，蘇丹接受代表英國政府的官員，協助處理汶萊政事。此後三十年，汶萊蘇丹與英國官員組織政府，從事建設汶萊工作，制定法律，開闢公路，振興商業，發展漁業及開採油礦，使汶萊成為進步國家。

一九四一年十二月十六日清晨，日軍對無軍事設備的汶萊發動攻擊，首先佔領詩里亞(Seria)，南陷首府汶萊市，並佔領石油工業區，英國官員不及逃避，悉數被拘留集中營。在日軍佔領的兩年內，汶萊不但缺乏糧食，又流行寒熱病，人民生活無着，死亡率增高。一九四四年，盟軍飛機隔日轟炸汶萊，次年六月，海軍在母拉(Muara)登陸，雖遭日軍抵抗，結果盟軍勝利，汶萊光復。

英國重返汶萊，初施行軍政，維持秩序，抑低物價，鼓勵生產，積極建設。一九五九年九月二十五日頒行新憲法，汶萊成為自治邦，地位與星加坡同。汶萊自己負責內部事務，外交與國防則由英國派最高專員處理。

一九六二年八月卅日，汶萊首屆民選議會施行選舉，人民黨佔五十四席，中立人士僅一席，人民黨領袖阿查哈里因獲全勝，又由於反對馬來西亞而要求獨立，於是發生暴動事件，蘇丹宣佈憲法暫時停止，解散立法議會。

東姑拉曼提倡馬來西亞計劃，至決定階段時，汶萊蘇丹斷然宣佈不加入，雖使一些人士驚奇，如就汶萊本身言，却是明智之舉。（徐玉虎）

砂勝越小史

砂勝越又稱砂拉瓦克，均係 Sarawak 之音譯。位於婆羅洲西北部，地形狹長，東起東經一百五十度四十分，西止東經一百零九度三十六分，東西縱約四百五十英里，南起北緯零度五十分，北止北緯五度，南北橫約四十至一百二十英里，適近赤道邊緣。東、南、西三面與印度尼西亞之加里曼丹(Kalimantan)為鄰，東北與北婆羅洲、汶萊同是英國屬領，西北面臨南中國海，全面積約五萬平方英里。

關於砂勝越古代史，傳說分歧，約在公元四五世紀，即有華僑足跡，嗣後經外力侵迫，治權屢次更迭。十四世紀，爪哇滿者伯夷帝國 (Modjopahit Empire)曾遠征斯土，佔有其地。繼有阿剌伯人挾其回教，統治一個時期。自第十六世紀至第十九世紀上半期，則由馬來族之汶萊蘇丹統治，一八三九年八月，英國青年詹姆士布律克(James Brooke)抵達砂勝越之古晉(Kuching)，正值馬來人與陸上達雅克(Land Dayaks)不堪蘇丹之壓迫，叛亂時起，布律克乘機替蘇丹削平叛亂。蘇丹為感謝，願獻砂勝越統治權，並於一八四一年九月，由汶萊蘇丹正式授以拉查(Raja)封號，布律克治績頗豐，甚得諸民族之信任。一八四六年，脫離汶萊王國之宗主權，而宣告獨立。一八六三年，經英國正式承認其為獨立國。一八六八年八月三日，二世查爾斯布律克(Charles Brooks)嗣位，政治修明，於一八八二年與一八八九年，先後受汶萊蘇丹之割讓，與林夢(Limbang)等地人民請求，將峇南(Baram)及林夢一帶地區，併入砂勝越版圖，同時更得英國之保護，完成其獨立統治。一九一七年，三世梵納布律克(Vyner Brooks)繼立，一九四一年九月二十四日，為砂勝越建國百年紀念，宣佈終止專制政體，制定憲法，組織國會，使砂勝越步入民主政治新階段。惜因太平洋戰爭暴發，日軍於是年十月二十四日侵陷砂勝越，布律克氏之統治，因此中斷。砂勝越在日軍佔領期間，百業俱廢，工商停頓，交通斷絕，學校被封，糧食醫藥等無不缺乏，各族人民慘遭虐待與姦殺，直到一九四五年九月，聯軍收復砂勝越，人民始得重見天日，恢復自由。布律克三世鑒於復興工作極為艱鉅，幾經考慮，乃決意讓予英國直接統治，經廣泛徵詢民意後，於一九四六年七月一日，實行砂勝越統治權之讓渡，由英皇統治，成為英國之殖民地。

根據一九四七年之戶口調查，砂勝越人口總數，約有五十五萬，一九五三年六月，根據生死總註册官伊凡斯發表報告，人口增加到五十九萬二千六十三人，第三省詩巫（Sibu）佔二十一萬。人口最稀之縣份是加帛（Kapit），每一平方里祇有二人，人口最稠密之省份是第一省，平均每一平方里約五十人。各主要民族人口之百分比爲：海上達雅克人（Sea Dayaks），佔百分之三十三，華人佔百分之二十九，馬來人佔百分之十八，陸上達雅克人（Land Dayaks）佔百分之八，馬蘭娜人（Malanaus）佔百分之六，其他土人與亞歐人共佔百分之六。馬來人與馬蘭娜人，多居住於沿海或各河流邊緣，海上達雅克人多居於內陸之港灣溪岸一帶，陸上達雅克人，全居位於第一省區，華人足跡則又遍及於砂勝越全境，尤以第一省區之古晉，第三省區詩巫及拉讓江（Rejang River）之游爲最稠密。華人除少數從事墾殖外，絕大多數均從事經商，故砂勝越各地之大小商業，幾乎全爲華人經營。

砂勝越之物產豐富，尤以美里之石油，古晉之砂金，詩巫之橡膠、胡椒，汶株汝之木材，木膠之碩莪粉，及加正之黃籐最馳名。其每年對外輸出貨物，亦以上述諸種爲大宗，政府收入多依賴於此。（徐玉虎）

東山文化 (Dongson Culture)

東南亞之青銅器文化，最多發現於越南之東山，故考古學家海涅葛爾敦(R. Von Heine Geldem)稱之爲「東山文化」。傳播此文化入群島者卽混血馬來人(Deutero-Malays)，其體型與原始馬來人(Proto-Malays)相同，惟其蒙古人種之混血特徵尤爲顯著。彼等循前人之足跡而前進，雖驅之入內地，然亦與之雜處，交融若水乳。今蘇門答臘島之 Gajo 及 Alas 人，西里伯之Toradja人，皆原始馬來人。此期文化之代表器物，有銅鼓、銅錢、銅鏃、銅絲等，同時亦有中國式之銅劍、銅鏡、銅幣等發現，殆爲南北二系文化之匯合，此二系皆與中國之青銅文化有深厚淵源，僅南傳有先後耳。前系青銅顯爲南島民族之古文化，而後者則爲漢文化南播之結果。此項銅器之製作程度極高，最著者則爲各式銅鼓，遍播東南亞各地，至今尙爲土著王室之儀仗。（參考許雲樵：「南洋史」上卷二八至二九頁。）（程光裕）

東南亞公約

一九四五年四月，美、英倫敦會談，發表聯合聲明；說越共的大規模南侵，已危及東南亞與西太平洋的安全，美英兩國願與其他友好盟國合作，「研討在聯合國憲章範圍內，建立一項集體安全的可能性」。以保證該地區的和平，安全與自由。是爲東南亞公約組織(The South East Asia Treaty Organization)之源起。

美國對東南亞公約的簽訂，早於一九五四年卽與有關各國駐美使節磋商，時因英國態度冷淡，毫無進展，同年七月二十一日，日內瓦停戰協訂簽字前，英國表示願參加這一組織，八月十四日，八發起國發表公報，同意在一九五四年九月一日至八日，在馬尼剌(Manila)召開會議，商討公約的簽訂，但發起國家間，對公約組成份子，公約範圍和性質，意見十分不協調。

參加公約的成員，美國初意括有美、英、法、泰、菲、澳、紐及中南半島三國等十國，英國主張可倫坡(Colombo)集團亦應加入，菲律賓則認爲中華民國與菲律賓國防有唇齒相依關係，地面部隊實力强大，應是公約參加國之一。

公約的性質上，泰、菲兩國主張採取北大西洋公約精神，咸認對締約國任何一國的進攻，等於對公約國全體的進攻，各國卽應共同起而抵抗；英國則傾向於經濟合作，而不甚贊同軍事同盟性質；美國則主張採取美、澳、紐公約原則，卽簽字國如遭攻擊，卽被認爲是對全體國家安全與和平的威脅，各國將遵照其憲法程序，來共同應付這一危機。

一九五四年九月一日，八國專家在馬尼剌召開工作委員會，就美國所提東南亞公約草案進行研究。四日，委員會提出報告，對草約獲得同意與不同意部份分別列出。六日，由各國外長級人員參加的八國代表會議，根據此項報告作最後討論和決定。八日，各代表再三研討的結果，一項共計十一條的東南亞公約組織；卽告簽字完成。

東南亞公約序言中說明訂約之目的，「意在公開並正式宣佈締約國團結的意識，使任何未見諸行動的侵略者，洞悉締約國在亞洲方面併肩一致，並進而配合集體防禦，以保和平與安全的努力」。又其第一、二、三、四各條對於解決國際糾紛，防止侵略方式的採擇，則知該條約完全是「集體防禦的」性質。更據美國代表團於簽約聲明說：「美利堅合衆國認爲所稱之侵略及武裝攻擊，及其對本約第四條第一項之同意，僅適用於共產黨侵略……」。則知該條約防禦的最主要對象，是共產黨的武力侵略。

東南亞公約的範圍，根據第八條的解釋，是指東南亞一般地區，不括有北緯二十一度三十分以北。議定書規定，其防禦地區擴至柬埔寨、寮國及自由越南管轄之領土。因而中、日等國不能參加此公約，中南半島三邦，雖在防禦區域內，但三國本身因日內瓦協定的限制，亦不能參加，至於可倫坡集團，僅巴基斯坦(Pakistan)爲該約會員國。（徐玉虎）

和平文化 (Hoabinhien Culture)

一九四二年，墨爾缽 (Melbourne) 附近發現一頭蓋骨，名曰凱羅(Keilor)與前於爪哇南部沿海發現「衞傑人」(Wadjak Man) 之頭蓋骨極爲相似，學者乃主張「衞傑凱羅型人」爲「南方人種」(Australoid 之祖）。今日澳洲之土著與馬來亞之山居種族，先奴伊（Senoi）沙垓 (Sakai) 皆其苗裔。「南方人種」與極類相似之吠陀人種 (Veddoid)，殆爲最早廣佈於南洋之居民，今民族學者合稱之爲吠陀澳洲人種 (Vedda-Australoide)，最具原始特質。其主要特質爲眉梭骨隆起、眼深、顴高、鼻濶，髮質波狀，甚至捲曲，身材小式中等，皮色褐、長頭型、爲「南系」(Meridional) 中之早熟系。原南方人種 (Proto-Australoid) 既爲最早移入南洋之人種，則其文化亦當最早。今據考古學家之指示，其文化屬和平期，分前後三期：第一期全爲打製粗石器，尙爲純粹舊石器文化 (Paleolithic culture) ；第二期則發見少數磨刄石器；第三期以細石器爲主，並有少數骨器。以分佈於越南之和平 (Hoabinh)，寗平(Ninbinh)，河南 (Ha-nan) 諸州而得名，其石器之出土者，有越南、泰國、馬來亞，以及蘇門答臘與菲律賓間諸大島，可見其分佈之廣。（參考許雲樵：「南洋史」上卷二二二至二二五頁。）（程光裕）

阿瑜陀耶王朝

阿瑜陀耶王朝，爲泰族第二次建立之王朝。王朝之始祖爲烏東王 (Phya Uthong)，於一三五〇年建都於湄南河南端之阿瑜陀耶城(Ayuthia即大城府），意爲「不可克服之城」。上尊號曰羅摩直波智第一 (Rama Tibodi I)，先滅吉蔑族殘都德凡拉底 (Dvarati)，然後與速古臺王國作多次劇烈之戰爭，終戰勝之，奄有速古臺王朝舊有領地。內政制度，多承速古臺王朝之遺法，並以軍制統治國民。朝內設政務、宮務、財務、田務諸大臣以理國政。崇尙婆羅門教師所傳授之婆羅門儀式，首都所在地之審訴訟，皆賴通曉法理之婆羅門教徒。文學作品，尤善用梵語。但皈依佛教者則多依從錫蘭派教儀。阿瑜陀耶王朝，與眞臘時啓鬥爭。

一三九三年，泰王拉梅遜 (Ramesuen)，揮軍進攻眞臘（柬埔寨），陷其首都祿兀(Angkor)，眞臘王苦東邦 (Kodom Bong)乘小舟遁，不知所終。王太子被擄，立王孫室利蘇利遊 (Sri Suriyo)爲王，淪爲泰國藩屬。

此後眞臘全國殘破，人民被泰國擄而爲奴者九萬人。自此以後，遷都於金塔城 (Pnom Penh)，國勢一蹶不振。自此吉蔑族僅能據有今日高棉地區，無復再有眞臘雄踞中南半島時的盛況。

十六世紀之初，緬甸東吁王朝 (Taungu) 興起，爲阿瑜陀耶王朝之勁敵，一五四八年，緬王莽瑞體(Tabeng Shweti)與大將莽應裏 (Bureng Noung) 率兵三十萬，馬三千頭，象七百頭，攻泰，自馬爾達班出發，大敗泰兵於蘇班富里 (Supanburi)，近逼大城府，緬兵駐於城北，城周大河環繞，泰兵皆以大炮裝置船上，伺機轟擊，緬兵甚難逼近城垣，且緬軍中缺乏大炮與泰軍相抗，因大軍來自遠方，跋山涉水，攜帶甚屬不便，故軍中只有小炮使用。泰兵採堅壁清野方式，移糧於城內，緬兵覓食困難，終於撤退，莽瑞體自征泰歸國，酖於酒色，不理國政，大權落入莽應裏之手。一五五〇年，爲部下所殺。由莽應裏嗣位。泰王后素里玉臺 (Suriyotai) 死於大城保衞戰之役，緬軍撤退後，於王家公園內火化其屍，又建一墳塔，收藏骨灰，其墳塔至今猶存，泰人尊爲巾幗中之英雄。

泰王卻克拉帕脫 (King Chakrapat) 修整城垣，開鑿運河，增築炮壘，儲備軍械，不遺餘力。又以象在陸上運輸方面至爲需要，通令全國捕象，以增戰力。會捕得白象七隻，官吏居民，深知此爲泰王聖德之表現，遂奏請御號爲白象王，威名震於各國。緬王妬之，請分得二象，以爲國家光榮。泰王答以：「白象爲一國君主之祥瑞，鴻掃瓦狄（即緬甸）果能佈仁施義，造福邦國，亦必有白象產生，無可慮者。」緬王獲訊，宣佈與泰絕交，幷集中重炮，僱用葡萄牙炮手四百餘人，先併青邁，徵運糧食，於一五六三年再征泰國，緬兵下湄南河，進圍阿瑜陀耶城，先擊燬泰軍戰船，再以大炮向城內轟擊，民房寺院，日有毀壞，泰王請降，接受城下之盟，予四白象，幷於每年向緬貢象三十匹，白銀三百斤，並押王子拉米蘇 (Ramesuey)及主戰派大臣多人返緬爲質。

公元一五六五年，泰王卻克拉帕脫退居靜養，以王子馬興(Mahin)攝政，馬興優柔寡斷，又多疑多忌，大權旁落於大臣塔馬拉甲(Tammaraja)之手，一五六七年，老王卻克拉帕脫入深山，削髮爲僧，馬興用反緬派領袖披耶拉姆(Pya Ram)，生聚教訓，志在復國，權臣塔瑪拉甲叛變，迫馬興交出披耶拉姆，重請老王復位，塔瑪拉甲憤而走緬甸，誘勸莽應裏攻泰。一五六八年，老王卻克拉帕脫死，馬興正式就王位，籌退兵之計，交出披耶拉姆以之爲戰犯，莽應裏佯允接受，既去披耶拉姆，乃復攻佔阿瑜陀耶，俘馬興等王族歸，立塔瑪拉甲爲傀儡王，劃泰國爲緬甸之一省。

塔瑪拉甲掌得政權後，雅不願爲兒皇帝，藉口柬埔寨叛變，自練新軍，一五七七年塔瑪拉甲之長子拉雷修(Naresuew)自緬甸歸(拉雷修原被莽應裏扣爲人質，經塔瑪拉甲以公主妻莽應裏，始獲贖回拉雷修)，勇武過人，有黑王子之稱。一五八一年緬王莽應裏卒，新王知塔瑪拉甲父子有復國獨立之心，曾設計擬謀殺拉雷修，不果，拉雷修益警覺，組軍公開反緬，至一五八四年終於復國。

一五九二年，緬王機撾(Yuva Yaza or Nada Buyin)莽應裏之子)屢興大軍伐泰國，皆爲拉雷修所敗，損失不貲。拉雷修曾東征眞臘，降其王，收爲藩屬。又西征緬甸，取馬爾達班及土瓦等地，降服景邁，稱雄海上，史稱最偉大之君王。

自十六世紀末以來，緬泰之戰爭，史不絕書，十八世紀初，緬甸有木疏部(Mokso-bo)酋長甕籍牙王(Alompra，緬名阿隆丕耶 Alaung Paya 意即佛祖。)興起，一七五九年，甕籍牙興師伐泰，由緬南部東征，敗泰軍，渡湄克隆河而東，近暹羅灣頭，離大城府不遠，忽患病，急班師，卒於中途。子莽紀覺(Maung Dowgyi)卽位，一七六六年，興師伐景邁、南掌、及老撾諸邦，皆收爲藩屬。乃移師征暹羅，一師自土瓦出發攻大城府，一師自青邁沿湄南河南下，會師於大城府外，圍攻之，泰人力拒，終不敵，一七七六年四月，城陷，泰王伊克塔(Ekatat)逃於荒野而死，王族皆爲俘虜，王城焚燬，阿瑜陀耶王朝國祚四百十七年，至此結束。(參考王又申譯：「暹羅古代史」三五至一三八頁，李長傳：「南洋史綱」二九、三四、三五、四四頁，程光裕、李作華：「東南亞史」六三、六八至七一頁。)(程光裕)

亞齊王國

亞齊原是蘇門答臘海濱最古老的蘇丹王國，也是東南亞最初信奉回教的海港國都，在馬來人統治的滿剌加王國未興起以前，已經是繁盛的海外貿易口岸，蘇島出產的胡椒、黃金、樟腦等以此爲集散地。十四世紀中葉，亞齊爲滿者伯夷(Modjopait)王國征服，一五一九年，卽葡萄牙人佔領滿剌加後八年，亞齊一躍而爲商業經濟中心，國勢强盛。亞齊位於蘇島北部，扼馬六甲海峽北方門戶，佔有地理上優越條件，故一般不願與葡萄牙交易的，都轉向亞齊。非洲的摩亞人因忿葡人奪去其百年來的貿易，更支持亞齊。亞齊歷代蘇丹，不斷跟葡人及柔佛王國作戰，以爭奪東西洋貿易的控制，海上的霸權。

一五三七年，亞齊人派兵三千首次試攻馬六甲。葡軍出戰，亞齊軍卽退。

一五三九年，亞齊人轉戰柔佛，先擄掠柔佛藩屬亞魯(公蘇島日里Deli)，柔佛蘇丹阿老定沙二世(Sultan Alaudin Shah II)聯合錫國(Siak)及霹靂王國出兵，不意此次戰爭，竟將新興的亞齊人打敗，爲馬六甲葡人獲得短期的喘息。

一五四七年，亞齊捲土重來偷襲馬六甲，在吉寧村(今吉寧街)焚燬葡船，俘獲漁人七名，割去耳鼻，以血寫成戰書向葡人挑戰，葡人以敵衆我寡，不敢應戰。而柔佛懼亞齊乘機復仇，與葡人聯盟，當亞齊人圍攻馬六甲時，集合霹靂及彭亨二國艦隊，在蔴坡(Muar)會齊，俟機行動。後葡方自印度果阿調兵東來，解馬六甲之圍。

一五六四年，亞齊爲報一五三九年被柔佛痛挫的恥辱，再擧侵佔亞魯，又進攻柔佛，佔領舊柔佛城(Johore Lama)，燬要塞，焚房屋，並生擒蘇丹阿老定沙二世，送至亞齊，囚禁至死。

阿老定沙二世歿，阿老定沙三世繼爲柔佛蘇丹，遷都於峇株沙瓦(Batu Sawar)。一六一三年，亞齊名王麥可打阿藍(Mahkota Alam)率領艦隊，襲擊峇株沙瓦，地方大遭蹂躪，蘇丹阿老定三世及王弟羅闍蓬蘇(Raja Bongsu)被俘，蘇丹囚死亞齊。羅闍蓬蘇在兩年後被釋還，卽位爲蘇丹阿都拉馬也沙(Sultan Abdullah Ma'ayat Shah)，新蘇丹爲亞齊傀儡，却與亞齊死敵葡人携手，麥可打阿藍勃然震怒，立刻揮師進襲，將峇株沙瓦夷爲平地。阿都拉馬也沙出亡星島(Singapore)既而走避龍牙(Lingga)一六二三年歿於大淡馬蘭島（Tambelan Besar）。由阿老足沙三世之子繼位，稱蘇丹阿都耶利沙（Abdul Jalil Shah）。

一六三六年麥可打阿藍歿，史稱名王。終其一生，東征西討，國勢强盛。一六一二至一六二〇年間，征服亞魯、柔佛、吉打、彭亨、霹靂，一六二四年取尼阿斯島（Nias）及英得其利（Indragiri）一六二九年大舉進攻馬六甲，葡人「談虎色變」。被征服者不下三十九國。

麥可打阿藍無嗣，短期間由俘自彭亨的養子繼位，稱伊斯干陀二世（Iskandar II），還是滿剌加王系。一六四一年荷人佔領馬六甲時，伊斯干陀二世亦逝世。此後亞齊由女王執政達六十年之久，女王採和平政策，因此柔佛與馬六甲均不再受亞齊的威脅，而柔佛以荷蘭人勢力膨脹，與之結盟，亞齊前在馬來半島征服各地，除霹靂外，先後歸還，亞齊已無當年銳氣，馬六甲海峽貿易控制權之「三角戰爭」歷百餘年而告結束。（參考許雲樵：馬來亞近代史）（程光裕）

星加坡小史

星加坡(Singapore)源出梵文，意爲「獅子城」。爪哇人稱曰單馬錫(Tumasak或Tamasik)，華僑則稱爲石叻(Selat)。

一八一九年，蘇島明古連副太守萊佛士(Stanford Raffles)，說服英東印度公司總督海斯廷(Load Francis Rainden Hasting)，命他於星加坡海峽附近，尋覓設立商棧地方，他率艦七艘東來，認定星加坡最適宜。時星加坡原屬柔佛，且蘇丹押杜蘭拉曼(Abdul Rahaman)與兄東姑隆(Tenku Long)有隙。萊佛士登陸後，與管治星加坡柔佛王國的天猛公洽商，要求同意在星加坡設立商棧，天猛公建議與東姑隆接觸，允立他爲柔佛國王。一八一九年二月六日，萊佛士與天猛公舉行隆重儀式，宣佈東姑隆爲柔佛蘇丹，改王號爲蘇丹胡賽因(Sultan Hussin)，並與之訂約，讓英國在星加坡設商棧，每年英方付給蘇丹五千元租金。另付天猛公三千元爲報酬。萊佛士便委命法庫爾(William Farquhar)，負責開發星加坡。

星加坡開埠消息傳到荷蘭，荷人十分不高興，咸認英人有意侵犯荷蘭權益，便向英國政府抗議，於是引起英荷兩國間的外交折衝，經一番協商後，終於在一八二四年三月，訂約於倫敦，全盤解決兩國的問題。根據條約，英荷在東南亞的勢力範圍作明確劃分，該條約在一八二五年生效。英國於是將檳城、星加坡和滿剌加統一起來，成立海峽殖民地(Strait Settements)，作爲一個行政區。英人於是放手經營，又因星加坡得地利，處印度與中國間的海運中心，星加坡很快成爲東南亞貿易中心。一八二四年八月，英與柔佛蘇丹再訂新約，英國正式成爲星加坡主人。

一九四一年十二月八日清晨四時，日本空襲星加坡，太平洋戰爭開始，次年二月一日，馬來半島全部淪陷，英軍退守星加坡，日軍除集砲百門，日夜猛轟外，於三月十四日分三路進逼市區，英軍無法抵抗，十五日英日雙方簽訂協約，下午八時作戰行動停止，日軍進入市區。旋改星加坡爲南昭島，開始軍事性殘酷統治，華僑被屠殺達五萬餘人，一九四五年八月七日，美軍投原子彈於廣島，日本正式宣佈投降，九月五日星加坡光復。

一九五六年三月十八日，星加坡居民集會，討論其地位問題，四月各黨派織十三人代表團，由勞工陣綫主席馬歇爾(Mr. David Mashall)率領，赴倫敦與英國談判，結果失敗，旋由林有福率領，再赴英倫，結果星加坡成爲大英聯邦內實行自治，英主持星的外交與國防，餘自理。

一九五九年五月，各黨派根據新議會組織法，舉行大選，人民行動黨(People's Action Party)被選爲執政黨，六月三日星加坡宣佈實行內部自治，籌組新政府，該黨秘書長李光耀被選爲自治邦第一任總理。

一九六一年，馬來西亞總理東姑，籌組馬來西亞聯邦，其目的在解決星加坡問題，計劃提出後，立刻獲李光耀總理的支持，星加坡於是成爲馬來西亞成員之一。

一九六五年八月九日，星加坡再脫離馬來西亞而獨立，全稱是星加坡共和國(Republic of Singapore)。（徐玉虎）

卻克里王朝

一七八二年泰國披耶卻克里(Tsakri)弑鄭昭後即王位，自上尊號爲迭帕第拉瑪(King Rama Tibodi)，即後人所稱之拉瑪第一，移都曼谷(Bangkok)是爲卻克里王朝。

拉瑪第一自稱鄭昭之子鄭華，遣使入朝中國請封，清廷不明眞相，封之爲暹羅王。拉瑪第一既得中國承認，遂致力於內政改革，重訂法律。嘗與緬甸數次戰爭，仍能維持鼎革時版圖，仍控制柬埔寨與老撾，並擴充其勢力於半島，遠達吉蘭丹、丁加奴。

一八〇九年，拉瑪第一卒，子依薩拉孫拖翁 (Isara Suntorn) 繼位，是爲拉瑪第二，曾入貢中國，表稱鄭福。他長於軍事，在位十五年，曾捲入柬埔寨內部政爭。一八二一年，發兵遠征馬來半島之吉打，破其軍，直下吡叻，與雪蘭莪交兵，値軍勢不振，乃戢兵，由宋卡回曼谷。

拉瑪第二於一八二四年逝世，子蘇庫保 (Prince Mahamongkut) 繼位，稱拉瑪第三，卽位之初，持閉關主義，禁外人在泰收買土地及自由旅行，然大勢所趨，不得不與外國發生關係。時値英緬戰事發生，英遊說泰加盟參戰，泰圖藉此報緬世仇，因整軍入緬。惟始終不准英美兩國在泰境自由通商及設立領事。

一八二八年，拉瑪第三發兵消滅永珍之寮國，一八三一年發兵征柬埔寨，柬王匿禎出奔芬龍 (Vinklong)。其後柬人武裝起來抵抗，並得越南命令皇帝 (Minh Mang) 派兵一萬五千來助，遂擊敗泰軍，將之驅出國境，復柬王之位。

一八三四年柬王病卒，越南使臣扶立匿禎之女玉雲 (Ang May) 爲女王，圖以女王爲傀儡，七年後，柬人起兵反抗，組臨時政府，派使向泰求援。

一八四一年拉瑪第三又派兵援柬，並擁立親泰的安哥當 (Ang Duong) 爲王，因此演成泰越戰爭，直至一八四五年，兩國講和，以柬作爲兩國共同保護國。安哥當遣其子安哥伍遜 (Ang Vatey) 到泰受教育，於一八五一年繼位，爲歷史上的弩羅登 (Norodom)。

一八五一年拉瑪第三去世，由其弟蒙庫 (Mongkut) 繼位，是爲拉瑪第四。他原是拉瑪第二之太子，後出家爲僧，王位遂爲拉瑪第三所奪。他對佛學有精深的研究，並改良佛教的宗派。嘗從法國與美國教師學英文，因此能洞悉外國的情形。當時泰國正受到列强的壓迫，蒙庫深感以中國之大，尙不能閉關自守，泰國只好與外來力量和平相處。一八五五年與英訂立友好通商條約，規定英貨抽稅率爲百分之三，鴉片則免。英臣民可於曼谷附近買地或租地，幷享受治外法權。於是法、美、丹、葡、荷、普諸國紛紛援例。主權完整喪失，蒙庫自知在列强宰割局面下，自求刷新內政，興建運河與道路，創立造船廠，建立新式國防軍，並聘用歐美人士擔任行政與陸軍顧問。他熱心介紹西洋思想與西洋方法，提倡研究外國語文，卒於一八六八年。

子朱拉隆公 (Maha Chulalaghour) 嗣位，是爲拉瑪第五。卽位時年僅十五，以鑾希帝爲攝政。他幼年受西方教育，洞悉國際情形，有改革泰國之志，爲泰國著名英主。親政前，曾兩次出遊外國，一八七四年親政，從事銳意革新。在位共四十二年，對內積極建設，廢去副王及奴隸制度，刷新內政，設立郵電，修築鐵路，改良司法，練新式海陸軍，創辦新學校，派學生至歐美留學，百廢俱舉，國家事業，煥然一新。並積極力求領事裁判權之撤銷，其時英法忌泰復興，强欲分割泰國領土或屬地。拉瑪第五對英法的交涉雖喪失屬地不少。（割吉蘭丹、丁加奴、吉打、玻璃市四邦予英），但換取之部份領事裁判權的撤消，忍辱負重，難能可貴。

一九一〇年拉瑪第五卒，子瓦位喇武 (Maha Vajiravak) 嗣位，稱拉瑪第六，幼時留學英國，歐化甚深，繼承維新事業，銳意革新內政。一九一五年，擴建曼谷都城，次年創辦大學。一九一七年實行徵兵制，參加歐戰，加入協約國。戰後得出席巴黎和會，廢除德泰不平等條約，沒收德人在泰財產。復與英美法日等列强重訂平等條約，取消各種特殊權利，泰國於是擺脫列强挾制復爲完全獨立國家。

一九二五年拉瑪第六卒，其弟淑柯泰 (Prayadhipok) 嗣位，稱拉瑪第七，彼晚年留學法國習軍事，又曾留學英國習文學，思想歐化極深，尤慕自由民主。他裁冗員，節國用，頗思改行君主立憲。

一九三二年泰國發生不流血之政治革命，由海陸軍發難，推翻君主專制，改行君主立憲政體。政權由王族而入軍人及急進派之手。王黨不服，驅逐急進派首領乃巴立 (Luong Pradist Manudhaim) 出國，停止憲法。但翌年軍人派崛起，推倒王黨，主張變更憲法之巴何耳起而組織革命第二次內閣。

一九三四年，巴何耳於國會中通過限制國王對於死刑特赦權法案，拉瑪第七憤而去英國，宣布退位。翌年王侄阿南大 (Anada) 嗣位，年僅十一歲，由內閣組織之攝政團掌理政事。一九三八年，內閣改由軍人領袖鑾披汶出任總理。從此泰國進入新的建國時代。對內取締高利貸，對商業經營課取重稅，對外聯合日本勢力以排斥西方。二次世界大戰時，與日訂立攻守同盟，供日本利用一切設備，以進攻馬來亞及緬甸，並對英美宣戰。大戰結束，鑾披汶成爲戰犯。

一九四六年乃巴立重新出任總理，但同年六月，發生泰王拉瑪第八被刺事件，謠傳與他有關，遂於八月去職。鑾披汶以憲法會議決定免除起訴，重入政界。一九四七年十一月發動政變，遂再起而執政。並接受美國援助，參加東南亞公約組織。拉瑪第八遇刺死，其弟阿多迪繼位，時年十八歲，一九五〇年五月，阿多迪自海外歸國加冕，即爲當今泰王拉瑪第九。（參考程光裕、李作華：「東南亞史」一八〇至一八四頁。）（程光裕）

室利佛逝王國

「室利佛逝」，「大唐求法高僧傳」卷上、「南海寄歸內法傳」卷一皆稱「尸利佛逝」，「新唐書」南蠻傳簡稱「佛逝」，「册府元龜」卷九一七則稱「佛誓」。唐末又稱「三佛齊」。法人擧良(Julien)攷其源於梵文 Çribhôdja 的譯音，而寇岱司(Çoedes)則認爲是The Kota Kapur inscription中的 Çri-vijaya 音譯(Le Royaume de Çrivijaya, B. E. E. O. 1918, pp. 23-25)。

第七世紀之際，蘇門答臘島的巨港(Palembang)，興起一强大王國，統治者是山地王朝(Çailendra Dynasty)。其地理位置恰在東西交通要衝，正如宋周去非云：「在南海之中，諸番水道之要衝，東自闍婆諸國，西自大食、故臨諸國，無不由其境而入中國」。「諸番志」卷上謂：「其國在海中，扼諸番舟車往來之咽喉」。

考古學家於占卑河(Jambi R.)畔，發掘石刻，銘文謂室利佛逝王國的勢力，業經伸延至蘇島的南部，並向爪哇擴張。蘇島北部的末羅瑜王國(Kingdom of Malayü)，在六八九年至六九二年間，被室利佛逝所吞併。

六七二年，中國佛教徒義淨，乘波斯海舶，往印度求佛法，抵達室利佛逝國居六月餘，專心研讀梵文，然後去印度，返國途經其國，居四年從事佛法之研究，則知室利佛逝是個佛教王國。七七五年，在馬來亞的北部利果(Ligor)又發現梵文碑，其銘文讚揚室利佛逝國王的偉大，建大乘佛寺一座作爲紀念地。一〇〇五年，室利佛逝國王曾在科羅曼得海岸(Coromandel Coast)的納格帕登(Negapatam)建佛寺，則知與南印度的注輦王國(Kingdom of Cholas)頗友善。

一〇二五年，室利佛逝王國欲阻止注輦海舶，通過馬六甲海峽貿易，於是苛徵過境與碼頭兩稅，未幾注輦派軍東征室利佛逝，摧毀天定州海岸(Dinding Coast)的甘牙納牙拉鎭(Ganganagara City)，柔佛河(Johore R.)支流上的堡壘，並奪取淡馬錫(Tamasek)，室利佛逝被迫結城下盟約，承認注輦爲宗主國及讓與特惠的商業權利。

室利佛逝雖經注輦的侵奪，但並未滅亡。至公元第十二世紀，復因馬六甲海峽與東南亞諸島商業的發達，又恢復昔時勢力，尤其受中國唐朝的海外貿易政策，及南宋新海外貿易擴張政策的刺激，使其國商業再復興。一二二五年，室利佛逝仍然控制馬六甲海峽，且是南海一等强國，當時屬國十有五個，其地區括有東南亞諸島中的西部諸島，即今泰國南部以及萬倫灣(Gulf of Bandan)以南馬來半島。不過此時期的室利佛逝王國，對藩屬的控制已漸趨鬆懈，諸屬國紛紛獨立，使室利佛逝帝國無形中走向瓦解之途。（徐玉虎）

柔佛王國

西元一五一一年八月十日，滿剌加王城既被葡萄牙軍隊攻佔，國王蘇丹媽末（Sultan Mahmud）率領殘軍，退守蔴坡河（Sungei Muar）流域，首在吧莪（Pagoh）建築堡壘，作爲陸軍基地，命其子亞馬（Ahmad）駐守，負責防務。同時，又在兵丹島（Pulau Bintang）、邦加島（Pulau Bangka）建造軍艦，訓練水軍。嗣後，獲得彭亨（Pahang）蘇丹之支持，與蘇門答臘島上馬來人之協助，於是他將柔佛建設爲反攻復國之基地。

內部防務既固，蘇丹時常派遣陸、海軍，襲擊滿剌加海峽之葡萄牙兵艦，同時並派人混入王城，從事城內策反、暴動、暗殺工作，又勸說商賈不與葡萄牙人合作等。

一五二〇年，葡萄牙軍隊攻陷吧莪，接著又進攻兵丹島，結果被蘇丹媽末率軍打敗。此戰役之勝利，使媽末復國信心倍增，一五二五年，他集合士兵兩萬餘人，以一萬四千人由陸路，六千人由水路，圍攻滿剌加，王城被圍攻月餘，城內葡萄牙軍將要彈盡糧絕，媽末復國勝戰指日可待，値此緊要關頭，不料由印度來援之葡軍抵達滿剌加水域，城內葡軍聞訊，立刻出城攻擊，媽末軍隊在夾攻之下，終被打退，葡軍乘勝，出動兵艦二十艘，猛撲兵丹島，兵丹被攻陷後，媽末逃奔蘇門答臘島，兩年後，媽末駕崩，由次子嗣位，史稱阿老丁二世（Alaud - din II）。

阿老丁回到柔佛，於柔佛河上游砂容，建堡築寨，馬來村民，均擁護他爲蘇丹，一五四〇年，將都城遷舊柔佛（Johore Lama），這時他不再是名義上滿剌加蘇丹，而是柔佛蘇丹，即是柔佛王國之開始。稍後，東西商旅都來此

「棕都」貿易，臣服於他之子民日增，漸具備作戰能力，又得彭亨與吡叻（Perak）兩州之援助，國基穩固，向外擴張勢力，竟能戰敗亞齊王國（Kingdom of Achin），因而，引起光復滿剌加之雄心。一五六〇年，兵圍滿剌加，不幸敗北，一五六四年，形勢逆轉，都城舊柔佛卻被戰敗之亞齊軍攻破，阿老丁被俘往蘇門答臘，憂死於幽禁內。阿老丁既死，亞齊將其子遣送回國，協助在舊柔佛嗣王位，是爲阿老丁三世（Aaud-din III）。新蘇丹理應感謝亞齊不殺之恩，及扶立之德，忠於亞齊，然而，在一五六八年，亞齊與葡萄牙戰爭時，卻站在葡軍一邊，協助作戰，亞齊王恨他入骨，一六一三年，率艦隊渡過海峽，攻打柔佛，阿老丁走上與其父同一命運。

兩年後，同被擄去亞齊之羅闍蓬蘇（Raja-Ponsu），被釋還柔佛卽王位，是爲蘇丹鴨都拉馬友沙（Sultan Abdula-Maju Shah）。他卽位後，咸認柔佛要獨立，非尋求外援不可，欲聯絡滿剌加，事洩爲亞齊所悉，其王兩率艦隊渡海，駛入柔佛河，將都城夷爲平地，蘇丹鴨都拉馬友沙初逃兵丹島，兩走龍芽，最後至大淡馬蘭島，不久卽去世。

一六三七年，阿老丁三世之子鴨都拉雅里沙（Abdula Jali-Shah），聯合彭亨，與荷蘭組成同盟，於一六四一年將葡萄牙佔下之滿剌加攻下，國勢重振，當時西方之榜葛剌、甘巴、錫國，及廖內等國，重復與之友善及貿易，此時柔佛王國之光榮，是前所未曾有。荷蘭准許蘇丹與貴族可免除關稅及過境稅，在滿剌加從事貿易，王都遂成爲商業重鎭。（徐玉虎）

柬埔寨法屬時期

自法國侵略越南，而於一八六二年法越西貢條約中割取南圻之嘉定、邊和、定祥三省後，一八六三年，法國駐三省司令格郎提愛(de la Grandiere)訪問柬京金邊。柬王努羅登(Norodom)久憤暹羅之侵略與控制，乃與格郎提愛締訂保護條約，把柬埔寨置於法國保護之下。一八六七年，法軍又合併越南南圻之永隆、安江、河仙三省，盡有南圻（下交趾）之地，遂與柬埔寨相連。一八八四年，法國又强迫柬王努羅登續訂修正保護條約，依此約則努羅登僅爲名義上的國王，一切行政大權全交給駐金邊的法國理事長官之手。

一九〇四年，努羅登王逝世，其弟施梳屈(Sisovath)繼位，此王雖無大權在手，卻極得柬埔寨人民之擁戴。一九〇七年，法國向暹羅索回馬德望、暹粒、詩士芬三省與柬。一九二七年，施梳屈王卒，由其子莫尼旺(Monivong)繼立。

一九四〇年，日本乘法國在歐陸失敗，伸其勢力入中南半島，一九四一年日本强迫法國印支政府對泰國（一九三九年改稱）讓步，把柬埔寨之馬德望、暹粒、詩士芬三省及菩薩省一部分，割讓泰國。

一九四一年，莫尼旺王去世，由外孫施亞努(Norodom Sihanouk)繼位，其時日本軍事力量已入柬埔寨，施亞努拒與日本合作。二次大戰結束後，暹羅（一九四五年恢復原名）將戰時侵占諸省歸還柬埔寨。

大戰雖告結束，柬埔寨未能獲得獨立，法國殖民勢力捲土重來。施亞努想從法人手中取回政權，建立責任內閣制的民選政府，而法國不允。一九四九年十一月，簽訂法柬協定，法國承認柬埔寨在法蘭西聯邦內之獨立地位，但實際上軍事、外交、司法、財政仍不能自主。施亞努一面要向法國爭取完全獨立的地位，另方面又要對付柬共之謀亂，處境艱困。一九五三年二月，施亞努訪問歐美，在巴黎時與法政府交涉實現眞正獨立未果，同年四月，施亞努在美訪問，發表談話，抨擊法國政策的不智，他警告若法國不予柬埔寨完全獨立，將造成共黨的勝利。返國後繼續向法國交涉，法國仍予拖延，是年六月，施亞努出走曼谷，向國際呼籲，並向法國提出强硬要求，如果法國在九月以前，對柬埔寨獨立問題，不作完滿答覆，將片面宣告脫離法國聯邦。是年八月，法國向施亞努讓步，在金邊簽立協定，法國允將軍事、司法、外交等權，移交柬埔寨王國政府，至財政經濟等事權，留待在巴黎召開的法、越、柬、寮四國會議，協商解決。從此，柬埔寨正式獨立，法國結束了對柬埔寨九十年的殖民統治，與其在越南、寮國相同，一味採取經濟榨取。唯在教育、醫藥、交通諸方面，頗有建設。（呂士朋）

英國北婆羅洲公司

北婆羅洲近代史，與英國北婆羅洲公司有不可分之密切關係。

一八六五年，美人毛希（C. Lee Moses），從婆羅乃蘇丹租得今北婆羅洲西部各省，租期十年，必要時尚可延長，每年支付相當數額租金，旋因毛氏無意久留，同年十月，將其讓與陶瑞（Joseph W. Torrey）及哈瑞斯（Thomas B. Harris），兩氏合組婆羅洲美國貿易公司，曾有華僑六十，美人十二，從事造船與開墾工作，後因資金不足，於一八六六年放棄。

一八七〇年，奧國駐香港總領事奧伯克男爵(Baron Von Overbeck)，對此事頗有興趣，並乘訪問倫敦之便，就商於奧國駐英大使館孟蓋拉斯伯爵(Count Montgelas)及密福特（Mitford），頗獲兩氏之支持。奧氏次年東返後，以一萬五千元向陶瑞購得全部權利，爲證實陶氏權利之存在，彼親訪婆羅乃，得悉陶氏並未付應出之租金，蘇丹拒絕北婆羅洲權利轉讓，奧氏遂轉向蘇丹繼承者洽商，獲得出讓土地之承諾。

奧氏再度赴英倫，發現孟密兩氏，不願再爲此事籌措經費。他雖曾向奧國政府，與俾斯麥求助，但兩者均不感興趣，迫不得已，轉而求援於英國青年鄧特（Alfred Dent）。鄧氏同意提供資金一萬鎊，條件是必須將整個事業大權交他掌理。於是奧氏決定重新向婆羅乃蘇丹，取得婆羅洲北部河域所有權，於是又回東方，並將此事告訴英國領事崔齊爾（W. H. Treacher），獲得他全力協助，談判非常成功。一八七七年十二月二十九日，雙方簽訂領土割讓條約，以每年一萬五千元之年費，換得西自喀牙灣（Gaya Bay，今亞庇），東至西布爾河之間所有土地之全部主權。同時婆羅乃蘇丹並簽任奧氏爲上述全部割讓領土最高統治者，美國貿易公司租約被撤銷。

事後，奧氏發現，所獲得北婆羅洲東海岸大部地區，業被蘇丹割讓與蘇祿蘇丹，於是向其交涉，未得允諾，適時蘇祿正受西班牙軍隊之壓迫，奧氏乘機恫嚇蘇丹謂：西班牙艦隊司令即將到來，彼將摧毀整個豪洛（Jolo）城，蘇丹感認自身即將難保，對無有實權統治之北婆羅洲，不如作個順水人情，旋於一八七八年元月二十二日，與奧氏簽訂領土條約，主旨謂：「將吾人在婆羅洲大陸朝貢國之疆域及土地一切權力與利益，長期永遠割讓給香港奧維伯克男爵及鄧特君所代表之英國公司，並及於彼等之子嗣、合伙人、繼承者以及指定人。該疆域西北越於潘大山河（Pandassan Sungei），經東海而下，南迄於布科河，其間所有領土與邦國，並包括海岸三浬之一切島嶼」。奧伯克男爵和鄧特應允每年，支付蘇丹及其子嗣或繼承者五千元，作爲補償。同時，又規定在未獲得英女王陛下政府之認可前，不得轉讓他國或所屬公司，如有爭議時，得呈請女王陛下，派駐婆羅洲之總領事裁決之。

同年，鄧特歸國，將一份包有取得土地權經過報告，與特許狀（Charter）申請書，呈外交大臣沙里斯白瑞（Salisbury），希望英政府頒給皇家特許狀。但政府遲遲不採取行動，直到一八八〇年十二月，外交大臣始表示將提請女王核准，而鄧特恰在三個月前，從奧氏手裡將北婆羅洲權利買斷。次年，鄧特先組織英國北婆羅洲臨時責任有限協會（British North Borneo Association Ltd.），一面向女王再提出特許狀申請書，一面從事經營北婆羅洲，於是大量吸引中國之移民。一八八一年十一月一日，女王批准發給北婆羅洲公司一張皇家特許狀，其中特別指出，新公司必須經常維持英國本性和英國國籍，對得自特許狀之利益和任命，未獲得殖民大臣同意前，不得全部或部分轉讓，特許狀不授權該公司，壟斷貿易，殖民大臣對公司業務有視察與監督權，公司應負責消除當地奴隸制度，根據當地法律與習慣建立法治，並不得干預當地居民之宗教信仰。

鄧特據此，於一八八二年五月，籌足資金兩百萬鎊，正式成立英國北婆羅洲公司（British North Borneo Company）。鄧特再訪北婆羅洲，對新邦之行政、財務與開發計劃詳予規劃，從此北婆羅洲在公司經營下，日趨繁榮，直至第二次世界大戰期間，日軍佔領北婆羅洲，三年半之破壞使之面目全非，光復後，公司感覺無力重建北婆，遂在一九四六年六月二十六日，將北婆羅洲一切權利與利益，割讓給英王，北婆羅洲納入英王領土之內。（徐玉虎）

馬來西亞之誕生

馬來西亞聯邦（**Federation of Malaysia**）的籌組，遠在一九五八年，由英國殖民大臣雷諾波德（**Alan Lennox Boyd**）提出，但眞正的發起是需要有關的人民出面。一九六一年，馬來亞總理東姑拉曼（**Tengku Abdul Rahman**）發起籌組馬來西亞聯邦，主要目的是關心星加坡的政治情勢。當時許多跡象顯示，人民行動黨（**People's Action Party**）的溫和派，與極端分子即將分裂，且可預見一九六三年複行審查憲法的後一年內，極端分子可能在任何一次選舉中，與人民行動黨決裂而單獨爭取權力。

拉曼爲防止這種危機，同時在馬來亞聯邦人口中，有三百萬華僑，和三百五十萬馬來人，而星加坡一百七十萬人口中，百分之八十以上是華僑，兩者的結合，將會破壞馬來亞的種族平衡（**Racia Balance**），恐不易被居多數馬來選民接受。解決問題的良方，只有擴大聯邦組織計劃，內納土人多於華僑的婆羅洲三邦，以維持一個全面的種族平衡。

一九六一年五月二十七日，拉曼發表深富歷史性的演說，他咸認馬來亞今日作爲一個國家，明白自己不能單獨存在，也不能處於孤立，必須英國、星加坡、北婆羅洲、沙勝越(Sarawak)及婆羅乃(Brunei)各邦人民取得諒解，使這些地區在政治上、經濟上的合作，能有更密切的聯繫。

計劃提出後，很快得到星加坡總理李光耀，和北婆羅洲三邦政界人士良好的反應，遂在一九五一年七月二十三日，由五邦代表，組成馬來西亞團結諮詢委員會 (Malaysia Solidarity Cosultative Committe) ，進行實際籌組工作。

英國的反應是積極的，並立刻邀請拉曼赴英進行商討。會議在一九六一年十一月二十日舉行於倫敦，二十三日英馬兩國發表聯合聲明，同意馬來西亞聯邦內，應包括北婆羅洲及沙勝越領土，並特設立五人婆沙民意調查委員會(Borneo Commision)，調查結果有三分之二人民，贊同馬來西亞聯邦計劃，委員會並提出組織馬來西亞新政府時，對有關移民、語言、宗教、稅賦和各邦當地居民，與華僑居民間的相對權利等，應行創立法規。

調查報告提出後，馬來總理東姑拉曼，偕副總理董拉沙(Ten Abdul Razak)，及財政部長陳修信等一行，於七月中旬飛英倫，與英國政府談判：馬來西亞聯邦計劃的推進，未來英馬在國防上的聯繫，及英國對未來新國的經濟援助。幾經磋商研討，會後雙方發表公報，英國政府同意馬來西亞聯邦，於一九六三年八月三十一日以前成立。

不意發生印尼與菲律賓的反對，力阻馬來西亞的聯合行動，要求聯合國秘書長宇譚，調查砂勝越與北婆對加入馬來西亞的民意。宇譚委定九人調查團從事調查，結果確認兩地人民均表示欲加入馬來西亞。

一九六三年九月十六日，拉曼首相簽發馬來西亞宣言：「馬來亞聯邦、英聯合王國、北婆羅洲、砂勝越與星加坡已達致一項協議，同意聯合沙芭、砂勝越和星加坡以及馬來亞聯合邦各州，組成聯合邦，稱爲「馬來西亞」成爲永遠獨立自主的民主國家，以自由公道立國，並鞏固國與國間的平和」。(徐玉虎)

馬來亞之政黨

一九四五年十月，英國殖民政府宣佈，馬來亞建立聯邦 (Malayan Union) 計劃，其主旨在建立強大中央集權政府，使馬、華、印三大民族，凡在本邦出生或居住適當時日者，均享有共同之國籍。此宣佈遂引起馬來民族普遍反感，立刻表示強烈反對，全國各地召開群衆大會，馬來人之政黨亦應運而生，其主要政黨演變大勢如下：

一九四六年五月十一日，拿督翁 （ Dato Onn ） 組織巫人聯合統一機構 （ Umno ） ，迫使英政府放棄施行此一計劃。雙方開始談判，關於聯合邦公民法令規定如是：蘇丹臣民，(一)檳呷出生，曾在馬來亞居住十五年之英籍民，(二)在聯合邦出生之馬來人及馬來西亞人，(三)在馬來亞出生，其父母均係本邦或居住十五年之人，都是馬來亞公民，外僑申請公民權之資格，提出申請前至少居住於馬來亞八至十五年，且會說馬來語或英語。

稍後，馬來亞政壇發生幾項重大變化，首先是馬來民主同盟領導之全馬聯合行動理事會 （ All Malaya Council of Joint Action ） 之瓦解，這個政治機構，原由馬來亞國民黨、馬來亞印度國大黨、汎馬職工聯合會、錫蘭淡米爾人協會、馬來亞學生聯合會、馬來亞覺醒婦女集團、進步青年團與好幾個親共團體組織。由陳禎祿任主席，不料若干馬來人中途退出，理由是領導者爲華人。但這種演變，使左傾之馬來國民黨瓦解，由保守之巫統獨佔馬來民族政治活動。

次一變故，拿督翁咸認巫統爲純粹是以馬來人利益爲主之政黨，對馬來亞整個前途是有害而無益，於是他脫離巫統，另籌組不帶種族色彩之馬來亞獨立黨，並獲得陳禎祿及馬來亞工會理事會主席那拉耶南 （ P. P. Narayannan） 等之支持，但其政綱受巫統保守派堅決反對，巫統主席東姑阿都拉曼(Tengku Abdul Rahman) ，斥責獨立黨是毀滅性行動。於是獨立黨不受馬來民族之擁護，使陳禎祿等改而支持巫統，促成馬華公會（見馬來亞華人公會條）與巫統組成聯盟黨，這種聯合，奠定中馬兩大民族密切合作，構成馬來亞獲得獨立之決定因素，亦是馬來西亞組成之支柱。

馬來亞獨立黨之失敗，使馬來亞政壇掀起新變動，誕生兩個新黨。一九五二年六月，來自雪蘭莪 （ Selango ） 、檳榔嶼 （ Penang） 與吡叻 （ Perak ） 之代表，決定成立泛馬勞工黨，以蘇貝 （ Inch M. Sopie ） 爲領袖，政綱是要求國家獨立，社會正義，勞工生產獲得之盈利，應經過合作與民主平等分配。泛馬勞工黨初支持獨立，後轉而支持聯盟。

一九五二年，聯盟在選舉上之勝利，克服巫統內部分裂，使馬來亞印度國大黨，察覺追隨獨立黨之錯，改而支持聯盟，成為執政黨之一員。一九五五年二月二十八日，獨立黨再與七州州務大臣會商，決定籌組國民黨（Party Negara），以拿督堪沙（Dato Kanhsa）為主席，連裕祥副主席，政綱與聯盟大同小異。國民黨誕生後，獨立黨失去存在價值，旋即瓦解，改由拿督翁為主席。

馬來亞各政黨，均以人民利益，國家獨立為政綱，俾便於選舉時與聯盟競爭，巫統尚能影響農民群衆，巫統領導層，多是馬來民族上層階級、貴族、各州高級官員與中等階級組成。少數狹隘之民族色彩濃厚之國民黨，仍不能在農村與巫統相抗衡。其他反對黨都以都市居民與勞工為基礎，以備在一九五九年全國普選中，與聯盟一決雌雄，於是一九五八年與人民黨（Partai Raayat），結成社會主義聯合陣線，以人民黨之布斯達曼（Boestaman）為主席，勞工黨之拉第瑪丹為副，政綱是要求星馬合併與統一，外國軍隊全部退出馬來亞，保證人民基本權利，經濟獨立，外交自立。（徐玉虎）

馬來亞日本佔領時期

一九四一年十二月八日，日本用不宣而戰的方法，偷襲珍珠港。同一天，日軍開始向馬來亞的吉蘭丹州海岸進攻，也就是同日清晨四時，日空軍於偷襲珍珠港返航途中，飛臨星加坡上空，馬來亞首次捲入國際戰爭。

日軍在吉蘭丹登陸，消滅當地守軍，然後向吉打、丁加奴挺進，十二月十二日，吉打防綫被突破，十九日檳榔嶼陷落，一九四二年一月十一日，吉隆坡失守，三十一日深夜柔佛長堤炸毁，黎明日軍用砲百餘門，更番轟擊星加坡島，飛機亦輪番狂炸，全島旋即被佔領，二月十一日，英日雙方簽訂協訂，下午八時，作戰行動停止，十六日清晨，日軍進入市區，整個馬來亞被其佔領。

馬來各族人民，在日軍的鐵蹄下，嘗盡痛苦與屈辱，其中以華僑最烈。日軍對華僑最殘酷的措施，莫過於大檢擧及大屠殺，華僑凡年在十二歲至六十歲者，一律自備六日乾糧，到指定集中地聽候良民登記，違者處死。於是華僑扶老携幼，紛紛前往，其稍被懷疑者，即送至郊外或海濱，作集體屠殺，據估計僅星加坡一地，被屠殺的華僑在四萬人以上。日軍又至柔佛各地，大肆奸淫搶掠，放火殺人，新山（Bharu）周圍二十五英里內，所有村落幾無倖免。森美蘭因一段鐵路被游擊隊破壞，日軍的報復是屠殺平民兩萬餘人。日軍續在各地屠殺後，又强迫星馬各地華僑，繳納所謂「奉納金」共五千萬元之巨。日軍為進一步的經濟搜刮，佔領星馬後，便發行「軍票」作為通貨，其發行數量連主持其事的日本人也弄不清楚，這些廢紙泛濫市面，助成戰時物價的飛漲。日本為對全馬來亞工商業有計劃的壟斷，用各種「組合」及「會社」的名義加以控制，强迫收買民間貨物及產業，使許多人民陷於破產。

日軍又開放烟賭，濫增稅率。一九四三年八月，首先發行泛馬性的「興南彩券」。一九四五年，檳城、吡叻和雪蘭莪又發行「州彩券」。賭場的開設，以怡保及太平為最早，規模也最大。於是全馬來亞地區社會秩序紊亂，人民生活有如倒懸。（徐玉虎）

馬來亞自治獨立運動

為壓抑馬來亞民族自治獨立運動，英國在一九四五年十月，即開始採取若干措施，首先宣佈籌組馬來亞憲治聯邦，由馬來屬邦、馬來聯邦與海峽殖民地中之檳城、馬六甲組成，星加坡因情勢特殊，將不包括於新憲治聯邦，另成為直轄殖民地。其次新聯邦成立後，使在馬來亞生長，或居留馬來亞多年之人民，皆可獲得平等公民待遇。同時英政府派員東來，與各邦蘇丹進行磋商，一九四六年一月，發佈改組馬來方案；一、星加坡為直轄殖民地。馬六甲、檳城及馬來各邦合併為新馬來聯邦。二、星加坡之殖民政府受總督及行政會議與立法會議之管轄。三、新聯邦政府，由英國高級行政專員，聯邦行政會議，聯邦立法會議組成。四、軍政府結束後，由總督組織括有各方代表之諮詢會議，予以立法權力，直至民政府成立時為止。五、新聯邦政府制定公民權法，凡在聯邦內或星加坡殖民地生長之人民，可當然取得公民權，或在本法頒行前五年，曾在上述地區居住十年者，亦是當然公民。六、除總督外，其他非馬來聯邦人民，將不能充任官職或議員。七、凡在聯邦連續居住五年以上，且效忠聯邦政府，可申請取得公民權而不影響其原屬國籍。一九四八年二月一日，英政府依據上項原則，正式成立新馬來聯邦。各邦除宗教事務外，邦政由各邦王公在英國高級行政專員指導下，自行統治。高級行政專員與前總督地位同，首任專員為麥克唐納（Malcolin Mc-Donald）。

新馬來聯邦成立後，表面上予人民自治政府形式，但實質上仍為殖民地，最高統治權操於高級行政專員，所謂行政會議與立法會議之組成，係指定而非由民選，且受制於高級專員之否決權，不能發生絲毫議會政治效力。因之，馬來人民乃進一步要求獲得充分自治地位。領導此項運動者，一是代表馬來民族利益之巫統，一是代表華僑利益之馬華公會。此兩大政黨，近年曾多次為馬來獨立問題，舉行圓桌會議，交換意見，並曾於一九五三年，聯合召開全聯邦政黨會議，主張遵循和平，合法與立憲方式，求得自治政府之成立，建議英政府於一九五四年，舉行全馬來亞普選，組織馬來國會，以取代非民選之聯邦立法會議。巫統與馬華公會，代表馬來亞公民百分之九十五以上勢力，其合作爭取獨立，自足反應馬來亞絕大多數公民意向。

一九五六年五月，馬來亞首席部長東姑鴨都拉曼（Tengku Abdul Rahman）往英國，商談馬來亞獨立計劃，同年五月八日，獲得協議，其要旨為：一、英國先於一九五七年八月三十一日，予馬來亞聯邦以獨立地位。二、獨立之前，聯邦可先獲得內政管制權。英國則繼續負責對外防務與外交事務。三、獨立以後，英國續有權駐軍於馬來亞。屆時將另訂英馬防衞互助條約。四、獨立以後，英仍將繼續以財政供給馬來亞，備作擴充軍用之所需。並準備對馬來亞為發展計劃，向倫敦作必要之借貸時，予以同情考慮。五、英國派駐各邦之行政專員及顧問等，將應當地政府之要求，繼續任職或予撤退。

同時，協議中又規定：一、改組現有對馬共作戰委員會，另設緊急行動局代之。二、設聯邦軍事委員會，使馬來亞本身軍隊，可自行管理，不必合併於英軍。三、自現時至獨立期間，英軍如需撤離，應預先通知馬來亞，但緊急情況例外。四、馬來亞將留在英鎊集團內，并繼續節省美元開支，以符合一般英鎊區之政策。五、馬來亞將派代表出席英聯邦會議。

協議簽字後，如無特殊意外，則自一九五七年八月三十一日起，馬來亞聯邦即可獲得正式獨立地位。結束數世紀之殖民地統治時期。（徐玉虎）

馬來亞英屬時期

自一七八六年起，英國才在東南亞建立眞正根據地。時萊特(Francis Light)經商於東南亞，咸認英國要在東南亞發展，必須在滿剌加海峽(Strait of Malacca)覓得根據地。一七八六年八月，由他經手自吉打蘇丹割取檳榔嶼(Penang)，旋更名為喬治市(George Town)，而華僑則喜稱檳城。

檳城開埠之時，一切均在草創中，全部事務由萊特一人負責，其職銜是監督(Superintendent)。一八〇五年，新政府正式成立，設輔政司，參議員三人，官員十一名。一八〇八年，成立法庭，各族居民各設甲必丹(Kapitan)一人，統轄其事。

一八〇〇年四月，李思爵士(Sir George Leith)任檳城總督時，向吉打蘇丹要求割讓檳城對海十八英里長、三英里寬的一片土地，以四千元西班牙幣為條件，此即是今日的威斯利(Welesley)省。

一七九五年，因英荷在歐洲合作關係，英國授權東印度公司(East India Company)，派鈕堪謨艦長(Captain Newcombe)接收滿剌加，並維持荷人原有各級官吏，僅派威廉法庫爾(William Forquhar)為常駐官，以作監督。一八一五年，拿破崙戰敗，荷蘭復國，英國於一八一八年，將滿剌加交還荷蘭，至一八二四年，英荷在倫敦訂約，英將蘇門答臘島上的明古連(Bencoolen)和滿剌加交換，自此滿剌加歸英人所有。

萊佛士(Stanford Raffles)由東印度公司新總督海斯廷勳爵(Load Francis Rawden Hastings)任命率艦隊，在滿剌加以東覓地設立商棧。萊佛士率艦七艘直放新加坡(Singapore)，經勘察後，認定該處最適宜建立商棧。一八一九年一月，萊佛氏與柔佛的天猛公洽商在星加坡設商棧事，並允將柔佛失意太子東姑隆(Tenku Long)立為國王。八月二日雙方舉行簽約，宣佈東姑隆為柔佛蘇丹，改王號為Sultan Hussein。星加坡初期建設計劃，都以萊佛士意見為依歸。星加坡的開埠，引起荷蘭不滿，後經多次外交折衝，終於一八二四年三月，達成協議而訂約，規定英荷在東南亞的勢力範圍，星加坡為英所有。英人於將星加坡、檳榔嶼與滿剌加三地組成海峽殖民地(Straits Settlements)。

一八一六年，暹羅強迫吉打進攻吡叻(Perak)。一八二一年又出兵蹂躪吉打，大事屠殺，蘇丹率臣民兩萬，流亡至檳城，一八四二年始復國，英國出面與暹羅交涉，一八六二年六月二十八日訂約，暹羅不再干涉吉蘭丹、丁加奴、吡叻與雪蘭莪諸州。一九〇九年英暹再訂約，言明暹羅將四州移交與英國，換回英在暹羅境內的治外法權。從此四州成為英國保護地，一律設顧問官，連同柔佛合稱馬來屬邦Unfederated Malay States。

監督官瑞天咸(Sweettenham)又主動將吡叻、雪蘭莪、森美蘭、與彭亨，組成馬來聯邦(Federated Malay States)。首都設在吉隆坡(Kuala Lumpur)。

馬來聯邦與馬來屬邦，共九州，後來就成為馬來亞聯合邦(Federation of Malaya)。於是英國控制全馬來半島，政治、經濟對外貿易，均由英國負責。(徐玉虎)

馬來亞葡屬時期

公元第十五世紀，葡萄牙在亨利親王(Prince Henry)的提倡與鼓勵下，發展海軍，開始向東方尋求新航路。一五〇九年，葡王曼諾爾第一(Manoel I)，派海軍上將薛魁拉(Dom Diogo Lopez de Sequeira)，率艦隊携葡王信札與禮物東來。薛魁拉抵滿剌加，求見國王，請求准許葡國在滿剌加貿易，未獲允諾。不幸雙方發生誤會，首相墨太希(Mutahri)欲偷襲葡艦，消息外洩。薛魁拉因事起突然，縱火焚船，僅駕三艦而逃，岸上葡人及財物悉數被滿剌加所俘得。

一五一一年，葡國駐果阿(Goā)總督亞伯奎(Alfonso de Albuquerque)，於五月二日，率兵艦十九艘，葡兵八百，印度兵六百，離印度航向滿剌加，以報兩年前之仇。七月一日，抵達滿剌加港口，國王蘇丹瑪末急派人向他解釋，並言業將禍首墨太希處死求和，亞伯奎態度强硬，要求先行釋放葡人，賠償葡方損失，然後再談和。瑪末再要求葡人，將艦隻撤離城堡至海上，然後再談條件。葡人僅撤小艇，等待六日，雙方並未和談，實際兩方都在備戰。第七日，葡軍登陸燒倉庫與港內船隻，瑪末着急，始釋放葡人，並歸還所奪財物。葡軍仍不撤，於是和平宣告絕望，瑪末知戰爭難免，於是動員戰象與士兵，岸上構築柵防，以備固守。二十四日，葡軍發動攻勢，鼓號而進，衝向橋堡，滿剌加軍用毒箭、吹管、槍矛與盾牌作戰，驍勇異常，但終被葡軍迫退，橋堡及鄰近回教堂被佔，葡軍中毒箭者七十餘人，僅一人免於死亡。日落葡軍暫退返兵船。次日雙方再戰，勝負難分，僵持十餘日，八月十日，葡軍終於攻入滿剌加城，大肆殺掠，馬來人被屠殺者甚衆。

瑪末率殘軍，沿麻坡河(Maue R.)溯流而上，在吧莪(Pagoh)駐紮，作復國基地。首先聯絡滿剌加城內巨商烏底牟底羅闍(Vtimutiraza)以作策應，並製造諸種事端，困擾葡軍，拒絕使用葡軍鑄造的新幣，後事敗全家被殺。瑪末又試圖刺殺防守城堡的葡軍官長，結果也失敗。瑪末旋得彭亨蘇丹的支援，於是將柔佛建成復國要地，且在兵丹島(Baton)訓練海軍，常潛入海峽，襲擊葡方兵船。

一五二〇年，葡軍陷吧莪，復攻兵丹島，結果被瑪末軍擊敗。一五二五年，瑪末率軍向滿剌加城發動總攻，圍城達月，葡軍賴印度援軍始解圍。次年十月，葡軍攻下兵丹，瑪末逃蘇門答臘，兩年後駕崩，由其子阿老瓦丁(A'laud-din)嗣承。

阿老瓦丁即位後，回到柔佛，建築要塞於柔佛河(Johore R.)上游作根據地，繼續反抗葡人，相持八年之久，到一五三六年，始正式戰敗而與葡人媾和，葡人承認他是柔佛蘇丹，接着彭亨、吡叻(Perak)兩地蘇丹，也與葡人講和承認葡人在滿剌加的統制權，此後馬來半島不再有反抗葡人的基地，葡人才控制滿剌加整個商業利益，馬來半島也在其貿易勢力範圍內。

葡人重建滿剌加大城，長方形、四角都有瞭望樓。又設陸軍統領管理政務，下設海軍統領控制海峽。凡通過海峽船隻，必駛入滿剌加港口以便抽稅。(徐玉虎)

狼牙修王國

「狼牙修」首見於「梁書」，「續高僧傳」作凌伽修，「隋書」赤土傳作狼牙須，「南海寄歸內法傳」作郎迦戍，「諸番志」作凌牙斯或凌牙斯加，「島夷志略」作龍牙犀角，法人伯希和(Paul Pelliot)以為是爪哇史頌那伽羅寄麗多伽摩(Nagrakretagama)中的Lengasuka地名。

它是古代東西海上交通要衝，自頓遜(Tenasserim)王國消逝，盤盤(Pán pán)式微以後，更顯得重要。如根據「梁書」卷四五云：「立國以來四百餘年」，則狼牙修自公元第二世紀便業經立國，至遲，到公元第六世紀初期，已成為一强大國家。

狼牙修建國後四百年左右，嗣君衰弱，王族中有賢明者，國人多歸附之。國王甚怒，於是將賢者囚禁，但其鏁無故自斷，王以為神，不敢加害，乃逐出國境。賢明者遂奔天竺，天竺王妻以長女，俄而狼牙修國王薨，大臣們迎賢明者歸，其在位二十餘年始去世，子婆伽達多(Bagdatta)嗣立。梁武帝天監十四年（五一五），遣使阿撤多奉表與禮物貢獻，稱武帝為佛教的護法者。嗣後於武帝普通四年（五二八），及陳光大（臨海王）二年（五六八）遣使入朝，自此兩國建起敦睦之外交關係。狼牙修遂成為中國僧侶航海印度求法的首站。

狼牙修立國不久，適逢扶南國君范師曼擴張疆域，其或被扶南國兼併。公元第五世紀下期，狼牙修似擺脫扶南的覊絆。至第六世紀扶南崩潰，狼牙修始成强國，其疆域正如「梁書」云：「其界東西三十日行，南北二十日行」。第七世紀時，北大年(Patani)經發展成爲重要商港，印度、中國及東南亞諸國商舶，均以北大年爲碇泊港。第九十世紀時，室利佛逝 (Srivijaya) 之覇權，正如麗日中天，狼牙修曾隸屬其版圖。趙汝适諸蕃志仍稱其爲佛逝的屬國。公元第十六世紀初期，阿剌伯旅行家蘇萊曼(Sulaiman al-Mahri)之航程，尙著錄狼牙修的名稱。自此後史籍再不述狼牙修國事跡矣。

狼牙修盛產象牙、犀牛角、速暫香、生香、腦子，尤其沉香，是他處者所不及。亦產鶴頂、降眞香、黃熟香與蜜糖等物。居民煮海爲塩，釀秫爲酒。其俗男女皆袒而披髮，以吉貝爲干縵(Kambala)。國王與貴臣乃加雲霞布覆胛，以金繩爲絡，帶金鐶貫耳。女子則被布，以瓔珞繞身。

狼牙修的地望，學者衆說紛紜，莫衷一是。許雲樵氏的攷證較可徵信，他咸認葛路德 (Groeneveldt)、夏德 (F. Hirth) 及 W. Linehan 等諸說均不足取，費瑯 (Ferrand) 的論證，雖爲學者所不取，但與隋時常駿等行程頗符合，伯希和之說，乃是宋代時的狼牙修，藤田豐八的攷證，又是後世的狼牙修國，至於第六七世紀的狼牙修王國，應在北緯十度二十分左右的春蓬 (Chumphon-jumbara)。（見「赤土國考」，「南洋學報」第二卷第三輯。）（徐玉虎）

笈多王朝

印度自公元三二〇年至四六七年爲笈多(Gupta)王朝，是印度史上的黃金時代。王朝創始者旃陀羅笈多第一(Chandragupta I)，原爲一「土王」，乘貴霜王朝崩潰改稱君王，後與吠舍離(Vaisali)公主鳩摩羅提儆 (Kumaradevi) 結婚，而獲得華氏城 (Patna)，復獲公主族人之助征服鄰邦，奠定王朝基礎。

旃陀羅笈多第一死於三三五年，由雄才大略之子沙姆陀羅笈多(Samdragupta)繼位，沙姆陀羅笈多無日不在征戰之中，恃武力使全印再度統一。轄地雖不及孔雀王朝，但北起喜馬拉雅山，南達南爾巴陀，東自雅魯藏布江，西至多坡 (Doab) 。沙姆陀羅笈多自華氏城遷都阿佐德雅 (Ajcdhya) 嘗擧行大馬祭以慶凱旋勝利。又鑄貨幣、雕刻石馬以作紀念。沙姆陀羅笈多於文學宗教亦極崇揚，曾召佛教大德天親 (Vasubandhu) 及無着(Asanga)入宮談論哲理，又與宮廷詩人訶梨森那 (Horisena) 作詩相和，於三七五年逝世，由長子羅摩笈多(Ramagupta)嗣位。羅摩笈多懦弱無能，王位爲胞弟旃陀羅笈多第二 (Chandragupta II)所篡。

旃陀羅笈多第二即位於三八〇年，亦好大喜功，部將毗羅先那(Virasena)與西印度釋伽族激戰六年，始獲最後勝利。旃陀羅笈多第二親自手刃釋伽族最後君王羅陀辛合第三 (Rudrasinha III 吼獅第三) 幷自號「毀滅釋伽者」(Soleari)。此次戰勝釋伽族，使王朝版圖伸展至阿剌伯海，直接與羅馬通商，西印重鎭鄔闍衍落入王朝版圖，不但增加貿易，且成爲文化學術中心。旃陀羅笈多第二時代延攬九賢治國，有九珍珠之稱，大詩人伽梨陀沙(Kalidasa)爲九珠之一。當時宮廷中學者雲集，文學科學建築工藝都呈復興氣象。王雖信奉印度敎，對其他宗敎亦甚尊重，中國高僧法顯於此時赴印求佛法。

旃陀羅笈多第二於公元四一四年逝世，子鳩摩羅笈多(Kumaragupta)嗣位，晚年西北印度叛亂，匈奴入侵，四五〇年，鳩摩羅笈多令王子施岡陀笈多(Shandagupta)率兵平亂，經奮戰後卒告平定。但他逝世後，匈奴又屢次前來侵犯，施岡陀笈多不能阻敵，而戰死沙場，此後笈多王朝便盛極而衰。終於六世紀末崩潰，歸附於戒日王朝 (Harsha-Vardhana Dynasty) 笈多王朝在印度史上的至爲重要。蓋在統一時期，繁榮和平，文學藝術宗敎亦至發達。詩人兼戲劇家伽梨陀沙(Kalidasa)之孔雀女 (Sakuntala) 劇本，雲使(Meghaduta)、時令之環 (Ritu Sambara) 抒情詩，皇統譜系 (Raghuvansa) 及戰神之降生(Kumassambhav) 均膾炙人口。

阿禪多佛洞(Ajanta Caves)之壁畫，從全部之結構到枝葉之描摹，均美細絕倫。寺廟建築著於當世，今日婆摩羅(Bhumara)之濕婆廟，及阿聞耶城(Ajayagarh) 之波婆蒂廟，均爲笈多王朝之遺物。雕刻銅鑄亦極高超，如德里之鐵柱，及那爛陀寺所藏八呎高之銅鑄佛像，均足以證明當年匠藝之精。

雅利安婆羅(Aryabhatta)爲偉大之天文數學家，著有天體論(Aryabhattiya)及太陽之示現 (Surya Siddhanta) 說明地球繞軸而轉，及日月蝕之原因。婆羅訶密希羅(Varahamihires)爲有名科學家，著有自然叢談(Brihat-Samhita)詳論天文、地理、動物、植物之生成與進化情形。

此時數學家對於「零」的觀念與十進法亦已確定。醫師已熟知解剖手術，能切開腫脹，取出深陷於肌肉內的鐵片，以及除去眼睛的白障等。笈多王朝諸王正式崇奉婆羅門大神濕婆神，豪華的禮拜與强大的僧侶勢力，爲此時期的教特徵。

此時印度教以婆羅門教爲基礎，吸收佛教的一些內容與形式，如神秘主義，禁慾主義的理論和偶像崇拜，建立寺院和確立教團制度等設施，成爲一種新形式。印度教最後於六七世紀間形成，此後便成爲印度封建社會的精神支柱。古印度雅利安人間所用之梵語更推廣於日常用語之中。（程光裕）

索姆那脫之戰

印度自戒日王逝世後，北部印度諸王侯割據紛爭，阿剌伯回教勢力進入，九世紀時，波斯薩曼王朝**(Saman)**興起，十世紀中葉，薩曼王朝之部將阿爾伯德金**(Alptegin)**於伽色尼**(Ghaquni)**建獨立王朝，史稱伽色尼王朝。九七五年阿爾伯德金之養子塞伯克德金**(Sebuktegin)**接位，侵入貴霜王朝後裔喜沙王**(S-hahi)**迦保爾**(Jaipal)**轄地，迦保爾憤而進入喀布爾**(Kabul)**，天寒，士卒傷亡過半，爲塞伯克德金所邀擊，不得已許以鉅款議和，迦保爾歸國後，從婆羅門僧之言，對賠款爽約不付，塞氏遂越開伯爾山口**(Khyber Pass)**入侵印度，適伽色尼王朝之北境外蕃侵入乃留軍防守山口後北歸。九九七年塞伯克德金卒，其妾之子摩牟特**(Mahmud)**獲登王位。摩牟特於卽位後四年進軍旁遮普，侵入拉哈爾**(Lahore)**，命部下任意刼掠，並獲俘虜而歸。自是每年均入侵旁遮普，人民不堪其苦，請求作爲順民。

一〇一四年摩牟特侵入塔尼斯華爾**(Thaneswar)**，得鉅萬之財寶及俘虜二十萬，翌年更侵入喀什米爾地方，爲該地藩侯所敗，摩牟特僅以身免。然摩牟特回國後重整旗鼓，三年後率領慓悍之騎兵十萬，向當時印度教之聖市馬斯拉**(Mathura)**進軍。摩牟特爲避免敵人之注意起見，故意在喜馬拉雅山下迂廻以後，始急遽侵入馬斯拉市，除恣意掠奪、焚燬廟宇之外，更駐兵一部，俾作更徹底之搜刮。摩牟特本人則繼續東向進軍曲女城，俘其民而歸。摩牟特歸國以後，中亞及西亞各地之奴隸商人均聞報雲集於喀布爾。摩牟特所得最大之戰利品爲一〇二五年對蘇剌特(Surashtra)半島尖端上濕婆派之聖市索姆那脫(Somnath)的刼掠，摩牟特率領三萬騎兵越開伯爾山口南下，到達印度河中游的牟爾丹**(Multan)**時，搜集駱駝三萬匹，橫渡赤地千里的印度大沙漠，經亞治彌爾**(Ajimere)**向索姆那脫推進，沿途所見廟宇，仍一一搗毀，所過村落，一一燒焚，大軍過處，焰烟蔽天，鷄犬不留。及抵索姆那脫，見憑險而築的城堡，城牆外衝激着海浪，僅可通達的大門已經關閉，摩牟特下令向前衝殺，守城的剎帝利族奮力抵禦，城上矢如雨下，不能前進。如此猛攻三日，摩牟特部阿富汗兵，飢餓憊疲，漸有不支之勢，城門忽然大開，守軍紛湧而出，殺聲震天，阿富汗兵魂驚魄碎，望風披靡，四面逃竄，此時摩牟特躍馬前進，高擧曲劍大呼，喊着上帝與先知之名衝殺，阿富汗兵精神復振，反撲守軍，破城而入。

此一戰，印度人被殺者達五萬人，死於海中者不知多少。摩牟特將刼掠所獲財寶，裝載上四萬匹駱駝凱旋北歸。索姆那脫的濕婆神廟，是當時印度最有名最富有的廟宇，廟中貯藏金銀財寶不知其數。摩牟特說：「我一定要再去印度一次，膺懲那些崇拜偶像的人，把索姆那脫的濕婆神廟，化爲灰燼。不管任何困難，卽使我死在路上，我也要進軍索姆那脫，這是我應盡的責任。」摩牟特對印度前後侵略二十五年達十七次之多，然除領有旁遮普地方外，對印度其他地方略無佔爲己有之野心。（程光裕）

海峽殖民地

英荷兩國爲星加坡問題，在外交上發生折衝，經過一番協商後，終於一八二四年三月，於倫敦訂立英荷條約，全盤解決兩國間之問題，根據條約，對英荷在東南亞之勢力範圍，作一明確劃分。香料群島（Spice Islands）、爪哇、蘇門答臘（Sumatra）等島嶼，屬於荷蘭勢力範圍，印度、馬來半島、檳榔嶼（Penang）、星加坡等劃歸英國勢力範圍。同時，英國將蘇門答臘之萌姑連（Benkeolen），換取荷蘭之馬來半島之滿剌加及印度幾個商棧。次年，英國東印度公司決定將檳榔嶼，星加坡與滿剌加合併爲海峽殖民地（Straits Settlements）；俗稱三州府，在清朝檔案中作「海門」。作爲一行政區，與印度已有之三行政區，立於同等地位。一八三〇年，又將三州府附屬於印度孟加拉（Bengel）行政區下，只設一總督，駐於檳榔嶼，另在星加坡、滿剌加兩地，各設一參政司。兩年後，由於星加坡發展迅速，總督改駐星加坡，檳榔嶼乃駐一參政司。

海峽殖民地成立後，英國放手經營星加坡，其地位日形重要，市況益趨繁榮，又因地利關係，恰處於印度與中國間航運中心，英人之貿易不重香料，而注意對中國通商。其進出口貿易額在一八二〇年，僅不過一百萬金鎊，但至一八六〇年，就達到一千萬鎊。既以對中國通商爲主，故華僑聚居者亦日增，一八六〇年華僑約有五萬餘人。

一八七四年，英國既取得滿剌加主權，次年，正式接管，當時英人急待解決問題有二：一、關于南寧小邦者，英人接管滿剌加時，發生南寧歸屬問題，於是向駐印度總督請示，兩年後，其批示謂：南寧是附屬國，應繳納什一稅，但遭南寧拒絕，英人祇有派軍千餘征討，後雖征服，然得不償失。二、關于土地問題：荷人統治滿剌加時，城外土地向未丈量，僅發土地證給包稅者，由承包人負責繳納定額稅。英人接受後，欲將之改革，欲付償金，收回包稅權，然後，再由政府直接向農民收稅，發給地契，嗣因無正確地圖作準則，以致困難重重，引起爭端甚多，直至一八八〇年，耗損無數人力與財力，才獲得適當解決。

檳榔嶼非但具有良港條件，且對面有威利斯（Weles）省，威省之後，又接吉打（Kedah）、吉蘭丹（Kelantan）、與玻璃市（Perek）等州，是北馬貿易中心，加以距離泰國、緬甸甚近，又是往來無禁，因之，很快成爲東南亞著名之國際貿易港，復因氣候宜人，風景幽美，被譽爲東方花園之美號。

一八五八年，英國東印度公司結束，其所屬各地，旋由英國政府接管，印度總督由政府委派，海峽殖民地亦隸屬於下，受倫敦印度事務部管理，成爲直屬殖民地（Crown Colony）。直屬殖民地設一總督，轄於倫敦殖民部（Colonial office），第二次世界大戰後，檳榔嶼與滿剌加於一九四六年，併入馬來聯邦（Malayan Union），一九五九年六月，星加坡成爲自治邦，海峽殖民地一辭，遂成爲歷史上之陳迹矣。（徐玉虎）

眞臘國

眞臘原係扶南屬國，六世紀中開始强大，其王拔婆跋摩(Bhavavarman)時，侵呑扶南大部分領土，正式建國稱王。據碑文所載，眞臘大勝扶南，約當公元五五〇年左右。

拔婆跋摩死後，其弟質多斯那(Citrasena)繼位，質多斯那死後，其子伊奢那先(Iśanavarman)嗣立，繼續擴展領土，不久據有扶南全境，建都於 vadhapura 城，即隋書、舊唐書所說的伊奢那城。此都城住有二萬餘家，除國都外，尚有大城三十，亦各有數千家。

公元六七〇年左右，（亨利・馬司帛洛(Henri Maspero)：「八世紀至十四世紀安南柬埔寨國境考」，河內法國遠東學院校刊(BEFEO)，一九一八年。）眞臘發生內亂，分裂爲兩國。北多山阜，號陸眞臘，又叫文單國，據地當今柬埔寨、寮國之地，建都於他客(Tha-Kek)；南境近海，饒陂澤，號水眞臘，據地當今越南南圻之地，即以舊都 Vyadhapura 爲其都城。至八〇二年，兩國始合而爲一。君臨此統一王國者是闍耶跋摩第二 (Jayavarman II)。

闍耶跋摩第二不僅統一眞臘，且樹立專制王權，有「神王」之稱，是安哥(Angkor) 王朝的創始者。他在位期間，廣建寺廟、宮殿，並曾四次遷都。三傳至耶速跋摩第一(Yaśovarman I)，大約在公元九〇〇年時，國都安哥城（Angkor Thom)營建完成，此城周圍長一四四〇〇公尺，有城門五，門各二重，氣象雄偉。一一一二至一一五二年間，蘇利耶跋摩第二 (Suryavarman II) 在位，興建了震古鑠今的藝術巨構安哥寺 (Angkor Wat)，該寺呈長方形，面積近一平方英里，建築結構精巧，不用寸金尺木，全以巨石築成，崇樓高塔，有若迷宮，係印度文化及其藝術在東南亞發揚光大之傑作。此王在宋史內被稱爲「金裒賓深」，曾於一一二〇年，即宋徽宗宣和二年，遣使入貢。南宋高宗登極後，曾於一一二八年授金裒賓深爲檢校司徒，兩國關係極爲友好。蘇利耶跋摩第二去世後，眞臘陷於分裂。一一七七年，占婆以水師襲眞臘，入其國都，雖不久即被逐出，但眞臘因此遭受慘重損失。一一八一年，闍耶跋摩第七（Jayavarman VII）繼立，他是眞臘最後的一位偉大君主，他不僅恢復眞臘的統一，且湔雪占婆伐國之恥，一一九〇年，他率大軍進攻占婆，下其國都，俘其國王，將占婆分爲兩國，一二〇三年，更將占婆置爲眞臘一省。至一二二〇年，眞臘始罷兵，許占婆復國，兩國爭戰至此結束。自九世紀至十三世紀晚期，可以說是眞臘的盛世。

公元十四世紀以後，眞臘國勢日衰，西有暹羅國崛起，暹羅的速古台王朝在十三世紀末葉，即時常東向與眞臘爭戰，使眞臘元氣大傷，及暹羅的阿瑜陀耶王朝建立後，更不斷侵略眞臘，蠶食其領土。一三九四年，暹軍攻入安哥城，扶立一傀儡國王，至一四〇一年，暹軍始被逐出。一四三一年，暹軍再占安哥，眞臘慘敗。眞臘王參烈昭平牙 (Chao Ponhea Yat) 鑒於都城太不安全，乃將國都南遷巴桑 (Basan)，一四三四年，又遷往金邊（其後都城屢遷，至十九世紀初，金邊始成爲永久性都城）。一五九四年，暹羅再對眞臘加以軍事征服，眞臘乃臣服於暹羅。他方面，東鄰的廣南國（安南黎朝的藩國，實際是獨立國，係十九世紀阮氏王朝的前身），於十七世紀初年興起，先滅占婆，擁有今越南中圻，又南下蠶食水眞臘，至一七五七年，遂完全併吞今之南圻，其版圖西至暹羅灣東岸。

十九世紀前半期，眞臘（時稱柬埔寨）成爲暹羅、越南互爭勢力範圍下之附庸國。及法國勢力侵入中南半島，一八六三年，遂淪爲法國之保護國。（呂士朋）

現代印度尼西亞

荷蘭隨着同盟軍的勝利，非但光復本國，亦得重返印尼。荷蘭女王並宣佈將不與蘇卡諾領導的印尼共和國代表談判，於是使共和國失去力量，也使蘇氏妥協內閣倒臺，再由薩里籌組新內閣。

荷蘭與印尼間，曾進行時斷時續一序列的談判，其中因荷蘭採取兩次警察行動而中止。雙方談判場所除一九四六年初，薩里率代表團與荷蘭首相**Schermerhorn**在荷京海牙**(The Hagwe)**談判外，餘都在爪哇舉行。重要協議有㈠雪曼龐協議**(Cheribon Linggajati Agreement)**：一九四六年十一月十五日在爪哇雪曼龐談判，主要內容有五項：A荷蘭承認印尼共和國政府，將合力促使印尼，以聯邦國家型組民主主權國，名曰「印度尼西亞合衆國」**(The United States of Indonesia)**。B召開制憲國會，擬制憲法，代表由印尼民選之。C荷印合作建立荷印同盟**(Netherlands-Indonesia Union)**增進雙方外交、國防、財政、經濟及文化等共同利益。D荷蘭協助印尼申請加入聯合國。E協議發生爭端時，以仲裁方法解決之。一九四七年二月二十五日，在巴達維亞簽字。　㈡倫菲爾協議**(Renville Agreement)**,前協議因履行時，發生困難而失敗，再由聯合國主持，籌組善後委員會，由美澳比三國代表組成，導致雙方接受倫菲爾協議，主要內容爲三部：A雙方停戰，B希望達成最後政治協議十二原則，C進行政治解決五個談判附則。協議於一九四八年一月十七日簽字。雙方初均未達致協議，荷蘭在十二月十九日採取警察行動，拘捕印尼最高階層官員，當時聯合國安全理事會，再度出面干涉，請求雙方停止衝突，釋放拘捕人員，恢復共和國政權，趁早召開圓桌會議。一九四九年五月七日，**Mohammed Rum**代表印尼，**J. H. Royen**代表荷蘭，在巴達維亞簽署協議，將安全理事會的解決原則具體化，規定在海牙召開圓桌會議，討論遵照倫菲爾協定，將眞實而完整的主權，無條件的轉讓給印尼合衆國。

圓桌會議間，印尼共和國與聯合國雙方代表，曾草擬印尼合衆國憲法草案，規定印尼是由「正義統治的聯邦制民主國家」。憲法規定在一年內，必須舉行「自由秘密選擧」，產生新國會，結果推選蘇卡諾爲新政府總統，赫特爲首任內閣總理。新政府壽命尚未彌月，便被各地叛亂所斷送，臨時憲法有效期，並未維持好久，一九五〇年八月十七日，又被另一部新憲法代替，規定印尼成單一性國家。當時各地區民衆會議**(People's Congrees)**，一致要求消除荷蘭一切勢力，印尼要團結成爲一個共和國，於是將荷蘭殘餘勢力一掃而淨，完成一單元性國家。

印尼獨立後，全國政黨大小約有三十多個，如就性質言，可歸納爲四大類㈠神道主義政黨，㈡民族主義政黨，㈢共產主義政黨，㈣其他政黨。諸黨合組國會，採行兩院制，後再改爲一院制。（徐玉虎）

現代柬埔寨

柬埔寨雖於一九五三年正式獨立，然境內尚有不少越盟共軍因越戰（法國的越戰）關係，滯留活動。一九五四年七月，日內瓦會議簽訂法越停戰協定，與會九國並發表宣言，其中關於柬埔寨部分：終止柬埔寨與越盟之戰爭，使其得到充份之獨立和主權，柬埔寨之自由選擧，將在一九五五年內擧行，柬埔寨將不參加任何外國軍事聯盟，法國將應柬埔寨之請，在協議時期內撤出法軍。於是柬埔寨境內之越盟軍，遂依規定撤返北越。

一九五五年三月，施亞努爲欲藉選擧與左傾黨派爭勝，乃宣布遜位，由其父蘇拉瑪烈**(Suramarit)**繼任國王，施亞努自組人民社會同盟以布置選擧，同年九月十一日的普選，施亞努所領導的人民社會同盟，獲得大勝。新國會於同年九月二十五日集會，修改憲法使柬埔寨成爲獨立國。由柬王提名施亞努擔任總理。

施亞努執政後，對外標榜中立路線，對內施行土地改革，並接受美國經援。但自一九五六年二月訪問中國大陸後，又接受中共援助，此後其態度即日益親共。近數年來，爲了與泰國、南越的邊界問題，而與美國交惡，進而斷絕邦交。

自一九六五年美國介入越戰後，施亞努頗與中共、北越相勾結，南越與柬埔寨邊界之越共游擊隊，常以柬埔寨邊境爲其安全庇護所，而施亞努對於美國之敵視，迄未見有所改善。

一九六八年以來，由於柬埔寨國內共黨漸形猖獗，愛國人士亦漸認清與虎謀皮之非計，曾警告中共勿妄圖支持柬共。如何爭取柬埔寨傾向自由世界，不再爲虎作倀，將是全世界關心的問題。（呂士朋）

現代越南

越南自第二次世界大戰結束後，一直淪於戰火的破壞與蹂躪中，法國和美國先後捲入越戰。

法國與越盟間的戰爭，發生於一九四六年十一月，起因於越盟軍與法國駐軍在海防的衝突。十二月十九日，法國駐東京（北圻）專員通牒越盟政府，要求將地方團隊繳械，胡志明即於當天晚上下令襲擊法軍，第一次的越戰就此開始，直打到一九五四年七月二十一日，日內瓦會議簽定停戰協定才終止，歷時七年又七個月。從一九四六年十二月起至一九四九年底，這一時期法國與越盟單獨作戰，法軍占上風，掌握城市，越盟則掌握鄉村。自共匪竊據中國大陸後，一九五〇年初形勢突變，共匪軍援越盟，美國亦軍援法國，越戰成爲國際性戰爭。而在此期間內，法國扶植保大在南方成立自治邦政府，保大於一九四九年八月就任西貢越南臨時政府執政。

一九五四年法國在越南戰場上形勢逆轉，是年五月，奠邊府爲越盟軍攻陷，法軍損失慘重。而日內瓦會議中，法國力求結束越戰，七月二十一日，法國與越盟簽停戰協定，與會九國則於協定後發表十三款之宣言。停戰協定規定以越南北緯十七度爲停戰分界線，越盟軍撤回十七度以北，法越聯軍撤回十七度以南，而南北越於兩年內舉行普選以求統一。此一協定使七萬七千方哩土地及一千三百萬越人，淪入共產鐵幕。

一九五四年六月，南越保大政府邀吳廷琰出任總理，吳氏主政之初，南越局勢險惡，幸得美國之有力支持，吳氏以鐵腕統一政令，平定各教派武力。一九五五年五月，吳氏自行改組內閣，其政敵以及親法人士悉予排除。保大親法，其時正滯留巴黎，遂與吳氏相水火。同年十月，吳廷琰藉公民投票罷黜保大，當選總統，宣布成立越南共和國，完全獨立。翌年，吳氏要求殘餘法國駐軍撤離，法國勢力完全退出越南。

一九五六年六月，依日內瓦協定應爲普選之期，北越要求如期舉行，吳廷琰聲明以北越爲共黨控制，人民不能自由表達意志，拒絕普選。於是南北對峙之局形成，僵持至今。

吳廷琰自當選總統後，在美國軍經援助下，統一南越內部，勵精圖治，國際地位大爲提高，自由世界四十餘國均予以外交承認，一九五八年，吳氏聲譽達最高峯。不幸自一九五九年起，情勢漸形逆轉，北越既不能藉普選赤化全越南（按北越人口較南越爲多，且南越境內又有少數民族），乃嗾使潛伏南越境內之共黨份子作亂，一九六〇年十二月，南越共黨份子成立所謂「南越民族解放陣綫」，逐步侵蝕南越農村土地。

吳廷琰自一九五五年以來之鐵腕作風，樹立不少政敵，且吳氏爲天主教派政治領袖，對佛教容或稍有歧視，於是反對勢力與佛教徒相結合，加之越共統戰策略之運用，遂造成內外交迫之政治危機，而美國與吳氏自一九六一年起亦有磨擦。一九六三年五月南越境內發生反政府風潮，導致是年十一月一日楊文明將軍所領導的政變，吳廷琰且在政變中喪生，此後南越政局日趨惡化，政變頻仍，政府不斷更迭，一年又三個月期間，達六次之多。迄一九六五年六月，軍事執政團成立，由阮文紹將軍任主席，阮高祺將軍組閣，出任總理，政局始告安定。一九六七年九月，軍政府還政於民，舉行大選，阮文紹、阮高祺當選正副總統。

自一九六三年十一月吳廷琰政府被推翻後，南越政治局面惡化，而軍事局面尤爲險惡，越共游擊隊蔓延甚速，漸形成以鄉村包圍城市之勢，美國爲阻止越局惡化，乃漸派兵協防大城市與港口。一九六四年八月，東京灣事件發生，北越魚雷艇偷襲美艦，反被擊沉。一九六五年二月，越共游擊隊偷襲百里居美軍營房，美國爲報復起見，乃轟炸北越，於是正式介入越戰。

時至今日，美國駐越兵力已逾五十萬，另第七艦隊官兵七萬五千人，南越政府軍六十萬人，韓軍五萬三千人，總兵力逾一百二十萬，戰費每天高達七千萬美元。雖則自美國介入越戰以來，越共已遭慘重打擊，凶燄頓挫，而北越在美國轟炸下滿目瘡痍，似有無法支持之勢，而南越政局顯著好轉。然因美國子弟在越南傷亡日多，戰費亦成美國財政上重大負擔，是以美國國內反越戰呼聲日高，一九六八年大選，越戰成爲競選主題。

目前，美國已停炸北越，巴黎和談亦已開始，越南和局似已露一線曙光，

然如何實現越南和平，前途荆棘尙多。（呂士朋）

現代菲律賓

由於菲島的有史時期，不論自九八二年或一二二五年起計算，均不甚長，因之，菲史絕少以上古、中古、近代、現代之類分期。如依菲國新派史學界大師亞剛西利歐教授的說法，菲史不妨自一八七二年加維地事件，引起三位菲人修道士從容就義之年，開始敍述，則爲期短之又短，更難分別古今。若按傳統見解，勉强劃分，可將「西班牙時代」視爲菲律賓古代史，則「美國時期」近於菲律賓近代史，然則現代史應指一九四六年菲律賓共和國成立以來，或上推至美治之下，一九三五年菲律賓自治邦成立以來者爲方便計。此處「現代」，僅以一九四六年迄今情況，作爲描述範圍。

菲律賓共和國於一九四六年七月四日，宣告成立。承先（三百年來爭取自由獨立的民族意識）啓後（建國大業的自我推進），劃一新紀元。在廿五國使節觀禮的慶典中，美國駐菲高級專員麥納特（旋爲首任駐菲大使）降下美國國旗，而由第一任總統羅哈士升揚菲國國旗。亞洲第一天主教國家從此誕生。獨立節之與美方相同，自非偶然，而係出於有意的抉擇。新總統於發表演講後，即首先簽定有關菲美之間一般關係的條約，以便配合美國會通過的兩大法案，一爲菲律賓復興法案，一爲菲律賓貿易法案，又名貝爾貿易法案。其時光復甫逾一年，瘡痍滿目，百廢待舉。這位自由黨創立人，本其從政卅年的經驗，進行經濟復興。由於財政上收入低微，非吸引美資不可，乃對美委屈求全，成立所謂「平權」條款，不惜修憲，容許美僑在菲，同等享受開發天然資源之權，潛伏今日菲人反美的根源之一。不幸長才尙未盡展，卽於一九四八年因腦充血，溘然長逝。

四月十七日起，兼外長的副總統季林諾宣誓接任，繼續致力經濟復興工作。無奈政風欠佳，虎克黨（民抗軍）的勢力日益膨脹，無意向政府妥協。外交上對美亦步亦趨，曾使羅慕洛博士榮獲聯大主席一職。一九四九年大選，自由黨員分裂爲二，季林諾與其選伴羅帛士仍能運用權力與財力，壓倒國民黨總統候選人勞禮，當選第二任正副總統。國民黨力指執政黨操縱選舉，加以治安日差，虎克氣燄一度威脅馬尼剌市郊，遂使季林諾威望大減。外匯統制更得不償失，促使菲幣在無形中走向貶值不已的過程。但一九五〇年任命衆議員馬賽賽擔任國防部長，在彼剿撫兼施，恩威並濟方針下，盛極一時的虎克力量，一蹶不振。季林諾在位期間的其他大事，尙有：一九四八年明令遷都奎松市（迄未完全實現）。索得英屬的龜島。一九五〇年召開碧瑤國際會議。簽訂美方財援協定。出兵參加韓戰。一九五一年訂定菲美協防條約（與一九四七年容許美方在菲設置海陸軍基地，以及接受美方軍援兩協定，彼此有連帶關係）。

一九五三年大選，國民黨邀請衆望所歸的馬賽賽，變更黨籍，出任該黨總統候選人，參議員賈西亞爲選伴。果以多數票大捷。是位第三任總統曾空前深入民間競選，遂於上台後，以「平民紀元」爲號召，設立總統府訴寃與行動委員會，由名報人曼納漢主持。一九五四年參加東南亞條約組織的籌劃會議，美、英、澳、紐、法、巴基斯坦、泰、菲八國在馬尼剌擧行會議，共同簽定東南亞協防條約，亦卽建立東南亞條約組織。另有所謂「太平洋憲章」的公佈。一九四六年的菲美貿易協定，亦於一九五四年由勞禮——蘭里協定替代。新協定預定一九四六年屆滿。（以中菲關係言，一九五四年的簽署零售業菲化律，亦係大事之一。）不幸勵精圖治，竟橫遭大劫，於三月十七日因座機在宿務市附近山間失事而罹難。賈西亞遂由副而正。

一九五七年大選，賈西亞正式當選，但選伴小勞禮敗於自由黨副總統候選人馬卡巴嘉。於是一正一副，分隸朝野兩大黨。後者未兼內閣之中任何實職，得以全力，及早從事競選，終使第四任總統又無法取得連任，悄然下台。

論其「菲人第一」政策之下的政績，平平無奇，曾聽令另一菲化律（米黍業菲化）成立，尤使菲華失望。加以政風乏善可陳，宜乎不得蟬聯機會。

一九六一年大選，馬卡巴嘉果因志在競選必勝，又具操守甚佳與雙料博士等等較佳條件，與巴萊意示分任第五任正副總統。兼外長的後者，頗致力於東南亞區域性的合作。惟馬菲印（尼）的泛馬邦聯組織，不幸夭折。馬泰菲三國協會（東南亞同盟）又因菲印未卽承認大馬的成立，而中途停頓。菲美關係的惡化，則使菲國鄭重更改獨立節的時日。援越案的得失利弊，更於菲國會中激辯不已。對內政爭，尤爲複雜。副總統先辭去兼職，繼與參議長馬可斯（華裔），先後改投國民黨。後者由執政黨總裁一變而爲在野黨總統候選人，而由曾任季林諾時期副總統，早投國民黨的羅帛士，重新搭擋。由於馬可斯才華洋溢，握有北方選票，自傑出衆議員而卓越參議員，競無不勝，加以美而賢的太太，盡力助陣，發揮「秘密武器」的威力，終於粉碎自由黨方面「黑色宣傳」迫使馬卡巴嘉亦連任不得。但其促成土地改革法案，解除外匯統制等等，不失為差強人意的改進。

現任總統馬可斯為第六任，當與自治邦的奎松，共和國第三任的馬賽賽，共列為菲島最佳的總統人選。自一九六六年視事三年以來，對內曾致力兩R（米產與公路的增加）與一S（校舍的加建）等等政策，均有相當可觀的成就。尤以「奇蹟米」已使需要外米入口國，變為盈餘米糧出口國，最令人驚奇。至於取締貪污與走私之風，尚待繼續努力。惜一九六八年增稅以謀加緊經濟建設的願望，未因執政黨之於兩院佔上風，而獲得立法上的贊同。一九六九年的大選，勢將角逐更甚。但馬可斯本人迄無可畏勁敵，如無意外挫折，可能空前取得連任的嶄新紀錄。倘能蟬聯，便可專心致志於改革，菲國幸甚。對外，在菲人民族主義情緒下，業已再三出現反美示威行動。繼續重提索取沙巴主權的舊話，又使彼於登台之初，全面復交的大馬，再度化友為敵。不僅邦交不絕如縷，且使組成未久的東南亞國家協會（馬、泰、菲、另加星、印尼）多少停頓化。菲華社會引以為慰者，即五、六兩任總統不謀而合，悉以抑止新菲化律的變本加厲為原則之一。深願盡力協助菲當局，多多解決財經難題。因菲政府為提醒美方及早增加經援計，業已向星馬看齊，向東歐共產國家，以至於蘇聯，試建貿易關係。

縱觀此一「遠東民主政治櫥窗」之中的優劣點，正是成也政治，敗也政治，年年均可謂之政治年。關於在「現代」期中，由許多因素，直間接構成的現狀，可從如下分析，得一輪廓：

全菲人口據一九六七年的統計為三四、六五六、〇〇〇人，每年逐增率為百分之三點二左右。近廿多年來，業已漸感人口膨脹，影響國計民生問題至大。是以平心而論，現代菲律賓並非無何進步，而為供應始終落後於日多的需求。再者，羣島的七、一〇七島嶼陸地面積一一五、七五八方英里之中，迄未開發的地區尚多。未盡其利，自難富國裕民。此一多元民族國家，可分為呂宋（北）毗賽亞（中）、與民答那峨（南）、三大羣島。呂宋不僅最大，開化最早，且有全菲第一大都市馬尼剌，人才集中，因而正副總統人選素以一北一南（包括中部）為原則，但歷任總統與政要的籍貫，多屬呂宋。在全菲四十三大宗族之中，以大家樂、伊洛干諾、畢骨拉諾、與毗賽亞等族人數最多，勢力最大，選票關係全局。廿多年來，地方觀念的減少有限，八十七種方言依然存在。菲國語（大家樂語）迄未取代通行的英語，乃使菲國保持其世界第三英語國家的地位。宗教信仰自由，天主教徒約佔百分之八十，基督教徒百分之五，獨立派天主教徒與另一本地化教派教徒亦各百分之五，回教徒百分之四，異教徒與其他百分之一。廿多年來，回教徒參政者漸多，隔閡漸減。

廿多年來，政制上三權分立明確化，總統權力比美國者有過之而無不及。國會中的兩院，立法效率頗差，參院久為產生總統的溫床，衆院較與總統的意向合拍。司法上，大理院甚能維護法治精神，每每不顧人情。共和國現分六十三省，四十五市（廿多年來增加最快）一、四一〇鎮，以及三一、〇〇〇村莊，可謂三級的地方制度。馬尼剌人口兩三百萬，廿多年來欣欣向榮，故其市長一職的崇高，絕非一般省、市長所能比肩，成為菲國政壇特色之一。

廿多年來，私立教育蒸蒸日上，公立教育亦有長足的進展。教育費一貫而居總預算第一位，國立菲律賓大學常年費常另列一項，合計更為可觀。菲人重視子女教育之風與半工半讀之便，與時俱增，遂使全菲在學人數，經常佔人口的百分之廿五至卅。小學六年，中學與大學各四年，歷任教育部長有意恢復小學的七年級，惜迄今財力不足於實行。公立教育（約二萬二千校）以小、中學為對象，國立大學僅有三校，菲大校友可佔各界重要職位百分之六十。私立教育（約三千五百校）側重大、中學的辦理。完全大學已增至廿餘所。學院與專科數以百計。至於新聞高度自由，則使報業如日方升。各報總銷路已逾二百萬份。廿多年來最大缺憾，尚為物價的上升。菲幣對美金的官方比率，已由二比一降為四比一。但交通的增便，已使十六地區聲氣益為相通。（吳景宏）

現代緬甸

緬甸自一九四八年一月四日獲得獨立後，最初三年，建國工作異常艱鉅。一九四八年三月，白旗共黨在仰光發動示威，鼓吹推翻政府，經宇努總理下令整肅，白旗共黨因而發動大規模叛亂，至一九四九年占有緬中、緬西之地，且在卑謬成立所謂「民主聯合政府」，後因其內部分裂，加之政府軍進剿，卑謬克復，白旗共黨竄入森林地帶，從事游擊以破壞治安。除緬共外，又有克倫族的叛亂，自一九四八年十二月起，與白旗共黨相呼應，向政府軍作戰，其擾亂地區在緬南一帶，使交通中斷，農產銳減。緬甸政府不得已，祇好對克倫族採安撫政策，於內閣中設克倫族閣員一名，參預聯邦中央政府的政事，一九五一年十月，克倫族接受政府要求，加入緬甸聯邦，至此內部初見和平。

在獨立以前，緬甸的革命份子集中在昂山所領導的「反法西斯人民自由同盟」內。其後，該同盟不斷分裂。迄宇努繼昂山領導該盟（一九四七年七月）後，實際上接受他個人領導者，祇是社會主義派，即獨立後的執政黨，該黨對內主張社會主義，對外高唱中立外交。一九五六年，第二次大選，下院二百五十席中，自由同盟僅獲一百四十四席，而民族統一陣綫（左翼政團，與緬共有聯繫）得四十二席。

一九五七年，宇努辭總理職，專心致力整頓黨務，而由宇巴瑞(U Ba Swe)任總理。但一九五八年四月，自由同盟終於正式分裂為兩派，由宇努領導的稱廉潔派，由宇巴瑞領導的稱鞏固派，鬥爭甚為激烈，六月九日國會中投票，民族統一陣綫支持廉潔派，遂使宇努以多數票繼續組閣領導政府。一九五九年，尼溫將軍(General Ne Win)及其所代表的陸軍，為制止兩派之鬥爭及左派共黨之挾持，乃發動政變，接收政權。

一九六〇年，緬甸第三次大選，宇努的廉潔派（改為聯邦黨）得一百五十三席，宇巴瑞的鞏固派（仍稱自由聯盟)得二十五席，民族統一陣綫得三席，其他各黨派及獨立人士共二十席。一九六一年二月，尼溫還政於民，宇努以多數黨黨魁再任總理。

宇努執政年餘，因經濟政策驟自統制開放為自由，一時物價猛漲，通貨膨脹至無法收拾的局面。一九六二年三月，尼溫將軍再發動政變，推翻宇努，重掌政權。

四、五年來，緬甸在尼溫控制下，對內實施社會主義政策，但壓制緬共（包括白旗、紅旗）；對外則騎牆中立，高唱不結盟。然統制經濟亦無法消除其經濟危機，為此，尼溫曾於一九六六年曾悄然訪美，覓取美國積極的經濟援助。自此以後，緬甸已與中共日漸疏遠，其對內對外政策似均將作適度之修正。

（呂士朋）

現代寮國

一九四九年七月十九日，法國總統奧利爾與寮國國王施沙文旺在巴黎簽訂協定，法國允許寮國在法國聯邦內獨立，將近六十年的法國殖民統治於是結束。

近十餘年來，由於寮共的擾亂，寮國始終陷於戰亂和不安中。按寮共的產生，緣於一九五二年四月，越盟（北越共黨）軍大擧入侵寮國，企圖使越南戰場上的法軍陷於兩面作戰，後因雨季將臨補給困難而撤退，但在寮國東北桑怒、豐沙里二省留駐部隊，培養寮共（巴特寮），予以武裝，以為顚覆寮國的基礎。同年十二月，翌年二月，越盟軍又兩度入侵寮國。

一九五四年七月，日內瓦會議越南停戰協定簽字，會中法國承認寮國政府完全獨立；為結束寮國戰禍，會議規定越盟軍自寮境撤出，並以政治方式解決寮共問題。一九五七年，寮國政府與寮共成立協議，同意組織聯合政府，改編寮共軍，桑怒、豐沙里二省交由政府接管。由佛瑪親王(Souvannn Phouma)組閣，在首都永珍，成立一容共的中立政府，寮共領袖二人入閣。一九五八年，沙那尼功(Sananikone)推翻佛瑪政府，組織反共內閣，自任總理。一九五九年十月，寮王施沙文旺去世，攝政王儲沙旺華達那(Savang Vattana)繼位。同年十二月，反共的佛米諾沙旺(Phoumi Nosavan)將軍接管政府，迫沙那尼功下台。一九六〇年初，新內閣成立，由親西方的宋桑尼斯 (Sonsanith) 任總理，佛米任國防部長。同年八月，左傾的傘兵上尉康萊(Kong Le)發動政變，擁佛瑪為總理，名為中立政府，實則偏向寮共。同年九月，佛米與佛瑪決裂，在南部素旺那曲成立反共革命政府，由歐謨親王(Boun Oum)主持，十二月，佛米率反共軍克復永珍，歐謨政府返永珍。於是內戰展開，康萊北竄和寮共聯合，以與永珍反共政府對抗。嗣後一年多期間，寮共和康萊所謂中立派軍隊，得中共與越盟的有力支援，聲威日益壯大，佛米所領導的反共軍節節敗退。

一九六一年三月，十四國在日內瓦開會，討論解決寮國問題，經一年多之斷續談判，決議寮國停火，並成立聯合政府。聯合政府於一九六二年六月成立，佛瑪出任總理。自後局勢平靜僅約半年，寮共又暗中進行叛亂，不斷破壞日內瓦停火協定。

一九六四年四月，部分右派軍官發動政變，圖推翻佛瑪政府，但被敉平。一九六五年二月，佛米所屬若干校級軍官發動政變，也告失敗，佛米被指為策動者，被迫出亡泰國。

自一九六五年美國以武裝部隊介入越戰後，寮國成為越戰的附屬戰場，寮共公然擴大叛亂，與北越、越共相呼應，擔任保護胡志明小徑（北越經寮入南越的補給線）的任務，且進一步支援泰共叛亂。寮國總理佛瑪目睹寮共之賣國罪行，近年來，一改過去中立偏左態度，漸與西方國家相親近。而寮共首領蘇法努旺(Souphanouvong)，已完全暴露其爲中共、北越共黨之傀儡行徑。

由於寮國局勢與越南局勢相勾連，未來情勢如何發展，殊難預卜。(呂士朋)

速古臺王朝

元服南詔，定雲南，已在泰國境內的泰族乃奮起建國。第一個泰族建立的王朝爲一二五七年的速古臺(Sukotai)王朝。

十二世紀末葉，泰境湄南河流域，已有吉蔑族建立的兩個王國，一爲南面的德瓦拉底(Dvarati)，以洛甫里(Lopuri)爲首都，時爲柬埔寨附庸；另一爲北面的哈里旁迦雅(Haripunjaya)，以景邁爲首都。泰族酋長鋼邦套(Kum Bang Klang)，首以哈里旁迦雅南部爲根據地，於速古臺城即王位，稱室利因他拉蒂王(Sri Intaratitja)。漸擴張兼併各小邦，至一二九二年哈里旁迦雅覆滅，速古臺王朝乃成爲湄南河流域最大的王國。

一二七五年，速古臺第三世王拉瑪摩項(Ramhamheng)即位，稱爲名王，有拉瑪摩項大王之稱，在位凡四十年，雄才大略，於政治文化，貢獻實多。版圖含有今泰國之中部、南部、西部，以及緬甸之南部，爲泰國歷代疆域之最廣者。當時之政治，以保衛國家爲基礎，故其政治方法完全用軍制，國中成年男子皆爲兵士，統治國民之貴族官吏等，亦屬軍人，由國王自任主帥，官吏循序而下，分任軍長、千夫長、百夫長，以及棚目等職，國家昇平之時，彼此謀求生活，互以文治方法統理一切，一旦戰爭事起，則實用軍制。泰人奉佛教，屬大乘派。

一一五七年間，錫蘭之博勒共帕虎護法大王，始在錫蘭復興小乘派之佛教，日興月盛，方普及至於泰國，篤信佛法之僧徒，且多至錫蘭習經剃度，爲錫蘭僧侶，然後返國，在那坤希他瑪辣組織團體，拉瑪摩項王似亦曾親幸那坤希他瑪辣，與諸僧相會，因其篤信奉法，乃發起在速古臺城設立僧省，以爲泰僧剃度之地，此即今日嗎哈岩(摩河衍)派僧侶之始祖。泰國之與錫蘭邦交，亦自拉瑪摩項王始。

拉瑪摩項王時代又曾自錫蘭得來菩提希杏佛像，現陳曼谷博物院。拉瑪摩項王鼓勵居民通商交易，取消阻礙交易之釐金局，使於中途不得徵收貨稅。又立法援助農民，使能安居樂業。王更躬自負責，主持公道，以減除人民之痛苦。命在宮門之上懸一巨鐘，被屈含冤須訴御狀者可隨時擊巨鐘以達上聞，爲後來擊鼓鳴冤之端倪。王又曾躬爲表率，引導人民作功德，守佛戒，聽聖敎，嘗在糖樹林中，設一石臺，當禮佛及薙髮之日，命僧人升臺闡揚佛法，平素王於石臺之上處理國務，在露天羣衆之中辦理政事，乃爲泰人原始制度。

在拉瑪摩項王各種創造之中，其最使後世受惠者，厥爲一二八三年間，暹羅文字之創造。前此當地之人，多採用印度南部之柯倫文字，改造之後，漸變爲考木文。考木文可用以書寫巴里梵語、考木語、及蠻語，書寫泰語則殊感不便，因其無註明高低之聲號，音標亦嫌太少，不足以供書寫泰語之用。拉瑪摩項王乃創造新字，聲號音標，適於泰語，文字之形狀，亦較考木易書，因此遂發生所謂之暹羅文字。但拉瑪摩項王所發明之暹羅文字，字母音標書於同行，其後復有人漸次改良音標位置，採用考木文書法，有在字母之前，在字母之後者，有在字母之上者，有在字母之下者，一如今日通用之暹羅文字。

拉瑪摩項王嘗與中國交通，於一二九四年、一三〇〇年兩次親訪元廷，招致中國美術家多名，傳入中國陶瓷之製造法。

拉瑪摩項王卒後，勒泰王(Loetai)嗣位，國漸衰，南方另有新勢力興起，是爲阿瑜陀耶(Ayuthia)王朝。一三四七年，勒泰王卒，其子黎泰王(Tammanya Liitai)嗣位，稱嗎哈他嗎拉查第一，國勢益衰，僅保有王都一帶地。然王學問淵博，曾學於錫蘭僧院及皇家學院，精通三藏佛經，於佛敎之崇奉信仰，甚於以前諸王。自印度錫蘭招致高僧，以宏佛法，所建佛寺甚多。又修道路，濬水道，遺跡至今猶存。王並按照錫蘭儀式，規定敎例，如劃分僧人爲學習佛說之城市派，及注重坐禪之山野派，至今猶然。嗎哈他嗎拉查第一性極慈悲，不好武功，爲人民所愛戴。又曾暫時出家，實開後世高尚國民臨時剃度之先河。

嗎哈他嗎拉查第一卒於一三七六年左右，子塞(Sai)嗣位，名曰嗎哈他嗎拉查第二，不久淪爲阿瑜陀耶之屬國，速古臺王朝遂亡。(參考吳俊才：「東南亞史」四五頁。李長傅：「南洋史綱要」二六至二九頁。泰國共丕耶達嗎鑾拉查奴帕親王著、王又申譯：「暹羅古代史」一二至三四頁。)(程光裕)

梭羅河文化(Solo River Culture)

一八九一年，荷印政府醫生杜波依博士(Dr. Eugen Dubois)在中爪哇泗水與梭羅間牙威鎮(Ngawi)以西十一公里梭羅河附近的特里尼爾村(Trinil)掘得一片頭蓋骨，二枚牙齒和一條大腿骨，據牙齒之特點論，似已具人形，惟頭蓋骨顯示，進化程度尚低，腦容量頗小，僅及現代人五分之三，雖尚未達人形階段，但觀其腿骨，似已能直立行走。杜波依稱之爲爪哇直立猿人 (Pithecanthropus erectus)，簡稱爪哇猿人。爪哇猿人出現之地層中，尚未發現使用之工具或其他文物。然身體結構言，既能完全直立，當已脫離樹上生活而過着地上生活。就腦之特點言，已有極簡單的語言，因有語言，故有集體生活，群居一處，合作互助。爪哇猿人，據考古學家湯瑪先(Thomassen) 估計，爲三十萬年至四十萬年前之人類遠祖。一九三一至一九三四年間，湯氏又於梭羅河特里尼爾附近之岸塘 (Ngandong) 發現更新世 (Pleistocene) 後期之頭蓋骨十一具，爲較進化之人形，但可決其爲「直立猿人」之近親。人類學家稱之爲「梭羅人」 (Homo solvensis)。

迨一九三六年，爪哇復有一頭蓋骨發現於泗水(Surabaya)西之惹班 (Mojokerto)，較前發現者具體而微，殆爲一嬰孩者。一九三八年，中爪哇復大有所獲，蓋德國考古學家昆尼瑣德博士 (Van Koeuigswald) 復於梭羅河畔之森奇蘭 (Sangiran)，發現另一「直立猿人」之頭骨，與一八九一年所發現者相似；翌年復發現頭骨一具，雖屬同型，但遠較前二者爲巨大。一九四一年，續發現一巨型下顎骨，並留有三巨齒——是項顎骨之巨，非前所發現諸「直立猿人」頭骨所能具者。昆氏稱之爲「古爪哇碩人」(Meganthropus Palaeo-javanicus)。由此巨齒之大小推測，其體重可能逾五百磅。據湯瑪先之估計，此碩人距今約六十萬年云。

梭羅河流域史前地下遺物的發現，使印尼的史前文化顯現曙光，學者稱爲梭羅河文化。今日特里尼爾村豎立着一塊石碑，上面寫着：「P.E. 175M ONO 1891-93」數個字，其意爲：一八九一年至九三年間，此地東北部一七五公尺處發現爪哇直立猿人的化石。」特里尼爾村爲梭羅河文化的中心，與中國北平附近的周口店齊名。（參考許雲樵：「南洋史」上卷，二〇至二二頁，廖建裕：「印尼散記」一〇一頁。）（程光裕）

婆羅浮屠塔

「婆羅浮屠」係梵文 (Borobudur)，意爲「丘陵上的佛寺。」印尼中爪哇夏連特拉 (Sjalendra) (760-860) 之首都設於甫藍班南 (Prambanan) 平原，以佛教爲國教，大興土木，建立許多陵廟，卡拉珊陵廟 (Tjandi Kalasan)、沙里陵廟 (Tjandi Sari) 、千陵廟 (Tjandi Sewu)、巴宛陵廟 (Tjendi-Pawon)、門突陵廟 (Tjandi Mendut)等，均甚著名。距門突陵廟不遠，則有巍峨的婆羅浮屠佛塔在望，此佛塔爲印尼最偉大的宗教建築物，工程浩大，與埃及金字塔相媲美。婆羅浮屠佛塔建於中爪哇日惹城附近文池蘭 (Viuntilan) 的丘陵上，下面四層爲四方形，上面三層爲圓形，最上一層則爲昂然矗立的尖塔；此外又有一基層。塔中堅實，不能進內，惟可沿四方形階層邊緣之走廊而行，走廊兩邊之石壁上，有無數浮雕及佛像，構成一部「石塊上的史詩」。第一層描述佛的歷史，其餘各層則紀錄佛在生前的事蹟，有一處雕刻描述佛因爲營救沉船的難民，化身爲烏龜前往拯救。並以自身作食物供養難民。亦在表揚捨己爲人的精神。此外還雕有許多大象、孔雀、獅子及熱帶果品，亦刻着當時人民生活圖案，生動精緻，意義深長。現代印尼人時以黃色膏油 (Bare') 塗抹於浮雕之上，以示崇敬之意。四方形的階層上，每隔一定距離，設一佛龕，內置一盤足趺坐之佛像，共有四百三十二座佛龕。每一階層至另一階層有石級相通，進口有門，門上飾有怪獸之首，信徒認爲可僻邪。登上四層四方形的階層，即爲扁圓形的階層，此圓層共有三層，圓層上建有七十二個小塔，每一塔內籠罩着一尊佛像，此可從塔的孔洞窺見。最上一層的大塔作傘形，佛像已闕。

婆羅浮屠佛塔建築年代，塔上無從查考，據專家估計，約建於八五〇年，至九二五年，夏連特拉衰亡，其後回教傳入爪哇，佛教斂跡，此佛塔更不爲人所注意，直至英國統治爪哇時期 (1811 - 1816)，始由萊佛士(Raffles)令人修繕，並加以調查研究，此事詳載於萊氏所著爪哇史 (History of Java)。英國退出爪哇，此佛塔又爲風雨浸剝，無人保管，直至一九一一年始由樊黑勒甫(T. Van Erp) 修復。如此宏偉佛塔，據專家推測，塔內埋藏佛的遺物。佛死後，其體擧行火葬，遺灰分諸八城中埋葬，各築墳墓，其後阿育王卽位，下詔開掘佛祖墳墓，計掘開者七處，取遺灰分置八萬四千個瓶甕中，凡佛教徒到處，卽分其一瓶與之，令其就地埋葬，並建築台塔祭祀。婆羅浮屠佛塔因而築成。婆羅浮屠佛塔爲世人譽爲世界七大奇跡之一。（參考吳世璜：「印尼史話」五二至六二頁）。（程光裕）

雪蘭莪王國

浩爾教授 (Prof. D. G. E. Hall) 云：「十八世紀馬來亞的歷史，是武吉斯人佔上風的歷史。」武吉斯人（Bugis ）原是西里伯島（Celebes，或稱蘇拉威西 Sulawesi）孟加錫（Macasar）的土著，是一支强悍的民族。

十五世紀中葉，武吉斯人曾侵襲馬來半島，十七世紀末葉雪蘭莪境內巴生（Klang）一帶已有相當數量的武吉斯人定居。一六六七年荷蘭人擊敗孟加錫王哈山烏丁（Hassan Udin），締結旁加河條約（The Bongais Treaty），孟加錫間接受荷人控制，武吉斯人大批向外遷移。其中最主要的一股是西里伯羅武國（Luwu）王室的「五兄弟」，鄧巴拉尼（Daing Parani）鄧明南朋（Daing Menambun）、鄧米麗華（Daing Merewah ）、鄧芝剌克（Daing Chilak）、鄧加馬西（Daing Kamase）（所謂 Daing，就是武吉斯人貴族的封號）。五兄弟統率大批武吉斯人橫行於爪哇海、馬六甲海峽，揚威於婆羅洲，佔領廖島，稱霸於馬來半島西海岸。

武吉斯人在馬來半島上幫助任何國家抵禦外侮，或平定內亂，參與內戰，在霹靂與吉打兩國逐鹿，控制柔佛，創造雪蘭莪。

雪蘭莪盛產錫米，早爲武吉斯人在馬來半島主要的根據地之一，一七三〇年雪蘭莪境內一位武吉斯人貴族鄧馬弟哥與五兄弟的軍隊作戰，兵敗逃往蘇門答臘米南加保人（Menangkabau）建立的錫國（Siak ），越十年，鄧馬弟哥與錫國王羅闍克己（Kaja Kechil）率領大軍攻雪蘭莪，當時柔佛副王鄧芝剌克親自率軍應戰，敗之，爲鞏固對雪蘭莪的控制，遂於一七四二年立子羅闍羅武（Raja Lumu）爲雪蘭莪的第一位蘇丹，稱爲蘇丹沙列胡丁（Sultan Sallehudin），首都設在瓜拉雪蘭莪（Kuala Selangor）。

王國的政治組織，在中央方面，有一名槃陀訶羅（Bendahara，意爲首相），掌管行政，一名槃陀訶黎（Bendahari，意爲財政大臣），掌管全國財政等，一名德門公（Temenggong，意爲司法大臣），掌管全國的司法和治安。一名副王（Raja Muda）通常由太子或至親的王族擔任，協助蘇丹處理政務，當蘇丹逝世時就可繼承。

第二位蘇丹伊不拉欣（Sultan Ibrahim）、一七八〇—一八二六）在位時，是雪蘭莪最强盛時代，版圖遼濶，並直接或間接控制一些鄰邦。內政方面積極發展經濟，稻米、籐（Rattan）、樹脂（Damar）、椰子均有增產，當時蘇丹控制全雪蘭莪錫產，一八二〇年將蘆骨河（Sungai Lukut）一帶賜予羅闍吳蘇（Raja Busu）開採錫米，使雪蘭莪的錫米與日俱增。對外方面：於一八〇四至一八二四年間，佔領霹靂沿海地區，從波南河（Sungai Bernam）沿着海岸北上直至檳榔嶼對岸的威省（Province Wellesley），其中包括拉律（Larut）、吉輦（Krian）等地區。其目的是要保護從雪蘭莪至檳榔嶼間的商路安全。一八二四年，這塊土地才歸還霹靂。瓜拉寧宜（Kuala Linggi）地帶盛產錫米，並可控制寧宜河內地雙溪芙蓉（Sungai Ujong）一帶錫產的輸出。蘇丹依不拉欣意欲收歸此區爲雪蘭莪版圖，藉口武吉斯人的柔佛副王甘埔耶（Yam Tuan Muda Kemboja）於一七五三至一七五七年間統治該地，要求佔領，并將採取軍事行動。時英人以雪蘭莪强大難於控制，影響馬六甲和寧宜河流域一帶的錫產貿易，加以阻撓，蘇丹伊不拉欣的美夢終於無法實現。

一八二六年，蘇丹伊不拉欣逝世，子羅闍穆汗默德即位，尊號爲蘇丹穆汗默德（Sultan Muhammad 一八二六—一八五七）。蘇丹穆汗默德才德遠遜其父，統治時期，雪蘭莪境內分裂成波南、雪蘭莪、巴生、冷岳（Langat）、蘆骨五區。當時蘇丹無法解決羅闍爭權奪利的糾紛，王子羅闍蘇來曼（Raja Sulaiman ）與羅闍奧士曼（Raja Usman）以及一位兄弟羅闍尤索夫（Raja Yusof）爭奪副王的席位。土侯不聽命中央，羅致大批扈從（Followers），以發展實力，土侯對封區境內人民極盡壓迫，人民紛紛逃亡。土侯爲爭奪經濟上的利益，不惜發動戰爭，造成混亂。華人礦工不斷移入蘆骨與巴生河流域，使此地區迅速發展，蘇丹穆汗默德親身與錫礦經營，不幸失敗。蘇丹穆汗默德圖向霹靂擴充勢力，受阻於英人。在位與廖島親善，於一八五七年逝世，結束爲期三十一年的統治。雪蘭莪土侯與土侯之間，以及土侯與華籍私會黨之間的戰亂終淪於英之控制。（參考顏清湟：雪蘭莪史）（程光裕）

越南古史傳說時期

據越南古史傳說，其民族來源出自神農氏之後。

最初，炎帝神農氏三世孫帝明，生有一子帝宜。既而帝明南巡至五嶺，又娶婺僊女，生子祿續，祿續聖智聰明，帝明鍾愛之，欲使嗣位，祿續堅讓其兄，不敢奉命。帝明於是立帝宜爲嗣，治北方；封祿續爲涇陽王，治南方，號赤鬼國。故涇陽王實爲越族首肇封疆之君主。

涇陽王娶洞庭君女，生貉龍君。貉龍君娶帝來女，生百男，是爲百越之祖，分五十子從母歸山，五十子從父居南，封其長子爲雄王（按雄王乃雒王之誤「水經注」卷三七葉榆河條，引「交州外域記」云：「交趾昔未有郡縣之時，土地有雒田，其田從潮水上下，民墾食其田，因名爲雒民。設雒王、雒侯主諸郡縣，縣多爲雒將。……」），嗣君位。

雄（雒）王既立，改號文郎國，都峰州，自是世主皆號雄（雒）王。距今四千餘年，帝堯之時，雄（雒）王遣使來朝，獻千歲神龜，是爲通中國之始。三千年前，即周成王時，又來朝貢，稱越裳氏，獻白雉，周公命賜駢車五乘。

自涇陽王受封開國，以迄雄（雒）王末主，傳國凡二千六百二十二年，於公元前二五七年（周赧王五十八年）爲安陽王所滅。

關於安陽王其人，據越南古史記載，姓蜀名泮，巴蜀人也。起初，蜀泮屢興兵攻雄（雒）王，雄（雒）王兵強將勇，蜀泮屢敗，於是雄（雒）王遂廢武備而不修，日以酒食爲樂，蜀軍逼近，猶沉醉不醒，乃吐血墮井而死，其部衆倒戈降蜀。蜀泮王越後，稱安陽王，號甌駱國，築一大城，廣千丈，盤旋而上，號爲螺城，在位計五十年，於公元前二〇八年（秦二世二年）爲趙佗所滅。

涇陽王、雄（雒）王的故事，難以稽考，其傳國年數，尤難信實。然安陽王的事蹟，因得中國史籍之印證，故歷來研究越南史之學者，均認爲是實在的人物。然安陽王在位五十年之說，在年代方面，與秦平南越（公元前二一四年）設立象郡（當今越南之北、中部）一事，有所衝突，故學者間議論莫衷一是。筆者茲參證各說，加以細密考訂，綜述其結論如下：蜀國於公元前三一六年（周慎靚王五年）爲秦滅亡，蜀王餘黨擁蜀王幼子或王孫，南巡入楚人莊蹻統治下之黔滇地區，因秦勢太強，無恢復故土之望，乃向南發展，進入越北東京平原，與雄（雒）王爭戰，經多次失敗，至蜀泮時，已是南逃蜀王子之第二代或第三代，始將文郎國征服，建立甌駱國。安陽王雖於公元前二五七年在東京平原建立其王國，然至公元前二一四年，秦始皇派兵平南越，將越南之北、中部設爲象郡，安陽王又被迫退據一隅，有如一部落之酋長，蓋秦對南越三郡（南海、桂林、象）係採間接統治，把對越人的直接統治權委諸當地若干土酋手中。秦始皇死（公元前二一〇年）後，中國內亂，安陽王乘機捲土重來，擴張勢力及於象郡大部。及秦覆亡，趙佗割據南越，進兵象郡，安陽王遂遭攻滅。（呂士朋著「北屬時期的越南」頁九至十七）。（呂士朋）

越南北屬中國時期

秦始皇統一中國後，於公元前二一四年（秦始皇三十三年）征服南越，置南海、桂林、象郡。南海、桂林二郡在今廣東、廣西境內，象郡則包有今越南北圻及中圻的大部，直抵今北緯十六度附近，於是越南初入中國版圖，成爲中國的郡縣。秦末漢初，趙氏建立的南越王國，一度獨立於中國之外。至公元前一一一年（漢武帝元鼎六年），再被中國征服。此後歷兩漢、吳、晉、南朝、隋、唐、南漢，越南之爲中國郡縣，達一千一百年之久。至公元第十世紀，亦即五代、宋初之際，越南始脫離中國而獨立。

秦朝對於南越三郡係採間接統治，雖置郡守，縣令，祇居監督地位，直接統治權仍委諸當地土酋。同時政府復遣戍移民，使與越人共居，以促進南越的開發。

漢武帝征服南越時，中國南方正日益開發，漢在南越設九郡，其在今越南境內者三郡（交趾、九眞、日南）。漢武帝以前，南疆的政治中心在番禺（廣州），漢武帝征服南越後，南疆的政治中心移往龍編（越南北寧附近）。漢代對於交趾、九眞、日南三郡的統治，在行政建置和經濟開發方面，已把它們看成內郡一樣。而自動徙居的中原移民及被動徙居的罪犯，日益增多，於是越人乃漸通漢語，並模仿漢人的禮儀習尚。西漢平帝時，錫光任交趾太守，教民中國禮義，授以衣冠之制，頗收成效。東漢光武帝時，任延任九眞太守，教民耕稼新法以及媒聘姻娶，建立學校，使習經義。錫光、任延所施行的敎化政策，對越南的開發和文化水準的提高，有很大貢獻。

公元四〇年（光武帝建武十六年），交趾麊冷縣徵側、徵貳姊妹因反抗太守蘇定的暴政，舉兵下六十五城，徵側自立爲王，至公元四三年，爲漢伏波將軍馬援所平。馬援在軍事征服後，繼之以善政，與越人申明舊制，以約束之，自後越民奉行馬將軍故事。

東漢中期以後，朝廷腐敗，國家多故，交趾官吏任用常不得其人，象林蠻（占族）、烏滸蠻（僮族）交相爲亂，幸有祝良、夏方、谷永、賈琮等良吏，施德政以平服之，可見這些叛亂，其政治因素大於民族因素。

東漢晚期，交趾三郡人文已相當興盛。公元一八七年（靈帝中平四年），交趾人李進出任交趾刺史；李琴宿衛京師，後歷仕至司隸校尉；日南人張重任金城太守；越人與漢人同選，官方面之職，足證兩漢在三郡敎化政策的成功。而越人治越，遂使交趾政局獲長期安定。

漢末以至三國時期，交趾太守士燮蹶起保境，建立交州（交州之稱始自公元二〇三年）四十年安定的社會秩序，是時中原戰亂，中原名士避難交州者數百人，士燮皆禮待之，此等名士對交州文化學術的勃興，極具影響。學術與政治相結合，遂使漢末、三國時的交州，成爲全國政治最安定，文化最昌明的地區。士燮卒後，吳國直轄交州。

吳國統治時期，呂岱、陸胤、陶璜先後治理交州，均係良吏。至於西晉、宋、齊、梁諸朝，以晉及劉宋前期，較具開發實績，尤以陶氏（陶基、陶璜、陶威、陶淑、陶綏四代五人任交州刺史）、杜氏（杜瑗、杜慧度、杜弘文三代任交州刺史）等士族世襲式的地方統治，對安定交州，貢獻極大。此後中央政府統治力量日弱，而交州地方人才輩出，故宋、齊、梁諸朝，地方人士自謀獨立之運動，相繼發生，降及陳朝，竟脫離中國而獨立。李賁、趙光復、李佛子之獨立建國，歷六十二年（五四一至六〇二年）。

隋文帝時命劉方平交州，進征林邑（今越南中圻），其版圖邁越前朝。唐代設安南都護府治理交州（此後即以安南著稱），兼撫南海諸國，安南成爲中國文化南播的中心。唐代的安南人，在姓氏、服色、飲食、生活習慣、生產技術各方面，與內地各州人民完全相同，已無漢、越之分。唐代文學豐富多彩，安南同受文風薰染，安南士人姜公輔即以卓越文才經科舉入仕中朝，而於德宗時擢爲宰相。

唐末以至五代十國期間，中國本部混亂。安南處南漢勢力範圍內，然以南漢與北方諸國爭雄乏力，自保猶感不暇，對於安南，失去控制力量。而安南人歷經千餘年中國文化的薰陶，人才甚多，目覩中原紛亂，於是土豪曲氏開割據之端，楊、矯、吳諸氏相繼更替，至丁部領時統一建國（公元九六三年），終脫離中國自成一獨立王國了。(呂士朋)

越南法屬時期

法國之統治越南，設總督一人爲法屬印度支那最高行政長官，總督對法國殖民部長負責，總督之下，設政務評議會，首府設在河內。地方行政劃分五部：交趾支那（南圻）是法國直轄殖民地，置副總督一人治理之，其下有樞密院，爲常任諮詢機構，於預算諸事，有參加意見之權，又有殖民地評議會，亦備諮詢，其權甚小。安南（中圻）是法國保護國，但國王僅擁虛位，朝廷內設樞密大臣及六部，然實際上一切行政及司法權皆操之法國派駐之理事長官，理事長官常駐王都順化。東京（北圻）是法國保護地，由理事長官治理，理事長官駐河內。至於柬埔寨、老撾二保護國，其統治情形大致與安南（中圻）同。地方上各省、市首長，皆由法國人擔任，府、縣官吏，在交趾支那仍由法國人擔任，其他東京、安南、柬埔寨、老撾諸地，則遴選當地人擔任。

法國之併呑越南，主因在於經濟榨取，在法國殖民地中，以人口論，越南居第一位，以土地面積論，居第四位，其已開發及未開發之富源，尤不可勝計，若謂法蘭西之繁榮，奠基於越南殖民統治，亦不爲過。因此，在法屬越南，法國人用盡種種方法，以壓迫越人，使其完全失去獨立之機會。

在政治上，法國的分區統治，意在破壞越南之統一，五部間的人民，均不許自由往來；且以嚴刑峻法，壓制越人之民族思想和反法活動，賦予越境法國警察以逮捕及殺戮越人之權。在經濟上，法國對越南的經濟榨取機關有二，一爲越南經濟局，負責經濟政策的設計及規劃，一爲越南農工商業委員會，負責經濟政策的立法和執行，在此嚴密組織下，一切大工商業，悉由法人經營，對外貿易亦由法人獨占，並佔據私有土地，至一九二五年已佔有五十萬公頃，且法國資本家可以强募工人，代爲工作，工資極低，至不能維持生活之地步；此外稅收特重，除地稅外，尙有「力役」、「塩斤」、「人頭」等稅。在敎育上，法國盡力泯除越南華化的影響，法文學校之設立，使越南青年子弟，不復通曉漢文，小學課程無本國史，亦無體育及唱歌，所有人文課程，均爲歌頌法人功德及其歷史文化者，圖使越人法國化、奴隸化。

越南人在此高壓統治下，感於亡國之痛，故自一九〇三年以後，革命運動前仆後繼，至第一次歐戰期間（一九一四至一九一八）更爲活躍，而一九三〇年二月，由安沛大暴動所形成的全國性革命，雖終爲法軍敉平，但其影響極爲深遠。

一九三七年，日本進攻中國，引起中國全面抗戰，日本爲切斷中國西南對外補給線，在一九三九年占領海南島後，即促使法國封閉滇越鐵路。同年，第二次歐戰（世界大戰）爆發，希特勒席捲西歐，一九四〇年，法國戰敗屈服，由貝當在維琪（Vichy）成立傀儡政權，與德國合作，維琪政府改派戴古(Decoux）將軍為駐印支總督，戴古接任後，一面與日本合作，一面則壓制越人的反法活動。一九四一年七月，日法簽新協定，越、柬、寮被納入日本軍事體系，日本使用並駐防越南三邦海陸空基地。（同年十二月七日，日本偷襲珍珠港，太平洋戰爭爆炸，美英對日宣戰，與中國結盟）。日本雖不干預法國在越南的行政權，但其「大東亞共榮圈」、「亞洲人之亞洲」等虛偽口號，對越南人而言，誘惑甚大，於是越南境內的反法政黨紛紛出現，不少反法的越南領袖這時都去過日本。

戰時中國政府對越南的政策，一為驅逐日本，一為扶助越南獨立。因此越南反法抗日的領袖人物，如阮海臣（越南國民黨領導人）、胡志明（越南獨立同盟會領導人）均在中國西南各省（特別是廣西）活動。一九四二年八月，在中國政府支持下，在廣西柳州曾經召開一次越南各黨派的代表大會，成立越南革命同盟會（不是越盟，越盟係指越南獨立同盟會），此一組織因未實際進入越南活動，又有越盟（共黨）份子之滲透，終未能如越盟後來在越南獲得重大發展。

一九四三年五月，英美盟軍在北非勝利，同年九月，意大利投降，是年十一月，由戴高樂將軍領導的法國解放委員會由倫敦遷往北非阿爾及爾，是為自由法國。自由法國在一九四三年底即派一軍事代表團派駐重慶（戰時中國陪都）。一九四四年八月，巴黎光復，戴高樂成立臨時政府，重慶的法國軍事代表團即升格為大使館，法國的注重對華外交，主要就是為了戰後重返越南。法國的外交代表其時曾將一項情報告知中國政府，胡志明就是越南共黨頭目阮愛國的化名，中國政府之所以未十分重視此一情報，原因是胡志明已潛回越南，而且越盟在中國的活動純為反法的民族主義姿態，中國政府在原則上，絕不願戰後法國恢復對越南的統治。一九四四年底，胡志明且與駐昆明美軍發生聯繫，取得美軍的武器、物資援助，在越南北部太原建立其游擊總部。

當法國光復後，維琪傀儡政權消滅，但由維琪政權任命的戴古總督及法軍仍留越南，且不得不與同盟國之敵人日本合作，但暗中則已與戴高樂政府發生聯繫，日本人對此情報亦略有所知。一九四五年初，歐洲戰局已推進至德國本土，太平洋戰場上，麥克阿瑟已率美軍重回菲律賓，日本擔心盟軍在華南或越南登陸，恐戴古反側，乃於一九四五年三月九日發動事變，將中南半島全境法軍繳械，接收所有行政機關，為了統治的方便，因此在表面上准許越南獨立。於是由在順化的越南國王保大，於三月十一日下詔，宣告越南獨立，任命大越黨領袖陳仲金組閣，此一由日本卵翼的政權，壽命祇四個月，但在此四個月內，陳內閣制定了憲法，在各地成立諮議會，王國領土包括北、中、南三圻，眞可說是阮氏王朝在越南歷史上消滅以前的廻光返照。

一九四五年八月十四日，日本宣布無條件投降。胡志明的越盟軍，在日本投降前已在北圻六個省區散布勢力，建立地方政權。日本一投降，中國國軍尚未入越受降接收前（中國在北緯十六度以北地區受降），胡志明即於八月十九日入河內，組織獨立的臨時政府，由於越盟未揭露其共黨眞面目，而越南各黨派愛國志士，激於民族感情，受其欺騙，聞風景從，保大王也宣佈退位，把政權交給胡志明的臨時政府。同年九月二日，臨時政府宣布成立所謂「越南民主共和國」，主席胡志明，副主席阮海臣，閣員包括各黨派首要份子。但是不久越盟共黨份子即把持政府，排除異己，胡志明恐中國軍隊偏袒非越盟人士，反而勾結捲土重來的法國（北緯十六度以南由英國受降，法軍隨英軍而來，佔有越南一半），過早和法國在一九四六年三月六日簽訂協定，先准法國重返北緯十六度以北，再議獨立細節，迫使中國受降軍隊撤退，植下法國與越盟戰端的種子。這是越南於二次大戰後初度淪入流血戰爭（法國和越盟的戰爭，是從一九四六年十一月至一九五四年七月），終於一九五四年日內瓦會議簽訂停戰協定，造成南北越對峙的一大關鍵。

法國自陷入越戰後，為拉攏保大復辟以主持西貢的越南政府，乃於一九四九年三月與保大簽訂法越協定，許越南成為法蘭西聯邦內的自治邦，獲得有限度的獨立。一九五四年七月日內瓦停戰協定以後，形成南、北越政府對峙之局。南越的總理吳廷琰於一九五五年十月藉公民投票，罷黜親法的元首保大，當選總統，宣布越南共和國成立，完全獨立於法國之外。一九五六年，在吳廷琰總統要求下，六月間，法國自越南撤出殘餘的法國駐軍，完全結束其在越南七十餘年的統治。（呂士朋）

越南趙氏南越王國

南越王國的創始者南越武王趙佗，原籍眞定（河北正定），遠在戰國末期，即已去越。秦始皇平南越，趙佗曾為其效力，公元前二一四年（秦始皇三十三年），南越平定後，秦於該地設南海郡（當今廣東省）、桂林郡（當今廣西省）、象郡（當今越南北圻以至中圻廣南一帶），趙佗被任命為南海郡之龍川縣令。秦始皇死後，二世繼立，陳勝等首倡革命，群雄蜂起，中原紛亂。時署理南海郡事郡尉任囂，謀據地自雄，會病危，乃召龍川令趙佗，囑以後事，命行南海尉事。公元前二〇八年（秦二世二年）任囂病故，趙佗即斷絕北通中國之道，聚兵自守。秦覆亡後，趙佗進而擊併桂林、象郡，自立為南越武王，都番禺（廣州），時公元前二〇七年。

漢高祖統一中國後，於公元前一九六年，派陸賈出使南越，封趙佗為南越王，南越與漢乃於邊關互市。呂后臨朝時，禁鉄器、家畜輸入南越，南越乃與漢絕交，發兵攻長沙王邊邑，東向役屬閩越，其領土西至今越南中部，東有福建，北至湖南南部，趙佗自進號南越武帝，儼然形成與漢並雄的南方帝國。漢文帝即位後，對南越採安撫政策，於公元前一七九年派陸賈再出使南越，於是趙佗乃去帝號，稱臣奉貢。趙佗在位七十一年（公元前二〇七年至一三七年），卒時已當漢武帝建元四年。

趙佗的建立南越王國，對於中國文化的南傳以及中越血統的融和，其影響與貢獻極深。越人農耕方式本屬原始，趙佗自漢輸入鐵器、牛馬、犁和牛的使用，使越人農業生產方式，進入一新時代；而華越通婚以及風習的揉合，使中原移民與當地越族，在文化血統上不斷融和，其結果是越族日漸華化，而中原移民也日漸與越人混而為一。

趙佗逝世時，其子仲始已先卒，由孫趙胡繼立，越史稱為文王，文王在位十二年（公元前一三六年至一二五年），其典章制度，一遵舊業，對漢武帝之強大壓力，應付亦甚得當。

繼文王趙胡而立者為其子趙嬰齊，越史稱為明王。嬰齊繼位前曾在長安宿衛十一年，娶邯鄲樛氏為次妻（已娶越女，生子趙建德），生子趙興。嬰齊在位十二年（公元前一二四年至一一三年），畏漢特甚，稱病不敢入朝，但遣一王子入長安宿衛。

明王趙嬰齊去世後，趙興嗣立，即越史所稱之哀王，樛氏成為太后。公元前一一三年，漢遣樛氏舊時情人安國少季使越，安國少季抵越後與樛太后重拾舊歡，南越人頗知之，不附太后，太后欲倚漢威以自重，請內屬如漢諸侯，漢武帝許之。南越丞相呂嘉反對，漢武帝遣韓千秋率兵前往鎮撫，呂嘉遂反，攻殺哀王、太后及漢使者，別立明王長子術陽侯趙建德為王，時公元前一一二年。

趙建德既立為王，是為南越五主之末主，即越史所稱之術陽王。既而韓千秋兵入境，呂嘉擊滅之於番禺之北。漢武帝聞悉後，乃發江淮以南十萬大軍，以路博德、楊僕等領之，分水陸四路征討南越。公元前一一一年（漢武帝元鼎六年）漢軍攻佔番禺，俘趙建德，招降蒼梧、桂林及甌駱（指今越南境內），南越政權於是消滅。

趙氏王朝共傳五世，國祚九十七年（公元前二〇七至一一一年）。（呂士朋）

越南獨立諸王朝

越南脫離中國獨立後，丁朝（九六三～九八〇）、黎朝（九八〇～一〇〇九）、李朝（一〇〇九～一二二五）、陳朝（一二二五～一四〇〇）先後更替，計其年代，恰當我國宋、元兩代以至明初。

丁朝開國之君丁部領，於公元九六三年削平境內大亂，統一安南，自立為王，國號大瞿越，都華閭（清華安康）。九六八年，稱大勝明皇帝，九七三年，得宋廷之封為交趾郡王。丁部領之建國稱號，其服色、制度皆仿宋朝，分全國為十道軍。九七九年，丁部領及其長子丁璉被弒，幼子丁璿繼位，內亂迭起。九八〇年，宋太宗命將征安南，十道將軍黎桓奉命率兵抵禦宋師，乘機篡位，其經過一如陳橋兵變。

黎桓篡立後，建立黎朝（即前黎朝）。九八一年，大敗宋師，繼又南破占城（今越南中圻）。不久復遣使赴宋入貢求封，九八六年，宋廷始承認其獨立地位。黎桓以博通經史的中國人洪獻為太師，依俾其殷。一〇〇五年，黎桓死，諸子爭立。一〇〇九年，大位為四廂軍副指揮親衛公李公蘊所有。

李公蘊即李朝太祖，其先世為閩人。公蘊為人寬慈仁恕，明通經史，頗得眾心。即位後自華閭徙都大羅城（河內），改名昇龍。公蘊好佛，建新寺，修舊廟，自宋迎藏經入安南，佛教在安南因以興盛。又改全國十道為二十四路，制定稅則。子李佛瑪（太宗）繼立，通文武大略，六藝無不精諳。李佛瑪之後為李日尊（聖宗），改國號為大越，文修武備，國內安樂。一〇六九年，大破占城，上表告捷於宋。李日尊之後為李乾德，在位五十六年，為李朝盛世。一〇七五年，越軍北犯中國，陷欽、廉、邕諸州，翌年，宋軍反攻，進入越境，始復歸和好。經李陽煥（神宗）至李天祚（英宗），宋於一一六四年改交趾為安南國，封李天祚為安南國王。李朝至李龍翰（高宗）而大衰，下歷李昰（惠宗）、李佛金（昭皇）兩主，於一二二五年禪位於陳氏。

陳朝第一位君主是陳煚（太宗，元史稱陳日煚），先世爲福建長樂人。陳朝奠鼎之時，蒙古業已勃興，一二五七年蒙古大將兀良合台自雲南出兵進攻安南，破其國都，雖旋即退兵北歸，然安南卻被迫歸附蒙古。一二五八年，陳太宗改名光昺，同年遜位其子晃（聖宗，即元史所稱之陳日烜），自爲上皇，仍握朝政如故（按元史安南傳將日煚改名光昺及遜位其子後仍握政權兩事，加以混淆，誤以光昺爲日煚之長子，以致發生父冠子戴之錯誤），至一二七七年，陳太宗卒。陳聖宗晃親政，翌年，禪位其子昑（仁宗，元史稱陳日燇），自爲上皇，仍握朝政如故。陳聖宗爲上皇期間，元世祖曾兩度派兵征伐，第一次是一二八四至一二八五年，第二次是一二八七至一二八八年，兩次均遭慘重失敗。一二九三年元廷再作征安南之準備，一二九四年初，以元世祖病歿而罷兵。此後終元之世，安南對元廷大致保持藩屬對宗主的名份，定期朝貢，惟一三一三年、一三二〇年、一三二五年、一三二六年、一三三〇年，安南曾五次侵犯中國邊界。陳仁宗以後，相繼爲英宗烇（陳日㷃）、明宗奣（陳日爌）、憲宗旺（陳日焯）、尚能紹述祖業。裕宗暭（陳日烇）即位後，國勢日衰，下歷昏德公日禮（陳日熞）、藝宗頊（陳叔明）、睿宗曔（陳日煓）、廢帝晛（陳日煒）、順宗顒（陳日焜）、少帝安，皆主昏政亂，且廢立頻仍。至一四〇〇年（明惠帝建文二年），爲黎季犛所篡。有陳一代典章制度大致與宋相同，文人史家輩出，佛教尤見興盛。

黎季犛的先世爲浙江人，五代南漢時來交州，本姓胡，傳十二世時爲黎姓養子，遂以黎爲姓。季犛即位後，復姓胡，改國號爲大虞。同年傳位其子胡𡗥（漢蒼），自爲上皇。明成祖即位後，陳朝故臣赴明告難，而老撾送陳氏宗室近支陳天平至明。一四〇六年，明軍護送陳天平返國，爲胡𡗥伏兵所殺。明成祖大怒，發兵往討，一四〇七年，俘胡氏父子，但未輔立陳氏，改安南爲交趾布政使司，併入中國版圖。安南自宋初獨立以來已四百餘年，明成祖納安南爲中國一省，越人不服。陳氏後人陳頠（簡定帝）、陳季擴（重光帝）相繼領導抗明，均爲明軍敉平。一四一八年，清華人黎利起兵，聲勢日增，於一四二七年，即明宣宗宣德二年，迫明軍撤離安南。計安南在明統治下共二十一年。

黎利抗明勝利，擁立陳氏後裔陳暠，一四二八年，迫陳暠逃亡自殺，黎利乃自立爲帝，是爲後黎朝（一四一八～一五二六）的太祖。國號大越，定都東京（即昇龍，今河內）。於一四三一年始得明宣宗承認，命其「權署安南國事」。在位六年，於律令規章、政治制度、科舉教育諸端，均具創業規模，彬彬有華風。子元龍（黎麟）立，即太宗，於一四三六年得明英宗正式封號爲安南國王，在位九年，崇儒重道，設科取士，典章文物，粲然大備。繼位者其子邦基（黎濬），即仁宗，於一四四六年大破占城，明廷雖於事先調解，未能生效。傳至聖宗思誠（黎灝），爲後黎朝的極盛期，負其富强，屢擾中國邊境，攻破哀牢、老撾，陵迫占城，奪其領土大半，設置廣南道，占城遣使赴明告難，明憲宗不敢採取有力處分。黎聖宗在位三十八年，有雄才大略，緯武經文，其於經史曆算莫不貫精，「大越史記全書」即完成於此時。此後歷憲宗、肅宗、威穆帝、襄翼帝、昭宗、恭帝六王，政治漸壞，內亂屢起。權臣莫登庸於昭宗時專政，至一五二七年，篡位自立。

莫登庸先世爲廣東東莞人，其父遷寓安南。即位之後，久不入貢，明廷屢議征討。時黎朝舊臣紛紛舉兵，一五三三年阮淦、鄭檢奉黎寧（莊宗）稱帝，據清華一帶，乞師於明，明廷派軍往征，莫登庸請降。一五四〇年，明削安南國爲安南都統使司，授莫登庸爲都統使，名義上安南又入中國版圖，實際上則分爲南北兩個政府，南爲黎氏，北爲莫氏。一五九二年，莫氏爲鄭松（鄭檢之子）所敗，明復以黎氏爲都統使（一五九七），莫氏僅保有太厚、高平。黎氏王室復興後，對明極爲恭順，直至清軍入關後，尚與南明唐王、永明王往還。一六六四年（清康熙三年）始改受清朝册封。一六七七年，黎氏併有高平，莫氏亡。莫氏先後歷十主，凡一百五十一年。

黎氏王室的復興，實賴阮淦、鄭檢之力。其後鄭氏握有朝政大權，父子相襲罔替。阮氏不滿，自阮潢（阮淦之子）起，於一六〇〇年別據順化，建廣南國，其後併滅占城（中圻南半部），兼有水眞臘（南圻），推展其領土至湄公河下游，西及暹羅灣東岸，國勢頗盛。阮氏傳至定王阮福淳時，已歷九主，一七七三年，廣南境內歸仁之西山豪酋阮文岳、阮文惠、阮文呂兄弟起兵爲亂，一七七七年，弒廣南王阮福淳。翌年，阮文岳稱王。廣南阮氏史稱舊阮，西山阮氏史稱新阮。一七八六年，阮文惠帶兵北上誅鄭氏，一七八七年推翻黎朝，盡取北圻，統一安南，阮文岳據中圻，稱中央皇帝，以北圻、南圻分封阮文惠、阮文呂。尋阮文惠與其兄奪權，自立爲帝（一七八八），阮文岳失勢。黎氏久受中國之封，至是前來乞師，乾隆帝派兵赴援，反爲阮文惠所敗，阮文惠得勝後，立卽謝罪入覲。一七九〇年，受封爲安南國王。而黎氏王室則被淸廷編入漢軍旗，徙居中國。黎氏自中興以迄滅亡，歷十六主，凡二百五十七年。

廣南王阮福淳被弑後，其從子阮福映積極從事復國運動。後得法國人之助，於一八〇二年，滅西山阮氏，盡有越南全境，正式稱帝，建元嘉隆（世祖），仍都順化，遣使赴淸請封。阮朝國號初稱大越，及一八〇四年，淸嘉慶帝封阮福映爲越南國王，乃改號越南。法國之援助舊阮，原有其侵略企圖，適逢內部動亂（革命、繼之以拿破崙戰爭），無暇東顧，故嘉隆一朝尙能相安。及明命（福晈，一八二〇～一八四一）、紹治（福暶一八四一～一八四七）兩朝，一反嘉隆之親法政策，恣意排外，會法國政局轉佳，爲了通商傳敎問題，於是法越關係惡化。一八四三年，法國開始武裝干涉。越南嗣德帝（福時，一八四八～一八八三）卽位後，排外更形激烈。一八五八年至一八六一年，法擧兵攻略越南沿海要地，南圻之嘉定、邊和、定祥三省爲法軍占領，越南初次對法屈服，一八六二年的西貢條約，越南允割三省及崑崙島與法。一八六七年，法軍又襲取永隆、安江、河仙三省，加以合併，盡有南圻（下交趾）之地。法旣有南圻，又進而覬覦北圻（東京），謀航行紅河，通商雲南，越南不允。一八七三年，法軍奪據河內。此時廣西天地會餘黨劉永福的黑旗軍屯駐越邊，出而抗法，法軍敗績。一八七四年，法國將河內交還越南，另迫訂法越和平同盟條約（第二次西貢條約），該約涵義模糊，後來法國堅認該約爲越南應受法國保護之依據。一八八〇年，法國爲求迫行該約，決心以武力奪佔紅河流域，及不承認中國對越南的宗主權。於是中法兩國由暗鬥進爲明爭，由外交交涉演爲武力衝突。一八八三年，越南嗣德帝卒，弟阮福昇（協和帝）嗣立，是年八月，法軍進攻順化，越廷無力應戰，向法求和，於是締結順化條約，越南自承爲法國保護國。一八八四年，中法正式宣戰，中國海陸戰事均失利。一八八五年三月，中國陸戰獲得大捷，克復諒山等地，就在此勝利聲中，中法最後和議成立。一八八五年六月九日，中法越南條約正式在天津簽訂，中國對於法越關係，允不再問。自是越南淪亡爲法國殖民地達七十年之久。（呂士朋）

菲律賓日本佔領時期

菲史之中，有西班牙時代（西屬時期）與「美國時期（美屬時期）」，却無「日本時期」，而以「日本佔領時期」强調其全屬軍事性的短期盤踞。不僅菲人與美軍並肩抗日，自一九四一年十二月十日，至一九四二年五月六日，且於此一時期（自一九四二年正月三日，日方在菲設置軍事行政當局起，至一九四五年二月廿三日，日軍力竭停戰爲止），曾以零星的游擊隊伍等等，表示不甘屈服於鐵蹄的蹂躪。換言之，西治與美治，不無德政，可資菲人追懷誌感，而日治之下，暴政特多，令人憤恨難忘。因之，同爲外國統治，菲人常將日治附述於美治之中，卽可交代。

勝負本兵家常事，但日軍於巴丹美菲聯軍投降後，迫其從事「死亡的行進」，長及六十五英里，一路倒斃枕藉。然後以火車堆集運載，全屬不人道作風。繼而柯里希多的美軍司令在解除武裝後，仍受日軍侮辱。凡此種種，概使菲人隨時隨地，飽受日軍迫害，更難心悅誠服。不特此也，美軍光復馬尼剌時，除市內聖托瑪士大學的集中營尙倖存五千之多的各國俘虜之外，日軍並於潰退之際，進行縱火，甚或濫殺洩憤。目前日人已可安然再來菲國經商或觀光，足證菲人不念舊惡，僅於史實的追述，略誌不忘的血債。

早在巴丹與柯里希多陷落之前，日方卽於馬尼剌建立傀儡政權，以便控制全菲。一九四三年十月成立所謂「菲律賓共和國」，獲得少數菲人的「合作」，由勞禮（劉禮，華裔）博士爲總統。該政權於一九四五年八月宣告解散，勞禮一度避難日本。

菲人在戰時死亡人數，多至百餘萬人，金錢損失的估計，則爲一六一億菲元以上。惟菲人雖仇視日軍，對參與傀儡政權的菲人政要，却多抱諒解或同情的態度。指其亦屬政治服務，對菲人治安的局部維持等等，有益無害。又謂：其中不乏暗中支持菲人地下活動之士，尤須予以同情。因此，勞禮不僅於戰後仍爲名敎授，一再連任參議員，並一度競選共和國第二任總統，雖敗猶榮。其諸子貴爲衆議長、參議員、駐日大使、大學校長、濟濟多士，莫不富貴。而且彼本人的傀儡總統，亦曾被人列入歷任總統名單之內。此外，羅哈士亦曾參加傀儡內閣，並簽字於傀儡憲法，仍可另據其供職於菲自治邦陸軍與擔任衆議長的光榮紀錄，當選自治邦的最後一任總統（任期僅月餘），亦卽共和國的首任總統。菲史家亦有將菲律賓共和國分爲三或四屆，而將日本導演者，列爲其中之一屆。「菲奸」一詞的少用，由此可想而知。（吳景宏）

菲律濱史前史

五萬年之久的菲律濱史前史，早由國立博物院人類學組，根據先後在菲奠定其遠東史前學界權威地位的拜爾、索爾罕第二、福克斯諸博士（均係美籍，而與菲大人類學系的悠久陣容有關）的考古學上收穫與鑑定，作一扼要的說明，以供各方的參考。其重要性並不僅限於椰島本來的史前面目的輪廓，且可藉以探索，遠古時代呂宋、香港與臺灣，成為一環的三角關係，進而研討史前的「東南亞大陸」，究否可以包括華南地區在內的新理論價值等等。以下各節，便以學者大體公認的菲島史前年代，文化上的分期，以及該期的特色，一一列舉。

1.西元前五萬年以前，屬於舊石器時代。已於嘉加淵流域與班嘉錫南省內，發現廿萬年前後的古生物化石，作為主要的佐證。

2.西元前四萬至八千年可列入舊石器時代，或其中、晚期。已從巴拉望島的達奔洞穴，發現四萬年前的原始石器。穴居的「達奔人」已知漁獵。近代的人種當於五萬年前，由冰河時代與舊石器時代的「陸橋」，步行遠來菲島。

3.西元前二千年，進入新石器時代。已有不少早期的新石器出土。另有大量的晚期新石器。藉以製造金屬的尖端、飾品，船筏等等。此外，大約一千五百年前，傳入陶器與「甕葬文化」。後者可能與華南的客家習俗，直間接有關。

4.西元前五百年，仍屬椰島的新石器時代。其時陸橋已淹沒海中。由華南小小船筏載來的新居民，傳入農業。試養雞、猪、兼食海產。人口稀少，散在呂宋以外者，少之又少。

5.西元前二百年，為金屬時代（從西元開始至麥哲倫來菲的一五二一年，可稱為菲島的「原史期」）。在海濱與河口的人民，逐漸增多。已有主要的穀類。不過玉蜀黍、甘薯、煙草之類，遲至西人來臨時始有傳入。甕葬之外，另用木棺。又知從事紡織，製玻璃品，並改進陶器。再者，可能於西元前四百年，出現青銅器、銅器、玉器、半貴重寶石等等。至西元前二百年，鐵器流行，中止了銅器的發展。

6.西元一千年，可謂「對外密切接觸與展開東方貿易時代」。回教約於十五世紀中，傳入蘇祿群島、民答那峨南部，以及巴拉望。先是，已有印尼傳來的文字。

7.西元一千一百年，仍屬同一時代。馬尼剌、宿務、賀洛，漸成全非貿易的北、中、南三大中心。按中非信史之始，為九八二年（北宋）。早在漢、唐，可能已有來往。

8.西元一千二百年，亦屬上述時代。海濱人民已與中國、柬、越、印尼、馬來亞、印度、阿拉伯正式貿易。以來自華南為主的商人，携來大量陶瓷、甕類……趙汝適所撰的諸蕃志，成書於一二二五年。其中，涉及痲逸等等的記載，已被菲人接受為「原史期」中主要的史實或資料。

關於菲島史前史的最新理論與假定，則以現任遠東史前協會主席與夏威夷大學教授的索爾罕所推斷者為主。不妨附列於後，以供對照之用。

1.遠古菲人，以及東南亞地區其他土著，並無本身文化，或比亞洲大陸（或中國大陸）初民文化低得多，且比中東文化為遲的舊說法，已被考古學上新發現逐漸推翻。這一帶的初民，不僅可能對他地文化，有過反影響作用，也可能假定遠古，包括華南地區在內的「東南亞大陸」文化，比華北為主的中國史前或上古文化為早，或差不多。

2.「東南亞大陸」文化之中的農業，早見於西元前五千年，而比中東者，早了兩千年。如能上推，遠及一萬五千年前，即比華北者為早。此層的佐證，散見於東南亞五處的新出土物，而以見於泰國北部者為主。換言之，西元前一萬至兩千年前的「東南亞大陸」文化，並非外來的（來自北方的），或取代者。不過華北文化後來的發展漸速，終於壓倒了它，也隨之埋沒了它的原有重要性。

3.連帶的說法之一，乃為西元二二〇年前的華南人，可以視為遠古以來的「東南亞大陸」人，而非中華民族（當指漢人）。苟其如此，此一廣泛地區的石器文化，可能早於華北（亦即所謂中國者）。（顯然如此立論，難為海內外華人（尤其傳統派）學者所一致同意。）

（進言之，近十年來，華北與華南在史前學與考古學上的新出土物如何，當對上說的能否成立，大有關係。諸如「北京人同時代的頭骨化石、牙齒、與石器的陸續發現，從廣西與湖南等省出土的巨大牙床等等，配合以往在香港發現的猿人牙齒，均可作為華南，足稱人類文化誕生地之一的立論依據。）

4.索爾罕有如往昔「爪哇人」發現者，荷籍孔尼華博士，均曾來菲多次，企圖發現遠古的「菲人」。「達奔人」的終由福克斯發現，正是一個偉大的新界碑或新起點。至少在再兩萬年後，菲人始於原史期中，分別於各大交易中心，多方接受中、印、阿拉伯文化的新影響。彼時社會以農業為主。家庭係一切活動的核心。蘇祿人（尤其沙馬或沙馬爾的土著）可能早與華人建立關係。

5.菲島 Masbate 的 Kalanay 的出土陶器，可與一九六四年的臺灣出土物，一起列入史前學的新佐證範圍之內。

6.所謂「東南亞大陸」史前史的文化分期有四：

一爲西元前四萬年的「石器時代」，約相當於歐洲、中東的舊石器時代的初、中期。

二爲兩萬年前的「木器時代」，時間約似上述舊石器時代的晚期。

三爲八千年前的「建型時代」，亦卽歐洲、中東的細石器時代。又按泰北出土物之中，最早者至少屬於一萬年前。

四爲大體西元開始以前的「擴展時代」，卽歐洲、中東的新石器時代，以至於銅器時代。（吳景宏）

菲律賓西屬時期

爲菲史中重要的一段，起於西元一五七一年（卽西班牙人黎嘉實比宣稱以馬尼剌爲菲律賓群島的首邑之年，亦卽西治之始。菲人史家或以一五二一年，卽西人所派葡籍探險家與航海家麥哲倫，「再發現」菲島之年，爲「西班牙時代」的起點），止於一八九八年（由西屬轉爲美屬之年）。

通常菲史的分期，卽以「西班牙時代以前（可再分爲史前、原史等時期）」，「西班牙時代（至少可分四五時期）」，「美國時期」，及「獨立以來」等期爲主。依據已出土的石器與動物遺骨等等，雖可上推菲島史前，遠至廿五萬年以前，但原史期中的帋上史料少之又少，非仰賴漢籍等等他國史料的間接探討不可，是以西屬一段，既長逾三個世紀之久，素於菲史的敍述中，佔有最多的份量。

此一時期的原料，自以西文者爲主。英文方面的重要史籍爲美國史學家勃累爾與羅伯遜二氏編譯的「菲律賓羣島」一書五十五册。

繼麥哲倫而來菲者爲羅埃薩、薩阿維德拉、維利亞羅勃斯，又三次（或另加卡勃的一次）的探險船舶。後者於一五四三年將羣島取名爲菲律賓。第五或第六批遠征隊由黎嘉實比率領，於一五六四年，奠定西治基礎。翌年佔據宿務（今日全菲第二大都市）。一五六九年改以班乃爲據點。一五七一年後以馬尼剌，作爲經營全菲的中心。

自一五六五至一八二一年，西督治理之下的菲島，係受墨西哥太守的管轄。墨人獨立，菲島始由西廷直接統治。西督爲全菲行政首長。最高法庭爲司法中樞。西王之視菲島，無異於備向中日傳教的前哨站。殖民統治制度的核心，係政教相輔而行。神父類似官吏，主教常與總督爭權奪利。惟西人能以極少數的兵力，維持政權，實不能不歸功於教會的成就。全菲除明多羅島南部與蘇祿羣島一帶之外，幾一致接受天主教的信仰，以致迄今天主教徒，高佔人口的百分之八十以上。羣島的打成一片，以及文化上的進步等等，當出自西屬之賜。

葡人於一五六三至一五八〇年，荷人於一六〇〇、一六〇六、一六一〇、一六一七、一六四六、以至於一八四八年，英人於一七六二至一七六四年曾先後搜菲無果。華船則於一五七〇年，首次遭遇西船於菲，中菲關係從此轉捩（信史之始，早在九二八年）。一五七四至一五七五年中國海盜林鳳攻岷，未能如願進佔。西人在菲既無外患，乃可先後平定菲人方面大大小小，百次以上的局部起事行動。反抗的主因，常與稅收舞弊，勞役逾額等等有關。若論其失敗之故，多因缺少英明有爲的領導人物，又復深受西人分化政策的影響。故除一七六二至一七六四年，在依洛戈發生的錫朗革命之外，莫不旋生旋滅。惟毛洛人（菲人回教徒）的頑抗，自一五七八年起，斷斷續續，直至一八四八年後，始一蹶不振。所謂「毛洛人戰爭」，零星而漫長，常使西人疲於奔命，宜乎今日菲人樂於追述。蘇祿一帶民風的强悍，由此亦可概見。

西人在菲的貿易政策以「大帆船貿易」爲主。可謂政府專利性質，經常自岷運載來自中國的絲織品、瓷器、香料、與棉織品等等，至墨西哥銷售。然後携返墨西哥銀幣，以及西方商品。西人當局、教會、官吏、與商家均從是種貿易，分潤利益。一般菲人固無權參與，但在椰島對外近於閉關二百多年之間，幸有此一貿易，得與東方以外其餘世界，間或接觸，實亦不無益處。

迨至十九世紀，西方新觀念逐漸滲透菲島，孤立局面全被鉅大變化打破。大帆船專利權從此消失，馬尼剌及其他大口岸相繼開放。取道好望角的直接郵程，促使菲西關係更爲接近。菲人得於一八一〇至一八一三，一八二〇至一八二三，一八三四至一八三七年派遣代表，出席西國國會。其後不然，自使菲人不滿，成爲要求改革的主因之一。菲人先知先覺所號稱「宣傳運動」，乃由留學西國的菲人知識分子，黎刹（華裔馬來人傑、菲國之父）、戴庇拉諸氏發動，而以恢復西國會中席位爲主要要求。甚或遲至一八九六年的革命，仍以缺乏是種席位，作爲基本因素之一。西人的忽視菲方民意，可見一斑。促成菲人民族自覺的其他因素爲菲人中等階級的抬頭，經濟的開始繁榮，尤以一八七二年菲人三位修道士，涉嫌起事被處死刑的刺激，作用最大。「宣傳運動」僅以呼籲改菲島爲西國正式省份，進而爭取平等權利爲主，西人且無改革誠意，終於激起菲人革命團體的產生。取名「開地普南」的秘密組織，在一八九二年，由平民領袖丈尼法壽，正式組成於馬尼剌的唐多區。黨員人數日增，並漸有婦女參加。四年之後，即有首次全菲性以武力爭取獨立的革命行動爆發。不知人心思變的西人當局，竟於是年將無辜的黎剎，執行死刑，民心更爲之盡失矣。

翌年，另一菲人革命領導人，亞謹納度，因指揮作戰的能力較强，地位漸達最高峯。西人對之力求安協，協議停戰。依約西人須出菲幣八十萬元的一筆代價，換取亞謹納度等人放下武器，離菲至香港寄居。又因西人未一一履行，菲人待時而動。一八九八年美西戰爭延至菲島。亞謹納度搭乘美艦返菲協助。巴黎條約簽訂後，西治結束，美屬時期乃代之而起。（吳景宏）

菲律賓美屬時期

菲律賓之「美國時期」或「美治」，起自一八九八，止於一九四六年（菲共和國成立，號稱「完全」獨立之年）。惟一九三五年起，即有菲律賓自治邦政府。一九四二至一九四五年之間，又係日軍佔領菲島的時期，更屬美治上的意外變化。

美海軍元帥杜威於一八九八年揚威馬尼剌灣之初，菲人革命領袖亞謹納度曾竭力從事游擊戰，予以協助。六月十二日（今日菲國的新獨立節）宣告獨立，即由革命政府進行建立「菲律賓第一共和國」。彼有意爲總統，當時首席顧問爲博學多才的馬必尼。八月十三日美軍攻入馬尼剌，却不容菲兵入市，並始終不承認菲人革命政府，以至於一八九九年馬洛洛斯國會通過的菲憲法，隨之宣佈成立的「第一共和國」，與首任大總統亞謹納度等等。（近十年來，菲美關係逐漸疏遠，菲人史家益爲强調「第一共和國」的重要性，稱之爲亞洲首一共和國，六月十二日更足以取代七月四日的獨立節。共和國第五任總統馬卡巴嘉在位期間，曾明令更改獨立節的擧行時日。）菲美既化友爲敵，菲美戰爭終於一八九九年二月展開。惜實力懸殊，亞謹納度於一九〇一年敗逃被俘。翌年，餘衆投降，戰事停止。

美國在菲統治，先自一八九八年起，派遣軍事總督駐菲。先後三人，最後一任即麥克阿瑟將軍。美總統麥金萊於一八九九與一九〇〇年，另外委派兩屆菲律賓委員會的人選，負責調查實況，籌劃民政政府。一九〇一年即由塔虎脫出任首位民政總督，一九〇三年起改稱總督。菲人於美治之下，參與政權的機會，遠比西屬時期者爲多。大理院首位首席大法官即菲人。一九〇一年菲律賓委員會之中，菲人佔其三，續增至四位。一九〇七年由八十名菲人組成議會。翌年，菲人得爲財政兼司法部部長。菲人政黨，如獨立黨、國民黨、民主黨開始出現。一九一二年，較爲同情菲人獨立意識的美國民主黨執政，由哈禮遜擔任菲島總督。翌年，菲律賓委員會的大多數委員，改由菲人充任。一九一六年美國會通過鍾士法案，規定菲人一有穩定的政府，即可獨立。並制定自治的兩院制，菲律賓委員會改由菲參議院替代，議會則轉換爲衆院。以上種種改變，自受菲人要求自治或獨立的呼聲影響。早自一九〇二年起，菲方駐美代表如奎松，多次赴美專使，如奧斯敏納（華裔），以及一九〇七至一九四一年，多獲選民擁護的國民黨人物，均曾多方奔走呼號。

在第一次世界大戰期間，菲人效忠美國，暫停上述要求。在美治之下，菲島各方面均有顯著進步。傳入基督教之外，又使菲律賓獨立派天主教堂興起。美國的教育制度，自一九〇一年六百位美方教師集體來菲後，被普遍向菲人介紹。一九〇八年官方設置菲律賓大學，另有私立詩里曼大學，均係美國化學府。

但菲人爭取獨立之心，仍與時俱增。歷經一九一九至一九三三年之間，前後十二次菲律賓呼籲獨立代表團，向美國會等方面慷慨陳詞後，奎松終於一九三四年說服美方，美國會通過有關菲島的新獨立法案，即泰丁——麥克度菲法案。其中規定以十年爲過渡時期，以備一九四六年給予菲島獨立。又定授權菲立法會議召開憲法會議。一九三四年着手制定憲法，大會主席爲勒克托。翌年通過憲法。以先建立自治邦爲目標的憲法，取法於美國等先進國家者，並特重自由觀念、民主政治、以及基督精神。

一九三五年十一月十五日菲律賓自治邦宣告成立。當選正副總統者爲開國元勳奎松與奧斯敏納。美國總督改爲不干涉菲方內政的最高專員，麥克阿瑟曾在菲擔任元帥與軍事顧問。

自治邦的成就不少，例如准許婦女參政。以「大家樂」語爲菲國語。新都市逐漸增加，由一九三五年的兩市（碧瑤與馬尼剌）增至一九四一年的十一市

（加添宿務、怡朗、巴戈洛、納卯、三寶顏、聖巴勃洛、大雅台、加維地、與奎松市）。

一九四一年七月廿六日麥克阿瑟在菲率領新組成的遠東美軍，其中有十萬菲兵。十二月八日日機偷襲夏威夷，同日投彈於菲島的納卯。兩日之後，日軍侵菲。奎松避難柯里希多，自治邦政府卽於該島辦公。美軍敗退巴丹。一九四二年正月，日軍攻入馬尼剌。奎松由澳洲至美國。四月巴丹淪陷，菲美聯軍三萬六千人與十六位將軍向日投降。戰俘飽受日軍虐待。五月柯里希多亦易手，抗日正規軍的行動告終。

一九四四年八月美機轟炸日軍佔據的納卯與毗賽亞羣島。十月美軍登陸雷伊泰島，麥克阿瑟與自治邦第二任總統奧斯敏納（因奎松已於八月病歿於紐約，由彼扶正）涉水上岸，實現其「余將返回」的過去誓言。一九四五年正月又登陸仁牙因。二月光復馬尼剌。

一九四六年四月舉行自治邦的最後一次選舉。領導新政黨，卽自由黨的羅哈士，擊敗未曾積極從事競選的奧斯敏納，成爲總統。七月四日菲律賓共和國成立，羅哈士乃由自治邦的第三任總統，變爲共和國的第一任。此後，至少在政治上，擺脫美方束縛。約近半世紀的美方深刻影響，實比西治者有過之而無不及。（吳景宏）

港主制度

馬來亞的柔佛自蘇丹克祗兒（Sultan Kechil）遷都廖內（Rhis）以後，政事由駐在新加坡的德門公（Temanggong）管理，於是柔佛各地逐漸荒蕪。

一八一九年一月萊佛士（Sir Thomas Stamford Raffles）在新加坡河口登陸，德門公鴨都拉曼（Abdul Rahman）協助萊氏册立素居在廖內的王子東姑隆（Tengku Long）爲蘇丹胡仙（Sultan Hussein），以爲柔佛的正統蘇丹。一八三五年胡仙歿，子東姑阿里（Tengku Ali）繼承父業，惟英政府不悅，令德門公鴨都拉曼之子伊伯拉欣（Ibrahim）統治全柔佛，從此德門公依伯拉欣成爲柔佛的實際元首。

德門公依伯拉欣居新加坡，與歐籍紳商聯絡至善，新加坡的發展，大大刺激了柔佛的開發。德門公雄才大略，極力招致華僑前往墾殖，創立一種「港主制度」（Kangchu System）。所謂「港」，是每條河的支流口，成丁字形的兩岸地方。華僑至其地開墾種植胡椒和甘蜜（Gambir），獲得德門公發給「港契」（Surat Sungei）者稱爲「港主」（Tuan Sangei）。（並不是每一個地主都有「港契」，大多數人祇有土地保持權（Tenure），無任何特權，卽使有獲得「准字」Akuan，或「砍伐、收割許可狀」Kebenaran Menebang Menebas 亦不能與「港契」相提並論。

「港主」在港內有行政權和司法權，得發行貨幣，開採礦藏，砍伐木材，專賣烟酒，開設賭場，徵收稅項，並得拘留住民審問和鞭笞不逾六下的警權。「港主」每年須奉獻若干金錢給德門公。

港主制度始於何時？殊難稽考，據現在所發現的港契而言，最早的一份誌明回曆一二四五年（西元一八二二），頒發司古台河（Sungcei Scudai）的港權的。最初「港契」均爲手寫，後用鉛印印刷，大概像德門公晉號爲蘇丹以後之事。當德門公伊伯拉欣統治柔佛時，東姑阿里則稱蔴坡蘇丹，統治蔴坡。一八六二年，德門公伊伯拉欣歿，子阿蒲峇加（Abu Baker）嗣位爲德門公統治柔佛。一八六八年阿蒲峇加晉爵爲摩訶羅闍（Maharaja），一八七七蘇丹阿里歿，阿蒲峇加收復蔴坡，一八八五年英女皇維多利亞册封阿蒲峇加爲蘇丹。在港主制度盛行期中，柔佛政權已歷德門公、摩訶羅闍和蘇丹三個階段。

昔柔佛總顧問官溫士德（Dr. R.O. Winstedt）著柔佛史（History of Johore）曾說：「在十九世紀七十年代，華人已在柔佛開發了二十九港，十年後又開一倍多的港。」但據華僑傳說共有一百三十八港之多。兩說的數納，大概由於觀念不同，前者大概指執有「港契」的「港主」，後者則包括未有「港契」或「准字」者在內。柔佛之所以較別州開發得快而普遍，就是拜「港主制度」之賜。

「港主」實際上爲政府的一位官員，惟不受俸祿，由種種特權取得其酬報，顯然是初開發時一種權宜之計。一九〇九年，柔佛蘇丹正式接受英籍顧問官坎貝爾（D. C. Campbell C.M.G.），隨着顧問制度之建立，一切行政逐漸形成英國殖民地的典型方式。一九一四年，柔佛開始成爲英國的保護邦。柔佛各地大多開發，遂於一九一七年頒佈「港主權利（廢除）條件」，終止施行將近八十年的「港主制度」。當時尚有六十六港，除沒有「港契」和已停止職權者不計外，尚有四十餘港，政府以叻幣一百萬元向「港主」購回主權，今日翻閩柔佛州地圖尚可見到一些地名，前面冠首一字爲 Kangkar 或 Kangka，例如：Kangka Ulu（茂盛港），實爲閩語「港脚」的對音，意思是港口。「港主」所設立的移殖區。（參考許雲樵：柔佛的港主制度，刊南洋文摘第二卷第八期，凌雲：柔佛及其港主制度，刊南洋文摘第六卷第八期）（程光裕）

統巫里王朝

一七六七年，緬軍圍攻阿瑜陀耶時，在泰軍守備中，有一華裔青年將校，因憤泰王昏庸無道，乃率所部五百人，突圍而至暹羅灣東岸之雷揚城（Rayon），集結兵力，策劃反攻。未及半年而光復國土，這就是統巫里（Tanaburi）王朝的創主鄭昭。鄭昭原名信（Sin 泰文意爲財），爲華僑鄭鏞之子。鏞籍廣東澄海，自幼南渡泰國謀生，及長娶泰女洛央（Nang nok-iang）爲妻，任泰國稅吏，生一子即鄭信，中國史籍稱之爲鄭昭。

昭生於一七三四年，泰國國庫大臣昭披耶卻克里（Chao Pya Chakle）喜信聰慧，納爲養子。及長，入宮任御林侍衞，才智過人，能說華語、印語與泰語。於是泰王擢升他爲守備，旋升任鎮守使，駐甘烹碧（Kampangpet），極爲泰人所愛戴，稱爲披耶達或昭達，或連呼名稱爲昭達信（Chao Tak Sin）、披耶達信（Phya Tak Sin），或坤鑾達（Kun Luang Tak）。當緬軍圍攻阿瑜陀耶時，鄭昭奉命守衞皇城，惟泰王耽於酒色，竟下令鄭昭所部，每發一炮，必先奏聞，如此守城，徒作無謂犧牲，故昭決心率部衆突圍而出。既經到達雷揚，遂與尖竹汶（Chantabun）都督聯繫，都督最初納鄭昭，迄聞首都阿瑜陀耶城陷落，乃陰謀殺害鄭昭而自稱王。但事爲鄭昭聞悉，乃以所部先發制人，殺尖竹汶都督，取有其地，距首都陷落僅二個月。不久又攻取脫拉迭（Trat），軍民來歸者日多。是年十月已擁有五千衆，因決心開始反攻，率部乘船百艘，循湄南河北上，先光復曼谷，殺傀儡鑾湯勇（Nai Tong In）。緬軍自三寶樹（Three Bo Trees）來援，亦爲所敗，昭乘勝攻緬將蘇季基地，大破緬軍，蘇季陣亡，國土重光。

昭既復國土，乃撫輯流亡，安撫百姓，並遣人四處尋覓舊王。迄知泰王依卡臺（Ekatat）於亂中亡故，乃掘其屍體，以國喪禮葬之，對王族則優爲安置。

昭見故都斷垣殘瓦，痍瘡滿目，乃改以湄南河西岸統巫里爲首都。這時鄭昭聲威震全國，獲得泰人由衷的敬仰，感其復國有功，遂擁戴鄭昭登基爲王，是爲統巫里王朝之始，時在一七六七年十月，昭年僅三十四歲。

王朝初立，鄭昭實際掌握地區，僅限於泰國中部諸省。當時國內有四雄割據稱王：麥西卡（King Musika）佔有半島省（馬來半島各地以至春蓬地方）泰貝貝親王（Tep Pipit）佔有東部省（包括柯叻全部），鑾王沙萬(Nakon Sawan)佔有彭世洛（Piteanulok），盧安(Ruan)佔有沙萬白里（Sawarburi）。此四王或爲舊朝貴族，或爲擁有地方勢力，或爲宗教領袖，而鄭昭所憑藉者，爲不敗的信念，過人的勇氣，與光復國土統一泰國的決心。一七六八年起，昭漸次平服四王，恢復阿瑜陀耶時代全部領土，完成統一工作。昭進而向邊外擴張其勢力。

泰國對柬埔寨，原操有控制權，同時對柬埔寨時常用兵。一七六九年，柬王拉瑪鐵菩爲其弟所逐，奔泰求援，昭令柯叻兵進攻，柬取金銀花以表順服，以表示泰對柬的宗主權，新王不服，泰軍即攻佔暹粒（Siemreap）、馬德望（Battambang）柬王無力抵抗，急謝罪願爲屬國，但泰政府並不干涉柬埔寨內政。當鄭昭北征景邁時，柬兵侵擾邊境，奪眞特巫里與噠叻，鄭昭乃興兵五千，戰船三百，攻佔邦得亞墨、百囊奔、馬德望、保安汝等地，柬王出逃，昭立前奔泰國之拉瑪鐵菩爲王，隸於泰國，未幾逃王降於其兄，鄭昭封其爲副王。

一七七四年，昭拔軍兩萬征景邁，以披耶卻克里爲先鋒（Pay Chakkra），時景邁人痛恨緬人暴虐，早有叛意，故當泰軍北征紛紛起而響應。翌年一月，緬守軍撤退，遂得景邁，曼難（Muang Nan）王亦降，泰北諸地全屬於統巫里王朝統轄。自阿瑜陀耶城陷落，不足三年，鄭昭南征北討，恢復阿瑜陀耶時代領土，七年後，又征服景邁、曼難二地，此種成果實足顯示鄭昭之能力及武力，且遠超於前朝中之任何王。

鄭昭與中國關係至爲友善，一七八一年遣使以十一艘大帆船滿載泰貨入貢中國。對於歐西教士則頗爲歧視，嘗立法逐天主教士。一七八一年柬埔寨發生內亂，求救於泰國，鄭昭派披耶卻克里與其弟率兵二萬前往平亂，並遣王子因披達（Prince Inqitak）隨軍出國，擬於柬亂平定後即立王子爲王。次年三月，有乃汶綱者，在阿瑜陀耶起事，宣言打倒鄭昭，擁披耶卻克里爲王。三月下旬，叛徒佔領阿瑜陀耶，政府見事態嚴重，乃派披耶刪卡巫里平亂，不料披耶刪卡巫里歸附叛黨。三月末，鄭昭爲叛徒圍困宮中，昭禁止親隨勿與抵抗，因恐損及百姓財產，且向披耶刪卡巫里允許遜位，削髮進入空門。

四月，披耶卻克里聞內亂，卽與柬埔寨言和，急回京城，召見鄭昭，宣佈鄭昭於患精神病時，曾施虐政罪名，鄭昭自知旣爲背己者之階下囚，亦不願作何種解答與反對，遂被殺，年僅四十八。這位出生入死浴血抗戰，自强緬手中奪回破碎河山，爲泰國自由獨立而奮鬥十五年的英雄，不料成功後，反爲臣下所殺，就如此結束一生之命運。統巫里王朝因之而亡。（參考蔡文星：「泰國近代史略」一八至二一頁；程光裕、李作華「東南亞史」一七六至一七九頁。）

（程光裕）

貴霜王朝

大月氏本係突厥族(Turks)，舊居於中國甘肅西北，公元前二世紀初爲匈奴所破，走至天山北路，復爲烏孫所破，再走至阿母河(Amu Darya)流域，征服大夏而有其地，獨覇中亞。其民族分爲五大支：休密、雙靡、貴霜(Hushan)、肸頓、都密。以貴霜一支最爲强大，所以波斯印度人對月氏帝國稱爲貴霜，一作庫桑。公元一世紀中葉，貴霜酋長邱就卻(Kujure Kadiphises)智勇双全，擊敗其他各部，成爲貴霜覇王，於印度新頭河(Indus)建大月氏國，定都犍陀羅(Gundahara)，據有喀布爾，岡陀河 (Kandahar) 及阿富汗斯坦諸地，征服中亞一帶大夏希臘人之餘裔。他晚年皈依佛教。

子閻膏珍(Vima Kadphises)又南征罽賓（克什米爾），敗釋伽族，併西北印度。閻膏珍爲貴霜王朝第一任君王，在位時與羅馬邦交甚篤。閻膏珍再傳至迦膩色迦 (Kanishka)，再北向踰阿母河，越葱嶺，伸其勢力於天山南路。時在公元二世紀前半期，爲王朝的極盛時代。公元前一八四年印度的孔雀王朝爲巽伽朝(Sunga Dynasty)所滅，印度佛教勢力衰落。

幸大月氏(Indo-Seythian)興起，對於宗教態度寬大，印度佛教徒多遁大月氏，受其保護。於是佛教大行於中亞。名王迦膩色迦於一二〇年卽位，提倡佛教，尤具熱心。曾於一五〇年在罽賓開佛教第四次大會，用古梵文纂訂佛教經典，相傳高僧龍樹 (Nagajuna) 馬鳴(Asvaghosna)世友 (Varumitra) 等以下碩學大德五百人，實與纂訂之役。書成，爲大毘婆沙論 (Maha Vibhorha)。因此佛教雖衰於印度，卻大盛於中亞。佛教之傳佈北方以大月氏爲中心,南方以獅子國爲中心。迦膩色迦王統治時，佛教分裂爲大乘(Mahayana)與小乘(Hinayana)兩派。原始佛教認爲我人到達「涅槃」之境，須恃一己之修身苦行，不必依賴乎上帝之護佑；惟佛教之革新派，則認爲祈禱、祭祀至爲重要。因此大乘佛教徒乃開始禮拜佛陀與菩薩(Bodhratvas)。

原始佛教經典均用巴利文所寫，小乘佛教經論亦然。大乘佛教經典則改用梵文寫述。其理論亦多相異。小乘佛教不信上帝，不拜佛陀偶像，承認佛存在，否認菩薩存在，着重一己苦修，力行八正道，佛徒之最後目的在於涅槃脫離生死苦海。純爲釋迦牟尼佛一己之遺訓，與婆羅門教義不同。大乘佛教認佛陀爲上帝，拜佛陀偶像畫像，信菩薩能消災滅罪，重禮拜求佛陀與菩薩保佑，人應往生極樂世界,佛陀遺訓外,又混雜印度教與希臘哲學宗教上之理論。小乘佛教護法者爲阿育王，流傳於錫蘭緬甸等南方諸國。大乘佛教護法者爲迦膩色迦王，流傳於中國等北方諸國。

佛教雖創於印度，而弘揚光大則爲中國，公元前一二二年漢武帝遣張騫通西域以後，中國與中亞往來漸繁，佛教就開始傳入中國。

一六二年迦膩色迦卒，子孚維什伽卽位，移都克什米爾，從此國勢日衰。三二〇年西北印度及波斯之薩薩尼王朝侵佔貴霜王朝統治下之印度境外各地。三二〇年南方有印度笈多王朝興起，北方有中亞之嚈噠人進攻，四二〇年，嚈噠人南下，大月氏勢力就此消滅無餘。大月氏人冶希臘、波斯、印度三種思想於一爐，他們不但引希臘文化以進印度，且引印度文化以進中國，其有大功於世界文化可以想見。（程光裕）

祿兀文化 (Angkor Culture)

柬埔寨高棉之祿兀古蹟，主要包括二部分，一爲祿兀大寺 (Angkor Wat)，亦稱安哥窟，一爲祿兀城 (Angkor Thom)，亦稱安哥通、安哥王城。八〇二年，柬埔寨脫離爪哇而獨立，闍耶拔摩第二(Jayavarman II Paramecvara)在位，廣建寺宇和宮殿。

八八九至九一〇年，國王耶穌拔摩 (Yasovarman) 建立祿兀城，並於城中建巴庸寺 (Bayon)。

九六八至一〇〇一年，國王闍耶拔摩第五，建金角寺，以後每一代君王，寺廟的建造俱有增加。

一一一二至一一五一年，國王蘇利耶拔摩第二 (Suayvarman II) 當國，於大湖北岸開始建祿兀大寺，工程浩大，氣象雄偉。

一一七七年吉蔑人之祿兀為占婆人所佔據，一一九〇年，國王闍耶拔摩第七(Jayavarman IIV)率大軍攻占婆，復興祿兀，於祿兀及各省宏佈佛法。一四三一年，暹羅入侵，陷祿兀城，橫加劫掠，其後雖重振兵威，將暹人逐出，但於次年，自動放棄祿兀城，六百年光榮突然消逝，豐富的印度與佛教文化，埋沒於蔓草叢林之中。祿兀城之建築及當時王朝盛況，元代周達觀記述於「眞臘風土記」一書中，此書自一八二九年法國考古學家里英薩翻譯，祿兀之名復為人所注意。

至祿兀古蹟係一八六一年法國生物學家亨利、姆賀於狩獵時無意中發現。祿兀大寺前有長隄，隄下城壕寬六百餘公尺。長隄兩端左右俱有一隻九頭神蛇「那加」及石獅子。「那加」是吉蔑雕刻中最富想像及精美的傑作，幾乎隨處可見。「那加」神蛇的頭全部單數，有五頭、七頭、甚至十一頭，蛇頭像扇狀展開。全寺分為三層，過長隄，為底層狹長走廊部份，高壁上連續刻有神話中戰爭故事，下階，前有石道，旁為水池。石道盡端為三座高塔，塔底建築物相連。由峻峭石級至最高一層平台，平台四周圍有高牆，中為寶塔，高二百十三呎，四角各有一小塔，塔上廻廊相連，可通至中央神殿。四面塔梯峻峭異常，幾乎成一直線。祿兀大寺建築，是吉蔑藝術的古典主義階段中出現的一部代表作，小塔供奉神祇，建立相連的台基之上，再連接成一座完整的大建築。實際上祿兀大寺建築是一座龐大的三層金字塔，基層大上頭小，頂上還有一座大樓塔；每層亦建立着小樓塔，與大樓塔相呼應。此種錐形建築，為印度模型在柬埔寨的一種變通方式。壁上一系列的浮雕，所刻神話中戰爭故事，多係羅摩耶拿(Ramayana)史詩與有關 Vishnu，Krishna 天神之故事，亦富歷史意義。「修道院的景色」淺雕於牆壁，此種雕刻深受當時吉蔑人木製建築藝術之影響。

祿兀城面積約二平方哩，有五門，凱旋門最完整，城郭外橫跨城濠的橋欄，每邊有五十二大石像，前各有一隻九蛇頭「那加」神護衛。每個大石像，二脚交叉而坐，兩手托住「那加」蛇身，構成壯偉的欄杆。大石像計一〇四具，雖然蹲坐，仍高八尺。一邊為高傲的天神，另一邊代表魔鬼，圓眼睛，帶着滑稽表情。數十尺高的城門，頂端有一個四具臉的神，臉各向東南西北，其表情亦不一。城中巴庯寺，由五十一座塔組成。每一塔頂具有四個人頭的慈悲大帝的石刻。城內又有象閣，長一千一百餘尺的壁上，刻着象的驍勇爭鬥故事。象閣之石階有似中國皇宮之石階，沿石階而上，兩旁飾有「那加」神蛇。石階頂端平台，各方豎立一個猛獅，中央為「雅魯達」神鷹，與印尼「雅魯達」相似。泰卜隆寺(Taprohm)正門尙存，狀至巍峨。按巴庯寺建築，為當時吉蔑人奉獻給上天的最後的建築，平形的寺中建立一系列的柱廊。此種柱廊均建於大墊石上，與寺外小寺相通接。中央大樓塔與周圍的拱形裝飾，亦為錐形基石。每間樓塔上所雕刻的「世界之神」(Lokesvara)的龐大面形，此種面形為此類建築此呼彼應的特徵。而為全世界最特殊之中古亞洲建築雕刻藝術的代表。偉大的遺跡，實為祿兀文化的光輝。(參考程光裕、李作華：「東南亞史」二九至三一頁、「柬埔寨的藝術和考古學」載「南洋文摘」第四卷第一期四三至四五頁)(程光裕)

聖誕島小史

聖誕島(Christmas I.)原屬新加坡所有，而現歸澳洲統治，全島位於爪哇西南之印度洋上。南北長約十一哩，東西寬約九哩，最狹小處僅四哩半，面積約為六十平方哩，係一個突出海面的多山孤島，山地高度達一千餘呎。

西元一八八八年六月六日聖誕島為英國所合併，西元一八八九年歸海峽殖民地總督管轄，一九〇〇年併入新加坡殖民地之內，其時新加坡殖民地尙包括婆羅洲西岸海外現為馬來西亞沙巴州之一部分的納閩島(Pulau Labuan)，及印度洋上的科科斯(基林)群島 Cocos(Keeling)Is.，其時新加坡殖民地，與現為馬來西亞一部分的馬六甲州與檳榔嶼州，同為海峽殖民地(Straits Settlements)。

聖誕島在第二次世界大戰期間，與新加坡、馬來亞同為日軍所佔領。西元一九五八年十月一日，由新加坡割讓予澳洲，於是成為澳洲聯邦的一部分。

聖誕島唯一的出產為磷酸鹽。磷酸鹽(Phosphate)是一種農作物的肥料，為澳洲和紐西蘭農場所需求。

太平洋上也有一個聖誕島，係一個突出海平面甚低的珊瑚礁，面積約達二百二十二平方哩，為太平洋上最大的珊瑚礁。一七七七年為科克船長(Captain James Cook)所發現，西元一八八八年為英國所合併，西元一九一九年成為吉爾伯特與埃里西群島殖民地(Gilbert and Ellice Islands Colony)的一部分。(程光裕)

滿者伯夷王國

滿者伯夷（Majapahit），「元史」爪哇傳作麻喏巴歇，史弼傳作麻喏八歇，「島夷志略」作門遮把逸，「瀛涯勝覽」、「西洋番國志」均作滿者伯夷，今從後兩書。

信訶娑利（Singhasari）王國末君克坦那伽剌（Kertanagara），被諫義里的札牙迦望（Djajakatwan）所殺，王婿必闍耶（Vijaya）攻札牙迦望不勝，被迫逃至布朗達河（Bratas R.）上游滿者伯夷村中。後聞元將史弼率軍來爪哇，於是遣使以其國山川、戶口與地圖迎降，求援復國。旋得元軍協助，必闍耶有其國，即將發祥地滿者伯夷改建為國都，於是最後一印度爪哇王朝（Hindu-Javanese Dynasty）歷史，從此時開端。

滿者伯夷立國不久，即繼信訶娑利王朝而達帝國型。開國初六十年，則全力於東爪哇內部的復興，無暇他圖，時西爪哇不在控制以下，婆羅洲西南部為其領土，其他原臣服於信訶娑利者，則聽其自由發展。

古帝麻達（Gajah-Mata）被任命為首相（Pateh）後，滿者伯夷才向外擴張聲勢。首相先鎮壓宮廷政變，防止篡奪君位，懷柔居民，改宗佛教，其次在國王哈揚勿羅克（Hayam Wuruk）的信任下，率軍向四方發展，經過若干次的勝仗，滿者伯夷帝國括有東南亞南方諸王國。在蘇島以末羅由（Malayü）為中心，向外擴張勢力，除控制南北諸口岸外，又向內地開拓，達於米能加保（Menangkabau）山地王國，巨港的三佛齊至此滅亡，淪為滿者伯夷的藩屬。一三六五年，其勢力達於馬來半島北部之吉打、狼牙修與北大年，婆羅洲南部和西部，西里伯斯島（Celebes Is.）南部，摩鹿加群島（Molucca Islands）等地區，中南半島的暹羅、柬埔寨、占城與安南諸王國，也都受其保護。它成為印尼歷史上版圖最廣大，國勢最强的王國。

滿者伯夷時代，文藝也頗發達，宮庭詩人布拉班查（Prapantsja）為歌頌國王哈揚勿羅克，而作那迦拉格達加馬（Nagarakertagama）史詩，其可與印度兩大史詩爭美。建築上則有巴那達蘭陵廟（Tjandianataran）。

哈揚勿羅克薨後，滿者伯夷王國勢力，由最高峰走向下坡，當時有三種外來的商業勢力，在搶奪它的貿易市場：㈠中國的商業，首先攫取其在蘇島的商業基地，巨港已成為中國海外貿易集中地，婆羅洲西部也變成中國海外的開發地，㈡阿剌伯回教商賈東來，推翻它商業基礎，㈢歐洲勢力又滲入印尼群島，使其根基動搖。稱霸海上的滿者伯夷王國，到一四七五年便滅亡。（徐玉虎）

滿剌加王國

「滿剌加」一名，見於明「星槎勝覽」、「瀛涯勝覽」、「西洋番國志」，鄭和航海圖及清「海語」諸書。「東西洋考」作麻六甲，「海國聞見錄」作麻喇加，「海錄」作馬六呷，實皆Malacca的音譯。歐人對滿剌加的拼音，較漢文更為紛歧，計有 Malacca Melequa Melacha Mellaca Mallaqua Malaga等，今則通用Malacca。馬來文為 Mělaka，梵文作 Malaka，阿剌伯文作 Malakat。

公元第十四世紀，馬來酋長們因星加坡覆亡，率臣民逃至其地，居於麻河（Muar R.）沿岸，旋即建國於此。首位國王拜里米蘇剌（Parameswara），因受暹羅向半島擴張疆土的威脅，歡迎明朝使臣，期能獲得中國的保護，一四〇五明成祖册封拜里米蘇剌為滿剌加國王，太監鄭和接踵而至，齎詔賞賜。一四一一年，滿剌加王為報聘明朝的恩惠，親率妻子陪臣入朝，頗受成祖的禮遇。嗣王也繼續與明廷修好，使臣往還，餽贈禮物。

滿剌加王國的興盛，與回教傳入有密切關係。滿剌加需要米糧供應，以應付人口的增加，以及進行胡椒貿易，於是與伸入蘇門答臘口岸的回教商賈發生關係。馬來諸酋長終於皈依回教。復由於滿剌加發展成為重要的貿易港，更誘致南印度回教商賈的前來，彼等在滿剌加很快取得勢力，並與馬來諸國酋長間通婚。

滿剌加雖曾通好明朝，但對暹羅的宗主權一直維持着。無札佛那沙（Mziaffar shah）在位時，拒絕向暹羅輸誠納貢，於是招致從彭亨（Pahang）方面來的侵略，結果失敗。不久，暹羅又自海道來犯，再被首相多霹靂（Tun Perak）率軍打敗於峇株巴轄（Batu Pahat），且追擊至星加坡。此後，滿剌加始得在海峽兩岸發展貿易和擴張勢力。

公元第十五世紀末期，為滿剌加的黃金時代，繁榮達到極點。中國的大海舶，乘東北季候風而來，銷售中國的瓷漆器、燒珠，以及絲綢。西南季候風起，再滿載龍涎之香，雅姑之石，明月之珠而返。同時自紅海及印度各口岸的船舶，也隨着季候風，滿載貨物到滿剌加互市。因此滿剌加便成為印度、中國、東印度與越南等地貨物交流中心

滿剌加王國曾創立官制，是後世馬來國家的典範。一是槃陀訶羅（Bendahara)．;義同首相，總理國事。二是天猛公(Temenggong)．;義同軍務及司法，專掌軍政、司法與禮部諸事。三是奔呼盧槃陀訶黎 (Penghulu Bendahari)．;義同財務，司理國家財政事務。次級官吏爲門德里(Mantĕri)．;義同部長，共設四位，各有專職。

滿剌加王國在多霹靂爲首相時，致力疆土的開拓，其蘇門答臘的錫國(Siak)、丁機宜(Indragiri)和詹卑 (Janbi)、甘巴 (Kampar) 都來歸順，勢力遍及海峽兩岸。至國王蘇丹媽末(Sultan Mahmud)，其聲威雖因吉蘭丹 (Kelantan)、北大年(Patani)和吉打 (Kedah) 等北方國家，名義上的歸順而大增，但她的仇敵甚多，滿剌加王國也在他之手，喪送與西方的侵略者葡萄牙。(徐玉虎)

滿剌加荷屬時期

西元一六〇六年，荷蘭人聯絡柔佛蘇丹，於四月三十日首次進攻滿剌加，並協妥得手後，城內屬荷蘭，城外屬柔佛。聯軍由荷蘭大將麥鐵烈夫 (Admiral Matelief) 任總指揮，聯軍登陸成功，葡軍陣地盡失，退守王城。聯軍加緊攻城，守城葡軍危在旦夕，適逢葡援軍到達，聯軍敗退。西元一六〇八年十一月，荷軍欲再聯絡柔佛，作第二度圍攻滿剌加，遭柔佛蘇丹拒絕，荷軍單獨行動，雙方各有勝負，最後交換戰俘而停火。

三十二年後，荷柔再結盟圍攻滿剌加，由荷總司令安東尼松 (Adriaen Antonissoon) 負責指揮，荷艦十二艘，小艇六隻，以半圓形態勢，封鎖港口，然後進行砲擊，葡軍守將蘇沙考丁和 (Mannel de Souza Continho)，沉着應戰，用重砲還擊。柔佛以四十艘帆船組成艦隊，兵士一千五百名，荷軍亦派一千五百名，聯合攻城，八月三日登陸外堡 Franguerah 以北地區，逼近第二道防綫，將葡軍逐進外堡。城內葡軍約兩百六十人，分守四門，此外用混血種及土著兵三千人，大砲六十餘尊，防守四週，其防守力量亦相當强固。荷軍攻城時，遭到猛烈砲火，無法前進，爲長久計，掘地道、築砲台，亦配以重砲十六尊，不分晝夜向城內各重要據點猛擊。同時荷方援軍先後到達，糧食、彈藥供應不缺，而城內葡軍恰巧相反。但葡軍仍頑抗不降，荷軍損失仍重，且安東尼松因積勞病歿，而由卡德高(Captain Mime Willessoon Kaartekoe) 繼任。

西元一六四一年一月十四日，荷軍發動最後一次總攻，六百五十名精選荷兵，持槍及雲梯，向聖多明古斯砲台進攻，且高喊「上帝助我」，捨死而前，葡軍雖咬牙抵抗，但終於不敵，最後退守最堅固之「有名堡」，雙方激戰五晝夜，始被荷軍攻破，全城失陷荷手，一百三十年之葡萄牙統治時代，宣告結束。

荷蘭在滿剌加之最高長官是太守，下設高級商務官、財務官、駐防軍司令、副司令，軍需官及稅務官等。諸官均有資格出席政府會議。其下則設港務官、秘書、法官、醫官、工程官、典獄官等，大小職員五十餘人。對各族之管制均設「甲必丹」 (Kapitan) ，其權力甚大，非僅負責調解本族間之糾紛，並將本族犯罪之情形，報請太守處罰。

太守聽命於荷蘭駐爪哇巴達維亞 (Batavia) 總督，而總督奉荷蘭東印度公司 (United East India Co.) 十七位董事之命行事。

太守規定城郊馬來土著，以耕種爲生，每年繳納出產十分之一，外籍民族除繳納十分之一生產外，尚須繳納人頭稅。同時又將蘇丹時之錫幣，葡人之鍍金、鍍銀等幣等取消改鑄，以金、銀幣代替之。荷蘭人雖信耶穌教，但對崇信回教、佛教與印度教、儒教却不敵視，惟獨反對葡人之天主教。

荷蘭爲要壟斷印度輸入之棉織物，中國輸入之絲綢與瓷漆器，派軍封鎖港口，並强迫來往海峽內之船舶入港，藉以課徵入口稅，縱使貨物不在境內出售，亦要繳納過境稅，這種强迫性之貿易政策，荷人堅信必可增加收入，但結果却使滿剌加之商業日益低落，收入銳減，不再是東南亞甚或國際主要貿易港。(徐玉虎)

蒙兀兒帝國

帖木兒(Timur)在中亞建立之帝國，於一五〇一年爲烏茲匹克人所滅，而其子孫卻能在印度建立一大帝國，享國凡三百三十年，名蒙兀兒帝國。始祖巴卑爾 (Babur) 係帖木兒五世孫，精於戰術，於一五二六年滅羅蒂王朝，即位於德里。

巴卑爾又長於詩文，其恢廓大度不亞於帖木兒。長子胡默元(Humayun)於巴卑爾歿後繼承王位，以阿富汗族薛沙王 (Sher Shah) 强大嘗率軍東討，一五四〇年戰於哈爾陀(Hardoi)爲薛沙王所乘，全軍覆沒，胡氏幸及時逃脫，未幾出亡於波斯。薛沙王成爲北印度之覇主，其吏治爲人所稱道，逝世後迦拉爾汗 (Jalal Khan) 繼任王位，稱伊斯梅沙王 (Islam Shah) ，王崩，子菲洛士

(Firoz)繼位，年幼勢衰。一五五五年間，胡默元獲波斯之助，重返印度，翌年一月於德里宮中墜樓身死。

子阿克巴(Akbar)偕大臣貝伊羅汗(Bairam Rhem)擒殺阿迭爾沙王部將希摩(Himu)後進入德里正式卽王位，又以貝伊羅汗專權，決定親政。阿氏之武功蓋世，一五七二年率大軍征服古迦拉底，待回師，獲報古迦拉底叛變，卽率軍三千馳赴阿邁特巴(Ahmedabad)，以九日行六百哩路，擊破二萬叛兵，在印度史上爲最快速之一戰。一五八一年，擊潰喀布爾總督穆罕默德哈金姆五萬騎兵，進入喀布爾。阿氏爲政開明，軍政、司法、財政三權分立，印回敎徒並用，縮短省督任期，廢止贈予土地，確立官吏俸金制度，設立新聞報告員。於一五八二至一六〇五年間，以回敎爲基礎，採各宗敎之長，創立神聖敎(Din-Hahi)作爲國教。要旨爲阿拉之外無他神，阿克巴爲神之預言者，阿拉之預言者——國王，係國民之保護者，因謀人民之福祉安寧而派至世上者。阿氏依據敎義減輕賦稅，開放穀倉，賑濟貧民。又鼓勵印回兩敎通婚，以宗敎、社會和精神上的融和爲基礎，以圖印回兩敎之政治統一，帝國得以鞏固。

一六〇五年阿氏歿，長子沙利姆(Salim)繼位，史稱迦亨基王(Jahangir)。卽位後平定長子柯須羅(Khusra)叛亂，又殺參與叛亂之錫克敎(Sikhism)祖師阿爾迦(Arijan)。后奴迦罕(Nur Jahan)美貌動人，精明幹練，爲迦亨基王施政上之動力。后父任首相，其弟爲御前大臣，侄女馬姆德(Mumtaz)嫁柯羅摩王子，卽一六二七年迦亨基崩後卽位之沙迦罕王。阿克巴及迦亨基均主信敎自由，而沙迦罕則篤信回敎，壓制異敎徒。嘗令燬全國新建廟宇，培那累斯一處廟宇被燬者凡六十七所，對基督敎之傳播亦採壓制政策。沙迦罕於穩定北印度與征服達卡高原後，天下大定，乃征伐中亞之巴爾克(Balkh)與巴達庫什(Badakhshan)，爲烏茲匹克酋長阿伯陀爾阿什茲所擾，退出巴爾克之奧克斯河(Oxus)。自是國威稍衰。

波斯王阿巴斯沙第二(Shah Abbas II)興兵於一六四八年侵入國防與商業要地奎陀訶(Qandahar)，沙迦罕王屢派兵遠征，以槍炮火力遠遜波斯軍，未能克服，自是波斯氣燄高張。一六五七年九月，沙迦罕王突然染疾，病勢沉重，王之四子各極心智以爭取王位。三子奧楞塞(Aurangzeb)獲得王位，於一六五九年六月於德里正式登基，沙迦罕被囚於阿格拉要塞，至一六六六年歿。

奧楞塞在位五十年，初致力經營北印，後則鎭定南印。宗敎政策以護敎自任，個人崇信回敎中素尼派(Sunnites)專以保護素尼派回敎爲主，對偶像與異敎，概行排斥，燬興都敎廟宇，殺錫克敎(Sikh)第九世祖德迦鮑訶陀(Tegu Bahadur)徵收異敎稅，佔人口大多數之興都敎徒莫不恨其苛暴。波坦(Pathans)民族居於印度與阿富汗交界地區，民風强悍，喜好戰鬥。一六六七年發生叛亂，焚回敎寺廟，奧楞塞親自坐鎭於印阿交界地方，經一年半時間始戡平。此戰因帝國精兵遠調西北邊陲，使印度敎復國領袖薛梵琦(Shivaji)在南印獲得休養生機。薛氏智勇兼備，德行崇隆，建馬拉德(Marathas)王國，與蒙兀兒帝國相抗。一七〇七年奧楞塞歿，諸王爭奪王位，波斯阿富汗來侵，旁遮普之錫克族虎視於西，馬拉德王國威脅於南，予英國大好發展機會，迄一八〇三年英軍總司令雷克(Lord Lake)進入德里，蒙兀兒帝國成爲歷史上之名詞。約在一八五七年英人因印人反抗其侵入，乃立鮑訶陀第二(Bahadur Shah)爲蒙兀兒王，而葡法等國勢力亦由海岸漸入內地，蒙兀兒王徒具虛名，偌大之印度全土終被英國所併吞。

蒙兀兒帝國時代之文學藝術俱足稱述。阿克巴之老友阿布法茲爾(Abul Fazl)爲以波斯文撰述之史學家，著有阿克巴大帝本紀(Akbarnama)、阿克巴大帝治國會要(Aini-Akbar)，鮑道儀(Badaoni)著史記精華(Muntakhabut Tawarikh)，尼柴姆烏定(Nizamud-din)著阿克巴大帝評傳(Tabaqati-Akbari)均甚著名。阿克巴時之印地文詩人杜爾西陀斯(Tulsidas)著有羅摩所行讚(Rama-Charita-Manasa)，羅摩所行傳(Ramayana)，聖歌集(Gitavali)、詩集(Rabitta)及十六韻詩集(Dohavali)等。另一印地文詩人爲盲目之蘇爾陀斯(Srdas)著蘇爾海詩(Surasagara)流傳甚廣。迦亨基撰有自傳，並有御編大字典(Farhang-i-Jahargiri)。

沙迦罕時之印度波斯文學亦極發展，阿伯陀爾哈密達(Abdul Hamid)著回王沙迦罕(Badsharama)，伽斐汗(Khafi Khan)著歷史會要(Muntakhabul-lubah)均爲文史名著。印地文詩人毘訶黎羅爾(Biharilal)所著七百首韻詩(Satsaiya)亦在沙迦罕執政時期。

阿克巴時之偉大建築有德里之胡默元王陵，阿格拉與拉河兩地之紅堡（宮殿在堡內），以及法德玻錫克里之行營建築。迦亨基在喀什米爾建莎蘿嫣花園(Shalamar Garden)極盡林泉之美，沙迦罕於阿格拉建泰姬陵(Taj Mahal)尤爲世界有名勝蹟。(程光裕)

瑪泰藍王國

九〇七年，流亡的訶陵王族之一巴里棟(Balitung)，乘夏連特拉(Sjalendra)王國的衰微，重返中爪哇，在梅棠(Medang)建立瑪泰藍王國(Kingdom of Mataram)。

巴里棟及承繼人達夏(Daksha)，都曾大興土木，建築無數陵廟，其較著名的有布拉和珊(Plaosan)、沙支宛(Sadjiwan)、拉拉莊格冷(Lara Djonggrang)等。後者是婆羅門教在東爪哇，最大而又美麗的建築。該廟建於九一〇年，括有一百六十餘建築，其主要的有三座，正中一座祭祀大自在天神(Sjiwa)，旁邊是梵天(Brahma)與偏照天神(Wijsau)。陵廟上雕刻印度英雄史詩，羅摩耶納(Ramayana)的故事，陵廟內設有墓穴，收藏國王骨灰。

瑪泰藍王國至申鐸(Sindok)時代，因經濟中心的轉移，與避免三佛齊的攻伐，由中爪哇遷至東爪哇，並展開海上貿易及領土的擴張，並建立政治與經濟相配合的勢力範圍，而和三佛齊相抗衡。在申鐸統治的區域，括有泗水(Surabaya)南部，諫義里(Kediri)的北部，及瑪琅(Malang)。

達倫瑪旺沙(Dharmnawangsja)時代，有幾件大事值得一提；(一)提倡文藝；將印度史詩摩訶婆羅多(Mahabharta)的一部分，譯成爪哇散文，是爪哇最古散文。(二)注重外交；九九二年，選派使臣，通使中國，建立友好關係，促進雙方貿易。(三)擴張疆域；派軍佔領峇里島(Bali Island)。同時興兵進攻蘇島的三佛齊，欲統一印尼，成為爪哇海上霸主，戰爭結果是失敗。

一〇〇六年，三佛齊軍侵東爪哇，瑪泰藍王國被夷成平地，國王達倫瑪旺沙戰死。後由埃郎牙(Airlanga)嗣立，彼勵精圖治，不久恢復一〇〇六年的情勢。一〇五〇年，由於朝代的更換，王國分而為二，中之一伽帝利王國(Kingdom of Kadiri)，發展甚快，成為海上强國，勢力範圍括有東南亞東部諸島嶼。(徐玉虎)

緬甸古史傳說時期

緬甸是一個民族成分相當複雜的國家，原始居民是印度尼西亞人，然無絲毫遺跡可尋，根據一般學者對緬甸各民族語言和歷史的研究，其最早移居緬甸者是猛族(Mons)，其次是緬族(Burmans)、克倫族(Karens)和撣族(Shans)等。猛族原居湄公河中下游，上古時經由泰國散佈到緬甸南部，其文化甚高，後來繼起的緬族，在文化上就繼承了猛族而發展的。緬族原居中國西藏高原，上古時沿伊洛瓦底江南下，散居於緬甸中央地區及下緬甸。和緬族同語系的種族有驃族(Pyus)和德族(Thets)，其移居的時間也很古遠。克倫族和撣族同屬於泰族系統，他們是從中國雲南一帶進入緬甸東部，其主要活動地區，是在東部高原、南部的頓拉西林(Thenasserim)和三角洲地帶。這許多不同的民族，都曾在緬甸境內，各自建立起本族的國家，各有其光輝的時期。可惜的是，在公元一〇四四年前，流傳下來的歷史記載太少了，使我們難以知曉這些民族、國家的情形。

相傳緬甸境內最早出現的一個國家，叫做德貢(Tagaung)，是由德族所建的王國，其統治區域是在曼德勒(Mandalay)以北一帶，建國時期約在公元前八世紀，傳國歷四百年，至公元前第四世紀，才被滅亡。德族人亡國後，漸移至緬甸西部山區，形成今日的欽族(Chins)。

又據我國「後漢書」的記載，公元九十七年(東漢和帝時)，撣國王雍由調曾入貢中國；一二〇年(東漢安帝時)又遣使朝賀，獻樂及大秦(羅馬帝國)幻人，能變化吐火、自支解、易牛馬頭、跳丸數至千；一二一年，漢安帝封雍由調為漢大都尉。此撣國殆係怒江、瀾滄江之間的緬甸東部高原，由撣族所建的國家。

據緬甸古史傳說，繼德貢王國後，在緬甸中部的卑謬(Prome)有驃族建立的德耶克達雅王國(Thayokhetaya)，是在公元前六世紀建立，亡於公元後八十四年。可是拿中國史籍的記載來印證，則緬甸古史的傳說很有問題，「唐書」所記的驃國，要到公元第九世紀初年才漸衰微。兩者是否同為一脈相承？不得而知。

「唐書」所記的驃國，不僅建有雄偉的城池，且是很富裕的國家。公元八〇一年(唐德宗時)，驃王雍羌遣其弟舒難陀至長安，獻其國樂，計樂器二十二，曲名十二，樂工三十五人，翰林學士白居易作「驃國樂」詩，以誌其盛。唐德宗授舒難陀太僕卿，厚賜遺還。

近代的考古學者在卑謬舊城遺址，發掘出許多盛骨灰的巨甕，上面刻有驃文，證明第八世紀當時，卑謬確有一驃族的毗訖羅摩(Vikrama)王朝，其國王似乎是印度人或帶有印度血統者，這個國家是一個印度化的國家。驃國是在公元八三二年為南詔所滅亡的，卑謬城也被毀滅。驃族從此徙居蒲甘，與緬族雜居相融和。

至於最早移居的猛族，其所建國家，即緬甸東南方的德通（Thaton）王國，緬甸古史稱之黃金地王國（Suvannabhumi），相傳建於公元第六世紀，直至一〇五七年，爲蒲甘名王阿奴律陀(Anawratha)所征服。(呂士朋)

緬甸東牛王朝

緬甸自蒲甘亡後，淪入「戰國」時代二百四十餘年，撣族的阿瓦和白古長期爭霸，無法統一，而在南北兩方，又各有許多小邦，互相敵視。阿瓦與白古兩國的戰場，經常是在伊洛瓦底江中下游地區，而在卑謬以東、白古以北的東牛(Toungoo)，却遠離江域，絕少爲戰火波及，此一由緬族建立的小邦，便成爲遍地烽火中緬族的避難所，並且逐漸成爲緬甸文物和人才的薈萃之地。十四世紀中葉，東牛的領袖梯加波(Thinhkaba)乃組織其統治下的緬人，自立爲王。此後世代相傳歷一百餘年，東牛或臣服阿瓦，或歸順白古，搖擺於兩大之間，始終保持其相當獨立的地位。

一五一〇年，東牛王明吉瑜(Minkyinyo)建東牛城，北部諸地之緬族諸侯，紛紛率部前來投靠，成爲東牛的新力量。一五三一年，明吉瑜卒，其子莽瑞體(Tabinshwehti)遂承父志，以恢復蒲甘舊業爲己任，先於一五三九年滅白古，一五四四年北征大敗阿瓦，其領地直達阿瓦之南的敏建(Myingyan)，一五四六年，莽瑞體晉號全緬甸之王，加冕時兼用猛族與緬族兩種儀式，於是緬人得重覩蒲甘時期的光輝。

一五四六年，莽瑞體出征阿臘干，不利，翌年，結盟而退。一五四八年，移師攻暹，圍其首都阿瑜陀耶(A.yut'ia)不下，以糧盡班師回國。自後莽瑞體耽於酒色，委國政於異母弟莽應龍(Bayinnaung)，一五五〇年，爲其侍衞所弒。

莽應龍繼位後，各大城均擁兵割據，莽應龍憑其英勇，首佔東牛，一五五一年克白古，一五五四年，滅阿瓦，撣族的王國遂亡。一五五六年至一五五九年，征服緬北諸撣邦，八莫以東中國土司亦向他臣服。一五六三年發兵攻暹，翌年二月，陷暹京阿瑜陀耶，暹王接受城下之盟，初次爲緬甸屬國。一五六八年，因暹羅又叛，再度出兵征暹，下阿瑜陀耶，此後二十年，暹羅向緬甸稱臣納貢。一五八〇年，莽應龍親征阿臘干，於軍次得病，一五八一年去世。莽應龍統治下的王國，其遼闊廣大，前所未有，他自稱「王中之王」，其都城白古，有城門二十四道，分別以建造各門的藩邦名號命名之。

莽應龍所創立的統一大王國，在其死後數年即歸於分崩離析。其子莽應裏(Nandabayin)昏庸殘暴，國內叛變紛擾不已。又因暹羅違命不臣，莽應裏乃於一五九三年派兵攻暹，遭遇慘敗，太子且爲暹王所殺。從此，莽應裏無力犯暹，而暹羅却有能力侵犯緬甸。一五九四年，暹羅王聯合緬甸境內的猛族，進軍白古，翌年，圍攻白古，幸其堂弟東牛侯馳援，才得解圍。東牛侯見其兄王失政，乃興奪位之念，一五九九年，聯合阿臘干王同攻白古，俘莽應裏而殺之。於是緬甸又淪於諸侯割據狀態。

一六〇〇年，莽應裏之子讓延侯(Lord of Nyaungyan)崛起於阿瓦，立志重整王業，至他逝世（一六〇五年）前，已統一上緬甸，其子阿那畢隆(Anaukpetlum)繼其遺志，於一六一三年統一全緬甸，復以白古爲都城。一六二八年，阿那畢隆被太子所弒，其後歷九主，計一百二十四年，均不能控有全緬之地。當他隆(Thalun)王在位時，鑒於白古出海口淤塞，已失地利，且人口銳減，乃於一六三五年把首都遷至阿瓦，自是緬廷居上緬甸。

一七五二年，猛族攻陷阿瓦城，國王摩訶摩耶婆底波帝(Mahadammayaza-Dipati)被俘，東牛王朝遂告滅亡。(呂士朋)

緬甸英屬時期

英國吞併緬甸後，最初以之屬於印度，由印度總督委派一總專員（Chief Commissioner)，掌管緬甸行政。一八九七年四月，印度總督根據印度議會條例，宣佈緬甸爲自治省，設省督統治，另設立法議會爲省督諮詢機關，議員九名，七名爲英人，緬人和撣人各一名。一九〇九年、一九二〇年，議員名額兩度擴大增加，但省督依然操縱議會。

第一次世界大戰後，民族獨立思潮瀰漫亞洲，緬甸亦受影響，各地的佛教青年會以及其他愛國團體，聯合組成「緬甸佛教團體總會」，要求英國實行類似印度的政制改革，但爲英國所拒絕，因此，民族運動情緒日益高漲。一九二〇年十二月，緬甸爆發了第一次學生運動，仰光大學學生爲反對殖民地化的教育制度，舉行罷課，此一運動得到緬甸各階層人士支持，最後發展成爲國民教育運動，結果緬甸境內得以遍設國民學校。此一罷課日，後來被訂爲緬甸的「民族節」。

一九三〇年，因世界經濟恐慌而引起的緬甸農村經濟危機，至一九三一年觸發了一次農民武裝暴動，經三年時間，才完全鎮壓平復。在農村暴動期間，緬甸出現另一政治組織「我緬甸人協會」，即德欽黨，「德欽」的意思就是「主人」，表示緬人不願再做英人奴隸，要自己做主人。一九三六年，在德欽黨領導下，發動了第二次學生運動。這時，出現了全國性學生組織「全緬學生聯合會」。

英國感到緬甸的民族覺醒，不能再强力壓制，乃改採懷柔政策。一九三七年四月，英國宣布緬甸和印度分治，以和緩緬人民族情緒。但德欽黨領袖昂山(Aung San)等，則以為分治不等於獨立，主張採取武裝行動，爭取完全的獨立。

一九三九年，第二次大戰爆發，一九四一年十二月，日本發動太平洋戰爭，一九四二年五月，日軍占領整個緬甸。一九四三年八月，日本宣布緬甸獨立，成立以巴茂(Ba Maw)為首的政府，日本在名義上給予緬甸獨立，但實際上為了軍事和經濟需要，不顧緬甸人死活。一九四四年八月，緬甸的愛國黨派和團體，秘密組成「緬甸反法西斯人民自由同盟」，昂山也是領導人之一，號召民衆抗日，爭取緬甸的獨立和自由。

一九四五年三月，在自由同盟領導下，緬甸全國舉行武裝起義，配合盟軍反攻，同年五月一日，收復仰光。經過此次勝利，昂山所領導的自由同盟，在緬甸人民心目中威信日增，咸寄望其於戰後繼續爭取緬甸的獨立和自由。同年八月，日本投降，英人重返緬甸，英政府允許緬甸在英聯邦內自治。同年十一月，英國派駐緬甸總督湯瑪斯密任命一個十人行政會議，暫理國政。昂山對此措施拒不接受，於是發動罷工，煽動緬警，拒絕參加復原工作。英國知事態嚴重，乃改變態度，提出讓步，允予緬甸以自治領地位。

一九四六年八月，英國以藍斯將軍(General Sir Hubert Rance)出任總督，與昂山談判合作，成立臨時政府，以昂山擔任總理。昂山之與英國妥協，引起若干其他黨派的不滿，昂山不顧此等反對，繼續與英合作和交涉，以爭取緬甸獨立。一九四七年一月，昂山率代表團赴英，與英首相艾德禮（工黨）談判，簽立協定，英國許緬甸組制憲會議，對該會議所作決定，英政府當予尊重。

依據昂山、艾德禮協定，緬甸於一九四七年四月舉行普選，結果，自由同盟獲勝。同年六月，制憲會議通過緬甸獨立議決案，堅決要求脫離英聯邦，完全獨立自主，並派制憲會議議長宇努(U Nu)赴英談判政權移交問題。

正値英緬談判期間，一九四七年七月十九日，向以親英著名的宇素(U Saw)，指使暗殺昂山和內閣六部長，造成紛亂局面。但此事非但對緬甸獨立無碍，且更激起緬人爭取獨立的高潮。

昂山殉難後，宇努接任臨時政府總理。一九四七年九月，制憲會議通過「緬甸聯邦憲法」，十月，宇努再度赴英，與艾德禮簽訂「英緬協定」，英國正式承認緬甸為完全獨立的國家。十二月，英國國會批准「緬甸聯邦憲法」，並通過「緬甸獨立法案」。緬甸便在一九四八年一月四日正式脫離英國，而成為「緬甸聯邦共和國」，結束英國六十三年的殖民統治。（呂士朋）

緬甸雍籍牙王朝

猛族人傾覆了東牛王朝，對緬族人而言，自屬奇恥大辱，於是就有一位緬族英雄雍籍牙(Alaungpaya)出來，再興王業。

雍籍牙以瑞波(Shwebo於曼德勒西北)為根據地，號召緬人對猛人抗戰。一七五三年，雍籍牙的聲勢已很壯大，乃圍攻阿瓦，猛族軍敗北，悄然撤走。一七五四年一月，雍籍牙已擁有上緬甸。一七五五年，再敗猛族軍，占領卑謬，受中緬諸侯朝賀，又占隆施(Lunhse)，改名為緬囊（Myanaung 意指速勝），受東牛、阿臘干諸藩王朝賀。一七五五年，又自猛族手中奪取大光(Dagon)，改名仰光(Rangoon)，意指「戰爭終了」。一七五七年五月，下白古城，猛族王國覆亡，猛人被殺戮殆盡，其自古以來之文物，亦被毀滅。雍籍牙完成統一後，又於一七五九年遠征印緬邊境之曼尼坡(Manipur)收入版圖，一七六〇年，南下占領頓那西林，再東向攻暹，逼近暹京阿瑜陀耶，以雨季將臨退兵，於回軍途中病卒。

雍籍牙卒後，太子莽紀覺(Naungdawgyi)繼位，在位三年卒，由二弟孟駮(Hsinbyushin)繼位。孟駮一生好大喜功，一七六五年，將國都遷回阿瓦，興土木，建新宮。旋即征暹，一七六七年三月陷暹京阿瑜陀耶，暹王被殺，暹羅二次亡於緬甸。此後阿瑜陀耶不復為暹羅都城。

當緬軍在暹大勝時，孟駮隨即下令回師，以應付中緬邊境之危急情勢。緣自清初以來，中緬宗藩關係中斷（東牛王朝於一六〇三年入貢稱藩於明，一六六一年莽白王執獻永曆帝與清，是後緬甸不向清朝貢），一七六五年，緬軍犯雲南，清軍驅逐之，反爲所敗，清高宗震怒，乃下詔征緬。清之征緬前後三次（第一次一七六六年，第二次一七六七～六八年，第三次一七六九年），前二次均失利，第三次孟駁始願罷兵求和，應允入貢，但孟駁生前從未依約向中國朝貢。至孟雲(Bodawpaya)爲王時，始向清廷朝貢，一七九〇年，得清高宗册封爲緬甸國王，定十年一貢之例。

孟雲一朝，爲雍籍牙王朝自極盛而漸衰的時期，一七八四年底，征服阿臘干，置爲緬甸一省。一七八五年，孟雲親征暹羅，想一擧呑滅。此時暹羅正值却克里王朝 (Chakri Dynasty) 開始，國王拉瑪一世 (Rama I) 在位，爲人雄武，致緬軍遭遇敗績，此後十年，孟雲常派兵攻暹，終不能得逞。

自孟雲征服阿臘干後，緬甸遂與英屬印度接壤。孟雲對中國雖甚恭謹，但對英國則不存好感，自一七九五以至一八一一年，印度總督六次遣使，談判通商及建立外交關係，均告失敗。

孟雲歿於一八一九年（在位三十八年，史稱名王），長孫孟旣(Baguidaw)繼位，是時英國在印度基礎已固，聲勢日盛，而孟旣昧於外情，依然以强國自居。一八二三年，緬軍越界占領印境刷浦黎(Shahpuri)島，引起一八二四年的第一次英緬戰爭，歷時二年，英軍自三角洲登陸，深入上緬甸，孟旣向英求和，割阿薩密、阿臘干、頓拉西林與英。一八三七年，孟旣爲其弟孟坑(Tharra-waddy)所弑。

孟坑卽位後，否認英緬戰爭所締條約，不承認英使地位，英使下旗離緬。孟坑後因神經失常，於一八四六年由其子蒲甘曼(Pagan Min)繼位。一八五二年，英國以兩名違法英商在仰光被捕，又發動第二次英緬戰爭，歷時七個月，英軍大勝。於是王弟曼同 (Mindon) 囚其兄蒲甘曼，自立爲王，與英談和，整個下緬甸均被劃入英國統治範圍。

曼同在位二十六年，勵精圖治，但因富庶區域皆入英國之手，國勢艱困，一八五七年，遷都於曼德勒。一八七八年，曼同去世，幼子錫袍(Thibaw)嗣立。

自曼同以來，緬甸時刻都想收復失地。錫袍自知無法與英對抗，乃聯結法國。法國自呑併越南後，亦想插足緬甸與英競爭，一八八五年一月，法緬簽訂密約，合作抗英。英乃決心滅緬，是年十一月，第三次英緬戰爭爆發，英軍以十七天時間，卽攻入緬京曼德勒，緬王被俘。一八八六年一月一日，印度總督公告合併上緬甸爲英領土，緬甸亡。（呂士朋）

緬甸蒲甘王國

蒲甘 (Pagan) 在卑謬以北，向爲緬族聚居之地。從公元第九世紀起，該族文化程度日益增進，勢力亦逐步擴張。名王阿奴律陀 (Anawratha) 於一〇四四年登蒲甘王位，建立緬甸歷史上第一個統一王國，而且從這時起，緬甸歷史才信實可稽。阿奴律陀初起，先着手建設農田灌漑系統，增加農業生產，繼之建立强大軍力，征服德通王國和阿臘干王國，完成統一全緬大業，且曾親訪南詔，歸途過諸撣(Shan)邦，受撣族諸酋長朝賀。蒲甘王國共傳十二主，二百四十三年，至一二八七年爲元軍所征服。

蒲甘王國的最大成就：首爲完成全緬的政治統一，其疆域北起八莫，南濱大海，東領撣族諸部，西有北阿臘干。次爲宗教文化的發揚，阿奴律陀宏揚小乘佛法，以通俗的巴黎文代替梵文，作爲經書的文字，建築巨大佛塔和藏經樓，使蒲甘成爲當時東南亞佛敎文化的中心。其時佛敎在印度久已衰微，錫蘭亦常受注輦 (Chole今印度馬德拉斯) 侵襲，佛經散失，幸賴蒲甘諸王維護闡揚，使蒲甘成爲新興的佛敎勝地，錫蘭和印度的僧衆，都常來蒲甘瞻拜佛蹟。此外蒲甘更與中國通使往來，公元一一〇六年（宋徽宗時），時康瑟達 (Kyanzit-tha) 王在位，蒲甘遣使至宋，宋廷鑒於蒲甘是海外大國，特下詔提高其地位，使與大食（阿拉伯）、交趾（安南）等域外强國相等，由此可見其國勢之隆盛。

蒲甘王國在阿奴律陀後，三傳均係盛世，其後諸王則耽於安樂，至十三世紀初，國勢漸衰，民困日深，終至不保。

十三世紀初，蒙古崛興，在征服大半個中國後，於一二五三年，征服雲南之大理國（南詔），遂與緬甸相接壤。元世祖忽必烈於一二七一年、一二七三年兩次遣使招諭蒲甘王國（元史稱緬國），因第二次遣使爲蒲甘王所殺，乃設緬中行省，派兵征緬。元軍征伐緬甸前後四次，第四次始獲勝利，一二八七年，元軍陷蒲甘城，蒲甘降元（按南宋已於一二七九年滅亡）。元之征緬，使緬甸統一之局崩潰，撣族群雄起而角逐，此後緬甸淪於戰亂及分裂，達二百五十年之久。（呂士朋）

緬甸撣族爭雄時期

自元征緬甸導致蒲甘衰亡後，撣族群雄並起，對虛擁王號有名無實的蒲甘王室，無人再願聽命。

上緬甸一帶的主人，是擇族(Shan)三兄弟的阿散哥也（Athinkaya）阿剌者僧加藍(Yazathinkyan)和僧哥速(Thihathu)。三兄弟所轄城鎮，均在叫棲（Kyaukse)，叫棲形勢扼擇境山脈的要衝，控制平原，物產豐饒，爲上緬甸之穀倉。阿散哥也死後，幼弟僧哥速毒斃其次兄阿剌者僧加藍，而於一三一二年稱王，建都邦牙（Pinya）。邦牙王室歷傳六主，至一三六四年，爲另一支裔建都於者梗（Sagaing）名叫泰多明波耶（Thadominbya）者呑併。泰多明波耶併合兩邦後，奄有上緬甸之地，於一三六五年，建都阿瓦，是爲阿瓦王國。此後五百年間，緬甸歷代王朝，均以阿瓦爲首都。阿瓦王國自泰多明波耶起共歷十九主，於一五五五年爲東牛王朝的莽應龍（Bayinnaung）所滅。

當擇族三兄弟崛起緬甸北境時，緬甸南方也有另一支擇族興起，取得舊日猛族的統治地區，這一支擇族的領導人叫華列魯（Wareru），他於一二八一年自立於馬都八(Martaban)，至一二八七年領有下緬甸，建立白古(Pegu)王國。一二九三年，得暹羅速古臺王的承認，一二九八年，又得到中國皇帝（元成宗）的封號。華列魯在位時，命僧侶彙編律書，名爲「華列魯法典」，爲緬甸現存之最古法典。白古王國自華列魯起共歷十八主，至一五三九年始絕。

北方的阿瓦和南方的白古，在蒲甘亡後兩百多年間，形成對峙之局。前百餘年，北方和南方互相攻略燒殺，使全緬社會經濟，遭受慘重破壞。及十五世紀三十年代，北方阿瓦王國衰微，無力南犯；遂使南方的白古王國，由於對外貿易的興盛，維持了一個世紀的繁榮。直到十六世紀三十年代末，東牛崛起，白古的華列魯王系才走向衰微。

當上、下緬甸橫遭擇族蹂躪時，僻處西部沿海之阿臘干（Arakan），因山嶺屏障得免於亂。阿臘干人善航海，與印度孟加拉有密切的貿易關係和政治關係。晚至一七八四年，方爲緬王孟雲(Bodawpaya)征服，而與緬甸其他領土合爲一體，其時已是雍籍牙王朝的全盛時期了。（呂士朋）

寮族及其古史

寮國（老撾）民族係泰族的一支，其原住地大致在今雲南境內（整個泰族於上古時，遍居於雲南、貴州、廣西、越南北部一帶）。漢代西南夷中的哀牢夷，蓋指該族。公元五十一年，哀牢王賢栗請求內屬，（東漢）光武帝封賞之，自是歲來朝貢。六十九年（東漢明帝時），哀牢王柳貌率其種人內屬，漢以其地置哀牢（今雲南保山）、博南（今雲南永平）二縣，屬永昌郡。七六年（東漢章帝時），哀牢王類牢與守令忿爭，遂叛反，攻越舊郡之唐城，太守出奔，又攻博南，燔燒民舍，章帝發兵征討，大破之，斬類牢，傳首洛陽。二二五年，蜀漢丞相諸葛亮南征，哀牢夷（時稱南蠻）被迫歸附。

由於漢族之不斷擴張，泰族遂逐次南徙。西支於公元一世紀時進入今緬甸東北之擇邦，是爲擇族，即大泰族。東支於公元三世紀時開始南遷，逐漸進入今泰國北部和寮國北半部，是爲老撾人，即小泰族（至於同屬東支小泰族之暹羅人，其南遷進入今泰國本部，已是公元十一、二世紀之事）。由於老撾人之南遷，至公元七、八世紀時，上湄公地區和湄南河上游地區已成爲老撾人的居地，其政治組織亦由部落形成爲半獨立國家。

公元七五七年（唐肅宗時），在今泰國北部，老撾人建立八百媳婦國，此國直至十三世紀時尙見於中國歷史載籍，由此可見老撾人在早期泰國歷史上所佔地位之重要。約與八百媳婦國同時，在今寮國境內之鑾巴 拉邦（當時稱爲 Muong Swa ）有老撾人建立的撾國。

八百媳婦國與撾國，都是眞臘王國的屬邦。（呂士朋）

寮國法屬時期

法國於一八六三年、一八八三年先後迫使柬埔寨、越南成爲保護國，遂蓄意入侵寮國，驅逐暹羅在寮國的勢力。一八九三年，法國出兵寮境，法艦巡弋暹羅灣，直入湄南河口，威脅暹羅。是年八月，法暹訂約，暹羅承認寮國成爲法國保護國。

法國領有寮國後，在形式上仍保留着鑾巴拉邦的寮王及其政府機構，作爲傀儡，而實際統治大權則操之於法國派駐永珍的理事長官，此理事長官隸屬於駐節河內的印度支那總督。

法國在寮國將近六十年的殖民統治，與其在越南、柬埔寨者相同，一貫採取經濟榨取政策。寮國地瘠民貧，文化落後，法國政策既不開明，致使寮國始終淪於未開發狀態，法人在寮國的唯一建設是公路，用以維繫寮國對越南、柬埔寨的交通貿易，以及穩固法國在寮國的統治。

寮國是在國王翁坎(Oun Kham)時淪入法國魔掌的，翁坎去世後，其子沙卡連(Zakarine)於一八九四年繼位，沙卡連去世後，其子施沙文旺(Sisavang Vong)於一九〇四年繼位。

施沙文旺在位甚久，然亦歷盡滄桑。一九三九年，第二次世界大戰爆發，希特勒捲席西歐，一九四〇年，法國對德投降，維琪(Vichy)傀儡政權成立後，仍掌握中南半島殖民地。一九四一年，泰國得日本支持，迫使法國割讓湄公河以西之寮國土地與泰國。一九四四年，盟軍登陸法國反攻，德國失敗，法國國土重光。此後中南半島上之法軍表面雖與日本合作，實則態度曖昧。一九四五年三月，日軍發動事變，將中南半島三邦法軍繳械，寮國進入日本手中。同年八月，日本無條件投降，九月，中國國軍入寮國受降。十月，寮國掀起反法之獨立運動，永珍組織臨時政府，寮王施沙文旺被迫退位。一九四六年，三月，中國軍隊撤出寮國，四月，法軍重返寮國，入駐永珍，施沙文旺重登王位。一九四六年八月，法寮簽臨時協定，許寮國自治。同年十二月，泰國歸還所佔之寮國領土。一九四九年七月，法寮巴黎協定，許寮國在法蘭西聯邦內獨立。

寮國雖於一九四九年從法國統治下獲得獨立，但此後由於共黨擾亂，一直陷於戰亂和動盪不安的狀況中。一九五九年十月，寮王施沙文旺在國家憂患中以高齡去世。(呂士朋)

德里回教王朝時期

二〇六年阿富汗廓爾王朝(Ghur Dynasty)的西哈伯烏丁(Shihab-ud-din)為科卡爾人(Khokhars)暗殺，駐德里(Delhi)總督古德伯獨立，自稱古德伯烏丁(Kutb-ud-din)，開創奴隸王朝(Slave Dynasty)統治西起印度河入海口的信德，東至恆河入海口的孟加拉，廣大的版圖。

一二一〇年，古德伯烏丁於拉河墜馬身死，子阿拉姆沙(Aram Shah)即位，昏庸無能，部將阿爾塔姆須(Altamsh)篡位，阿氏夙有大志，統一北印度諸邦，獎勵文學美術，於一二三六年卒，子洛空烏丁(Rokum-ud-din)繼位，無能，讓位其妹萊席亞(Rezia)，女王精幹，曉可蘭經，為印度史上第一女王。後以戀耶古德(Yakut)將軍發生內變，與耶氏同遇難。以後經過二代，由阿爾塔姆須之末子納西烏丁(Nasir-ud-din)即位，納氏沈默好學，篤信回教，蒙古軍侵東孟加拉，繼又侵旁遮普，首相巴爾班(Balban)往禦，又平定羅奇普德族諸侯，致大權旁落，篡奪王位。

時中亞方面因蒙古軍襲擊阿富汗等諸回教王及僧侶，文士多避難來德里請求庇護，王威大振，巴氏亦以此為榮。

一二八六年，巴爾班卒，子開可拔特(Kaikobad)繼位，懦弱無能，為部將，亦為基爾基(Khilji)族酋長佳拉爾烏丁(Jalal-ud-din)所殺，奴隸王朝亡。

佳拉爾烏丁創基爾基王朝年已七十，但阿拉烏丁(Ala-ud-din)年輕勇猛，南侵德干高原一帶，獲鉅量財寶及象凱歸德里，佳拉爾烏丁於檢閱戰利品時，忽為阿拉烏丁一侍臣所殺，阿拉烏丁繼位為王。阿氏富組織才能，編練精銳軍隊，施行秘密恐怖政治，推行米穀專賣，徵課重稅，一二九八年遠征古迦拉底，兼併其地，奪得索姆那脫(Somnath)印度教大廟神像，古迦拉底美麗皇后伽摩羅提微(Kamla Devi)，又購得奴隸摩立克伽富爾(Malik Kafoor)，後為大將，征南印，獲大批金銀珠寶。阿拉烏丁築新德里城，又擴建教堂、高塔，溺於女色，一三一六年為伽富爾毒死，以後傳二王。於一三二〇年德里混亂，王朝遂亡。

邊將圖格拉(Malik Ghazi Tughlak)平亂，於一三二一年即位為王，移都於圖格拉域(Tughlakabad)。一三二五年自南部凱旋返都時，為宮殿拆毀屋頂所壓斃。長子穆罕默德圖格拉(Muhamad Tughalk)即位，新王長於學問及兵法，曾發兵十萬越喜馬拉雅山，想遠征中國，然全軍迷失在沙漠中，生還者祇有數百人，亦盡被處死刑。惟蒙古軍迫近德里時，給以鉅額金銀財寶，蒙軍始退。嘗遷都於德里以南數百里之提河城(Deorigi)，後遷返德里，國庫漸虛，以黃銅鑄造貨幣，强制與銀幣作同等價格使用，因之贗幣流行，市場交易紊亂。

一三四四年古迦拉底及馬爾華、信德等北印度諸地方變起叛亂，穆罕默德圖格拉雖東奔西走，努力鎮壓，終於一三五一年陣亡於印度河畔。堂弟豐魯茲沙(Firuz Shah)即位，減輕稅收，發還沒收財產，發給虐殺遺族邺金，並修築道路，獎勵農業，設立醫院學校。又確立奴隸制度，利用奴隸之技術建築宮殿及回教寺。然國土日削，在位三十七年於一三八八年逝世，以後十年間五王繼立，對內憂外患無法平定。

至一三九八年帖木兒(Timur)侵入德里，大行虐殺，死者五萬人，留十五日，任命印度人回教徒基茲爾汗(Khizr Khan)為總督後，侵喀什米爾，經拉哈爾，喀布爾等地返撒馬爾罕。德里發生飢荒與疾病，總督基茲爾汗亦避至信德之牟爾舟(Multan)。穆罕默德沙(Mahmud Shah)重返德里，在位凡二十年，一四一三年逝世，圖格拉王朝亡。

基茲爾汗於一四一四年入德里，建賽依特王朝(Saiyid Dynasty)，在位七年卒。子孫懦弱，王權僅及德里近郊數哩。最後一王阿拉穆夏(Alamshah)於一四五一年讓位於阿富汗貴族鮑洛爾羅蒂(Bahlad Lodhi)，王朝遂亡。鮑氏建羅蒂王朝(Lodhi Dynasty)亦稱巴坦王朝(Pathan Dynasty)。氏頗具才能，有大志，曾征服旁遮普地方。一四八九年卒，三子西康達爾(Sikandar)繼位。

新王長於兵法，且擅政治，兼併比哈爾、蒂羅多，更征服古立沙土邦。懲治貪污、奬勵工商，民生安定。惟禁印度教徒舉行祭祀儀式，燬印度教廟，以其材料改築清眞寺。建阿格拉城(Agra)，一五一七年卒，子依伯拉亨羅蒂(Ibrahim Lodhi)即位，昏庸無能，國內混亂，喀布爾回王巴卑爾(Babur)乘機入印，邦尼巴(Panipat)一役，擊敗依伯拉亨羅蒂大軍，依氏陣亡，德里亦陷，羅蒂王朝乃於一五二六年崩潰。（程光裕）

黎剎（Rizal, Jose）

黎剎博士是一位具有中國血統的菲律賓人，他於一八六一年出生在馬尼剌郊外的彬迎，其高祖父南哥是福建省泉州（晉江縣）上廓人，於十七世紀後半葉移居菲島。父親麥加洛．佛蘭西絲哥是一位克勤克儉的農人，在黎剎十二歲時便去世。在他的一家之中，除了黎剎博士以黎剎爲姓外，其餘他的父母、兄弟姊妹及族人，都以麥加洛爲姓。黎剎博士精通菲、西、法、德、拉丁、英等國之語文，曾在菲律賓國內及歐洲幾個大學求學，是一位多才多藝，著作等身，對於中國歷史與文化研究瞭解甚深的民族英雄與民族詩人。黎剎博士不僅啓廸菲人以國家主義，也是一位冶東西文化精神於一爐，始終鼓吹新聞自由、忠實報導的文化革命鬬士，其對於國家民族之眞情熱愛，正是「志潔」、「行廉」、「死而不容自疏」，因之菲人尊稱爲菲國國父，青年的偉大導師。

在西班牙統治菲島三二七年（西元一五六五—一八九八年）期間，雖然利用宗教信仰以籠絡菲人信心，但其苛歛誅求及强迫勞役，加之殖民當局長期把菲人與外界孤立隔絕之桎梏統治，使菲人深惡痛絕，先後屢起反抗達七十二次之多，但因缺乏組織及英明領袖之領導，且爲地方性之暴動，致皆歸失敗。迨及十九世紀後半葉——西元八七〇年之頃，因菲人人民族主義思想之逐漸高昂普遍，始萌革命叛亂之徵兆。西元一八八八年由菲律賓愛國青年及西班牙留學生發動之下所組織的西菲聯盟（Association Hispano - Filipina）實爲菲國全國性革命團體之嚆矢。該聯盟領導者之中，最著名者，厥爲黎剎博士。其後黎剎博士於西元一八九二年七月三日在馬尼剌組織菲律賓同盟（La Liga Filipina）。該同盟曾揭示下列五大目標：(1)統一菲律賓諸島。(2)各志同道合之同志應互相協力。(3)反對殖民當局之暴行及乖張之政治措施。(4)振興教育、農業、及商業，(5)積極推行各種革新措施之研究與應用。該同盟成立後，西班牙殖民當局誤認其具有實質危險，因此乃逮捕黎剎博士，放逐於岷答那峨島的搭比丹。非律賓之愛國志士鑒於黎剎博士之被捕，確認殖民當局已無法接納非人和平改革之建議，因之非島的中下層志士，乃以文尼法壽（Andres Bonifacia）爲中心組織秘密結社之卡地布南（Katipunan），明示採取武力革命手段，以爭取非律賓之獨立。卡地布南在發動武力革命之前曾秘密和放逐中的黎剎博士取得連繫，聽取其對於革命的意見。黎剎博士對於發動革命一事並未反對，惟鑒於缺乏充分準備，在武器及軍事行動計劃尚缺週詳之前，倘冒然掀起革命行動，必徒增民衆無謂之犧牲，因之建議應先廣大糾合同志爲急務。文尼法壽等採納此一意見，先從事武器之充實準備，迨至西元一八九六年八月，此一秘密組織之存在洩漏，乃被迫於八月底匆忙發動革命。在此一革命戰爭中，黎剎博士並未直接參加，但却於同年十二月卅日被殖民地當局以叛逆罪名義逮捕並處以死刑。在非國革命運動期中，黎剎博士與文尼法壽及馬必尼被尊稱爲非律賓建國三大民族鬬士。（陳水逢）

錫金小史

十三世紀印度阿薩姆(Assam)居民開始移殖錫金(Sikkim)，一六四一年自拉薩來之喇嘛將佛教傳入錫金，並封潘楚南吉爾(Pencoo Namgyal)爲國王，錫金與西藏建立政治關係。

一七八〇年不丹與尼泊爾不斷襲擊錫金，一七六九年好戰的印度廓爾喀(Gurkha)民族征服尼泊爾後，企圖向東發展，征服錫金。當時錫金版圖較今日爲廣，包括尼泊爾東部地區、西藏南部地區與不丹西部地區，南邊的加林邦與大吉嶺(Darjeeling)亦屬於錫金。

一七八八至一七八九年，不丹與尼泊爾佔據錫金廣大的領土。一七九三年後錫金與英接觸。一八一四年英派軍協助錫金擊敗廓爾喀民族。

一八一七年錫金與尼泊爾訂約，劃訂兩國邊界。一八三五年錫金將大吉嶺割讓予英國東印度公司，英政府年予錫金王三千盧比，一八四六年增至六千盧比。西藏認大吉嶺之割讓係屬非法，祇准錫金王每八年訪問拉薩聖地一次。

一八四九年英一高級官員遭遇虐待，英軍佔領錫金首都，控制外交，並干涉內政。根據一八六一年條約，英承認錫金爲英屬印度之保護國。一八八六年藏人襲錫，英派軍遠征拉薩，英屬印度並派一政治專員常駐剛渡 (Gangtok)，協助錫金政府處理政務。錫金王抗議英國政治專員的武斷行爲，於一八九二年逃往西藏。其後錫金王與英政治專員言歸於好，双方同意錫金王在名義上仍是錫金統治者，而實權則操於英國之手。

一九四七年印度獨立後繼承英對錫金之責任。一九五〇年訂印錫新約，印度負責錫金對外關係，國防與交通。双方並同意印度派遣高級外交官常駐錫金首都剛渡。（程光裕）

羅奇普德精神

摩牟特屢次侵略印度，雖多飽掠而還，但亦曾遭受尙武著稱之羅奇普德族強烈抵抗。印度西北部的印度河以南一帶地方，名爲羅奇普泰那 (Rajputana)，該地居住的民族稱爲羅奇普德 (Rajput)，「羅奇普德」即「王孫公子」之意。

原來他們是古代侵入的希臘人、波斯人等王族，與雅利安人刹帝利族的混血種，他們之居印度，已經全部印度化，自認爲古代雅利安人的後裔，但他們畢竟不同於一般印度人，他們自有特異之處，故羅奇普德便成爲一個新種族的名稱，也便是一個新階級的名稱。

至佛教衰落，印度教產生時，雖已將他們列爲刹帝利階級，但他們仍舊在刹帝利中，別成一系，保持羅奇普德的名稱，成爲後日抗拒回教徒入侵的中心勢力。

戒日王逝世之時，羅奇普泰那地方，已爲數王國分立之狀態，大部分服屬於戒日王。戒日王死後，因阿剌伯人的入侵，他們便一致團結，共同禦敵，使阿剌伯人不能輕易南下。

以後數百年間，羅奇普泰那地方，興起了不少的大大小小的王國，時而互相攻伐，時而聯合對外，一般人民則在這許多羅奇普德族保護之下得以維持其雅利安固有的村落自治，不爲回教徒同化。他們對首陀族，也容許他們耕種的土地，改爲私有。而脫離奴隸的地方，逐漸演變爲今日印度教社會的現象。

羅奇普德是一個戰鬥的民族，他們以戰爭爲職業，並以戰死疆場爲光榮。羅奇普德族的酋長稱「羅闍」(Raja)，或「羅那」(Rana)，意即「君主」，大國的國王則稱「摩訶羅闍」(Maha Raja)，意爲「大王」。每一個羅奇普德一定要決心給他的領袖或部落戰死。他們的格言爲：「善待賓客」，「言出不改」，「永不以背向敵」，「永不屈辱」。他們羞於平凡地在家中死於床上，樂於戰死疆場，印度教的摩奴(Mana)法典上規定：「國王到年老衰病時，應將財富交給僧侶，國土交給兒子，自己馳赴戰場，力戰而死，如無戰爭，則絕食而死。」他們便是這樣遵照着做的。

羅奇普德的男子都抱着持刀戰死沙場，他的靈魂可歡歡喜喜地離開這世界。羅奇普德的婦女稱爲羅奇普德妮(Rajputni)，簡稱拉妮(Rani)，也和羅奇普德男子同樣的勇敢、忠貞、而高尙，她們也不怕死的，都有視死如歸的精神。每當一個羅奇普德的城市將被佔領，便會有壯烈的犧牲發生，全體男子手持利刀，衝鋒而出，與敵人交換性命，而婦女則燃燒起大火來，一起跳入火內，活活燒死，以免被辱。印度在回教徒的進攻和統治之下，印度教徒始終未被屈服而同化，這和羅奇普德的精神，有着很大的關係。（程光裕）

瀾滄王國

瀾滄王國是在公元一三五三年由法昂 (Fa Ngoun) 所建立。法昂本是鑾巴拉邦（撾國）王 Phaya-Souvanna-Kham-Phong 之孫，其父芾法 (Phi Fa) 因不容於 Kham-Phong 王而被逐，年幼之法昂，隨其父流亡至眞臘國。法昂既長，儀表出衆，眞臘王 (Jayavarman Paramesvara) 以女妻之。在眞臘王的幫助下，法昂率領大軍，溯湄公河而上，征服同族的許多部落，然後回師鑾巴拉邦，於一三五三年稱王。

法昂所建立的瀾滄王國，不僅統一了境內所有的老撾人部落，並且逐出眞臘的殘餘勢力，成爲一個主權獨立版圖廣大的王國。東與安南、占婆接壤，西與景邁、速古台、阿瑜陀耶爲鄰，南接眞臘，北至十二版納（雲南車里）。法昂爲小乘佛教的信徒，遣使至眞臘，迎回黃金佛像一座，營建廟宇一所以安置之。王城本稱爲 Muong Swa，至是改稱鑾巴拉邦 (Luang Prabang)，「鑾巴拉邦」之字義，即「黃金佛像」。

法昂在位二十一年，爲大臣所逐。繼之爲王者，其子 Sam Sene T'ai，即「明史」所稱之刀線歹。一四〇五年向中國朝貢，明成祖任命爲老撾軍民宣慰使。自後對中國朝貢不絕，而明廷對歷代嗣位之瀾滄國王，皆任以老撾軍民宣慰使之職。

一四七九年，安南侵略瀾滄國，將盆蠻地區劃入安南領土，翌年，明憲宗以敕書詰責安南，在明廷壓力下，安南王黎灝（聖宗）始自寮境撤兵。

十七世紀，約當中國明末清初之時，瀾滄國出了一位名王蘇利那旺沙(Souligna Vongsa)，在位五十七年(一六三七～一六九四年)，他一意保持對外和平，給人民長期休養生息，在他的統治下，瀾滄人民不僅過着繁榮安定的生活，而瀾滄文化，諸如音樂、雕刻、建築、繪畫、金銀工藝，都有很大進步，佛教在此時期，也很昌明，暹羅和柬埔寨（眞臘）的僧侶，都至瀾滄研究佛學。

一七〇七年，瀾滄分裂成爲兩國，其一是以永珍爲都城的萬象國，另一是以鑾巴拉邦爲都城的南掌國（南掌乃瀾滄之同音異譯）。前者於一八二八年爲暹羅攻滅；後者則服屬暹羅，以迄法國領有爲止，其王室綿延至今，未曾中斷。

瀾滄王國自十五世紀後半期起，就不斷受鄰國侵略。一四八〇年成爲安南藩屬；及緬甸雍籍牙東征暹羅（一七六〇），一度服屬緬甸；一七七七年起，成爲暹羅屬國，一八二八年後，暹羅對瀾滄控制日嚴，直至一八九三年法暹訂約，暹羅始被迫放棄對瀾滄的主權。

一八九三年，瀾滄王國成爲法國的保護國，改國名爲寮國 **(Laos)**。（呂士朋）

霹靂王國

馬來亞各土邦和滿剌加王朝的關係，除柔佛和彭亨外，當推霹靂。霹靂的始祖是王朝八世王蘇丹媽末（Sultan Mahmud 一四八八－一五一一）第二王子牟柴法沙（Muzaffar Shah）。最初曾立爲儲君，娶繼母花蒂瑪（Fatima）之女多德瑯（Tun Trang）後被廢，一五二八年分封至霹靂爲蘇丹，建都於丹那阿邦（Tanah Abang），牟柴法沙生有二子，長子羅闍芒速兒（Raja Mansur）繼承王位，遷都至哥打拉瑪（Kota Lama）。次子羅闍阿末（Raja Ahmad）雖未能登極，但以後的王統，均爲其後裔。阿末有三子，一五七五年亞齊入侵，擄長子芒速兒，後因入贅而爲亞齊王，稱蘇丹阿老定（Sultan Alaud-din），生有一公主嫁給柔佛王。爲亞齊王之芒速兒，宗譜稱爲亞齊羅闍（Raja of Acheh），亞齊羅闍之弟爲霹靂羅闍（Raja of Perak），係霹靂第三位蘇丹，爲避免水患，遷都於加朗岡(Garonggong)。當第七位蘇丹東姑土阿（Tunku Tuah）時，霹靂又爲亞齊征服，羅闍芒速兒（Raja Mansur）出奔柔佛，其後一部分大臣迎歸爲蘇丹，亞齊亦遣羅闍榜蘇(Raja Bongsu）歸返霹靂爲蘇丹，二人爭位，羅闍榜蘇獲勝，二人爲霹靂史上第八與第九位蘇丹。從此霹靂成爲亞齊藩屬。

霹靂錫產豐富，錫爲霹靂的經濟命脈，亦爲政治命運的剋星。最先想控制錫貿易的，是佔領馬六甲的葡萄牙人，但葡人控制不久，亞齊勃興，自霹靂淪爲藩屬，錫完全爲亞齊所控制。一五八七年，亞齊與葡人和解，將錫禁開放，准葡人與霹靂通商。一六二九年葡人擊退亞齊，霹靂蘇丹只得與葡人合作，允葡人年納貢金，在境內設立土庫(商店)，收買錫砂。荷蘭人東來後，與亞齊合作，用高價收買錫米，由亞齊出口，使葡人大受損失。

荷人至霹靂設立商棧，是第十五位蘇丹穆爾胡姆阿米弩拉（Marhum Aminulle）時代，都城屢經遷徙，遷至英德喇薩克蒂島（Pulau Indra Sakti），荷人商棧却設於霹靂河上游的丹戎普都斯（Tanjong Putus），其後第十六位蘇丹穆爾胡姆卡哈兒（Marhum Kahar）時，商棧改設在瓜拉霹靂（Kuala Perak）。

一六四一年以前，荷人欲與霹靂通商，必須通過亞齊，因爲荷蘭與亞齊之間訂有條約。荷蘭佔領馬六甲後，乘戰勝餘威，派遣商務官培德（Puijt）攜馬六甲太守公文，要霹靂停止所有對外貿易，全部錫產須售予荷蘭東印度公司，爲蘇丹婉却獨佔貿易，允荷人設立倉庫，私下與亞齊、印度、爪哇及中國商人，以錫米交換布匹雜貨。馬六甲荷人實行海岸巡邏，脅迫所有商船前往馬六甲納稅，方得至半島各地貿易。一六四四年，蘇丹因拒交一艘柬埔寨（Cambodia）船隻，引起糾紛，荷人卽派艦封鎖亞齊和霹靂兩地的海岸。此事雖不久卽告和解，但一六四八年荷人再度封鎖，霹靂蘇丹在威脅下，允除亞齊和荷蘭外，不與別國通商。不料此事竟引起馬來人反感，於一六五一年刺殺駐霹靂荷人。荷人藉口訂立不平等條約，規定霹靂錫產由荷蘭買三分之二，亞齊買三分之一，並割地賠款懲兇，保證以後不再有同樣事件發生。以後霹靂任用宰相，亦須事先徵得巴達維亞荷蘭總督同意，荷人享有治外法權。一六七〇年，荷人在邦咯島（Pangkar）建立堡壘，戍兵守備至一六九〇年，其後於一七四五至四八年間恢復戍守。一七四八年，荷人將堡壘移往丹戎普都斯。一七八五年，霹靂蘇丹因不堪雪蘭莪武吉斯人的侵擾，請求荷人武裝保護，願予荷人全權收買錫產。時英人已開闢檳榔嶼為自由港，吸引馬來亞西海岸貿易，荷人錫產專利瀕於破產，終於一七九五年為英人所接收。

霹靂是馬來亞最大的一邦，蘇丹權力為分治霹靂河及其支流各地的大酋長所限制。酋長的權力及爵號，源於十八世紀，蘇丹與儲君（Raja Muda）之下有四大朝臣（Orang Besar Empat di-Balai）：㈠首相稱「槃陀訶羅」（Bandahara），初由王子出任，後由王室選出，專在近打河口（Kuala Kinta）抽徵稅項，㈡「大縉紳」稱「俄郎加雅勃舍」（Orang Kaya Besar），坐鎮北恰（Pachat），㈢德門公（Temenggong）常駐哥打拉馬（Kota Lama），㈣沒有特定采邑的門德吏（Mentri）。其次有八大員（Orang Besar Delapan），其中最重要的為摩訶羅闍（Maharaia Lale），水師提督（Laksamana）和港主（Shah bandar）。其次為十六公卿（Datoh），下面有三十二大夫（Tuan），但爵號現已無從查考。（參考許雲樵：馬來亞近代史）（程光裕）

東北亞史（日韓史）

大化改新（Taika-no-kaishin）

公元六四五年（皇極女帝四年，唐太宗貞觀十九年），舒明天皇之子中大兄皇子（即後日的天智天皇）與心腹中臣鎌子（即日後的藤原鎌足）等謀，滅蘇我氏，立孝德天皇。中大兄皇子為皇太子，領導新政府，進行改革，置左右大臣、內臣及國博士等官。六月十九日，天皇集群臣於大槻樹之下，共盟於天神地祇，宣布「天覆地載，帝道唯一」，「君無二政，臣無貳朝」。其改革精神便在於中國的兩句話：「天無二日，民無二主。」同日，定年號為「大化」，是日本有年號之始。

大化二年正月元旦，頒發改新明詔，自是積極進行改革，其根本方針在廢除舊日氏族制度下的政治組織，取法於唐朝的制度而建立一個鞏固的中央集權國家。該詔係由四個條文組成，要領如下：

㈠廢止古來歷朝設立的「御名代」、「御子代」、「屯倉」及臣連伴造國造等所有「部曲」並「田莊」。那就是說，要把土地成為「公地」，把人民成為「公民」，廢除從來的土地人民的私有制度。

㈡關於地方行政的制度，在京師每坊置長一人，每四坊置令一人，使負維持地方治安的責任。各地方廢止從來的國造、縣主，重新區分國、郡、里，以國司、郡司、里長治之。在京師與各地方之間，置驛馬、傳馬（不須急者用驛馬，須急行者用傳馬，俱限於公用）。並設關，立各種交通規程，以資聯繫。

㈢造戶籍、計帳，而行班田的受授。戶籍是要調查戶口，計帳是要調查各地的經濟實況，以便利庸、調、賦課的徵收。班田的受授是按照人民一定的年齡而接受政府規定的田畝，稱做口分田。死亡則復歸之於政府，大體係依中國的均田法的制度。

㈣庸調之制大體如下：田之調，每田一町絹、絁、絲、綿、布等從鄉土所宜予以徵收（絹一丈、絁二丈、布四丈），戶口之調則征貲布一丈二尺。調之副物有鹽魚等物，各依鄉土所產。庸則徵集兵士、壯丁、采女等，使服勞役，或則以布米代之。每五十戶出壯丁一人，郡領女子之容貌端正者為采女，服役宮中，以從事御饌工作為主。庸之布一戶一丈二尺，庸米一戶五斗。

此種改革是從大化年間創導出來，故歷史稱之為「大化改新」，或「大化革新」。當時中大兄皇子更以身作則，把私有的五百廿四口的部民和百八十一所的屯倉貢獻出來，這正像十九世紀的明治維新之際薩長土肥四藩的版籍奉還一樣。但大化改新是以中國為師，明治維新是以歐美為師，大化改新規定土地人民為公有，明治維新確定土地私有制度，鼓吹資本主義，前者滅削貧富的懸殊，後者製造財閥，是兩者最顯著的不同之點。

此種改革至六五〇年（孝德天皇白雉元年，唐高宗永徽元年）突告遲緩，故有人說改新時期實僅以五年為限。但從廣義的解釋，在改新之後，由於援助百濟之失敗，壬申之亂（六七二年天智天皇崩後，皇弟大海人皇子起兵爭位，殺皇子而自立，是為天武天皇），並歷經甚多政治上的曲折，然猶逐漸整理了律令制度，直到七〇一年（天武天皇大寶元年）大寶律令的完成，不可不謂受到大化改新的影響，俱可括入大化改新的時期。又，此種改新係推廣了聖德太子在推古朝（五九三年至六二一年）的攝取隋唐文化的設施，而其後歷經天武

、持統、文武各朝，大體仍繼續朝着此項改新的政治方針走去，故大化改新被認作日本中古史上的一大改革。（梁嘉彬）

日美安全保障條約（一九五一年「日米安全保障條約」）

在一九四五年（日本昭和二十年，中華民國三十四年）七月發表的波茨坦宣言和同年八月的日本占領政策，俱曾載明日本永久非軍事化的方針，又在一九四七年五月施行的日本憲法亦被稱為平和憲法，其第九條有放棄戰爭及不保持戰力的規定，並可解釋為縱使自衛戰爭亦須放棄。但因其後國際情勢變化多端，冷戰激烈，尤其自從一九四九年十月中共偽政權成立以來，亞洲局勢特殊，使美國對日占領政策為之改變，而積極推行以日本為遠東軍事基地、軍事工廠化的政策。一九五〇年六月韓戰勃發，日本占領軍司令官麥克阿瑟（**MacArthur, Douglas**）在七月指令日本警察力量須予增强，八月更用政令公布警察豫備隊令，由是產生直屬於總理府的警察豫備隊。隊員七萬五千人，全國定為四個管區，代替執行當時調往韓國的美國占領軍的日本治安維持的任務。其裝備、訓練皆沿用美國軍隊編制，實際上便是軍隊，到一九五一年（昭和二十六年）九月換文，翌年四月生效的日美安全保障條約，日本自衛力量的漸增，已被公開表示，一九五二年八月更有保安廳法的施行，係將已存的警察豫備隊和在一九四八年八月設置的海上保安廳合併，組成保安廳。首相兼保安廳首任長官的吉田茂在對該廳幹部訓練中即有「建設新國軍的基礎」的豪語。到了一九五四年七月，保安廳改為防衛廳，保安隊改為自衛隊，於是防衛日本陸、海、空三軍又再產生。同年五月，由於國際情勢的發展，日美間所謂「MSA協定」生效，日本取得美國武器的供給，翌年自衛軍更加增强，陸軍十六萬二千人，海軍二萬人，飛機四五一架。其後再向擴軍之途邁進，其軍力不可輕視。

日美安全保障條約的簽訂，係與美、英、法等四十九國與日本簽訂舊金山媾和條約（**San Francisco Peace Treaty**）同一日期（一九五一年九月九日），日本全權係首相吉田茂。舊金山媾和條約係美國事前和關係國折衝，作成草案，結果被邀請參加會議的大部分國家四十九國都予以簽署，而不作絲毫修正。重要交戰國的中國卻未被邀請，蘇聯集團的共產諸國拒絕了簽署。全國的媾和未能成立，戰爭狀態依然未全終結。在條約中，未聲明日本須非軍國主義化，但依據新協定，日本承認外國軍隊的駐屯，打開外國繼續占領和日本再軍備的途徑。此所謂新協定者，即指日美安全條約。此安全條約係由前言及五條本文組成。其要點：㈠期待日本自衛力的漸增，依日本希望美國軍隊駐留日本，㈡美國的基地設立，㈢美軍駐留獨占權的確認，㈣對直接間接攻擊的美軍出動的規定，至美軍駐留對日本安全保障的義務，則未言明。關於美軍駐留的具體條項，則規定於一九五二年二月簽署的日美行政協定內。該協定之前提係以日本全土為基地，而規定了駐留和基地設定的細目，是兩個和安全保障條約不可分的條約。所以在形式上經已終結的占領制度，在實質上依然繼續。同年五月生效的MSA協定，係以美日相互防衛協定為基本，日本承認美國在軍事上的協力，美國為使日本自衛力强化，供給日本以武器。此日美安全保障條約及其附屬諸約，對於日本的內政、外交、經濟、社會，在明暗兩面美國皆有强大的發言權。此種從屬體制常受國民的反對，於是又展開要求完全獨立，確保平和的運動。

最近日本顯然有服從美國指導而再軍備的路線，和反對再軍備、擁護所謂平和憲法、撤廢軍事基地、反對擴張、禁止原子試爆等反戰路線的分野。（梁嘉彬）

日俄戰爭（日露戰爭、明治三十七八年戰役）

為了中國東北和朝鮮權利的爭奪，日俄兩國在一九〇四年—一九〇五年（日明治三十七年—三十八年）所發動的帝國主義的戰爭。自一九〇〇年（清光緒二十六年）義和團之亂以後，俄、日、美、英在中國東北的勢力對立愈形激烈，俄國尤因滿洲軍事占領已成事實，不但不肯撤退駐軍，抑且要向朝鮮發展勢力，沙皇政府為了要鎮壓其國內的革命勢力，對外也要表示强硬。在日本方面，自從一八九五年俄、德、法三國干涉還遼以來，在「臥薪嘗膽」的號召之下，努力軍事產業的育成，軍事擴張，認為朝鮮市場、滿洲市場必須確保，其經濟的劣勢須用政治的軍事的獨占予以補救。一九〇二年的日英同盟，日本已表明先與英、美協調而與俄國鬥爭的方針和決心。因此之故，日俄戰爭的背景可以解釋為俄、德、法三國的兩大集權的勢力的對立。一九〇三年的日俄交涉，日本仍作提案，以承認俄國在滿洲的支配權為交換條件，要求俄國承認日本在朝鮮的支配。此種最後要求未獲協議，一九〇四年二月七日日本遂發動奇襲的攻擊，對俄展開戰爭。（十日、日俄雙方宣戰）日本當時在「皇國興亡，在此一舉」的號召下，統一了國民的言論，出動了最精銳的軍旅，俄國則無作戰的充分準備，其最精銳的軍隊正在國內防備革命勢力，雖有新兵器，但已喪失了主動，節節敗退，陸戰方面連失旅順、奉天，海戰方面在黃海、日本海皆由日本取得勝利。日英同盟實對日本在海戰方面提供了極大的帮助。一九〇五年三月的奉天會戰，使得原來倚靠外債供應的日本戰力消耗殆盡。在陸戰方面，至九月十六日休戰時為止，日軍死傷達二十萬，俄軍死傷達十四萬，可見戰爭的激烈。當俄國正要出動新銳軍挽回戰局之時，值第一次俄國革命勃發，因此日、俄兩國皆喪失繼續戰爭的自信心。六月，美國總統羅斯福 (Th. Roosevelt) 的調停，使日、俄兩國同派全權代表，會議於美國朴滋茅斯 (Portsmouth)，日以外務卿大臣小村壽太郎 (Komura, Jiutaro, 1855-1911) 及駐華公使高平小五郎為全權，俄以總理大臣微德(Count Witte) 及駐美公使羅善（Rossen）為全權，自八月十日至二十五日歷次談判，中以庫頁島（樺太島 Karafuto I.）問題及賠款問題幾至破裂，蓋俄皇尼古拉斯二世（Nicolas II）曾親作詔勅，內有「不割寸土，不賠一盧布」的堅强指令。最後由羅斯福出面，勸日讓步，九月五日媾和條約成立，十月十六日宣告和平恢復。朴滋茅斯和約的要點如左：㈠俄國承認日本在朝鮮的優越地位，㈡兩國滿洲撤軍，㈢俄國以得中國允許為條件，讓渡關東州租借地（旅順、大連）及中東鐵路長春以南的南滿洲線於日本，㈣樺太島南部歸日本，㈤俄國承認日本在沿海州的漁業權。戰爭的結果，帶給日本重工業中心的資本主義得有飛躍的發展，朝鮮終由日本合併（一九一〇年），同時因美國排斥日本移民，和滿洲鐵路的美國投資經營計劃等問題，引起日美的對立，英國由於「血濃於水」的觀念，對日本也便逐漸貌合神離，不出數年，使日、俄兩國再度携手合作，互認南北滿勢力範圍，將中國東北置於門戶開放政策之外。（梁嘉彬）

日德意三國同盟（日獨伊三國同盟）

一九四〇年（昭和十五年）九月，近衛文麿 (Konoe, Fumimaro, 1891-1945) 第二次內閣所締結的對德、意兩國的同盟條約。具有互相承認在建立「新秩序」上的指導地位，共約互相援助的軍事同盟的性格。因此，自一九三六年的日德防共協定（一九三七年意大利參加）以來的軸心國家陣容更加强化，日本對美英關係更趨惡化。近衛文麿出身貴胄，公爵近衛篤麿 (Konoe, Atsumaro, 1863-1904) 之長男，篤麿已作大陸進出主張，父子二人先後任貴族院議長，文麿於一九三七年（昭和十二年），一九四〇年，一九四一年 三次組閣。中日事變之起，彼受軍部與政黨間的共同支持，出而組閣。一面唱不擴大，一面又發表「不以國民政府為交涉對手」的聲明，造成戰爭的長期化。提倡「國民精神總動員運動」，制定「國家總動員法」等，努力强化戰爭的體制，再復作「東亞新秩序建設」的宣言。「日德意防共協定」、「大政翼贊會」、「日德意三國同盟」等皆其傑作。其强化與法西斯帝國家提携，是為了要打開中日戰爭的僵局，與締結三國軍事同盟同時，即藉口進駐越南北部，以切斷從越南運往重慶的物資供應，翌年更進駐南越，獲得南進基地，準備攫取樹膠、石油等戰略物資。當時可能已內定對美、英、荷作戰的計劃，為了要免除南北受敵，一九四一年四月一面對蘇聯締結日蘇中立不侵條約，一面對美展開交涉。是年十月陸軍大將東條英機 (Tojio, Hideki, 1884-1948) 組閣，遂發動珍珠港奇襲，馬來半島登陸，宣布對美、英、荷的戰爭。當時德國正進行對蘇戰爭，對日本未能援助，而日本因有日蘇中立不侵條約，對德國亦未協攻蘇聯，三國軍事同盟實際有名無實。（梁嘉彬）

壬午事變（漢城壬午軍亂）

自光緒二年朝鮮與日本簽訂江華條約後，因淸廷繼續主張「朝鮮為中國所屬，天下所共知，其為自主之國，亦天下所共知」理論，事事仍委朝鮮「自為主持」，不願直接介入朝日糾紛，而日本則步步對朝鮮加緊滲透勢力，使朝鮮領悟中國不可復恃，中國北洋大臣李鴻章光緒四年（一八七八）致書朝鮮國王近臣李裕元，勸朝鮮與日本「聯為輔車，引為脣齒」，藉以防俄，光緒五年（一八七九）又致書李裕元，勸朝鮮「宜用以敵制敵之策，次第與泰西各國立約，藉以牽制日本，並可杜俄人之窺伺」，更使朝鮮目迷五色，進退失措。當時朝鮮社會已急激變動，國內政治與思想方面，有保守勢力與開化勢力的對壘，閔妃一黨因要抵制大院君一黨的東山再起，便標榜輸進日本的文物制度，引起保守勢力的反對。國王李熙年少氣盛，頗思改革，一八八一年（光緒七年）舊正月開始改制，一八八二年舊四月因受李鴻章三翻四覆利誘威迫，先與美國締約通商友好，舊五月再與英德簽約，皆李鴻章派員馬建忠、丁汝昌從中主持。

此等條約自中國看來，因有照會聲明「朝鮮爲中國屬邦」及條約註明中國年號，被認爲挽救中國在朝鮮宗主權之辦法，但從朝鮮立場，則此舉僅使朝鮮新舊兩黨激烈鬥爭，使朝鮮淪爲世界資本主義市場，使一向自給自足之經濟體系破產，而在日本心目中，則認爲朝鮮及中國顯存敵意，爲挽回頹勢起見，不得不積極扶持朝鮮之親日勢力，並待機恢復日本經濟獨霸局面。（自一八八〇年元山開放以來，朝鮮對日本貿易年年爲入超，朝鮮活牛一頭售價日幣十五圓，日本陶器花瓶一隻售價日幣四十圓。朝鮮認爲日本經濟侵略較武力侵略尤可怕。）

以閔妃政權爲中心的所謂開化派一面浪費公帑，閔妃生活奢侈，貪官汚吏隨之弄權，政治異常腐敗，大院君辛苦蓄積之國庫在閔妃政權下竟成枯竭，軍隊薪餉有十三個月不予發給，百官薪俸五六年不靠薪俸只事向人民搜括而飽滿私囊，諸閔尤爲跋扈放肆。一面與日本勾結，聘請日使館步兵中尉堀本禮造等訓練新軍，名爲別技軍，同時減裁舊日兵士無數。到了一八八二年（日明治十五年）七月二十三日（清光緒八年朝鮮李熙十九年壬午六月初九日），京城士兵約一千名因憤欠餉受虐，而所發俸米又腐爛不可下咽，遂由舊訓練部監士卒首先發難，殺害倉吏，搗毀大監閔謙鎬家，得到鬱居已久的大院君的撫慰，更刼取武器庫所藏刀槍，攻入宮中及兵營。殺閔氏權要多人及日本教練堀本禮造以下多名，火攻日本公使館。日公使花房義質等於二十四日逃入仁川泊碇之英國測量船飛魚號，廿九日（舊六月十五日）還長崎。亂兵搜殺閔妃，閔妃以計倖免。大院君復握政權，結束壬午兵變。時距朝鮮與美英德諸國締約不過數十日。

日本太政大臣三條實美對此於卅一日召開緊急內閣會議，決定：㈠要求朝鮮謝罪及賠償。㈡派遣花房義質以全權委員再赴朝鮮，並付以陸海軍相當兵力。㈢派外務卿井上馨暫赴下關指揮花房義質交涉工作。㈣派軍艦前往朝鮮，保護釜山及元山僑民。事爲中國駐日公使黎庶昌所聞，兩次急電署理北洋大臣直隸總督張樹聲（時李鴻章因丁母憂回籍，遺缺由張以兩廣總督署理），請「派兵船前往觀變」。張辦事敏捷，即於八月三日（舊六月二十日）報明總理衙門，於八日（舊六月廿五日）命由北洋水師提督丁汝昌，道員馬建忠等率艦威遠，超勇、揚威自之罘（煙台）啓碇東行，越二日（舊廿七日）抵仁川，其後更增派六營陸軍由廣東水師提督吳長慶率領前往，對日本表示中國有戡亂之決心，日公使花房義質等所率軍艦四艘遲至兩日（舊廿九晚），恐中國藉機開釁，不敢過分要求。馬建忠明告花房義質，中國此次以兵前來，係在懲辦亂黨，非爲朝鮮居間調停之用，日本不可與亂黨交涉。爲免除日方藉口起見，將大院君押送天津，並在幕後指示朝鮮國王所派代表李裕元金宏集對日談判要點。（見馬建忠「東行三錄」。）至八月三十日（舊七月十七日）花房義質與李裕元等簽訂濟物浦條約，要點：㈠懲兇並厚葬日本遭難官胥。㈡朝鮮撥支五萬元給與日本遭難官胥遺族，並負傷者，並撥支五十萬元分五年付清，塡補（不用「賠償」字樣）日本損害及兵費。㈢日本公使館得置兵員若干，從事警備，一年之後視情勢可以撤兵，日本兵營之設置修繕，由朝鮮負責。㈣朝鮮特派大官修國書赴日本謝罪。㈤附續約二條增加元山釜山仁川間日本僑民行程里數，預定增開楊花津爲埠，並許可日本使館人員游歷朝鮮內地指定地方，由朝鮮給照，地方官勘照護送。

此約締後，日本及中國均有兵駐在朝鮮，閔妃一黨倚賴中國重掌政權，而日本亦扶持親日份子，暗中與中國勢力鬥爭。李鴻章奉命回北洋大臣直隸總督任，一反張樹聲所爲，力斥强硬論，推薦德人穆麟德（Mollendorf）等赴韓襄理商務外交。穆麟德抵韓曾不二年，牽入俄國勢力於朝鮮，拉攏日本勢力積極離間中韓關係，力勸朝鮮獨立，聯俄日以拒中國，皆與李鴻章推薦原意背道而馳。於是朝鮮局勢又由單純趨於複雜。（梁嘉彬）

元寇（文永・弘安之役 Bunei Koan-no-eki）

一二七四年（日文永十一年，鎌倉幕府執權北條時宗時代）和一二八一年（日弘安四年，元世祖至元十八年，卽滅宋後二年）兩次元軍的東征，在日本史上稱之爲「元寇」(Genko)，亦稱「文永弘安之役」。元世祖忽必烈的收服日本的企圖可能是從收服高麗的時候開始。一二六六年（日文永三年，元世祖至元三年）高麗人趙彝勸蒙古與日本交通，自是元使四次至日招諭，皆未得要領而回。一二七一年第五次遣使日本，以趙良弼當其任，明告若不服屬則將用兵。日本鎌倉幕府當時之實際主權者爲執（原將軍之臣屬）北條時宗 (Hozio, Tokimune, 1251-84)，年少氣盛，逐使者，積極致力防守，在北九州及長門强化軍事力量，集中其領下的「御家人」在九州展開防禦工作。一二七四年（文永十一年、元至元十一年、南宋度宗咸淳十年）蒙古高麗聯軍二萬五千六百餘人，戰艦九百餘艘，以忽敦、洪茶丘等爲將，進佔對馬、壹岐，虐殺土民，十月進至博多上陸，放鐵砲攻日軍，其勢甚盛，日將士小貳景資、大友賴康、菊池武房等雖經苦戰，但終不敵蒙古的「集團戰法」及其「鐵砲」，退至太宰府水城，形勢危殆。幸而是夜暴風忽起，元艦多失，箭又用盡，元軍解圍退去，日本幸免於難。是稱「文永之役」。近說此役由於元人原只欲對日稍示薄懲，不爲已甚而自動撤去。

翌年（一二七五），元使杜世忠等再至日本勸降，北條時宗斬之於鎌倉龍口，即命在西部日本有領地的「御家人」全部返防九州，趕築博多灣石壘，又遣將於九州、長門，統率武士，嚴令諸地戒備。當時適有宋僧祖元來日，北條時宗求其指示吉凶，祖元手書「莫煩惱」三字，時宗更增勇氣。

一二八一年（弘安四年）舊五月，元軍分「東路」「江南」二軍，東路軍合漢蒙高麗兵約四萬（洪茶丘等所領），經朝鮮入對馬、壹岐，犯博多，江南軍於七月由范文虎等率領約十萬衆抵平戶島附近，兩軍將合攻太宰府。會七月晦日（三十）夜半至閏七月朔日（初一），暴風大起，元艦覆沒無數，日軍乘之反攻，元軍以十五萬衆得生還者不足五分之一。是稱「弘安之役」。當元軍之來，日本朝野上下自知不敵，唯朝夕祈禱，迨元軍之去，日人自慶爲「神風」(Kami-kaze) 所佑。北條氏政權一時强化了權力聲勢。但爲了元軍兩次來襲和防備元軍再來的緣故，使得幕府內部異常空虛疲蔽，也便助成了鎌倉幕府的衰亡。（梁嘉彬）

文祿・慶長之役 (Bunroku Keichio-no-eki)

一五九二年（日文祿元年，明萬曆二十年），一五九七年（日慶長二年，明萬曆二十五年），日本關白豐臣秀吉 (Toyotomi, Hideyoshi, 1536–1598) 前後發動的兩次朝鮮侵略戰爭。秀吉野心甚大，自一五九〇年（日天正十八年）完我全國統一後，便準備進攻朝鮮。日本對明朝、朝鮮的國交在一四六七年至一五八二年所謂「戰國時代」中斷，至是，秀吉於一五九一年命令各大名準備船艦，抽收軍稅，部署將士，並築城於肥前名護屋，用作出兵的大本營。以養子秀次爲關白，已稱太閤，專心外征。藉口朝鮮阻撓日本對明朝的通交，於一五九二年分九軍十五萬八千七百人，外水軍九千二百人進攻朝鮮。舊四月十二日第一軍登陸釜山，餘軍續進，五月二日占領漢陽（朝鮮京城），朝鮮王李昭求救於明。或說秀吉有征明計劃，預計年內攻入北京，並擬於統一中國後轉攻印度，其說難信。大抵秀吉於朝鮮則欲侵略，於明朝則欲請封通貢，以求中國貨財，徵之其後諸事，較合情理。明軍急救朝鮮，而秀吉之第一軍小西行長 (Konishi, Yukinaga) 已攻入平壤，第二軍加藤清正 (Kato, Kyomasa) 已攻進咸鏡北道，朝鮮危殆。會明將李如松率軍自寧夏馳至，反撲小西行長，克平壤，如松恃勝而驕，輕騎直抵漢陽城下之碧蹄館，爲日將小早川隆景 (Kobaya-kawa, Takakake) 設伏邀擊所敗，提師北返。小西行長原早主和，而中國當時適有商人沈惟敬，自命「日本通」，上書兵部請自往諭日本，兵部尙書石星許之，假以遊擊名義，因得與小西行長議和。是稱文祿之役。小西行長爲豐臣秀吉之愛將，其議和條件皆曾得秀吉同意。條件內容各說不一，而以秀吉受明册封爲日本國王爲近眞實，蓋據後日記錄，當一五九六年（慶長元年）明册封使沈惟敬等見秀吉於伏見城時，秀吉已着明所賜國王冠服，而明封誥至今仍留日本。其封事中變原因爲何，各說亦不一。或謂秀吉怒明使無禮，而朝鮮使不到，因怒謂「欲王則王，何待汝封?」遂逐明使而決心再征。或謂秀吉着明賜服抱親生幼兒秀賴（Toyotomi, Hideyori, 1593–1615），攬鏡自喜，而秀賴溺尿於明服，秀吉以爲不祥，遂爾變心。或謂受朝鮮反間。或謂因日本不能得互市之利。一五九七年（慶長二年）秀吉復以八軍合南朝鮮守備隊共約十四萬人攻朝鮮，戰爭情形中日韓三方記載不一，日本記載又謂屢戰屢勝，其實徵之於秀吉臨終之辭世歌，可知戰事不利。慶長三年（一五九八年）八月十八日秀吉病死，德川家康 (Tokugawa, Ieyasu) 等顧命大臣傳令班師。是稱慶長之役。日本史料在此最多矛盾，大抵慶長之役日軍已敗多勝少，當時明朝動員全國兵力與日本相角，戰場只限於南韓各地作拉鋸戰，在蔚州即被明軍重重圍困，而日本水軍更屢爲朝鮮水軍（李舜臣軍）及廣東水軍陳璘所敗。秀吉的病因不明，只知其日漸消瘦，居常憂形於色，食少眠不足。此兩戰役之影響於日本者爲此後日本不敢再有事朝鮮者凡三百餘年，影響於中國者爲滿洲之勢竟以坐大，影響於朝鮮者爲此後數百年明淸皆採「事大主義」，以爲唯倚賴中國乃可免患（梁嘉彬）

甲申事變（朝鮮甲申政變）

自光緒八年六月（一八八二年明治十五年七月）壬午事變後，閔妃政權再度登場，一意傾向中國。吳長慶所部六營兵於平亂後仍駐紮朝鮮。當時淸議有如張謇請廢朝鮮爲郡縣，鄧承修請乘機厚集南北洋戰艦東渡，對日本責以擅滅琉球肆行要挾之罪，張佩綸請密定東征之策，而李鴻章自七月底回任直隸總督北洋大臣後，力斥署督張樹聲之强硬主張，以為「日本或挺而走險，與我爭一旦之命，非為上策，不如修其實而隱其聲」，又恐華軍在韓易與日軍衝突，擬撤軍三營，經朝鮮國王堅挽，吳長慶軍始獲留韓，至光緒十年乃以李鴻章之命，以三營移防遼東金州。綜自壬午亂後，李鴻章對韓設施如左：㈠光緒八年八月，由李督同周馥、馬建忠與朝鮮專使趙寧夏等會訂中韓商民水陸貿易章程，欲藉此爭回宗主地位，並打擊日本在韓經濟勢力。㈡派出陳樹棠為駐韓商務委員，推薦德人穆麟德 **(P. G. von Mollendorf)** 及馬建常赴韓襄理稅務外交。㈢命吳長慶揀派幹員代朝鮮訓練新軍。㈣籌撥鎗砲交韓王分配應用，並贈送各種機械火器圖書模型；協助成立機器局，取錄朝鮮留華學生學習機器。㈤核定朝鮮國旗，朝鮮對外需用國旗，**黃遵憲著**「朝鮮策略」曾勸朝鮮襲用中國龍旗，自壬午事變後由朴泳孝等自擬國**旗圖案**，據張樹聲來往函牘內載周馥函云：「彼國（朝鮮）國旗擬用白方旗，中書紅黑相間之太極圖，旁列乾坤坎離四卦，均奉傅相（李鴻章）允行。」此種國旗，參考李瑄根「韓國近代史」，可知實卽今日彼國國旗也。

日本為挽救本國勢力在朝鮮之頹廢，對朝鮮派往日本謝罪之使者朴泳孝、金晚植、金玉均、徐光範、洪英植等大事籠絡，由在野名流福澤諭吉等鼓吹朝鮮獨立理論，並派員到韓活動。原為征韓論者之自由黨領袖後藤象二郎則答允金玉均以財力及武力援助，蓋金玉均朴泳孝等人已存離清獨立思想。同時為展開在朝鮮外交攻勢起見，起用能通漢文漢詩曾充天津領事與李鴻章文字論交之竹添進一郎為駐韓辦理公使，與朝鮮外務督辦閔泳穆等簽署由丹麥大北電信公司敷設自釜山日本居留地至長崎間海底電線之條約，韓日通商章程、海關稅目、日本人漁採犯罪條規、朝鮮國間行里程條約等，皆曾透過美國駐韓公使福德 **(H. Foote)** 及穆麟德之助。自一八八三年（明治十六年）九月，日本更在仁川取得「租界」。竹添進一郎又與穆麟德（時任朝鮮統理衙門協辦）秘密折衝下，取得仁川、元山、釜山等朝鮮各港口海關稅、收稅業務委託日本國立第一銀行各分行之契約權利。在不動聲色中，日本在朝鮮所得權利利益已較中國遠為實際。日本外務卿井上馨及竹添進一郎因一八八〇年李鴻章反對分割琉球（總理衙門與日使宍戶璣原已簽約以宮古石垣各島歸中國，以沖繩島以北各縣歸日本），已知李鴻章弱點，其對朝鮮政策初在於不刺激李鴻章而取得實際權益一點上。李鴻章原認穆麟德為心腹，認竹添進一郎為至友，不知竟為穆麟德及竹添串通出賣。竹添於辦妥種種條約後，卽於癸未年（一八八三年）舊十二月歸國，由書記島村久暫代公使職務。在表面上，朝鮮由傾向中國之閔氏一黨執政，獨立黨只能暗中活躍。金玉均在私人關係上與朝鮮國王維持聯絡，但因其反對穆麟德新鑄「當五錢」之新貨幣，招致穆麟德之極大惡感，又因屢謀向日本借款不得，一時退隱。（參考「李文忠公譯署函稿」、「朋僚函稿」及「李文忠公遺集」詩文，李瑄根「韓國近代史」。）

光緒九年癸未（一八八三年），中國與法國間已有越南糾紛，翌年甲申年春間，中國軍在越北屢敗，舊五月，法軍敗於諒山，六月七日，法艦擾臺閩，七月初六（一八八四年八月二六），清廷下詔對法國宣戰。日本朝野大為興奮，輿論乘機爭取朝鮮，後藤象二郎板垣退助等與法方接洽，思借法艦法款助朝鮮「獨立」。竹添進一郎急返朝鮮任所。朝鮮事大黨因吳長慶已領兵三營離韓移駐金州，甚感不安。獨立黨金玉均朴泳孝等與竹添島村等相謀，決定利用時機殺事大黨起事，竹添允予以財力兵力援助。朝鮮國王至無定見，聽金玉均之言，亦欲乘機擺脫中國控制而宣告獨立。十月十七（陽曆十二月四日）下午六時許，獨立黨金玉均等藉漢城典洞之郵政局開幕典禮，縱火乘亂大殺事大黨，脅國王王妃等遷景祐宮，並以王命召「日使來衞」。竹添率兵二百名至。翌晨宣布成立新政府，頒布「施政要綱」。王妃閔氏詷知獨立黨詭計，堅請還闕，竹添輕視清軍，許之。中國駐韓將領袁世凱、吳兆有、張光前商救護策，吳張初以無李鴻章命不敢輕動，袁主急救。十九日晨，韓臣多請救王，有「亂將刼王赴他島，別立幼君，背清附日」之訊。至下午二時，袁任左路，張任右路，越後牆入宮保護國王。日兵據高樓開鎗射擊，朴泳孝等率朝鮮兵助戰。袁軍奮戰，卒敗日韓軍。金玉均、朴泳孝與竹添計議挾國王赴仁川，國王、王妃堅決不從，竹添變計，撤兵歸使館，國王走北廟，旋入吳兆有營。金玉均、朴泳孝等隨竹添走日使館，二十日晨竹添自焚使館，率衆奔仁川，韓民攔途襲擊，日兵及僑民多傷，國王再遷至袁世凱營。翌日國王延見各國使領，告以亂事原委。朝鮮甲申政變凡不三日而敗。

李鴻章得朝鮮消息，電駐日公使黎庶昌「設法勸息」，電令袁等「堅壁勿動，以待調停」。惟袁等得電已在平亂十餘日後。十一月（陽曆十二月）以後，中日雙方先後調兵至韓。日本外務卿井上馨親至漢城，於十一月廿四日（一八八五年一月九日）與朝鮮全權金宏集締結漢城條約：㈠朝鮮修國書致歉。㈡

朝鮮支付撫卹補償費用十一萬元。㈢捕拿殺害磯林大尉之兇徒，從重處刑。㈣重建日本使館，且支付二萬元爲建築費。㈤日本使館設護衛兵營。光緒十一年二月十八日至三月初一日（一八八五年明治十八年四月三日至四月十五日）李鴻章奉命與日本派來專使宮內卿伊藤博文會議前後六次於天津。當伊藤來華時，外務卿井上馨予以訓令，囑其以忍讓態度求滿足，依伊藤本身所記感想，其使命實僅有中日撤兵一項。李鴻章亦唯恐事態擴大，故開首卽以是否兩國同時撤兵爲問，嗣後處處只居下風，似只欲與日本爭在朝鮮平等地位，而忘却朝鮮爲我屬國矣。三月初四日（陽曆四月十八日）李伊藤遂締天津條約：㈠兩國自朝鮮撤兵，在四個月以內盡行撤退。㈡嗣後兩國均勿派員在朝鮮敎練兵士。㈢將來朝鮮有變亂重大事件，中日兩國或一國要派兵，應先互行文知照，及其事定，仍卽撤回，不再留防。㈣李以照會一件，聲明戒飭中國駐韓兵官，如查明事變時確有中國營兵殺掠日兵情事，當照中國軍法從嚴拏辦。嗣後中國在韓之優越地位反受天津條約所限制矣。(梁嘉彬)

平安時代 (Heian Jitai)

日本史時代區分之一。一般指從公元七八四年至一一八五年（日本桓武皇延曆三年—安德皇文治元年；中國唐德宗興元元年到南宋孝宗淳熙十二年），卽從桓武天皇自平城京（奈良）遷都山背國（後改稱山城國）的長岡直算到平氏沒落而源氏（賴朝）在鎌倉發號施令的一段時代，凡四百年。實際上，桓武在遷都長岡後十年（公元七九四年），卽再遷都到平安京，卽今京都，當時是山城國葛野郡宇太地方，纔眞正進入平安時代，又自一一八五年政治實權雖已入於鎌倉的源賴朝手中，但平安京仍爲法理上的國都、中央朝廷之所在，直到一八六九年（明治二年），纔再遷都江戶（今東京），自正統言之，平安京（京都）爲日本國都約有一千零七十五年。關於平安時代，還有將桓武治世開始之年（七八一年）算至源賴朝確實成立鎌倉幕府之年（一一九二年）爲止的。

此時代貴族階級獨操政權，其最顯著的現象，在國家體制方面，律令體制予以重修，頒行新官制，有「令外官」的設立，以族長、家長權力爲基礎，在律令制外有攝政、關白（攝關）政治和院政的成立，在社會經濟方面，有被稱爲莊園制的貴族私有大土地的發達和貴族階級的成長，律令制度尤其是地方行政軍制的解體，和由於莊園發達而演成後半期的武士的勃興，在文化方面，合言之爲貴族文化的繁榮，分言之爲佛敎的密敎（祈禱佛敎）和後期的淨土敎及神佛混同思想的發達，美術界有「寢殿造」、「大和繪」等的日本化現象和淨土敎藝術，文學界有「假名」的發達和以此爲基礎的「和歌」與「女流文學」的隆盛。概括說來，此時代爲在奈良時代經已完成的大陸式的專制國家體系及其思想文化的衰退，並對此彌縫補救的時代，新的階級力量由武士推動徐徐向革新方面進行的時代。

此時代的都城制度更加深唐化。國勢依然向東北發展。皇室爲了節省經費，常賜皇子皇孫以姓，使降之於臣籍，其後有平氏、源氏的興起，爲藤原氏壓迫，則轉至地方爲武將。自桓武天皇，歷經平城、嵯峨、淳和、仁明四朝，政令均出自天皇，皇權伸張，並繼續派出「遣唐使」，吸收中國文化物資。至仁明末年，外戚藤原氏勢盛，皇權大削。嗣後藤原氏常以天皇外祖地位拜太政大臣，受命攝政。天皇年長則爲關白。攝政關白家（攝關家）所設「政所」常代太政官爲政治中心。藤原氏攝關既久，公私混淆，政治腐敗，社會秩序蕩然無存，自清和天皇（八五九—八七六）後，地方群盜蜂起，加以「莊園」的增加，更使地方紊亂。豪族爲了自衞，盛養私兵，形成武士，平氏源氏勢力由此造成。白河天皇用禪位的方法，以「上皇」或「法皇」的地位在院中處理政務，與攝關家鬥爭，此爲「院政之始」。其後因政變而由地方武將平氏（平清盛）掌握大權，仍以政治婚姻天皇外祖父地位專政。源氏（源賴朝）起與相爭，至一一八五年滅平氏而統一全國。(梁嘉彬)

玄洋社 (Genyosha)

一八八一年（明治十四年，清光緒七年）結成的福岡（Fuku-Oka 在九州）反動派的士族的結社。其首腦是社長平岡浩太郎（Hiraoka, Kotaro）、頭山滿（Toyama, Mitsuru, 1855-1944）、內田良平（Uchida, Ryohei, 1877-1937）等。頭山滿爲福岡藩士之子。一八七九年與箱田六輔等結向陽社，原爲自由民權運動之一翼，至一八八一年立玄洋社，轉而提倡國權擴張，不久完全脫離民權運動，以援助金玉均的方法來準備向朝鮮發展，並結成天佑俠團在中日甲午戰爭背後活躍，其後更參加對俄同志會而鼓吹對俄戰爭、援助 孫中山先生而圖謀向中國大陸伸展勢力。彼常隱藏在政治外交幕後，努力推進强硬外交和「大陸進出」方策，在所謂「右翼」與浪人之間保持著絕大勢力而為其巨魁。大抵此輩最初原係在天皇主義、國權主義、民權主義交錯之下參加了自由民權運動，其後不久便捨棄民權論有如敝屣而奔走於國權論與國粹主義之下。直至太平洋戰爭終了時，此輩在政治、戰爭、侵略、恐怖背後繼續活躍，主持秘密策動工作，更分「黑龍會」、「浪人會」等支派，而被認為右翼國粹主義團體的代表格。當明治二十年代（一八八七年後），代表國粹主義的「日本人」雜誌，攻擊從資本主義所育成的明治政府的歐化政策，充當一般改革派的對抗脚色。此輩既然對抗民權論，否定世界主義，必然走進偏狹的「日本中心」的思想，而趨向絕對主義政權的擁護。隨著中日甲午戰爭後帝國主義的發展，像高山樗牛 **(Takayama, Chogyu, 1871-1902)** 的日本主義，露骨地讚美帝國主義。一九〇一年（明治三十四年、清光緒二十七年）便有實踐團體黑龍會 **(Koku-Ryu-hai)** 的誕生，在物質精神兩方面動員組織民衆，走進帝國主義的方向。此種屬於玄洋社、黑龍會等結社的國粹主義、國權主義的團體，在系譜上統被稱為「右翼」。尤其是在第一次世界大戰後，此輩用思想、暴力來對抗社會主義、民主主義，集合所謂「俠客」的「大日本國粹會」或「赤化防止團」等，承充了暴力團體的角色。北一輝 **(Kita, Ikki, 1883-1937)** 、大川周明 **(Okawa, Shiumei, 1886-1957)** 等，一九一九年發起的「猶存社」，一九二四年組織的「行地社」等，鼓吹「國內改造」、「亞細亞解放」，較單純的右翼更進一步，成為法西斯蒂運動的前驅。北一輝的「日本改造法案大綱」不久便被奉為右翼的經典。在一九三一年（昭和六年）東北事變前後，右翼、法西斯蒂的活動異常積極，在全國政黨的結成，國家社會主義運動各方面皆有表現，但還未達成大衆組織運動的發展。經過一九三二年五月十五日由海軍下級將校、陸軍士官學校生徒及農民等四十餘人發動的襲擊首相官邸、日本銀行、警視廳、立憲政友會本部等，並射殺首相犬養毅的事件（「五、一五事件」）和一九三六年（昭和十一年）二月二十六日由陸軍將校等率領一千四百多名軍隊發動的襲擊要官，殺死大藏大臣高橋是清，內大臣齋藤實等的事件（「二、二六事件」）以後，政黨政治已被破壞無餘，軍部利用之強化了對政治的干涉，向著天皇制、法西斯蒂體制的確立的道途前進，終於爆發了中日戰爭和太平洋戰爭。一九四六年（昭和二十一年）由於戰敗後所受「右翼團體解散命令」，此輩頓失其所倚。最近隨著世界情勢的轉移，右翼團體又再開始活躍。（梁嘉彬）

安土桃山時代 (Azuchi Momoyama Jitai)

日本史時代區分之一。自一五六八年至一五九八年（日正親町天皇永祿十一年—後陽成天皇慶長三年），即從織田信長奉足利氏第十五代將軍義昭入京，樹立了近畿的支配權開始到完成統一大業的豐臣秀吉的死去，前後三十一年間。也有稱之為織（田）豐（臣）時代的。織田信長為尾張古渡城主信秀之子，一五四九年繼承父業，移駐清洲，一五六〇年擊破駿河遠江的今川義元於桶狹間，威名大振，一五六七年又滅美濃的齋藤氏，擴張領地。足利第廿四代將軍義輝為其部將松永久秀所弒，義輝弟義昭逃亡於近江，正親町天皇詔令織田信長入京平亂，信長遂擁義昭入京，再興室町幕府。一五七三年義昭畏忌信長聲勢，謀與武田、淺井、朝倉、三好、毛利諸氏及延曆寺本願寺僧兵合攻信長，信長放逐義昭，連破諸氏，足利氏亡。信長平定日本東國大部，一五七六年移駐近江的安土城，位內大臣，以安土城發號施令，故世以織田時代稱為安土時代。織田氏始祖不詳，原自謂藤原氏，信長欲代源氏（足利氏）宰割天下，則又自稱平氏之後。傳織田信長頗知敬神尊王，對皇居神宮多有修繕。當時在日本西部所謂「中國」地方，有毛利輝元割據稱霸，領十餘國，信長遣部長羽柴秀吉 (Toyotomi Hideyoshi 即後日的豐臣秀吉 Toyotomi, Hideyoshi,) 進討，秀吉所至皆捷，毛利氏大擧，秀吉乞師，信長自將援秀吉，不幸在京都本能寺為叛將明智光秀圍攻，遇害（一五八二年「本能寺之變」），信長圖霸未成。羽柴秀吉（一五三六—一五九六）出身微賤，尾張國愛知郡中村人，父名木下彌右衞門，為織田信長之部卒，或云原出身「穢多」（「歸化人」）。秀吉初為信長僕役，得信長信用，屢建軍功，漸為一城之主。一五六八年信長入京，以秀吉為京畿守護。一五八二年秀吉正攻毛利氏，圍備中高松城，聞信長凶耗，急與毛利氏言，回師攻明智光秀，破之。翌年攻敗信長舊將柴田勝家諸軍及信長子信孝，平定近畿，築大阪城，繼築伏見城，以此發號施令，伏見城在德川時代中葉，遍植桃樹，世遂以豐臣時代稱桃山時代。秀吉因得德川家康（ Tokugawa Ieyasu , 一五四二—一六一六 ）之助，東征西伐，威名日盛。任內大臣、關白。一五八六年任太政大臣，受正親町天皇賜姓豐臣，統一全國，完成霸業。惟德川家康助平關東有功，仍以關東之地賜家康。秀吉野心極大，有攻平朝鮮中國企圖，一五九二年（後陽成天皇文祿元年，明萬曆二十年）發兵十六萬餘人攻朝鮮，將以假道伐明，翌年爲明軍所敗，議和。一五九七年（後陽成慶長二年，明萬曆二十五年）再興十四萬兵攻朝鮮，與明軍韓軍相持於南韓，水陸兩軍多失利，翌年八月秀吉病且死，下令退軍。其子秀賴自伏見城移居大阪城。霸權轉入德川家康手內。

織田、豐臣的統一事業，具體言之，有如太閤檢地、兵農分離、樂市、樂座諸事的興起，對莊園制予以解體，將神社寺院及貴族勢力從農村予以掃除，確立集權的封建制度，爲江戶（德川）幕府體制之先導。此時代的美術，富有英雄主義的氣氛，繪畫以世俗性和庶民性爲特色。（梁嘉彬）

安政五國條約

一八五八年（孝明天皇安政五年，將軍德川家茂時代）與美、荷、俄、英、法五國締結的通商條約。自從一八五四年（安政元年，將軍德川家定時代）日本和美、英、俄三國簽訂了和親條約（友好條約），約定開放下田 **(Shimoda)** 函館（也寫作箱館 **Hakodate**） 長崎 **(Nagasaki)** 三港以後， 江戶幕府還想設法讓列國的通商局面拖延展期下去，可是從美國派來的總領事哈里斯 **(Harris)** 便藉着英、法兩國擊敗中國的餘威，以國際情勢緊迫勸說幕府，使幕府再和美國簽訂了一項通商條約（安政四年十一月議定，翌年六月互換），其他四國也即陸續和日本簽訂了準同美約的通商條約（俄、荷、英三國以安政五年七月，法國以九月），是爲安政五國條約。五國條約的主要內容是：⑴公使的交換，⑵指定函館，神奈川 **(Kanagawa)** 、長崎、新潟 **(Niigata)** 、兵庫 **(Hyogo** 即神戶 **Kobe**) 的開港，江戶、大阪的開市，⑶領事裁判權和領事國內旅行的許可，⑷輸出入品稅率的協定，⑸最惠國待遇條款的規定。後兩者是否定了日本的關稅自主權和限制了日本和外國締約的自主權。這種不平等條約把日本變成資本主義列强的半殖民地化。其後直到明治末年改正條約的完成，使得日本備嘗痛苦。（一九一一年即明治四十四年日本在一戰勝華，再戰勝俄之後，纔由外相小村壽太郎開始和列國締訂完全對等條約，勉强恢復了關稅自主權。）因爲在安政五國條約締結當時，幕府是被認爲日本的主權者，國際交涉便以幕府爲對手，但在國內方面，幕府怕受强藩的反對，便先徵詢各藩的意見，各藩請求此種條約須得朝廷勅許，幕府爲了避免本身責任，也想諉責於京都朝廷，待到此項請求到達京都的時候，水戶藩德川齊昭和其他强藩憂國志士等輩便藉此對幕府爲難，力勸朝廷不與批准。列强壓迫又激發了日本國內的尊王攘夷的運動。列强恐怕條約中變，向幕府提出朝廷勅許的要求，在一八六五年（孝明天皇慶應元年），在英、美、法、荷四國艦隊集結大阪灣頭威壓之下，京都朝廷也只得終於屈服，對五國條約予以勅許。（梁嘉彬）

江戶時代 (Edo Jitai)

日本史時代區分之一。自一五九八年至一八六七年（日後陽成天皇慶長三年—日孝明天皇慶應三年）凡二百七十年之間。即從豐臣秀吉之卒，政治實權歸於德川家康之年算起，直至德川幕府（江戶幕府）將政治大權奉還朝廷（「大政奉還」）之年爲止。但亦有用一六〇〇年（慶長五年）自關之原之戰德川家康制霸，更有用一六〇三年家康受任征夷大將軍開幕府於江戶乃始爲此時代之開始者。德川家康（一五四二—一六一六）原爲三州岡崎城主松平廣忠之長子，幼爲織田、今川兩氏之人質，備嘗艱苦。一五六一年與織田信長相結，平定三河。一五六九年奏請以德川爲宗，以松平爲族。一五八二年滅武田氏。一五八四年助織田信雄與羽柴秀吉戰於小牧長久，敗之，其後轉助秀吉，一五九〇年任先鋒，攻降北條氏政。其後受領關東八州，入江戶城。一五九八年秀吉病革，受秀吉託以後事，收政治實權。一六〇〇年經關之原之戰，平定國內大部。一六〇三年任征夷大將軍，進右大臣，一六一五年滅豐臣氏，全國統一，世稱「元和偃武」（一六一五年爲後水尾天皇元和元年）。翌年進太政大臣，病歿。

江戶幕府可分爲三期：㈠創業期：歷家康、秀忠、家光三代將軍，一六〇三年—一六五〇年；㈡隆盛期：歷家綱、綱吉、家宣、家維、吉宗、家重、家治七代將軍，一六五一—一七八六年；㈢衰亡期：歷家齊、家慶、家定、家茂、慶喜五代將軍，一七八七—一八六七年。江戶幕府時代的特點爲：㈠此時代將安土桃山時代的特質更加擴展，可看出集權的封建制度的完成及其衰退；㈡都市及商工業的發達；㈢町人文化的發展；㈣對外禁敎鎖國及儒學（朱子學、陽明學）、蘭學的興起。由於幕藩支配體制（集權的封建制度）的完成，武士向都市集中，商工業和都市的繁榮便是武士在都市消費的結果，農民成爲被壓迫的階級，商品也向農村滲透了，最後由於農民的階層分化又招來幕藩體制的解體。到了幕府末年，強藩受到儒學、蘭學的扶持，以外力壓迫爲契機，便發生「尊王倒幕」的運動了。

德川家康自任征夷大將軍後，已積極控制地方各大名（諸侯、諸藩），但中央政廳眞實具備統率各大名之實者，還要推到第三代將軍德川家光的時代。制度的整備更遲，要推到第四代將軍家綱之時。德川幕府對京都朝廷絕端的控制，在京都置「所司代」監視朝廷的動靜，又制定「禁中並公家諸法度」干涉朝廷的一切，一面用納女爲后的政策並在宮中置「御附武家」來控制皇室，一面禁止或限制各大名的入京，以防朝廷和地方勢力接近。所謂大名原係指「守護」、「國主」等有大領地的武士，到了德川時代，大名係專指一萬石以上的將軍直屬武士，有「親藩」、「譜代」、「外樣」等區別。「外樣（大名）」係指戰國時代受封之田大名，對德川關係較爲疏遠，德川對之最爲猜忌，凡畿內、東海、關東要地悉以封「親藩」（德川一族所受封）及「譜代」（德川家臣所受封），「外樣」則受移封於次要之地，且仍受「親藩」「譜代」的壓制，而德川幕府又在各大名中間插入所謂「天領」（將軍直轄地），陰伺地方動靜。猶恐有反側，則結以婚姻，並制定「武家諸法度」（限制各大名的一切行爲）及「參覲交替制」（規定各大名一年在江戶府，一年在其本國，各大名並須以妻子安置江戶爲人質），時時藉口大名過失，予以淘汰，規定各大名的地位、權力及其承繼皆出自將軍給與，確立幕府將軍對各大名的「主君對臣下」的制度，除皇室外，分全國臣民爲「公家」（出仕京都朝廷者）、「武士」（出仕將軍者）、「僧尼」、「神官」、「百姓」（農民）、「町人」（城市人民）、「穢多」及「非人」（上兩者皆賤民）等身分。朝廷稱將軍爲「大樹公」，臣民稱將軍爲「公方樣」或「上樣」，外國國書稱將軍爲「日本國王殿下」或「日本國大君」。江戶幕府末年由於外交問題的緊迫，當決定國政最高方針之時，幕府欲避免獨負責任，不得不徵詢朝廷與各大名的意見，而農民生活日困，時生暴動，儒學者提倡「尊王攘夷」及「尊王斥霸」，朝廷與強有力的大名（強藩）藉口聯合倒幕，卒成幕府「大政奉還」，明治「王政復古」之局。（梁嘉彬）

江華條約（日朝丙子修好條規）

日本明治維新開始不久，便循往例命對馬（島）藩遣人赴朝鮮，齎文書欲尋舊好，因書辭有「皇上登極，親裁萬機」等語，朝鮮認爲只有中國皇帝始可使用「皇上」字樣，且其文書格式及所用印皆不合式，拒不收受。明治二年（一八六九年）外務省改派田白茅、森山茂等人續往，亦不得要領。此輩留駐釜山草梁館（德川時代對馬藩所設商館，亦稱倭館），翌年歸國，以「朝鮮在大院君（攝政李昰應）治下鎖國森嚴，如欲打開僵局須派有武力作後盾之大使前往」等意見報告政府，且對朝鮮屬島如松島竹島作說繪圖，意欲先行侵占。明治七年（清同治十三年）外務省派出在釜山草梁館工作人員奧義制、森山茂報告有「大院君業已引退，日本征韓論由中國轉達朝鮮，日本在征討臺灣生蕃之後將以大兵攻韓之流言爲朝鮮所警戒」等語，其後日本正式任命森山茂爲理事官，廣津弘信爲副官，對朝鮮強硬交涉，施行恫喝。

當時朝鮮閔妃一黨得權，唯恐大院君一黨東山再起，標榜開國，其領議政李裕元對日本暗中展開外交活動。明治八年（一八七五年，清光緒元年）廣津弘信向政府建議，須暗助閔妃一黨，並派軍艦赴朝鮮示威，外務省與海軍省接納其意見，先後派遣小型軍艦多艘，赴朝鮮演習示威。其雲揚艦在艦長井上良馨指揮下，先至朝鮮東海岸測量，舊八月再赴朝鮮西海岸測量，同月二十一日（陽曆九月二十日）抵達江華島外拋錨，藉口尋求淡水解下小艇自由行駛探索，爲草芝鎭砲兵開砲制止，雲揚號卽予猛烈砲攻，在摧毀草芝鎭砲台後，又轉攻永宗鎭，用陸戰隊登岸殺戮掠奪，裝載戰利品砲三十八門及其他軍器，揚長歸國。日本陸海軍首腦乘機協議出兵，再遣艦隊前往威迫朝鮮通交締約。明治九年二月四日（清光緒二年丙子正月初二），日本全權大臣黑田清隆（原薩摩藩閥，陸軍中將）副大臣井上馨（原長州藩閥，元老院議官）率軍艦六艘，兵員八百抵達江華府草芝鎭前洋，沿途用砲聲震撼了朝鮮上下，此種技術可說是從一八五三年美國玻利 (C. Perry) 提督威迫日本開關學習得來。

日本明治維新成功之關鍵在其民族有冒險犯難之進取精神，且常能以武力與外交相互爲用。在與派出陸海軍於朝鮮同時，亦卽派出青年外交家森有禮出使中國，使當直接向朝鮮之宗主國展開交涉重任。其穩健份子實仍希望中國出頭負起朝鮮交涉責任。無如朝鮮對大難臨頭，毫無準備，反再引起保守開國兩派之內鬨，而中國當政之李鴻章一意對外息事寧人，極力避免明白干涉屬國內政外交，向總理衙門及朝鮮政要李裕元表示意見，「朝鮮應忍小忿以禮接待日使，或更遣使赴日本報聘，以釋疑怨，至朝鮮願與日本通商與否，聽其自主，

孝謙、淳仁、稱德、光仁七朝，前後七十五年。但也有從文化史的立場，把第七世紀後半期到第九世紀初頭這一段時期籠統說成奈良時代的。日本上古大抵每代皇朝必一遷皇居（國都），也有一代數遷的。這因爲當時建築簡陋，不耐風雨，但經過和中國朝鮮的交通，日本文化逐漸進步，皇居便沾染了宏壯的大陸式的建築，而政府組織也比較複雜起來。在飛鳥時代，曾遷都難波京（今大阪）、藤原京（今藤原市），已略仿中國長安京城制度，奈良時代如果着重日本如何唐化來講，持統朝以後的歷史也可撥入奈良時代，這是一個律令制度的中央集權的國家的完成時期。在這意味上，奈良時代是古代國家的最盛期。大寶律令、養老律令的制定，和平城京（卽奈良京）的營造是這時代的象徵。國分寺的創建是意味着用佛教來做爲鎭護國家之用，證明了佛教已成爲國教，當時大陸制度文物的直接輸入的傾向，在文化面上從大陸輸入各派的佛教哲學，對此特別鑽研的南部（奈良）六宗的繁榮，或用天平時代做頂點的佛教美術的表現，都是這一時代的特色。

此時日本國勢逐漸向外發展，首當其衝者爲蝦夷（**Ezo**）國勢向本州的東北部出羽陸奧地方發展。其後因九州南部有隼人（**Hayato**）的叛亂，國勢又向九州南部擴張。此外，對南島和渤海新羅等國也有交通關係。當時適當我國盛唐玄宗時代，在元明（七〇八—七一四）、元正（七一五—七二三）、聖武（七二四—七四八）、孝謙（七四九—七五八）四朝，尤爲極力吸收中國文化。京城制度極力模仿唐朝，前後派出的「遣唐差」，必有留學生隨行，多半長期留住中國，歸國時又每帶同學藝優秀的中國人同來，這對於日本文化改革有莫大影響。不少中國人都可以在日本得到官位的，如聖武朝袁晉卿曾官云「玄蕃頭」、「大學頭」。有些高僧從中國來更宣揚佛教，如僧鑑眞便傳入戒律。當時日本中國間的航線往往在博多與揚州蘇州之間。

此時有外戚藤原時的專權，女主寵信僧人的亂政，隨着佛教的興隆，而有文化的顯著的發展。國史有「古事記」、「日本書記」的撰修，地志有「諸國風土記」的編纂，文學有漢詩（「壞風藻」爲代表）、和歌（「萬葉集」爲代表）的發達，美術工藝方面有寺院建築（東方寺爲代表）、繪畫（法隆寺金堂內部壁畫、藥師寺的吉祥天女像爲代表）、塑像（新藥師的十二神像爲代表）、染織、刺繡、金銀鈿工、漆器、玻璃器、佛具等等都較飛鳥時代更爲進步。農業、牧畜業、鑛業、工業、商業、交通和衣食住娛樂各方面都呈現着振興改進的現象。要之：這時代是在强大的中央集權、國家自覺、佛敎昌隆、日唐交通頻繁當中產生了新文化。這時代受着盛唐文化的感化，依着日本化的古風，從模仿而漸進向創造。這時代的文化以聖武帝天平年間最爲隆興，因此也有人把奈良時代的文化說成「天平文化」。（梁嘉彬）

東學黨之亂

朝鮮的東學黨原是一種宗敎團體，在十九世紀中葉（朝鮮哲宗年間）由慶尙北道慶州人崔濟愚（幼名福述）企圖根據東方思想來進行改革，在原有的天神思想以及祈禱儀式上，添入儒、佛、仙三教思想以及若干圖讖符呪的成份，創立教門，稱之爲「東學」，藉以對抗「西學」（天主敎）。凡聚集於其教門的民衆，概屬被壓迫階級，信其符呪，徒衆遍布慶州鄰近諸邑，爲官方所忌，於一八六三年（哲宗十四年，淸同治二年）被捕，翌年處死。其第二世敎主崔時亨（海月）不屈不撓，繼續秘密傳敎，徒黨愈衆，更掀起「敎祖殉敎雪冤運動」，係自一八七一年由其徒衆發起，屢蹶屢振，官方只知彈壓，認定其爲「左道邪類」，前後誅殺極多。崔時亨避官軍鋒刃，移居處處，組織愈加嚴密，而才智之士擬利用之以反對西學（洋敎）及政府，亦參加行列，東學黨逐漸變爲政治團體。在一八九二年其徒衆常有伏闕上疏運動，官方對此輩改革意見不予採納，但命其解散。此輩人轉其目標於排斥洋敎，及信服西方之倭，而爲官方豢養之儒生反指東學黨爲「天主餘敎」，欲盡殺之而後快。一八九三年東學聲勢愈大，舊三月全國八道之東學徒衆數萬人集合於忠淸道的報恩縣帳內，向官方提出嚴重的抗議，並築石堞防守；樹立「斥倭洋倡義」大旗，日夜口誦咒法，官方急派趙秉鎬、魚允中二人前往鎭撫，勸令解散。當時全羅道古阜郡守趙秉甲，經理使閔泳駿橫徵暴歛，私徵米穀，勞役民伕，出海行販，於是古阜郡的東學黨魁全琫準遂揭竿而起，於一八九四年（甲午年，淸光緒二十年，朝鮮高宗李熙三十一年）三月，結合忠淸、全羅地區的憤怒的民衆，實行用武力對政府反抗。四月二十七日，佔領全羅首府之全州，以之發號施令，分軍四出，各以茂長、靈光、光州、潭陽、長興、務安、咸平、同福、興陽、扶安、長城、古阜等地爲基地。一時全羅南北兩道幾盡爲所據。忠淸、江源、黃海、京畿、慶尙各道均有其徒黨響應。官方一面以洪啓薰爲招討使，一面向淸廷求援

日本蓄謀侵略朝鮮已久，最初係豢養朝鮮親日份子（開化黨）金玉均等人

計劃朝鮮內亂，而日本玄洋社員所組織之「天佑俠團」少數人亦待機滲入朝鮮境內，爲挑撥反間之計。日本參謀次長川上操六及外務卿陸奧宗光皆爲蓄謀對清決裂準備布置戰爭之人，聞悉東學黨之亂，認爲製造中日戰爭之最好機會。（是年舊二月金玉均被朝鮮政府遣人暗殺於上海，傳說金玉均的前往上海，係由李鴻章之子李繼方所函招，已惹起日人極大惡感，但尙不能作爲對中國決裂之口實。）及東學黨勢盛，朝鮮政府懇求淸廷出兵，舊五月李鴻章命葉志超率兵三千往助，指定其駐紮地點爲牙山，避免與日方衝突。並依一八八五年中日天津條約，通知日本，於是日本閣議一致贊同，以軍艦七艘陸軍七千藉保護僑民爲名，直入仁川漢城，占取主動地位。東學黨徒聞中日大將將至，遂卽解散，此後朝鮮成中日軍事對峙局面，陸奧宗光故意提出改革朝鮮內政方案，明知淸廷不能同意，卽便指令其駐朝公使大鳥圭介强制執行，先製造以大院君李是應爲主的傀儡政府，否認中國之宗主權，並對中國海陸軍不宣而戰，引起中日甲午戰爭。（一八九四年、日本明治二十七年八月一日卽淸光緖二十年甲午七月初一日兩國正式宣戰。）

歷史上稱東學徒黨的起義爲「東學黨之亂」，實甚不妥。時中日甲午戰事正在進行，東學徒黨憤恨日人壓迫，在九十月間，再度蜂起，勢力蔓延朝鮮南北，到處標榜「斥倭」，襲擊日本兵站，仍以全琫準爲主體，有數萬之衆，轉戰各地，甲午年底，全琫準兵敗被捕，屢經鞫訊不屈，翌年被處死刑。是稱「東學黨之再起」。要之，所謂「東學黨之亂」是舊思想對新思想之爭，被壓迫階級對統治階級之爭，領導者爲抗拒西學之東學黨徒，受指揮者爲農民奴隸。因統治階級的借兵平「亂」，而引起中日兩國的爭戰，戰後東亞大局全變，其意義極爲重大。（梁嘉彬）

征韓論 (Seikanron)

此爲一八七三年（明治六年，淸同治十二年）由外征問題引起的明治政府內部指導權之爭執。當明治四年至六年派遣大臣岩倉具視 (Iwakara, Tomomi, 1825-83)、木戶孝允 (Kido, Takayoshi, 1833-77)、大久保利通 (Okubo, Toshimitsu, 1830-78) 等前往美國歐洲考察之際，留守大臣西鄉隆盛 (Saigo, Takamori, 1827-77)、板垣退助 (Itagaki, Taisuke, 1837-1919)、副島種臣 (Soejima, Taneomi, 1828-1905)、江藤新平 (Eto, Shinpei, 1834-74) 等內定了征韓的決策（一八七二）。其理論爲：朝鮮無禮於日本國使，日本此時不能不屈服於歐美列强，但爲求自身發展，應向弱小鄰國侵略以求補償，且可間接對歐美列强示威，利用外征以發洩士族農民對明治政府不平之氣。西鄉隆盛以參議任陸軍元帥，請命親赴韓交涉，藉端發動戰爭。副島種臣自岩倉出國，任外務卿，請命使華，藉慶賀同治大婚親政並交換中日修好通商條約爲名，探聽中國虛實，及中國對朝鮮、琉球、臺灣（當時琉球新受明治册封，臺灣適有牡丹社生番殺害琉球漂流難民事件）的態度。行前曾與西都隆盛密商，至華，盡得總理衙門和李鴻章的有利日本出兵的口頭答覆。一切正在發動當中，值岩倉具視等一行從歐洲考察返國（一八七三年七月至九月），咸認日本一切尙未進入軌道，萬難從事外征。大久保利通更歷擧反對征韓的理由七項：㈠防民變，㈡防紙幣外債循環膨脹，㈢防新政中止，㈣防金貨外流，㈤防俄坐收漁利，㈥防英乘機侵略，㈦防國勢每下愈況。且以日本忍歐美列强欺凌之大恥而不忍朝鮮無禮國使之小辱不得爲義，於是決議對征韓派予以壓制，號召以內治先決爲主。西鄉隆盛等征韓論者遂聯袂下野，隱與政府對抗。西鄉隆盛原爲薩摩（鹿兒島）下級藩士，一八六二年指導尊王攘夷運動，一八六六年與長州藩之木戶孝允結薩（摩）長（州）連合盟約，與同藩大久保利通決定武力討幕方針，一八六八年（明治元年）戊辰戰爭爲東征大總督府參謀，使江戶無血開城，幕府倒敗。一八七〇年爲明治政府之參議，陸軍大將，反對開明政策，在反動的士族之間隱然持大勢力。一八七三年以所議不行，歸鄉設私學校，準備反抗政府。江藤新平原爲佐賀藩下級武士，倡尊王攘夷，明治初年任司法卿及參議，黨於西鄉，至是下野歸鄉，一八七四年爲舊士族團體所推，擧兵佐賀稱叛，兵敗被斬。一八七七年（明治十年）西鄉隆盛遂亦爲薩摩舊士族所擁，擧兵稱叛，掀起明治維新以來最大一次之內亂，是稱西南戰爭，兵敗自殺。板垣退助土佐藩士出身，戊辰戰爭倒幕建功，任參議，黨於西鄉征韓論，失敗下野，與江藤新平、後藤象二郎等共組愛國公黨，旋提民選議院設立建白書，發起自由民權運動，又於鄉土土佐創立志社，努力普及民權思想，多方與岩倉、大久保等相抗。副島種臣佐賀藩士出身，實爲一極大陰謀家，自征韓論失敗（大隈重信回憶錄謂征韓論實由副島策動而起），辭外務卿，在野倡民選議院，屢浪走中國南北，洩露日本內幕於李鴻章，謀倒現政府。大久保利通原薩摩藩下級武士出身，與西鄉隆盛相善，實際亦非反對外征，不過自外遊歸來，深覺日本應先富國强民殖產興業然後可謀大擧。自一八七三年斥退西鄉等征韓論後，擢登內務卿，實際爲政治的獨裁者。翌年，終因舊藩士的叫囂，與岩倉具視大隈重信等謀，由美國謀士李仙得(C. W. Le Gendre)主謀，任令陸軍中將西鄉從道（Saigo, Tsugumichi, 1843-1902，西鄉隆盛之弟）實行對臺灣蕃社生蕃的討伐，西鄉從道借美國人才船隻，率兵三千餘人討蕃，中國不知虛實，循李鴻章意見，力避武力衝突，不與攔阻。西鄉從道僥倖收降牡丹以下數十番社，但因不敵山地惡劣氣候，士卒疫疾，三月之內死者五百七十三人，全軍病倒床蓐。大久保利通見事急，請命自赴北京交涉，總理衙門從李鴻章議，與締中日北京條約，得撫卹及建房修道費五十萬兩以歸。大久保在北京，得英國駐華公使威妥瑪（Thomas F. Wade)代爲解紛，並受暗示，如日本願攻朝鮮，英國爲防俄計，願爲日本之助。其後一年（一八七五年，日明治八年，淸光緒元年）朝鮮有江華島砲擊日艦事件發生，遂開釁端，朝鮮政府受李鴻章諷示，直接與日訂立江華條約（一八七六年）。其後日本仍循征韓論派的預定對外冒險路線，對琉球、朝鮮隨時伺機而動。（梁嘉彬）

南北朝時代 (Nanhokuchio Jitai)

日本史時代區分之一。自一三三三年至一三九二年，凡六十年之間。即自鎌倉幕府覆亡，後醍醐天皇建武中興之成立至南北兩朝復合爲一而由室町幕府再度統一全國之戰亂時期。最初三年由於後醍醐建武中興，有不將算在南北朝時代者。此時代之始，足利高氏（後改稱足利尊氏一三〇五—五八）開幕府於京都室町，利用從鎌倉時代業已開始的皇統之爭，擁立了持明院統的光明天皇於京都，而迫使大覺寺統的後醍醐天皇逃遁於京都南方的吉野，以正統爲號召而與之對抗。由是有南朝（吉野朝廷）與北朝（京都朝廷、實際僅是室町幕府）的對立。全國由此展開大規模的鬥爭，社會各階層皆捲入此時代的大動亂中，凡六十年之久。其原因：㈠此南北兩朝之爭實際是前時代公（公家）武（武家）兩權力鬥爭的延長，㈡室町幕府內部也有糾紛，㈢社會構造起了改革。關於室町幕府內部的紛爭，係發端於一三四九（貞和五年）足利尊氏之弟直義統轄幕政的勢力與足利尊氏幕府裡的執事高師直的勢力的衝突，其後發展爲足利尊氏死後其子義詮和直義死後其養子直冬的繼續鬥爭，而幕府諸將更分投兩派互爲水火，於是地方武士的歸趨也便錯綜複雜，與南北兩朝的抗爭互爲影響而有十五年間長期的擾亂。關於社會構造的變革，此時豪族領主階層的惣（總）領制的支配組織已解體，中小名主（名田領主）階層以莊園的支配亦已發生了動搖，於是諸國的守護起而將此等諸階層的武士農民加以大規模的組織，而參加南北兩朝的武力鬥爭，急速地將一國化爲私領而發展爲守護大名的制度。

此時代的特色是：㈠由於古代權力的衰頹，傳統貴族的勢力和文化也便凋落。㈡「連歌」「茶會」等興起，武士、農民革新文藝的發展也爲此時代的一大特色。（梁嘉彬）

昭和恐慌 (Showa Kyokuo)

日本資本主義在成長期的一八九〇年（明治二十三年），早就經驗到生產過剩的恐慌。從中日甲午戰爭（一八九四—一八九五）到日俄戰爭（一九〇四—一九〇五）之間，在一八九七、一九〇〇、一九〇七年，恐慌一再重演，召來金融資本的產業支配和財閥的形成。由於第一次世界大戰（一九一四—一九一八年）造成的好景氣，日本成爲實質的帝國主義的國家。以一八一八年（大正七年）的「米騷動」爲契機，日本進入了全般的危機。自該年八月從富山縣漁村的家婦暴動開始，在三個月之間，暴動範圍擴展到三十三市、二〇一町村，勞動者、農民、漁民、部落民、市民、學生、朝鮮人等七十萬人發生暴動，從要求米穀賤賣演變到對軍閥的批判，寺內正毅內閣由原敬政友會內閣接替，進到政黨內閣的道路。由此促進了勞動者的階級的自覺，對組織的行動的重要性的認識，召致勞農、市民的社會運動的激昂，而暴露了資本主義的矛盾。一九二〇年（大正九年）的戰後恐慌，一九二三年（大正十二年）九月一日的關東大地震，予日本經濟以重大打擊，使世界經濟儘管已進入相當安定的時期，而日本則單獨留在不安定的狀態。尤其是關東震災，死傷及失踪達十五萬人，，估計損失有六十五億日圓之鉅。東京、橫濱被害最大，山本權兵衞內閣儘管頒布種種法令，盡力計劃資本的救濟和混亂的解消，但經濟界的打擊極重，是爲引起所謂「昭和恐慌」的一個原因。

一九二七年（昭和二年，民國十六年）的金融恐慌，使得大資本、大銀行進行集中和獨占，財閥、五大銀行（三井、三菱、第一（澁澤）、住友、安田）確立了產業和金融界的支配。根據該年的銀行法，小銀行俱被整理，其後中小銀行便被封閉、解散和合併。一九二九年（昭和四年）十月從美國開始的世界大恐慌，轉瞬之間便波及日本。一九三〇年（昭和五年）日本的不景氣異常深刻，濱口幸雄內閣的藏相井上準之助實行金解禁（許可黃金輸出）和緊縮政策，希望壓低物價振興貿易，反而助成了不景氣的現象。從工業恐慌更引起農業恐慌，使得日本資本主義從根本動搖起來。隨着失業而引起的階級鬥爭的空前激烈化，法西斯蒂主義的鎮壓勢力也便擡頭。為了要脫出危機，終於又强化了從所謂滿洲事變開始的一連串的國外冒險行動。（梁嘉彬）

室町時代 (Muromachi Jitai)

日本史時代區分之一。亦稱為足利時代 (Ashikaga Jitai)。自一三九二年至一四七七年，即自南北兩朝合併由室町幕府完成全國統一之時開始，至應仁之亂結束為止。但亦有將室町幕府第一代將軍足利尊氏以後的南北朝時代（一三三六—一三九二）和應仁之亂以後的戰國時代（一四六七—一五七三）合在室町幕府時代來講的。

此時代的顯著現象是：㈠中央權力（幕府權力）頗為脆弱，㈡商業發達和商人階級勃興，㈢庶民力量和意識的高揚和暴動的時起，㈣所謂武家文化，其實是武士、新興商人、農民所支持的新文化的發達，有如茶道、猿樂、狂言、連歌等，又有如宋、元文明的日本化（水墨畫）等。綜括起來：㈠幕府和守護大名間的關係有象徵的分權的傾向，就是傳統的權威的否定，所謂「下剋上」的傾向，㈡武士、庶民階級的成長及其自覺。這兩點可認做這時代的特性。

這幕府是從第一代將軍足利尊氏 (Ashikaga Takauji) 開幕於京都室町，在一三三六年（延元元年，元順帝至元二年）至一五七三年（天正元年，明神宗萬曆元年）之間，歷十五代將軍，以室町為本據，發號施令，實行著武家政權。但在第三代將軍足利義滿 (Ashikaga Yoshimitsu，一三五八—一四〇八）以前，全國未曾統一（所謂「南北朝時代」），在第八代將軍足利義政（Ashikaga Yoshimasa，一四三六—九〇）時，有所謂應仁之亂（一四六七—七七），其後將軍威令僅行於山城一國乃至其周邊的小地域內，全國已入於所謂「戰國時代」。

第三代將軍足利義滿合併了南北朝，吉野朝廷（南朝）取銷了，全國統一（一三九二年，明太祖洪武二十五年）。其幕府職制大體繼承了鎌倉幕府的遺規，在中央方面，將軍之下有管領、評定衆、引付衆為輔佐，並分設侍所、政所、問注所三機構。管領相當於鎌倉時代的執權，但地位權力遠不及之，評定衆、引付衆的權力大為衰退，政所、侍所權限提高，此在機構上有異於鎌倉之點。在地方方面，各地置守護，在鎌倉特置關東管領，在博多特置九州探題，蓋對關東、九州格別留意。守護是仿傚鎌倉時代的北條氏，從足利氏一門的諸將當中任命其大多數，又管領、侍所等中央要職也多從足利一門的有力守護予以選任。在另外一方面，可能由於將軍的直轄領地和直衛軍的弱小的緣故，將軍自身的權力有限，專靠足利一門守護來支撑，確保全國的控制，因之，所謂中央權力究其實不外少數强有力的守護大名的聯合權力而已。分權的傾向也從此產生。足利義滿時代有短促的安定時期，其後農民暴動，守護大名的反抗和叛亂也相繼發生。至「應仁之亂」以後，所謂「下剋上」的風氣大行，實在已失去了統一政權的眞實性格。

足利氏自謂源氏之裔。足利義滿好驕奢，舉止僭越。在室町營結構華麗的新邸，多植花卉，於此聽政，被稱為「花之御所」。後又在北山造雙層金閣，奢侈無度。位太政大臣，目無皇室。重視對明貿易利益，用「日本國王臣源道義」名義，受明惠帝、成祖兩朝冊封，稱臣奉貢（一四〇二、一四〇四、一四〇六各年）。其後將軍多代，亦均派「遣明船」，向明朝進貢。明錢成為日本通貨。幕府末年，民生困苦，多入海為盜。從中國學得鍊鑛之法，盛行開礦。一五四三年（十二代將軍足利義晴時）有葡萄牙人砲銃的輸入，其後葡、西各國商船，陸續前來，在平戶、坊津、博多、堺浦、府內盛行貿易，增加了地方上各大名的財勢。一五四九年西班牙耶穌會教士方濟各 (Francis Xavier) 來日本傳教，嗣後有「切支丹宗」（葡語 Christan）的傳播，日人稱傳教師為「伴天連」（葡語 Padre），稱歐洲人為「南蠻人」。由於歐洲貿易和宗教的推進，影響了日本文化、學術、武器和戰術都不少。戰國時代皇室極為衰微，無人過問。地方上小勢力次第被大勢力併吞，一五六七年（正親町天皇永祿十年，明穆宗隆慶元年）尾張國的守護代的織田信長奉命入京平亂，至一五七三年（正親町天正元年，明萬曆元年）織田信長遂放逐了末代的將軍足利義昭，在近江的安土築城，以此發號施令，自為右大臣，掌握政權，而正式結束了室町幕府時代。（梁嘉彬）

飛鳥時代 (Asuka Jitai)

此爲日本史時代區分之一。年代尙無確定界說。從前有人要把推古皇（女帝）朝算到持統皇（女帝）朝約一百年間（西元五九三年至六九六年，中國隋文帝開皇十三年到唐中宗嗣聖十三年），因爲皇居大體在大和飛鳥地方，盛行佛教文化，便稱這時代爲「飛鳥時代」。近來有人要將推古朝作成核心，在它的前前後後，從佛教的傳入（約從西元五五二年，欽明皇十三年開始），到奈良的定都（西元七一〇年，元明皇（女帝）和銅三年），都認做「飛鳥時代」。因爲在這個時代裡，它的國都（皇居）固然屢有遷徙，但是最後還是遷回到被所謂大和三山（畝傍山、香久山、耳成山）的神話籠罩著的飛鳥盆地，便索性把這一百五十多年的歷史都劃進了「飛鳥時代」。在政治史上，這是一個激動的時代，在各氏族的抗爭當中看出皇室權力的逐漸集中，正準備著律令制國家的形成。在文化史上，這是佛教文化盛行的時代，不妨從佛教的傳入一直看到它的開花結果。因爲這種種緣故，有人還要把飛鳥時代和其次期的奈良時代合稱爲「飛鳥奈良時代」的。

飛鳥時代値得我們研究的題目是：①氏族制度，②宗教問題，③歸化人，④對外國尤其是對中國隋唐的關係，⑤律令制度的改進，⑥聖德太子的新政，⑦工藝美術的進步，⑧蘇我、物部二氏的相爭和其後中大兄皇子領導的「大化改新」，⑨「日本」國號和「天皇」稱號的由來。

在美術史上，這是一個光輝燦爛的時代。第七世紀末期（持統女帝頃）前前後後的美術發展，以法隆寺的建築和佛像、東大寺的法華堂戒壇院的佛像、唐招提寺的建築等爲代表，在美術史上有一個「白鳳時代」的名稱，實際上日本全無「白鳳」這一個年號。

「日本」的國號和「天皇」的稱號實際是在這個時代所創造。日本在中國一向稱之爲倭，但他自稱爲「日向國」(Hi muka-no- kuni) 可能已是極早之事。至於「日出國」(Hi-no-izuru- kuni) 之稱，已見於「隋書」倭國傳。隋煬帝大業三年（推古皇十五年，西六〇七年）倭使來致國書，有「日出處天子致書日沒處天子，無恙」之語，查日本書紀其使者爲大禮（官階）小野妹子，其通事爲鞍作福利，實歸化人梁人司馬達的後裔（此族歸化日本後，世執鞍作之業，故以鞍作爲氏），可見是歸化人教導日本要對中國爭平等。至「舊唐書」已分列倭國傳和日本傳，據該書日本傳云：「日本國者，倭國之別種也。以其國在日邊，故以日本爲名。或曰：倭國自惡其名不雅，改爲日本。或云日本舊小國，併倭國之地。」至新唐書日本傳乃確指日本國卽是倭國，並確說倭改國號爲日本，是在唐高宗咸亨元年（案卽西六七〇年，日天智皇時）遣使賀平高麗，惡倭名之後。但淸初日本學者松下見林著「異稱日本傳」有引和漢春秋轉引「唐括地志」的話：「和（倭）國，武后改日日本國。」又引「朝鮮三國史記」新羅本紀，亦云：「周（武則天）天授元年（案卽唐中宗嗣聖七年，日持統皇四年，西元六九〇年）十二月，倭國更號日本。」而明成化間歸化日本僧人周鳳所撰「善鄰國寶記」亦記：「唐錄曰：則天長安三年（案，卽唐中宗嗣聖二十一年，日文武皇慶雲元年，西七〇四年），日本國遣其大臣朝臣眞人來貢方物，因言其國近日所出，故號曰日本國。」據上各記錄，可看出日本原自稱其國爲日向國或日出國，到了日本持統皇後，始改號日本國。至於「天皇」的稱號，現代日本學者皆已承認日本皇室原只自稱「大王」，何時改稱「天皇」，日本史書多有掩飾，「日本書紀」（唐玄宗時元正皇命舍人親王太安麻呂等所撰）自云自神武稱「天皇」，自不可信。惟據新舊唐書高宗紀俱謂：「上元元年（西六七四年，日本天武皇三年），皇帝（唐高宗）稱天皇，皇后（武后）稱天后。」是「天皇」、「天后」之稱作俑自武則天，日本「天皇」的稱號可能便是受到高宗和武后改稱的影響。要之，其改國號爲「日本」，改皇號爲「天皇」，固難十分確定年代，但其動機係由於對中國爭取平等地位而來，則無疑義。而爭取平等地位，始自聖德太子（西元五七四—六二二），實由歸化日本的中國人教導之。（梁嘉彬）

神道 (Shinto)

日本民族宗教是從古代社會的呪術而起，在開國前早已有之。其主要的呪術有所謂「禊」(misogi) 和「祓」(harai)。這是和固有信仰相結而成，用淸水洗滌身體或捨棄或熟視無覩身外之物，以除去內心罪惡汚穢的古來習俗。禊之舉行，限於水邊，其含義較祓爲狹窄。除此以外，更有所謂「呪咀」(tokoi)「禁厭」(majinai，止蟲之法，亦稱禁呪)、「祈誓」(ukei)、「太占」(futomani，燒灼獸骨看裂痕以占吉凶之法)、「盟神探湯」(kugatachi，將手放於熱湯或熱泥內以判斷正邪之法）各種方術，也稱爲「呪術」。日本在開國以前，已爲農業民族，在耕作開始之先，有祈求豐年的「祈年祭」(toshigoi-no-matsuri)，當收穫之時，有供陳新穀感謝收成的「新嘗祭」(niiname-no-matsuri)，這在彌生文化以來在民族信仰中，被認爲最關重要的春秋兩祭。所謂神社，原爲各村落共同行農耕儀禮之所，最初大抵只有所謂「神籬」(himorogi)，卽在一塊清淨土地，四周圍以樹木，在其中祭神）、「磐境」(iwasaka，四周圍以石頭，以神籠石作神位）或「神奈備」(Kana-bi，係指神所在的森林），其後乃設社殿，定祭神。日本民族宗教最初僅以祭事爲主，隨着氏族制度的發展，各族奉本族的祖先爲神，對之祭祀崇拜，因此有「氏族之神」的產生。日本皇室的祖神隨着皇室中心的氏族制度的確立，亦卽爲人民認爲最高無上的全國各氏族的祖神。皇室要保持臣民對他的信仰，自不願將他的祖先的「出自」公開讓臣民知曉，而故意假借「神權」以實行統治。凡祭祀，在原則上，係以大王（後稱天皇）和各氏族的「氏之上」（氏首）來主祭，但自神代（開國前）以來，連繫於「神」與「人」之間的，早有「巫」（女巫）的存在。據日本學者的解說，禊祓之事意味著除惡神致善神，使擧國安寧，日本神代以女爲王，卽有「祭政一致」之意。「魏志」倭人傳裡的女王，實際上便是最高的女巫。其後男權逐漸伸張，祭和政亦逐漸分離。「魏志」倭人傳稱其使者渡海來詣中國，「恒使一人不梳頭，不去蟣蝨，衣服垢汚，不食肉，不近婦人，如喪人，名之爲持衰」。所謂持衰，實卽齋戒，亦卽禊祓的一種表現。在第七世紀，佛教既已傳入日本，因同用呪術祈求國家的安寧，受到政府的保護，神佛之間彼此要求調和，日本人民在神社裡設立神宮和佛寺，在神前誦讀佛經，將固有的八幡宮的大神（此神據傳和中國大陸關係極深）稱做八幡大菩薩，同時在另一方面又在寺裡祭祀鎭守社神，於是產生所謂「本土垂迹說」，也稱「神佛同體說」，意謂本地的佛不過是權現顯現在人間，爲了濟度衆生而作爲神來顯現。因此把神也稱做「權現」。

日本自古有所謂「齋宮」(saigu)，自從男王權勢逐漸伸張以後，天皇歷代差遣未婚皇女（亦稱「女王」或「齋王」）於伊勢神宮，主祭祀。內宮祭皇祖天照大神（女神），外宮祭皇室氏神（男神，稱做「豐受大神」，亦稱「倉稻魂神」、「保食神」等，掌百穀發生的根源，爲農業氏族所共同仰賴）。十三世紀，伊勢外宮的神宮，攝取佛教的理論，而製成所謂「伊勢神道」的教義，後來便有神道的思想體系的產生。到了室町時代（十四、五世紀），有「唯一神道」，到了江戶時代（十六世紀末到十九世紀六十年代），有「儒家神道」、「復古神道」等的陸續出現。明治維新元年（一八六八年），由太政官布告，厲行神佛分離之政策，勒令奉職神社的僧侶還俗或轉入神職，神名不得使用佛號，禁止神佛的混同，一時各地有廢佛毀釋運動的興起。到了太平洋戰爭失敗（一九四九年，昭和二十年）以後，由於占領軍的指令，廢止了國家對神社的保護和管理。儘管如止，直到最近（一九六六年），據日本文部省的調查統計，在日本三大教當中，信神道教的有七九、五〇四、〇〇〇人，信佛教的有七八、七七三、〇〇〇人，信基督教的有七三五、〇〇〇人，信其他教派的有六、五〇九人。以上總數超過日本人口總數是因有兼信兩種宗教的人數計算在內。信神道教的仍占日本人口的最大多數。（梁嘉彬）

財閥 (Saibatsu)

此爲日本企業合同 (Konzern) 型的獨占資本的稱呼。以居於最高統制、執行機關地位的本社（合名或合資會社）爲中心，對其直系的從屬會社或關係會社張開資本的網，在國家權力的密切保護下發展事業，將國內市場與海外市場予以獨占的支配。是國內經濟的支配者，同時也是對外侵略的推進者。在明治時代已定下基礎，自第一次世界大戰後採取企業合同型而發展，多數會社被支配於它的大資本的統一組織之下。財閥的頭班是以金融資本和產業資本爲根幹的三井 (Mitsui) 三菱 (Mitsubishi)、住友 (Sumitomo) 三大財閥。遠在江戶時代已成爲代表的商人三井，其始祖爲江戶初期的豪商三井高利 (Mitsui, Takatoshi, 1622-94)，伊勢（三重）松阪出身，前後在京都、江戶、大阪經營吳服店，錢莊，一六八七年（將軍德川綱古時代，貞享四年）爲幕府的御用商人，接受幕府或諸藩的滙兑業務。明治之初，三井這一家成爲政府的御用商人，在一八七六年（明治九年）設立三井銀行、三井物產，一八九二年以來，由中上川彥次郎的籌劃，成功地向產業資本進軍。一九〇九年創立三井合名會社，具備了財閥的形態，對日本經濟予以强有力的支配。三菱乃由於岩崎彌太郎 (Iwasaki, Yataro 1834-1885) 的經營海運事業而建立了基礎，岩崎最初是與土佐藩士後藤象二郎 (Koto, Shiojiro, 1838-97) 相結，掌握土佐本藩的海運事業，經過明治初年的廢藩置縣，海運事業移歸岩崎個人經營，卽以本藩財產爲基礎，創立三菱會社，其後又與大久保利通相結，接受一八七四年征臺之役與一八七七年西南戰役的軍事運輸而贏得莫大利益。彼與美系資本、三井系資本作激烈競爭，結果獲得日本海運業的實權，一八八四年（明治十七年）又創立日本郵船會社，始終扮演「政商」的角色，及身而奠定三菱財閥的基礎。死後，由於其弟岩崎彌之助 (Iwasaki, Yanosuke) 的努力，更發展以三菱合資會社為中心的財閥勢力。住友的早代，是江戶前期大阪貿易商和銅商的住友吉左衛門 (Sumitomo, Kichizaemon, 1647-1706)，實名友信，為幕府御用的吉岡銅山經營商，到了第十五代的友純(1864-1924)，一八九二年入贅於住友家，以開採別子銅山為基礎，一八九五年創立住友銀行，擴張其事業於貿易、機械、電線、倉庫、信託各方面，與三井、三菱並稱三大財閥。一九二一年（大正十年）設立住友合資會社，在軍需工業上住友所占比重還超過三井、三菱。除此三財閥外，以銀行資本作主體，企圖支配產業的有安田財閥。安田善次郎 (Yasuda, Zenjiro, 1838-1921) 為實業家，富山縣出身。一八六四年獨立經營錢莊安田商店，乘幕末明治初年的經濟混亂，收買太政官札（官發紙幣）、秩祿公債而博得巨利。一八七六年參加籌劃第三國立銀行，一八七七年參加籌劃第四十一國立銀行，至一八八〇年（明治十三年）遂創立安田銀行，而成功了以銀行資本為經營重心的財閥。一九一二年（大正元年）再設立了合名會社保善社，具備了金融財閥的實體。在此等財閥之外，以產業資本為軸心的，有淺野、大倉、古河等財閥。淺野總一郎(Asano, Soichiro, 1848-1930)、富山縣出身，經營事業以水泥為主，一九一八年設立了淺野同族會社。大倉喜八郎 (Okura, Kihachiro, 1837-1928) 新瀉縣出身，明治維新之際，為銃砲商，歷經臺灣出兵（一八七四）、西南戰役（一八七七）、中日甲午戰爭（一八九四—九五）、日俄戰爭（一九〇四—〇五），俱為軍中的御用商人，博得巨利，被稱為「死的商人」的典型，創立了合名會社大倉組，兼營各種事業，擴張勢力於朝鮮與中國大陸，造成所謂「大倉財閥」。主要經營礦山事業的有古河市兵衛 (Furuhawa, Ichibeye, 1832-1903)，古河合名會社即彼所經營。從地方製絲業一躍而成全國財閥的有片倉一族，片倉兼太郎 (Katakura, Kanetaro, 1849-1917) 是信濃諏訪出身，一八七八年學習意大利的製絲法，開始製絲業，一族皆從之。其經營有片倉合名會社，並經營農林、鐵路。每經戰爭，此等財閥咸獲大利，從東北事變到太平洋戰爭，更陸續有新興財閥的出現，經營化學工業、電工、曹達和其他軍事工業。戰後，財閥一時宣告解體，但到一九五一年七月有所謂「特殊整理委員會」的解散宣言，表面說是財閥解體完畢，實際是解除財閥家族、關係役員的活動限制，財閥復活的康莊大道又再被開放。（梁嘉彬）

馬關條約（下關條約 Shimo-no-seki Treaty, 1895）

此約日本稱之為「下關條約」。下關亦稱赤關或馬關，地在下關海峽北岸，扼瀨戶內海咽喉，自古為招接外客門戶。馬關的稱號原是出自日本元祿以後（清初十七世紀末）的詩人常改書赤間 (Akama) 為赤馬 (Akama)，又簡書之則為馬關。此約為日本對華締結不平等條約的開始，日本首次對外戰爭的大收穫。當一八九四年（日明治二十七年，清光緒二十年甲午）日本因須解決國內種種問題，且必欲與我國爭奪朝鮮的支配權，深認此年發動戰爭最為有利，由外相陸奧宗光 (Mutsu, Munemitsu, 1844-97) 等主謀，藉我國不肯同意共同改革朝鮮內政為名，首先對我水陸兩軍開釁，釀成甲午戰爭（一八九四—九五）。此約為甲午戰爭日方之收穫。

溯自一八八六年（明治十九年，光緒十二年），伊藤博文與李鴻章簽訂中日天津條約取得共同干涉朝鮮權利自中國歸國組閣後，即豫想對我國戰爭而養精蓄銳，厲行軍制改革，軍備擴張，軍事產業中心的資本主義的培植，促進了立憲支配體制的强化。其時中國已有七千三百三十五噸護甲十四吋半的鐵甲艦定遠鎮遠兩艘，日本自認不敵，因此擴充海軍不遺餘力，上自皇室節省費用移充海軍經費，因此自一八八六年至一八九四年之間，先後自英法購入高千穗、浪速（兩艦皆巡洋艦，一八八六年自英購入，各三千七百噸）、岩島、松島（兩艦皆海防艦，一八九二年購自法，各四千二百七十八噸）、吉野（巡洋艦，一八九三年購自英，四千一百五十噸）、秋津洲（巡洋艦，一八九四年用外料仿法式自製，三千一百五十噸）、橋立（海防艦，一八九四年購自法，四千二百七十八噸）等巨艦，至一八九四年自審海軍力量已可制華，蓋在一八八七年後，華艦未再添購。擴張軍備的結果，造成了一時的農業生產的停滯，農民及勞動者的貧困，社會經濟的種種矛盾現象，在政治上常遭民黨的攻擊，為了要解決內政困難，不得不期待於對清的開戰及朝鮮殖民地的獲得，而民黨攻擊政府外交無能，更促進了當局的戰爭決心及其事前籌劃。在對朝鮮貿易方面，一八八六年中日兩國的比重為八三比一七，一八八八年比重為七二比二八，一八九二年為五五比四五，可見中國比重愈高，日本比重愈低，而朝鮮對日政策日益强硬，故日本政治家、外交家、軍事家咸認有對我國及時開戰之必要。在日本方面，更有煽動戰爭的秘密結社組織和軍火商人。一八九四年六月朝鮮東學黨的叛亂，促使中日兩國出兵。日本外交、軍事當局最初曾考慮俄國等列强的干涉，頗為躊躇。值日英條約改正成功，遂認定各國對日本必存好意中立而決心冒險犯難。海陸兩軍皆能制敵機先，奇襲攻擊，主動作戰，使得我軍束手待斃。陸軍擊破我軍主力於平壤，海軍在黃海及威海衞予我北洋艦隊以殲滅。一八九五年（明治二十八年）三月十九至四月十七日總理大臣伊藤博文　(Ito, Hiro-bumi, 1841-1909)　外務大臣陸奧宗光與我國全權大臣李鴻章李經方會議於日本下關。會議之時李鴻章與總理衙門往返電報密碼皆為日方所探悉，據伊藤博文之「秘書類纂」第一卷日清事件竟有「李鴻章總理衙門及其他來往秘電三十七通」、「李鴻章內密意見電報」及「機密電報等百六十八通」，可見李鴻章的昏瞶。結果李之求愈哀，而伊藤陸奧之求愈苛，開議不久，李突遭日本浪人鎗擊中頰，陸奧深恐李藉口返國，或將巧誘歐美各國與日本為難，則日本勢須大為讓步，不料李負傷忍痛，繼續會議，於是伊藤陸奧買其餘勇，向李繼續勒索。緣會議時，日本海軍派主南進，認為臺灣、澎湖必須獲得以為南進基地，遼東旅大僅須租借，陸軍派主北進，認為遼東必須獲得，臺澎僅須租借基地，而文治派則着重賠款提高及經濟貿易諸般利益，以為此後建國建軍的資本。經伊藤陸奧巧為運用，合併海、陸、文三方底案為一案，用取銷停戰準備海軍出動來威嚇李鴻章，實卽用李鴻章電報以威嚇總理衙門，結果李對總理衙門來往電報愈為頻繁而中國之眞情內幕愈為日方所知曉。總理衙門不勝李之威嚇，予李以承認苛酷條件的全權，而日本海軍、陸軍、文治三派皆得各償大慾。四月十七日（光緒二十一年三月二十三日）中日媾和條約簽訂於下關（馬關），同年五月八日（舊四月十四日）互換。共十一款，又另約三款，議定專條三款，停戰條約六款，停戰展期專條二款。其主要內容如下：㈠中國承認朝鮮獨立，㈡遼東半島及臺灣、澎湖之割讓，㈢中國賠償軍費庫平銀二萬萬兩（約合日幣三億圓），㈣以歐西各國與中國所締條約為基礎，另訂中日通商行船條約，㈤日本除取得最惠國待遇外，增開沙市、重慶、蘇州、杭州為商埠，㈥日本輪船得駛至重慶及由上海駛進吳淞江及運河和蘇州及杭州，㈦日本得在中國通商口岸城邑任便從事各項工藝製造，並得將各項機器裝運進口，只交所定進口稅。嗣後歐美各國援最惠國待遇條款，亦分享日本此次所得商務利益，而獲益最大者且為英國。

自馬關條約簽訂後六日（四月二十三日），日本卽遭俄、德、法三國聯合干涉，以相同文句强迫日本歸還遼東半島與中國，此係李鴻章與俄國駐華公使喀西尼（Count Cassini）事前有勾結而來，陸奧宗光力主對三國屈服，但對中國不可放鬆一步，最後於是年（一八九五年，明治二十八年）十一月八日卽光緒二十一年九月二十二日，再由李鴻章與日駐華公使林權助簽訂中日遼南條約六款於北京，以中國補償庫平銀三千萬兩作為日本交還遼東半島之代價，定在同月十六日（舊九月三十日）全部交付。該約於十一月二十九日（舊十月十三日）互換，而結束甲午戰爭。（梁嘉彬）

無土器文化 (Mudoki bunka)

直到最近，日本人還承認在西元前數千年之間繼續存在的繩文式土器所代表的文化（繩文文化）是日本各島最古人類的文化。但是由於一九四二年（昭和十七年）群島縣岩宿遺跡的發現，一九五一年東京都茂呂遺跡的發現，證明了在關東壚母層（黑色耕土下面的紅土）中有不伴同土器出土的石器竟然可以被發掘出來。於是有人說：繩文式土器往往是在壚母層上面的黑色腐蝕土層被發現的，而今在壚母層裡面有此種原始石器的出土，便可斷定這石器所代表的文化當較繩文式文化更為古遠，這可證明在繩文人之前，日本已有人類居住了。這種「無土器文化」的遺物，是以剝片石器為主體，它代表了舊石器文化，全是打製的，雖然看出在技術上已有相當程度，但無土器式石鏃等的伴同出土。同文化的遺跡據說從北海道直到瀨戶內海諸島以及岡山縣的周邊續有發現，已有一百多處所，就中以群馬縣的岩宿遺跡和奈良縣大阪府交界的二上山遺跡尤為有名。將來在日本全土或可能續有發現的。

大抵在地質學上所謂「洪積世」(Dilluvial Epoch) 的末期，日本的土地還是和亞洲大陸相連接，到了「沖積世」(Alluvial Epoch) 的初期，就是距今約一萬年前，日本海的地域纔有了大的變動，現今的日本列島纔大致形成了。在此之前，日本列島和朝鮮半島之間還是連接著的，當時的氣候要比現今日本的氣候溫暖得多，熱帶哺乳動物例如印度象、野牛、野犀的化石，人骨和打製的石器的遺物近年是續有發現的，考古人類學家也權宜製造了一個「

日本洪積世人類」的名稱。可是有關這種人類的詳細報導還是欠缺，有人推定這種人類已知曉用火。這種人類的存在是怎樣的？詳細年代如何？具體生活狀態如何？他們和現今的日本人的祖先有何關係？他們和「北京原人」有無關係？現在還無法作證。（梁嘉彬）

戰國時代 (Senkoku Jitai)

日本史時代區分之一。若以中央政權所在地而論，則仍屬室町時代的後期。但自應仁之亂（一四六七年—一四七七年室町時代的大規模內亂，京都幾成灰燼）直到織田信長的統一日本大部（一五七三年），代足利將軍為霸主，一般皆別稱之為戰國時代。

這時代的室町幕府中央政權已是有名無實，在各地割據的新興的大名各各形成地方分權的領國，互相戰爭，而逐漸趨於合併統一，其戰亂約有百年之久。應仁之亂（亦稱應仁、文明之亂）以後，舊的守護大名由內訌、「下剋上」，而逐漸趨於沒落，所謂「守護代」和地方武士的勢力代之而興，形成戰國的新興大名。後北條、武田、上杉（長尾）、織田、淺井、毛利等氏的有力者全是這時代的新興勢力。此輩以中央制霸為目的，各自擴張領地，不時入京（稱之為「上洛」），一面各自採取本身的「富國强兵策」，一面彼此反覆戰鬥。此種爭亂荒廢了田園土地，但對於保有莊園體制下的幕府、守護大名、大社寺等的舊勢力却予以致命的打擊，而解決了社會矛盾。其結果：㈠有以農業生產力的發展為基礎的小農民獨立經營的廣泛的展開（舊有的由家長制大經營的瓦解，隸屬生產者的自立的經營），又由於大名的農民保護策，治水灌溉事業等也有促進；㈡有都市和地方市場的廣泛產生和發達，城下町、商業交通的地方都市、農民市場的新興；㈢有以「富國强兵策」為出發點的鑛山的開發和交通路驛遞制度的整備。因此，戰國時代在破壞的另一方面，也有其急激推動新時代的作用，而文化也由此不用京都做樞軸而普及傳播到地方的城下町，推廣了國民文化的基礎。一般把戰國時代的歷史性格看做封建制的再編成期，最近見解頗以為戰國時代是從分權的封建社會轉移到集權的封建制（Ständestaat）的一個過渡時代。織田信長（Oda-nobunaga　一五三四—八二）原是尾張的「守護代」，經過一五六〇年桶狹間之戰而滅掉今川氏，一五六七年又滅掉美濃的齋藤氏，一五七三年追放將軍足利義昭，滅淺井、朝倉兩氏，一五七五年經過長篠之戰，與德川家康合力攻破武田氏，而成為結束戰國時代的霸者。（梁嘉彬）

彌生式土器文化（彌生文化）(Yayoi Bunka)

在繩文文化繼續了幾千年之後，約在西元前二三世紀（周末至漢初），日本出現了一種新的文化。代表這種文化的「彌生式土器」，比起繩文式土器來，是呈明亮的赤褐色，質硬而薄，有著簡素的形狀。沒有紋樣的不在少數，有紋樣的則以幾何對稱式的紋線為主，是用著好質料的黏土經過了高熱做成的，頗為有高技術的產品，而以煮沸用器（甕、甑）和穀物調理保存用的容器為主。最初是明治十七年（一八八四年）坪井正五郎博士在東京本鄉區彌生町（東京大學農學院後方）的貝塚當中，偶爾發見了一種製作特殊的土器，那是一個壺。權宜稱之為「彌生式土器」。後來愈到西部日本，發現處所愈是衆多，有人要把它稱做「埴瓮土器」或「中間土器」，但都不通行。最初學者間還認為繩文式土器和彌生式土器是同出自一民族之手，而且還認為彌生式土器文化仍是石器時代的文化。後來纔曉得此兩種土器所代表的文化斷然不同，不可能為同一民族的產物。和彌生式土器伴同出土的，不但已有磨製的石器，而且已有青銅器和認為必須經過使用鐵製利器纔能製造出來的木器。最近學者們更在鹿兒島成川彌生式墓地發現百餘鐵製利器，據推論此等鐵器由於在火山灰層之內，故仍得保存。從出土器物可看出紡織術和籠類製造的盛行，全般生活水準的提高，金屬器的使用和農耕生活的開始。關於金屬器，最初還被人們把銅鐸、銅劍等青銅器看做代表的遺物，後來（最近）已被看出鐵器纔是這彌生式文化的基本的主要用具。這鐵器是達到生活向上的重大角色。

水稻栽培的開始可從炭化了的米或穀物調理用的土器，和石庖丁、杵、木鍬等遺物看出來。靜岡市登呂的遺跡裡有水田遺構，田舟、田下駄（屐）和穀物倉庫的痕跡。在社會制度上也有村落生活的進展，和階級關係的確立，這可從竪穴和住居的狀況或墓地狀態觀察出來。如此逐漸形成了古代社會。從金關丈夫等人類學家的人骨研究，所謂「原日本人」到了紀元前二三世紀，也就是彌生式時代開始時，也表示出急遽的變化，有平均高出三 centimetre 的新人種在西日本出現，可以推定是由於一部渡來的新人種和舊有的「原日本人」的混血結果。彌生文化帶進了水田農業，帶進了金屬文化，已包含了和原始時代訣別的要素。這種彌生文化絕非繩文文化的自然成長，而是由於大陸傳來。關於傳入的路線，最近又有不同的學說。

在戰後，日本考古人類學家對這種彌生文化的來源多有透露。鳥居龍藏博士（一八七〇—一九五三）在病逝前曾打銷了他平素所持彌生文化是從亞洲東北地方移去的主張，而改說是從中國大陸去的。他說：「在人種學上，日本人最早原由兩個民族構成，其一由亞洲大陸移來的烏拉爾阿爾泰民族，其二來自南洋群島的印度尼西亞人（馬來原人），成爲當地的土著。後來又有一群集體移民來自中國大陸，其中包括了少數的女巫，他們擁有强力武裝，到日本後，和先來的日本人交雜住下，後來他們便征服了土著，而建立了一個統一的神權國家，這就是日本國。我們承認他們是現今日本民族的祖先，彌生式土器便是他們帶進日本來的。」此外，八幡一郎博士對彌生文化的進路有作下列說：「約在西元前二世紀左右，當狩獵漁撈的繩文文化到達了路的盡頭的時候，偶然遇到了帶來水稻農業的技術和穀種的族類，渡過了中國東海而到達了南韓和九州，他們創造了彌生式文化。他們和住在九州壓倒多數的繩文文化民族雜居而文化交錯，而惹起了文化的變容。當彌生文化從九州往東擴展，愈是通過繩文文化之網的時候，繩文文化的抵抗力愈是堅强，文化變容的速度便愈是低減了。」

一般人把彌生文化時代緊接在繩文文化時代之後。彌生時代雖僅僅繼續了幾百年，但可區分爲前期（約西元前三百年至西元前一百年），中期（約西元前一百年至西元後一百年）和後期（約西元後一百年至二百年）。很多學者强調彌生時代已入於「鐵器時代」。緊接著彌生文化的後期，以大和爲中心出現了所謂古墳文化。它是代替了在彌生文化看到的甕棺，箱式棺的地下埋葬，而發生了豪族階層的墳墓，那是在地上築成墳丘，在其代表面四周排列着埴輪（黏土做成的偶像），在內部設着石室安置棺材，並且容納了種種陪葬品。很多學者認爲要直到古墳文化開始以後，日本纔有皇室的出現。

據直良信夫之說：琉球也有繩文文化和彌生文化的興替，一如日本。從沖繩那霸城缶貝塚層中出土了中國的「明刀錢」一枚，可推定在距今二千年前琉球已有了彌生文化的存在。一九五七年到五九年，金關丈夫等一行在九州南方海中的種子島發掘，在彌生式土器的埋葬遺跡中發見了刻有漢隸「山」字和刻有饕餮紋樣的貝片，一九六三年蒙金關函告，琉球伊江島貝塚亦有饕餮紋的貝片的出土，這證明了從戰國末到漢末三國的東吳，中國南部和琉球各島北至九州南部已有直接交通，這對於古代日本琉球對中國大陸的交通專靠朝鮮半島做橋樑的舊說不啻予以致命的打擊。（梁嘉彬）

歸化人 (Kikajin)

歸化人的多數渡來，在歷史上有其意義，是從古代直到進入平安時代之間，其數衆多實出意外，在中央諸氏之內，稱爲歸化人系的要到百分三十。開始渡來的大多數據一般推定可能在四世紀後半（東晉穆宗以後），當大和朝廷勢力進入朝鮮以後。初期歸化人是挾著大陸的進步知識技術而移入的，構成了氏姓制度下的職業組織的主要部分。其中，漢氏 **(Aya uji)**、秦氏 **(Hata uji)**、文氏 **(Fumi uji)** 等皆成爲朝廷中的有力豪族，不久，文化的主導權又移到其後渡來的中下流歸化人層的手裡。佛敎的容納、飛鳥時代的文化建設、大化改新的實質面的推進等，都是以彼輩創導爲主。到了第七世紀後半百濟於六六三年，高麗於六六八年滅亡之際（日本天智天皇時，唐高宗時），從朝鮮半島渡來的亡命者異常衆多，其中百濟氏，高麗氏等，原是王族的，渡來日本後都成了有力的貴族，其他衆氏在文化技術方面和此前歸化的氏族也大多數擔當了奈良文化的推動者。因此，歸化人的活躍可說就是古代社會進化的原動力，也不爲過。

其實對於歸化人的研究，發生很多疑問。原因是傳說各有不同，有時甚至彼此矛盾。例如「漢氏」，通說是出自東漢靈帝曾孫阿知使主及其子都加使主，率領母弟及七姓十七縣人，於應神天皇二十七年（應神天皇舊說在西晉，近說在東晉，即第四世紀後半，詳細年代已不可考）渡日，天皇分置其衆於諸國是稱漢氏。其後有「倭漢直」、「河內漢直」的區分。「文氏」也稱「史部」**(Fubito-be)**，爲文人 **(Fumi-hito)** 之意，係指以文筆仕於朝廷的部民。通說漢鸞王王狗之後的王仁於應神年間自百濟來傳王子，其子孫住於河內，是稱「西之史首」，阿知使主的子孫居於大和，是稱「東（倭）之史直」。阿知使主和王仁都自稱漢高祖之後，究竟眞實情形如何。又例如「秦氏」，通說秦始皇後裔弓月君（一作融通王）率領百二十七縣秦民於應神天皇時歸化，仁德天皇時，以秦民賜姓「波多公」**(Hata-no-kimi)**，及至雄略天皇時（約當劉宋時）又以秦酒公 **(Hata-no-sake-kimi)** 所織絲帛堆積如岳，賜姓

「太秦」(Ujumasa)。這些秦人歸化日本後，於養蠶、織絹、製酒和諸般文化俱有貢獻，常任政府要職，為大藏長官，受朝廷信賴，被呼為「勝部」（Katsu-be，即優秀民族之意）。此外，關於秦氏，還有不少學說。有說在應神以前，秦始皇裔功滿王已率領大批秦民，移殖日本，有說日本的「秦氏」，實即秦韓之後。有說秦氏一族最初移住日本者為所謂「日槍族」（一般說是垂仁天皇時新羅王子歸化日本之裔），喜田貞吉說謂其移住日本已在開國以前的所謂神代。有說秦氏之在日本，有「歸化」和「古傳」兩種，「歸化」是後去的，「古傳」是固有的。看日本姓氏錄，這秦氏應和姓氏錄裡的「皇別」、「神別」俱有關係，看日本人歷朝關於秦方士徐福的記錄，徐福的子孫又皆稱秦氏。又「隋書」倭國傳亦有「秦王國，其人同於華夏」的記錄。總之：中國在歷代朝代鼎革之際，必有大批大陸民族移居日本，而這些移居日本的中國人，對於日本國家的開化，民族的融和，社會的開化，皆有其最大貢獻，是無疑問的。（梁嘉彬）

鎌倉時代 (Kamakura Jitai)

日本史時代區分之一。在公元十二世紀八十年代至一三三三年（日元弘三年，元順帝元統元年）之間。此為據鎌倉之地而成立的最初武家政權的時期。其成立年代通說是以一一八五年（日文治元年，南宋孝宗淳熙十二年）平氏的滅亡，源氏設置守護、地頭之時為始，但亦有以一一八三年（日壽永二年）源賴朝在東國的政權已被公認之時為始者。至此時代的結束則一致認定一三三三年鎌倉被官軍攻陷之時。鎌倉一名在奈良時代已有之，在十一世紀中葉已與源氏結成關係。一一八〇年（日治承四年）源賴朝舉兵於此，其後即以此地為發號令的本據。

此一時代的特色是：㈠既成的公家政權（京都朝廷）和新興的武家政權（鎌倉幕府）的對立，莊園的領主和地頭等的對立（地頭原是莊園領主私設之官，但到了鎌倉時代成為源氏掌管諸國莊園的工具），支持貴族的舊佛教和受新興武士、農民擁護的新佛教（淨土教諸宗、日蓮宗、禪宗等）的對立，俱有顯著的新舊勢力對立的二元傾向。㈡在文化方面頗顯露現實主義的寫實的傾向，在彫刻、肖像畫、「軍記物」、「繪卷物」和武士階級製造出來的有如「武家造」等，表現出一種寫實的素朴的文化。㈢和上述的寫實性相連而來的，在美術和思想（例如伊勢神道）方面，產生出個性化的傾向和復古主義。

鎌倉幕府的支配體制，是以將軍和武士（「御家人」）相結而成的主從制，和配置在全國的守護、地頭制為其二大支柱。將軍和「御家人」的主從關係成為它的軍事的封建制度，將軍授「御家人」以地頭之職，稱為「御恩」或「所領給與」，「御家人」對將軍有「奉公」、「軍事勤務」的職責，此種主從制度成為國家的公的制度。受此體制編成的大小領主階層的武士，尤其是在東國方面，和將軍結成有如家人父子的關係，可說是繼承了古代的封建制度而非創立。其政治機關，在中央有侍所、政所、問注所三種機構，分掌軍事政治和司法大權，在地方有全國的守護、地頭的配置，而在重要地點，更特置京都守護、鎮西奉行（九州）、奥州惣奉行（東北）各要職。京都守護在承久之亂（一二一九年源氏滅亡，鎌倉幕府實權移入執權北條氏手內）以後，為新設的「六波羅探題」所代替，鎮西奉行在文永弘安之役（一二七四年、一二八一年亦稱「元寇」）以後，改稱「鎮西探題」。源賴朝（一一四七—九九）開幕府於鎌倉，以征夷大將軍名位號令全國，但自其死後，北條氏的勢力已急遽擡頭，北條時政（一一三八—一二一五）摧毀其政敵比企、和田諸氏的勢力，自以執權的地位而宰割幕政。源氏將軍僅歷三代而已，由北條氏自京都迎來攝關家的子弟或皇族立為名義上的將軍，而自掌軍政實權。承久之亂（一二二一年即承久三年，後鳥羽上皇與順德天皇相謀，討伐北條氏，不克）以後，執權聲勢最盛，所謂「御成敗式目」的制度，「評定衆」、「引付衆」的設置，是其輝煌成果。其後由於社會構造發生了變化，自文永弘安之役（「元寇」）後，武士階級逐漸分化而趨於沒落，執權政治盛極而衰，到了末期，人心離異，京都朝廷乘機討幕，經過元弘之亂（一三三三年），後醍醐天皇復辟成功，由於足利高氏的歸順朝廷，北條氏終歸覆滅，鎌倉時代於以告終（梁嘉彬）

繩文式土器文化（繩文文化）(Zomon Bunka)

日本自從進入「沖積世」(Alluvial Epoch)以後，暫時還停留在舊石器的無土器文化的階段上，最近學者間多主此說。其後在西元前數千年（正確年代還難確定，有說是西元前八千年前），有新文化的傳入，直到紀元前三世紀左右（周末漢初）彌生式土器文化傳入之前，日本先史被認作繩文式土器文化（繩文文化）的時代。此繩文文化的遺跡，在各地有貝塚、住居址、墓地等的發現。其代表的遺物為土器，呈黑褐色，質脆料厚，因為有繩紋模樣（渦卷曲線）附着在土器之上，所以被稱做「繩文式土器」，由此又被人把這種文化稱做繩文式土器文化。在繩文式土器裡面，有甕、鉢、皿、壺等的容器，此外還有土偶。用土器的樣式變遷來分期，繩文文化可大別為早、前、中、後、晚五期。作為土器以外的遺物，在石器方面有石鏃、石槍、石錘（漁網用）、石斧、石匕、石皿、石棒等等，已進到新石器時代了。在骨角器方面，有釣針、銛、針等，此外還有玉製的，貝製的裝飾具等等。透過這些遺物，我們全看不出當時有農業生活。住居的地方是可以容納五人到十人大小的「竪穴」，多數是聚居在森林邊緣或高台地的上面。那種場所是適合獵狩或漁撈的集團生活。墳墓沒有棺槨、殉葬品或任何標幟，只是「環狀列石」的存在，死體是用「屈葬」或用「抱石葬」，大抵是這種原始族畏忌死靈之故。社會組織具體如何尚難確定，說繩文文化的源流至今不明也不為過。有人推定在早期的繩文文化，有從北方來和從南方來的兩種以上的系統的並存着。在前期的繩文文化已混合此兩系統，到了中期繩文文化便把兩系統混而為一了。最可注意者，為㈠繩文文化還是石器時代的文化，因為伴同繩文式土器出土的只有石器等而無金屬器物，而其下一期的彌生土器的伴同出土物已有青銅器，甚至被人證為已有鐵器的使用。㈡繩文文化的石器顯然較為粗糙，最初只有打製的石器，後來因受了彌生式土器文化的影響，纔有磨製的石器。㈢繩文時代的文化在聚居海岸湖沼河川之間的，是以漁撈為主，在山林間的是以狩獵為主，從出土的器物可以看出他們還未脫離漁獵的生活，而彌生式土器文化時代已以農業文化為顯著。㈣繩文式土器早期器形一般簡單，多半是尖底的，後來受彌生式土器的影響，器形紋樣色調都漸多變化了。㈤繩文式土器只用手工做成，而彌生式土器則從一開始便用陶車，後來彌生式土器反而只用手工了，據三森定男「日本原始文化」之說，謂此點大可注意，日本彌生式土器所用的陶車必定是從外國傳來的，傳來既久，技術失傳，故又只用手工。古來發明陶車的只有埃及和中國，埃及發明陶車約當西元前三千年，中國知用陶車較埃及更早。㈥繩文文化係與埃努族（The Ainus）分布地區路線相同，北自千島群島，中經日本群島，南至琉球群島，遺址超過一萬多處，係從東北趨向西南方，就中以東日本為最多，西日本較少，而彌生式土器係以西日本為多，東日本較少，經考古學家八幡一郎等證明，係從西南日本向東北日本延伸，與日本開國傳說神話的發展路線相同。㈦繩文式土器的紋樣以土器表面附有渦卷曲線的繩文為主，彌生式土器的印紋則是以幾何式的紋線為特徵，故我們可斷定此兩種土器所代表的文化迥然不同，依考古學家的論斷，繩文式文化係日本原始族的埃努族 **(The Ainus)** 的文化，故亦稱「埃努式土器文化」，而其次期的彌生式文化才是日本民族的祖先的文化。此兩種文化的交替時期係當西元前二、三世紀，即當周赧王（周末戰國時代）至漢武帝的時期內。（梁嘉彬）

攝政‧關白 (Sesshio, Kanpaku)

攝政在制度上是天皇的代行者。歷史上是本於自古以來皇親成為政治中樞的習慣。關白是採自前漢霍光的先例，意謂臣下一切奏上之事必先關白，由於內覽，實質上和攝政無甚異致，只因在天皇成年以後已無設置攝政的理由，故改稱關白而已。在平安時代，外戚藤原氏的政權自藤原良房 **(Fujiwara-no-yoshifusa, 804-872)** 以清和天皇外祖拜太政大臣，天皇即位時纔九歲，良房再受命攝政，總理萬機。古來只有皇后或皇太子得任攝政，以人臣任攝政自藤原良房始（西元八五八年，唐宣宗時）。良房以其兄之子藤良基經 **(Fujiwara -no- mototsune , 836-891)** 為嗣，基經以妹高子進為清和天皇女御，天皇皈依佛教，八七六年讓位，即以高子所生子嗣位，是為陽成天皇，年纔九歲，基經復為攝政，進至太政大臣（八八〇年）。陽成天皇十七歲時，基經以天皇多病為理由，廢之，改立疎族光孝天皇（八八四年）。光孝被迎立時已五十五歲，故不置攝政，唯賜溫詔於基經：「應奏之事，應下之事，必先諮稟，朕將垂拱而仰成。」光孝在位四年而崩，基經立皇子嗣位，是為宇多天皇（八八七年）。宇多即位即賜溫詔於基經：「萬機巨細，百官總已，皆關白於太政大臣，然後奏下，一如舊事。」自是有「關白」之稱。然仍未成制度。及朱雀天皇年幼嗣位（九三〇年），基經子藤原忠平 **(Fujiwara-no-tadahira, 880-949)** 再任攝政，後更為關白。但仍非世襲性質。到了冷泉天皇嗣位（九六七年，北宋太祖時），因母是藤原氏女，而本身又體弱多病，遂以藤原實賴 **(Fujiwara-no-saneyori, 900-970)** 任關白。自此以後，攝政、關白殆為常置。藤原氏在天皇幼年攝政，天皇即長則罷攝政而為關白。由冷泉天皇到後泉天皇，凡八代之間，大約一百年（九六八年—一〇六八年，宋太祖開寶元年至神宗熙寧元年），是為藤原氏專權之世。其間天皇的后妃殆皆出自藤原氏，其所生之子嗣位爲天皇，朝廷要職爲藤原氏佔有而排斥他族，是爲藤原氏全盛時代。其間，藤原道長 **(Fujiwara-no-michinaga, 966-1027)** 歷任一條天皇、三條天皇及後一條天皇三朝（九九六—一〇一七年），以其女三人先後和三代天皇結婚，遂得攝政二十餘年，專橫到了極點。出自藤原氏的后妃皆回母家分娩，皇子皇女皆養育於藤原氏邸，天皇嗣位後仍常回藤原氏邸居住，藤原氏邸形成禁內。攝政關白之家（攝關家）所設的「政所」**(mandokoro)** 也卽代太政大臣而爲政治中心，朝廷僅爲擧行儀式之所。有所謂「政所政治」之稱。藤原道長之子藤原賴通 **(Fujiwara-no-yorimichi, 990-1072)** 繼爲後一條天皇，後朱雀天皇，後冷泉天皇三朝的攝政關白，專政五十二年，但其威勢已不如其父。到了後三條天皇繼位之時（一〇七二年），因本身與藤原氏無姻戚關係，遂極力壓制藤原氏，使攝關走向衰運。其子白河天皇更用讓位而己居「上皇」或「法皇」的地位在院中處理政務的方法，來壓制攝關家。自一〇八七年起，所謂「院政」便代替了「政所政治」，日本統治大權便由天皇的母系尊親轉移到天皇的父系尊親手中。（梁嘉彬）

蘭學 (Rangaku)

在江戶時代興起的有關西洋學術和東洋以外的世界事情的學問，統稱之爲爲蘭學，後更改稱之爲洋學。在鎖國的體制下，日本人想要獲得西洋的知識和學問，除了從航來長崎的中國船帶進漢譯的西洋科學者加以研讀，和從長崎出島地區的荷蘭人那裡透過荷蘭語言的學習而獲得外，別無他法。在一六三〇年（將軍德川家光時代，寬永七年），幕府因爲禁教，對從中國船輸進的利瑪竇 **(Matteo Ricci)** 一派的漢譯洋書三十二種予以禁止，其後，日本人想要知曉西洋科學和世界事情，便只有從長崎透過荷蘭商館的通譯官來學習了。當時荷蘭人只通商，不傳敎，受幕府特准居留長崎出島小區域裡，還是介紹西洋的一個媒介，所以便稱西洋學問爲蘭學。但是一般日本人是無法接觸荷蘭人的，通譯官（日本稱之爲通詞，中國稱之爲通事）的語學無組織，學術知識又都大受限制，只有介紹簡單的外科醫術一類，有「紅毛派」之目。蘭學勃興的機運是從十八世紀初纔開始，由於江戶幕府中期的學者新井白石 **(Arai, Hakuseki, 1657-1725)** 對世界地理或耶穌教都能採取冷靜的研究的態度，輯錄了「西洋紀聞」、「采覽異言」等書，更由於將軍德川吉宗 **(Tokugawa, Yoshimune, 1684-1751)** 的獎勵實學，許可凡不牽涉宗教的洋書或漢譯洋書得以入境，並命青木昆陽 **(Aoki, Konyo, 1698-1769)**、野呂元丈 **(Noro, Genzo, 1693-1761)** 等人學習荷蘭語，採訪外洋知識，青木著有「和蘭文字略考」、「蕃薯考」等書，野呂著有「阿蘭陀（和蘭）本草和解」，而蘭學在日本始有轉機。此種機運，到了一七七一年（將軍德川家治時代明和八年）以後，有醫學者前野良澤 **(Maeno, Ryotaku, 1723-1803)**、杉田玄白 **(Sugita, Genbaku, 1733-1817)**、大槻玄澤 **(Otsuki, Gentaku, 1757-1827)** 等因醫學求精而學習蘭語（荷蘭語），由前野、杉田等共同翻譯了一本人體解剖的「解體新書」，而蘭學乃有本格的發展。大槻玄澤原是仙台藩的醫師，走江戶，學醫學於杉田玄白，學蘭語於前野良澤，又遊學於長崎，然後在江戶京橋設立私塾芝蘭堂以傳授蘭語爲業，著作頗多，其「蘭學階梯」爲蘭語翻譯學習用書之始，並有「重訂解體新書」、「瘍疾新書」，皆稱名作。出於大槻門下者有稻村三伯 **(Inamura, Sanbaku, 1758-1811)**、宇田川榛齋 **(Udagawa, Shisai, 1769-1883)** 等人，一八一一年（將軍德川家齊時代，文化八年）被幕府登用，得到長崎通事出身的馬場貞由的協力，翻譯成功了一部「厚生新書」（百科全書，是荷蘭翻譯的法國學者 N. Chomel 的原著）。同時長崎通事之間，也出了本木良永 **(Motoki, Yoshinaga, 1735-94)**、志筑忠雄 **(Shizuki, Tadao, 1760-1806)** 等人，熱心介紹天文、曆學。本木譯有「太陽窮理了解說」介紹了地動說，「阿蘭陀地球圖說」增加了日本人對地球的知識。志筑學天文學於本木，完成了「曆象新書」及「求力論」、「和蘭品詞考」、「日食繪算」，介紹了牛頓的力學及地動說。一八二三年（家齊時，文政六年），有德國博物學者兼醫師 **Siebold (Philipp Franz von)** 的渡日，在長崎出島當荷蘭商館的醫生，於研究日本自然人文之餘，設塾授徒，又隨館長至江戶，和日本學者接觸，得高良齋、高野長英等優秀門徒，從此提高了蘭學的水準，到長崎學習的逐漸增加。在大阪也有電氣學的橋木宗吉 **(Hashimoto, Sokichi, 1763-1836)**、曆學的麻田剛立（**Asada, Goriu, 1734-99**）、間重富（**Hazama, Shigetomi, 1756-1816**）等人的出現。一八二八年（德川家慶時，天保九年），有緒方洪庵 **(Ogata, Koan, 1810-63)** 的適適齋塾的開設，傳授蘭學，造就不少人材，幕末明治初年，如福澤諭吉、大鳥圭介諸人，皆從其學，成爲蘭學的一個中心。其間，蘭學者有如司馬江漢(Shiba, Kokan, 1747-1818)、山片蟠桃 (Yamagata, Banto, 1748-1821)、高野長英（Takano, Chioei, 1804-50）諸人，對封建的世界觀和幕府的政策都加以批評。當時幕府還堅持鎖國政策，蘭學還不過局部化罷了，還發展不到和民間產業技術相結合。到了幕末，幕府鑑於軍事力量有強化的必要，乃有「蕃書調所」、「長崎海軍傳習所」、和鹿兒島佐賀的藩營工廠的設立，但仍不願有近代思想的吸收。到了慶應年間（一八六五—一八六七年），政治支配階層漸有改革政治體制的覺悟，西周(Nishi, Amane, 1829-97)、津田眞道 (Tsuda, Mamichi, 1829-1903)、福澤諭吉 (Fukuzawa, Yukichi, 1834-1901) 等人開始了社會科學的研究，而在明治國家草創期的政治制度思想上收到啓蒙的大效果。西周奉幕府命偕津田眞道留學荷蘭，歸國後翻譯萬國公法，明治維新後參加明六社，對西洋的哲學、論理學致力介紹。福澤諭吉是慶應義塾的創立者，介紹了西洋近代文明，對封建思想的排除有功。對內政不贊成對政府的反抗，對外交贊成對西洋讓步，對中國屬國屬島發展，此輩對明治政府外交極有影響。（梁嘉彬）

西南亞史

吠陀經

吠陀經沒有顯示出係何人所著作。吠陀（Veda），意爲知識，爲了解早期印度最重要的典籍。這部經典在收集的編輯與分類上，則晦澀不明。現存的經典有：㈠詩篇吠陀（Rig-Veda）經，㈡咏歌吠陀（Sama-Veda）經，㈢呪文吠陀（Yajur-Veda）經，㈣祭詞吠陀（Atharva-Veda）經。每一經典內又分爲：第一篇：曼塔斯（Mantras）—讚美。第二篇：婆羅門（Brahmomas）—祭師僧侶們用的祭式、禱告、與符咒典範。第三篇：阿蘭亞加（Aranyaka）—爲隱逸聖哲的「山林文」（forest-texts）。第四篇：優波尼沙（Upanishad）—哲學家的密談。

其中只有一部經典不是宗教、哲理或魔術，而屬於文藝作品。詩篇吠陀是一種宗教名詩選集，包含一千二百八十首聖歌，或讚美詩，對象係全部印度阿利安信奉的神物，爲日、月、天、星、風、雨、火、黎明、土地等。一般是由每四行一節的詩文組合而成。每行是由五、八、十一或十二個小音節，其數量亦不同，但最後四小音節經常是兩個長短格韻，或一長短格韵與一揚格韵組成。選集極大部分實際是對於牲畜、五穀與長壽的祈願，極小部分夠得上文藝的水準，少數的讚美詩歌已達流利與雄美。有些是單純而自然的詩文，如一個天眞無邪的孩子。

德國厭世哲學家叔本華（Schopenhauer）說：「在全世界沒有一門學問能有如優波尼沙經典一樣的有益與高尚。它曾藉慰了我的一生，使我死也瞑目。」這裏除了一些埃及的 Ptah-hotep 倫理斷簡殘篇外，全是最古老的而現存的哲學與心理學，是了解心靈與世界，以及彼此相互關係，而付出驚人的巧妙與耐心的結晶。優波尼沙與荷馬一樣的古老，又像康德般的彷彿是現代的人。

Upanishad 一字是由 Upa（接近）與 Shad（就坐）兩字合成，從接近教師而坐這一句話是表示由師傳將看家本事秘密的傳授與最喜愛的弟子。這裏有一百八十種論著，係在紀元前八百至五百年間，由各聖哲與賢達所集成。其所代表者不是一種有系統的哲學，乃是聖哲們的意見、教訓與印象，在這些作品中，哲理與宗教意識仍然溶合不分，以求對萬象事物的基本本體有所領悟。作品中充滿荒唐與矛盾，偶爾亦似黑格爾學派般討論一些沉悶的問題，有時亦似馬克吐溫的小說湯姆歷險記中醫治疣腫般的怪誕無稽的處方，有時亦似在哲學史裏最深奧的思維來感動人。（參考威爾、杜蘭 Will Durant 著幼獅翻譯中心編譯：世界文明史⑶印度與南亞第一章第六節）（程光裕）

馬拉德之戰

一七九八年威力斯萊（Marquis of Wellesley）繼約翰蕭爾（Sir John Shore）爲印度總督，氏以「英國與印度王侯援助同盟」（Subsidiary Alliance）逐漸取得土邦主權，派兵駐守土邦，英軍補給由當地籌款發放，土邦若與外國訂約，亦須獲得英國同意。

當時印度四分五裂，較强大的土邦，有烏德的那華伯沙達德阿里（Sadat Ali），海德拉巴王尼柴姆（Hizam），馬拉德王邦（實爲一聯合各土邦的聯邦），邁索爾王提普和旁遮普地方的錫克國（Sikhs），而以馬拉德各邦的勢力較强。海德拉巴、邁索爾先後淪爲東印度公司之保護國，烏德的那華伯沙達德阿里，亦因北方錫克人與西方馬拉德呼應，常來刼掠，接受英國保護，並於一八〇一年雙方於勒克諾（Lueknow）訂約，將恒河與瓔那河間一帶土地歸還英國，威氏建爲西北省(North Western Province）以阿拉哈巴爲省會，對馬拉德亦時以軍事力量進擊，但未完全征服。

當英軍與邁索爾發生第四次戰役時，馬拉德嘗秘密侵入受英保護之海德拉巴，英軍事先獲訊，卽對馬拉德軍予以打擊，是爲第一次戰役。

在威氏執政期間，馬拉德王邦之團結漸形鬆懈，邦主雖坐鎭浦那（Poona），所領僅該地數百方哩山岳地帶。一八〇二年印度爾（Indore）土王迦斯華老何爾伽（Jaswant Rao Holkar）率兵進攻浦那之馬拉德盟主鮑耆老第二(Baji Rao II)，鮑氏逃亡，求援於英軍，是年十二月於巴賽(Bassein）訂立援助同盟條約，將馬拉德王邦置於英國保護之下。

翌年五月英軍護送鮑氏返浦那爲馬拉德王，可是此種喪權辱國之援助同盟條約，爲王邦之其他領袖所拒認，鮑氏亦有悔意，欲乘機反抗英國。威氏於一八〇三年八月對馬拉德王邦宣戰。英軍一部敗中印度古立河（Gwalior）土王沈第安軍於阿塞野（Assaye），朋斯羅（Bhonsla）軍於阿拉崗（Aragaon）。另部佔阿格拉及德里，朋斯羅與沈第安被迫與英訂援助同盟條約，並割讓領地。斯時印度爾土王何爾伽亦起而抗英，擊敗英軍，後爲英軍所敗，英軍圍攻巴德普爾則失利，是爲第二次戰役。

毛伊羅（Lord Moire）總督繼承威氏征略遺志，確保印度中部及南部領土外，更出師中國之藩屬尼泊爾，剿平品達利（Pmdaris）流寇，擊潰馬拉德王邦著於當世。

英軍進剿品達利族時，馬拉德王邦之首領擬乘機舉兵反英。浦那之馬拉德盟主鮑耆老於一八一七年以二萬五千之衆，圍攻浦那郊外英國專員公署所在地喀基（Kirkee），反爲英軍三千所敗，繼而英援軍至，鮑氏失利，勢窮力衰，於翌年降英。那格坡（Nagpur）之阿巴沙希（Appa Saheb）亦舉兵反英，於一八一七年十一月間，在釋達巴地（Sitabaldi）一役爲英軍所敗，印度爾土王何爾伽則於同年十二月間，在馬希坡（Mahidpur）敗於英軍。兩邦土地，均歸併於英領印度，祇有在浦那方面，則立馬拉德王邦創始人薛梵琦之後裔爲沙多拉（Satala）小王邦之土王，仍歸英國保護。於是數世紀以來爲求自蒙兀兒手中挽救祖國印度，及自英國方面恢復政治獨立而努力奮鬥之馬拉德聯邦，終被英人離間分化與武力進擊下而趨沒落。而全印度除旁遮普外，亦幾爲英所征服。（程光裕）

傭兵之戰

杜爾好西（Lord Dalhousie）總督於一八五六年卸職，甘寧（Viscount Canning）繼任。氏到任之第一年卽發生對波斯戰爭，獲勝，阿富汗入於英保護之下。一八五六至一八六〇年，英對華發生第二次中英之戰（英法聯軍之役），英駐印軍大批調往中國，亦爲促成印度傭兵起事之遠因。

一八五七年印度傭兵起事，主要原因：政治的，自杜氏實施土邦政權轉移政策以來，土邦併入英屬印度，舉國惶惶不安，同時蒙兀兒帝國與馬拉德王邦之後裔，均認英爲共同敵人，謀有以反對並擊敗。社會經濟的，各土邦先後爲英所歸併，各邦原有官員從此失業，同時各邦之軍隊亦因歸併而解散，散兵游勇，潛伏各地。又英自一八三四年以來，實施西洋教育，男女同校，對於印度舊俗，如寡婦殉葬，奴僕買賣，嚴厲禁止；鐵道、郵電積極建設，耶教傳佈，保護備至，守舊之印度教及回教徒認爲英正在摧毀宗教，懷恨在心。軍事的，英在同一時期內，對中國及波斯發生戰爭，精銳英軍均奉調作戰，留在印度的部隊，印人約佔百分之八十左右，且軍紀敗壞，控制甚難，使傭兵易於生事。

印度傭兵之變以及各地人民反英而參加之軍事行動，以下列諸城市最爲重要：德里：一八五七年五月，駐彌勒縣（Meerut 離德里約四十哩）之印度士兵突然起事，翌日卽佔領德里，並擁鮑訶陀沙第二爲蒙兀兒帝國皇帝。九月英軍歸回德里，捕獲鮑氏，經審判後放逐緬甸之仰光，至一八六二年逝世。鮑氏之兩子一孫，均爲英軍所殺。拉克腦：英駐拉克腦（Lucknow）之政治專員勞倫斯爲傭兵所殺，城亦陷落，爲時兩月。一八五七年九月英援軍至，仍不能擊敗據守城中之傭兵與印人。翌年三月，始爲英軍擊潰。崗坡：崗坡（Kanpur）傭兵起事之領袖爲往日馬拉德王邦盟主鮑耆老之養子難娜沙希伯(Nane Sahib)。居於崗坡之英國文武官員及僑民等，約在千人左右，集中一碉堡中，閉門不出。難氏佯允護送英官民至阿拉哈巴（Allahabal），保證其生命上之安全，當時英人領袖韋拉（Hugh Wheeler）信賴其言，全部英人自堡中出，當行至恒河旁時，起事之傭兵卽用步鎗掃射，全數擊斃。會英援軍至，難氏乃率部出走，亂始停止。强西：當杜爾好西總督時期，强西（Jhansi）土王逝世，因無子嗣，英遂併其領土。此時印人爲爭取自由獨立，到處起義，强西土邦王后亦乘機反英，欲奪回其故國領土。一八五七年六月，王后蘭克喜彌蓓（Lakshmi Bai）親率印軍陷强西城，遂以王太后資格，爲其養子統治王邦。翌年英軍進擊，后實行焦土政策，堅壁清野以待，終以不敵，城陷陣亡。具來里：具來里（Bareilly）於一八五七年五月爲起事之傭兵所佔，並擁護赫斯丁總督時之羅希拉族領袖非兹汗（Hafiz Ramat Khan）之孫爲土王。翌年五月復爲英軍佔領。

印度傭兵事變始於一八五七年五月，至翌年五月，始告平定，爲時一年，失敗原因：㈠印度各重要土邦土王爲本身之財產與王位，始終效忠英國，不予起事傭兵援助，同時錫克教徒亦效忠當局，使英得從容自旁遮普調兵前來，首先將德里克復，其他各地亦相繼失敗。㈡各地傭兵之起，各行其事，無全國性之聯繫統一組織，易被英人各個擊破。㈢傭兵所持武器不及英軍之精銳，且交通通訊均爲英人控制，軍事調動與情報聯絡，英人均佔優勢。所幸甘寧總督事後處理，對起事附從人員不予置議，人心始定。（程光裕）

維多利亞女皇詔書

當印度傭兵起事之訊傳至英倫後，擧國譁然，輿論沸騰。國會乃主張印度之統治權應由東印度公司移轉英國政府。一八五八年八月英國會通過印度政府良治法案（Act for the Better Government of India），由英政府直接統治印度。此項法案經維多利亞女皇（Queen Victoria）批准，甘寧總督於一八五八年十一月一日在阿拉哈巴宣佈維多利亞女皇的詔書，印度由英皇直接統治。她的詔書說：

兹爲種種重大關係，在議會建議之下，朕已決定詔令，原由東印度公司代朕統轄之印度領土，直隸於朕。今朕特詔告，印度政府已隸屬於朕，印度境內之臣民，應效忠於朕。對於今後受命代朕治理之官員，仰印度人民，應唯命是聽，勿稍違逆。

兹特向印度舊邦王公鄭重聲明，凡彼等與東印度公司締結之條約與協定，朕仍認爲繼續有效，惟望彼等對條約與協定，亦予尊重。

朕決無拓展現時領土之意，但亦不容任何人侵犯朕之疆土。

對於印度土邦王公之權利、尊嚴、與榮譽，朕將予以尊重。朕殷望各王公及英屬印度之臣民，咸能享受因內部和平、政治完善，而得之繁榮與進步。

朕猶有願爲詔告者，凡屬臣民，決不因其宗教信仰之不同，而受差別之待遇。各種宗教，悉受國法平等與公正之保障。

凡屬朕之臣民，無論其屬何宗教與何種種族，咸依其教育能力及品德，而予以爲國家服務之機會。

朕深悉且尊重印度人民對其本土愛護之情緒，在國家大政設施內，保障印度疆土之完整，於制定與執行法律之時，應顧及印度固有之傳統、風俗及習慣。

承上天庇佑，印度早復康寧，朕殷望積極發展工業，促進公用與福利事業之進步，並盡力改善政治，以謀印度人民之幸福。……

於是東印度公司的統治權結束，英國內閣中添設印度事務大臣（Secretary of State for India）來指揮印度總督，印度總督加副皇（Viceroy）的銜頭，作爲英皇統治印度的代表，甘寧總督便成爲第一任副皇。一八七七年一月一日並在德里擧行維多利亞女皇兼印度皇帝的加冕典禮，但是那時印度總督仍駐在加爾各答，以加爾各答爲首都，直至一九一二年，才遷都德里。（程光裕）

錫克之戰

一八〇七年明多（Lord Mnito）繼爲總督，旁遮普境內之錫克教徒在蘭琦辛（Ranjit Singh）領導下，成爲軍事組織極堅强之團體。先是一七九三年至一七九八年間，喀布爾王柴曼沙（Zaman Shah）入侵旁遮普，並佔領該省大半土地，爲報答蘭氏參戰功勞，特委氏爲拉河總督。時在一七九八年，蘭氏不久即宣佈拉河獨立，並聯合錫克族各支派成立王邦，聘用西歐軍事人員，教練錫克士兵，此時錫克軍揚威於全印各地。一八〇六年，蘭氏率兵渡蘇多羅河（Sutlej），佔領羅地亞那（Ludhiana），該地錫克酋長請求明多相助，明多派員至蘭氏處簽訂和平條約，承認蘇多羅河以北爲蘭氏領土，而王亦不干涉蘇多羅河以東各地錫克支族之事。英亦不費一兵一卒之勞，將勢力由宙那河（Jumna）伸入蘇多羅河。

一八四四年四月，哈定（Lord Henry Hradinge）繼爲總督，到任不久，卽發生錫克戰爭。錫克族在蘭氏統率下，組成極堅强之王邦，其領土除旁遮普全省，還據有白沙瓦、喀什米爾等地區。一八三九年蘭氏逝世，少數人懦弱無能，由軍人擁五歲幼孩杜梨辛（Dulip Singh）卽位。母后陳潭（Jhindan）及顧問拉爾辛（Lal Singh）與太琪辛（Tej Singh）攝政。時軍人跋扈，執政當局不能制，軍人集團力主侵佔東印度公司領土，遂冒險掀起戰爭。迄一八四五年十二月間，錫克軍越過蘇多羅河侵犯英之屬地。英軍與錫克族戰於摩特基（Mudki）、費洛玆（Feroz）及阿里瓦（Aliwal），各有勝負，相持甚久。翌年二月，兩軍於素白拉昂（Sobraou）決戰，終因英軍武器精良敗錫克軍，然英軍損失亦重。繼之英軍迫拉河，錫克王邦政府迫簽降約，由錫克賠償戰費印幣五百萬盾，割讓宙倫都（Jullundar）及蘇多羅河左岸之地與英，解散錫克軍隊，允英派政治專員駐拉河，喀什米爾土邦則以七百五十萬盾售與杜格拉族酋長羅迦古拉辛（Raja Gulab Singh）。

一八四六年，英又與錫克王邦訂新約，依約設立攝政委員會，其中委員八人由錫克族推派代表擔任，主席由英政治專員勞倫斯（Sir Lawrence）兼任，英軍得駐拉河以八年為期，每年由錫克王邦繳付二十二萬盾，作爲維持軍隊給養之需。至是勞氏已爲王邦之實際執政者。翌年母后陳潭攝政名義亦被撤銷。一八四八年，哈定總督卸職，由杜爾好西（Lord Dalhousie）繼任。時錫克王邦因撤銷母后陳潭攝政，惹起錫克教徒之反感。適英政治專員公署調查旁遮普省摩爾潭縣長摩羅着（Mulraj）之財政開支，摩氏卽殺死英官員二人，起而反抗，其他各地錫克教領袖，亦群起抗英。杜氏宣佈討伐錫克王邦，第二次錫克之戰爆發。

一八四九年一月，英軍與錫克軍戰於眞良華拉（Chillanwala），雙方肉搏，勝負未定，消息傳至英倫，司令官柯夫被免職，由奈比爾（Napier）繼任。奈氏率軍進佔摩爾潭，獲縣長摩羅着。二月英軍與錫克軍戰於眞那（Chinab）河畔之古迦羅，後者全軍瓦解，杜氏遂將旁遮普置於英政府管轄之下。蘭琦辛死後，不到十年，錫克王邦卽爲英人所摧毀。後來錫克族人服務於英軍，成爲最剛强勇敢的戰員。

杜梨辛失去王邦後，由英政府給予年金五萬盾，以維生活。杜氏偕母赴英倫，並受耶教洗禮。會母歿，重返旁遮普，重行皈依錫克教。（程光裕）

錫蘭獨立運動

錫蘭又稱蘭迦（Lan Ka），與印度半島僅一水之隔。最早土著可能是深居山地之維達斯族（Veddas）。錫蘭於紀元前六世紀被北印度之辛哈爾族（Zinghalese）征服，紀元前四三七年定都安弩拉哈布拉（Anuradhapura）。自紀元前三世紀信奉佛教之後，成爲佛教中心地區之一。八四六年，南印度之談米爾人（Tamil）開始入侵。一〇一七至一一六八年爲談米爾人所統治，因此今日之錫蘭人民有五分之一信奉興都教，五分之四信奉佛教。錫蘭國位於印度洋航海必經之道，在歷史上先後受阿剌伯、葡萄牙及荷蘭人之侵犯。一七九五年英國人將荷蘭勢力逐出，於一七九八年宣佈爲英國殖民地。一九二〇年開始，錫蘭有了雛型的代議制度，在三十七名立法議員之中，有二十三名議員是經由選擧產生。一九二四年，立法議員增加到四十八名，其中三十六名民選。至於行政會議，則仍舊一律官委，作爲輔助總督的一種行政機構。一九三一年，立法議會與行政議會合併，稱爲「國務會議」，議員五十三名，其中三名由首席部長、司法部長、財政部長爲當然議員，其餘五十人之中，八名官委，四十二名民選。國務會議人員，組成七個「行政委員會」，分掌政府之中司法與財政以外的各部政務。以各委員會之主席爲部長。一九四六年五月，英國批准錫蘭新憲制，賦予內部完全自治權利。一九四八年二月獨立，成爲英聯邦自治領。（程光裕）

邁索爾之戰

南印度的毘迦耶王國自一五六五年多黎多（Talikota）一役之後，國內分裂，各地土王據地稱雄，其中邁索爾（Mysore）王國，在東西高止山間，原爲印度教的羅闍所統治。一七六一年，大權落入海特爾阿里（Hyder Ali）之手，一七六六年間，海氏驅逐羅闍，以已代之，並暗中僱法人爲軍官，接受軍需供給，充實軍力，擴張領土。一七六九年與馬德拉斯（Madras）發生戰事，英軍怠於防備，英將貝利（Baillie）爲海氏所敗，訂城下之盟。

依照條約規定，海特爾阿里如受馬拉德（Marathas）王邦，或海德拉巴土邦攻擊時，英國在印度政府必須出兵相助。不一年，馬拉德土邦果然出兵攻擊邁索爾，英國却不遵守條約，而袖手旁觀，使海氏在軍事上失敗。

海氏懷恨在心，擬乘機報復。會英佔邁索爾境內馬希（Mahe）之法國工廠。海氏藉口率軍與英軍戰於崗耆維拉姆（Conjeevaran），英軍敗歸馬德拉斯。不久，海氏又佔領卡那迭克首府阿爾訶的，情形至爲嚴重。時赫斯丁（Warren Hastings）總督在加爾各答聞訊，首先罷免馬德拉斯省督，並派軍往援。又運用外交手腕，結好毘羅爾（Berar）土王，及馬拉德王邦之沈第安（Sindhia），將亘土（Guntur）之地，歸還海德拉巴舊王，使海氏陷於孤立境地。一七八一年七月海氏及子提普（Tipu）統率之部隊爲英軍所敗，其時法軍自本土來印，援助海氏，而海氏遽爾病逝。不數月，在歐洲方面，英法媾和，邁索爾軍中之法籍士兵完全退出，提普失其戰鬥力，終於一七八四年與馬德拉斯之英政府訂孟伽羅條約（Mangalore Treaty），將所佔各地歸還。

一七八五年赫斯丁辭職，翌年，孔華利斯（Lord Cornwallis）受命爲大總督。英人助海德拉巴攻邁索爾，提普與法及土耳其訂約，獲援，遂攻英之盟邦屈芬科（Travancore）土邦，英乃藉口向提普宣戰，時在一七八九年十二月，英軍屢克要塞，孔氏亦於一七九二年一月親率大軍攻陷邁索爾首府塞林伽巴丹（Srirangapatam），迫使提普投降。同年三月，和約訂立，承認英軍所要求之割讓全部領土之事，由英、海德拉巴及馬拉德王邦平分，英獲馬拉巴、古爾格、定第伽爾（Dindigal）與婆羅摩訶爾（Baramahal）諸地。海德拉巴及馬拉德王邦所獲地區，均爲彼等兩國接壤之縣份。賠償軍費三百三十萬鎊，且以二子爲質。是年多孔氏離印返英，遺缺由約翰蕭爾（Sir John Shore）繼任。一七九八年蕭氏辭職，威力斯萊（Marquis of Wellesley）任大總督。印度各土邦王侯首先接受威氏之援助同盟政策者爲海德拉巴土邦之尼柴姆（Hizam）。尼氏解雇法籍軍事顧問，邀請英軍駐於該邦，將毘羅（Berar）割讓予英，以爲駐軍費用。英既與海德拉巴締盟，威氏遂迫邁索爾土王提普接受英軍駐於該邦，並撤除法籍軍事顧問，爲提普所拒。一七九九年，英軍自馬德拉斯、海德拉巴進襲邁索爾，迫提普割讓領土，承認二百萬鎊賠款，提普寧死不屈，英軍圍攻，於五月間陷首府塞林伽巴丹，提普亦爲國犧牲。邁索爾之伽那羅（Kanala）及科因巴多爾（Coinbator）割讓予英，其除土地則交原來之印度教王室繼續統治，受英人保護，爲後日之邁索爾土邦。（程光裕）

西洋上古史

十二銅表法 (Twelve Tables)

此乃羅馬最早之成文法，制于西元前四五一至四五〇年。在此以前，羅馬法律概本舊有習慣，時貴族當政，執法及解釋法律者皆爲貴族，平民遇有寃抑，無從申辯。西元前六世紀末年以後，羅馬對外大事擴張，以步兵爲作戰的主體，平民因此在戰場上遂取貴族組成之騎兵原有之地位而代之。戰後，自不甘再無條件受貴族壓迫，於是要求若干保障，貴族怵于革命，亦不敢不作相當讓步，西元前五世紀初年保民官 (Tribune) 之設置即爲其先聲。其後，平民又要求制定成文法，明文公布，官民共守，以免貴族假公濟私，任意曲解法律，入人于罪。貴族不得已而同意，乃于西元前四五一及四五〇年停選普通執政，另舉十人組織政府，根據羅馬舊有習慣，參考希臘法律精神，制定新法，懸版公布，共十二方，故名。（此版舊以爲銅，今人有謂其原爲木質，原版早毀，究竟是銅是木，殊難斷定。西名僅稱「十二版」，初未及其質料，我國向根據早日傳說，譯爲十二「銅」表，已爲一般讀者所習用，今如更名「十二版法」恐讀者不便檢查，且究竟爲銅爲木，尚無定論，故權從舊譯，俟將來考證確定，再作更正。）

此法原文已佚，惟西塞羅 (Cicero)（西元前一〇六—四三年）曾云：「幼時，須背誦此表全文」，可見彼時原爲家喻戶曉之知識。據後人之言論，可推知此十二版法之主要精神在規定：㈠「法」與「令」之區別，㈡「民法」與「軍法」之不同，㈢羅馬公民與非羅馬人的法律地位之懸殊。（曾祥和）

巴比倫文化 (Babylonian Civilization)

兩河流域之古文化，由蘇美人 (Sumers) 創始，至巴比倫王國建立而發揚光大，故以巴比倫文化著稱。與埃及文化發展之時間相若，東西輝映，爲遠古文化之雙璧。

西元前三世紀，巴比倫教士白魯薩斯 (Berosus) 曾作編年古史，名曰「夏冬」("Summer and Winter")將巴比倫歷史分爲三期：㈠渾沌時期，㈡洪水前時期，㈢朝代時期。書中所載年代極不可靠，但所謂洪水時代以前卽有政治組織一說，證之地下發掘，確有其事。

蘇美人屬白種，在尼羅河流域產生高等文化以前，已由東北方山中進入兩河流域，首創肥腴月灣最古之農業文化，其時約當西元前三千多年。政治上形成若干小城邦，由「巴的西」(Patisi) 統治。城邦間常有類似聯盟之組織，擁一號稱「路加爾」(Lugal) 者爲盟主。從彼時所遺留下來的圖畫可見彼有嚴整之軍隊編制及進步之軍事設備。武器除矛、盾、弓、箭外，尙有戰車。彼等發明車輪，對人類實爲一極大之貢獻。他們的社會分貴族、中產階級，及奴隸三等，奴隸多由俘虜充之。水利方面：築有堤防，以防春泛；開有溝渠，以灌田畝。農人種稷、麥，飼牛、羊，生活頗爲優裕。陶器的製造，紡織的技術，皆精美，且已有銅器，但尙不知加錫而使之變爲硬度較高之青銅。

蘇美人所創文字，卽世所稱之楔形文 (Cuneiform)，以葦尖在潮濕泥餅上刻痕作書，然後或晒或烤，製成泥版，字跡永不模糊。葦筆劃泥時，起筆較細，收筆較粗，狀如木屑，故曰楔形文。此種文字爲現存亞洲最古之文字，先後使用二千餘年之久。

蘇美人以月亮爲準，創太陰曆，爲現今所知世界上最早之陰曆。其計算方法以六十進位。至今一小時分爲六十分，圓周爲三百六十度等，猶沿用其法。工商業發達，藝術精美，考古家曾發現彼等在西元前三千年前所造之銀瓶，上鏤生動之動物形象，左右對稱。此種動物圖案影響後世藝術甚大且久。建築因附近缺乏大石巨木，故皆用土磚。由于附近河水時常氾濫，平時地上濕氣甚大，故大規模建築多呈壇形 (Terrace)。宮殿、神廟皆在上層。門爲拱形 (arch)，後世之拱形建築卽胎源于此。又彼等始用印章，此一發明流傳直至今日。

在西元前二千七百多年的時候，蘇美人爲來自沙漠，屬于閃族 (Semites) 之阿卡德人 (Akkards) 所征服。其本族無文字，于是一切典章制度，概承蘇美人之舊法。西元前二千三百年左右，蘇美人一度獨立，惟不滿二百年，又爲西方侵入之閃族所滅。

新來之閃族建立巴比倫王國，統一兩河流域，在西元前二十一世紀時，國勢極盛。其經濟力籠罩整個西亞，成爲亞洲西部第一古帝國。它完全承襲蘇美文化，也用楔形文字書寫閃語。至于政治制度，則遠比以前進步。名王漢摩拉比 (Hammurabi)（西元前二〇六七—二〇二五年）根據舊俗，制成法典，其條款內容卽處處反映政府威權之高，及政務之繁，如工商業之管理，工資物價標準之規定等等。法典中又顯示婦女地位已經逐漸提高，雖尙不能與男子完全平等，但已獲得若干保障。其他如對債權人之保障，及孤寡者權利之維護等等，處處顯示道德標準之提高。刑法部分，雖仍難免採用「以眼還眼，以牙還牙」之報復主義，但法庭中重視證據之習慣，及處理案件審愼之態度，實爲社會進步之表徵。此部世界現存最早之成文法典，影響亞洲西部各民族甚大，如後日猶太人摩西 (Moses) 所創之法，卽以此爲藍本。

約在西元前一八七〇年左右，首先發明用鐵之西台人 (Hittites) 由小亞細亞侵入兩河流域，破巴比倫，大掠而去，此時東方山中之卡賽人 (Kassites) 卽乘虛而入，統治巴比倫六百多年。此種民族除將馬傳入兩河流域外，對於文化別無貢獻，西元前七三二年亞述人 (Assyrians) 滅巴比倫，古巴比倫王國自此消滅，然其文化仍存。

後巴比倫爲閃族加爾底亞人 (Chaldenus) 所建。加族于西元前十四世紀卽徙居舊巴比倫城附近，亞述人曾利用他們擾亂巴比倫。亞述帝國時，以巴比倫爲行省，卽以加爾底亞人爲其省長。加族以居巴比倫日久，逐漸與土著同化，儼然以古巴比倫後裔自居。西元前六〇六年與米提人 (Medians) 共滅亞述帝國而分其地，統治肥腴月灣，是爲後巴比倫帝國，其文化與古巴比倫一線相承而更爲進步，今日一般所謂巴比倫文化實指此時而言。名王尼布加尼撒 (Nebuchadnezzar)（西元前六〇四—五六一年）所建神廟、宮殿，崇樓峻閣，高聳入雲，千門萬戶，目爲之迷，屋頂花園，奇花遍植，卽所謂「通天塔」(tower of Babel)，「空中懸圃」(Hanging garden) 等是也。其伊希他 (Ishtar) 神殿之門至今尙存，雕刻精美，令人嘆爲觀止。尼氏又大修都城，跨幼發拉底河而建長橋于其上，其地河面寬濶，水流湍急，工程極爲困難，今日柱脚尙多存在，可見其偉大之一斑。

加爾底亞人爲古代研究天文最精之人，能定春分並測日月之食，其所定黃道十二宮及五大行星之名沿用至今。彼等以爲星辰運行與人之禍福有關，可覘天象以卜吉凶。今日全世界星相之學卽源于此。

尼氏死後，國勢漸弱，兩傳而亡于波斯，時爲西元前五三八年。（曾祥和）

日耳曼民族遷徙 (German Migration)

日耳曼民族大遷徙爲西洋史上一大事，或以之爲西洋上古史之終結，或以之爲西洋中古史開端。或稱之爲蠻族，或名之爲北人；前者出於羅馬人之自尊，後者則不足以包括當時歐洲東部、西部及西部諸遷徙中之民族；「日耳曼」亦僅爲其中之一民族，本名阿來馬尼 (Alemanni)。

各民族遷徙前，有曾爲羅馬帝國邊患的，或充傭工與佃戶，羅馬人或招募從軍，間亦有人與之通商傳教。由於地區貧瘠，或爲其他民族所迫，不得不遷徙。遷徙時，發生戰事，文物多被破壞，殺戮甚慘，故或稱歐洲中古時代上半期爲黑暗時代。

大遷徙中之民族，可分日耳曼、斯拉夫、芬蘭、開爾特等四大系，以日耳曼人爲最强。日耳曼人中又可分爲東哥德 (Ostrogoths)（在多瑙河東北）、西哥德 (Visigoths)（在多瑙河北，普魯河西）、梵達 (Vandal)（在達西亞西北、北多瑙河上游）、布根達 (Burgundians)（在梅因河一帶）、法蘭克 (Franks)（在萊因河一帶及河南）、倫巴德 (Lombards)（在威悉河）以及盎格魯·撒克遜 (Anglo-Saxons)、約德 (Jutes)（均在北海濱）等。都向羅馬帝國遷入；其中一部分是受亞洲匈奴族壓迫而西侵，匈奴酋長亞帝拉 (Attila) 驍勇善戰，西人稱之爲「上帝之鞭」；但他們至匈牙利，即不再前進。

東哥德人最先與匈奴人接觸，來投降的即轉而侵犯西哥德；西哥德人本依賴羅馬人，因受虐待，即南下至希臘半島；四〇一年直入意大利半島；四一〇年破羅馬，欲渡海至非洲，不成，乃遠征西班牙。

羅馬防守西哥德人時，萊因河一線空虛，梵達人亦通過北高盧而攻西班牙，爲西哥德人所敗，乃退往西班牙南部；四二九年在非洲建梵達王國。

其時布根達人亦占領倫河流域，建布根達王國；撒克遜人則於四四九年侵入不列顛；匈奴人亦於後二年攻高盧，爲西哥德及羅馬聯軍所敗，退守日耳曼；又攻意大利，賴教宗勸阻，羅馬得以保全。一年後，亞帝拉去世，匈奴人在歐洲活動，即告終止。

匈奴帝國瓦解後，東哥德亦脫羈絆，侵東羅馬，東羅馬帝與之妥協，四九三年，東哥德酋長狄阿多利克 (Theodoric) 在義大利半島建東哥德王國，歷三十餘年，頗稱文明。

居於萊因河以南之法蘭克人，亦於四八六年由喀羅維斯 (Clovis) 王率領，將布根達人逐出高盧，控制塞納河流域，建法蘭克王國，後並擴展至多瑙河及萊因河之上游；更擊敗西哥德人，佔領南高盧。今日法國的疆土，大部分即在此時奠定。

由於意大利爲天主教根據地，教宗駐於羅馬，故對於各新來民族，均派人前往傳教，英、法、德、西以及北歐之丹麥與瑞典，東歐之斯拉夫民族，均先後接受基督教義，民情漸趨溫良。（方　豪）

布匿克戰爭 (The Punic Wars)

此乃西元前三世紀至二世紀羅馬與迦太基 (Carthage) 之戰，前後凡三次，直至迦太基滅亡爲止。羅馬則因此戰勝利，而獲得地中海霸權，逐漸擴張以成爲擁有整個地中海沿岸地區之大帝國。

羅馬自西元前六世紀末年以來，即逐漸向外擴張。於西元前二六六年統一意大利半島，遂進向海上發展，與當時擁有西西里 (Sicily) 之半而稱霸西部地中海之迦太基發生衝突。于西元前二六四年發生第一次布匿克戰爭。時迦太基既富且强，羅馬地小兵寡，又不熟悉海戰，本不足與之爲敵，但能上下一心全力作戰。而迦太基之統治階級則惟圖資本家之本身利益，毫未顧及將來，因循苟安，不願擴大戰事，僅將羅馬軍隊逐出非洲，便自謂已足，再不肯以全力支持那位深受平民愛戴之將軍漢米卡 (Hamilcar) 在西西里作戰。西元前二四一年，戰爭結束時，西西里遂歸羅馬。

第一次布匿克戰後，羅馬自以爲戰勝强大之迦太基已屬天下無敵，得寸進尺，不斷向陸地海上擴張，且不惜輕啓戰端。迦太基方面之當政貴族則力主和平，忍受一切。漢米卡常以復仇爲念，乃藉鎮壓屬地變叛之便，率其幼子漢尼巴，引軍遠往西班牙。經十七年之慘澹經營，養成一股新力量。羅馬派兵往征，漢尼巴乃先發制人，于西元前二一八年率四萬精兵，越阿爾卑斯山，進入意大利北部，連戰均捷，尤以坎尼 (Canae) 一役爲震驚全世。是時羅馬竭全國之力，徵集八萬餘人應戰，結果全軍覆沒，元老階級死者多至八十餘人，從此漢尼巴軍旅所指之地，莫不望風披靡，先後降附。羅馬幾成孤城，惟仍力戰不和，徵發新兵，連十四歲之兒童與甫經解放之奴隸亦悉在召集之列，更用費比阿 (Fabius) 之策，堅壁清野，避不作戰，以牽制漢尼巴之孤軍，使其疲于奔命。此時迦太基政府懵懵如故，仍不派遣援軍往助漢尼巴。馬其頓雖與漢尼巴結盟，却又爲其他希臘各邦及埃及掣肘，不能以大軍西攻意大利。漢尼巴師老兵疲，求戰不得，實力耗損，日甚一日；然羅馬人依然聞風喪膽，不敢輕攖其鋒。如此對峙十年之後，羅馬始另出奇兵，命西庇阿 (Scipio) 遠攻西班牙以絕漢尼巴歸路，成功之後，西庇阿復進攻迦太基，迫使迦太基政府召漢尼巴返非自救。意大利之圍困至此始解。西元前二〇二年，西庇阿戰勝。迦太基除賠償軍費，獻出戰艦外，盡棄其國外領土。是爲第二次布匿克戰爭。

第二次布匿克戰後，羅馬逐漸向東部地中海擴張，陸續征服馬其頓、埃及，並佔領小亞細亞沿海地區。整個地中海既大部在握，自不肯任迦太基保存獨立，乃于西元前一四九年，製造藉口，進兵攻擊。迦太基血戰三年，弓敝絃絕，繫之以髮，力盡城破，壯丁盡皆巷戰以死。羅馬人恐其復興，將其城池夷爲平地，戰餘孑黎，役爲奴隸。千年古邦，至此遂亡。迦太基優美之文化亦因羅馬人之野蠻行爲而破壞無餘，所謂汪達爾作風(Vandalism)固不自汪達爾始也。

第三次布匿克戰後，羅馬完成了整個地中海的統治，自然是志得意滿。但內部却因長期戰爭，發生許多變化及新問題，如意大利之農村自漢尼巴破壞以後，繼之以軍閥及資本家之兼併土地，自耕農遂無法存在。意大利之非羅馬人亦因漢尼巴戰爭而大部分失去公民權，造成以後「社會戰爭」(Social War)(西元前九〇—八九年)之主因，其他政治、軍事、經濟、文教之種種騷難解決之問題甚多，致引起長期革命。是布匿克戰爭勝利之爲禍爲福，正自難論也。(曾祥和)

石器時代 (Stone Age)

人類歷史若以所使用的工具區分，大別爲石器時代（Stone Age），青銅器時代（Bronze Age），及鐵器時代（Iron Age），石器時代尚未發明文字以記載人類的活動情形，所以也稱爲史前時代（Prehistoric Age），以別於有了文字以後的歷史時代（Historic Age）。

石器時代大體分爲舊石器時代（Palaeolithic Age 或 Old Stone Age）與新石器時代（Neolithic Age 或 New Stone Age）。舊石器時代當地史學上的更新世 Pleistocene，時間佔去全部人類歷史百分之九十九以上，石器製造的技術，完全以打剝方法製成，人類的經濟活動是全然依賴自然界的採集經濟。新石器時代是在更新世以後的全新世（Holocene）或現代 Recent），時間距今一萬二千年——一萬年，比較幾十萬年以上的舊石器時代，實在不過是昨天的事。製造石器的技術，已進步到以磨研法製造砍切等用途的石器工具。當時人類的經濟活動，已從採集經濟變爲已有農業技術的食物生產經濟（Food - Producing Economy）。

如果根據技術與經濟以及生產和居住的方式來區劃人類的歷史，可分成：

一、食物採集階段（Food－Gathering Stage），下分：㈠食物揀拾期（Food-Gathering Era），與㈡食物收集期（Food-Collecting Era）；

二、食物生產階段（Food-Producing Stage），下分㈠初期（Primary Era），及㈡城市文明期（Urban Civilization Era）；

三、工業階段（Industrial Stage）；則石器時代約相當於第一階段與第二階段的第一期。

石器時代的人類可遠溯到距今兩百五十萬年甚至四百萬年的南方擬猿類（Australopithecus），這是現代人類的遠祖，通常叫做擬人（Hominids），頭蓋容量僅及現代人的三分之一。在早期舊石器時代距今約五十萬年前；有直立猿人(Pithecanthropus Erectus)的出現，便是現代人類的祖先，頭蓋容量是南方擬猿類的兩倍，當今人的三分之二。他們可以有效使用所製造的石器——一種六至八英寸長，數英寸寬，一英寸厚的拳斧；進行較大規模的狩獵，講求群體組織與行動，有言語可以彼此交通訊息，知道埋葬，有裝飾的觀念，最重要的是知道用火。在距今約五萬年前舊石器時代的中期，出現眞人（Homo）；而在距今三萬五千年前的晚期舊石器時代，智人（Homo Sapiens）出現。智人便是現代人（Modern Man），擁有新的石瓣技術，可以造成「製造工具的工具」，他們比起以往的人類，顯然富有創造的能力，因此舊石器時代晚期的文化，遠爲繁複；當時人類已經有著相當複雜的精神生活，並且出現了高度發達的洞穴藝術。現代人或智人的出現，是地球上自有生命體以來的另一件大事。從此人可改變環境來適應自身，而不必再像其他的生物，必須改變自身以適應環境，又由於現代生物學上對基因(genes)的結構與功能的認識，人類終會進化到可以同時改變環境與自身（基因改變）以造成更快的發展。

石器時代的人口在距今一百萬年前的早期舊石器時代，估計不過十二萬五千擬人；到了舊石器時代結束距今一萬年前的新石器時代，人口到達五百三十二萬智人，數量增加四十二倍，構成人類歷史上第一次因爲技術革命所引發的人口爆炸。在晚期舊石器時代，估計每一百平方哩的面積內所能支持的人口僅爲十二‧五人；但新石器時代由於農業革命所造成的農村定居生活方式的確定，同樣面積的土地，可以維持的人口增加到二千五百人，從此總人口中直接從事糧食生產的人數所佔的百分比相對減少。小部分的人口不但能維持全體的生活，更有餘糧可應歉收季節的飢荒，又有餘力與時間，從事人類生活基本需要以外的活動。產生職業分工、交易行爲、社會組織、政府結構，有了管理的部落酋長與供奉神廟的祭司。澳洲考古學家蔡德 V. G. Childe 認爲人類從依賴自然界的食物來源爲生到主動利用自然界資源來創造糧食爲生的轉變，是人類歷史上首次影響巨大而深遠的基本性劇變，稱爲「新石器時代的革命」（Neolithic Revolution）；從此人類一改漁獵採集爲農耕生產，豢養家畜，熟食，發明紡織、石磨、製造骨、角器具和更爲重要的陶器、輪子；而石器製造方法的改良與此生產方式的改變相比，反而顯得不太重要。

自從新石器時代所帶來的農業革命以後，引起第二次的人口爆炸。距今一萬年到二千年前，全球人口從五百三十二萬增至一億三千三百萬，八千年間增加二五倍。農業革命同時帶來城市化，階級區分與社會分裂的連鎖反應，澈底破壞了均等主義的原始社會，但也使人類從此擺脫部落傳統主義的束縛，而開展不斷的技術突破，也造成接連的經濟和社會變遷。人類逐漸結束石器時代，進入青銅器時代和後來的鐵器時代。隨著文字的發明，城市的初奠，冶金工業的萌芽，灌溉工程的講求，國家政府的組織，史前時代結束而歷史時代到來。西元前三千五百年美索不達米亞的岫默城（Sumer），人類逐漸告別了新石器的文化，歷史上終於出現了最早期的文明（Civilization）。

（參閱本辭典第十册，人類學，頁一一八—一一九，史前時代；頁三○七—三○九，舊石器時代文化；頁二四七—二五一，新石器時代文化。）（陳　驥）

狄克推多 (Dictator)

狄克推多原爲羅馬共和時代在緊急時設置之最高官吏，現常用以指假民主之名而行獨裁之實的人物。羅馬自從西元前五一○年推翻王政後，即每年由全體公民選出執政 (Consul) 二人，負責全國政務，戰時亦由執政之一領軍出征。但立法大權則操之于元老院 (Senate)，遇有緊急事件，執政往往因分權之故，不能應變，乃臨時設置狄克推多，付予一切大權，使可自由運用以應急變，任期僅六個月，由執政之一提名。但元老院對所有官吏皆可實際控制，故狄克推多之提名，實亦由元老院建議。提名後，經公民會議認可，即可執行職務。

狄克推多不能變更法律，對于處理有關生死之事務，其職權亦有限制。但除此以外，一切軍政大權皆在其手，可以便宜行事，其他官吏皆受其節制。

狄克推多之制，據云初創于西元前五○一年，從彼時直至西元前二一六年，羅馬常設此官，大抵皆根據事實需要，謹慎選出，如當漢尼巴 (Hannibal) 戰爭時，費比阿斯 (Fabius) 任此職，便有極佳之成果。至革命時期，蘇拉（Sulla)，愷撒 (Caesar) 等人均假借其名以濫用威權，其任期亦經延長，蓋已成爲後世之所謂獨裁者了。西元前四四年，安東尼 (Antony) 執政時，曾一度立法廢止此制。（曾祥和）

狄洛同盟 (League of Delos)

此爲雅典領導之希臘城邦間的同盟，其總部設在狄洛 (Delos) 島上，故稱爲狄洛同盟。成立于西元前四七八年波希戰爭之後，解散于四○四年當雅典爲斯巴達所敗之時。西元前三七八至三七七年，又一度爲抗拒斯巴達而恢復，卒于西元前三三八年爲馬其頓王腓力 (Philip) 所解散。通常所謂「狄洛同盟」係指第一次聯盟而言。

西元前六世紀，斯巴達即爲希臘半島及附近一帶最强的城邦，波希戰爭時（西元前五世紀初年），已居領導地位。波希戰後，波斯海軍失敗，希臘人恐其捲土重來，思欲集中力量向海上發展。斯巴達之領導人物鮑散尼 (Pausanias) 等人未能利用時機，擴張海權。沿海一帶之愛奧尼亞 (Ionians) 諸小邦遂公推彼時海軍最强之雅典爲領袖，組織同盟。由以公正著稱之雅典政治家阿利斯泰德 (Aristides) 規定各邦應出之船隻或金錢。盟邦之代表聚集于狄洛島之阿波羅 (Apollo) 及阿特米斯 (Artemis) 廟中，處理同盟事務，以雅典代表爲主席，並掌管公庫。最初實爲各獨立城邦自由參加之組織，其目的在共禦波斯及向海上發展。二十年後，逐漸變質，終于成爲雅典「帝國」。

同盟組成之最初十年中，由雅典海軍大將西蒙 (Cimon) 領導，將波斯在希臘半島沿岸之殘餘勢力掃除淨盡。時希臘各邦，工商業逐漸發達，經濟至爲繁榮，若干城邦不願捲入戰爭，乃請以金錢代替兵役。諸邦既無軍隊，其在同盟中之地位自然逐漸降低。雅典擔任大部分軍備，遂日益專橫，常不顧同盟會議之意見而獨斷獨行，對于脫離同盟之盟邦，輒以武力迫其復盟。後西蒙以與斯巴達親善而爲雅典人所放逐，繼起執政之人乃專以同盟武力用于帝國之擴張。西元前四六三年，因謀商業利益而攻佔泰梭（Thasos）實爲雅典帝國發展之先聲。至四四〇年以後，除薩摩斯（Samos）、勒斯保（Lesbos）、開奧斯（Chios）外，所有盟邦應出之海軍悉以金錢代替，同盟各邦遂全爲雅典海軍所控制。

西元前四五四年，雅典竟將同盟公庫自狄洛島移至雅典。此後，更完全違背同盟初衷而向陸地發展。盟邦對之遂益增反感。陸上盟邦首先發難，推翻雅典所支持之民主政府，改建貴族政治，至西元前四四六年與斯巴達訂立「三十年和約」時，雅典之陸上領土全失。海上各邦繼起叛變。西元前四四〇年，薩摩斯因與米勒塔斯（Miletus）爭執，不滿雅典專斷，退出同盟，雅典竭其全力，始平此亂。

同盟之納貢賦者約有二百餘邦，據薩西德地斯（Thucydides）所記，其全部收入初爲四百六十泰倫（Talent）（約合十萬六千鎊），在伯羅邦內辛戰爭初起時爲六百泰倫左右，同盟諸邦依地域劃分爲若干區，每區各選代表二人協助雅典議會分配貢額，並繳納貢金。

諸邦既多離心離德，雅典乃進而干涉盟邦內政，甚至駐軍于若干盟邦內。雅典人與盟邦公民間所有之爭執皆由雅典法庭裁決。後更强迫各盟邦建立傀儡式之民主政治，雅典至此蓋已將狄洛同盟變爲雅典帝國矣。希臘人最重獨立自由，其城邦主權一旦受到限制，自不甘心，及伯羅邦內辛戰起，狄洛同盟諸邦多不願力戰。自然難獲勝利。西元前四〇四年，雅典終于失敗，同盟遂告解散。

第二次同盟實斯巴達勢力擴張之所激起。斯巴達在伯羅邦內辛戰後稱霸，任意取求，使希臘各邦所受壓迫尤甚于昔日所受之于雅典者。而雅典則不數年間卽逐漸恢復元氣，終于西元前三九四年一戰獲勝，而重振其海上勢力。舊有盟邦遂漸次來歸。雅典帝國夢醒，不敢重蹈前轍，僅爲共同防禦起見，與盟邦分別訂約，其盟約內容，極不一致。斯瑞西布勒（Thrasybulus）在拜占庭（Byzantinm）建立民主政治，恢復黑海貿易之百分之十貨物稅，彼有意恢復帝國，但未獲雅典人之普遍支持。西元前三八七年安西他達（Antalcidas）所訂條約强迫雅典人承認其爲韃靼海峽霸主，規定所有小亞細亞及塞浦路斯（Cyprus）等島上希臘城邦皆屬波斯。雅典乃召集盟邦開會，組織第二次之狄洛同盟。西元前三七七年春，希臘半島沿岸及島嶼上之諸城市泰半加入。斯巴達忧于新同盟之發展，以六十艘戰船威脅雅典糧運，爲雅典艦隊所敗，同盟勢力遂益盛。小亞細亞沿海及色雷斯（Thrace）等地城邦多相率加入。斯巴達又遣艦隊出戰，不勝。但雅典以與底比斯（Thebes）發生齟齬，且經濟損失頗大，乃與斯巴達議和，而彼此分掌海陸霸權。

外患旣除，盟邦對同盟之熱忱乃日益減低。且由于戰爭頻仍，經濟緊迫，底比斯在陸地勢力不斷伸張，狄洛同盟處境頗爲困難。西元前三七一年，底比斯戰勝斯巴達，稱霸希臘半島。雅典乃拉攏過去擁護斯巴達之城邦加入狄洛同盟，與斯巴達聯合，共禦底比斯。沿海盟邦頗不以爲然。蓋彼等志在保持本身安全及向海上發展，無法出錢出力助陸地諸邦抵禦底比斯也。西元前三五六年以後，盟邦叛者日衆，雅典不得已而承認彼等獨立，最後僅餘優比亞（Euboea）及海上有限島嶼。時馬其頓已逐漸强大，向東擴張，西元前三三八年，同盟軍敗，遂告解體。（曾祥和）

貝殼流放制（Ostracism）

此爲西元前五世紀在雅典流行之一種政治措施，其法可將影響雅典政治安定之人放逐國外，以維護民主政治。照例于每年議會第六次（議會共五百人，由十部落選出，每部落五十人。分一年爲十期，十部落議員輪流當值，每部落一期）會期中，先徵求全民大會意見，是否需要舉行此制。如大會認爲必要，卽于第八次會期中擇期舉行全體公民投票，各書所欲放逐之人名于碎陶片或貝殼之上，投諸罐中。開票結果，如有人得一萬（或云六千）票者，不問情由，卽行放逐，限期出國，爲期十年（後改五年）。國人對遭此法放逐者並不視爲有罪，其家人仍可自由活動，財產亦均得保存，期滿歸來，享受公民權利如故。如爲城邦需要，更可提前召回，並加重用。此法相傳爲克利斯提尼（Cleisthenes）所創。自西元前四九四年一名海帕咯斯（Hipparchus）者被放逐後，百餘年來，陸續有許多人先後遭受放逐。其中不乏著名人物，如阿利斯泰德（Aristides），忒米斯托克利（Themistocles）、西蒙（Cimon）等等，或一年，或數年，或十年不等，皆曾遭流放。此制盛行百餘年後，逐漸廢弛。（曾祥和）

希羅文化 (Graeco-Roman Civilization)

希羅文化是指羅馬文化與希臘文化混合以後的一種文化。

羅馬曾受愛特羅士坎人統治兩百餘年，羅馬早期文化受他們的影響最深。如拉丁字即起源於愛特羅士坎人的字母，羅馬建築中常見的拱門與羅馬人所喜愛的比劍，亦即受他們影響。

共和時代初期，羅馬人尙無文化可言；布匿克戰爭時，希臘人安德羅尼啓伍斯 (Andronicius) 被俘，將奧德賽譯爲拉丁文，希臘文學初次傳入羅馬，此後文學、哲學亦相繼傳入；羅馬人消滅地中海東岸各希臘化國家後，却又到那些地方求學，並以俘虜爲師。直到共和政治時代末年，羅馬文化方告獨立。但希臘文化仍由羅馬人傳遞下來。

羅馬人對希臘文化的優越，不能不佩服，在征服希臘後，却奉希臘神祇爲自已的神祇，並刼奪希臘的藝術品。很多羅馬文學作品，都以希臘文發表作品，而不喜用拉丁文。直到第七世紀，羅馬的公共教育都採用希臘文。

羅馬建築喜採用希臘及東方式，偉大則過於希臘，如：圓拱、凱旋門、浴池、劇場等，甚至雕刻亦因襲希臘。

其他如天文學、人生哲學、諷世文學、醫學等，大多由雅典和亞歷山大港等處傳入。

基督敎原帶有濃厚的希伯來色彩，但保羅等亦曾行經許多希臘或希臘殖民地城市；傳入羅馬時，羅馬文化已吸收不少希臘文化，再加上希伯來與希臘的混合文化，混合之上加混合，希臘文化乃一變而爲基督敎文化，其遞嬗演變的痕迹是很值得注意的。(方　豪)

伯羅邦內辛戰爭 (Peloponnesian War)

此乃西元前第五世紀希臘雅典與斯巴達兩大集團爭霸之長期戰爭，時停時戰，相持數十年，大部分的希臘半島及許多海中的島國皆曾遭摧殘，戰火且延至西西里、埃及、以及西亞海岸一帶。雅典大史學家薩西德地斯(Thucydides)(約西元前四七一—四〇一年) 曾著戰史記述其事，史筆之謹嚴，較希羅多德(Herodotus)且尤過之。

斯巴達位于希臘半島南端，早于西元前六世紀初年即厲行尙武。全國男子悉充兵役，自七歲起開始嚴格之軍事訓練，至三十歲成年，受武器，正式列爲公民。終身服役，全無私人生活。所有生產事業，一概委諸奴隸，如此集中所有力量發展軍事，不久卽臻强盛。西元前六世紀中葉，組織伯羅邦內辛同盟，稱霸南方。其武力之强，整個希臘世界莫與之京。波希戰爭時領導希臘各邦，以少擊衆，力敵波斯來犯大軍，雖有色摩配利 (Thermopylae) 之光榮失敗，卒獲普拉提亞 (Plataea) 之輝煌勝利，大邦地位，益臻穩固。不圖雅典的海軍得到薩拉米斯 (Salamis) 之勝利，並于戰後組織狄洛同盟 (Delian League) 而稱霸海上，雙方均不斷擴充勢力，自難免發生摩擦，狄洛同盟中愛奧尼亞人 (Ionians) 與伯羅邦內辛之多利安人 (Dorians) 成見又深。終以雙方屬邦之商業衝突，觸發戰火，斷斷續續，相持數十年，最後雅典以對狄洛同盟邦過于專橫，引起內部不安。斯巴達復擴充海軍，直搗雅典。雅典遂于西元前四〇四年戰敗求和，解散狄洛同盟，且暫時接受斯巴達控制，一度改變政體，恢復貴族政治。(曾祥和)

波希戰爭 (The Persian War)

普通所謂波希戰爭，乃指西元前五世紀初年希臘人抵抗波斯侵略之戰而言。希臘大史學家希羅多德 (Herodotus)（約西元前四八四—四二五年）所著之史曾詳記其事。

波斯自西元前六世紀中葉以後，名主輩出，朝氣勃勃，不斷向外發展，東至阿富汗、俾路支及印度北端，與今日我國之新疆接界，西南逾西奈 (Sinai) 半島而征服埃及，西北直抵韃靼海峽，盡有小亞細亞之地，並征服色雷斯 (Thrace) 之野蠻民族。其將進窺希臘半島，殆屬勢所必至。適値小亞細亞之希臘城邦叛變，而雅典、厄列特利亞 (Eretria) 等國曾出兵援助。波斯王大流士 (Darius) 在平定叛亂之後，遂派軍西征，於西元前四九〇年，毀厄列特利亞，而與雅典戰于馬拉松 (Marathon)。雅典人以九千人應敵，力戰獲勝，殲敵約六千餘。喜出望外，舉國振奮。波斯人則引以爲奇恥大辱，且恐有損帝國威望。十年後（西元四八〇年），善克司 (Xerxes) 王以大軍三十餘萬（據希羅多德云爲三百萬）親征，海陸並進。陸軍雖倖勝斯巴達王李昂尼達(Leonidas) 而盡有希臘半島北部之地，海軍却在薩拉米斯 (Salamis) 灣爲雅典所敗。次年，普拉提亞 (Plataea) 戰後，陸軍亦敗，遂退出希臘。

方波斯之來侵也，希臘人自知如卵投石，絕無勝理。各邦或望風歸降，或意存觀望，惟有雅典斯巴達等邦不願瓦全，毅然應戰。其愛國熱忱，于歷次戰役中，表現無遺。李昂尼達王及其他無名英雄之事蹟直可驚天地而泣鬼神，浩然正氣，彌漫希臘半島，發爲文藝，自可光輝四射，希臘文化遂從此突飛猛晉，一日千里。詩人、學者、名家輩出，其成就影響西方世界者，垂二千餘年，至今西方文化之基本精神猶不出其範疇。希臘民族固有其特異之稟賦，而波希戰爭實亦有激勵奮發之力。（曾祥和）

亞述帝國 (The Assyrian Empire)

亞述人屬于閃族 **(Semites)**，西元前二千多年自沙漠移居底格里斯 **(Tigris)** 河畔山地與平原相接處，該地名亞述 **(Assur)**，彼等遂稱爲亞述人。初臣屬于蘇美，並接受其文化，巴比倫王國第一朝名王漢摩拉比 **(Hammurabi)**（西元前二〇六七—二〇二五年）曾派軍隊駐此。亞述經常遭受北方野蠻民族及西北西台人 **(Hittites)** 的侵犯，幾乎無日不在抗戰之中，其民族因此而益加沈勇善戰。當巴比倫王國漸趨衰弱時，亞述乃乘機興起。在西元前十四及十三世紀，其國勢西向擴張，直達地中海岸，曾迫巴比倫王向之稱臣。西元前十二世紀初年，亞述內部發生變亂，逐漸衰落，西方之阿拉米人 **(Aramaeans)** 遂乘機威脅其邊疆。至西元前十世紀末年，亞述再度中興，于第八及第七世紀，臻于極盛，不獨統一整個肥腴月灣，且南入埃及，東佔伊朗高原，建立世界上空前之組織嚴密，殘酷黷武的大帝國。

其全盛時期，武力強大，武器悉用鐵製。薩貢 **(Sargon)** 王（西元前七二二—七〇五年）之武器庫曾經發現，其中殘破兵器猶有二百餘噸。彼等發明攻城撞車 **(battering-ram)**，可高可低，升降自如。當時除西台人外，其他民族多用銅製兵器，不及鐵質堅硬。亞述人有此利器，故能所向無敵。惟此民族性極殘酷，兵威所至，往往城市爲墟。沈納克利 **(Sennacherib)** 王時，巴比倫叛，沈氏于西元前六八九年征服之，毀其都城，猶以爲未足，更決幼發拉底河水以灌之，竟使古巴比倫城整個毀滅。其俗喜剝人皮，常將被征服者領袖之皮張掛宮中，並將人頭堆積成山以爲示威之用。

沈納克利王（西元前七〇五—六八一年）爲古代之大政治家，行中央集權制，將直轄土地劃分爲六十行省，各派總督統轄。險要處均有亞述軍隊，直接聽命于王，行省之外爲附庸國，被征服民族如頑抗不服或桀傲不馴，則行民族調換之策，將本族人與征服者對調，以使其人地生疏無法反抗，以京城尼尼微 **(Nineveh)** 爲中心，向全國各地修軍用大道，四通八達。更于每日行程可及之處，設置驛站，派官駐守。遇有公文傳遞，則每站換人換馬，晝夜不停，千里立致，開驛站制度之先聲。除傳遞政令外，運兵亦極靈便，任何地方有警，可以即時鎮壓。交通既便，商業因亦發達，御苑花木，多來自遠方。內有「上結羊毛可織爲衣」之樹，移自印度，蓋即棉花，是爲棉花見于記載之最古者。

其後阿蘇班尼巴 **(Assurbanipal)** 王（西元前六六九—六三〇年）繼位，學識豐富，精通算術，除武力繼續擴張外，更建大規模之圖書館，提倡文化，所建巨殿，迄今猶可見其一部分遺址。

阿氏死後，國勢漸衰。西元前六〇六年爲加爾底亞人 **(Chaldeans)** 與米提人 **(Medians)** 所滅。彼等毀尼尼微，而平分其國土。蓋亞述建國，惟恃武力，久戰則兵源漸少，國土遼濶，不得不招募外族，如加爾底亞及米提人固皆曾爲亞述人作戰者，一旦相約變叛，政府別無兵力，可資防禦，遂忽焉而亡了。且亞述人本爲農業民族，對工商素不重視，及至強大，泰半族人皆充軍伍，並農業亦不暇顧及。於是經濟力幾全操于阿拉米人之手，此亦其招致衰亡之另一主要原因。（曾祥和）

肥腴月灣 (Fertile Crescent)

亞洲西部東自波斯灣，西至地中海，北接阿美尼亞 **(Armenia)** 及小亞細亞山地，南抵阿拉伯沙漠一帶，適形成一新月形區域，名曰「肥腴月灣」。包括今日之伊拉克、敍利亞、巴勒斯坦等地。在此地區有幼發拉底河與底格里斯河流貫其間，土地肥沃，氣候溫和，自然環境與尼羅河流域相似，同爲遠古文化誕生之地。

肥腴月灣北方之山地與南方沙漠皆有不少野蠻民族，彼等羨慕此一膏腴地區，一有機會，即衝入居住，故自有史時期開始直至波斯帝國統一亞西以前，四千年間，有許多不同民族陸續佔領此處。或統治一部，或征服全境，或永久定居，或一度移殖，均曾有影響及於此一地區的文化。其中最著名者有蘇美 **(Sumer)**、阿卡德 **(Akkard)**、阿姆來特 **(Amorite)**、腓尼基 **(Phoenician)**、希伯來 **(Hebrew)**、亞述 **(Assyrian)**、加爾底亞 **(Chaldean)** 等民族。月灣之東端爲巴比倫，最早的文化即在此地產生。此一文化迭經變亂，幾度復興，照耀古代世界，至三千年左右之久。至于亞述人、腓尼基人、希伯來人，雖均曾或多或少受到巴比倫文化的影響，然他們畢竟有其各具特點的獨立文化。（曾祥和）

祆教 (Zoroastrianism)

古波斯之宗教傳入中國，唐人稱之爲祆教。因其俗拜火，故又名拜火教，祆教爲瑣羅亞斯德 (Zoroaster) 所創。瑣氏或云係米提 (Media)，或云係大夏 (Bactria) 人，約生于西元前十世紀，採波斯人拜火之舊俗，而加以兩元論之教義，年三十左右，開始創立新教。至七十餘歲始卒。

祆教聖經曰阿凡士塔 (Avesta)，凡二十一卷，內述瑣氏言論，爲後人所追記。其教義以爲宇宙有善惡二神：善神曰馬士達 (Mazda)，由光明之神米赤拉 (Mithra) 率領天使，環其左右，居陽光普照之東方，爲世間創造善事善物；惡神曰阿利曼 (Ahriman)，統帶群魔，藏西方黑暗世界之中，爲人類製造一切罪惡。宇宙一切現象，爲晝夜交替，四序循迴，皆爲善惡勢力互相消長之結果。善惡勢力幾相等。善神雖能暫勝惡神，却不能將之消滅，故人類應助善神以制服惡神。火及巫術皆能助善除惡，故俱爲該教採用。又謂天堂地獄之間，隔有一橋，人死三日之後，必須接受審判，爲善多于惡，且能悔過，則此橋變得寬而且平，可讓靈魂飛過，直升天堂；否則，橋將變得其細如髮，使靈魂無法渡過，以致墮入地獄深淵。

祆教自西元前五五〇年左右成爲波斯國教，直至西元七世紀中葉波斯爲回教徒征服時止。其後，信徒轉至印度，稱爲「帕西」(Parsee)。其教義影響猶太教及基督教頗大，至于太陽教 (Mithracism) 及摩尼教 (Manichaeism) 則直可說都是其支派了。（曾祥和）

埃及文化 (Egyptian Civilization)

此種文化爲古代非洲東北部，尼羅河流域所產生之高等文化。約在西元前四千年左右即使用文字，爲目前所發現世界上最古之記載。許多古史學者以爲整個人類之有史時期應自此始。西元前四二四一年埃及人已根據天狗星之出沒制定精確之曆，爲現今全世界所用陽曆之濫觴。

古埃及居民屬白色人種，約于新石器時代末期，當風雨帶變遷，撒哈拉沙漠逐漸形成時，由該處移至尼羅河岸。其後漸與亞洲民族及非洲黑人混合，但仍可見其自成一型，與衆不同之處。

古埃及歷史，據西元前三世紀埃及史學家孟尼拉 (Manetho) 所作古史，劃分爲若干朝代。其年代在十八朝以後者大抵可靠，在十八朝以前者則多憑推算，學者各舉例證，說法不一，有相差至一、二千年者。現一般人均認爲第一朝開始時約在西元前三千四百年至三千二百年左右。

埃及文化之分期：

(一)朝代以前時期 (Predynastic Period)　舊石器時代及新石器時代遺物皆有發現。在底比斯 (Thebes) 曾發現舊石器時代初期之燧石器，製造極粗，甚似爲自然力形成者，沙漠地區則有較精細之石器。新石器時代遺物之數量及種類皆極多．其時代則頗難確定。曾發現新石器時代末期之墓葬，尸體向左側臥，屈身，膝與下顎接，金髮，白膚，指細長，身旁置石刀及黑、紅、淺黃等色陶器。此等跡象顯示彼時人已深信有來世生活。此時已有文字，知用銅，政治上已由部落組織逐漸併爲南北二王國。

(二)舊王國時期　西元前三二〇〇年左右，曼尼斯 (Menes) 王統一南北，建都孟斐斯 (Menphis)，是爲第一朝之始。此時已由銅器進入青銅器時期。在經濟方面，有一定重量之金環、銅環，用作貨幣。在政治方面，有強有力之中央政府及相當公平周密之成文法，惜其條文現已失傳。在文教方面，有學校教倫理學、曆算、醫學、工程諸科。在社會方面，知識分子已成一特殊階級，包辦政府各種官職，久之且成世襲。由于尼羅河氾濫，田地經界破壞無存，每年須重新丈量，因而有幾何學之發明。同時醫藥亦甚進步，所製木乃伊 (Mummy) 往往歷數千年不壞。彼時埃及人相信人死後，經若干年，將返魂復活，故必設法保存遺體。於是在木乃伊製成後，須造堅固之石墓以藏之，即俗所謂金字塔 (Pyramid)者。此種國王陵寢，最大者爲古夫(Khufu)王者，在西元前二九〇〇年左右，建於吉沙(Giza)附近。占地十二英畝又半，高四八一呎，頂濶三十方呎，基廣七五五呎，共用花崗石二百三十萬塊，每塊平均重量爲兩噸半，大石皆採自尼羅河上游。於此可見其運輸工具與建築技術之進步，同時也可推想到彼時社會組織之嚴密及分工之細巧。

(三)中王國時期　西元前二五〇〇年左右，舊王國因內亂崩潰，地方勢力漸張，遂形成一封建式之政體。其極盛時期約在西元前二千年左右。全國分四十二省，省長皆世襲，儼然各自成為小朝廷。惟財政歸中央管理，設南、北財政部，一切稅收皆由中央統籌支配。中央又派使者常駐各省，監督各封建王公，將地方情形隨時呈報中央，故中央政府仍相當强而有力，是與後代歐亞所行之封建制度不同之處。軍隊為募兵制。極盛時，兵威曾達蘇丹(Sudan)與敍利亞 (Syria)。第一次蘇伊士運河卽于烏色孫(Usertsen)三世時鑿成。二萬七千畝之灌溉工程亦在此時完工。他如文學、藝術、醫藥、曆算等等，俱有空前進步。

㈣帝國時期　西元前一八〇〇年左右，以騎兵作戰，號稱「沙漠之王」之西克索人 (Hyksos)自亞洲西部侵入埃及。馬及戰車卽于此時輸入。埃及受外人壓迫，激起民族思想，提倡尙武精神，改變戰術，逐出西克索人。于西元前一六〇〇年左右，開始帝國時期之極盛時代。內則消除封建制度，使一切政權集中王室；外則擴張武力，經營亞洲，薩特摩斯 (Thutmose) 第三曾征服敍利亞等地，將版圖推至幼發拉底河以東，於其處勒碑記功。同時亦向海上發展，將地中海東部收為己有，設置總督以管轄之，克里特 (Crete) 諸島皆在其統治之下。至于地中海東部及紅海之商權皆握於埃及人之手，更不待言矣。近年來，亞洲西部曾發現若干佩符 (Amulets)，上刻薩特摩斯第三之名，可見彼時其聲威之遠播，眞婦孺皆知矣。首都底比斯此時自然成為上古世界中最壯麗富庶之城市。規模最大之堪拿克 (Karnak) 廟卽為此時所建。方埃及受西克索人統治之時，為圖振興民族精神，特別提倡固有宗教。因此十八朝之宗教勢力甚大，不獨享有經濟特權，且掌握一切文教工作，竟使教士成為唯一之知識階級，伊克納否 (Ikhnaton) 王曾一度改革宗教，雖然人亡政息，但其所創一神之說及上帝博愛之旨則影響後世甚大。

西元前一〇九〇年以後，王綱解紐，教士篡竊，軍人割據，域內分崩。是時亞述人方崛起亞洲西部，竟于西元前六七〇年攻入埃及，佔領其大部國土。十年後，埃及人復國，但埃及以外之屬地全失。此後雖曾一度中興，旋卽衰微。文化亦從事模仿前人，缺乏創造力，整個民族，生氣索然。終于西元前五二五年，亡于波斯。古埃及雖永不復興，但其文化却遠播西亞及愛琴海一帶，後世希臘文化深受其影響，今日大多數文字之字毋也都由埃及字毋演變而來。(曾祥和)

荷馬時代 (Homeric Age, 1200-800 B.C.)

希臘史詩之祖荷馬(Homer)相傳生於紀元前第九世紀中葉之小亞細亞Aeolis之斯麥那 (Smyrna) 城，而生活工作於開奧斯 (Chios) 島。暮年失明成盲，其所著或所編纂綴精煉淨化而成之史詩，非但成為西洋文學不朽之作。且對於西洋文化典型的形成，具有決定性之影響力。相當於詩經與中國文化的關係。荷馬的詩，想像力豐富，詞藻、音韻優美，藝術技巧高妙，傳誦至今，令人讚嘆不已。荷馬的史詩，對於古代希臘文化及民族性的形成，有直接塑造力量。希臘史上的英雄，亞歷山大 (Alexander) 與亞偈西老斯 (Agesilaus II) 可說是荷馬詩的產物。古代希臘人的政治理想、法律觀念、人文性的宗教與神教、社會組織與倫理觀念、人格修養的標準，均決定於荷馬時代。

荷馬的詩，由職業性的朗誦者，歷代相傳，遍於全希臘。直到西元前第六世紀，雅典的非法僭君 Pisistratus 執政，創設汎亞西娜祭典 (Panathenaic Festival) 朗誦荷馬史詩，詩稿方才確定。據 Alexander Pope （一六八八－一七四四） 的英譯本，伊里亞特(Iliad) 詩長達一萬九千行。描述Achaens希臘人在公元前一一八〇年左右，圍攻特洛伊 (Troy) 城，第十年的戰爭中，英雄們的恩仇浪漫故事。一萬二千行的奧廸賽(Odyssey) 描述參加遠征的希臘英雄以色佳 (Ithaca) 國王，奧廸修斯 (Odysseus) 由特洛伊回國途中，由於神的播弄，在海上流浪十年的遭遇。這些故事，所包涵的政治機構、社會組織、司法手續、倫理道德觀念、經濟生活、審美態度、以至於語言、風俗習慣、服飾武器等項，反映公元前一二〇〇至八〇〇年間的 希臘社會。所以我們稱此時期的希臘歷史為荷馬時代。

民族的形成－希臘人(Hellenes)根據他們的語言是屬於印歐民族 (Indo-European)的一種。因為他們在公元前三千年以前，大家一夥兒住在烏拉爾（Urals)與喀爾巴阡 (Carpathians) 山脈之間的大平原，過着遊牧生活。所以現在住在歐洲及印度的印歐民族，他們有很多基本字彙是相同的。在公元前二千年左右。希臘人才脫離了大群，分道揚鑣，占領了多瑙河的平原，開始向東地中海沿岸推進，占領小亞細亞沿岸，愛琴海的島嶼，以及此後被稱為希臘的地區。所以古代的希臘世界，包括愛琴海內岸。就文化而言，亞洲的希臘，遠比歐洲的希臘人早熟。

北歐遊牧民族之向地中海推進，是紀元前兩千年至一千年以來不斷重演的故事。地中海的風光對於歐洲民族有無限的魔力。一批一批的遊牧民族，帶着他們的帳幕、武器、牛羊與神，一代一代地翻過巴爾幹半島的山嶺與峽谷，來到希臘半島。來時，他們還是依射獵為生；到了希臘半島，開始學會了耕種貧瘠的土壤，種植穀物、橄欖、葡萄與無花果。不久又學會用橄欖油與葡萄酒，去與小亞細亞的鄰居交換紡織物，且又冒險航海到黑海北岸與土人交換大麥。這是他們的主食。為適應新居地的氣候，發展了一種獨特的農業，同時也放棄了肉食的習慣，以素食為宗。生活雖然粗魯，開始與古文化接觸。

為求與古文化接觸，又不得不完成一更勇敢的事業—即海之征服。希臘人入居希臘，均由陸路，自北方歐亞草原而來。民族長期在陸地播遷，不知有海，所以希臘人無「海」之一字。到了希臘，纔借用當地居民的 "Thalassa" 一字以之名「海」。又從文化程度極高的當地居民學會造船。「貧乏」與「飢餓」，迫得他們與風浪為伍，往返航海，交換物產。於是他們成為古代最能冒險的航海者。甚至在東部地中海，排擠了腓尼基人。他們變成了農民而兼海員，這是希臘文化的第一步。其他的成就，接踵而至。希臘人成為詩歌表達大師。希臘語言，原極活潑生動，能表達最精微的哲理，與最深奧的心聲。原始民族慣用押韻語言的唱誦，來輕鬆體力工作，或傳誦過去英雄的豐功偉業。因之大量詩歌民謠，代代相傳，伴琴、朗誦，以娛聽衆，幷敎育群衆。昭示冒險與勇敢的美德。經過若干時代，匯集而成的兩大詩篇：伊里亞特與奧廸賽，成了希臘人的聖經，塑造了希臘民族。

荷馬時代，民族的遷移與環境的適應，還在繼續進行中。第一批進入希臘半島的阿根斯人 **(Achaens)**，於公元前二千年至一千五百年之間，和平地進入希臘半島，接受當地有高度文化而愛好和平的愛琴人 **(Aegeans,** Cretans or **Pelasgians)** 的統治與雇傭。但公元前一千四百年，開始叛變，越洋焚燒克里特島 **(Crete)** 的首都諾塞斯 **(Cnossos)**。從此以後，阿根斯人做了希臘本土的主人，重建諾塞斯，移政治重心於彼羅奔尼斯 **(Peloponnese)**，建築堅強衛城於梅錫尼 **(Mycenae)** 與鐵嶺斯 **(Tiryns)**。好戰的阿根斯人，並沒有吸取代表愛琴文化的和平藝術，却學到兩項技能，即農耕與航海。於是橄欖、葡萄與船，成了希臘人生活所資，亦為希臘詩人所歌詠的對象，且成為未來希臘文明的標記。

但阿根斯王子們的海上活動，與其說是通商，不如說是搶掠。梅錫尼的王宮與墳墓裡，收藏了大量金、銀、飾物與器皿。甚至死者面上，都貼滿了金箔。此均可代表他們海上活動的性質。阿根斯王子們最後一次軍事遠征，厥為公元前一千一百八十年左右，特洛依城之戰。特洛依城位於達達尼爾 **(Dardanelles)** 海峽之旁，扼黑海與愛琴海之間的陸路要衝。古代舟子為避免海峽的逆流，每背負商品與船底，由陸路而入黑海。特洛依城對於過路商販，征歛誅求，立成巨富。阿根斯人既羨其富，又恨其貪，發動全民族圍攻此城，以求除此大害。荷馬詩篇所敍述美麗浪漫的英雄故事，掩蓋了經濟動機與現實。否則何以特洛依城在前後一千八百年間，被毀重建達九次之多，荷馬所記不過為第六個特洛依而已。搶掠行為逃不過考古學者的偵察。

文化特徵—荷馬時代的希臘人，雖有種族的不同，但文化上是統一的，不像以後城邦制度充分發展後，造成政治制度與社會組織上，堅強的對比與分歧。青銅器之製作，已極進步，而且精美。鐵開始應用於武器。雖有文字，尚未廣泛應用，詩歌民謠均靠口傳。

政治制度非常原始而簡單。以氏族 **(Gene)** 為基礎之村落、社團，各自獨立。國家與主權，尙在若有若無之間。國王的權威，不足以强制法律的執行。亦不能作司法裁判，最多只不過為爭端的仲裁者。經濟上亦無特殊收入，耕作勞動，與普通公民無異，「居民並耕而食，饔飧而治。」國王的唯一任務是戰時統率軍隊與祭祀之奉獻犧牲。所謂「國之大事，唯戎與祀」。雖然族中長老組織元老會議，壯丁戰士組織公民大會，但此兩機構並無重要行政職權。前者的任務為備國王諮詢，與防止國王之專斷。後者的任務不過為通過宣戰與媾和而已。社會秩序的維持，依靠習慣，不靠法律。司法、行政不是政府的公務，乃是氏族的私務。殺人犯之處罰，根據於被害人家族之要求，或由族中元老決定。所以奧廸修斯離國二十年，並無臨時執政，來代替國王，主持行政。因為無人認為政府是必要的機構。

社會組織與經濟生活之形態，亦極簡單。史詩中所傳示者，完全為貴族社會，所謂貴族，指其家譜可以追溯其先祖為神祇之氏族 **(Gene)**。凡貴族必有大財富，故荷馬詩中英雄，每以列舉其財富為榮。如肥沃的麥田，葡萄滿架的山坡，碧綠的草原，牛羊成群，油（橄欖）酒（葡萄）滿窖，繡裳滿箧，金銀杯皿滿櫃，銅鐵滿倉等等。凡是貴族，必有神德（力）。故貴族均愛好炫耀其威力，或乘戰車衝鋒陷陣；或身披銅甲，左執牛皮盾，右提三尺劍，兀立前陣，候敵挑戰；或强搶豪奪，擄掠婦女。平時則炫富顯榮：王庭朝請，列席會議，參加宴飲或佇候市場 (Agora)，仲裁爭訟。祭祀則身列前茅，奠酒獻牲，繼之以舞蹈歌詠。所以貴族生活於一片天眞豪爽氣氛之中，充分享受人生樂事，不知人間憂慮與生民之多艱。卽遇不如意之悲劇，亦勇往直前，面對現實，毫無畏縮。發爲文學，則多歌詠宴飲樂事。雖有悲憤，決不纏綿；雖有悱惻，決無感傷。

其餘不屬於氏族之平民，則生活相當艱苦。祇少數幸運者成爲葡萄園的富農，其他小農，地狹土瘠，終生以麥粥 (Barley porridge)、菜根 (Roots)，勉强維持溫飽而已。

氏族經濟，並不能自足，因之有專業技術階級 (Snucovpros) 之存在。包括醫卜、星相之自由職業，及木、石、皮革之技藝工匠，均爲世傳職業。技藝之精者，享譽城中，受聘海外，致成巨富者有之。但社會地位，無出地主右者。

此外有大量既無職業，又無土地之群衆，其勤勞者變爲傭工 (Thetes)，受人雇傭。雖爲自由人，但無保障。既不屬於氏族，在城邦的社會結構中，便無地位。因無氏族竈爐 (Hearth)，便無兄弟宗親會 (Phratry)。既無宗親會，便不受法律 (Themis) 的保護，等於剝奪公權。

政府組織之演進—荷馬時代之城邦，並非個人之組織，而爲部族、宗親會、與民族之集合體。城邦與孤獨的個人，並無關係。凡爲公民須與宗親兄弟氏族有相互之責任與義務。城邦由氏族 (Gene)，宗親會(Phratries, Brotherhood) 部族 (Tribes)，等層次組合而成。每一部族有一部族王 (Tribal King)，其中之一爲城邦之最高共同國王 (King of Kings)，故城邦之行政，必須經由氏族、宗親會與部族。卽軍隊之召集，船艦之供應，水手之分配，及數額，與城邦之部族區分有關係。此在伊里亞特與奧廸賽詩篇中隨處可見。例如 Rhodes 城在特洛伊戰爭中，派艦九艘，卽代表三城邦共九部族。Pylos 人供應船隻九艘，卽代表九部族。在戰時每部族供應同數量之船隻，在祭祀中每部族供應等量之犧牲。卽僅派船艦一艘，其水手亦必須按照部族分配。例如 Scheria 國王 Alcinous 派船一艘迎接奧廸修斯 (Odysseus)，派水手五十四人，卽因 Scheria 有十三部族與十三部族王，每部族王選派水手四人也。

城邦之最高共王，公認爲神之後裔，例如 Agamenon 與 Manelaus 爲天神 Zeus 之後裔，Ajax 爲日神 Apollo 之後裔，Nestor 及 Alcinous 爲海神 Poseidon 之後裔，俱有神德，故有超自然之威力。在克利底島(Crete)與斯巴達(Sparta)，王權每九年由神續授一次。王披紫袍，持王笏，宗教上爲最高祭師 (High priest)，戰時爲最高之統帥。其居所爲市政廳(Prytaneum)，爲元老會議廳 (Bouleuterion)；其竈爐，卽爲城邦之竈爐(Public hearth)。在族有土地 (Community land) 中，有其王田 (Temenos or Demesne)。不論參加戰爭與否，戰利品中得保留其「王分」，如實際參加戰鬥，尙可領其戰士分。

國王權威雖高，重大決策，必須諮詢元老會議 (Council)。元老會議由各部族之首長 (Gerontes) 組成。重大決議，如宣戰與媾和，當須獲得民衆大會 (Assembly) 之認可。民衆大會包括城邦之公民與戰士。這是構成城邦的三個機構。否則爲野蠻社會，不得稱爲城邦。但荷馬時代之民衆大會並無民主意味。國王由元老 (Gerontes) 陪同赴會場 (Dropa) 主持民衆大會之開幕，宣佈議程。有起立發言者，由司儀官 (Herald) 授以王笏，使其身體爲神聖不可侵犯 (Sacrosanct)，但並非張三李四均有發言權。實際上發言者均爲元老。資望最高之元老是爲議長。詩人讚賞元老之智慧與辯才，如歌詠戰士之勇武一樣。例如荷馬不厭其詳，讚賞 Nestor 聲調之圓渾，與溫文的理論態度。但 Diomedes 之流，亦不免惡言相向。甚至動武，亦被認爲議場之權 (Right of the Agora, 本條原作者所列希臘文概從略)。不過如無名小丑 Thersites，沒有王笏的保護，膽敢站起發言，批評君主政體，不免引起全體譏笑，怒罵，終至被 Odysseus 動手，揍他一頓，反引得全場鼓掌。所以民衆大會，並非民意機構，實際上爲元老與國王的對話場所，他們的談話，讓全體民衆聽聽而已。這是荷馬時代的政治機構。所以城邦不過爲互相有血親關係的氏族團體的集合體。而氏族在城邦以前卽已存在。國王雖有無上權威，但各部族之王有同樣權威。他們雖然不敢問鼎其宗敎權 (Sacerdotal authority)，但其政權確免不了要受許多意外事件與新思潮之威脅。在伊里亞特，尤其是奧廸賽詩篇中，已到處可見，以氏族爲基礎的王權，已在旁落中。如 Peleus 之子，已在感覺其王權難於維持。特洛伊城陷落後 Agamenon 與 Manelaus 兄弟間之爭吵，使氏族之團結與王權，受到嚴重考驗。奧廸修斯回到以色佳屠殺了王后的求愛者後，祇得與氏族訂立約法，防止報復，才保持王位。不得不以平等之禮待遇其他十二位部族王。又如克利底島某部族王拒絕接受城邦共王 Idomeneus 之命令，且因戰利品之被剝奪而攻殺國王之子。國王的家臣扈從(Thrapontes)之僭立，均足以表示氏族元老之僭奪王權，終至國王降而為城邦之長官(Magis-trate)，而國王之宮宰被尊為民政長官 (Archon) 或軍政長官 (Polemarch)、國王之內務員(Household)，演進而為行政官員。「割肉」者(Meat carver)，晉升為財政部長，國王的實權終於移入氏旅元老之手，是為貴族政體。

另一種趨勢，亦在史詩中逐漸顯露，即民意(voice of the people)之抬頭。民衆大會雖為被動機構，然有時足以强制國王出征或宣戰，但民衆只能施用道義的壓力，少數服從多數的法定投票尚未發明，議會之權(Right of Agora)尚未確立。氏族間的爭端，只有取決於血族復仇 (Vendetta) 政治上的鬥爭，如無法妥協，只有訴諸內戰。非等到不久的將來，投票成為公認的裁判勝利與失敗的辦法。民意才能成為民權。(楊紹震)

奧古斯都 (Augustus)

奧古斯都為西元前二十七年羅馬元老院對屋大維 (Gaius Octavius) 所上之尊稱。此後歷任皇帝皆襲用此銜，意為莊嚴偉大。普通所謂「奧古斯都」係專指首先獲得此尊稱之屋大維而言。

屋大維生于西元前六十三年，為愷撒 (Julius Caesar) 之姪孫。愷撒死前已將之擢居高位，死後，屋大維以其繼承人之身份參加政治活動，與愷撒部將安東尼 (Antonius)、雷比達 (Lepidus) 聯合，于擊敗貴族派勢力後，即三人分國而治，是為第二次「三頭政治」(Triumvirate)。數年後，雷比達勢力漸衰，屋大維與安東尼亦因互爭雄長而出于一戰。西元前三十一年，安東尼戰敗于阿克興 (Actium)，屋大維遂統一羅馬，而于西元前二十七年獲得「奧古斯都」之尊稱。其時彼在表面上完全尊重共和制度，而終身兼領總司令、保民官、執政、省長等職，以集軍、政、立法大權于一身。羅馬帝制實由此開始。西元十四年，年七十餘歲，始以壽終。帝位由其繼子泰比利阿(Tiberius)繼承。

奧古斯都撥亂反正，偃武修文，授田戰士，大量裁兵，澄清吏治，改良稅法，提倡文化，建設羅馬。一時民康物阜，文人輩出，賀瑞斯 (Horace)、魏吉爾 (Virgil)、歐維德 (Ovid)、泰布勒 (Tibullus)、李維 (Livy) 等，或為詩人，或為史家，各有名著，後先輝映，號稱於拉丁文學之黃金時代。羅馬城著名之大建，亦開始于此時，蓋羅馬共和時代，質而不文，帝制以後始有充分之人力財力從事于宏壯之建築。奧古斯都曾自謂，他來時羅馬為一石城，他去時則已為一大理石城。洵不誣也。(曾祥和)

奧林匹亞紀年 (Olympiad)

古希臘各邦，每隔四年，輒在奧林匹亞山下，對天神宙斯 (Zeus) 舉行大祭，並競賽各種運動技能，號稱奧林匹克會。因其四年一次，從不間斷，學者乃常以此計算古希臘之年代，稱為奧林匹亞紀年。奧林匹克競技會始見于記載者為西元前七七六年，而始用此法計算年代者則為西元前三世紀西西里之史學家提米阿斯 (Timaeus) 以後著名學者為波里比阿(Polybius)等皆嘗用之，奧林匹克競技會至西元三九四年遭羅馬皇帝狄奧多西 (Theodosius) 之禁而停，此種紀年法從此遂廢。(曾祥和)

愛琴文化 (Aegean Civilization)

愛琴文化乃古代愛琴海島嶼及其沿岸居民所發展之高等文化，約自西元前三千年左右開始，至西元前十二世紀始陸續消滅。愛琴海西為希臘半島，北接色雷斯 (Thrace)，東為小亞細亞，南有克里特(Crete) 島東西橫亘鎖其門戶，使其自成單位，儼若一湖，與外地中海幾乎隔絕。海面波平如鏡，可泛輕舟。島嶼五百餘，羅列其間，彼此相距往往只有木船一日之船程，遙相聯接，形成希臘與亞、非兩洲間之跳板。交通既便，商業日繁，于是產生了愛琴文化。此一文化，上承埃及、西亞之餘緒，下開希臘之先河，實為古代東西文化之橋樑。

愛琴海上及沿岸地區居民為白種，屬地中海民族。于西元前三千年頃，自埃及、西亞接受青銅文化，建立若干小城邦，其最著名者為克里特。

克里特近尼羅河口，自埃及接受高等文明，有象形文字，西元前二千年左右，文化已甚進步。其沿海地區，工商業發達；內陸部分，則農牧兼營。以諾薩斯(Cnossus)為中心，建立王國。其宮殿千門萬戶，無異迷樓，畫壁刻柱，精巧生動。僅以建築論，已為傳世不朽之藝術。島之南部菲斯塔 (Phaestus)

或為另一王國之都，亦有宮殿式之建築，島上之城市宮殿皆無防禦工事，但有武器庫，並有武器清單發現。陸軍之外，更有海軍。由此情形加以推測，彼時武力似重在攻擊而不在防守。米諾(Minos)即為著名「海上之王」。島上之陶器極精美，薄如今日之瓷器，上繪各種圖畫，色彩絢爛，圖案生動，為大宗輸出品。埃及人甚為珍視，至以之殉葬。文字簡易整齊，稱「線狀書」(linear writing)，至今尚未能完全辨認。克里特文化最盛時期約為西元前一六〇〇年至一五〇〇年左右，但對埃及似仍處于臣屬地位。埃及大王薩特摩斯(Thutmose)第三之大將即曾擁有「海上島嶼總督」之頭銜，此所謂「海上島嶼」，即指克里特而言。

由于商業關係，克里特文化于西元前十六世紀末年傳至希臘半島，建立邁森尼(Mycenae)，提雲斯(Tiryns)二城，築要塞以資防守。考古家發現此處遺物甚多，統稱之為邁森尼文化，一切均係模仿克里特的作品，無獨立創造之可言。至于希臘半島北部，則甚少受克里特文化影響。

亞洲大陸邊緣小亞細亞之特洛(Troy)城亦為愛琴文化之另一支，與克里特文化互有影響，而非由克里特傳入者。特洛文化約始于西元前三千年左右，與克里特大致同時。西元前二千五百年頃，該地商業已甚發達，所建城堡為愛琴世界現已發現最早之防禦工事，西元前二五〇〇至一五〇〇年間，城池屢經改建，上下相疊，日益繁榮。統治者之勢亦日漸擴張，至一五〇〇年左右，已可與同時之克里特王國相比擬。至西元前一二〇〇年左右，第六城被毀，當即荷馬(Homer)「伊里阿德」(Iliad)詩中所述與希臘人戰爭之結果，特洛文化至此結束。

愛琴地區古文化之遺物在西元一八七〇年以前早有零星發現，學者皆以為係屬希臘初期之文明，直至一八七〇年，美籍德人希利曼(Schliemann)因醉心「伊里阿德」詩篇，乃遠至傳說中之地從事發掘，居然發現地下古城。數年以後又至邁森尼發掘，收穫更多。後來考古學家繼起探尋，愛琴文化之特殊形態始被世人公認為古代地中海東部，除埃及、西亞而外，之第三種高等文化，希臘文化即發源于此。研究至今，雖尚未能有系統地說明其詳情，却已稍具輪廓，茲述其概略如下：

(一)政治　組織為城邦，政體為君主，可由其城市及王宮建築之情形證明之，國力不強，其極盛時之克里特尚為埃及之附庸。諾薩斯遺物中有完整之登記簿及會計記載，於此可見其事務管理之精密。

(二)社會情況及物質生活　原始之母系社會可能尚存，但無確切證據。君主政體下之民衆組織如何，則毫無可考。武裝人士極少，是否有職業性軍人亦無記載可察。貴族為統治階級，奴隸甚多。諾薩斯及菲斯塔之王宮中皆有劇場式建築，或為表演，或為王室法庭陪審之用，但絕非供群衆集會者。統治階級生活優裕，甚且奢侈。早期即有裝飾華麗之巨石王宮，有分開之臥室，大廳，設計精巧之通風及透光設備，供水系統及下水道等等。即使較小住宅亦為石製，內部悉加粉刷。西元前一六〇〇年以後的建築則更為精美。王宮有一層以上之建築，巨石支柱，階梯寬平，有浴室、雙扇摺門及拉門。晚期若干王宮分離之寢宮顯示後宮婦女之隔離。畫中貴婦，衣飾華麗，媲美近代。食肉、魚、及各種蔬菜，有酒及啤酒，顯示生活之舒適豐富。工匠用具，各色俱全。大量種植橄欖及葡萄。油、酒運銷城外。晚期有車，已知用馬。大道加以鋪修。鬥牛、跳舞、拳擊，及武裝競技等皆為流行之娛樂。

(三)商業　早期已相當繁榮。克里特與埃及、希臘等地之陶器貿易頗為發達，西元前一六〇〇年後，愛琴商品遍銷地中海沿岸各地。有極小斧頭，似為貨幣之用。有標準衡器。裝飾品上常描繪海上事物，可見彼時一般人對海事之熟悉。

(四)宗教　神殿皆在王宮內，顯示君主直接掌握宗教事務，甚至本身即為大祭司。其信仰為多神教，與一般原始宗教相若，經過拜物階段，至西元前二千年左右，進為偶像崇拜。常以年輕男神配祀女神，而以男神為女神之子或其夫。崇拜死者，視為生英死靈，其俗以沿岸大陸地區為尤然。希臘宗教中若干怪異習慣，多由此生，尤以月神(Artemis)、「愛與美之女神」(Aphrodite)為然。

(五)喪葬習俗　早期愛琴民族恒置死者于石箱中或石穴內，偶爾亦用泥棺。稍後，在克里特有骨坑，為群葬之處。人死後，除去皮肉，或置另一棺中，俟其腐化，然後檢拾骨髓，重盛棺中。有穴之墓在克里特早期即有，鑿岩為墓則于晚期在大陸及羅德(Rhodes)島上，均非常普遍。圓形墓穴出現于克里特之早期，大蜂窠形墳墓則在晚期盛行于邁森尼及大陸其他各地。最精緻之墓，如被誤為「阿垂斯之寶庫」(Treasury of Atreus)等者，屬于青銅器晚期。克里特曾有細縛死者，頭下脚上，塞入大甕之習，大陸地區較早時間亦有將小兒葬于罐中者。有時以磚砌代替石棺，或以大甕碎片覆之。愛琴民族自始至終，死者從不焚化，並有以生前所用之工具、食物、飲水、藥膏、小飾物等殉葬之習慣。邁森尼之圓墓，墓上似有祭壇。他處所發現之彩繪石棺亦可能顯示對死者之崇拜。

(六)藝術作品　西元前二五〇〇年左右，克里特之陶器藝術，無論在質料、形式、及裝飾方面，似比同時世界上其他各地之出品為優。壁畫及金屬製造品亦然。西元前二千年以後，象牙及寶石雕刻逐漸進步，于西元前十五世紀達到高峯。各種物質之鑲嵌技術亦為彼等所熟知。彼時各種藝術實予後日希臘人以極大之直接影響。(曾祥和)

僭主 (Tyrant)

僭主原為古希臘以非法把持政權之領袖人物，後世乃衍為「暴君」之義。僭主政治在西元前七世紀至六世紀最為盛行，以後直至希臘末期，仍間常出現。僭主多為有野心之貴族，思欲出人頭地，乃利用平民對貴族之不滿，加以煽動、組織，藉其力以顛覆舊有政府，而另樹政權，假民主之名以行獨裁之實。僭主既非合法領袖，自無傳統所付予之權威，乃不得不行新政以對平民示恩，往往能內裕民生，外揚國威，並宏獎風流，提倡文藝，大興建築，一新國人觀瞻。就其治績而言，實功在國家，若測其用心，則恒為個人私利着想。聰明謹慎之僭主，不特可終身保其高位，且可傳之子孫。但既非合法之君，其繼承者能否長作領袖，端視其自身之表現而定。苟倒行逆施，一旦失去人心，卽為國人所棄，非若正統君主，國人尚可加以容忍也。雅典之皮西斯垂特斯 (Pisistratus)(西元前六一二—五二七年)，敍拉古 (Syracuse)之狄昂尼西斯 (Dionysius)(西元前四三一—三六七年)等皆為希臘政績卓著之僭主。(曾祥和)

漢摩拉比法典 (The Code of Hammurabi)

西元前二十一世紀巴比倫名王漢摩拉比所制之法典，西元一九〇二年在蘇薩 (Susa) 發現，為世界上現存最早之成文法典。由于以後抄版之陸續發現，可知此法為後世不斷傳習約達一千五百年之久。

此種法典顯示王權極為伸張，王為法律來源；法官受其嚴格監督；百姓如有寃抑，可逕向國王上訴。全文除保留少數上古野蠻風俗，如家屬須連坐，及殘酷刑訊等外，較諸舊有法律進步甚多。

全國人民分為三階級：第一階級包括政府官員及教士，彼輩享受特權，亦負有責任；第二階級為自由平民；第三階級為奴隸，為數極衆。奴隸互婚所生子女，世代為奴。如與自由人結婚，則其子女卽為自由人。奴隸可自置財產，甚且可自蓄奴隸，但死後財產之半須歸主人。奴隸頭部有特殊印記以資辨認。收容逃奴或助其逃走，均須處以重罰。

法律保障私有財產，土地均屬私人所有。王室有廣大私產。其中一部分給予官吏、工匠、及軍人居住。此種封土常為世襲，軍職亦世代相承。賦稅除金錢外，尚有勞役，廟宇有巨大財產。廟祝常為女子。女教士不獨可出入酒館，且可開設酒店。其所享受之他種特權尚不只此。

財產之租、售、獻、贈、抵押、借貸等等，皆以契約行之。法律對土地、房屋之租賃、使用、規定甚詳。水利之管理亦有明文規定，以免因荒疏而招致災害。

奴隸雖多，僱工仍常為社會所需要，尤以收穫季節為甚。其工資均由政府規定。耕田、灌溉、及運輸所用之牲畜在出租時所收之租金亦有一定。

市場交易，現金與實物相用。債務人為抵債起見，可以妻、子、或奴隸為債權人工作，其工作期限可至三年以上。在此期內如因債權人之過失而招致工作者之死亡，則債權人須付全部賠償。如借債時曾以土地為抵押，則債務人可以土地上產品抵債。借債須有保證人，若債務人賴債，保人須代為償還。彼時似已有類似後代之銀行，可代顧客付款，且與今日支票相同之物已通行于社會。

對商隊之管理有詳細規定。商隊之旅行經紀人負責運貨代售，先收費用，得利則與貨主平分，無利，則須照其所收費用，加倍賠償，利潤過少，須補足之。遇有損失，須以五倍賠償，惟遇搶奪則不負責任。倉庫代存貨物，船舶負責運貨，皆有定規。酒類有一定價格，惟酒店內不得有喧嘩及不法行為。

婚姻為買賣式，由雙方家長作主。男方出聘金，女方置粧奩。如女方悔約，須償還雙倍聘金。合法婚姻須有契約，約中常明白寫出任何一方毀約之後果。妻子在婚後，婚前所負之債，均由丈夫償還，家中財產歸丈夫所有，妻子僅可保有粧奩，或經丈夫以贈予方式給以一部分財產之終身所有權。妻子死後粧奩可傳子女；如無子女，則于扣除男方聘金後，歸還其母家。

丈夫可任意與妻子離婚。如妻子一無過失，則離婚時須退還其粧奩，子女亦歸女方，此外，並須付相當之贍養費，由妻兒均分。如妻子不賢，離婚時男方可保留子女，不還聘金，或降為奴隸，仍留居家中。妻子可控丈夫虐待或不盡夫責，因而獲得合法之離異，收回其粧奩；但如誣告，經過證明其曲在彼，則被處以溺死之刑。如丈夫離家，妻子無以為生，可與其他男子同居，夫歸則須返其夫家，如無金錢需要而與其他男子同居則罪同通姦。夫死，子女由妻子撫養，俟子女成立，可分一子之財產。孀婦非得法律許可，不得再婚，再婚時，前夫之財產須留歸子女。通姦之罪，男女皆須投諸水中，但如丈夫饒恕其妻，則國王亦可赦其姦夫。亂倫之罪，處以死刑或放逐。

妻子無出，可為夫置婢生子，視同己生，否則，丈夫可納一妾。妾為自由人，但地位次于正室。丈夫與妾可以離婚，條件與妻相同，女婢地位又次于妾，與主人所生子女為自由人。女婢一旦有子，主人即不得再將之出售。主人死後，女婢可獲自由。女婢所生子女，經其父認領後，可獲均分財產之權。如未經認領，則僅正室所生子女可繼承財產，自由女子與奴隸結婚，所生子女亦為自由人。夫死，妻可收回粧奩及其共同積蓄之半，其他一半歸奴隸之主人。

子女結婚以前，父親對之有完全支配之權；父親不在，其權在母；父母均亡，長兄可有其權。男子娶妻似可獲得部分財產，但不一定便另自成家。父親死後，合法子女平分其遺產。養子成年非由養父自動交還，其生父母不得要求歸宗。收養之後再生親子，養父亦不得棄其養子。養子可得養父財產之一部分。收養子女常由生養雙方父母訂約議定，並特別註明其繼承權，任何一方反悔皆有罪。

刑法有時極嚴，為誣告他人大罪者處死，偷竊、搶劫、擾亂治安，及逃避公務等罪常處死刑。死刑中有絞刑、火刑、溺刑諸種。如致他人子女于死，則以己之子女抵罪。汚辱已婚婦女或女敎士者處烙刑。法官貪汚者，永不敍用。妻子不知節儉，子女不孝，皆可被罰為奴，無監禁之刑，最常用之處罰為罰款。

判罪之輕重，恒視犯人之動機而定。蓄意殺人，則死刑，其因無心之過而致人于死者，則僅付罰款。女子遭受遺棄，因貧窮而重婚者無罪。庸醫害人須斷雙手。構成犯罪事實，必有行為證明，如僅有嫌疑不得據以定罪，如偷竊案件，必須人贓俱獲，方能議刑。

民事案件由原告提出告訴，不必經過職業律師。法官接受其控訴後，傳訊被告及證人，先由一二法官開預審庭，調查證件，俟案件成立，再交由敎士及官吏所組成之大規模法庭審理。法官判案極為審愼，常親至糾紛財產所在處實地觀察，以求眞象。最後尚須有書面判決，註明須原被告均同意接受，始生效。如有為常人智力所不能裁決時，則將嫌疑犯投之水中，視其浮沉以定曲直。如由國王親自審理，則其裁定為烙刑的判決，不必經雙方同意或許其再作申訴，即交付執行。（曾祥和）

羅馬共和政治 (Roman Republic)

西元前七五〇年左右，愛特路士坎人 (Etris-cans) 由小亞細亞侵入羅馬，居於帝伯河 (Tiber) 以北，建立小王國，隔河即為拉丁人居地。西元前五〇九年間，為拉丁人所推翻，建立若干城邦。

愛特路士坎人時代，羅馬社會已分貴族與平民；貴族組成元老院，擔任官吏，欺壓平民。羅馬人得勢後即改行共和政體。每年由公民大會推薦兩位貴族為執政官，任期一年。元老院為立法機關，故行政、立法兩大權仍操於貴族手中。

西元前四九四年間，平民因屢次爭取參政，均告失敗，乃決定撤離羅馬，貴族大恐，乃許平民推選保民官，以監督官吏；保民官每年改選，初僅兩人，後增至十人。平民又要求制定法律，以為保障，西元前四五一年間，貴族平民各派代表，組成十人委員會，編訂法律，又詳加審議，是即「十二銅表法」。另詳「十二銅表法」條。

至西元前三六七年間，羅馬又通過一法案，規定兩執政官中，必須有一人為平民，平民與貴族乃獲享平等地位。（方　豪）

羅馬帝國 (Roman Empire)

由於政治上一連串的革新，羅馬的平民與貴族終於携手合作，和衷共濟，並與其他城結攻守同盟條約，抵禦外侮，向外發展，統一意大利半島。發動三次布匿克戰爭，勢力遍及地中海沿岸各地，而成為一大帝國。

但因新舊大地主壓迫小農，使他們失業，貧富不均，造成嚴重的社會問題；政客則各樹黨派，貪汚成風，民變時起，在公元前約一百年間，政治混亂異常，乃醞釀帝政。

公元前一三三年，保民官底倍利伍斯．格拉古斯（Tiberius Grachus

或簡譯提比略）倡議主動分配土地，竟爲貴族刺死。其地伽尤斯．格拉古斯（Cajus Grachus　或簡譯爲蓋歐）亦當選爲保民官，主張以半價售公糧給平民，其他意大利人在人民大會中享有投票權。亦爲貴族所暗殺。

後平民選馬利伍斯（Marius　或簡譯爲馬留）爲領袖，使平民加入軍伍，希望以武力實現平民主張；但貴族亦擁蘇拉（Sulla）爲領袖。

西元前八十七年，蘇拉出征小亞細亞，羅馬城爲馬利伍斯佔領；四年後，蘇拉返國，馬利伍斯已死，乃攻入羅馬，平民黨人被殺甚慘，沒收財產。又使元老院擧他爲獨裁官，在任三年（西元前八二—七九年）而死。

公民擧龐培伍斯（Pompeus）和克拉蘇斯（Crassus）爲執政官。其時羅馬城中有尤利伍斯．愷撒（Julius Caesar），雖出身貴族，却爲平民擁爲領袖。西元前六十年，三人相互結合；次年，愷撒取得兵權，出征高盧，於是今日法、荷、比、瑞等地盡入版圖。西元前四十九年至四十四年，是爲愷撒獨裁時期。使元老院擧爲終身獨裁官，兼執政、司法、監察等官，又加「皇帝」（Imperator）尊號。除元老院積弊，元老名額增至九百，不分種族，均可當選；改用埃及陽曆；修治道路及羅馬城垣；移貧民於殖民地。但專制獨裁政體，非羅馬人所能忍受，公元前四十四年爲人刺死。

愷撒侄孫屋大維伍斯（Octavius　簡譯作屋大維）時年十八，掌有軍隊，正巡視希臘等地；聞愷撒死訊卽遄返羅馬，次年當選爲執政官。

時軍事實權操於安多尼伍斯（Antonius　或譯安東尼），與雷比杜斯（Lepidus 或譯作雷比達）手中，三人乃分治各省。西元前三十六年，雷比杜斯辭職；三十一年，安東尼伍斯與埃及女王克婁奧巴特拉（Cleopatra）勾結，謀作皇帝，敗於屋大維伍斯，自殺而死。西元前二十七年元老院於「皇帝」名義外，並以「奧古斯都斯」（Augustus）尊號向屋大維伍斯進奉，意爲「至高無上」。他是惟一可以對內發令，對外宣戰或媾和的人。並可指定繼承人。他是「公民之首」（Princeps），也是「最高司祭」（Pontifex Maximus）

奧古斯都斯在位四十四年（西元前三〇年至西元一四年）一意從事建設，經費取自地稅與丁稅，以及邊境的國稅。優良官吏可以久於其任。四十萬軍隊防守萊因河與多瑙河一線，防止日耳曼人侵入。新市場與新劇場亦逐漸興築，道路與海港亦多擴建。

奧古斯都斯以後，經過五位賢君的統治，兩百餘年間，號稱「羅馬和平」（Pax Romana）：東起兩河流域，西迄不列顚群島；北抵多瑙、萊因兩河，南達非洲大沙漠，商業繁榮，且有遠來中國的。

此後經「百年戰亂」，意大利半島殘破不堪，帝國重心移往東部，東西分治的局面已開其端。西元三三〇年名新都爲君士坦丁堡（Constantinople）。

西元三九五年，帝國最後皇帝戴奧多西伍斯（Theodosius）或作狄奧多西終前，劃分東西帝國爲二，由二子繼承稱帝。

西羅馬亡於西元四七六年，東羅馬亡於西元一四五三年。（方　豪）

西洋中古史

人文主義（Humanism）

文藝復興（Renaissance）、人文主義（humanism）、古典文藝之復興（Revival of Classical Learning）此三者，雖有密切的歷史因果關係，却不能視爲一件同樣的東西。Renaissance 是指十四、十五世紀的歐洲歷史上的一個時代humanism 不過是這個時代裏的一種文化運動，而古典文藝的復興，不過是humanism 裏最初而又最顯著的一種「復古」的工作而已。如此說來，「人文主義」（Humanism）是文藝復興時代中的一種突出的復古運動，所以「文藝復興」和「人文主義」，嚴格說來，不得混爲一談。

英文的 human 淵源於拉丁文的 humanus，意卽「屬於人性的」，可見humanism 或 humanismns 是以人爲本位，專以人生、人事、人道、人文爲研究的對象，普通譯爲「人文主義」，以別於中世紀的專以神爲本位的士林思潮（scholasticism）。整個的人，有整個需要，以維持人的整個生命，包括精神的和肉體的。從抽象方面來說，人文主義，應該爲「人」求謀一切，以滿足人的需要；可是文藝復興時代中的「人文主義」，在具體上是專求古代希臘、羅馬的古典文藝文化的復興，以作當時的實用。在那個時代中的人，感到「今不如古」，而鑑古可以知今，所以一心一意地要復古。然而在這裏有個重要的分野，無宗教信仰者從事復古的「人文主義」，和天主敎徒（基督徒）從事復古的「人文主義」，大有異同。就人性而言，人人需要得到滿足，人人需要充份的發展（development），非敎徒的人文主義者（pagan humanists），專以人間世俗之學問爲中心，專以發掘而搜羅古代的文化爲能事，專以重視古代學術、文學、藝術包括彫刻繪畫建築等爲要務，專以欣賞古典，美化人生，享受人生爲目的，至於宗教與神事，則拋諸九霄之外，甚至反對教會，反對神學，並反對古代的倫理思想和宗教觀念，以「實用、自由、解放、榮耀」爲標榜。教會方面，在文藝復興時代，亦竭力鼓勵古代學術、文學、技術的復興而發揚光大之，不過教會的人文主義者(the Christian humanists)，對於文藝與教義，並重而不偏廢，因爲教會對於「人生」的瞭解，認定整個的人生，需要物質與精神，自然與超自然的雙重發展，而超自然方面的發展（the supernatural development)，應以基督的教義爲基礎，所以教會方面，主張復興文藝決不拋棄教義，而發揚教義亦決不輕視文藝。如中世紀的大亞爾伯(St. Albert the Great)和聖多瑪斯(St. Thomas Aquinas)等，認定亞理斯多德的哲學體系，與基督的教義，可以互相提攜。所以純正的人文主義者，決不反對教會的教義，而教會的明達之士，亦決不反對人文運動。

教會初興時，亦曾從事復古仿古，例如聖巴西略(St. Basil) 聖若望金口(St. John Chrisostom)，聖盎博羅削 (St. Ambrose)，聖奧斯定(St. Augustine)等，對於古代異教學者的作品，亦曾致力硏究。並且文學的修養，科學和藝術的硏究和促進，無論在古代，在當代，對於人生都是必需的，教會決不反對，教會反對異教氣氛和對於肉體美的過份貪戀，以及對於物質的狂熱追求，以致道德墮落。像意大利的弗羅倫斯(Florence)是人文運動的中心，同時也是風俗敗壞的中心，甚至教會中心的羅馬教廷，亦曾受狂熱而放蕩的人文運動的影響。不少教宗提倡人文運動，如尼各老五世 (Nicholas V) 曾羅致來自德、法、西班牙、以及意大利各處的建築師、彫刻家、繪畫家、刺繡家，以及金銀裝飾家，從事裝修聖堂和宮殿，尤其梵蒂岡圖書館的建造，是數位教宗的傑作。

教宗庇護二世 (Pius II)，保祿二世 (Paul II)，都是著名的人文學者。教宗儒略二世(Julius II)爲興建聖伯多祿大殿，曾羅致了布拉芒(Donato Bramaute)，米開蘭基羅 (Michelangelo)，拉斐爾 (Raphael) 等三位偉大的藝術家，從事這項不朽的工程。教宗良十世 (Leo X)，也是一位文藝的倡導者。在各國教會中的人文學者，屈指難數，但最著名的應推法國的哀達布 (Lefevre d'Etaples 1450–1636)，英國的莫爾 (Sir Thomas More 1478–1535)，德國的勞伊克林 (Reuchlin 1455–1522)，荷蘭的伊拉斯莫斯(Erasmus 1466–1536)，意大利的達文西 (Leonardo da Vinci 1452–1519)，以及上面說過的Michelangelo 和 Raphace 等，他們的各種傑作，在歐洲的教堂中或博物館中，謹慎保存着，完好如初。（楊紹南）

十字軍 (Crusade Movement)

中世紀發動十字軍的目的，不在於以武力强人信教，亦不在於窮兵黷武屠殺無辜的教外人士，而是以維護正義，收復聖地(The Holy land)，防禦外侮，拯救教胞爲己任。十字軍確實是穿着縫有布製的紅十字外衣的遠征軍，而不是單純的朝聖隊。教會的教宗，及各國的信教元首和教民，都認爲組織十字軍，萬里長征，確是一種不得已的義戰。至於在法國及西班牙本土內的十字軍，亦以保護信仰，鎮壓異端徒的騷擾爲目的。

教會頒賜大赦，常以祈禱、守齋、施捨、朝聖等爲應盡的條件；參加十字軍遠征，一則可作獲得大赦的條件，一則亦可作爲朝聖的個別意向。無論從那一方面講，參加十字軍，自有其神聖的義務與意願。義務與權利，是不可分割的，所以當時參加十字軍者，當然亦享有教會所賜的各種權利，例如出征後教會擔保他們的家庭和財產的安全，負債者得延期償還，借款暫不增加生息，軍人犯法，祇由教會法庭審判等等，用這些優待以鼓勵十字軍的士氣。

各期的十字軍，都在各代的教宗指揮之下，向東挺進，攻打回教徒，以期收復聖地。從十一世紀到十三世紀止，發動十字軍，前後共八次，歷時共二百年，而十四世紀與十五世紀，另有兩次十字軍的發動。兹將八次十字軍的經過，略述如下。

第一次十字軍發生於一〇九五年至一一〇一年。阿拉伯回教徒於六三八年佔領耶路撒冷後，對於前往聖地朝拜的天主教徒，相當寬容，但塞爾柱的土耳其人回教徒 (The Seljnkian Turks)，於一〇七八年佔領耶路撒冷後，對於天主教教友和朝聖者，頗不友善，並且對於拜占庭帝國，虎視眈眈，大肆威脅，於是拜占庭皇帝亞歷修一世 (Alexius I 1081–1118)，求助於教宗烏爾班二世(Urban II 1088–1099)，教宗遂於一〇九五年在法國克勒蒙(Clermont)會議結束時，向民衆致詞，主張對回教徒作一神聖的戰爭，聽者十分感動，當場保證啓程，收復聖地，並高呼說：「這是天主的聖意」"God wills it"。教宗既登高一呼，法蘭西、意大利、比利時、英吉利即紛紛響應，組織了十字軍，大約有四萬人馬，其中一萬人由隱士伯多祿 (Peter the Hermit) 和窮漢窩爾脫 (Walter the Pennyless) 率領，向小亞細亞進發，但這支軍隊，陣容簡陋，武器極少，被土耳其人打得落花流水；四萬中的其餘三萬人，是貴族軍，由貴族中的一些伯爵及公爵率領，經由君士坦丁堡，於一〇九七年春天，向小亞細亞的土耳其王國進發，戰敗了土耳其後，即於一〇九九年七月十五日，佔領了耶路撒冷，於是大功告成。聖殿武士團 (Knights of the Temple Templars)，和招待武士團 (Knights Hospitallers) 在耶路撒冷建築了堡壘，以保衛朝聖者及款待旅客為目的。至於條頓武士團 (Teutonic Order) 專為保護德國的朝聖人員。十字軍建立了一個獨立的耶路撒冷拉丁王國，選舉高弗黎 (Godfrey of Bonillon)為第一任國王，稱為聖墓的保護者(Defender of the Holy Sepulcher)，同時在脫離波里(Tripoli)、安提阿 (Antioch) 及以得撒(Edessa)等處，又建立了三個王國。

第二次十字軍發生於一一四五至一一四七年。西歐方面，認為以得撒於一一四四年被回教徒佔領，對於耶路撒冷是一個嚴重的威脅，於是克雷耳服的院長聖們爾拿 (St. Bernard, Abbot of Clairvanx)奉教宗歐日要三世(Eugene III)之命，出而奔波宣傳，倡導第二次十字軍。法王路易七世(Louis VII of France)出而響應，於一一四七年，分別率領十字軍向東方進發。一年後，十字軍圍困了敍利亞的大馬士革 (Damaseus)，但未能攻入，而以得撒亦未能收復，加以當時回教徒勇猛抵抗，十字軍不支戰敗。

第三次十字軍發生於一一八八至一一九二年。土耳其國王薩拉丁(Saladin)，於一一八七年佔據了耶路撒冷後，西歐大為震驚，於是日爾曼皇帝腓特烈巴巴洛薩 (Frederick Barbarossa)，法王腓力奧古斯都 (Philip Augnstus)，與英王獅心理查 (Richard Cocur de Lion) 等，發動了第三次十字軍。所可惜的是腓特烈淹死於小亞細亞的一條河中，而腓力與理查彼此不睦，腓力中途返國，理查繼續前進，單獨作戰，終究不能擊敗薩拉丁，而於一一九二年，與薩拉丁簽訂和約，休戰而返，聖地未曾收回。

第四次十字軍發生於一一九八至一二〇四年。十二世紀末期至十三世紀初期的第四次十字軍，是由教宗意諾增爵三世 (Innocent III) 號召。不料十字軍齊集於意大利的海岸威尼斯後，中了威尼斯人的詭計，不按原定的計劃向埃及進軍，而由海道向君士坦丁堡進發，不是為收復聖地，而為推翻拜占庭帝國。以擴張意大利的勢力。教宗竭力抗議，但威尼斯人不肯放棄自己的計劃，兵士們亦以為先征服拜占庭帝國，使希臘人接受西方天主教的信仰之後，向回教徒作戰，必可一戰而勝，因此十字軍向君士坦丁堡進攻，大勝而入，焚燒刼掠，威尼斯與十字軍平分戰利品，十字軍且於一二〇四年，在君士坦丁堡建立一個拉丁帝國。教宗大為震怒而予以責斥。

第五次十字軍發生於一二一七至一二二一年，此役亦由教宗意諾增爵三世號召。匈牙利王安德魯(Andrew)率領十字軍於一二一九年攻克埃及達米安達城(Damietta)，但聖地未能收復，失敗而歸。

第六次十字軍發生於一二二八至一二三九年，日爾曼皇帝腓特烈二世率領軍隊，東征埃及，並以外交方式，與回教徒簽訂條約，收復耶路撒冷，管理到一二四四年為止。

第七次十字軍發生於一二四九至一二五二年，此役由教宗意諾增爵四世所號召，並由法王聖路易九世(St. Louis IX)率領軍隊出征埃及。路易兵敗被俘，以八十萬金，贖回自由。但他仍往巴力斯坦，居留四年，聖地聖城未能收復。

第八次十字軍發生於一二六九至一二七〇年，此次仍由法王聖路易九世親領，改變戰略，在非洲突尼斯 (Tunis) 登陸，於一二七〇年八月廿五日染疫而死。英國皇太子愛德華 (Edward) 亦參加此役，繼續東進，毫無所獲。

十字軍東征共有八次，第一次相當成功，其餘七次，未曾收效，揣其原因，一因教會與國家之間，意見紛歧，因而指揮方面，未能統一，二因國家領袖各懷政治野心，以致十字軍的原有宗旨，完全喪失，而歸於失敗，這是歷史上的一大慘劇。不過，歐洲的大部份，未曾陷入回教徒手中，不能不歸功於十字軍。且東征期內，始終由羅馬教宗策動，保持教宗權力。由於十字軍東征，歐洲人士，對於亞洲地理、社會、風俗、教育、宗教等，獲得深刻瞭解。促進貿易；阿拉伯文字隨着種種物品的名稱，補充了歐洲文字之不足；阿拉伯的數字和代數，甚至亞理斯多德的哲學，由阿拉伯人譯成淺近的阿拉伯文而由十字軍帶回西歐，都是十字軍的貢獻。(楊紹南)

大公會議 (Ecumenical Councils)

大公會議 (Ecumenical or Oecumenical Councils 或稱General Councils) 是由全體主教在羅馬教宗領導之下集合一處討論有關教義和紀律的問題。天主教近二千年中共有二十一個大公會議，茲將地點、年代及討論事項開列如下：

1. 尼西亞一 (Nicaea I)	325	亞略異端
2. 君士坦丁堡一 (Constantinople I)	381	聖神的天主性
3. 厄弗所 (Ephesus)	431	聶斯多略異端（即景教）
4. 加塞道尼 (Chalcedon)	451	一性論異端
5. 君士坦丁堡二	553	"The Three Chapters"問題
6. 君士坦丁堡三	680	耶穌的天主意志與人意志
7. 尼西亞二	787	聖像的敬禮
8. 君士坦丁堡四	869	佛西領導的東方分裂
9. 拉托朗一 (Lateran)	1123	俗人授職問題、十字軍。
10. 拉托朗二	1139	卜萊雪亞人阿諾德的謬說
11. 拉托朗三	1179	亞爾比和華爾圖兩異端
12. 拉托朗四	1215	信仰和教會改革
13. 里昂一 (Lyons)	1245	皇帝斐特烈第二廢位、十字軍。
14. 里昂二	1274	東西教會合一，教皇選擧法
15. 維恩 (Vienne)	1311～1312	聖殿武士會、「小兄弟會」(Fraticelli)
16. 康斯坦士 (Constance)	1414～1418	西方大分裂，胡斯與魏克利夫謬說
17. 培塞耳—佛羅倫斯	1431～1445	教會合一，革新
18. 拉托朗五	1512～1517	一四三八年的法國 "Pragmatu Sauction"、十字軍
19. 托利騰 (Trent)	1545～1563	教義和革新
20. 梵蒂岡一 (Vatican)	1869～1870	現代謬論、教宗不錯論
21. 梵蒂岡二	1962～1965	教會內部革新、合一運動

上列二十一次大公會議中，前七次均為東正教及其他基督教所承認，其餘則否。因第八次討論佛西問題，東正教自然不能接受，第九次於一〇五四東西教會分裂之後，其不能被東正教所承認乃意中之事。至於基督教，因視中古教會為「羅馬地方教會」，已失去耶穌所創立眞教之精神，其會議所討論者不能包括整個教會之問題。

亦有史家以四九年由宗徒們召集之「耶路撒冷會議」為「大公會議」的起源，視其為第一次大公會議，但無論如何，此次會議在意義上、範圍上均可為後日各大會議之典範。

自君士坦丁大帝因異端影響帝國治安，而召集尼西亞會議，至第八次大公議均由皇帝所召開，然八次會議均得教宗之同意與合作，自第九次會議後，所有會議則全由教宗命令召開，否則即無法定地位，其議決亦無法律效力。如十四、十五世紀之際，西方教會分裂成羅馬教宗與亞味濃教宗兩系統，為消弭此不幸事件，乃有「大公會議運動」之興起，認為「大公會議」之權力應在教宗之上，然教會分裂不獨未能終止，反又增一比薩教宗系統，直至第十六次康士坦斯大公會議，教會才告一統。（王任光）

大赦 (Indulgence)

大赦一詞，英文稱為 indulgences，拉丁文稱為 indulgentia 這是淵源於拉丁文的動詞 Indulgere, to be kind 。按這個拉丁動詞，涵有寬恕、體諒、姑息、嘉惠、憐愛、恣縱、赦免等意。本題大赦之稱，即「赦免」的意思。

在戴奧陶西與儒斯弟年的法典中（ the codices of Theodosius and of Justinian)，大赦一條，是指免刑而言 (amnesty or condonation of penalty)，但天主教會傳統的大赦，在意義上，與此大不相同，而且事實上已有悠久的歷史。不過，大赦這個法定名稱，始於西元一二一五年的第四屆拉脫勞大公會議 (The IV Lateran Council)。至於所謂「大赦事件」，乃發生於馬丁路得的反對大赦。

按照天主教的教義，大赦並不赦罪，而僅赦免罪過所應受的暫罰。罪有大小之別，隨罪而應受的罰，即有永暫之分。大赦雖分全大赦 (a plenary indulgence) 和限大赦 (a partial indulgence) 兩種，但所赦免的都是生者或死者的暫罰，而不是死者的永罰。教會既負責保管基督和諸聖者的功德寶庫（the treasuary)，教會的教宗及主教有權從無限量的寶庫中，直接分賜若干給遵守教會所定若干條件的信友，免其實行補贖而赦其犯罪後應受的暫罰。對於在煉獄中的煉靈，教會亦得間接地，分賜其寶庫中的功勞，求主賜以早脫煉獄之苦。

大赦的教義是以「基督的奧體」及「諸聖相通功」兩端重要的道理為根據。基督成立教會，為教會之首，猶如一身的首腦，而教會中的普世教友，猶如一身的各肢各部，所以教友在同一的信仰下，同心協力，在「功」的一面得以互相分享，在「罰」一面可以代作補贖，這種互助的精神，是大赦的基點。

基督曾向伯多祿說：「我還要交給你天國的鑰匙，凡你在地上所捆綁的，在天上也捆綁，凡你在地上所釋放的，在天上也必要釋放」，這個頒賜大赦之權，依照這段聖經，在神學上稱為「鑰匙之權」(the power of the keys)。

教會為頒賜大赦，往往附以各種條件，令教友遵守，例如祈禱、朝聖、拜聖堂、捐款、告解、領聖體等，因而在物質和靈修方面，可以得到神聖的收穫。教會對於頒賜大赦，原應謹慎從事，但歷代地方神長，對於大赦不免有濫用之處。而捐款的人，難免被視為有購買大赦，從事交易之嫌。而收歛捐款的人，亦難免有從中圖利的不法行為。這些情形當然違反教會頒賜大赦的善意。

馬丁路得 (Martin Luther 1483–1546) 的看法是：拯救靈魂只在一個「信」字。行善工、守誡命，都是不必要的。教宗儒略二世 (Julius II) 於一五〇七年開始在羅馬興建聖伯多祿大殿，頒賜大赦，令信友踴躍捐款，路得乘此機會，乃對大赦大肆攻擊。假使路得對於濫用大赦而從中圖利之徒，予以反對，本屬正當之舉，但他所反對的乃是大赦的本身，他於一五一七年十月三十一日，把九十五篇短論 (ninety five theses) 張貼在威登堡教堂門首，反對大赦及一般善工的價值，因此牽連的問題，也就非常之多。(楊紹南)

大憲章 (Magna Carta, the Great Charter)

為英國憲政史上最重要之文件。其簽訂乃因英王約翰 (John Lackland, 1199–1216) 之苛捐雜稅以及違反其他封建習慣，引起貴族與都市人民公憤，終至發展為全國的「革命運動」，教會在蘭頓 (Stephen Langton) 領導下亦參與此一運動，自一二一三年至一二一五年，由貴族領導發生一連串軍事暴動，約翰不得已於一二一五年六月在蘭尼米德(Runnymede，倫敦之西，泰晤士河南岸) 與貴族談判，並簽訂一文件，即世所稱之「大憲章」。原文係拉丁文，共包括七十餘條有關封建權利義務之規定。

「大憲章」本身是一封建文件，而非憲政文件，因其最初目的乃在保護貴族之封建權利，並限制國王對貴族之權力，至於一般農奴及佃農之權利並不在其範圍之內，此外，亦可由其日後之演變說明之。約翰於簽署該文件後不久，立刻聲明其因被貴族強逼失去自由而簽，要求教宗宣佈無效，因英格蘭為教宗封土，此時教宗為依諾增爵第三 (Innocent III, 1198–1216)，據此約翰為教宗之附庸，「大憲章」之簽訂既未得最高領主——教宗——之同意，故為無效。一二一六年約翰王死，其子亨利三世 (Henry III, 1216–1272) 繼位，同年新王重新頒佈「大憲章」，但其中有關人民自由之保障，及賦稅限制數項重要條款，已被刪除，次年，其中有關「森林」各項，另行公佈成為一獨立之「森林法」(Forest Charter)，所錄之更大部份即成為後日之「大憲章」，或稱「自由憲章」(Charter of Liberties)。

「大憲章」雖非為憲政文件，但其所含數種思想對日後英國憲政之發展有極大之影響，因此，「大憲章」成為英國憲政史上最重要之文件。其規定：第一，國王有遵守國家法律之義務，第二，貴族聯合為一有強制國王遵守國家法律之義務，第三，為保護國家法律，必要時貴族可訴諸武力。此三種觀念日後即逐漸演變為「有限王權」、「國會政治」及「革命權」等民主政治之三大思想；此外，「大憲章」似亦暗示日後司法上之「陪審制度」(Trial by jury) 與「人身保護狀」(Habeas Corpus)，但上述各憲政思想乃後日歷史家及政治思想家研究之結果，「大憲章」本身並不明顯表達此種思想。

研究英國憲法史者莫不以「大憲章」為出發點，蓋亨利第三以及其他國王時，貴族之反抗國王權力者，莫不以「大憲章」為根據，尤以十七世紀清教革命 (Puritian Revolution) 時為最。許多學者認為「大憲章」禁止捐稅而無代表，保證陪審制度，賦給下議會 (House of Commons) 更大職權等。到十九世紀，學者一反過去各種解釋，認為「大憲章」不過為一種保守的封建文件，對英國憲法並無顯著之貢獻。但今日一般學者之公認為，「大憲章」奠立「有限王權」此思想之基礎，更重要者，「大憲章」本身含有限制王權之各種解釋，稱其為英國憲政之基石未嘗不可。(王任光)

中古大學 (Medieval Universities)

中古時代，歐洲有許多城市已設有著名學校；各有其特殊研究，如：法律、醫學等，無異專科研究中心，實為後來創辦大學的先聲。著名大學可舉者如下：

沙來諾大學 (University of Salerno)，十二世紀非洲人君士坦丁(Constantine the African) 創辦，其人以翻譯希臘醫學著稱，學校亦負盛譽。但仍屬專科性質，對中古大學機構影響不大，至十五世紀即已衰落。

波羅那大學(University of Bologna)，與上述大學同時興起，為研究法律之中心。波羅那自十二世紀後，即以法律學史研究馳名，而為中古大學重要典型，南歐大學多取法於波羅那大學，即所謂共和的學生的大學（ Universitas Scholanun），以別於貴族的教師的大學 (Universitas Magistrorum)。該大學又於一二〇四、一二二三、一二二二年分出大學三所，即：維青薩(Vicenza)大學、阿來索(Arezzo)大學、巴都亞(Padua)大學。

巴黎大學，其起源乃一所主教座堂聖母學校，漸成為神學研究中心。十二世紀經院學者羅塞林 (Rosselino)、香波威廉 (William of Champeaux) 及阿柏拉特 (Abelard) 等，在巴黎講學，各地學生雲集；尤以阿柏拉特經常擁有學生數千，其中且曾產生樞機主教二十人、主教五十人。巴黎大學遂成為神學與哲學重鎮。為中古時代規模最大之神學院，歷久不衰。歐洲北部大學如牛津(Oxford)大學之組織，多以其為規範。

牛津大學與劍橋大學。牛津大學創始時期不能確定。但一一六七年巴黎大學學生曾有一度遷移至牛津之事。而一二〇九年，曾有三千餘學生脫離此校，成立劍橋大學(University of Cambridge)。

設立大學為中古時代風尚之一，十三世紀此風亦曾傳至西班牙、葡萄牙等地，如巴倫西亞(Palencia)大學、撒拉芒加（Salamanca）大學、伐拉多里(Valladolid)大學、里斯本(Lisbon)大學等是。一二三三年教宗額我略九世(Gregory IX)創立都魯士 (Toulouse) 大學；一二二四年羅馬皇帝腓特烈二世(Frederick II)創立那不勒斯(Naples)大學。此二大學，一為教宗所創，一為國皇御准，此後，大學成立，均須獲得教宗或國君的許可，而以教宗所認可者為多。總計中古時代，在文藝復興前，全歐洲共設立大學八十一所；其中三十三所隸屬教宗，二十所為教宗與國君合辦，十五所為國君獨力創辦，未獲得許可者僅十三所。

中古大學且由教宗或國君頒賜特典，或可成立特別法庭，學生可免兵役及納稅等義務。學生免受其他大學的考試，教授有隨處施教權（C jus ubique docendi)，如城中有案件無法調解時，學校有停止講學權 (cessatio)。

各大學學位之授予，不盡相同。碩士(Master)之稱通行於巴黎及北部各大學；波羅那及南部諸大學則稱博士(Doctor)。牛津與劍橋大學，文科學位稱碩士，法、醫及神學學位則稱博士。

大學主要教授法為講演與討論。當時因書籍缺乏，教授編撰教材，學生必須筆記；所用為當時最普遍，並認為是世界語的拉丁文。

中古大學為高等教育中心，為專家與學者聚集之所，不分國籍；巴黎大學聽講學生在二萬與四萬之間，十二世紀波羅那大學有學生一萬人；牛津大學在十四世紀時，或云有三萬人。惟近年史學家對於上述數字多表懷疑。在學科與行政方面，近代大學頗受中古時代大學之影響。（方　豪）

中古城市 (Medieval Cities)

民族大遷移的末年，歐洲逐漸安定，已有數量極少的地方性物產的交易，至西班牙與東羅馬帝國則在此以前，仍有若干商業活動。

商業最初出現於市集。所能交換的多為農產品，與莊主所屬農奴的手工藝品，如皮革、陶器、紡織品等。

市集大多每星期舉行一次或兩次，至晚即散；地點則多在教堂或貴族堡壘附近曠地。

由市集擴大而為賽會。由諸侯或主教發起，多在宗教節日舉行，遠道商販亦聞風而來。賽會歷時往往在半月或一月以上，主辦人可以抽稅。各地賽會往往輪流舉行，週而復始，一年之中無虛日。

市集與賽會均係臨時性質，十字軍東征期中，諸侯或主教為增加稅收，使莊園繁榮，乃在市集所在修路築牆，使商販能定居，並獲得安全保障，於是變為城市。

初時，城市規模不大，兩萬人即為大城市；至十五世紀始有十萬人以上者。多集中於對回教國家，及對蒙古帝國兩大貿易交通線，前者皆在地中海沿岸，如：威尼斯、熱那亞、米蘭、那不勒斯、佛羅稜斯、馬賽、里昂等城；後者則在波羅的海至北海沿岸，如：呂伯克 (Lubeck)、漢堡(Hamburg)、但澤（Danzig)、勃勒門(Bremen) 等。

歐洲對內貿易則以萊因河、塞納河、泰晤士河為主要運輸線，而產生新興城市如：波昂、科倫、里爾、布魯日、巴黎、倫敦。

城市居民為保護自身利益，謀求立法、司法等權利，乃有自治運動，甚至用武，向領主爭取自由權，成立「自由城市」，推舉市長，成立市政府、市議會，城市與城市之間，則有聯盟，合組海陸軍，迫使國王與諸侯屈服，或與各

大國締約結交；故雖無獨立國之名，而對於地方繁榮、十字軍東征、文藝復興等，亦皆有其貢獻。(方　豪)

巴比倫流亡 (Babylonian Captivity)

亞味濃 (Avignon) 是法國東南部的一個市城，遠在西元前四十八年，由羅馬人所建立。西元第五世紀時，該城駐有主教，教宗波尼法爵八世 (Boniface VIII)，曾在該城創設一座大學。一二二八年該城由法國土魯斯城 (Toulouse) 的一位伯爵，把該城贈送與教宗額俄略九世 (Gregory IX)。但於一二三九年該城宣告獨立，不久，併入那不勒斯王國。教宗格來孟六世(Clement VI)於一三四八年以八萬金幣購得該城而爲聖座所有。

自從法國籍教宗格來孟五世於一三〇九年寄居亞味濃以後，七位教宗相繼寄居於亞味濃達七十年之久，其間曾有三位教宗，鼎足而立，以致西方教會發生了大分裂 (Great Western Schism)。三位教宗中，誰爲合法的眞教宗，成爲當時激烈爭執而互不相讓的問題。歷史家對於教宗不住羅馬教廷，而寄居於亞味濃如此之久的空前事件，比之於希伯來人從西元六〇六年至五三六年間的巴比倫被俘，而稱七位教宗的寄居於亞味濃爲「巴比倫流亡」(Babylonian Capitivity)。這當然是一種比擬，和希伯來民族被俘於巴比倫的史實，毫無連鎖的關係。

教宗寓居亞味濃有何原因？所謂被俘，或流亡，只是一種比擬性的措詞。實際上教宗並非被法國國王所俘虜。寓居於亞味濃的第一任教宗，顯然是格來孟五世(1305–1314)，他之所以要遷居亞味濃，一因意大利的時局非常混亂，二因教宗有事，要與法王商談。於是教宗在道明會修院內建築了行宮，以便久居，而利執行統治全球教會的首席權。

繼格來孟五世之後的六位教宗計有：①若望二十二世(John XXII 1316–1334)，②本篤十二世 (Benedict XII 1334–1342) ③格來孟六世 (Clement VI 1342–1352)④意諾增爵六世(Innocent VI 1352–1362) ⑤烏爾班五世 (Urban V 1362–1370)，⑥額俄略十一世 (Gregory XI 1370–1378)。西元第十四世紀中的所謂「巴比倫流亡時期」，從一三〇九年開始至一三七八年止，歷時共七十年，寓居於亞味濃的教宗共有上述的七位，他們都是法國人。而又選了許多法國人充任樞機，他們對於聖座統治權的獨立和完整，都保持如昔，而對於教務的推進，亦極努力。

寓居亞味濃的教宗，推進中國教務，不遺餘力。教宗格來孟五世，曾命令方濟各會總會長負責遴選七位司鐸，擢陞爲主教，其中三位主教於一三〇八年到達北京。早已到達中國的方濟各會士孟高維諾 (*John of Montecorvino*)，被陞爲北京總主教。若望孟高維諾，在華傳教，建樹頗多，他八十一歲時，得見同會會士眞福和德理 (*Odoric* of Pordenone) 於北京。和德理離華啓程後不久，若望孟高維諾逝世於北京。逝世噩耗，五年後，才傳到亞味濃，教宗若望二十二世即派繼任人率同二十六位會士啓程來華，惜未到達。教宗本篤十二世，應元順帝使者的請求，於一三三八年，派遣若望馬黎諾里 (John Marignoli) 率領司鐸十九位，由陸路啓程，三年後，始到達北京。亞味濃時期的教宗與中國元朝，互通使節，確是歷史上的一項重大事件。亞味濃時期教宗的彪炳偉業，不勝枚舉，本文姑不贅述。

請求寓居亞味濃的教宗返歸羅馬教廷的呼籲，年復一年，未嘗中輟。教宗烏爾班五世，爲順應輿論，克服了法王及樞機們的百般阻擋，毅然決然地於一三六八年十月十一日，隻身返回羅馬，但二年後，因羅馬變亂，又離羅馬，回了亞味濃，這首次的試圖雖然有始無終，但教宗的心願，實屬難能可貴。繼烏爾班五世之位的是額俄略十一世，他也計劃回鑾羅馬，而由於加薩琳 (Catherine of Siena)，從中勸駕，遂於一三七八年，排除一切困難，返回羅馬，巴比倫流亡時期，於焉告終。(楊紹南)

方言文學 (Vernacular Literature)

在民族大遷移時，各族均有其土語；及受教士薰陶，則又以拉丁文爲土語拼音，而成爲文字。及十字軍東征，方言文字之應用漸廣，亦漸趨於優美，乃產生方言文學。時當十一、十二世紀。

方言文學，最初皆由所謂遊行詩人將歌頌英雄之歌謠，編寫而成，早期流行的有：「西得之歌」(Poem of My Cid)、「羅郎之歌」(Song of Roland)、「尼伯隆之歌」(Song of Niebelungs)、古事記 (Sagas) 等。

至十三世紀，方言文字乃有人用爲創作，以但丁 (Dante)「神曲」(Divina Comedia) 爲最著。

至文藝復興，方言文學題材始日益擴大，不限於宗教信仰或騎士生活等。

西班牙塞凡提 (Cervantes) 的「唐・吉訶德傳」 (Don Quixote) 、莎士比亞 Shakespeare) 的劇本等名著，亦陸續問世。

各國受此影響，乃更進一步而有「國語」運動，以統一全國的語文。

中古時代歐洲本以拉丁文爲主，並自然形成爲國際語；即一切高深學理、外交文件，亦無不出之以拉丁文；自方言文學興，拉丁文即漸趨沒落。然提倡古典文學的，亦不乏人。(方　豪)

文藝復興 (Renaissance)

文藝復興是指十四世紀到十六世紀歐洲歷史上的一個特殊時代。由於那時代的歐洲人士，致力於復興消沉已久的伯里克理斯時代的希臘藝術和文學，以及奧古斯時代的羅馬文學，所以史家稱它爲文藝復興時代，一直等到十七世紀，文藝復興時代告終。從字面來看，好像這個文藝復興 (Renaissance) 時代裏，只有古代文藝的復興，而沒有當時的「新發現」、「新學問」的出現，其實不然，科學方面，有火藥、羅盤和印刷術的傳入；文學方面，有讀耳的烏托邦英文譯本的出現，莎士比亞劇本的問世；繪畫方面，有里奧那多達芬奇(Davinci)的聖餐畫像 (Holy Supper)；音樂方面，有梵啞鈴 (Violin) 與有鍵樂器 (harpsichord)的改造；天文方面，有太陽系的新發現。這些不能稱爲一種「再生」(rebirth 或 renaissance)，而是一些「新生」。不過，一般地說，在那時代裏的崇古、摹古、仿古、擬古、復古的精神，遠勝於「創新」，所以沿用「Renaissance」一詞，頗爲恰當。再就復興的內容而言，人文主義者，僅注意到復興古代的文藝，而沒有注意到推進古代的科學，因而忽略了古代的許多科學理論，而不向科學方面去努力，因此，人文主義者所處的時代，只能稱爲「文藝復興」時代，而不能稱爲「科學復興」時代。

復興或再生，是死亡或毀滅的對稱。古代希臘羅馬的文藝，被日耳曼蠻族所破壞，而宣告死亡；而死亡已久的文藝重新復活，是意大利人的功績。茲略述造成文藝復興的原因如下：①彼脫拉克 (Francesso Petrarca 1304–1374) 和包伽邱(Giovanni Boceaccio 1313–1375)的專心文藝，是文藝復興的先聲。②歷史上所稱的「西方教會大分裂」(1378–1417) 同時產生了三位教宗，鼎足而立，即羅馬的教宗烏爾班六世 (Urban VI 1378–1389)，亞味濃的教宗格來孟七世 (Clement VII 1378–1394) 和亞歷山五世 (Alexander V 1409–1410)，這三位教宗，各不相讓，造成了一片混亂的狀態。待教宗瑪而定五世(Martin V) 當選後，教廷雖告統一，然而痛苦的回憶，使中古時代末葉的藝術家，在他們的藝術作品上，充分地表達了他們痛苦的宗教情緒。③君士坦丁堡於一四五三年淪陷於土耳其人後，大批的希臘人和羅馬人從淪陷區，退至意大利，對於古典文藝發生了興趣，文藝復興運動就從意大利漸漸展開，而推進至西歐各國。

根據柏拉圖的理想國，初級的課程爲體育、音樂、練習及文法；高級的課程爲算術、幾何、音樂、與天文。在西塞祿 (106–43 B.C.) 時期，自由藝由希臘傳入羅馬，成爲羅馬教育的基礎。西塞祿常提到自由藝 (artes liberales)，但並沒有指出爲七種。發祿 Varo (116–27B.C) 指出自由藝包涵有文法、修辭、辯證法、幾何、算術、占星術、音樂、醫藥及建築等九種。公元前第一世紀的維特魯威阿 Virtuvius 分文學、圖畫、幾何、光學、算術、歷史、哲學、音樂、醫藥、法律及天文等十一門。

七種自由藝的明確規定，有人以爲始於公元第四世紀的卡比拉 (Martranus Capella)，有人以爲始於第五、六世紀中的波愛萃斯 (Ancins Manlius Severinus Boethius 480–524) 。中世紀學校課程，明確制定文法、修辭、辯證（論理學）、算術、幾何、天文和音樂，是自由七藝。這七藝是一種準備的訓練。在希臘時期，是爲準備哲學的研究，在羅馬時期，是爲準備演講術的訓練，在中世紀時期，是爲準備神學的專修；但到文藝復興時代，人文學者，反對中世紀的士林哲學，厭惡其論理學及倫理學。而自由七藝，在文藝復興時代，雖然依舊保留，但無生氣，已失去了原有意味，反之，修辭學、美術、建築、繪畫等課的研究，猶如百尺竿頭，蒸蒸日上，而人文學者，在這些課程上，一味崇古，而復古。從此中世紀的自由七藝，大爲改觀。那末文藝復興時代，究竟復興了什麼，可想而知了。(楊紹南)

加爾文教派 (Calvinism)

加爾文 (John Calvin) 於一五〇九年七月十日生在法國北部皮喀第省的諾永 (Noyon, Picardy, France)，比路德小二十六歲。他於一五六四年五月十七日逝世於日內瓦 (Geneva) 享年五十五歲。加爾文出身於中產階段的家庭，他的父母都是熱心的天主教教友，他本人雖不是熱心教友，但頗有才氣和毅力，他於一五二八年在法國的奧爾良城 (Orleans) 和部耳日城 (Bourges) 的大學中攻讀法律。對於神學，他極感興趣，對於聖經，他亦致力研究，但他未曾領過鐸品。

法王方濟一世（Francis I）開始鎮壓新教徒，而加氏已傾向於新教，所以他逃往瑞士巴塞爾城（Basel）。於一五三六年，加氏在該城以拉丁文寫了一書，書名「基督教原則」(Instiutio Christianoe Religionis)此書於一五四一年譯成法文，該書內容共分六章，關於神學方面述說路得的「專靠信仰便能得救，只信聖經，不需行善」的謬說，又述說了加氏本人所說的「人升天堂或下地獄，已由天主決定，無法更改」的預定論（Predestination）。

二十七歲的加氏，於一五三六年八月五日，到了瑞士的日內瓦，本想只住一天，但聽了法累耳（Farel, 1489–1565）的慫慂，遂定居於該城，展開了嚴肅而獨裁的工作。一五三八年四月二十三日，加氏因民衆的不滿，被驅逐出境，到了斯特拉斯堡(Strasbourg)宣講。一五四〇年和依德來特布蘭（Idelette Von Büren)寡婦結婚，一五四一年加氏重返日內瓦，從此長住該城。

加氏根據他政教合一的原則，在日內瓦組織了一個神權政治共和國，他本人充任教主兼君主，他製定了一部新憲法，設立了一個嚴厲的法庭(Consistory)，按照他所製定的法律和刑罰，凡凌辱上主聖名或反對信仰者，當受火刑處死；娛樂場所，絕對禁止營業；宗教儀式每日必須舉行，安息日全城均應嚴守；有關於宗教的其他規定，亦都十分嚴格，違者必受重刑。例如格魯厄(J. Gruet)因凌辱上主聖名遭受死刑；另有一位西班牙醫師，名塞爾凡都（Michoel Ser–vetus)，因反對三位一體的道理，遭受了烈火燒死的處罰。總之，加氏爲人處事，非常嚴酷。

加氏於一五五六年，在日內瓦創辦了一座研究院（Academy），專以栽培新的傳教士，使他們到各國去佈道，於是日內瓦被稱爲「誓反教的羅馬」（The Rome of Protestantism）。

所謂加爾文教派（Calvinism）是指由加爾文成立的一種宗教，其教義與羅馬天主教的道理，大相徑庭。茲將加爾文教派的中心思想，臚陳如下：㈠由於亞當犯罪而墮落，人已失掉意志的自由，而完全爲上帝的奴隸；㈡人靈的升天國或下地獄，已被上帝永遠選定，不能更改，這是加氏的一種使人恐怖的預定論（predestination）；㈢上帝是無限無量的，只有上帝是眞正的策動者，人是上帝的工具，絕對是無能的，絕對不能自救；㈣加氏採用了路德的主張：聖經是啓示的唯一源泉；人的復義祇賴信仰，不靠行善。㈤加爾文教派或稱「長老會」，只承認聖洗和聖餐是兩件聖事。並且對於聖餐，否認耶穌的眞實體血，隱藏在麵酒形內。

若望諾克斯（John Knox, 1505–1572）生於蘇格蘭的哈丁頓(Haddington, Scohand），於一五三〇年晉陞司鐸，一五四六年受了喬治威沙而(George Wishalt)的影響，開始宣傳異端，他於瑞士日內瓦，拜會了加爾文。於一五六〇年返蘇格蘭後，定加爾文教派爲國教，並規定牧師由人民選出，行政由牧師與長老會組成的議會執行。長老會(Presbyterian Church)是如此產生的。我們說到加爾文教派時，不能不聯想到長老會這個名稱。(楊紹南)

東正教 (Orthodax Eastern Church)

是東歐及西南亞基督教會之總稱。"Catholic"和"Aothodax"，前者指「公」，後者指「正」，早期教會均用此兩名詞，而非各指固定的教會，後來習慣上，羅馬教會用"Catholic"，東方教會用"Orthodax"，因有「東」「正」教之稱。

東正教否認羅馬教宗的領導權。因此有別於天主教，其中亦有承認羅馬教宗領導權者，稱爲「合一派」(Uniate)或「公教」(Catholic)，然東正教接受最早之七次大公會議（見「大公會議條」），因此 Nestorian（我國稱景教），Jacolite, Coptu, Armeuian 等教會均不屬之；東正教又因承認「聖寵」(grace)之「本身效力」(ex opere operats)和聖母瑪利亞，因此和基督教亦有所差異。

東正教之宗教儀式統稱爲「拜占廷儀式」（Byzantine rite），主張富麗堂皇，嚴肅繁冗，無每日彌撒，教徒領聖體時兼領聖血，其他聖事(sacraments)，除細節外，大都與天主教相同，教士有妻室，但修士和主教則必須獨身，因此形成高等神職與低等神職間之隔閡；主教多來自修道院。

由於歷史、政治及地域之關係，東正教會有許多各自獨立，互不相連的宗派；其最古統治方式是「宗主教區」(patriarchate)，現在則每一宗派由一「議會」(Holy Synod)統治，「議會」包括所有教區主教和教徒，主教多由當地政府委任，如一宗派有一「宗主教」(Patriarch)，其「議會」主席則由該「宗主教」擔任。

東正敎諸「宗主敎」中，歷史最久，聲譽最高者，應推君士坦丁堡、亞歷山大 (Alexandria)、安底約和耶路撒冷四城，其中君士坦丁堡因是拜占庭帝國京都，該城宗主敎爲東正敎會之首，與羅馬敎廷分庭抗禮，先後有數次衝突，一〇五四年雙方決裂，是爲「東方裂敎」之由來，此後雖有多次合一運動，如一四三九年之佛羅倫斯大公會議，但至今日均無成效；君士坦丁堡宗主敎雖脫離羅馬而獨立，但完全受政府控制，所謂「政敎合一制」 (Coasaro-Papism) 卽爲東正敎之特徵。

一四五三年拜占庭帝國滅亡後，君士坦丁堡改名伊士坦堡，其宗敎仍繼續存在，且較前享有更大之自由，但俄羅斯、希臘以及巴爾幹半島等地，先後脫離君士坦丁堡而自建獨立之敎會。耶路撒冷宗主敎之權則僅限於巴來斯旦之希臘人，並代表東正敎負管理聖地之責。

此外，尚有屬東正敎派，而不在上述四大宗主敎區者，如「西乃山敎會」(Church of Mt. Sinai)，所屬僅聖加大利納修道院及其分院。以國家民族爲範圍之敎會有：塞蒲路斯、喬奧琪亞、俄羅斯、希臘、塞耳比亞、保加利亞、羅馬尼亞等七敎會。至於散居其他地區之東正敎徒，或屬原所來自地區之敎會，或另自組一獨立敎會，總之，東正敎在敎義與儀式上各派大同小異，只在統治權下各自獨立。(王任光)

宗敎改革 (Reformation)

自十五世紀中葉至十六世紀中葉，醞釀了一世紀的宗敎改革，不由天主敎會當局提前着手，而於一五一七年始由德國的馬丁路德 (Luther Martin 1483–1546) 發動於前，由瑞士日內瓦的加爾文 (John Calvin 1509–1564) 繼之於後，釀成敎會和敎義的紛亂。在脫利騰大公議會 (Council of Trent 1545–1563) 後，天主敎會也決定從事改革。

脫利騰大公議會的整頓敎會，是天主敎的宗敎改革；但一般人所稱的宗敎改革，是指「新敎」的改敎 (The Protestant revolt)。新敎的改敎爆發，節節推進，而終於在天主敎外，成立了新敎派，這原是一個不幸的悲劇。不過這場悲劇之所以造成當然有它的因素，而因素中之最重要者共有十五項：㈠中世紀末葉的唯名論 (nominalism) 是造成新敎宗敎改革的遠因。㈡巴比倫流亡時代，七位敎宗寓居亞味農(Avignon)，引起了敎會人士的誤會與不滿，以致敎宗的聲望，大受影響。㈢從一三七八年至一四一七年，在西方敎會的大分裂中(Great Western Schism)，三位敎宗同時出現，演成鼎足而立的危局。㈣若干敎宗，專務世事，疏於敎會會務。㈤神權方面，太集中於羅馬敎廷。㈥某些主敎，參與俗務，忽略神權，並反對敎宗至高之權。㈦大部份低級神職人員，不學無術，窮困潦倒，未能善盡其職。㈧德國與英國的某些修會，貧富懸殊，意見紛歧。㈨敎友中多有愚昧無知，對於敎會，漠不關心。㈩崇高國家政權，侵犯敎會權力。(十一)由於封建制度崩潰，社會陷入不安狀態中。(十二)國家政權，侵佔敎會財產，侵犯敎宗神權。(十三)異敎思想，隨着人文主義，到處流行。(十四)偏向物質，專務世間快樂。(十五)印刷事業發明後，誹謗敎會的言論，隨之到處傳播。

宗敎改革的經過：奧斯定會司鐸馬丁路德，是宗敎改革的創始者。大赦事件是路得改敎的最初機會。他對於某些地區的濫用大赦，以及宣講大赦者，如道明會士帖次勒 (John Tetzel) 的講詞，認爲近於神話，他便非常憤恨，於一五一七年十月三十一日，在威登堡 (Wittenberg) 敎堂門首張貼了九十五篇短論，反對大赦的道理，進而反對敎會的其他信條。他承認聖事只有兩件，卽聖洗與聖餐；他揚言眞理之源泉，只是聖經而不是聖傳，他宣稱拯救靈魂，只靠信心而不靠行善。他說：人性已被原罪徹底敗壞，意志已完全喪失了自由，敬禮聖人，根本徒勞無益。他在敎廷與國家之間，竭盡離間挑撥之能事；他不信任敎宗，也不信任大公會議。他鼓吹改革敎會，從事政治運動；他結合國家王侯，侵佔敎會財產，造成政治勢力，以致於一五三一年，組織了駟馬開聯盟 (League of Smalkald)，擁有軍隊，於是德國境內，內戰頻仍。路得於一五二一年一月三日，被敎宗良十世開除敎籍。路德敎派 (Lutheranism) 在德意志、瑞士、丹麥、挪威等國徐徐傳開；慈運理敎派 (Zwinglianism) 在瑞士傳開；加爾文敎派 (Calvinism) 則發展於瑞士、法、德、比利時、荷蘭、蘇格蘭等國；英國敎派 (Anglicanism) 則在英國展開。在歐洲方面，各敎派的傳播的地域，至今仍維持舊狀。(楊紹南)

拜占廷帝國 (Byzantine Empire)

拜占廷或東羅馬帝國，本質上是羅馬帝國的中世紀形式；帝國的肇端可溯源於對歐洲與帝國歷史具有深遠影響的君士坦丁大帝統治期間。羅馬的帝國傳統與希臘化文明始終沒有中斷地繼續成爲拜占廷國體的主要成份；但君士坦丁

的接受基督教信仰並營建君士坦丁堡的新都，却標誌著一個新時代的到來。

羅馬人的帝國著重希臘遺產的結果演成爲一個以地中海東半部爲中心的基督教帝國。君士坦丁堡的營建提供東方及巴爾幹行省行政與防務上一個令人讚賞的理想基地，並且成爲第一流的國際貿易中心。

在其一千一百卅年的長久生命中，這個基督教帝國扮演各種不同的角色；尤其是它成了歐洲的保衞者，抵抗西亞的强國，並將基督教與希臘—羅馬世界的古典遺產，介紹給在巴爾幹及俄羅斯年青的斯拉夫民族。帝國面對歐洲北方邊疆敵人的不斷威脅——日耳曼，斯拉夫與土耳其民族——並且就斯拉夫人和保加利亞人而言更必須接受他們成爲那裡的永久居民。帝國必須始終警戒著東方，在那裡與相沿繼承居魯士（Cyrus）與大流士(Darius)領域的强國經常作戰；因此帝國的對外歷史，可以四次偉大的抗爭，作爲它的標誌。每一次的對象，都是不同的亞洲强國：㈠對波斯薩珊帝國(Sassanid Empire)的抗爭，以西元六三〇年左右君士坦丁堡的勝利而結束；㈡對回教阿剌伯人的抗爭至十一世紀阿剌伯人不再成爲一股銳不可當的勢力爲止；㈢十一及十二世紀對塞爾柱土耳其人（Seljuk Turks）；㈣對鄂圖曼土耳其人（Ottoman Turks）的抗爭，結果土耳其人在十五世紀成爲勝利者。

拜占廷帝國在查士丁尼（Justinian・五二七—五六五）統治時間，曾一度光復西方羅馬帝國淪於蠻族的部分失土；並編纂有名的查士丁尼法典（Justinian Code，正式名稱爲 Corpus Juris Civilis），在八六七至一〇二五年拜占廷帝國國勢鼎盛，富强冠於全歐。一〇五四年由於祈禱文字與偶像破壞的爭端，宗教理論益以政治因素，造成積不相能的東西教會的正式分裂。

自十一世紀開始，由於西方拉丁國家的敵意，尤其諾曼人（Normans）和後來的威尼斯人，終於發生一二〇四年拉丁人的攻陷君士坦丁堡，大爲減弱了帝國對土耳其人的抵抗力量。

一四五三年四月，鄂圖曼土耳其蘇丹穆罕默德二世（Mohammed Ⅱ）進行對君士坦丁堡的海陸封鎖，大舉圍攻，帝國皇帝君士坦丁十一世（Constantine XI）在熱那亞人協助下英勇守禦，五月廿九—卅日，君士坦丁堡終於陷落，拜占廷帝國因而滅亡。

君士坦丁堡陷落後，俄羅斯新興的首都——莫斯科——成爲它的繼承者，這是因爲㈠莫斯科成爲不屬于土耳其人統治下東方正教會的所在；㈡一四七二年俄羅斯伊凡大帝（Ivan, the Great）與君士坦丁十一世的姪女結婚，並且採用拜占廷帝國的雙頭鷹徽誌作爲他的標幟。俄羅斯的統治者自認爲拜占廷皇帝的合法繼承人與東方正教的保護者，並加沙皇（Tsar 或 Czar）的尊號，就是凱撒的意思。俄羅斯人以「莫斯科都城」（"reigning City of Moscow"）爲「新羅馬」（"New Rome"）。君士坦丁堡爲第二羅馬，而莫斯科爲第三羅馬，負有統一基督教世界的使命。

拜占廷帝國在羅馬帝國滅亡後能繼續存在一千年以上，是由於下列幾個因素所造成：㈠貨幣經濟便於貿易與稅收，並能使帝國維持龐大的海陸軍費；㈡秘密武器希臘火的使用；㈢西元七百年後非洲、意大利與東方領土的全部陷於回教徒之手，使帝國便於統治其餘大體爲希臘的同質區域；㈣中央集權的行政機構；㈤東正教教會；其他尙有君士堡丁堡的優越地位與外交的靈活運用。

直到十一世紀中葉，拜占廷帝國在實際的力量與優越的地位上，都是歐洲的第一强國，十二世紀在皇帝康能力(Comneni)時，仍舊享有相當的權威；並且在意大利海上城市興起前，帝國在商業上始終居於無與倫比的地位。在中世紀直到一二〇四年的陷落，君士坦丁堡事實上是基督教世界最大而且最重要的城市；但拜占廷帝國的重要性不僅在其政治力量而已，作爲古典的繼承人，帝國無疑在文明上超越其他地方，大部分負起了將希臘遺產畀予其他歐洲人的責任，基督教會的需要予建築、視覺藝術與音樂上創造的衝力。君士坦丁堡城內，羅馬、希臘與東方因素雜糅而成獨特而具有創造性的文化。拜占廷的藝術，東西方的成份會合爲崇奉基督教的光榮而表現。除此之外，有永久價值的是羅馬法典的編纂，斯拉夫人的皈依基督教，俄羅斯暨其鄰近地區的開化。因此拜占廷帝國對人類文明的貢獻是當衰弱而分裂的西方日漸生長的時候，作爲一個緩衝地帶以擊退波斯人、阿剌伯人、土耳其人與野蠻部族的入侵；當中世紀的西歐；文化衰落，拜占廷世界獨成爲古典知識與理想的保護人；直到一個復興的西方能夠欣賞並且同化古典遺產的時候。

附表：拜占廷帝國的統治者

三二四—三三七	Constantine I the Great
三三七—三六一	Constantius
三六一—三六三	Julian
三六三—三六四	Jovian

三六四—三七八	Ualens
三七九—三九五	Theodosius I the Great
三九五—四〇八	Arcadius
四〇八—四五〇	Theodosius II
四五〇—四五七	Marcian
四五七—四七四	Leo I
四七四	Leo II
四七四—四七五	Zeno
四七五—四七六	Basiliscus
四七六—四九一	Zeno （再度）
四九一—五一八	Anastasius I
五一八—五二七	Justin I
五二七—五六五	Justinian I the Great
五六五—五七八	Justin II
五七八—五八二	Tiberius II Constantinus
五八二—六〇二	Maurice
六〇二—六一〇	Phocas
六一〇—六四一	Heraclius
六四一	Constantine III 與 Heracleonas
六四一	Heracleonas
六四一—六六八	Constane II Pogonatus
六六八—六八五	Constantine IV
六八五—六九五	Justinian II Rhinotmetus
六九五—六九八	Leontius
六九八—七〇五	Tiberius III
七〇五—七一一	Justinian II （再度）
七一一—七一三	Philippicus Bardanes
七一三—七一五	Anastasius II
七一六—七一七	Theodosius III
七一七—七四一	Leo III the Isaurian
七四一—七七五	Constantine V Copronymus
七七五—七八〇	Leo IV the Khazar
七八〇—七九七	Constantine VI
七九七—八〇二	Irene
八〇二—八一一	Nicephorus I
八一一	Stauracius
八一一—八一三	Michael I Rangable
八一三—八二〇	Leo V the Armenian
八二〇—八二九	Michael II the Amorian
八二九—八四二	Theophilus
八四二—八六七	Michael III the Amorian
八六七—八八六	Basil I
八八六—九一二	Leo VI the Wise or the Phtosopher
九一二—九一三	Constantine VII Porphyrogenitus
九二〇—九四四	Remanus I Lecapenus
九五九—九六三	Romanus II
九六三—九六九	Nicephorus II Phocas
九六九—九七六	John I Tzimisces
九七六—一〇二五	Basil II Bulgaroctonus
一〇二五—一〇二八	Constantine VIII
一〇二八—一〇三四	Romanus III Argyrus
一〇三四—一〇四一	Michael IV the Paphlagonian
一〇四一—一〇四二	Michael V Calaphates
一〇四二	Zoe與 Theodora
一〇四二—一〇五五	Constantine IX Monomachus
一〇五五—一〇五六	Theodora （再度）
一〇五六—一〇五七	Michael VI Stratioticus
一〇五七—一〇五九	Isaac I Comnenus
一〇五九—一〇六七	Constantine X Ducas
一〇六八—一〇七一	Romanus IV Diogenes

一〇七一—七八　Michael VII Ducas (Parapinaces)
一〇七八—八一　Nicephorus III Botaniates
一〇八一—一一一八　Alexius I Comnenus
一一一八—四三　John II Comnenus
一一四三—八〇　Manuel I Comnenus
一一八〇—八三　Alexius II Comnenus
一一八三—八五　Andronicus I Comnenus
一一八五—九五　Isaac II Angelus
一一九五—一二〇三　Alexius III Angelus
一二〇三—〇四　Isaac II (再度) 與 Alexius IV Angelus
一二〇四　Alexius V Ducas
一二〇四—二二　Theodore I Lascaris
一二二二—五四　John III Vatatzes or Ducas
一二五四—五八　Theodore II Lascaris
一二五八—六一　John IV Lascaris
一二五九—八二　Michael VIII Palaeologus
一二八二—一三二八　Andronicus II Palaeologus
一三二八—四一　Andronicus III Palaeologus
一三四一—九一　John V Palaeologus
一三四七—五四　John VI Cantacuzenus
一三七六—七九　Andronicus IV Palaeologus
一三九〇　John VII Palaeologus
一三九一—一四二五　Manuel II Palaeologus
一四二五—四八　John VIII Palaeologus
一四四九—五三　Constantine XI Palaeologus　（陳驥）

重洗派 (Anabaptism)

"Anabaptism" 一名由希臘文而來，意爲「再受洗」、「重受洗」，原含輕視之意。馬丁路德倡導宗教革命，一時異說群起，教派林立，其中有一派主張：信仰乃個人有意識之行爲，成年人方能接受洗禮，小孩受洗無效，成年後必需重洗，反對此說者乃稱其爲「重洗派」，以示輕蔑。

實際上，重洗派爲宗教革命中的「左派」或「激進派」，其教義與理想並不僅此而已，對教會的性質、政教關係，個人救贖等重要神學問題，他們各有不同的看法，彼此間觀點互異，簡言之，其共同承認的教義有：㈠耶穌基督之肉體非來自瑪利亞，故耶穌爲天主，而非爲人。㈡拒絕宣誓，教徒間之紛訟不應決於公堂；㈢教徒不許從軍，或以武力糾正罪惡；㈣教徒不許服務政府，對政府僅應採消極態度；㈤違反教規者應被開除教籍，直至悔過自新，不得參加宗教儀式，或與其他教徒來往。

但早期「重洗派」之重要不在其神學上立新說，而在所引起的社會後果，同時「重洗派」之產生，與其說是起因於宗教革命，不如說是導源於當時的社會腐敗，故「重洗派」不僅是一種宗教運動，亦是一種社會運動。一五二一年，多瑪斯・敏賽 (Thomas Münzer) 首先動亂於則威高（Zwickau，日耳曼），敏賽爲一路德派教士，鼓動人民，倡導社會革命，不久被逼離開則威高，週遊玻希米亞等地，一五二五年，農民發生暴動，不獨反對各種封建制度所遺留之暴政，並且決意推翻一切現有政權，主張以武力建立一個理想的基督教共和國，凡善良的教民皆享有平等及財產公有等權，最後，農民暴動失敗，敏賽與數領袖亦被當局處決，但「重洗派」並未因而消滅，日耳曼、瑞士、荷蘭等地均有其黨徒宣傳此種「神權統治」(Theocracy) 之「共產社會」。如一五三二年至三五年，Bernord Rothmann, Jan Mathys (or Johann Matthyszoon) Bernord Knipperdollinck, John Bockholdt of Leiden 先後統治建設於敏斯得 (Munster 在 Westphalia) 之神權政府，且有征服整個世界之企圖。在這 Kingdom of Zion 裡，無所謂法律、婚姻或財產之別。敏斯得陷落，「重洗派」才逐漸衰落，其在政治上、社會上之活動亦漸失去力量，日後 Menno Simons 所創立之 Mennonites 雖亦稱「重洗派」，但僅存其名，與早期敏賽等所領導之「重洗派」完全迥異。

早期「重洗派」特徵之一爲：一切宗教改革亦必須附有社會改革，因此十六世紀之所謂「社會主義」必含有基督教精神，亦必屬於「重洗運動」。路德派始終未能歸化重洗派，因路德派盛行於貴族與都市中上階級，需要革新之中下階級及農民多傾向「重洗派」之教派，在路德派地區，重洗派受壓逼後，多移民至天主教地區，改信天主教。（王任光）

封建制度 (Feudalism)

歐洲中古的封建制度，就是羅馬帝國原有的社會組織與日耳曼蠻族原有的軍事組織揉合而成。

羅馬帝國時代，帝國境內原有許多貴族和大地主擁有大田莊，各自豢養著許多奴隸來耕種其田地。到了帝國的末年，由於日耳曼蠻族的南侵，帝國境內不僅戰亂甚多，而且盜賊橫行。在戰亂之中，鄉村間許多無力自衞的自耕農，爲了維護自己及家人生命起見，只好將自己的田產獻給鄰近的豪强，藉此換取鄰近豪强的武力保護，而自己就自願降爲「志願的佃戶」(tenant-at-will)，這種獻田換取保護的辦法在當時稱爲「無保障獻納制」(precarium)。帝國末年及黑暗時代中，西歐各地也由於日耳曼蠻族長期焚燒刼掠，原在西羅馬帝國的許多城市大都被蠻族破壞殆盡，城市中原有居民如商人、工人等也多破產失業，貧困得無法自謀生活。那些在戰亂中流離失所的自由人，也只得向鄰近的豪强投靠，以勞役作爲交換的條件，懇求豪强的收容庇護，這種現象在當時稱爲「蔭庇制」(patrocium)。無論在「無保障獻納制」下面失去了田產的自耕農，或在「蔭庇制」下面失去自由的自由人，與貴族豪强原來豢養著的許多奴隸混合在一起，後來就逐漸形成一群專替貴族豪强耕種土地，世代無法遷居的「農奴」(serf)。歐洲的農奴制度並非成於一朝一夕，而是羅馬帝國末年至黑暗時代中長期戰亂時期間逐步演進，約至西元八、九世紀時，西歐各地原有自由的農民、工人、商人等，大都已經由「無保障獻納制」及「蔭庇制」的不斷推進之下，逐漸轉變爲貴族豪强管轄下的不自由的農奴了。

日耳曼蠻族在南遷以前，各部落原有「戰友團」(Comitatus) 的組織。所謂「戰友團」，即是以善戰的武士作爲首領，招收年青的武士組織而成的作戰單位。一個年青的武士加入戰友團時，必須先向戰友團的首領宣誓效忠，而青年武士加入戰友團以後，其首領即必須供給其武器、馬匹、衣、食等。在戰友團中，首領與部屬間以榮譽、忠義作爲維繫的骨幹，平時休戚相關，戰時生死與共，因此戰友團的戰鬪力頗爲堅强。一個較大的部落可有許多戰友團，各戰友團的首領又共奉部落酋長爲領袖，這就是日耳曼蠻族遷徙前軍事組織的大略情形。

日耳曼蠻族大遷徙以後，各部落既然分佔羅馬帝國的領土，建國稱王的部落酋長爲了酬答其部屬的汗馬功勞，便須論功行賞。不過當時由於戰亂，原來在羅馬帝國時代流通的金銀貨幣等多已被人窖藏起來，土地成爲社會上唯一的最大財富。建國稱王的部落酋長只得將佔得的土地劃分爲若干部份，除留一部份爲己用以外，其他部份就分封給屬下各戰友團的首領，並賜予公 (Duke)、侯 (Margrave)、伯 (Count) 等爵位，這種裂土分封的辦法就稱爲「封建」(feudum)。公、侯、伯等諸侯又將分封所得的采邑 (fief) 分爲若干部份，除留一部份爲己有以外，將其他部份再分封給其屬下的武士，並賜予子 (Vice-Count)、男 (Baron)、騎士 (Knight) 等爵位，這種再分封的辦法就叫做「次分封」(subinfeudation)。歐洲在黑暗時代中，即在分封與再分封的辦法不斷演進之下產生了一群以戰爭爲職業的新貴族。

日耳曼蠻族大遷徙後，在羅馬帝國舊壤中實行的采邑分封辦法，與上述農奴制度結合起來，後來就產生上下相連的社會體系。在這種社會體系中，皇帝或國王高踞於最上層，中間計有各種爵位不同的貴族，最下層就是人數衆多的農奴，形成一種金字塔式的封建制度。

日耳曼蠻族采邑分封的辦法，最初由法蘭克王國所採行，後來經過查理曼 (Charlemagne) 大帝的廣事分封，約至西元十世紀間封建制度已經擴及歐洲大部地區。

在封建制度下面，無論國王分封公、侯、伯等，或公、侯、伯等再分封子、男、騎士等，均可納於一個簡單的公式中，即是授人以封地的就叫做「領主」(Lord)，接受他人封地的便叫做「附庸」(Vassal)。當領主分封土地給附庸時，須要舉行一次隆重的分封典禮，先由附庸跪在領主前面，將兩手放在領主手間，宣誓效忠領主，這就叫做「臣服禮」(homage)；接著領主就以長矛、手杖或其他足以象徵分封的信物交給附庸，這就叫做「授職禮」(investiture)。這種分封典禮完成後，領土與附庸間就產生了主從的關係，彼此間便有應享的權利與應盡的義務。

歐洲中古的封建制度並非成於一朝一夕，而是經過長期的演進始逐漸形成，西元六、七、八、三個世紀，可說是「準封建」(quasifeudal)，直至九、十世紀間始是封建制度成熟時期。在準封建時期中，領主與附庸的關係尚乏明確之規定，到了封建制度成熟時期中，由於約定習成，也就有成文的「封建契約」(feudal contract) 產生出來。歐洲各地的封建契約，其內容雖然不盡相同，但其主要部份却規定領主與附庸間的權利與義務。約略來說，領主與附庸的關係就是過去日耳曼蠻族「戰友團」中首領與部屬關係的一種擴大，領主除給予附庸封地作爲武器、衣、食之資源外，同時尙有保護附庸的責任，附庸對領主則須盡下列各項義務：㈠服役——封建制度旣是「戰友團」的擴大，附庸對領主的最重要義務仍在服役，卽是領主對外作戰時，附庸須聽領主的召喚，隨著領主作戰，附庸從征時間初無限制，後來規定一年不得超過四十天；㈡隨侍——領主遇有要事，常須召集附庸商談，附庸有出席之義務，此外附庸尙須出席領主所設的封建法庭，協助領主處理各種司法案件等。㈢捐獻——附庸對領主尙有各種捐獻之義務，如領主對敵作戰被俘時，其屬下的附庸們須籌集贖身費，將領主贖出；領主嫁女或娶媳時，附庸們須奉獻禮金等。

附庸倘然能遵守封建契約中規定的各種應盡之義務，其采邑卽可父子相傳，領主不得籍沒。同樣的情形，倘然領主沒有盡到保護附庸的責任，或對附庸不公平，則附庸可以宣佈解除對領主效忠的誓言，或向上級封建法庭控訴。總之，封建制度是以封地爲基礎而產生的一種互保制度，黑暗時代的歐洲卽以這種上下互保的關係，在戰亂的社會中逐漸尋求其安全發展的途徑。(高亞偉)

英國國教（Anglicanism）

英國國教是由內部的和外來的兩大因素造成的；內部的因素是英國國王亨利八世，愛德華六世，及女王伊麗沙伯與羅馬教會分裂；而外來的因素是路德教派和加爾文教派思想的乘機滲入。在分裂的局面上再加上一些異端，猶如火上添油，以致國教(Established Church)的氣燄，瀰漫了英國全國。玆將英國國教成立的經過略述如下。

英王亨利八世(Henry VIII 1509–1547)—本英國天主教的傳統觀念，對於新教的宣傳，毫無傾向，並且當路德教派傳入英國時，他曾著書保護七件聖事，責斥路德學說。於一五二一年把路德開除教籍的教宗良十世（Leo X），對於亨利八世甚爲嘉許，賜以「信德的保護者」的榮銜 (Defender of the Faith)，但亨利八世，爲人好色，對於宮女亞納波麟 (Anne Baleyn) 發生戀愛，因而以詭辯的方式，要求教宗准其與王后凱薩琳 (Catherine of Aragon) 離婚，而娶亞納波麟爲后。教宗格來孟七世(Clement VII）未予准許，故意拖延時日，期待英王自動覺悟，但支持新教的坎特布里總主教克藍麥（ Thomas Cranmar Archbishop of Canterbury 1489–1556) 宣佈了亨利八世與凱薩琳的婚姻無效，於是亨利與亞納波麟結婚，封她爲后。格來孟七世卽將亨利開除教籍。亨利懷恨教宗。於一五三四年迫使議會通過「最高權力法案」(Act of Royal Supremacy) 宣佈自己爲英國教會最高元首 (The Supreme Head of the Church)。英國教會，雖與羅馬教會分裂，但並不牽涉到教義與禮儀問題。當時不少的忠貞神職人員，因拒絕承認國王爲宗教的最高領袖，被判處死刑，如費舍爾主教（John Fisher），多瑪穆爾大法官(Thomas More)，對於亨利的重婚並與羅馬教會的分裂，始終表示反對，因而兩人都判處死刑。亨利好色，前後娶過六個女子，他又很殘酷，殺了亞納波麟，又殺了另一個側室。而亨利雖然成立「英國教會」，但他憎惡新教，對於天主的神學與信仰，仍然予以保留。

新王愛德華六世 (Edward VI 1546–1553) 卽位，年僅九歲，克藍麥總主教乘機把新立的英國國教，漸漸變成新教，把加爾文所傳授的四十二條，編入他所著的「諦言」一書中。所謂「公禱文」(Book of Common Prayers) 於一五四九年出現了，一種新禮儀也傳入了，外國牧師也進來了。總之，路德和加爾文的理論，在英國漸漸傳開了。

愛德華六世逝世後，其妹瑪利都鐸 (Mary Tudor 1516–1558) 卽位。女王從未改教，解散教會獨立的一切組織而與羅馬教廷言歸於好，對於新教徒，或予以驅逐，或施以極刑。新女王在位僅五年，逝世於一五五八年。

亞納波麟的女兒伊麗莎白 (Elizabeth 1558–1603) 於一五五八年卽位。她的作風與前女王完全相反，她又與羅馬教廷重又脫離關係，將天主教的主教們，一律革職，任命加爾文教徒名帕克爾 (Matthew Parker) 者爲坎特布里總主教，英國國立教會的神職人員都由帕克爾的祝聖而來，但主持祝聖帕克爾的那位主教所領受的祝聖禮，是否有效，關係甚大。教宗良十三世於一八九六年，已聲明英國教會所付的神品，全屬無效。伊麗沙伯女王於一五六三年，宣佈三十九條(Thirty Nine Articles)作爲英國國立教會的信條，在這三十九條中，有的顯然採納了路德或加爾文派的道理：㈠只有洗禮和聖餐是兩件聖事；㈡只有聖經是信仰的唯一標準；㈢只有信仰，卽可復義；㈣對於煉獄、大赦、及敬禮聖人等道理，應予以否認。一五七〇年教宗庇護五世(Pius V)將女王伊麗沙伯開除教籍，女王大怒，從此變本加厲，對待天主教徒，非常殘酷；凡擧行彌撒與參與彌撒者，得處死刑；凡不參加英國國教敬禮者，應繳納巨大的罰金；凡天主教會的活動，一律禁止。女王伊麗沙伯，促進英國國教，最為激烈。伊麗沙伯女王於一六〇三年逝世後，都鐸爾族王朝，就此告終。王位由斯圖亞特族(Stuart)的詹姆士一世(James I)繼承。

自從英國獨立的國教成立以後，從其內部分裂出若干不能相容的教派，例如：ⓐ清教徒(Puritans)。他們是純粹加爾文主義的支持者，他們主張廢除繁瑣的禮儀，一切要簡單。ⓑ長老會教徒。他們反對英國國教的主教制度。ⓒ組合教會徒(Congregationalists) 他們主張各教團獨立而自治，要和英國國教分離，故稱為 Seperatist。ⓓ浸禮會教徒(Baptists)他們主張只有浸水禮才是有效的洗禮。ⓔ所謂聖公會(Anglican Episcopalian Church)就是原始的英國國教。因它保留着主教的階級，並自稱是古老的至一至聖至公，從宗徒傳下來的教會的一部份。聖公會雖屬着路德及加爾文的理論，但聖公會的見解既然較高，所以被稱為「教會高派」(high church)。ⓕ這教會高派在十九世紀時稱為牛津主義(the Oxford movement tractarianism)，主張英國國教應歸向於天主教的教義。但低級教會或「教會低派」(low church) 反對羅馬教會，也反對充滿着羅馬氣味的教會高派。教會低派，也稱為「福音主義」(evangelicalism) 他們注重宣傳福音，取消彌撒聖祭，否認聖體聖事，廢除司鐸的獨身主義，宣稱人因信心而得救。他們信奉路德和加爾文的道理，並揚言羅馬教會是邪教。ⓖ「教會廣派」(the broad church) 主張個人自由，思想獨立，一切公開，任人選擇。並揚言眞理和信道不是永恒不變的。教會廣派，亦被稱為「宗教的自由主義」(Latitudinarianism)。(楊紹南)

耶穌會

「耶穌會」由西班牙人聖依納爵、羅耀拉(St. Ingatius of Loyola, 1491-1556)所創，西班牙原文是 "Compania de Jesu's"，拉丁文是 "Societas Jesus"，其會士稱 "Jesuits"。現是天主教內最大修會之一。

統治耶穌會者稱「總長」，駐留羅馬，其下分「省」，有「省會長」，負責全省會務，各男女修會除應遵行「神貧」、「貞潔」與「服從」三願外(Vows of Poverty, Chastity, Obedience)，並應直接服從羅馬教宗，受其節制。

宗教革命時，羅馬公教喪失教徒甚多，耶穌會創始者聖依納爵因鑑於此，集合數同志，組織傳教團，以「收復基督教徒與振興天主教國」為該會早期兩大目標，前往巴來斯坦聖地，勸化回教徒。一五三四年八月十五日，他和六位同志結義於巴黎城內蒙內馬托耳 (Montmartre) 之某教堂，其中即有日後號稱「遠東宗徒」之聖方濟各．沙勿略 (St. Francis Xavier, 1500-52)。於巴黎大學學業完成後，依納爵等(已由七人增至十一人)前往意大利晉升為神父。後因戰爭，交通受阻，不克前往巴來斯坦，依納爵等乃前往羅馬，奉教宗命，傳教於意大利，一五三九年，依納爵呈現會規給教宗保祿三世，次年獲准，不久依納爵被選為第一任總長，直終其身，耶穌會乃正式成立。

耶穌會宣傳福音，足跡遍及世界各國，為天主教中之一大生力軍，重要基督教地區如日耳曼之西、南部，法國、匈牙利、波蘭等地，成績最為彰著，聖方濟各．沙勿略雖未進入中國而身死上川島，但其同會之利瑪竇(Matteo Ricci)、南懷仁(Ferdinand Verbiest)等於明末清初來中國傳教，對中西文化交通貢獻尤大。

同時為振興天主教精神，在歐洲各大城市耶穌會均設有學校，培植教會人才，一百五十年間為歐洲最享盛名之教育家，但因此反受各方的攻擊，在反教宗和專制王權兩重勢力的配合下，歐洲各國開始一種「反耶穌會運動」，一七五九年葡萄牙及其殖民地驅逐耶穌會士，一七六四及一七六五年，法國及西班牙也採同樣政策，一七七三年，在法國的壓力下，教宗格來孟十四終於下令解散耶穌會，但普魯士腓特烈大帝和俄國凱塞琳大帝拒絕接受此令，耶穌會士幸能於此兩國繼續活動。一八一四年，教宗庇護七世又重新恢復耶穌會，但耶穌會之活動，往往不受人瞭解而遭致批評，尤以因在天主教內勢大龐大，以及與羅馬教宗關係之密切，故凡有反教運動，耶穌會則首當其衝，如一八八〇年之法國及一九三一年之西班牙，曾先後攻擊耶穌會。

在學術上，耶穌會亦有甚大貢獻，實難一一詳論；略如比利時之 Bollandirt 在教會史上所主編之「聖人傳」(Arta Sanctorun)，具有極高之歷史價值。神學大師如..Bellarmine, Molina, Suarez 等，自成一派。在我國，前上海震旦大學、天津津沽大學即該會所主持；上海徐家匯天文台對科學貢獻亦不小。(王任光)

神聖羅馬帝國(Holy Roman Empire)

屬西方歐洲政治系統；起自九六二年奧圖第一(Otto I, 936-973)於羅馬加冕時，迄於一八〇六年法蘭西斯第二(Francis II, 1792–1806)之辭職，前後共八百四十五年。

帝國之疆域，則視皇帝個人之强弱而別，要言之，包括日耳曼、奧地利、波希米亞、摩拉維亞、北意大利之一部份，及近代比利時與荷蘭、瑞士等地。然荷蘭與瑞士於一六四八年已成獨立國家；英格蘭、法蘭西、西班牙、丹麥、波蘭等地雖曾爲帝國之一部份，實早亦已獨立。

帝國之皇位繼承，本由日耳曼貴族選舉，至一三五六年依「金皮書」(Golden Bull)之規定，改由七「選舉侯國」(Electarates)選舉，然一四三八年後，哈布斯堡(Hapsburg)家族控制皇位，直至帝國滅亡。

西元四七年羅馬帝國滅亡，因西方人眷念其昔日之光榮，遂有「羅馬帝國永不能亡」之思想，故於八〇〇年查理曼(Charlemagine, 768–814)締造法蘭克帝國(Frankish Empire)，被視爲羅馬帝國之中興，然其繼承者，雖有皇帝之名而多無其實，且一時群雄蜂起，爭奪皇位，使西歐重陷混亂之中，雖羅馬教宗所直轄之意大利中部亦不能免其難，再以回教徒活躍於地中海，更使東西教會面臨空前之威脅，因此「羅馬帝國永不能亡」之思想乃又興起，而奧圖第一神聖羅馬帝國之建立，正爲此思想之再度表現。查理曼，奧圖第一均爲羅馬帝國中興之象徵，而東方拜占庭皇帝(參見「拜占庭帝國」條)，則多被視爲「僭越」，但實際上東西皇帝均承認雙方範圍之權力，且通婚之事亦屢見不鮮。

在理論上，皇帝爲天主於俗世之代表，一如教宗爲天主於精神之代表，兩人聯合分治整個西方基督教世界，「神聖羅馬帝國」之意，即指此由精神與物質合而爲一之政治系統，但實際上此帝國皇帝之尊位從未達成其崇高而神聖之目的。神聖羅馬帝國未能達成其目的，其因有二：一是「教權」與「政權」之混淆不清，教宗與皇帝不斷發生衝突，其中最烈者如額俄略七世(Gregory VII, 1073–1085)與亨利四世(Henry IV, 1056–1106)，腓特烈一世(Frederick I, 1152–1190)與亞歷山大三世(Alexander III, 1159–1181)，腓特烈二世(Frederick II, 1212–1252)與額俄略九世(Gregory IX, 1227–1241)及伊諾增爵四世(Innocent IV, 1245–1254)等。一是日耳曼皇帝又從事所謂「意大利政策」，統治南北兩個地理、文化和政治條件完全不同之地，結果造成南方意大利政治之混亂——吉白林(Ghibelline)與果愛弗(Guelf)兩黨之爭——；及北方日耳曼因連年遠征，而貴族囂張，王權衰落。一二五四年公拉德第四(Conrad IV, 1228–1254)死，帝國無主，前後凡十九年，史稱「王位虛懸期」(The Great Interregnum)。一二七三年，哈布斯堡家族之魯道弗一世(Rudolf I of the Hapsburg, 1273–1291)被選爲皇帝，雖力振圖强，但貴族勢力已造成，日耳曼之分裂亦成定局，十六世紀之宗教革命，使政治上已分裂之日耳曼，又加宗教上之分裂，而查理第五(Charles V, 1519–1559)及佛爾底南第一(Ferdinand I, 1558–1562)兄弟之政策，更將帝國與奧地利視同一事，自此，所謂「神聖羅馬帝國」實已成爲哈布斯堡所屬之奧地利及其屬地，二者名異而實同。(王任光)

神學與士林哲學(Theology and Scholastic Philosophy)

顧名思義，神學是以「神」爲研究對象的一門學問。這門學問，如果專憑人的理智，研究「神」以及與「神」有關之事，名爲「自然神學」。紀元十五世紀的賽蓬達雷蒙(Raymondo a Sabunda)稱之爲 Natural Theology，而萊布尼茲(Leibniz, 1646–1716)則稱之爲Theodicy；但若仗賴人的理智和神的啓示，以研究「神」以及與神有關之事，則稱爲「超自然神學」(supernatural theology)。至於哲學，其定義爲：憑藉人的理智，窮究萬物最後原因的一門學問。哲學而冠以士林二字，而被稱爲「士林哲學」，其定義就呈現了一種特殊性，而種種問題，也就隨之發生了。

士林哲學又稱「經院哲學」(scholasticism)，是指中世紀的一種哲學。就地域而言，是指西歐的哲學體系，西歐以外的拜占庭以及阿剌伯和猶太的哲學，並不稱爲士林哲學。

中世紀中的國家對於教育，置而不顧，但天主教的各種修會以及各教區，興辦學校，不遺餘力，因而教會的中學大學，到處林立，凡在西歐教會學院中，對於哲學及神學用經院方法或執教，或著書立說的人士，即被稱爲士林學者(Scholastic)。這是一種尊稱，毫無輕視之意。至於負有學校行政權利的高級人士，則被稱爲Scholasticus意即學院博士。

有人以爲中世紀的哲學即神學，二者並無差別，這是錯誤的；又有人以爲士林哲學是一種咬文嚼字，徒托空言而極其煩瑣的强記工夫，這又是一大錯誤；另有一等人以爲士林哲學只憑教會的權威，而不用理智的推論，這也是不正確的。

士林哲學是以嚴格的邏輯規則，對於哲學上的各種問題，作極有系統的澈底解答；定義、分類及論證，是士林哲學在探求事物原因上，所用的利器。士林哲學的內容，包羅極廣；舉凡理則學，自然哲學、心理學、倫理學、形上學及原神學等，都是士林哲學所研究的範圍。士林哲學强調吾人理智的知識，確由感官的認識開始，繼而遵循亞里斯多德的邏輯規則並用抽象的動作，可認識在吾人理智以外實體的存在，以獲得正確的共同觀念。可見士林哲學，與近代哲學及當代哲學有大相徑庭之處。

中世紀的士林學派在教授門生，闡明眞理方面所用的方法，側重問題的陳述及問題的辯論，而安下定義，分門別類，詳細推論。問題的陳述，是將具有權威的古籍採用爲讀本，並由不同的讀本中提出不同的問題，一面由教授詳加解釋，一面由師生激烈地辯論。問題的辯論，是將正 Sic 反 Non 兩面所提出的理由，作一精細的比較，建立確切的原則，以解決所辯論的難題。一般而言，陳述問題是在上午，而辯論問題則在下午。上午先由教授提出問題，下午則由高年級與低年級同學遵守亞里斯多德的邏輯規律互相辯論，最後由教授作一結論。多瑪斯．阿奎那的著作尤其「神學綱要」是依照此法寫成的。

士林神學，尤其敎條神學 **speculative dogmatic theology** 是運用人的理智，在可能範圍內力求瞭解啓示的眞理。原來哲學與超自然神學，無論就觀點而言，或就對象而言，是兩門不同的學問，但中世紀的學者借重古代的哲學，尤其借重亞里斯多德的邏輯學與形上學，作爲橋樑，調和了超自然神學和哲學上的眞理，强調在兩者之間的眞理不但毫不衝突，而且相輔相成：哲學的原則，可用以解釋神學上的啓示眞理，演繹啓示中的涵意，並對所有的啓示，作一有系統的程序和排列；至於啓示的神學，則可以補哲學之不逮，予哲學以正確的觀念，而堅定哲學的純正立場，兩者携手，可以使人類獲得天上人間的豐富而正確的知識。總之，士林哲學與士林神學之得以調和而建立關係，確係中世紀士林學者的一大成就和貢獻。

扼要地歸結一句：士林哲學和士林神學雖不得同日而語，但亦並非絕對地分道揚鑣各奔前程。反之，兩者携手連袂，成爲一種綜合一切，知不離信，信不離知，條分縷析，極有系統的士林學說。（楊紹南）

修行制度（Monasticism）

凡是宗教大都有修行制度或類似的組織，所謂修行，就是脫離塵俗，度著刻苦的生活，冀達天人合一的境界。如猶太教有 **"Essenes"**，埃及有 **"Therapeutae"**，其他佛、道、回等教亦有類似之組織。基督教之「修行制度」對歐洲文化貢獻尤爲顯著，其影響所及直至今日。

基督教修行制度，起源於四世紀時之埃及和巴來斯坦，從事修行者都是單身獨處，與世隔絕，或居於沙漠，或居於山谷洞穴，世稱「隱修士」(Hermit)。其中最著名的應推聖安當 (St. Anthony)，同時，有名聖巴各莫 (St. Parhomius) 者在埃及創立修院，使所有修士同住一處，在院長指導下，奉守公共規則，過著共同生活，是爲「團體修行制度」之始，西文 "Monasticism" 大都指此種有規律的「修院生活」，"Monk" 即指生活在修道院裡的修士；四世紀末，聖巴西略(St. Basil)編著一本團體修行的規則，使修士們起居、祈禱勞作均有定時和限度，該規則被東方所有修道院所採用，因而其他形式之修行生活乃逐漸衰落。

四世紀時，修行制度亦盛行於西方，意大利、高盧和北非都有修道院的成立。但對歐洲歷史影響最深，貢獻最大的，應推六世紀時，由聖本篤 (St. Benedict) 所創立的「本篤會」(Benedictinism)。五二九年，聖本篤編寫一部「修道規則」，直到十三世紀西方修道院均奉爲圭臬，稱「規則」(The Rule)而不另稱他名，聖本篤稱他的修道院爲「學校」，爲「工作房」，爲「家庭」，因爲來修道院的，是爲「學習」、「工作」，在「院長」的指導下，過著「規律」的大家庭生活，以完成天人合一的人生最大目的。所謂有「規律」的生活，就是修士必須許「貧窮」、「貞潔」和「服從」三願（Vows of Poverty, Celibacy and Obedience)，也就是說，修士必須放棄一切身外之物，家庭，和個人的意願，修士生活的外表工作則爲「祈禱」(Opus Dei) 和「勞作」(Manual Work)，抄書則屬勞作之一部分，修道院對歐洲文化之貢獻由此亦可見一斑。六世紀後，與本篤會同時興起的尚有「愛爾蘭修道院制度」，以嚴峻刻苦生活著稱，其修士之傳敎海外者前仆後繼，所到之處，均建立修道院以訓練神職人員，其中在中古時代成爲聞名的學術研究中心有 Luxeuil, St. Gall, Bobbio, 等。但八世紀時，本篤會已遍佈西歐，成爲唯一的修道院制度。

本篤會主張每一修道院各自分治，因此「本篤會」(**Benedictine Order**)實際上並非一有組織的修會，爲補救這種「分治」的弊端，十世紀初乃有中央集權的「克魯尼」(**Chuny**)之創立，同時十、十一世紀又有恢復「隱修」生活的傾向，如意大利的 **Camaldolese** 法蘭西的 **Grandmontines** 和 **Carthunaus**，除了教堂宗教儀式外，所有修士都分住斗室，不相往來。十一世紀中葉又興起一種 **Canons Regular**，他們自稱遵行聖奧斯丁所編之規律，故又名 **"Augustinian Canons"**，他們是在俗世從事教會各種事務的神父，爲使生活更規律化，渡著修道院的生活，其實他們是一般在俗的教士，修道院不過是次要的生活方式。十字軍興起後，又有「武士修會」之組織，除一般的修行生活外，會士尚需以武力保衞至聖地朝聖之基督教徒，及看護貧病等慈善事業，其中最著名的有 **Knight Hospitallers of St. John. Knight Templars, Teu Tonie Knight** 等。

自商業復興，都市生活再現後，過去以農村爲主的本篤會已不能滿足都市社會的需要，因此在十三世紀初有方濟會(**Francisans**)和道明會(**Dominicans**)等「托鉢修會」(**Mendicant Orders**)，修士們的主要任務不獨是成己，亦在成人，從事傳教和教育的工作，從此修道院制度走上一個新方向。宗教改革以後，新創的修會如耶穌會(**Society of Jesus**)，遣使會(**Vincentians**)，救主會(**Redemptarists**)等對教會、社會均有極大的貢獻。(王任光)

教宗 (Papacy)

爲羅馬公教(**Roman Catholic Church** 或稱天主教)最高領導者，耶穌在世之代表，及聖伯多祿之繼承人。因聖伯多祿是耶穌十二宗徒之首，羅馬第一任主教，故凡羅馬主教卽爲教宗，以其爲教會之首，所正式宣佈有關信仰及道德事件是「不能錯誤的」(**infallibility**)。

教宗權位之說法不一，天主教史家公認教宗領導權來自耶穌基督，早期教會均普遍接受此說，直至君士坦丁堡皇帝控制東方教會，羅馬教宗權力才受到威脅，終致演成十一世紀中葉的東西分裂。直至今日，東正教還不承認羅馬教宗的領導權。非天主教史家則另有說法，他們認爲：從早期史料來看，羅馬教宗身爲聖伯多祿之繼承人，地位固然高出其他主教，但並無實際的權力，教宗的統治權是歷史演變之結果，而非耶穌創立教會的初意。今日新教均支持此觀點。

教宗駐在地——聖座(**Holy See**)——爲羅馬梵蒂岡，現爲一獨立國家。八世紀時，法王丕平擊敗隆巴人，將所征服城池贈送教宗，後查理曼又復增加許多城池，是爲「教宗國」之起源。然實際上，羅馬教宗的經濟和政治權早在八世紀前卽已開始，自君士坦丁大帝以後，歷代帝王公侯多有將土地房屋捐贈教會者，久而久之，教會財產遍及羅馬城、意大利中部及西西里等地，稱爲「聖伯祿之產業」(**Patrimony of St. Peter**)，是爲「教宗國」土地上之根據。又自日耳曼人入侵，羅馬帝國在西方滅亡以來，西歐呈現分裂狀態，東羅馬皇帝鞭長莫及，無法維持西方治安；六世紀時，查士丁尼雖一度收服意大利等地，但不久隆巴人侵入意大利，當時能領導羅馬抗拒蠻族者，唯有羅馬教宗，久而久之，教宗儼然爲一方之主，是爲教宗國政治上之根據。由於丕平及查理曼之贈送，教宗國乃正式成立，教宗亦從此捲入意大利政治舞台，時有政教衝突之事件，一八七〇年意大利獨立運動教宗國被併吞，教宗自囚於梵蒂崗宮。一九二九年拉托朗和約，始與意大利政府獲得協議，梵蒂岡成爲一獨立國家，與世界各國多互派有使節。

茲列各教宗姓名及其在位年代如下：(凡〔　〕符號內之教宗，教會稱之爲僞教宗。)

Peter	33 – ?67	Stephen I	254 – 257
Linus	?67 – ?76	Sixtus II	257 – 258
Anacletus I	?76 – ?88	(Vacancy)	258 – 260
Clement I	?88 – ?97	Dionysius	260 – 268
Evaristus	?97 – ?105	Felix I	269 – 274
Alexander I	?105 – ?115	Eutychian	275 – 283
Sixtus I	?115 – ?125	Caius	283 – 296
Telesphorus	?125 – ?136	Marcellinus	296 – 304
Hyginus	?136 – ?140	(Vacancy)	304 – 308
Pius I	?140 – ?155	Marcellus I	308 – 309
Anicetus	?155 – ?166	Eusebius	309 – 310
Soter	?166 – ?175	Miltiades	311 – 314
Eleuterus	?175 – 189	Sylvester I	314 – 335
Victor I	189 – 199	Marcus	335 – 336
Zephyrinus	199 – 217	Julius I	337 – 352
Calixtus I	217 – 222	Liberius	352 – 366
Urban I	222 – 230	〔Felix II	353 – 365〕
〔Hippotytus	222 – 235〕	Damasus I	366 – 383
Pontian	230 – 235	〔Ursinus	366 – 367〕
Anterus	235 – 236	Siricius	384 – 399
Fabian	236 – 250	Anastasius I	399 – 401

(Vacancy)	250 – 251	Innocent I	401 – 417	〔Theodore II	687 〕	Stephen VII	929 – 931
Cornelius	251 – 253	Zosimus	417 – 418	Paschal I	687 – 692	John XI	931 – 935
〔Novatian	251 – ?258〕	Boniface I	418 – 422	Sergius I	687 – 701	Leo VII	936 – 939
Lucius I	253 – 254	〔Eulalius	418 – 419〕	Stephen IX(VIII)	939 – 942	〔Anacletus II	1130 – 1138〕
Celestine I	422 – 432	John VI	701 – 705	Marinus II	942 – 946	〔Victor IV	1138 〕
Sixtus III	432 – 440	John VII	705 – 707	Agapetus II	946 – 955	Celestine II	1143 – 1144
Leo I	440 – 461	Sisinnius	708	John XII	955 – 963	Lucius II	1144 – 1145
Hilarius	461 – 468	Constantine	708 – 715	Leo VIII	963 – 964	Eugene III	1145 – 1153
Simplicius	468 – 483	Gregory II	715 – 731	Benedict V	964	Anastasius IV	1153 – 1154
Felix III	483 – 492	Gregory III	731 – 741	John XIII	965 – 972	Adrian IV	1154 – 1159
Gelasius I	492 – 496	Zacharias	741 – 752	Benedict VI	973 – 974	Alexander III	1159 – 1181
Anastasius II	496 – 498	Stephen II	752 – 757	Benedict VII	974 – 983	〔Victor IV	1159 – 1164〕
Symmachus	498 – 514	Paul I	757 – 767	John XIV	983 – 984	〔Paschal III	1164 – 1168〕
〔Laurentius	498 – 505〕	〔Constantine	767 〕	Boniface VII	984 – 985	〔Calixtus III	1168 – 1178〕
Hormisdas	514 – 523	〔Philip	767 〕	John XV	985 – 996	〔Innocent III	1179 – 1180〕
John I	523 – 526	Stephen III	767 – 772	Gregory V	996 – 999	Lucius III	1181 – 1185
Felix IV	526 – 530	Adrian I	772 – 795	〔John XVI	996 – 998〕	Urban III	1185 – 1187
Boniface II	530 – 532	Leo III	795 – 816	Sylvester II	999 – 1003	Gregory VIII	1187
〔Dioscurus	530 〕	Stephen IV	816 – 817	John XVII	1003	Clement III	1187 – 1191
John II	533 – 535	Paschal I	817 – 824	John XVIII	1003 – 1009	Celestine III	1191 – 1198
Agapetus I	535 – 536	Eugene II	824 – 827	Sergius IV	1009 – 1012	Innocent III	1198 – 1216
Silverius	536 – 537	Valentine	827	Benedict VIII	1012 – 1024	Honorius III	1216 – 1227
Vigilius	537 – 555	Gregory IV	827 – 844	〔Gregory VI	1012 〕	Gregory IX	1227 – 1241
Pelagius I	556 – 561	〔John VIII	844 〕	John XIX	1024 – 1033	Celestine IV	1241
John III	561 – 574	Sergius II	844 – 847	Benedict IX	1033 – 1045	Innocent IV	1243 – 1254
Benedict I	575 – 579	Leo IV	847 – 855	Sylvester III	1045	Alexander IV	1254 – 1261
Pelagius II	579 – 590	Benedict III	855 – 858	Gregory VI	1045 – 1046	Urban IV	1261 – 1264
Gregory I	590 – 604	〔Anastasius III	855 〕	Clement II	1046 – 1047	Clement IV	1265 – 1268
Sabinian	604 – 606	Nicholas I	858 – 867	Damasus II	1048	(Vacancy)	1268 – 1271
Boniface III	607	Adrian II	867 – 872	Leo IX	1049 – 1054	Gregory X	1271 – 1276
Boniface IV	608 – 615	John VIII	872 – 882	Victor II	1055 – 1057	Innocent V	1276
Deusdedit	615 – 618	Marinus I	882 – 884	Stephen IX	1057 – 1058	Adrian V	1276
Boniface V	619 – 625	Adrian III	884 – 885	Bendict X	1058	John XXI	1276 – 1277
Honorius I	625 – 638	Stephen V	885 – 891	Nicholas II	1058 – 1061	Nicholas III	1277 – 1280
(Vacancy)	638 – 640	Formosus	891 – 896	Alexander II	1061 – 1073	Martin IV	1281 – 1285
Severinus	640	Boniface VI	896	〔Honorius II	1061 – 1064〕	Honorius IV	1285 – 1287
John IV	640 – 642	Stephen VI	896 – 897	Gregory VII	1073 – 1085	Nicholas IV	1288 – 1292
Theodore I	642 – 649	Romanus	897	〔Clement III	1080 – 1100〕	Celestine V	1294
Martin I	649 – 655	Theodore II	897	Victor III	1086 – 1087	Boniface VIII	1294 – 1303
Eugene I	655 – 657	John IX	898 – 900	Urban II	1088 – 1099	Benedict XI	1303 – 1304
Vitalian	657 – 672	Benedict IV	900 – 903	Paschal II	1099 – 1118	Clement V	1305 – 1314
Adeodatus	672 – 676	Leo V	903	〔Theodoric	1100 – 1102〕	John XXII	1316 – 1334
Donus	676 – 678	Christopher	903 – 904	〔Albert	1102 〕	〔Nicholas V	1328 – 1330〕
Agatho	678 – 681	Sergius III	904 – 911	〔Sylvester IV	1105 〕	Benedict XII	1334 – 1342
Leo II	681 – 683	Anastasius III	911 – 913	Gelasius II	1118 – 1119	Clement VI	1342 – 1352
Benedict II	684 – 685	Lando	913 – 914	〔Gregory VIII	1118 – 1121〕	Innocent VI	1352 – 1362
John V	685 – 686	John X	914 – 928	Calixtus II	1119 – 1124	Urban V	1362 – 1370
Conon	686 – 687	Leo VI	928 – 929	Honorius II	1124 – 1130	Gregory XI	1370 – 1378

〔Celestine II	1124 〕
Innocent II	1130 – 1143
Boniface IX	1389 – 1404
〔Benedict XIII	1394 – 1423〕
Innocent VII	1404 – 1406
Gregory XII	1406 – 1415
〔Alexander V	1409 – 1410〕
〔John XXIII	1410 – 1415〕
(Vacancy)	1415 – 1417
Martin V	1417 – 1431
〔Clement VIII	1423 – 1429〕
〔Benedict XIV	1424 〕
Eugene IV	1431 – 1447
〔Felix	1439 – 1449〕
Nicholas V	1447 – 1455
Calixtus III	1455 – 1458
Pius II	1458 – 1464
Paul II	1464 – 1471
Sixtus IV	1471 – 1484
Innocent VIII	1484 – 1492
Alexander VI	1492 – 1503
Pius III	1503
Julius II	1503 – 1513
Leo X	1513 – 1521
Adrian VI	1522 – 1523
Clement VII	1523 – 1534
Paul III	1534 – 1549
Julius III	1550 – 1555
Marcellus II	1555
Paul IV	1555 – 1559
Pius IV	1559 – 1565
Pius V	1566 – 1572
Gregory XIII	1572 – 1585
Sixtus V	1585 – 1590
Urban VII	1590
Gregory XIV	1590 – 1591
Urban VI	1378 – 1389
〔Clement VII	1378 – 1394〕
Innocent IX	1591
Clement VIII	1592 – 1605
Leo XI	1605
Paul V	1605 – 1621
Gregory XV	1621 – 1623
Urban VIII	1623 – 1644
Innocent X	1644 – 1655
Alexander VII	1655 – 1667
Clement IX	1667 – 1669
Clement X	1670 – 1676
Innocent XI	1676 – 1689
Alexander VIII	1689 – 1691
Innocent VII	1691 – 1700
Clement XI	1700 – 1721
Innocent XIII	1721 – 1724
Benedict XIII	1724 – 1730
Clement XII	1730 – 1740
Benedict XIV	1740 – 1758
Clement XIII	1758 – 1769
Clement XIV	1769 – 1774
Pius VI	1775 – 1799
Pius VII	1800 – 1823
Leo XII	1823 – 1829
Pius VIII	1829 – 1830
Gregory XVI	1831 – 1846
Pius IX	1846 – 1878
Leo XIII	1878 – 1903
Pius X	1903 – 1914
Benedict XV	1914 – 1922
Pius XI	1922 – 1939
Pius XII	1939 – 1958
John XXIII	1958 – 1963
Paul VI	1963

（王任光）

教會大分裂 (The Great Schism) 與大公會議運動 (Counciliar Movement)

一三七八年，教宗額俄略十一世逝世，烏爾班六世繼位，有十三位法籍樞機不服，離羅馬先赴亞那尼，後又至風底 (Fonoh)，推日內瓦主教羅伯爲教宗，取名格萊孟八世，定都亞味濃，自此三十九年中，西方教會有兩教宗，教會分裂爲羅馬和亞味農兩系統，是謂「西方教會大分裂」。

教會之分裂，亦引起西方基督教社會的分裂，大略言之，法蘭西、蘇格蘭、加斯底耳、阿留公等支持亞味濃；而英格蘭、日耳曼、波蘭、匈牙利、法蘭達、葡萄牙（最初支持亞味濃）、北中意大利等則擁護羅馬。每一教宗各有其樞機院、教廷、駐外使節等組織。羅馬系統之教宗有：烏爾班六世 (1378–89)，依諾增爵七世 (1404–06)，額俄略十二世（1406–15　辭職），亞味濃系統之教宗有：格萊孟七世 (1378–94)，本篤十三世(1394–1424)。最不幸的是，當時教徒無法分辨眞假，其混亂可得而知，一般有識之士，均希望能獲得一妥善解決之方案。

當時正值西方各國開始一種「民主」運動，就是集全國人民於一堂共商國是，如英國在一二九五年召開「模範國會」(Model Parliament)，法國在一三〇二年召開「全國三級會議」(Estate General)。現在教會既已分裂，兩位教宗眞假難辨，雙方又自持正統，攻擊對方爲異端，不願讓步，有識之士想以「大公會議」終止這分裂，尤以巴黎大學教授們之呼聲最高，可是一大公會議無教宗之召集令，或至少他的同意，是否合法，成爲一爭辯的焦點。支持以大公會議解決分裂的人士中，「過激派」者根本認爲不必有教宗的同意，因教宗亦屬教會之分子，自應服從大公會議之議決，「緩和派」者認爲：教宗之同意固然是大公會議合法的必要條件，但在教宗眞假難分之際，大公會議可先自行處理分裂問題，而後由新教宗追認。因各派紛爭不一，故形成所謂之「大公會議運動」。

在此爭論聚訟之氣氛下，乃有一四〇九年「比薩會議」(Council of Pisa) 之召開，聲明羅馬與亞味濃兩系統之教宗均爲非法，另選一「亞力山大五世」(Alexander X) 以代之，然羅馬之額俄略十二與亞味濃之本篤十三，反稱「比薩會議」爲非法，拒絕辭職，次年亞力山大五世逝世，若望二十三繼位，西方教會更分裂爲三，統一問題加倍困難。

一四一四年，在皇帝西齊斯蒙的策動下，於康斯坦士舉行大公會議，西方各國均有代表參加，若望二十三公然拒絕此會議，被大會廢除，羅馬之額俄略十二自動辭職，一四一七年七月，大會又廢除亞味濃之本篤十二，同年十一月，大會一致推選羅馬哥羅那樞機 (Cord Colonna) 爲教宗，西方教會之大分裂乃告終止。(王任光)

異端 (Heresy)

西文 Heresy 這個名詞，在新約上屢見不鮮，但在宗徒時代，此詞用以指「宗派」或「派系」而言，與後來用以專指旁門左道的「異端」，大不相同。聖保祿說：「他們只要肯作證，便應該承認早已知道我始終是按照我們教中最嚴格的『宗派』(Heresy)度法利塞人的生活。」當時的代爾都洛(Tertullus)律師，曾控告保祿說：「……我們發覺這人（保祿）好像瘟疫，鼓動全世界的猶太人作亂，又是納匝肋教派的首領」，但聖保祿對於所謂派系之說堅決否認。「如果有人分派結黨，經過一兩次勸告，固執不聽，就要棄絕他。」「拜偶像，………黨派，紛爭，異端……凡犯這些罪的人，必不能繼承天主的國」。

從第二世紀開始以後的教父時代的教父們，以 Heresy 一詞專指因着錯誤的道理而在天主教 (Catholic Church) 以外所組織的教派。聖奧斯定曾寫道：「你們因褻聖的分裂，成爲裂教徒，並因褻聖的道理，成爲異端徒」；又道：「關於神事，思想錯誤，違反信仰者，是謂異端徒」。由此可見，教父時代所用的 Heresy 一詞，與宗徒時代所用的同一名詞，在意義上，有顯著的差別。教父們認爲 Heresy 是一種反對普通所承認的教義而引起了一種分裂或衝突。那末，違反天主教所信的教義，而另創左道旁門，便是現今天主教所指的「異端」。

中世紀的士林學派（或稱經院學派），都根據奧斯汀 (Augustine)、熱羅尼莫(Jerome)、額我略(Gregary)等教父的論斷，把非正統的左道教義 (Heterodox teaching)，視爲異端(Heresy)，因而蔑視而背棄天主教教義，並明知故犯地脫離教會生活的信友，被視爲大逆不道的異端之徒。

從中世紀到第十六世紀的脫利騰大公議會這段時期內，「異端」與「信仰」，成了兩個對峙而嚴重的課題。聖多瑪斯·阿奎那的神學大綱內，對於異端，特寫專題，詳加闡述，而脫利騰大公議會，不遺餘力維護信仰，對於各種信條，令信友堅決信服，對於反對信條的異端，一律嚴予懲罰。該大公議會以前的各大公議會，以及歷代教宗，對於各種異端，也無不嚴加譴責而予以糾正。

天主教的一般神學家，對於異端所下的定義是：凡教徒直接反對或懷疑由上主所啓示，並由教會所正式宣佈爲信條的一切謬論叫做異端。

兩千年來的異端，不勝枚擧，玆僅將各世紀中的重大異端述說如下，以見概況：

第一世紀的基督教的諾斯替派 (Christian Gnosticism)，以爲信仰基督不當止於信，必須入於知：普通信徒具有淺近的信仰已足，而知識份子，對於信仰須有高深的認識；但其所謂知，非理性之知，而是直觀之知；其教義則由柏拉圖思想及波斯二元論，以及宗教以外的各種奧密的道理混合而成。諾斯替教的主要異端是不信基督是天主。

第二世紀時教會護教教父著書衛道，攻斥異端不遺餘力，如殉難者儒斯定的護教書 Justin Martyr's syntagma 一書紀錄了各種異端邪道 (Heretical doctrines)：諾斯替教的代表人如馬西翁及伐倫泰納(Marcian and Valentatine)，終於被教宗依靜(Hyginus)和亞尼策 (Anicetus) 開除了教籍。依玻理多(Hippolytus of Rome) 嚴斥異端，著書多種，他的 Syntagma against all Hareses (contra Noetum)，Elenchus of 33 Hareses，都是傑作，他把當時的異端，一一列出而予以駁斥。Tertullian 的護教書，也膾炙人口。

第三世紀的 Victarinus of Pettau 著有駁諸異端書 (Adversus omnes Hoereses)。

第四世紀的愛庇方(Epiphanius of Constantia 374-377) 寫了一書名消毒箱 (Panarion or box of against all heresies)，紀錄了八十種異端而駁斥之。裴拉斯脫 Filastrins of Brescia (D.397)，寫了一本著名的異端論 (Siber de Hoeresibus)。

第五世紀的聖奧斯定 (Augustine) 著有異端論 (De Hoeresibus)，紀錄了八十八種異端，其中最嚴重的異端是披雷傑主義 (Pelagianism)，這種異端否認爲原罪，並否認了聖寵的重要性。

第八世紀：John Damasune (D.749) 著了知識的來源一書，紀錄了回教 (Mohammedanism)及反對敬聖像的異端 (iconoclasm)。

第十一世紀的都耳的培倫加 (Berengarius of Tours) 否認了聖體的本質變化 (transsubstantiation) 的信德道理。

第十二世紀的異端不一而足，其中較大的有兩種：一是法國的亞爾比異端，以善惡二元爲基點，散播了反教會、反社會、反人性的邪說，以爲肉身來自惡元，必須予以嚴酷的抑制；二是華爾圖異端，它是由法國里昂富商 (Peter Waldo) 所肇端的，反教會、反神職而擅自施行聖事的邪說妄爲。

第十四世紀的英國司鐸，牛津大學的教授若望威克利夫(John Wyclif 1324–1384)否認了教宗的領袖權。

天主教認為近代的重大異端有以下數種：一是蔑視自強不息的修養精神，而專心冥想上帝的靜寂主義(quietism)；二是限制教宗權利的法蘭西主義(Gallicanism)；三是馬丁路得的改教運動(protestantism)；四是楊森異端 (Jansenism)，這種異端誤認人性已被原罪徹底破壞無可藥救，於是主張以恐怖的心理，行絕對嚴厲的苦修，視上帝為最嚴厲的法官，上帝對於注定不能得救的人，必定予以摒棄；五是弗博宏尼主義(Febronianism)，即德國特里(Trier)的一位輔助主教，名洪太因Hontheim (1701–1790)，用弗博宏尼(Febronius)的筆名，出版一書，打擊教宗的首席權，謂最高權力，不屬於教宗，乃屬於主教團；六是奧地利皇帝若瑟二世 (Joseph II 1765–1790) 曾干涉教會，而反抗教宗權利，歷史家稱之為若瑟主義(Josephinism)；七是近代主義 (modernism)，這主義主張教會必須迎合近代的潮流，而放棄士林哲學的思想，並主張「信德並不重要，而宗教經驗與虔誠的生活是宗教的本質」。

綜觀以上，所有異端名目雖多，但歸納起來，不外乎違反有關於三位一體，基督的神性，教宗的首席權，以及七件聖事等的正統教條。(楊紹南)

異端審判 (Inquisition)

自從十二世紀末葉反教義反人性的亞爾比異端(Albigenses)發生之後，教會和社會，遭受了嚴重的蹂躪，尤其法國和西班牙的治安，大受威脅，人心惶惶，曾達半世紀之久。民衆對於此種異端，不但視為叛教罪惡，而且視為害國行為，所以對於此種異端徒，往往採取行動，予以拘捕。於是雙方毆打之事，不時發生。而政府對於異教徒採取更嚴厲的手段，往往予以屠殺。教宗意諾增爵三世也發動十字軍，予以圍堵，避免異端的氾濫。

對於異端徒，大施屠殺，有違人道，所以教宗嚴予禁止。一一八四年教宗露西三世(Lucius III)一面為防範戰爭，一面為鎮壓異端以保衞信仰，又另一面避免公審的殘酷，遂與國家政府，分工合作，組織「裁判法庭」(inquisition)，以秘密審判所謂異端。

由於德國皇帝腓特烈二世(1220–1250)有削弱宗教權利並擅自充任審查異端的法官，於是教宗額俄略九世(Gregory IX)於一二三一年，重組新的裁判法庭，委任特殊的裁判官，專審頑固的異端徒，但地方主教關於審判異端事件的普通權利，並不因此而受影響，與教宗特委的裁判官，在審問異端時是平行的法官，處於同等的地位。教宗保祿三世鑒於新教 (Crotestantism) 非常猖獗，遂於一五四二年，毅然決然改組異端審判法庭，集權於羅馬，稱為羅馬法庭(Roman Inquisition)，並設立新的裁判官加強法官的權限。

異端審判，是教會和國家的聯合行動，其目的在於根除危害教會和國家的邪說，而保衞信仰的眞理；其審判的辦法，由教會和國家，各司其事；倘裁判法庭接到檢舉書即通知被告者，傳其到庭，由教會人員審查異端的眞相，倘被告者不服，可向教宗上訴，倘罪犯確有過錯而願悔改，則教會予以普通的懲罰而勸告之，並釋放之，倘罪犯過錯重大而怙惡不悛拒受教會懲罰，則教會法庭，即開除其教籍並將其押送至政府，政府依法執行，往往施以火刑。政府如此措施，為維持社會的治安及國家與教會間的密切聯繫。

刑訊和火刑，在今日看來，有違人道，但在當時，實為輿論所支持的一種刑法。政府與人民，認為不如此處理，不能消滅異端。社會背景，各代不同，刑的輕重，隨之而異。歷史家稱西班牙的異端審判最為嚴酷，這法庭是由教宗西斯都四世 Sixtus IV (1471–1484) 因西班牙國王斐迪南 (Ferdinand) 和王后依麗莎白 (Isalel) 的請求而設置的。該法庭執法十分嚴厲，教宗屢次予以譴責，但正因其執法從嚴，所以其國內的信仰勁敵，幾乎全部肅清，新教亦無法傳入。(楊紹南)

基爾特 (Guild)

基爾特或譯同業公會，或譯行會；分商人行會 (The Merchant Guild) 與工人行會 (The Craft Guild)。

中古時代初期，工商業尚不甚發達，各地人民以農業為主，自給自足，最多為物物交易，而有市集，再演變為城市。

至十三世紀中，已出現自治城市，且發展甚速；城市與城市間並互結聯盟；主要原因，乃由於內部有強有力之組織，是即行會。

其時手工業已逐漸增多，在聖路易王朝時，巴黎一處即有手工業一百五十種。然各地捐稅繁苛，道路失修，盜匪橫行，而北海海盜為患最大，行會組織，即所以謀本行利益。訂定規章、檢驗商品、議定價格、劃一度量衡、准許開設店舖、限制學徒年齡與期限、規定工作時間等。

行會有旗號、有講堂、有理事、有監事、有參議；慶期則共聚一堂。行會亦難免無弊，但如在共同食宿工作，會員均有工作分配，疾病孤寡有補助，出品精良有獎勵等，故為行會制度之優點。

且商人經濟既充裕，子弟亦能享受教育，商人地位乃因此而提高，尤為值得稱道。

初有商人行會，工業發達後，乃有工人行會；後又因分工細密，在商人與工人行會下再分若干業行會，商業如皮貨業、絲綢業、呢絨業等；工業如木工、石工、釀酒、麵包等。(方　豪)

基督教 (Christianity)

「基督教」原指耶穌基督所創立的宗教，凡信奉耶穌基督的，無論是天主教、東正教或馬丁路德宗教革命後所生各新教派，均被稱為基督教。

基督教的誕生正當是羅馬帝國的極盛時代，即所謂「羅馬和平」時代，納匝肋人耶穌 (Jesus of Nazarth) 以猶太人所期之救主(Messian) 身分，向猶太人及普世人類宣佈「福音」，福音內容以救人救己為人生目的，以悔過自新為生活方式，以博愛為大同精神，耶穌選宗徒十二人，以彼得為首，是為基督教會之始，後因耶穌見妒於猶太教當局，被羅馬人釘死在十字架上，第三日復活，四十日升天。

耶穌升天時，已有信徒五百人，十天後聖神降臨日，彼得講道，皈依受洗者三千人，自後信徒日增。後日宗徒以工作過於冗繁，乃又自信徒中選拔七人，專門看護貧病，是為「副祭」(Deacon) 之始；最初，領導教會的是全體宗徒，後因保祿和巴納伯傳道於小亞細亞，設置人員治理本地教務，是分區治理的先聲，亦是日後教區 (Diocese) 的雛形。

自紀元六四年至三一三年，基督教屢遭羅馬皇帝之破害，男女老幼為信仰而「殉道」者 (martyrs) 數以萬計，稱為「教難期」，然教會終以不屈之精神，獲得最後勝利。三一三年，君士坦丁大帝頒佈「米蘭詔書」，基督教獲得自由，三九一年，戴奧道削大帝定基督教為國教，從此歐洲歷史步入一新的階段。基督教一面充實健全內部的組織，擴展對外傳教，一面繼承希臘、羅馬之文化遺產，並加以光大，傳至整個歐洲。

除教難外，早期教會也受到異端的困擾，造成內部的分裂，如一世紀時的唯知主義 (gnosticism)，二世紀時的馬西翁運動 (Marcion) 和蒙丹運動 (Montanism)，但為害最烈、影響最大的應推四世紀的亞略異端 (Asianism)，五世紀的聶師多異端 (Nestorianim) 於唐朝時傳入我國，稱景教) 和一性論 (Monophtsitism) 等。每當一異端興起，均有德高博學之士，著書立說，為正統信仰辯，他們被尊為「教父」(Church Fathers)，因其以言論孕育教會之故。由於「教父」及後來「教父聖師」(Doctors of the Church) 之努力，「神學」(Theology) 乃逐漸發達，至十三世紀，聖多馬斯•亞奎那 (St. Thomas Aquinas) 時達其巔峯。異端引起的另一結果是「大公會議」(Eucmenical Council) 之召開，首次為三二五年尼西亞會議 (Council of Nicaea)，審査並摒棄亞略異端。

自君士坦丁遷都後，東西羅馬之分裂漸具雛形，而君士坦丁堡大主教亦以首都之地位，與羅馬教宗分廷抗禮，逐漸導至東西教會一〇五四年的正式分裂，故有「西方拉丁教會」與「東方拜占廷教會」(或稱東正教) 之別；一五一七年，馬丁路德倡導宗教改革，「路德派」(Lutheranism)，「喀爾文派」(Calvinism)，「英國教派」等統稱為「誓反教」(Protestantism)，在我國「誓反教」均稱「基督教」，而原有之「羅馬公教」則稱「天主教」。一九六〇年代，教宗若望二十三召開梵蒂岡第二大公會議，「基督教合一運動」乃成為各教派共同努力的目標。(王任光)

莊園制度 (Manorialism)

歐洲在黑暗時代中，由於蠻族橫行，城市大都被破壞，社會倒退到原始的自然經濟狀態中，各地分立許多自供自足的農村。其時歐洲農村大都以貴族的邸第或教會的教堂為中心，鄰近集居著許多依附貴族或教會保護的農戶而形成，這樣形成的農村就稱為「莊園」(Manor)。

歐洲中古的莊園，在政治觀點上來說，就是貴族采邑的一部份，高級貴族為公、侯、伯等可能擁有數百或上千的莊園，最低級的貴族如騎士，也擁有一、二個莊園。普通一個莊園裏，鄰近貴族邸第集居的農戶，大都住在低矮破爛的小茅屋裏，室內傢俱既少，質地也很粗劣，但是貴族邸第則不同，大部是石砌瓦蓋的樓房或堡壘，深溝高垣，易於防守。在黑暗時代中戰亂既多，設遇急難時，全村農戶進入領主的邸第，作為臨時避難的場所。村中又有教堂，可作爲村民禮拜歡聚的地方，此外領主邸第常附設鐵匠舖及其他手工藝作房，製造武器、農具、馬鞍等。莊園內日常生活必需品既可自行生產，因此莊園也就成爲一個自供自足的經濟單位。

在一個莊園裏，領主常選取最好的耕地作爲自耕田，稱爲「領主自耕田」(Lord's demesne)，其他可耕地就分爲若干長條形的耕地，分給農奴耕種。當時由於農耕方法落後，缺乏肥料，採取三田輪耕的辦法，即是將上述條地分爲三組，一是春耕地，一是秋耕地，另一就是休田，這三組條地每年輪流耕種或休息，藉此保留地力。一個莊園裏除了耕地以外，尙有公用的家畜放牧草地等，莊園四周則種植樹木。

在一個莊園中，主要的居民就是農奴。農奴既無土地所有權，他們便向領主租賃田地耕種，也須依約向領主繳納各種租稅。歐洲各地莊園的租稅雖然不盡相同，租稅名目亦不一致，但是大體上可以歸納爲下列三大類：

㈠勞役（services）所謂「勞役」，即是不給報酬的義務勞動。普通農奴每週約須替莊園領主從事一至三天不等的義務勞動，其中最常見的義務勞動，即替領主耕種「領主自耕田」，因此領主利用農奴的義務勞動，可以不費一舉手一投足之勞，坐享自耕田上各種農產品。此外農奴又須聽從領主的召喚，從事修橋、補路、開溝等工作，有時也須替領主修繕邸第、堡壘等。

㈡賦稅（rouders）農奴每年須向領主繳各種賦稅，其中有按人口來征收的「人頭稅」(census)，按照戶籍來征的「戶稅」(champart)，按照財產多寡來征收的「財產稅」(tallage）等。這些賦稅常以繳納實物爲原則。

㈢苛雜（banalities）在莊園中只有領主才能保有下列各物：磨坊、麵包爐、釀酒房、公牛等，農奴借用上述各物時，則須向領主繳納規費，其中最奇特的就是農奴的母牛須找公牛取種時，也須先向領主納費。此外還有結婚稅，農奴結婚時須先向領主繳納一定的規費；又有「佃權繼承稅」(Heriot)，農奴死後，其子須向領主繳納一筆很重的「佃權繼承稅」，始能繼續佃耕原有的土地。

在黑暗時代中，歐洲農耕方法本很落後，農穫量不多，再加領主的各種剝削榨取，使一般農奴的生活都很艱苦。農奴生活雖然艱苦，但他們却無法逃脫這種悲慘的命運，原來黑暗時代的歐洲是一個暴亂的社會，農奴一旦脫離領主的庇護，便有被人殺死或被人擄掠爲奴的危險，其命運比農奴生活更慘，因此農奴只能依附領主而老死於一地，世代無法遷居，被人形容爲「縛在土地上」(bound to the soil)。(高亞偉)

鄂圖曼帝國（The Ottoman Empire）

土耳其人在中亞的出現可上溯至第六世紀。這些鄂古玆（Oghuz）族的土耳其人在七四五—八〇〇年爲回鶻（Uighurs）所征服，旋又臣服於西方來的吉爾吉斯人（Kirghiz）。西元九、十世紀間，土耳其人改奉回教。十一世紀之初，擴展至東南俄羅斯與伊朗，開始攻擊拜占廷帝國。其支族塞爾柱人（Seljuks）于一〇五五年攻下報達（Baghdad），此後兩世紀間在安那托里亞（Anatolia）與中東建一大帝國。十三世紀末鄂圖曼土耳其人繼之而起。他們定居於拜善利亞（Bithynia）省，從君士坦丁堡渡過海峽。不滿拜占廷嚴酷統治的希臘人，紛紛投向鄂圖曼並改信回教以免納貢。希臘人教導土耳其人農耕方法，土耳其人也學到拜占廷的治術。

所謂鄂圖曼（Ottoman）一語，並不含有種族上的意義，這是從鄂斯曼一世（Osman I）之名而來，他被認爲是鄂圖曼國家的創始人。他的族人早期從中亞草原遷徙到回教世界來。最重要的聚落在小亞細亞。

基本上使鄂圖曼國家擴展的力量，來自「葛札」（haza）或「雷紫亞」（razzia）的理想，這便是搶掠性的遠征並同時實現「齊赫」（Jihad猶如回教「十字軍」）。但要創造一個經久的帝國並準備將來征服的動力，則源自「高度伊斯蘭」（High Islam）思想。鄂圖曼正位於交通孔道，越小亞細亞可至伊斯蘭文化的偉大中心如大馬士革、開羅、大不里玆（Tabriz），與報達等地。鄂圖曼人便從回教世界吸取古老傳統的回教文化所演變而成的「高度伊斯蘭」，以應征服地區統治之所需，並以訓練回教法律、行政與財務人才。因此「葛札」理想促使鄂圖曼走向勝利；「高度伊斯蘭」使征服地區奠定了堅牢穩固的回教傳統。

一二四三年蒙古人敗塞爾柱土耳其人，塞爾柱土耳其帝國瓦解。一二九〇—一三二六年，鄂圖曼王朝創始人鄂斯曼一世在位。一三五四年，土耳其人開始定居於歐洲加里波里（Gallipoli）半島，迅即散播至色雷斯（Thrace）。一三六三年遷都于歐洲之亞得里亞堡（Adrianople），君士坦丁堡遂爲土耳其人四面包圍，僅海道可通西方。拜占廷皇帝必須乞求於土耳其人，幾乎成了鄂圖曼的附庸國。一三七〇年至一三八〇年間，土耳其人征服保加利亞與塞爾維亞。一四〇二年蒙古人帖木兒（Timur 或 Tamerlane）崛起於中亞，敗鄂圖曼軍，拜占廷由是暫得苟延殘喘。一四五三年蘇丹穆罕默德二世以海陸封鎖，大舉圍攻君士坦丁堡，五月廿九日城陷（參閱本册拜占廷帝國條）。改聖蘇非亞敎堂爲回敎寺，別立希臘敎長，自稱基督敎會之保護人。此後數世紀間，東正敎會大體接受蘇丹爲拜占廷皇帝的繼承人。

鄂圖曼帝國在許多方面實爲拜占廷的繼承人，其好勇尙武，遵其舊俗暨使用土耳其語，則源自中亞。從波斯及受波斯影響的拜占廷方面，鄂圖曼學到了尊君，宗敎寬容，與鼓勵少數民族成立獨立社區的習慣。自回敎徒方面，學到了聖法與探討法律問題的方法，阿拉伯字母、宗敎、哲學及其他抽象名詞的阿拉伯語彙。鄂圖曼所承受的亞洲、波斯—拜占廷與回敎的遺產，使土耳其人成爲最保守的民族。

鄂圖曼社會最顯著的特點是奴隸制度。在此制度之下，奴隸可在國家體制內昇至最高職位。除蘇丹本人之外，所有政府重要官員，宮廷人員，軍官與軍隊，都由奴隸擔任，他們幾乎都是基督敎家庭的兒童，此種由奴隸構成的統治階級成爲鄂圖曼的一大特點。統治階級的較下階層爲新軍（Janissary），由秉賦較次的基督敎兒童訓練而成。長大皆奉回敎。

鄂圖曼行政的「四大支柱」爲㈠大臣（Vizier），㈡財政官員，㈢機務處，㈣法官。「四大支柱」除法官外，其餘都是生爲基督徒的奴隸，唯法官只能由生爲回敎徒的人民充當。所有回敎徒皆接受聖法的至高無上，法學家（mufti）又難以接受改變，使鄂圖曼制度不能隨時推移向前發展，最後乃不免於失敗。

鄂圖曼制度之弱點爲㈠因爲統治階級皆由奴隸組成，其整體結構之有效與否，胥視當權蘇丹之性格而定。但後宮環境生長的蘇丹，自然每況愈下；㈡後來奴隸統治階級的後代雖生爲回敎徒，亦可昇成統治階級，但已失去了統治上的機制作用；㈢軍隊抗命，廢黜蘇丹；㈣鄂圖曼視所有東正敎基督徒爲希臘人，使可能對鄂圖曼效忠的斯拉夫人與羅馬尼亞人失去向心力。

鄂圖曼帝國的核心，在小亞細亞與巴爾幹地方。一四八一年在穆罕默德二世逝世前，土耳其人越過多瑙河到達今日的羅馬尼亞，攻取熱那亞人在克里米亞的據點，使其成爲附庸。蘇丹色楞姆一世（Selim I）時，領域擴大幾至一倍。在亞洲方面，攻取波斯的領土，在非洲方面，兼併埃及，結束了馬姆魯克（Mamluks）的統治。土耳其蘇丹負責保護麥加與麥地那，並擁有哈里發尊號。至此鄂圖曼國家性質改變，由於新征服地區大部分爲阿拉伯回敎徒，他們在宗敎上較土耳其人狂熱，使基督徒的地位益危。

一五二〇—一五六六年，當蘇里曼大帝（Suleiman the Magnificent）在位期間，鄂圖曼再向歐洲方面擴展，參預哈布斯堡王朝與法國之間的戰爭，甚至兵臨日耳曼，影響新敎改革的進行。一五二一年，蘇里曼佔伯爾格來德（Belgrade），一五二二年，佔羅底斯（Rhodes），打通西進道路。一五二六年，匈牙利摩哈克（Mohacs）之戰，敗基督敎聯軍，攻入布達（Buda）。一五二九年九月，圍攻維也納，全歐震驚，其對基督敎所構成的威脅，僅次於都爾之役（Battle of Touss 七三二年），但以補給線太長，兩週後放棄圍攻，唯仍控制匈牙利中南部，兼有多瑙河之北部與東部。在非洲方面，併吞阿爾及利亞。在亞洲方面，擊敗波斯，兼併現在的伊拉克，占有報達，取得波斯灣出海口。

一五五六年法國與鄂圖曼帝國締訂協定，許法人在土耳其自由經商，從事買賣，一如當地的土耳其人；並得設置領事，享有完全之宗敎自由；予聖地以保護權。因此引起東正敎會之不滿，爲十九世紀克里米亞戰爭的遠因。上述協定，使法國在土耳其取得遠較其他歐洲國家更爲優越的地位。

蘇里曼大帝之後，鄂圖曼帝國漸衰，一六九九年卡羅維玆（Karlovitz）會議之後，鄂圖曼喪失了大部土地。自是歐洲自十四世紀以來所受的來自東方的威脅乃告解除。

十九世紀時，鄂圖曼土耳其國勢益衰，俄皇尼古拉一世甚至譏其爲「歐洲病夫」("Sick man of Europe")。二十世紀第一次世界大戰之後，鄂圖曼帝國瓦解；但土耳其在凱末爾（Mustafa Kemal 一八八一—一九三八）領導下，推翻鄂圖曼帝國，改建爲土耳其共和國。自伊斯坦堡（Istanbul）遷都小亞半島中部的安哥拉（Angora）。頒佈西式憲法，實行西化，奠定了土耳其現代國家的基礎。（陳　驥）

聖事 (Sacraments)

「聖事」（sacrament）一詞，淵源於拉丁文動詞 Sacrare（祝聖），是指

神聖不可侵犯之事 (sacra res, a sacred thing)，如國家官員或軍人的就職宣誓，又如希伯來民族的制損禮(circumcision)和取潔禮(segal purification)擢升司祭，食巴斯卦羔羊 (Pascal lamb) 等等，都被視爲神聖之事。

但依照天主教的定義，聖事一詞，在本質上具有特殊的意義，教父們對於「聖事」雖不曾下過定義，但有正確的描寫。第十三世紀時，開始出現了聖多瑪斯的聖事定義，他在神學大綱上說：「一件聖事，是神聖事物的標誌，以聖化人靈爲目的。」無疑地，天主教會一向認爲聖事是由耶穌親自定的有形的儀式，爲象徵某種聖寵，並把這聖寵給與善領聖事的人。由此可見聖事是由兩大不可缺少的要素構成的：第一個要素是有形可見的外在禮儀，如麵餅、葡萄酒、水、油等，是禮儀上所用的材料。而施用材料時所用含有深意的詞句，稱爲禮儀的上形式，也就是聖事上的第二個要素。倘不用物質的東西做材料，則領聖事者的訴語便是聖事上的材料，而施行聖事者所用的斷語，便是聖事上的形式。總之，材料和形式，是聖事上所不可缺少的。

聖事的外在禮儀，雖然是一些必需的記號 (signs)，或重要的象徵(symbols)，同時也賦給內在而實在的崇高東西，即聖寵，以洗滌及增强人的靈魂。每件聖事，對於善領者，必給聖寵(sanctifying grace)或增加聖寵，並賦給本聖事的特殊聖寵，又給聖事的神印 character，使領者獲得神恩實惠，這是聖事的功效。

天主教以外的其他教派，對於聖事的言論，莫衷一是，馬丁路德以爲聖事僅僅是上帝諾言的記號，同時也僅是信仰與成義的標誌，而聖事本身，並不賦給復義的聖寵。加爾文則根據其所謂「得救預定論」，聲言聖事僅僅是蒙上帝選拔的記號，同時也是激勵而維持信仰的標誌，聖事本身不賦給聖寵。脫利騰大公議會，對於宗教革新者所主張的信仰重要和聖事是信仰的記號之說，絲毫不加譴責，但對他們所說的復義 (Justification) 僅賴信仰而聖事不賦聖寵之說，予以嚴厲的責斥而摒棄之。他若瑞士的玆文利 (Zwingli) 所說的「聖事是教徒的身份證」以及意大利人蘇塞納斯 (Socinus) 所說的「聖事是區別教徒與非教徒的標幟」，當然與天主教的教義大相徑庭。

救贖(salvation)觀念，是舊約和新約的中心思想。舊約預言日後的救贖，而新約則證明救贖大業已由基督應驗舊約的預言而完成，但基督的救贖恩寵，透過聖事而分給與教徒，猶如高山之水，經過河道，而流注於大地。救贖之功既由基督親自完成，則聖事亦當由基督親自成立。新約的聖事，均由基督直接(immediataly) 成立，這是天主教會的教條，反之，由基督間接成立聖事之說，當然爲天主教會所摒棄。所有七件聖事，都由基督直接成立，可以新約證實之。

聖洗、堅振、告解、聖體、敷油、神品、婚配等七件聖事，不能增，也不能減，因爲基督所親自建立的聖事，共有七件，也只有七件。這七件聖事的數字，曾經由脫利騰大公議會正式宣佈，天主教的神學家和全體教徒都奉爲定論，不予懷疑，亦不加辯論。(楊紹南)

聖統制 (Hierarchy)

天主教分區治理教務的首長制度。最初，領導教會的是全體使徒。在耶路撒冷以外，有個別信徒和信徒團體，但未設立地方性的負責人。大馬士革(Damascus)、撒馬利亞 (Samaria)、安提約基 (Antioch) 等地，也都沒有人負責管理當地的教友團體。

分區治理教務的制度，創始於小亞細亞，雛形教區從此誕生，創始者為保祿和巴納伯(Barnabas)。但他們並不完全同於今日的主教，因爲使徒不在時，他們代爲管理各該地區的教務，使徒一到，他們的職責即可終止。

使徒時代，教務的管理已分全面性和地方性：整個教會由全體使徒管理，如耶路撒冷使徒大會，或由某一使徒單獨行使，如伯多祿、若望、保祿，亦可委人代理；地方教務，則由各使徒終身單獨行使，或由使徒派人行使。

最後一位使徒去世後，使徒團已告消失，地方部長乃成爲當地首長，即今日所謂主教和教區。教區最大者爲耶路撒冷，亦僅有一萬餘教友；其他如哥林多 (Corinth)、厄弗所 (Ephesus)、斯米納 (Smyrna)、菲理比 (Philippi) 等地，僅有教友數百人。首長既無禮冠，亦無權杖。聖統制當可溯源於此。教會賴此而穩定並發展。

聖安提約基的依納爵(S. Ignatius of Antioch)所遺書札中，曾記述第二世紀前初十年中，每一團體有一主教，並有司鐸和副祭。而現存最老教區，如：羅馬、安提約基、亞力山大的聖統名錄，都可追溯到使徒時代。

這些首長，聖保祿稱之爲「長老」和「主教」；聖依納爵則略加區別，聖依來內則稱「長老」而不稱主教。使徒們派立聖職人員，行按手禮時，都授予包括主教級的完整的神品聖事；品級的起源較晚。直至第二世紀末葉，亞力山大城新主教，直接由城中長老祝聖，而不必由鄰城主教祝聖。

且擔負每一教友團體司牧之職的雖只一人，而享有主教品銜的聖職人員，則在每一教友團體中，往往另有若干人，他們都不是在聖統制以內的。(方　豪)

路德會 (Lutheranism)

西文 Lutheranism 一詞，可解作為信奉馬丁路德教義的教派，亦可解作馬丁路德所倡導而傳授的教義。就神學的立場而言，無論為路德的教派，或為路德的教義，均與天主教教徒及其教義，互相對立，形成兩個不同的宗教。本文先簡介路德的生平，然後敍述路德的教義。

馬丁路德 (Martin Luther 1483–1546) 於一四八三年十一月十日生於德國薩克森省(Saxe)的艾斯勒本(Eisleben)，但其大部份歲月，是在艾爾富(Erfurt)及威登堡(Wittenberg)度過的。路德幼年時，因家境貧窮，家教嚴厲，他的心靈充滿了憂鬱的氣氛。他天資聰明，極有口才，但脾氣暴躁。一四九七年路德就讀於瑪德堡(Magdeburg)地方天主教學校；一五〇一年他進艾爾富大學，研究法律，並攻讀文學，一五〇五年得碩士學位，同年，在雷電交作，心靈恐懼之際，向上主許願，願入修會修道，十五天後，即入聖奧斯定會。一五〇八年晉登鐸品，升為神父，次年充任威登堡(Wittenberg)大學神學教授。一五一二年獲得神學博士學位。一五一七年十月三十一日他在威登堡大學教堂門上，張貼了九十五篇短論，反對大赦的教義，繼而反對天主教的基本信條，公開改教，揚言教徒只憑信仰，即可救靈。他自信他的言論，是根據於聖保祿致羅馬人書中的一句：「義人由信德而生活」，但他忘記了聖雅各伯宗徒的一句：「信德而沒有善行，便是死信德」。教宗於一五二〇年頒布詔諭 (the bull) 勸其在六十日內悔過，但路德於同年十二月十日把教宗的諭旨和教會法典，在威登堡大學全體學生面前焚燬，於是良十世於一五二一年一月三日，將他開除教籍。四十二歲的路德於一五二七年，與一位還俗的修女名凱薩琳·馮·保拉(Catharine Von Bora)結婚，生了三男三女。路德被教宗開除教籍後，應該再由國家皇帝判罪，德皇查理五世(Charles V 1500–1558)宣布路德不再受法律的保障。查理在沃木斯(Worms)召開會議，命他赴會申辯，路德到會，表示不服。查理五世於一五二九年在斯拜爾(Speyer)，召開國會，決定限制路德派的擴張，並決定天主教會的收入，不能充作異教徒的費用。但參加議會的五個王公及十四座城市的代表，對於這項決策，起來反對，提出「抗議」(Protest)，反抗國會。從此「抗議者」(Protestants)一詞，在西方各語文中，就用以指天主教以外的基督徒。中國天主教會譯為「誓反教」。查理五世於一五三〇年，在奧格斯堡(Augsburg)召開帝國會議，「誓反教徒」向會議提出二十八項信條，這便是聞名的奧格斯堡信條 (Confession of Augsburg)。信條的編纂者，是路德的朋友墨蘭頓 (Melanch Melanchthon)。在這次會議中，查理五世不願妥協，以致協議無法達成。路德於一五一七年改教後，經過二十八年之久，才開始召開脫利騰大公會議 (Council of Trent)。教宗保祿三世(Paul III 1534–1549)克服了無數的困難，終於一五四五年十二月十三日隆重開幕，中間停頓數次，最後由教宗庇護四世(Pius IV)於一五六二年重開，次年十二月四日隆重閉幕。路德於一五四六年二月十八日逝世於艾斯勒本 (Eisleben)，享年六十三歲。

馬丁路德理論的輪廓：ⓐ路德所講的道理當然載在他自己的作品中。他的著作，計有：㈠大本基督要理（一五二九年著）；㈡小本基督要理（一五二九年著）；㈢聖經德文譯本（一五三四年著），刪去了聖雅各伯宗徒的書信，並在聖保祿致羅馬人的書信中，第三章第二十八節，擅自加添了「只是」二字，把原文改成「人只是因信心而稱義」。㈣第一〇一聖咏，和路德的註釋(一五三四年出版)，㈤祈禱的簡單方式（一五三五年著），㈥用拉丁文，按照自己的理論，發揮聖保祿致加拉達城教友的書信（一五三五年），㈦斯瑪爾坎達信條（一五三七年著），㈧信件和對話多種。ⓑ外此，奧格斯堡信條 (Confession of Augsburg) 是由墨蘭頓寫成的；協和信條，是由六位路德會的學者於一五八〇年編輯的，至於宗徒信經，呢西信經，以及聖亞大納削信經，原來是天主教的三種信經，被路德會借用過去的。ⓒ路德的標新立異，有以下的十餘項：㈠原始的超自然恩典 (Original justice)，猶如視線之於眼睛，不是屬於超自然界的，而是屬於自然界的；㈡原罪完全破壞了人性，人已絕對不能作任何善事；㈢因着原罪，人的理智完全墮落，而人的自由意志，已不復存在；㈣罪惡的私慾偏情(Concupiscence)，已強烈地控制了人性，所以人對於自己的任何行為，不負任何責任。㈤人性因原罪而墮落，不可救藥，即使上帝亦不能療治人性，只有基督的救贖工程 (the Work of the Redemption of Christ) 能替人贖罪，使人復義；但人的復義，在消極方面，只把罪惡蒙蓋起來，罪惡依然存在，並不赦除，在積極方面，把基督的聖德與功勞，歸屬於人而已。㈥寵愛(Habitual grace) 是不存在的，寵佑 (Actual grace) 也不是在靈魂上發生作效的一種的機能，在我們身上產生動作的是上帝自己。㈦人所能做的唯一善行，是對於上帝的依賴和信心，人依靠上帝的仁慈，罪惡即被寬恕；㈧洗禮是件聖事，人一領洗，便成了司祭。告解(Penance) 並不眞正赦罪，聖餐 (The Supper) 不是彌撒 (Mass)；在聖餐中，麵酒的體和耶穌的體，同時共存，並且聖餐的完成，不單賴司祭的祝聖(The Consecration)同時亦賴教徒的信心。㈨天主教的聖統制是人爲的制度 (a human institution) 人與上帝之間，不需有媒介；㈩聖經是衆人獲得啓示和眞理的唯一途徑和源泉，任何人在上帝的默感之下，都有解釋聖經的自由。聖傳 (Tradition) 已被摒棄。⑾教會是無形的，一切表面的禮儀，不是必要的。信徒一律平等，負責管理的人，並沒有所謂治理權和訓導權。⑿煉獄、大赦、恭敬聖人，爲亡靈祈禱等都是無稽之談。(楊紹南)

穆士林世界 (Moslem World)

回敎徒 (Mohammedanism) 自稱其敎爲伊斯蘭敎 (Islam)，又稱穆士林，意即「歸順者」。創始人穆罕默德 (Mohammed)，約於西元五七〇年生於麥加 (Mecca)，乃一遺腹子，六歲時又喪母，由叔父及祖父撫養。約二十歲時，爲富孀喀狄雅 (Khadija) 管領駱駝商隊，獲知外地風俗、宗教、法律等；約二十五歲時與喀狄雅結婚。

經過多年的沉思，穆罕默德創立一種新的宗敎，其敎義乃揉合猶太敎、基督敎及火祆敎精義而成，並適合阿拉伯人的需要。

穆罕默德最初在友人間秘密宣傳，至西元六一二年始公開傳敎，主張毀棄一切偶像，信奉唯一眞神阿拉 (Allah)；反對報仇、殺嬰，攻擊麥加官吏的無能與貪婪。麥加的富商和統治者無不痛恨穆罕默德，乃不得不出外逃亡至雅斯里伯城。其地因內部互鬪，殘破不堪，穆罕默德加以調停，遂被擁爲首領，掌握政權。時爲西元六二二年，並即以是年爲回敎紀元年。驅逐猶太人，沒收財產；改城名爲默地那 (Medina)，意即「先知城」，並成立政敎合一的國家。所傳敎義，則由信徒紀錄，纂成「可蘭經」(Koran)。阿拉伯半島上各游牧部落亦逐漸改信伊斯蘭敎。

西元六三二年，穆罕默德去世前，遺囑命將伊斯蘭敎傳往全球各地。從此奠定大食帝國的始基。

穆罕默德去世後，其加利發 (Caliph 意即繼承者) 四人，均能弘宣敎義，發揚國力。六三五年，大馬士革被佔，成爲新帝國首都。六三七年，下美索不達米亞易手。次年，得耶路撒冷。

六三九年取得敍利亞等地；六四一年推翻波斯薩珊王朝；六四二年埃及、衣索匹亞、利比亞相繼投降。

六四九年擊敗東羅馬帝國在地中海的海軍，進擾小亞細亞地區。陸軍則西攻非洲北岸，所至無敵，六九八年迦太基失陷，七一一年越直布羅陀，進攻在西班牙的西哥德王國；七二五年進佔法蘭克王國南部；東路陸軍則於七〇九年攻佔布哈拉，七一二年陷撒馬爾干，七二四年侵入印度，所至望風披靡，暢行無阻。

回敎與基督敎在地中海初遇時，尙能相互容忍，但其後則北非敎會幾於絕跡，其原因並非出於回敎壓迫，而係基督敎徒本身信心不堅。

阿拉伯人的侵入，亦使東西方業已分裂的局面，加深其隔閡。拜占庭方面，努力於阻止阿拉伯人進佔小亞細亞，不再念及西方；羅馬方面則因地中海風雲險惡，自顧不暇，對拜占庭亦已淡忘。加以斯拉夫人進入巴爾幹半島，夾於東西之間，態度不定，東西方的裂痕乃愈陷愈深。(方　豪)

十六至十八世紀西洋史

七年戰爭 (Seven Years' War, 1756-63)

七年戰爭 (Seven Years War, 1756-63) 爲十八世紀歐洲的主要戰爭之一，其主要原因爲在歐陸普、奧爭雄，在海外爲英、法競相發展殖民地。

奧地利王位爭奪戰 (一七四〇—四八) 未能解決上述普、奧與英、法間的問題。奧國矢志復仇以奪回喪失於普的西里西亞。一七五六年，在奧外相考尼玆 (Count Wenzel Anton von Kaunitz) 的主持下，爲了國家利益的需要，法、奧由世仇而成爲同盟，英、普亦由敵對而聯合一致。這就是有名的「外交革命」(Diplomatic Revolution)，其涵義爲今後王室的競爭，民族的仇恨，傳統的友誼和宗教的歧異均非支配國際關係的永恒因素，各國開始以暫時的利益相結合，國際關係乃趨於複雜和多變。

外交革命展開了七年戰爭的序幕。同時，俄女皇伊莉莎白因憎普王腓特烈大帝亦加入法、奧戰團。瑞典和薩克森尼等國而隨之加入。於是幾乎牽扯到歐洲每一國家和波及美洲和印度的大戰於焉爆發。

在歐洲方面，戰爭始於普、奧爭奪西里西亞。普魯士於一七五六年八月首先發難來進攻薩克森尼，擊敗來援的奧軍，控薩克森尼。翌年瑞典加入奧方，幾乎全歐皆與普為敵，僅英國為其盟友。普再侵波希米亞，圍攻布拉格，但在克林（Kolin）受挫。此時的普魯士仍為小國寡民（全人口不過六百萬，而奧、法、俄三國中任何一國皆超過二千萬人）。不過普魯士有最精練的陸軍和腓特烈大王有稀世的將材，普軍旋在魯斯巴（Rossabach）和呂城（Leuthen）大敗奧軍。但是，普魯士在國力上究較對方為弱，而英國的援助又多為財政性的。普乃漸有不支之勢。但是對方也非全無弱點，法人作戰不力，法、奧同盟不受兩國人民歡迎，考尼玆亦從未向法明白地交代過比利時的問題，俄軍的西進常引奧國的驚疑。一七五八年後漸有轉機。英國在庇特（William Pitt）當政後，採取積極援普的政策，英國組軍助戰。但普魯士資源究甚有限，一七五九至六二年間危機重重。一七六二年，俄女皇伊莉莎白死，繼位的俄皇彼得三世因慕腓特烈大帝而退出戰爭。到一七六三年初奧、普締訂胡勃圖斯堡和約（Peace of Hubertusburg），普得保有西里西亞，薩克森尼恢復戰前的情況。

在歐陸以外，為英國和法國的殖民戰爭。這個戰爭亦稱法印戰爭（the French and Indian War）。庇特領導下的英國政府決定採取「在德意志征服加拿大」的政策，亦即支援普魯士在歐陸作戰以牽制法國戰力的辦法，終於在北美和印度大獲全勝。一七六三年的巴黎條約，肯定了英國在北美和印度的主宰地位。參讀：C. E. Carrington, The British Overseas: Exploits of Nation of Shopkeepers (1950, rev. 1968); W. L. Dorn, Competition for Empire, 1740-1763 (1940); G. S. Graham, Empire of the North Atlantic: The Maritime Struggle for North America (2nd ed; 1958); H. I Priestley France Overseas through the Old Regime: A Stuay of European Expansion (1939); G. M. Wrong, The Rise and Fall of New France (2vols, 1928). （王曾才）

司圖亞王朝（The Stuart Dynasty）

為蘇格蘭和英國王朝名。司圖亞族原為移居蘇格蘭的諾曼人。自十二世紀中葉，其族人便世襲蘇格蘭王室庶務長之官職，總管王室內務及戰時領軍。十四世紀初，王室庶務長費薩倫娶國王大衛二世之甥女瑪皎麗為妻。一三七〇年，其子因此而得繼承蘇格蘭王位為羅伯特二世。此為司圖亞王朝之開始，數傳至詹姆士四世（1488-1513），娶英王亨利七世之女瑪格麗特為后，遂使其孫女蘇格蘭王后瑪麗有權要求入繼英國王位。一五六七年，瑪麗被逼傳位於年僅一歲的幼子詹姆士六世，實權為伊異母兄弟莫雷所握。次年，瑪麗舉兵失敗逃亡英國後，即遭英王后伊麗莎白一世軟禁。一五八七年，以謀害伊麗莎白之罪名處死。一六〇三年，伊麗莎白去世，瑪麗之子詹姆士六世入繼英國王位而稱為英王詹姆士一世。在其執政之初期，頗欲調停新舊教派之爭執，一時甚得英人之支持。後因其未能真實給予宗教寬容，使教派之爭復熾；再因其力謀拉攏篤信天主教的西班牙，以及解除反天主教徒之律令，而使大部分為新教徒的英人對其反感益深。因此，清教徒佔優勢的國會和偏袒天主教的國王間時起爭執。詹姆士一世遂自一六一一年至其一六二五年去世之間極少召集國會。在其二十三年執政期中，英國開始殖民北美洲。一六二五年，其子查理一世即位。此時，內外情勢俱不甚安定，在內則有清教徒之不滿，在外則因其父在國會壓力下已被迫對西班牙宣戰。又因其娶法王路易十三之妹為妻，再在其妻之慫恿下，明顯袒護羅馬教會，而使國人及國會與國王間之關係更為惡化。查理一世在位之初期，常以解散國會之手段鎮壓改革之要求，但每每皆因急需財源以應其個人與戰爭等龐大消費而屈服，反更有助於憲政之發展，例如一六二八年接受國會所提之「權利請願書」。但自一六二九年以後的十一年間，查理一世因得法國財力之暗助而態度轉強，不再召開國會，人民之政治與宗教自由遂遭受嚴重的剝削。因而，在此期間內移居北美之人數劇增。一六四〇年，查理一世為謀籌對蘇格蘭戰事之費不得不召開國會，旋因國會堅持必先限制某些王權而復遭解散。此為期不滿一月之國會，史稱為「短期國會」。同年，英王以相同之需要再召開國會，此屆國會延續達九年之久，故又稱為「長期國會」。會中雙方爭執再起，終演成武裝之衝突。一六四五年，王軍失敗。此時以克倫威爾為首之新軍猜疑國王和國會派保守分子結合以謀破壞內戰之成果。遂召集「長期國會」中傾向克氏之議員組成所謂「殘餘國會」，並以叛國罪將查理一世處死（一六四九年）。此後十一年間，為克氏個人獨裁而無君王之稱的共和時期。一六五八年，克氏去世，國內又呈不安之現象。一六六〇年，查理一世之子在大多數英人支持下入繼王位為查理二世，王制遂再恢復。查理二世在位之廿五年間，因其偏袒天主教之態度和親法之政策，與國會時有爭執。在本期中，國會之勢力日增，政黨組織逐漸形成，海軍和對印度、美洲以及東印度羣島等地之貿易和殖民事業亦頗有進展。一六八五年，查理二世去世，其弟繼位為詹姆士二世，因其天主教之信仰和强化王權之企圖而使英人大為不滿。遂有一六八八年之「光榮革命」，驅逐詹姆士二世，迎立其新教信仰的女兒瑪麗和其婿荷蘭王威廉為王。在一六九四年瑪麗去世前，名義上雖為兩人共同執政，但大權實為威廉所握。瑪麗去世後，則名實俱為威廉獨掌國政。一七〇二年，威廉去世，由詹姆士二世之次女安妮繼位。安妮雖生育子女多人，然俱早逝。一七一四年，安妮去世，國會以在一七〇一年之「繼承法則」的規定，迎立其外孫漢諾瓦族的喬治為王，是為喬治一世。此為司圖亞王朝之結束。在威廉和安妮執政期中，國會勢力茁壯，為憲政發展中一重要階級。一七〇七年，國會通過聯合法案，聯結英格蘭和蘇格蘭兩王國而為大不列顛聯合王國之始。（蔣孝瑀）

光榮革命(Glorious Revolution)

一六八五年英王查理二世(Charles II)逝世後，由於他沒有正式的子嗣，王位由其弟詹姆士(James)繼承，稱為詹姆士二世。詹姆士二世繼承王位以前，早已相信天主教，而且崇信專制學說。英國國會議員中不少人早就認為詹姆士不適合出任國王，一六七九年間就有議員在國會中提出「王位繼承拒斥法」(Exclusion Bill)，旨在拒斥詹姆士繼承王位的權利，這項議案後來雖在下議院獲得多數贊成通過，但在上議院却遭受否決，未能正式生效。即在「王位繼承拒斥法」的討論中，英國國會產生兩個黨派，贊成的人就稱為「民黨」(Whig)，反對的人就稱為「王黨」(Tory)，這也是英國兩黨制的起源。

詹姆士二世即位後，便積極推行天主教，委派不少天主教徒擔任軍政要職，並且積極樹立專制的王權。詹姆士二世這種措施引起英國人民普遍的不滿，甚至比較接近詹姆士二世的王黨人士也深感失望。不過當時王黨人士尚寄望於詹姆士二世兩位女兒身上，原來詹姆士二世即位時已經五十多歲，尚無男嗣而僅有兩女，長女瑪麗（Mary）嫁給荷蘭王子威廉(William)為王妃，次女安妮(Anne)嫁給丹麥王子為王妃，瑪麗與安妮均信仰新教，王黨人士希冀詹姆士二世死亡後，由其信仰新教的女兒來繼承王位，這就可以自然矯正詹姆士二世錯誤的宗教政策。不過王黨這種唯一希望的寄託，到了後來也完全幻滅了，原來詹姆士二世的王后在一六八八年六月間生了一個男孩，這個新生的男孩出世不久即受洗為天主教徒。詹姆士二世這個男孩的出世，除了自然排除瑪麗與安妮繼承王位的權利以外，同時也顯示詹姆士二世的宗教政策賡續不斷，這就是反天主教的英國人民難於忍受的事情。

一六八八年六月三十日，即是詹姆士二世的兒子出生未及一月，英國各界領袖連名簽署了一封信，經由當時英國海軍總司令赫爾伯特(Arthur Herbert)轉交給荷蘭王子威廉，要求他領兵來英國，解除英國的痛苦與維護瑪麗的王位繼承權。威廉接到這封邀請信件以後，經過數月的考慮與準備，終於接受了這項邀請。同年十一月間，威廉領兵由英國南部登陸，詹姆士二世雖然派兵阻止，但是英軍幾乎全部倒戈，轉而歡迎威廉，詹姆士二世就在衆叛親離之下，只得逃亡出國，威廉順利取得英國王位。這次政權的轉變由於沒有經過戰爭流血，因此就稱為「光榮革命」(Glorious Revolution)

英國在詹姆士二世已經逃亡，而威廉尚未正式即位時，曾經有一段「王位虛懸」(Interregnum)的時期。英國國會即在王位虛懸的時期中通過了「權利法案」(Bill of Rights)，其中規定此後英國國王必須信奉英國國教，國王未經國會的同意不得創制或廢止各種法律，國王未經國會的同意不得建立常備軍，國王未經國會的同意不得征收任何捐稅，國會應時常召開，國會議員的選擧必須自由，國會議員在國會中享有自由辯論之權等。國會通過權利法案而由威廉簽署以後，威廉始得在一六八九年二月間正式即位為英王，稱為威廉三世。

（高亞偉）

波蘭之瓜分(Partition of Poland)

一七七二年二月十七日，俄羅斯與普魯士在聖彼得堡簽約瓜分波蘭，同年八月五日，奧地利加入，遂有波蘭之第一次瓜分。其直接原因由於俄國對土耳其的勝利而引起，俄國的勝利，驚動奧國，致俄、奧兩國有戰爭的可能。普魯士腓特烈大帝為恐涉入全歐衝突，乃設計瓜分波蘭。俄國所得土地可不致受奧國的反對而普奧亦可分贓。第一次瓜分的結果，俄國得到白俄羅斯暨所有至迪芬那（Dvina）與地尼伯(Dnieper)之土地。居民一百八十萬人，大部分爲希臘正教徒。奧地利得紅俄羅斯、加里西亞(Galicia)與西波多里亞(Podolia)，兼有倫堡(Lemberg)與克拉科(Cracow)之一部，居民二百七十萬人，普魯士得有除但澤(Danzig)與索恩(Thorn)外之波屬普魯士，居民四一萬六千。波蘭失去三分之一土地與二分之一的人口。

一七七三年，波蘭國會(Diet)被迫接受瓜分，進行改革，將國務會議(Council of State)分爲五部，于國會休會期間，治理國政。在法國思潮影響下，激起知識界的覺醒與教育改革。

一七八八—一七九二年，四年國會(The Four Years' Diet)由進步愛國黨所支配，並且得到普魯士的支持。原來一七八六年普魯士腓特烈二世逝世，鬆懈了普俄之間的同盟，而奧、俄與土耳其的作戰，瑞典又趁機攻擊俄國，普魯士轉與英國暨荷蘭締盟反對俄國，要求波蘭放棄與俄國的聯盟；並希望波蘭同意將但澤與索恩讓與普國；但法國局勢的發展，普、奧乃協議暫緩讓與計劃的實施。在這種有利的國際局勢演變下，波蘭愛國志士遂在一七九一年五月三日提出新憲法，予波蘭以革新自强的機會。

新憲法規定：㈠將選擧王朝改爲世襲王朝，由撒克遜選侯(Elector of Saxony)繼承波里雅陶斯基(Poniatowski)建立撒克遜(Saxon)王朝；㈡行政權賦予國王與國務會議；㈢立法權界予兩院制的國會；㈣廢止自由否決權(Liberum Veto)。憲法消除階級畛域，使城市得有完全之行政與司法自主權與若干之國會代表權。前時貴族專利的土地所有權與在政府與教會的任職權也開放給予市民。農民得到法律的保障，農奴制度減輕；並樹立絕對的宗教寬容。普、奧接受波蘭變革，但一七九二年五月十四日，俄國組成塔哥維玆邦聯(The Confederation of Targowitz)，保衞舊憲法。俄軍侵入波蘭，普魯士繼至，一七九三年一月廿三日俄、普協議第二次瓜分波蘭：俄得立陶宛（Lithuania）之大部，烏克蘭大部，包括波多里亞(Podolia)(有居民三百萬）；普得但澤、索恩與大波蘭（居民一百十萬）。此外，俄國强迫波蘭接受聯盟條約(Treaty of Alliance)，准許俄國軍隊可自由進入波蘭境內，並有權控制波蘭與其他國家的外交

一七九四年三月廿四日，波蘭國家之反抗在柯西亞西科（Thaddeus Kosciuszko）領導下與俄、普作戰，衆寡不敵，柯氏被俘，華沙投降，奧地利加入俄國與普魯士在一七九五年十月廿四日第三次瓜分波蘭。俄得立陶宛與烏克蘭的其餘部分（二百廿萬居民）；普得麥佐維亞（Mazovia）與華沙（居民一百萬）；奧地利得克拉科(Cracow)區域(一百萬居民）。柯蘭(Courland)早在波蘭宗主權下，但自一七三七年後，實際處於俄國影響中，至是正式併入俄國，波蘭國家乃自歐洲地圖消失。

三次瓜分結果，按一七九五年之波蘭（一七七二年原有疆界）人口估計爲一千三百五十萬人，就中普魯士併有三百十萬五千人（占百分之廿三），奧地利四百卅二萬人（百分之卅二），俄羅斯六百零七萬五千（百分之四五）。土地方面，普併百分之十九點五，奧得百分之十七點五，俄最多，百分之六十五。幾乎所有波蘭人住的土地皆置於普、奧兩國統治之下。

波蘭之瓜分爲十七暨十八世紀俄羅斯的擴展有以促成。波蘭人爲斯拉夫種但信仰羅馬公教與俄人的信仰希臘正教者不同，在宗教與文化上，與西方而非與東歐民族相接近。當十四世紀時，波蘭與立陶宛合而爲一；十六世紀時，波蘭跨有黑海與波羅的海間的平原，領域大過法國兩倍，爲波蘭國家之黃金時代，力足以東抗莫斯哥維人(Muscovites)的壓力，南禦土耳其人之入侵；但十七世紀時，由於土耳其人、韃靼人、瑞典人與俄國人的不斷攻擊，國勢漸衰。

波蘭衰亡與瓜分的根本原因，由於㈠缺乏可資防禦的邊疆；㈡政治上的無政府狀態；尤其政治上的無政府狀態，造成波蘭的致命傷。因有波蘭政府爲「隨生反抗之合法的無政府狀態」之譏。所謂波蘭王國，實不過如神聖羅馬帝國的封建王領之鬆懈聯邦。宗教信仰上，人民在波蘭部分主要是公教；立陶宛爲希臘正教；近東普魯士區是新教。十八世紀時，王權已衰，國會無力，國家降至無可作爲的地步，自易啓强鄰瓜分的慾望，一七六二年凱德琳二世即俄羅斯王位，波蘭益衰弱無組織，遂有一七七二、一七九三、一七九五年之三次瓜分而終亡國之悲劇。

波蘭的最大敵人，實乃其國內本身的貴族，國王既由選擧而產生，貴族自樂於推戴無力的國王，或在選擧前多許貴族以諾言，或推戴不熟悉波蘭政務的外國人爲王。貴族所控制的國會，議案必須全體一致通過，任一貴族享有阻止議案通過或解散國會的特權，是爲自由否決權。市民無權保護本身的利益。波蘭政治、經濟的崩壞，實由於貴族阻撓每一項必需的改革所造成。（陳　驥）

波爾旁王朝

波爾旁王朝（The Bourbons）爲法國王室的名稱，該王室爲卡本王室（the Capetians）的旁支。此王室曾統治法國、西班牙及那不勒斯（雙西西里）等地。波爾旁之名稱係源自波爾旁拉查波（Bourbon L'Archambault），係位於法國中部的小鎮。此地在十世紀時爲法國大諸侯之一。波爾旁與卡本王朝的關係可以追溯到一二七二年，法王路易九世之第六子羅拔（Robert of Clermont）與波爾旁的女繼承人結婚。其子卽爲第一個波爾旁公爵。其後人因投向神聖羅馬皇帝查理五世被奪爵位。此家族之後人峯多讃公爵安東瓦（Antoine de Bourbon, Duke of Vendôme 1518-62）因婚姻而成爲那瓦爾（Navarre）王。其子亨利（Henry of Navarre）娶法王亨利二世女瑪格麗特（Margaret），後來在三亨利之戰中碩果僅存，成爲法王亨利四世（一五八九—一六一〇），這就是波爾旁王室的第一君。他的後人有路易十三（一六一〇—四三）、路易十四（一六四三—一七一五）、路易十五（一七一五—七四）、路易十六（一七七四—九二）。路易十六在一七九二年被殺後，此王室的統治暫告中斷，直迄拿破崙失敗以後，路易十六之弟路易十八始告復辟。路易十八於一八二四年死，其弟查理十世繼之，爲一八三〇年的七月革命所推翻。此王室的奧爾良（Orléans）支的路易腓力（Louis Philippe）統治至一八四八年，後爲二月革命所推翻。此後第二共和以起。

波爾旁王室自一七〇〇年後統治西班牙，先後有腓力五世（Philip V 1700-1746，路易十四之孫）、裴迪南六世（Ferdinand VI 1746-1759）、查理三世（1759-1788）、查理四世（1788-1808）。一八〇八年此王朝爲拿破崙所逐。一八一三年由裴迪南七世（1813-1833）復辟。再經伊莎白拉二世（Isabella II）、亞爾方索十二世（Alfonso XII）和亞爾方索十三世。亞爾方索十三世於一九三一年退位，西班牙改建共和。

波爾旁王室亦曾統治那不勒斯（雙西西里）王國。先是，西王腓力五世之子查理三世於一七三五至一七五九年間爲其第一王。（一七五九年後爲西王）。此後由其三子裴迪南四世爲那不勒斯王。一八〇六年爲拿破崙所逐，但至一八一五年復辟爲雙西西里國王裴迪南一世。其後又傳法蘭西斯一世（Francis I），裴迪南二世和法蘭西斯二世，至一八六〇年那不勒斯併入意大利王國，波爾旁王朝在那不勒斯的統治告終。（王曾才）

彼得大帝 (Peter the Great)

彼得一世爲俄國羅曼諾夫 (Romanov) 王朝第四任沙皇，爲亞歷克西斯一世 (Alexis I) 之幼子。生於一七六二年，當其父逝世時，年僅十歲，王位先由其異父長兄錫奧鐸爾三世（Theodore III 一六七六—八二）繼承，兄死，再與次兄伊凡五世 (Ivan V) 聯合統治（一六八二—八九），由其姊索菲亞（Sophia）公主攝政。延至一六八九年彼得始正式親政，爲期三十六年，至一七二五年病逝。

彼得未卽位前，隨母后居住於莫斯科附近之別宮，別宮與「日耳曼村」(German Suburb) 毗鄰。村民皆爲來自西歐各國之外籍僑民，或爲軍事專家，或爲技術顧問，彼得自幼生長於此一迥異於俄國傳統之環境當中，乃使其基本思想傾向於西方文化，其日後之西化改革，大多導因於幼年教育環境之影響。

彼得凡二娶，第一位皇后爲尤道茜亞 (Eudoxia)，生太子阿歷克西斯 (Alexis)，不幸於一七一八年爲其父酷刑致死。第二位皇后爲凱薩琳，彼得死後俄國王位卽由其繼承，是爲女王凱薩琳一世 (Catherine I)。

當彼得尙未親政之前，曾與中國簽訂尼布楚條約（一六八九）。親政之後，首與土耳其發生戰爭，一六九六攻佔亞速 (Azov)，但五年之後卽在另一次俄土戰爭中被迫退還。彼得爲考察西歐政治軍事航海等項設施，並籌組反抗土耳其之歐洲聯軍，於一六九七—九八年間組團化名赴法、荷、英等國旅行。一六九九年與丹麥、波蘭等國締結同盟，準備對瑞典作戰，由是引起「大北方戰爭」(The Great Northern War 一七〇〇—一七二一），先後與瑞王查理十二世發生納瓦 (Narva) 及波塔瓦 (Poetava) 戰役，前者敗而後者勝，一七二一年迫使瑞典簽訂尼斯塔德 (Nystadt) 條約，俄國取得波羅底海東岸一帶土地，代替瑞典成爲波羅底海之霸權國家。

當對瑞戰爭尙未結束之前，卽已於一七〇三年在芬蘭灣涅瓦 (Neva) 河口建立聖彼得堡 (St. Petersburg)，定爲新都。彼得之對外政策，原擬在波羅底海及黑海兩方面打開兩處「窗口」，但前者成功而後者失敗。

彼得大帝所行西化改革，在行政方面者：有參政院 (Senate) 之設置；中央政府部會之改組，廢部長制，改照瑞典丹麥前例設九個部委員會 (Collegium)

；置監察長，下設監察官，分駐各部及各省；地方政府劃爲八省（其後再增爲十二省），市設市政委員會；一七二二年頒訂「官階表」，將全國公務人員分爲十四級，初任官職者均由最低之十四級起派用，然後憑功績晉升。關於財經方面者：除加强徵收直接稅外，並廣立稅目徵收間接稅；加强工業建設，於烏拉山區設立大批工廠；實行保護關稅政策，發展國內及國際貿易；開鑿運河，以利交通。關於軍事方面者：增設常備軍，改照瑞典方式訓練；建立海軍，當彼得逝世時，波羅底海艦隊已具相當規模。關於宗教方面者：首設修道院部，沒收修院財產；繼於一七二一年正式廢除教長，改設宗教會議(Holy Synod)，其地位與部委員會平行，開會時由政府指派之監察人列席指導，由是俄國教會乃置於政府管制之下。關於教育方面者：一方面派遣留學生出國，學習實用技術；一方面實行强迫國民教育，將教育權由教會控制下劃歸政府接管；設立各種專門學校，培植軍事技術等專門人材；一七二五年設置「科學院」，從事於更深學術之研究。關於社會方面者：一方面改革俄國之社會結構；一方面改革風俗習慣，禁止蓄鬚，改着西方服式；公私建築鼓勵改木造爲石造；並勸導婦女參加公開宴會，以打破男女之社交界限。

彼得之內政改革，項目繁多，惟幅度大而深度淺，事前缺乏通盤之考慮。執行手段採强制方式，因此極易激起人民之反感，效果亦未如理想。惟就一般而論，彼得一朝之統治，已將俄國由中古帶入現代，由東方式的國家改爲西方式的國家，由僻處東歐一隅改爲歐洲列强之一，爲俄國之現代化奠定了堅固的基礎。（李邁先）

宗教戰爭（The Religious Wars）

歐洲當十六世紀中葉至十七世紀中葉約百年間，因爲宗教改革復滲以政治、經濟的因素而引起一連串的宗教戰爭，是爲宗教戰爭時代(Era of the Religious Wars)，分述如下：

一、一五六六—一六四八年之尼德蘭（Netherlands）反抗西班牙的統治。尼德蘭由法國以北低地國家（Low Countries，包括今日之荷蘭、比利時與盧森堡）的十七省組成，十七省中之北七省，信仰新教的喀爾文教派，與南方十省同屬於舊教大本營的西班牙，西班牙國王腓力普二世，既厭惡其新教信仰，又不了解當地的民族情緒，思欲集權中央，復限制荷蘭繁盛的工商業活動。一五六六年尼德蘭公然反抗西班牙的統治，腓力普派亞爾伐(Alva)公爵出兵討伐，經過六年戰爭，信仰公教（舊教）的南方十省與新教的北方合作，共同抵抗；復由奧倫治王室沉默者威廉（William the Silent of the House of Orange）出而領導。是時帕瑪(Parma)公爵繼亞爾伐爲尼德蘭攝政，運用其外交手腕，使信仰公教的南方十省，于一五七九年與西班牙單獨媾和。一五八一年北方七省之聯合省份全級會議(the Estates-General of the United Provinces)結爲反西班牙、反公教的同盟，至是尼德蘭分成兩部，北部即今日之荷蘭，南部後成爲今日之比利時。北方之反抗至一六〇九年休戰，一六四八年，根據威斯特發里亞條約，西班牙承認荷蘭共和國(The Dutch Republic)的獨立。

二、一五六二—一五九八年法國的宗教戰爭(The French Wars of Religion)。法國喀爾文教派的新教徒，雖然爲數不多但却很佔勢力。他們代表具有影響力的中產階級與一部分的貴族，反對國王的專制主義，稱爲呼格諾教徒(Huguenots)。法王對法國教會有强烈的影響力量，自然反對新教。當時有兩派貴族互爭法國的王位，一派支持新教徒的波本王室(House of Bourbon)，一派擁護公教的基斯王室(House of Guise)。兩派互爭雄長，政治意味實已超越宗教之上。一五五九年法王亨利第二逝世，其后麥地奇・凱德琳(Catherine de Medici)，自一五五九—一五八九年爲皇太后攝政，掌握實權。感於王位始終受到呼格諾教徒與貴族的不斷威脅，凱德琳乃利用新舊教之爭，從中取利，慫恿基斯反對波本，左右操縱，以固王位。一五七二年八月廿四日聖巴托羅繆節日(St. Bartholomew's Day)，凱德琳因恐新教徒柯尼海軍上將(Admiral de Coligny)的影響力量，與基斯設計唆使舊教徒殺害新教徒，引起巴黎各地新教徒的大屠殺，數達萬人，實係出於純粹政治的原因。從此法國分成三派：拿華禮的亨利(Henry of Navaree)領導呼格諾教徒；基斯亨利(Henry of Guise)領導公教極端派；中庸派公教徒支持國王亨利第三(King Henry III)，三派衝突演成三亨利之戰(the War of the Three Henries)，勝負未決。一五八八年亨利第三暗殺基斯亨利，旋亦被殺，臨終指定拿華禮亨利爲繼承人。一五八九年拿華禮亨利就法王位爲亨利第四，唯內戰仍繼續不休。一五九三年法王改奉公教，主要反對力量始泯。一五九八年發表南特敕令，畀予法國呼格諾教徒以信仰自由暨其他政治權利。

三、一六一八—一六四八年的三十年戰爭(The Thirty Years' War)。一五五五年奧格斯堡和約(Peace of Augsburg)後，德國境內的新舊教徒勉强維持了半世紀以上的和平。但由於日漸增多的喀爾文教徒不受和約所規定條款的保障；公教徒的恢復力量；德國貴族對教會土地的垂涎與脫離皇帝獨立的願望；造成日耳曼境內的緊張，終爆發為三十年戰爭，而宗教因素充其量不過占著次要的位置。

卅年戰爭可以分為四期：

(一)一六一八—一六二五年波希米亞之反抗。一六一七年，皇帝不顧波希米亞有權自選國王的傳統，任命具有强烈色彩的公教徒菲迪南（Ferdinand）為繼承人，並强迫波希米亞國會接受為王。由於宗教信仰與國家自由受到威脅，喀爾文教派的波希米亞人乃起而反抗，發生「普拉格擲出窗外事件」("defenestration of Prague"），戰爭隨即爆發。波希米亞人推舉巴勒丁選侯(Elector Palatine)腓得烈第五為王。帝國軍隊在第利（Tilly）領導下，迅速敉平亂事，腓迪南以慘酷手腕進行剷除波希米亞新教的工作。

(二)一六二五—一六二九年丹麥之干涉。公教在波希米亞的勝利，震驚了新教徒與哈普斯堡的其他敵人。丹麥國王克里斯丁第四(ChriztianIV)進行干涉，動機並非純為宗教，而是想伸展其勢力範圍于北海諸港口。丹王在日耳曼諸親王、荷蘭、英國協助下，進軍北德，但完全失敗。一六二九年腓迪南頒佈歸還敕令(Edict of Restitution)，規定凡奧格斯堡和約後，教會充公的土地均應歸還原教會，因而教會財產歸還原主者達一五〇起之多，終激起新教徒的憤怒，作進一步反抗。

(三)一六三〇—一六三五年瑞典之干涉。為了想將北德波羅的海沿岸併入新與帝國之內，瑞典國王亞道夫・古斯塔夫(Gustavus Adolphus)侵入巴伐利亞(Bavaria)。一六三二年呂城(Lutzen)之戰，瑞典勝；但古斯塔夫亦死。一六三五年雙方締訂普拉格條約（Treaty of Prague），大有利於舊教方面的皇帝。

(四)一六三五—一六四八年法國之干涉。普拉格和約可能持久，但舊教的法國決意削弱同是舊教的哈普斯堡勢力而打破和平。當時法國受到哈普斯堡的三面包圍，法國首長黎胥留紅衣主教(Cardinal Richelieu)當日耳曼親王在新教國家協助下重新攻擊皇帝時，便針對西班牙的哈普斯堡大肆打擊，戰爭綿延十三年，德國土地盡毀，初期戰事有利皇帝，繼而法國漸佔上風，一六四三年開始和談，為要盡量破壞哈普斯堡的力量，法國故使戰爭拖延到一六四八年締結威斯特發利亞條約(Treaty of Westphalia)而結束。

卅年戰爭的政治影響非常重大。根據威斯特發利亞條約，歐洲的政治狀況，有了很多變遷。儘管奧地利的哈普斯堡繼續擁有世襲領地，但神聖羅馬帝國已不再成為强國，更不論獨霸歐洲；每一位德國的親王都變成獨立的統治者。荷蘭與瑞士成為獨立國。法國、瑞典版圖擴大，法國成為歐洲的領導國家，有獨霸歐洲之勢。英國、荷蘭成為海上大國，商業急遽擴展，帶來經濟繁榮。根據一六五九年比利里斯和約（Peace of Pyrenees），西班牙被法國奪走大片土地，國勢寖衰。條約有關宗教的條款，規定教會財產屬於一六二四年之持有人；畀予喀爾文教徒在德國境內與公教徒、路德教徒同等的權利和特權。至卅年戰爭對德國造成的禍害為人口減少三分之一，文化、經濟落後一百年。但也促進了歐洲宗教上的更大寬容。

威斯特發里亞和約的重要意義在於標誌着主權國家的興起與勝利。在主權國本身利益之上沒有更高的權威存在。會議樹起近代國家制度的基本原理—所有獨立主權國的本質上的平等。同時建立召開國際會議談判解決和戰外交程序的先例。戰爭期中荷蘭人葛勞秀士（Hugo Grotius）發表和戰法（De Jure Belli ac Pacis 即 On the Law of War and Peace），為近代國際法的鼻祖。

宗教戰爭的影響為歐洲國家制度的互為獨立性—即後來所謂的歐洲協和(the Concert of Europe)。今日歐洲的統一運動可能就是這種觀念的最新表達方式。

在宗教戰爭的演變過程中，究竟何者屬於宗教因素？何者屬於政治因素？混淆難明；而宗教寖假變成政治陰謀的外衣，就好像卅年戰爭一樣，以宗教原因始而幾乎全然以政治因素終。（陳　驥）

法國大革命(The French Revolution)

中古歐洲貴族和教士佔有一切土地，享受一切權利。這種情形經過數百年的演變，雖然已有變化，但是到了十八世紀，貴族和教士仍舊享有各種特權，譬如以法國來說，那時法國的貴族和教士的人數雖然只佔總人口百分之一，他們却擁有全國土地的五分之二，且不納稅；佔總人口百分之九十以上的農民擁有的土地既少，反要負擔國家大部份的賦稅，而且還須按照過去封建的遺規，向貴族和教士獻納，因此生活多極窮苦。當時法國地方行政尚不統一，有些地區由國王派人治理，有些地區由教會管理，許多城市尙保留中古自由城市的傳統；由於地方行政的不統一，致造成各地度量衡制度、貨幣、法律等的不同，那時法國各地不同的法律竟達三、四百種之多，在這城市合法的事情時常出城五里之外即犯法，最使行商走販感到痛苦。再加上國王專制，動輒以「王家密令」(lettre de cachet) 逮捕人民下獄，政治貪汚腐敗，貴族生活奢靡等，更引起一般人的不滿。十七、八世紀間，英國學者洛克(John Locke)提出人人平等，天賦權利學說，法國學者孟德斯鳩 (Montesquieu) 提出立法、司法、行政三權分立的學說，盧騷 (Jean-Jacques Rousseau) 主張主權在民學說等，自由民主的思想日漸澎湃。法國人民中受到自由民主思想感染的人對上述不平與腐敗的現象，早欲加以改革，這就是法國大革命發生的背景。

法國在路易十四 (Louis XIV) 末年，國庫本已空虛，加以路易十五在位時（一七一五—一七七四年）參加奧國王位繼承戰爭 (The war of Austrian Succession 一七四〇—一七四八年)、七年戰爭 (Seven Years' War 一七五六—一七六三年) 等，路易十六即位後又參加美國獨立戰爭，更使法國財政到了山窮水盡的地步。約自一七八〇年以後，法國政府每年收支不能平衡的逆差，高達二千五百萬金元；六萬萬金元之巨的國債非但不能償還，即使每年應付的利息亦使法國政府喘不過氣來。路易十六為求增闢稅源，特在一七八七年二月間，邀集一百四十五位高級貴族和教士，舉行一次「顯貴會議」(Assembly of Notables)，要求全國二十七萬擁有巨資的貴族和教士，也和平民一樣繳納賦稅，但遭貴族和教士的拒絕。路易十六在一七八九年五月召集貴族、教士和平民的代表，舉行「三級會議」(Estates General)，也是希望解決財政困難。但是對於上述不平和腐化現象早已不滿意的平民代表們，以美國獨立革命成功作為榜樣，堅持將三級會議改為「國民會議」(National Assembly)，制訂憲法，從事各種改革，巴黎市民為了支持平民代表的要求，在七月十四日起來暴動，攻擊原被國王用作囚禁政治犯的王家礮壘巴士底 (Bastile) 獄；並成立民選的市政府，召集四萬八千人組織「國民保衞軍」(National Guard)，以武力作為後盾，支持平民代表的改革要求。全國人民聞風響應，驅逐王家委派的官吏，焚燬貴族邸第，刼奪教會財產等，法國大革命從此爆發。

一七八九年，法國各地人民起來暴動後，路易十六被迫退讓，承認巴黎新市政府等；同年十月間又因巴黎人民到凡爾賽宮 (Versailles) 示威，路易十六被迫遷居於革命中心的巴黎，從此以後的兩年間，政治實權就操縱在國民會議的手中。在國民會議開會期間（一七八九年七月至一七九一年九月），法國完成了下面幾項重大的改革：㈠革除殘餘的封建制度，廢除封建捐稅，取消十一稅 (tithe)，取消貴族、教士各種特權，全國賦稅由全民平均負擔；㈡公佈「人權及公民權宣言」(Declaration of the Rights of Man and Citizen) 保障人民自由、平等諸權利；㈢沒收教會資產，又以充公後的教會土地作為準備金，發行紙幣，清理國債，各級教士由人民選舉產生，教士薪金改由政府發給；㈣改革地方行政，重劃地方行政區域，將全國分為面積約略相等的八十三省 (department)，省以下，分為縣 (Cantons) 市 (Communes)，省設省議會，縣設縣議會，市設市議會，各級議會，議員及地方官吏均由人民選舉產生；㈤制定憲法，採取孟德斯鳩三權分立的學說，將政府權力分由三大機關執掌，司法權由各級法院執掌，行政權由國王及各級官吏執掌，立法權由民選議員組成的「立法會議」(Legislative Assembly) 執掌。

法國革命發展至此，由於下列諸因素，又將革命逐漸迫上激烈的途徑。㈠全國各地人民暴動後，許多貴族、教士紛紛向國外逃亡，或向各國遊說干涉革命，或組織武力在邊境侵擾，或鼓動各地人民叛亂，企圖恢復他們已經失去的特權。㈡是時歐洲各國仍實行類似中古的舊制度，專制君主、貴族及教士等對法國革命都懷著懼心，深恐法國的革命思潮向外傳播，影響他們原來享有的各種特權、地位等，因此都有撲滅法國革命的想法。尤以當時奧國國王兼神聖羅馬帝國皇帝李奧波爾德二世 (Leopold II)，由於他是路易十六王后馬利安托尼特 (Marie Antoinette) 的胞兄，干涉法國革命更具決心。他在一七九一年八月間曾與普魯士王國的國王腓特烈威廉二世 (Frederick William II) 在匹爾尼茲 (Pillnitz)舉行一次會議，會後發表一項宣言說：法國國王所處的環境現已成為各國君主共同關切的目標，法王應恢復他的完全自由，普奧兩國在必要時準備以武力來達成這項目標。「匹爾尼茲宣言」(Declaration of Pillnitz) 發表後，法國人民認為普、奧兩國存心干涉法國的內政，對之甚為憤慨。㈢在國民會議開會期間，會議代表們中志同道合的代表常在一起吃飯或討論問題，後來就逐漸形成各種不同的政團，其中以下列之大政團最為有名：一是由羅伯斯比 (Robespierre) 等人領導組織的「憲法之友社」(Society of the Friends of Constitution)，由於這一政團的總社設於巴黎一個原來叫做「雅各賓」(Jacobin) 的修道院舊址裏，因此參加這一政團活動的人就被人稱為「雅各賓黨人」(Jacobins)；另一是由丹敦 (Danton) 等人領導組織的「人權與公民權之友社」(Society of the Friends of the Rights of Man and of the Citizen)，由於這一政團的總部設立巴黎原來叫做「科爾達里亞」(Cordelier) 的修道院舊址中，因此參加這個政團活動的人就被人稱為「科爾達里亞黨人」(Cordeliers)；三是原因雅各賓黨分裂而獨立組織的另一政黨，正式名字本來也叫做「憲法之友社」，但是由於它的總社設在一個原來叫做「費揚」(Feuillant) 的宗教團體的原址，因此參加這一政團活動的人就被人稱為「費揚黨人」(Feuillants)，拉法夷脫 (Lafayette) 等人是其重要的領導人。這三大政團的政見每多相左，如雅各賓黨人及科爾達里亞黨人的思想較激進，主張廢除王政改建共和而費揚黨人則主張君主立憲，思想較緩和。㈣路易十六自從在一七八九年十月間被巴黎暴民逼迫遷居巴黎後，他在名義上雖然仍是國王，居住於杜拉里宮 (Tuileries) 內，但是國民會議派守王宮的軍隊，對路易十六路行動却多限制，頗使路易十六不滿。他與其王后常秘密與逃亡貴族及奧國聯絡，且在一七九一年間化裝逃亡，但未成功。

國民會議既在一七九一年八月間制定憲法，根據這項憲法舉行大選，新選舉出來的立法會議代表便在同年間接管立法權，而成為當時法國最高的立法機構。立法會議揭幕後，由於預防普、奧的武力干涉，除增修東北邊境各要塞以外，並將軍隊調往東北，以加强東北的防禦力量，又任拉法夷脫為法軍總司令等。後來立法會議又通過一項法案，規定流亡在外的貴族等，須在一七九二年元旦以前回國，否則將沒收其在國內的資產。一七九二年四月間，法國又向李奧波爾德二世提出如下的要求：撤退集結於法國邊境上的奧軍，並將逃居神聖羅馬帝國及奧屬各地的法國流亡份子驅逐出境，這種要求遭李奧波爾德二世拒絕後，法國便在同月二十日對奧宣戰，這就是法國後來連續對外作戰二十三年的開端。

法國對奧作戰爆發後，由於當時法國軍隊組織不良，訓練不精、軍器陋劣等，前綫作戰屢遭挫敗。轉使許多人懷疑王室人員與奧國暗中勾結，將法國的作戰計劃秘密告知敵人。一七九二年六月二十日，巴黎部份市民受雅各賓黨人的鼓動，起來遊行示威，示威群衆衝入杜拉里宮，路易十六及其后備受示威群衆的辱罵。乃引起外國專制君主的極端厭惡，同年七月二十五日當時業已攻入法國邊境的普、奧聯軍總司令畢倫瑞克公爵 (Duke of Brunowicks) 發表一項徵處法國革命黨人的檄文，他在檄文中除了聲明普、奧聯軍的目的，在求終止「法國內部無政府狀態，阻止對國王及教會的攻擊，重建法律的權力，恢復國王現已被剝奪的自由安全，使他能再度行使傳統權力」以外，同時還聲明被俘的法軍「將以叛君罪與擾亂公共秩序罪處刑」。他還警告巴黎市民說：假設對王室任何人稍加傷害，普、奧聯軍即將以「徹底毀滅巴黎」作為報復，將叛君者處以應得之罪。畢倫瑞克公爵發表這種措辭驕橫的檄文，其意旨本在維護路易十六的王位與安全，但是實際上却害了路易十六。原來畢倫瑞克公爵發表上述檄文以後，原來主張共和的雅各賓人及科爾達里亞黨人就乘機起來，大肆攻擊君主立憲政體及路易十六，八月九日至十月間科爾達里亞黨人領袖丹敦且領導巴黎部份市民起來暴動，除佔領市政府以外，還衝入王宮與王室衛隊激戰，路易十六及其家人被迫逃往立法會議的議場躲避。八月十日，即在立法會議被暴民包圍之中，立法會議被迫通過兩項議案：一是停止路易十六的王權，將路易十六及其家人加以監禁；二是立即舉行無限制的普選，選舉議員組織「國民大會」(National Convention)，重訂憲法。法國政權實際上落入由丹敦為首組織的革命政府手中，丹敦成為法國的獨裁者。

立法會議通過停止路易十六的議案以後，在前綫領導法軍作戰的拉法夷脫認為此種行動違背了國民會議所定的憲法，曾向立法會議提出抗議，而立法會議却認為拉法夷脫的抗議是一種叛國行為，派人拘捕拉法夷脫治罪，拉法夷脫被迫棄職逃亡，向普、奧聯軍投降。拉法夷脫棄職向普、奧聯軍投降後，除使費揚黨的組織解體以外，普、奧聯軍更乘此機會，大舉圍攻法國東境的凡爾登 (Verdun) 要塞。九月初，即在凡爾登要塞被圍之際，當時取得政權的丹敦除派人趕赴前綫，督率法軍繼續作戰以外，更以「阻止敵人必須使保皇黨恐怖」為理由，在國內大捕保皇黨人，九月間被捕處死的教士、貴族等計達兩千人，這次屠殺後來被人稱為「九月屠殺」(September Massacre)。

拉法夷脫棄職投敵後，代之而為法軍總司令的是杜穆累 (Dumouriez)。杜穆累統率的法軍，在九月二十日瓦爾美 (Valmy) 一役中首次獲得勝利，將當時業已攻佔凡爾登而仍繼續西進的普、奧聯軍擊退。二十一日適值新當選的國民大會代表在巴黎舉行第一次正式會議，代表們聽見瓦爾美勝利的興奮消息後，即在當天無異議通過將法國國體改爲共和，並定九月二十二日爲共和元年元旦，這就是法國第一共和產生之始。

國民大會代表選舉時適值「九月屠殺」，保王黨人既然不敢出來競選，費揚黨又因拉法夷脫投敵而解體，因此當選的代表大都是主張共和的革命份子。不過革命份子中也以思想與組織的差異，而可分爲三派：一是吉戎黨人(Girondists)，他們以吉戎地(Gironde)省選出來的議員爲中心組織而成的一個政團，主張共和而反對暴烈手段；二是山嶽黨人(Mountainists)，即是雅各賓黨人與科爾達里亞黨人的總稱，常與巴黎下層人民相勾結，喜用暴烈手段來爭取政權，三是中立的代表，人數雖多而缺乏組織與一定的政見，常受上述兩黨影響而搖擺不定。國民大會在集會之始既然決定採取共和政體，原被監禁的路易十六如何處置就成爲一個問題。同年十二月間，國民大會提審路易十六數次，後來就以三百八十七票對三百三十四票表決將他以叛國罪處死。一七九三年一月二十一日，路易十六就被押赴「革命廣場」(Place de la Revolution) 斬首示衆。

約與路易十六被判死刑的同時，杜穆累指揮的法軍已經屢獲勝利，除將普、奧聯軍逐出法境以外，革命軍已經攻入奧屬尼德蘭 (Austrian Netherland)，攻佔布魯塞爾 (Brussels) 等地。國民大會的議員們由於受到軍事勝利的陶醉，以爲很快就可將歐洲各國的舊制度推翻，因此在一七九二年十二月間發表了一項宣言，公開聲明法國與一切王族及特權階級爲敵，願意協助任何民族建立一個「自由與民主的政府」。歐洲各國的專制君主本來就厭惡法國的革命，而法國的國民大會又以宣傳革命來向歐洲各國挑戰，英、荷、西、薩丁尼亞(Sardinia)等國就相繼向法國宣戰，與原已對法作戰的普、奧兩國結成「第一聯盟」(First Coalition)，聯合圍攻法國。法國內部也由於路易十六的判處死刑，散居於各地的保皇黨人也鼓動農民起來叛變，法國一時又處於內憂外患交相煎迫的危險中。

一七九三年三月間，即在法國內憂外患交相煎迫的危險關頭，杜穆累在一次戰役中被奧軍擊敗，事後國民大會派人前往調查，杜穆累却將調查人員加以逮捕，且擬引兵南下推翻革命政府。杜穆累推翻革命政府的計劃後來雖未成功，但他也和拉法夷脫一樣，棄職向奧軍投降。杜穆累投敵事件發生後，却使國民大會中的黨派鬥爭趨於激烈，原來杜穆累是吉戎地黨人，山嶽黨人就利用杜穆累投敵事件對吉戎地黨人發動激烈的攻擊，一般人民因受杜穆累投敵的影響，也對吉戎地黨頗感不滿。同年五月底，科爾達里亞黨人領袖之一的馬拉(Marat)就領導巴黎部份市民起來暴動，要求國民大會開除吉戎地黨籍的議員，馬拉後來雖被吉戎地黨人刺死，但是國民大會在暴民威脅之下，也在六月間開除了三十一位吉戎地黨籍重要議員，法國政權從此就落入山嶽黨人手中。山嶽黨人初以丹敦爲領袖，繼以羅伯斯比爲領袖，相繼採行恐怖政策來統治法國，因此由一七九三年六月以後，就形成所謂「恐怖統治」(The Reign of Terror)。

一七九三年四月間，國民大會爲了應付當時的危急局面，曾經推選九位（後改爲十二位）領袖議員組成「公安委員會」(Committee of Public Safety)，作爲全國最高的行政機構。到了同年六月間山嶽黨以暴烈手段取得政權後，國民大會又通過一項叫做「嫌疑律」(Law of Suspects) 的法案，規定貴族後裔，革命前曾任官職者，與流亡份子有關係者，無正式文件足以證明爲法國公民者，均可隨時予以逮捕或處刑。公安委員會下面又設有一個專門管轄警政的「公共安全委員會」(Committee of General Security)，根據嫌疑律，搜捕各地反革命的嫌疑份子，交給另一個叫做「革命法庭」(Revolutionary Tribunal) 的機構審判處刑。山嶽黨人即盤據著上述各機構，極力鋤除異己，在一年多中，捕殺數萬人，許多著名的人物如路易十六的王后瑪利安多妮特、吉戎地黨領袖布里索特 (Brissot) 名記者達穆郎 (Desmoulins) 名女人羅蘭夫人 (Madame Roland) 等，都因此而喪生。

山嶽黨人以恐怖來統治的政策，雖然鎭壓了不少內部的叛變，保持國家的統一，但終難維持長久，再加上山嶽黨人中由於過去所屬的黨派不同，其內部也有鬥爭。一七九三年十月間，羅伯斯比推翻了丹敦而樹立他的獨裁政權後，其推行的恐怖政策較前更爲厲害，幾使人人自危。一七九四年七月間，當羅伯斯比出席國民大會報告政務時，久受壓抑的中立派議員就奮然興起，圍捕羅伯斯比，並將他處死。國民大會由中立派議員控制後，就下令解散雅各賓黨等過激黨派的組織，恐怖統治從此結束。到了一七九五年八月間，國民大會制定一項較溫和的新憲法，法國政局從此又進入另一個階段。

法國在國民大會執政期間，雖然經過了許多驚險的場面，但是同時也推行了許多重要的改革：將流亡份子的財產全部沒收，又將沒收所得的田地劃分成二、三英畝的小額耕地，分售給貧苦的公民，而購田的貧民可享分期付款的優待，同時還在一定時間內免繳田賦；制定全國統一的度、量、衡制度，採用十進的米突制（Metric System），這就是後來各國仿行的公尺、公斤等的起源；取消中古傳來的「長子繼承權」（Primogeniture）的制度，規定父母的遺產由其子女平均繼承；禁止過去因欠而將債務人拘禁的陋習，同時又廢除法屬殖民地原極盛行的黑奴制度等；規定女子也和男子一樣，得享財產保有權，廢除過去貴族所用的華麗衣飾如絲襪、膝褲等，改用工人所穿的長褲，即是現在流行的西裝褲。尙有兩種後來無法賡續的改革：一是宗教的改革，二是曆法的改革。原來在國民大會執政期間許多受過唯理主義思想影響的革命份子，對於傳統的基督教頗有反感，曾將基督教教堂改爲「理性」（Reason）教堂，崇信「理性宗教」（Religion of Reason），不過這種改革到了恐怖統治結束後即未繼續，重新准許一般人信仰基督教。一七九二年間，國民大會既然規定當年九月二十二日爲共和元年的元旦，後來國民大會就將一年十二個月的月份及日期就重新加以安排，規定每一個月爲三十日，一月分爲三旬，每年剩餘的五日或六日即作爲國定休假日，不過這種新曆法後來也沒有賡續。

國民大會最大的功績是軍事的改革與對外戰爭的勝利。一七九三年二月間，即是歐洲各國組成「第一聯盟」圍攻法國之際，國民大會爲應付這種危難的局面，曾下令征調五十萬青年入伍，在加爾諾（Lazore Carnot）議員領導下，成爲新軍，調往前綫作戰。到了同年八月間，國民大會又制定征兵法，規定十八歲至二十五歲的青年男人均須服役，亦由加爾諾負責組訓工作，到了同年年底，新軍已經多達七十七萬餘人。當時歐洲各國的軍隊尙是半封建式的軍隊，非貴族無法出任高級軍官，軍隊亦由招募而來。法國改行征兵制度以後，軍隊數量超過「第一聯盟」各國軍隊的總和，再加上法國軍隊受過革命思想的訓練，「刀尖上帶著主義」，因此法國新軍不僅阻止了外敵的入侵，而且着着勝利，向國外不斷擴展。

加爾諾被人譽爲「勝利的組織者」（Organizer of Victory），在恐怖統治結束後，他仍繼續領導法軍對外作戰。到了一七九五年間，北路法軍除了佔領奧屬尼德蘭以外，還攻佔了荷蘭，將之改建爲「巴達維亞共和國」（The Batavian Republic）；南路法軍越過庇里尼斯山（Pyrensres），西班牙被迫向法國求和，將美洲的屬地聖多明各（San Domingo）割讓給法國；東路法軍擊敗普、奧聯軍，普魯士也被簽訂和約，退出「第一聯盟」。到了一七九五年冬，對法作戰的國家只剩下了奧國、英國和薩丁尼亞，對於法國已經不能構成嚴重的威脅，革命的基礎也從此穩固。加爾諾也提拔了許多能幹的年青將領，如摩羅（Moreau），皮士格律（Pichegru）、拿破崙（Napoleon Bonaparte）等，這些年青將領在當時建立了許多戰功，後來也成爲領導法國的重要人物。

一七九五年八月間，國民大會制定新憲法以後，法國即根據新憲法改選議員，重新組織政府。根據新憲法的規定，立法機構分爲上、下兩院，上議院稱爲長老院（Council of Elders），下議院稱爲「五百人會議」（Council of Five Hundreds），再由兩院推選五位領袖議員組織「督政政府」（The Directory），負責執掌行政。同年九、十月間，法國舉行新議員的選擧中，三分之二的議員均由國民大會代表當選連任，因此督政政府事實上就是過去國民大會的一種賡續。

一七九五年十一月間督政政府成立以後，內憂外患的險惡局面雖然已經過去，但是也有許多難於解決的問題，而以紙幣貶值問題爲最嚴重。因法國歷年來的財政收支多不能平衡，政府被迫增發紙幣以爲彌補。導致通貨膨脹，物價上漲，致使薪水階級如公教人員、工人等的生活日趨困難，貪污隨之產生。這種情形在恐怖統治時代即已相當嚴重，公安委員會曾經下令規定物價，但是限價政策終難解決問題。督政政府成立後，通貨膨脹的問題依然存在，一七九六年間一個里拉（livre）的銀元可換三百里拉的紙幣，財政又瀕臨破產的邊緣。

社會上尙有種種其它不滿的情緒。原來法國經過幾年來的激烈變動，一般人對於革命的感受各有不同，思想較激烈者希望革命思想傳往各國，將整個歐洲加以改造，思想較溫和的人却厭惡革命的動亂，希望能恢復過去安定的生活，尙有一些人希望恢復過去的王政。督政政府既然無法滿足上述各種人士的願望，這就須等待一位傑出人物的脫穎而出，這位能滿足各種人士願望的傑出人物，就是在督政政府時代（一七九五—一七九九年）逐漸得勢的拿破崙。（高亞偉）

哈普斯堡王朝

哈普斯堡王朝（The Habsburgs or Hapsburgs）爲歐洲歷史上最重要的王朝之一，其對歐洲歷史所發生的影響實非其他王朝可以同日而語。此王朝之名稱，係源自其家族堡壘的名稱。這個堡壘叫做哈普斯堡（Habsburg or Habichtsburg，意即鷹堡。現已爲廢墟。）此堡建在今瑞士的亞古（Aargau）附近，處亞爾河（Aar）與萊茵河會流處。

哈普斯堡原爲拉特拉斯堡主教韋納（Werner, Bishop of Strasbourg）在十及十一世紀之交所建。韋納之姪卽爲第一個哈普斯堡伯爵韋納一世。至魯道夫四世（Rudolf IV）時，在大虛位以後於一二七三年當選爲德皇（神聖羅馬皇帝）魯道夫一世（1273-1291）。（在此之前此家族已擁有上亞爾薩斯、瑞士及巴登。）魯道夫一世又取得奧地利、斯提瑞亞（Styria）、喀倫塞亞（Carinthia）和喀尼奧拉（Carniola）（以上各地係魯道夫於一七七六年自波希米亞王鄂托卡二世，Ottocar II 處取得。一二八二年使之成爲世襲領土。）旋失去瑞士，但一三六三年又得提洛爾（Tyrol）。此王室善於運用謀略及利用矛盾，自一四三八年阿伯特二世（Albert II）以迄一八〇六年經常當選爲神聖羅馬皇帝。（僅有一次例外，卽一七四二年，巴伐利亞的查理七世當選。但不久恢復。）同時又善於利用婚姻關係來擴張。有三個著名的婚姻：一是麥米連一世與布根地的瑪麗締緣帶來了低地國；二是他們的兒子腓力一世與西班牙（卡斯提爾）的裘安娜（Joanna of Castile）結婚，使日後他們的長子查理五世得有西班牙和西屬各地；第三是他們的幼子裴廸南與匈牙利和波希米亞王路易二世的姊妹安娜（Anna）結爲連理，使一五二六年哈普斯堡王朝又得到匈、波二國王冠。他們又訂爲家法，各領土不准分割或由女人繼承。因而造成一個「日不落國」，自喀爾巴仟山以至菲律賓。查理五世以後，該王朝分爲兩支：西班牙和奧本土。西班牙支至一七〇〇年後統治權轉入波爾旁王室。其奧本土一支仍保留帝號並統有奧、匈、波（希米亞）及其他一些德意志境內土地，唯其神聖羅馬皇帝之號自一八〇六年卽爲拿破崙所取消，此王室仍統治奧、匈及波希米亞等地。至一九一八年，最後一個皇帝查理一世因一次大戰結束而退位。其子鄂圖大公（Archduke Otto）曾在二次大戰時企圖恢復統治權未果。參看 A. Schulte, Geschichte der Habsburger in den ersten drei Jahrhunderten (Innsbruck, 1887); W. Merz, Die Habsburg (Aarau, 1886); A.J.P. Taylor, The Hapsburg Monarchy (1948)。（王曾才）

查理五世與腓力二世

查理五世(Charles V, 1516-56)和腓力二世（Philip II, 1556-98）均爲哈普斯堡王朝的著名君主。二者對於十六世紀的歐洲歷史，有甚大的影響。

查理五世是神聖羅馬皇帝麥米連一世和布根地女繼承人瑪麗的孫子，也是西班牙王裴廸南（實亞拉岡王）和后伊莎白拉（實卡斯提爾女王）的外孫，出生在今比利時的根特（Ghent）。他繼祖父母和外祖父母處繼承了奧地利、尼德蘭（Netherlands）、布根地、卡斯提爾和西屬美洲，以及亞拉岡和其在地中海和意大利的領地。一五一六年登極爲西班牙王查理一世，一五一九年又當選爲神聖羅馬皇帝查理五世。他的聲威是空前的，但是困難也多。他的帝國雖廣，却並不是眞正統一的民族國家，各地域各民族之間的利益衝突是一個無法解開的死結。他的領土因包括西班牙、尼德蘭、德意志和意大利的大部，因將法國包圍在內，而引起了兵連禍結的哈普斯堡王室與法國佛拉瓦（Valois）王室間的爭雄戰。此外，土耳其侵擾中歐，亦給他壓力。宗教改革在德境爆發後，他企圖撲滅新教。（因爲只有在羅馬公教的範圍內，神聖羅馬帝國才有眞正的意義。）但是亦因種種原因，再加上法國的牽扯，終於徒勞。至一五五六年，他倦勤退隱於修院，一五五八年死。

腓力二世是查理五世之子。如果說十六世紀前半期是查理五世的時代，則後半期應爲腓力二世的時代。查理五世倦勤後，將奧國及帝號讓予乃弟裴廸南一世，把西班牙、西屬美洲、西西里、拿不勒斯和米蘭傳予乃子腓力二世。他先娶葡公主瑪麗（一六四三，但兩年後瑪麗死）。一六五六年又在乃父安排下與英女王瑪麗一世締姻，但未能成功加冕爲英王，於翌年離英。他繼續與法鬥爭，至一五五九年因凱圖岡布西斯條約（Treaty of Cateau-Cambrésis）而使西班牙成爲歐洲最主要的國家。他與教廷關係並不敦睦，但爲一虔誠公教徒。他希望恢復公教的統一，加强對「異端」的制裁。他的宗教政策（欲將異端裁判介紹入尼德蘭）導致了尼德蘭的叛變和荷蘭的獨立。一五八〇年葡王亨利一世死而無後，他繼爲葡王。在英國，瑪麗女王死後，伊莉莎白一世的政府與他的關係日壞，英國對荷蘭的援助，再加上英船在杜累克(Sir Francis Drake）等人指揮下攻擊卡地玆（Cadiz）（一五八七）和侵擾刼掠墨西哥和南美，使他於一五八八年派出無敵艦隊（"Invincible Armada"）侵英，但不幸大敗。此對西班牙的聲威爲嚴重的打擊。他的企圖干涉法國內政，亦因三亨利戰後的結果而失敗。自他以後，西班牙亦由盛而衰。到腓力三世介入三十年戰爭，西班牙遂盡失當年盛況。參看：查理五世回憶錄（一五五〇年寫就，主要敍一五四三至四八間事），W. Robertson, History of the Emperor Charles V (many editions); M.H. Forneron, Histoire de Philip II (Paris, 1881); J.H. Elliot, Imperial Spain (1964); J. Lynch, Spain under the Hapsburgs, vol. I, Empire and Absolutism, 1516-1598 (1964), and Vol. II, Spain and America, 1598-1700 (1969); C. Petrie, Philip II of Spain (1963).　（王曾才）

重商主義

重商主義（Mercantilism，或譯商略政策或商略主義）爲十六至十八世紀期間流行於歐洲的經濟思想與政策。此一名詞自亞當斯密（Adam Smith）始見流行。重商主義最廣義的解釋，可謂爲政府爲富國强兵和促進繁榮所採取的經濟政策，其目的爲政治性的。此種政策之興起，當與民族主義的發展，近代國家之出現與地理大發現有甚爲密切的關係。

重商主義有以下幾項論點：第一是金銀通貨主義（bullionism），認爲國內儲有金、銀等貴重金屬愈多愈表示富强，必須努力發展出產貴重金屬的屬地。第二爲力主維持優惠的貿易平衡，因而鼓勵出口，獎助工商。第三爲採取保護關稅政策，以助國內工業的成長，同時亦可使利潤和工資留存國內，以便課稅而裕國用。此外，重商主義主張發展殖民地，而殖民地存在的目的爲輔助「母」國的經濟：供應原料和購買工業成品。英國、西班牙、葡萄牙諸國之屢頒航海法規（Navigation Acts），規定運自和運往各該國之貨物必須由自己國家船隻（或供應地區的船隻）裝運，亦爲此種政策下的產物。有時，實行重商主義政策的國家，亦致力於取消國內的貿易壁壘（如關卡及行會之類），以加强國內商業的發展。

最早執行此政策者爲西班牙。英國在這方面頗爲成功。法國路易十四時代在考白（Jean-Baptiste Colbert）當政的時期，亦有相當的成就。

重商主義者的錯誤，在把財富和金錢混爲一談。但在十六和十七世紀時盛極一時。英人湯姆斯、馬（Thomas Mun）、霍布士（Thomas Hobbes）和法人包丹（Jean Bodin）皆主此說。亞當斯密以後，此說始受攻擊。美國獨立以後，自由放任說更爲大起。現在已無任何國家公然倡導此類政策。但各國對於商業政策仍極注意，對於優惠的貿易平衡亦力加追求，對黃金外滙儲量亦從未掉以輕心。各國均已力矯重商主義者輕視農業和過份倚重商業和貿易的弊端。（參看 P.W. Buck, The Politics of Mercantilism (1942); Charles W. Cole, Colbert and a Century of French Mercantilism, 2 vols. (1935); Eli Heckscher, Mercantilism, 2 vols. (1935); Joseph A. Schumpeter, History of Economic Analysis (1954).（王曾才）

美國獨立革命

自從一六〇七年英國移民在北美洲東海岸建立詹姆士城（Jamestown）以後，接著就有不少的英國人相繼移居於北美洲東海岸各地。到了十八世紀間，他們在那裏已經建立了維基尼亞（Virginia）、瑪利蘭（Maryland）、賓夕法尼亞（Pennsylvania）、麻薩諸塞、（Massachasets）、紐約（New York）、新澤西（New Jersey）等十三個殖民地，成爲當時英國最重要的海外屬地。

隨著英國人的移殖北美洲東海岸，英國原有的政治傳統也隨之帶入新大陸。北美各殖民地除由英王選派總督或移民自選總統組織殖民政府以外，還採行英國原有的普通法（Common Law）、陪審制、設立議會等。各殖民地的議會與總督的關係正如英國本土國會與國王的關係相類似，各殖民地稅收、法令、官吏任命等均須經過議會的同意始能施行，過去英國國會與國王曾經發生過的各種爭執，在北美洲各殖民地中也不斷發生，各殖民地議會爲了維護自己的立場，時常引用密爾頓（John Milton）、洛克（John Locke）等人自由民主的學說，原來產生於英國的民主思想也就根深蒂固地移植於新大陸。除此以外，北美殖民地尙有許多特殊的因素，而使自由民主的思想易於發達：㈠北美洲移民中大多數屬於中下級人民，極少世襲的貴族，社會上的平等精神遠較英國本土爲濃重；㈡移居北美洲的英人很多原在英國受過政治壓迫的人，如曾遭受迫害的清教徒和天主教徒等，他們對於政治壓迫特別敏感；㈢北美洲殖民地遠隔重洋，英國政府對之無法作有效的管理，殖民地人民經過長期的自治，較具獨立自治的精神。這些特殊的因素同時也就是日後北美十三州獨立革命的遠因。

十七、八世紀間，英國和其他擁有殖民地的歐洲國家一樣，都極力設法搾取殖民地人的血汗，以增進本國的財富。一六五一年英國頒佈的航海法（Navigation Act），規定殖民地輸出的貨物須由英國船隻載運等，這就是英國剝削殖民地的一種方法。此外英國還制定不少有關貿易的法令，限制殖民地與英國本土有競爭性的工商業，例如英國政府以保護倫敦帽業爲藉口，限制殖民地皮帽的外銷，又如北美洲殖民地上出產最多棉、麥、烟草等，規定只能運往英國，而不能直接運往其他國家銷售，類似這樣的限制很多。不過英國政府遠在歐洲，對於上述限制最初無法有效執行，限制法令也就形同具文。到了法印之戰（The French and Indian War，一七五四－一七六三年）結束以後，英國政府開始在殖民地上嚴厲執行上述各種法令，除派艦隻駐守殖民地各港口嚴禁走私漏稅以外，更派稅吏進入私人住宅搜查私貨，殖民地的工商業深受打擊。

英國政府所以突然加緊執行原來鬆弛的法令，這與英國本土財政困難有關。原來英國經過法、印之戰的消耗，國債高達一億四千萬鎊，英國除了嚴禁殖民地人民走私以期增進稅收以外，英國國會更在一七六四年通過「糖稅條例」（Sugar Act），規定由外國運銷殖民地的各種糖類均須征稅；一七六五年又通過「印花稅條例」（Stamp Act），規定提單、契據、押票、支票、新聞紙及各種正式文書等均須黏貼定額的印花稅票。在上述新訂的兩種稅則中，以印花稅影響最大。報館、商人、律師等都感不便。一位在波士頓（Boston）執業的律師奧迪斯（James Otis）這樣說：「無代表的捐稅即是暴政」（Taxation without representation is tyrany），它的意思就是英國國會無殖民地代表參加而竟通過征收殖民地稅收的稅則，其本身即是一種暴政，奧迪斯這句話很快就成為殖民地人民反對印花稅的口號。殖民地報紙特在四週加印黑邊，表示哀悼，激動的群衆遊行示威，焚燒稅吏的紙紮像，藉此洩忿。在印花稅開始實行的那一天，殖民地商人更群起罷市，相約在印花稅取消以前不購買英國本土所產的貨物。一七六五年十月間，即是反對印花稅的騷動風起雲湧之際，九處殖民地的代表在紐約舉行第一次「印花稅會議」（Stamp Act Congress），會後發表宣言，聲明英國國會不能擅定殖民的稅則，殖民地人民應享有「自稅」（Self taxation）的權利。英國政府為了避免激起民變起見，乃在一七六六年三月間將印花稅取消。不過英國國會却聲明英國國會享有替殖民地立法的憲法權利。

北美殖民地反對印花稅的風潮，雖一時平息，但英國財政的困難依然如故。一七六七年，即是印花稅取消後的第二年，英國國會又應當時財政大臣湯生（Charles Townshend）的要求，通過在北美殖民地征收玻璃、鉛、繪畫顏料、紙張及茶葉的進口稅。後來就總稱之為「湯生條例」（Townshend Acts）。又引起殖民地人民的强烈反對，各地商人聯合抵制英貨，英國派駐殖民地的官吏與軍隊也不時遭受攻擊，局勢日趨嚴重。英國政府在一七七〇年三月間又將湯生條例中的四種稅則取消，惟保留茶稅。當時殖民地人民已經根本否認英國政府在殖民地享有征稅之權，即使輕微的茶稅亦不願意接受，以免更重的新稅隨之而來。

一七七三年十二月間，東印度公司由遠東運一批茶葉到美洲去銷售，納稅後擬在波士頓上岸，但波士頓居民將船上三百四十多箱茶葉投入海中。英國政府頗為震怒，連續頒佈五項懲罰性的法令：封閉波士頓港口，勒令波士頓賠償沉茶損失；撤銷麻薩諸塞原有的自治權，擴大英王派駐在麻薩諸塞的總督權力；犯有暴亂罪嫌的人物，須解交英國或其他殖民地審判；英國軍隊得進駐麻薩諸塞各市鎮，駐軍膳宿須由殖民地人民供應；加拿大魁北克省（Province of Quebec）的轄地，向南擴展至俄亥俄河（Ohio River）流域。英國政府頒佈上述五項法令以後，殖民地人民更感到遭受了政治的壓迫，反對英國統治的情緒也益趨高昂。

一七七四年九月間，初由維基尼亞議會的建議，各殖民地議會選派代表在賓夕法尼亞境內的費列得爾菲亞（Philadelphia 簡稱費城）集會舉行為期七週的第一次「大陸會議」（Continental Congress）。除要求英王收回成命以外，並議決抵制英貨及支持麻薩諸塞爭取原已享有的各種權利等議案。大陸會議所提英王收回成命的要求，遭到拒絕，英國國會並宣佈麻薩諸塞叛亂，授權英王派兵平亂。麻薩諸塞也組成臨時政府，購囤軍火、組訓民兵等，準備抵抗英軍的進攻。一七七五年四月間，麻薩諸塞的民兵與英軍在波士頓附近的勒克星頓（Lexington）及康科特（Concord）發生一次遭遇戰，英軍被民兵擊敗，退保波士頓城。

許多殖民地的人民紛紛起來響應，組成武裝隊伍或個人攜械前往麻薩諸塞參戰；同年五月間，康涅特格（Connecticut）的民兵也攻奪占勃連湖（Lake Champlain）邊的泰昆得洛加（Ticonderoga）要塞，斷絕加拿大境內英軍南下的通路。即在康涅特格民兵攻奪泰昆得洛加要塞的同時，各殖民地的代表又在費城集會，舉行第二次大陸會議。代表們目睹殖民地民兵各自為政，議決將各殖民地民兵統一編組為「大陸軍」（Continental Army），並推維基尼亞的代表華盛頓（George Washington）出任大陸軍的總司令。

其時尚無完全脫離英國而獨立的意圖，還派人前往英國提出與第一次大陸會議相類似的請願。英政府不再理會請願，不斷派兵前往美洲，麻薩諸塞等地的戰爭隨之日益擴大。一七七六年一月間，一位移居北美未及兩年的英人佩因 (Thomas Paine) 在費城出版一本題名為「常識」(Common Sense) 的小册子，力主美洲殖民地應脫離英國而獨立，他說國王不過是「戴著王冠的惡徒」(Crowned ruffians)。「常識」一書出版後，購閱者甚衆，獨立的呼聲也就隨著高漲。同年四、五月間，北卡羅林納 (North Carolina)、羅得島(Rhode Island)、麻薩諸塞、維基尼亞等議會就相繼宣佈獨立，各自組織獨立的政府，六月間大陸會議也在各州代表敦促之下通過獨立的議案，並推選哲斐遜 (Thomas Jefferson) 等五人組成一個委員會，負責起草獨立宣言。獨立宣言 (Declaration of Independence) 經過十三州的代表簽字後，便在七月四日正式發表。

獨立宣言的內容，主要包涵下列三大要點：(一)人類生而平等，均由上帝賦予不可侵犯的圖生存，求自由與謀幸福的權利；(二)政府的正當權力，實由被統治者的同意而來；(三)任何政府若破壞上述天賦人權，人民即可將之推翻，另建新的政府。獨立宣言中所揭櫫的三大原則，正是十七、八世紀間民主思潮綜合而成，因此北美十三州的獨立革命也就成為近代第一次的民主革命。

一七七五年六月間，華盛頓就任大陸軍總司令後，他就首先前往獨立戰爭發祥地麻薩諸塞去，將當時集結在那裏的各地民兵加以改編組訓，並加強對波士頓的包圍。華盛頓終將波士頓鄰近各高地奪取過來，原來駐守波士頓的英軍在一七七六年三月被迫由海上撤去，約在同時原來駐守維基尼亞的英軍，也受到當地民兵的進攻而被迫撤退。

不過十三州在戰爭初期的軍事勝利歷時甚暫，接著却遭受到不少軍事上的挫敗。原來由波士頓等地撤出來的英軍，在加拿大南部港口哈里法斯 (Halifax) 集中補充，再與英國本土調來的海、陸援軍聯合，不久即對新獨立的十三州發動反攻。一七七六年八月間，英軍向紐澤西、紐約等州發動反攻，由於當時英軍無論在數量上或裝備上均較美軍為優越，華盛頓統率的美軍就無法抵抗，經過一年多的苦戰，紐澤西、德拉瓦 (Delaware) 等州相繼淪落，原為大陸會議所在地的費城也在一七七七年九月間被英軍攻佔，大陸會議被迫遷往巴爾的摩爾 (Baltimore)。

當英軍由海上進攻紐澤西州的同時，另一支英軍在柏圭因(John Burgoyne)將軍率領下，也由加拿大南下進攻紐約州，企圖與紐澤西州的英軍會師，而將十三州切成南北兩半。柏圭因率領的英軍沿占勃連湖南下，最初進攻頗為得手，一七七七年六月間攻佔泰昆得洛加要塞，但是後來却遭遇到許多無法克服的困難。原來駐守北疆的美軍採取堅壁清野的戰術，將南下英軍所至地區的食用物資等盡數携走或破壞，並砍伐大量樹木等阻塞英軍的通路，再加上各地民衆隨處伏擊，斷絕英軍的補給線，致使英軍進退維谷。同年十月間，困處在薩拉脫加 (Saratoga) 的五千英軍即由於糧盡彈絕，被迫向美軍投降。十三州人心大為振奮。

法國自從經過對英四次殖民地戰爭失敗後，即對英國懷恨甚深，隨時均欲予以報復，十三州獨立前後所用的軍火大都由法國秘密援助而來，薩拉脫加勝利的消息傳抵歐洲後，法國朝野也深感興奮。再經過十三州派駐法國使節富蘭克林 (Benjamin Franklin) 等人的遊說宣傳，法國終於在一七七八年二月間正式承認十三州的獨立，並與之訂立同盟條約，對英宣戰。一七七九年四月間，西班牙在法國聯絡與鼓勵之下，也對英國宣戰。一七七九年冬，荷蘭與十三州秘密簽訂的商約被英國海軍搜獲後，荷蘭也被迫在一七八○年間對英作戰。歐洲其他中立國家如俄國、瑞典、丹麥、普魯士、葡萄牙等，也由於不滿英國海軍在海上檢查中立國的船隻，在一七八○年間聯合組織「武裝中立」(Armed Neutrality) 集團，對英採取敵對的政策。

薩拉脫加勝利後的國際變化對十三州既然有很大的好處，華盛頓在一七七八年間也乘機對盤據紐約、紐澤西州等地的英軍發動反攻，相繼收復費城等地，迫使英軍退保紐約城。英軍在紐約、紐澤西等地的作戰既然失利，就另派一支軍隊進攻當時較為空虛的南部各州，企圖在那裏獲得新的作戰基地。南下英軍最初頗為得手，相繼攻佔瑪利蘭、南卡羅林納 (South Carolina) 等地沿海城市，但是後來經過兩年多的作戰，南下英軍也逐漸失利。到了一七八一年八月間，南下英軍在康華里 (Charles Cornwalis) 率領之下，退守維基尼亞州境內的約克城 (York Town)，華盛頓率領的美軍與拉法夷脫侯爵 (Marquis de Lafayette) 的法軍就迅速將之包圍，經過兩個月的激戰，康華里及其率領的八千英軍終因勢窮力盡，被迫在同年十月間向華盛頓投降，十三州獨立戰爭至此即算勝利結束。

一七八一年十月康華里投降以後，十三州獨立的戰爭雖然在實際上已經結束，但是當時參戰國家如法、西等國尚與英國在其他地區作戰，直至一七八三年九月間各交戰國始在巴黎訂立正式的和約。在這次簽訂的和約中，英國除正

式承認美國 (United States of America) 獨立自主以外，並將密士失必河 (Mississippi River) 以東的地方割讓給這個新國家。(高亞偉)

哥倫布探險 (C. Columbus' Exploration)

葡萄牙之地理位置，使其面受大洋之吸引，背受强鄰之壓迫，向海外發展之心願，自較西班牙爲尤迫切；且經八百年之戰爭，卒將侵入之回教人民逐出，此後遂常派軍艦在大西洋巡視，以防其再來。

然西班牙亦以參加十字軍之故，其人民久習於離鄉背井之苦，故當十五世紀末葉，在歐洲人心目中，契丹（中國）已成爲渺茫而生疏之地名時，西班牙獨欲究其所在；不意尋覓中國之結果，乃爲美洲新大陸之發見。

葡人欲由非洲南端航海東來之時，熱那亞航海家哥倫佈 (Cristobal Colombo) 亦信地球爲圓形，以爲向西航行，必可直達印度與中國，且路較簡捷。初請求於葡王，葡王以力不能及爲辭，乃轉而求助於西班牙王斐迪南（Ferdinant）及王后依撒伯爾。后允資助，哥倫布遂於一四九二年（弘治五年）八月，率八十八人，乘三船出航，並携有致契丹大帝之介紹信；結果，乃於是年十月十二日到達西印度群島。

哥倫布之航行，實借助於其友人篤斯加內里 (Paolo del Pozzo Toscanelli) 之圖及其函札。篤斯加內里爲弗羅倫斯人，精哲學、醫學及天文學，名噪一時，多有千里馳書問疑質難者，哥倫布亦其一也。篤氏寄哥倫布之圖已失，然有據其書札重製者。

篤氏初致函里斯本主教座堂之司鐸 (Canonicus) 斐南．馬爾定 (Fernan Martin)，即以其副本再寄哥倫布。書中有云：「圖中又繪島嶼數處，俾遇風漂抵島上時，可知身處世界何方也。漂至諸島時，或亦可藉土人之助，而知若干目的地情形。諸島僅居商賈。而各地商賈，販運商貨，即合全世界計之，亦不及刺桐（泉州）一港。每年有巨舶百艘，載運胡椒至刺桐，裝其他香料之船舶，猶未計及也。其國人口衆多，富庶無匹；邦省城邑之多，不可勝數，皆臣屬於大汗 (Gran Can)，大汗者拉丁文所謂「萬王之王」(Rex regum) 也。都城在契丹。二百年前，其祖先嘗欲與基督教人交往，遣使於教宗，請遣學人，教化其國；教宗使人，阻於途中，半道而返。歐傑尼烏斯 (Eugenius) 教宗時，（按爲一四三一年即宣宗宣德六年至一四四七年即英宗正統十二年）又遣使至教廷，余嘗見之，並親與之談論，探問其國江河之長短寬狹，河岸城邑之數字，據云：河岸有城市二百餘處。各城皆有大理石築成之橋，橋頭飾以石柱。國人待基督教，至爲寬厚，拉丁人大可設法前往，不獨金、銀、珍寶與香料，所在皆是，可以致富，且可與其國之學人，哲士、天文家等交換知識；而治國之道，作戰之術，亦可自其人學習也」。

此函作於一四七四年（憲宗成化四年）六月二十四日；以斐南・馬爾定爲葡王摯友，故函中並言「特製航海圖一幅，寄呈葡王」；又云：「此後葡王如有所垂詢，願竭其所知以奉告也」。

又有一函，無年月日，疑哥倫布抄錄時所遺漏者；後人於其日記中檢出，大約與上函作於同一時期。亦節譯如下：

「由里斯本向西直行，可抵行在 (Quinsay 按指杭州)。城市美麗，人煙稠密。圖中表示兩城距離共二十六方格，每方格長二百五十邁耳；行在周圍一百邁耳，城內有橋十處。行在之義，猶言天城也。前人至其地者，曾述及各種奇事與巧技。殷富冠於世界。自里斯本至行在，路程約佔全球三分之一。行在城在蠻子 (Mangi)，距契丹不遠，王居於契丹」。（以上多節自馬可波羅遊記）。

自篤斯加內里二函觀之，可知哥倫布所嚮往者，實爲中國。

哥倫布名其最初登陸之島爲聖薩爾瓦多島 (San Salvador)，意爲聖救世主島。此後又發現古巴 (Cuba)、聖多明我 (San Domingo) 等島。哥倫布不知是一新大陸，以爲乃亞洲一部份；時西方人稱東方爲印度，哥倫布遂稱當地爲印度群島，稱土著爲印地安人。

一四九二年一月，哥倫布留半數船員於新地，携帶土產及印地安人二人返回歐洲。當時他宣布已覓獲往亞洲新航線，歐人爲之大震。

一四九三年後，哥倫布又西航三次。一五〇六年（明正德元年），哥倫布去世，去世前仍以爲其所到之地爲亞洲；亦不知伽馬已發現往東方的新航線。（方 豪）

哥薩克 (Cossacks)

哥薩克一詞，有時特指俄國人口之中的一部特殊人民，有時指帝俄時代南部的特殊社會組織。其詞源有兩種說法：一謂源自蒙古語之Kazak，意即輕騎兵；一謂源自土耳其語 quzzaq ，意即冒險者。前者是以代表其活動方式，後者足以代表其活動精神。

約當十五六七八世紀期間，若干不願忍受莫斯科公國或波蘭、立陶宛公國統治之俄羅斯農民，由俄國中部一帶逃往南俄草原，追求自由平等之新生活，建立起半獨立的哥薩克社會。其逃亡原因，或則由於經濟困難，無法維持最低限度之生活，或則由於不堪忍受專制政府之壓迫，或則由於宗教信仰之不同。

哥薩克社會原由若干個體所組成，其基本單位為「村落」(stanitsa)。及至十六世紀以後，逐漸聯成了四個較大的集團，由西而東，依次為聶伯河下流之「沙普洛格哥薩克」(Zaporog Cossacks)、「頓河哥薩克」(Don Cossacks)、「庫班哥薩克」(Kuban Cossacks)，及「烏拉河哥薩克」(Ural Cossacks)。

每支哥薩克，皆有一首領，稱為「阿塔曼」(ataman)或「海特曼」(**het-man**)，由「全民大會」(rada) 選舉產生。在哥薩克社會中並無階級之區分，土地財產均屬村社所共有，其主要生產方式為漁獵、耕作、劫掠，十七世紀以後農業始漸佔重要地位，由是貧富懸殊現象又告發生。富有者紛向莫斯科或波蘭政府依附效忠，成為「註册的哥薩克」(registered Cossacks)，貧苦者稱為「古里特巴」(golytba)，成為今後叛亂的主要動力。十七世紀之「拉新之亂」(The Revolt of Razin) 及十八世紀之「普加契夫之亂」(The Revolt of Pugachev)，均係以哥薩克為主體。

哥薩克之冒險犯難精神，使其在西伯利亞之開發探險過程中，亦曾扮演主要角色。

所有哥薩克社會之成員，自十八歲起，均須服兵役二十年。每支哥薩克均有其自己的武裝部隊。十八世紀以前，哥薩克享有自治權，其武裝部隊亦不受任何政府之約束，但自彼得大帝於一七二三年下令阿塔曼改由政府派任不再由選舉產生，凱薩琳大帝復取消哥薩克之自治權利並將農奴制度推行於南部草原之後，哥薩克社會乃發生劇烈變化。「全民大會」之權力全被剝奪，改由一批特權階級加以管理。一八六九年政府再下令將各個哥薩克部隊之指揮權納入國防部統一管轄，其獨立性亦告消失，逐漸成為沙皇政府之御用武力。此種變化，可自下列事實得到證明。當一九〇五年革命爆發時，哥薩克騎兵即被政府調用，卒將革命敉平，當時哥薩克的一支歌曲中，即有下列詞句：「我們不要憲法，我們也不要共和；我們不背叛俄羅斯，我們要保衛沙皇的王位。」當初的自由反叛精神，早已消失淨盡了。

蘇維埃政府成立後，即全力打破哥薩克之特殊傳統，將哥薩克之行政區域與一般行政區域合為一體，哥薩克一詞乃逐漸成為歷史之陳跡。(李邁先)

參考資料：

1. W. P. Cresson: The Cossacks, Their History and Country (London 1919)
2. R. Fox: People of the Steppes (New York 1925)
3. B. H. Sumner: A short History of Russia, Chap.I (New York, 1943)

拿破崙時代(Napoleonic Era)

拿破崙曾於一七九五年巴黎大暴動時，保衛國民大會，為國民所崇拜。平民和中等階級人都不擁護共和，王室又懦弱無能，拿破崙的愛國軍隊也大受人民敬仰。一七九六年拿破崙率軍，攻入義大利，又大破奧軍，直逼維也納(Vienna)更想從埃及攻襲英國的印度，不意在尼羅河口為英國納爾遜(Nelson)所率海軍擊敗而被捕，一七九七年，逃脫回國。

當時人民因政府腐敗而怨聲載道，俄、奧、英三國又聯合攻法，拿破崙乃推翻政府，另組新政權由執政三人主持，惟最高權則在拿破崙手中，無異獨裁，時在一七九九年十一月。

拿破崙總攬大權後，先擊敗奧國，然後與英國議和；對內則力維安定，無論王室或革命黨，均加壓抑，中央權力日增，各省首長由執政簡派，經濟與文化亦漸漸甦復。在教育上，分全國為二十七大學區，校長由執政委派；初等中等學校亦有規定。在經濟上，整頓稅收，根絕中飽，創辦法蘭西國家銀行。並與羅馬教宗訂約，確定政教關係，司鐸由主教委任，主教由教宗提出，但須得法國政府同意；主教、司鐸均受國家俸給，但已沒收的教產，則不發還。全國教育仍灌輸天主教精神，但須效忠於國家元首。以簡單明瞭著稱的「拿破崙法典」亦在此時完成。威望因此增高。一八〇二年民眾擁戴為終身督政。二年後，逕自稱帝，教宗庇護七世(Pius VII)為行加冕禮，但仍保持一切共和色彩，在形式上亦保留民權。

拿破崙勃起，小國帖服不動，大國如俄、普、英、奧等心實不甘：一因拿破崙，還想奪取殖民地；二因他表面上是設法在各國推行革命，幫助政治社會的改革，實際是發展法國的勢力；三因他稱帝後使神聖羅馬帝國的名號黯然無光，乃有一八〇五年聯合攻法之擧，結果是柏林被佔，奧國求和，俄國轉而親法。於是日耳曼境內各小邦遂被拿破崙改組，明年，取消神聖羅馬帝國，帝國皇帝退爲奧帝。歐洲大陸幾乎全部屈服在他的勢力之下了。

拿破崙因英國始終未被征服，遂於一八〇五年發兵攻英，竟在英吉利海峽中失敗。拿破崙乃設法封鎖英國，但大陸出產品雖不能運往英國，而大陸所需的英國製成品亦無法輸入，且兵費龐大，賦稅加重；又厲行專制政策，人民大怨。西、葡兩國又受英國煽惑，起而反抗，法國竟大受封鎖之累。俄國亦因生產落後，不能不仰給於英國，所以首先破壞封鎖政策。一八一二年拿破崙即掉首與俄國作戰，佔莫斯科，墮俄人計，率殘軍敗退。時在嚴冬，士兵死於途中的，不計其數；侵俄時有大軍五十萬人，生還者不及二萬五千人（士兵數字各書徵有不同）。

拿破崙敗退時，俄兵窮追於後，普魯士各小邦抗阻於前，英、奧、瑞士亦聯軍來攻，英將威靈吞 (Wellington) 由西班牙攻入法國，一八一四年各國會師，進入巴黎，將拿破崙安置在愛爾巴 (Elba) 島，或說於故鄉科西嘉(Corsica)島。路易十六之弟路易十八被擧登位，仍保留革命遺下的一切制度。

各國打敗拿破崙後，即在維也納集會，彼此不洽；法國民心亦仍懷念拿氏光榮，而不滿意於新王，拿破崙乃又於一八一五年三月重踐帝位。各國大驚，再來合力圍攻。同年，拿破崙大敗於比國滑鐵盧(Waterloo) 並被流放於聖赫來納(S. Helena)島。（方　豪）

清敎徒革命(Puritan Revolution)

一六〇三年伊麗莎伯一世 (Eliza beth I) 逝世後，由於都鐸王朝 (Tudor Dynasty) 嗣絕，蘇格蘭國王詹姆士六世(James VI) 以血統關係入繼爲英王，改稱爲詹姆士一世(James I、一六〇三—一六二五年），這就是英國「斯圖亞特王朝」(Stuart Dynasty) 建立之始。

詹姆士一世入繼英王以前，即曾寫過數種有關文學與政治的書籍，在其所著的「自由國王的眞義」(The True Laws of Free Monarchies) 一書中，力主君權神授的學說，他認爲自由的國王即是不受任何限制的國王。詹姆士一世抱持這種極端專制的思想入主英國後，便常與國會發生衝突。自從新大陸發現以後，美洲大量的金銀流入歐洲，致使歐洲發生所謂「物價革命」 (The Price Revolution) ，即是金銀流通量增加，物價也隨之上升，這是歐洲普遍的現象，英國自然亦不例外。詹姆士一世入主英國後，一則由「物價革命」所影響，二則由於其個人生活的奢侈，政府財政時常發生困難，他曾向國會要求加稅，但遭國會的拒絕。詹姆士一世迫於無奈，就不顧國會的反對，以出賣爵位，專賣權，提高國稅等方法來籌措款項，這又引起國會的不滿。一六二一年間，國會在其發的行刊物上刊登一篇叫做「大抗議」(The Great Protestion) 的文字，對詹姆士一世的各種措施加以抨擊，引起詹姆士一世的憤怒，强迫解散國會，逮捕爲首議員囚禁。

詹姆士一世除與國會衝突以外，尙有一項宗教上的爭執，使他成爲許多人懷恨的對象。原來英國國敎自從在伊麗莎伯一世確立以後，敎會組織與禮拜儀式還帶著不少舊敎的成份，例如敎會中有大主敎、主敎等職位，禮拜時須下跪等，許多人因受加爾文(Calvin)派新敎的影響，主張英國國敎須再加改革，徹底「清除」(Purify) 其殘存的舊敎成份，抱持這種見解的人因此就被人稱爲「清敎徒」(Puritans) 。在詹姆士一世即位之初，清敎徒即曾起來請願，要求改革英國國敎，詹姆士一世不僅不接受清敎徒的改革要求，事後且壓迫清敎徒服從英國國敎，不少清敎徒因受他的壓迫而逃亡出國。一六二〇年間，有一批由英國逃至荷蘭的清敎徒購買「五月花」(Mayflower) 等船隻，轉赴北美洲殖民地，這就是美國史上五月花事件產生的由來。

詹姆士一世措施不當所引起的各種不滿情緒，在他生前雖然沒有釀成重大的變故，但是這個被人稱爲「基督敎世界中最聰明的傻瓜」(The Wisest Fool in Christendom) 在英播下去的怨毒，後來却成爲「清敎徒革命」 (The Puritan Revolution 一六四二—一六四九年）爆發原因之一。

一六二五年詹姆士一世逝世後，王位由其子查理一世 (Charles I, 一六二五—一六四九年）繼承。查理一世生長於英國，身體健壯，態度莊重，倘然和他的父親獐頭鼠目的瘦小身軀比較起來，確有很大的差別，英國人民對於這位新國王曾經寄予新希望，期望他能改正他父親時代的錯誤。不過事實上查理一世的固執性格與專制思想，和他的父親並無很大的差別。

查理一世即位以後，依然受到「物價革命」的影響，財政發生困難。一六二八年間，國會提出「權利請願書」(Petition of Right) ，要求查理一世簽字遵守始行通過加稅議案作爲要挾，强迫查理一世在這項文件上簽字。請願書中規定：非經國會的同意不得向人民征收任何捐稅，軍隊不得佔住民房，未經法院判罪政府不得拘捕或科罰人民等。查理一世當時雖因情勢所迫，簽署了權利請願書，但是事後却不願意遵守，翌年且將國會解散。自此以後十一年間不再召開國會，在政治上實行個人獨裁。

一六二九年至一六四〇年間，可說是查理一世個人專制的時代。在這一時代中，查理一世任命勞德 **(William Laud)** 爲大主教，任命溫特屋斯 **(Thomas Wentworth)** 爲愛爾蘭 **(Ireland)** 的太守，而這兩人也就成爲他的重要輔弼。查理一世加强皇家特別法庭的活動，藉此鉗制人民，他又選派親信出任各級法院的法官，藉此控制司法權。查理一世又以出賣鹽、酒、肥皂、煤等專賣權及征收「船稅」**(Ship Money)** 等來增加財政的收入。

查理一世在他個人專制時代中的各種措施，雖然也有些是善政，例如溫特渥斯出任愛爾蘭太守時，正是英國統治愛爾蘭最好的時代。但是多數措施却引起人民的反感，例如出賣專利權來說，除了少數買得專賣權的商人擁護以外，絕大多數的商人都極反對這種專賣制度。查理一世征收的「船稅」也引起許多糾紛，原來「船稅」過去僅在沿海城市征收，而查理一世却將之擴展至內陸各地，許多人就不願意繳納。查理一世的宗教政策更引起許多人的反感，原來查理一世娶路易十四的姑母爲王后，他受到妻子的影響，逐漸傾向於天主教，因此他也要英國國教採用天主教的儀式與祭衣等。他又獲得勞德大主教的協助，企圖將英國國教推行至蘇格蘭，原來已經信仰加爾文教派的蘇格蘭人就在一六三八年起來叛變。

蘇格蘭人既因宗教問題起來叛變，查理一世派兵前往征討，但用兵需有軍費，軍費的來源出於稅收。當時英國人民却以國王征收的捐稅未得國會的同意而拒絕繳納，這又影響軍費的來源。查理一世而在這種連環關係逼迫之下，只得在一六四〇年間重新召開國會，要求國會通過加稅的議案。

一六四〇年新國會召開時，許多反專制的人士與清教徒當選爲下議院的議員。新國會即在那些反專制與清教徒領導之下，堅持先行討論政治的改革，然後再談加稅的問題。一六四一年間，國會曾經通過許多政治改革的議案，例如取消皇家特別法庭，取消船稅，政府重要官員須經國會同意始得任命等，並且逮捕溫特渥斯與勞德大主教處死。同年十二月間，國會又向查理一世提出「大諫章」**(Grand Remonstrance)**，指斥他過去各種措施的不當。查理一世因爲受到國會各種激烈行動所刺激，決定以武力來鎭壓國會。一六四二年一月間，查理一世以下議院中五位領袖議員與蘇格蘭叛軍通訊爲理由，親自領兵前往逮捕，而國會却召集倫敦民兵保護國會，國會從此與查理一世決裂。

國會與查理一世決裂以後，英國就產生兩個敵對的黨派，擁有爵位的封建貴族與鄉間大地主大都擁護國王，而城市居民與宗教上的激烈份子如清教徒等，却擁護國會。當時擁護國王的人就稱爲「騎士黨」**(Cavaliers)**，擁護國會的人就稱爲「圓顱黨」**(Roundheads)**，兩黨各自招集軍隊，激烈的內戰隨著爆發。在內戰的最初一年多中，騎士黨的軍隊本來較佔優勢，不過後來圓顱黨中却產生一位軍事家克倫威爾 **(Oliver Cromwell)**，他將圓顱黨的軍隊加以重組訓練，終於成爲一支勁旅。一六四四年七月間克倫威爾率領的軍隊首次在馬斯頓摩爾 **(Marston Moor)** 一役中擊敗騎士黨的軍隊，一六四六年六月間又在納斯比 **(Naseby)** 一役中又擊潰騎士黨的軍隊，相繼收復騎士黨盤據的西北各地。到了一六四六年五月間騎士黨勢窮力蹙，查理一世只得向國會投降。

查理一世投降以後，英國政權落入國會手中，一六四九年一月國會以叛國罪將查理一世處死，英國王權遭受一大打擊。在這次革命中清教徒踴躍從軍，出力最多，後來清教徒的領袖克倫威爾又取得政權，因此這一次的革命就被稱爲「清教徒革命」。（高亞偉）

商業革命與工業革命 (Commercial Revolution and Industrial Revolution)

近世史初期，歐洲特殊階級的優越地位還都保存。至於農民方面，雖然因爲大批農民移居城市，莊農也升爲佃農，可是實際生活反而加苦。所以近世的新社會景象，在城市商業社會中頗有顯著的特徵，農村是毫無所見。

因爲新航線的發現，使義大利北部和德國西北部的小商業城市完全被打倒，同業公會亦破壞無遺；繼起的是英、荷、西、葡等國大規模的商業競爭，市場擴張，商品種類亦大增。於是有合股經商的公司制度出現，資本雄厚；在海上有戰艦隨行保護，在各地有銀行，生產者亦組織企業公司。這種種改革，即所謂商業革命。於是直接經營工商業的，稱中流階級，介乎貴族平民之間，或稱「布爾喬亞」**(Bourgeois)**。新社會人物，受新經濟學（或稱資本主義經濟學）亞丹斯密等的影響。後來勢力逐漸增高，可以左右國內或國際的政治，逐漸步上統治階級。

十八世紀後半期，十九世紀初葉，科學日益進步，機器發明愈新愈多，於是手工業被淘汰，農民的副業被取消；又因生產愈快，需要原料更多，同時亦需要有新市場，國與國之間，乃有殖民地競爭，和增加關稅以保護本國商業。

因生產增加，利潤愈厚，資本乃愈為雄厚，更可多添機器，於是由小型工廠而變為規模極大的工廠；機器日益改良，兒童婦女亦能管理；然而他們身體的發育，却受到摧殘，男工則便被迫擔負更繁重更不合衞生的勞作。甚至於有時因為原料缺乏或生產過剩，工廠根本宣告暫時停工，乃有工人失業的事件發生。

工人即不失業，但因資本階級愈來愈富，勞工生活亦愈形窮苦，勞工當然要求改良生活，減少工作時間，增高薪資，雙方的糾紛便層出不窮。

除了物質生活上的不平以外，家人既走入工廠，勞工家庭的幸福被破壞，各種罪惡亦因此發生。城市工廠發達，農民為工廠所吸引，農村衰落；又因大資本家可以購買大土地，而大田莊又可以機械耕種，小農遂無法立足，農村乃更衰落。

由產業革命而發生的影響，在社會、經濟、政治三方面都很顯著；在時間方面講，可以說到現在已有一百幾年，因機器還在層出不窮的發明，所以產業革命的現象和影響，繼續在發展。在生產落後的國家，手工業尚多存在，不很顯著；但在歐洲和北美各國，則在十九世紀已相當普遍，而發生最早的却是英國，距今已歷一世紀半。因為英國在機器方面發明最早，海外市場（殖民地）最多，而煤鐵等原料，英國本土也比其他國家豐富；加上東印度商務繁榮，雄厚的資本也正可用於增長產業的革命。

在機器發明方面，我們可以舉出一七三三年約翰開 (John Kay) 發明的紡紗機上的「飛梭」(Flying Shuttle)，但全部紡紗機，却是哈格里佛士(James Hargreaves) 在一七六五年完成；至一七六九年，阿克賴脫 (Richard Arkuright)更發明水力紡織機，又十年而克倫普東 (Samuel Crompton) 採水力紡織機與紡紗機之長而成為走錘精紡機。在十八世紀末，一架機器已能同時紡二百支紗，換言之，即一人之力已相等於以前兩百人之力。發明水力紡織機的那一年，瓦特 (James Watt) 已將蒸汽機的原理施諸實用，從此機器的威力便大為發揮。

一八三〇年斯蒂芬孫 (George Stephenson) 已造出第一個機車，在利物浦 (Liverpool) 到曼徹斯特 (Manchester) 的鐵道上行駛，可以拖不少車輛，每小時能行走二十九英里；在火車以前，一八〇七年美人福爾敦(Robert Fulton)造了一艘汽船，在哈得遜河航行。

同時在農業機器方面也有不少發明。如十八世紀中葉，英人杜爾 (Tethers Tull) 發明播種機；一八三四年美國又出現刈麥機；其他如人工肥料的應用，湯增德 (Townsherd) 之提倡輪流種植法，阿瑟楊格 (Arthur Young) 之主張改良農業，使農業方面也起了革命。(ㄌ　豪)

開明專制

開明專制（ Enlightened or Benevolent Despotism ）係指十八世紀時歐洲各國君主，因受啓蒙運動的時代思潮（諸如信奉自然律、崇尚理性、相信進步和倡導人道主義等等）的影響，願意脫下神聖的外罩而站在開明無私和造福人群的立場上來統治。這一方面是因為哲士們 （ philosophes ）的著述所發生的良好反應，一方面也是因為十八世紀的戰爭（如一七四〇至一八四八的奧國王位繼承戰爭和一七五六至六三的七年戰爭等等）加强了政府的權力，使政令較前更能貫徹。同時，君權的觀念亦發生了若干變化，例如普魯士的腓特烈大王 (Frederick II, the Great) 曾著書立說(L'Antimachiavel)指出：君主應自知其並非最重要者，他的地位和權力實由於他能貫徹其天職，他只是國家的「第一公僕」。他的行為應以公正、智慧和無私為準繩。

由於十八世紀時期的歐洲君主對哲士們的重視和求賢若渴及誠心理政的關係，所以狄德洛 （ Diderot ）認為：當時的歐洲君主皆同時也是哲人。這些君主亦誠心以改革為務。他們希望能夠在短期內革除長時期累積的弊端。如果他們得到成功，也許開明專制不失為一種理想的政體，或許可以防止或拖延法蘭西大革命的爆發。惜乎理想雖高，成就却不如理想中那麼輝煌。

不過，這些君主亦不乏賢君。普魯士的腓特烈大王（一七四〇—一八六）可以說是開明專制的典範。他雖甚受哲士們的影響，但他的成就得力於他的務實精神，行政才能和無限精力為多。俄國的凱莎林二世（ Catherine II, "the Great" 一七六二—九六）為另一種類型，不過她也是有實際的才能和僅以哲士們為幌子。奧帝約瑟夫二世（ Joseph II, 1780-90 ）雖用心良苦，無奈能力不副所願，以致無大成就，且被誹特烈譏爲「未走完第一步卽欲行第二步」，對內對外均不算成功。此外，西班牙的查理三世（Charles III, 1759-88），葡萄牙的約瑟夫一世（Joseph I, 1750-77），瑞典的格斯塔夫三世（Gustavus III, 1771-92）和丹麥（此時與挪威共戴一君）的克斯欽七世（Christian VII）均屬開明專制的君主。

法國雖爲啓蒙運動的中心，但開明專制在法國却最不成功。蓋開明專制須有大有爲的君主和利希留（Cardinal Richelieu）型的大臣，路易十四以後的法國不復具備此種條件。路易十五(Louis XV, 1715-74)未能有爲，以致法國積弊日益嚴重。據說，臨死前他曾有「我死後洪水必將氾濫。」("Apres moi, le deluge!)的預言。

標榜開明專制的君主雖希望自己是「坐在王位上的哲學家」("philosopher on a throne")，他們實取法希臘僭主（Greek tyrants）或文藝復興式的君主（Renaissance despots）。他們雖讚美孟德思鳩並無分權制衡的心意，雖表揚伏祿泰爾的宗教寬容，其目的亦不在實行信仰自由而在削弱教會的力量。他們雖主改革，但認爲改革必須是由上而下的。這種態度再加上阻力，很難能有何永久的效果。不過，他們接受了時代思潮且主動革新，亦不無建樹。(參閱 C. L. Becker, The Heavenly City of the 18th Century philosophers (1959); F. Hartung, Enlightened Despotism (1957), R. Wines, Enlightened Despotism. Problems in European Civilization (1962).)（王曾才）

凱薩琳女皇(Catherine the Great)

凱薩琳二世原爲俄皇彼得三世 (Peter III) 之后，一七二九年生於現在德國奧得河口之斯提丁 (Stettin) 城，一七四五年八月與彼得結婚，一七六二年繼之爲俄國女皇，一七九六年十一月逝世，在位三十四年。

凱薩琳原名索菲亞 (Sophie Auguste Frederika)，父爲斯提丁總督，該地屬普魯士管轄，故本屬日耳曼人。彼得三世之父原爲赫爾斯坦 (Holstein) 公，母爲彼得大帝長女安娜，故就父系而言，亦屬日耳曼人。俄國女皇伊莉莎白 (Elizabeth) 爲彼得大帝之幼女，因無子嗣，乃立彼得三世爲儲君。一七六二年伊莉沙伯逝世後，卽由彼得三世繼位，卽位不久，被弑，王位乃由凱薩琳二世繼承。

十八世紀正值啓蒙時代，俄、普、奧、法各國君主，因受當時人道主義及理性主義之影響，紛紛實行所謂「開明專制」(enlightened despotism)。凱薩琳二世曾熟讀服爾德 (Voltaire)，盧騷、孟德斯鳩等啓蒙思想家之著作，因此亦以開明政治爲標榜。

女皇卽位後四年，卽於一七六六年頒佈「上諭」，文長五百餘節，措詞優美，充滿仁慈博愛之精神，部分內容，且係抄自孟德斯鳩之「法意」(L'Esprit des Lois) 及意大利思想家白加里亞 (Beccaria) 之著作，但涉及實際問題時，卽又故意規避，故內容空洞，令人有理不勝詞之感。一七六七年繼又召開「立法會議」，出席代表五六四人，雖包括各個階層，但並非現代之制憲會議。除冗長之訴願而外，並無具體決議產生，一七六八年因俄土戰爭爆發，會議亦匆匆閉幕。

凱薩琳一朝之內政措施，雖有開明之名，而無開明之實，反不如普、奧、法等國之進步。女皇對中央政府之參政院 (senate)，加强其權限，另設國務會議 (Council of State) 作爲施政之顧問機關。重劃全國省區爲五十省，省政府及市政府酌由各級人民選舉代表分擔部份行政責任。對於邊區及新近征服之領域，則加强俄化政策，並取消烏克蘭等地哥薩克之自治權利。農奴問題不僅並未改善，自普加契夫 (Pugachev) 叛亂以後，更加强農奴制度之推行。

凱薩琳二世對於俄國之主要貢獻，不在內政，而在對外領域之擴張，其成就遠較彼得一世爲大。其擴張方向有二：一爲西進，一爲南進。西進乃有波蘭之瓜分，南進乃有黑海北岸之兼併。

波蘭之瓜分，在短短二十三年之間，凡有三次。第一次發生於一七七二年，參加瓜分者爲俄、普、奧三國；第二次發生於一七九三年，參加瓜分者爲俄、普兩國；第三次發生於一七九三年，參加瓜分者亦爲俄、普、奧三國。總計三次瓜分之結果，俄國所得獨多，計得土地五分之三，人口二分之一。至此，不僅已將古代基輔羅斯 (Kievan Rus) 之大部領域全部佔領，國境甚至更向西進，與普、奧兩國接壤。由是今後西歐之國際糾紛，俄國大致均無法避免。

黑海北岸一帶，原爲「克里米亞韃靼汗國」(Crimean Tatar Khanate) 之領域，十五世紀中葉以後，土耳其勢力侵入，乃成爲土耳其之保護國。凱薩琳二世爲打通黑海，先後與土耳其發生兩次俄土戰爭；第一次爲一七六八—七四，簽訂庫恰克・凱納琪（Kuchuk Kainarji）條約；第二次爲一七八七—九二，簽訂雅賽（Yassy）條約。俄國遂兼併整個黑海北岸及克里米亞半島，打開一處「南窗」，伸入黑海水域。（李邁先）

都鐸王朝（The Tudor Dynasty）

爲英國王朝名。自一四八五年統治英國起至一六〇三年止。都鐸原爲威爾斯的古老世族。一四二九年，歐文都鐸娶英王亨利五世之遺孀凱撒琳爲妻，生子女五人。一四五三年，長子愛德門封爲雷奇蒙伯爵，並娶愛德華三世之玄孫女瑪格麗特爲妻。其子亨利娶愛德華四世之女伊麗莎白。一四八五年，亨利遂因此等婚姻關係繼承王位爲亨利七世。並以此種關係而聯結玫瑰戰爭中敵對之兩派：蘭卡斯特與約克派。因而，亨利七世在英國中地位是結束長期內戰；及啓近代英國之端；並奠定都鐸式公正專制之傳統。其在位之末期，創設「星法院」，賦以至高無上的司法權力。在本期中，因其卓越之外交才能，使英國得享長期之和平；貿易亦極興隆，與荷蘭訂立有利的通商條約；並積極發展海軍和新大陸的探測。至其去世之時，王權高張，而國庫盈滿。一五〇九年，其子亨利繼位爲亨利八世。亨利八世之早年頗得文藝復興新知識之薰陶，但在一五三三年以前仍是信仰堅定之天主教徒。一五三四年，因婚姻問題導致與羅馬教會決裂，另立英國國教會。國教會除否認教皇之權力外，在教義方面與天主教並無相異之處。至其末年，始漸偏向新教主義，而毀棄偶像崇拜等儀式。其行政機構在湯馬斯烏爾賽和湯馬斯克倫威爾等大臣先後改革下，效率和職權都大爲提高。其外交政策方面，在一五三六年以前與法結盟以保和平，此後，則因法國助蘇格蘭反英，而促使其轉與天主教之神聖羅馬帝國結盟抗法。英國在其强有力之統治和靈活外交手腕之運用下，與當時飽受戰亂和宗教迫害的歐洲各國相比是遠爲安定繁榮。學者有謂其爲一專制君王，但他僅在適當的時機，迎合大衆的心理，乘機操縱國會中的議論，而實行其個人之意願。因此，國會之地位反而在無形中大爲提高，逐漸養成國王和國會爲同一政治體之兩面的觀念。一五四七年，其長子愛德華繼位爲愛德華六世，在克蘭莫爾大主教之策劃下，使英國國教會添增新教主義之色彩。一五五三年，其長女瑪麗繼位，因受其母之影響自幼卽爲一虔誠之天主教徒。卽位之初便力圖恢復舊教勢力，而使在一五四四年羅馬教廷之權威得再行於英國，並大事迫害新教徒。因而，有人稱之爲「血腥的瑪麗」。其外交政策則因受其夫西班牙王菲力浦之影響而聯西反法，遂使英國在法唯一佔領地卡萊於一五五八年戰敗歸法，更增國人對其之憎惡。一五五八年，其妹伊麗莎白卽位。其具有專制統治的都鐸式傳統，並深知有效的統治必須建於得大衆支持之基礎上。更得有才幹的大臣賽西爾和華新翰先後弼政，使英國國教會勢力得以重振；貧民生活得以改善；對外貿易得以擴展；殖民事業得以推動。其在位四十五年中爲英國史上最光輝的時期之一。無論文學、哲學、軍事都有極傑出之人物；更積極改良海軍，終於在一五八八年擊敗西班牙無敵艦隊一躍而爲歐洲第一等强國。一六〇三年，其去世之後，王位由亨利七世之女瑪格麗特之後裔蘇格蘭司圖亞族入繼，此爲都鐸王朝之結束。

（蔣孝瑀）

新地發現（The Discovery of the World）

我國在明永樂三年（一四〇五）到宣德八年（一四三三），鄭和七次航海遠行，直到印度洋、波斯灣、南洋群島、最西且抵亞丁，並可能到達非州東部，實爲近代遠距離航行的先進。

由於羅盤和日晷的改良，歐州人在航海技術上進步極速，乃有十六世紀的覓地熱，又因各國倡導重商主義，亟需新地物產，而在本國遭受壓迫，或亡命之徒，亦無不尋覓新出路。新教甫告成立，舊教亦經革新，競以到新地傳教爲職志。

蒙古人的長征，十多年的戰功，馬可波羅等人的遊記，回教人對歐洲的威脅，大食人與意大利人對東方產品的壟斷等，亦刺激西方人對東方的嚮往。

一四八六年，葡萄牙人狄亞士（Bartholomew Diaz）發現非洲的好望角（Cape of Good Hope）；一四九二年，西班牙人哥倫布（Christopher Columbus）又發現美洲；一四九八年，葡人伽馬（Vasco da Gama）抵達印度西南的科里庫特（Calicut）；一五一九年至一五二二年，葡萄牙人麥哲倫（Magellan）又得西班牙王的援助，而得作第一次環球旅行，而西、葡兩國在海外的競爭，亦從此而起。經過幾次的衝突與教宗的調停，西、葡的勢力圈，卒以威馬島（Verd Island）之西三百六十海里（Leagues）的經線爲界：東半屬葡萄牙，惟包括巴西及非洲沿海各埠；其餘的地球部份，便屬於西班牙的範圍。一五八〇年，西又征服葡萄牙，巴西亦歸西所有。荷蘭則於一五六六年開始作獨立運動，至一六四八年乃正式脫離西班牙而獨立。荷蘭的海外活動，在獨立前曾受西班牙的阻止，至一五九五年始抵印度；一六〇九年更發現北美哈德遜灣(Gulf of Hadson)，旋卽殖民其地，因稱之曰新尼德蘭(New Nedeerland)。(方豪著「外國史大綱」)

十五六世紀的殖民競爭，僅限於西、葡、荷三國，至十七世紀則英、法亦加入。原來一五八八年英國大敗西班牙無敵艦隊後，英、法卽佔領北美若干區域。荷蘭雖握有海上覇權，但因英、法兩大勢力的興起，窮於應付，遂由西、葡、荷的競爭，一變而爲英、法兩國的競爭。

十六世紀末，法國覓得北美聖勞倫斯(St. Lawrence)河，十七世紀又覓得密西西比河流域(Mississippi Valley)；英國於十七世紀向北美殖民，尤以紐英倫(New England)一帶爲多，英、法的衝突則在歐洲及海外殖民地分頭進行。在歐洲方面，自一六八九年到一七六三年，法國曾與奧、西、奧(聯普)、普繼續四次戰爭，英國每次均參加法國的敵人方面，使法國窮於應付大陸戰爭，而奪取其海外殖民地。在海外亦分北美及印度兩處進行，十八世紀初，英國獲得紐芬蘭(New Foundland)、赫德遜灣、聖勞倫斯河流域、密西西比河東岸諸地。在地中海奪取直布羅陀(Gibraltar)；在印度方面，英國亦繼荷、法二國之後，成立東印度公司，由商業活動進而爲政治活動。一七五六年，英國東印度公司書記克來夫(Robert Clive)征服孟加拉(Bengal)土酋和在幕後支持土酋的法國軍隊，從此英國東印度公司便控制了印度。(方　豪)

路易十四時代

路易十四時代(Age of Louis XIV)係指威西發利亞和約(一六四八)以後，路易十四統治下的法國稱雄歐洲約半世紀之久的時期。

路易十四在一六四三年繼位爲法國國王，一七一五年卒，在位時期長達七十二年之久。歷史上很少有人像他在位之久和權威之大。他是名副其實的元首，主宰國家一切政務。據說，他曾說過：「朕卽國家」("L'etat c'est moi")。這十足地表示了他的氣派，也把君權神授的專制理論發揮到極致。

一六四三年，路易十三卒，其子路易十四冲齡(五歲)卽位，母后安妮(Anne of Austria)攝政直迄一六六一年，其間軍國大計由馬薩林(Jules Mazarin)掌理。馬氏於一六六一年卒，路易十四卽宣佈親政，親自處決國政，以國王兼首相。三十年戰爭以後，法國卽成爲歐洲之至强，馬薩林時期又削平貴族的反叛(the Fronde)，使王權完全凌駕於貴族之上，不容任何國內力量的挑戰。布蘇艾(Bishop Bossuet)又爲之著書立說，用聖經立論來鼓吹君主專制。

路易十四的法國爲當時歐洲最大的强國，他用法國金錢在歐洲各國扶植親法的集團。他的政策，他的措施，他的政府組織和行政方式，他的戰爭和外交成爲當時的典範。在他的時代，法國的語言、思想、文學、建築、衣飾和烹調，均爲歐洲的標準。法國因有「大國」(la grande nation)之稱。

爲了擴張法國的領土和勢力，路易十四執行自利希留以來的法國應恢復其自然疆界的政策，卽法國疆界應依古代高盧的規模，以比利牛斯山、阿爾卑斯山和萊茵河爲界。他發動了一連串的戰爭(最主要的有四個)，最後的一戰爲西班牙王位繼承戰(一七〇一—一四)，各國因深受其欲建「一統王國」(Universal Monarchy)的威脅而合力對抗，使法國爲之衰竭。波爾旁王室雖入統西班牙，但國際均勢終因烏特勒特(Utrecht)條約而獲維持。

除了窮兵黷武使法國財力不勝負荷以外，路易十四的宗教政策亦有失敗之處。一六八五年他取消寬容休京拉派信徒的「南特詔令」(Edict of Nantes)，使二十萬左右的休京拉派信徒逃亡到英、德、北美等地。這些人皆爲中產階級的中堅，使法國的經濟發展大受損害。參看：F. L. Carsten (ed). The Ascendancy of France, 1648-1688 (1961), vols V&VI of The New Cambridge Modern History.　(王曾才)

羅曼諾夫王朝(Romanov Dynasty)

俄國史中，共有兩個重要的王朝，一爲羅瑞克王朝(Rurik Dynasty)，一爲羅曼諾夫王朝(Romanov Dynasty)。羅曼諾夫王朝共有十八位沙皇或女王在位，統治期間歷一〇四年。

茲將歷朝大事，擇要列擧如下：

(一)邁克海爾(Michael 一六一三—一六四五)：邁克海爾爲伊凡四世之內姪孫，故亦爲羅瑞克王朝之外戚。當「混亂時代」(Time of Troubles)結束後，經國民大會(Zemsky sobor)推選爲沙皇。卽位時年僅十七歲，由其父斐拉瑞特(Philaret)教長秉政，國民大會亦不斷召開，參與大計。在位期間，正値長期動亂之後，故其首要工作爲對內對外秩序之恢復。在內政方面，爲農奴制度之確定。在外交方面，爲結束對瑞典及波蘭之戰爭狀態。一六一七年先與瑞典簽訂「史托爾伯汰條約」(Treaty of Stolbovo)，一六三四年再與波蘭簽訂「波里昂諾夫條約」(Treaty of Polianov)。承認瑞波兩國在俄國西疆對於若干地區之佔領狀態，以換取暫時之和平。

(二)阿歷克錫斯 (Alexis 一六四五—一六七六)：阿歷克錫斯爲邁克海爾之子，即位時年僅十六歲。本朝大事有：①頒佈法典（一六四九），此項法典延至一八三二年始行修訂。②收復烏克蘭東部，將聶伯河以東（包括基輔城）重新納入俄國版圖。③尼康 (Nikon) 實行宗教改革，造成俄國教會之分裂，反對改革者自稱爲「舊信徒」(Old Believers)，以阿夫瓦康 (Avvakum) 大主教爲領導者。政府支持尼康之改革派，阿夫瓦康派則受到官方之迫害，舊信徒或則轉入地下活動，或則逃往邊區，或則遷往國外。④平定拉新之亂 (Peasant Revolt of Stephen Razin 一六七〇—七一)，重新恢復東南部地方秩序。

(三)錫奧鐸爾三世 (Theodore III 一六七六—一六八二)：錫奧鐸爾三世爲阿歷克錫斯之子，能力平庸。在位期間，首次與鄂圖曼土耳其帝國發生戰爭，一六八一簽訂「拉德津條約」(Treaty of Radzin)，將土耳其佔有之烏克蘭南部地方，大部收復。

(四)伊凡五世 (Ivan V 一六八二—一六八九)：伊凡五世爲錫奧鐸爾之弟，與其異母弟彼得一世聯合統治，實際權力則操之於長姐索菲亞(Sophia)公主之手。一六八九年與中國簽訂「尼布楚條約」。

(五)彼得一世 (Peter I the Great 一六八九—一七二五)：彼得一世爲阿歷克錫斯之幼子，一六七二年生，當其父逝世時，年僅四歲，故王位由其異母兄錫奧鐸爾三世繼承。一六八二年雖登王位，而實權則操諸索菲亞之手，至一六八九始正式親政。彼得一世執政三十六年，爲俄國史中之重要階段。在內政方面，實行西化運動；在外交方面，先後與土耳其及瑞典發生多年戰爭，爲俄國打開了波羅底海的窗口。（詳見「彼得大帝」條）

(六)中衰時期：自一七二五年彼得大帝逝世起，至一七六二年凱薩琳大帝即位止，凡三十七年，共歷六朝。即凱薩琳一世 (Catherine I 一七二五—一七二七)，彼得二世 (Peter II 一七二七—一七三〇)，安娜 (Anna 一七三〇—一七四〇)、伊凡六世 (Ivan VI 一七四〇—一七四一)、伊莉莎白 (Elizabeth 一七四一—一七六二)，及彼得三世 (Peter III 一七六二)。平均每朝之統治時間僅得六年餘，時間既短，殊難望其有何特殊建樹。此六朝中，三朝爲女王在位，凱薩琳一世爲彼得大帝之后，安娜爲彼得大帝之姪女，伊莉莎白爲彼得大帝之幼女。或則原係外族，或則出嫁異國，是故俄國朝廷中充滿了外國的影響勢力。嬖倖之臣，充斥宮闈。更加以近衛軍 (Streltsy) 拱衛京師，操縱王位之更易，宮廷政變，層出不窮。本期大事可得而言者，多在伊莉沙伯一朝。俄國第一所大學於一七五五年始建於莫斯科，翌年，成立國家劇院。一七四六年俄國與奧國結盟，加入「奧國王位繼承戰爭」其後又加入奧、法一方，參加「七年戰爭」（一七五六—一七六三），擊敗普王斐特烈大帝 (Frederick the Great)。

(七)凱薩琳二世 (Catherine II the Great 一七六二—一七九六)：凱薩琳二世原名索菲亞，爲一日耳曼貴族之女，一七四五年嫁予俄國王儲彼得三世，賴近衛軍之助，於一七六二年繼任俄國統治者。在內政方面，實行有名無實的「開明專制」；在外交方面，三次與普、奧聯合瓜分波蘭，並擊敗土耳其，取得黑海北岸之廣大領土，使俄國疆域擴至波蘭中部及黑海沿岸。（詳見「凱薩琳女皇」及「波蘭之瓜分」兩條）。

(八)保羅一世 (Paul I 一七九六—一八〇一)：保羅一世爲凱薩琳女皇之子，心理狀態不平衡，喜怒無常，爲一著名之暴君。因在位時間較短，內政方面無何重要變革，僅對王位繼承制加以改變，取消彼得大帝所定王位由前任指定的辦法，改行長子繼承制。在對外方面，一方面改變對土耳其的敵對關係，一方面參加歐戰爭，先與英國結盟以攻法國，後來又與法國結盟以攻英國。兩均失敗。

(九)亞歷山大一世 (Alexander I 一八〇一—一八二五)：亞歷山大一世爲保羅一世之長子，但幼年教育則由其祖母負責，曾從瑞士籍學者拉哈波(J. F. de Laharpe) 受教，故其思想頗爲開明。即位之初，延攬各方學者及政治家爲其顧問，曾擬實施憲政並從事內政之改革，但一則限於國內保守勢力之阻礙，二則限於連年對外戰爭，以致並無重要之成就。亞歷山大一世之主要表現，在外交方面。俄國在此期間，曾連續與波斯、土耳其、瑞典及法國作戰。對波斯之戰（一八〇四—一八一三）兼併了喬治亞王國；對土耳其之戰（一八〇六—一八一二）兼併了比薩拉比亞 (Bessarabia)；對瑞典之戰（一八〇八—一八

○九）兼併了芬蘭；對法國之戰則帶來了與拿破崙之間的長期爭鬪。俄國首先參加第三次聯軍攻法，被敗，簽訂「提爾錫特條約」(Treaty of Tilsit)。一八一二軍拿破崙率大軍六十萬征俄，攻佔莫斯科，但俄軍隨即反攻，將法軍逐出國境。遂又解放普普士，攻入法國，造成俄軍之輝煌勝利。維也納會議之後，在亞歷山大一世建議下，成立「神聖同盟」，並將波蘭改組為大公國，由俄國兼領。

(十)尼古拉一世(Nicholas I 一八二五—一八五五)：尼古拉一世為亞歷山大一世之三弟，當亞歷山大一世逝世後，因二弟君士坦丁大公(Constantine)已將王位繼承權放棄，而尼古拉事先未獲通知，以致引起「十二月叛亂」(Decembrist Revolt)。尼古拉一世在位三十年，無論對內對外，皆採取專制保守立場，打擊自由進步勢力。在內政方面：除整編法典（一八三二）、興築俄國第一條鐵路（由聖彼得堡至沙皇村，一八三八），改革財政等尚足稱述外，此外皆屬反動專制之措施。尼古拉一世揭櫫所謂「三原則」—東正教義、君主專制、民族至上—為治國之最高準繩，實施新聞書報檢查，限制大學自治活動，並成立「第三局」作為秘密警察之主管機關。雖則如此，但西方思潮仍不斷傳入，引起思想之論戰。一派為西化主義者(Westernizers)，一派為斯拉夫本位文化主義者(Slavophiles)。在外交方面：尼古拉一世支持梅特涅領導之「四國同盟」，壓制歐洲各地之自由革命運動。一八三〇年波蘭發生革命，俄軍入境鎮壓，將前朝所定之憲法取消，全力推行「俄羅斯化運動」。當其統治末期，又與土耳其作戰，引起「克里米亞戰爭」（一八五三—一八五六），結果為土英法薩丁聯軍擊敗，簽訂「巴黎條約」，黑海沿岸被禁設防，黑海艦隊被迫解散，南進勢力暫時受阻。

(十一)亞歷山大二世 (Alexander II 一六五五—一八八一)：亞歷山大二世為尼古拉一世之子，在位二十六年，有「解放者」之譽。在內政方面，實行一連串的改革，舉凡農奴制度、財政、教育、司法、地方政府，及兵役等要政，皆有所變革。而其中最為重要者，則為由農奴之解放（一八六一），使困擾俄國多年之農奴問題，獲得初步改善。在對外方面，積極向中國之東北邊疆及中亞細亞方面侵略，於一八五八及一八六〇年，分別簽訂了「璦琿條約」及「北京條約」，侵佔外興安嶺及黑龍江間烏蘇里江至太平洋間兩片廣大土地。後於一八六五至一八七六前後約十年之間，先後兼併浩罕(Kokand)布哈拉(Bukhara)及希瓦(Khiva)等中亞三個汗國。另一方面，則將俄屬阿拉斯加(Alaska)於一八六七年以美金七百二十萬元之代價售予美國。由於「近東問題」(Near Eastern Question)之再起，俄土又發生戰爭（一八七七），俄勝，先簽「聖・斯提凡條約」(Treaty of San Stefano)，取得廣泛權利，勢力範圍伸及愛琴海，因而引起英國之反對，乃由俾斯麥召開柏林會議，重簽「柏林條約」，迫使俄國將業已得到之利益退出一部份，由是俄德關係漸趨疏遠。

(十二)亞歷山大三世 (Alexander III 一八八一—一八九四)：亞歷山大三世為亞歷山大二世之子，在位十三年。在此期間，政府厲行專制高壓政策，前朝所推行之種種改革多被廢止。本朝之重要發展，為工業化之積極推動，主其事者為微德 (Sergei Witte)。微德初任交通部長，繼任財政部長，擴修鐵路，獎勵工商，一方面實行金本位，吸收外國投資，一方面實行保護關稅政策，扶植本國之初建工業。由是在十九世紀末年及二十世紀初年，俄國工業建設突飛猛進，煤、鐵、石油及紡織業、機器業之產量，大批增加。惟工業發達後，勞工數字亦隨之增加，因俄國缺乏進步的社會立法，勞工權益未獲保障，由是亦發生了嚴重的社會問題，勞工階級日後即成為革命之主力。

(十三)尼古拉二世 (Nicholas II 一八九四—一九一七)：尼古拉二世為亞歷山大三世之子，在位二十三年，為羅曼諾夫王朝最後一位君主。賦性懦弱，臨事猶疑。而本朝適當社會組織及思想界發生激烈變動時期，革命政黨為「社會民主黨」(Social Democratic Party) 及「社會革命黨」(Social Revolutionary Party) 等紛紛成立（一八九八、一九〇二）。更因連續發生對外戰爭，「日俄戰爭」（一九〇四—一九〇五）敗於日本，「第一次世界大戰」敗於德奧，由是革命運動連續爆發。第一次革命發生於一九〇五年，迫使沙皇下令召開都瑪議會(Duma)。一九一七年春，又發生所謂「二月革命」，尼古拉二世被迫退位（三月十五日），臨時政府接管俄國政權。一九一八年七月十六日，尼古拉二世全家七口在西伯利亞之伊凱特林堡(Ekaterinburg)被當地之布爾色維克分子殺害。（李邁先）

十九世紀西洋史

十二月叛亂 (Decembrist Revolt)

「十二月叛亂」爲俄國史中第一次具有現代革命色彩之動亂。在此以前，俄國之動亂大多爲農民發動之暴動，即以十七世紀之「拉新之亂」(The Revolt of Razin) 及十八世紀之「普加契夫之亂」(The Revolt of Pugachev) 而言，均屬偶發之事件，其興也速，其落也速。既無現代思潮之指導，亦乏政黨之領導與組織。而十二月叛亂則已受到西歐革命思潮之影響，開始現代革命之先河。

十二月叛亂發生於一八二五年十二月二十六日，時在俄皇亞歷山大一世逝世（十二月十三日）之後，尼古拉一世即位之初，正當新舊兩朝更迭之際。

初，保羅一世 (Paul I) 生三子，長子即亞歷山大一世，次子康士坦丁，已出任波蘭大公，三子即尼古拉一世。亞歷山大逝世後，原應由康士坦丁繼承王位，惟康士坦丁早經表示不願接受，並已決定由尼古拉繼承，但是項決定，事先並未正式通知尼古拉。故亞歷山大逝世後，康士坦丁乃與尼古拉互相發表聲明，表示向對方效忠，王位繼承問題乃陷於混亂。

十九世紀初年，由於拿破崙遠征俄國及俄軍久駐巴黎 (Vorontzov 兵團駐防巴黎達三年之久）之結果，俄軍業已受到西歐政治思潮之感染，一八一六年，俄國第一個秘密組織開始成立，初稱「救助協會」(Union of Salvation)，二年之後改稱「福利協會」 (Welfare Society) ，其後分爲兩支：一爲「北社」(Northern Society)，設於聖彼得堡，主持人爲一青年軍官，名曰莫拉維耶夫 (Nikita Muraviev)，主張改建君主立憲政體；二爲「南社」，設於基輔，主持人亦爲一青年上校，名曰皮斯德爾 (Peter Pestel) ，主張仿照法國雅各賓（Jacobin) 黨人之辦法，以暴力推翻沙皇，改建共和政府。

當王位更迭，政局混亂之際，北社首先發動叛亂，以三千人包圍王宮，要求頒佈憲法實行憲政。尼古拉一世於瞭解整個情況之後，下令以砲兵向叛徒轟擊，叛亂迅即平定。領袖多人被捕，或被處死，或被充軍。

叛亂分子於接受偵訊時，供詞極爲坦白，沙皇對此，極爲重視，乃飭負責審判之官員包洛夫可夫 (Borovkov) 根據供狀製成備忘錄，置諸案頭，以爲今後施政之參考。

是項「包洛夫可夫備忘錄」，足以代表當時革命分子之一般要求，故爲一頗具價值之史料。其主要內容如下：㈠制訂公正迅速之訴訟程序；㈡頒佈一部條文明晰內容具體之法典。㈢提高教士之精神教育；㈣挽救瀕於破產之貴族；㈤振興工商業；㈥改良教育；㈦廢止人口買賣以重人權；㈧重建海軍㈨改善農民之生活條件；㈩鼓勵私人國外旅行。（李邁先）

三國同盟 (Triple Alliance)

德、奧、意之三國同盟，乃德相俾士麥結盟制度之一環也。其產生原因，固在德之防法，然整個歐洲形勢與時代，實有關焉。如奧、俄在近東之衝突；列强對殖民地之爭奪；以及工業技術進步對戰爭之改變，使各國尋求安全保障；均有助俾士麥政策之成功也。

在三國同盟之前，德、奧、俄原有三皇同盟（一八七三）。而俾士麥政策，原亦在同時維持與俄奧友好關係。惟德、俄之間，先以俄在德、法關係緊張之際（一八七四—五），俄支持法國；繼以在柏林會議（一八七八），德又支持奧國；致形成彼此猜疑。且俄、奧在巴爾幹衝突，德亦勢必有所選擇。故俾士麥不顧德皇威廉一世之反對，在一八七九年十月七日，毅然與奧結盟約：㈠如締約國一方受俄攻擊，他方擧全力以助；㈡如一方受俄以外之國（法）攻擊，他方保持中立；㈢如此國（法）之攻擊有俄助，他方仍予以支援。此約以五年爲期，直維持至一九一八年；而成爲俾士麥結盟制度之拱心石。

當時曾促英加入，惟以德駐英大使陳述不清，致英以此約乃針對法國，故予拒絕。此約締結後，俄感孤立，乃派 Saburov 前往柏林，冀結德、俄同盟。不然，則恢復三皇同盟。俄之目的，蓋欲借此等盟約，一以對奧在巴爾幹之政策，一以獲得對海峽關閉（對英）之承認。惟當時未有結果，要到一八八一年六月十八日，始有三皇同盟之復現也。

德、奧同盟，因意大利之加入（一八八二年五月二十日），而成爲三國同盟（一八八三年十月三十日羅馬尼亞亦加入）。依意與奧分別所訂之條約：㈠如未經挑釁，而意受法攻擊，則德、奧援意；㈡如德受法攻擊，則意援德；㈢締約國之一方或兩方被攻擊，或與一國（或多國）作戰，則盟約中未受攻擊之一國（或兩國），應助被攻擊之盟國；㈣如締約國之一方被迫對某國宣戰，其他兩盟國則保持善意中立。此約爲期五年，並得延長。惟意有一保留，即此約不以英國爲對象。

意所以加入，蓋法佔（一八八一年五月十二日）突尼斯 (Tunis 見非洲瓜分條）後，益使意感到孤立；又恐其他列强干預意大利事務（如支持教宗）。故藉此約一以確保羅馬，一以對付法國。

三國同盟條約，係五年爲期。一八八七年二月二十日，締第一次續約；一八九一年六月二十九日，締第二次續約，此次幷延長盟約有效期間爲十二年；一九〇三年六月二十九日締第三次續約。在此次續約中，意廢除「如法攻德，意助德」之條款。因一八九六年以後，英、德競爭激烈；此外，意、法在北非地中海地區亦達成協議（一九〇〇－二）。從此意大利更背三國同盟之精神矣。一九一二年，三國締第四次續約。歐戰爆發時，意先宣佈中立；至一九一五年五月，更對奧宣戰。三國同盟遂蕩然無存。

三國同盟，依俾士麥本意，乃防禦性質，目的在維持歐洲和平。惟奧、意利用此行侵略之野心，實爲促成三國協商與引發戰重要因素之一。（郭榮趙）

三國協商 (Triple Entente)

三國協商，乃指俄、法、英三國在一八九〇至一九〇七年之間，彼此經由諒解與締約所獲致之一種關係也。原非正式，至一九一二－一四年，始成爲有效之外交結合。歐戰爆發後，再經由倫敦宣言之簽訂－各國相約不作個別之締和；三國協商始經一明確條約而成爲正式之結合也。

三國協商，先導源於法俄之同盟（一八九〇－九二）。法、俄因政體不同，且德、俄有再保證條約存在；故在一八九〇年前，儘管法對俄努力，然終難結密切關係。惟是年三月，俾士麥去職，德遂拒絕與俄延長再保證條約；且與俄之勁敵英國親近（一八九〇年七月一日英德協定）。俄頓孤立，而法俄親近始矣。爲對俄示友好，法曾貸款給俄，供給俄軍火，幷撲滅巴黎之俄國虛無黨。

一八九一年七月二十四日，俄邀法艦隊訪俄。至次年八月十八日而有法俄軍事協定之誕生；其要款之一卽如法受德攻，或受意攻而有德助，俄擧全力對德作戰；如俄受德攻，或受奧攻而有德助，則法擧全力對德作戰。然當時法國由於巴拿馬事件 (Panama Scandal) 發生，政局動盪，而俄又面臨大饑饉，故延至一八九三年十二月二十七日和一八九四年一月四日，雙方才互換照會正式接受。惟法當局考慮憲法上之困難（避免經國會通過），故認定其爲軍事協定；其有效期間同三國同盟。

法俄既有同盟關係，法又對英接近。由於歷史關係與殖民地之爭奪，法英傳統上彼此敵對。惟十九世紀末英、德接近失敗而走上英、德競爭之後，則英、法關係又不同矣。適兩國人事變化：在英國，愛德華七世 (Edward VII) 一九〇一年卽位，親法。在法國，自一八九八年以來，由德卡塞(Theophile Delcasse)任外長，親英。

一九〇四年四月八日英、法達成協商 (Entente Cordiale)：法承認英佔埃及，英承認法在莫洛哥利益；法放棄紐芬蘭沿岸之權利（捕漁權仍舊），但在法屬 Gambia 和 Niger 以東，得到領土補償；暹羅兩國勢力範圍以湄南河(R. Menam) 爲界，東屬法，西屬英；英承認法在馬達加斯卡島之勢力，法承認英在非洲 (Zanzibar) 島之地位。

英、法糾紛既獲解決，法遂鼓勵英俄接近。英、俄衝突，在近東（見克里米亞戰爭和大斯拉夫主義各條），在中國、在中亞，所在都有。惟日、俄戰後（一九〇五），在中國之情勢改變，於是英、俄開始討論。至一九〇六年德通過另一海軍法條，而德之野心，在第一次莫洛哥危機中，更大白於世（見非洲瓜分條）；此均有助英、俄之協商。

一九〇七年八月三十一日英、俄協議成：波斯勢力範圍之劃分，俄在北部（大部份），英在南部，中部則爲中立區。俄承認阿富汗在其勢力範圍以外，英則承認不干預阿之內政或改變其現狀。兩國承認中國對西藏之宗主權，幷相約尊重西藏之領土完整，不索取特殊權利。

故從上觀察，所謂協商，原不過糾紛之解決，更非以德國或三國同盟爲假想敵；且三國利益亦不一致。其對德存心最深者，僅法國而已。（郭榮趙）

大斯拉夫主義 (Pan-Slavism)

大斯拉夫主義是斯拉夫人的一種民族運動。它雖然是俄國實現對近東政策的利器，然不起源於俄國；而起源於奧匈帝國。

在奧匈帝國境內，有七種斯拉夫民族，由於受條頓人和馬札爾人之壓制，故刺激斯拉夫民族情緒。一八四二年，一位名叫 Jan Kollar 的斯拉夫人，寫了一首詩，題爲「斯拉夫的兒女們」(Slavy Dcera)。他說：

「散居各地的斯拉夫人，讓我們結成一個整體。」

「全歐洲將拜倒在這個偶像之前，他的頭將高聳雲霄；

他的腳將震撼大地。」

兩年之後，另一個斯洛伐克人 Safarik 更出版一本斯拉夫語文文法；這對那首詩中的期望，更奠定了一項科學的基礎。

這項研究馬上引起捷克知識份子的重視，因爲他們正在重新建立他們民族性的基礎，以便從波希米亞排出日耳曼語和日耳曼的統治。一八四八年，第一次團結各斯拉夫族種語言的會議，就在布拉格（Prague）召開。同年，信羅馬公教的克羅人（Croats）、和信希臘正教的塞爾維亞人（Serbs）聯合進攻馬札爾人。當俄國在克里米亞戰爭失敗時，所有斯拉夫人的國家，除波蘭之外，莫不寄予同情。

直至十九世紀中葉，俄國對斯拉夫主義運動，並不重視；亞歷山大一世是世界主義者，而尼古拉氏却想以武力取得君士坦丁堡，而不必借重大斯拉夫主義。但一八五六年克里米亞戰爭俄軍被擊敗以後，故轉而想利用大斯拉夫主義，以遂行俄在近東之野心。一八五七年，在莫斯科而有 Slavonic Welfare Society 組織之誕生；一八六七年，又在莫斯科召開斯拉夫民族大會。除波蘭人外，所有斯拉夫人之國家，均派代表參加。沙皇亞歷山大第二（一八五五—八一）對大會代表演說，即以「斯拉夫兄弟」相稱。此後，俄國便以支持巴爾幹半島上斯拉夫民族爲手段，俾使它們成爲俄國的附庸。如支持門的內哥羅和塞爾維亞等。

一八七〇年，俄宣布廢除黑海條款（參見克里米亞戰爭條），此乃鼓勵斯拉夫人對土耳其帝國叛變。同年，更要求土皇設立一個斯拉夫人教會領袖，不受君士坦丁堡希臘正教主教管轄（土皇在一八七〇年三月十日發令承認）。至一八七五—七六更支持斯拉夫人對土叛變；至柏林會議（一八七八），俄在近東野心又受挫折。然俄此後對大斯拉夫主義之利用，始終幷未放棄；至一九一四年終以塞爾維亞與奧國之衝突，俄國動員支持塞爾維亞，卒引發大戰。故論該次歐戰之原因，大斯拉夫主義實重要因素之一。（郭榮趙）

克里米亞戰爭 (Crimean War)

近東問題，自十八世紀末葉以來，由於土帝國之凋謝，巴爾幹基督教民族主義之興起，及列强（俄、奧、英、法）對上二者之反應，故十九世紀實爲多事之秋也。如一八〇四年有塞爾維亞人之叛土（一八一五—七再叛）；一八〇六—一二有俄土戰爭；一八二一—三〇有希臘獨立戰爭；一八二一有瓦拉啓亞 (Wallachia) 之叛變；一八二八又有俄土戰爭。而埃及之叛，使土帝國在一八三二年已面臨覆亡之命運矣。幸俄援土（一八三三），始轉危爲安。而最後經英國之努力，而有一八四一年七月十三日倫敦條約之締結：列强相約保障土帝國領土完整，幷不准外國軍艦進入兩海峽（Dardanelles 和 Bosphorus）。而克里米亞戰爭，實爲近東問題之一環也。

克戰之導火綫，乃由於法所支持的羅馬公教徒，與俄所支持的希臘正教徒對聖地（the Church of the Nativity at Bethlehem）管理權之爭執。聖地管理，時在希臘教徒手中，但拿破崙受國內教士壓力，乃以羅馬公教傳統保護者地位，向土交涉（一八五一），土讓步（一八五二年二月）。至當年十二月，土更擴大羅馬公教徒管理權力。俄憤，乃於次年派 Menshikov 親王（二—五月）赴君士坦丁堡，要挾土對聖地管理權讓步，並得承認俄有保護巴爾幹半島基督教徒之權。土經英使（Lord Stratford de Redciffe）之建議，拒之。五月二十一日（一八五三），俄專使返國。七月二日，俄佔土在多瑙河領地（Moldavia, Wallachia），以促土就範。於是英法艦隊即進入 Besika 灣，並對俄抗議。

時奧總理（Count Buol）召各國駐奧使節會談，結果產生維也納通牒（七月二十八日）。該文件出自法使手筆，其目的在給俄若干讓步，而又能爲土所接受也。沙皇原已接受（八月五日），但土堅持（八月十九日），認基督徒之保護，乃土皇之主權。於是俄拒（九月七日）。隨後奧仍繼續調處，惟英法不願遷就俄國；滿意之協議無法達成。而土見有英法支持竟在一八五三年十月四日對俄宣戰。

一八五四年一月三日，英法艦隊入黑海，以保護土爾其海岸及運輸，俄遂與英法絕交（二月六日）。而英法則致俄最後通牒（二月二十七日），要俄在四月三十日前撤出所佔領土，俄拒不答復；英法遂與土結盟（三月十二日），對俄宣戰（三月二十八日）。英法同盟，亦在四月十日結成。

戰發後，因奧普結盟（四月三十日），互相保證戰爭期間兩國領土安全，並反對俄在所佔多瑙河領地上作戰；於是俄退出所佔領土（八月八日）。經土同意，改由奧佔領。八月八日，英法與奧達成四點協議（The Vienna 4 Points），作爲對俄和談基礎，俄拒。九月十四日，聯軍遂登陸克里米亞，攻擊俄之 Sebastopol 。

一八五四年十二月二日，英法與奧結攻守同盟。英法允奧在戰爭期間，保障奧在意大利之領地，幷支持奧國對付俄國之攻擊；奧則答允英法防衞多瑙河一帶領土，俾英法無顧慮也。一八五五年一月二十六日，彼得蒙亦加入英法對俄作戰（見意大利統一條）。遂使俄外交處於更不利之地位。至於戰事，俄亦不利。九月十一日（一八五五）俄放棄 Sebastopol 。十二月二十八日，奧又致俄最後通牒：如俄不接受黑海中立和割讓比沙拉比亞（Bessarabia），以及維也納四條款，奧卽對俄宣戰。俄接受，故有巴黎會議之召開（從一八五六年二月二十五日—三月三十日）。

參加該會之國家有法英奧俄土及彼得蒙。時拿破崙欲利用此一機會，修改一八一五年之條約（關於波蘭與意大利部份），但爲英奧所阻；蓋二國主維持現狀也。三月三十日，締巴黎條約（共三十二條）：列强承諾土加入歐洲國際社會，尊重土帝國獨立及領土完整；一八四一年之海峽條款仍舊，但黑海中立，俄土不得設置兵工廠；多瑙河航行自由，設國際委員會管理；俄割比沙拉比亞南部給摩爾達維亞州（Moldavia）；幷放棄土治下基督徒保護權之要求；多瑙河之兩州（Moldavia, Wallachia），由締約國共同保障，其他位將來決定。此外，採用國際法四規則：廢止私船捕獲制度；中立國船舶除戰時禁品外，可載敵貨；敵國船舶載中立國貨物，除戰時禁品外，不准捕拿；封鎖港口，須有適當海軍，以防敵船侵入。此卽巴黎宣言。（郭榮趙）

非洲之瓜分 (The Partition of Africa)

非洲瓜分至爲複雜，蓋以地區廣，參加國多，所歷時間長也。一五七五葡人卽到安哥拉，法、荷、英繼之。然實際之瓜分，則始自十九世紀後期。茲分區說明：

一、埃及與蘇丹：此乃土帝國屬地，其衝突爲英法。由於蘇彜士運河之開航（一八六九），此區地位更見重要：時法勢已伸入，英則至一八七五自埃購運河股票後介入。埃之財政，亦爲英法控制；此刺激埃民族運動。一八八二年六月十二日，亞歷山大城騷亂，五十歐人被殺，此導致英軍佔領開羅（九月十五日）。因法未參加，英遂單獨控制埃及；惟英宣言撤軍（一八八三年一月三日），自是英、法衝突。後英又要求埃撤退駐蘇丹軍，幷派戈登前往，然戈登被殺（一八八五年一月二十六日）；至一八九六—八方由 Kitchener 重佔蘇丹，旋英、法軍在 Fashoda 衝突。至一九〇四英法協商才結束兩國在該區衝突（見三國協商條）。

二、依西阿比亞紅海區域：主要爲英、法、意瓜分。一八八二意取 Assab；八五在Massawa建立據點向內地擴張；一八八九年五月二日經由條約而取得依西阿比亞保護權；一八九〇意把紅海屬地組成 Eritrea 殖民地；一八九六意依戰，意敗，乃承依獨立。英則在一八八四年建英屬索馬利蘭保護地；法亦從原來據點擴張，建法屬索馬利蘭（一八八二年四月）。

三、北非地區有莫洛哥、阿爾及利亞、突尼西亞、利比亞。其中莫洛哥爲獨立王國，其他均屬土帝國領土；此區乃法意瓜分。一八三〇年七月法取阿爾及利亞，後組成三省（一八四八）。一八七八柏林會議英取得塞甫洛斯，乃允法在突自由行動。惟突乃意覬覦之地，法意因而衝突。一八三三法已控制突事務。一八九六年九月二十八日法意結協定，才結束在突之衝突。

莫洛哥頻阿，法久欲取得，故早作外交佈置。如法、意諒解（一九〇〇、十二、四）：法允意在 Trilpoli 意允法在莫各有自由行動。英、法協商（一九〇四）英亦給法在莫同樣權利。法西諒解（一九〇四、十、三），給西若干補償。佈置既週，法乃向莫提改革計劃，德反對，後在 Algeciras 開會解決（第一次莫洛哥危機）；一九一一有法德衝突之第二次危機：是年十一月四日協議：德承認法在莫權利，法割剛果一部份給德。一九一二年三月三十日莫成爲法保護地 (Treaty of Fez) 。時意佔 Tripoli 和 Cyrenaica，與土戰（一九一一、九、二十九起），經洛桑條約（一九一一年十月十八日），土放棄 Tripoli。一九一三年意又制服利比亞。

四、西非與蘇丹：此包括法屬西非 ,Gambia, Sierra Leone, Gold Coast, Togoland, Nigeria, Cameroons, Rio de Ore葡屬 Guinea 。英國：一八二一年將 Sierra Leone, Gold Coast Gambia 聯成英屬西非；一八八五在Niger河建立保護地，英法爲爭該河以西地，自一八九三—八關係緊張，蓋法欲將在該河之土地與達荷美相連，而英反對；一八九九英將 Nigeria 建爲保護地。法國：一八六三在達荷美海岸建保護地，一八八九在象牙海岸建保護地，一八九三把法屬 Guinea 和象牙海岸建爲殖民地。至一九〇四組成法屬西非（包括 Mauretania, Senegal, French Guinea, Ivory Coast, Dahomy, upper Senegal and Niger）。德國：在一八八四年宣佈 Cameroons Coast 爲保護地，幷取得

Togoland ；但一九一四年八月爲英法佔取。西班牙：一八八五 宣佈 Rio de Ore 爲保護地，建西屬 Guinea

五、剛果區：此區有法屬赤道非洲，西屬幾內亞，比屬剛果、安哥拉（Angola)。剛果之開發，初屬國際性，由比王組國際協會，後改爲剛果獨立邦。一八八五年四月，比王取得該邦主權，此邦遂成比王私產，直至一九〇八年。法勢力則在一八八〇伸入剛果之北，將 Brazzaville 組織爲保護地。

六、東非：十九世紀初只有葡在 Mozambique ；一八四一英勢力伸入，後成立英屬東非公司，一八九〇年英又在 Zanziba ，一八九四在烏干達建保護地。德則在一八七八開始在 Bagamayo 和 Tanganyika 一帶建立據點。一八八五成立東非公司，後建德屬東非保護地。

七、南非：荷人到好望角最早，一八一四此地割英。英荷人不睦，發生波耳戰（荷人至非稱爲 Boer ，故稱 Boer War 。英在南非，曾併南非共和國（一八八七）， Walfish 灣和 Tongoland （一八九五年六月十一日）；又建 Bechuanaland （一八八五）、 Rhodesia （一八八九一九五）爲保護地。英之發展，曾與德發生危機（一八九六年一月三日 The Kruger Tel. ）。一九一〇英國會通過南非法案，組南非聯邦（包括 Cape Colony, Natal, Orange River Colony, Transvaal)。此外，尙有德屬西南非洲（一八〇四一九〇）

至一九一四年非洲除依西阿比亞（即阿比亞尼亞）、來比利亞（Liberia）兩獨立國外，其他地區均爲歐人瓜分殆盡矣。由於瓜分非洲利益衝突，對十九世紀和二十世紀歐洲列强外交，發生重要影響。（郭榮趙）

美國南北戰爭 (The Civil War of U.S.A.)

美國在獨立後，經過一次南北戰爭，結果並未分裂；且國勢日盛，國民意識更高，產業更發達，國家主義發展到最高峰，於是轉而向中南美及太平洋伸張國土，擴充勢力，南北戰爭的起因，完全是經濟的，原來美國在一八二七年後，即有共和、民主二黨；共和黨主張保護貿易，集權中央，廢除黑奴，勢力偏於北部，因爲北方工業經濟發達；南方則以農業經濟爲主，所以南方的民主黨，主張自由貿易，利用黑奴，各州自治。一八六〇年共和黨林肯（Lincoln）當選總統；次年，南部各州即宣告獨立，亦推舉總統，於是發生戰事，自一八六一年四月至一八六五年四月。結果南軍敗降，但林肯亦於四月十四日被刺，南北仍復合併。（方 豪）

梅特湼時代 (Metternich Era)

梅特湼（Klemens Wenzel Nepomuk Lothar Von Metternich），一七七三年至一八五九年。他是奧國的外交家和政治家：一八〇三年爲駐普大使；一八〇六年爲駐法大使；從一八〇九至一八四八爲奧外長和總理。從一八一五維也納會議後至一八四八年革命爆發逃往英國爲止，在此期間，他建立了維也納制度（Vienna system）。並以此制度，控制日爾曼邦聯和歐洲政局，故稱爲梅特湼時代。

梅特湼痛惡民主和民族主義，故他利用外交手段，團結俄普，盡力撲滅歐陸民主和民族革命。由於維也納會議對於疆土之劃分，及王室之恢復，悉依王室利益和十八世紀以來之均勢原則；致忽視當時已深入歐人心中之民族自決觀念，和自由主義。如挪威人受制於瑞典、比利時人受制於荷蘭、波蘭之瓜分，日爾曼和意大利之割裂；故種下維也納會後歐洲不安種子，而有一連串革命之爆發。一八二〇年一月至一八二一年三月有西班牙革命；一八二〇年七月至一八二一年有意大利革命；一八二一年三月有希臘革命。

鑑於戰爭苦痛教訓，故在維也納會議上，即已慮及維持歐洲和平之措施，因而有神聖同盟和四國同盟（後法加入）之誕生。前者雖空洞，而後者則明定「定期集會」，以討論維持歐洲和平措施。故一八一五至二三，稱爲國際會議時期也（Congress Period）•重要會議計有：Aix-la-chapelle（一八一八年九月）、 Troppau 和 Laibach （一八二〇一二一年）、 Verona（一八二二年十月）。後三次會議，均爲討論鎮壓革命和希臘情勢。有名之 Troppan 議定書─「凡一國政府如被叛亂推倒，則其他各國有採取共同行動保護之責任；對於革命所樹立之政府，決不承認。蓋其唯一目的在維持歐洲和平，與脫離革命運動之禍患也。」（一八二〇年十一月十三日）即梅特湼所努力之結果也。惟英法拒絕參加，會議制度發生裂痕。至 Verona 會議之後，因英反對干預各國內部革命，該制度遂完全破裂矣。

而且在一八二一年三月，梅特湼更派軍入意大利，推毀革命，恢復以前國王之統治。一八二三年，更促法軍佔領西班牙。有此等反動國際武力，故從一八一五一三〇年，歐陸各國革命，均無力戰勝各國保守政權也。

至於對日爾曼聯邦，梅特湼亦採壓制政策。一八一九年，在 Carlsbad 邦聯會議上，梅特湼提議限制人民言論出版自由，此即 Carlsbad Decrees。而且，他更掌握龐大警察力量，經常監視人民；故歐洲一八二〇—一年之革命，在日爾曼各邦亦不會引起回響。即使一八三〇年之革命，在日爾曼各邦亦未引起廣汎騷動也。

然自一八三〇年以後，自由主義開始抬頭，而梅特湼爲首的反動勢力亦開始凋謝矣。法國七月革命之後（一八三〇年）中產階級勝利，反動國王被廢；全歐震動。時梅特湼又擬團結歐洲保守勢力，鎭壓法國革命。但面對着騷亂的歐洲，他只好放棄。同年十月比利時宣佈獨立，然以困於日爾曼和意大利之混亂，梅特湼亦無可奈何。此外，在葡萄牙亦發生革命，推翻國王；在西班牙也發生內戰（一八三三年 First Carlist War）。

不過，在中歐與東歐，當時歐洲協同雖因英法之撤出而破壞，然梅特湼仍能團結俄普，壓制自由主義。巴黎革命，對奧國毫無所動。在日爾曼（Saxony, Hanover） 和意大利雖有騷亂，但梅特湼仍有力平定。至於在波蘭的自由主義和民族主義，也被俄國沙皇尼古拉一世（ Tsar Nicholas I 一八二五——五五）削平。而且在一八三三年，經俄皇提議，俄普奧並締結一項秘密條約—壓制革命。

儘管梅特湼的壓制，在中歐，自由主義份子却已日漸增多（中產階級知識份子），到達可以響應革命的程度。至一八四八年二月，法國又發生革命，建立第二共和；於是中歐也隨之動搖。三月十三日，維也納學生和工人示威，群衆威脅皇宮；至於梅特湼原來所控制的警察，此時也同情群衆。在此情形下，梅特湼辭職。一八四八年三月十四日，他從維也納秘密逃往英國。他到達倫敦不到一月，革命的自由主義已在奧國、匈牙利、波希米亞、意大利、日爾曼、丹麥、荷屬尼得蘭，風起雲湧；而以梅特湼所代表的保守和反動的時代，也就此告一結束。（郭榮趙）

普法戰爭 (Franco-Prussian War)

普魯士所領導之德意志統一運動，法素持反對；蓋法不願見其東北邊境出現一強權也。拿破崙在 Biarritz 會晤俾斯麥時，法所以允諾在普奧戰發時維持中立（見普奧戰爭條），蓋以普奧勢均力敵，將成長期戰爭；而能予法調處機會，從中獲利也。然沙多瓦一役，推翻拿氏假想。時法外長（Drouyn de Lhuys）擬立即動員幷宣佈：未經磋商，法反對改變現狀。但拿氏堅持仍只限於外交干預。

當普奧作和約初步談判時，法駐普大使即欲取得補償，如萊因河左岸土地，被拒，乃欲取得比利時和盧森堡，又被拒；俾士麥以此有背德意志民族情緒也。八月十六日（一八六六）拿破崙再指示法大使要求，並允南北德邦聯可以合併。俾士麥促法使見諸文字，此即 Benedetti；然俾士麥又不明確答復。此一文件，至普法戰時，普公諸倫敦時報（The Times），遂使英輿論支持普魯士而反法國。

索償未遂，普法關係更趨惡劣；繼又發生盧森堡危機（一八六七年四月）。一八六六年冬以來，拿破崙即欲自荷蘭國王手中，取得盧森堡公國（荷王爲該國宗主）。俾士麥允諾法荷交易，然要求不刺激德民族情緒。時消息傳出，俾士麥在北德邦聯會議遭受質詢；荷王懼，遂撤銷與法之協議。此一危機，經倫敦條約（九月九日）而解決：普放棄盧森堡城要塞駐軍之權，該公國退出德意志邦聯，幷由列强保障其中立與獨立。此對拿破崙外交，又爲重大打擊。

自是法改編軍隊（一八六八年一有陸軍法案），並與奧意談判結盟，然均未成功。蓋奧不願對法普因純德意志問題糾紛，支持法國；恐普利用德意志民族情緒對奧。而意大利則要求法軍撤出羅馬。雖然如此，但法仍誤認普法戰爭爆發之際，奧意仍將助法也。

旋西班牙王位繼承問題起，法認此乃挫普機會。西革命後（一八六八年九月），女皇 Isabella 被廢，臨時政府議請霍亨索倫王室之 Leopold 即位。但 Leopold 拒絕，而堅持需有普王威廉之命。普王亦不積極，但俾士麥要 Leopold 即位；蓋如此則普法戰時，法勢必分兵防守西班牙之邊境。一八七〇年六月十九日， Leopold 被迫接受即位，法外長（Duke of Gramont）在七月十六日聲明：除非普撤回 Leopold 入承西王，法不惜一戰。

時普王威廉赴Ems養痾，法使隨往。要求撤回 Leopold。普王雖拒，但暗示 Leopold 放棄。七月十二日，乃由 Leopold 之父代其子放棄繼承西王位；法外交至此完全勝利。然法仍感不安，要求普王致函拿破崙道歉，幷正式保證永不再提西王位繼承人。七月十三日，法使與普王會談（ Interview at Ems ）；普王拒絕，幷拒作繼續討論。同日，俾士麥與軍方接觸，故接到Ems會談報告後，即加以渲染見報；普人果認普魯士遭受法國之侮辱。

法自認準備充足，一八七〇年七月十九日對普宣戰。戰發後，普有南德諸邦軍事支持（故又可稱為法德戰爭），俄意奧中立；惟奧之主戰派，如普敗，則對普為一威脅。英國則只關注比利時中立，八月九日與普法締約保證。

戰事短促，九月一日色當 (Sedan) 一役，拿破崙及其八萬士卒同為普所俘。消息傳至巴黎，拿氏帝國瓦解，國防政府成立，然仍繼續抵抗。一八七一年一月二十八日，巴黎陷，法求和。

二月十六日，法國民會議選 Adophe Thiers 為行政首長。旋提和平條款草案（二月二十八日）與俾士麥談判。五月十日在 Frankfurt 締結和約：法割亞洛 (Alsace-Lorraine) 二州於普，使兩國以萊因河畔為界；賠償普五千兆法郎，分三年交普；普得駐三軍軍隊於法，至賠款付清為止。

普法戰後，德國統一；法對德仇恨日深，此對未來三十年歐洲外交發展，為一重大關鍵。（郭榮趙）

普奧戰爭 (Austro-Prussian War)

普奧戰爭，其遠因乃兩國互爭德意志邦聯之霸權（見德意志之統一條），其近因則由於兩國聯合對丹麥作戰（一八六四）後分贓之衝突所引起也。一八六四年十月三十日維也納和約，丹麥曾把 Schleswig, Holstein, Lauenburg 等公國，割給普奧。奧提議將各公國成立個別之國家，加入德意志邦聯；邦聯會議即予通過。但俾士麥認此乃干涉僅屬普奧間之事務，拒之；於是普奧締加坦協議 (Convention of Gastein 一八六五年八月十四日) Lauenburg 歸普，普幷管理 Schleswig 行政，Holstein 則由奧管理，惟此乃在普勢力包圍之中也。

俾士麥知與奧戰不能免，為確保勝利計，故早進行外交佈置。以英國論，因普行自由貿易政策，與英一致；且英反對俄奧干涉他國民族自由與統一運動，故不會助奧。至於俄國，普在一八六三年曾助俄平定波蘭叛變；且奧在克里米亞戰爭中，亦得罪俄國（見克里米亞戰爭條），故俄亦不致助奧。普所慮者乃法國，蓋法反對在萊茵河畔，出現一强大之德意志國家。一八六五年十月，俾士麥會拿破崙三世於 Biarritz ：普承諾如普奧戰，法守中立，則在萊因河地區給予法國土地報酬。又為使奧兩面作戰，俾士麥並試圖與意大利結盟，因得拿破崙助（即保證意可取得威尼西亞），而結普意攻守同盟（一八六六年四月八日）。

另一方面，俾士麥又破壞奧在 Holstein 之行政，奧訴於邦聯會議，俾士麥則提議改革邦聯（一八六六年四月九日），排除奧國，冀激奧發動戰爭。時雙方已動員，最後之協調（即 Gablenz mission ）亦無結果。一八六六年六月六日，奧駐 Holstein 總督召集該公國國會，討論該公國將來。俾士麥認此背加斯坦協議，遂派軍佔領該地。

奧見與普戰爆發在即，六月十二日乃與法締一秘約：法允中立，則奧不論勝負，把威尼西亞割給法國。六月十四日，經奧提議，邦聯會議通過制裁普對 Holstein 之侵略。多數邦支持奧國，普則宣佈邦聯結束。六月十七日，奧對普宣戰，普次日隨之；二十日意亦對奧宣戰。

戰爭歷時七星期（一八六六年六月—八月）。主要戰場乃在意大利，德意志和波希米亞。在意大利，奧勝；在德意志，普勝。然擊敗奧軍決定性之戰役，則在波希米亞之沙多瓦 (Sadowa 即 Königgrätz) ，時為一八六六年七月三日也。奧求和。戰爭之速決，對拿破崙政策為一打擊，蓋他原望長期戰爭，而造成兩敗俱傷也。

七月五日，拿氏提議調處。普條件為休戰協定簽訂前，必須先決定和平條款。旋於七月二十六日達成初步和約：Hanover, Electoral Hesse, Nassau, Frankfurt 併入普國；奧退出德意志邦聯；緬因河北之各邦，由普領導組織北德邦聯；南德各邦仍維持獨立，組另一邦聯；Holstein 割給普魯士；奧幷賠償少許戰費。此遂成為布拉革和約主要條款（一八六六年八月二十三日）。在媾和中，俾士麥不作過份要求；對未來德奧友好關係，實為重要之關鍵也。

至於意大利，其海陸軍雖被奧擊敗；但由於戰前條約，終經拿破崙之轉手而取得威尼西亞（見意大利之統一條）。惟意要求取得超出前倫巴—威尼西亞王國 (Lombardo-Venetia) 行政疆域之外地方，則未如願。結果意在阿爾卑斯山一帶疆域，軍事上國防上仍很困難；遂成為意將來收復失地運動之藉口。（郭榮趙）

意大利之統一 (Unification of Italy)

拿破崙帝國垮台之後（一八一四），意大利半島在奧國控制下重組為九邦

：彼得蒙（Piedmond 即 Sardinia）王國，莫得納（Modena）、巴馬（Parma)、羅卡 (Lucca)、托斯卡利（Tuscany）、教宗領地（Papal States）、那不爾斯（Naples）王國、馬利洛 (San Marino) 共和邦、莫納可（Monaco）。與拿破崙戰前相較，其重要改變乃前威尼西亞 (Venetia) 爲奧佔併，前日內亞（Genoa）共和國爲彼得蒙佔併。在政治上，則爲奧國取代法國的控制。

意大利被拿破崙的征服統治和領土的重組，使意人感到㈠開明法律和政府的好處；㈡要解脫外人的控制；因而形成革命情緒。初只望推翻現存各邦政府，漸產生統一意大利的觀念。於是秘密社團產生，其著者有燒炭黨 (Carbonari)；先只在那不爾斯，漸蔓延至其他各邦。

從一八二〇年至四八年，意亦爆發革命，如那不爾斯（一八二〇年七月二日），彼得蒙（一八二一年三月十日）、莫得納和巴馬（一八三一年二月）、教宗領地（一八三一年底）；然均告失敗。一八三一年三月，前燒炭黨員馬志尼 (Giuseppe Mazzini) 組少年意大利，主建立憲共和。一八四八年之革命，意亦響應，但至一八四九年八月，又均被奧國或法國擊敗。

革命之一再挫敗，使意人感到需借重外援以對付奧國之干涉；且認識教宗不能作統一運動領袖。而馬志尼共和派之聲望亦降低，此後彼得蒙王國成爲自由意大利之希望；而加富爾（Count Camillo Benso di Carvour，一八一〇——六一）遂成領袖矣。

一八四七年，加富爾創一報紙（Risorgimento），鼓吹意之獨立。自一八五二年十一月四日起以後七年，他任彼得蒙總理，政績斐然。克里米亞戰發後，他使彼得蒙加盟英法對俄作戰（一八五五年一月二十六日）；後他出席巴黎會議，雖無所獲，然給英法留下好印象。

爲取得外援計，一八五六年七月二十日，加富爾會拿破崙三世於 Plom－bieres。十二月十日簽訂正式條約，其條款爲：如法助彼得蒙對奧作戰，彼則把 Savoy 和 Nice 兩地予法。次年四月二十九日，奧攻彼得蒙，法依約攻奧，奧敗。時托斯卡利及教宗領地革命騷亂事起，拿破崙深恐意統一運動迅速開展，且懼普魯士從萊因地帶攻法，遂單獨與奧休戰（七月八日），然仍取得 Savoy 和 Nice（一八六〇年三月廿四日 Treaty of Turin）。而彼得蒙與奧，亦在十一月十日締結和約（Treaty of Zurich）。此戰之後，巴馬、莫得納、托斯卡利、羅馬納 (Romagna)，經公民投票後，均歸併於彼得蒙。

然意之統一，仍是多方進行的。一八六〇年（五月五日—八月廿二日），加里波的 (Garibaldi) 率紅衫隊在西西利 (Sicily) 起事，所向披靡；旋渡海攻那不爾斯（八月廿二日）、又勝。九月八日，教宗領地騷動，加富爾趁機進攻，毀教皇軍（九月十八日）；幷與加里波的會師於那不爾斯。而那不爾斯與西西利經公民投票之後，亦與意大利北部合併。

一八六一年三月十七日，第一個意大利國會宣佈成立意大利王國，以 Victor Emmanuel II 爲國王；依彼得蒙一八四八年憲法，由 Baron Ricasoli 組織政府（一八六一—六二）；而意大利在政治上遂歸於統一。不過，法軍仍駐羅馬,而威尼西亞仍爲法控制（一八五九年十一月十日 Zurich 條約奧割給法國。）

威尼西亞，一八六六年七月三日，法割予意國。至羅馬問題，則拖延甚久。一八六四年九月十五日法意曾有協議：法允兩年內撤退法軍（自一八六五年二月五日起），意允把首都從 Turin 遷往 Florence，作爲放棄羅馬之明證。一八六六年十二月，法軍果自羅馬撤回，惟以加里波的率志願軍攻教皇領地，法又駐軍羅馬。一八七〇年普法戰爭，法撤回駐軍，九月二十日，意軍攻入羅馬。經公民投票後，羅馬併入意大利，並成爲意之首都，而意之統一，遂告完全成功。（郭榮趙）

維也納會議 (Congress of Vienna)

維也納會議是十九世紀初期歐洲最重要的一次國際會議，也是拿破崙戰爭的結果（第一次巴黎條約第卅二款曾規定雙方參戰各國派代表集會維也納）。會議是從一八一四年九月至一八一五年六月；其間雖有拿氏之再起（一八一五年三月二十至六月），然對會議進行並無大影響也。

參加該會重要國家，有奧、普、英、俄、法等。其主要代表：奧—梅特涅（Prince Metterich）；普—哈登堡 (Prince Karl August Von Hardenberg)；俄—俄帝亞歷山大一世本人（Alexander I）；英—卡索列夫 (Lord Castlereagh，一八一五年二月三日，改由威廉頓 (Duke of Wellington) 接替），法—塔列蘭 (Charles Maurice de Talley－Rand-Périgord)。

會議初期，最感困擾者為程序問題，蓋四强（英俄普奧）意見紛歧；至九月廿日才達成協議。然此方案，小國又感不滿。法代表塔列蘭見有機可乘，遂團結小國代表抗議。此故，預定十月一日揭幕之正式會議展期；實際上，維也納會議此後也一直是以非正式會議進行。

會議主要任務，為重新分配歐洲領土；其中最困難者為波蘭與撒克森（Saxony）問題。蓋此關係列强切身利益（波蘭介於俄普之間），而波蘭與撒克森又因條約關係（一八一三、二、十八 Convention of Kalisch）相連，遂使日爾曼各邦和法國利益均牽涉在內。因此一問題，俄普與英奧對立，法國因而取得與四强平等地位。至一八一五年一月三日，英奧法結秘密同盟，俄普才讓步；至二月十一日才達到協議。

維也納會議最後決議書，共一二一條，於一八一五年六月八日簽字。要點：奧國恢復以前領土，從意大利得到倫巴多（Lombardy）威尼西亞（Venetia）依利倫（Illyrian）各省；從巴伐利亞（Bavaria）得到沙爾茨堡（Salzburg）提爾（Tyrol）；並取得加利西亞（Calicia）。普得到薩克遜領土之大半，華沙大公國的大部份（指 Posen）和但澤（Danzig）、瑞（典）屬波米列利亞（Pomerania）魯根（Rugen）、及普以前在西伐利亞之屬地。英國保留馬爾他（Malta）、黑利哥蘭（Heligoland），並得到若干法屬荷屬之殖民地。俄國得有前華沙大公國大部份，成立波蘭王國，以俄皇為其國王；此外並得到比薩拉比亞（Bessarabia）、波斯邊省和芬蘭之地。卡列可（Cracow）成為自由邦，由俄奧普共同保護。創設日爾曼邦聯，以代替神聖羅馬帝國；該邦聯由三十個邦，四個自由市組成（其邦聯法案在一八一五年六月八日簽訂）。瑞典仍保有挪威；但後者有一個別憲法，瑞士重建為一獨立的邦聯，并承認其永久中立。恢復西班牙，撒丁尼亞（Sardinia）托斯卡利（Tuscamy）莫得那（Modena）、敎宗國（Papal States）之合法王朝。國際河流航行自由。禁止販賣奴隸。外交使節分為全權大使、公使，及代理公使三級。希臘與埃及仍屬土耳其管理。

維也納會議的工作，至六月九日告一段落；但要瞭解該會的全部結果，還要看會後的其他的條約，至少要到一八一九年七月二十日的 Frankfort 條約，維也納會議的工作，才算告一結束。（郭榮趙）

德意志之統一 (Unification of Germany)

從中世紀以來，德意志（日耳曼）地區便一分再分，人種複雜，小邦林立；至維也納會議，乃設德意志邦聯。由於受奧控制，故該區自由與立憲運動，除 Bavaria, Baden, Saxe-weimar 外，均受挫。普魯士至一八一五雖已為自由份子希望所寄，然普又受 Hardenberg 反動勢力影響，故自由力量亦在凋謝中。故論德意志統一，實可自一八四八革命起也。

然此前之經濟統一運動，却已開始。關稅同盟（Zollverein）觀念，發自政治經濟學家李斯特（Friedrich List），從一八一九年普進行組織，至一八六八時，所有德意志各邦，除奧控制之Hamburg, Bremen外，均加入此同盟。同盟各邦，關稅統一，自由貿易；對商業繁榮，與德政治統一，實深具影響。

一八四八年二月革命之後，德各地區立即反應；先在西南部，後在普和中部各邦，廣汎要求改革，和統一各邦成一新帝國。此一自由與民族運動，不久即被壓制。

不過，隨此運動而來在 Frankfurt 所召開之國民會議（一八四八年三月十八日）仍在，且於七月二十八日任一臨時行政首長，組織臨時政府。此仍成為德意志統一要求之象徵，且獲得許多小邦之支持也。

時國民會議中，對德（領土）統一分為大小德意志兩黨。十月兩黨協議：在將來帝國中，雖不排除奧國，但奧之非德地區（匈牙利等）不包括在內。奧拒，并提議恢復舊邦聯；此給普取得領導德意志機會。一八四九年三月二十七日，該會更制定憲法；次日，並選普王為帝。此舉雖為二十八邦接受；然普王既迷君權神授，又懼奧反對，乃在四月二十一時拒絕。於是，若干邦撤回駐該會代表。一八四九年五月四日，普亦撤回代表，并否認該會權力。該會乃自 Frankfart 遷往 Stuttgart；旋被武力解散。於是，在國會制度下進行統一德國之努力失敗。

從一八四九—五〇普王威廉欲依其個人想法，統一德國。故一面派軍到 Saxony, Baden, Bavaria, Würtemberg恢復秩序，一面在 Erfurt 開國民會議（一八五〇年三月二十日），提出憲法；并進行締結普魯士同盟。然又遭奧忌，蓋此時奧已平定匈牙利革命，有力給普打擊矣。一八五〇年五月十六日，奧邀各小邦代表會於 Frankfurt 重組德邦聯會議；如普仍在 Erfurt 進行統一運動，則普奧必戰。既則因 Hesse-Cassel 變亂，奧又給普受辱。亂發後該地選侯訴於奧國所重組之邦聯會議，奧擬派二十萬軍隊前往。但普以此乃屬普魯士同盟內部之事，有權干涉，故亦動員。然普終讓步，此普史家所謂Olmitz之恥也。在該地談判中，普放棄普魯士同盟，并承認奧重組之舊邦聯會議。

然德之統一，終在普領導下成功。一八五九—六〇意統一運動，對德各邦自由和民族情緒影響甚深。奧被意擊敗，證奧非德統一領袖。而普自一八五八後，大政入威廉一世手中（一八五八—六一為攝政；一八六一—八八為國王），進行軍隊改革。惟下院自由派阻梗，故召俾士麥（ Otto von Bismarck ）為總理兼外長，對付國會。此即「鐵血」宰相也。自是普成為德統一領袖。

一八六四普攻丹麥，佔 **Schleswig, Holstein** ；一八六六普與奧戰（見普奧戰爭條），得 **Hannover** 及北德若干小邦如 **Hesse-cassel** 和 **Nassau** 公國， **Frankfurt** 自由市。一八六七普廢德意志邦聯，另組北德邦聯，緬因河北二十邦均納入其中；奧從此退出德意志事務，而普王即為北德邦聯主席。然緬因河南各邦（如 **Bavaria Wurttemberg** 王國、**Baden** 和 **Hesse-Darmstadt** 公國）仍在北德邦聯之外，且除 **Baden**外，餘皆反對與普合併。然俾士麥對各該邦採妥協態度：一面與其談判防衛同盟條約，一面培養其反法情緒。時法又警告普不得併此四邦，否則要求補償。

一八七〇普法戰，北德邦聯及南德四邦助普，更助長德民族情緒（見普法戰爭條）。一八七〇年十一月俾士麥代表北德與南德各邦談判合併。次年一月十八日，遂正式成立德意志帝國，由普王威廉為皇帝；其開國式即在法之凡爾賽宮鏡殿舉行。（郭榮趙）

西洋現代史

大西洋憲章 (Atlantic Charter)

一九四一年，英國正從事對抗德國之侵略戰爭。美國羅斯福總統經國會授權積極以美國物質援助英國，藉以增加英國的作戰力量，以制止德國的前進，但美國為反軸心國所製造的物質常遭德國潛艇擊沉，於是美國認為有干涉北大西洋戰爭之必要，且英國首相邱吉爾蓄意將美國介入戰爭，協助反軸心集團對於侵略之抵抗。故於一九四一年八月美國總統羅斯福與英國首相邱吉爾於距離大西洋紐芬蘭銀灣之美國巡洋艦敖古斯塔號及英戰艦威爾斯親王號舉行秘密會議。由此項會議，產生了大西洋憲章。兩國於一九四一年八月十四日分別在大西洋憲章上簽字，大西洋憲章共計八條，其目如下：

第一、他們兩個國家不求任何領土的或其他的擴張。

第二、他們不希望看見有關人民自由表達的意志不相符合的領土變更。

第三、他們尊重所有民族選擇他們願意生活其下的政府形式的權利；他們願意看見曾經被武力攫奪了主權及自由的民族，重新獲得主權與自治。

第四、他們要在適當的尊重他們現有義務之下，努力促使所有的國家，不管大的或小的，戰勝者或戰敗者，全部有機會，在同等的條件之下，為了達到它們經濟的繁榮，參加世界的貿易和獲得世界的原料。

第五、他們希望在所有國家之間，促進在經濟領域上的最有力的合作，以求保障所有的國家的更進步的勞工標準，經濟進步和社會安全。

第六、他們希望，在納粹暴政最後消滅之後，看見一種和平的建立，可以使所有的國家能夠在它們國境之內安全中度日，可以保障所有地方的所有人在免除恐懼和不虞匱乏之中，度他們的一生。

第七、這樣的一個和平將使所有的人能夠在海洋上不受阻碍的來往。

第八、他們相信，世界上所有的國家，為了現實的和精神的理由，必須放棄武力的使用。如果那些在國境以外有從事侵略之虞；或可能有從事侵略之虞的國家繼續在使用陸海空的武器裝備，則一個未來的和平將是無法維持的。所以他們相信，在一個更廣泛的一般和平體系未完成之先，這些國家的解除武裝是必要的。同樣的，他們將協助和鼓勵一切其他可行的措施，來減輕愛好和平的民族在武備上的不堪負荷的沉重負擔。

大西洋憲章的本質既非同盟的亦非具有拘束性的國際條約，這只是代表兩個政府的莊嚴和富於意義的了解，而大西洋憲章的精神最後納入聯合國宣言之中。一九四一年九月二十四日公布該憲章時，已有十五個反軸心同盟國包括蘇聯在內均贊同該公約。大西洋憲章雖未能將美國介入戰爭，但顯示出美國對於軸心國之立場。（劉景輝）

巴黎和會與凡爾賽條約

(Paris Peace Conference and Treaty of Versailles)

一次大戰結束之次年一月十八日舉行巴黎和平會議，本以美總統威爾遜之十四條基本原則為依據，但事實上並未遵守，初為英、美、法、日、意五國所操縱，後為英、法所把持，至六月二十八日乃在凡爾賽宮(Verseille)簽訂對德和約。但意國代表早因不能合併阜姆 (Fiume) 而退出，我國代表亦因和會將德國在山東所有權利悉數讓與日本，拒絕簽字。此外又訂對奧、對保、對土等和約。

戰敗國軍備大受限制，德國僅保留戰鬥艦四艘、巡洋艦六艘、魚雷艇二艘，不能再有潛艇，海軍限一萬五千人，陸軍限十萬人，取消徵兵制，萊因河東五十哩之砲壘完全拆毀；奧國陸軍限三萬人；保國限二萬五千人。至一九一二年，議定賠款，計為五百四十億元。合二千一百六十億金馬克。

在土地方面，法國收回亞爾薩斯、洛蘭二州，並獲得薩爾(Saar)煤礦開採權，敘利亞亦歸法國委任統治。英國則獲得德國在東非和西南非以及太平洋赤道以南各島的委任代管權。比、丹、波蘭亦各有所獲。日本得太平洋赤道以北各島代管權。漢志新國由英國保護。其他如波蘭與亞美尼亞的獨立，波蘭舊地的歸還波蘭，但澤 (Danzig) 之改為自由市，奧、匈之分立，以及由波希米亞和匈牙利北部諸地成立捷克新國，又以波蘭南部地合塞爾維亞舊疆而建為南斯拉夫(Yugoslavia) 新國。奧、匈割讓最多，土耳其與俄國在歐洲的領土亦大為縮小，英、法又爭奪勢力圈，美索不達米亞、巴勒斯坦、波斯、埃及、漢志等屬英國勢力，法國則在外交上竭力與波蘭、捷克等中歐國家接近。(方　豪)

北大西洋公約組織 (NATO)

一九四八年三月，西歐的英、法、荷、比、盧五國，曾在比京布魯塞爾簽訂五十年同盟條約。這條約表面上是防止德國侵略政策的再延，實際上是防備蘇俄。其後不久，五國又感覺到必須爭取美國的支持，乃向美國磋商，擬將西歐盟擴大為北大西洋聯盟。其時美國政策正在向區域組織轉變中，所以稍經磋商之後，美國、西歐五國以及加拿大、挪威、丹麥、冰島、意大利和葡萄牙共十二個國家，於一九四九年四月四日在華盛頓簽訂了北大西洋公約組織，北大西洋公約主要條件如下：

弁言　本條約諸締約國重申其對於聯合國憲章目的及原則之信念，幷申明其願望與所有人民、所有政府，和平相處，幷決定保衛其基於民主、個人自由、及法治之原則而有之人民之自由、共同傳統及文明，尋求促進北大西洋區之穩定及福利，決意聯合努力作成集體防衛以保障和平及安全，因而協訂「北大西洋公約」：

第一條　諸締約國承諾保證用和平方式解決任何其相互間之可能的爭執，一如聯合國憲章所載者，使之不致於危及國際和平及安全及公正，幷在國際關係中自行克制不用威嚇或武力之不合於聯合國目的者。

第二條　諸締約國將藉增加其自由體制，將藉更深之了解那些作為自由體制之基礎者之原則，將藉促進安定及福利之情況等，以求推進和平及友好的國際關係之發展，又將努力消除相互間經濟政策之衝突，幷推動相互間之經濟合作。

第三條　為了更有效地達到本條約之目的，諸締約國，單獨及共同，藉繼續的有效的自助及互助，將保持及發展其本身及集體力量以抗禦武力攻擊。

第四條　諸締約國將集會商討，當其中任何一個認為任何一國之領土完整、政治獨立、及安全，受有威脅時行之。

第五條　諸締約國協訂同意，凡一項武力攻擊其中在歐洲或美洲之任何一國或一國以上即認為攻擊全體，是以協訂同意倘若此項攻擊發生時，每一締約國實行其本身及集體自衛之權利為聯合國憲章第五十一條所承認者，當被援助攻擊之一國或多國，單獨及聯同他國即行採取其認為必須的行動，包括用武力以恢復及維持北大西洋之安全。

任何此項武力攻擊及其所引起之步驟當立即向聯合國安全理事會報告。當安全理事會業已採取必須之步驟以恢復及維持國際和平及安全，則該項自衛之步驟當即結束。

第六條　第五條所指之一項武力攻擊一國或多國，當認為包括一項武力攻擊在歐洲或美洲之任何一締約國之屬地，法國之阿爾及利亞省，任何一締約國在歐洲之駐屯軍，任何一締約國管轄下之島嶼之在北大西洋區幷在亞熱帶線以北者，或任何一締約國在本區域內之船隻或飛機。

第七條　本條約不影響，亦不得解釋為以任何方法影響諸締約國之為聯合國會員及其在聯合國憲法下所有之權利及義務，以及其在安全理事會中維持國際和平及安全之主要責任。

第八條　每一締約國茲特宣布，其所有與任何其他一締約國所訂以及與任何一國所訂之國際條約而現在生效者，無一與本約諸條衝突，并承諾保證不簽訂任何與本約衝突之國際協訂。

第九條　諸締約國將設立一理事會，每國均有代表在內，討論考慮關於實施本約之諸事項。理事會當如此組織，使其能在任何時期迅速召開會議，理事會認為必須時得設立附屬機構，特別當即行設立防禦委員會研究及提出實施第三條及第五條之事項。

第十條　諸締約國在全體同意下，得邀請任何其他歐洲國家，在一項推行本約原則之地位幷有助於北大西洋區域安全之地位，參加本約。被邀之任何一國在將其接受邀請而聲明參加贊助之文件存放於美國政府，得成為本約之一成員。美國政府當將每一項參加文件之存放通知每一締約國。

北約組織的目的，在於保護大西洋人民的自由、傳統和文明，並促進大西洋地區的穩定，後來，希臘、土耳其和西德也陸續加入。北大西洋公約最初公布時，蘇俄曾經提出抗議，一九五四年四月，蘇俄又要求加入，但被拒絕。一九五二年二月北約組織在里斯本集會，各會員國同意成立永久機構，設立理事會與秘書處，總部設於巴黎。一九五三年北約軍力由三十師擴成五十師。准許西德重裝軍備，但要求西德提供十二師部隊。因此北約組織開始具備緊急應付蘇俄攻擊的能力。一九六二年，法國在戴高樂當政之下，極想排除美國控制歐洲事務的地位。自此凡美國有所建議或行動，法國即反其道而行。其後北約總部即移往比京布魯塞爾，北約組織的一致性，因而遭受妨礙。（劉景輝）

古巴危機（Cuban Crisis）

古巴位於加勒比海西端，墨西哥灣之東口，戰略地位重要，有「新大陸鎖鑰」之稱。以古巴為中心，北可攻擊美國之弗羅列達半島，南可攻擊巴拿馬運河及南美洲之北岸。如在古巴建立飛彈基地，則其射程足可威脅整個美國及中南美大部分國家。

蘇聯於第二次世界大戰之後，積極設法向拉丁美洲滲透，曾擬利用瓜地馬拉（Guatemala）及委內瑞拉（Venezuela）動亂，建立據點，但未成功。一九五九年元旦，古巴發生政變，卡斯楚（Fidel Castro）推翻巴狄斯達總統繼掌政權，以實行民主革命為號召，標榜反美親共，於是古巴乃成為蘇聯爭取利用之對象。

一九六〇年二月，米高揚首訪問哈瓦那（Havana），與古巴簽訂貿易協定，貸予美金一億元。六月赫魯雪夫復親往訪問，其後不久即在莫斯科簽訂以古巴食糧交換蘇聯石油之協定。

由於古巴之反美活動日益加强，艾森豪總統遂於一九六一年與古巴絕交，同年四月十六日，集結於美國境內之古巴流亡分子，在新近就職的甘迺迪政府支持之下，向古巴實行武裝突襲，但因準備不足，美方又未全力支援，以致造成「豬灣」登陸之失敗，卡斯楚政權之聲望反而相對提高。

一九六二年夏，古巴國防部長羅爾．卡斯楚（Raul Castro）訪俄，允俄在古巴建立飛彈及潛艇基地。自此時起，大批俄國技術專家即携同飛彈裝備陸續進入古巴，建立中程飛彈基地，美國東南部一帶均在射程之內，情況十分危急。

美國中央情報局根據U2偵察機所得資料報告甘迺迪總統後，美總統立即舉行國家安全會議，決定自一九六二年十月二十四日起開始武裝封鎖古巴，聲明將對所有駛往古巴之各國船艦一律檢查，如發現載有攻擊武器者，即强制令其折返。甘迺迪並於廣播中提出建議，召開「美洲國家組織」緊急會議，要求拉丁美洲各國，依照「里約熱內盧條約」，給予美國一切必要之支持；同時建議聯合國安理會舉行緊急會議，討論蘇聯對於世界之新威脅，並派觀察員監督古巴飛彈拆除。

上述聲明，立即引起自二次大戰以後之最嚴重國際危機，萬一俄國拒絕讓步，即可能觸發核子戰爭。

赫魯雪夫的「和戰邊際外交」，此時受到眞正的考驗。赫某相信，如其繼續冒險，大戰必將爆發。在此緊要關頭，於是決定讓步。先於二十四日藉答覆英國哲學家羅素電報之機會，表示和平共存之誠意，並聲明願與甘迺迪舉行高峰會議，討論解決古巴危機之辦法。翌日再電聯合國秘書長宇譚（U. Thant），接受其建議，下令正在駛往古巴途中之俄船改道。二十六日又電甘迺迪表示願將古巴之飛彈基地拆除，但同時要求美國亦拆除其在土耳其等國境內之基地作為交換條件。美國答覆土耳其等國境內之基地，為北大西洋公約組織所建立者，應由該組織與華沙公約組織之間逕行洽商，不可與古巴問題相提並論。但美國亦向俄方提出對於古巴不作軍事攻擊之保證，以示讓步。赫魯雪夫至是乃表示接受美方條件，下令拆除古巴境內之飛彈基地。是項拆除工作至十月十三日完成，並將留駐古巴之伊留申轟炸機調走。同年十二月六日，甘迺迪宣佈解除對於古巴之封鎖，此一震撼世界和平之古巴危機亦隨之告一結束。（李邁先）

卡港會議 (Casablanca Conference)

卡港會議又稱卡薩布蘭加會議。一九四三年元月十七日至二十七日，美國總統羅斯福，英國首相邱吉爾於法屬摩洛哥，卡薩布蘭加地方舉行會議，故稱為卡港會議。

一九四二年十二月初，美國特使哈里曼從華盛頓前往倫敦，携帶羅斯福總統的訓令，和邱吉爾商議安排召開一次美、蘇、英三國元首會議。羅斯福希望三巨頭會議能在非洲或中東等處舉行。蘇聯史大林元帥以經常要隨時注意俄國戰場的當前軍事形勢為由，拒絕參加。

十二月二十八日，馬歇爾致賀浦金斯短簡，說明他和艾森豪威爾關於此一會議安排的計劃，他曾拍電給艾氏說明此次會議能在摩洛哥的費達拉(Fedalla)舉行更好，與會者有美英兩國的總統和首相及雙方的參謀首長。最後艾森豪威爾在卡薩布朗加城郊指定一組易於設訪而互相分離着的別墅作為會議場所。

卡港會議有三項主要的目的：一、商討地中海戰區聯軍未來的戰略；二、法國的情況；三、與蘇聯的關係。關於地中海戰區方面，兩國同意在意大利南部展開攻勢，而任艾森豪威爾將軍為北非戰區的最高司令。卡港會議同時也決定設立一個法國統一陣線，就是法國民族解放委員會的成立，討論到法國問題時，北非的法軍領吉勞德 (Giraud) 和自由法國領袖戴高樂均曾與會。為了解決蘇聯對英美之不滿，英、美兩國在卡港會議中表示全力摧毀德國和日本的武力，這種決心表現在兩國使用「無條件投降」上面。即是德國、意大利和日本需無條件向盟國投降。卡港會議最大的意義及其在歷史上的價值是同盟國向軸心國德國、日本和意大利正式表明作戰到底的決心和軸心國無條件投降。（劉景輝）

布萊斯特・里托夫斯克條約 (Treaty of Brest-Litovsk)

「布萊斯特・里托夫斯克條約」為俄國與德、奧匈、保、土等國單獨簽訂之和約，使第一次世界大戰之東線戰役正式結束。布萊斯特・里托夫斯克為當時東線德軍總司令部所在地，位於波蘭境內，在華沙之東方。

談判經過約略如下：十月革命成功蘇維埃政權建立之後，立即進行停戰談判。首先指派一低級共黨軍官克瑞林科 (Krylenko) 取代杜霍寧 (Dukhonin) 將軍為俄軍總司令，然後派遣代表向德求和。一九一七年十二月初，雙方協議先行停戰兩個月，同時再另舉行正式和談。俄方代表團先後由越飛(A.A.Joffe)及托洛茨基 (L. Trotsky) 率領，與德方代表庫爾曼 (Herr V. Kühlmann)、奧匈代表沙爾寧 (Czernin) 等進行洽商。俄方最初堅持不割地不賠款之原則，但德奧一方則要求必先徵得英法等協約國家之一致同意方能接受。英法拒絕，遂成為俄國一國與敵方之單獨談判。因德方所提條件過於嚴厲，談判陷於僵局。

一九一八年初，烏克蘭脫離俄國獨立，自行派遣代表趕往布萊斯特・里托夫斯克，與德奧等單獨締結和約（二月九日）。德軍為迫使俄方就範，二月十八日恢復攻勢，列寧鑒於情勢危急，堅請政府同意接受敵方條件，三月三日由雙方代表在布城簽字。

條約之內容，除前述德奧等國與烏克蘭簽訂之和約外，其與俄國簽訂之和約內容如下：

㈠俄國承認芬蘭、烏克蘭、喬治亞等國之獨立。

㈡俄國將波蘭、愛沙尼亞、拉脫維亞、立陶宛、莫桑德群島 (Moon Sound Is.) 等地割予德奧匈等國，其將來之政治地位由對方決定之。

㈢俄國將阿達罕 (Ardahan)、卡爾斯 (Kars)、巴統 (Batum) 等地割予土耳其。

㈣俄國拆除阿蘭 (Aland) 島之防禦工事，其將來地位由德、芬、瑞、奧四國決定之。

㈤八月二十七日復簽補充條款，由俄國補償德國戰爭損失六十億馬克。

俄國在此項條約中所受之損失，極為重大，計土地損失百分之二十五，人口損失百分之四十四，農業損失百分之三十三，工業損失百分之五十四，糖業損失百分之八十，鐵損失百分之七十三，煤損失百分之七十五。

三月十八日，和約經蘇維埃大會批准，惟其有效存在時間僅有八月，同年十一月十一日，德國失敗投降，在其與俄簽訂之休戰協定中，宣告將布萊斯特・里托夫斯克條約作廢，又二日，蘇俄亦宣佈此約作廢。（李邁先）

史達林憲法 (The Stalin Constitution)

史達林憲法在蘇聯「憲政」史中，是一座比較重要的里程碑。在此以前，雖有一九一八年和一九二四年分別頒佈的兩部憲法，但形式與內容均欠完備。在此以後，雖經多次修正，但修正之處均係枝節問題，基本精神無過大變更。

修憲之議，開始於一九三五年初。是時蘇聯內部之權力鬥爭已告一段落，史達林成為名實相符之獨裁者。五年計劃之經濟建設，已漸具成效。同時自希特勒執政後，蘇聯漸感威脅，乃高唱集體安全及人民陣線之外交政策。為博得民主國家之好感，宣揚蘇維埃政權之民主作風，爭取西方國家之協助，亦有制訂新憲法之必要。以上皆為修憲之動機。

一九三五年二月，俄共中央委員會指示總理莫洛托夫，令其於全俄蘇維埃第七屆大會中提出修憲建議案，其基本原則，一為力求選舉制度之民主化，二為力求配合當時之社會經濟基礎。七屆蘇維埃大會通過莫氏提案後，即以史達林為首組成憲法起草委員會，翌年六月草案完成，先將全文公佈，徵求全國人民之修正意見。一九三六年十二月五日，憲法草案經第八屆蘇維埃大會通過，同日公佈實施。新憲因係由史達林主持起草，故稱「史達林憲法」。

史達林憲法共分十三章，一百四十六條，其主要內容如下：

㈠政府組織：「最高蘇維埃」(Supreme Soviet of the USSR) 為全國最高權力機關，擁有外交，和戰，批准新共和國加入聯盟，疆域變更，國防、對外貿易、總預算編擬及一般立法等權力。下分兩院：一為「聯邦院」(Soviet of the Union)，代表全體人民，由普選產生；二為「民族院」(Soviet of the Nationalities)，代表組成聯邦之各個民族。兩院均有提出法案之權力，代表任期均為四年。最高蘇維埃設「主席團」(Presidium)，由兩院聯合選舉產生。設主席一人，副主席十一人（每一加盟共和國一人），主席地位相當於其他國家之元首。

全國行政部門之最高權力機關為「人民委員會」，一九四六年修憲時改稱「部長會議」(Council of Ministers)，相當於其他國家之內閣，向最高蘇維埃負責。部長會議設主席團，主席團之主席相當內閣總理。內閣之下分設若干「部」，部之數字時有變化，史達林憲法頒佈時，共設十六部，一九四七年增至五十九部，一九五三年史達林逝世前共設二十五部。

依照規定，俄國為一聯邦，由若干「加盟共和國」(Union Republic) 組織，目前共有十五個，而以俄羅斯 (RSFSR) 居於首位。每一加盟共和國均有其本身之最高蘇維埃及部長會議，各國均有自由退出聯邦之權別，不過此項權利，事實上等於虛設。

最高之司法機關為「聯邦最高法院」，由全俄最高蘇維埃選舉產生。各加盟共和國各有自己之最高法院，下設地區法院。除上屬正規系統外，另有「特別法院」及「人民法院」。

㈡人民之權利義務：關於選舉權及被選舉權方面，史達林憲法第一三五條規定：「蘇聯全體公民，凡年滿十八歲以上，不論其種族、宗教、教育程度、社會背景、財產狀況或過去行為如何，均有選舉權及被選舉權。」第一三四條規定，選舉制度採普遍、直接、秘密四原則。就表面看來，蘇聯之選舉制度已與西方民主國家無所差異，但實際執行時仍有多種限制。因同法第一四一條規定，各種公職候選人之提名，只准由「勞動人民之公共組織及社團」提出，而此項組織與社團，除共產黨外，仍包括工會、共產青年團、合作組織、文化組織等等，均係共黨之御用機構，故一切選舉均在俄共控制之中，選民甚至「沒有不投票的自由」。

除選舉權及被選舉權外，其他基本民權尚有工作權、休息及休假權、接受教育權、男女平等權、種族平等權、思想、言論、出版、集會、結社之自由權等等。關於人民之基本義務方面，則有遵守法律，接受勞動訓練，服兵役，保衛祖國，及保護並加強公共社會財產等。(李邁先)

參考資料：

1.Merle Fainsod: How Russia is Ruled (Harvard Universtiy Press, 1953)
2.Julian Towster: Political Power in the USSR, 1917-1947. The Theory and structure of Goverment in the Soviet State. (Oxford Univ. Press. 1948)

共產國際 (Comintern)

共產國際 (The Communist International 簡稱 Comintern)又稱「第三國際」(The Third International)，一九一九年三月成立於莫斯科，一九四三年五月二十二日正式宣告解散，歷時二十四年。

其所以被稱為「第三國際」者，因在此以前，已有兩個「國際」存在，皆以煽動、協調、指導各國革命分子，推翻所謂資本主義社會，建立社會主義社會為主旨。「第一國際」之正式名稱為「國際勞働者聯盟」（The International Working Men's Association），由馬克斯及恩格斯所發起，其存在時間為一八六四年至一八七二年，以英國之若干工會為主體，但未能獲得歐洲大陸其他國家革命分子之普遍支持，故影響力量不大。一八七二年於海牙舉行大會時，內部發生爭執，分裂為馬克斯主義派及巴古寧(Bakunin)派，此後即漸趨瓦解。

「第二國際」之存在期間為一八八九年至一九二〇年，內部意見亦不一致：一派為正統的馬克斯主義者，以白貝爾 (August Bebel) 等人為代表；一派為修正主義者，以柏恩斯坦 (Eduard Bernstein) 等人為代表；一派為極端分子，以列寧 (Lenin) 及盧森堡 (Rosa Luxemberg) 等人為代表。每次舉行大會時，均起爭辯。及至第一次世界大戰爆發，協約國與同盟國處於敵對狀態，雙方之社會主義分子亦隨之分裂。有主張反戰者，瑞士及意大利之社會主義者於一九一五及一九一六年在瑞士舉行會議兩次，呼籲和平。另外一派則主張將國際戰爭轉變為各國內部的革命，利用大戰以促成革命之實施，列寧即係此派之代表人物，一九一七年的俄國革命，也就是此一戰略運用之成果。

「第三國際」雖有「國際」之名，但在實際上則為莫斯科之御用工具，自始至終皆受俄國共產黨之操縱指揮。第三國際共舉行國際會議七次（一九一九、一九二〇、一九二一、一九二二、一九二四、一九二八、一九三五），第一任主席為齊諾維耶夫 (Grigory Zinoviev)，至一九二六年改由布哈林 (Bukharin) 繼任，一九二九年再由莫洛托夫 (Molotov) 繼任，不久，又改由曼紐爾斯基 (Dimitry Manuilskiy) 繼任，名義改稱秘書長。至一九三五年再改選廸米特洛夫 (Georgi Dimitrov) 為主席。

一九二〇年舉行第二屆會議時，通過所謂「二十一條件」，要求各國共黨一致遵守，凡拒絕是項條件者則予以排斥，因此造成了俄共以及各國共黨內部的分裂。一九二一年第三屆會議中，決定採取「聯合陣線」(United Front) 政策，命令各國共黨與其他社會主義分子合作，在若干問題上採取一致態度。

一九二四年列寧逝世後，俄共內部發生了一連串的權力鬥爭。最初是史達林對抗「左派」的托洛茨基 (Leon Trotsky) 和齊諾維耶夫，史派勝利，托派被共產國際排除。托洛茨基逃抵墨西哥後，即擬糾合同志另組「第四國際」，但未成功。其後史達林又與「右派」的布哈林之間發生衝突，後者亦被排除。自一九二九年，史達林成為第三國際的唯一領導人。

在史達林實行第一個五年計劃期間（一九二八—三二），第三國際奉命實施右傾政策，在德國境內，德共甚至與納粹合作以打擊威瑪共和政府。但自一九三三年希特勒執政以後，共產國際的態度即改絃更張。一九三五年舉行第七次國際會議時，通過「人民陣線」(Popular Front) 政策，命令各國共黨與各國之其他政黨合作，以抵制納粹勢力之擴張。法國於一九三六年成立的勃魯姆 (Blum) 內閣即係「人民陣線」政策之具體表現。到了第二次世界大戰前夕，蘇聯突與德國簽訂互不侵犯條約，自簽約之日起至德蘇戰爭爆發止（一九三九年八月至一九四一年六月），史達林又透過「第三國際」通令各國共黨全力與納粹合作，甚至希特勒在一九四〇年在西歐各地所獲得的每一次勝利，全得到各國共黨的一致喝采。但至德軍攻擊蘇聯，德蘇戰爭開始後，第三國際即又奉令指示各國共黨從事反法西斯的鬥爭。其主要活動則為在敵軍佔領區內擴張共黨的勢力，法國與中國，即係顯著之事例。

「第三國際」於戰爭爆發後即由莫斯科遷往烏拉山區之烏發 (Ufa)，至一九四三年五月二十二日正式解散。其實際工作則由俄共書記處接管，並未中斷。

第二次大戰之後，各國共黨復在波蘭的維爾薩．高拉 (Wilcza Gora) 地方舉行會議，由俄共日丹諾夫(Zhdanov) 主持，會中決定重建新的共產國際，稱為「共產情報局」(Communist Information Bureau 簡稱 Cominform)，參加分子為俄國、波蘭、捷克、匈牙利、南斯拉夫、羅馬尼亞、保加利亞及西歐之法國、意大利等八個國家的共產黨，但其實際活動範圍則遍及世界每一角落。「共產情報局」成立後，各地之共黨活動立見加強，法、意境內不斷發生罷工，希臘境內內戰突轉惡化。但至一九四八年六月南斯拉夫之狄托 (Tito) 被開除後，情形即起變化，情報局局址亦由南國首都貝爾格勒 (Belgrade) 遷往羅馬尼亞首都布加勒斯勒 (Bucharest)。一九五三年史達林逝世後，赫魯雪夫接掌大權，外交政策亦有轉變，俄國與南斯拉夫重新建立，至一九五六年三月，在狄托的壓力之下，「共產情報局」宣告解散。（李邁先）

西歐之統合（The Integration of Western Europe）

一九五〇年六月廿五日韓戰的爆發，影響遠超過地區性。在美國領導下，聯合國注入了新的生命。韓戰予西歐以蘇聯威脅的實際上的警惕作用—東德是否將步北韓的後塵?結果為進一步滿足歐洲的願望，在蘇聯控制範圍以外的地區，欲致力於被毀軍備的重整，首必著重經濟重建，依靠美國的保護盾以策自身的安全。

經濟的統合：統一歐洲的思想，歷有年所，自但丁、康德以至白萊安、史特萊斯曼與邱吉爾，莫不皆然，但為主權國敵對的民族主義所破壞，二次戰後，歐洲所共同遭受的戰敗、毀滅與權力之萎縮，至少呈現共同問題而予馬歇爾計劃(Marshall Plan)以共同合作的基礎。一九四七年，美國國務卿馬歇爾（George Marshall）建議組成歐洲經濟合作組織（The Organization for European Economic Cooperation 簡稱 OEEC），參加者十六國：英、法、意、荷、比、盧、愛爾蘭、挪威、丹麥、瑞典、瑞士、奧地利、葡萄牙、希臘、土耳其、冰島。一九四八年美國國會制訂歐洲復興計劃（通稱馬歇爾計劃），自一九四八—一九五一年四年間，歐洲各國制訂四年經濟建設計劃，美國提供數達一百卅五億美元援助，終於促成歐洲復興。一九六一年九月，原以接受美援為主的歐洲經濟合作組織蛻變為經濟合作與發展組織（Organization for Economic Cooperation and Development 簡稱 OECD），現在廿二會員國，除歐洲經濟合作組織之原有十六國外，更加西德、西班牙與芬蘭；而美國、加拿大和日本的參加，實已超出歐洲範圍。此外，南斯拉夫與澳洲亦有聯繫但非完全會員國。該組織之目的，仍在促進經濟成長，提高生活水準，助成各合作國之財政穩定。

歐洲之政治統合：由於共同的文化基礎而產生。一九四九年五月，英、法、意、荷、比、盧、挪、丹、愛、瑞典十國發起組成「歐洲理事會」("Council of Europe)，設總部於法國之斯特萊斯堡(Strasbourg，包括諮議會（Consultative Assembiy）與部長會議（Committee of Ministers）。憲章（Statute）申明，歐洲理事會之目的在促成各會員國間之團結，期以保障並實現共同遺產之理想與原則，以利便經濟與社會進步。冰島、西德、奧國、希臘與土耳其繼而加入，使會員國增為十五國。憲章同時申明國防事務不在討論範圍之內，以便瑞典等中立國之加入。憲章特別規定：會員國須接受法治和人民享有人權暨基本自由的原則，旨在排斥共產與獨裁國家的加入。換言之，歐洲理事會之目的在於協助民主國家發揚其個人自由之理想與傳統。

一九五〇年，早在韓戰爆發以前，法國外長徐滿(Robert Schuman)根據莫勒（Jean Monnet，一八八八年生）方案，提議建立國際權力機構，以控制德、法、荷、比、盧之煤鋼工業，主張在「同樣的條件」和超國家的機構監督下，改進煤與鋼鐵的生產方法和供銷。一九五三年五月，歐洲煤鋼聯營（European Coal and Steel Community 簡稱 ECSC）有效發生功能，徐滿計劃期在提供煤、鋼工業擴展的基礎，並為其他經濟生活方面之統合示範。一九五七年參加煤鋼聯營之法、德、意、荷、比、盧六國簽訂羅馬條約，決議成立歐洲經濟組織（European Economic Community 簡稱 EEC)與歐洲原子能組織(European Atomic Energy Community 簡稱 Euratom)。

歐洲之單一市場擁有顧客三億人可與美、俄爭衡，因此在一九四八年荷、比、盧結成關稅同盟（Benelux）廢除關稅，協定共同入口稅，一九五二年歐洲煤鋼聯營產生，至是出現歐洲經濟組織，即一般所謂的「共同市場」，于一九五八年一月一日生效，至一九六八年七月，六國間之關稅已全部免除，並建立對外一致關稅，現更籌組貨幣同盟（Monetary Union）。

一九六七年，西歐統合有重大發展：是年合併煤鋼聯營，原子能組織與共同市場，正式形成歐洲組織（European Community）。西歐六國之經濟聯合至是成為單一系統，其終極目標在以經濟統合促成政治統合以締造「歐洲合衆國」（United States of Europe; 即 USE）。目前歐洲組織已經建立起三權分立的超國家的政府組織，行政—理事會與部長會議；立法—歐洲議會；司法—正義法庭：統合政府，隱隱若現。

一九五九年英國着手組成歐洲第二貿易集團，即歐洲自由貿易協會而建立歐洲自由貿易地區（European Free Trade Area 簡稱 EFTA），包括英、奧、挪、丹、瑞士、瑞典、葡萄牙七國，於一九六〇年生效。至一九六七年亦已廢除集團內工業成品之全部關稅。自由貿易地區號稱「外七國」（the outer seven）與共同市場所謂的「內六國」（the inner six）對立。聯合「內六」「外七」或甚而溶為一體的工作，開始於一九六二年的英國申請加入共同市場，但遭法國總統戴高樂否決：一九六七年英國再度提出申請，又遭法國否決。法國否決的理由是英、美關係太深，但亦可反映復興歐洲的活力與自信。一九七〇年英、愛、挪、丹繼續申請加入歐洲組織，一九七一年六月二十三日，終在盧森堡與六國達成協議，決定英國等四國可在一九七三年一月一日加入共同市場，一九七二年西國與六國在比京布魯塞爾簽訂擴大共同市場條約，歐洲的經濟統合，邁入新的境界。

西歐統合的多重目標爲㈠加强文化聯繫；㈡促進經濟合作；㈢發展政治結合；㈣締造軍事同盟。統合的廣泛基礎爲㈠民族主義與民主的勝利所造成的爭取自由與平等的個人權利以及民族自決與獨立的國家權利—使普選與民族國家(Nation-State)成爲西歐所有政府的普遍特色；㈡工業主義與機械化，大量生產，勞力分工，與能源造成之生產量增加；㈢「福利國家」("The Welfare State")；㈣互爲獨立性。統合的困難爲各國的自尊和獨立，不同的民族性與傳統，不同的語言與經濟利益。歐洲統合論者(Eurocrats)雖有崇高的理想，但目前西歐經濟合作的成功似仍未帶來文化交溶與政治合作。參閱：一、本辭典第四冊，國際關係，頁五七—五九，西歐統一運動，西歐聯盟條。二、王曾才，「西歐的統合」，新時代，十卷八期（六〇、八）頁三—八。（陳　驥）

杜魯門主義(Truman Doctrine)

一九四四年，希臘境內德軍肅清，希王與內閣重掌國政，不幸爆發派系內戰，國家陷入混亂。保加利亞、阿爾巴尼亞與南斯拉夫的共黨趁機叛亂，騷擾希臘邊境，供應希境叛軍給養，並擄去數千兒童。英國雖負有維持希臘秩序的責任，但在財政與軍事上，均感力不從心。一九四七年初，英人通知美國政府，表示英國不得不撤出駐軍，並停止補助希臘。共黨游擊隊此時正施行恐怖政策，極有控制全希可能。蘇俄此際向土耳其步步進逼，壓迫就範，又威脅伊朗。希臘若崩潰，蘇俄很可能進入地中海和中東。

杜魯門總統鑑於希土淪入共黨控制之危險，他於一九四七年三月十二日向國會聯席會議演說，宣稱遏止蘇聯帝國主義的擴張是美國的責任，希、土兩國的生存與完整爲維持該區和平及自由所不可少。因此，杜魯門要求國會授權，以四億美元的數目援助希臘和土耳其，其期限到一九四八年六月三十日爲止。除了專款之外，杜魯門總統還要求國會授權，依照希臘和土耳其的請求，派遣美國的文武人員前往兩國，幫助進行建設工作，並對所供給的財政和物資的援助，監督其使用。杜魯門並且指出，美國援助希臘、土耳其所耗之金錢與耗費在二次大戰上面，實在微乎其微，是對於世界自由和世界和平的維護一種最好的投資。杜魯門並且進一步的指出「極權政體的種耔，在不幸與貧困中滋長，我們必須讓人民有改進生活的希望，這希望一旦破滅，極權的種耔便完全長成」。於是，他宣佈，凡力保獨立，堅決抵抗極權份子武裝叛亂的國家，都可自美國獲得軍事與經濟援助。此即所謂「杜魯門主義」。五月二十二日，美國國會通過法案，撥款二億美元援希，一億美元援土。並授權總統派陸、海及經濟顧問前往兩國。美國這一援助，拯救了希臘，也穩定了土耳其。確保了地中海和中東自由世界的防線。美國與蘇聯的對立自二次大戰愈趨明顯與尖銳。（劉景輝）

法西斯主義（Fascism）

法西斯主義爲一種政治態度之名詞，將民族國家(Nation-State)或種族之權力與生長置於生活與歷史的中心。不顧個人及其權利、人道等，一切可爲國家利益而犧牲到底。法西斯主義仿效全體主義的布爾雪維克主義，成爲一黨專政國家，對國民生活的每一方面，施以嚴格統治。法西斯主義首創於一九一九年意大利之墨索里尼（Bonito Mussolini 一八八三—一九四五），後遂成爲其他國家類似運動的總稱，最著者，德國國家社會主義（German National Socialism）。意大利語法西斯讃（Faacismo）係由拉丁文法西斯（Fasces）意謂「一束」而來，乃指古羅馬時代以一束木棒、一柄斧頭執導官吏之前，以爲權威的象徵。

法西斯主義知識上的先驅者爲法人梭羅（Georges Sorel）與毛拉斯（Charles Maurras）。及意人派利圖（Vilfredo Pareto）。派氏爲一經濟學家暨社會學家，發展出一套社會變遷與新精英階層興起的循環理論。梭羅爲革命工團主義（revolutionary syndicalism）的理論家，强調歷史上暴力的創造性角色，他訴諸直接行動的主義，堅決反對調解和妥協，認爲這是布爾喬亞（bourgeoisie 卽中產階級）衰弱的標誌。毛拉斯爲法國「完整國家主義」("integral nationalism")之父，反對法國革命的民主思想，强調法國國家利益高於一切，外交政策爲國家活動最主要所在。

意大利法西斯主義運動的起源，由於一次戰後的幻滅感與熾熱的民族主義所激起。詩人鄧南遮(Gabriele d'Annunzio)以韻文與詩歌頌意大利的使命與危險、冒險與戰爭之愛，鄧南遮在一九一九年九月曾率領其黑衫黨徒佔據阜姆（Fiume），自爲城主 duce，其所頒佈的憲法，實爲「組合國」("Corporative State")的濫觴。並已採用日後法西斯運動的各種儀式與呼叫。墨索里尼在一九一四年前爲意大利社會民主黨領導人之一，但他常代表革命的工團主義的傾向，强調直接行動與振奮意志，喊出「誰有鋼鐵誰有麪包」的口號，引用拿破崙「革命是找到刺刀的思想」的話。

一九一九年三月廿三日，墨索里尼創法西斯戰鬥團（Fasci di Combattimento"）於米蘭，一九二一年始，法西斯戰鬥團公開與有產階級、地主與工業家聯結。一九二〇年蔓延全意之深刻社會不安給予墨氏以機會，對飽受驚嚇的上層階級而言墨氏及其所領導的青年黨徒殊爲安全的保證。在軍隊默許下，墨氏黨徒展開「恢復秩序」，打破社會主義者與進步運動及其組織。地方別動小組準備攫取權力，在青年名義下，反對猶豫不決「老朽」自由份子之「搖搖欲墮的國會主義」（"the tottering parliamentarism"），政府不加抵抗，軍隊警察不干涉，使法西斯黨徒更肆無忌憚。一九二一年十一月，組成國家法西斯黨(National Fascist Party)。翌年墨氏放棄其原來的社會主義、反專制主義與反天主教方案。一九二二年十月廿八日，墨索里尼之「黑衫黨」（"black shirts"）發動有名的「進軍羅馬」，卅一日，意大利國王英曼紐爾三世（King Victor Emmanuel III 統治期間一九〇〇—一九四六）任命墨索里尼爲總理，十一月廿五日，畀予墨氏以獨裁權力直至一九二三年十二月卅一日以恢復秩序進行改革。墨索里尼至是爲黨魁(Duce)與政府領袖(Capo di Governo)如蘇聯的史達林；其法西斯二十四人大會（Grand Council of 24）相等於蘇聯的政治局(Politburo)。

法西斯主義爲最赤裸的權力政治與現實政治(Realpolitik)；一切理論上的考慮背置於所謂事物狀態之「强力動態」（"inexorable dynamics"）下。推演至終每一件事物皆有賴領袖變動不居的決定，而應無條件服從並立即執行，因此法西斯主義可視爲社會秩序的保壘，反對社會革命、馬克斯主義與無產階級，而在不同場合又可作爲無產階級世界革命的宣傳家與先鋒隊，反對保守主義與財富，布爾喬亞與資本主義。

由於强調非理性、本能與行動主義，法西斯主義堅持「自然的鐵則」("iron logic of nature")，主張戰爭以教育國家，墨索里尼說：「戰爭對於男人一如生育之於女人。」

法西斯主義反對十七、十八世紀英、美、法革命所衍生的自由主義與民主原則，回復集權主義秩序、個人壓制、階級不平等。有名的法西斯口號爲「信心、服從、戰鬥」和「墨索里尼永遠是對的」。

自一九二二—一九四〇年間，十八年之法西斯在意大利的政權爲準備戰爭，期以達成意大利人民的使命，再生羅馬帝國。法西斯經濟如共產主義經濟爲永久性的戰爭經濟，其「組合國」(State Corporation）藍圖仍爲紙上文章。

法西斯主義可視爲誇張甚至絕對化的國家主義，完全抹殺個人主義與人道精神，其興起實由於群衆機器時代生活的複雜化，暨一九一四年後的幻滅感與犬儒主義。以往三百年艱難茁長的民主，著重個人責任與個人決定，實代表著最爲艱難的社會制度，需要一定程度的人性成熟；而在廿年代的意大利，卅年代的全世界所普遍發生的現象使民主處於防禦的地位，甚至有覆亡之虞。

一九三四年墨索里尼說：「自一九二九年後，法西斯主義不僅是意大利的現象，並且是全世界的現象。」一九三三年，德國取得世界性法西斯運動的領導權，一九三六年，奧地利、匈牙利、波蘭、羅馬尼亞、保加利亞、希臘、日本的政府程度不同皆接受法西斯主義的原則，法西斯主義在德意以外地區最大的收穫爲西班牙的征服，一九三九年法西斯勢力如日中天，其在國際上的地位由於德意兩大法西斯國家的密切合作而增强。從一九三六年開始，德意兩國締結一連串政治、文化、經濟協定，一九三七年「軸心」延伸及於日本，組織反共公約，隨後加入西班牙與匈牙利（見本册「軸心國家」條），一九三八年後德國式的法西斯主義涵蓋其他國家形式的法西斯主義—意大利與日本皆接受其反閃主義（anti-Semitism），一九三九年五月，德意締訂攻守同盟，八月，蘇德協議成，國社黨所宣傳對「猶太共產主義」的攻擊一變而爲攻擊「猶太資本主義」，其心臟區首爲倫敦，次即華盛頓。一九三九年九月，二次大戰爆發，法西斯與共產主義不僅合作瓜分波蘭，並且共同指責英、法爲帝國主義財閥政治，對戰爭應負責任。一九四〇年九月廿七日德、意、日在柏林締結正式法西斯同盟，期將法西斯全體主義的「新秩序」加於歐、亞、非洲。新公約否認對蘇聯懷有敵意，且事實上日蘇於一九四一年四月簽訂友好中立條約。

法西斯黨人又發明「第五縱隊」，分化民主國家的團結，雖然在短暫的時間內征服了很多的國家，但始終不能停止民族反抗的精神。

一九四〇年六月，法國貝當元帥（Marshal Pétain），賴佛爾（Pierre Laval)與達蘭海軍上將（Admiral Darlan)組成法國法西斯政權，挪威奎斯林(Major Vidkun Quisling)組成挪威法西斯政權。法西斯主義始於廿年代的意大利為純粹意大利的國家運動，四十年代爭取世界支配權以使廿世紀成為法西斯世紀，但二次戰後，完全失敗。

二次戰後法西斯主義殘存於西班牙與阿根廷，在意大利與法國有過一度復活的可能。南非至今採取種族主義政策（Apartheid），近於法西斯的論調。阿根廷的法西斯領袖貝隆(Juan Perón)于一九四五年十月十七日攫得政權，但一九五五年九月被軍隊推翻。（參閱本辭典第三冊，政治學，頁一六二一一六三，「法西斯主義」條。）（陳　驥）

法西斯與墨索里尼治下之意大利 (Fascism and Italy under Mussolini)

意大利在第一次世界大戰前，對奧國本有條約上的義務，且無勝利把握，但終因美國允許割讓奧國土地而參戰。當時平民報主筆墨索里尼 (Moussolini) 亦竭力鼓吹參戰，但戰後意國竟不得實際報酬，人民不滿。又因失業日多，國債大增，自一九二〇年一月起，社會主義蔓延全國，到處罷工。適一年前墨索里尼已組織黑衫黨，至一九二一年乃改為法西斯黨 (Fascist)，其字義原為古羅馬執政官的儀仗，以一束木棒捆一柄斧頭，故又稱棒喝黨。墨氏意欲恢復古羅馬光榮，於一九二二年十月率領三千黨員，從米蘭 (Milan) 到羅馬，以動人演說獲各黨信任票，握取政權。至此歐洲除俄國無產階級獨裁制外，乃又多一個一黨專政的獨裁制。

一九二二年墨氏受意王任命為首相，首相直接對王負責，於是排斥異黨，剝奪個人權利，一意孤行，而美其名為民族紀律。但如解除經濟的困阨，整理國家交通，增加農產，規定勞資集合契約等設施，亦不無成績。墨氏又以勞資兩方的全國聯盟來代替議會中的政黨組織，此等經濟組織有選舉國會議員權，然而實際上仍是法西斯黨在操縱。

墨氏對外政策，如一九二九年二月十一日與教廷締結拉脫郎 (Lateran) 條約，承認教宗在梵蒂岡 (Vatican) 的最高主權，解決一八七〇年以來意大利與教廷間的糾紛，獲得教徒的同情。他曾從英、法手中擴張了非洲殖民地，一九二四年取得阜姆，收阿爾巴尼亞為保護國；並公開表示索取法國在中非的大塊土地敍利亞和突尼斯；一九三四年冬侵入阿比西尼亞，一九三六年占領阿國首都。

墨氏對法國最為仇視，一九二六年訂意西條約，次年又訂意匈條約，目的都在對法。但到一九三三年，他又主盟英、法、意、德四强公約，並和解德、奧衝突，一時頗有領導歐洲政局之勢。

蘇、意而後，歐洲獨裁國聞風興起的，有波蘭、立陶宛、匈牙利、希臘、保加利亞、阿爾巴尼亞、南斯拉夫、西班牙等，祇時間上略有久暫之分。（方豪）

波茨坦會議 (Potsdam Conference)

一九四五年七月十七日至八月二日於德國柏林市西南的舊離宮所在地波茨坦，英、美、俄三國領袖為重建戰後和平所舉行的會議，故名之。出席是項會議者有美國杜魯門總統、英國邱吉爾首相、蘇俄史達林元帥，七月二十八日後，英國新任首相艾德禮（Clement R · Attlee）取代邱吉爾出席波坦會議。

出席波茨坦會議三國領袖同意設立五强外長會議，五强外長會議包括中國、美國、英國、法國及蘇俄。五强外長會議負責起草和約，第一次外長會議於是年九月十一日在倫敦開會。

波茨坦對德國的處理有下列的決定：一、解除武裝和廢除軍備；二、國家社會黨制度的解散；三、審判戰犯；四、對民主理想的鼓勵；五、恢復地方自治政府及民主政黨；六、基於軍事安全的需要，言論、出版、和宗教自由受軍事管制。

對於德國的經濟限制，波茨坦會議決定：一、禁止軍略物資及戰爭工具的製造；二、控制戰爭基本物質如金屬、化學物品及機器的生產；三、德國的卡特爾 (Cartels)、辛廸加(Syndicates)、及托勒斯 (Trusts) 予以分散；四、强調農業及平時的國內工業；五、控制進出口及科學的研究。盟國如何實施此等條款，以後再仔細研究。

波茨坦會議決定德國在其最大可能範圍內賠償盟國的損失，三國領袖同意：一、蘇俄從德國的佔領區內移走德國的工業設備以及德國的永久資產作為賠償。二、蘇俄解決波蘭的賠償要求從蘇俄所得的賠償中解決。三、美國、英國及其他盟國的賠償要求由英、美、法三國在德佔領區之德國永久資產解決。

波茨坦會議決定與芬蘭、匈牙利、羅馬尼亞、保加利亞以及意大利之和約儘速訂立。

波茨坦會議係舉行於意大利、德國投降之後，距離日本投降不足月餘，英、美兩國仍然期待蘇俄加入對日戰爭，故會議之中對蘇俄採取讓步政策，致造

成東歐各國於戰後相繼落入蘇俄控制範圍之內，而歐洲自由與極權對立的陣線亦於此時露其端倪。(劉景輝)

柯尼洛夫事件 (Kornilov Affair)

柯尼洛夫事件爲促成俄國臨時政府瓦解之決定因素，由是造成克倫斯基之失勢及十月革命之成功。

柯尼洛夫將軍 (Lavr Georgievich Kornilov) 爲一西伯利亞哥薩克之子，一九一七年「二月革命」爆發後不久，一度擔任首都衛戍司令。因不滿蘇維埃對於軍令之多方干涉，自請調往前方，出任第八軍軍長。是年七月俄軍在奧國前線發動反攻，頗著戰功，遂被國防部長克倫斯基任命爲南線俄軍總司令。臨時政府改組克倫斯基升任總理後，又被提升爲俄軍總司令，以接替原任之布魯西洛夫(Brusilov)將軍。柯尼洛夫治軍嚴格，除將革命初期業經廢止之死刑先在前方恢復外，並擬將此項決定訂之於全國，以使被蘇維埃破壞之軍事紀律重新恢復。

二月革命推翻沙皇政府後，出現了兩個並行的政權，一爲臨時政府，一爲蘇維埃政府，二者均自認爲合法之統治者，互相爭奪領導權。克倫斯基於七月中旬繼任臨時政府總理後，深感臨時政府之權力基礎過於脆弱，其與蘇維埃間之關係必須加以徹底澄清，蘇維埃方面之權力亦須加以限制，於是於八月下旬在莫斯科召開「國是會議」(National Political Conference)，出席代表約達二千五百人，包括全國各個階層在內。布爾色維克分子指責此項會議之目的，在於糾合反動保守勢力準備發動反革命攻勢，故一方面拒絕參加，一方面發動罷工，以圖阻撓，但未成功。

國是會議舉行時，保守派分子咸盼俄國此時能有一位類似法國革命時期拿破崙的强人，創造拿破崙式的奇蹟，壓制狂流重建秩序，將革命與混亂納入正軌。此一希望，乃寄在柯尼洛夫身上。當其抵達莫斯科出席會議時，受到各方之一致擁護，視爲俄國前途之救星。

柯尼洛夫既受各方支持，乃有奪取政權之野心。其左右人員，亦鼓動其發動武裝政變。九月三日，德軍攻佔里加 (Riga)，彼得格勒感受威脅，柯氏乃乘機要求將首都衛戍權力交由其本人接管，爲克倫斯基所拒絕。柯尼洛夫與克倫斯基兩人間之關係，至此已現裂痕。其後復因發生所謂「洛夫三訪」，乃使雙方誤會更爲加深，卒致公開破裂。

洛夫 (V.N. Loov) 於臨時政府成立之初，曾任宗教會議監察長，與柯克兩人皆甚熟悉，且經常走動於二人之間，擔任私人協調任務。洛夫於九月四日初訪克氏，六日再訪柯氏，八日三訪克氏。在最後一次訪問中，代表柯氏向克氏提出三點要求：一曰宣布戒嚴，二曰立即將政權移交柯氏，三曰內閣總辭。克倫斯基至此乃召開緊急內閣會議，下令免除柯氏之俄軍總司令職務。柯氏拒絕受命，遂即於八日發動政變，率軍向首都進發。

但此次武裝政變迅即瓦解，當叛軍向首都進軍途中，處處遭遇布爾色維克分子之阻撓，鐵路工人怠工，拒絕運輸部隊，電報局拒絕拍發軍事命令，布黨煽動分子又復向叛軍宣傳，故大軍未至首都已自行冰消瓦解。九月十四日柯尼洛夫於其總司令部被捕，叛變遂告失敗。

當叛變發生後，克倫斯基之臨時政府爲求自保，不得不借助於由布爾色維克分子控制之蘇維埃的武力支持。一方面將前所逮捕之布黨分子如托洛茨基(Leo Trotsky) 等釋放，一方面組成「抵抗反革命委員會」，將武器發給首都工人，組成民團。於是乃使原已受制之布黨勢力又得死灰復燃，由少數地位變爲多數地位，不僅使臨時政府解體，並爲即將爆發之「十月革命」，奠定了成功的基礎。(李邁先)

參考資料：

1. W. H. Chamberlin: The Russian Revolution, Vol. I Chap. IX (2 Vols, New York: Macmillan Co. 1935).
2. N. V. Riasanovsky: A History of Russia, Chap. 34. (New York, Oxford University Press. 1963)
3. M. T. Horinsky: Russia, A History and An Interpretation, Chap. 47. (New York: Macmillan Co.1953).

珍珠港事件 (Attack on Pearl Harbor)

珍珠港事件係指一九四一年十二月七日，日本在破曉時分以潛艇及航空母艦爲基地之飛機偷襲美國在太平洋上的海軍基地—夏威夷島的珍珠港，構成美國海空軍重大的損失，導致美國參加第二次世界大戰的直接原因。

自中日戰爭爆發後，美國對日一直採取懷柔的政策，未曾在軍事上作任何準備，一九四〇年九月，日、德、意三國的代表簽訂一項條約，該條約係針對美國而言。加之一九四一年四月十三日蘇日中立條約簽訂後，日本已完成其外交的攻勢，準備對亞洲南部進攻。在此情勢之下，羅斯福政府企圖加强海軍力量，且對日本施以經濟壓力。一九四一年七月二十三日，正當日本强迫法國以安南南部戰略基地給它使用時，羅斯福政府加强其外交抗議，宣布凍結一切日人在美國的資產。日本也立卽凍結美人在日本的資產，以爲報復。

在一九四一年春夏間，日本駐美大使不斷與美國務卿赫爾提議解決兩國在遠東的歧見，但因日本的提案實際上等於要美國贊同日本的擴張計劃，遂遭美國拒絕。美國的提案也同樣不爲日本所接受，則因其要求日本終止侵略與日軍從中國撤退。雖然兩國關係仍保持不安的平衡，但當東條英機大將於十月十六日接任內閣總理後，危機迅卽發展。十一月初旬，野村吉三郎特使啣命到達華盛頓，協助日駐美大使與赫爾談判。十一月二十日，日方代表們對赫爾提出一項備忘錄，該項備忘錄等於請求美國協助，並容許日本在亞洲的征服成果。遂爲美國拒絕，而在十一月二十六日美國曾提出一連串的對策，美國提案之不能爲日本所接受，正與日本提案之遭美國拒絕者相同，每一國實際已對他國提出最後通牒。日本在拒絕十一月二十四日的美國提案後，仍使談判之門開放，俾使其軍事領袖在若干目前所定計劃有充分的執行時日。在其後十日之間，日本大使與野村繼續運用其被派定的談判者任務，而同時日本的作戰武力正渡過太平洋，趨向於夏威夷。到了一九四一年十二月七日，所有談判與美國的中立均隨日本之進攻珍珠港而終止，日人在破曉時以潛艇及航空母艦爲基地之飛機予珍珠港之美海空軍予以打擊。十二月七日適逢週日，美方毫無防範，造成美海空軍嚴重的損害。

十二月八日，羅斯福親自赴國會致辭。國會除一不同意票外，全體一致通過向日本宣戰。是爲珍珠港造成美國直接參加第二次世界大戰的原因。（劉景輝）

威瑪共和國（Weimar Republic）

第一次世界大戰（一九一四—一九一八）結束，德皇威廉二世（Kaiser Wilhelm II）去位，在激進左派斯巴達克斯黨人（Spartacist）亂事底定後，一九一九年一月十九日，經普選（一九一八年十月廿四日，德國實行成年普選制度）產生國民制憲會議（National Constituent Assembly），中央聯盟之多數派社會黨（Majority Socialists 卽中庸之社會民主黨（Social Demecrats），天主教中央黨（Catholic Centrists），與民主黨（Democrats），在四二一議席中得三二六席，佔有優勢，支持共和。反對黨爲左翼之獨立社會黨（Independent Socialists）與右翼之國家黨（Nationalists）。會議工作有三：政府日常事務之推行，締結和約，制訂憲法。

二月六日，國民會議集會威瑪（Weimar），十一日，會議公推多數派社會黨領袖艾柏德（Friedrich Ebert）爲德國共和國第一任總統（一九一九—一九二五）。七月卅一日，威瑪憲法制訂完成，八月十四日生效。宣佈德國爲聯邦國家，政體有類英國與法國，全國性事務之政治權力在于中央政府，各邦事務歸各邦政府管轄。立法機關由聯邦議會（Reichsrat 卽上議院）與人民議會（Reichstag 卽下議院）組成，分別代表十八邦與人民。聯邦議會除擱置權外，立法權在於人民議會。總統由人民普選產生，任期七年，根據憲法第四十八條：在緊急狀況下，授與總統廣泛權力，採取一應必要措施以恢復共和秩序，並得中止憲法所規定之民權。實際權力在于總理與對人民議會負責之內閣。威瑪憲法爲最民主之紙上成文憲法之一，參考英、美、法國與瑞士等民主國家之憲法，規定婦女選舉權，比例代表制暨罷免、創制、複決權。根據威瑪憲法所成立之威瑪共和國，經予德國以急遽之憲制改變，但非革命性質。

威瑪共和國之弱點，在于必需承受德國戰敗所帶來之痛苦與災難。一旦戰敗時之紛擾不安，既成過去，共和之反對者，卽漸加多。工人與「小民」感於共和控制於上、中階級之手而出賣了社會正義之希望；右派人士緬懷德意志帝國昔日之昌盛、權力，與光榮，認共和爲「一九一九年之通敵」所造成。當來自左派之壓力稍形和緩，發于右派之反動，接踵而至。威瑪共和實乃誕生於風雨飄搖之中。

一九二〇年三月右派加柏暴動（Kapp Putsch）發生，共和政府先逃亡至德來斯頓（Dresden），繼避難於斯圖卡特（Stuttgart）。六月，根據新憲法之首次例常選擧，選出人民議會代替國民會議，威瑪聯盟喪失一百席，新聯盟以人民黨（People's Party）（自由黨）爲首，取代以往之多數派社會黨，憲法因採比例代表制而使多黨林立，德國至此有如法國內閣之不穩定；復因通貨膨脹導致幣制崩潰而加深。通常一美元值四·二馬克，至一九二三年驟升至值數兆馬克之天文數字，造成中產階級破產，投機份子驟得暴利。財富不合理之再分配，予德國一般人民精神、物質、道德、價值以無限創傷，伏下後日納粹興起的禍源。

一九二三年八月十三日，人民黨之史特萊斯曼(Gustav Stresemann 八七八—一九二九）出掌政權，共和顯露曙光，此後直至一九二九年逝世，史氏始終參與共和內閣，執掌外交，採取和綏合作，實踐力行的新政策，停止消極抵抗，履行凡爾賽和約。一九二四至一九二九年爲威瑪共和之美好時代，經濟復蘇，幣值穩定，外債清償，戰後政治、經濟之不安漸告消泯，尤顯著者爲外交之成功，而外交成功帶來內政穩定與經濟繁榮。一九二四年四月，德國接受道威斯計劃(Dawes Plan)，一九二五年十月，德國簽訂羅迦諾公約(The Locarno Pacts)—爲史特萊斯曼對戰後國際和平之一大貢獻。一九二六年九月，德國加入國際聯盟。一九二九二月，德國簽字凱洛格—白萊安公約(Kellogg-Briand Pact)，同年十二月接受楊格計劃(Youbg Plan)。

史特萊斯曼爲「威瑪共和國唯一偉大人物」，手創德國人民黨，傾向穩健之政治路線，富於愛國精神，講求實際利害，被認爲全體中產階級之領袖。其秉政期間，遂被稱爲史特萊斯曼時代。

當一九二五年艾柏德卒，德國戰時領袖暨帝國象徵之興登堡(Paul von Hindenburg)以少量多數當選總統，擊敗社會民主黨、中央黨與民主黨(老威瑪聯盟)聯手之人民集團(People's Bloc)所支持的馬克思(Wilhelm Marx，及共產黨候選人德曼(Thälmann)。一九二八年的議會選舉，右派勢力消退，以社會民主黨人米勒(Müller)爲首之廣大聯盟組織內閣掌握政權。一九二九年，廣大聯盟破裂，代之而起者爲除社會民主黨外以天主教中央黨布呂寧(Brüning)領導之狹隘同盟。同年，經濟大蕭條(Great Depression)，共和告衰。

一九三〇年，由於經濟與預算之困難，興登堡解散人民議會，根據憲法緊急條款，或立預算案。此後經濟之緊張益以其他問題，造成納粹勢力日盛。一九三二年，興登堡當選第二任總統。一九三三年一月卅日，納粹黨首領希特勒(Adolf Hitler)被任爲總理，實行納粹獨裁。四月一日人民議會議決畀予希特勒領導之政府以四年之全權。翌年八月二日，興登堡逝世，希特勒制訂法律，合併總統、總理二職，改稱爲領袖(Der führer)，集政權於一身，威瑪共和從此消逝。納粹宣告自一九三三年起，德國爲第三帝國，以別於九六二—一八〇六年神聖羅馬帝國(Holy Roman Empire)時代之第一帝國，與一八七一—一九一八年德國帝國時代之第二帝國。

威瑪共和國對德國之貢獻，英國歷史家裴雪(H.A.L.Fisher)認爲是「在黑暗時代中恢復貨幣之流通；從敵人軍隊鐵蹄下，完成祖國領土之解放；使德國以一等大國地位加入國際聯盟；並從協約國手中降低賠款數目；復興戰敗德國之工作，皆在共和政府下完成。」(參閱本辭典第四冊，國際關係，頁一九〇，「威瑪共和」條。)(陳　驥)

納粹與希特勒治下之德國(Nazism and Germany under Hitler)

德國在一九一九年一月，曾由社會主義政府建立共和國。七月頒布威瑪爾(Weimar)新憲法，規定德國爲十八國聯邦國。一九二一年倫敦會議規定德國須納賠款一三二〇億馬克，分四十二年還淸，當時德國爲賠款所累，財政窮困已極。法國最慮德國復興，一九二三年一月乃與比國共占魯爾(Ruhr)煤礦區，並設法使萊因地帶成爲獨立國家，在國內共產黨與復辟黨亦常謀發動政變。在此時期，德國幸有人民黨領袖斯特萊斯曼(Stresimann)於一九二三年出任內閣總理，初賴美人道威斯(Dawes)計劃(一九二四夏)，德國可以鐵路、關稅、煙酒稅等爲擔保，向美貸款以重興工業，以工業所得，每年付賠款二十五億馬克，且可兼付現金或貨品，於是金融穩定，次年法、比即從魯爾撤兵。一九二五年簽定洛迦諾(Locarno)條約，規定德與法、比、波、捷諸國互不侵犯；次年，德國且加入國聯，並獲得常任理事席。一九二九年，又有美人楊格(Young)提出計劃，規定德國總賠款爲七三二億馬克，每年付十億至十六億馬克，至一九八八年付清，取消擔保金，於是經濟獲得獨立；後又簽署凱洛(Kellog)非戰公約，使列國在一九三〇年從萊因河流域撤兵，一九二九年斯氏逝死，但他的貢獻已不算小。

一九二五年國家主義派的興登堡被舉爲總統，他又傾向皇室；但因社會主主黨有相當成就，所以一九二八年的大選，仍舊得勢。但一九三〇年九月大選，最反對政府的國家社會黨(National Soicalism)在希特勒(Adolf Hitler)領導下突占優勢。國社黨在一九二六年即已出現，目的在爲新德國奮鬥，反對共產黨，解決經濟恐慌。因一九二九年德國已有二百餘萬人失業，一九三一年增至五百萬以上，人民當然希望有新黨出來挽救。一九三二年起，希特勒即屢次競爭，是年七月，國社黨已爲最大多數黨，但到一九三三年一月希氏纔得組閣，並要求國會付四年獨裁權。一九三四年夏興登堡去世，希氏繼任元首，乃改用黑白紅帝國旗；禁止言論自由，壓迫共產黨及猶太人，聯絡意、匈二國的法西斯黨。因軍備不平等，於一九三三年退出國聯；一九三五年一月十三日薩爾歸還德國，三月十六日宣布重整軍備；一九二六年春，德軍重入非武裝區域。

（方　豪）

託管制度 (Trusteeship System)

託管制度係根據聯合國憲章第七五條對於未具有自治能力的領土所提供的管理方法而言。聯合國的託管制度如國際聯盟的委任統治制度，卽從戰敗國所得到的殖民地，不得合併於戰勝國；而應在國際監督下交予託管國託管，直到託管地力能決定其將來地位爲止。

美國總統威爾遜在一九一九年巴黎和會上首創國際監督一次戰後自德國、土耳其所得之領土。對託管地之主權歸屬問題，各國意見不一；但一致認爲主權不屬於託管國。託管地不屬於託管國行政當局之所有，其居民不是託管國的國民或公民而是「被保護民」（"Protected Persons"）。此項國際地位大爲加强國際聯盟與聯合國在監管其領土上發揮作用。

二次戰後從德、意、日三國所取得之殖民地有十一處置於聯合國託管制度之下。根據聯合國憲章第七七條，其他殖民地亦可自願列爲託管地，但迄未有此種行動發生。至一九六七年，多哥蘭（Togoland）、喀麥隆（Cameroon）、喀默倫（Cameroun）、索馬利亞（Somalia）、坦干伊加（Tanganyika）、西薩摩亞（Western Samoa）、盧安達（Raunda）、烏隆地（Urundi）、與納洛（Nauru）先後獨立，僅有太平洋區之託管地——新畿內亞(New Guinea)與太平洋島嶼(Pacific Islands)——仍置於託管制度之下。

託管制度運用之不能擴大及於其他殖民區域，乃由於兩大重要發展所造成：㈠二次戰後很多殖民地不經託管而逕行獨立；㈡殖民國家不願將殖民地置於託管制度下。殖民國之不願交出殖民地乃由於聯合國成立後反殖民情緒之所影響，使殖民國對於託管理事會與聯合國大會的客觀性感到懷疑。這種態度與一九二〇—一九四〇年間國聯委任統治時期成明顯對照，當時一般以爲殖民制度在提供教育與福利機會期以促成殖民地之獨立上，有其積極的貢獻。

託管制度與國聯委任統治制度之不同爲：㈠託管制度准許託管地居民或由其他之來源向聯合國申訴；㈡聯合國得派遣代表團視察託管地，向託管理事會提出報告。

根據聯合國憲章第七六條，託管制度之目的爲：㈠促進國際和平與安全；㈡提高託管地居民之政治、經濟、社會與教育發展，並按各託管地暨其人民之個別狀況以及有關人民自由表達的願望以走向自治政府或獨立的逐漸發展……；㈢鼓勵尊重人權與不分種族、性別、言語、宗教的基本自由……；㈣保證對所有聯合國會員國及其人民在社會、經濟與商務上的平等對待……。

聯合國託管理事會卽爲達到上述目的而成立，屬於聯合國大會，由相等數目之託管國與非託管國代表暨常任安理會代表共同組成。

所有國聯時期之委任統治國除南非外，皆與聯合國成立託管協定。美國以安理會常任理事國並以自日本取得之太平洋島嶼與聯合國談判協定之身份成爲託管理事會會員國。

根據聯合國憲章第八十二條，託管地之一部或全部可劃爲戰略區。此乃一九四五年由美國提出，並於一九四七年與聯合國達成戰略託管協定，將太平洋島嶼（馬紹爾群島 Marshalls、馬里安納群島 Marianas 與加羅林群島 Carolines）列入託管制度內。戰略託管地與一般託管地之不同爲：㈠一般託管協定由託管國與聯合國大會成立而有關太平洋島嶼之戰略託管協定則由美國與安理會談判成立；㈡規定託管國得爲安全理由關閉戰略託管地；但此項規定從未加以實行；㈢託管理事會視察團向安理會而非大會提出報告；㈣太平洋島嶼託管地係由分散各處而非集中一地之一百個以上島嶼組成；居民爲各種不同之部落團體。

西南非洲（South West Africa）爲唯一委任統治地未自願由委任統治國與聯合國成立協定列入託管制度下的地區。南非將其列爲C級委任統治地作爲南非之整體的一部分加以統治。一九四五年南非決定將西南非洲作爲其本土部分，但爲聯合國所拒絕。聯合國大部份的意見認爲西南非洲應列爲託管地區。南非後雖未合併該委任統治地而準備按國聯時期之「委任統治精神」經管；但南非之種族隔離立法延伸及於其委任統治地引起聯合國之尖銳批評。一九六六年十月，聯合國大會議決廢止國聯時代之委任統治地；並於一九六七年五月通過設立十一國委員會經管西南非洲，按當地人民願望規定獨立日期…。並卽與南非當局接觸，辦理土地移轉手續……，任命聯合國專員負起行政上的責

任。（參閱本辭典第四冊，國際關係，頁二一〇，「託管制」條。）（陳　驥）

馬歇爾計劃（Marshall Plan）

一九四七年六月五日，美國國務卿馬歇爾在哈佛大學演說，保證美國願具體協助歐洲各國共圖復興，是謂馬歇爾計劃，也就是歐洲復興計劃。

馬歇爾認為歐洲在以後三四年內對於外國—主要是美國—的食料和其他必要產物的需要，遠超過它現在償付的能力，因此它必需得到大量的額外援助，否則就會遭到經濟上，社會上，和政治上性質很嚴重的惡化。因為歐洲商業結構，在戰時的崩壞是澈底的。恢復的工作由於戰爭結束二年，對德奧的和平條件還不曾達到同意而受到嚴重阻礙。可是即使對於這些困難問題，與以較迅速的解決，歐洲經濟結構的復興，仍舊需要比預計的時間為長，比預計的力量要多。補救的辦法就是要打破這種惡性循環，並使得歐洲人民對於他們本國和整個歐洲的經濟前途，恢復信心，各廣大區域中的製造者和農人，必須能夠而且願意把他們的產品，去換取那種價值不成問題的通貨。因此，美國應當盡其所能，予以幫助，使全世界恢復正常的經濟狀態，因為政治的安全和確定的和平都非此不可。馬歇爾宣稱，美國的政策不是要對抗任何國家或主義，而是要對抗飢餓、貧窮、絕望和混亂。任何一國政府，如果設法阻礙別國的復興，是不能希望得到美國的幫助。各國政府，各種政黨，或各種組織，如果想造成人類的災害，以期由此在政治上或別方面得到利益，也必將一一遭到美國的反對。最後，馬歇爾認為這個計劃應當是一個共同計劃，即使不能得到歐洲所有國家的同意，也要得到很多國家的同意才行。

英、法外長聯名邀請全歐洲國家，連蘇聯在內，舉行巴黎會議，響應馬歇爾的號召，討論聯合復興計劃。蘇聯及其衛星國拒絕參加馬歇爾計劃。不過自冰島至土耳其，仍有十六個國家出席，並在一九四七年九月二十二日通過了復興合作計劃。美國國會的反應都較遲緩，它在一九四八年初集會，拖延了兩個月，直到共黨奪得捷克政府的消息傳至華盛頓，三月三十一日美國國會才通過援外法案（馬歇爾計劃）。四月三日杜魯門總統簽署了經濟合作法案，指派霍夫曼(Paul G. Hoffman) 擔任經濟合作總署署長。馬歇爾計劃才眞正付諸實行。當一九五一年經濟合作總署結束其四年業務，歐陸已能自立，美歐關係進入新階段。（劉景輝）

第一次世界大戰（World War I）

奧對塞宣戰—一九一四年六月二十八日，奧國皇儲斐迪南 (Ferdinand) 前往鄰近塞爾維亞的塞拉耶伏(Serajevo)檢閱，遭塞爾維亞刺客襲擊，太子與妃均重傷而死。

塞國素唱大塞爾維亞主義，奧人因其可以引起奧國境內斯拉夫人叛離，所以常想借機壓迫，事件發生後，舉國憤恨，七月七日開奧匈臨時聯合內閣會議，二十三日致牒塞國，提出七大條件，限四十八小時內答覆。

通牒嚴厲苛刻。塞國因時間短促，不易考慮，乃允接受五條，惟後二條，（奧政府派員參加暗殺案之調查及監督，與暗殺案有關人物之處罰，）因有損國家獨立的尊嚴，不能承認，主張提交海牙法庭公判。奧國認為答覆不能滿意，乃於七月二十八日對塞宣戰。

奧國對塞國發出通牒時，曾聲明謝絕各國干預，德國亦主張由奧塞直接談判，以免引起更大的糾紛；但俄國表示反對直接交涉，英國則主張由英、法、德、意調停，同時因奧王是天主教徒，羅馬教宗庇護十世(Pius X)亦苦口相勸，奧王以戰事佈置已定，不願中止。

德日土俄英法加入交戰國—戰端既開，俄與塞因同種關係，七月二十五日即宣布已到備戰時期，三十日頒全國軍隊動員令。德國對奧國同種而又同盟，俄既下動員令，德國東境亦受威脅，初則請俄國停止動員，同時亦通牒法國，希望取中立態度，因未得圓滿答覆，乃於八月一日對俄宣戰；又於三日破壞比國中立，同日對法宣戰。不料比國堅強抵抗，竟能維持兩星期之久，使法國得以及時準備。英國且得以破壞比國中立為口實，乃於四日夜向德宣戰。七日，門的內哥羅對奧宣戰。二十三日日本因與英國同盟，亦對德宣戰，並侵占德國在我國山東青島的租借地。土耳其於十月二十九日以軍艦砲轟黑海沿岸各港，俄土即開戰；十一月三日，英、法亦對土宣戰，意大利與德同盟，本應助德，但因與奧不洽，況意國占三面臨海，英國海軍易於登陸，而意與英法本有秘密協定，所以藉口三國同盟係指保衛戰而言，此次係侵略戰，故宣布中立。

比法的失利與法國的反攻—比國在國王亞爾倍 (Albert) 領導下，抵抗甚烈，尤以德軍十三萬攻里愛巨 (Liege) 要塞，比軍以四萬人拒之，達十餘日之久。里愛巨陷落後，德軍即進占布魯塞爾 (Brouxel) 此時法國已可從容布置陣地，同時英國的援軍亦能及時趕到。

但從比國全境被占後，德軍卽侵入法國，迭在蒙司(Mons)、凡爾登(Verdum)等處相持。至九月一日，德軍已逼近巴黎，英、法聯軍，將被截斷，法政府遷都波耳多 (Bordeau) 德軍仍深追不已。九月四日霞飛將軍 (Joffre) 下令全線抵抗，並發動反攻，東部軍隊卽霞飛自己率領，中部由福煦 (Foch) 將軍率領，將全線德軍擊退。德軍後又從英吉利海峽和比國西南方面發動攻勢，亦未得逞。此後，兩方軍隊，從北海濱起到瑞士止，在六百英里長的陣線上作壕溝戰，歷時甚久，而變動不大。

德軍在東線的勝利—德軍猛攻西線時，俄、奧二軍統帥尼古拉斯乃於八月終向東普魯士和加里西亞 (Galicia) 發動攻勢，但因高級長官的腐敗，交通工具的不完備，毫無進展，德方由興登堡將軍 (Hindenburg) ，以寡敵衆，俄軍卒被擊退。一九一五年夏，俄軍退出加里西亞，守杜維拉河 (Dwina) 陣線。此役俄方死五十餘萬人，受傷和被俘的各百餘萬人；俄領波蘭和立陶宛一部，都被德軍占領，於是東戰場亦成對峙狀態，陣線長六百英里。但俄國對奧國的軍事，卻占上風。

作戰第二年形勢—一九一五年十一月，土耳其加入同盟國方面後，英國卽使埃及擺脫土耳其；阿拉伯的漢志 (Hedjaz) 王國，亦因英國的鼓動而叛離，英、法海軍卽攻君士坦丁堡，不得逞，土將凱末耳 (Kemal) 又擊敗向加利波利 (Gallibolí) 進攻的協約國軍隊。是年十月，德、奧聯合進攻塞國，並不順利，後保加利亞受德國煽動，加入同盟，發兵相助，乃攻陷塞國和門的內哥羅及阿爾巴尼亞。巴爾幹半島，除希臘中立外，乃全入同盟國掌權。

英法反敗爲勝—一九一六年春，德軍因已擊敗俄國，東線可以無慮，乃調集大軍於西戰場，著名的凡爾登大戰，卽於二月二十一日開始。法軍雖已有一年的佈置，但仍連戰皆敗。及到凡爾登附近三四哩處，英、法爲防守巴黎，亦結集大軍於沙美河 (Somme) 兩岸，自七月至十一月，採取攻勢；同時俄軍亦在東線響應，迫德軍自西線調七師團前往應接，於是英、法大勝，德軍犧牲達五十萬人，不得不於一九一七年三月退守後方防線。

意國加入協約國—戰事發生之初，意大利宣布中立，獲得奧國所答應的利益，但協約國亦和意國訂立協約，允許意國在戰爭後可以併取奧境的里雅斯特 (Trieste) 諸地，意大利乃決心加入協約國方面，出兵進攻奧國，時在一九一五年五月；次年，攻取奧領戈利齊亞 (Golijia) 。

英國海軍的功勳—英國海軍，在戰事初期已發揮極大威力，封鎖德國，阻止德國海軍出海，英國乃不慮敵軍登陸，且可派軍赴法，又可大量製造軍火，徵集軍糧，供應協約國；又阻止德國商船通航，使德國進出口商業，完全陷於停頓，同時又襲取德國在東非洲和西南非洲的殖民地，以及在太平洋的屬島。

德國施用潛水艇政策—到戰事中階段，英國更強迫德國海軍出而應戰。德國先調東方艦隊作戰，在智利海面爲英國擊敗；但一九一六年五月三十一日在日德蘭半島以西的海戰中，雖勝負未分，而英國的損失卻較嚴重。可是因爲英國海軍嚴密封鎖德國，使德國經濟來源斷絕，德國遂採用潛水艇政策，潛艇威力最大時，曾遠至不列顛諸島，橫行地中海。不久，英國商船路易仙那號卽爲德國潛艇擊沉，死乘客一千二百餘人，內美人一百餘，時在一九一五年五月。美國政府嚴重抗議，德國曾對潛艇活動稍加限制，終因英國海軍太強，不能不再用來抵抗。

統一作戰機構—戰事初起時，同盟國幾乎是以德國一國來作戰，指揮統一，不成問題，後來盟國加多，占領區擴大，他們的組織仍比協約國嚴密，一切力量無不集中。協約國便也在巴黎舉行軍事聯席會議，推擧統帥，作聯合反攻的準備。

美國參戰—美國參戰是有政治和經濟作用的，因美國曾以大批債款貸予協約國，所以發生利益一致的關係，如不參戰，債款或無法索償，但參戰的口實卻是德國施行潛艇政策。美國早在一九一五年卽已提過一次抗議，一九一七年美國總統威爾遜 (Wilson)因再三抗議無效，卽宣布與德絕交。後美國又發現德國與墨西哥勾結的密件，乃於四月二日對德宣戰，十二月對奧宣戰。此後一年間，希臘、暹羅、中國和中南美諸國，亦相繼對德宣戰。這時幾乎全世界都捲入了戰爭漩渦，祇有西班牙和瑞典、挪威、丹麥、荷蘭等國還保守中立。

美國參戰，使協約國獲得軍備、糧食、原料等最豐富的新來源，同時也增加不少生力軍，聲勢大振。不料這時俄國因內部發生革命，而和德國單獨媾和，使協約國受了一大打擊。

俄國內部的不安—世界大戰前，俄國由沙皇施行專制政體，對人民施極大壓力，所以早有人想反抗。有組織的革命黨，計有代表資產階級的立憲民主黨、代表工人的社會民主黨、代表農民的社會革命黨。社會民主黨後又分少數黨和多數黨。少數黨較為穩健，原名「孟塞維克」(Mensheviki) 多數黨即今所稱共產黨，原名「布爾塞維克」(Bolsheviki)。目標都為推倒沙皇。自俄國參戰後，政治弱點更加顯露，西部肥沃土地已為德國侵占，加以農民出征，歲收亦受影響，糧食即起恐慌，乃引起彼得格勒工人的罷工。

俄國革命及與德奧單獨媾和—工人罷工始於一九一七年三月，政府命軍隊彈壓，軍隊不從；國會亦起而反對政府，政府解散國會，國會置之不理，並成立臨時政府。俄皇從前線歸來，中途即被迫退位。當時彼得格勒已有共產黨的工農蘇維埃(Soviet)組織，聲勢浩大，四月在莫斯科舉行第一次全國蘇維埃大會；因臨時政府雖為共和性質，而實權多在資產階級手中，所以主張無產階級的共產黨必須奪取政權。臨時政府主席克倫斯基恐共產黨得勢，乃商得其他各黨人同意，繼續與德、奧作戰；但共產黨已在各處傳布非戰思想，使軍事無法進行。十一月共產黨實行社會革命，領袖列寧和托洛斯基 (Trotsky) 成立勞農政府，一九一八年三月單獨與德、奧訂立勃萊斯脫列朵夫斯克 (Brest- Litovsk) 休戰條約，俄國承認波蘭、芬蘭 (Finland) 愛沙尼亞 (Estonia) 萊多維亞 (Latvia) 立陶宛 (Lithuania) 烏克蘭 (Ukrainian) 的獨立，德國乃得以全部兵力和英、法聯軍週旋。

德國投降—從一九一七年下半年到一九一八年上半年，同盟國還有幾次勝利；美國雖參戰，而並不足以使德國絕望。一則在奧國的意軍被逼退出奧境；二則德國長射程大炮已使巴黎感到威脅。一九一八年，三月到五月，德國軍隊竟能恢復一九一四年最初獲得的地域。但一到七月，協約軍統帥福煦即在瑪因河大獲勝利，而在小亞細亞方面，英軍亦收復各失地，於是保、土兩國先後在九月、十月投降，十一月奧國亦向意國乞和；同月初，德國社會黨革命，九日德帝退位，十一日投降，協約國並以此日為休戰紀念日。

計此次戰爭，前後歷時幾五年，參戰者三十國，全世界僅十四國為中立，但亦蒙受重大影響，協約國動員兵力四千萬，其他因饑饉逃亡而死的平民，尚不計及在內。(方　豪)

第二次世界大戰 (World War II)

意國侵入阿比西尼亞—一九三四年年底，意大利與阿比西尼亞發生邊境事件，意大利要求賠償，阿國則向國聯呼籲。意知各國意見紛歧，準備開戰。一九三五年十月國聯對意實施經濟制裁。當時意國對我頗表好感，但我國為擁護國聯，仍參加對意制裁；一九三八年四月英、法各國先後承認意國併阿，我國以道義為重，在國際大會中棄權，不予承認。

歐洲大戰的序曲—在歐戰發生前，一九三六年之西班牙內戰，德、意、蘇、法均有志願軍參加，已可視為國際戰爭；一九三八年三月德國併奧，五月德意訂軍事同盟，已作侵略準備；十月，波蘭奪取捷克幾省。一九三九年一月，英國承認西班牙佛郎哥(Franco)政府，三月，波蘭進攻立陶宛；同時匈牙利亦併呑卡爾巴阡烏克蘭 (Carpaths-Ukraine)，捷克與麥美爾 (Memel) 為德國所併；四月，阿爾巴尼亞為意國所併，戰火已逐漸在歐洲蔓延。

歐洲大戰爆發—一九三九年九月一日德國侵入波蘭，三日，英、法對德宣戰，十七日蘇聯亦進兵波蘭，入西白俄羅斯及西烏克蘭；波蘭流亡政府雖有抗議，而英、法毫無表示，旋即成立蘇德協定。廿七日華沙 (Warsaw) 陷落；蘇聯完成占領立陶宛、拉脫維亞與愛沙尼亞，不久即併入蘇聯以內，德國則將三國日耳曼人撤出。十一月三日蘇芬戰事發生，至次年三月十二日而停止。芬蘭抵抗時期，美國曾貸款三千萬美元，十二月十三日國聯並一致通過開除蘇聯。一九四〇年四月九日德軍侵入丹麥挪威，五月十日荷、比、盧森堡三國淪陷，同日張伯倫 (Chamberlain) 下台，由邱吉爾 (Churchill) 出任英國首相。十七日德軍侵入法國。三十日英軍即自敦刻爾克 (Dunkirk) 撤退。比王率殘軍抵抗，至二十八日始投降。六月一日意大利亦對英、法宣戰，十四日德軍進入巴黎，十六日法國由貝當(Petain) 組閣，次日即向德國乞和，二十二日訂停戰協定。蘇聯則於六月二十八日向羅馬尼亞索取比薩拉比亞。希特勒攻英不成，乃轉其目標於東南歐，匈牙利、羅馬尼亞相繼加入軸心。

戰火延及非洲—同時北非意軍亦於八月四日犯英屬索馬利蘭並自利比亞侵入埃及。十月二十八日意大利又侵希臘，但結果失敗。是年美國對英援助極多，通過「租借法案」售出價值三十億美金的軍火。九月二十七日，德、意、日成立同盟，匈、羅、保亦相繼加入，並向巴爾幹進兵，蘇、德間形勢乃日趨緊張。在此時期，雙方均拉攏土耳其，土仍嚴守中立。一九四一年春夏之交，軸心導演伊拉克 (Iraq) 政變與敘利亞事變，均為英國所平。

蘇聯之危機與美國之援助—一九四一年四月六日德軍侵入希臘及南斯拉夫，蘇聯為應付對德作戰，乃於十二日與日本訂立互不侵犯條約。五月十日德國

社黨副領袖赫斯 (Huss)乘機降落英國，要求停戰，共同對蘇，英國不允。六月二十二日，德、蘇戰爭遂發生，英、美均表示竭力援蘇，英、蘇互遣軍事代表團。七月十二日，英蘇簽訂不單獨媾和協定。八月，兩國進兵伊朗，會師德黑蘭，以消滅軸心在當地的活動。九月十九日德軍占基輔 (Kiev)，十月初，迫近莫斯科；二十日蘇政府遷都庫比雪夫；十二月初，蘇軍在莫斯科卻敵。是年多，蘇聯處境最為危殆，白俄羅斯既全部淪陷，烏克蘭的沃地與工業區又多入納粹手中，而史太林格勒 (Stalingrad) 亦為德國重兵包圍，所幸美國對歐戰已漸取積極態度，羅斯福保證援蘇，大量物資亦即運赴蘇聯。十二月十一日，德、意對美宣戰，美亦作同樣表示。是年九月二十三日，戴高樂 (De Gaule) 在倫敦成立「法蘭西民族委員會」為法國復興的基礎，亦為同盟國增加反攻力量。

東線的穩定與北非軸心的失利——一九四二年五月二十六日莫洛托夫訪英，英蘇訂立二十年同盟條約，兩國關係愈形密切。但六月初德軍即在北非及蘇南發動攻勢，八月二十六日德軍進迫史太林格勒，蘇軍堅守，至十一月十九日乃發動反攻，是為東線一大轉捩點。在北非方面，軸心軍事非常猖獗，七月中，軸心軍離東地中海英國軍事重心亞歷山大港只十餘哩，英軍堅守不退，亦為北非戰爭一大轉捩點。十一月八日，英、美聯軍登陸於法屬北非，自此至次年五月，利比亞、突尼斯、阿爾及列亞軸心軍，即相繼被肅清。

意大利之投降——史太林格勒之圍，於一九四三年二月解除，蘇軍並繼續反攻。至七月五日，德軍又發動攻勢，但不及三週即為蘇軍擊退。而同月十日盟軍在西西里島登陸，二十五日墨索里尼下台，巴多格里奧 (Batuglio) 組閣；九月三日盟軍登陸於意大利南部，越三日而意大利無條件投降。對德戰事則陷於僵持，惟蘇軍於九月收復斯摩稜斯克 (Smolensk)，十一月又攻克基輔。

盟軍在東西線發動大攻勢——一九四四年尤為盟軍攻勢最盛的一年，蘇軍自四月一日進入羅馬尼亞，十日克復敖得薩 (Odessa)，五月九日又克塞伐斯托波爾 (Sevastopol)。六月在中路發動攻勢，七月三日克明斯克 (Minsk)，九月底，愛沙尼亞已全部解放；十月十四日攻入東普魯士。英、美軍隊則於六月四日進入羅馬，兩日後，又在法國諾曼第登陸；八月二十三日法國內地軍解放巴黎。九月二十七日盟軍又在阿爾巴尼亞登陸。但十二月十九日德軍在西線發動反攻，再入比境。

德國無條件投降——一九四五年開始時，德國即顯示無力繼續作戰。一月十七日蘇軍進入華沙，兩日後又攻入德國本土，二月中，南路入匈京布達佩斯，三月三十日陷但澤；四月九日北路占哥尼斯堡 (Konisberg) 十三日南路占維也納，二十三日北路攻入柏林。英美軍亦於三月四日渡過萊因河，六日占領科隆 (Cologne) 十五日渡莫塞爾河(Massale)，四月九日攻入埃森 (Essan)，十二日渡過易北河 (Eibe)，二十五日與蘇軍會師，德軍被截成兩部。次日意大利北部的米蘭、熱那亞亦為盟軍解放，並俘獲墨索里尼等法西斯罪魁，二十八日又解放都靈 (Turin)；次日，墨索里尼諸人為米蘭人民處死。五月二日蘇軍完全占領柏林，傳希特勒於五月一日以毒藥注射自殺，其他納粹高級人員亦多死於柏林。七日，德國對全體盟國無條件投降，是日晨二時四十分英、美、法、蘇代表接受德國降書；次日晚德代表在柏林當英、美、法、蘇之代表前簽署降書，歐戰至此告終。二十四日德國政府及最高統帥部亦由盟國管制團宣告結束。各國在歐戰休止後，即重申擊潰日本的決心，盟軍亦開始東移。(方　豪)

國際聯盟 (League of Nations)

巴黎和會通過國際聯盟規則二十六條，一九二〇年一月，聯盟宣告成立，會所設於瑞士日內瓦 (Geneva)。其組織為：(一) 全體會議，亦稱大會，各會員國均派代表一人列席，有立法權；(二) 理事會由美、英、法、意、日五國永久派一人列席，為常任理事，另設非常任理事四席；後美國退席，非常任理事乃改為六席，德國加入後，亦列入常任理事，非常任理事增為九席；(三) 永久秘書處。

聯盟的重要任務有五：(一) 限制軍備及設立永久國際法庭；(二) 盟員須彼此尊重並保全領土的安全及政治的獨立；(三) 盟員間發生爭執，其不能以外交方式解決的，應提交國際法庭，經三月而不得解決，方可宣戰；(四) 盟員違約即認為反對聯盟，其他盟員與之斷絕往來，並由大會酌定武力對付之方法；(五) 凡國際法庭的判決，經全體一致決定後，盟員皆有絕對服從的義務。除此以外，聯盟對於勞動立法，改進法律、衛生、裁軍等亦有研究及提議的責任。

但美國因議員意見不一致，竟於一九一九年十一月由上院決定不加入國聯，亦不在各國對德和約中簽字，而另與德、奧單獨訂約。這是當初所意想不到的。(方　豪)

軸心國家（Axis Powers）

一九三六年十月廿五日，意大利外長，墨索里尼女壻齊亞諾伯爵（Count Ciano）訪問柏林，與希特勒簽訂德意盟約（German-Italian Pact），廿六日，意、德就有關奧地利問題達成協議，作爲意—德合作的基礎，並可認爲羅馬—柏林軸心的開始。廿七日，羅馬—柏林軸心形成，强化對付英、法之德國與義大利的地位，達成「貧窮」國（"have-nots"）之聯盟以抗「富有」國（"haves"）。

意大利一反以往批評德國的態度，而進行與德國合作的原因是由於在西班牙所遭遇到的困難；部分可能是因爲對以往法西斯所批評的頹敗的民主國家自信以爲眞實，因而圖謀無限制的擴張；其他可能因爲過去德國與意大利的若干不期而合的行動，帶來它們豐碩的收獲而受到鼓勵。

意大利和德國的結盟，表面上是在保衞歐洲文明，不受共產主義與共產國際的威脅支配，狹義而言，是意大利和德國在共同利益，尤其維持多瑙河的現狀與（佛朗哥）西班牙的完整上進行合作。一言以蔽之，軸心國家的盟約也就是共同打刼的別名。

軸心名詞的起源，是由於意、德兩大獨裁者以爲歐洲的領導權，已掌握於更富活力國家之手；從此歐洲當環繞羅馬—柏林軸心而旋轉。墨索里尼說：「羅馬、柏林間的垂直線，不是一條瓜分界線，而是一根軸，繞軸旋轉的便是有志合作與和平的歐洲國家。」在英、法的一味因循、姑息下，這種論調有其有效性。

意、德軸心實包含獨裁者之其他野心，最顯著者，莫過於墨索里尼的對付阿比西尼亞與希特勒的對付奧地利。一九三五年十月，墨索里尼攻擊阿比西尼亞；一九三六年三月，希特勒侵入萊茵區，並重新軍事化；七月，西班牙內戰爆發，十月，羅馬—柏林軸心形成。

一九三六年十一月，希特勒暫置其種族論調於一旁，與日本簽訂反共公約（The Anti-Cominterm Pact），表面反共，實際是柏林—羅馬聯盟的擴大，並作爲抵制法俄同盟（Franco-Russian Alliance）的有效工具。翌年十一月，意大利加入反共公約，至此軸心變成羅馬—柏林—東京的三角聯盟。

一九三九年五月廿二日，德、意簽訂正式軍事同盟，即所謂「鋼的公約」，爲外交史上最露骨的攻擊性同盟；其結果爲墨索里尼予希特勒以自由行動攻擊波蘭。至此羅馬—柏林軸心發展完成。

一九四〇年九月廿七日，德、意同盟擴大爲德、意、日三國公約，即所謂「柏林公約」，後匈牙利、羅馬尼亞、保加利亞、斯洛伐克（Slovakia）與克羅西亞（Croatia）參加該公約。同時加入一九三六年的德、日反共公約。此外，西班牙、丹麥、芬蘭、僞滿和南京僞組織也加入反共公約；但西班牙等的加入並不構成爲「軸心」成員國。（參閱本辭典第四册，國際關係，頁二八〇，「軸心國」條。）（陳　驥）

華沙公約（Warsaw Pact）

一九五五年五月十四日，蘇聯、阿爾巴尼亞、保加利亞、捷克斯拉夫、東德、匈牙利、波蘭與羅馬尼亞八國，在華沙簽訂廿年共同防禦條約。公約不僅規定統一之軍事指揮權，並載明蘇聯軍隊得駐於其他公約國的領土內。美國政府估計，華沙公約軍隊約有六十萬人，由一七五至二二五蘇聯師與八〇附庸國師所組成。蘇聯國防部副部長柯尼夫元帥（Marshal Ivan S. Konev）出任聯軍統帥，設總部於莫斯科。

華沙公約爲赫魯雪夫與布加寧一九五五年初掌權後所採取的首一步驟，藉以强化其前馬倫可夫政權之有限讓步後，蘇聯對附庸國的控制。蘇聯觀點認爲華沙公約乃爲對抗北大西洋公約而生，復因一九五四年五月，根據巴黎公約（Paris Pacts），西德加入北大西洋公約，重行武裝而成爲導火線。因此通常華沙公約便是指根據一九五五年五月在華沙簽訂的條約，蘇聯暨其東歐附庸國因而建立的聯合軍事指揮權。

一如通常蘇聯宣傳所顯示，華沙公約以和平動機的宣言起頭，簽約國同意按照聯合國憲章的原則，不得以暴力或暴力威脅處理國際關係。但依蘇聯的宣告，由於巴黎協定授權西德再武裝，構成愛好和平國家安全的威脅，因而必需採取相應的防禦措施。華沙公約作爲歐洲外交中蘇聯加强其談判地位的籌碼，用意至爲明顯，其事實徵象是公約最後條款的規定：一旦東西共同安全公約生效時，公約即告失效。一九五五年七月，蘇聯建議解散北大西洋公約與華沙公約組織，另訂包括美國在內的全歐安全體系。

一九五六年波蘭與匈牙利的反共抗暴，使民族敵意滲於公約條款之中，雖然華沙公約畀予蘇聯在公約集團中之領導與軍事指揮的多重地位，但同時共匪—蘇聯衝突的發展，打破蘇聯對世界共產黨的唯一支配權。一九六一年二月，阿爾巴尼亞公開支持共匪；十二月蘇聯與阿爾巴尼亞斷絕邦交。一九六二年起，阿爾巴尼亞即未再出席華沙公約各項會議，實際上等於退出公約組織。一九六四年，赫魯雪夫被逐下臺，在布里玆涅夫與柯錫金政權下，附庸國之民族主義擡頭，聲勢浩大。

公約國內政外交問題的公然自主，以一九六七年一月羅馬尼亞承認西德政府，表現最爲明顯；匈牙利與捷克斯拉夫亦欲採取相同行動。一九六六年羅馬尼亞的獨立化，一九六八年捷克的自由化，皆使華沙公約基礎動搖。一九六八年八月廿—廿一日之夜，蘇聯爲鎭壓捷克之自由化，會同東德、波蘭、匈牙利、與保加利亞四公約國，在未有軍事抵抗下出兵佔領捷克，舉世震驚，引起廣泛的國際譴責，公約成員國羅馬尼亞拒絕蘇聯的要求參與入侵。九月，阿爾巴尼亞正式宣佈退出華沙公約，認爲五公約國軍隊對捷克的侵略，表明「華沙條約已遭到了最粗暴的踐踏，已從一個防禦帝國主義侵略手段變成一個進攻它自已成員國的手段。」（參閱本辭典第四册，國際關係，頁二七八，「華沙公約」條。）（陳　驥）

凱洛格・白里安公約 (Kellog-Briand Peace Pact)

凱洛格・白里安公約係由美國國務卿凱洛格及法國外長白里安所發起，於一九二八年八月二十七日所簽訂，故名凱洛格・白里安公約，又因凱洛格・白里安公約主張廢除戰爭作爲國際政策之工具，故又名非戰公約。

凱洛格・白里安公約，發端於一九二七年六月二十日，法外長白里安以締結法美永久友好盟約草案送交美國政府，美政府迭次磋商，欲推廣其意，使此次非戰條約之原簽字國，不限於法美兩國，即英國、日本，以及曩與英法共同參加羅加諾條約諸國，如比利時、捷克、德意志、波蘭等國，均可列入，嗣英政府於一九二八年五月十九日通牒中表示，英國政府與其自治區各政府，及印度政府，均須共同參加，故美政府提議於草約中，規定任何國家，願加入此約者，得從早參加，隨即得各國預備參加之非正式表示。於是醞釀一年餘之凱洛格・白里安公約，遂於一九二八年八月二十七日在巴黎簽字，當時原簽字國爲德國、美國、比利時、法國、英國、加拿大、澳大利亞、紐西蘭、南非洲、愛爾蘭、印度、意大利、日本、波蘭、捷克等十五國。

凱洛格・白里安公約之條款主要有二：

第一條：締約各國以各該國人民之名義莊嚴宣言，詆斥以戰爭爲解決國際爭端之方法，並永棄以戰爭爲彼等相互關係之一種國家政策工具。

第二條：締約各國以同意協定，彼等之間或許發生之一切爭端或衝突，不論其性質或原因如何，除以和平方法解決外，概不得訴諸其他方法。

除以上二主要條款外，美政府發表一修正草案，由各國駐美使館轉達各該國政府，說明本案與各方面之關係，其主旨如下：一、國家自衛權：本約對於各國之自衛權，不加任何限制或損害。二、國際聯盟：本約承認聯盟公約與絕對否認戰爭兩種思想之間，絕無何等矛盾。三、羅加諾條約：本約實使羅加諾條約得有雙重之保障，違反羅加諾條約與他國開戰之國家，自亦與本約有違反。四、中立公約：加入本約之一般中立國，受第三國侵略時，中立國及保障其中立之其他國家，即可免除本約義務。因之，中立國可得充分保障。五、違反條約國：加入國中一國開始戰爭時，其他加入國對該開戰國，即可免除本約之義務。六、各國之加入：本約既爲各大國所接受，其他各國殆亦必同樣接受之。

美政府於同日由駐華傳代辦致照會中國外交部，邀請中國加入。外交部接此照會，即提交國民政府，及中央政治會議，經中央政治會議議決加入，於是中國外交部即電駐美施肇基公使，囑其先將中國願意加入之意，非正式通知美政府。嗣中國外交部於九月八日正式接到國民政府秘書處來函，告知中央政治會議議決加入，經國民政府九十二次委員會議決照辦，中國外交部隨即備具照會，於九月十四日送交駐上海美總領事，寄美代辦轉美政府。九月二十七日國民政府特命施肇基大使爲全權代表，簽字加入凱洛格・白里安公約。（劉景輝）

雅爾達會議 (Yalta Conference)

雅爾達會議又稱克里米亞會議（Crimea Conference)。一九四五年二月四日至十一日美國總統羅斯福，英國首相邱吉爾，與蘇俄元帥史大林在俄境雅爾達地方舉行會議，故名之。

先是一九四四年夏季以來，盟軍在歐陸節節取得勝利。蘇俄在東線取得波蘭、匈牙利。英美聯軍已抵達德國邊境。盟軍的軍事勝利指日可待。但東歐的政治局勢却深受蘇俄軍事佔領的威脅。希臘因在英軍控制下，於戰後可以建立一個基於普選和密密投票的民主政府，泥蘭、羅馬尼亞和保加尼亞却在蘇俄控制之下，而匈牙利和南斯拉夫也在蘇俄的軍事勢力範圍內，這些國家都無法顯出建立一個民主政府的跡象，邱吉爾首相以爲基於下列原因有重行檢討歐洲盟軍政治和軍事行動之必要：第一，納粹擊敗後，如何處理德國；第二，對於共同擊潰日本，英美期望蘇俄能有若干的援助；第三，一日盟軍獲得全面勝利，美、英、蘇三國對於世界未來的和平政治能採取如何之措施及組織。同時對於波蘭問題，英美之間存有歧見。這些問題均需英美蘇三巨頭會晤始能解決。

一九四五年二月四日，美英蘇三國領袖會於雅爾達。雅爾達會議首先討論德國問題。美國與蘇俄主張將德國分成爲五部分；英國主張將德國分成爲普魯士及奧地利—巴伐利亞兩部份，且將魯爾及西發利亞置於國際監督之下。但此一分裂德國計劃牽涉甚廣，不易在會議期間取得結論，因此三國同意從長計議。其次，如果德國在希特勒領導之下無條件投降，當然德國會遵守盟國的條件；如果希特勒被德國人推翻，盟國是否應與比一新政治團體交涉，此一新政治團體之投降條件如何，三國均需事前有所協商。此一問題亦付諸於研究。又三國討論到德國賠償問題，亦未得結論，由於英國的主張，法國於戰後亦可參加分裂德國的計劃而可分得一部分德國的佔領區，但法國區應在英美之範圍內。

雅爾達會議除了討論德國問題外，也討論到世界的安全問題和波蘭問題。羅斯福總統對於構想中世界組織的安全理事會的計劃，曾作詳細討論，尤其有關永久會員國的否決權問題，同時蘇俄以烏克蘭、白俄羅斯、立陶宛三共和國需加入世界組織爲條件才同意聯合國的成立，美英因急欲一世界性之組織，遂同意蘇俄之要求。三國決定在是年四月二十五日在舊金山召開世界組織第一次會議，關於波蘭問題，蘇俄主張波蘭東部地區歸蘇俄，而波蘭由東普魯士取得賠償。依照蘇俄的方式由英美蘇三國委員會所監督的波蘭民族聯合政府成立起來。

雅爾達會議期間，美國期望蘇俄於盟事擊潰德國後，三個月內將軍力移入遠東對抗日本，以減少美國士兵的傷亡。蘇俄以恢復一九〇五年日、俄戰爭後，俄國在遠東損失的權益爲要求，答應在德國投降三個月內加入對日戰爭。此一要求獲獲得英美之同意，因而中華民國在東北之權益，受到了嚴重的損害。

雅爾達會議的主要成就，在組織一個戰後的聯合國。對於德國、波蘭和遠東的戰後政局，不會有絲毫助益，尤以美英蘇三巨頭對遠東的問題的秘密處理，更招致戰後世界之走向混亂和不平。（劉景輝）

開羅會議 (Cairo Conference)

民國三十二年六、七月間，美國羅斯福總統一再表示欲與我國軍事委員會委員長蔣中正先生會晤。是年十月，莫斯科美、英、蘇三國外長會議結果，成立中、美、英、蘇四國協定。並發表宣言。會後，羅斯福連來三電邀請蔣委員長與羅氏及邱吉爾相晤；十一月十二日並派前陸軍部長赫爾利爲私人代表，向我政府解釋一切。

十一月二十三日，羅斯福、邱吉爾與蔣委員長在開羅舉行會議。英國方面另有蒙巴頓將軍及艾登外長等，美國方面有馬歇爾元帥、海軍金參謀長、北非英美聯軍總司令艾森豪威爾等，我國方面有蔣夫人、王寵惠、周至柔、董顯光等。

我國當時主張爲英國及早反攻緬甸，保留日本天皇制度，東北四省、臺灣、澎湖歸還中國，琉球由中美共管，九龍歸還中國，與香港合併爲自由港，朝鮮獨立等。

二十七日晚蔣委員長等起程返國。但會議公報及開羅宣言，須俟羅、邱與史達林在德黑蘭會議後，約期公布。

三十二年十二月三日，開羅宣言正式發表：

「羅斯福總統、蔣委員長、邱吉爾首相偕同各該國軍事與外交顧問人員，在北非舉行會議業已完畢。並發表概括之聲明如下：

三國軍事方面人員，關於今後對日作戰計劃，已獲得一致意見，我三大盟國決心以不鬆弛之壓力，從海陸空各方面加諸殘暴之敵人，此項壓力已經在增長之中。

我三大盟國，此次進行戰爭之目的，在於制止及懲罰日本之侵略。三國決不爲自己圖利，亦無展拓領土之意思。三國之宗旨，在剝奪日本自從一九一四年第一次世界大戰開始後在太平洋上所奪得或佔領之一切島嶼。在使日本所竊取於中國之領土，例如東北四省、臺灣、澎湖群島等歸還中華民國。其他日本以武力或貪慾所攫取之土地，亦務將日本驅逐出境。我三大同盟國稔知朝鮮人民所受之奴隸待遇，決定在相當時期使朝鮮自由與獨立。

根據以上所認定之各項目標，並與其他對日作戰之聯合國目標一致，我三大盟國將堅忍進行其重大而長期之戰爭，以獲得日本之無條件投降。」(方　豪)

新　政 (New Deal)

富蘭克林．羅斯福 (Franklin D. Roosevelt) 於一九三三年三月四日就任美國第三十二任總統。在其就職以前，美國經濟已瀕於崩潰邊緣，工廠停工，工人大批失業，銀行停止業務，全國陷於一片混亂之中。羅斯福就職後，第七十三屆國會自三月九日起至六月十六日止舉行特別會議，連續通過了由政府提出的一連串法案，針對國家需要，制定有效對策。這些法案，連同以後於其他年度中提出之法案，多屬具有新觀念之新措施，統稱為羅斯福之「新政」(New Deal)。

「新政」中之若干措施，多係基於新的理論與新的構想，用以取代美國的傳統政策。它是一套「計劃經濟制度」，以代替傳統的自由放任經濟。政府對於經濟活動，改採干涉政策。它是一種右傾的社會主義與左傾的資本主義之混合體，對傳統的資本主義加以修正，加入社會主義的精神。它是一種「福利國家」(Welfare-state) 制度，造福中下層人民。它是一種復原、救濟與改革 (Recovery, Relief, Reform) 三者的綜合施政，使混亂與破碎的經濟恢復過去的安定與繁榮，對失業群眾予以救濟，並參以改革之精神。它主張以「赤字財政」和大規模的公共建設，創造新的經濟生機和國民的就業機會。它也代表行政部門權力的提高，以增加行政效率。在外交政策方面，它改變了美國的傳統。對拉丁美洲各國，由侵略干涉政策轉變為友好睦鄰政策；對歐洲問題，由孤立政策轉變為干涉政策。

新政之內容為：㈠農業方面：以保護農民，穩定糧價，維持平衡，開墾荒地，改善耕作技術及促進農業電氣化為目的。一九三三年五月十二日，通過「農業調整法案」成立「農業調整局」(AAA)，劃出部份土地下令停耕，農民所受損失，則由政府補償，政府因此而增加之開支，則由農產品加工增稅收入項下撥補，藉此維持糧食價格之安定。其後又通過農田信用貸款法案及農田破產法案，由政府向農民貸款，以維持生產之安定。一九三四年再通過棉花、食糖及煙草之管制法案，對於以上作物之生產運銷，由政府管制之。

㈡工業方面：以挽救工業危機，阻止惡性競爭，減少失業危機，改善勞工生活，反對工業壟斷，促成工業復興為目的。一九三三年六月，成立「國家工業復建局」(NIRA)，由政府主動召集工業界之資方及勞工代表，共同擬訂七百餘種法規，將最低工資，最高工時及生產條件等等加以確定，以合理公平競爭代替過去的自殺性的惡性競爭。一九三五年七月復通過「華格納．康納利法案」(Wagner-Connery Act)，承認勞工有組織工會及從事集體談判之權利。為挽救失業危機，特通過「聯邦緊急救濟法案」，由政府撥出鉅款安置工人就業。一九三三年五月，國會通過法案，成立「田納西河谷水利管理局」(Tennessee Valley Authority)，利用湍流，興建四十餘座水壩，以從事發電、防洪、通航及製造氮肥等多目標之水利建設，範圍擴及東南七州，一方面增加工業動力資源，一方面創造就業機會。

㈢財經方面：一九三三年三月，通過「緊急銀行法案」，授權總統及財政部長管制全國金融。其後政府復實行「赤字財政」政策，以刺激經濟活力。同年六月成立「聯邦銀行存款保險公司」，以防止金融危機之再度發生。一九三五年，改革稅法，以平均社會之財富，防止財富之過度集中。

㈣社會方面：仿照西歐先進國家辦法，一九三五年制訂社會安全立法，由政府提供資金，辦理勞工之失業津貼、老年給付、傷殘救濟及醫療福利行政。藉此保障勞工之生活，防止社會之不安與動亂。(李邁先)

新經濟政策 (New Economic Policy)

新經濟政策為列寧在俄國所實行的一套經濟政策，其所包括之時間為一九二一年至一九二七年。在此以前，蘇聯之經濟建設指導原則為「戰鬥的共產主義」(War Communism)；在此以後則為史達林所提倡之「一國社會主義」(Socialism in One State) 的經濟理論。

一九二一年，蘇俄內戰結束，政府開始實行內部建設工作。長期戰爭之破壞，聯軍對俄之封鎖，布萊斯特．里托夫斯克條約之領土割讓，均對俄國經濟，造成重大之損害。尤以自一九一八年實施「戰鬥的共產主義」之結果，使農民怠耕，糧產降低，工業凋蔽，財政幾達破產邊緣。一九二一年之全國耕地，僅及一九一四年大戰前夕的二分之一，工業生產總值則僅及戰前的百分之十三。更加以一九二〇及一九二一兩年之中，連續發生兩次旱災，有俄國穀倉之稱的烏克蘭一帶糧產全無收穫，一九二二年全國將有三千餘萬人陷於饑饉。由於以上種種原因，全國騷動，坦包夫（Tambov）農民發生暴動，克隆斯塔(Kronstadt）海軍叛亂，紛紛要求實行「第三次革命」，企圖推翻蘇維埃政府。

際此緊要關頭，列寧衡量全盤情況之後，發現如不放棄以純粹馬克斯主義理論爲基礎的「戰鬥的共產主義」，勢將造成新政權之覆滅。於是毅然決定，改弦更張，向俄國農民及西方資本主義讓步，改行所謂「新經濟政策」。此項原則，於一九二一年三月經俄共第十屆全國代表大會通過後，開始實施。

新經濟政策之要點爲：㈠爲爭取農民合作，刺激其生產動機，以期產生糧食生產，乃下令取消徵繳農民之餘糧，改行各國習見之田賦制度，由農民繳納穀稅。如有餘糧，亦得在市場上自由出售。農民除受配固定之土地外，有權租用更多之土地，勞力不足時，並准僱用勞工或添購耕畜乃租用簡單之農業機器。㈡大型工業仍由政府經營，但接受外國資本家之投資。小型工業則由合作社經營，或發給執照由私人經營，僅受若干之限制。不論國營或私營，一律改採資本主義的管理方法，工資之多寡亦改按各人之技術及產量劃分。㈢重新開放「國家銀行」，以協助工農商業之復興，重建貨幣發生制度，一九二二年發行新幣以代替業已貶值之舊幣。㈣大型企業、銀行、對外貿易及運輸設備四項，則仍由政府全部控制，列寧稱此四者爲經濟作戰的「制高點」。

新經濟政策實行後，蘇聯經濟危機乃告解除。農業方面，耕地面積至一九二七年增至九千公頃，就其生產總值而言，已經恢復到戰前的水準。工業方面，不僅大部恢復戰前水準，在煤炭及石油方面，且較戰前略有超出。

列寧於一九二四年一月二十一日逝世後，俄共內部發生激烈內爭，史達林與托洛茨基、卡米涅夫，齊諾維也夫等爭奪領導權，在史達林尚未獲得確定性勝利之前，蘇聯之經濟政策，大致仍遵循「新經濟政策」之路線，直至一九二八年開始實施「五年計劃」時，始告終止。（李邁先）

愛爾蘭之獨立 (The Independence of Ireland)

愛爾蘭（Ireland）雖爲英倫三島之一，但其歷史背景、民族、宗教信仰及經濟情況，均與英格蘭和蘇格蘭不盡相同。一一五四年敎宗將愛爾蘭賜予英王亨利二世，自此時起英人卽不斷向愛爾蘭侵略，至十六世紀時始爲英國征服。但愛爾蘭人則始終不願接受英國的統治，每當英國與歐洲大陸國家發生戰爭時，愛爾蘭大多支持敵方。法國大革命爆發後，愛爾蘭同情法國，贊成共和，發動叛亂，英政府乃於一八〇〇年通過「聯合法案」（Union Act），撤銷都伯林（Dublin）議會，將愛爾蘭正式兼併。

十九世紀起，愛爾蘭人因受民族思潮之影響，即不斷從事於獨立運動。一派領袖如奧康尼爾（O'connell）及帕奈爾（Parnell）等主張以和平手段，透過議會立法以爭取獨立。另一派領袖則主張以激烈手段，透過武力叛亂，以達到上述目的。一八五八年成立之「費尼安兄弟會」（Fenian Brotherhood）及二十世紀初年戴·凡勒拉(Eamon de Valera）所領導之「新芬黨」（Sinn Fein)，卽爲後一派人士之代表。

愛爾蘭自治法案 (Home Rule Act) 於一九一三至一九一四間，已連續經英國下議院三度通過。按照一九一一年通過之「議會法案」(Parliament Act) 之規定，任何法案，如在兩年之內經下議院三度通過者，無論上議院通過與否，均自動成爲法律。但愛爾蘭自治法案，一則由於第一次世界大戰業已爆發，二則由於北部亞爾斯特(Ulster）地方有六郡反對併入愛爾蘭，因則乃將本案予以延擱。直至一九二一年十二月六日始由愛爾蘭代表與英國達成協議，宣佈成立「愛爾蘭自由邦」(Irish Free State)。一九二二年愛爾蘭議會通過憲法，選舉柯斯格瑞夫(William Cosqrave)爲「行政委員會」(Executive Council) 之主席。自由邦之地位，相當於加拿大，爲一自治領。一九二三年九月，以獨立國家之地位獲准加入國際聯盟。

部份愛爾蘭人士對於上述地位仍表不滿，繼續奮鬥，希望完全脫離英國，成爲共和國。一九三六年十一月三日，制訂愛爾蘭共和國（Republic of Eire）憲法，一九三八年選舉海德(Douglas Hyde)爲首任共和國總統，戴·凡勒拉爲首任總理。一九四九年四月十八日，英國正式予以承認。一九五五年獲准加入聯合國爲會員國。（李邁先）

德黑蘭會議 (Teheran Conference)

一九四三年十一月二十八日至十二月一日，美國總統羅斯福，英國首相邱吉爾，蘇俄史大林元帥於伊朗首都德黑蘭舉行會議，稱爲德黑蘭會議。

一九四三年七月二十五日，意大利統治者墨索里尼被迫去職，意大利的法西斯黨也在七月二十八日宣布解散。意大利的新政府與盟軍簽立停戰協定。同年九月英美聯軍在南意大利登陸。德國遂佔領意大利與盟軍作戰。盟軍在地中海獲得勝利，羅斯福鑑於歐洲戰場之主要敵手爲德國。爲了協調盟國之對德戰爭戰略，他期望在發動對德大規模軍事行動之前，能與邱吉爾，史大林會晤商討有關盟國在歐之軍事策略。

會議由十一月二十八日開始至十二月一日結束，德黑蘭會議之主要討論的項目有下列諸點：一、開闢第二戰線問題，英國力主在東歐或南歐開闢第二戰場，但受到美國和蘇俄的反對，美國與蘇俄主張在西歐開闢第二戰場，英國只好贊同，此爲一九四四年諾曼第登陸之由來 。二、羅斯福在德黑蘭會議中提出聯合國三個主要機構的形態與任務：第一、要有一個由所有聯合國家組成的大會，在一定期間在不同地點集會，以討論世界問題並提供解決方案。第二、要有一個執行委員會，由蘇俄、英國、美國和中國，與兩個歐洲國家，一個南美國家，一個中東國家，一個遠東國家和一個英國自治領的代表組成。這執行委員會負責處理一切非軍事的問題—例如經濟、食糧、衛生等等。第三、羅斯福所提出的第三個團體，他稱之爲「四警士」。包括蘇俄、美國、英國和中國。這個團體是個强制執行者，具有權力迅速應付任何威脅和平事件和任何突發緊急事件。第三、史大林談到將來處理德國問題的張本，他認爲保障德國不致從事另一侵略行動的途徑是：聯合國能控制德國境內和沿德國邊界的各據點，以及德國境外的戰略基地。四、英國和美國支持蘇俄在東方取得不凍港口，羅斯福提到蘇俄可能從中國東北的大連獲得出海之口。

德黑蘭會議獲得最多利益的國家是蘇俄，蘇俄一直在追求他們的傳統外交政策—對外在攻擊的保護，對溫水港的擴充。這種傳統外交政策的實行就成爲蘇俄要永更多的領土和更多的勢力範圍，蘇俄的擴充欲望在德黑蘭會議中獲得滿足。西歐第二戰場之開闢，使東歐落入蘇俄之勢力範圍。東方不凍港之獲得，鼓勵了蘇俄向東方的侵略。西方唯一的收穫是取得史大林對聯合國這個組織的討論。（劉景輝）

德蘇互不侵犯條約 (Russo-Germanic Non-Aggression Pact)

第二次世界大戰以前的俄國外交政策，自一九三三年希特勒在德國執政之後，即採取集體安全方針，擬與英、法兩國密切合作，共同抵制納粹勢力之擴張。但蘇聯與英、法之間的談判，由於互相疑忌，遲遲未獲進展，乃使史達林轉而進行對於德國之試探，改採騎牆態度，以維護俄國本身之權益。

德國自兼併捷克之後，次一侵略目標集中於波蘭，而英、法兩國已向波蘭政府提出明確保證，決定以武力援助波蘭抵禦納粹之進一步擴張。希特勒認爲一旦德軍攻波，勢將引起英、法助戰，爲免東西同時受敵起見，亟願暫時尋求蘇聯之合作。

德俄雙方既各懷鬼胎，於是進行試探。史達林首先於俄共第十八屆大會中，表示願與「所有直接及間接之鄰邦」維持友好關係。所謂「間接鄰邦」，即暗指德國而言。希特勒隨即有所反應，宣告將一九三四年德波間締結之十年互不侵犯條約作廢，意即邀請俄國共同處理波蘭問題。一九三九年五月，史達林以莫洛托夫代替素主與西方國家合作之外交部長李維諾夫 (Litvinov)，藉使對德談判之門戶洞開。七月，德蘇首先簽訂「貿易協定」，八月二十三日，德國外交部長里賓特羅甫 (Ribbentrop) 率領代表團赴莫斯科，同日「德蘇互不侵犯條約」完成簽字手續。

條約內容爲：㈠締約國雙方保證互不從事破壞及侵略行爲。㈡締約國之一方如與第三國間發生軍事衝突時，他方應守中立。㈢締約國雙方應保持廣泛之接觸，並隨時交換有關共同利益之情報。㈣雙方均不得參加以對方爲目標之任何國家集團。㈤締約國間如發生糾紛或爭執時，雙方應單獨舉行談判，以和平方式交換意見，徐圖解決上項爭端。㈥本約之有效期間爲十年，如不於前一年提出廢除意見，期滿後視爲自動延長，其延長期間爲五年。㈦本約應於最短期間內由兩國政府分別批准，並在柏林正式換約。

除以上本條七條之外，另有秘密協議，其重要性甚且超過本約之上。秘密協議之內容如下：「當簽訂互不侵犯條約時，德蘇兩國政府代表，對於兩國在東歐方面之勢力劃分問題，經極端秘密交換意見後，獲致以下各點協議：㈠當波羅底海國家（芬蘭、愛沙尼亞、拉脫維亞、立陶宛）之邊界或政治問題需要重新分配時，立陶宛北界應被視爲德蘇兩國勢力範圍之分界線。同時兩國並承認立陶宛在維爾納 (Vilna) 地區之利益。㈡當波蘭地區之疆域或政治問題需要重新分配調整時，德蘇勢力範圍之分界線，大致應照下列各河河道爲標準：納茹河 (Narew) —維斯杜拉河 (Vistula) —散河 (San)。雙方對於是否維持波蘭之獨立，以及此一獨立國應以如何方式建立等問題，須視更進一步之政治局勢之發展情形再加確定。惟不論任何事件，兩國政府均將以友好妥協之精神謀求解決。㈢對於東南歐問題，因俄國與比薩拉比亞地區之利益有密切關聯，將由俄國處理。德國聲明對於東南歐地區全無政治興趣。㈣本協定雙方應以極機密文件處理之。」以上協議，等於德蘇兩國預先制定了東歐的勢力範圍。

八月三十一日，上述條約經雙方政府批准生效。翌日，德軍即向波蘭展開全面攻擊，揭開了第二次世界大戰的序幕。（李邁先）

聯合國（United Nations）

聯合國之名始於第二次世界大戰中，反抗軸心國家—德國、意大利與日本—之聯合國家，後遂成爲戰後世界組織的名稱。一九四二年一月一日，廿六國家簽署聯合國宣言，再度肯定大西洋憲章的原則，宣告聯合國家的作戰目標，於是聯合國之名引起世界廣泛的注意。

一九四三年十月卅日的莫斯科宣言，中、美、英、蘇四國同意建立一個新的國際組織以阻止戰爭的重啓。一九四四年八月廿一日—十月九日在華盛頓附近之頓巴敦橡樹區（Dumbarton Oaks）所進行的一連串會談，準備了有關組織結構的提案，一九四五年二月，在蘇聯雅爾達達成最基本各點的協議。是時歐洲之勝利在望，同年四月廿五日—六月廿六日遂在美國舊金山召開聯合國國際組織會議（United Nation Conference on International Organization 簡稱 UNCIO），以中、美、英、蘇之提案爲基礎起草聯合國（UN）憲章。六月廿五日憲章通過，廿六日簽署，十月廿四日生效。

舊金山會議由簽署聯合國宣言之四十六國代表參加，此外，烏克蘭、白俄羅斯、阿根廷與丹麥四國，在會議中准許加入。波蘭雖未有代表出席會議，但許其成爲聯合國發起國之一，因此聯合國發起國爲五國，而實際參加舊金山會議的則爲五十國。

舊金山會議是兩千年來不受歐洲支配的第一次重要國際會議，不僅因爲地理上距離歐洲遙遠，並且在蘇聯之西僅有九歐洲大陸國家參加，此外爲廿一美洲共和國，七中東國，六英聯邦國，三蘇維埃共和國，二遠東國，二非洲國家代表世界各地。九敵國（德國、意大利、日本、匈牙利、奧地利、羅馬尼亞、保加利亞、芬蘭、與葉國），八中立國（瑞士、西班牙、葡萄牙、瑞典、愛爾蘭、阿富汗、冰島、與也門），以及在會議期間無力組織政府的波蘭，均未參加。會議議程爲討論頓巴敦橡樹提案，四强（中、美、英、蘇）後來接受之若干中國提案，暨有關投票程序的雅爾達協定。上列文件外加「擔保國」（Sponsoring Powers）所提的二十四修正案，其他四十國家所提的七十二議案，裝訂成數逾四百頁的專書，提供各代表的參考。國際秘書處提供譯員，並每日以五種正式語言（英文、法文、西班牙文、俄文與中文）分送文件與講詞。大會主席由四强輪流擔任，四强後又加上法國彼此間的私人磋商，對議程的進行，最具有影響的力量。會議放棄政治會議一般採取的一致通過原則。規定委員會或大會三分之二的多數通過，就可採取行動。

聯合國憲章的制訂以頓巴敦橡樹議案作爲討論的基礎。主要政治權力畀予大會（General Assembly）暨安全理事會（Security Council）。大會代表全體會員國而不論其所在地區與人口多寡，具有國際問題的討論與推薦的廣泛權力。安全理事會賦有維護和平的責任並具有實際上的執行權。由五永久理事國：中、美、英、蘇、法暨由大會選出任期兩年的六（後增爲十）普通理事國組成。實質問題必需得到七（後增爲九）理事國包括五大國的同意，方能採取行動。其他機構有秘書處，置秘書長一人暨國際秘書人員，爲全體組織的行政機關。有國際法庭，根據另外法規加以重組。另有附屬大會之㈠經濟社會理事會，監督聯合國經濟、社會、文化、教育與健康各單位；㈡託管理事會司理「託管地」的利益。

聯合國組織之最具人道與有力之服務，爲其救災、濟貧、防病的措施。國際難民組織協助政治犯與逃亡在外者。人權委員會提高與人類自由尊嚴有關之主要條件。兒童救急基金濟助營養不足之五百萬孩童。此外由個別條約成立之一打以上的獨立機構，皆與聯合國有關。如世界衞生組織（WHO），糧農機構（FAO），聯合國教育、科學、文化組織（UNESCO）以及國際勞工組織，國際貨幣基金。

聯合國與國際聯盟在目的、結構與功能上，大致相同。但在若干方面——大會之決議可以三分之二多數通過而不必全體一致；安理會與各大國權力之增加，託管理事會畀予接受請願與視察託管地的權力上——聯合國較國聯爲一更嚴密的組織。各種聯合國的機構如果能夠發揮功能，則其效用更大。但究能產生多少功能，胥視領導國家如何使其發揮而定。較大的着眼點現已置於更嚴密的特殊機構以提高經濟、社會、文化與技術合作。儘管維護和平與保障國際安全的有效性上，聯合國不比國際聯盟爲强，但國際社會之結構確已因聯合國的存在而强化。此點可就會員國數目的不斷增加而使聯合國日具普遍性上看出：一九四五年創始時五一國，一九五五年十六國獲准加入，一九六〇年增至九九國，一九六七年已達一二二國，一九七〇年為一二六國。新加入的會員國多為亞、非新獨立國家。（參閱本辭典第四冊，「國際關係」條，頁三四四，「聯合國」條。）（陳　驥）

韓戰 (Korean War)

一九四三年十二月一日開羅會議宣布：「在適當的途徑，韓國將成為自由與獨立的國家」。一九四五年八月，日本宣布投降。蘇聯的紅軍在八月十二日開進朝鮮北部，有佔領全韓的可能。八月十七日，美國參謀首長聯席會，據克里米亞及波茨坦會議決定，指示麥帥在北緯三十八度以南接受日本軍投降，蘇聯在北緯三十八度以北接受日本投降。這一臨時性便利接受投降的劃分其後竟成為南北韓長期的界限。

美國的佔領區擁有大部份人口與農業，蘇聯佔領區擁有大部份工業。因為蘇聯像在德國一樣，不答允舉行全韓自由選舉。一九四八年於是聯合國循美國之請，出面謀求解決，派了一個委員會赴韓，監督組設政府。可是俄人不允該委員會進入北韓佔領區。自由選舉遂在南韓進行，監督製成憲法協助南韓設立政府。成立大韓民國。北韓在蘇聯控制之下，成立北韓民主人民共和國，以相拮抗。一九四九年六月美、蘇駐軍分別撤離韓國。

一九五〇年六月二十五日，北韓軍隊分由十一處越過北緯三十八度線，侵入南韓，韓戰於是爆發。南韓兵力薄弱，無法抵禦。美國為此迅速採取行動，要求安全理事會召開特別會議，制止北韓侵略。安理會呼籲北韓立即停止敵對行為以及撤退北韓部隊，北韓置之不理，於是安理會因蘇聯代表的缺席，又通過以武力制裁韓共的提案，要求聯合國會員國，共同支援大韓民國作戰。

援韓案通過的當天，美國總統杜魯門已下令美國海空軍支持掩護韓國部隊，不久，聯合國會員國英、法、澳、紐、加、比、希、菲、泰、土、南非等十六國也紛紛出兵援韓，其他許多會員國或提供物質上的援助，或表示道義上的支持，麥克阿瑟將軍被任命為聯合國軍統帥。

韓戰初期，聯軍處於劣勢，敗退至釜山。九月中旬，聯軍在仁川登陸，發動反攻，始迫韓共全面撤退。聯軍收復漢城，乘勝越過三十八度線，追擊韓共，陷平壤，聯軍進逼鴨綠江邊，十一月下旬，中共軍突以「志願軍」名義，湧入韓境參戰，聯軍被迫後撤，至三十八度線而雙方成拉鋸戰。次年春季，共軍三次發動攻勢，均未得逞。五月底，聯軍展開反攻，予共軍重大打擊。戰事顯對共軍不利，蘇俄駐聯合國代表乃於六月二十三日提出休戰建議，遂於七月開始和談。和談之中，雙方對於遣俘問題主張不同，共軍主張強迫遣俘，即不問戰俘願意與否，一律遣返本國，聯軍則基於人道、正義、自由之原則，堅持志願遣俘，因而陷於僵局，戰事繼續進行。

一九五三年，美國共和黨政府極力謀求韓境停戰，同時蘇俄因史大林去世，內部不穩，於是又由馬林可夫發動和平攻勢，於四月重開和談。而共方對戰俘問題終於讓步。六月八日，雙方即根據志願遣俘原則，簽訂換俘協定。七月二十七日，雙方又簽訂停戰協定，以三十八度線一帶為停戰線，中止敵對行為，韓戰至此結束。

聯合國在處理韓國問題上，雖未能徹底粉粹共黨之侵略企圖，進而達成韓國統一。但卻開聯合國軍事制裁之先例，實現志願遣俘之義舉。在維護世界和平，發揚人道精神，獲得了部分成就。（劉景輝）

雲五社會科學大辭典(第十二冊)

歷史學索引

六畫

七畫

八畫

九畫

十畫

十一畫

十二畫

十三畫

十四畫

十五畫

十六畫

十七畫

十八畫

十九畫

二十畫

二十一畫

Index

歷史學／方豪主編．-- 初版．-- 臺北市：
臺灣商務，1971〔民60〕
面； 公分．--（雲五社會科學大辭典；
第12冊）
ISBN 957-05-1567-8（平裝）

1.史學一字典，辭典

604 88000656

雲五社會科學大辭典普及本第十二冊

歷史學

定價新臺幣五〇〇元

名譽總編輯 王雲五
編輯委員會召集人 楊亮功 陳雪屏 羅志淵
本冊主編 方豪
出版委員會主任委員 劉季洪
出版者
印刷所 臺灣商務印書館股份有限公司
臺北市重慶南路一段三十七號
電話：（〇二）二三一一六一一八
傳真：（〇二）二三七一〇二七四
郵政劃撥：〇〇〇〇一六五—一號
出版事業登記證：局版北市業字第九九三號

• 一九七一年十二月初版第一次印刷
• 一九七四年六月增訂版第一次印刷
• 一九九九年三月增訂版第七次印刷

ISBN 957-05-1567-8（平裝） 75725011

雲五社會科學大辭典

名譽總編輯：王雲五

出版委員會主任委員：劉季洪

每部十二冊

廣 告 回 信
台灣北區郵政管理局登記證
第 6 5 4 0 號

100臺北市重慶南路一段37號

臺灣商務印書館 收

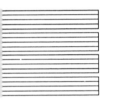

對摺寄回，謝謝！

傳統現代　並翼而翔

Flying with the wings of tradition and modernity.

讀者回函卡

感謝您對本館的支持，為加強對您的服務，請填妥此卡，免付郵資寄回，可隨時收到本館最新出版訊息，及享受各種優惠。

姓名：＿＿＿＿＿＿＿＿＿＿　　性別：□男 □女

出生日期：＿＿年＿＿月＿＿日

職業：□學生 □公務（含軍警） □家管 □服務 □金融 □製造
□資訊 □大眾傳播 □自由業 □農漁牧 □退休 □其他

學歷：□高中以下（含高中） □大專 □研究所（含以上）

地址：□□□＿＿＿＿＿＿＿＿＿＿

＿＿＿＿＿＿＿＿＿＿

電話：（H）＿＿＿＿＿＿（O）＿＿＿＿＿＿

購買書名：＿＿＿＿＿＿＿＿＿＿

您從何處得知本書？

□書店 □報紙廣告 □報紙專欄 □雜誌廣告 □DM廣告
□傳單 □親友介紹 □電視廣播 □其他

您對本書的意見？（A/滿意 B/尚可 C/需改進）

內容＿＿＿ 編輯＿＿＿ 校對＿＿＿ 翻譯＿＿＿
封面設計＿＿＿ 價格＿＿＿ 其他＿＿＿＿＿＿

您的建議：＿＿＿＿＿＿＿＿＿＿

＿＿＿＿＿＿＿＿＿＿

＿＿＿＿＿＿＿＿＿＿

臺灣商務印書館

台北市重慶南路一段三十七號　電話：（02）23116118・23115538
讀者服務專線：080056196　傳真：（02）23710274
郵撥：0000165-1號　E-mail：cptw@ms12.hinet.net